Arkadi und Boris Strugatzki

Werkausgabe – Zweiter Band

Herausgegeben von
Sascha Mamczak und Erik Simon

Das Buch

Außerirdische Wesen haben unseren Planeten besucht. Niemand hat sie gesehen, niemand weiß, woher sie kamen und wohin sie gegangen sind, doch in sechs sogenannten »Zonen« auf der Erde haben sie rätselhafte Objekte zurückgelassen. Objekte, die eine Gefahr für die Menschheit darstellen? Nur die »Stalker« – waghalsige Männer, die sich als einzige in die Zonen wagen – können das herausfinden …

Mit »Picknick am Wegesrand«, »Eine Milliarde Jahre vor dem Weltuntergang« und «Das Experiment« haben Arkadi und Boris Strugatzki drei meisterhafte Romane über das ewige Streben des Menschen nach Erkenntnis und die fatalen Auswirkungen ideologischen Irrglaubens geschrieben.

»Arkadi und Boris Strugatzki haben sich vor allem als Realisten in der Phantastik erwiesen, denn Realismus in der Phantastik bedeutet Konsequenz und Ehrlichkeit in der Ableitung sämtlicher Folgerungen aus den angenommenen Prämissen.« *Stanisław Lem*

»Die Brüder Strugatzki sind einfach großartige Erzähler. Jedes einzelne Geschehnis wird detailfreudig und mit viel Sinn für Spannung und Atmosphäre geschildert.« *Deutschlandradio Kultur*

Die Autoren

Arkadi (geboren 1925, gestorben 1991) und Boris (geboren 1933) Strugatzki zählen zu den bedeutendsten und erfolgreichsten russischen Autoren der Nachkriegszeit. Ihre Romane sind nicht nur faszinierende Parabeln über die Stellung des Menschen im Universum, sondern auch schonungslose Abrechnungen mit Ideologiegläubigkeit und Personenkult. Etliche ihrer Texte durften in der Sowjetunion nicht erscheinen. Inzwischen hat die Gesamtauflage ihrer Werke die fünfzig Millionen überschritten, sie wurden in über dreißig Sprachen übersetzt, und viele ihrer Romane wurden verfilmt – darunter Andrej Tarkowskis *Stalker* nach »Picknick am Wegesrand«.

Arkadi und Boris

STRUGATZKI

Picknick am Wegesrand

Eine Milliarde Jahre
vor dem Weltuntergang

Das Experiment

WILHELM HEYNE VERLAG
MÜNCHEN

Titel der Originalausgaben
Пикник на обочине
За миллиард лет до конца света
Град обреченный
Deutsche Übersetzung von Aljonna Möckel (Picknick am Wegesrand),
Welta Ehlert (Eine Milliarde Jahre vor dem Weltuntergang)
und Reinhard Fischer (Das Experiment)
Nach den ungekürzten und unzensierten Originalversionen
ergänzt von Erik Simon
Nachdichtungen von Gundula Sell und Erik Simon
Deutsche Übersetzung des Kommentars
von Boris Strugatzki: Erik Simon

Textbearbeitung und Redaktion: Anna Doris Schüller

MIX
Papier aus verantwortungsvollen Quellen
Paper from responsible sources
FSC® C105338

Die für dieses Buch verwendeten Papiere sind FSC® zertifiziert.

3.Auflage

Deutsche Erstausgabe 11/2010

Printed in Germany
Umschlaggestaltung: Nele Schütz Design, München
Satz: Schaber Datentechnik, Austria
Druck und Bindung: GGP Media GmbH, Pößneck
BoD

ISBN: 978-3-453-52631-0

www.heyne.de

INHALT

PICKNICK
AM WEGESRAND

Das Gute …
Man muss es aus dem Schlechten machen.
Weil es nichts anderes gibt,
aus dem man es machen könnte.

Robert Penn Warren

Auszüge aus einem Interview, das der Sonderkorrespondent von Radio Harmont mit Dr. Valentin Pillman anlässlich dessen Auszeichnung mit dem Nobelpreis für Physik im Jahre 19.. führte

»Doktor Pillman, als Ihre erste bedeutsame Entdeckung kann sicher der sogenannte Pillman-Radiant gelten, nicht wahr?«

»Nein, das glaube ich nicht. Der Pillman-Radiant ist weder die erste noch eine bedeutsame noch überhaupt eine richtige Entdeckung gewesen. Zudem auch nicht ganz die meine.«

»Das ist gewiss ein Scherz, Herr Doktor. Der Pillman-Radiant ist ein Begriff, der heute jedem Schüler geläufig ist!«

»Das wundert mich nicht. Schließlich war es ein Schüler, der den Radianten entdeckt hat. Leider kann ich mich nicht mehr an seinen Namen erinnern. Aber schlagen Sie in Statsons ›Geschichte des *Besuchs*‹ nach – dort ist alles ausführlich beschrieben. Entdeckt wurde der Radiant von einem Schüler, veröffentlicht wurden die Koordinaten von einem Studenten, nur benannt wurde er sonderbarerweise nach mir.«

»Nun ja, es ist wahr ... Mit Entdeckungen geschehen mitunter die seltsamsten Dinge. Könnten Sie, Doktor Pillman, unseren Hörern vielleicht dennoch erklären ...«

»Natürlich. Der Pillman-Radiant ist etwas ganz Simples: Stellen Sie sich vor, Sie brächten einen großen Globus zum Drehen und feuerten aus einem Revolver Schüsse auf ihn ab. Die Löcher auf dem Globus werden dann eine Art fließende Kurve bilden. Der Pillman-Radiant, den Sie als meine erste bedeutende Entdeckung bezeichnen, ist durch diesen einfachen Vergleich erklärbar: Alle sechs Besuchszonen auf unserem Planeten sind nämlich genauso angeordnet, als hätte jemand sechs Pistolenschüsse auf die Erde abgegeben, und zwar von einem beliebigen Standort auf der Linie Erde–Deneb. Der Deneb ist der Hauptstern des Sternbildes Schwan. Und den Punkt am Firmament, von dem aus ›geschossen‹ wurde, bezeichnet man als Pillman-Radianten.«

»Ich danke Ihnen, Herr Doktor. Liebe Harmonter! Endlich haben wir knapp und verständlich erklärt bekommen, was es mit dem Pillman-Radianten auf sich hat. Bei dieser Gelegenheit möchte ich daran erinnern, dass vorgestern vor dreizehn Jahren der *Besuch* stattgefunden hat. Dürfte ich Sie bitten, Doktor Pillman, Ihren Landsleuten ein paar Worte zu diesem Ereignis zu sagen?«

»In welcher Hinsicht? Sie müssen bedenken, dass ich damals nicht in Harmont war …«

»Umso interessanter wäre es zu erfahren, welche Gedanken Sie bewegten, als Sie erfuhren, dass sich in Ihrer Heimatstadt eine Invasion einer außerirdischen Superzivilisation ereignet hatte …«

»Ehrlich gesagt, hielt ich die Meldung zunächst für eine Ente. Ich konnte mir gar nicht vorstellen, dass in unserem kleinen, alten Harmont etwas Derartiges passieren könnte. Ostsibirien, Uganda, der Südatlantik – das ging noch an, aber Harmont …«

»Schließlich mussten Sie es aber glauben.«

»Ja, das musste ich.«

»Und was geschah weiter?«

»Ich stellte überrascht fest, dass Harmont und die übrigen fünf Besuchszonen – pardon, zu diesem Zeitpunkt waren erst vier bekannt –, dass diese Besuchszonen eine sehr gleichmäßige Kurve bildeten. Ich errechnete die Koordinaten des Radianten und schickte sie an *Nature*.«

»Und das Schicksal Ihrer Heimatstadt hat Sie nicht beunruhigt?«

»Sehen Sie, obwohl ich inzwischen wusste, dass der *Besuch* stattgefunden hatte, konnte ich den von Panik erfüllten Berichten einfach nicht glauben – zu sensationell wurde da über brennende Stadtviertel berichtet, über Ungeheuer, die sich Kinder und alte Leute zum Fraß aussuchten, über blutige Kämpfe zwischen den unverwundbaren Gästen aus dem All und den sehr verwundbaren königlichen Panzereinheiten, die sich aber dennoch wacker schlugen …«

»Und Sie haben Recht behalten. Denn unsere Kollegen haben damals eine Menge durcheinandergebracht … Aber zurück zur Wissenschaft. Die Entdeckung des Pillman-Radianten war Ihr erster, doch gewiss nicht Ihr letzter Beitrag zur Erforschung des *Besuchs*?«

»Mein erster und letzter.«

»Zweifelsohne aber haben Sie seither die internationalen Forschungen in den Besuchszonen aufmerksam verfolgt?«

»Nun ja. Hin und wieder überfliege ich die ›Mitteilungen‹.«

»Sie sprechen von den ›Mitteilungen des Internationalen Instituts für Außerirdische Kulturen‹?«

»So ist es.«

»Und was war Ihrer Meinung nach in diesen dreizehn Jahren die wichtigste Entdeckung?«

»Die Tatsache des *Besuchs* selbst.«

»Wie darf ich das verstehen?«

»Die Tatsache, dass ein *Besuch* stattgefunden hat, ist für uns die bedeutendste Entdeckung nicht nur der vergangenen dreizehn Jahre, sondern der Menschheitsgeschichte überhaupt. Es ist gar nicht so wichtig, was das für Wesen waren, woher sie kamen und warum. Vergleichsweise unwichtig ist auch, weshalb sie sich nur so kurze Zeit bei uns aufhielten und wohin sie verschwanden. Wichtig dagegen ist: Die Menschheit weiß jetzt ganz sicher, dass sie nicht allein im Universum ist. Ich fürchte, es wird dem Internationalen Institut für Außerirdische Kulturen nicht vergönnt sein, noch eine bedeutendere Entdeckung zu machen.«

»Das ist ungeheuer interessant, Doktor Pillman, doch zielte meine Frage mehr auf Entdeckungen technischer Natur. Auf Entdeckungen, die unserer irdischen Wissenschaft und Technik zugutekommen. Viele angesehene Gelehrte sind der Meinung, die in den Besuchszonen gemachten Funde könnten den Lauf der gesamten Geschichte verändern.«

»Nun, ich gehöre nicht zu den Anhängern dieser Theorie. In Bezug auf die Funde bin ich allerdings kein Spezialist.«

»Aber Sie sind seit zwei Jahren Berater der UNO-Kommission für Fragen des *Besuchs* …«

»Das stimmt, aber mit der Erforschung außerirdischer Kulturen habe ich nichts zu tun. In der von Ihnen erwähnten Kommission vertrete ich gemeinsam mit anderen Kollegen die internationale wissenschaftliche Öffentlichkeit, wenn es darum geht, die Umsetzung des UNO-Beschlusses zur Internationalisierung der Besuchszonen zu kontrollieren. Vereinfacht gesagt: Wir wachen darüber, dass außer dem Internationalen Institut niemand über die außerirdischen Wunderdinge verfügt, die in den *Zonen* zutage gefördert werden.«

»Gibt es denn jemand anderen, der diese Dinge für sich in Anspruch nehmen will?«

»Ja.«

»Sie sprechen von den ›Stalkern‹?«

»Ich weiß nicht, was Sie damit meinen.«

»So nennen wir in Harmont die Abenteurer und Hasardeure, die auf eigenes Risiko in die *Zone* eindringen und alles herausschleppen, was sie dort finden. Direkt ein neuer Beruf ist das!«

»Aha, verstehe. Nein, das liegt außerhalb unserer Kompetenzen.«

»Natürlich! Mit dieser Angelegenheit befasst sich die Polizei. Aber wir würden gerne erfahren, Doktor Pillman, was genau in Ihren Kompetenzbereich fällt?«

»Aus den Besuchszonen verschwinden immerzu wichtige Materialien, die in die Hände gewissenloser Personen und Organisationen geraten. Wir befassen uns mit den daraus entstehenden Folgen.«

»Könnten Sie das ein wenig genauer erklären, Herr Doktor?«

»Lassen Sie uns lieber über die Kunst sprechen. Oder sollte die Hörer nicht interessieren, wie sehr ich die unnachahmliche Gwady Miller bewundere?«

»Doch, natürlich! Allerdings möchte ich Sie, um den wissenschaftlichen Teil unseres Gesprächs abzuschließen, noch fragen, ob es Sie als Wissenschaftler nicht reizt, sich selbst mit den außerirdischen Wunderdingen zu befassen?«

»Ja, was soll ich da sagen … gewiss.«

»Dann können die Einwohner von Harmont also hoffen, eines schönen Tages auf heimischen Straßen ihrem berühmten Landsmann wiederzubegegnen?«

»Das ist nicht ausgeschlossen.«

Roderic Schuchart, 23 Jahre, unverheiratet, Laborant in der Harmonter Filiale des Internationalen Instituts für Ausserirdische Kulturen

Am Abend davor ... Da standen wir noch zusammen im Depot. Es war kurz vor Dienstschluss. Wir brauchten eigentlich nur noch unsere Schutzanzüge auszuziehen, schon hätten wir losziehen können. Ins »Borsch«. Um zu trinken. Schnaps, egal, irgendetwas Hartes ... Ich stand einfach da und tat nichts. Hielt die Wand fest. Mit der Arbeit war ich fertig, die Zigarette hielt ich schon in der Hand. Ich wollte mir endlich eine anzünden, zwei Stunden hatte ich keine geraucht. Aber Kirill konnte sich einfach nicht von seinen Schätzen trennen. Einen Safe hatte er schon vollgestopft, ihn verschlossen und versiegelt. Jetzt war er beim zweiten. Er nahm die »Nullen« vom Förderband, schaute sich jede von ihnen ausgiebig und von allen Seiten an (dabei ist so eine »Null« wahnsinnig schwer, sie wiegt fast sechseinhalb Kilo), bevor er sie ächzend, aber sehr sorgfältig im Regal ablegte.

Großer Gott, wie lange sich Kirill schon mit diesen »Nullen« herumschlug – und das meiner Meinung nach ohne jeden Nutzen für die Menschheit. Ich an seiner Stelle hätte es längst aufgegeben und mich für das viele Geld mit etwas anderem beschäftigt. Obwohl diese »Nullen« wirklich sehr merkwürdig sind. Wie viele hatte ich davon schon auf dem Buckel rausgeschleppt und war trotzdem jedes Mal aufs Neue verblüfft, wenn ich eine zu Gesicht bekam. Eine »Null« besteht im Grunde nur aus zwei Kupferscheiben – so groß wie eine Untertasse und ungefähr fünf Millimeter dick. Der Abstand zwischen den beiden Scheiben beträgt etwa vierzig Zentimeter. Außer diesem Abstand aber gibt es nichts dazwischen, absolut nichts – nur Leere. Man kann die Hand in den Zwischenraum stecken, ja, sogar den Kopf, wenn man unbedingt will, aber da ist nichts als Luft. Und doch muss es etwas zwischen den Scheiben geben, irgendeine geheimnisvolle Kraft. Denn soweit ich weiß, ist es bisher noch niemandem gelungen, sie zusammenzudrücken oder auseinanderzuziehen.

Wirklich, es ist verdammt schwer, jemandem eine »Null« zu beschreiben, wenn er noch nie eine gesehen hat. Sie sieht ja eigentlich nach nichts aus, besonders, wenn man sich an ihren Anblick gewöhnt hat. Es ist genauso, als müsste man einen Becher beschreiben oder, sagen wir, ein Schnapsglas – Gott bewahre, schon bei den ersten Worten würde ich aufgeben und losfluchen … Aber gut, wir nehmen an, ich hätte mich verständlich ausgedrückt. Wenn es jemand trotzdem nicht verstanden hat, braucht er ja nur die »Mitteilungen« aufzuschlagen und wird in jeder x-beliebigen Ausgabe einen Artikel über die »Nullen« finden, mit Fotos …

Doch zurück zu Kirill. Fast ein Jahr lang schlägt er sich schon mit den »Nullen« herum, und ich, der vom ersten Tag an mit ihm zusammengearbeitet hat, habe bis heute nicht verstanden, worauf er eigentlich hinauswill. Ehrlich gesagt, habe ich auch nicht unbedingt versucht, es zu verstehen. Soll er erst einmal selbst begreifen, worum es ihm geht, dann lasse ich's mir vielleicht erklären. Im Augenblick weiß ich nur eins: Er wird erst dann zur Ruhe kommen, wenn es ihm gelingt, so eine »Null« auseinanderzunehmen, sie mit Säuren zu bearbeiten, unter der Presse breit zu stampfen oder im Ofen zum Schmelzen zu bringen. Hat er das Geheimnis der »Nullen« gelüftet, wird ihm Ruhm und Ehre zuteil, und die internationale Fachwelt bricht in Entzücken aus. Doch wenn ich's recht verstehe, ist es bis dahin noch ziemlich weit. Bisher hat er so gut wie nichts erreicht, hat sich im Gegenteil bis zur Erschöpfung verausgabt. Augen hat er wie ein kranker Hund, sie tränen sogar. Ist richtig schwermütig geworden. Wäre er jemand anderer – ich würde ihm eine Flasche Schnaps einflößen und ein Mädchen besorgen, das ihn auf andere Gedanken bringt. Und am nächsten Tag dasselbe noch einmal: Schnaps und Mädchen, ein neues. Nach einer Woche wäre er wie ausgewechselt – ein neuer Mensch! Doch leider ist das keine Medizin für Kirill. Das brauche ich ihm gar nicht erst vorzuschlagen. Es passt nicht zu ihm.

Wir standen also im Lagerraum, und als ich ihn so ansah, fiel mir auf, wie sehr er sich verändert hatte, seine Augen waren eingefallen, und er tat mir plötzlich leid. Da entschloss ich mich. Das heißt, genaugenommen war nicht ich es, der sich da entschloss, sondern ein anderer, der mir die Worte in den Mund legte. »Hör mal, Kirill …«, sagte ich.

Er stand da, die letzte der »Nullen« in der Hand, und mit einem Gesichtsausdruck, als würde er am liebsten in das Ding hineinkriechen.

»Hör mal, Kirill«, wiederholte ich. »Was würdest du sagen, wenn du eine ›volle Null‹ bekämst?«

»Eine ›volle Null‹?«, fragte er und runzelte die Stirn, als redete ich Kauderwelsch.

»Ja … Du weißt schon, diese hydromagnetische Falle … Objekt 77b … Nur, dass da innen noch was Blaues ist.«

Langsam schien er zu verstehen. Er schaute mich blinzelnd an.

»Halt mal«, sagte er, »eine volle? Ein Ding wie das hier, nur voll?«

»Ja.«

»Und wo soll ich die herkriegen?«

Kirill war augenblicklich geheilt und trug den Kopf wieder oben.

»Komm«, sagte ich, »rauchen wir erst mal eine.«

Hastig packte er die »Null« in den Safe, schlug die Tür des Panzerschranks zu und verschloss sie mit dreieinhalb Umdrehungen. Dann gingen wir zurück ins Labor. Für eine leere »Null« zahlt mir Ernest vierhundert bar auf die Hand, für eine volle könnte ich ihm das ganze stinkige Blut aus dem Körper saugen. Doch ob man's mir glaubt oder nicht: In diesem Augenblick dachte ich nicht ans Geld – so munter war Kirill auf einmal, so gespannt und voller Energie. Er nahm vier Stufen auf einmal; ans Rauchen war gar nicht zu denken. Und dann erzählte ich ihm alles ganz genau: wie das Ding beschaffen war, wo es lag und wie man am besten rankam. Er holte sofort die Karte heraus, suchte die Garage, die ich ihm beschrieben hatte, hielt den Finger drauf und sah mich eine Weile aufmerksam an. Er hatte verstanden, aber das war auch kein Kunststück …

»Junge, Junge!«, sagte er, lächelte mich aber an. »Dann lass uns mal hingehen. Gleich morgen früh. Um neun bestelle ich die Passierscheine und eine ›Galosche‹, um zehn schlagen wir das Kreuz und gehen los. Abgemacht?«

»Abgemacht. Aber wer ist der Dritte?«

»Wieso brauchen wir einen Dritten?«

»Komm«, sagte ich, »das ist kein Picknick mit hübschen Mädchen. Was ist, wenn dir etwas zustößt? Ist immerhin die *Zone*, da muss Ordnung sein.«

Er setzte ein spöttisches Grinsen auf und zuckte mit den Schultern: »Na schön, wie du willst. Du musst es ja wissen.«

Und ob ich's wusste! Ich begriff natürlich, dass Kirill mir einen Gefallen tun wollte: Ein dritter Mann war eher störend, zu zweit hätten wir's auf die Schnelle machen können, und niemand hätte davon Wind gekriegt. Aber ich wusste auch, dass die Leute vom Institut nie zu zweit in die *Zone* gingen. Sie zogen immer zu dritt los: Zwei erledigten die Arbeit, der Dritte hielt Wache und konnte danach, falls Fragen auftauchten, über alles berichten.

»Ich persönlich würde Austin mitnehmen«, sagte Kirill. »Aber mit dem wirst du nicht einverstanden sein, oder?«

»Nein«, antwortete ich. »Jeden – nur nicht Austin. Den kannst du ein andermal mitnehmen.«

Austin ist gar nicht schlecht – Mut und Furcht stehen bei ihm im richtigen Verhältnis, nur ist er meiner Meinung nach bald dran … Kirill werde ich das nicht erklären können, ich aber sehe es ganz klar: Austin bildet sich ein, die *Zone* durch und durch zu kennen – und genau das bedeutet, dass er sich bald den Hals brechen wird. Bitte, soll er. Aber ohne mich.

»Also gut«, sagte Kirill. »Und wie sieht's mit Tender aus?«

Tender war sein zweiter Laborant – ziemlich ruhig, aber sonst in Ordnung.

»Ist nicht mehr der Jüngste«, sagte ich. »Außerdem hat er Kinder.«

»Das macht nichts«, erwiderte Kirill. »Er war schon öfters in der *Zone*.«

»Einverstanden, von mir aus Tender.«

Kirill blieb noch sitzen, weiterhin über seine Karte gebeugt, und ich machte mich auf den Weg zum »Borsch«; ich hatte schrecklichen Hunger, und meine Kehle war schon ganz ausgetrocknet …

Am nächsten Morgen kam ich wie immer gegen neun zur Arbeit und zeigte dem wachhabenden Sergeanten meinen Passierschein. Es war der Schwede – ein langer Kerl, der sich im vorigen Jahr besoffen an Gutta herangemacht hatte. Gutta war mein Mädchen, und ich hatte ihn mir damals ganz schön vorgeknöpft …

»Morgen, Rotfuchs«, sagte er. »Du wirst schon im ganzen Institut gesucht …«

Hier unterbrach ich ihn höflich: »Für dich bin ich noch lange nicht der Rotfuchs, du Bohnenstange. Kriech jemand anderem in den Hintern.«

»Meine Güte, was ist dir denn über die Leber gelaufen? Alle nennen dich doch so!« Er tat bass erstaunt.

Vor dem Gang in die *Zone* bin ich stets auf das Äußerste angespannt, sehr reizbar und zu allem Überfluss nüchtern – also packte ich ihn am Schulterriemen und setzte ihm in allen Einzelheiten auseinander, was für ein mieser Typ und Hurensohn er sei. Er spie verächtlich aus, gab mir meinen Passierschein zurück und sagte sehr förmlich: »Roderic Schuchart, Sie sollen sich unverzüglich beim Sicherheitsbevollmächtigten Hauptmann Herzog melden.«

»Na siehst du«, erwiderte ich, »das ist schon was ganz anderes. Wenn du dich anstrengst, Sergeant, bringst du's bald zum Leutnant.«

In Wirklichkeit aber beschäftigte mich die Frage, was das Ganze zu bedeuten hatte. Wieso rief mich der Hauptmann während der Arbeitszeit zu sich? Abwarten, sagte ich mir, abwarten. Erst einmal hingehen. Sein Zimmer befand sich im dritten Stock, kein schlechtes Zimmer, sogar mit Gittern vor dem Fenster, wie bei der Polizei. Willi saß am Tisch vor der Schreibmaschine, zog genüsslich an seiner Pfeife und las dabei irgendeinen Wisch. In der Ecke machte sich ein Bubi von Sergeant am Panzerschrank zu schaffen. Der war sicher neu, ich kannte ihn jedenfalls nicht. Von diesen Jungs gab es im Institut mehr als in einer Division, alle wie Milch und Blut, mit rundem Gesicht und dicken Backen – man merkte gleich, dass sie nie in die *Zone* mussten und auf die Probleme in der Welt pfiffen.

»Guten Tag«, sagte ich. »Sie haben mich rufen lassen?«

Willi sah mich an, als wäre ich Luft, schob die Schreibmaschine beiseite, legte einen dicken Hefter vor sich und begann darin zu blättern.

»Sie sind Roderic Schuchart?«, fragte er.

»Jawohl«, antwortete ich. Das Ganze kam mir lächerlich vor. Ich hielt es kaum aus und wurde innerlich von einem nervösen Kichern geschüttelt.

»Wie lange arbeiten Sie schon im Institut?«

»Das dritte Jahr.«

»Familienstand?«

»Ich lebe allein«, sagte ich. »Bin Waise.«

Er wandte sich an den Milchbart und befahl barsch: »Sergeant Lummer, gehen Sie ins Archiv, und bringen Sie mir die Akte einhundertfünfzig.«

Der Milchbart salutierte und verschwand. Willi klappte den Hefter zu und fragte mich finster: »Fängst du wieder mit den alten Sachen an?«

»Mit was für alten Sachen?«

»Du weißt sehr gut, wovon ich spreche. Ich habe diesbezügliche Informationen auf dem Tisch.«

Ich überlegte.

»Von wem stammen die Informationen?«, fragte ich.

Er zog die Brauen zusammen und begann, ärgerlich mit seiner Pfeife gegen den Aschenbecher zu klopfen.

»Das geht dich nichts an«, antwortete er. »Aber ich möchte dich aus alter Freundschaft warnen: Lass die Finger davon, und zwar für immer. Wenn sie dich ein zweites Mal schnappen, kommst du nicht mehr mit sechs Monaten davon. Außerdem wird man dich augenblicklich und unwiderruflich entlassen. Ist dir das klar?«

»Natürlich«, sagte ich. »Und ob mir das klar ist. Nur eins verstehe ich nicht: welches Schwein mich verpfiffen hat ...«

Doch er sah mich schon wieder mit ausdruckslosen Augen an, lutschte an seiner leeren Pfeife und blätterte gedankenlos in dem Hefter. Das hieß, dass Sergeant Lummer mit Akte einhundertfünfzig zurückgekehrt war.

»Danke, Schuchart«, sagte Hauptmann Willi Herzog mit Spitznamen Eber. »Das war's, was ich klären wollte. Sie können gehen.«

Ich ging zur Garderobe, streifte den Schutzanzug über und steckte mir eine Zigarette an. Meine Gedanken drehten sich im Kreis: Woher wehte diesmal der Wind? Vom Institut kann das unmöglich kommen, dachte ich, hier weiß niemand auch nur das Geringste von mir – und kann nichts wissen. Wenn aber das Schreiben von der Polizei gekommen ist, bleibt es ebenso unklar – denn auch die Polizei weiß nichts Neues über mich, sie kennt nur die alten Geschichten. Ob sie Aasgeier gefasst haben? Dieser Schweinehund ist imstande, jeden ans Messer zu liefern, nur um heil aus dem Schlamassel rauszukommen. Aber auch Aasgeier weiß zurzeit so gut wie nichts über mich. Ich grübelte und grübelte, kam jedoch zu keinem Ergebnis. Deshalb beschloss ich, nicht weiter darüber nachzudenken. Es lag bereits drei Monate zurück, dass ich das letzte Mal nachts in der *Zone* gewesen war; die Beute hatte ich fast abgesetzt, und das Geld war auch verjubelt. Ach was, ich war gerieben genug. Hatten sie mich damals nicht in flagranti erwischt, würden sie mich heute noch viel weniger kriegen.

Aber in dem Moment – ich stieg schon die Treppe hinauf – fiel mir siedend heiß etwas ein. Und der Schreck war so groß, dass ich auf dem Absatz kehrtmachte und zurück in die Garderobe marschierte, mich hinsetzte und mir noch eine Zigarette ansteckte. Ich konnte heute unmöglich in die *Zone*. Genauso wenig morgen oder übermorgen. Denn diese Schweine hatten mich ja wieder mal im Visier. Sie hatten mich nicht vergessen – und wenn, dann hatte sie jemand auf meine Spur gehetzt. Wer, das war im Augenblick egal. Aber kein Stalker, der nicht total übergeschnappt war, würde sich der *Zone* auch nur auf Schussweite nähern, wenn er wüsste, dass er überwacht wird. Deshalb musste ich mich jetzt in die dunkelste Ecke verkriechen. Was denn für eine *Zone*? Ich bin schon seit Monaten nicht mehr dort gewesen, nicht mal mit Passierschein. Was wollt ihr eigentlich immerzu von einem unbescholtenen Laboranten?

Das alles ging mir durch den Kopf, und am Ende war ich sogar erleichtert bei dem Gedanken, heute nicht in die *Zone* zu müssen. Das Problem war nur, wie ich das Kirill beibringen sollte …

Ich sagte es ihm ohne Umschweife.

»Ich gehe heute nicht in die *Zone*. Was für Arbeiten fallen sonst an?«

Im ersten Augenblick sah er mich überrascht an, aber dann schien er zu verstehen: Er fasste mich am Ellbogen, schob mich in sein Arbeitszimmer, drückte mich auf einen Stuhl und setzte sich aufs Fensterbrett. Wir rauchten und schwiegen. Dann fragte er vorsichtig: »Ist was passiert, Red?«

Was sollte ich darauf antworten?

»Nein«, sagte ich. »Nichts ist passiert. Ich habe gestern beim Pokern zwanzig Scheine verloren – Nunnan, dieser Gauner, versteht sich aufs Spielen …«

»Moment«, unterbrach mich Kirill, »du hast es dir doch nicht etwa anders überlegt?«

Ich stöhnte fast vor Anspannung. »Ich kann nicht«, presste ich durch die Zähne: »Es geht nicht, verstehst du? Eben hat mich Herzog zu sich rufen lassen.«

Kirill fiel förmlich in sich zusammen. Er wirkte wieder sehr unglücklich, und seine Augen sahen aus wie die eines kranken Pudels. Er rang nach Luft, steckte sich an der alten Zigarette eine neue an und sagte leise: »Du kannst mir glauben, Red, ich habe niemandem auch nur ein Sterbenswörtchen gesagt.«

»Schon gut«, erwiderte ich. »Von dir ist auch gar nicht die Rede.«

»Nicht einmal Tender gegenüber habe ich bisher eine Andeutung gemacht. Ich habe zwar den Passierschein für ihn beantragt, ihn aber noch nicht gefragt, ob er einverstanden ist.«

Ich rauchte und schwieg. Er begriff es einfach nicht.

»Was wollte Herzog eigentlich von dir?«

»Nichts Besonderes. Jemand hat mich verpfiffen, das ist alles.«

Er warf mir einen merkwürdigen Blick zu, sprang vom Fensterbrett und begann, im Zimmer auf und ab zu laufen. Ich saß da, rauchte und schwieg. Kirill tat mir leid, und ich war wütend, dass es sich so idiotisch gefügt hatte – das hieß nun, einen Menschen von seiner Schwermut heilen ... Dabei war ich selbst schuld. Hatte das Kind mit dem Lebkuchen gelockt, der sich unter Verschluss befand und von bösen Onkeln bewacht wurde ... Plötzlich hielt Kirill inne, blieb vor mir stehen und fragte verlegen und mit abgewandtem Blick: »Hör mal, Red, wie viel würde denn so eine ›volle Null‹ kosten?«

Ich begriff nicht gleich, was er meinte. Vielleicht hatte er die Illusion, sie irgendwo kaufen zu können. Doch wo, zum Teufel, hätte er eine »volle Null« herbekommen sollen? Sie war möglicherweise die Einzige ihrer Art. Er hätte auch nie und nimmer das nötige Geld dafür aufgebracht – und dann, wie hätte er den Kauf bewerkstelligen wollen? Er, ein ausländischer Spezialist, noch dazu ein russischer! Doch plötzlich fiel es mir wie Schuppen von den Augen. Was fiel dem Schurken ein? Glaubte er vielleicht, es ginge mir ums Geld? So ein Dreckskerl, für wen hielt er mich eigentlich! Ich wollte schon den Mund aufmachen, um ihm die Meinung zu sagen – da stockte ich. In der Tat, für wen sollte er mich halten ... Ich bin Stalker, und die sind dafür bekannt, dass es ihnen nur ums Geld geht – je mehr, desto besser. Für die grünen Scheine setzen sie ihr Leben aufs Spiel. Da musste ja der Eindruck entstehen, dass ich gestern gewissermaßen den Köder ausgeworfen hatte und nun feilschte, um den Preis in die Höhe zu treiben.

Es hatte mir die Sprache verschlagen. Kirill aber sah mich unverwandt an, und in seinem Blick lag nicht etwa Verachtung, sondern im Gegenteil so etwas wie Verständnis. Da erklärte ich ihm, wie sich die Sache verhielt.

»Zur Garage«, sagte ich, »ist bisher niemand mit Passierschein vorgedrungen, der Weg dorthin ist noch gar nicht gebahnt, das weißt du selbst. Jetzt stell dir vor, wir kommen zurück, und Tender beginnt damit zu prahlen, dass wir dorthin vorgeprescht sind und geschnappt haben, was wir brauchten, um dann seelenruhig zurückzukehren. Als wäre es ein Gang zum Lager. Da weiß doch jeder, dass wir wegen etwas ganz Bestimmtem unterwegs waren. Das wiederum bedeutet, jemand von uns hat Bescheid gewusst. Und wer ist dieser Jemand? Auf wen fällt der Verdacht? Begreifst du, wie ich dastünde?«

Als ich mit meiner Rede zu Ende war, sahen wir uns schweigend an. Dann schnippte Kirill plötzlich mit den Fingern, rieb sich die Hände und erklärte forsch: »In Ordnung, Red, wenn's nicht geht, dann geht's nicht. Ich verstehe dich und nehme es dir nicht übel. Ich werde allein gehen. Es wird schon klappen, schließlich ist es nicht das erste Mal ...«

Er breitete die Karte auf dem Fensterbrett aus und stützte sich mit den Armen darauf. Doch je länger er sie studierte, desto mehr verflüchtigte sich seine Forschheit. Ich hörte ihn murmeln: »Hundertzwanzig Meter ... hundertzweiundzwanzig sogar ... Und wer weiß, was die Garage an Überraschungen bereithält ... Nein, ich werde Tender nicht mitnehmen. Was meinst du, Red, sollte ich Tender nicht lieber hierlassen? Immerhin hat er zwei Kinder ...«

»Allein werden sie dich nie und nimmer rauslassen«, sagte ich.

»Ach was, das geht schon klar«, murmelte er. »Ich stehe gut mit den Sergeanten, auch mit den Leutnants ... Das Einzige, was mir nicht gefällt, sind diese Lastwagen. Dreizehn Jahre stehen sie da schon unter freiem Himmel und sehen aus, als wären sie nagelneu ... Der Tankwagen zwanzig Schritt weiter ist völlig verrostet, die Lastwagen aber stehen da, als kämen sie gerade vom Fließband ... Ach, diese verdammte *Zone*!«

Er sah von der Karte auf und warf einen Blick nach draußen. Ich tat es ihm nach. Das Glas in unseren Fenstern war dick, Bleiglas, und gleich dahinter befand sich die *Zone* – in greifbarer Nähe. Vom dreizehnten Stock aus lag sie wie auf dem Präsentierteller vor uns ausgebreitet.

Wenn man die *Zone* so anschaute, unterschied sie sich in nichts von anderem Gelände. Die Sonne leuchtete hier genau wie anderswo, und nichts schien sich in den vergangenen dreizehn Jahren verändert zu haben. Mein Vater, würde er noch leben, hätte gewiss nichts Außergewöhnliches bemerkt. Das Einzige, was ihn vielleicht verwundert hätte, wäre die Fabrik gewesen, deren Schlote nicht mehr qualmten. Was ist los, hätte er gefragt, streiken die? … Ringsumher sah man kegelförmig aufgehäuftes gelbes Gestein und die Winderhitzer der Hochöfen, die in der Sonne glitzerten, dann Schienen, so weit das Auge reichte, und auf den Schienen hier und da kleine Güterzüge … Eine typische Industrielandschaft – nur dass die Menschen fehlten, davon gab es weder tote noch lebende. Und dort war auch die Garage: ein langer grauer Schlauch, mit weit geöffnetem Tor, und auf dem asphaltierten Platz davor standen die Lastwagen. Dreizehn Jahre standen sie jetzt schon da, und die Zeit war spurlos an ihnen vorübergegangen. Das mit den Lkw hatte Kirill richtig beobachtet – hatte Grips, der Mann. Die Lastwagen musste man in einem großen Bogen umgehen; wollte man zwischen zweien hindurch, dann … Dort im Asphalt befand sich zudem ein Spalt, hoffentlich war er inzwischen nicht von Gestrüpp überwuchert … Hundertzweiundzwanzig Meter, von wo er die wohl gerechnet hatte? Wahrscheinlich vom äußersten Markierungsstein aus. War auch richtig so, das bedeutete dann die maximale Entfernung. Na, mit der Zeit lernten sie's ja doch, die Intellektuellen … Und da, sie hatten den Weg bis zu den Steinhügeln ausgekundschaftet, und dazu so geschickt! Da war auch der Graben, in den Schleimer damals gestürzt war, und das nur zwei Meter vom Weg entfernt. Dabei hatte ihm Langnase immerzu eingeschärft: Sieh dich vor diesen Gräben vor, mach einen großen Bogen um sie, sonst finden wir nicht mal mehr einen Knochen von dir, den wir begraben könnten … Mit der *Zone* war es nämlich so: Kam jemand mit Beute zurück, grenzte das an ein Wunder; kam er einfach heil wieder, war es auch schon viel; hörte er die Kugeln der Patrouille pfeifen, ohne etwas abzukriegen, hatte er Glück gehabt, und alles andere war Schicksal …

Dann blickte ich wieder zu Kirill und sah, dass er mich von der Seite her beobachtete. Er wirkte so niedergeschlagen, dass ich meinen Entschluss sofort wieder zurücknahm. Zum Teufel mit diesen Idioten, dachte ich, was können die mir schon anhaben! Mein Entschluss stand fest. Kirill hätte gar nichts mehr zu sagen brauchen, aber er rief: »Laborant Schuchart, von offizieller Seite – ich wiederhole: von offizieller – bin ich informiert worden, dass eine Untersuchung der Garage von großem Nutzen für die Wissenschaft wäre. Ich biete Ihnen an, die Garage mit mir zu besichtigen, eine Prämie ist Ihnen sicher.« Sagte es und grinste dabei über das ganze Gesicht.

»Was soll denn das für eine offizielle Seite sein?«, fragte ich und grinste genauso breit zurück.

»Das sind vertrauliche Quellen«, erwiderte Kirill, und dann: »Aber Ihnen kann ich's ja sagen …« Das Lächeln auf seinem Gesicht verschwand, und er schaute auf einmal fast finster drein. »Sagen wir, von Doktor Douglas.«

»Aha«, antwortete ich, »von Doktor Douglas … von was für einem Douglas denn?«

»Von Sam Douglas«, erwiderte Kirill trocken. »Er starb im vorigen Jahr.«

Mir lief es kalt über den Rücken. Junge, Junge, der hatte Nerven! Über solche Dinge zu reden, wenn es gleich darauf in die *Zone* ging! Die kapierten aber auch gar nichts, diese Intellektuellen. Ich drückte meine Kippe im Aschenbecher aus und sagte: »Also gut. Wo ist jetzt dein Tender, oder müssen wir noch lange auf ihn warten?«

Kein einziges Wort verloren wir mehr über dieses Thema. Während Kirill im Wagenpark eine »fliegende Galosche« bestellte, studierte ich noch einmal die Karte. Sie war gar nicht schlecht; es handelte sich um ein Foto, das aus der Luft aufgenommen und stark vergrößert war. Selbst die Kerben auf dem Garagendach, das neben dem Tor auf dem Boden lag, waren zu erkennen. Wenn wir Stalker so eine Karte zur Orientierung hätten, wären wir fein raus. Obwohl, nachts hilft sie einem auch nicht weiter, wenn man durch den Dreck kriecht und die Hand vor den Augen nicht sieht.

In diesem Augenblick kam, erhitzt vom Laufen, Tender zur Tür herein. Seine kleine Tochter war krank geworden, und er hatte einen Arzt auftreiben müssen; er entschuldigte sich mehrmals wegen der Verspätung. Als wir ihm von dem geplanten Gang in die *Zone* erzählten, war er entsetzt. »Was heißt in die *Zone*?«, fragte er. »Und wieso ausgerechnet ich?« Er beruhigte sich jedoch, als er hörte, dass es dafür eine Prämie gab und Red Schuchart mit von der Partie war.

Dann, Kirill hatte inzwischen die Passierscheine beschafft, begaben wir uns in die »Schleuse«. Ein Sergeant überprüfte die Papiere und händigte uns die Spezialanzüge aus. Eine tolle Sache, so ein Anzug. Hätte er statt des auffallenden Rots eine neutralere Farbe, würde ein Stalker ohne mit der Wimper zu zucken fünfhundert dafür zahlen. Schon lange hatte ich mir vorgenommen, bei passender Gelegenheit einen davon mitgehen zu lassen. Auf den ersten Blick war daran nichts Besonderes; er erinnerte an einen Taucheranzug, und auch der Helm, der vorne ein großes Sichtfenster hatte, hätte durchaus für einen Taucher bestimmt sein können. Oder für den Piloten eines Überschallflugzeugs, vielleicht auch für einen Astronauten. Der Anzug war leicht, bequem, drückte nicht und schützte vor der Hitze, die einem den Schweiß aus den Poren trieb. In so einem Ding konnte man sich ins Feuer wagen und war auch gegen die Gase geschützt. Selbst eine Kugel, hieß es, fing der Anzug ab. Freilich waren Feuer, Kugeln und Gase etwas sehr Irdisches – etwas, das dem Menschen bekannt war. In der *Zone* aber gab es andere Gefahren, da galt es, sich vor dem Unbekannten in Acht zu nehmen. Und wozu sich etwas vormachen? Auch in diesen Spezialanzügen krepierten die Leute. Nur dass es nicht ganz so viele waren. Zum Beispiel schützten die Anzüge hundertprozentig vor dem »sengenden Flaum« oder vor dem Schleim des »Teufelskrauts«. Aber genug davon.

Wir waren in die Anzüge gestiegen. Ich holte ein paar Schraubenmuttern aus einem Säckchen und steckte sie in die Hosentasche, dann trotteten wir über den Hof des Instituts bis zu dem Ausgang, der in die *Zone* führte. Das war hier Sitte, denn jeder sollte sehen, wie die Helden der Wissenschaft aufbrachen – bereit, sich für die Menschheit, das Wissen und den Heiligen Geist zu opfern. Amen. Und tatsächlich hingen sie alle in den Fenstern, bis hoch zum fünfzehnten Stock, und gaben uns das Geleit. Es fehlte bloß noch ein Orchester und das Winken mit Taschentüchern …

»Schreite wacker aus!«, sagte ich zu Tender. »Bauch rein, Brust raus, die dankbare Menschheit wird dich nicht vergessen!«

Er warf mir einen kurzen Blick zu, und ich sah, dass ihm nicht nach Scherzen zumute war. Recht hatte er – Witze waren hier fehl am Platz … Aber es gibt nur zwei Möglichkeiten, wenn es in die *Zone* geht: heulen oder Witze machen – und geheult hatte ich schon lange nicht mehr … Ich sah zu Kirill hinüber, er hielt sich tapfer. Nur seine Lippen bewegten sich.

»Du betest wohl?«, fragte ich. »Bete nur, bete. Je tiefer du in die *Zone* vordringst, desto näher kommst du dem Himmel.«

»Was?«

»Du sollst beten!«, schrie ich. »Stalker lässt man außer der Reihe ins Paradies!«

Kirill lächelte unvermittelt, klopfte mir auf die Schulter. Hab keine Angst, sollte das heißen, mit mir gehst du schon nicht unter, und wenn's tatsächlich schiefläuft – man stirbt zum Glück ja nur einmal ... famoser Typ, dieser Kirill!

Nun händigten wir dem letzten der hier wachhabenden Soldaten unsere Passierscheine aus. Es war ein Leutnant; ich kannte ihn sogar: Sein Vater betrieb ein Geschäft mit Grabsteinen in Rexopol. Und da stand auch schon die »fliegende Galosche«, die die Kollegen vom Wagenpark direkt vor den Ausgang gefahren hatten. Überhaupt war alles an Ort und Stelle: der Sanitätswagen, die Feuerwehr und, nicht zu vergessen, unsere furchtlose Rettungsgarde – ein Haufen Faulenzer in einem Hubschrauber. Die sollten mir lieber nicht über den Weg laufen!

Wir kletterten in die »Galosche«, Kirill setzte sich ans Steuer und sagte: »Also los, Red, übernimm das Kommando!«

Ich öffnete ohne Eile den Reißverschluss meines Spezialanzugs, holte eine Flasche Schnaps aus der Innentasche und trank einen kräftigen Schluck. Dann schraubte ich die Flasche wieder zu und steckte sie zurück. Ohne das Zeug geht's bei mir nicht. Wie oft ich auch in der *Zone* war – bei jedem neuen Einsatz brauche ich vorher einen Schluck. Die beiden warteten geduldig.

»Na dann«, sagte ich. »Euch biete ich nichts davon an, schließlich breche ich zum ersten Mal mit euch auf und weiß nicht, wie ihr darauf reagiert. Folgendes vorneweg: Alles, was ich sage, wird augenblicklich und ohne Widerspruch ausgeführt. Macht jemand Zicken oder fängt an, mich mit Fragen zu nerven, kriegt er eins über den Schädel, und zwar mit dem, was ich gerade zur Hand habe, ich bitte schon jetzt um Entschuldigung. Wenn ich dir, Tender, zum Beispiel befehle, auf Händen zu laufen, dann hast du unverzüglich deinen dicken Hintern zu lüpfen und mir zu gehorchen. Machst du es nicht, hast du deine kranke Tochter vielleicht zum letzten Mal gesehen. Haben wir uns verstanden? Ansonsten werde ich mein Bestes tun, damit du sie wiedersiehst.«

»Klar, Red«, schniefte Tender, schon jetzt puterrot im Gesicht, mit Schweißperlen auf der Stirn und zitternden Lippen. »Aber vergiss bloß nicht, uns die Befehle auch zu geben. Ich werde auf Zähnen laufen, wenn's sein muss. Bin schließlich kein Anfänger.«

»Für mich seid ihr beide Anfänger«, sagte ich. »Was aber die Befehle angeht, kannst du beruhigt sein, Tender. Und noch etwas, kommst du überhaupt mit der ›Galosche‹ zurecht?«

»Kommt er«, antwortete Kirill für ihn. »Er fährt sehr gut.«

»Hoffen wir's. Also dann mit Gott! Visiere runter, und im ersten Gang Richtung Markierung, Höhe drei Meter! Am Pfahl siebenundzwanzig halt!«

Kirill ging auf die angegebene Höhe und legte den ersten Vorwärtsgang ein, während ich heimlich dreimal über meine linke Schulter spuckte. Dabei sah ich aus den Augenwinkeln, dass die Rettungsgarde Posten im Hubschrauber bezogen und die Feuerwehrleute sich vor lauter Respekt von ihren Plätzen erhoben hatten. Der Leutnant am Ausgang, dieser Schafskopf, salutierte sogar, und über alldem prangte ein gewaltiges, mittlerweile vergilbtes Plakat mit der Aufschrift »Herzlich Willkommen, Herrschaften aus dem All!« Tender war so beeindruckt, dass er winken wollte, aber ich verpasste ihm einen solchen Stoß in die Rippen, dass ihm die Mätzchen gleich vergingen. Das würde ich ihm schon austreiben, dem Fettarsch – sich verabschieden!

Wir flogen los.

Rechts von uns lag das Institut, links das sogenannte Pestviertel. Wir schwebten direkt über der Straßenmitte und tasteten uns von einem Markierungspfahl zum nächsten. Meine Güte, wie lang diese Straße nicht mehr benutzt worden war! Der Asphalt war von Rissen durchzogen, aus denen bereits

Gras wucherte. Freilich war es noch unser Gras, irdisches. Schon auf dem Bürgersteig linker Hand spross schwarzes Gestrüpp. Dieses markierte die Grenze der *Zone* – haarscharf, denn unmittelbar vor der Fahrbahn hörte es wie mit der Sense gemäht auf. Das musste man ihnen lassen, den Gästen aus dem All: Sie waren sehr ordentlich. Sie hatten zwar eine Menge Schweinereien angerichtet, aber nur innerhalb ganz bestimmter Grenzen. Selbst von ihrem »sengenden Flaum« flog kein Stäubchen zu uns herüber, auch wenn es immer wieder mal so aussah, als wehte der Wind das Zeug nach Belieben auf unsere Seite.

Die Häuser im Pestviertel standen da wie nackt, tot. Die Fensterscheiben waren fast überall noch heil, aber blind vor Schmutz. Wenn man nachts hier durchkroch, konnte man das Leuchten und Fluoreszieren im Innern der Häuser sehen, so, als würde Spiritus brennen, mit kleinen blauen Flammenzungen. Das war die »Hexensülze«, deren Dämpfe aus den Kellern nach oben stiegen. Dabei war das Pestviertel, schaute man flüchtig hin, ein Viertel wie jedes andere. Gewiss, die Häuser mussten dringend renoviert werden, doch sonst, vom Fehlen der Bewohner abgesehen, gab es hier nichts Besonderes. In dem Ziegelhaus dort drüben hatte früher unser Mathematiklehrer gewohnt, er trug den Spitznamen Komma. War ein ziemlicher Trottel gewesen und ein ausgemachter Pechvogel: Seine zweite Frau hatte ihn kurz vor der Katastrophe verlassen. Seine Tochter litt auf einem Auge am weißen Star, weshalb wir sie oft ärgerten – so lange, bis sie weinte. Als die Panik ausbrach, rannte er, wie alle anderen Bewohner des Viertels, nur mit Unterwäsche bekleidet bis zur Brücke – sechs Kilometer ohne Pause. Später litt er lange Zeit unter der Pest, die Haut löste sich ihm vom Körper, und die Nägel fielen ab. Fast alle, die hier gewohnt hatten, bekamen die Pest, weshalb man dem Viertel den Namen gab. Einige starben daran, doch waren das meistens alte Leute. Obwohl – ich glaube, dass sie weniger der Pest zum Opfer fielen als ihrer Angst. Es war grauenvoll.

Hatten es die Bewohner dieses Viertels mit der Pest zu tun, so wurden die Bewohner der angrenzenden drei Stadtbezirke blind. Noch heute nannte man sie das erste Blindenviertel, das zweite Blindenviertel … Es handelte sich aber um keine vollständige, sondern um eine Art Hühnerblindheit. Die Betroffenen behaupteten allerdings, nicht von dem gleißend hellen Lichtschein erblindet zu sein, den es zweifelsohne gegeben hatte, sondern von einem furchtbaren Donner. Das Krachen sei so enorm gewesen, dass sie auf der Stelle ihr Augenlicht verloren. Der Einwand der Ärzte, so etwas sei unmöglich, ließ sie unbeirrt. Das Kuriose an der Geschichte aber war: Niemand außer ihnen hatte den Donner gehört.

Hier sah es wirklich aus, als wäre nichts geschehen. Der gläserne Kiosk war völlig unbeschädigt, und der Kinderwagen, der in der Haustür stand, ebenso – nicht ein Stäubchen schien auf den Kissen zu liegen. Nur die Fernsehantennen auf den Dächern machten eine Ausnahme: An ihnen hingen haarige Gewächse wie Lindenbast herunter. Die Intellektuellen hatten längst ein Auge auf die Antennen geworfen – gar zu gern hätten sie erfahren, worum es sich bei den Bastfasern handelte. Nur im Pestviertel waren sie anzutreffen und nur auf den Antennen. Die Hauptsache aber war: Die Fasern hingen einem direkt vor der Nase, man konnte sie vom Fahrzeugfenster aus erkennen. Im vorigen Jahr hatten unsere Schlaumeier dann eine Idee: Vom Hubschrauber aus ließen sie einen Anker, der an einer Stahltrosse befestigt war, hinab und hakten eine der Antennen an. Der Hubschrauber hatte kaum angeruckt, als ein lautes Zischen zu hören war. Ein Blick – und man wusste, warum: Die Antenne qualmte, der Anker qualmte, und auch das Stahlseil fing zu qualmen an. Der Rauch aber stieg nicht einfach auf, sondern war von dem gefährlichen Zischen begleitet, als hätte man es mit einer wütenden Schlange zu tun. Der Pilot – ein Leutnant übrigens – reagierte schnell: Er klinkte das Seil aus und machte sich auf und davon … Die Trosse hing noch immer dort; sie berührte fast den Boden und war völlig von dem Bast umwuchert …

Wir schwebten sachte dahin und hatten inzwischen das Ende der Straße und die Abzweigung erreicht. Kirill warf mir einen fragenden Blick zu – einbiegen? Ich gab ihm Handzeichen – ganz langsam fahren. Dann bog unsere »Galosche« um die Ecke und legte im Schritttempo die letzten Meter irdischen Bodens zurück. Der Bürgersteig kam näher, und schon fiel der Schatten unseres Fahrzeugs auf das schwarze Gestrüpp … Jetzt war Schluss mit der Sicherheit, wir waren in der *Zone*! Augenblicklich spürte ich, wie es mir kalt den Rücken hinunterlief. Diese Schauer befallen mich jedes Mal, und ich weiß nicht, ob es die *Zone* ist, die mich auf diese Weise begrüßt, oder ob die Nerven verrücktspielen. Jedes Mal nehme ich mir vor: Wenn du zurück bist, fragst du, ob es den anderen auch so geht, aber ich vergesse es immer wieder.

Wir fuhren langsam an den früheren Gärten entlang, der Motor brummte leise und gleichmäßig – wieso auch nicht, ihm drohte ja keine Gefahr … Tender dagegen hielt es nicht mehr aus. Wir hatten den ersten Markierungspfahl noch nicht erreicht, als er zu quatschen anfing – wie Neulinge in der *Zone* eben quatschen: mit klappernden Zähnen und sich überschlagendem Atem. Es war ihm peinlich, natürlich, aber er konnte sich nicht beherrschen. Ich glaube, das ist bei den Neuen genauso unwillkürlich wie Durchfall … Was die nicht alles reden! Tender begeisterte sich zuerst für die Landschaft, dann ließ er sich über die fremden Wesen aus und faselte schließlich von Dingen, die ohne jeden Zusammenhang waren. Er redete ohne Unterlass; zuletzt erzählte er von seinem neuen Anzug, wie viel er dafür bezahlt hatte, wie fein die Wolle war, wie ihm der Schneider die Knöpfe ausgewechselt hatte …

»Halt die Klappe«, sagte ich.

Er sah mich einen Moment betrübt an, klappte den Unterkiefer auf und zu – und fuhr fort: wie viel Seide fürs Futter notwendig gewesen war und so weiter.

Mittlerweile hatten wir die Gärten passiert und befanden uns über der lehmigen Freifläche, die früher als städtische Müllhalde gedient hatte. Ich spürte einen kaum wahrnehmbaren Hauch. Sekunden vorher war noch kein Wind gewesen, doch jetzt war er da: Staubwolken wirbelten auf, und mir war, als hörte ich ein leises Geräusch.

»Du sollst die Schnauze halten, du Idiot!«, sagte ich zu Tender.

Aber der Kerl quatschte wie aufgezogen – jetzt waren die Rosshaare dran … Na schön, dann ging es eben nicht anders.

»Halt an«, sagte ich zu Kirill.

Er bremste unverzüglich, hatte Reaktionsvermögen, der Bursche. Ich packte Tender bei den Schultern, drehte ihn zu mir um und gab ihm mit voller Wucht eins vors Visier. Er donnerte mit der Nase gegen das Plexiglas, schloss die Augen und verstummte. Kaum war er still, hörte ich es wieder: ein leises Tr-r-r … Tr-r-r … Tr-r-r … Kirill starrte mich mit zusammengebissenen Zähnen an. Ich gab ihm Zeichen, dass er sich auf keinen Fall von der Stelle rühren sollte. Doch Kirill, der das Geräusch ebenfalls hörte, hatte – wie jeder Neuling in solchen Augenblicken – den unwiderstehlichen Drang, etwas zu unternehmen. »Rückwärtsgang?«, flüsterte er. Ich schüttelte verzweifelt den Kopf und fuchtelte mit der Faust vor seinem Helm herum, damit er um Himmels willen die Klappe hielt. Heilige Mutter, mit diesen Anfängern wusste man nie, wohin zuerst schauen – auf die *Zone* oder auf sie … Im nächsten Moment vergaß ich alles um mich her. Über einem Haufen alten Gerümpels, zerbrochenem Glas und Lumpenzeug, stieg ein leichtes Beben auf, ein Flirren wie von erhitzter Luft in der Mittagssonne über einem Wellblechdach. Dieses Flimmern wälzte sich direkt auf uns zu, schwebte bis zum Markierungspfahl, kam an der Grenze zur Straße für den Bruchteil einer Sekunde zum Stehen – oder schien mir das nur so? –, schwenkte dann seitlich zum offenen Feld hin ab und verschwand hinter dem Gestrüpp und den verfaulten Zäunen in Richtung Autofriedhof.

Der Teufel soll sie holen, diese Intellektuellen. Man sollte meinen, sie wüssten, wo die Trasse zu markieren ist! Ich selbst war allerdings auch nicht besser – wohin hatte ich bloß geschaut, als ich mir so begeistert ihre Karte angesehen hatte!

»Leg den ersten Vorwärtsgang ein«, sagte ich.

»Was war das?«

»Weiß der Kuckuck! Gottlob, der Kelch ist noch mal an uns vorübergegangen. Und jetzt halt die Klappe. Bitte. Von nun an bist du kein Mensch mehr, kapiert? Du bist eine Maschine, mein Hebel …«

Ich stockte; mir wurde klar, dass auch mich gerade der Redeschnupfen erfasst hatte.

»Schluss jetzt«, sagte ich. »Kein Wort mehr.«

Was hätte ich in diesem Augenblick für einen ordentlichen Schluck gegeben! Die Flasche aus der Innentasche ziehen, den Verschluss langsam aufdrehen, die Flasche ansetzen und den Schnaps in die Kehle laufen lassen. Dann schütteln und noch einmal ansetzen … Diese Anzüge waren einfach zum Kotzen. So lange war ich ohne sie ausgekommen und würde auch zukünftig nicht ohne sie krepieren, aber ohne einen anständigen Schluck in einem solchen Augenblick … Ach, Schwamm drüber!

Der Windhauch schien abgeflaut zu sein, es gab keine verdächtigen Geräusche mehr, nur das leise, schläfrige Brummen des Motors. Ringsum nichts als Sonne und Hitze. Über der Garage stand ein Flirren, das aber nichts Außergewöhnliches zu bedeuten schien. Einer nach dem andern zogen die Markierungspfähle an uns vorbei. Tender schwieg, ebenso Kirill – die Neulinge lernten dazu. Nur keine Angst, Männer, auch in der *Zone* lässt sich's atmen, wenn man sie zu nehmen weiß … Und da kam auch schon die Markierung 27 in Sicht – ein Eisenpfahl mit einem roten Kreis drauf, in der Mitte die Nummer 27. Kirill sah mich an, ich nickte, und unsere »Galosche« kam zum Stehen.

Der Anfang war getan, aber das Schwerste stand uns noch bevor. Das Wichtigste war jetzt, absolute Ruhe zu bewahren. Es gab keinen Grund zur Eile. Die Sicht war ausgezeichnet, es wehte kein Wind, und alles lag bestens vor uns ausgebreitet. Dort drüben verlief der Graben, wo es Schleimer erwischt hatte. Etwas Buntes schimmerte herüber, vielleicht waren es seine Lumpen … Was für ein mieser Typ dieser Schleimer, Gott hab ihn selig, doch gewesen war – geizig, dumm und immer verdreckt. Nur solche machten mit Aasgeier gemeinsame Sache. Und Barbridge, genannt Aasgeier, witterte sie auf Meilen Entfernung, spannte sie vor seinen Karren … Die *Zone* fragt nicht danach, ob einer gut ist oder böse. Im Grunde musste man Schleimer sogar danken: Er war zwar ein Dummkopf, und man weiß nicht einmal mehr seinen richtigen Namen, aber er hat den Schlauköpfen gezeigt, wohin man seinen Fuß besser nicht setzte … Und jetzt? Das Beste wäre, sich bis zur asphaltierten Straße vorzuarbeiten, die war glatt, übersichtlich, und der Spalt darin nichts Unbekanntes mehr. Nur gefielen mir die kleinen Aufwerfungen nicht, die man passieren musste, wollte man die Straße auf kürzestem Wege erreichen. Die schienen förmlich darauf zu warten, dass man auf sie hereinfiel. Aber nicht mit mir! Der zweite Grundsatz eines Stalkers lautet: Rechts wie links muss bis auf hundert Schritt alles sauber sein. Seitlich vom linken Hügel dagegen konnte man sicher durchbrechen … Auch wenn ich keine Ahnung hatte, was sich dahinter verbarg – laut Karte gar nichts, aber wer konnte sich schon auf eine Karte verlassen?

»Hör mal, Red«, flüsterte Kirill, »wir springen mit einem Satz rüber, ja? Gehen zwanzig Meter hoch, dann wieder steil hinunter – und landen direkt vor der Garage.«

»Halt die Klappe, du Blödmann, stör mich nicht.«

Hochsteigen wollte er! Und wenn es uns in zwanzig Metern Höhe erwischte, konnten wir unsere Knochen einzeln zusammensuchen. Ganz zu schweigen von der »Fliegenklatsche«. Würden wir an die geraten, ginge es nicht einmal mehr um die Knochen: Ein feuchter Fleck wäre alles, was von uns übrig bliebe. Was fing man bloß mit diesen Draufgängern an? Sie hatten nie Zeit und wollten sogar kurzerhand hinüberspringen ... Also gut, der Weg zum linken Hügel war klar, anschließend musste man weitersehen. Ich griff in die Hosentasche und holte eine Handvoll Schraubenmuttern heraus. Ich zeigte sie Kirill und sagte: »Du kennst doch bestimmt die Geschichte vom Däumling? Jetzt schau her, wir machen es genau umgekehrt.« Ich warf die erste Schraube, nicht allzu weit, ungefähr zehn Meter nach vorn. Sie passierte die Strecke ohne Hindernisse. »Hast du gesehen?«, fragte ich.

»Ja, und?«

»Nichts ›und‹. Ich habe dich gefragt, ob du's gesehen hast.«

»Habe ich.«

»Dann fahr die ›Galosche‹ im Schritttempo in Richtung Schraube und halt einen knappen Meter vor ihr an. Kapiert?«

»Ist klar. Du versuchst also, die Gravikonzentrate ausfindig zu machen?«

»Ich versuche, was nötig ist. Schau her, ich werfe jetzt eine zweite Schraube. Pass genau auf, wo sie runterfällt, und lass sie nicht mehr aus den Augen.«

Wie zu erwarten, flog auch die zweite Schraube die paar Meter, ohne auf ein Hindernis zu stoßen, und fiel neben der ersten zur Erde.

»Also dann«, sagte ich.

Kirill fuhr los. Seine Miene drückte Ruhe und Sicherheit aus; man sah, er hatte begriffen. So waren sie alle, die Intellektuellen – Hauptsache, das Ding hatte einen Namen. Solange es den nicht hatte, machten sie ein dummes Gesicht. Jetzt, wo er wusste, dass es um die Gravikonzentrate ging, war ihm alles klar und das Leben leichter.

Wir passierten die erste Schraube, die zweite, dritte. Tender seufzte, zappelte ungeduldig mit den Beinen und gähnte immerzu nervös. Das Gähnen wurde von krampfhaftem Zähneblecken begleitet, wie bei einem Hund – er quälte sich, der Ärmste. Aber das schadete nichts, es kam ihm eher zugute. Seine fünf Kilo würde er sich heute abstrampeln, die *Zone* war besser als jede Diät … Ich schleuderte die vierte Schraube, aber sie flog nicht ganz so glatt durch die Luft. Ich konnte es nicht erklären, aber ich spürte genau – diesmal war es anders. Sofort packte ich Kirill beim Arm.

»Halt«, sagte ich. »Keinen Schritt weiter.«

Ich nahm die fünfte Schraube und warf sie höher und weiter als die vorangegangenen. Aha, da hatten wir sie also, die »Fliegenklatsche«! In die Höhe flog die Schraube ganz normal, hinunter zunächst auch – aber dann, auf halbem Weg, schien es, als würde sie von einer unsichtbaren Kraft seitlich gepackt und mit einer solchen Wucht niedergeschleudert, dass sie im nächsten Augenblick im Lehmboden versunken war.

»Hast du das gesehen?«, flüsterte ich.

»Bisher nur im Kino«, erwiderte Kirill und lehnte sich mit dem ganzen Körper vor. Gleich würde er vornüber kippen. »Wirf noch eine, ja?«

Du heilige Einfalt, als wenn es mit einer getan gewesen wäre! Diese Intellektuellen! Acht Schrauben brauchte ich noch, bis ich die Grenzen der »Fliegenklatsche« abgesteckt hatte. Aber wenn ich ehrlich sein soll: Es hätten auch sieben gereicht, die letzte schleuderte ich Kirill zuliebe – direkt in die

Mitte seines geliebten Gravikonzentrats. Das Ding sauste in den Boden, als handelte es sich nicht um eine kleine Schraube, sondern um ein Gewicht von zwei Zentnern. Sie donnerte ins Erdreich, und es blieb nichts zurück als ein Loch. Kirill juchzte vor Freude.

»Schluss damit«, sagte ich. »Jetzt hatten wir unseren Spaß, nun an die Arbeit. Schau her, ich werfe eine Schraube, lass sie nicht aus den Augen.«

Wir umgingen also die »Fliegenklatsche« und gelangten zum ersten der kleinen Hügel. Er war klein wie ein Stück Katzendreck, und ich hatte ihn bis zu diesem Tag nie bemerkt. Die asphaltierte Straße befand sich keine zwanzig Schritt mehr von uns entfernt. Die Stelle schien einwandfrei, jeder Grashalm war zu sehen, jeder kleine Riss im Asphalt. Also los, die nächste Schraube geworfen und ihr nach!

Aber ich zögerte. Ich begriff selber nicht, warum.

»Was ist los?«, fragte Kirill. »Warum fahren wir nicht weiter?«

»Warte«, sagte ich. »Sei um Himmels willen still.«

Gleich, dachte ich, würde ich die Schraube werfen; wir würden ihr in aller Ruhe und sanft wie durch weiche Butter folgen, kein Hälmchen würde sich regen. Eine halbe Minute, und wir wären dort … Aber im selben Augenblick brach mir der Schweiß aus den Poren, sogar in die Augen floss er mir! Schlagartig wurde mir klar, dass ich die Schraube auf gar keinen Fall vorschicken durfte, nicht geradeaus! Nach links, ja, von mir aus sogar zwei. Auch wenn der Weg dadurch länger wurde und ein paar sehr unangenehme Steine da herumlagen – in diese Richtung würde ich die Schraube werfen, aber nicht geradeaus! Und ich schleuderte sie nach links. Kirill sagte kein Wort, lenkte die »Galosche« in die angegebene Richtung und blickte mich erst wieder an, als wir bei der Schraube angekommen waren. Ich sah bestimmt nicht gut aus, denn er schaute gleich wieder weg.

»Macht nichts«, sagte ich. »Auf Umwegen kommen wir schneller zum Ziel.« Dann warf ich die letzte Schraube, nun schon auf den Asphalt.

Von da an ging es einfacher. Ich fand den Spalt in der Straße, er war sauber und weder von Mistzeug bewachsen, noch hatte er inzwischen die Farbe gewechselt. Ich folgte ihm, und er führte uns besser als alle Markierungspfähle bis zur Garage.

Ich befahl Kirill, bis auf anderthalb Meter runterzugehen, legte mich auf den Bauch und spähte durch die offen stehende Tür ins Innere der Garage. Wegen des Sonnenlichts konnte ich zunächst jedoch kaum etwas erkennen – alles war schwarz –, allmählich jedoch gewöhnten sich meine Augen daran. Seit meinem letzten Besuch hatte sich hier offenbar nichts verändert. Der Kipper stand noch genauso auf der Grube wie vorher, heil und unversehrt, ohne jeden Kratzer oder Fleck. Auch auf dem Zementfußboden ringsum fiel mir nichts Besonderes auf – wahrscheinlich deshalb, weil sich seitdem nur wenig »Hexensülze« in der Grube angesammelt hatte und sie noch nicht rausgeschwappt war. Nur eins gefiel mir nicht: Weiter hinten in der Garage, wo die Kanister standen, schimmerte etwas Silbernes. Das war früher nicht gewesen. Aber was machte das schon? Sollte es schimmern – wir würden deswegen nicht umkehren! Es war auch kein auffallendes Schimmern, nur ein schwacher, kaum wahrnehmbarer, ja, sogar lieblicher und behaglicher Widerschein … Ich stand auf, klopfte mir den Staub vom Overall und hielt nach allen Seiten Ausschau. Drüben auf der Freifläche standen die Lastwagen; sie wirkten tatsächlich wie neu. Meiner Meinung nach sahen sie sogar noch besser aus als das letzte Mal. Im Gegensatz zu dem Tankwagen, der inzwischen ganz durchgerostet war und über kurz oder lang auseinanderfallen würde … Da lag übrigens auch das Garagendach, das sie auf ihrer Karte vermerkt hatten.

Es gefiel mir nicht, dieses Dach. Der Schatten, den es warf, schien irgendwie unnormal. Die Sonne stand in unserem Rücken, der Schatten aber wies zu uns. Na, sollte er, bis dahin war es noch ein Stück. Und hier konnte man schon arbeiten. Dennoch hätte ich gern gewusst, was da so silbrig glänzte. Oder existierte das Schimmern nur in meiner Fantasie? Am liebsten hätte ich mich jetzt still hingehockt, eine Zigarette geraucht und in aller Ruhe darüber nachgedacht, weshalb dieser silbrige Glanz über den Kanistern lag, aber nirgendwo anders ... Und weshalb das Dach einen so eigentümlichen Schatten warf ... Halt, über die Schatten hatte Barbridge, der Aasgeier, einmal etwas erzählt, etwas sehr Merkwürdiges, aber Ungefährliches ... Die Schatten spielten wohl immer mal verrückt ... Dennoch, was leuchtete dort so? Sah aus wie eine Spinnwebe am Baum. Was für ein Vieh von Spinne mochte das wohl fabriziert haben, so etwas hatte ich in der *Zone* noch nie gesehen. Das Schlimmste aber war, dass sich meine »Null« ausgerechnet dort befand – zwei Schritt von den Kanistern entfernt. Hätte ich sie damals gleich mitgenommen, bräuchte ich jetzt keine Angst zu haben. Aber es war so verdammt schwer, das Miststück, war ja schließlich voll ... Anheben hätte ich's zur Not noch können, aber auf dem Buckel schleppen, dazu nachts und auf allen vieren ... Wer noch nie eine »Null« getragen hat, der soll es ruhig versuchen: Es ist, als müsste man einen halben Zentner Wasser ohne Eimer transportieren. Sollten wir wirklich gehen? Ja, es war Zeit. Ach, jetzt einen kräftigen Schluck ... Ich drehte mich zu Tender um und sagte: »Ich gehe mit Kirill in die Garage, du bleibst hier. Das Steuer rührst du ohne meinen ausdrücklichen Befehl nicht an, klar? Egal, was passiert, und wenn die Erde unter dir zusammenstürzt! Wenn du die Nerven verlierst – ich finde dich auch im Jenseits wieder.«

Er nickte ernst, was wohl heißen sollte: Ich werde die Nerven schon nicht verlieren. Seine Nase sah aus wie eine Pflaume, ich hatte ihm ganz schön eins draufgegeben. Ich ließ vorsichtig die Havarietrossen hinunter, warf nochmals einen Blick auf den silbrigen Schimmer, gab Kirill ein Zeichen und kletterte aus dem Fahrzeug. Als ich den Asphalt erreicht hatte, wartete ich auf ihn. Kirill ließ sich an der anderen Trosse herunter.

»Lass dir Zeit«, sagte ich. »Mach langsam, das wirbelt weniger Staub auf.«

Wir standen auf der Straße, die »Galosche« neben uns schaukelte mit den herabhängenden Trossen in der Luft. Tender hatte seinen Kopf durch das Fenster gesteckt und sah uns zu; er hatte Angst. Für uns wurde es jetzt Zeit, und ich gab Kirill Anweisung: »Halt dich genau hinter mir, in zwei Schritt Entfernung. Sei aufmerksam, lass mich bloß nicht aus den Augen.«

Ich ging los. Auf der Schwelle zur Garage blieb ich stehen und schaute mich um. Um wie vieles leichter es sich doch am Tag arbeiten ließ! Ich erinnerte mich, wie ich einmal bäuchlings an genau dieser Stelle gelegen hatte. Es war stockfinster gewesen, und aus der Grube waren die Flammen der »Hexensülze« aufgestiegen, bläulich, wie wenn man Spiritus entzündet. Das Gemeine war, dass es von dem Teufelsspuk keinen Deut heller wurde, im Gegenteil, alles versank in noch größerer Finsternis. Jetzt dagegen – die Augen hatten sich an das Halbdunkel gewöhnt – konnte man jede Einzelheit erkennen, sogar den Staub in den entlegensten Winkeln. Und dort in der Ecke wieder dieser silbrige Glanz; von den Kanistern reichten flimmernde Fäden bis hinauf zur Decke. Es schien sich in der Tat um Spinnweben zu handeln, aber denen kam man besser nicht zu nahe … Hier – ich begriff das schon im nächsten Augenblick – beging ich einen großen Fehler. Ich hätte Kirill rufen sollen, damit er sich neben mich stellte, und hätte abwarten müssen, bis auch seine Augen sich an das Dunkel gewöhnt hatten, um ihm dann diese Silberfäden zu zeigen. Aber ich war es gewohnt, alleine zu arbeiten. So registrierte ich zwar das Zeug, dachte aber nicht an Kirill.

Ich betrat die Garage und steuerte auf die Kanister zu. Vor der »Null« hockte ich mich hin – sie schien von den Silberfäden unberührt. Beruhigt packte ich das Ding an einem Ende und bat Kirill: »Fass mit an, aber lass sie nicht fallen, sie ist verdammt schwer …«

Ich sah zu ihm hoch, und mir stockte der Atem. Ich wollte schreien: Bleib stehen, rühr dich nicht vom Fleck!, brachte aber keinen Ton heraus. Wahrscheinlich wäre die Warnung ohnehin zu spät gekommen, so schnell ging alles. Kirill stieg über die »Null« hinweg und stand mit dem Rücken zu den Kanistern – in der Spinnwebe … Ich schloss die Augen und erstarrte. Keinen Laut hörte ich – nur das Reißen der Fäden. Es war ein schwaches, trockenes Knistern, nicht anders, als wenn gewöhnliche Spinnweben zerreißen, nur lauter. Ich saß mit geschlossenen Augen da und konnte mich nicht bewegen. Kirill sagte: »Was ist, heben wir sie auf?«

»Ja«, antwortete ich.

Wir hoben die »Null« auf und schleppten sie im Seitgang hinaus. Das Miststück war verdammt schwer, sogar zu zweit hatten wir Mühe, es zu tragen. Dann waren wir endlich draußen und an der »Galosche«, Tender streckte uns schon die Hände entgegen.

»Na dann«, sagte Kirill, »hau ruck …«

»Warte«, erwiderte ich. »Einen Augenblick noch. Wir stellen das Ding zuerst hier ab.«

»Dreh dich um«, sagte ich, »mit dem Rücken zu mir.«

Kirill folgte meiner Aufforderung, und ich sah mir seinen Rücken an – nichts Auffälliges. Ich drehte ihn rechts herum, links herum – nichts. Dann sah ich noch einmal zu den Kanistern. Auch dort nichts.

»Hör mal«, sagte ich zu Kirill, sah aber nach wie vor auf die Kanister. »Hast du die Spinnwebe nicht gesehen?«

»Nein, was für eine Spinnwebe?«

»Schon gut«, sagte ich. »Da war der Herrgott nochmal gnädig.« Doch ich dachte: Das muss sich im Übrigen erst noch zeigen …

»Na los«, knurrte ich. »Pack an.«

Wir hievten die »Null« in die »Galosche« und stellten sie senkrecht auf, damit sie nicht hin und her rollen konnte. Da stand sie nun – blitzblank und funkelnagelneu. Auf dem Kupfer spielte die Sonne, und die bläuliche Füllung zwischen den beiden Platten schimmerte matt. Jetzt war auch deutlich zu erkennen, dass es keine »Null« im eigentlichen Sinn war, sondern ein gefülltes Gefäß, das aussah wie eine Glaskonserve mit blauem Sirup. Als wir sie ausreichend bewundert hatten, nahmen wir unsere Plätze ein und machten uns auf den Heimweg.

Wie gut es die Gelehrten haben! Erstens arbeiten sie am Tag, und zweitens fällt ihnen nur der Hinweg schwer – zurück nämlich, aus der *Zone* heraus, führt die »Galosche« sie quasi von allein. Sie verfügt über eine entsprechende Apparatur, einen Kursschreiber, mit dessen Hilfe sie automatisch die Route wählt, die schon für den Hinweg benutzt wurde. Wir flogen also zurück, wiederholten dieselben Manöver wie zuvor, blieben hin und wieder stehen, warteten ab und schwebten weiter, immer den Schraubenmuttern nach; man hätte sie direkt wieder einsammeln können.

Die zwei Anfänger waren jetzt wieder obenauf; ihre Angst war fast verflogen. Neugierig drehten sie die Hälse hin und her und freuten sich, dass alles so glimpflich abgelaufen war. Sie begannen, sich angeregt zu unterhalten. Tender fuchtelte mit den Armen und kündigte an, sofort nach dem Mittagessen zurück in die *Zone* zu fahren und den Weg zur Garage zu markieren. Kirill nahm mich beim Arm und fing an, mir auseinanderzusetzen, was es mit seinem Gravikonzentrat, sprich der »Fliegenklatsche«, auf sich hatte. Ich ließ sie eine Weile quatschen, setzte dem Ganzen aber dann ein Ende, indem ich ihnen erzählte, wie viele Dummköpfe schon hatten dran glauben müssen, weil sie auf dem Rückweg leichtsinnig wurden. Haltet die Klappe, sagte ich, und schaut, wie es sich gehört, nach rechts und links, sonst ergeht es euch wie Lindon dem Zwerg. Das wirkte. Sie fragten nicht einmal, was mit Lindon dem Zwerg passiert war. In der *Zone* konnte man hundertmal denselben, bekannten Weg nehmen und kam beim hundertsten Mal um … Wir durchkreuzten die Stille, und ich stellte mir vor, wie ich bald den Verschluss der Flasche abschrauben würde. In allen Einzelheiten malte ich mir aus, wie ich den ersten Schluck trank. Und doch sah ich vor meinem geistigen Auge immer wieder diese silberne Spinnwebe …

Wir ließen die *Zone* hinter uns. Mitsamt der »Galosche« jagten sie uns in die Lausekammer, oder, wissenschaftlich ausgedrückt: in die Desinfektionshalle. Dort wurden wir unter siedend heißem Wasser und nach allen Regeln der Kunst abgeschrubbt, bestrahlt, eingesprüht und wieder abgeschrubbt. Am Ende föhnten sie uns trocken, und wir durften uns trollen. Tender und Kirill schleppten die »Null« ins Institut. Im Nu gab es eine Menge Schaulustiger und kein Durchkommen mehr. Und eins war mal wieder typisch: Alle machten große Augen, ließen anerkennende Rufe hören, aber nicht einer fasste mit an und eilte den erschöpften Männern zu Hilfe; so weit reichte der Mut anscheinend doch nicht … Na, was soll's, mich ging das ja nichts an. Überhaupt war mir alles im Moment so ziemlich egal.

Ich streifte den Spezialanzug ab und ließ ihn auf dem Boden liegen – die Knechtsseelen von Sergeanten würden ihn schon aufheben. Dann ging ich in Richtung Duschraum, denn ich klebte am ganzen Körper. In der Kabine schloss ich mich erst einmal ein, holte die Pulle raus, schraubte den Verschluss ab und saugte mich wie eine Wanze an ihr fest. So saß ich eine Weile auf dem Bänkchen; ich fühlte meine Beine nicht mehr, der Kopf war leer, die Seele auch, und ich trank in aller Ruhe meinen Schnaps. Wie Wasser. Ich lebte, sie hatte mich losgelassen, die *Zone*. Hatte mich laufenlassen, das Miststück. Das geliebte, stinkige Aas. Ich lebte. Anfänger kapieren das nicht; nur Stalker wissen, was es heißt. Ich spürte, wie mir die Tränen über die Wangen liefen und wusste selber nicht, warum – ob durch den Schnaps oder aus einem anderen Grund. Ich trank die Flasche bis auf den letzten Tropfen leer, aber es hätte ruhig noch ein Schluck mehr sein können. Na, egal, das ließ sich ändern. Alles ließ sich jetzt ändern. Ich lebte. Ich steckte mir eine Zigarette an und spürte, dass ich allmählich wieder zu mir kam. Mir fiel die Prämie ein. Das war wirklich großartig im Institut. Ich hätte jetzt gleich dorthin marschieren und mir mein Kuvert aushändigen lassen können. Möglicherweise brachten sie es mir sogar hierher, in den Duschraum.

Ich begann mich auszuziehen, nahm die Uhr ab, warf einen Blick darauf – über fünf Stunden waren wir in der *Zone* gewesen. Fünf Stunden! Mich überlief es eiskalt. Wirklich, in der *Zone* stand die Zeit still. Fünf Stunden … Obwohl – für einen Stalker bedeuten fünf Stunden im Grunde gar nichts, sind nicht der Rede wert. Unsereins ist ganz anderes gewohnt: zwölf Stunden, achtundvierzig unter Umständen … Hat man es nämlich in der ersten Nacht nicht geschafft, liegt man den ganzen Tag über dort, mit der Schnauze im Dreck, und lauert. Da betet man nicht mehr, sondern faselt nur noch etwas vor sich hin und weiß am Ende nicht, ob man noch lebt oder schon tot ist … Und in der zweiten Nacht, wenn man mit der Arbeit fertig ist und sich mit der Beute bis zur Absperrung vorgearbeitet hat, stehen dort die Patrouillen. Sie hassen uns, diese bewaffneten Geier, und sie haben keine Lust, uns hoppzunehmen, weil sie uns über die Maßen fürchten. Sie glauben, wir hätten die Pest am Leib. Deshalb knallen sie uns lieber gleich ab – sie haben ja das Recht auf ihrer Seite. Da geh mal einer hin und versuche nachzuweisen, sie hätten vorzeitig losgeballert … Also liegt man wieder mit der Schnauze im Dreck. Betet bis zum Morgengrauen und dann noch mal bis zum Einbruch der Dunkelheit. Neben einem aber liegt die Beute, und man weiß nicht, ob sie nur daliegt oder einen langsam und in aller Stille ins Grab befördert. Oder es geht dir wie dem Schwieligen Is'haq. Er war vom Weg abgekommen und fand sich bei Morgengrauen plötzlich auf freiem Feld wieder; er saß zwischen zwei Gräben fest und konnte weder nach rechts noch nach links entwischen. Zwei Stunden lang schossen sie auf ihn, ohne ihn zu treffen, zwei Stunden lang stellte er sich tot. Sein Glück, dass sie es schließlich glaubten und sich zurückzogen. Aber als ich ihm später einmal begegnete, erkannte ich ihn nicht wieder. Die Sache hatte ihn zerbrochen, und es war, als sei er dabei gestorben …

Ich wischte mir die Tränen ab, drehte das Wasser auf und wusch mich. Zuerst unter der heißen Dusche, dann unter der kalten und dann wieder unter der heißen. Ein ganzes Stück Seife brauchte ich auf, bis ich genug hatte. Dann stellte ich die Dusche ab und hörte im gleichen Augenblick jemanden gegen die Kabinentür hämmern. Es war Kirill, der ausgelassen rief: »He, Stalker, komm raus! Hier riecht's nach grünen Scheinen!«

Grüne Scheine – das ließ sich hören. Ich öffnete die Tür und sah Kirill vor mir. Er trug nur eine Unterhose und strahlte über das ganze Gesicht. Seine Schwermut war verflogen, und er hielt mir einen Umschlag hin.

»Hier, nimm«, sagte er. »Von der dankbaren Menschheit.«

»Ich pfeif auf deine Menschheit! Wie viel ist denn drin?«

»Ausnahmsweise und für dein heldenhaftes Verhalten im Augenblick der Gefahr – zwei Monatsgehälter!«

Ja, so ließ sich's leben. Bekäme ich hier für jede »Null« zwei Gehälter, hätte ich Ernest längst zum Teufel gejagt.

»Na, bist du zufrieden?«, fragte Kirill und grinste bis über beide Ohren.

»Ich kann nicht klagen«, sagte ich. »Und du?«

Er gab keine Antwort, sondern umarmte mich, drückte mich fest gegen seine verschwitzte Brust. Dann ließ er mich los und verschwand in der Nachbarkabine.

»He«, rief ich ihm hinterher. »Und was ist mit Tender? Der schrubbt wohl noch seine Unterhosen?«

»Von wegen! Tender steht inmitten einer Schar von Journalisten ... Müsstest mal sehen, wie wichtig er sich macht. Er erklärt ihnen höchst kompetent ...«

»Was?«, fragte ich. »Wie erklärt er?«

»Na, kompetent.«

»Aha. In Ordnung, Sir«, sagte ich. »Nächstes Mal nehme ich ein Fremdwörterlexikon mit, Sir.« Aber im nächsten Augenblick überlief es mich siedend heiß. »He, Kirill«, rief ich. »Komm doch nochmal raus.«

»Ich bin aber schon ausgezogen«, erwiderte er.

»Jetzt hab dich nicht so, ich bin schließlich kein Weibsbild!«

Kirill kam heraus. Ich packte ihn bei den Schultern und drehte ihn mit dem Rücken zu mir. Gott sei Dank, nichts. Ich hatte mich getäuscht. Der Rücken war einwandfrei, nur die getrockneten Schweißspuren waren zu sehen.

»Was hast du nur immerzu mit meinem Rücken?«, fragte er.

Ich gab ihm einen Klaps auf den nackten Hintern, verschwand in meiner Kabine und verriegelte die Tür. Zum Teufel mit meinen Nerven! Schon in der *Zone* hatte ich dauernd dieses blöde Gefühl, und hier wieder ... Zum Teufel damit! Wie ein Pferd würde ich mich heute volllaufen lassen ... und bei Richard abkassieren – das wär's! Aber der verstand was vom Spielen, dieser Halunke, war mit keiner Karte festzunageln. Was hatte ich nicht alles versucht: Tricks beim Mischen, Zinken unter dem Tisch ...

»Kirill«, rief ich. »Kommst du heute ins ›Borsch‹?«

»Das heißt nicht ›Borsch‹, sondern ›Borschtsch‹, wie oft soll ich dir das noch sagen!«

»Unsinn! An der Tür steht ›Borsch‹, also lass mich mit deinen Spitzfindigkeiten zufrieden. Kommst du nun oder nicht? Wir nehmen Richard aus ...«

»Ich weiß es noch nicht, Red. Du hast ja gar keine Ahnung, was für ein tolles Ding wir da heute aus der *Zone* geholt haben.«

»Aber du hast Ahnung, was?«

»Gut, gut. Genau weiß ich es ja auch noch nicht. Aber einiges wird jetzt klarwerden: erstens, welche Funktion die ›Nullen‹ hatten, und zweitens, das heißt, wenn sich meine These als richtig erweist ... Also pass auf, ich schreibe einen Artikel darüber, den ich dir persönlich widmen werde: Roderic Schuchart, dem verehrten Stalker, voll Hochachtung und Dankbarkeit gewidmet.«

»Und ich wandere für zwei Jahre in den Knast.«

»Dafür wirst du aber in die Wissenschaft eingehen«, sagte Kirill. »›Schuchart-Konserve‹ wird das Ding heißen, na, klingt das nicht gut?«

Während wir so weiter flachsten, zog ich mich an. Ich steckte die leere Flasche in die Tasche, zählte noch einmal die Scheine und ging. »Mach's gut, du super Wissenschaftler«, sagte ich im Hinausgehen.

Kirill gab keine Antwort. Das Wasser rauschte laut.

Im Korridor erblickte ich Mister Tender persönlich, feuerrot im Gesicht und aufgeplustert wie ein Puter. Um ihn herum eine Menschenansammlung: Kollegen, Journalisten, sogar ein paar Sergeanten (sie kamen offenbar vom Mittagessen, denn sie stocherten noch in ihren Zähnen). Tender plapperte ungeniert drauflos: »Die Technik, über die wir verfügen, gibt uns eine fast hundertprozentige Garantie für den Erfolg und die Sicherheit eines solchen Unternehmens ...« Als er mich bemerkte, nahm er sich ein wenig zurück und lächelte mir zu, wollte mich heranwinken. Aber ich dachte nur eins: nichts wie weg hier. Ich setzte zum Spurt an, schaffte es aber nicht – die Meute war schon hinter mir.

»Mister Schuchart, Mister Schuchart … Ein Wort bitte zur Garage!«

»Kein Kommentar«, sagte ich und verfiel in Galopp. Aber so leicht wurde man sie nicht los: rechts einer mit Mikrofon, links einer mit Fotoapparat.

»Haben Sie in der Garage irgendetwas Ungewöhnliches bemerkt? Ein einziges Wort nur!«

»Ich sagte doch schon, kein Kommentar.« Ich war bemüht, das Gesicht von der Kamera wegzudrehen. »Eine Garage wie jede andere.«

»Vielen Dank. Und wie ist Ihre Meinung zu den Turboplattformen?«

»Ausgezeichnet«, sagte ich und steuerte auf die Sperre zu.

»Was, glauben Sie, waren die Ziele der Besucher?«

»Das müssen Sie die Wissenschaftler fragen«, sagte ich und verschwand hinter der Glastür.

Ich hörte sie daran scharren und rief ihnen durch die geschlossene Tür zu: »Ich empfehle Ihnen, sich unbedingt bei Mister Tender nach seiner Nase zu erkundigen. Seine Bescheidenheit hat ihn bisher sicher verschweigen lassen, wie er dazu kam. Aber gerade das war unser schönstes Abenteuer.«

Wie sie über den Korridor galoppierten! Nicht übertrieben: wie die Pferde. Ich wartete eine Minute ab – Stille. Steckte den Kopf durch die Tür – keine Menschenseele. Ich marschierte los, pfiff im Laufen vor mich hin. An der Pförtnerloge hielt ich der Bohnenstange von Sergeanten meinen Passierschein hin – er salutierte. Dem Helden des Tages sozusagen.

»Rühren, Sergeant«, sagte ich. »Ich bin zufrieden mit Ihnen.«

Er lächelte so breit, als hätte ich ihm wunder was Schmeichelhaftes gesagt.

»Bist wirklich ein toller Kerl, Rotfuchs. Ich bin stolz, dich zu kennen.«

»Na«, sagte ich, »da hast du den Mädchen in Schweden ja was zu erzählen.«

»Und ob! Die werden in meinem Arm weich wie Wachs!«

Nun ja, vielleicht war er ja doch ein patenter Bursche, dieser Schwede. Obwohl ich für lange Kerle mit roten Backen sonst nicht viel übrighabe. Die Weiber sind ganz verrückt nach ihnen, möchte nur mal wissen, warum. Doch wohl nicht wegen ihrer Länge … Ich schlenderte durch die Straßen und hing meinen Gedanken nach. Die Sonne schien, und es war kaum jemand zu sehen. Plötzlich überkam mich der Wunsch, Gutta bei mir zu haben, jetzt sofort. Sie ganz einfach neben mir zu haben, sie anzuschauen, ihre Hand zu halten. Nach der *Zone* war es überhaupt das Einzige, was zählte: die Hand eines Mädchens. Besonders, wenn man an all die Gerüchte dachte, die über die Kinder von uns Stalkern kursierten: was es da angeblich an Missgeburten gab … Aber Unsinn, was sollte ich jetzt mit Gutta. Fürs Erste brauchte ich eine Flasche Schnaps. Mindestens.

Ich ging am Parkplatz vorbei und kam zur Absperrung. Dort standen zwei Patrouillenwagen – grellgelb, wuchtig, mit Riesenscheinwerfern und gespickt mit Maschinengewehren. Verdammte Drecksdinger. Selbstverständlich fehlten auch die Kerle mit den blauen Helmen nicht – die Straße war bevölkert von ihnen, man konnte kaum durch. Ich arbeitete mich vor, den Blick auf den Boden geheftet; es war besser, wenn ich ihre Visagen nicht zu Gesicht bekam. Besonders jetzt, wo es hell war: Da gab es nämlich zwei, drei Typen, denen ich lieber auswich – des Streits wegen, den ich sonst mit ihnen anfinge. Sie konnten von Glück reden, diese Burschen, dass mich Kirill ans Institut geholt hatte, ich hätte sie sonst kurzerhand umgelegt, diese Schweine, gesucht und umgelegt, ohne auch nur mit der Wimper zu zucken …

Ich zwängte mich also mit vorgeschobener Schulter durch die Massen, als ich plötzlich jemanden rufen hörte: »He, Stalker!« Doch was ging das mich an? Ich setzte meinen Weg fort und nahm mir eine Zigarette aus der Packung. Der Kerl aber holte mich ein, packte mich am Ärmel. Ich streifte die lästige Hand ab und fragte betont höflich über die Schulter hinweg: »Was klammerst du dich an mich, Mister?«

»Moment mal, Stalker, nur zwei kleine Fragen.«

Ich sah den Mann an – es war Hauptmann Quarterblood, ein alter Bekannter. Er kam mir irgendwie geschrumpft vor, wie ausgetrocknet, und er war ganz gelb im Gesicht.

»Ach, Sie sind's, Hauptmann«, sagte ich. »Wie geht's? Was macht die Leber?«

»Lass die Mätzchen, Stalker«, erwiderte er ärgerlich und durchbohrte mich fast mit seinen Blicken. »Sag mir lieber, warum du nicht stehen bleibst, wenn du gerufen wirst.«

Natürlich tauchten gleich hinter ihm zwei Kerle mit blauen Helmen auf: Pfoten auf dem Koppel, die Augen nicht zu sehen, nur mahlende Kiefer. Möchte bloß wissen, wo sie in Kanada solche Typen auftreiben. Aber tagsüber habe ich keine Angst vor den Patrouillen, und im Augenblick würde es mich nicht mal jucken, wenn sie mich durchsuchten.

»Haben Sie mich denn gerufen, Hauptmann?«, fragte ich. »Es ging doch wohl um einen Stalker …«

»Sieh mal an, du bist wohl keiner mehr?«

»Nein. Sie haben dafür gesorgt, dass ich meine Zeit absitze«, sagte ich. »Und jetzt lasse ich die Finger davon. Sie haben mir damals die Augen geöffnet. Vielen Dank, Hauptmann. Wenn Sie nicht gewesen wären …«

»Soso, und was hast du dann in der Vorzone zu suchen?«

»Na, was schon, ich arbeite hier. Seit zwei Jahren.«

Um dieses unangenehme Gespräch möglichst schnell zu beenden, zog ich meinen Dienstausweis aus der Tasche und reichte ihn Quarterblood. Er nahm das Büchlein an sich, blätterte darin, besah sich jede Seite, schnupperte an jedem Stempel, ja, saugte sich förmlich daran fest. Dann gab er ihn mir sehr zufrieden zurück; seine Augen leuchteten, direkt Farbe hatte er bekommen.

»Entschuldige, Schuchart«, sagte er. »Das hätte ich nicht erwartet. Hast meine Ratschläge also beherzigt, gratuliere. Ob du es glaubst oder nicht: Ich habe schon damals gewusst, dass aus dir noch mal was Vernünftiges wird. Darum habe ich auch nicht zugelassen, dass ein Bursche wie du …«

Und so weiter und so fort. Na, dachte ich, da hast du, Red Schuchart, also noch einen Schwermütigen geheilt. Ich tat natürlich so, als hörte ich aufmerksam zu, richtete den Blick verschämt zu Boden, gab hin und wieder ein zustimmendes Brummen von mir, gestikulierte mit den Armen und scharrte sogar, wenn ich mich recht erinnere, vor lauter Verlegenheit mit der Schuhspitze auf dem Asphalt. Die Kerle im Rücken des Hauptmanns hörten eine Weile zu, hatten aber offenbar bald genug von dem Gesäusel, denn als ich das nächste Mal aufsah, waren sie verschwunden. Der Hauptmann jedoch fuhr mit seinen Erläuterungen fort: Wissen, sagte er, bedeute Licht, Nichtwissen dagegen abgrundtiefe Finsternis; der Herrgott im Himmel liebe und schätze die ehrliche Arbeit … Kurz und gut, es war derselbe Mist, den auch der Gefängnispfarrer Sonntag für Sonntag heruntergeleiert hatte. Mich freilich hielt es kaum noch, ich wollte nur eins – trinken. Macht nichts, Red, sagte ich mir, wirst das auch noch überstehen, es muss sein, Bruderherz, gedulde dich! Schließlich kann er nicht ewig in dem Tempo weitermachen, er keucht ja schon … Zu meinem großen Glück hupte in dem Moment einer der Patrouillenwagen. Der Hauptmann drehte sich um, krächzte verärgert und reichte mir die Hand.

»Also dann«, verabschiedete er sich. »Ich freue mich, dich als ehrlichen Menschen wiedergetroffen zu haben, Schuchart. Ich hätte gerne mit dir darauf angestoßen. Schnaps hätte es natürlich nicht sein dürfen, das erlauben die Ärzte nicht, aber ein Bierchen hätte ich mir schon genehmigt. Doch du siehst ja – die Pflicht ruft! Na, macht nichts, wir treffen uns schon nochmal!«

Gott bewahre, dachte ich und drückte ihm dennoch die Hand. Spielte den Bekehrten und Verlegenen, was ihn außerordentlich freute. Endlich zog er ab, und ich schoss wie ein Pfeil ins »Borsch«.

Das »Borsch« ist um diese Zeit immer leer. Ernest steht hinter der Theke, poliert seine Gläser und prüft sie, indem er sie gegen das Licht hält. Erstaunliche Sache übrigens: Man kann kommen, wann man will – stets trifft man die Kneipiers beim Gläserputzen an. Als wenn ihr Seelenheil davon abhinge. Den lieben langen Tag können sie so dastehen: ein Glas zur Hand nehmen, es polieren, gegen das Licht halten, anhauchen und wieder polieren, polieren und nochmals polieren, wieder ins Licht halten, diesmal von der Unterseite her, und dann geht es wieder von vorne los …

»Hallo, Ernest«, sagte ich. »Lass das arme Glas, wirst noch ein Loch reinputzen!«

Er warf mir durch das Glas hindurch einen Blick zu, brummte etwas und goss mir wortlos vier Finger hoch ein. Ich schwang mich auf den Barhocker, nahm einen kräftigen Schluck, schüttelte mich und nahm gleich den zweiten. Der Kühlschrank summte, aus der Musikbox tönte leises Gedudel herüber, und Ernest hatte sich das nächste Glas vorgenommen. Alles strahlte angenehme Ruhe aus. Als ich ausgetrunken hatte, stellte ich das Glas auf die Theke, und Ernest goss mir gleich noch mal vier Finger hoch ein.

»Na, geht's besser, Stalker?«, brummte er. »Kommst du langsam wieder zu dir?«

»Du wisch mal fleißig«, sagte ich. »Ich kannte einen, der hat mit dem ewigen Polieren den dienstbaren Geist aus der Flasche gelockt und lebte dann glücklich bis an sein Lebensende.«

»So? Wer soll denn das gewesen sein?«, fragte Ernest misstrauisch.

»Ein Barkeeper hier, vor deiner Zeit.«

»Und?«

»Nichts ›und‹. Du grübelst, warum es den *Besuch* gegeben hat? Der andere hat nicht gegrübelt, sondern seine Gläser poliert … Gib doch zu, dass du liebend gern wüsstest, wer uns da besucht hat.«

»Ein Quasselsack bist du«, sagte Ernest, doch in seinen Worten lag Anerkennung.

Er ging in die Küche und kam mit einem Teller gebratener Bockwürste wieder. Stellte ihn vor mich hin, schob Ketchup dazu und machte sich wieder an seine Gläser. Ernest kennt sein Metier. Sein Blick ist geschult. Er sieht sofort, wenn einer aus der *Zone* kommt und Beute mitgebracht hat. Und er weiß, was einer nach der *Zone* braucht. Er ist einer von uns, Ernie. Ein Wohltäter.

Als ich die Würste gegessen hatte, steckte ich mir eine Zigarette an und überschlug, wie viel Ernest an unsereinem wohl verdienen mochte. Ich wusste nicht genau, wie viel in Europa für das Zeug bezahlt wurde, hatte aber mal gehört, dass eine »Null« zum Beispiel fast zweieinhalbtausend einbrachte. Ernie dagegen gab uns nur vierhundert. Die »Minibatterien« wurden dort nicht unter hundert gehandelt, wir bekamen ganze zwanzig. Wahrscheinlich verhielt sich's mit den anderen Sachen ähnlich. Gewiss, das Zeug nach Europa zu bringen war nicht billig. Da mussten Leute geschmiert werden; der hiesige Bahnhofsvorsteher kostete bestimmt auch sein Geld … Na ja, so betrachtet, machte Ernest vielleicht gar nicht so viel Gewinn. An die fünfzehn, zwanzig Prozent vielleicht, nicht mehr. Dafür waren ihm dann auch zehn Jahre Zuchthaus sicher, wenn sie ihn schnappten …

An diesem Punkt meiner Überlegungen wurde ich gestört. Ohne dass ich es mitbekommen hatte, war ein Mann hereingekommen; er tauchte plötzlich rechts neben mir auf und fragte sehr höflich: »Gestatten Sie?«

»Aber sicher«, sagte ich. »Bitte sehr.«

Es war ein kleiner, dürrer Mann mit einer spitzen Nase. Er trug eine Fliege. Sein Gesicht kam mir bekannt vor; ich hatte ihn schon einmal gesehen, konnte mich aber nicht erinnern, wo. Er kletterte auf den Barhocker neben mir und sagte zu Ernest: »Einen Bourbon, bitte!« Dann wandte er sich an mich: »Pardon, wenn ich nicht irre, kenne ich Sie. Arbeiten Sie nicht im Internationalen Institut?«

»Stimmt«, sagte ich. »Und Sie?«

Er holte schnell eine Visitenkarte aus der Jackentasche und legte sie vor mich hin. »Alois Makno«, las ich, »bevollmächtigter Agent des Emigrantenbüros.« Klar kannte ich den! Der lag doch den Leuten ständig in den Ohren, dass sie aus der Stadt wegziehen sollten. Irgendwem musste sehr daran gelegen sein, dass alle die Stadt verließen. Dabei hatte Harmont ohnehin nur noch knapp die Hälfte seiner ursprünglichen Einwohner. Aber nein, sie wollten die Stadt ganz für sich allein. Ich schnipste das Kärtchen mit dem Fingernagel beiseite und sagte: »Danke, kein Bedarf. Ich hege den Wunsch, auf heimatlichem Boden zu sterben.«

»Ja, wieso denn nur?«, fragte er lebhaft. »Sie müssen meine Neugier schon entschuldigen, aber was hält Sie hier?«

Nun, was mich hier hielt, konnte ich ihm nicht gut auf die Nase binden.

»Na, was schon«, erwiderte ich, »die süßen Erinnerungen an die Kindheit natürlich. Der erste Kuss im Stadtpark, lieb Vater und Mutter. Die Erinnerung daran, wie ich mich erstmals hier, in ebendieser Bar, besoffen hab und in eine Schlägerei geraten bin. Das Polizeirevier ist mir auch ans Herz gewachsen …« Bei diesen Worten holte ich mein nicht mehr ganz sauberes Taschentuch hervor und drückte es gegen die Augen. »Nein«, sagte ich, »um nichts in der Welt gehe ich von hier weg!«

Der andere lachte, nippte an seinem Bourbon und meinte nachdenklich: »Ich kann euch Harmonter einfach nicht begreifen. Das Leben in dieser Stadt ist weiß Gott nicht leicht, die Macht liegt in den Händen militärischer Organisationen, die Versorgung ist schlecht, und gleich vor der Haustür habt ihr die *Zone*. Ihr lebt doch wie auf einem Vulkan. Jeden Augenblick kann eine Epidemie ausbrechen oder Schlimmeres ... Die alten Leute – in Ordnung, die kann ich verstehen, denen fällt es schwer wegzuziehen. Aber ihr jungen Leute ... Wie alt sind Sie eigentlich? Doch höchstens zwei-, dreiundzwanzig ... Dass Sie mich recht verstehen: Wir sind eine gemeinnützige Organisation und machen keinen finanziellen Gewinn bei unseren Aktionen. Wir möchten lediglich, dass die Leute von diesem verfluchten Ort wegziehen und sich in das wirkliche Leben eingliedern. Wir erstatten die Umzugskosten, sorgen für einen Arbeitsplatz am neuen Wohnort und geben jungen Leuten – solchen wie Ihnen – die Möglichkeit, einen Beruf zu erlernen oder zu studieren ... Also wirklich, ich begreife euch nicht!«

»Was denn«, fragte ich, »will denn kein Einziger weg?«

»Nein, so kann man es auch wieder nicht sagen. Einige sind schon bereit dazu, vor allem Menschen mit Familie. Aber die Alten und die Jugend ... Was findet ihr bloß an dieser Stadt? Das ist doch ein finsteres Loch, tiefste Provinz ...«

Da konnte ich mich nicht mehr zurückhalten. »Mister Makno«, sagte ich, »Sie mögen Recht haben, unser Städtchen ist in der Tat ein finsteres Loch. Das war es übrigens schon immer. Der kleine Unterschied besteht nur darin, dass es heute ein Loch in die Zukunft ist. Durch dieses Loch werden wir solchen Einfluss auf eure lausige Welt nehmen, dass sie sich von Grund auf ändern wird. Das Leben wird in gerechte Bahnen kommen, jeder wird haben, was er braucht. Das ist unser Loch, verstehen Sie? Durch dieses Loch wird Wissen fließen, und wenn das erreicht ist, werden wir die Menschen reich machen. Wir werden zu den Sternen fliegen. Wir werden fliegen, wohin wir wollen. So sieht es aus …«

An dieser Stelle brach ich ab, denn ich merkte, dass mich Ernest verblüfft ansah, und das brachte mich aus dem Konzept. Überhaupt ist es nicht meine Art, fremde Worte herunterzuleiern, selbst wenn mir diese Worte, na ja, gefallen. Umso mehr, als es bei mir irgendwie verquer herauskommt. Wenn Kirill redet, hört man ihm mit offen stehendem Mund zu und vergisst alles um sich her. Wenn dagegen ich dasselbe von mir gebe, hört es sich völlig anders an. Vielleicht liegt es daran, dass Kirill noch nie in der Situation war, Ernest die Beute unter dem Tisch zuzuschieben. Ach, was weiß ich …

Dann kam Ernest wieder zu sich und schenkte mir hastig nach – diesmal gleich sechs Finger hoch. Was so viel heißen sollte wie: Nun krieg mal wieder Boden unter die Füße, was ist denn heute los mit dir? Der spitznasige Makno nippte erneut an seinem Bourbon und sagte: »Ja, gewiss – die nie versiegenden, ewigen Akkumulatoren, die ›blaue Panazee‹ … Aber glauben Sie tatsächlich, dass es einmal so kommen wird, wie Sie sagen?«

»Was ich glaube, soll nicht Ihre Sorge sein«, erwiderte ich. »Wir haben über die Stadt gesprochen. Was mich persönlich betrifft, kann ich nur sagen: Gibt es etwas in eurem Europa, das ich noch nicht kenne? Euren Überdruss vielleicht? Eure Langeweile? Am Tag geht euch nichts schnell genug, und abends hockt ihr vor dem Fernseher …«

»Es muss ja nicht unbedingt Europa sein …«

»Ach, Unsinn«, sagte ich. »Es ist doch überall das Gleiche, und in der Antarktis ist es obendrein noch kalt.«

Das Erstaunliche aber war: Was ich da redete, empfand ich auch so. Dieses Miststück von *Zone,* dieses mörderische Aas, lag mir in diesem Augenblick hundertmal mehr am Herzen als alle Europas und Afrikas zusammen. Und nicht, dass ich besoffen gewesen wäre – ich stellte mir nur plötzlich vor, wie ich abends, ausgelaugt von der Arbeit, mit einer Herde von Kretins nach Hause fahren würde, eingequetscht in der Metro, und wie mir dann alles, aber auch alles zum Hals heraushängen würde.

»Wie stehen Sie denn dazu?«, wandte sich Makno an Ernest.

»Ich habe mein Geschäft hier«, erwiderte Ernie gewichtig. »Bin schließlich kein grüner Junge mehr! Mein ganzes Geld habe ich in dieses Lokal investiert. Der Kommandant persönlich, und der General, suchen mein Lokal auf. Weshalb sollte ich von hier wegziehen?«

Alois Makno begann nun, ihm die Sache anhand von Zahlen begreiflich zu machen, aber ich hörte schon nicht mehr zu. Ich trank einen kräftigen Schluck, holte eine Handvoll Kleingeld aus der Tasche, kletterte vom Barhocker und warf die Musikbox an. Es gab da ein Lied – »Kehr nicht zurück, wenn du nicht sicher bist« –, das mir nach der *Zone* immer außerordentlich guttat ... Als dann die Box dröhnte, schnappte ich mein Glas und wechselte in die Ecke zum »einarmigen Banditen«, mit dem ich heute noch einiges vorhatte. Von da an verflog die Zeit ... Als ich meinen letzten Nickel in den Schlitz steckte, polterten Richard Nunnan und Guttalin herein. Guttalin war bereits in Hochstimmung, rollte gefährlich mit den Augen und hielt Ausschau nach jemandem, dem er eins überbraten konnte. Nunnan fasste ihn behutsam am Arm und versuchte, ihn mit Witzen abzulenken. Was für ein drolliges Paar! Guttalin – kraftstrotzend und schwarz glänzend wie ein Offiziersstiefel, mit krausem Haar und Armen, die beinahe bis zu den Knien reichten. Dick Nunnan dagegen war klein und rundlich, seine Haut rosig, er selbst strahlend. Nunnan war die Güte in Person.

»He!«, rief Dick, als er mich sah. »Da ist ja Red! He, Red, komm her!«

»R-richtig!«, dröhnte Guttalin. »In der ganzen Stadt gibt es nur zwei Menschen – Red und mich! Alle anderen sind

Schweine, Teufelspack. Komm her, Red! Stehst zwar ebenfalls beim Teufel in Diensten, bist aber trotzdem ein Mensch …«

Ich nahm mein Glas und gesellte mich zu den beiden. Guttalin packte mich am Kragen, drückte mich auf einen Stuhl und sagte: »Setz dich, Rotfuchs! Setz dich, Teufelsknecht! Ich liebe dich! Lass uns die Sünden der Menschen beweinen. Bitter beweinen!«

»Beweinen wir sie«, stimmte ich zu. »Schlucken wir die Sündentränen.«

»Denn es wird der Tag kommen«, verkündete Guttalin, »da das fahle Pferd gesattelt ist und der Reiter schon den Fuß im Steigbügel hat. Und vergeblich werden die Gebete derjenigen sein, die sich dem Teufel verschrieben haben. Nur jene werden sich retten, die gegen ihn zu Felde gezogen sind. Ihr Menschenkinder aber, die ihr euch von Satan habt verführen lassen, die ihr mit Satans Spielzeug spielt, die ihr Satans Schätze herbeischleppt – ich sage euch, ihr seid blind! Kommt zur Besinnung, Verdammte, ehe es zu spät ist! Zerstampft das Teufelszeug!« Er verstummte für einen Augenblick, so als wüsste er nicht, wie es weitergehen sollte. »Kriege ich hier überhaupt was zu trinken?«, fragte er plötzlich mit völlig veränderter Stimme. »Wo bin ich denn hingeraten? … Weißt du, Rotfuchs, sie haben mich wieder mal gefeuert. Ich wäre ein Agitator, sagen sie. Und ich: Besinnt euch, ihr Blinden, ihr stürzt in den Abgrund und zieht andere, die genauso blind sind wir ihr, hinter euch her! Sie aber lachten nur. Da habe ich dem Chef eins auf die Schnauze gehauen und bin gegangen. Jetzt werden sie mich einbuchten. Und wofür das alles?«

Da erschien Dick und stellte eine Flasche auf den Tisch.

»Heute zahle ich!«, rief ich zu Ernest hinüber.

Dick sah mich fragend an.

»Alles legal«, sagte ich. »Wir werden meine Prämie versaufen.«

»Ihr seid wohl in der *Zone* gewesen?«, fragte Dick. »Habt ihr was mitgebracht?«

»Eine ›volle Null‹«, erwiderte ich. »Haben sie auf den Altar der Wissenschaft gelegt. Also gießt du nun ein oder nicht?«

»Eine ›Null‹!«, sagte Guttalin betrübt. »Für so eine lumpige ›Null‹ hast du dein Leben riskiert. Bist zwar nicht draufgegangen, hast aber erneut Teufelswerk in unsere Welt gebracht. Ach, wenn du wüsstest, Rotfuchs, wie viel Leid und Sünde …«

»Halt die Klappe, Guttalin«, sagte ich bestimmt. »Trink und freu dich, dass ich heil zurückgekommen bin. Auf den Erfolg, Jungs!«

Von wegen Erfolg! Guttalin war jetzt ganz hinüber – er saß da und heulte, aus seinen Augen tropfte es wie aus einem Wasserhahn. Aber ich kannte ihn ja. Das war so ein Zwischenstadium bei ihm: die Tränen – genauso wie die Predigten, dass die *Zone* eine Versuchung des Teufels sei und man von dort nichts herausschleppen dürfe. Was man schon geholt hatte, müsste man wieder zurückbringen und leben, als gäbe es die *Zone* nicht. Das Teuflische dem Teufel. Ich mochte Guttalin; überhaupt mag ich wunderliche Menschen … Wenn er mal bei Kasse war, kaufte er beim Erstbesten, der ihm über den Weg lief, Beute auf, gab dafür, ohne zu feilschen, die Summe, die verlangt wurde, schaffte das Zeug nachts zurück in die *Zone* und vergrub es … Mein Gott, wie er heulte! Na, er würde sich schon wieder fangen.

»Was ist das eigentlich, eine ›volle Null‹?«, fragte Dick. »Eine gewöhnliche ›Null‹ kenne ich, aber eine volle? Das höre ich zum ersten Mal.«

Ich erklärte es ihm, er schüttelte verwundert den Kopf und schnalzte.

»Ja«, sagte er. »Interessant. Was ganz Neues. Mit wem warst du dort, mit dem Russen?«

»Ja«, antwortete ich, »mit Kirill und Tender; du weißt schon, unser Laborant.«

»Hast dich wahrscheinlich ziemlich abgeplagt mit den beiden, was?«

»Nein. Sie haben sich gut gehalten. Besonders Kirill. Der ist ein geborener Stalker. Wenn er noch ein bisschen mehr Erfahrung hätte und sich diese kindische Eile abgewöhnen könnte, würde ich jeden Tag mit ihm in die *Zone* gehen.«

»Auch jede Nacht?«, fragte der andere mit betrunkenem Grinsen.

»Lass das«, sagte ich. »Ich mag solche Späße nicht.«

»Ich weiß. Und trotzdem: Für so eine Sache hättest du ein paar kräftige Ohrfeigen verdient. Merk dir bitte, dass ich dir zwei schulde …«

»Wer kriegt zwei Ohrfeigen?« Guttalin war sofort hellwach. »Wer von den Kerlen?«

Wir packten ihn bei seinen langen Armen und drückten ihn mit Mühe zurück auf seinen Stuhl. Dick steckte ihm eine Zigarette zwischen die Zähne und gab ihm Feuer. Guttalin beruhigte sich. Inzwischen hatte sich das Lokal gefüllt. An der Theke saßen schon eine Menge Leute, und auch die Tischchen waren zum großen Teil besetzt. Ernest hatte seine Mädchen gerufen, die die Leute bedienten – dem einen brachten sie Bier, dem anderen einen Cocktail, dem dritten Schnaps. Ich sah mir die Gäste an und stellte fest, dass in der letzten Zeit viele Fremde hierherkamen. Überhaupt hatten sich in der Stadt neuerdings viele junge Leute niedergelassen – Milchbärte, um den Hals bunte Schals, die fast bis auf den Fußboden reichten. Ich erzählte es Dick, und er nickte.

»Es kann ja auch gar nicht anders sein«, sagte er. »Wir haben hier groß zu bauen angefangen. Allein das Institut plant drei neue Gebäude. Außerdem soll um die gesamte *Zone* eine Mauer gebaut werden, die vom Friedhof bis zur alten Ranch reicht. Für die Stalker werden die guten Zeiten bald zu Ende sein …«

»Kannst du mir verraten, wann sie jemals gute Zeiten hatten?«, fragte ich. Für mich aber dachte ich: Na, das sind ja Neuigkeiten. Da wäre es also aus mit dem kleinen Nebenverdienst. Wer weiß, vielleicht war es sogar besser so – die Versuchung wäre nicht mehr so groß. Ich würde tagsüber in die *Zone* gehen, wie es sich gehörte. Es gab zwar weniger Geld, dafür aber mehr Sicherheit: die »Galosche«, den Spezialanzug, dieses und jenes, und die Patrouillen könnten mir egal sein … Vom Gehalt ließ es sich leben, und meinen Schnaps leistete ich mir von den Prämien … Dann aber packte mich plötzlich der Unmut: Wieder würde ich mit dem Geld knapsen und mir überlegen müssen, was ich mir leisten konnte und was nicht. Für jedes Kleid, das ich Gutta kaufen wollte, würde ich sparen müssen, und wir konnten nicht mehr in die Bar gehen, sondern nur noch ins Kino … Gott, wie trist das wäre! Alle Tage trist, jeder Abend, jede Nacht.

Ich saß da, hing meinen Gedanken nach und hörte Dick an meinem Ohr trompeten: »Gestern Abend saß ich in der Hotelbar, um vor dem Schlafengehen noch was zu trinken, und sehe da ein paar Gestalten sitzen, die ich nicht kenne. Sie gefielen mir schon auf den ersten Blick nicht. Plötzlich setzt sich einer von ihnen zu mir und fängt an zu quatschen – wie die Katze um den heißen Brei. Gibt mir zu verstehen, dass er mich kennt und weiß, wer ich bin und wo ich arbeite. Zum Schluss ließ er durchblicken, dass er bereit sei, für diese oder jene Gefälligkeit anständig zu zahlen …«

»Ein Spitzel«, sagte ich. Aber was Dick erzählte, interessierte mich sowieso nicht. Spitzel hatte ich schon zur Genüge gesehen, und ihr Gerede vom anständigen Bezahlen kannte ich in- und auswendig.

»Nein, mein Lieber, das war kein Spitzel. Hör nur weiter. Ich unterhielt mich ein bisschen mit ihm, sehr vorsichtig, versteht sich, kehrte den Dummen heraus. Ihn interessierten nur bestimmte Gegenstände aus der *Zone* – Gegenstände, die durchaus ernst zu nehmen sind. Was es da an Akkumulatoren, ›Geprickel‹, ›schwarzen Spritzern‹ und ähnlichem Zeug gibt, lässt ihn kalt. Worum es ihm wirklich geht, hat er aber nur vage angedeutet.«

»Um was also?«, fragte ich.

»Um die ›Hexensülze‹, wenn ich es recht verstanden habe«, antwortete Dick und sah mich eigentümlich an.

»Sieh mal an, die ›Hexensülze‹! Darf es vielleicht auch noch die ›Todeslampe‹ sein?«

»Genau das habe ich ihn auch gefragt.«

»Und?«

»Stell dir vor, auch die braucht er.«

»Soso«, sagte ich. »Dann soll er sich das mal schön selber beschaffen. Ist doch ein Kinderspiel! Die Keller quellen ja fast über von der ›Sülze‹, er kann sie mit einem Eimer schöpfen. Begräbnis auf eigene Rechnung.«

Dick schwieg und sah mich schief von der Seite an. Er lächelte nicht einmal. Was, zum Teufel, geht hier vor, dachte ich, will er mich etwa anheuern? Dann fiel mir etwas ein.

»Hör mal«, sagte ich, »was war das überhaupt für ein Typ? Die Erforschung der ›Hexensülze‹ ist selbst im Institut verboten!«

»Genau«, stimmte Dick zu und wandte keinen Blick von mir. »Weil es sich um Forschungen handelt, die eine potenzielle Gefahr für die Menschheit darstellen. Hast du jetzt kapiert, wer es war?«

Gar nichts hatte ich kapiert.

»Etwa einer aus dem All?«, fragte ich.

Nunnan brach in schallendes Gelächter aus, klopfte mir auf die Schulter und sagte: »Lass uns lieber noch einen trinken … Du bist mir vielleicht eine einfältige Seele!«

»Einverstanden«, sagte ich, kochte aber innerlich vor Wut. Was die immer auf der einfältigen Seele herumritten, diese Hundesöhne! »He«, rief ich, »Guttalin, wach auf, wir wollen was trinken.«

Der aber schlief fest. Hatte seinen schwarzen Kopf auf die schwarze Tischplatte gelegt und pennte; die Arme baumelten fast bis zum Boden. Also tranken Dick und ich ohne ihn weiter.

»Na schön«, sagte ich. »Ob ich nun eine einfältige Seele bin oder nicht – diesen Kerl würde ich anzeigen. Ich hege zwar keinerlei Sympathie für die Polizei, aber den Kerl würde ich mit Freuden ans Messer liefern.«

»Tja«, murmelte Dick. »Aber sie würden dich auch sofort fragen, wieso sich der Kerl ausgerechnet an dich gewandt hat.«

Ich schüttelte den Kopf.

»Trotzdem. Und du, Dickwanst – hockst schon das dritte Jahr in der Stadt, warst aber noch kein einziges Mal in der *Zone*. Die ›Hexensülze‹ hast du dir höchstens mal im Kino angesehen. Wenn du wüsstest, wie sie wirklich aussieht und was sie aus einem machen kann ... Nein, Dick, das ist grauenvolles Zeug, man darf es nicht aus der *Zone* herausholen. Du weißt selber: Wir Stalker sind raubeinige Kerle, uns brauchst du nur genügend Geld unter die Nase zu halten, und wir sind zu allem bereit. Aber auf so was hätte sich nicht mal Schleimer eingelassen, Gott hab ihn selig. Selbst Aasgeier machte da nicht mit ... Und ich möchte gar nicht wissen, wer Interesse an dem Teufelszeug haben könnte und warum ...«

»Na ja«, sagte Dick. »Du magst Recht haben. Trotzdem habe ich keine Lust, dass ich eines schönen Morgens als Selbstmörder im Bett gefunden werde. Ich bin zwar kein Stalker, aber Geschäftsmann und ebenfalls raubeinig. Ich hänge am Leben, verstehst du, ich hänge dran. Ich lebe schon ein Weilchen und habe mich dran gewöhnt ...«

In diesem Augenblick brüllte Ernest hinter der Theke hervor: »Mister Nunnan, Telefon!«

»Teufel noch mal«, sagte Dick ärgerlich. »Wahrscheinlich wieder mal eine Reklamation. Die finden einen auch überall. Entschuldige mich für einen Moment, Red.«

Er stand auf und ging zum Telefon. Ich blieb mit Guttalin und der Flasche zurück. Da mit dem Schwarzen nichts mehr anzufangen war, machte ich mich allein an die Flasche. Der Teufel sollte die *Zone* holen, nirgends war man sicher vor ihr. Wo man auch war, mit wem man sich auch unterhielt – immer ging es nur um die *Zone*, die *Zone*, die *Zone* … Kirill hatte gut reden, wenn er behauptete, die *Zone* garantiere dauerhaften Frieden und ein gesundes Klima. Kirill war ein prima Kerl, kein Dummkopf – im Gegenteil, er war sehr klug –, aber vom Leben hatte er keinen blassen Schimmer. Nicht einmal im Traum konnte er sich vorstellen, wie viele dunkle Gestalten es um diese *Zone* herum gab – wie die, von denen gerade die Rede gewesen war. Irgendjemand hatte also etwas mit der »Hexensülze« vor. Ja, Guttalin mochte ein Säufer sein und einen religiösen Tick haben, aber mitunter war man doch versucht, ihm Recht zu geben. Vielleicht sollte man, was des Teufels war, tatsächlich dem Teufel überlassen, und das Mistzeug nicht mehr anrühren …

Plötzlich setzte sich so ein Grünschnabel mit grellbuntem Schal auf Dicks Platz.

»Mister Schuchart?«, fragte er.

»Ja?«

»Ich heiße Kreon«, sagte er. »Ich komme aus Malta.«

»Tatsächlich?«, erwiderte ich. »Und wie ist es so bei euch auf Malta?«

»Nicht schlecht, aber das ist jetzt unwichtig. Ernest hat mich an Sie verwiesen.«

Soso, dachte ich bei mir, ist doch wirklich ein Schwein, dieser Ernest. Hat keinen Funken Mitgefühl, nichts. Da saß nun dieser hübsche dunkelhäutige Junge vor mir, der sich in seinem Leben wohl noch kein einziges Mal rasiert und noch kein Mädchen geküsst hatte, aber Ernest war das völlig egal. Wenn er nur möglichst viele Leute in die *Zone* jagen konnte! Selbst wenn nur einer von dreien mit Beute wiederkam, hatte er sein Geld wieder raus …

»Und wie fühlt sich der alte Ernie?«, fragte ich.

Er drehte sich zur Theke um und sagte: »Meiner Meinung nach nicht schlecht, ich würde schon mit ihm tauschen.«

»Aber ich nicht«, sagte ich. »Willst du was trinken?«

»Danke, ich trinke nichts.«

»Na, dann rauch eine.«

»Entschuldigen Sie, aber ich rauche auch nicht.«

»Der Teufel soll dich holen«, sagte ich. »Wozu brauchst du dann das Geld?«

Er wurde rot, wischte das Lächeln vom Gesicht und erwiderte leise: »Das geht doch wohl nur mich etwas an, nicht wahr, Mister Schuchart?«

»Wo du Recht hast, hast du Recht«, sagte ich und goss mir vier Finger hoch ein. In meinem Kopf rauschte es schon ein wenig, und im Körper breitete sich wohlige Müdigkeit aus: Die *Zone* hatte mich jetzt völlig freigegeben. »Im Augenblick bin ich betrunken«, sagte ich. »Wie du siehst, feiere ich ein bisschen. Ich war in der *Zone,* bin heil wiedergekommen, sogar mit Geld. Das passiert nicht oft, dass man heil wiederkommt, und noch seltener passiert es, dass man dabei Geld verdient. Ich würde sagen, wir verzichten im Augenblick auf ein ernsthaftes Gespräch …«

Der Junge sprang auf, murmelte: »Entschuldigen Sie«, und erst da bemerkte ich, dass Dick zurückgekommen war. Er stand neben dem Stuhl, und ich sah seinem Gesicht an, dass etwas passiert war.

»Na«, fragte ich, »halten deine Ballons wieder mal nicht das Vakuum?«

»Ja«, sagte er. »Du hast es erraten.«

Er setzte sich auf seinen Platz, goss sich ein, schenkte mir nach, und ich begriff, dass es diesmal nicht um eine Reklamation ging. Reklamationen waren ihm nicht so wichtig – so genau nahm er es nicht!

»Los, Red«, sagte er. »Lass uns trinken.« Ohne auf mich zu warten, leerte er sein Glas in einem Zug und goss sich noch einen ein. »Weißt du …«, sagte er, »Kirill Panow ist gestorben.«

Betrunken wie ich war, begriff ich nicht gleich. Na, da war eben mal wieder einer hopsgegangen.

»Also schön«, sagte ich, »trinken wir auf seinen Seelenfrieden.«

Dick sah mich mit großen Augen an, und erst in dem Moment spürte ich, wie alles in mir zerriss. Ich stand, soweit ich mich noch erinnern kann, auf, stützte mich auf den Tisch und schaute von oben auf ihn herunter.

»Kirill?« Vor meinen Augen sah ich erneut die silbrige Spinnwebe, wieder hörte ich, wie sie knisternd riss. Und durch dieses schauerliche Knistern hindurch drang Dicks Stimme wie aus einem anderen Raum zu mir herüber: »Herzriss. Man hat ihn im Duschraum gefunden, nackt. Niemand kann sich das erklären. Sie haben sich auch nach dir erkundigt. Ich habe gesagt, es geht dir gut …«

»Was gibt es denn da nicht zu verstehen«, sagte ich. »Die *Zone* …«

»Setz dich, Red«, sagte Dick. »Setz dich und trink.«

»Die *Zone* …«, murmelte ich und konnte mich nicht mehr beherrschen, »die *Zone* … die *Zone* …«

Ich sah nichts als diese silbrige Spinnwebe. Die ganze Bar war schon von ihr eingesponnen, die Leute bewegten sich darin, und jedes Mal, wenn sie die Spinnwebe streiften, war ein leises Knistern zu hören. Im Zentrum von alldem aber stand der Malteser, sein Gesicht drückte kindliches Erstaunen aus – er begriff nicht das Geringste.

»Kleiner«, sagte ich liebevoll zu ihm, »wie viel Geld brauchst du? Reicht ein Tausender? Hier, nimm, da, nimm schon!« Ich steckte ihm das Geld zu und schrie: »Geh zu Ernest und sag ihm, dass er ein Schweinehund ist. Hab keine Angst, sag ihm das! Er ist ein Feigling, musst du wissen … Sag's ihm, und dann hau ab zum Bahnhof. Kauf dir eine Fahrkarte und fahr zurück nach Malta! Und zwar auf dem schnellsten Weg!«

Ich weiß nicht, was ich noch alles schrie. Ich erinnere mich nur, dass ich plötzlich an der Theke stand, Ernest stellte ein Glas Tonic vor mich hin und sagte: »Du scheinst heute gut bei Kasse zu sein.«

»Stimmt«, erwiderte ich, »das bin ich …«

»Dann könntest du vielleicht deine Schulden begleichen. Ich muss nämlich morgen die Steuern bezahlen.«

Erst da sah ich, dass ich einen Packen Geld in der Hand hielt. Ich starrte das Geld an und murmelte: »Natürlich, er hat es nicht genommen, Kreon, der Malteser … Er war zu stolz … Dann ist es also Schicksal …«

»Was ist denn mit dir los?«, fragte Freund Ernie. »Hast ein bisschen zu viel getrunken, was?«

»Nein, es geht mir gut«, sagte ich.

»Du solltest nach Hause gehen«, riet Freund Ernie. »Hast dir zu viel zugemutet.«

»Kirill ist tot«, sagte ich.

»Welcher Kirill denn, dieser Einarmige?«

»Bist selber einarmig, Arschloch, verdammtes! Aus Tausenden von deiner Sorte ist kein einziger Kirill zu machen. Ein Halunke bist du, eine stinkige Krämerseele. Wucherst mit dem Tod, du Schwein. Uns alle hast du mit deinem Geld gekauft … Ich werd dir deine ganze Scheißbude kurz und klein schlagen!«

Ich hatte nicht einmal richtig angefangen, ihm die Meinung zu sagen, da wurde ich schon gepackt und weggezerrt. Ich konnte nicht mehr klar denken und hatte auch keine Lust dazu. Ich brüllte, schlug wild um mich, merkte noch, dass ich nach jemandem trat … Als ich wieder zu mir kam, hockte ich in der Toilette auf dem Fußboden, klitschnass und mit eingeschlagener Schnauze. Ich sah mich im Spiegel an und erkannte mich nicht wieder; in der einen Gesichtshälfte zuckte es wie verrückt – so etwas hatte ich noch nie gehabt. Aus dem Saal drang Lärm herüber – irgendwas krachte, Glas klirrte, die Mädchen kreischten, und Guttalin gab dröhnend seinen Senf dazu: »Bereut, ihr Parasiten! Wo ist der Rotfuchs? Wo habt ihr den Rotfuchs hingeschleppt, ihr Teufelspack?« Heulend näherte sich die Polizeisirene.

Kaum hatte ich die Sirene gehört, wurde es kristallklar in meinem Kopf. Schlagartig erinnerte ich mich an alles, wusste alles, begriff alles. In meinem Innern verspürte ich nichts als Hass. Also gut, dachte ich, dann bescheren wir dir mal einen schönen Abend, du stinkige Krämerseele! Wollen dir mal zeigen, was ein Stalker ist! Ich holte das »Geprickel«, von dem ich bisher noch kein einziges Mal Gebrauch gemacht hatte, aus meiner Jackentasche, knetete es ein wenig zwischen den Fingern, damit es besser flog, öffnete die Tür zum Saal und warf es unbemerkt in einen der Aschenbecher. Dann öffnete ich das Fenster und sprang hinaus auf die Straße. Wie gern hätte ich zugesehen, was jetzt passierte, aber ich musste schnellstens weg von hier. Ich vertrug das »Geprickel« nämlich nicht besonders gut, bekam davon Nasenbluten.

Ich lief über den Hof und kriegte noch mit, dass mein »Geprickel« anfing zu wirken. Zunächst begannen sämtliche Hunde im Viertel zu jaulen und zu bellen – sie spürten das Zeug als Erste. Dann kreischte jemand in der Kneipe so laut, dass es mir selbst auf diese Entfernung noch in den Ohren klang. Ich stellte mir das Chaos vor, das jetzt dort herrschte: Der eine fiel in tiefe Apathie, der andere wurde fuchsteufelswild, ein dritter wusste nicht, wohin vor Angst und so weiter. Denn dieses »Geprickel« war mehr als scheußlich. So bald jedenfalls würde Ernest seine Kneipe nicht wieder voll bekommen. Der Misthund konnte sich natürlich denken, wem er das zu verdanken hatte, aber das war mir egal. Schluss. Es gab keinen Stalker namens Red mehr. Ich hatte genug davon. Ich hatte es satt, meinen Kopf in die Schlinge zu stecken und auch noch andere mit hineinzuziehen. Da hast du dich also geirrt, Kirill, mein Lieber. Wie es aussieht, hast nicht du Recht, sondern Guttalin. Die Menschen haben nichts in der *Zone* zu suchen, sie hält nichts Gutes für uns bereit.

Ich kletterte über einen Zaun und machte mich langsam auf den Nachhauseweg. Ich biss mir auf die Lippen. Am liebsten hätte ich losgeweint, aber ich konnte nicht. Vor mir sah ich Leere, nichts als Leere, langweiligen, bedrückenden Alltag. Kirill, mein einziger Freund, wie soll es jetzt bloß weitergehen? Was soll ich ohne dich machen? Du hast mir immer von der Zukunft erzählt, von einer neuen, veränderten Welt … Und jetzt? Irgendjemand im fernen Russland wird über deinen Tod weinen. Ich aber, ich kann es nicht. Dabei bin ich allein schuld, ich und niemand anders! Wie konnte ich dich nur mit in die Garage nehmen, obwohl sich deine Augen noch nicht an das Dunkel gewöhnt hatten! Mein Leben lang habe ich wie ein Wolf gelebt, immer nur an mich selbst gedacht … Und da musste es mir in den Sinn kommen, dir eine Freude, ein Geschenk zu machen. Welcher Teufel hat mich geritten, dir überhaupt von der »vollen Null« zu erzählen! … Kaum hatte ich daran gedacht, schnürte es mir die Kehle zu; wie ein Wolf hätte ich heulen mögen. Möglicherweise tat ich es sogar, denn die Leute machten einen großen Bogen um mich. Plötzlich aber wurde mir leichter ums Herz: Gutta kam mir entgegen.

Mein Mädchen kam auf mich zu, setzte die hübschen Beine eins vors andere, und der Rock bauschte sich über den Knien. Die Burschen machten Stielaugen; sie aber marschierte geradeaus, ohne auch nur einem einzigen einen Blick zu schenken. Da wusste ich, dass sie mich suchte.

»Guten Tag, Gutta«, sagte ich. »Wohin willst du so eilig?«

Sie musterte mich kurz und hatte sofort verstanden, was meine zerschlagene Visage, die pitschnasse Jacke und die zerschrammten Fäuste zu bedeuten hatten. Aber sie verlor kein

Wort darüber und sagte nur: »Guten Tag, Red, ich habe dich gesucht.«

»Das weiß ich«, erwiderte ich. »Komm mit zu mir.«

Sie schwieg, wandte sich zur Seite. Was für einen niedlichen Hals sie hatte, und wie schön ihr kleiner Kopf darauf saß – eine junge, stolze Stute, die ihrem Herrn aber schon gehorchte. Dann sagte sie: »Ich weiß nicht, Red. Es kann ja sein, dass du dich in Zukunft nicht mehr mit mir treffen willst …«

Mir krampfte sich das Herz zusammen – was sollte das nun heißen? So ruhig wie möglich erwiderte ich: »Ich verstehe nicht, Gutta. Entschuldige, ich habe zu viel getrunken, vielleicht bin ich deshalb schwer von Begriff … Warum sollte ich mich denn nicht mehr mit dir treffen wollen?«

Ich hakte mich bei ihr ein, und wir schlenderten langsam zu mir nach Hause. Die Kerle, die gerade noch Stielaugen gemacht hatten, beeilten sich, ihre Visagen wegzudrehen. Ich wohnte ja seit jeher in dieser Straße, und jeder kannte den Rotfuchs. Und wer ihn noch nicht kannte, würde ihn kennenlernen, das spürten sie genau.

»Mutter meint, ich soll das Kind wegmachen lassen«, sagte Gutta plötzlich. »Aber ich will nicht.«

Ich tat noch ein paar Schritte, ehe ich begriff. Gutta aber fuhr fort: »Ich will keine Abtreibung, verstehst du? Ich möchte ein Kind von dir. Mir ist egal, wie du dazu stehst. Von mir aus kannst du sonst wohin verschwinden, ich halte dich nicht.«

Ich lauschte ihren Worten, hörte, wie sie sich allmählich in Fahrt redete, und spürte eine närrische Freude in mir hochsteigen. In meinem Kopf war ein einziges Durcheinander, und immer wieder kam mir der Gedanke: Ein Mensch weniger auf der Welt – und auch wieder einer mehr.

»Sie bearbeitet mich«, sprach Gutta weiter. »›Ein Kind von einem Stalker‹, sagt sie. ›Wozu Missgeburten in die Welt setzen? Er ist ein Vagabund, ihr werdet keine Familie haben, nichts. Heute ist er noch in Freiheit und morgen schon hinter Gittern.‹ Mir aber ist das alles egal, hörst du, ich bin zu allem bereit. Und ich schaffe es auch allein. Ich bring es allein zur Welt, ziehe es alleine groß und mache einen anständigen Menschen aus ihm. Ich komme auch ohne dich zurecht. Aber dass du mir dann nie wieder unter die Augen trittst, ich lasse dich nicht über die Schwelle!«

»Gutta«, unterbrach ich sie, »mein Mädchen! Hör doch auf …« Ich war am Ende meiner Kraft, ein Lachen schüttelte mich, ein idiotisches, nervöses Lachen. »Meine Süße, Beste«, sagte ich, »warum willst du mich denn unbedingt fortjagen?«

Ich lachte, lachte wie der letzte Idiot. Sie aber blieb stehen, presste ihr Gesicht an meine Brust und sagte unter Schluchzen: »Was soll denn nun aus uns werden, Red, was soll nur aus uns werden?«

Roderic Schuchart, 28 Jahre, verheiratet, ohne feste Anstellung

Roderic Schuchart lag hinter einem Grabstein, schob einen Ebereschenzweig beiseite und schaute zur Straße hinüber. Die Scheinwerferstrahlen des Patrouillenwagens irrten über das Friedhofsgelände, und wenn sie ihm in die Augen schlugen, kroch er ganz in sich zusammen. Er hielt den Atem an.

Zwei Stunden waren schon vergangen, aber auf der Straße hatte sich nichts getan. Der Wagen, dessen Motor gleichmäßig surrte, stand noch immer am selben Fleck, und seine drei Scheinwerfer suchten pausenlos das Gelände ab. Sie glitten über die verwilderten Gräber, die schief stehenden, verrosteten Kreuze und Grabplatten, die wild ausladenden Äste der Ebereschen und den drei Meter hohen Kamm der Steinmauer, die linker Hand jäh abbrach. Die wachhabenden Männer fürchteten die *Zone*, sie trauten sich nicht einmal, den Wagen zu verlassen. Sogar vor dem Schießen schreckten sie hier, unmittelbar am Friedhof, zurück. Ab und zu hörte Roderic gedämpfte Stimmen; hin und wieder sah er, wie glühende Zigarettenkippen aus dem Wagen auf die Chaussee flogen und dabei kleine rote Fünkchen versprühten. Es war sehr feucht, vor kurzem hatte es geregnet, und sogar durch den wasserdichten Overall spürte Roderic die nasse Kälte.

Vorsichtig ließ er den Zweig zurückgleiten, drehte den Kopf und lauschte. Irgendwo rechts, nicht direkt neben ihm, aber auch nicht allzu weit entfernt, auf jeden Fall aber auf dem Friedhof, war noch jemand. Er hörte ein Blätterrascheln, dann ein Geräusch wie von rieselnder Erde und schließlich das dumpfe Aufprallen eines harten, schweren Gegenstands. Ohne sich umzudrehen, behutsam und fest in das nasse Gras gepresst, kroch Roderic rückwärts. Wieder peitschte ein Scheinwerferstrahl über seinen Kopf hinweg. Roderic hielt inne und verfolgte mit seinen Augen die lautlosen Bewegungen des Scheinwerfers. Plötzlich schien ihm, als sitze zwischen den Kreuzen auf einem der Gräber eine dunkel gekleidete, reglose Gestalt. Sie saß da, ohne Schutz zu suchen, mit dem Rücken gegen einen Marmorobelisken gelehnt, und wandte Roderic ihr bleiches Gesicht mit den schwarzen Augenhöhlen zu. In Wirklichkeit freilich sah Roderic diese Einzelheiten nicht, dafür ging alles viel zu schnell; die Details stellte er sich nur vor. Er kroch ein Stück zur Seite, tastete nach der Feldflasche in seinem Overall, zog sie heraus und lag eine Weile so da, das warme Metall gegen die Wange gepresst. Dann robbte er, die Flasche fest in der Hand, weiter.

In der Mauer gab es eine Öffnung, und genau neben dieser Öffnung lag Barbridge auf seinem bleiverstärkten Regenmantel. Er lag noch immer auf dem Rücken, zerrte mit beiden Händen am Rollkragen seines Pullovers und ächzte gequält und leise vor sich hin. Ab und zu stöhnte er auf. Roderic setzte sich neben ihn und schraubte den Verschluss der Flasche ab. Dann schob er seine Hand behutsam unter Barbridges Kopf, fühlte den nassen Schweiß und die fiebrige Hitze auf dessen kahlem Schädel und legte die Flasche an seine Lippen. Es war finster, aber im schwachen Widerschein der Scheinwerfer konnte Roderic die weit geöffneten, fast glasigen Augen Barbridges sehen und die schwarzen Bartstoppeln auf seinen Wangen. Barbridge schluckte ein paarmal gierig und tastete dann hastig mit der Hand nach dem Sack mit der Beute.

»Bist also wiedergekommen …«, murmelte er. »Bist ein prima Kerl, Rotfuchs, hast mich Alten nicht im Stich gelassen … lässt mich nicht krepieren hier …«

Roderic nahm mit zurückgeworfenem Kopf einen kräftigen Schluck.

»Da steht's nun, das Miststück, wie angewachsen«, sagte er mit einem Nicken zum Wagen hin.

»Das … ist kein Zufall …«, stöhnte Barbridge. Er sprach abgehackt und mit letzter Kraft. »Es hat uns jemand verpfiffen … Sie haben auf uns gewartet.«

»Möglich«, sagte Roderic. »Noch einen Schluck?«

»Nein, es reicht vorläufig. Nur lass mich nicht allein. Dann mache ich schon nicht schlapp. Wirst es nicht bereuen, später. Nicht wahr, du lässt mich nicht im Stich, Rotfuchs?«

Roderic gab keine Antwort. Er sah zur Chaussee hinüber, beobachtete das bläuliche Aufflammen der Scheinwerfer. Auch den Marmorobelisken erspähte er von hier aus, konnte aber nicht erkennen, ob die Gestalt noch immer dort saß oder inzwischen verschwunden war.

»Hör zu, Rotfuchs, es ist mein Ernst: Du wirst es nicht bereuen. Weißt du, weshalb der alte Barbridge noch immer am Leben ist? Weißt du's? Bobby der Gorilla ist draufgegangen, Bancker der Polyp ebenfalls, und was war das für ein gewiefter Stalker! Dennoch hat es ihn erwischt. Auch Schleimer hat dran glauben müssen. Und Norman die Brillenschlange. Und Callaghan. Und Pete die Narbenhaut. Alle haben dran glauben müssen, nur ich nicht. Und weißt du auch, warum?«

»Du warst von jeher ein Schuft«, sagte Roderic, ohne den Blick von der Straße zu wenden. »Ein Aasgeier eben.«

»Ein Schuft, das stimmt. Anders geht es gar nicht. Aber das waren die anderen auch. Polyp und Schleimer. Trotzdem bin als Einziger ich am Leben geblieben. Weißt du, weshalb?«

»Ja doch, ich weiß es«, sagte Roderic, nur um seine Ruhe zu haben.

»Du lügst, gar nichts weißt du. Hast du schon einmal was von der ›goldenen Kugel‹ gehört?«

»Ja.«

»Du denkst, das sind Spinnereien, stimmt's?«

»Halt endlich die Klappe«, erwiderte Roderic. »Beim Reden verlierst du bloß Kraft.«

»Macht nichts, du bringst mich hier schon raus. Wie oft sind wir beide zusammen losgezogen, da wirst du mich jetzt auch nicht im Stich lassen! Ich kannte dich schon, als du noch ein kleiner Junge warst. Deinen Vater hab ich gekannt.«

Roderic schwieg. Er hätte gern geraucht, so holte er wenigstens eine Zigarette aus der Packung, drückte ein paar Tabakkrümel auf die Handfläche und roch daran. Aber es half nicht.

»Du musst mich hier rausbringen«, sagte Barbridge. »Schließlich hat es mich bloß deinetwegen erwischt. Weil du den Malteser nicht mitgenommen hast.«

Der Bursche aus Malta war ganz versessen darauf gewesen mitzukommen. Den ganzen Abend über hatte er die Getränke bezahlt, ihnen alle möglichen Garantien gegeben, einen Spezialanzug wollte er sich auch beschaffen ... Barbridge, der neben ihm saß, hatte sein Gesicht mit der schweren, runzligen Hand abgeschirmt und Roderic eifrig zugezwinkert: Nun sag schon Ja, sollte das heißen, mit dem sind wir fein raus. Möglicherweise war genau das der Grund gewesen, warum Roderic Nein gesagt hatte.

»Wegen deiner Habgier hat es dich erwischt«, erwiderte Roderic schneidend. »Mein ›Nein‹ tut hier nichts zur Sache. Und jetzt halt die Klappe.«

Eine Zeit lang ächzte Barbridge nur. Er steckte erneut die Finger in den Rollkragen und warf den Kopf nach hinten.

»Von mir aus kannst du die ganze Beute haben«, krächzte er. »Nur lass mich nicht allein.«

Roderic sah auf die Uhr. Die Morgendämmerung war nicht mehr weit, aber der Patrouillenwagen rührte sich nicht von der Stelle; die Scheinwerfer glitten nach wie vor suchend über das Gebüsch. Und irgendwo dort, in unmittelbarer Nähe der

Patrouille, stand getarnt ihr Geländewagen, den sie jeden Augenblick entdecken konnten.

»Die ›goldene Kugel‹«, begann Barbridge, »habe ich gefunden. Alle möglichen Gerüchte sind über sie in Umlauf gekommen, und ich selbst war wesentlich beteiligt daran. Unter anderem hieß es, sie könnte jeden beliebigen Wunsch erfüllen. Aber das ist Quatsch – von wegen jeden Wunsch! Wenn es so wäre, würde ich weiß Gott nicht mehr hier hocken. Ich wäre längst in Europa und würde im Geld schwimmen.«

Roderic sah von oben auf Barbridge herab; der tanzende bläuliche Widerschein der Scheinwerfer ließ das Gesicht des Alten wie tot aussehen. Nur die glasigen Augen, die schon aus ihren Höhlen traten, ruhten unverwandt auf Roderic und verfolgten jede seiner Bewegungen.

»Von wegen ewige Jugend«, brummte Barbridge. »Den Teufel habe ich bekommen. Von wegen Geld – nicht die Bohne! Nur was die gute Gesundheit betrifft, die habe ich. Auch mit meinen Kindern habe ich Glück. Und immer die Kurve gekratzt. Nicht mal im Traum hast du das erlebt, was ich hinter mir hab. Trotzdem habe ich immer die Kurve gekratzt und bin mit dem Leben davongekommen.« Er leckte sich die Lippen. »Nur um das Eine bitte ich den dort oben: dass er mich leben lässt und mir Gesundheit gibt. Und dass den Kindern nichts zustößt.«

»Nun halt doch endlich die Klappe, verdammt nochmal«, sagte Roderic. »Was jammerst du wie ein altes Weib? Wenn ich kann, werde ich dich schon rausschaffen. Einfach weil mir deine Dinah leidtut – die landet sonst auf dem Strich ...«

»Ach, Dinah ...«, jammerte Barbridge, »meine Tochter. Mein Schmuckstück. Sie sind so verwöhnt, meine Kinder, das weißt du ja, Rotfuchs. Keinen Wunsch habe ich ihnen abgeschlagen. Sie werden vor die Hunde gehen. Und Arthur, mein Archie ... Du kennst ihn ja, Rotfuchs, wo gibt es noch ein zweites Mal solche Kinder!«

»Ich habe dir doch gesagt: Wenn ich kann, bring ich dich raus.«

»Nein«, erwiderte Barbridge halsstarrig. »Du wirst mich in jedem Fall hier rausbringen. Wenn du willst, sage ich dir auch, wo sich die ›goldene Kugel‹ befindet.«

»Na los, dann sag's.«

Barbridge stöhnte und bewegte sich. »Ach, meine Beine ...«, jammerte er, »fühl sie doch mal ab.«

Roderic streckte den Arm aus und fuhr mit der Hand tastend vom Knie abwärts über das Bein des Alten.

»Die Knochen«, bellte Barbridge, »sind die Knochen noch da?«

»Aber ja«, log Roderic. »Reg dich nicht auf.«

In Wirklichkeit hatte er lediglich die Kniescheibe ertasten können. Unterhalb davon, bis hin zur Ferse, war das Bein ein einziger Gummistrang, man hätte einen Knoten daraus machen können. Da war nicht mehr die Spur eines Knochens.

»Du lügst«, sagte Barbridge. »Warum lügst du? Glaubst du vielleicht, ich weiß nicht, wie es um mich bestellt ist? Ich habe so was schon mehr als einmal bei anderen gesehen.«

»Die Knie sind heil«, sagte Roderic.

»Wahrscheinlich ist auch das gelogen«, erwiderte Barbridge betrübt. »Egal, Hauptsache, du bringst mich hier raus. Ich gebe dir, was du willst. Sogar die ›goldene Kugel‹. Ich zeichne dir die Karte auf, mit allen Fallen, und erkläre dir ganz genau den Weg ...«

Er redete und versprach den Himmel, aber Roderic hörte nicht mehr zu. Er sah zur Straße hinüber. Die Strahlen der Scheinwerfer glitten jetzt nicht mehr hin und her, sondern verharrten beim Marmorobelisken. Und im grellen Lichtschein konnte Roderic jetzt deutlich eine gekrümmte schwarze Gestalt erkennen, die zwischen den Kreuzen umherirrte. Die Gestalt bewegte sich wie blind direkt auf die Scheinwerfer zu. Roderic sah, dass sie gegen ein riesiges Kreuz stieß, zurückprallte, erneut dagegen stieß und erst dann einen Bogen machte, die langen Arme mit den gespreizten Fingern von sich gestreckt. Gleich darauf war die Gestalt verschwunden, als habe die Erde sie verschluckt. Einige Sekunden später aber tauchte sie weiter rechts wieder auf. Sie bewegte sich nicht wie ein Mensch, sondern irgendwie seltsam, wie ein aufgezogener Mechanismus.

Plötzlich verloschen die Scheinwerfer. Das Knirschen der Kupplung ertönte, der Motor heulte wild auf, und durch die Büsche hindurch sah man rote und blaue Signallichter aufleuchten. Dann schoss der Patrouillenwagen, schnell an Tempo gewinnend, in Richtung Stadt davon und war gleich darauf hinter der Mauer verschwunden. Roderic schluckte krampfhaft und öffnete den Reißverschluss seines Overalls.

»Sie sind weggefahren«, murmelte Barbridge fieberhaft. »Los, Rotfuchs, beeilen wir uns!« Der Alte begann unruhig hin und her zu rutschen, tastete mit den Händen den Platz um sich herum ab, erwischte den Sack mit der Beute und versuchte aufzustehen. »Na, los doch, was sitzt du noch hier rum!«

Roderic sah noch immer zur Straße hinüber. Sie lag jetzt im Dunkeln, nichts war mehr zu sehen. Aber irgendwo in dieser Richtung befand sich auch die Gestalt, schritt aus wie eine Aufziehpuppe, stolperte, fiel hin, stieß gegen die Kreuze, verhedderte sich im Gesträuch.

»Also gut«, sagte Roderic laut. »Gehen wir.«

Er hob den Alten auf, der sich mit dem linken Arm wie eine Zange an seinen Hals klammerte. Roderic konnte sich nicht mehr aufrichten, schleppte ihn auf allen vieren durch das Loch in der Mauer und hielt sich dabei mit den Händen am Gras fest.

»Los, schneller«, keuchte Barbridge. »Hab keine Angst, den Sack mit der Beute halte ich schon fest … Beeil dich!«

Roderic kannte den Pfad gut, aber das nasse Gras war glitschig, und die Zweige der Ebereschen schlugen ihm ins Gesicht. Der Alte war schwer wie ein Toter; hinzu kam der Sack, in dem es klirrte und polterte und der sich immerzu am Wurzelwerk festhakte. Das Schlimmste aber war der scheußliche Gedanke, der Gestalt zu begegnen, die vielleicht noch immer in der Dunkelheit umherirrte.

Als sie die Straße erreicht hatten, war es nach wie vor finster, doch man ahnte bereits die nahe Dämmerung. In dem Wäldchen jenseits der Chaussee setzte jetzt leise und verschlafen Vogelgezwitscher ein, und über den dunklen Häusern am fernen Stadtrand und den vereinzelten gelben Laternen nahm die nächtliche Dunkelheit eine bläuliche Färbung an. Ein kühler, feuchter Windhauch drang von dort zu ihnen herüber. Roderic legte den Alten am Straßenrand nieder, schaute sich nach allen Seiten um und lief dann wie ein großer schwarzer Käfer quer über die Chaussee. Er fand den Landrover sofort wieder, entfernte hastig die Zweige von Motorhaube und Wagenkasten, setzte sich ans Steuer und lenkte das Fahrzeug vorsichtig und ohne die Scheinwerfer einzuschalten auf die Straße. Barbridge hatte sich aufgesetzt, mit einer Hand auf den Sack aufgestützt, und tastete mit der anderen seine Beine ab.

»Schnell!«, keuchte er. »Beeil dich! Die Knie, sie sind noch heil … dass wir wenigstens die Knie retten!«

Roderic stemmte den Alten hoch und kippte ihn, vor Anstrengung mit den Zähnen knirschend, über die Bordwand. Barbridge fiel polternd auf den hinteren Sitz und stöhnte. Den Sack aber ließ er nicht los. Roderic hob den bleihaltigen Umhang vom Boden auf und warf ihn Aasgeier über. Nicht einmal den hatte Barbridge vergessen.

Dann holte Roderic eine Taschenlampe hervor, lief ein paar Schritte am Straßenrand auf und ab und untersuchte ihn auf Spuren. Aber es gab keine. Als der Wagen auf die Straße gerollt war, hatte er zwar das hohe, dichte Gras plattgewalzt, aber in wenigen Stunden würde es sich wieder aufgerichtet haben. An der Stelle, wo der Patrouillenwagen gestanden hatte, lagen Unmengen von Zigarettenkippen herum. Roderic erinnerte sich, dass er schon lange eine Zigarette hatte rauchen wollen, und zündete sich eine an. Dabei wäre er am liebsten Hals über Kopf in den Wagen gesprungen und so schnell wie möglich abgehauen. An Hast aber durfte er vorerst nicht denken. Jetzt galt es, langsam und gut durchdacht vorzugehen.

»Was ist denn noch?«, fragte Barbridge mit weinerlicher Stimme von hinten. »Du hast auch vergessen, Wasser über unser Angelzeug zu kippen, es ist knochentrocken … Jetzt steh nicht rum, versteck den Sack!«

»Halt die Schnauze«, sagte Roderic. »Stör mich nicht!« Er nahm einen tiefen Zug. »Wir biegen zum südlichen Stadtrand ab«, fügte er hinzu.

»Wieso denn zum Stadtrand, bist du verrückt? Die Knie machst du mir kaputt, du Mistkerl, die Knie!«

Roderic zog ein letztes Mal an seiner Zigarette und legte den Stummel in die Streichholzschachtel.

»Nicht so hitzig, Aasgeier«, sagte er. »Wir können nicht durch die Stadt. Da sind drei Kontrollen, an einer davon bleiben wir mit Sicherheit hängen.«

»Na und?«

»Die brauchen nur einen Blick auf deine Beine zu werfen – und wissen Bescheid.«

»Was haben meine Beine damit zu tun! Wir haben Fische betäubt, und dabei hat es mich an den Beinen erwischt, fertig!«

»Und wenn sie einer abtastet?«

»Dann brülle ich so laut, dass ihm Hören und Sehen vergeht.«

Aber Roderic hatte seinen Entschluss gefasst. Im Schein der Taschenlampe hob er den Fahrersitz hoch, entfernte einen Deckel und sagte: »Gib den Sack her.«

Der Benzintank unter dem Sitz war eine Attrappe. Roderic nahm den Sack und stopfte ihn hinein; er hörte, wie das Zeug klimperte und durcheinanderrollte.

»Ich darf kein Risiko eingehen«, sagte er. »Habe kein Recht dazu.«

Er legte den Deckel wieder darüber, streute ein paar Abfälle drauf, deckte das Ganze mit einigen Lappen ab und ließ den Sitz herunter. Barbridge ächzte, stöhnte, bat kläglich, dass Roderic sich beeilen möge, und versprach ihm abermals die »goldene Kugel«. Bei alldem rutschte er unruhig auf seinem Platz hin und her und starrte ängstlich ins Dunkel, das sich immer mehr lichtete. Roderic beachtete ihn nicht. Er riss die große, mit Wasser und Fischen gefüllte Plastiktüte auf, schüttete die Flüssigkeit über das Angelzeug, das auf dem Boden des Wagens lag, und beförderte die zappelnden Fische in einen Sack aus Zeltbahn. Dann faltete er die Plastiktüte zusammen und steckte sie in die Tasche seines Overalls. Jetzt war alles in Ordnung: Die Angler kehrten von einem nicht eben erfolgreichen Fang zurück. Roderic setzte sich ans Steuer und fuhr los.

Bis unmittelbar zur Kurve fuhr er mit ausgeschalteten Scheinwerfern. Linker Hand zog sich die gewaltige, drei Meter hohe Mauer hin, die die *Zone* eingrenzte. Rechts von ihnen standen Büsche und stark gelichtete Wäldchen. Hin und wieder fuhren sie an verlassenen Häuschen vorüber, deren Fenster vernagelt waren und deren Putz von den Wänden bröckelte. Roderic fand sich gut im Dunkeln zurecht, zumal es schon ein wenig dämmerte. Er wusste, was gleich kommen würde; deshalb drosselte er auch das Tempo nicht, als vor ihm eine gleichmäßig ausschreitende, gebückte Gestalt auftauchte. Er beugte sich nur etwas tiefer hinter das Lenkrad. Die Gestalt schritt auf der Straßenmitte dahin – wie alle, ging auch sie in die Stadt. Roderic überholte sie, jagte den Wagen am linken Straßengraben vorbei und drückte, als er sie hinter sich gelassen hatte, noch stärker aufs Gaspedal.

»Heilige Muttergottes«, murmelte Barbridge hinter ihm. »Hast du das gesehen, Rotfuchs?«

»Ja«, sagte Roderic.

»Großer Gott, der hat uns gerade noch gefehlt!«, brabbelte der Alte und begann gleich darauf laut zu beten.

»Halt die Schnauze!«, schrie ihn Roderic an.

Die Kurve musste jeden Augenblick kommen. Roderic fuhr etwas langsamer, schaute aufmerksam zu der Reihe verfallener Hütten und Zäune hinüber, die sich rechter Hand hinzogen. Da war das alte Transformatorenhäuschen ... dort der Stützpfeiler ... dann der schon angefaulte Holzsteg, der über den kleinen Graben führte ... Roderic riss das Lenkrad herum, und der Wagen sprang holpernd über eine ausgetrocknete Wagenspur.

»Wo willst du hin?«, brüllte Barbridge wie ein Irrer. »Misthund, du machst meine Beine noch gänzlich zuschanden!«

Roderic drehte sich in Sekundenschnelle um und schlug dem Alten mit voller Kraft ins Gesicht; er spürte an seinem Handrücken dessen stachlige Wange. Barbridge gab ein Blubbern von sich und verstummte. Ab und zu sprang der Wagen in die Höhe, oder die Räder fuhren sich in dem zähen Schlamm fest. Dann schaltete Roderic die Scheinwerfer ein. Ihr tanzendes weißes Licht erhellte die mit Gras zugewachsenen alten Wagenspuren, die großen Pfützen, die verfaulten, schief stehenden Zäune zu beiden Seiten. Barbridge heulte, wobei er sich in einem fort schnäuzte. Er versprach nun nichts mehr, beklagte sich nur noch und drohte. Das alles aber tat er sehr leise und kaum verständlich, so dass Roderic nur einzelne Wörter mitbekam. Der Alte brabbelte etwas von seinen Beinen, den Knien und dem Prachtburschen Archie ... Schließlich verstummte er ganz.

Die Siedlung zog sich am westlichen Stadtrand entlang. Früher hatte es hier Datschen und Obstgärten gegeben; die Obrigkeit der Stadt und die Direktoren der Betriebe hatten in dieser Gegend ihre Sommerresidenzen gehabt. Es war ein belebtes grünes Viertel gewesen, mit kleinen Seen und sauberen Sandstränden, herrlichen Birkenhainen und Teichen, in denen

Karpfen gezüchtet wurden. Der Industriegestank und der beißende Qualm der Schlote drangen nicht bis hierher, ebenso wenig allerdings die städtische Kanalisation … Jetzt aber lag alles einsam und verlassen da. Bisher waren sie lediglich an einem einzigen bewohnten Haus vorbeigefahren: Hinter dem kleinen, mit Gardinen verhangenen Fenster war gelbliches Licht zu sehen gewesen, auf der Leine hatte regennasse Wäsche gehangen, und ein riesiger Köter, der sich an seinem wilden Gebell fast verschluckt hatte, war seitlich herangeschossen und eine Zeit lang hinter dem Wagen hergejagt – inmitten von Schlamm und Erdklumpen, die von den Rädern hervorgeschleudert wurden.

Roderic fuhr vorsichtig über eine der alten, verfallenen Brücken und hielt erst an, als er vor sich die Abzweigung zu der nach Westen führenden Chaussee erblickte. Er stellte den Motor ab, kletterte aus dem Wagen und ging, ohne sich nach Barbridge umzusehen, die paar Schritte bis zur Chaussee. Er fröstelte und steckte die Hände in die klammen Taschen seines Overalls. Es war inzwischen hell geworden, und ringsum war alles nass, still und verschlafen. Als er die Chaussee erreicht hatte, spähte er vorsichtig durch die Büsche. Die Polizeisperre war von hier aus gut zu sehen: ein kleines Häuschen auf Rädern mit drei erleuchteten Fenstern; der Patrouillenwagen stand am Straßenrand und war leer. Einige Zeit stand Roderic so da und beobachtete die Kontrollstelle, aber es rührte sich nichts. Offenbar waren die Wachhabenden durchgefroren und erschöpft von ihrem nächtlichen Einsatz; sie wärmten sich gewiss gerade auf und dösten mit einer Zigarette im Mundwinkel vor sich hin.

»Diese elenden Kröten«, murmelte Roderic.

Er tastete nach dem Schlagring in seiner Tasche und steckte die Finger in die ovalen Öffnungen, so dass er das kalte Metall in seiner Faust spürte. Schließlich ging er, noch immer fröstelnd und die Hände in den Taschen, zurück zum Wagen. Der

Landrover stand leicht zur Seite geneigt zwischen den Büschen. Die Stelle war sehr abgelegen; wahrscheinlich hatte seit zehn Jahren kein Mensch mehr seinen Fuß hierhergesetzt.

Als Roderic zum Wagen kam, richtete sich Barbridge auf und schaute ihn mit offenem Mund an. Jetzt sah er noch älter aus als sonst – runzlig, glatzköpfig, mit unsauberen Bartstoppeln auf den Wangen und verfaulten Zähnen. Eine Zeit lang musterten sie sich schweigend, dann brabbelte Barbridge undeutlich: »Ich gebe dir die Karte, hörst du ... Alle Fallen zeig ich dir, alles ... Du wirst die ›Kugel‹ finden und es nicht bereuen ...«

Roderic hörte reglos zu, dann bog er die Finger auseinander, ließ den Schlagring los und sagte: »Also. Du hast nichts weiter zu tun, als den Ohnmächtigen zu spielen, kapiert? Stöhne und lass niemanden an dich ran.«

Er setzte sich hinters Lenkrad, startete und fuhr los.

Sie hatten Glück. Niemand kam aus dem Wachhäuschen, als der Landrover, die Vorschriften genau einhaltend, langsam die Sperre passierte, um dann mit zunehmender Geschwindigkeit aus südlicher Richtung auf die Stadt zuzujagen. Es war sechs Uhr morgens, die Straßen mit ihrem nassglänzenden schwarzen Asphalt lagen wie ausgestorben da, und die automatischen Ampeln an den Kreuzungen blinkten einsam und nutzlos. Sie fuhren an einer Bäckerei mit hohen, hell erleuchteten Fenstern vorbei, und Roderic umfing eine warme, ungeheuer appetitlich duftende Wolke.

»Ich habe Hunger«, sagte Roderic und streckte sich. Er stützte sich mit den Händen gegen das Lenkrad und lockerte die vor Anspannung steifen Muskeln.

»Was ist?«, fragte Barbridge erschrocken.

»Fressen möchte ich, hab ich gesagt ... Und du, wo soll ich dich absetzen, zu Hause oder gleich beim Metzger?«

»Fahr zum Metzger! Bloß schnell zum Metzger!«, rief der Alte. Er rückte auf seinem Sitz so weit vor, dass Roderic seinen fiebrig-heißen Atem im Nacken spürte. »Fahr gleich zu ihm, auf dem schnellsten Weg! Er schuldet mir noch siebenhundert ... Fahr zu, beeil dich doch endlich, was kriechst du denn so!« Unvermittelt begann er zu fluchen: in den dreckigsten Worten, kraftlos, bitter und geifernd. Er verschluckte sich am eigenen Speichel und erstickte fast an wilden Hustenanfällen.

Roderic gab keine Antwort. Er hatte weder Zeit noch Kraft, den tobenden Alten zu besänftigen. Er musste das Ganze so schnell wie möglich zu Ende bringen, damit er sich noch eine Stunde – oder wenigstens eine halbe – hinlegen konnte, bevor er zu dem Treffen ins »Metropol« ging. Er fuhr auf die 16. Avenue hinaus, ließ zwei Straßenzüge hinter sich und brachte den Wagen vor einer grauen zweistöckigen Villa zum Stehen.

Der Metzger öffnete persönlich – offenbar war er gerade aufgestanden und im Begriff, das Bad aufzusuchen. Er trug einen teuren Morgenmantel mit Goldquasten, und in der Hand hielt er ein Glas mit seinem Gebiss. Das Haar war zerzaust, und unter den trüben Augen hingen dunkle Säcke.

»Ah!«, sagte er. »Rotfuchsch? Wasch gibt'sch?«

»Setz dir die Zähne ein und komm mit«, erwiderte Roderic.

»Hm«, brummte der Metzger, winkte Roderic mit einer einladenden Kopfbewegung in die Halle und begab sich selbst, mit den persischen Pantoffeln schlurfend, erstaunlich behände ins Bad.

»Wer?«, fragte er von dort.

»Barbridge«, antwortete Roderic.

»Was?«

»Die Beine.«

Im Bad hörte man das Rauschen von Wasser, Prusten und Plätschern, ein Gegenstand fiel herunter und rollte über die Fliesen. Roderic nahm erschöpft in einem Sessel Platz, steckte sich eine Zigarette an und ließ seinen Blick schweifen – die Halle war nicht übel, der Metzger hatte keine Kosten gescheut. Er war ein erfahrener und sehr gefragter Chirurg, eine Koryphäe in der Medizin – nicht nur in der Stadt, sondern im ganzen Land; mit den Stalkern hatte er sich also nicht des Geldes wegen eingelassen. Er nahm sich seinen Teil von der *Zone* anderweitig: in Naturalien, die seiner medizinischen Praxis zugute kamen; in Kenntnissen über unbekannte Krankheiten, Missbildungen und sonstige organische Schäden, die er an verkrüppelten Stalkern studierte; im Ruhm, der erste Arzt der Erde zu sein, der auf Krankheiten außerirdischen Ursprungs spezialisiert war. Das alles schloss natürlich nicht aus, dass er auch recht gerne Geld nahm.

»Was ist mit seinen Beinen?«, fragte er, als er, ein großes Handtuch über der Schulter, das Bad verlassen hatte. Mit einem Zipfel des Handtuchs wischte er behutsam seine langen feingliedrigen Finger trocken.

»Er ist in die ›Sülze‹ gelatscht«, sagte Roderic.

Der Metzger pfiff durch die Zähne. »Dann ist's aus mit dem Stalker Barbridge«, murmelte er. »Schade, war einer der ganz Großen.«

»Ach was«, sagte Roderic und lehnte sich im Sessel zurück. »Du wirst ihm Prothesen machen, und er wird weiter in der *Zone* herumhopsen.«

»Also gut«, sagte der Metzger, und sein Gesicht hatte einen geschäftigen Ausdruck angenommen. »Warte hier, ich ziehe mich nur schnell an.«

Während er sich ankleidete und ein Telefongespräch führte – wahrscheinlich mit seiner Klinik, damit dort alles für die Operation vorbereitet wurde –, lag Roderic im Sessel und rauchte. Reglos. Nur ein einziges Mal bewegte er sich, um die Feldflasche hervorzuholen. Er trank in kleinen Schlucken, denn es war nicht mehr viel in der Flasche. Er bemühte sich, an nichts zu denken; er wartete einfach.

Dann gingen sie zusammen zum Wagen. Roderic setzte sich ans Lenkrad, der Metzger nahm neben ihm Platz und begann, rücklings über die Lehne gebeugt, die Beine des Alten abzutasten. Barbridge saß still und in sich zusammengekrochen da, wimmerte und schwor beim Andenken an seine selige Frau und die Kinder, den Metzger mit Geld zu überschütten, wenn er ihm wenigstens die Knie rettete. Bei der Klinik angekommen, fluchte der Metzger, weil keine Sanitäter bereitstanden. Noch ehe der Wagen hielt, sprang er behände heraus und verschwand hinter der Tür. Roderic steckte sich eine neue Zigarette an, und Barbridge sagte plötzlich sehr klar und deutlich akzentuiert, so als wäre er innerlich zur Ruhe gekommen: »Du wolltest mich umbringen. Das werde ich dir nicht vergessen.«

»Ich hab's aber nicht getan«, erwiderte Roderic gleichgültig.

»Stimmt, hast du nicht«, Barbridge verstummte. »Auch das werde ich dir nicht vergessen.«

»Ja, merk es dir ruhig«, sagte Roderic. »Du an meiner Stelle hättest mich natürlich nicht umgelegt.« Er drehte sich um und sah den Alten durchdringend an. Barbridge verzog unsicher das Gesicht, seine trockenen Lippen zuckten. »Du hättest mich einfach liegen lassen«, fuhr Roderic fort. »Hättest mich in der *Zone* zurückgelassen und das Weite gesucht. Wie du's mit Brillenschlange getan hast.«

»Brillenschlange ist einfach so draufgegangen«, entgegnete Barbridge finster. »Ich habe damit nichts zu schaffen. Ihn hat's einfach erwischt.«

»Ein Schweinehund bist du«, sagte Roderic und wandte sich ab. »Ein Aasgeier.«

Ein paar verschlafene, zerzauste Sanitäter kamen aus der Toreinfahrt geschossen und rannten mit einer Trage zum Wagen. Roderic zog hin und wieder an seiner Zigarette und beobachtete, wie sie Barbridge geschickt aus dem Fahrzeug hievten, auf die Trage betteten und ins Haus trugen. Der Alte lag, die Hände auf der Brust gefaltet, reglos da und schaute entrückt in den Himmel. Seine riesigen Fersen, von der ›Sülze‹ furchtbar zerfressen, wirkten seltsam und unnatürlich verrenkt.

Barbridge war der letzte von den alten Hasen. Er war einer von den Stalkern, die gleich nach dem *Besuch* mit der Jagd auf die außerirdischen Schätze begonnen hatten – zu einem Zeitpunkt, als die *Zone* noch nicht als solche gekennzeichnet war, als es hier noch keine Institute, keine Mauer und keine Polizeieinheiten der UNO gegeben hatte, als die Stadt noch vom Schrecken gelähmt war und die Weltöffentlichkeit über die neuerlichen Hirngespinste der Zeitungsleute lachte. Roderic war damals ein Junge von zehn Jahren gewesen, Barbridge hingegen ein cleverer, kräftiger Kerl, der es liebte, sich auf fremde Kosten vollaufen zu lassen, zu raufen, ein Mädchen zu überrumpeln und in eine finstere Ecke zu ziehen. Er war schon damals ein lausiger Schweinehund. Seine eigenen Kinder waren ihm zu der Zeit vollkommen gleichgültig, und jedes Mal, wenn er betrunken war, verprügelte er mit einem widerlichen Vergnügen seine Frau, lautstark und vor aller Augen – bis er sie eines Tages zu Tode geprügelt hatte.

Roderic wendete und jagte seinen Geländewagen geradewegs zu sich nach Hause. Dabei schnitt er die Kurven, fuhr über rote Ampeln, und die wenigen Passanten, die zu der Zeit unterwegs waren, schreckte er mit der Hupe auf.

Vor der Garage brachte er den Wagen zum Stehen, stieg aus und sah plötzlich den Blockverwalter von der kleinen Freifläche her auf sich zukommen. Wie immer war er schlecht gelaunt; sein zerknautschtes Gesicht mit den geschwollenen Augen ließ Ekel erkennen, Abscheu – so, als ginge er nicht auf dem Boden, sondern über Jauche.

»Guten Morgen«, begrüßte ihn Roderic freundlich.

Der Verwalter, der zwei Schritt von ihm entfernt stehen blieb, wies mit dem Daumen über die Schulter: »Stammt das von Ihnen?«, fragte er nuschelnd. Man merkte, es waren die ersten Worte, die er seit dem gestrigen Abend von sich gab.

»Wovon sprechen Sie?«

»Von der Schaukel dort ... Haben Sie die angebracht?«

»Ja.«

»Und wozu?«

Roderic ging ohne eine Antwort zum Garagentor und machte sich am Schloss zu schaffen. Der Verwalter folgte ihm und blieb hinter seinem Rücken stehen.

»Ich frage Sie, weshalb Sie die Schaukel angebracht haben. Wer hat Sie darum gebeten?«

»Meine kleine Tochter«, erwiderte Roderic ruhig und schob das Tor beiseite.

»Es geht hier nicht um Ihre Tochter!« Der Mann hob die Stimme. »Über die unterhalten wir uns später. Ich frage, wer Ihnen das erlaubt hat. Wer gibt Ihnen das Recht, hier auf dem Hof irgendwelche Änderungen vorzunehmen?«

Roderic drehte sich um und blieb reglos stehen; seinen Blick hatte er starr auf die weiße, von blauen Äderchen durchzogene Nasenwurzel des Mannes geheftet.

Der Verwalter trat einen Schritt zurück und sagte nun eine Spur leiser: »Und den Balkon haben Sie auch noch nicht anders gestrichen. Wie oft habe ich Ihnen schon ...«

»Ihre Mühe ist umsonst«, fiel ihm Roderic ins Wort. »Ich ziehe nicht von hier weg.«

Er stieg wieder ins Auto und ließ den Motor an. Er umfasste das Lenkrad und bemerkte, dass seine Fingerknöchel weiß hervortraten. Da beugte er sich aus der Wagentür und sagte, ohne sich weiter zurückzuhalten: »Sollte ich trotzdem aus irgendeinem Grund von hier wegziehen müssen, dann gnade dir Gott, du Aas.«

Er fuhr den Wagen in die Garage, knipste das Licht an und schloss das Tor. Dann holte er den Sack mit der Beute aus dem Versteck, brachte das Auto in Ordnung und verstaute den Sack in einem alten, geflochtenen Korb. Darauf legte er die noch feuchten Angelutensilien, an denen noch Grashalme und kleine Blätter hafteten, und packte dann die inzwischen verendeten Fische, die Barbridge gestern Abend in einem Geschäft am Stadtrand gekauft hatte, obenauf. Nochmals, einfach aus Gewohnheit, musterte er den Wagen aufmerksam von allen Seiten. Am rechten Hinterreifen klebte ein plattgedrückter Zigarettenstummel. Roderic entfernte ihn – es handelte sich um eine schwedische Marke. Er überlegte einen Augenblick und steckte ihn dann in seine Streichholzschachtel, in der sich schon drei Stummel befanden.

Auf der Treppe begegnete er niemandem. Er blieb vor seiner Tür stehen, und noch ehe er den Schlüssel hervorgeholt hatte, wurde geöffnet. Er ging, den schweren Korb unter dem Arm, seitwärts hinein und tauchte in die heimische Wärme und die bekannten Gerüche seiner Wohnung. Gutta, die Arme um ihn geschlungen, stand ganz still da und presste ihr Gesicht an seine Brust. Sogar durch den Overall und das warme Hemd hindurch konnte er fühlen, wie wild ihr Herz klopfte. Er ließ sie gewähren – stand ruhig und geduldig da und wartete, bis sie sich wieder gefangen hatte, obwohl ihm genau in dem Augenblick bewusst wurde, wie erschöpft und müde er war.

»Also gut …«, sagte Gutta schließlich mit belegter Stimme, ließ ihn los und machte im Flur das Licht an. Dann ging sie, ohne sich noch einmal umzusehen, in die Küche. »Ich mach dir einen Kaffee«, rief sie.

»Ich habe ein paar Fische mitgebracht«, sagte er betont fröhlich. »Kannst sie gleich braten, aber alle, ich habe wahnsinnigen Hunger!«

Sie kam zurück, den Kopf ein wenig gesenkt, so dass ihre langen Haare einen Teil des Gesichts verdeckten. Er stellte den Korb auf den Fußboden und half ihr, den Sack mit den Fischen herauszunehmen; dann trugen sie ihn gemeinsam in die Küche und schütteten die Fische ins Spülbecken.

»Geh dich waschen«, sagte sie. »Ich mache inzwischen alles fertig.«

»Wie geht's unserem Äffchen?«, fragte Roderic, während er sich setzte und die Stiefel von den Füßen zog.

»Sie hat den ganzen Abend über geplappert«, antwortete Gutta. »Ich habe sie nur mit Mühe ins Bett gebracht. Dauernd lag sie mir mit ihrem Papa in den Ohren. Wo ist er, wo ist er, hat sie gefragt. Als wenn ich ihn ihr aus dem Hut zaubern könnte ...«

Gutta war schlank und hübsch anzusehen. Flink und lautlos glitt sie durch die Küche, und schon kochte das Wasser im Kessel, flogen die Schuppen unterm Messer hervor, begann das Fett in der Pfanne – der größten, die sie hatten – zu brutzeln, breitete sich der herrliche Duft frischgebrühten Kaffees aus.

Roderic stand auf und tappte barfuß zurück in den Flur. Er nahm den Korb und stellte ihn in die Kammer. Dann sah er ins Schlafzimmer. Das Äffchen pennte sorglos. Ein Zipfel der Decke hing auf den Fußboden herab, das Hemdchen war ihm hochgerutscht, und es lag da, wie auf einer Hand ausgebreitet ... ein schniefendes kleines Tier. Roderic konnte sich nicht zurückhalten und streichelte den Rücken seiner Tochter, der ganz und gar von einem dichten, goldglänzenden Fellchen bedeckt war. Wohl zum tausendsten Male wunderte er sich, wie seidig und lang dieses Fell war. Zu gern hätte er die Kleine in die Arme genommen, doch er fürchtete, sie zu wecken. Auch war er schmutzig wie ein Teufel und noch durchtränkt vom Geruch der *Zone*, des Todes.

So ging er zurück in die Küche, setzte sich an den Tisch und sagte: »Gib mir eine Tasse Kaffee, waschen werde ich mich später.«

Auf dem Tisch lag ein Stapel Zeitungen, die mit der Abendpost gekommen waren, darunter die *Harmonter Nachrichten*, die Zeitschriften *Athlet* und *Playboy* sowie ein dickes Heft in grauem Einband: die »Mitteilungen des Internationalen Instituts für Außerirdische Kulturen«, Ausgabe 56. Roderic nahm den Becher mit dem heißen Kaffee, den Gutta ihm reichte, und zog die »Mitteilungen« zu sich heran. Da waren Zeichen, Symbole und Skizzen, Fotos von Gegenständen, die er zwar kannte, die aber in einer eigentümlichen Perspektive dargestellt waren. Und wieder ein posthum erschienener Artikel von Kirill mit dem Titel: »Zu einer unerwarteten Eigenschaft der Magnetfallen vom Typ 77b«. Der Name »Panow« war schwarz umrandet, darunter in kleiner Schrift die Anmerkung: »Doktor Kirill A. Panow, UdSSR, kam während eines Experiments im April des Jahres 19.. tragisch ums Leben.« Roderic legte das Journal mit einer heftigen Bewegung beiseite, nahm, sich den Mund verbrühend, einen Schluck Kaffee und fragte: »War jemand hier?«

»Ja, Guttalin«, sagte seine Frau nach kurzem Zögern. Sie stand am Herd und sah ihn an. »Er war stockbetrunken, ich habe ihn gebeten zu gehen.«

»Und was hat das Äffchen dazu gesagt?«

»Sie wollte ihn natürlich nicht fortlassen und fing schon an zu heulen. Da habe ich ihr erklärt, dass Onkel Guttalin sich nicht gut fühle. Darauf sie ganz naseweis: ›Der hat sich ja bloß wieder volllaufen lassen.‹«

Roderic lachte und nahm noch einen Schluck. Dann fragte er: »Wie sieht's mit den Nachbarn aus?«

Gutta zögerte abermals, bevor sie antwortete: »Na, wie schon – wie immer.«

»Lass nur, brauchst es nicht zu erzählen.«

»Ach«, sagte Gutta und winkte ab. »Vorhin hat dieses Weib unter uns wieder geklingelt und sich beschwert. Was wir denn nachts im Bad zu sägen hätten? Augen hatte die, meine Güte, und direkt Schaum vorm Mund!«

»Dieses Miststück«, sagte Roderic durch die Zähne. »Hör zu, Gutta, und wenn wir doch wegziehen? Wir kaufen uns ein

Häuschen irgendwo am Stadtrand, wo wir ganz für uns allein sind …«

»Und das Äffchen?«

»Meine Güte«, sagte Roderic. »Es wäre doch gelacht, wenn wir beide es nicht zuwege brächten, dass es ihr gutgeht.«

Gutta schüttelte den Kopf.

»Sie hängt so an den Kindern – und die Kinder an ihr. Schließlich sind nicht sie schuld daran, dass …«

»Natürlich, sie haben keine Schuld.«

»Lassen wir das«, sagte Gutta. »Du hast übrigens einen Anruf bekommen, der Mann hat aber seinen Namen nicht genannt. Ich habe gesagt, du wärst zum Angeln.«

Roderic setzte den Becher auf den Tisch und stand auf.

»Also gut«, sagte er, »ich gehe mich erst mal waschen, hab noch eine Menge zu tun.«

Er schloss sich im Bad ein und warf die schmutzige Kleidung in den Bottich. Den Schlagring, die übrig gebliebenen Schraubenmuttern, Zigaretten und anderen Kleinkram legte er auf das kleine Bord. Lange stand er unter der heißen Dusche, ächzte vor Behagen und schrubbte den Körper so lange mit einem harten Schwammhandschuh, bis sich die Haut krebsrot färbte. Dann setzte er sich auf den Wannenrand und begann zu rauchen. Das Wasser in den Rohren gluckste. Er hörte Gutta in der Küche mit dem Geschirr klappern; es roch appetitlich nach gebratenem Fisch, und schon klopfte seine Frau an die Tür und hielt ihm die frische Wäsche hin.

»Beeil dich«, sagte sie. »Der Fisch wird kalt.«

Sie hatte sich nun wieder völlig beruhigt und gab wie üblich ihre Anweisungen. Roderic musste lächeln. Er zog sich schnell Unterhemd und Unterhose an und marschierte in die Küche.

»So«, sagte er. »Und jetzt das Essen.«

»Hast du die Wäsche in den Bottich gelegt?«, fragte Gutta.

»Hmm«, brummte er mit vollem Mund. »Feiner Fisch!«

»Hast du auch Wasser drübergekippt?«

»N-nein … Verzeihung, Sir. Soll nicht wieder vorkommen, Sir … Nun bleib schon sitzen, das hat doch Zeit!« Er fasste sie bei der Hand und wollte sie auf seinen Schoß ziehen, aber sie entwand sich und nahm ihm gegenüber am Tisch Platz.

»Willst also nichts wissen von deinem Mann«, sagte Roderic und stopfte sich erneut die Backen voll. »Verschmähst ihn.«

»Was bist du jetzt wohl für ein Mann«, erwiderte Gutta spöttisch. »Ein leerer Sack bist du und kein Mann. Dich muss man erst mal vollstopfen.«

»Und wenn doch?«, sagte Roderic. »Es soll ja Wunder geben auf Erden!«

»Solche Wunder habe ich bei dir noch nicht erlebt. Willst du einen Schnaps?«

»Lieber nicht«, sagte er, warf einen Blick auf die Uhr und stand auf. »Ich muss jetzt gehen. Leg mir meinen Anzug hin, den für besondere Anlässe: weißes Hemd, Schlips und so. Na, du weißt schon …«

Voller Behagen tappte er mit seinen nackten, frisch gewaschenen Füßen über den kühlen Boden zur Kammer und schloss die Tür hinter sich. Dann band er sich die Gummischürze um, streifte die bis zu den Ellbogen reichenden Gummihandschuhe über und begann auf den Tisch zu packen, was sich im Sack befand: zwei »Nullen«; eine Schachtel mit »Stecknadeln«; neun »Batterien«; drei »Armbänder«; ein »Reif«, ähnlich den »Armbändern«, doch im Gegensatz zu ihnen von größerem Durchmesser, an die dreißig Millimeter ungefähr, außerdem leichter und aus weißem Metall; sechzehn Exemplare der »schwarzen Spritzer« in einem Polyäthylenbeutel; zwei »Schwämme« von hervorragender Beschaffenheit und der Größe einer Faust; dreimal »Geprickel«; eine Büchse »Soda-Lehm«. Im Sack befand sich jetzt nur noch der Porzellanzylinder, sorgsam in Glaswatte verpackt, doch den rührte

Roderic nicht an. Er steckte sich eine Zigarette an und betrachtete die auf dem Tisch ausgebreiteten Sachen.

Dann zog er eine Schublade auf, nahm ein Blatt Papier und einen Bleistiftstummel heraus. Die Zigarette im Mundwinkel und blinzelnd vor Rauch, schrieb er eine Zahl nach der anderen auf, verteilt auf drei Spalten. Dann summierte er die ersten beiden und war beeindruckt von den Summen. Er drückte die Zigarette im Aschenbecher aus, öffnete vorsichtig die Schachtel mit den »Stecknadeln« und schüttete den Inhalt auf ein Blatt Papier. Im Schein der Glühbirne schimmerten sie bläulich; nur hin und wieder flammten sie in den Spektralfarben Gelb, Rot und Grün auf. Er nahm eine der »Stecknadeln« und presste sie, um sich nicht zu stechen, ganz behutsam zwischen Daumen und Zeigefinger. Dann löschte er das Licht und wartete eine Weile, bis sich seine Augen an die Dunkelheit gewöhnt hatten. Doch die »Stecknadel« schwieg. Er legte sie beiseite, tastete nach einer anderen und verfuhr genauso wie mit der ersten. Wieder nichts. Jetzt drückte er, auch auf die Gefahr hin, sich zu stechen, fester zu, und siehe da, die »Stecknadel« begann zu sprechen: Schwache rötliche Lichtpunkte tanzten auf ihrer Oberfläche und gingen urplötzlich in spärlichere grüne über. Einige Sekunden lang beobachtete Roderic dieses seltsame Spiel der Funken, das, wie er den »Mitteilungen« entnommen hatte, eine bestimmte Bedeutung haben sollte – vielleicht sogar eine sehr wichtige. Dann legte er die »Stecknadel« etwas entfernt von der ersten auf den Tisch zurück und nahm eine neue …

Insgesamt waren es dreiundsiebzig solcher Nadeln; zwölf von ihnen hatten gesprochen. Die übrigen schwiegen, doch auch sie würden sich noch äußern … Freilich genügten hier die Finger nicht mehr, dazu war eine Apparatur von der Größe eines Tisches notwendig. Roderic schaltete das Licht wieder an und fügte zu den bereits notierten Zahlen zwei weitere hinzu. Erst dann entschloss er sich zum nächsten Schritt.

Er fuhr mit beiden Händen in den Sack und zog ganz vorsichtig, mit angehaltenem Atem, ein eingewickeltes Päckchen heraus, das er ebenfalls auf den Tisch legte. Er betrachtete es eine Zeit lang und strich sich dabei nachdenklich über das Kinn. Schließlich griff er zum Bleistift, drehte ihn unschlüssig in den plumpen Gummifingern hin und her und legte ihn doch wieder beiseite. Er steckte sich eine neue Zigarette an und rauchte sie, den Blick unverwandt auf das Päckchen gerichtet, diesmal ganz zu Ende.

»Ach, zum Teufel!«, sagte er laut, griff entschlossen nach dem Päckchen und steckte es wieder in den Sack. »Schluss jetzt. Es reicht.«

Dann schüttete er hastig die »Stecknadeln« in die Schachtel zurück und stand auf. Es wurde Zeit. Er hätte zwar noch eine halbe Stunde warten und sich aufs Ohr legen können, damit er einen klaren Kopf bekam, doch es war auch nicht schlecht, etwas früher an Ort und Stelle zu sein, um sich ein bisschen umzusehen. Er zog die Handschuhe aus, hängte die Schürze wieder auf und verließ die Kammer, ohne das Licht auszuschalten.

»Huuu!«, schrie plötzlich ein dünnes Stimmchen neben ihm, und jemand packte ihn am Bein.

»O je!«, seufzte Roderic und ließ sich ohnmächtig aufs Bett fallen.

Das Äffchen, lachend und quiekend, kletterte unverzüglich an ihm hoch. Sie tapste auf ihm herum, zog ihn an den Haaren und überschüttete ihn mit einem Schwall von Neuigkeiten. Willy von nebenan hatte ihrer Puppe ein Bein ausgerissen; im dritten Stock hatte sich ein Kätzchen eingefunden – ganz weiß und mit roten Augen! –, wahrscheinlich hatte es nicht auf seine Mama gehört und war in die *Zone* gegangen; zum Abendbrot hatte es Brei mit Konfitüre gegeben; Onkel Guttalin hatte sich wieder mal volllaufen lassen, richtig krank war er gewesen und hatte sogar geweint. Dann fragte sie, wieso

Fische nicht untergingen, weshalb die Mama nachts nicht geschlafen hätte, warum man fünf Finger, aber nur zwei Hände und eine Nase hätte … Roderic schloss das kleine warme Wesen, das da auf ihm herumkrabbelte, behutsam in die Arme, schaute ihm in die großen, durch und durch dunklen Augen, in denen es kein Weiß gab, presste das Gesicht an die weiche, mit goldenem Flaum bedeckte Wange des Kindes und sagte ein ums andre Mal: »Ach, Äffchen – du mein Äffchen … Du bist mir schon eine …«

In diesem Augenblick schrillte direkt über seinem Ohr das Telefon. Er streckte den Arm aus und hob den Hörer ab.

»Ja, bitte?«

Stille.

»Hallo«, sagte Roderic. »Wer ist da?«

Es meldete sich niemand. Dann klickte es im Apparat, und das Freizeichen war wieder zu hören. Roderic erhob sich, setzte das Kind auf dem Fußboden ab und schlüpfte, ohne weiter auf sein Geplapper zu hören, in Hemd und Hose. Seine Tochter schnatterte unaufhörlich, er aber lächelte nur zerstreut, weshalb er sich schließlich sagen lassen musste, dass er anscheinend seine Zunge verschluckt oder sie zwischen den Zähnen eingeklemmt hätte. Dafür aber hatte er jetzt seine Ruhe.

Er ging wieder in die Kammer, packte alles, was sich auf dem Tisch befand, in die Aktentasche und rannte ins Bad nach dem Schlagring, dann wieder zurück in die Kammer, nahm die Tasche in die eine, den Korb mit dem Sack in die andere Hand, ging hinaus, schloss die Tür sorgfältig hinter sich ab und rief zu seiner Frau: »Ich gehe jetzt!«

»Wann bist du wieder zurück?«, fragte Gutta und kam aus der Küche. Sie hatte sich inzwischen gekämmt, ein wenig geschminkt und trug nicht mehr den Morgenmantel, sondern ein Hauskleid – sein Lieblingskleid; es war leuchtend blau und am Hals weit ausgeschnitten.

»Ich ruf dich an«, sagte er und schaute sie an. Dann kam er näher, beugte sich über sie und gab ihr einen Kuss aufs Dekolleté.

»Na, geh schon«, sagte Gutta leise.

»Und ich? Was ist mit mir?«, zeterte das Äffchen und drängte sich zwischen sie.

Er musste sich also noch tiefer bücken. Gutta sah ihn durchdringend an.

»Nichts Besonderes«, sagte er. »Mach dir keine Sorgen, ich ruf dich an.« Dann ging er.

Auf dem Treppenabsatz eine Etage tiefer stand ein dicker Mann in gestreiftem Pyjama und machte sich am Schloss seiner Wohnungstür zu schaffen. Aus dem Dunkeln der Wohnung schlug Roderic warmer Mief entgegen. Er blieb stehen und sagte: »Guten Tag.«

Der dicke Mann schielte ihn über seine massige Schulter hinweg ängstlich an und knurrte etwas.

»Ihre Gattin hat heute Nacht bei uns geklopft«, sagte Roderic. »Wir sollen gesägt haben oder so, aber das muss ein Missverständnis gewesen sein.«

»Was geht's mich an!«, brummte der Mann.

»Meine Frau hat gestern gewaschen«, fuhr Roderic fort. »Sollten wir Sie dadurch belästigt haben, so entschuldigen Sie.«

»Ich habe doch gar nichts gesagt«, erwiderte der Mann im Pyjama. »Aber bitte …«

»Na, dann ist's ja gut«, sagte Roderic.

Er ging die Treppe hinunter, betrat die Garage, stellte den Korb mit dem Sack in eine Ecke und stülpte ein altes Wagenpolster darüber. Dann ließ er den Blick noch einmal prüfend durch den Raum schweifen und trat auf die Straße hinaus.

Er hatte es nicht weit – es waren nur einige Häuserblocks bis zum Platz, dann durch den Park und noch eine Straße bis zur Central Avenue. Vor dem »Metropol« stand wie immer eine Schlange von Wagen in allen Farben, die von Lack und

Chrom blitzten; Hoteldiener in himbeerfarbenen Livreen schleppten Koffer die Freitreppe hinauf; Leute von fremdländischem Aussehen, respektable Gestalten, unterhielten sich in Grüppchen zu zweit oder dritt Zigaretten qualmend auf den Marmorstufen. Roderic beschloss, nicht sofort hineinzugehen. Er nahm unter dem Sonnendach eines kleinen Cafés auf der gegenüberliegenden Straßenseite Platz, bestellte einen Kaffee und zündete sich eine Zigarette an. An einem Tischchen keine zwei Schritt von ihm entfernt saßen drei Beamte der internationalen Polizei in Zivil; sie stopften hastig und schweigend gebratene Würste nach Harmonter Art in sich hinein und tranken dazu dunkles Bier aus hohen Glaskrügen. Roderic gegenüber, in ungefähr zehn Schritt Entfernung, mampfte ein Sergeant, die Gabel fest in der Faust, mit finsterer Miene Bratkartoffeln. Den hellblauen Helm hatte er auf dem Boden neben seinem Stuhl abgestellt, das Pistolenkoppel hing über der Lehne. Andere Besucher gab es in dem Café nicht. Die Serviererin, eine etwas ältere Frau, die Roderic nicht kannte, stand ein wenig abseits und gähnte von Zeit zu Zeit, wobei sie sich schicklich die Hand vor die geschminkten Lippen hielt. Es war zwanzig vor neun.

Roderic sah, wie Richard Nunnan aus dem Hotel kam, noch im Gehen kaute und sich den weichen Hut auf den Kopf stülpte. Er ging forsch die Vortreppe hinunter. Klein, dick und rosig wie er war, atmete alles an ihm den wohlsituierten Bürger, der frisch gewaschen und felsenfest davon überzeugt ist, dass ihm dieser Tag keinerlei Unannehmlichkeiten bringen wird. Er winkte jemandem zu, warf den zusammengerollten Regenmantel über die rechte Schulter und ging zu seinem Peugeot. Auch der Peugeot war rundlich, ein bisschen kurz geraten und frisch gewaschen; auch er schien überzeugt zu sein, dass ihm heute keinerlei Unannehmlichkeiten drohten.

Roderic verdeckte sein Gesicht mit der Hand und beobachtete, wie Nunnan schnell und geschäftig hinter dem Lenkrad

Platz nahm, vom vorderen Sitz etwas auf den Rücksitz legte, sich bückte und dann den Rückspiegel zurechtrückte. Der Peugeot stieß eine bläuliche Qualmwolke aus, hupte einen Afrikaner im Burnus an und fuhr schließlich los. Allem Anschein nach war Nunnan auf dem Weg zum Institut, er würde jetzt um den Springbrunnen herumfahren und am Café vorbeikommen. Zum Aufstehen und Gehen war es zu spät, deshalb versteckte Roderic sein Gesicht nun gänzlich hinter der Hand und beugte sich über die Tasse. Aber es half nichts. Der Peugeot tutete unmittelbar an seinem Ohr, die Bremsen quietschten, und Nunnan rief mit munterer Stimme: »He, Schuchart, Red!«

Innerlich fluchend, hob Roderic den Kopf. Nunnan trippelte bereits auf ihn zu und streckte ihm die Hand entgegen. Er strahlte übers ganze Gesicht.

»Was machst du so früh hier?«, fragte er. »Danke, Fräulein«, sagte er zur Serviererin, »ich brauche nichts.« Und wieder zu Roderic: »Ich habe dich ja eine Ewigkeit nicht gesehen. Was treibst du denn so?«

»Ach, na ja …«, antwortete Roderic widerwillig. »Mal dies, mal das.«

Er schaute zu, wie Nunnan mit der üblichen Geschäftigkeit auf dem Stuhl gegenüber Platz nahm, den Becher mit den Servietten zur einen, den Teller mit den Sandwiches zur anderen Seite schob, und folgte seinem freundschaftlichen Geplapper.

»Du siehst schlecht aus, Red, schläfst wohl zu wenig. Ich habe in letzter Zeit ebenfalls bis über beide Ohren zu tun mit dieser neuen Automatik, aber trotzdem, Bruderherz – der Schlaf ist für mich das Wichtigste, zum Teufel mit der Automatik …« Unvermittelt schaute er sich um. »Pardon, vielleicht erwartest du jemanden? Habe ich dich gestört?«

»Aber nein …«, erwiderte Roderic träge. »Ich hatte einfach ein bisschen Zeit und wollte einen Kaffee trinken.«

»Na, ich werde dich nicht lange aufhalten«, sagte Dick und warf einen Blick auf die Uhr. »Hör zu, Red, vergiss dein ›Mal dies, mal das‹ und komm zurück ans Institut. Du weißt genau, dass sie dich jederzeit wieder nehmen. Wenn du erneut mit einem Russen zusammenarbeiten willst – vor kurzem hat einer angefangen.«

Roderic schüttelte den Kopf. »Nein«, sagte er. »Einen zweiten Kirill gibt es nicht … Ich wüsste auch nicht, was ich im Institut machen sollte? Ihr habt doch jetzt alles auf Automatik umgestellt. In die *Zone* gehen Roboter, und die Prämien kassieren, wie es aussieht, ebenfalls die Roboter … Das Geld, das ich als Laborant verdienen würde, reicht nicht mal für die Zigaretten.«

»Ach was«, entgegnete Nunnan. »Da ließe sich doch was machen.«

»Ich hab's aber nicht gern, wenn man etwas für mich macht. Ich habe von jeher selbst für mich gesorgt und werde das auch weiterhin tun.«

»Stolz bist du geworden«, sagte Nunnan vorwurfsvoll.

»Kein bisschen. Ich hasse es nur, mit jedem Cent rechnen zu müssen.«

»Hast ja Recht«, sagte Nunnan zerstreut. Sein Blick wanderte gleichgültig über Roderics Aktentasche auf dem Stuhl, sein Finger strich über die kleine Silberplatte mit den eingravierten kyrillischen Buchstaben. »Hast ja Recht«, wiederholte er. »Man soll nicht immer ans Geld denken müssen, dazu ist es nicht da … Ein Geschenk von Kirill?«, fragte er mit einem Kopfnicken zur Tasche hin.

»Ein Erbstück gewissermaßen«, sagte Roderic. »Weshalb sieht man dich in letzter Zeit eigentlich nicht mehr im ›Borsch‹?«

»Ich würde eher sagen, dich sieht man nicht«, erwiderte Nunnan. »Ich esse fast täglich dort zu Mittag, im ›Metropol‹ schröpfen sie einen ja bei jedem lumpigen Kotelett … Hör mal«, fragte er unvermittelt. »Wie sieht es zurzeit mit deinen Finanzen aus?«

»Willst du dir was leihen?«

»Nein, im Gegenteil.«

»Mir also was leihen ...«

»Nein, aber ich hätte eine Arbeit für dich«, sagte Nunnan.

»Großer Gott, jetzt fängst du auch noch damit an!«

»Wieso«, fragte Nunnan hastig, »wer denn noch?«

»Arbeitgeber von eurer Sorte gibt es eine ganze Menge ...«

Nunnan, als habe er erst jetzt begriffen, lachte. »Aber nein, das hat mit deinem Spezialgebiet nichts zu tun.«

»Und womit dann?«

Nunnan sah erneut auf die Uhr. »Hör zu«, sagte er und erhob sich. »Komm heute gegen zwei Uhr ins ›Borsch‹. Wir essen zusammen zu Mittag und unterhalten uns ein bisschen.«

»Um zwei werde ich es vielleicht nicht schaffen«, sagte Roderic.

»Na, dann heute Abend gegen sechs, geht das?«

»Mal sehen«, sagte Roderic und sah nun auch auf die Uhr. Es war fünf Minuten vor neun.

Nunnan verabschiedete sich und eilte zu seinem Peugeot. Roderic beobachtete ihn, rief dann die Serviererin, bestellte eine Schachtel Lucky Strike, zahlte, griff nach seiner Aktentasche und ging gemächlich über die Straße auf das Hotel zu. Die Sonne brannte schon, und in den Straßen wurde es schwül. Roderics Augen brannten – er presste die Lider aufeinander und bedauerte, vor einem so wichtigen Termin nicht wenigstens eine halbe Stunde geschlafen zu haben. Und plötzlich kam es über ihn.

Außerhalb der *Zone* war ihm das noch nie passiert, und in der *Zone* selbst auch nur zwei- oder dreimal. Es war, als sei er plötzlich in eine andere Welt geraten. Millionen Gerüche fielen über ihn her: scharfe und süße, Düfte nach Metall, Zärtlichkeit und Gefahr, alarmierende Gerüche, gewaltig wie Häuser und winzig wie Staubkörnchen, fest wie Pflastersteine, fein und kompliziert wie Uhrmechanismen. Die Luft nahm feste Gestalt an, erzeugte geometrische Flächen, Linien und Kanten. Es war, als seien überall große haarige Kugeln, glitschige Pyramiden und riesige stachlige Kristalle, durch die er sich hindurchzwängen musste wie durch einen dunklen, mit Gerümpel vollgestopften Trödelladen in einem Alptraum. Das Ganze dauerte nur Bruchteile von Sekunden. Als Roderic die Augen öffnete, war alles wieder verschwunden. Was er gesehen hatte, war keine andere Welt gewesen: Die alte, ihm bekannte Welt hatte sich lediglich von einer unbekannten Seite gezeigt. Das Unbekannte hatte sich ihm für einen kurzen Augenblick offenbart und war dann wieder ins Dunkel hinabgetaucht, ehe er sich hatte darin zurechtfinden können.

Jemand hupte ärgerlich, und Roderic beschleunigte seinen Schritt; schließlich rannte er. Erst unmittelbar vor dem »Metropol« blieb er stehen. Sein Herz hämmerte rasend, er stellte die Tasche auf die Erde, riss hastig die Schachtel Zigaretten auf und zündete sich eine an. Er sog den Rauch tief ein und stieß ihn ruckartig wieder aus – als hätte er sich gerade mit jemandem geprügelt. Der wachhabende Polizist blieb neben ihm stehen und fragte besorgt: »Kann ich Ihnen helfen, Mister?«

»N-nein«, brachte Roderic mit Mühe heraus und räusperte sich: »Es ist nur so schwül …«

»Soll ich Sie ein Stück begleiten?«

Roderic bückte sich nach seiner Tasche. »Danke«, sagte er. »Es ist alles in Ordnung.«

Mit schnellen Schritten ging er auf das Hotel zu, stieg die Freitreppe hinauf und betrat das Vestibül. Hier war es laut, aber kühl und dämmrig. Wie schön es gewesen wäre, sich jetzt in einen dieser wuchtigen Ledersessel zu setzen und erst einmal tief Luft zu holen. Aber er war schon zu spät und erlaubte sich lediglich, die Zigarette zu Ende zu rauchen und dabei die

Leute zu beobachten, die sich im Vestibül drängten. Der Knochige war bereits an Ort und Stelle – mit verdrießlichem Gesicht wühlte er in den Zeitschriften auf der Zeitungsablage. Roderic warf den Zigarettenstummel in einen Aschenbecher und ging zum Fahrstuhl.

Ehe er die Lifttür hatte schließen können, zwängte sich ein asthmatisch keuchender Dicker in die Kabine, gefolgt von einer stark parfümierten Dame mit einem finster dreinblickenden kleinen Jungen, der Schokolade mampfte, und einer dicken alten Frau, deren behaartes Kinn schlecht rasiert war. Roderic wurde in die Ecke gequetscht. Er schloss die Augen, um den Jungen nicht ansehen zu müssen, über dessen Kinn schokoladenbrauner Sabber lief – ein Kindergesicht übrigens, rosig und glatt, ohne ein einziges Härchen … Auch die Mutter des Kindes, deren flache Brust mit einem Collier aus großen, in Silber gefassten »schwarzen Spritzern« geschmückt war, wollte er nicht ansehen, ebenso wenig die rot geäderten Glupschaugen des Dicken oder die angsteinflößenden Warzen in der aufgedunsenen Visage der alten Frau. Der Dicke machte Anstalten zu rauchen, doch die Alte fiel sogleich über ihn her und keifte noch bis zur fünften Etage, wo sie aus dem Lift rauschte. Kaum aber war sie draußen, steckte sich der Dicke seine Zigarette an, und das mit einer Miene, als gelte es, seine bürgerlichen Freiheiten zu verteidigen. Natürlich fing er prompt an zu husten und zu keuchen, ächzte und gurgelte, zeigte dabei seine Zähne wie ein gähnendes Kamel und stieß Roderic mit dem gespreizten Ellbogen schmerzhaft in die Seite …

Im achten Stock stieg Roderic aus und ging auf dem dicken weichen Läufer den Korridor entlang, der vom schummrigen Licht verdeckter Lampen erhellt war. Es roch nach teurem Tabak; Pariser Parfüm; dem Glanz echt lederner, prall gefüllter Brieftaschen; teuren Damen, die fünfhundert für die Nacht kassierten; nach Zigarettenetuis aus massivem Gold. Nach all dem Pack und widerlichen Abschaum, den die *Zone* angezogen hatte, roch es hier, nach Typen, die von ihr profitierten und durch sie fett wurden. Die scherten sich um nichts, vor allem nicht darum, was danach sein würde – wenn sich alle an der *Zone* satt gefressen und satt gesoffen hatten; wenn sie alles bis zum Letzten an sich gerafft hatten, was zuvor dort gewesen war; und was mit dem geschah, was ihr entrissen und in die Welt des Menschen geschleudert wurde … Ohne anzuklopfen, öffnete Roderic die Tür mit der Nummer 874.

Der Heisere saß auf einem Tischchen am Fenster und hielt eine Zigarre in den Händen. Er war noch im Schlafanzug, sein spärliches Haar war nass, aber zu einem akkuraten Scheitel gekämmt, sein ungesundes, aufgedunsenes Gesicht war glattrasiert.

»Aha«, sagte er, ohne den Blick von der Zigarre zu heben, »Pünktlichkeit ist die Zier der Könige. Guten Tag, mein Junge.«

Er schnitt die Kuppe der Zigarre ab, hob das gute Stück mit beiden Händen an die Nase und schnupperte daran.

»Wo ist denn unser alter Freund Barbridge?«, fragte er und hob den Blick. Seine Augen waren hellblau und durchsichtig, fast wie die eines Engels.

Roderic stellte die Tasche aufs Sofa, setzte sich und zog seine Zigaretten hervor.

»Barbridge wird nicht kommen«, sagte er.

»Unser alter Freund Barbridge«, murmelte der Heisere, nahm die Zigarre mit zwei Fingern und führte sie behutsam an den Mund. »Er hat doch wohl nicht die Nerven verloren?«

Dabei sah er Roderic aus seinen unschuldigen hellblauen Augen unverwandt und ohne zu zwinkern an. Der Heisere zwinkerte nie. Die Tür des Zimmers öffnete sich, und der Knochige zwängte sich herein.

»Wer war der Mann, mit dem Sie vorhin gesprochen haben?«, fragte er noch von der Schwelle aus.

»Oh, guten Tag«, sagte Roderic freundlich und schnippte die Asche auf den Fußboden.

Der Knochige steckte die Hände in die Taschen, schritt mit seinen großen, nach innen geknickten Füßen auf Roderic zu und blieb dicht vor ihm stehen.

»Wir haben Ihnen schon hundertmal gesagt: keinerlei Kontakte vor unseren Zusammenkünften. Was aber tun Sie?«

»Ich sage Ihnen guten Tag«, erwiderte Roderic. »Was Sie nicht tun.«

Der Heisere lachte, und der Knochige sagte ärgerlich: »Also schön, guten Tag ...« Er hörte auf, Roderic mit argwöhnischen Blicken zu durchbohren, und ließ sich neben ihn aufs Sofa fallen. »Das dürfen Sie nicht«, sagte er. »Begreifen Sie? Sie dürfen das nicht!«

»Dann müssen wir unseren Treffpunkt an einen Ort verlegen, wo ich keine Bekannten habe.«

»Der Junge hat Recht«, schaltete sich der Heisere ein. »Es war unsere Schuld ... Also, wer war der Mann?«

»Richard Nunnan«, antwortete Roderic. »Er vertritt Firmen, die Ausrüstungen fürs Institut liefern. Er wohnt hier im Hotel.«

»Na siehst du, so einfach ist das alles«, sagte der Heisere, nahm das wuchtige Feuerzeug vom Tisch, das der Freiheitsstatue nachgebildet war, betrachtete es mit Kopfschütteln und stellte es zurück auf den Tisch.

»Und wo ist Barbridge?«, fragte der Knochige, nun schon etwas friedfertiger.

»Den hat es erwischt«, sagte Roderic.

Die beiden tauschten einen kurzen Blick.

»Friede seiner Asche«, sagte der Heisere, nun ganz Ohr. »Oder haben sie ihn geschnappt?«

Roderic antwortete nicht gleich; er rauchte in langsamen Zügen seine Zigarette zu Ende. Dann warf er die Kippe auf den Fußboden und sagte: »Keine Angst, es ist alles in Ordnung. Er ist im Krankenhaus.«

»Nichts ist in Ordnung«, brauste der Knochige auf, sprang vom Sofa auf und ging zum Fenster. »In welchem Krankenhaus?«

»Keine Angst«, wiederholte Roderic. »Im richtigen. Kommen wir zur Sache, ich möchte schlafen.«

»In welchem Krankenhaus also?«, wiederholte der Knochige gereizt seine Frage.

»Das habe ich Ihnen doch schon gesagt«, erwiderte Roderic und griff nach seiner Tasche. »Kommen wir nun zur Sache oder nicht?«

»Ja doch, ja, mein Junge«, sagte der Heisere forsch. Mit verblüffender Behändigkeit sprang er von dem Tischchen, schob es hastig vor Roderic hin und wischte mit einer einzigen Bewegung die darauf verstreuten Zeitschriften auf den Teppich. Dann setzte er sich ihm gegenüber und stützte die rosigen, behaarten Hände auf die Knie. »Zeigen Sie her«, sagte er.

Roderic öffnete die Tasche, holte das Verzeichnis mit den darin aufgeführten Summen hervor und legte es vor den Heiseren auf den Tisch. Der warf einen kurzen Blick darauf und schnippte es mit dem Fingernagel beiseite. Der Knochige hatte sich hinter dem Rücken des Heiseren aufgebaut und schaute über dessen Schulter hinweg auf die Liste.

»Das ist eine Rechnung«, sagte Roderic.

»Weiß ich«, erwiderte der Heisere. »Nun zeigen Sie schon her!«

»Das Geld«, forderte Roderic.

»Was soll denn das für ein ›Reif‹ sein?«, fragte der Knochige misstrauisch und tippte mit dem Finger über die Schulter des Heiseren hinweg auf die Liste.

Roderic schwieg. Er hatte die geöffnete Tasche auf den Knien und sah unverwandt in die hellblauen Engelsaugen des Heiseren, der schließlich spöttisch brummte: »Möchte mal wissen, weshalb ich Sie so ins Herz geschlossen habe, mein Junge. Und da sagen die Leute, es gäbe keine Liebe auf den ersten

Blick!« Er seufzte theatralisch und wandte sich an den Knochigen: »Phil, mein Lieber, wie heißt es hier noch gleich? Ach ja, gib ihm seine Mäuse, leg ihm die Scheinchen auf den Tisch … Und mir gibst du bitte endlich Feuer, du siehst doch …« Er wackelte mit der Zigarre hin und her, die er noch immer zwischen zwei Fingern hielt.

Der Knochige brummte etwas Unverständliches, warf dem Heiseren die Schachtel mit den Streichhölzern zu und ging durch eine Tür, die von einer Portiere verdeckt war, ins Nebenzimmer. Roderic hörte, wie er dort leise mit jemandem sprach, etwas von einer Katze im Sack, mehr konnte er nicht verstehen … Der Heisere, der seine Zigarre nun endlich angezündet hatte, musterte Roderic eine Weile; auf seinen dünnen, blutleeren Lippen waren noch Reste des Lächelns von vorhin zu erkennen, aber seine Gedanken waren woanders.

Roderic, das Kinn auf der Tasche, starrte seinerseits den Heiseren an und war bemüht, ebenfalls nicht zu zwinkern, obwohl es unter seinen Lidern vor Anspannung brannte und seine Augen sich beinahe mit Tränen füllten. Dann kam der Knochige zurück, warf zwei mit Banderolen versehene Packen Banknoten auf den Tisch und nahm mit beleidigter Miene neben Roderic Platz. Roderic streckte seine Hand gelassen nach dem Geld aus, doch der Heisere gebot ihm mit einer Geste Einhalt. Er riss die Banderolen von den beiden Packen und steckte sie in die Tasche seines Schlafanzugs.

»Nun sind Sie dran«, sagte er.

Roderic nahm das Geld und stopfte es ohne nachzuzählen in die Innentaschen seines Jacketts. Dann begann er die Beute auszupacken. Er tat es langsam, gab den beiden die Möglichkeit, jeden einzelnen der Gegenstände gründlich zu betrachten und mit der Liste zu vergleichen. Im Raum war es still, nur das schwere Atmen des Heiseren war zu hören sowie ein schwaches Klingen hinter der Portiere, so als tippte ein kleiner Löffel an den Rand eines Glases.

Als Roderic schließlich die Aktentasche zuklappte und die Verschlüsse einrasteten, sah der Heisere ihn an und fragte: »Und wie steht es mit dem Wichtigsten?«

»Unmöglich«, antwortete Roderic und fügte nach einer kurzen Pause hinzu: »Vorerst zumindest.«

»Dieses ›vorerst zumindest‹ gefällt mir«, sagte der Heisere sanft. »Und dir, Phil?«

»Sie spielen nicht ehrlich«, sagte der Knochige mürrisch. »Ich möchte wissen, weshalb.«

»Das bringt das Geschäft mit sich«, sagte Roderic. »Es sind eben keine ehrlichen Dinge, die wir betreiben.«

»Na schön«, sagte der Heisere. »Und wo ist der Fotoapparat?«

»Ach, verdammt!«, erwiderte Roderic. Er fuhr sich mit den Fingern über die Wange und spürte, dass er über und über rot wurde. »Pardon«, sagte er, »aber den habe ich glattweg vergessen.«

»Dort?«, fragte der Heisere und machte eine unbestimmte Bewegung mit der Zigarre.

»Ich weiß nicht genau ... wahrscheinlich ...« Roderic lehnte sich mit geschlossenen Augen auf dem Sofa zurück. »Nein, ich kann mich beim besten Willen nicht erinnern.«

»Schade«, sagte der Heisere. »Aber haben Sie es wenigstens gesehen?«

»Nein, nein«, erwiderte Roderic verdrossen. »Das ist es ja. Wir sind gar nicht erst bis zu den Lufterhitzern vorgedrungen. Barbridge ist in die ›Sülze‹ geschlittert, und ich musste sofort umkehren ... Aber seien Sie versichert: Hätte ich's gesehen, ich hätte es garantiert mitgebracht.«

»He, Hugh, sieh mal!«, flüsterte der Knochige auf einmal erschrocken. »Was ist denn das?«

Er saß da und hielt den Zeigefinger seiner rechten Hand krampfhaft von sich weg. Um seinen Finger kreiste der weiße »Reif« aus Metall, und der Knochige schaute wie gebannt zu.

»Er hört gar nicht wieder auf«, rief der Knochige und sah mit seinen vor Verblüffung kugelrunden Augen vom »Reif« zum Heiseren und wieder zurück.

»Was heißt das, er hört gar nicht wieder auf?«, fragte der Heisere misstrauisch und rückte unmerklich beiseite.

»Ich habe ihn mir über den Finger gestreift und kurz dran gedreht – einfach so ... Und nun kreist er schon eine geschlagene Minute.«

Der Knochige sprang plötzlich auf und rannte, den erhobenen Zeigefinger von sich gestreckt, hinter die Portiere. Der »Reif«, silbrig schimmernd, drehte weiter seine Runden wie ein Flugzeugpropeller.

»Was haben Sie uns da gebracht?«, fragte der Heisere.

»Woher soll ich das wissen?!«, sagte Roderic. »Hätte ich's gewusst, hätte ich mehr von dem Zeug eingesteckt.«

Der Heisere musterte ihn eine Zeit lang, dann erhob auch er sich und verschwand hinter der Portiere. Gleich darauf wurden dort Stimmen laut. Roderic holte eine Zigarette hervor, zündete sie an, nahm sich eine der auf dem Boden herumliegenden Zeitschriften und begann darin zu blättern. In dem Journal wimmelte es nur so von betörenden Schönheiten, doch ihr Anblick verursachte ihm jetzt Übelkeit. Er warf die Zeitschrift beiseite und suchte das Zimmer nach etwas Trinkbarem ab, fand aber nichts. Nun fischte er aus der Innentasche seiner Jacke einen Geldpacken heraus und begann die Scheine zu zählen. Es stimmte alles, aber um nicht einzuschlafen, zählte er auch den zweiten Packen nach. Als er das Geld wieder verstaut hatte, kam der Heisere zurück.

»Sie sind ein Glückspilz, mein Junge«, erklärte er und nahm erneut Roderic gegenüber Platz. »Wissen Sie, was ein Perpetuum mobile ist?«

»Nein«, sagte Roderic. »Das hatten wir nicht in der Schule.«

»Ist auch unwichtig«, sagte der Heisere und holte einen weiteren Packen Banknoten hervor. »Das ist der Preis für das erste Exemplar«, erklärte er und riss die Banderole herunter. »Für jeden weiteren ›Reif‹ bekommen Sie zwei solcher Packen. Haben Sie verstanden, mein Junge? Je zwei. Unter der Bedingung natürlich, dass niemand außer uns beiden jemals etwas von ihrer Existenz erfährt. Abgemacht?«

Roderic steckte das Geld schweigend in die Jackentasche und erhob sich.

»Dann werde ich jetzt mal gehen«, sagte er. »Wann und wo sehen wir uns das nächste Mal?«

Der Heisere stand ebenfalls auf. »Sie werden einen Anruf bekommen«, erwiderte er. »Erwarten Sie ihn an einem Freitag – morgens zwischen neun und neun Uhr dreißig. Man wird Ihnen einen Gruß von Phil und Hugh bestellen und eine Uhrzeit nennen.«

Roderic nickte und ging zur Tür. Der Heisere folgte ihm nach und legte ihm die Hand auf die Schulter.

»Ich möchte, dass Sie Folgendes wissen«, fuhr er fort. »Alles, was Sie uns heute gebracht haben, ist schön und gut, der ›Reif‹ vor allem ist ein Prachtstück. Aber uns ist hauptsächlich an zwei Dingen gelegen: an den Fotos und an dem vollen Behälter. Bringen Sie uns den Fotoapparat zurück – mit den Aufnahmen, versteht sich – und den gefüllten Porzellanzylinder. Dann brauchen Sie nie mehr in die *Zone* zu gehen …«

Roderic schüttelte mit einer unwilligen Bewegung die Hand von seiner Schulter, öffnete die Tür und verließ den Raum. Ohne sich umzudrehen, schritt er über den weichen Läufer und spürte die ganze Zeit den hellblauen, starren Engelsblick im Nacken. Er wartete nicht erst auf den Lift, sondern nahm die acht Treppen zu Fuß.

Als er das »Metropol« verlassen hatte, rief er ein Taxi und fuhr ans andere Ende der Stadt. Den Fahrer kannte er nicht. Es war ein junger Bursche, mit Pickeln und einer großen Nase, einer von vielen, die im Laufe der letzten Jahre nach Harmont gekommen waren – in der Hoffnung, große Abenteuer zu erleben und unermesslich reich oder berühmt zu werden. In Scharen waren sie herbeigeströmt und verdingten sich jetzt als Taxifahrer, Kellner, Bauarbeiter oder Rausschmeißer. Sie wollten alles, aber konnten nichts; sie waren gequält von ihren Wünschen und mit allem auf der Welt unzufrieden, waren furchtbar enttäuscht und felsenfest davon überzeugt, dass man sie auch hier wieder betrogen hatte. Die meisten von ihnen waren, nachdem sie sich ein, zwei Monate durchgeschlagen hatten, fluchend in ihre Heimatorte zurückgekehrt und schrien jetzt ihre große Enttäuschung in die Länder dieser Welt hinaus. Einige wenige versuchten sich als Stalker und gingen so schnell drauf, dass sie nicht einmal begriffen, was eigentlich gespielt wurde. Den Intelligentesten von ihnen gelang es, im Institut Fuß zu fassen – war es auch nur als Präparator. Der Rest aber lungerte Abend für Abend in den Kneipen herum, prügelte sich wegen der Mädchen, wegen unterschiedlicher Anschauungen oder einfach so, im Suff. Mit ihrem Verhalten brachten die Neuankömmlinge die städtische Polizei, die Kommandantur, aber auch die Alteingesessenen von Harmont in Rage.

Der picklige Fahrer stank furchtbar nach Schnaps, und seine Augen waren blutunterlaufen wie bei einem Kaninchen. Er war mächtig aufgekratzt und begann Roderic unverzüglich zu erzählen, dass heute morgen ein Toter vom Friedhof in ihrer Straße aufgekreuzt sei. Der Tote, sagte er, sei zu seinem Haus gegangen, das schon seit Jahren leer stand, denn all seine Angehörigen – seine Witwe wie auch die Tochter mit ihrer Familie – waren weggezogen. Er selbst, so berichteten die Nachbarn, sei schon vor dreißig Jahren gestorben, noch vor dem *Besuch*, nun aber urplötzlich wieder aufgetaucht. Der Tote sei dauernd ums Haus herumgestrichen, habe geklopft und sich dann am Zaun hingesetzt. Aus dem ganzen Viertel seien Leute herbeigerannt, hätten gegafft, sich aber nicht an ihn herangetraut. Nicht einer. Bis schließlich jemand auf die Idee gekommen sei, die Tür des Hauses aufzubrechen und ihn hineinzulassen. »Und wissen Sie, was er dann gemacht hat?«, fragte der Fahrer. »Er ist aufgestanden, ins Haus gegangen und hat die Tür hinter sich zugezogen. Ich musste zur Arbeit, deshalb weiß ich nicht, wie die Sache ausgegangen ist. Ich weiß nur, dass sie im Institut angerufen haben, damit sie den Kerl abholen und wegbringen, egal wohin ... Wissen Sie, was die Leute sagen? Sie sagen, die Stadtverwaltung bereite eine Verordnung vor, der zufolge die wandelnden Toten ihren Verwandten, die die Stadt verlassen haben, an den neuen Wohnort nachgeschickt werden sollen. Da werden sich die Verwandten aber freuen! Und stinken tun die ... na ja, sind eben tot ...«

»Stopp«, sagte Roderic. »Hier kannst du mich absetzen.«

Er kramte in seiner Jackentasche, fand aber kein Kleingeld und wechselte deshalb eine der neuen Banknoten. Nach dem Aussteigen blieb er kurz stehen und wartete, bis das Taxi weggefahren war. Aasgeiers Haus war nicht übel: zwei Etagen, ein verglaster Anbau mit Billardzimmer, ein gepflegter Garten, ein Treibhaus und inmitten von Apfelbäumen ein kleiner weißer Pavillon. Um das Ganze zog sich ein verziertes, mit hellgrüner Ölfarbe gestrichenes Eisengitter. Roderic drückte mehrmals auf die Klingel, dann öffnete sich mit einem leisen Quietschen das Tor, und Roderic ging ohne Hast den Kiesweg entlang, der rechts und links von rosa blühenden Büschen gesäumt war. Auf der Veranda stand bereits Zieselmaus – krumm und verbogen, mit schwärzlich roter Haut, zitternd vor Freude, zu Diensten zu sein. Vor lauter Ungeduld drehte er sich halb zur Seite und ließ den einen Fuß, der krampfhaft nach einem Halt suchte, eine Stufe hinabgleiten. Dann, als der Halt gefunden war, zog er auch das zweite Bein nach und fuchtelte dabei in einem fort mit dem gesunden Arm zu Roderic hin, was besagen sollte: Sofort, sofort, ich komme schon ...

»He, Rotfuchs!«, ertönte eine Frauenstimme aus dem Garten.

Roderic wandte den Kopf und entdeckte zwischen dem Grün, das den weißen Pavillon umgab, ein Paar nackte, braune Schultern, einen grellrot geschminkten Mund und eine winkende Hand. Er nickte Zieselmaus kurz zu, bog dann vom Weg ab und ging mitten durch die rosafarbenen Büsche hindurch auf dem weichen, grünen Rasen in Richtung Laube.

Auf der Wiese war eine große rote Matte ausgebreitet, auf der Dinah Barbridge lag. Sie trug einen klitzekleinen Bikini und hielt ein Glas in der Hand. Neben ihr lag, achtlos hingeworfen, ein dickes Buch in grellbuntem Einband und nicht weit davon entfernt, im Schatten unter einem Strauch, ein blitzendes Eimerchen mit Eis, aus dem ein schmaler Flaschenhals ragte.

»Grüß dich, Rotfuchs«, sagte Dinah und machte eine Willkommensbewegung mit dem Glas. »Wo steckt denn Papachen, ist er wieder mal versackt?«

Roderic trat näher. Die Hände mit der Aktentasche auf dem Rücken, blieb er vor ihr stehen und schaute von oben auf sie herab. Gott weiß, dachte er, welchen Geist Aasgeier in der *Zone* angerufen hat, um solche Prachtkinder zu bekommen! Die Haut des Mädchens schimmerte seidig; sie saß, zwanzigjährig, mit üppigen Formen und ohne jeden Makel, vor ihm – sechzig Kilo leckeres Fleisch … Sie hatte smaragdgrüne Augen, die von innen heraus zu leuchten schienen, einen großen weichen Mund, gleichmäßige weiße Zähne und rabenschwarzes, lässig über die Schulter geworfenes Haar, das in der Sonne glänzte. Die Sonne schien auf ihren Körper – von den Schultern zum Bauch und zu den Hüften, wobei sie einen Schatten zwischen den fast entblößten Brüsten warf. Roderic stand vor ihr und musterte sie ungeniert; sie sah ihn mit einem wissenden Lächeln von unten herauf an, führte das Glas zum Mund und trank einige Schlucke.

»Willst du?«, fragte sie und fuhr sich mit der Zunge über die Lippen. Sie wartete genau die Zeitspanne, die nötig war, damit das Zweideutige ihrer Worte offenbar wurde, ehe sie ihm das Glas hinhielt.

Roderic wandte sich ab und blickte sich suchend um. Als er im Schatten eine Liege entdeckte, setzte er sich darauf und streckte die Beine aus.

»Barbridge ist im Krankenhaus«, sagte er. »Sie säbeln ihm gerade die Beine ab.«

Ohne das Lächeln von ihrem Gesicht zu wischen, sah sie ihn mit einem Auge an; das andere war von einer üppigen Haarsträhne verdeckt. Nur war dieses Lächeln jetzt starr – wie ein honigsüßes Zähnefletschen in einem braungebrannten Gesicht. Dann schüttelte sie mechanisch das Glas, so als lausche sie dem leisen Klingen der Eisstückchen, und fragte: »Beide Beine?«

»Ja. Vielleicht nur bis zu den Knien, vielleicht aber auch höher hinauf.«

»Schade«, sagte sie. »Und du also …«

Gerade ihr, Dinah Barbridge, hätte er in allen Einzelheiten erzählen können, wie es passiert war. Wahrscheinlich hätte er ihr sogar schildern können, wie er, den Schlagring in der Hand, zum Wagen zurückgekehrt war, wie ihn Barbridge um Rettung angefleht hatte – weniger um seiner selbst als um der Kinder willen –, wie ihm der Alte die »goldene Kugel« versprochen hatte. Aber Roderic schwieg. Ohne ein Wort zu sagen, griff er in seine Jackentasche, holte ein Bündel Banknoten heraus und warf es auf die rote Matte, direkt vor die langen, nackten Beine des Mädchens. Die Scheine flogen in buntem Fächer auseinander. Dinah hob gedankenlos einige von ihnen auf und betrachtete sie, als sähe sie so etwas zum ersten Mal, aber ohne sonderliches Interesse.

»Sein letzter Verdienst also«, murmelte sie.

Roderic fasste über die Liege hinweg nach dem Eimerchen, angelte sich die Flasche heraus und musterte das Etikett. Über das dunkle Glas perlten Wassertropfen, und um sich nicht nass zu machen, hielt er die Flasche etwas seitlich von sich weg. Roderic mochte keinen teuren Whisky, würde sich jetzt aber einen genehmigen. Er wollte schon aus der Flasche trinken, als er hinter sich undeutliche Protestlaute hörte. Er drehte sich um und sah Zieselmaus, der mühsam und doch hastig seine krummen Beine voreinandersetzte, und über die Wiese auf ihn zugelaufen kam. In seinen ausgestreckten Händen hielt er ein hohes Glas mit einer klaren Flüssigkeit. Vor Anstrengung floss der Schweiß über sein dunkles Gesicht, und die geröteten Augen waren hervorgequollen. Als er bemerkte, dass Roderic ihn ansah, reckte er das Glas noch weiter vor und gab abermals etwas Undefinierbares zwischen Brüllen und Winseln von sich. Dabei riss er in seiner Hilflosigkeit den zahnlosen Mund weit auf.

»Schon gut, mein Lieber, ich warte ja«, sagte Roderic und stellte die Flasche zurück ins Eimerchen.

Schließlich war Zieselmaus herangehumpelt, reichte Roderic das Glas und tätschelte ihm mit seiner krebsscherigen Hand schüchtern die Schulter.

»Danke, Dickson«, sagte Roderic ernst. »Das ist genau, was ich jetzt brauche. Wie immer weißt du bestens Bescheid, Dickson.«

Während Zieselmaus vor Verlegenheit und Entzücken wilde Kopfbewegungen machte und sich mit der gesunden Hand ein ums andre Mal auf die Hüfte klatschte, hob Roderic feierlich das Glas, nickte ihm zu und trank es in einem Zug halb leer. Dann sah er zu Dinah hinüber.

»Willst du?«, fragte er und deutete auf das Glas.

Sie gab keine Antwort, sondern war ganz damit beschäftigt, eine der Banknoten zuerst in der Mitte und dann noch einmal und noch einmal zu falten.

»Keine Bange«, sagte er. »Ihr geht schon nicht vor die Hunde. Dein Daddy hat …«

Sie unterbrach ihn: »Und du hast ihn da rausgeschleppt.« Es war weniger eine Frage als eine Feststellung. »Hast ihn, dämlich wie du bist, durch die ganze *Zone* geschleift. Ein Kretin bist du, eine rothaarige Memme, holst das Miststück auf dem eigenen Buckel raus, statt solch eine Gelegenheit zu nutzen ...«

Er starrte sie an, vergaß das Glas in seiner Hand, sie aber erhob sich und kam, auf die herumliegenden Banknoten tretend, auf ihn zu. Die geballten Fäuste in die glatten Hüften gestemmt, blieb sie vor ihm stehen. Mit ihrem wunderbaren Körper, der nach Parfüm und süßlichem Schweiß roch, schien sie eine Mauer zwischen ihm und der ganzen Welt aufzurichten.

»Euch Idioten wickelt er doch bloß um den Finger«, sagte sie. »Und das alles auf Kosten eurer Knochen, eurer hirnlosen Schädel ... Wart's nur ab: Noch auf Krücken wird er über eure Gebeine tanzen und wird euch zeigen, was Nächstenliebe und Barmherzigkeit ist!« Sie schrie nun fast: »Er hat dir die ›goldene Kugel‹ versprochen, nicht wahr? Die Karte, auf der sämtliche Fallen eingezeichnet sind? Du Esel! Blödmann! Ich seh's dir doch an der Visage an, dass er sie dir versprochen hat ... Und wie er sie dir geben wird, deine Karte, wart's nur ab! Die ewige Ruhe wird er dir geben, Herrgott. Die einfältige Seele des Blödmanns Schuchart wird ...«

Da stand Roderic auf und schlug ihr mit voller Wucht ins Gesicht. Sie brach mitten im Wort ab, sank wie gefällt aufs Gras und verbarg ihr Gesicht in den Händen.

»Was bist du nur für ein rothaariger Dummkopf ...«, murmelte sie undeutlich. »Eine solche Gelegenheit auszulassen ... eine solche Gelegenheit ...«

Roderic sah auf sie herab, trank das Glas leer und hielt es, ohne sich umzudrehen, Zieselmaus hin. Hier gab es nichts mehr zu bereden. In der Tat, um feine Kinder hatte Barbridge in der *Zone* gebeten! Kinder, die ihn liebten und achteten! ...

Er trat auf die Straße hinaus, erwischte ein Taxi und ließ sich zum »Borsch« fahren. Er musste zu Ende kommen mit alldem, hatte ein unbändiges Verlangen zu schlafen. Vor seinen Augen verschwammen die Dinge, und ehe er sich's versah, war er eingenickt, lag mit dem ganzen Gewicht seines Körpers auf der Aktentasche. Er erwachte erst, als ihn der Fahrer an der Schulter rüttelte.

»Wir sind da, Mister ...«

»Wo sind wir?«, fragte Roderic und schaute sich schlaftrunken um. »Ich habe doch gesagt, zur Bank ...«

»Aber nein, Mister«, der Chauffeur grinste breit. »Sie wollten ins ›Borsch‹. Jetzt sind wir da, bitte sehr.«

»Schon gut«, brummte Roderic. »Dann habe ich das mit der Bank wohl nur geträumt ...«

Er zahlte und stieg aus, hatte aber Mühe, seine Beine zu bewegen, weil sie ihm unterwegs eingeschlafen waren. Der Asphalt glühte unter der Sonne – mittlerweile war es furchtbar heiß. Roderic schwitzte am ganzen Körper, hatte einen faden Geschmack im Mund, und die Augen tränten ihm. Bevor er die Kneipe betrat, hielt er nach allen Seiten Ausschau. Die Straße vor dem »Borsch« war, wie immer um diese Tageszeit, fast ausgestorben. Die Lokale gegenüber hatten noch nicht geöffnet, und das »Borsch« war im Grunde auch noch geschlossen. Ernest freilich stand schon auf seinem Posten und polierte die Gläser. Mit finsterer Miene stand er hinter der Theke und sah zu drei Kerlen hinüber, die an einem der Ecktischchen ihr Bier schlürften. An den übrigen Tischen waren die Stühle noch hochgestellt; ein Schwarzer in einer weißen Jacke – Roderic kannte ihn nicht – putzte mit Schrubber und Lappen den Fußboden, und ein zweiter plagte sich in Ernests Rücken mit Bierkästen ab. Roderic ging zur Theke, legte seine Aktentasche darauf ab und grüßte. Ernest knurrte eine undeutliche Antwort.

»Gib mir mal ein Bier«, sagte Roderic und gähnte krampfhaft.

Ernest knallte ein leeres Glas auf die Theke, holte eine Flasche aus dem Kühlschrank, entfernte den Verschluss und begann einzuschenken. Roderic unterdrückte ein Gähnen und starrte auf Ernests Hand. Sie zitterte, und der Flaschenhals stieß mehrmals mit leisem Klirren gegen den Rand des Glases. Da sah ihm Roderic ins Gesicht. Ernest hielt die schweren Lider gesenkt, der kleine Mund war zugekniffen, die dicken Backen hingen schlaff herunter. Der Schwarze hantierte jetzt mit seinem Schrubber unmittelbar vor Roderics Füßen; die Kerle in der Ecke stritten sich lauthals und sehr böse über irgendwelche Rennen, und der andere Schwarze – der mit den Bierkästen – gab Ernest mit seinem Hintern einen solchen Schubs, dass er fast das Gleichgewicht verlor. Der Schwarze murmelte ein paar Worte der Entschuldigung, aber Ernest hörte nicht zu, sondern fragte Roderic mit gepresster Stimme: »Hast du's dabei?«

»Was soll ich dabeihaben?« Roderic sah ihn an.

Einer der Kerle stand lässig vom Tisch auf, ging zum Ausgang und blieb an der Tür stehen, wo er sich eine Zigarette ansteckte.

»Komm nach hinten, da können wir besser reden«, sagte Ernest.

Der Schwarze mit dem Schrubber stellte sich jetzt zwischen Roderic und die Tür. Ein Schrank von einem Mann – wie Guttalin, nur doppelt so breit.

»Na schön«, sagte Roderic und nahm die Aktentasche. Er war plötzlich hellwach.

Er ging hinter die Theke und zwängte sich an dem Schwarzen mit den Bierkästen vorbei, der eine eingeschlagene Nase und ramponierte Ohren hatte. Er musterte Roderic unter den halb gesenkten Lidern hervor und lutschte an seinem Finger, den er sich anscheinend gerade eingeklemmt hatte. Auch er war ein kräftiger Bursche. Ernest ging voran ins Hinterzimmer. Roderic folgte ihm, denn inzwischen standen die Männer vom Ecktisch alle drei an der Tür, während der Schwarze mit dem Schrubber am Eingang zum Lager Posten bezogen hatte.

Im Hinterzimmer angekommen, trat Ernest beiseite und setzte sich zusammengekrümmt auf einen Stuhl an der Wand. Und hinter dem Tisch hervor kam Hauptmann Quarterblood – gelblich fahl und griesgrämig –, während sich von links ein riesiger UNO-Soldat mit auf die Augen gedrücktem Helm an Roderic heranschob, ihn blitzschnell an den Hüften packte und mit seinen Riesenpranken die Taschen abtastete. An der rechten Jackentasche hielt er inne, holte den Schlagring heraus und schob Roderic dann sacht zum Hauptmann hinüber. Roderic trat an den Tisch und stellte die Aktenmappe vor den Hauptmann hin.

»Du Schwein!«, sagte er zu Ernest.

Der Kneipier zog die Brauen zusammen und zuckte mit den Achseln. Die Sache war klar: In der Tür standen spöttisch grinsend die beiden Schwarzen, und einen anderen Ausgang gab es nicht. Das Fenster war geschlossen und von außen mit einem Gitter versehen.

Hauptmann Quarterblood hatte angewidert das Gesicht verzogen, scharrte mit beiden Händen in der Aktentasche und breitete den Inhalt auf dem Tisch aus: kleine ›Nullen‹ – zwei Stück; ›Batterien‹ – neun Stück; ›schwarze Spritzer‹ unterschiedlicher Größe – sechzehn Stück in einem Polyäthylenbeutel; ›Schwämme‹ von ausgezeichneter Beschaffenheit – zwei Stück; ›Soda-Lehm‹ – eine Büchse …

»Haben Sie noch etwas in den Taschen?«, fragte Hauptmann Quarterblood leise. »Dann packen Sie es aus.«

»Schweinehunde, verfluchte«, knurrte Roderic. »Mistkerle …«

Er langte in die Innentasche seines Jacketts und knallte ein Bündel Banknoten auf den Tisch, so dass die einzelnen Scheine nach allen Seiten davonstoben.

»Oho!«, sagte der Hauptmann. »Haben Sie noch mehr davon?«

»Ihr stinkigen Kröten!«, brüllte Roderic, holte den zweiten Geldpacken aus der Tasche und schleuderte ihn wütend auf den Fußboden. »Da, fresst! Ersticken sollt ihr daran!«

»Sehr interessant«, sagte der Hauptmann gelassen. »Und nun hebst du das alles schön auf.«

»Ich denke nicht dran!«, zischte Roderic und verschränkte die Hände auf dem Rücken. »Sollen doch deine Lakaien das Zeug aufheben. Oder du selber!«

»Sammle das Geld auf, Stalker«, sagte Hauptmann Quarterblood, ohne die Stimme zu heben, und beugte sich, die Hände schwer auf den Tisch gestützt, zu Roderic vor.

Mehrere Sekunden lang sahen sie sich schweigend in die Augen, dann ließ sich Roderic, leise fluchend, in die Hocke nieder und begann unwillig das Geld aufzuheben. Die beiden Schwarzen in seinem Rücken lachten hämisch, während der UNO-Soldat ein befriedigtes Prusten von sich gab.

»Du hör auf zu prusten«, sagte Roderic zu ihm, »sonst fliegt dir gleich noch der Rotz aus der Nase!«

Er kroch nun schon auf Knien umher, hob die Scheine jeweils einzeln auf und rückte dabei immer näher an einen dunklen, kupfernen Ring heran, der in einer mit Dreck angefüllten Vertiefung des Parketts steckte. Er stieß einen dreckigen Fluch nach dem andern aus, ließ alle Verwünschungen vom Stapel, die er kannte, und erfand noch neue hinzu. Er verstummte erst, als er den Ring in Griffweite hatte. Da spannte er sich mit allen Fasern seines Körpers, packte das kupferne Ding, riss es mit voller Kraft in die Höhe, und noch ehe der geöffnete Lukendeckel wieder zurück auf den Boden krachte, tauchte er schon, die Arme zum Abfangen nach unten gestreckt, kopfüber in die kühle und feuchte Dunkelheit des Weinkellers.

Er fiel auf die Hände, schlug einen Purzelbaum, sprang auf und hastete gebückt, ohne etwas zu sehen und sich einzig auf sein Gedächtnis und das Glück verlassend, durch den schmalen Gang zwischen den Kistenstapeln. Im Laufen zerrte er an den Kisten, brachte sie zum Schwanken und hörte, wie sie mit klirrendem Getöse hinter ihm zu Boden krachten und den Gang versperrten. Er rutschte mehrmals aus, rannte ein paar unsichtbare Stufen hoch, hieb mit seinem ganzen Gewicht eine mit rostigem Blech beschlagene Tür aus den Angeln und befand sich sogleich in Ernests Garage. Er zitterte am ganzen Körper und keuchte, vor seinen Augen tanzten blutrote Punkte, das Herz pochte ihm mit schweren, schmerzhaften Schlägen bis zum Hals, aber er blieb nicht eine Sekunde stehen. Er stürzte zur gegenüberliegenden Ecke und fing an, mit bloßen Händen einen Haufen Gerümpel abzutragen, hinter dem ein paar Bretter aus der Garagenwand herausgebrochen waren. Dann legte er sich auf den Bauch und robbte durch das Loch; er hörte, wie an seinem Jackett etwas zerriss. Im Hof, der eng wie ein Brunnenschacht war, kauerte er sich zwischen die Mülltonnen, streifte die Jacke ab, riss sich den Schlips vom Hals und stopfte beides in die Behälter. Hastig sah er sich nach allen Seiten um, klopfte den Dreck von seiner Hose, richtete sich auf, überquerte mit schnellen Schritten den Hof und bog in einen niedrigen, stinkenden Durchgang ein, der in den Nachbarhof führte. Im Laufen versuchte er zu lauschen, aber das Heulen der Polizeisirenen blieb aus. Er rannte schneller, jagte spielende Kinder auseinander, hetzte geduckt unter Wäsche hindurch, die zum Trocknen aufgehängt war, kletterte durch Öffnungen in halbverfallenen Zäunen, bemüht, das Viertel zu verlassen, ehe es Hauptmann Quarterblood umstellt hatte. Jeden Flecken hier kannte er; in diesen Höfen, Kellern, stillgelegten Waschküchen und Kohlenhöfen hatte er schon als Junge gespielt. Roderic hatte Bekannte und Freunde hier und hätte unter anderen Umständen ohne weiteres untertauchen, eine Woche und länger abwarten können. Doch nicht deswegen hatte er die »dreiste Flucht bei der Verhaftung« gewagt, direkt unter den Augen von Hauptmann Quarterblood, was ihm auf einen Schlag zwölf Monate zusätzlich einbringen konnte.

Er hatte Glück. Auf der 7. Straße kam, Staub aufwirbelnd und mit viel Krawall, eine Horde von Menschen auf ihn zu gewalzt – eine Demonstration. Es waren etwa zweihundert Leute mit Glatzen oder langen Haaren, die Transparente hochhielten und genauso zerzaust und abgerissen aussahen wie er – ja, schlimmer noch: als hätten sie eben Mülltonnen über sich ausgekippt und eine stürmische Nacht in einem Kohlenlager verbracht. Er sprang aus einem Torbogen heraus mitten in die Menschenmasse, arbeitete sich mit den Ellbogen durch sie hindurch, trat auf fremde Füße, steckte Püffe ein, gab sie wieder zurück und war schließlich auf der anderen Straßenseite angelangt, wo er erneut hinter einem Torbogen verschwand – genau in dem Moment, als er den bekannten, widerlichen Ton der Polizeisirenen aufheulen hörte. Die Demonstration stand still, zusammengedrückt zu einer Ziehharmonika. Roderic aber befand sich schon in einem anderen Viertel – und Hauptmann Quarterblood hatte keine Ahnung, in welchem.

Er erreichte seine Garage von der Seite, wo sich das Lager des Radiogeschäfts befand. Er musste einige Zeit warten, denn gerade luden ein paar Arbeiter Kartons mit Fernsehern auf einen Elektrokarren. Er machte es sich zwischen den verkümmerten Zweigen eines Fliederstrauchs bequem, der an der Brandmauer des Nachbarhauses wuchs, nutzte die Zeit, um tief Luft zu holen und sich eine Zigarette anzustecken. In der Hocke und mit dem Rücken gegen die rau verputzte Wand gelehnt, rauchte er sie in langen tiefen Zügen zu Ende. Von Zeit zu Zeit strich er sich mit der Hand über die Wange, um ein nervöses Zucken zu unterdrücken – er überlegte fieberhaft … Als der Elektrokarren mit den Männern hupend im Torbogen verschwand, lachte er wie befreit auf. Er blickte ihnen hinterher und sagte: »Vielen Dank, Jungs, dass ihr einen Dummkopf aufgehalten und ihm die Möglichkeit gegeben habt, in Ruhe nachzudenken ...« Von diesem Augenblick an handelte Roderic, genau wie in der *Zone*, geschickt und wohlüberlegt, schnell und doch ohne jede Hast.

Durch eine geheime Tür schlüpfte er in die Garage, hob lautlos das alte Sitzpolster hoch, unter dem der geflochtene Korb versteckt war, holte vorsichtig das Zellophanpäckchen aus dem Sack und verstaute es unter seinem Hemd. Er nahm seine alte, abgewetzte Lederjacke vom Nagel, fand in der Ecke ein ölverschmiertes Käppi und zog es sich mit beiden Händen tief in die Stirn. Durch die Ritze der Garagentür fielen schmale Streifen Sonnenlicht herein, in denen Unmengen von Staubteilchen tanzten. Im Hof war das Lachen und Juchzen der Kinder zu hören, und Roderic wollte gerade gehen, als er plötzlich die Stimme seiner Tochter erkannte. Er presste ein Auge an den breitesten Spalt und schaute eine Weile zu, wie das Äffchen, mit zwei Luftballons wedelnd, um die neue Schaukel herumlief. Drei alte Frauen aus der Nachbarschaft, die mit ihrem Strickzeug auf der kleinen Bank daneben saßen, verzogen beim Anblick des Kindes angewidert den Mund. Diese blöden alten Schachteln! Wetzten schon wieder ihre Zungen! Bei den Kindern aber war alles in Ordnung, sie spielten mit ihr, als gäbe es keinen Unterschied zwischen ihnen. Nicht umsonst hatte er, so gut er konnte, um ihre Gunst gebuhlt – ein Klettergerüst aus Holz gebaut, ein Puppenhäuschen, die Schaukel und nicht zuletzt die kleine Bank, auf der jetzt die drei alten Schachteln saßen. »Na schön«, zischte er durch die Zähne, riss sich von dem Spalt los, warf einen letzten prüfenden Blick in die Garage und schlüpfte durch die Geheimtür hinaus.

Am südwestlichen Stadtrand, am Ende der Bergstraße, wo sich früher eine Tankstelle befunden hatte, stand eine Telefonzelle. Der Herrgott mochte wissen, wer den Apparat noch benutzte – die Häuser ringsum waren allesamt verlassen, und nach Süden hin breitete sich die unübersehbare Freifläche der ehemaligen Schutthalde aus. Im Schatten der Telefonzelle setzte sich Roderic auf die Erde und fuhr mit der Hand in einen Spalt unter der Zelle. Er ertastete staubiges, ölverschmiertes Papier und den Griff der darin eingewickelten Pistole. Die verzinkte Schachtel mit den Patronen war ebenfalls an Ort und Stelle, genauso wie das Säckchen mit den »Armbändern« und die alte Brieftasche mit den gefälschten Papieren – das Geheimfach war also sicher. Dann streifte er Lederjacke und Käppi ab und griff unter das Hemd. Ungefähr eine Minute saß er so da – in der Hand den Porzellanzylinder, in dem sich allmächtig und unwiderruflich der Tod befand. Bis er erneut dieses nervöse Zucken auf seiner Wange spürte.

»Schuchart«, murmelte er und hörte die eigene Stimme nicht, »Schuchart, was tust du da! Aas, verdammtes, mit diesem Zeug werden sie uns allesamt ins Jenseits befördern ...« Er presste die Finger gegen die zuckende Wange, doch es half nicht. »Ihr Idioten«, sagte er, nun an die Adresse der Arbeiter gerichtet, die vorhin die Fernseher auf den Elektrokarren geladen hatten, »musstet ihr mir ausgerechnet jetzt über den Weg laufen ... Aber das Beste wäre gewesen, ich hätte das Teufelszeug zurück in die *Zone* geschmissen, dann wäre die Sache jetzt für mich erledigt ...«

Er sah sich unschlüssig um. Über dem rissigen Asphalt flirrte die erhitzte Luft, trist sahen ihn die vernagelten Fenster an und über der ausgestorbenen Schutthalde tanzten Staubwölkchen. Er war allein.

»Was soll's«, knurrte er entschlossen. »Jeder für sich und Gott für alle. Unsereiner hat genug am Hals.«

Hastig, um nicht wieder ins Schwanken zu geraten, steckte er den Zylinder ins Käppi, das er wiederum in die Lederjacke wickelte. Dann kniete er sich auf den Boden, drückte mit seinem ganzen Gewicht gegen die Telefonzelle und neigte sie auf diese Weise ein wenig zur Seite. Das dicke Paket wanderte auf den Grund einer kleinen Grube, in der noch immer genügend

Platz frei blieb. Vorsichtig ließ er die Zelle wieder zurückgleiten, rückte sie mit beiden Händen zurecht, stand auf und klopfte die Handflächen sauber.

»Das wär's«, sagte er. »Schluss, aus, Ende!«

Er betrat die Zelle, in der es drückend heiß war, steckte eine Münze in den Schlitz und wählte.

»Gutta«, sagte er, »reg dich bitte nicht auf, sie haben mich wieder mal geschnappt.« Er hörte, wie sie krampfhaft schluckte, und fuhr hastig fort: »Ist aber alles halb so schlimm, weißt du. Mehr als sieben, acht Monate werden sie mir nicht geben … mit Besuchserlaubnis … Wir werden es schon überstehen. Und ohne Geld wirst du auch nicht sein, man wird dir welches schicken …« Sie schwieg noch immer. »Morgen früh werden sie dich in die Kommandantur bestellen, dort sehen wir uns. Bring das Äffchen mit.«

»Werden sie die Wohnung nicht durchsuchen?«, fragte sie leise.

»Selbst wenn sie es tun – zu Hause ist alles in Ordnung. Na, jetzt halt die Ohren steif, lass den Kopf nicht hängen. Hast einen Stalker geheiratet, beklag dich nicht. Also dann, bis morgen … Und denk dran, ich habe dich nicht angerufen. Kuss aufs Näschen.«

Er hängte heftig ein und verharrte einige Sekunden – die Lider krampfhaft aufeinandergepresst und die Zähne so fest zusammengebissen, dass es ihm in den Ohren klang. Dann warf er abermals eine Münze ein und wählte eine andere Nummer.

»Ich höre«, meldete sich der Heisere.

»Hier spricht Schuchart«, sagte Roderic. »Hören Sie aufmerksam zu und unterbrechen Sie mich nicht …«

»Schuchart?«, fragte der Heisere in echtem Erstaunen zurück. »Was denn für ein Schuchart?«

»Sie sollen nicht unterbrechen, habe ich gesagt! Sie haben mich geschnappt, ich bin getürmt und werde mich jetzt stellen. Wahrscheinlich werde ich zweieinhalb bis drei Jahre kriegen, meine Frau aber hat kein Geld. Sie werden sie versorgen. Es darf ihr an nichts mangeln, haben wir uns verstanden? Ob Sie verstanden haben!«

»Fahren Sie fort«, sagte der Heisere.

»Nicht weit von dem Ort, wo wir uns das erste Mal getroffen haben, steht eine Telefonzelle. Sie ist weit und breit die Einzige, also nicht zu verfehlen. Der Porzellanzylinder liegt darunter. Sie können ihn nehmen oder nicht – aber dass es meiner Frau an nichts mangelt! Wir werden weiter zusammenarbeiten. Wenn ich aber rauskomme und erfahre, dass Sie krumme Touren gemacht haben … Wie gesagt, ich rate Ihnen, ehrlich zu spielen, klar?«

»Ich habe verstanden«, sagte der Heisere. »Und vielen Dank.« Dann, nach einer kurzen Pause, fragte er: »Sollten wir Ihnen nicht einen Rechtsanwalt besorgen?«

»Nein«, sagte Roderic. »Alles Geld, bis auf den letzten Cent, bekommt meine Frau. Adieu.«

Er hängte ein, sah sich nach allen Seiten um, steckte die Hände tief in die Hosentaschen und ging, vorbei an leeren, vernagelten Häusern, gemessenen Schritts die Bergstraße hinauf in Richtung Stadt.

Richard H. Nunnan, Vertreter einer Elektronikfirma am Harmonter Institut für Außerirdische Kulturen

Richard H. Nunnan saß am Tisch seines Arbeitszimmers und malte Teufelchen auf einen großen Block, der für dienstliche Notizen gedacht war. Obwohl ein mitfühlendes Lächeln auf seinen Lippen lag und er ab und zu mit dem kahlen Schädel nickte, hörte er seinem Besucher gar nicht zu. Er wartete auf einen Telefonanruf, und so rauschte der Tadel, den ihm Doktor Pillman erteilte oder zu erteilen glaubte, unbeachtet an ihm vorbei.

»Wir werden das berücksichtigen, Valentin«, sagte Nunnan schließlich, nachdem er der runden Zahl halber das zehnte Teufelchen zu Ende gemalt und den Notizblock zugeklappt hatte. »Es ist wirklich eine Unverschämtheit …«

Valentin Pillman streckte seine schmale Hand aus und streifte die Zigarettenasche säuberlich im Aschenbecher ab. »Und was konkret werden Sie berücksichtigen?«, erkundigte er sich höflich.

»Na alles, was Sie gesagt haben«, erwiderte Nunnan leichthin und lehnte sich im Sessel zurück. »Alles bis zum letzten Wort.«

»Was habe ich denn gesagt?«

»Ist es so wichtig, das zu wiederholen?«, entgegnete Nunnan. »Was auch immer Sie gesagt haben, es wird alles berücksichtigt werden.«

Valentin (Doktor Valentin Pillman, Träger des Nobelpreises und so weiter und so fort) saß ihm in einem tiefen Sessel gegenüber. Er war recht klein, aber sehr elegant gekleidet – nicht die Spur eines Flecks auf seiner Wildlederjacke; kein noch so winziges Fältchen auf den Hosen, die er im Sitzen leicht gerafft hatte; blütenweißes Hemd; strenge, einfarbige Krawatte; blitzblanke Schuhe; ein arrogantes Lächeln auf den schmalen, blassen Lippen; die Augen von einer riesigen Sonnenbrille verdeckt; das schwarze Haar über der breiten, niedrigen Stirn zu einem Igel geschnitten.

»Meiner Meinung nach streichen Sie Ihr fantastisch hohes Gehalt für nichts und wieder nichts ein«, sagte er. »Mehr noch, für meine Begriffe sind Sie ein Saboteur.«

»Pssst!«, flüsterte Nunnan. »Nicht so laut, um Himmels willen!«

»Im Ernst«, fuhr Pillman fort. »Ich beobachte Sie schon seit langem und bin zu dem Schluss gekommen, dass Sie im Grunde überhaupt nicht arbeiten.«

»Moment mal«, unterbrach ihn Nunnan und drohte mit seinem dicken, rosigen Finger. »Was soll das heißen, ich arbeite nicht? Ist bisher auch nur eine einzige Reklamation unberücksichtigt geblieben?«

»Ich weiß es nicht«, sagte Pillman und streifte erneut die Asche ab. »Es kommen gute Apparaturen, es kommen aber auch schlechte. Die guten sind häufiger, doch was für einen Anteil Sie daran haben, weiß ich nicht.«

»Wäre ich nicht«, erwiderte Nunnan, »würde es weniger gute Apparaturen geben. Außerdem versaut ihr Wissenschaftler ständig die guten Geräte und schickt dann Reklamationen. Wer aber hilft euch aus der Klemme? Was, zum Beispiel, habt ihr mit dem ›Spürhund‹ gemacht? Ein erstklassiges Gerät, hat sich blendend bei der geologischen Erkundung bewährt, stabil, autonom … Ihr aber habt es unter völlig unnormalen Bedingungen laufen lassen, den Apparat wie ein Rennpferd zuschanden geritten …«

»Wir haben ihm nicht rechtzeitig zu saufen gegeben und keinen Hafer verfüttert«, bemerkte Valentin. »Ein Pferdeknecht sind Sie, Dick, und kein Industrieller!«

»Ein Pferdeknecht«, wiederholte Nunnan nachdenklich. »Das ist schon besser. Vor ein paar Jahren hat hier Doktor Panow gearbeitet. Sie haben ihn wahrscheinlich gekannt, er ist später ums Leben gekommen ... Panow meinte, meine Berufung sei es, Krokodile zu züchten.«

»Ich habe seine Arbeiten gelesen«, sagte Valentin. »Ein sehr ernsthafter und gründlicher Mann. An Ihrer Stelle würde ich mir über das, was er gesagt hat, Gedanken machen.«

»Gut, wenn ich mal Muße habe. Aber sagen Sie mir lieber: Wie ist gestern der Probelauf der SK 3 ausgegangen?«

»Der SK 3?«, wiederholte Valentin und runzelte die blasse Stirn. »Ah – der ›Scaramouche‹! Da war weiter nichts. Er hat seine Route gut abgelaufen, ein paar ›Armreifen‹ mitgebracht und eine Scheibe, von der wir nicht wissen, wozu sie dient ...« Er machte eine Pause. »Und eine Hosenträgerschnalle der Marke ›Lux‹.«

»Und was ist das für eine Scheibe?«

»Eine Vanadiumlegierung, mehr ist vorerst nicht zu sagen. Verhalten: null.«

»Warum hat der SK es dann angeschleppt?«

»Das müssen Sie die Firma fragen. Das ist Ihr Aufgabenbereich.«

Nunnan klopfte nachdenklich mit dem Bleistiftstummel auf den Notizblock. »Es war ja auch nur ein Probelauf«, sagte er langsam. »Oder die Scheibe hat sich auf dem Weg entladen ... Wissen Sie, was ich Ihnen rate? Werfen Sie sie wieder in die *Zone*, warten Sie ein bis zwei Tage, und dann schicken Sie den ›Spürhund‹ wieder los und lassen es holen. Ich weiß noch, voriges Jahr ...«

Das Telefon schrillte, und Nunnan, der Valentins Anwesenheit augenblicklich vergaß, griff zum Hörer.

»Mister Nunnan?«, hörte er die Stimme der Sekretärin. »Sie werden wieder von diesem Herrn Lämmchen verlangt.«

»Stellen Sie durch.«

Pillman erhob sich. Er steckte den ausgegangenen Zigarettenstummel in den Aschenbecher, legte zum Zeichen des Abschieds zwei Finger an die Schläfe und ging aus dem Zimmer – klein, aufrecht, in sehr korrekter Haltung.

»Mister Nunnan?«, ertönte die bekannte träge Stimme im Telefonhörer.

»Am Apparat.«

»Es ist gar nicht so leicht, Sie an Ihrem Arbeitsplatz anzutreffen.«

»Wir haben eine neue Lieferung bekommen …«

»Das weiß ich, Mister Nunnan. Ich bin nur für kurze Zeit hier, und es gibt ein paar Fragen, die wir in einem persönlichen Gespräch klären müssten. Es geht um die letzten Verträge der ›Mitsubishi Denshi‹ – um die juristische Seite der Angelegenheit.«

»Ganz zu Ihren Diensten.«

»Na, dann in einer halben Stunde im Büro unserer Vertretung, wenn es Ihnen recht ist.«

»Durchaus. Bis gleich also.«

Richard Nunnan legte den Hörer auf, erhob sich und ging, sich die dicken, rosigen Händchen reibend, im Zimmer auf und ab. Er stimmte sogar einen Schlager an, aber als er bei den hohen Tönen nur ein Piepsen herausbrachte, brach er seinen Gesang mit belustigtem Lächeln ab. Er griff nach seinem Hut, legte den Regenmantel über den Arm und ging ins Vorzimmer.

»Kindchen«, sagte er zur Sekretärin, »die Kundschaft ruft. Sie übernehmen das Kommando über die Garnison und halten, wie es so schön heißt, die Stellung. Wenn ich zurück bin, gibt es feine Schokolade.«

Das Gesicht der Sekretärin erstrahlte. Nunnan warf ihr eine Kusshand zu und begab sich trippelnden Schritts auf den Korridor hinaus. Mehrfach versuchte man ihn aufzuhalten, doch er ließ sich nicht beirren – machte sich mit einem Scherz los; bat, ohne ihn zurechtzukommen; riet, die Nerven zu schonen und sich nicht zu überanstrengen. So wimmelte er jedermann ab und schaffte es schließlich, das Institut zu verlassen. Dem diensthabenden Sergeanten hatte er wie üblich den ungeöffneten Passierschein vor die Nase gehalten.

Über der Stadt hingen tiefe dunkle Wolken. Es war schwül. Die ersten, vereinzelten Tropfen platschten auf den Asphalt und hinterließen dort kleine schwarze Flecken. Nunnan warf sich den Regenmantel über Kopf und Schultern, rannte an der Wagenschlange vorbei zu seinem Peugeot, schwang sich hinein, riss den Mantel herunter und warf ihn auf den Rücksitz. Dann holte er den »Androp«, einen kleinen schwarzen Stecker, aus der Seitentasche seines Jacketts, steckte ihn ins Zündschloss und drückte ihn mit dem Daumen bis zum Anschlag. Er rutschte ein wenig hin und her, um eine möglichst bequeme Haltung hinter dem Lenkrad zu finden, und gab schließlich Gas. Der Peugeot rollte lautlos zur Straßenmitte und fuhr zum Ausgang der Vorzone.

Plötzlich stürzte der Regen nieder, in einem Schwall, als hätte man im Himmel einen Bottich mit Wasser ausgekippt. Die Fahrbahn wurde glitschig, und der Wagen geriet in den Kurven ins Schleudern. Nunnan schaltete die Scheibenwischer ein und drosselte die Geschwindigkeit. Also haben sie meinen Bericht inzwischen bekommen, überlegte er. Da ist jetzt wohl ein Lob für mich fällig. Nun, ich habe nichts dagegen. Im Gegenteil: Für ein Lob bin ich immer zu haben. Vor allem, wenn es von Herrn Lämmchen persönlich kommt. Seltsam, dass wir uns so freuen, wenn wir gelobt werden. Mehr Geld bekommen wir nicht, berühmt werden wir deswegen ebenso wenig. Was für einen Ruhm kann unsereins schon erlangen! ›Er ist berühmt geworden: Jetzt wissen drei Leute von ihm.‹ Na, sagen wir vier, Baylis mit dazugerechnet. Der Mensch ist doch ein komisches Wesen … Anscheinend lieben wir das Lob um seiner selbst willen. So wie Kinder Eis lieben … Nein, es liegt am mangelnden Selbstwertgefühl, das ist es. Das Lob tröstet uns über unsere Komplexe hinweg ... Aber das ist dumm. Wie wenn ein Lob mich in meinen Augen erheben könnte – wo ich mich doch selbst am besten kenne! Ich – den alten, dicken Richard H. Nunnan. Hm, was bedeutet nochmal das »H« in meinem Namen? Da haben wir's: Wen könnte ich das fragen? Doch wohl nicht Herrn Lämmchen! ... Ah, ich weiß es wieder! Herbert. Richard Herbert Nunnan! ... Mein Gott, wie das gießt!

Er bog in die Central Avenue ein. Plötzlich fiel ihm auf, wie sehr das Städtchen in den letzten Jahren gewachsen war. Überall ragten klotzige Wolkenkratzer empor... Dort drüben war schon wieder einer im Bau. Was sollte das gleich noch werden? Ach ja, eine Art Lunapark mit weltbekannten Jazzkapellen, Varieté und so weiter – für unsere heldenhafte Garnison, für die Herren Wissenschaftler und die wackeren Touristen, insbesondere die älteren unter ihnen ... Die Randbezirke dagegen sterben immer mehr aus. Und die aus den Gräbern Auferstandenen wissen gar nicht mehr, wo sie hin sollen.

Dann sagte er laut: »Die Auferstandnen finden nicht nach Haus – drum sehn sie auch so bös und traurig aus ...«

Zu gern, dachte Nunnan, würde ich erfahren, wie das Ganze noch mal endet. Vor zehn Jahren wusste ich es übrigens ganz genau: unüberwindliche Sperren, ein Leeregürtel von fünfzig Kilometern Breite, Wissenschaftler und Soldaten – und sonst niemand. Das schreckliche Geschwür auf dem Körper des Planeten für immer isoliert ... Und das schien ja auch notwendig. Alle dachten so – nicht nur ich. Was für Reden wurden damals gehalten, was für Gesetzesentwürfe eingebracht! Und jetzt weiß keiner mehr, warum die stählerne Entschlossenheit plötzlich zerbröckelte. »Einerseits kann man es nicht leugnen, andererseits kann man es nicht ablehnen.« Alles hatte wohl mit den »Androps« begonnen, die die Stalker aus der *Zone* mitbrachten, Batterien ... Ja, das war der Anfang gewesen.

Vor allem, weil man entdeckte, dass sich die »Androps« vermehrten. Das Geschwür schien jetzt nicht mehr so gefährlich. Vielleicht war es auch gar kein Geschwür, sondern eine Schatzkammer … Und heute kann niemand mehr genau sagen, was die *Zone* wirklich ist: Geschwür, Schatzkammer, Büchse der Pandora, Versuchung des Teufels … Erst jetzt hat man begonnen, ein wenig Nutzen aus ihr zu ziehen. Seit zwanzig Jahren plagen sie sich schon damit ab, haben Milliarden verpulvert, aber bis heute keine systematische Ausbeutung zustande gebracht. Jeder versucht, seinen eigenen kleinen Reibach zu machen – und die Gelehrten tun nichts anderes, als salbungsvoll zu verkünden: Einerseits nicht zu leugnen, andererseits nicht abzulehnen, denn das Objekt Soundso, wenn es einer Röntgenstrahlung unter einem Winkel von achtzehn Grad ausgesetzt wird, sendet quasithermische Elektronen unter einem Winkel von zweiundzwanzig Grad aus … Ach, zum Teufel damit! Ich werde das Ende von alldem sowieso nicht mehr erleben!

Der Wagen rollte nun an der Villa von Aasgeier Barbridge vorüber. Wegen der Dunkelheit, die der Regenguss mit sich brachte, brannte überall Licht. Durch die Fenster der zweiten Etage – es waren die Zimmer der schönen Dinah – sah Nunnan tanzende Paare. Entweder hatten sie heute zeitig angefangen oder gestern Abend kein Ende gefunden. Das war neuerdings Mode in Harmont: die Nächte durchmachen. Tja, dachte Nunnan belustigt, eine kräftige und widerstandsfähige Jugend haben wir uns herangezogen, ausdauernd und zielstrebig …

Nunnan stoppte den Wagen vor einem ziemlich hässlichen Gebäude mit dem unscheinbaren Schild »Juristisches Kontor Corch, Corch & Simak«. Er zog den »Androp« ab und steckte ihn in die Tasche. Dann legte er sich den Regenmantel über Kopf und Schultern, schnappte seinen Hut und stürzte so schnell er konnte zum Haupteingang. Am Portier, der in die

Lektüre seiner Zeitung vertieft war, lief er einfach vorbei. Dann rannte er die Treppe mit dem abgewetzten Läufer hinauf und eilte absatzklappernd über den dunklen Korridor der zweiten Etage, der wie immer von einem ganz bestimmten, aber unergründlichen Geruch erfüllt war. Nunnan stieß die Tür am äußersten Ende des Flurs auf und trat ins Vorzimmer. Auf dem Platz der Sekretärin saß ein junger dunkelhäutiger Mann, den Nunnan nicht kannte. Er trug kein Jackett und hatte die Hemdsärmel aufgekrempelt. Er machte sich an einer komplizierten elektronischen Apparatur zu schaffen, die auf dem für die Schreibmaschine bestimmten Tischchen stand. Richard Nunnan hängte Mantel und Hut an einen Haken, strich mit beiden Händen die spärlichen Haare hinter seinen Ohren glatt und sah fragend zu dem jungen Mann hinüber. Der nickte, und Nunnan öffnete die Tür zum angrenzenden Raum.

Als er eintrat, hievte sich Herr Lämmchen schwerfällig aus einem großen Ledersessel, der vor dem verhängten Fenster stand. Er hatte sein kantiges Generalsgesicht in Falten gelegt; das konnte ebenso gut ein freundliches Willkommenslächeln bedeuten, wie seinen Unmut über das schlechte Wetter zum Ausdruck bringen, möglicherweise aber rührte es auch von einem nur mit Mühe zurückgehaltenen Niesen her.

»Da sind Sie ja«, sagte er träge. »Kommen Sie herein und machen Sie es sich bequem.«

Nunnan ließ seinen Blick suchend durch den Raum schweifen, fand aber nichts, wo er es sich bequem machen konnte. Er entdeckte nur einen Holzstuhl mit gerader Lehne, der hinter dem Tisch klemmte. So nahm er auf der Tischecke Platz. Seine gute Stimmung verflog zusehends – er wusste selber nicht, warum. Aber plötzlich wurde ihm klar, dass ein Lob heute nicht zu erwarten war. Im Gegenteil. Der Tag des Zorns, dachte er philosophisch und bereitete sich innerlich auf das Schlimmste vor.

»Rauchen Sie ruhig«, sagte Herr Lämmchen und ließ sich wieder in seinen Sessel fallen.

»Danke, ich bin Nichtraucher.«

Herr Lämmchen nickte ein paarmal, und das mit einer Miene, als hätten sich soeben seine schlimmsten Befürchtungen bestätigt. Dann verschränkte er seine Finger ineinander und betrachtete aufmerksam die so entstandene Figur.

»Ich denke«, begann er schließlich, »wir beide werden uns nicht über die juristischen Angelegenheiten der Firma ›Mitsubishi Denshi‹ unterhalten.«

Das war ein Scherz. Nunnan lächelte bereitwillig und sagte: »Ganz wie Sie wünschen.«

Das Sitzen auf dem Tisch war furchtbar unbequem für ihn, denn seine Füße reichten kaum bis auf den Boden.

»Zu meinem Bedauern, Richard, muss ich Ihnen mitteilen, dass Ihr Bericht oben einen ausgesprochen guten Eindruck gemacht hat.«

»So?«, sagte Nunnan und dachte: Jetzt geht's los.

»Man hatte sogar schon vor, Sie für einen Orden vorzuschlagen«, fuhr Herr Lämmchen fort. »Ich aber meinte, wir sollten noch ein bisschen damit warten. Und das war richtig.« Er hatte seinen Blick nun endlich von der Konstellation seiner zehn Finger gelöst und sah Nunnan von unten herauf an. »Sie werden mich gewiss fragen, aus welchem Grund ich eine solch übermäßige Vorsicht habe walten lassen.«

»Wahrscheinlich hatten Sie Ihre Gründe«, sagte Nunnan ungerührt.

»Jawohl, die hatte ich. Denn was besagte Ihr Rapport, Richard? Er besagte: Die Gruppe ›Metropol‹ wurde durch Ihr Eingreifen liquidiert. Die Gruppe ›Grünes Blümchen‹ wurde in flagranti erwischt und in voller Besetzung hoppgenommen. Ausgezeichnete Arbeit und gleichfalls Ihr Verdienst. Die Gruppen ›Warr‹, ›Quasimodo‹, ›Wandermusikanten‹ und Ähnliche, an aller Namen erinnere ich mich nicht mehr, liquidierten sich selbst, nachdem sie begriffen hatten, dass sie eher heute als morgen aufgespürt würden. Insofern entspricht Ihr Bericht auch den Tatsachen, das haben andere Informationsquellen bestätigt. Das Schlachtfeld ist gesäubert, und Sie haben Ihren Anteil daran, Richard. Der Gegner hat sich fluchtartig zurückgezogen und große Verluste erlitten. Habe ich die Situation richtig eingeschätzt?«

»Jedenfalls wurde im Laufe der letzten drei Monate dem Verschwinden von Material aus der *Zone* über Harmont hinweg ein Ende gesetzt«, sagte Nunnan vorsichtig. »Wenigstens soweit ich unterrichtet bin ...«

»Der Gegner ist also zurückgewichen, so ist es doch?«

»Nun, wenn Sie durchaus auf diesem Ausdruck bestehen – ja, so ist es.«

»So ist es eben nicht!«, sagte Herr Lämmchen. »Der Haken ist nämlich, dass ein solcher Gegner niemals zurückweicht. Das weiß ich mit hundertprozentiger Sicherheit. Durch die Tatsache, Richard, dass Sie es so eilig hatten, einen siegreichen Bericht zu verfassen, haben Sie nichts weiter bewiesen als Ihre Unreife. Deshalb war ich auch dagegen, Sie unverzüglich für eine Auszeichnung vorzuschlagen.«

Zum Teufel mit deinen Auszeichnungen, dachte Nunnan, der mit einem Fuß wippte und mit finsterer Miene das Auf und Ab der Schuhspitze beobachtete. Auf den Abort hänge ich deine Auszeichnungen! Verdammter Moralprediger! Als wenn ich nicht ohne dich wüsste, mit wem ich es zu tun habe. Anstatt mir stundenlang zu erklären, wie unser Feind vorgeht, solltest du mir lieber kurz und bündig sagen, wo meine Versäumnisse liegen, was die Halunken schon wieder ausgeheckt, wo und wie sie neue Schlupflöcher gefunden haben. Und ohne umständliche Einleitungen bitte, ich bin schließlich kein grünes Jüngelchen. Ich hab mehr als ein halbes Jahrhundert auf dem Buckel und sitze weiß Gott nicht wegen deiner dämlichen Orden hier herum ...

»Was ist Ihnen über die ›goldene Kugel‹ bekannt?«, fragte Herr Lämmchen unvermittelt.

Großer Gott, dachte Nunnan ärgerlich, was hat denn die »goldene Kugel« damit zu tun? Scher dich zum Teufel mit deiner blöden Art, Gespräche zu führen …

»Die ›goldene Kugel‹ ist eine Legende«, erklärte er in gelangweiltem Ton. »Ein mystisches Objekt in der *Zone,* das von der Form und vom Aussehen her Ähnlichkeit mit einer goldenen Kugel hat und dazu da ist, die Wünsche der Menschheit zu erfüllen.«

»Egal welche?«

»Dem kanonischen Text der Legende zufolge – ja. Freilich existieren auch hier unterschiedliche Versionen …«

»Soso«, sagte Herr Lämmchen. »Und was wissen Sie über die ›Todeslampe‹?«

»Vor acht Jahren«, fuhr Nunnan in dem gleichen gelangweilten Ton fort, »hat ein Stalker namens Stephen Norman, mit Spitznamen Brillenschlange, einen Gegenstand aus der *Zone* mitgebracht, der, soweit man das beurteilen kann, eine Art Strahlenquelle darstellt. Sie wirkt auf irdische Organismen tödlich. Besagte Brillenschlange hat das Aggregat dem Institut angeboten, doch sie wurden sich nicht über den Preis einig. Norman ging zurück in die *Zone,* kam jedoch nicht mehr wieder. Wo sich der Gegenstand zurzeit befindet, weiß man nicht. Im Institut jedenfalls rauft man sich noch heute die Haare. Der Ihnen nicht unbekannte Hugh aus dem ›Metropol‹ hat für die Beschaffung dieses Aggregats jede Summe geboten, die auf einem Scheck Platz findet.«

»Ist das alles?«, fragte Herr Lämmchen.

»Ja, das ist alles«, erwiderte Nunnan und sah sich demonstrativ im Raum um; der aber war so trist, dass es darin nichts zu schauen gab.

»Soso«, sagte Lämmchen. »Und was haben Sie über das ›Krebsauge‹ gehört?«

»Über was für ein Auge?«

»Über das ›Krebsauge‹ – Krebs, verstehen Sie?« Herr Lämmchen fuhr mit zwei Fingern durch die Luft. »Ein Krebs – mit Scheren.«

»Davon höre ich zum ersten Mal«, sagte Nunnan finster.

»Nun gut, und die ›donnernden Servietten‹, was ist Ihnen darüber bekannt?«

Nunnan kletterte vom Tisch und trat, die Hände in den Taschen, vor Lämmchen hin. »Nichts«, sagte er. »Und Ihnen?«

»Leider ist mir gleichfalls nichts darüber bekannt, weder über das ›Krebsauge‹ noch über die ›donnernden Servietten‹. Nichtsdestoweniger gibt es sie.«

»In meiner *Zone*?«, fragte Nunnan.

»Setzen Sie sich«, sagte Lämmchen und wedelte mit der Hand. »Setzen Sie sich. Unser Gespräch fängt gerade erst an.«

Nunnan ging um den Tisch herum und nahm auf dem harten Holzstuhl mit der geraden Lehne Platz.

Worauf will er hinaus, überlegte er fieberhaft, was sind das für Neuigkeiten? Wahrscheinlich haben sie dieses Zeug in den anderen *Zonen* gefunden, und nun will er mich damit zum Narren halten, der Hundesohn. Noch nie hat er mich leiden können, der alte Teufel, nimmt mir immer noch den Vers von damals übel …

»Setzen wir unser kleines Examen fort«, schlug Lämmchen vor, schob den Vorhang beiseite und sah zum Fenster hinaus. »Es gießt«, sagte er. »Das liebe ich.«

Er ließ den Vorhang wieder los, lehnte sich im Sessel zurück und fragte, den Blick zur Decke gerichtet: »Wie geht es eigentlich dem alten Barbridge?«

»Barbridge? Der Aasgeier steht unter Beobachtung. Er ist ein Krüppel, finanzielle Sorgen hat er nicht. Mit der *Zone* hat er nichts mehr zu tun. Er besitzt vier Bars, eine Tanzschule und organisiert Picknicks für Garnisonsoffiziere und Touristen. Seine Tochter Dinah führt ein recht vergnügliches Leben, sein Sohn Archie hat gerade das juristische College absolviert.«

Herr Lämmchen nickte anerkennend.

»Ausgezeichnet«, lobte er. »Und was treibt Kreon der Malteser?«

»Er ist einer der wenigen Stalker, die noch tätig sind. Gehörte zur Gruppe ›Quasimodo‹, jetzt verkauft er seine Beute ans Institut, über mich. Ich lasse ihn frei herumlaufen – irgendwann wird schon jemand anbeißen. Allerdings trinkt er in der letzten Zeit sehr viel, ich fürchte, er wird es nicht mehr lange machen.«

»Hat er Kontakt zu Barbridge?«

»Er bemüht sich um Dinah, aber erfolglos.«

»Ausgezeichnet«, sagte Herr Lämmchen. »Und was hört man von Schuchart, genannt Rotfuchs?«

»Ist vor einem Monat aus dem Gefängnis gekommen, finanzielle Sorgen hat er nicht. Er wollte auswandern, aber er hat …« Nunnan verstummte. »Kurz, er hat familiäre Probleme. Ihm ist derzeit nicht nach der *Zone* zumute.«

»Ist das alles?«

»Ja.«

»Nicht eben viel«, sagte Herr Lämmchen. »Und wie stehen die Dinge beim Glückspilz Carter?«

»Arbeitet schon seit Jahren nicht mehr als Stalker. Treibt Handel mit Gebrauchtwagen, außerdem unterhält er eine Werkstatt, die auf den Umbau von Wagen auf ›Androp‹-Speisung spezialisiert ist. Vier Kinder, die Frau ist vor einem Jahr gestorben. Jetzt wohnt die Schwiegermutter im Haus.«

Lämmchen nickte.

»Wen von unseren alten Brüdern habe ich vergessen?«, erkundigte er sich aufgeräumt.

»Jonathan Miles mit Spitznamen Kaktus. Zurzeit im Krankenhaus, schwer krebskrank. Und dann noch Guttalin …«

»Ach ja, was ist mit dem?«

»Guttalin ist immer noch der Alte«, erwiderte Nunnan. »Hat eine Gruppe von drei Mann, bleiben wochenlang in der *Zone* und vernichten an Ort und Stelle, was sie finden. Seine Gemeinschaft der ›Streitbaren Engel‹ existiert nicht mehr.«

»Warum?«

»Sie werden sich gewiss erinnern, dass die Gruppe es sich zur Aufgabe gemacht hatte, Beute aufzukaufen, die Guttalin dann wieder zurück in die *Zone* brachte. Dem Teufel das seine. Seit einiger Zeit aber gibt es nichts mehr aufzukaufen. Außerdem hat ihnen der neue Direktor der hiesigen Filiale die Polizei auf den Hals gehetzt.«

»Verstehe«, sagte Lämmchen. »Und was ist mit den Jungen?«

»Nun ja, die Jungen ... Sie kommen und gehen. Fünf, sechs Burschen mit ein wenig Erfahrung gibt es da schon, aber sie finden niemanden mehr, dem sie ihre Beute verkaufen könnten. Jetzt sind sie niedergeschlagen, ratlos. Ich versuche, sie ein bisschen zu zähmen und auf den richtigen Weg zu führen. Ich kann also sagen, Chef, mit der Stalkerei in meiner *Zone* ist praktisch Schluss. Die Alten sind abgetreten, die Jungen können nichts, und überhaupt genießt dieses Handwerk nicht mehr den Ruf wie früher. Die Technik ist im Vormarsch, die Stalker-Roboter.«

»Ach ja, ich habe davon gehört ... Freilich sollen diese Roboter vorerst nicht einmal die Energie rechtfertigen, die sie verbrauchen. Oder täusche ich mich?«

»Das ist nur eine Frage der Zeit. Bald werden sie das tun.«

»Wie bald?«

»In fünf, sechs Jahren ...«

Herr Lämmchen nickte abermals.

»Übrigens: Wahrscheinlich wissen Sie noch gar nicht, dass der Gegner ebenfalls mit Robotern arbeitet.«

»In meiner *Zone*?«, fragte Nunnan und horchte auf.

»Auch in Ihrer. Sie haben ihren Stützpunkt in Rexopol. Hubschrauber bringen die notwendige Ausrüstung über die Berge zur Schlangenschlucht, zum Schwarzen See und zum Fuße des Pik Balder …«

»Das ist doch aber äußerste Peripherie«, rief Nunnan ungläubig. »Dort herrscht weit und breit nichts als Leere, was können sie da schon finden?«

»Nicht viel, aber immerhin … Doch das war nur eine Frage nebenbei, mit Ihnen hat das nichts zu tun … Fassen wir also zusammen: Professionelle Stalker gibt es in Harmont so gut wie nicht mehr. Die, die noch übrig sind, gehen nicht mehr in die *Zone*. Die Jungen sind orientierungslos und befinden sich im Prozess der Neuorientierung. Der Gegner ist zerschlagen, zurückgeworfen, hat sich irgendwo zur Ruhe gesetzt und leckt seine Wunden. Beute gibt es nicht mehr, und wenn welche auftaucht, findet sich niemand, der sie abkaufen würde. Dem ungesetzlichen Verschwinden von Materialien aus der Harmonter *Zone* ist seit drei Monaten faktisch Einhalt geboten. Stimmt das so?«

Nunnan schwieg. Gleich, dachte er, gleich kommt das dicke Ende. Aber wo, wo zum Teufel ist das Loch? Und es ist kein kleines, wie es scheint. Na los, du alter Kohlkopf, was kniest du mir so auf der Seele …

»Ich höre nichts«, sagte Herr Lämmchen und legte die Hand an sein runzliges, behaartes Ohr.

»Schon gut, Chef«, sagte Nunnan finster. »Es reicht. Sie haben mich gebraten und geröstet, jetzt servieren Sie mich endlich.«

Herr Lämmchen gab ein unbestimmtes Grunzen von sich. »Sie können mir also nichts sagen«, begann er mit unerwartet betrübter Stimme. »Wissen nichts zu erwidern, wenn man Sie fragt, aber wie mir zumute war, als ich vorgestern …« Er brach jäh ab, erhob sich und schlurfte durchs Zimmer zum Safe. »Mit einem Wort, in den letzten zwei Monaten hat der

Gegner allein nach unseren Informationen mehr als sechstausend Materialeinheiten aus den verschiedenen *Zonen* erhalten.« Er blieb neben dem Safe stehen, strich mit den Fingern über dessen lackierte Seitenwand und drehte sich dann heftig zu Nunnan um. »Und machen Sie sich keine Illusionen!«, brüllte er. »Wir haben Barbridges Fingerabdrücke darauf gefunden! Auch die vom Malteser! Und die von Langnase alias Ben Halevi, den Sie nicht einmal erwähnt haben! Außerdem die von Garrish der Klatschbase und Zmyg dem Zwerg! Und das nennen Sie ›die Jungen zähmen‹! ›Armreifen‹, ›Nadeln‹, ›weiße Drehkreisel‹! Und damit nicht genug – irgendwelche ›Krebsaugen‹ fördern die zutage, ›Hexenrasseln‹, ›donnernde Servietten‹, der Teufel soll das alles holen!« Er unterbrach sich erneut, kehrte zurück zum Sessel, begann, als er wieder Platz genommen hatte, abermals das Spiel mit den Fingern und fragte höflich: »Was halten Sie davon, Richard?«

Nunnan zog sein Taschentuch heraus und wischte sich Hals und Nacken. »Ich weiß nicht …«, krächzte er fassungslos. »Entschuldigen Sie, Chef, aber im Augenblick bin ich … Lassen Sie mich das erst einmal verdauen … Barbridge! Der hat doch mit der *Zone* gar nichts mehr zu tun! Ich kenne jeden seiner Schritte! Er veranstaltet Saufgelage und Picknicks auf den Seen der Umgebung und macht gutes Geld damit, er hat es gar nicht nötig … Entschuldigen Sie, ich rede natürlich Unsinn, aber ich versichere Ihnen: Ich habe Barbridge, seit er aus dem Krankenhaus kam, nicht eine Sekunde aus den Augen verloren …«

»Ich will Sie nicht länger aufhalten«, sagte Herr Lämmchen. »Sie haben eine Woche Zeit, dann legen Sie mir Ihren Bericht vor. Ich will wissen, auf welchen Wegen die Materialien aus Ihrer *Zone* in Barbridges Hände gelangen … Und in die der anderen, versteht sich. Auf Wiedersehen!«

Nunnan erhob sich, nickte unsicher Herrn Lämmchens Profil zu und trippelte, während er sich noch immer den reichlich austretenden Schweiß vom Halse wischte, hinaus ins Vorzimmer. Der junge, dunkelhäutige Mann rauchte und starrte nachdenklich in die freiliegende Elektronik. Er sah flüchtig zu Nunnan, aber sein Blick war leer, nach innen gerichtet.

Richard Nunnan stülpte sich schlecht und recht seinen Hut auf den Kopf, klemmte den Mantel unter den Arm und ging. So was ist mir noch nie passiert, dachte er fast in Panik. Langnase Ben Halevi – das gibt es doch nicht! Sogar einen Spitznamen hat er sich schon zugelegt ... Aber wann? Ein Milchbart ist er, und noch ganz grün hinter den Ohren ... Nein, nein, da kann etwas nicht stimmen ... Und Aasgeier, dieser verdammte, beinlose Fettwanst! Wie hat er mich bloß hinters Licht geführt? Ich kam mir ja bei Lämmchen vor wie ein Gör mit nacktem Hintern ... Wie konnte das nur passieren, das darf doch nicht wahr sein! Wie damals in Singapur: die Fresse auf den Tisch und den Hinterkopf ein paarmal kräftig gegen die Wand ...

Er setzte sich in den Wagen und strich – auf der Suche nach dem Zündschlüssel – mehrmals über das Armaturenbrett. Er konnte keinen klaren Gedanken fassen. Von seinem Hut tropfte es ihm auf die Knie, er nahm ihn ab und schleuderte ihn auf den Rücksitz. Der Regen rann in Strömen über die Frontscheibe, und er hatte das Gefühl, dass ebendiese Tatsache ihn daran hinderte zu entscheiden, was jetzt weiter zu tun sei. Als er das begriff, schlug er sich mit der Faust kräftig gegen die kahle Stirn. Das half. Augenblicklich wurde ihm klar, dass es gar keinen Zündschlüssel gab, dass vielmehr ein »Androp« in seiner Jackentasche steckte. Ein ewiger Akkumulator. Den brauchte er nur herauszuholen und in die dafür bestimmte Öffnung zu stecken, um davonfahren zu können – möglichst weit weg von diesem Haus, wo sicher hinter einem der Fenster noch der alte Kohlkopf stand und ihn beobachtete ...

Nunnans Hand mit dem »Androp« stoppte auf halbem Wege in der Luft. Wie Schuppen fiel es ihm plötzlich von den

Augen. Natürlich! Jetzt wusste er, wen er sich als Ersten vorknöpfen musste. Mit ihm würde er beginnen, und wie er beginnen würde! Mit dem größten Vergnügen! Nunnan schaltete die Scheibenwischer ein und raste den Boulevard entlang. Er nahm so gut wie nichts und niemanden wahr, beruhigte sich aber zusehends. Was soll's, dann eben wie in Singapur … Schließlich war dort auch alles gutgegangen. Und was war das schon – einmal mit der Visage auf den Tisch! Es gab Schlimmeres. Zum Beispiel nicht mit der Visage auf den Tisch, sondern gegen etwas mit Nägeln … Herrgott, wie einfach das alles gewesen wäre! Das ganze Pack hoppnehmen, an die fünfzehn Jahre einbuchten – oder gleich ausweisen, dahin, wo der Pfeffer wächst! In Russland hat man von Stalkern noch nie etwas gehört. Dort ist um die Zone herum alles leer, hundert Kilometer – keiner, der da nicht hingehörte, keine stinkenden Touristen, keine Barbridges, nichts. Man muss eben einfacher vorgehen, meine Herren, einfacher! Ohne jede Differenzierung. Wenn du in der *Zone* nichts verloren hast – ab mit dir auf Kilometer hunderteins … Doch bleiben wir bei der Sache … Wann kommt denn endlich meine Spaßbude … He, noch immer nichts zu sehen … Na endlich, da ist sie ja.

Es war eigentlich noch vor der Zeit, aber das Etablissement »Zu den fünf Minuten« strahlte schon im Lichterglanz – das reinste »Metropol«. Nunnan öffnete die Tür, schüttelte sich wie ein nasser Hund und betrat den hell erleuchteten Saal. Hier stank es nach Tabak, Parfüm und säuerlich abgestandenem Champagner. Der alte Benny, noch ohne Livree, saß gegenüber dem Eingang hinter der Theke und schlang, die Gabel in der Faust, sein Essen hinunter. Vor ihm saß, den gewaltigen Busen zwischen Batterien von leeren Gläsern, Madame und schaute ihm trübsinnig beim Essen zu. Im Saal herrschte noch die Unordnung vom Vortag. Als Nunnan eintrat, wandte Madame ihm das breite, stark geschminkte Gesicht zu – zuerst lag Unwillen darauf, dann verzog es sich sogleich zu einem professionellen Lächeln.

»Oho«, rief sie mit ihrem kräftigen Bass. »Mister Nunnan persönlich! Sie haben wohl Sehnsucht nach den Mädchen?«

Benny fraß ungestört weiter – er war stocktaub.

»Hallo, Süße!«, erwiderte Nunnan und trat näher. »Was soll ich mit den Mädchen, wo doch ein richtiges Weib vor mir steht?«

Nun hatte auch Benny ihn bemerkt. Seine grauenerregende Fratze, die mit blauen und roten Narben übersät war, verzog sich mühevoll zu einem Lächeln.

»Guten Tag, Chef!«, krächzte er. »Sie treibt wohl der Regen her?«

Nunnan lächelte und winkte ihm kurz zu. Er unterhielt sich nur ungern mit Benny: Bei ihm musste man ununterbrochen schreien.

»Wo steckt denn mein Verwalter, Kinder?«, fragte er.

»In seinem Zimmer«, antwortete Madame. »Morgen ist Steuerzahlung.«

»Ach ja, die Steuern«, seufzte Nunnan. »Aber was hilft's? Mixen Sie mir meinen Drink, Madame, ich bin gleich wieder da.«

Lautlos ging er über den dicken synthetischen Läufer den Korridor entlang, vorbei an den Nischen, die mit Portieren zugezogen waren und auf deren Seitenwänden jeweils eine Blumenabbildung prangte. Dann bog er in einen kleinen, unauffälligen Nebengang und öffnete ohne anzuklopfen die lederverkleidete Tür.

Katjuscha die Knochenfaust thronte hinter dem Tisch und betrachtete in einem Taschenspiegel den fürchterlichen Bluterguss auf seiner Nase. Er scherte sich den Teufel darum, dass morgen die Steuern fällig waren. Auf dem absolut leeren Tisch stand ein Näpfchen mit Zinksalbe und ein Glas mit einer durchsichtigen Flüssigkeit. Als Knochenfaust Nunnan erblickte, sprang er hastig auf und warf dabei den Spiegel hinunter. Ohne ein Wort zu sagen, ließ sich sein Chef in einen Sessel fallen, musterte ihn eine Zeit lang schweigend und hörte zu, wie er undeutlich etwas von verdammtem Regen und Rheumatismus murmelte. Schließlich sagte er: »So, mein Lieber, und jetzt schließ mal schön die Tür ab.«

Knochenfaust polterte auf seinen riesigen Plattfüßen zur Tür, drehte den Schlüssel herum und ging zum Tisch zurück. Vor Nunnan nahm er sich wie ein behaarter Berg aus; ergeben starrte er aus seinen blutunterlaufenen Augen auf den Mund seines Chefs. Nunnan musterte ihn noch immer unter den halb geschlossenen Lidern hervor. Aus irgendeinem Grund fiel ihm plötzlich ein, dass Katjuscha die Knochenfaust eigentlich Rafael hieß. Den Spitznamen Knochenfaust hatte er seinen wuchtigen, knochigen Fäusten zu verdanken. Sie waren bläulich rot, kahl und ragten aus der dichten Behaarung seiner Arme hervor wie aus zwei Manschetten. Den Beinamen Katjuscha aber hatte er sich selbst gegeben, felsenfest überzeugt, dies sei der traditionelle Name aller berühmten Mongolenherrscher. Also schön, Rafael, dann wollen wir mal.

»Wie geht's?«, erkundigte sich Nunnan honigsüß.

»Alles in bester Ordnung, Boss«, antwortete Rafael Knochenfaust hastig.

»Hast du den Skandal in der Kommandantur beigelegt?«

»Hundertfünfzig hab ich springenlassen, das hat sie besänftigt.«

»Die gehen aber auf dein Konto«, sagte Nunnan. »Ist allein deine Schuld, mein Lieber, hättest besser aufpassen müssen.«

Knochenfaust machte ein unglückliches Gesicht und hob ergeben seine Pranken.

»Das Parkett im Saal müsste neu verlegt werden«, sagte Nunnan.

»Wird erledigt.«

Nunnan schwieg und stülpte die Lippen vor. »Gibt es was an Beute?«, fragte er gedämpft.

»Ein paar Kleinigkeiten«, antwortete Knochenfaust, gleichfalls mit gedämpfter Stimme.

»Zeig her.«

Knochenfaust stürzte zum Safe, entnahm ihm ein Päckchen, legte es vor Nunnan auf den Tisch und öffnete es. Nunnan stocherte mit einem Finger zwischen ein paar »schwarzen Spritzern« herum, griff sich ein »Armband«, betrachtete es von allen Seiten und legte es dann wieder zurück.

»Ist das alles?«, fragte er.

»Mehr bringen sie nicht«, sagte Knochenfaust schuldbewusst.

»Soso, sie bringen nicht mehr …«, wiederholte Nunnan.

Gezielt und mit voller Wucht stieß er seine Schuhspitze gegen das Schienbein des andern. Knochenfaust jaulte auf und wollte sich schon bücken, um das Bein zu umklammern, doch er richtete sich wieder auf und zwang sich, die Hände an die Hosennaht zu legen. Nunnan sprang hoch, dass der Sessel umfiel, packte Knochenfaust am Hemdkragen und bearbeitete ihn mit den Füßen. Dabei rollte er wild mit den Augen und stieß leise Beschimpfungen aus. Knochenfaust schrie vor Schmerz, verrenkte seinen Kopf wie ein scheu gewordenes Pferd, versuchte nach hinten auszuweichen und krachte, als das nicht mehr ging, aufs Sofa.

»Arbeitest du für zwei Seiten, du Schuft?«, zischte Nunnan und stierte ihm in die vor Schreck weit aufgerissenen Augen. »Aasgeier schwimmt in Beute, und du hast mir nichts anderes zu bieten als die paar lumpigen Dinger da?!« Er holte aus und versetzte Knochenfaust einen harten Schlag ins Gesicht – direkt auf seine schmerzende, ramponierte Nase. »Im Knast verfaulen lass ich dich!«, brüllte er. »In der Jauche kannst du hausen und trocken Brot fressen! Wirst den Tag noch verfluchen, an dem du auf die Welt gekommen bist!« Mit voller Wucht schlug er noch einmal mit der Faust auf Katjuschas Nase. »Wo hat Barbridge die Beute her? Wieso bringen sie ihm welche und dir nicht? Und wer bringt sie? Wieso weiß ich nichts von alledem? Für wen arbeitest du, du behaartes Schwein, los, sag's!«

Knochenfaust klappte lautlos den Mund auf und zu. Nunnan ließ ihn los, ging zurück zum Sessel und legte die Beine auf den Tisch.

»Na, wird's bald?«, fragte er.

Knochenfaust zog glucksend das Blut durch die Nase und sagte: »Bei Gott, Boss … Was reden Sie denn da? Was soll der Aasgeier schon für Beute haben? Nicht die Bohne hat er. Heutzutage hat niemand mehr Beute …«

»Willst du etwa mit mir streiten?«, fragte Nunnan zuckersüß und nahm die Beine vom Tisch.

»Aber nein, Boss, nein, Gott bewahre … Eher würde ich im Boden versinken, als mit Ihnen zu streiten! Nicht im Traum würde mir das einfallen …«

»Ich werde dich feuern«, sagte Nunnan finster. »Du bist zu nichts nütze. Möchte mal wissen, welcher Teufel dich mir ins Haus geschickt hat. Solche wie dich finde ich dutzendweise, für ein Butterbrot! Aber ich brauche hier jemanden, der was auf dem Kasten hat.«

»Augenblick, Boss«, sagte Knochenfaust, der krampfhaft zu überlegen schien und sich dabei das Blut im Gesicht breitwischte. »Weshalb denn so überstürzt? Lassen Sie uns die Sache doch erst mal besprechen …« Er strich mit der Fingerspitze vorsichtig über seine Nase. »Sie sagen, Barbridge hätte jede Menge Beute? Davon weiß ich nichts. Sie müssen entschuldigen, aber da hat Ihnen jemand was vorgelogen. Niemand hat heutzutage Beute. Bloß Grünschnäbel gehen noch in die *Zone*, und die kommen nicht wieder. Nein, Boss, da hat Ihnen jemand was vorgelogen …«

Nunnan beobachtete Knochenfaust von der Seite. Es schien, als wisse er tatsächlich nichts. Außerdem wäre ein doppeltes Spiel für ihn wenig verlockend – bei Aasgeier konnte er nicht reich werden.

»Diese Picknicks«, fragte Nunnan, »bringen die eigentlich viel Geld?«

»Die Picknicks? Nicht übermäßig. Groß Geld verdienen kann niemand damit. Aber womit kann man das schon noch, hier und in diesen Zeiten.«

»Wo finden die Picknicks statt?«

»Wo? Na, an ganz unterschiedlichen Orten. Am Weißen Berg, an den Heißen Quellen, an den Regenbogenseen ...«

»Und wer beteiligt sich daran?«

»Wer?« Knochenfaust zog geräuschvoll die Nase hoch, zwinkerte Nunnan vertraulich zu und sagte: »Wenn Sie da etwa selbst einsteigen wollen, Boss, ich würde Ihnen abraten. Gegen Aasgeier haben wir keine Chance.«

»Wieso nicht?«

»Aasgeier hat seine feste Kundschaft: zum einen die Blauhelme«, Knochenfaust nahm die Finger zu Hilfe, »zum anderen die Offiziere aus der Kommandantur, dann die Touristen aus dem ›Metropol‹, aus der ›Weißen Lilie‹, aus dem ›Außerirdischen‹ ... Außerdem funktioniert seine Werbung sehr gut, sogar das hiesige Jungvolk nimmt an den Ausflügen teil. Also wirklich, Boss, es bringt nichts, sich da reinzuhängen. Er bezahlt unsere Mädchen – nicht eben üppig, aber immerhin ...«

»Die Einheimischen machen auch mit?«

»Größtenteils junge Leute.«

»Und wie laufen diese Picknicks ab?«

»Wie die ablaufen? Na, ganz einfach: Man fährt mit Bussen hin, und dort sind schon kleine Zelte aufgestellt, ein Büfett gibt's, Musik spielt ... Dann vergnügt sich jeder, wie es ihm gefällt. Die Offiziere halten sich in erster Linie an die Mädchen, während die Touristen nichts anderes im Kopf haben, als wenigstens von Weitem einen Blick auf die *Zone* zu werfen. Besonders von den Heißen Quellen aus, wo es nicht weit ist bis zur *Zone,* sie geht ja gleich hinter der Schwefelschlucht los … Aasgeier hat ihnen da ein paar Pferdeknochen hingelegt, die schauen sie sich dann mit dem Feldstecher an …«

»Und die Einheimischen?«

»Die Einheimischen? Die interessiert das natürlich wenig, die suchen Zerstreuung, jeder auf seine Weise.«

»Und Barbridge?«

»Was soll mit Barbridge sein? Der macht dasselbe wie die andern auch.«

»Und du?«

»Ich? Mal dies, mal das. Ich passe auf, dass sie die Mädchen nicht schlecht behandeln, und sonst … Na ja, ich mache eben dasselbe wie die anderen …«

»Wie lange dauert so ein Picknick im Allgemeinen?«

»Je nachdem. Mal drei Tage, mal eine Woche.«

»Und der Preis?«, fragte Nunnan, während er an etwas ganz anderes dachte. Knochenfaust antwortete ihm, doch Nunnan hörte es nicht. Da haben wir das Loch, dachte er. Einige Tage, das bedeutet auch: einige Nächte. Unter diesen Umständen ist es einfach unmöglich, Barbridge im Auge zu behalten, selbst wenn man es darauf anlegt und sich nicht mit den Mädchen amüsiert und Bier schluckt wie mein Mongolenherrscher. Trotzdem bleibt das Ganze unverständlich. Schließlich hat er keine Beine mehr, und dann ist auch noch die Schlucht dazwischen … Irgendetwas stimmt hier nicht …

»Wer von den Einheimischen fährt regelmäßig mit?«

»Von den Einheimischen? Ich sagte doch, hauptsächlich junge Leute. Dieser Halevi zum Beispiel, dann Wutkopf … Küken Greifzu … dann dieser Zmyg … nun ja, auch der Malteser hin und wieder. Die ganze Truppe eben. Sie nennen das die ›Sonntagsschule‹. ›Na, was ist‹, sagen sie immer, ›wollen wir wieder mal in die Sonntagsschule?‹ Und mit den älteren Touristinnen machen sie, nebenbei gesagt, gar kein schlechtes Geschäft. Ist immer mal eine Alte aus Europa dabei, die …«

»›Sonntagsschule‹«, wiederholte Nunnan abwesend. Ein seltsamer Gedanke war ihm plötzlich gekommen. Schule … Er erhob sich.

»Na schön«, sagte er. »Zum Teufel mit den Picknicks, die interessieren uns nicht. Aber dass du dir eins hinter die Ohren schreibst: Aasgeier hat Beute, mein Lieber, und das geht uns etwas an! Das können wir nicht auf sich beruhen lassen. Also such, Knochenfaust, such, oder ich jage dich zum Teufel. Ich will wissen, woher er das Zeug nimmt und wer es ihm beschafft. Finde es heraus, und dann biete zwanzig Prozent mehr als Barbridge. Hast du mich verstanden?«

»Verstanden, Boss.« Knochenfaust war nun ebenfalls aufgestanden und hielt die Hände steif an der Hosennaht; auf seiner blutverschmierten Visage lag ein Ausdruck von tiefer Ergebenheit.

Dann brüllte Nunnan plötzlich: »Und hör auf, mir die Mädchen zu verderben, du Vieh!«, und verließ das Zimmer.

Zurück in der Halle, kippte er gleich an der Theke seinen Aperitif, plauderte mit Madame über den Verfall der Sitten und deutete an, dass er die Absicht hege, das Etablissement zu vergrößern. Und dann, im Flüsterton, beriet er sich mit ihr, wie mit dem alten Benny zu verfahren sei – er wurde alt, der Gute, hörte nichts mehr, und auch mit seinem Reaktionsvermögen stand es nicht mehr zum Besten … Es ging bereits auf sechs, Nunnan hatte Hunger, aber in seinem Kopf kreiste noch immer dieser Gedanke, der ihm vorhin so unverhofft gekommen war. Er wollte eigentlich gar nicht recht ins Bild passen und erklärte doch so manches. Überhaupt sah er die Dinge jetzt klarer. Der unheimliche, angstmachende Beigeschmack von Mystik hatte sich verflüchtigt – was blieb, war der Verdruss, dass er nicht schon früher an diese Möglichkeit gedacht hatte. Doch nicht das war jetzt entscheidend. Entscheidend war der Gedanke, der in einem fort in seinem Kopf kreiste und ihn nicht zur Ruhe kommen ließ.

Nachdem er sich von Madame verabschiedet und Benny die Hand gedrückt hatte, fuhr Nunnan zum »Borsch«. Das ganze Unglück ist, dachte er, dass wir nicht bemerken, wie die Jahre vergehen. Auf die Jahre könnten wir ja noch pfeifen; schlimmer ist, dass wir nicht mitkriegen, wie sich alles um uns herum verändert. Wir wissen zwar, dass alles in Bewegung ist, schon in der Schule lehrt man uns das, wir sehen es auch mit den eigenen Augen, und doch sind wir nicht imstande, den Augenblick zu erkennen, in dem diese Veränderung vor sich geht. Oder aber wir suchen die Veränderung nicht dort, wo sie passiert. Nun ist also eine neue Generation von Stalkern herangewachsen, die sich die Kybernetik zu eigen gemacht hat. War der Stalker von einst ein dreckverschmierter, finster dreinblickender Geselle, der mit tierischer Verbissenheit Millimeter um Millimeter auf dem Bauch durch die *Zone* rutschte, um Geld zu scheffeln, so ist er heute ein eitler Stenz mit weißem Hemd und Krawatte – ein Ingenieur, der irgendwo einen Kilometer vor der *Zone* an einem Steuerpult sitzt, mit der Zigarette im Mundwinkel und einem Glas Tonic vor sich. Ein Gentleman mit festem Gehalt. Ein Bild, das logisch erscheint. So logisch, dass einem sonstige Varianten gar nicht erst in den Sinn kommen. Dabei gibt es diese Varianten sehr wohl, man denke nur an diese »Sonntagsschulen«.

Unvermittelt, geradezu aus dem Nichts, fühlte Nunnan Verzweiflung in sich hochsteigen. Es war ja doch alles umsonst. Umsonst und vergebens. Großer Gott, dachte er entsetzt, wir erreichen so gut wie gar nichts! Wir können die Entwicklung nicht aufhalten, keine Macht der Welt kann die

Milch am Überkochen hindern! Und das nicht etwa, weil wir schlecht arbeiten, auch nicht, weil die anderen schlauer und raffinierter sind als wir. Es liegt einfach daran, wie unsere Welt beschaffen ist. Und daran, dass der Mensch so ist, wie er ist – und nicht anders. Wäre der *Besuch* nicht gewesen, wäre eben etwas anderes passiert. Das Schwein findet immer zum Dreck …

Das »Borsch« hatte sich ebenfalls sehr verändert. Es war jetzt hell erleuchtet, und überall roch es appetitlich. Aus der heruntergekommenen Kneipe mit Saufgelagen und Prügeleien war eine solide Gastwirtschaft geworden. Guttalin ließ sich hier nicht blicken – es war nicht mehr das Richtige für ihn. Auch Roderic Schuchart hatte seine sommersprossige Nase nur einmal kurz hereingesteckt und dann auf schnellstem Wege kehrtgemacht. Ernest saß noch immer im Gefängnis, die Geschäfte führte jetzt seine Frau, und sie hatte es zu etwas gebracht: gut situierte Stammkundschaft, fast alles Mitarbeiter des Instituts, und sogar die höheren Offiziere nahmen hier ihre Mahlzeiten ein. Es gab gemütliche Nischen, das Essen schmeckte und war preiswert, das Bier immer frisch. Ein vortreffliches Speiselokal.

In einer der Nischen entdeckte Nunnan Valentin Pillman. Der Gelehrte und Nobelpreisträger saß bei einer Tasse Kaffee und las in einer Zeitschrift, die in der Mitte umgeschlagen war. Nunnan trat näher.

»Gestatten Sie?«, fragte er.

Valentin sah ihn durch seine dunklen Brillengläser an. »Ach, Sie sind es«, sagte er. »Aber bitte.«

»Einen Augenblick«, erklärte Nunnan, dem plötzlich Knochenfausts zerschlagene Nase eingefallen war. »Ich wasche mir noch schnell die Hände.«

Nunnan war hier bekannt. Als er wiederkam und Pillman gegenüber Platz nahm, standen bereits eine kleine Pfanne mit dampfenden Steaks sowie ein großer Krug Bier auf dem

Tisch – nicht zu warm und nicht zu kalt, ganz so, wie er es mochte. Pillman legte die Zeitschrift beiseite und nippte an seinem Kaffee.

»Hören Sie, Valentin«, sagte Nunnan und säbelte ein Stück Fleisch ab. »Was meinen Sie, wie das Ganze einmal enden wird?«

»Wovon sprechen Sie?«

»Na, vom *Besuch*, der *Zone*, den Stalkern, dieser ganzen Kriegsindustrie und so weiter … wie das ausgeht … Mich würde Ihre Ansicht interessieren.«

Valentin musterte ihn lange durch die undurchdringlich dunklen Brillengläser. Dann steckte er sich eine Zigarette an und sagte: »Für wen, ist hier die Frage. Da müssten Sie sich schon ein bisschen konkreter ausdrücken.«

»Nun, sagen wir für die Menschheit.«

»Das hängt davon ab, ob wir Glück haben oder nicht«, erklärte Valentin. »Wir wissen jetzt, dass der *Besuch* für die Menschheit so gut wie ohne Folgen verlaufen ist. Wenn wir uns aber weiterhin blindlings Kastanien aus dem Feuer herausgreifen, kann es durchaus sein, dass wir eines Tages Dinge zutage fördern, die das Leben auf dem ganzen Planeten unmöglich machen. In diesem Fall hätten wir Pech gehabt. Aber Sie müssen zugeben, dass eine solche Gefahr der Menschheit seit eh und je droht.« Er fächelte mit der Hand den Zigarettenrauch beiseite und fuhr lächelnd fort: »Sehen Sie, ich habe es mir schon längst abgewöhnt, die Menschheit als Ganzes in meine Überlegungen einzubeziehen. Die Menschheit ist ein sehr stabiles System, das zerstört man nicht so einfach.«

»Ist das Ihr Ernst?«, fragte Nunnan mit Enttäuschung in der Stimme. »Nun ja, vielleicht haben Sie Recht …«

»Antworten Sie mir jetzt mal ganz ehrlich, Richard.« Valentin war merklich in Fahrt gekommen. »Was hat sich für Sie, einen Geschäftsmann, durch den *Besuch* geändert? Sie haben erfahren, dass es im Universum außer uns Menschen zumindest noch eine vernunftbegabte Zivilisation gibt. Nun, und was ergibt sich daraus für Sie?«

»Tja, wie soll ich sagen ...«, stammelte Nunnan. Er bedauerte bereits, das Gespräch auf dieses Thema gebracht zu haben. Hier gab es nichts zu bereden. »Was sich für mich daraus ergibt? Na ja, ich habe zum Beispiel schon seit Jahren so ein ungutes Gefühl ... Sicher, sie sind gekommen und gleich wieder gegangen. Wenn es ihnen nun aber in den Sinn kommt, erneut aufzutauchen und dann womöglich zu bleiben? Für mich als Geschäftsmann, müssen Sie wissen, ist das kein besonders erfreulicher Gedanke. Wer sind sie, wie leben sie, was brauchen sie? ... Das mindeste, worüber ich mir den Kopf zerbrechen müsste, wäre: Wie muss ich meine Produktion umstellen? Ich muss vorbereitet sein. Und wenn ich nun überflüssig bin in ihrem System?« Nunnan lebte auf. »Und wenn wir alle überflüssig sind? Hören Sie, Valentin, da wir nun schon einmal dabei sind – gibt es irgendwelche Antworten auf diese Fragen? Wer sind sie, was wollten sie hier, werden sie wiederkommen?«

»Ja, die gibt es«, erwiderte Pillman mit spöttischem Lächeln. »Sogar viele. Suchen Sie sich eine beliebige aus.«

»Welcher Meinung sind Sie denn?«

»Wenn ich ehrlich sein soll, habe ich mir bisher noch nie den Luxus geleistet, ernsthaft darüber nachzudenken. Für mich ist der *Besuch* in erster Linie ein einmaliges Ereignis, das es uns ermöglicht, im Erkenntnisprozess gleich mehrere Stufen auf einmal zu nehmen. So etwas wie eine Reise in die Zukunft der Technologie ... Wie wenn ein moderner Quantengenerator in das Laboratorium von Isaac Newton geriete ...«

»Newton hätte doch wohl nicht das Geringste begriffen.«

»Das glauben Sie! Newton war ein äußerst scharfsinniger Mann.«

»Ja? Na schön, Gott mit ihm. Dennoch: Wie bewerten Sie persönlich den *Besuch*? Auch wenn es keine allzu ernsthaften Überlegungen sind …«

»Also gut, ich will es Ihnen sagen. Allerdings muss ich Sie warnen, Nunnan: Ihre Frage fällt bereits in den Bereich einer Pseudowissenschaft, der sogenannten Xenologie. Die Xenologie aber ist eine verquere Mischung aus Science Fiction und formaler Logik. Schon der methodische Ansatz beruht auf einem Fehler: der außerirdischen Vernunft eine menschliche Psychologie zu unterstellen.«

»Wieso ist das ein Fehler?«, fragte Nunnan.

»Weil man da zwei ganz verschiedene Dinge in einen Topf wirft. Die Biologen haben sich schon einmal die Finger daran verbrannt. Als sie nämlich versuchten, die Psychologie des Menschen auf Tiere zu übertragen. Auf irdische, wohlgemerkt.«

»Entschuldigen Sie«, sagte Nunnan, »aber das ist doch eine ganz andere Sache. Wir sprechen schließlich von der Psychologie *vernunftbegabter* Wesen …«

»Stimmt. Und es hätte alles seine Richtigkeit, wenn wir wüssten, was das eigentlich ist: Vernunft.«

»Wissen wir das denn nicht?«, fragte Nunnan verwundert.

»Stellen Sie sich vor – nein. Für gewöhnlich gehen wir von einer reichlich trivialen Definition aus: Vernunft ist eine Eigenschaft des Menschen, die seine Handlungsweise von der eines Tieres unterscheidet. Das ist so ein Versuch, den Herrn nicht mit dem Hund zu verwechseln, der scheinbar alles versteht, es nur nicht sagen kann. Doch ergeben sich aus dieser trivialen Definition auch komplexere. Sie beruhen auf traurigen Erfahrungen, was die Handlungsweise des Menschen angeht. Zum Beispiel: Vernunft ist die Fähigkeit eines Lebewesens zu unsinnigen oder unnatürlichen Handlungen.«

»Stimmt, das trifft auf uns zu«, bestätigte Nunnan.

»Ja, leider. Oder eine andere Definition, eine Hypothese: Vernunft ist ein komplizierter Instinkt, der noch nicht voll entwickelt ist. Das würde bedeuten, dass eine Instinkthandlung stets sinnvoll und natürlich ist. Eine Million Jahre werden vergehen, und der Instinkt wird so ausgebildet sein, dass wir keine Fehler mehr machen können – Fehler, die offensichtlich ein integraler Bestandteil der Vernunft sind. Wenn sich dann aber im Universum etwas verändert, werden wir aussterben, weil wir verlernt haben, Fehler zu machen – das heißt verschiedene, vom starren Programm nicht vorgesehene Varianten auszuprobieren.«

»Das Ganze hört sich so … so negativ und erniedrigend an.«

»Bitte sehr, dann noch eine andere Definition, eine hehre und moralische Deutung: Vernunft ist die Fähigkeit des Menschen, die Kräfte der ihn umgebenden Welt so zu nutzen, dass die Welt dadurch nicht zerstört wird.«

Nunnan zog die Brauen zusammen und schüttelte den Kopf. »Nein«, sagte er. »Diese Definition trifft nicht auf uns zu … Aber wie steht es eigentlich mit der Feststellung, dass der Mensch im Gegensatz zum Tier den unwiderstehlichen Drang nach Wissen besitzt? Das habe ich irgendwo mal gelesen.«

»Ich auch«, sagte Valentin. »Das Unglück ist nur, dass der Mensch, wenigstens der Durchschnittsmensch, allzu leicht seinen Drang nach Wissen überwindet. Meiner Meinung nach hat er diesen Drang überhaupt nicht. Es gibt einen Drang nach Verstehen, dazu aber bedarf es keines Wissens. Die Hypothese von Gott beispielsweise liefert die unvergleichliche Möglichkeit, absolut alles zu verstehen und dabei überhaupt nichts zu lernen … Geben Sie dem Menschen ein Weltsystem, das auf ein Mindestmaß vereinfacht ist, und werten Sie jedes beliebige Ereignis auf der Grundlage dieses vereinfachten Modells. Ein solches Herangehen erfordert keinerlei Wissen – nur ein paar angelernte Formeln plus die sogenannte

Intuition, die sogenannte schnelle Auffassungsgabe, der sogenannte gesunde Menschenverstand.«

»Moment mal«, sagte Nunnan. Er trank sein Bier aus und stellte das leere Glas zurück auf den Tisch. »Lenken Sie nicht ab, antworten Sie mir. Nehmen wir an, der Mensch ist mit einem außerirdischen Wesen zusammengetroffen – wie merken nun beide, dass sie vernunftbegabt sind?«

»Ich habe nicht die geringste Ahnung«, erwiderte Valentin belustigt. »Alles, was ich in diesem Zusammenhang gelesen habe, führt zu dem besagten Fehlschluss. Wenn die Fremden zu einer Kontaktaufnahme fähig sind, bedeutet das, sie sind vernunftbegabt. Und umgekehrt: Sind sie vernunftbegabt, können sie auch Kontakt aufnehmen. Oder überhaupt: Hat das außerirdische Wesen die Ehre, über die Psychologie des Menschen zu verfügen, ist es vernunftbegabt. So geht das, Richard. Haben Sie Vonnegut gelesen?«

»Sieh einer an«, sagte Nunnan. »Und ich dachte, das läge schon alles fertig in Ihren Schubfächern ...«

»In Schubfächer einsortieren kann auch ein Affe«, erwiderte Valentin.

»Moment mal«, sagte Nunnan. Er fühlte sich irgendwie betrogen. »Wenn Sie selbst so einfache Dinge nicht wissen ... Aber was soll's, zum Kuckuck mit der Vernunft, wenn sich daran sogar der Teufel die Zähne ausbeißt. Noch einmal zurück zum *Besuch*: Was halten Sie davon?«

»Also gut«, erwiderte Pillman. »Stellen Sie sich ein Picknick vor ...«

Nunnan zuckte zusammen. »Was sagten Sie?«

»Ein Picknick. Stellen Sie sich einen Wald vor, einen kleinen Weg, eine Wiese. Vom Weg biegt ein Auto zur Wiese ab, ein paar junge Burschen und Mädchen steigen aus, beladen mit Flaschen, Proviant, Kofferradios, Fotoapparaten ... Sie zünden ein Lagerfeuer an, bauen Zelte auf, spielen Musik. Am nächsten Morgen fahren sie wieder ab. Die Tiere, Vögel und Insekten, die voller Angst das nächtliche Treiben beobachteten, wagen sich wieder aus ihren Verstecken. Was aber entdecken sie? Auf der Wiese stehen Lachen von Kühlwasser und Benzin, kaputte Zündkerzen und ausgewechselte Ölfilter liegen herum. Alles Mögliche ist dort verstreut – durchgebrannte Glühbirnen, ein Zündschlüssel, den jemand verloren hat. Die Autoreifen haben Schlammreste hinterlassen, die aus irgendeinem Sumpfgebiet stammen. Nun ja, und dann natürlich die Überreste des Lagerfeuers und des Picknicks – abgeknabberte Äpfel, Bonbonpapier, Konservendosen, leere Flaschen, ein Taschentuch vielleicht und ein Federmesser, Fetzen von Zeitungspapier, Geldmünzen, verwelkte Blumen, die auf anderen Wiesen gepflückt wurden …«

»Ich verstehe«, sagte Nunnan. »Ein Picknick am Wegesrand gewissermaßen.«

»So ist es. Ein Picknick am Rande eines kosmischen Weges. Und Sie fragen mich, ob diese Fremden zurückkommen oder nicht.«

»Haben Sie mal eine Zigarette für mich?«, fragte Nunnan. »Der Teufel soll Ihre Pseudowissenschaft holen! Das hatte ich mir anders vorgestellt.«

»Das ist Ihr gutes Recht«, erwiderte Valentin.

»Sie sind also der Meinung, die Fremden hätten uns gar nicht bemerkt?«

»Wie kommen Sie darauf?«

»Oder hätten uns zumindest nicht beachtet?«

»Wissen Sie«, sagte Valentin, »ich an Ihrer Stelle würde das nicht so tragisch nehmen.«

Nunnan nahm einen tiefen Zug, musste husten und warf die Zigarette in den Aschenbecher. »Aber das ist unmöglich«, beharrte er. »Der Teufel soll euch Wissenschaftler holen! Woher nehmt ihr bloß diese Nichtachtung dem Menschen gegenüber? Wieso habt ihr nichts anderes im Sinn, als ihn zu demütigen.«

»Na, na«, sagte Valentin, »jetzt hören Sie mir mal zu. ›Sie fragen mich, was die Größe des Menschen ausmacht‹, zitierte er. ›Ist es der Umstand, dass er sich die Natur zu eigen gemacht hat? Dass er nahezu kosmische Kräfte in Bewegung gesetzt hat? Dass er in verschwindend kurzer Zeit seinen Heimatplaneten erobert und ein Fenster zum Universum aufgestoßen hat? Nein! Seine Größe liegt in der Tatsache, dass er bei alledem mit dem Leben davongekommen und gewillt ist, das auch weiterhin zu tun.‹«

Sie schwiegen. Nunnan dachte nach.

»Vielleicht haben Sie Recht«, sagte er unsicher. »Natürlich, wenn Sie's von dieser Warte aus betrachten …«

»Nehmen Sie's nicht weiter tragisch«, wiederholte Valentin freundlich. »Das mit dem Picknick ist ja nur eine Hypothese von mir. Ja, nicht einmal eine Hypothese, mehr ein Bild … Die sogenannten ernsthaften Xenologen versuchen natürlich, seriösere und für den Menschen schmeichelhaftere Bilder zu finden. Zum Beispiel behaupten sie, dass der *Besuch* noch gar nicht stattgefunden habe, sondern erst noch ausstehe. Eine uns unbekannte hochentwickelte Zivilisation habe Container mit Mustern ihrer materiellen Güter auf die Erde gesandt und erwarte nun, dass wir diese Muster studierten, einen technischen Sprung machten und in die Lage kämen, ihnen durch ein Antwortsignal unsere Bereitschaft zum Kontakt mitzuteilen. Nun, was halten Sie von dieser Theorie?«

»Das klingt schon besser«, sagte Nunnan. »Ich sehe, auch unter den Wissenschaftlern gibt es hin und wieder anständige Leute.«

»Oder eine andere Theorie: Der *Besuch* habe tatsächlich stattgefunden, sei aber noch nicht zu Ende. Wir befänden uns im Zustand der Kontaktaufnahme, ohne es selbst zu wissen. Die Gäste aus dem All hätten sich in den *Zonen* eingenistet und beobachteten uns sorgfältig, wobei sie uns gleichzeitig auf die ›grausamen Wunder der Zukunft‹ vorbereiteten.«

»Das leuchtet mir ein!«, sagte Nunnan. »Wenigstens wäre das eine Erklärung für das geheimnisvolle Treiben in den Ruinen der Fabrik. Während Ihr Picknick dieses Treiben ja nicht erklärt.«

»Warum nicht?«, entgegnete Valentin. »Es ist doch möglich, dass eins der jungen Mädchen ihren geliebten Aufziehbären auf der Wiese vergessen hat, oder nicht?«

»Ach, hören Sie doch auf«, sagte Nunnan heftig. »Ein schöner Aufziehbär – die Erde bebt! Oder ja, meinetwegen auch ein Aufziehbär … Trinken Sie ein Bier mit? Rosalie! He, Rosalie! Zwei Bier für die Herren Xenologen! … Trotzdem, es ist sehr angenehm, mit Ihnen zu plaudern«, fügte er hinzu. »So, als würden die Hirnzellen durchgespült, als bekäme man Englischsalz unter die Schädeldecke gestreut. Unsereins schuftet bloß in einer Tour, aber was uns in Zukunft bevorsteht, weshalb das alles, das weiß der liebe Gott …«

Das Bier wurde gebracht. Nunnan hob sein Glas sogleich an die Lippen, sah aber über den Schaum hinweg, dass Valentin das Bier mit einem Ausdruck von Zweifel und Ekel betrachtete.

»Was denn, schmeckt es Ihnen nicht?«, fragte er und leckte sich die Lippen.

»Ich trinke eigentlich nichts«, sagte Valentin unschlüssig.

»Na, so was!« Nunnan war verblüfft.

»Zum Teufel!«, sagte Pillman und schob entschlossen das Glas beiseite. »Es muss doch auf dieser Welt wenigstens einen Menschen geben, der nicht trinkt … Aber gut, wenn Sie unbedingt bestellen wollen, dann bitte einen Kognak für mich.«

»Rosalie!«, bellte Nunnan, der das sehr amüsant fand.

Als der Kognak gebracht wurde, griff er den Faden wieder auf: »Trotzdem, so geht es nicht. Ich spreche nicht bloß von Ihrem Picknick – das ist schon an sich eine Schweinerei. Nein, mir gefällt auch die Theorie, das alles sei die Ouvertüre zu einem Kontakt, in keiner Weise. Was die ›Armreifen‹, die ›Nullen‹ und so weiter angeht, kann ich es noch nachvollziehen – aber wozu die ›Hexensülze‹, die ›Fliegenklatsche‹ und dieser widerliche ›Flaum‹ …«

»Sie müssen entschuldigen«, sagte Pillman und fischte die Zitronenscheibe aus seinem Glas, »aber ich verstehe Ihre Terminologie nicht ganz. Was meinen Sie mit ›Fliegenklatsche‹?«

Nunnan lachte. »Das ist Folklore«, erklärte er. »Der Arbeitsjargon der Stalker. Die ›Fliegenklatsche‹ bezeichnet ein Gebiet mit außerordentlich starker Gravitation.«

»Ah, die Gravikonzentrate … die gezielte Gravitation. Tja, darüber würde ich mich schon gern mit Ihnen unterhalten, ich fürchte nur, Sie verstehen es nicht.«

»Wieso soll ich es nicht verstehen? Immerhin bin ich Ingenieur …«

»Weil ich es selber nicht verstehe«, erklärte Valentin. »Ich habe mir zwar ein gewisses Gleichungssystem erarbeitet, doch wie ich das anderen erklären soll, ist mir schleierhaft … Und als ›Hexensülze‹ bezeichnen Sie offenbar dieses Kolloidgas?«

»Ja. Haben Sie übrigens von dem Unglück im Carrigan-Laboratorium gehört?«

»Nur andeutungsweise«, antwortete Valentin zögernd.

»Diese Idioten haben einen Porzellanbehälter mit ›Sülze‹ in einer Spezialkammer deponiert, von der sie glaubten, sie wäre maximal abgesichert. Aber das war ein Trugschluss. Als sie den Behälter mittels Manipulatoren öffneten, drang das Zeug durch die Metall- und Kunststoffverkleidungen wie Wasser durch Löschpapier. Es brach sich Bahn und verwandelte alles, mit dem es in Berührung kam, ebenfalls in ›Sülze‹. Fünfunddreißig Tote, mehr als hundert Leute wurden zu Krüppeln, und das Gebäude ist völlig zerstört. Haben Sie dieses Labor einmal gesehen? Eine fantastische Einrichtung war das! Die ›Sülze‹ hat sich mittlerweile durch die unteren Etagen bis zum Keller hindurchgefressen ... Eine schöne Ouvertüre für einen Kontakt!«

Valentin machte eine finstere Miene.

»Ja, ich kenne die Geschichte«, sagte er. »Dennoch müssen Sie mir darin zustimmen, dass die Gäste aus dem All nichts damit zu tun haben. Woher hätten sie wissen sollen, dass es bei uns eine Waffenindustrie gibt?«

»Sie hätten es eben wissen *müssen*!«, erwiderte Nunnan störrisch.

»Darauf würden sie Ihnen sagen, dass es längst an der Zeit gewesen wäre, die Rüstungskonzerne abzuschaffen.«

»Auch wieder wahr«, stimmte Nunnan zu. »Sie hätten es auch selbst in Angriff nehmen können, wenn sie schon so mächtig sind.«

»Was denn, Sie sind für eine Einmischung der Außerirdischen in die inneren Angelegenheiten der Menschheit?«

»Hm ...« Nunnan überlegte. »Sie haben Recht. Aber wenn wir jetzt noch damit anfangen, verlieren wir uns ins Uferlose. Lassen wir das Thema, und kehren zum Ausgangspunkt unseres Gesprächs zurück: Wie wird das Ganze enden? Habt ihr Gelehrten zum Beispiel die Hoffnung, durch die *Zone* zu so fundamentalen Erkenntnissen zu kommen, dass sich dadurch die gesamte Wissenschaft, Technik und Lebensweise der Menschen verändert?«

Pillman trank aus und zuckte mit den Schultern.

»Da sind Sie bei mir an der falschen Adresse, Richard. Ich fantasiere nicht gern ins Blaue hinein – nicht wenn es sich um so ernste Dinge handelt. Da ziehe ich vorsichtige Skepsis vor. Denn was uns die *Zone* bisher geliefert hat, eröffnet zwar ein breites Spektrum an Möglichkeiten, etwas Definitives kann man aber noch nicht sagen.«

»Rosalie, noch einen Kognak!«, rief Nunnan. »Na schön, versuchen wir es andersherum. Was hat Ihnen die *Zone* denn bisher geliefert?«

»So seltsam das klingt – ziemlich wenig. Wir haben äußerst rätselhafte Phänomene entdeckt. In einigen Fällen haben wir gelernt, diese Phänomene für unsere Bedürfnisse zu nutzen. Mehr noch, wir haben uns bereits an sie gewöhnt … Drückt ein Affe den roten Knopf – bekommt er eine Banane, drückt er den weißen – eine Apfelsine. Wie er allerdings an Banane und Apfelsine herankommen soll, ohne die Knöpfe zu drücken, weiß er nicht. Er versteht auch die Beziehung zwischen den Knöpfen und dem Obst nicht. So geht es uns mit den ›Androps‹. Wir haben gelernt, sie für unsere Zwecke zu nutzen. Auch kennen wir die Bedingungen, unter denen sie sich durch Teilung vermehren, doch wir haben es bis heute nicht geschafft, auch nur ein einziges nachzubilden. Wir haben keine Ahnung, wie sie beschaffen sind, und werden, wie es scheint, auch nicht so bald dahinterkommen … Ich würde es so sagen: Es gibt Dinge, für die wir eine Verwendung gefunden haben, wir nutzen sie aber aller Wahrscheinlichkeit nicht so, wie sie die Gäste aus dem All nutzen. Ich bin sicher, dass wir in den allermeisten Fällen mit dem Mikroskop Nägel in die Wand schlagen … Trotzdem, dieses und jenes haben wir uns dienstbar gemacht: die ›Androps‹, die ›Armreifen‹, die die Lebensprozesse stimulieren, sowie verschiedene Typen quasibiologischer Materie, die einen gewaltigen Umschwung in der Medizin bewirkt haben. Wir haben neuartige Beruhigungsmittel in die Hand bekommen, Mineraldünger, die die Agronomie revolutionieren … Aber wozu zähle ich Ihnen das alles auf, Sie wissen das genauso gut wie ich, und einen ›Armreif‹ tragen Sie selbst, wie ich sehe … Wenn wir diese Gruppe von Gegenständen als nützlich bezeichnen, können wir feststellen, dass die Menschheit durch sie bereichert wurde. Freilich dürfen wir nie außer Acht lassen, dass in unserer euklidischen Welt alles zwei Seiten hat …«.

»Unerwünschte Anwendungsbereiche?«, fragte Nunnan.

»Genau. Wie zum Beispiel die Verwendung der ›Androps‹ in der Rüstungsindustrie … Aber mir geht es um etwas anderes: Die Wirkungsweise dieser nützlichen Phänomene und Gegenstände haben wir jetzt mehr oder weniger erforscht, wir können sie erklären. Es hapert zwar noch an der Technologie, aber in fünfzig Jahren werden wir gelernt haben, diese königlichen Siegel selber herzustellen, und dann werden wir damit nach Belieben Nüsse knacken. Komplizierter verhält es sich mit Dingen, für die wir noch keinerlei Anwendungsmöglichkeiten gefunden haben und deren Eigenschaften aus unserer Sicht absolut unerklärlich sind. Nehmen wir nur die verschiedenen Magnetfallen. Wir wissen sehr genau, was so eine Magnetfalle an sich darstellt – Kirill Panow hat es seinerzeit exakt beschrieben und nachgewiesen. Aber wir begreifen nicht, wo sich die Quelle für dieses immense Magnetfeld befindet, worauf seine Superstabilität beruht. Wir begreifen nicht das Geringste und können nur fantastische Hypothesen über die Eigenschaften des Raumes aufstellen, Hypothesen, auf die wir früher nie gekommen wären. Oder die K 23 … Wie bezeichnen Sie doch gleich jene hübschen schwarzen Kugeln, die auch als Schmuck verwendet werden?«

»Das sind die ›schwarzen Spritzer‹«, sagte Nunnan und nahm einen Schluck Bier.

»Ach ja, die ›schwarzen Spritzer‹, eine treffende Bezeichnung … Nun also, die Eigenschaften dieser Kugeln sind Ihnen genauso bekannt wie mir. Schickt man einen Lichtstrahl durch sie hindurch, so tritt das Licht mit einer gewissen Verzögerung aus. Diese Verzögerung aber ist abhängig vom Gewicht der Kugel, ihren Maßen und einigen anderen Parametern. Die Frequenz des austretenden Lichts ist stets geringer als die des eintretenden. Was hat das zu bedeuten, wo liegt die Ursache dafür? Es existiert die wahnwitzige Hypothese, die ›schwarzen Spritzer‹ seien hochkonzentrierte gigantische Räume, deren Eigenschaften von denen unseres Raums abwichen und unter seiner Einwirkung ihre ›eingerollte‹ Form annähmen …« Valentin holte eine Zigarette hervor und steckte sie an. »Kurzum: Diese Gegenstände sind für den Menschen gegenwärtig völlig nutzlos, auch wenn sie unter wissenschaftlichen Gesichtspunkten fundamentale Bedeutung haben. Es sind vom Himmel gefallene Antworten auf Fragen, die wir zu stellen überhaupt noch nicht imstande sind. Der erwähnte Sir Isaac hätte das Wesen des Lasers aller Wahrscheinlichkeit nach nicht erkannt, aber er hätte ganz sicher begriffen, dass ein derartiges Phänomen im Rahmen des Möglichen ist – und diese Tatsache allein hätte seine wissenschaftliche Weltsicht schon stark beeinflusst. Ich will mich nicht in Einzelheiten verlieren, doch die Existenz solcher Gegenstände wie die Magnetfallen, die K 23, die ›weißen Ringe‹ hat mit einem Schlag eine ganze Reihe von Theorien vernichtet und völlig neue Hypothesen ins Leben gerufen. Und schließlich gibt es noch eine dritte Gruppe …«

»Ja«, sagte Nunnan, »die ›Hexensülze‹ und ähnliches liebreizendes Zeug …«

»Nein, das meinte ich nicht. Was Sie anführen, ist durchaus der ersten beziehungsweise zweiten Gruppe zuzuordnen. Ich spreche von Dingen, die wir gar nicht oder nur vom Hörensagen kennen, und die wir noch nie in Händen hatten. Dinge, die Stalker vor unserer Nase herausgeschleppt, versteckt oder an Gott weiß wen verhökert haben. Dinge, über die sie schweigen. Legendäre und halblegendäre Dinge: die ›Wunschmaschine‹ zum Beispiel, der ›Vagabund Dick‹, die ›lustigen Gespenster‹ …«

»Augenblick«, fiel ihm Nunnan ins Wort. »Was soll das alles sein? Die ›Wunschmaschine‹ – das verstehe ich …«

Valentin lachte. »Sehen Sie, auch wir haben unseren Arbeitsjargon. Der ›Vagabund Dick‹ ist jener hypothetisch angenommene Aufziehbär, der in den Ruinen der Fabrik sein Unwesen treibt. Als ›lustige Gespenster‹ dagegen bezeichnen wir eine gefährliche Turbulenz, die hier und da in der *Zone* auftritt.«

»Davon höre ich zum ersten Mal.«

»So ist das eben, Nunnan«, erwiderte Pillman. »Das zweite Jahrzehnt wühlen wir nun schon in der *Zone* herum, kennen aber nicht den tausendsten Teil ihrer Geheimnisse. Nehmen wir nur einmal die Wirkung der *Zone* auf den Menschen: Da müssten wir nämlich eine weitere Klassifizierung einführen, eine vierte Gruppe. Diesmal nicht die der Gegenstände, sondern die der Wirkungen. Diese Gruppe ist aber praktisch noch unerforscht – und das, obwohl wir meiner Meinung nach inzwischen über mehr als genug Fakten verfügen. Manchmal, Richard, überläuft es mich eiskalt, wenn ich an diese Fakten denke.«

»Die auferstandenen Toten zum Beispiel …«, murmelte Nunnan.

»Was? Ach so … Nein, die meine ich nicht. Das ist eine rätselhafte Erscheinung, mehr nicht. Das ist – wie soll ich sagen – noch irgendwie greifbar. Aber wenn um eine Person herum aus heiterem Himmel Dinge geschehen, die weder physikalisch noch biologisch zu erklären sind, so …«

»Sie sprechen von den Emigranten?«

»Ja. Die mathematische Statistik, müssen Sie wissen, ist eine sehr exakte Wissenschaft, auch wenn es dabei um zufällige Größen geht. Außerdem ist sie eine beredte und sehr anschauliche Wissenschaft …«

Valentin war jetzt anscheinend ein bisschen angetrunken. Er sprach lauter, seine Wangen schimmerten rosig, und die Brauen über den dunklen Brillengläsern waren so weit nach oben gezogen, dass die Stirn aussah wie eine Ziehharmonika.

»Rosalie!«, schrie er plötzlich. »Mehr Kognak! Ein großes Glas!«

»Ich liebe Leute, die nicht trinken«, sagte Nunnan respektvoll.

»Lenken Sie nicht ab!«, sagte Pillman streng. »Hören Sie lieber zu, was ich Ihnen erzähle, es ist nämlich sehr merkwürdig.« Er führte das Glas zum Mund, trank es in einem Zug halb aus und fuhr fort: »Wir wissen nicht, was den Harmontern im Augenblick des *Besuchs* widerfahren ist. Einer von ihnen jedenfalls beschließt daraufhin zu emigrieren. Ein ganz gewöhnlicher Bürger. Friseur. Schon sein Vater war Friseur und auch der Großvater. Er siedelt, sagen wir, nach Detroit über. Eröffnet dort einen Friseursalon, plötzlich aber geht ein Hexenspuk los. Innerhalb eines Jahres sterben mehr als neunzig Prozent seiner Kunden: kommen bei Verkehrsunfällen um, stürzen aus dem Fenster, werden von Gangstern und Rowdys umgebracht, ertrinken an seichten Stellen und so weiter und so fort. Damit nicht genug: Die Zahl der Unfälle in Detroit schnellt in die Höhe. Zweimal häufiger als davor explodieren Tanksäulen. Dreieinhalbmal häufiger kommt es zu Bränden durch defekte Elektroleitungen. Aufs Dreifache steigt die Zahl der Verkehrsunfälle. Die Zahl der Todesopfer von Grippeepidemien verdoppelt sich. Damit nicht genug: Die Anzahl der Unwetterkatastrophen in Detroit und Umgebung steigt; plötzlich gibt es heftige Wirbelstürme und Taifune, wie man sie seit über zweihundert Jahren nicht mehr erlebt hat. Die Schleusen des Himmels tun sich auf, und der Ontariosee, der Michigansee oder wo immer Detroit liegt, tritt über die Ufer … Und von solchen Kataklysmen wird jede Stadt, jeder beliebige Ort heimgesucht, an dem sich ein Emigrant aus den *Besuchszonen* ansiedelt. Die Zahl der Kataklysmen wiederum verhält sich direkt proportional zur Zahl der Auswanderer in diesen Gebieten. Und noch etwas: Die eben beschriebene Wirkung geht nur von Leuten aus, die den *Besuch* selbst miterlebt haben. Personen, die danach geboren wurden, üben auf die Statistik der Unglücksfälle keinerlei Einfluss aus. Sie, Nunnan, leben zum Beispiel schon zehn Jahre hier in Harmont, aber Sie sind nach dem *Besuch* hierhergekommen, und man könnte Sie ohne Bedenken sogar im Vatikan ansiedeln. Wie ist das zu erklären? Was müsste man nun in Abrede stellen – die Statistik oder den gesunden Menschenverstand?« Valentin griff erneut zum Glas und trank es aus.

Richard Nunnan kratzte sich nachdenklich hinter dem Ohr. »Hm …« Er stockte. »Ich habe natürlich schon oft von diesen Dingen gehört, aber ehrlich gesagt, glaubte ich immer, das sei stark übertrieben … Man hätte nach einem Vorwand gesucht, um die Auswanderung zu verbieten.«

Valentin lachte bitter auf. »Ein schöner Vorwand! Wer soll denn solchen Unsinn glauben? Man hätte Epidemien erfinden können oder auf die Gefahr hinweisen, dass sich schädliche Gerüchte verbreiteten … oder sonst etwas.« Betrübt stützte er die Ellbogen auf den Tisch und das Gesicht auf die Hände.

»Sie haben mein Mitgefühl«, sagte Nunnan. »In der Tat, vom Standpunkt unserer allmächtigen positivistischen Wissenschaft aus …«

»Oder nehmen wir die mutagene Wirkung der *Zone*«, fiel ihm Valentin ins Wort. Er nahm die Brille ab und musterte Nunnan aus seinen dunklen, stark kurzsichtigen Augen. »Jeder, der eine gewisse Zeit mit der *Zone* in Kontakt war, ist Veränderungen unterworfen – sowohl in phänotypischer als auch in genotypischer Hinsicht. Sie wissen ja, wie sich das beispielsweise auf die Kinder von Stalkern auswirkt. Sie wissen auch, was den Stalkern selbst mitunter widerfährt. Weshalb? Wo liegt hier der mutagene Faktor? Es gibt in der *Zone* keinerlei Strahlung. Die chemische Zusammensetzung der Luft und des Bodens weist zwar eine gewisse Spezifik auf, doch stellt sie keinerlei mutagene Gefahr dar. Was also soll ich unter diesen Bedingungen tun – an Zauberei glauben oder an den bösen Blick? Hören Sie, Richard, trinken wir noch ein Glas. Irgendwie bin ich ganz außer Tritt gekommen, hol's der Teufel …«

Nunnan grinste, bestellte dem Nobelpreisträger noch einen Kognak und sich selbst ein Bier. Dann sagte er: »Also. Ich kann nachfühlen, wie Ihnen zumute ist. Aber wenn ich ehrlich sein soll – mir machen die auferstandenen Toten mehr Sorge als die Statistik. Zumal ich diese Statistiken bisher nie zu Gesicht bekommen habe, mir diese Toten mit ihrem scheußlichen Geruch aber schon zur Genüge über den Weg gelaufen sind.«

Valentin winkte ab. »Ach was, die Toten«, sagte er. »Sie sollten sich was schämen, Nunnan, Sie sind doch ein gebildeter Mann ... Verstehen Sie denn nicht: Vom Standpunkt der Fundamentalprinzipien aus sind Ihre Toten nicht erstaunlicher als die ewigen Akkumulatoren. Nur verstoßen Letztere gegen den ersten Hauptsatz der Thermodynamik und die Toten gegen den zweiten – das ist der einzige Unterschied. In gewisser Weise sind wir eben alle Höhlenmenschen geblieben, und es gibt nichts Grusligeres für uns als ein Gespenst oder einen Vampir. Dabei ist ein Verstoß gegen das Kausalitätsprinzip viel schlimmer als die Gespenster oder Ungeheuer eines Rubinstein – oder war es Wallenstein?«

»Frankenstein.«

»Ja, natürlich, Frankenstein. Madam Shelley, die Frau des Dichters, oder war es die Tochter?« Er lachte unvermittelt. »Ihre wandelnden Toten«, sagte er, »haben übrigens eine erstaunliche Eigenschaft: autonome Lebensfähigkeit. Man kann ihnen zum Beispiel ein Bein abtrennen, und das Bein geht weiter ... Nein, gehen tut es natürlich nicht, aber es lebt weiter. Separat für sich, ohne physiologische Versorgung ... Erst kürzlich haben sie einen Toten ins Institut gebracht und ihn präpariert ... Der Laborant von Boyd hat es mir erzählt. Haben ihm zu irgendeinem Zweck die rechte Hand abgetrennt, und am Morgen darauf kommt der Laborant, und die Hand zeigt einen ... Na ja, Sie wissen schon ...« Valentin lachte laut auf. »Und das bis heute! Mal öffnet sie die Finger, mal klappt sie sie zusammen. Was meinen Sie, was sie damit sagen will?«

»Ich denke, die Geste ist deutlich genug … Aber wäre es nicht langsam Zeit für uns aufzubrechen?« Nunnan sah auf die Uhr. »Ich habe heute noch etwas Wichtiges vor.«

»Einverstanden«, sagte Pillman und hatte Mühe, seine Brille richtig aufzusetzen. »Puh, Sie haben mich vielleicht abgefüllt, Richard.« Schließlich nahm er die Brille in beide Hände und setzte sie sich umständlich auf die Nase. »Sind Sie mit dem Wagen hier?«

»Ja, ich kann Sie mitnehmen.«

Sie zahlten und gingen zur Tür. Valentin hielt sich noch gerader als sonst und führte immer wieder schwungvoll zwei Finger an die Schläfe, um Laboranten zu grüßen, die voller Neugier und Erstaunen die Koryphäe der Weltphysik beobachteten. Am Ausgang aber, wo er sich von dem übers ganze Gesicht strahlenden Pförtner verabschieden wollte, hieb sich Pillman die Brille von der Nase. Woraufhin sich alle drei eifrig bückten, um diese wieder aufzuheben.

»Puh, Richard …«, brabbelte Valentin vor sich hin, als er in den Peugeot stieg. »Sie haben mich g-ganz sch-schön abgefüllt. Verdammt, das passt mir überhaupt nicht … Ich habe morgen ein Experiment. Sehr interessant, wissen Sie …« Dann begann er umständlich von dem bevorstehenden Experiment zu erzählen, wobei er immer wieder zu Witzen abschweifte und murmelte: »Abgefüllt … also wirklich! Gottverdammich …« Nunnan brachte ihn in die Institutssiedlung, lehnte aber seinen Vorschlag, noch etwas zu trinken (»Was denn zum Teufel für ein Experiment? Ach, das verschiebe ich!«), energisch ab und lieferte Pillman bei seiner Frau ab, die auf den Zustand ihres Gatten ebenso fröhlich wie verärgert reagierte.

»G-gäste?«, ließ sich Valentin lautstark vernehmen. »Wer? Ach, Professor Boyd? Hervorragend! Mit dem werde ich gleich etwas trinken. Aber keine Schnapsgläser – Wassergläser … Richard! Wo sind Sie, Richard?«

Aber Nunnan war schon auf der Treppe. Auch sie haben also Angst, überlegte Nunnan, als er wieder in den Peugeot stieg. Sie haben Angst, die Eierköpfe … Und so muss es sein – sie sollten sogar mehr Angst haben als wir einfachen Leute. Unsereins begreift nichts von alledem, sie aber haben zumindest eine Ahnung davon, wie wenig sie wissen. Sie starren in diesen bodenlosen Abgrund und verstehen, dass sie da hinunter müssen. Das Herz klopft ihnen bis zum Hals, aber hinunter müssen sie – egal, wie. Egal, was sie dort unten erwartet, und auch – was die Hauptsache ist – ob sie dort je wieder herauskommen … Während wir armen Sünder wegschauen können. Aber müssen sie denn wirklich da hinunter? Können sie die Dinge nicht einfach laufen lassen? Irgendwie würden wir die Sache doch auch so überstehen … Und Recht hat er: Die größte Heldentat der Menschheit besteht darin, dass sie überlebt hat und gewillt ist, das auch weiterhin zu tun … Aber euch soll der Teufel holen, wandte er sich in Gedanken an die Besucher aus dem All. Konntet ihr euer Picknick nicht woanders veranstalten? Auf dem Mond zum Beispiel, oder auf dem Mars? Ihr seid genauso ein dreckiges, gleichgültiges Lumpenpack wie alle anderen – auch wenn ihr wisst, wie man den Raum zusammenrollt … Ein Picknick habt ihr hier veranstaltet, man denke nur, ein Picknick …

Tja, und was mache ich jetzt mit meinen Picknicks?, dachte er, während er den Peugeot langsam durch die hell erleuchteten, regennassen Straßen steuerte. Wie kann ich die Sache wohl am geschicktesten deichseln? Am besten verfahre ich nach dem Prinzip der geringsten Einwirkung. Wie in der Mechanik. Ach, zum Teufel, was nützt mir mein Ingenieurdiplom, wenn mir nichts einfällt, wie ich diesen beinlosen Ganoven auf möglichst clevere Art und Weise ausschalten könnte …

Er hielt vor dem Haus, in dem Roderic Schuchart wohnte, blieb noch eine Weile im Wagen sitzen und ließ sich das bevorstehende Gespräch durch den Kopf gehen. Schließlich zog er den »Androp« ab, stieg aus und bemerkte erst jetzt, dass das Haus unbewohnt wirkte. Fast alle Fenster waren dunkel, der kleine Hof lag wie ausgestorben da, nicht einmal die Laternen brannten. Die unheimliche Atmosphäre erinnerte ihn daran, was er gleich zu sehen bekommen würde, und ein Schauer lief ihm über den Rücken … Er überlegte sogar, ob es nicht besser wäre, Roderic anzurufen und ihn zu sich hinunter in den Wagen oder in eine abgelegene Kneipe zu bestellen. Doch er verwarf den Gedanken wieder. Nein, dachte er bei sich, ich will es nicht so machen wie diese erbärmlichen Leute, die von hier geflüchtet sind wie Schaben, die man mit heißem Wasser übergossen hat.

Er betrat den Hausflur und stieg langsam die Treppe hinauf, die schon lange nicht mehr gefegt worden war. Ringsum war Stille, die davon zeugte, dass die meisten Wohnungen leer standen; viele Türen, an denen Nunnan vorbeiging, waren angelehnt oder standen sperrangelweit offen – aus den dunklen Korridoren roch es muffig nach Staub und Feuchtigkeit. Dann, an Roderics Wohnungstür angelangt, strich er sich das Haar hinter den Ohren glatt, atmete tief durch und drückte auf den Klingelknopf. Eine Zeit lang blieb es still hinter der Tür, plötzlich aber knarrten leise die Dielen. Das Schloss schnappte, und die Tür wurde vorsichtig geöffnet. Schritte hatte er nicht gehört.

Vor ihm stand das Äffchen, Roderics Tochter. Aus dem Korridor fiel grelles Licht ins Treppenhaus, so dass Nunnan zunächst nur die dunkle Silhouette des Mädchens sah. Wie groß sie in den letzten Monaten geworden ist, dachte er noch, doch da trat das Kind ein paar Schritte zurück in die Helligkeit, und er sah ihr Gesicht. Sofort war seine Kehle wie zugeschnürt.

»Guten Tag, Maria«, sagte er und gab sich Mühe, möglichst sanft zu sprechen. »Wie geht's dir denn, Äffchen?«

Sie gab keine Antwort. Schweigend und völlig lautlos ging sie rückwärts ins Wohnzimmer zurück und schaute ihn dabei von unten herauf an. Sie hatte ihn offenbar nicht erkannt. Doch wenn er ehrlich war, so war es ihm mit ihr nicht anders ergangen. Die *Zone*, dachte er, diese verdammte *Zone* …

»Wer ist da?«, fragte Gutta und steckte den Kopf zur Küchentür heraus. »Großer Gott, Sie sind's, Dick! Wo waren Sie denn so lange? Wissen Sie schon? Roderic ist wieder da!«

Sie ging ihm eilig entgegen, trocknete sich im Laufen die Finger am Handtuch ab, das sie über die Schulter geworfen hatte. Sie war noch genauso hübsch und energisch wie früher, wirkte aber ein wenig schmaler. Vor allem im Gesicht. Und ihre Augen hatten einen … hm, wie sollte man es ausdrücken … einen nahezu fiebrigen Glanz.

Er gab ihr einen Kuss auf die Wange, hielt ihr Hut und Mantel hin und sagte: »Das mit Roderic weiß ich, wollte schon längst vorbeikommen, habe aber einfach keine Zeit gefunden … Ist er zu Hause?«

»Ja«, sagte Gutta, »aber bei ihm ist so ein … Wahrscheinlich wird er bald gehen, er ist schon eine Weile hier. Kommen Sie, Dick …«

Nunnan folgte ihr einige Schritte durch den Korridor und blieb in der Tür zum Wohnzimmer stehen. Am Tisch saß allein, unbeweglich und leicht zur Seite geneigt, ein Greis. Der rosa Schein der Lampe fiel auf sein breites, dunkles Gesicht, das aus einem alten Knorren geschnitzt zu sein schien; er hatte einen eingefallenen, lippenlosen Mund und vollkommen starre, glanzlose Augen. Gleich darauf nahm Nunnan auch den Geruch wahr. Er wusste, dass hier die Einbildung ihr Spiel trieb, denn der Geruch trat nur in den ersten Tagen auf und verflüchtigte sich dann – nichtsdestotrotz roch er ihn, aus dem Gedächtnis sozusagen. Es war der stickige, schwere Geruch aufgewühlter Erde.

»Kommen Sie mit in die Küche«, sagte Gutta hastig. »Ich mache gerade Abendbrot, da können wir uns ein bisschen unterhalten.«

»Aber natürlich«, erwiderte Nunnan forsch. »Wir haben uns ja schon eine Ewigkeit nicht mehr gesehen. Ich hoffe, Sie haben in der Zwischenzeit nicht vergessen, dass ich vor dem Essen gern ein Gläschen trinke …«

Gutta öffnete sogleich den Kühlschrank; Nunnan nahm am Tisch Platz und schaute sich um. Wie immer war es aufgeräumt und blitzsauber, über den Töpfen auf dem Herd stieg Dampf auf. Der Herd war übrigens neu, Halbautomatik; es war also Geld im Haus.

»Wie geht es ihm?«, fragte Nunnan.

»Wie immer«, antwortete Gutta. »Ein bisschen dünn ist er im Gefängnis geworden, hat aber schon wieder etwas zugelegt.«

»Ganz der alte Rotfuchs?«

»Keine Frage!«

»Und genauso grimmig?«

»Aber natürlich!« Gutta lachte. »So bleibt er wohl bis an sein Lebensende.«

Gutta stellte ihm ein Glas Bloody Mary hin – über der Schicht Tomatensaft stand eine durchsichtige Schicht Wodka.

»Zu viel?«, fragte sie.

»Gerade richtig.« Nunnan trank das Glas in einem Zug aus. Das tat gut! Ihm fiel ein, dass das im Grunde der erste anständige Schluck für heute gewesen war. »Das ist wenigstens was Ordentliches«, sagte er.

»Ist bei Ihnen alles im Lot?«, erkundigte sich Gutta. »Weshalb sind Sie so lange nicht vorbeigekommen?«

»Die verdammten Geschäfte«, erwiderte Nunnan. »Woche für Woche habe ich mir vorgenommen, vorbeizuschauen oder wenigstens anzurufen. Aber zuerst musste ich nach Rexopol fahren, dann gab es Ärger. Schließlich hörte ich, Roderic sei aus dem Gefängnis entlassen, und dachte mir, ich störe bloß … Und vor lauter Arbeit weiß ich gar nicht, wo mir der Kopf steht. Manchmal, Gutta, frage ich mich: Wozu rackern wir uns so ab? Um Geld zu verdienen? Aber was soll das Geld, wenn wir uns doch nur abschinden?«

Gutta hantierte mit den Töpfen, dann holte sie eine Schachtel Zigaretten vom Regal und nahm ihm gegenüber am Tisch Platz. Sie hielt ihre Lider gesenkt. Nunnan gab ihr schnell Feuer. Und wieder, zum zweiten Mal, seit er Gutta kannte, sah er, dass ihre Finger zitterten – wie damals, als man Roderic gerade verurteilt hatte und er, Nunnan, zu ihr gekommen war, um ihr Geld zu bringen. In der ersten Zeit hatte sie so gut wie nichts gehabt, und nicht ein Einziger von diesen Lumpen in ihrem Haus war bereit, ihr etwas vorzuschießen. Später aber hatte Gutta Geld, und nicht wenig, wie es schien. Nunnan ahnte zwar, woher es kam, setzte seine Besuche bei ihr aber trotzdem fort, brachte dem Kind Süßigkeiten und Spielzeug. Ganze Abende saß er mit Gutta zusammen, trank Kaffee, und sie schmiedeten Pläne für Roderics künftiges, wohlgeordnetes Leben. Dann, wenn sie ihm ihr Herz ausgeschüttet hatte, ging er zu den Nachbarn und versuchte, sie zur Räson zu bringen. Er redete auf sie ein, beschwichtigte sie, drohte schließlich, wenn ihm der Kragen platzte: »Wartet nur. Wenn Rotfuchs wieder rauskommt und hört, wie ihr seiner Frau mitgespielt habt, wird er euch alle Knochen brechen!« Doch es half nichts.

»Wie geht es eigentlich Ihrer Freundin?«, fragte Gutta unvermittelt.

»Welcher Freundin?«

»Na, der Blondine, mit der Sie mal hier waren …«

»Von wegen Freundin! Das war meine Sekretärin. Sie hat geheiratet und gekündigt.«

»Sie müssten auch heiraten, Dick. Wenn Sie wollen, suche ich Ihnen eine Braut.«

Nunnan wollte schon wie üblich mit dem Scherz antworten: ›Ich warte, bis das Äffchen groß ist‹, besann sich aber rechtzeitig. Es war jetzt nicht mehr passend.

»Eine Sekretärin brauche ich, und keine Frau«, brummte er. »Lassen Sie Ihren rothaarigen Teufel sausen, und kommen Sie zu mir. Sie waren doch immer eine ausgezeichnete Stenotypistin. Der alte Harris lobt Sie noch heute in den höchsten Tönen.«

»Kein Wunder«, erwiderte Gutta. »Ich war damals den lieben langen Tag damit beschäftigt, ihn mir vom Leib zu halten.«

»Ach, so verhielt sich das?« Nunnan tat überrascht. »Sieh mal an, der alte Harris!«

»Meine Güte, wenn ich daran denke«, sagte Gutta. »Nicht einen Augenblick ließ er mich in Ruhe. Ich hatte bloß Angst, Roderic könnte dahinterkommen.«

Lautlos schlüpfte das Äffchen herein – plötzlich stand sie in der Tür, schaute zuerst zu den Töpfen, dann zu Richard. Schließlich ging sie zu ihrer Mutter und lehnte sich, das Gesicht abgewandt, an sie.

»Na, was ist, Äffchen«, sagte Nunnan betont munter. »Möchtest du Schokolade?«

Er griff mit der Hand in die Jackentasche, brachte ein in durchsichtiges Papier eingewickeltes Schokoladenauto zum Vorschein und hielt es dem Mädchen hin. Aber das Kind rührte sich nicht.

Gutta nahm die Schokolade entgegen und legte sie auf den Tisch. Ihre Lippen waren auf einmal bleich.

»Tja, Gutta«, sagte Nunnan in dem gleichen forschen Ton, »ich habe mich entschlossen umzuziehen. Ich habe es satt, dauernd im Hotel zu sitzen. Erstens ist es bis zum Institut ein ziemlich weiter Weg, und zweitens …«

»Sie versteht fast überhaupt nichts mehr«, sagte Gutta leise.

Nunnan brach abrupt ab, nahm das Glas in beide Hände und begann es gedankenverloren in den Fingern zu drehen.

»Sie erkundigen sich gar nicht erst, wie es uns geht«, fuhr Gutta fort. »Und Sie tun Recht daran. Nur sind Sie ein alter Freund von uns, Dick, und wir haben nichts vor Ihnen zu verbergen. Könnten es auch gar nicht, es liegt ja auf der Hand!«

»Wart ihr noch mal beim Arzt?«, fragte Nunnan, ohne die Augen zu heben.

»Ja. Sie können nichts machen. Einer hat sogar gesagt ...« Sie verstummte.

Auch Nunnan schwieg. Was konnte er darauf schon erwidern? Am liebsten hätte er all diese Gedanken weit von sich geschoben ... Plötzlich aber überlief es ihn heiß: Es war eine Invasion! Von wegen Picknick am Wegesrand oder Aufforderung zum Kontakt – eine Invasion war das! Die Eltern konnten sie nicht mehr verändern, aber sie drangen in die Körper der Kinder ein und formten sie nach ihren Vorstellungen und Bedürfnissen um. Er begann zu frösteln, zum Glück aber fiel ihm ein, dass er genau das schon einmal gelesen hatte – in einem der zahllosen Taschenbücher mit grellfarbenem Umschlag. Er fühlte sich etwas erleichtert. Ausdenken konnte man sich alles Mögliche, doch in Wirklichkeit verhielt es sich ganz anders. »Einer hat sogar gesagt«, murmelte Gutta, »sie wäre schon kein Mensch mehr.«

»Das ist doch Unsinn«, erwiderte Nunnan dumpf. »Geht zu einem anständigen Spezialisten, zu James Catterfield zum Beispiel. Wenn ihr wollt, spreche ich mal mit ihm, mache einen Termin für euch aus ...«

»Zum Metzger?« Gutta lachte nervös auf. »Nicht nötig, Dick, vielen Dank. Er war es, der uns das gesagt hat. Ist wohl Schicksal.«

Als Nunnan nach einer Weile wieder wagte, den Blick zu heben, war das Äffchen schon nicht mehr im Raum. Gutta saß unbeweglich da, mit halbgeöffnetem Mund und Augen, die nichts mehr zu sehen schienen. An der Zigarette in ihren Fingern hatte sich ein länglicher Aschepfropfen gebildet. Da schob er ihr sein Glas über den Tisch zu und sagte: »Machen Sie mir noch mal dasselbe, Kindchen … und auch ein Glas für sich. Trinken wir.«

Die Asche von ihrer Zigarette fiel herab, und Gutta sah sich suchend nach etwas um, wo sie die Kippe lassen konnte. Schließlich warf sie sie in den Ausguss.

»Warum nur?«, sagte sie. »Das ist es, was mir nicht in den Kopf will. Was haben wir schon Schlimmes getan? Wir sind doch gewiss nicht die Schlechtesten hier in der Stadt …«

Nunnan dachte, sie würde gleich anfangen zu weinen, aber das tat sie nicht. Sie ging zum Kühlschrank, nahm die Wodkaflasche und den Tomatensaft heraus und holte ein zweites Glas vom Bord.

»Lassen Sie trotz allem den Kopf nicht hängen«, sagte Nunnan. »Es gibt nichts auf der Welt, was man nicht in Ordnung bringen könnte. Und glauben Sie mir, Gutta, ich habe eine Menge Beziehungen – alles, was in meiner Macht steht, werde ich tun …«

Als er das sagte, glaubte er selber daran. Im Geist ging er bereits alle möglichen Namen, Kliniken und Städte durch, und plötzlich schien es ihm sogar, als habe er schon von Fällen gehört, in denen es letztlich gut ausgegangen war – er musste nur überlegen, wo und bei welchem Arzt die Behandlung erfolgt war. In diesem Augenblick aber fiel ihm wieder ein, weshalb er hier war; er erinnerte sich an Herrn Lämmchen und daran, warum er sich damals mit Gutta angefreundet hatte … Plötzlich hatte er gar keine Lust mehr nachzudenken und sich irgendwelcher Namen und Kliniken zu entsinnen. Er setzte sich bequem hin und wartete auf den Drink.

Doch da wurden im Korridor scharrende Schritte und das Gepolter von Krücken laut. Er hörte Barbridge, den Aasgeier, mit seiner widerlichen Stimme trompeten: »He, Rotfuchs, deine Gutta hat, wie es scheint, Besuch, hier hängt ein Hut ... Ich an deiner Stelle würde etwas unternehmen ...«

Darauf Roderics Stimme: »Gib lieber auf deine Krücken acht, Aasgeier, und pass auf, was du sagst. Da ist die Tür. Zieh Leine, ich will jetzt was essen.«

Und Barbridge: »Jetzt mach aber halblang, nicht mal einen Spaß verträgst du mehr!«

»Wir beide haben genug Spaß gehabt. Schluss jetzt. Verschwinde, ich habe keine Zeit.«

Das Schloss schnappte, die Stimmen wurden leiser – offenbar waren sie jetzt im Treppenhaus. Barbridge sagte noch etwas, musste sich aber erneut anhören: »Genug jetzt, wir haben alles besprochen.« Da er weiterbrummte, sagte Roderic heftig: »Ich hab gesagt, Schluss!« Dann fiel die Tür ins Schloss, im Korridor wurden schnelle Schritte laut, und gleich darauf stand Rotfuchs in der Küchentür. Nunnan erhob sich, und sie schüttelten sich kräftig die Hand.

»Ich wusste gleich, dass du es bist«, sagte Roderic und sah Nunnan mit einem kurzen Blick aus seinen grünen Augen an. »Junge, Junge, bist du dick geworden! Hast ja einen richtigen Fettarsch bekommen von dem vielen Herumlungern in den Kneipen ... He, und was sehe ich da! Ihr seid ja schon am Trinken! Gutta, altes Mädchen, mach mir auch was zurecht, ich muss euch schließlich einholen ...«

»Wir haben ja noch gar nicht angefangen«, erwiderte Nunnan. »Als wenn man dir davongaloppieren könnte!«

Roderic lachte laut auf, ließ seine Pranke auf Nunnans Schulter niedersausen und sagte: »Dann wollen wir mal sehen, wer wem davongaloppiert! Los, komm, was sitzen wir hier in der Küche herum. Gutta, her mit dem Abendessen!«

Er hockte sich vor den Kühlschrank, und als er wieder aufstand, hielt er in jeder Hand zwei Flaschen mit unterschiedlichen Etiketten.

»Das wird ein Fest!«, rief er. »Schließlich müssen wir unseren besten Freund Richard Nunnan gebührend bewirten, denn er hat uns nicht in der Not sitzenlassen! Obwohl er doch keinerlei Nutzen davon hat. Wie schade, dass Guttalin nicht mit von der Partie ist …«

»Ruf ihn doch an«, schlug Nunnan vor.

Roderic schüttelte seinen feuerroten Kopf. »Dahin, wo Guttalin jetzt ist, gibt es noch keine Telefonverbindung. Na los, gehen wir …«

Er trat als Erster ins Wohnzimmer und stellte krachend die Flaschen auf den Tisch.

»Wir wollen feiern, Daddy!«, sagte er zu dem unbeweglich dasitzenden Greis. »Das hier ist Richard Nunnan, ein guter Freund von uns. Dick, mein Vater. Schuchart der Ältere.«

Nunnan, innerlich ganz erstarrt, verzog den Mund bis zu den Ohren, imitierte in der Luft ein Händeschütteln und sagte zu dem Auferstandenen: »Sehr erfreut, Mister Schuchart. Wie geht es Ihnen?« Und an Roderic gewandt, der sich gerade an der Hausbar zu schaffen machte: »Wir kennen uns, Red, wir haben uns schon einmal gesehen, wenn auch nur flüchtig …«

»Setz dich«, erwiderte Roderic und wies mit dem Kopf auf den Stuhl, der dem Alten gegenüberstand. »Wenn du dich mit ihm unterhältst, musst du allerdings lauter reden, er hört fast nichts.«

Roderic teilte die Gläser aus, entkorkte schnell die Flaschen und sagte zu Nunnan: »Schenk ein. Für Daddy aber nur ganz wenig, gerade so, dass der Boden bedeckt ist.«

Nunnan machte sich ohne jede Hast ans Werk. Der Alte saß nach wie vor unbeweglich da und starrte die Wand an. Er zeigte nicht die geringste Reaktion, als Nunnan das Glas vor ihn hinstellte. Nunnan seinerseits hatte sich inzwischen auf die Situation eingestellt. Es war ein Spiel, das hier getrieben wurde – ein grauenvolles, jämmerliches Spiel. Roderic führte, und er, Nunnan, machte mit. Schon immer hatte er bei fremden Spielen mitgemacht: bei schrecklichen und jämmerlichen, beschämenden und rohen Spielen – und bei solchen, die noch weit gefährlicher gewesen waren als das hier … Roderic hob sein Glas und sagte: »Los, wir stoßen an!« Nunnan sah mit der natürlichsten Miene der Welt den Alten an, Rotfuchs aber stieß sein Glas ungeduldig gegen Nunnans und wiederholte: »Also dann, stoßen wir an.« Da nickte Nunnan, weiterhin mit der unbefangensten Miene der Welt, und sie tranken.

Roderic ächzte, seine Augen funkelten. Dann fuhr er im gleichen, übertrieben munteren Tonfall fort: »Schluss, aus, Bruderherz! Der Knast hat mich zum letzten Mal gesehen. Wenn du wüsstest, mein Lieber, wie schön es zu Hause ist! Auch Geld ist da, und ich habe schon ein hübsches Häuschen in Augenschein genommen, mit Garten, nicht schlechter als das von Aasgeier … Ich wollte auswandern, den Entschluss habe ich im Knast gefasst. Was, zum Teufel, hab ich mir gesagt, hält dich in diesem lausigen Städtchen, zum Kuckuck mit allem! Aber als ich rauskam – aus der Traum! Nichts mehr mit Auswandern, sie haben's verboten. Warum?, frag ich dich. Haben wir jetzt vielleicht die Pest?«

Er redete und redete. Nunnan aber schlürfte seinen Whisky und nickte bloß, ließ hier und da eine teilnahmsvolle Bemerkung fallen oder stellte ein paar rhetorische Fragen. Dann begann er Roderic über das Haus auszufragen: wie es aussehe, wie hoch der Preis sei und Ähnliches – zwischen ihnen entbrannte eine lebhafte Diskussion. Nunnan versuchte ihm klarzumachen, dass das Haus viel zu teuer und außerdem ungünstig gelegen war. Er holte sein Notizbuch hervor, blätterte darin und las einige Adressen von verlassenen Villen vor, die für ein Butterbrot zu haben waren. Die Renovierung würde ihn, Roderic, so gut wie nichts kosten; er musste nur einen

Antrag auf Auswanderung stellen und dann, wenn er von den zuständigen Behörden die Ablehnung erhalten hatte, Ersatzanspruch anmelden.

»Wie ich sehe, befasst du dich neuerdings mit Immobilien«, sagte Roderic.

»Ich beschäftige mich mit allem ein bisschen«, erwiderte Nunnan augenzwinkernd.

»Ich weiß, ich weiß, bin über all deine Affären bestens unterrichtet.«

Nunnan sah ihn mit Verschwörermiene an, legte den Finger auf die Lippen und deutete mit dem Kopf zur Küche hin.

»Schon gut«, sagte Roderic. »Das wissen doch alle. Außerdem: Geld stinkt nicht, das habe ich jetzt begriffen ... Aber dass du ausgerechnet Knochenfaust zu deinem Verwalter gemacht hast – ich hab mir den Bauch vor Lachen gehalten, als ich's gehört habe! Da hat er ja den Bock zum Gärtner gemacht, dachte ich! Katjuscha ist nämlich ein bisschen meschugge, musst du wissen, ich kenne ihn ja von klein auf.«

In diesem Augenblick nahm der Alte mit einer langsamen hölzernen Bewegung – wie eine große Marionette – die Hand vom Knie und ließ sie krachend neben seinem Glas auf den Tisch fallen. Die Hand war dunkel verfärbt, mit einem bläulichen Schimmer, und durch die krummen Finger hatte sie Ähnlichkeit mit einer Hühnerkralle. Roderic verstummte und sah den Alten an. In seinem Gesicht zuckte es plötzlich, und Nunnan entdeckte auf der sommersprossigen, groben Visage und zu seiner großen Verwunderung den Ausdruck aufrichtiger Liebe und Zärtlichkeit.

Wie er ihn so betrachtete, erinnerte sich Nunnan daran, wie Boyds Leute hier aufgekreuzt waren, um den Alten abzuholen. Es waren zwei Laboranten gewesen, kräftige, sportliche Burschen, und mit ihnen waren ein Arzt vom Städtischen Krankenhaus und zwei Sanitäter gekommen. Auch sie – Schränke von Männern, nicht eben zartfühlend, und darauf getrimmt,

Krankentragen zu schleppen und Tobsüchtige zur Räson zu bringen. Einer der Laboranten erzählte später, »der rothaarige Kerl« hätte zunächst gar nicht verstanden, worum es ging, hätte sie in die Wohnung gelassen und ihnen erlaubt, einen Blick auf den Vater zu werfen. Wahrscheinlich hätten sie den Alten unter dem Vorwand, ihn zur Vorbeugung ins Krankenhaus zu bringen, ohne Probleme fortschaffen können. Doch diese Idioten von Sanitätern, die zunächst im Korridor standen und Gutta beim Fensterputzen in der Küche zuschauten, stürzten, als sie gerufen wurden, herbei und schnappten sich den Alten wie ein Stück Holz, schleiften ihn hinter sich her und ließen ihn sogar polternd zu Boden fallen. Roderic geriet in Zorn, woraufhin ihm der Trottel von Arzt umständlich zu erklären begann, wie sich die Angelegenheit tatsächlich verhielt. Roderic hörte ihm ein, zwei Minuten lang zu und explodierte dann wie eine Bombe, plötzlich und ohne jede Vorwarnung. Der Laborant, der Nunnan von dem Vorfall erzählte, wusste später nicht mehr, wie er auf die Straße gekommen war. Der rothaarige Teufel hatte sie allesamt, zu fünft, die Treppe hinunterbefördert, und nicht einer von ihnen war auf eigenen Füßen gegangen ... Den Worten des Laboranten zufolge waren sie zur Haustür hinausgeschossen wie Kugeln aus einer Kanone. Zwei blieben bewusstlos liegen, die anderen drei hetzte Roderic eine ganze Weile durch die Straßen. Dann kehrte er zurück und schlug sämtliche Fensterscheiben im Leichenwagen des Instituts ein; der Fahrer saß schon nicht mehr darin, er hatte längst das Weite gesucht ...

»Neulich haben sie mir in einer Bar einen neuen Drink vorgesetzt«, sagte Roderic und schenkte Whisky nach. »›Hexensülze‹ heißt er. Nachher, wenn wir gegessen haben, mixe ich ihn dir. Auf nüchternen Magen ist das Zeug lebensgefährlich – nach einem einzigen Glas spürst du weder Arme noch Beine, bist wie gelähmt ... Ob du willst oder nicht, Dick – heute werde ich dich nach allen Regeln der Kunst bewirten.

Wir werden zechen und von den guten alten Zeiten reden, vom ›Borsch‹ … Ernie, der arme Hund, sitzt übrigens immer noch, weißt du das?« Roderic nahm einen Schluck, wischte sich mit dem Handrücken über die Lippen und erkundigte sich wie nebenbei: »Was gibt's eigentlich Neues bei euch im Institut, seid ihr inzwischen der ›Hexensülze‹ zu Leibe gerückt? Ich bin, was die Wissenschaft anbelangt, nicht ganz auf dem Laufenden.«

Nunnan begriff sofort, weshalb Roderic das Gespräch auf dieses Thema brachte. Er hob abwehrend die Hände und sagte: »Wo denkst du hin! Weißt du überhaupt, was mit dem Zeug für eine Geschichte passiert ist? Hast du von der Sache im Carrigan-Labor gehört? Das ist so eine Art Privatlabor … Jedenfalls haben sie sich dort eine Portion ›Hexensülze‹ beschafft …«

Nunnan berichtete von der Katastrophe und von dem Skandal, dass später niemand mehr hatte ermitteln können, wer hinter der Sache steckte und von wem das Zeug stammte. Roderic hörte scheinbar teilnahmslos zu, schnalzte hier und da mit der Zunge, schüttelte den Kopf, goss dann mit entschlossener Miene Whisky nach und sagte: »Geschieht ihnen ganz recht, diesen Parasiten, krepieren sollen sie alle …«

Sie tranken, Roderic sah zu seinem Vater hinüber und hatte wieder dieses seltsam gerührte Zucken im Gesicht. Er streckte den Arm aus und schob das Glas näher an die verbogenen Finger heran. Plötzlich entkrampften sich diese Finger ein wenig und schlossen sich wieder, kaum dass sie das Glas am unteren Ende umspannt hatten.

»So geht's schon besser«, sagte Roderic und rief dann: »Gutta, willst du uns noch lange hungern lassen?« Und an Nunnan gewandt: »Nur deinetwegen gibt sie sich so viel Mühe. Pass auf, sie macht garantiert deinen Lieblingssalat, den mit den Schnecken. Ich weiß, dass sie die schon seit einer Ewigkeit für dich aufhebt … Aber nun zu dir; erzähl mal, wie es so im Institut läuft. Hat man etwas Neues gefunden? Bei euch, heißt es, arbeiten jetzt ausschließlich Roboter. Allerdings sollen sie nicht allzu viel schaffen.«

Nunnan begann vom Institut zu erzählen, und während er sprach, kam lautlos das Äffchen herein. Das Kind stand neben dem Alten am Tisch, legte seine behaarten Händchen auf die Tischplatte und lehnte sich dann plötzlich mit einer durchaus kindlichen Bewegung mit dem Kopf gegen die Schulter des Phantoms. Nunnan aber, der in seinem Bericht fortfuhr, dachte nach einem Blick auf diese zwei Ausgeburten der *Zone*: Großer Gott, was nicht noch alles! Was müssen sie denn noch mit uns machen, damit wir endlich begreifen! Ist das hier noch immer nicht genug? ... Aber er wusste: Es war nicht genug. Er wusste, dass Milliarden und aber Milliarden von Menschen nicht die geringste Ahnung hatten und auch gar nichts wissen wollten. Und wenn sie davon erführen, würden sie zehn Minuten lang wehklagen und dann zu ihrem gewohnten Denken zurückkehren. Ich werde mich betrinken, dachte Nunnan wütend, zum Teufel mit Barbridge, zum Teufel mit Lämmchen! Zum Teufel auch mit dieser gottverdammten Familie! Betrinken werde ich mich.

»Was starrst du die beiden so an?«, fragte Roderic leise. »Hab keine Angst, es schadet ihr nichts. Im Gegenteil, es heißt, sie sollen Gesundheit bringen.«

»Ja, ich weiß«, sagte Nunnan und leerte sein Glas in einem Zug.

Da kam Gutta ins Zimmer, wies Roderic an, die Teller auszuteilen, und stellte eine große Silberschale mit Nunnans Lieblingssalat auf den Tisch. In diesem Augenblick – als sei jemand aufgewacht und ziehe an unsichtbaren Fäden – führte der Alte mit einer ruckartigen Bewegung das Glas an den geöffneten Mund.

»Na dann, Kinder«, sagte Roderic fröhlich, »lasst uns mit dem Festessen beginnen!«

Roderic Schuchart, 31 Jahre

Im Laufe der Nacht hatte sich die Ebene abgekühlt, und gegen Morgen war es direkt kalt geworden. Sie gingen auf dem Bahndamm dahin, immer auf die verfaulten Schwellen zwischen den rostigen Schienen tretend, und Roderic sah, wie an Arthur Barbridges Lederjacke Nebeltröpfchen glitzerten. Der Bursche schritt leicht, ja geradezu beschwingt aus; nichts wies darauf hin, dass eine qualvoll lange Nacht hinter ihnen lag und eine Nervenanspannung, von der noch jetzt ihre Knie zitterten. Zuletzt hatten sie zwei grauenvolle Stunden auf der nassen Kuppe des kahlen Hügels zugebracht – in einer Art quälendem Halbschlaf, und der Wärme wegen Rücken an Rücken. Dort warteten sie ab, bis der »Grassturm«, der tosend um den Hügel jagte, in der Schlucht verschwunden war.

Zu beiden Seiten des Bahndamms lag dichter Nebel. Von Zeit zu Zeit schob er sich in schweren grauen Schwaden über die Gleise, und dann wateten sie bis zu den Knien in der träge brodelnden Brühe. Es roch nach feuchtem Rost, und der Sumpf rechts vom Bahndamm dünstete Fäulnis aus. Ringsum nichts als Nebel, doch Roderic wusste, dass sich hier rechts und links von ihnen eine hügelige Ebene mit Steinaufschüttungen erstreckte, und dahinter befanden sich, in der Dunkelheit verborgen, die Berge. Und noch etwas wusste er: Wenn später die Sonne aufging und der Nebel als Tau zu Boden sank, würde er irgendwo linker Hand das Wrack eines Hubschraubers entdecken und vor sich eine Reihe Loren. Dann erst würde die eigentliche Arbeit beginnen.

Im Gehen schob Roderic die Hand unter den Rucksack und hob ihn ein wenig an, damit die Kanten der Heliumflasche nicht an seinem Rücken scheuerten. Verdammter Rucksack, dachte er, wie soll ich nachher mit dir robben! Anderthalb Kilometer auf allen vieren ... Ach was, Stalker, sagte er sich dann, jammere nicht, hast gewusst, worauf du dich einlässt. Immerhin warten fünfhunderttausend Mäuse am Ende dieses Wegs auf dich. Dafür kannst du schon ein bisschen schwitzen. Fünfhunderttausend – nicht schlecht! Allerdings werden sie dir das Geld nicht schenken – was du ihnen bringst, ist mindestens genauso viel wert. Aasgeier gebe ich nicht mehr als dreißig ... und die Rotznase da ... die kriegt nichts. Wenn auch nur zur Hälfte stimmt, was der alte Halunke gesagt hat, kriegt die Rotznase nichts.

Er richtete seinen Blick erneut auf Arthurs Rücken und beobachtete ihn eine Zeit lang mit zusammengezogenen Brauen. Leichtfüßig schritt der junge Mann aus, immer zwei Schwellen auf einmal nehmend; er war breitschultrig, hatte schmale Hüften, und sein schulterlanges rabenschwarzes Haar, das dem seiner Schwester glich, wippte im Takt der Schritte mit. Er hat sich mir schließlich aufgedrängt, dachte Roderic finster – er selbst. Hat mich verzweifelt angefleht, mitkommen zu dürfen; richtig gezittert hat er, und Tränen standen ihm in den Augen. »Nehmen Sie mich doch mit, Mister Schuchart, bitte! Schon viele haben mir angeboten, mit ihnen zu gehen, aber ich habe nur zu Ihnen Vertrauen. Die anderen taugen nicht viel. Höchstens noch Vater, aber der kann ja nicht mehr ...« Roderic riss sich von der Szene los; er erinnerte sich nur ungern daran, und möglicherweise war das auch der Grund, warum er seine Gedanken jetzt auf Arthurs Schwester lenkte. Er dachte daran, wie er mit ihr geschlafen hatte – mal betrunken, mal nüchtern, und was für eine Enttäuschung das jedes

Mal gewesen war. Unbegreiflich war ihm das: äußerlich ein Prachtweib, innen aber hohl, nichts als Leere, Betrug. Eine leblose Puppe, aber keine Frau. Wie die Knöpfe früher an Mutters Jacke, dachte Roderic: Sie schienen aus Bernstein zu sein, waren fast durchsichtig und schimmerten golden. Man musste sie förmlich in den Mund stecken und daran lutschen, in der geheimen Hoffnung, sie wären ungeahnt süß. Er, Roderic, hatte sie dann auch in den Mund genommen und an ihnen gelutscht, war aber jedes Mal furchtbar enttäuscht gewesen. Dennoch hatte er seine Enttäuschung von einem Mal zum andern vergessen – das heißt, nicht vergessen, sondern wollte es einfach nicht mehr wahrhaben, wenn er die Knöpfe erneut zu Gesicht bekam.

Und wenn der Alte ihn mir nun zugespielt hat?, dachte Roderic. Sieh an, was er für eine Kanone in der Hosentasche hat … Aber nein, Aasgeier kennt mich. Er weiß allzu gut, dass mit mir in dieser Hinsicht nicht zu spaßen ist. Er weiß auch genau, wie ich mich in der *Zone* verhalte. Nein, das ist Unsinn. Arthur war nicht der Erste, der mich gebeten hat mitzukommen, und nicht der Erste, der mir was vorgeheult hat. Andere haben sogar auf Knien vor mir gelegen … Und was die Kanone betrifft: Die nehmen sie alle beim ersten Mal mit. Das erste Mal – das für viele auch das letzte Mal ist. Und für Arthur? Ja, Junge, auch für dich. Schau her, Aasgeier, du alter Schuft: zum letzten Mal! So ist das nämlich. Hättest du geahnt, was dein Söhnchen vorhat – du hättest versucht, ihn mit den Krücken zurückzuhalten … deinen Goldjungen, um den du in der *Zone* gebeten hattest … Doch er spann den Gedanken nicht weiter. Er spürte plötzlich, dass vor ihnen irgendetwas war – gar nicht weit weg, vielleicht dreißig, vierzig Meter entfernt.

»Halt!«, sagte er zu Arthur.

Der Bursche blieb prompt stehen. Sein Reaktionsvermögen war gut – er erstarrte sozusagen auf der Stelle, den Fuß in der

Luft. Erst dann setzte er das Bein langsam und vorsichtig auf. Roderic kam zu ihm heran und blieb ebenfalls stehen. Die Gleise führten hier merklich in die Tiefe und verschwanden gänzlich im Nebel. Dort aber, im Nebel, war etwas. Etwas Großes und Unbewegliches – aber auch Ungefährliches. Roderic zog vorsichtig die Luft ein. Ja, es war ungefährlich.

»Weiter«, sagte er leise und wartete, bis Arthur den ersten Schritt machte, um sich dann gleichfalls in Marsch zu setzen. Aus den Augenwinkeln heraus sah er das scharf konturierte Profil des Burschen, die rosige Haut seiner Wange und die entschlossen aufeinandergepressten Lippen unter dem dünnen Schnurrbärtchen.

Sie tauchten bis zum Gürtel in den Nebel ein, danach bis zum Hals, doch schon wenige Sekunden später gewahrten sie die Umrisse einer zur Seite gekippten Lore.

»Geschafft«, sagte Roderic und schnallte den Rucksack ab. »Setz dich hin, wo du jetzt stehst. Zigarettenpause.«

Arthur half ihm, den Rucksack abzunehmen, dann setzten sie sich nebeneinander auf die rostige Schiene. Roderic öffnete eine der Vordertaschen des Rucksacks und zog Butterbrote und eine Thermosflasche mit Kaffee heraus. Während Arthur die Brote vor ihnen ausbreitete, nahm Roderic eine Flasche aus der Jackentasche, schraubte den Verschluss ab und trank, genüsslich die Augen schließend, ein paar kräftige Schlucke.

»Du auch?«, fragte er und wischte mit der Hand über den Flaschenhals. »Bisschen Mumm antrinken …«

Arthur schüttelte beleidigt den Kopf. »Ich brauche mir keinen Mumm anzutrinken, Mister Schuchart«, erwiderte er. »Kaffee wäre mir lieber, wenn's Ihnen recht ist. Ziemlich feucht hier, nicht?«

»Stimmt«, bejahte Roderic. Er steckte die Flasche zurück und griff sich ein Brot. »Wenn sich der Nebel nachher lichtet«, sagte er, »wirst du sehen, dass hier ein Sumpf am andern liegt. Früher wimmelte es in dieser Gegend nur so von scheußlichen Insekten ...«

Er verstummte und schenkte sich Kaffee ein. Er war heiß, sehr stark und süß und schmeckte im Moment noch besser als der Schnaps. Der Kaffee roch nach zu Hause, nach Gutta. Und nicht einfach nach Gutta – sondern nach der Gutta im Morgenrock, wenn sie gerade erst aufgestanden war, noch die Abdrücke des Kissens auf der Wange. Ich hätte die Finger von der Sache lassen sollen, dachte er. Fünfhunderttausend ... Na und?! Was soll ich damit? Ich will mir schließlich keine Kneipe kaufen. Dick hat Recht, wenn er sagt: Man soll nicht immer ans Geld denken, dazu ist es nicht da ... Ich habe Haus und Garten, und Arbeit gibt es in Harmont in Hülle und Fülle ... Aasgeier hat mich überrumpelt, überrumpelt wie einen grünen Jungen ...

»Mister Schuchart«, sagte Arthur plötzlich und wandte den Blick ab, »glauben Sie wirklich, dass dieses Ding Wünsche erfüllen kann?«

»Ach, Quatsch«, erwiderte Roderic zerstreut, hielt aber, während er den Becher zum Mund führte, mitten in der Bewegung inne und fragte: »Woher weißt du überhaupt, was wir hier holen wollen?«

Arthur lachte verlegen, fuhr sich mit allen fünf Fingern durch die rabenschwarzen Haare und sagte: »Ich hab's halt erraten ... Weiß selber nicht mehr, wie ich draufkam ... Früher hat Vater in einer Tour von dieser ›goldenen Kugel‹ gesprochen, in letzter Zeit aber gar nicht mehr, hat sich stattdessen mehrmals mit Ihnen getroffen. Dabei weiß ich genau, dass Sie alles andere als befreundet sind, da kann mir Vater noch so viel erzählen ... Außerdem hat er sich irgendwie verändert ...« Arthur lachte erneut und schüttelte den Kopf – er schien sich gerade an etwas erinnert zu haben. »Endgültig begriffen aber habe ich's, als Sie beide neulich auf der Wiese den Ballon ausprobierten.« Der Bursche klopfte mit der flachen Hand auf den Rucksack, in dem sich die eng zusammengepresste Hülle des Ballons befand. »Ich habe Sie damals beobachtet, und als ich sah, wie Sie den Ballon mit einem Sack Steinen aufsteigen und ein Stück schweben ließen, wusste ich's auf einmal. Soweit ich informiert bin, gibt es in der *Zone* ja nur einen derart schweren Gegenstand – die ›goldene Kugel‹.« Arthur biss vom Brot ab, kaute und sagte nachdenklich: »Nur eins begreif ich nicht – wie Sie die Kugel am Ballon befestigen wollen. Ihre Oberfläche ist doch gewiss sehr glatt …«

Roderic sah den Burschen über seinen Becher hinweg unverwandt an und dachte darüber nach, wie grundverschieden Vater und Sohn waren. Nicht das Geringste hatten sie gemein – weder äußerlich noch vom Charakter her, nicht einmal ihre Stimmen ähnelten sich. Aasgeiers Stimme war krächzend, klang schleimig und falsch, und nur wenn er über Geschäfte sprach, wurde sie so fest, dass man ihr unwillkürlich Beachtung schenkte. ›Hör zu, Rotfuchs‹, hatte er neulich gesagt und sich über den Tisch zu ihm herübergebeugt. ›Nur noch wir beide sind übrig. Auf uns beide aber kommen zwei Beine, und die gehören dir. Wer anders also als du sollte sie kriegen? Es ist ja möglicherweise das Wertvollste, was die *Zone* zu bieten hat! Soll sie etwa diesen Arschlöchern mit ihren Robotern in die Hände fallen? Schließlich habe ich sie gefunden, ich! Wie viele von uns hat es auf dem Weg dahin erwischt, aber gefunden habe ich sie! Und für mich hab ich sie aufgespart. Auch jetzt würde ich sie niemandem überlassen, doch du siehst ja selbst – ich komme nicht mehr dorthin … Du bist der Einzige, dem ich sie anvertraue. So viele Grünschnäbel sind durch meine Schule gegangen, aber sie haben einfach nicht das Zeug dazu … Na, Schwamm drüber, du traust mir nicht über den Weg, also lass es bleiben. Du kriegst Geld. Du brauchst mir nur abzugeben, was du für richtig hältst, ich weiß, dass du's nicht ausnutzt … Ich aber kriege vielleicht meine Beine zurück. Die Beine, verstehst du? Schließlich war es die *Zone*, die sie mir genommen hat. Und wer weiß, vielleicht gibt sie mir meine Beine ja wieder …‹

»Was?« Roderic schreckte hoch.

»Ich habe gefragt, ob ich jetzt rauchen kann.«

»Aber ja«, erwiderte Roderic. »Rauch nur, ich stecke mir auch eine an.«

Er trank den Rest Kaffee in einem Zug aus, holte eine Zigarette heraus und starrte, während er sie weichdrückte, in den Nebel. Ein Verrückter ist das, dachte er, ein Irrer. Seine Beine will er wiederhaben. Aasgeier, dieser Misthund …

All diese Gespräche hatten bei Roderic – ihm selbst ganz unerklärlich – einen faden Nachgeschmack hinterlassen. Und dieser Nachgeschmack verblasste nicht etwa mit der Zeit, sondern wurde im Gegenteil immer stärker und gab ihm das unangenehme Gefühl, er habe sich irgendwie bei Barbridge angesteckt. Aber nicht an dessen Niedertracht, wie es schien, sondern vielmehr an der Kraft des Alten. Nein … Kraft war es auch nicht – aber was dann? Na, lassen wir das, sagte er sich. Nehmen wir an, ich wäre nicht bis hierher gelangt, zwar schon auf dem Weg gewesen, aber es wäre mir etwas dazwischengekommen … Sie hätten mich zum Beispiel wieder mal geschnappt. Wäre das jetzt schlecht gewesen? Ja, auf jeden Fall. Aber warum? Weil das Geld flöten gegangen wäre? Nein, es geht nicht ums Geld … Weil die »goldene Kugel« dann dem Heiseren und dem Knochigen, diesen Halunken, zugefallen wäre? Das käme schon eher hin; das würde mich tatsächlich fuchsen. Aber andererseits, was schert es mich? Letzten Endes bekommen sie sie ja doch.

»Brrr …« Arthur schüttelte sich. »Die Kälte geht einem bis auf die Knochen. Ob Sie mir jetzt nicht doch einen Schluck geben könnten, Mister Schuchart?«

Roderic holte schweigend die Flasche hervor und reichte sie ihm. Dabei habe ich mich nicht mal sofort einverstanden erklärt, dachte er plötzlich. Wohl zwanzigmal habe ich Aasgeier zum Teufel geschickt, und erst beim einundzwanzigsten Mal habe ich mich breitschlagen lassen. Ich habe es nicht mehr ausgehalten. Das letzte Gespräch war ja dann sehr kurz und knapp. ›Grüß dich, Rotfuchs‹, sagte er, ›hier ist die Karte, vielleicht wirfst du doch mal einen Blick drauf.‹ Ich aber sah ihm nur in die Augen, die mich an Eiterbeulen erinnerten – gelb, mit einem schwarzen Punkt in der Mitte –, und erwiderte: ›Zeig her.‹ Das war alles. Ich weiß noch, dass ich betrunken war an dem Tag, eine ganze Woche lang hatte ich gesoffen … Mein Gott, wie mies es mir ging und wie schlecht ich mich dabei fühlte … Aber zum Teufel damit, ist ja doch alles egal! Ich habe A gesagt, jetzt muss ich auch B sagen! Was wühle ich bloß in diesen Erinnerungen herum wie ein Verrückter, ich habe doch nicht etwa Angst …?

Er zuckte zusammen. Aus dem Nebel war plötzlich ein langgezogenes, klagendes Kreischen aufgestiegen. Roderic sprang blitzschnell auf, und im selben Augenblick stand auch Arthur schon auf den Beinen. Doch da war alles wieder still, nur das Geräusch rollender Kiesel war zu hören.

»Es ist wahrscheinlich das Gestein«, brachte Arthur mit Mühe heraus. Seine Stimme war unsicher, er flüsterte. »Immerhin stehen die Loren mit den Steinen schon ziemlich lange hier …«

Roderic sah starr und mit leerem Blick vor sich hin. Er erinnerte sich, wie er eines Nachts von ebendiesem Laut aufgewacht war – langgezogen und klagend war er gewesen und dann wie in einem Alptraum erstorben. Aber es war kein Traum gewesen: Das Äffchen, auf seinem Bett am Fenster sitzend, hatte den Schrei ausgestoßen. Gutta war gleichfalls wach geworden und hatte Roderic angstvoll beim Arm gepackt. Er hatte gespürt, wie sich ihre Schulter augenblicklich mit kaltem Schweiß bedeckte, und so lagen sie da, lauschten. Als das Kind verstummt war und sich wieder hingelegt hatte, wartete Roderic eine Weile, bis er aufstand, in die Küche ging und wie von Sinnen eine halbe Flasche Kognak hinunterkippte. Seit dieser Nacht trank er zu viel.

»Es ist das Gestein«, wiederholte Arthur. »Es arbeitet darin, wissen Sie … Feuchtigkeit, Erosion und ähnliche Dinge.«

Roderic sah in das bleich gewordene Gesicht des Burschen und setzte sich wieder. Die Zigarette war ihm unbemerkt aus den Fingern geglitten, und er zündete sich eine neue an. Arthur blieb noch stehen und hielt ängstlich nach allen Seiten Ausschau. Dann nahm auch er wieder Platz und sagte leise: »Ich weiß, es gibt Gerüchte, in der *Zone* würden … welche leben … keine fremden Wesen, sondern Menschen … Der *Besuch* hätte sie dort überrascht und zu Mutanten gemacht und sie hätten sich an die neuen Bedingungen angepasst … Haben Sie auch davon gehört, Mister Schuchart?«

»Ja«, sagte Roderic. »Aber das soll nicht hier sein, sondern nordwestlich von uns, in den Bergen. Man sagt, es seien ehemalige Hirten.«

Das ist es also, womit er mich angesteckt hat, dachte er. Mit seinem Wahnsinn. Nur deswegen bin ich hier. Das also war es, was mich hierhertrieb … Eine seltsame und ganz neue Empfindung ergriff langsam Besitz von ihm. Doch gleich darauf wurde ihm klar, dass diese Empfindung in Wirklichkeit gar nicht so neu war, sondern schon lange tief in seinem Innern verborgen gewesen war. Aber erst jetzt wurde sie ihm bewusst, und dadurch rückten die Dinge wieder an ihren Platz. Was ihm früher als Unsinn, als Hirngespinst eines übergeschnappten alten Mannes erschienen war, verkehrte sich jetzt in seine einzige Hoffnung, in den alleinigen Sinn seines Lebens. In dieser Sekunde begriff er: Das Einzige, was ihm auf der Welt geblieben war, das Einzige, wofür er in den letzten Jahren und Monaten gelebt hatte, war die Hoffnung auf ein Wunder. Ein Dummkopf war er, dass er diese Hoffnung immer von sich gewiesen, ja, mit Füßen getreten hatte. Lustig hatte er sich über sie gemacht, sie im Schnaps zu ersäufen versucht, weil er es so gewohnt war, schon immer, seit der Kindheit. Er war es gewohnt, sich auf nichts und niemanden zu verlassen, außer auf sich selbst. Und das bedeutete für ihn von frühester Jugend an, diesem gleichgültigen Chaos, das ihn umgab, so viele grüne Scheine wie möglich zu entreißen. So war es immer gewesen und würde auch weiterhin so bleiben – befände er sich nicht in dieser ausweglosen Situation, aus der heraus ihm keine grünen Scheine halfen und auf sich selbst zu zählen vollkommen sinnlos war. Und jetzt erfüllte ihn diese Hoffnung – die im Grunde schon keine Hoffnung mehr war, sondern der feste Glaube an ein Wunder. Das neue Gefühl breitete sich in ihm aus, und er wunderte sich, wie er all die Zeit in einer so düsteren, ausweglosen Finsternis hatte zubringen können … Er brach unvermittelt in Lachen aus und versetzte Arthur einen Klaps auf die Schulter.

»Na, was ist, Stalker«, sagte er, »hast du dir in die Hosen gemacht? Gewöhn dich dran, Kumpel, und mach dir nichts draus – die werden zu Hause wieder sauber.«

Arthur lächelte unsicher und sah ihn erstaunt an. Roderic zerknüllte das durchgefettete Butterbrotpapier, schleuderte es unter die Lore und machte es sich bequem. Er streckte die Beine aus, stützte einen Ellbogen auf und lehnte sich gegen den Rucksack.

»Na schön«, fuhr Roderic fort. »Angenommen, es gibt diese ›goldene Kugel‹ tatsächlich … Was würdest du dir wünschen?«

»Sie glauben also auch daran?«, fragte Arthur hastig.

»Ob ich dran glaube oder nicht, tut nichts zur Sache. Los sag!«

In dem Moment hätte er wirklich gern erfahren, was sich ein Bürschchen, ein Milchbart, der gerade die Schule hinter sich hatte, von der »goldenen Kugel« wünschte. Belustigt registrierte er, dass sich Arthur wand, nervös an seinem Bärtchen zupfte und nicht wusste, wohin er sehen sollte.

»Natürlich dass Vater seine Beine wiederbekommt«, murmelte Arthur schließlich. »Damit zu Hause alles gut ist ...«

»Das ist glatt gelogen, mein Lieber«, sagte Roderic gutmütig. »Eins musst du bedenken, Bruderherz: Die ›goldene Kugel‹ erfüllt nur Wünsche, die ehrlich gemeint sind, Wünsche, bei deren Nichterfüllung man zum Strick greifen würde.«

Arthur Barbridge warf Roderic einen kurzen Blick zu, senkte aber sofort wieder die Augen. Sein Gesicht überzog sich mit flammender Röte, sogar Tränen traten ihm in die Augen. Bei diesem Anblick lächelte Roderic verstehend.

»Alles klar«, sagte er sanft. »Geht mich ja auch nichts an, behalt es ruhig für dich ...« Plötzlich aber fiel ihm die Pistole ein, die Arthur bei sich trug, und er sagte sich, man sollte am besten alles beizeiten klären. »Was hast du da in der Hosentasche?«, fragte er barsch.

»Eine Pistole«, knurrte Arthur und biss sich auf die Lippen.

»Wozu?«

»Na, zum Schießen!«, antwortete Arthur herausfordernd.

»Los«, sagte Roderic streng und setzte sich auf. »Gib sie her. In der *Zone* ist niemand, auf den man schießen könnte. Na, gib schon her.«

Arthur wollte etwas sagen, schwieg dann aber und zog einen Armeecolt aus der Hosentasche. Er fasste ihn am Lauf und reichte ihn hinüber. Roderic spürte den warmen, geriffelten Griff der Pistole in seiner Hand, warf sie in die Luft, fing sie wieder auf und fragte: »Hast du ein Tuch bei dir?«

Arthur gab ihm sein Taschentuch, das blütenweiß war und nach Kölnischwasser roch. Roderic wickelte die Waffe darin ein und legte das Bündel auf eine der Eisenbahnschwellen. »Soll sie so lange hier liegen bleiben«, erklärte er. »Wenn wir, was Gott geben möge, wiederkommen, nehmen wir sie mit. Vielleicht müssen wir uns tatsächlich gegen die Patrouille zur

Wehr setzen ... Obwohl, sich mit denen anzulegen, ist so gut wie aussichtslos, Kumpel ...«

Arthur schüttelte energisch den Kopf.

»Ich habe sie doch nicht deswegen mitgenommen«, sagte er verdrossen. »Ist ja nur eine Kugel drin. Falls es mir so ergeht wie Vater ...«

»Ach, so ist das«, sagte Roderic verblüfft und musterte den Burschen aufmerksam. »Du kannst beruhigt sein, mein Junge. Wenn es dir ergeht wie deinem Vater, schleppe ich dich auf jeden Fall bis hierher. Das verspreche ich dir ... Da, sieh mal, es wird hell!«

Der Nebel schwand zusehends. Auf dem Bahndamm hatte er sich bereits völlig aufgelöst, und nur weiter unten und in etwas größerer Entfernung waren noch dünne weiße Dunstschwaden zu sehen. Die gewölbten, stachligen Hügel traten immer deutlicher hervor, und dazwischen erkannte man hier und da schon die scheckige Oberfläche des faulig riechenden Sumpfes. Hinter den Hügeln, am Horizont, flammten in grellem Gelb die Gipfel der Berge auf, über die sich ein strahlend blauer Himmel spannte.

Arthur warf einen kurzen Blick über die Schulter, an Roderic vorbei und rief begeistert: »Da, sehen Sie!« Roderic blickte sich um. Fantastisch. Im Osten waren die Berge tiefschwarz; über ihnen aber loderte der Himmel, in allen Schattierungen schillernd, smaragdgrün – das Grün des Sonnenaufgangs in der *Zone*.

Roderic stand auf, löste den Gürtel und fragte: »Willst du nicht auch? Du wirst sehen, später gibt es dafür weder Platz noch Zeit ...«

Er ging um die Lore herum, hockte sich auf den Bahndamm und schaute ächzend zu, wie das Grün rasch verblasste und nahezu unmerklich von einem rosa Schimmer verdrängt wurde. Ein orangefarbener Sonnenzipfel kroch hinter einer der Felskuppen hoch, und die Berge warfen augenblicklich violette

Schatten – alles bekam scharfe Konturen, erschien plastisch, lag wie auf einem Präsentierteller vor ihnen, und direkt vor sich, in etwa zweihundert Metern Entfernung, entdeckte Roderic den Hubschrauber. Der Helikopter war offenbar direkt ins Zentrum einer »Fliegenklatsche« geraten. Der Rumpf war plattgedrückt wie ein Metallfladen. Der Schwanz hingegen ragte nur leicht verbogen wie ein schwarzer Haken über einer Waldwiese auf. Auch die Heckschraube war noch heil; sie bewegte sich im Wind leicht hin und her und quietschte. Die »Klatsche« musste mit ungeheurer Wucht zugeschlagen haben. Nicht einmal zu einem Brand war es gekommen, denn auf dem plattgewalzten Rumpf war noch deutlich das rotblaue Emblem der königlichen Luftstreitkräfte zu erkennen. Roderic hatte es so viele Jahre nicht gesehen, dass er fast vergessen hatte, wie es aussah.

Nachdem er fertig war, ging er zu seinem Rucksack zurück, holte die Karte hervor und breitete sie auf dem verklumpten Gestein der Lore aus. Der Steinbruch selbst war von hier aus nicht zu sehen. Er wurde von einem Hügel verdeckt, dessen Kuppe von rauchgeschwärzten, versengten Bäumen bestanden war. Diesen Hügel mussten sie rechts umgehen, und zwar durch eine Talsenke, die sich zwischen diesem und dem nächstgelegenen Hügel ausdehnte. Auch der zweite Hügel war von hier aus gut zu erkennen – er war völlig kahl und von rötlich braunem Gesteinsschutt bedeckt.

Die Orientierungspunkte stimmten alle überein, aber Roderic gefiel die Sache trotzdem nicht. Sein Stalkerinstinkt, durch viele Jahre der Erfahrung geschärft, protestierte entschieden gegen die Idee, den Weg zwischen den zwei beieinandergelegenen Hügeln zu nehmen. Na schön, dachte er, wir werden es erleben, an Ort und Stelle werden wir klüger sein. Der Pfad zur Talsenke führte durch einen Sumpf, der gut zu überblicken und eben war. Von hier aus schien er ungefährlich. Als Roderic jedoch genauer hinsah, bemerkte er zwischen den kleinen, trockenen Erdaufwerfungen einen dunkelgrauen Fleck. Er schaute auf die Karte – dort war ein Kreuz eingezeichnet und mit krakeligen Buchstaben vermerkt: »Fuchs«. Die rot gestrichelte Linie, die den Pfad bezeichnete, führte rechts an dem Kreuz vorbei. Der Spitzname kam Roderic bekannt vor, doch um wen es sich dabei handelte, wie Fuchs ausgesehen und wann er gelebt hatte, wusste er nicht mehr. Nur eins kam ihm seltsamerweise in den Sinn: das verräucherte »Borsch«, besoffene, grimmige Visagen, gewaltige rote Pranken, donnerndes Lachen, weit aufgerissene Mäuler mit gelben Zähnen … eine fantastische Herde von Riesen und Titanen, die sich zur Tränke hier eingefunden hatte. Dieser erste Besuch im »Borsch« war eine von Roderics intensivsten Kindheitserinnerungen. Was habe ich damals abgeliefert?, überlegte er. Eine »Null«, glaube ich. Direkt aus der *Zone*, verschwitzt, hungrig und noch halb von Sinnen, war er, einen Sack über der Schulter, in die Kneipe geplatzt, hatte die Beute vor Ernest auf die Theke geknallt und dabei argwöhnisch und zähnefletschend um sich geblickt. Er hatte den lautstarken Schwall von Hohnlachen über sich ergehen lassen und gewartet, bis Ernest – damals noch jung und stets mit einer Fliege angetan – ein paar grüne Scheinchen vor ihn hingeblättert hatte … Aber nein, damals hatte es die grünen noch gar nicht gegeben, sondern so quadratische … die königlichen, mit einer halbnackten Frau drauf, mit Umhang und einem Kranz … Er hatte auf das Geld gewartet, es sich in die Tasche gesteckt und dann, unerwartet für sich selber, nach einem schweren Bierkrug gegriffen und ihn mit voller Wucht in die ihm am nächsten sitzende grinsende Visage geschlagen … Roderic lachte bei der Erinnerung und dachte, es könnte ebendieser Fuchs gewesen sein, dem er damals eins übergebraten hatte …

»Aber können wir denn zwischen diesen beiden Hügeln hindurch, Mister Schuchart?«, fragte Arthur leise. Er stand neben ihm und betrachtete gleichfalls die Karte.

»Das werden wir an Ort und Stelle sehen«, sagte Roderic. Er konnte seinen Blick nicht von der Karte losreißen, auf der noch zwei weitere Kreuze eingezeichnet waren. Das eine befand sich am Fuß des Hügels mit den versengten Bäumen, das andere auf dem rötlich braunen Gestein. Pudel und Brillenschlange. Der Pfad führte unterhalb entlang. »Wir werden es an Ort und Stelle sehen«, wiederholte Roderic, legte die Karte zusammen und steckte sie in die Tasche. Und dann, mit einem Blick auf Arthur: »Hilf mir mal den Rucksack anzuschnallen … Marschordnung wie vorher«. Dann rückte er den Rucksack zurecht, so dass ihn die Riemen nicht behinderten. »Du gehst vor mir, damit ich dich jede Sekunde im Blick habe. Schau dich nicht um, halt aber die Ohren offen. Was ich befehle, ist Gesetz. Und eins merk dir: Wir werden oft robben müssen, den Dreck musst du dir also gefallen lassen. Wenn mein Kommando kommt, tauchst du mit der Schnauze runter, ohne Widerrede! Und jetzt knöpf deine Jacke zu, es geht los. Bist du so weit?«

»Ja«, sagte Arthur leise. Er war sehr aufgeregt, und von der Röte auf seinen Wangen war keine Spur mehr zu sehen.

»Zunächst geht es in diese Richtung!« Roderic wies mit einer knappen Handbewegung zum nächstgelegenen Hügel, der etwa hundert Schritt vom Bahndamm entfernt war. »Alles klar? Dann los!«

Arthur schluckte krampfhaft, schritt über die Schiene hinweg und begann seitwärts den Abstieg vom Bahndamm. Geräuschvoll rieselte ihm Schottergestein nach.

»Langsam, langsam«, sagte Roderic. »Wir haben Zeit.«

Nun begann auch er vorsichtig den Abstieg, wobei er die Schubkraft des schweren Rucksacks automatisch mit den Beinen abfing. Aus den Augenwinkeln heraus beobachtete er Arthur unablässig. Er hat Angst, der Bursche, dachte er, und das ist gut so. Offenbar wittert er die Gefahr. Wenn er das Gespür seines Vaters hat, muss er sie einfach wittern. Wenn du wüsstest, Aasgeier, dachte er, dass sich der Spieß jetzt gegen dich gekehrt hat, denn diesmal bin ich deinen Anweisungen gefolgt … ›Hier an dieser Stelle, Rotfuchs‹, hatte Barbridge gesagt, ›kommst du allein nicht durch. Ob du willst oder nicht, du wirst jemanden mitnehmen müssen. Ich kann dir einen von meinen Burschen mitgeben, einen, um den es nicht schade ist.‹ Und Roderic hatte sich überreden lassen …

Das ist das erste Mal in meinem Leben, überlegte er, dass ich mich auf so etwas einlasse. Na, wir werden sehen, vielleicht schaffe ich es ja – und es muss doch keiner dran glauben. Bin schließlich nicht Aasgeier, mir wird schon was einfallen …

»Stopp!«, sagte er zu Arthur.

Der Bursche blieb, bis zum Knöchel in der sumpfigen Brühe, augenblicklich stehen. Bis Roderic bei ihm ankam, war er schon bis zum Knie eingesunken.

»Siehst du den Stein dort?«, fragte Roderic. »Dort drüben, direkt unter dem Hügel. Den steuerst du an.«

Arthur setzte sich in Marsch. Roderic ließ ihn zehn Schritt vorangehen und folgte ihm dann. Der Sumpf schmatzte unter ihren Füßen. Es war ein toter Sumpf – keine Insekten, keine Frösche, sogar die Weidensträucher hier waren abgestorben und verfault. Roderic hielt aus Gewohnheit nach allen Seiten Ausschau, doch vorerst schien alles in Ordnung zu sein. Der Hügel rückte langsam näher, verdeckte zum Teil die noch tief stehende Sonne und schließlich den ganzen östlichen Himmel. An dem Stein angelangt, drehte sich Roderic zum Bahndamm um. Die Gleise waren in grelles Sonnenlicht getaucht; darauf stand ein Zug mit etwa einem Dutzend Loren. Einige davon waren von den Schienen gesprungen und seitlich umgekippt – ihr Inhalt, inzwischen verrostet, war den Bahndamm hinuntergerollt. Ein Stück weiter hinten aber, nördlich vom Zug, in Richtung des Steinbruchs, sah Roderic die Luft über den Gleisen flimmern und wechselnde Farbschattierungen annehmen. Von Zeit zu Zeit flammten winzige Lichtbogen darin auf und verloschen augenblicklich wieder. Roderic starrte auf das Flimmern, spuckte aus, obwohl sein Mund fast ausgetrocknet war, und wandte sich wieder ab.

Arthurs Gesicht war vor Anspannung ganz starr.

»Weiter geht's«, sagte Roderic. »Siehst du das Lumpenzeug dort drüben? Nein, nicht in der Richtung! Weiter rechts …«

»Ja«, sagte Arthur. »Jetzt sehe ich's.«

»Das war ein gewisser Fuchs. Ist schon eine Weile her. Er hat nicht auf die Älteren gehört und liegt jetzt eigens dazu da, klugen Leuten den Weg zu zeigen. Peil die Richtung zwei Finger rechter Hand von dem Kerl an … Hast du's? Ob du die Richtung hast! Ungefähr dort, wo das Weidengestrüpp etwas dichter wird … Diese Stelle steuerst du an. Auf geht's!«

Sie marschierten nun parallel zum Bahndamm. Mit jedem Meter wurde das Wasser unter ihren Füßen weniger, und schon bald schritten sie über trockene, federnde Sumpfhöcker. Auf der Karte ist an dieser Stelle nichts als Morast eingezeichnet, dachte Roderic. Ziemlich veraltet, das gute Stück; man merkt, dass Barbridge lange nicht mehr hier war. Schlecht für uns … Natürlich war es leichter, auf festem Grund zu laufen, dennoch wäre es ihm lieber gewesen, wenn er hier, wie auf der Karte vermerkt, Morast angetroffen hätte. Sieh mal an, wie wacker er ausschreitet, dachte Roderic mit einem Blick auf Arthur. Als spaziere er über die Central Avenue …

Arthur hatte sich offenbar wieder gefangen und ging nun forsch voran. Die eine Hand steckte in der Hosentasche, mit der anderen winkte er Roderic lässig zu … Der kramte nun in seinen Jackentaschen, fand eine Schraubenmutter von etwa zwanzig Gramm Gewicht und warf sie dem Burschen mit einem wohlgezielten Schuss an den Kopf; er traf genau im Nacken. Arthur schrie erschrocken auf, fasste sich mit beiden Händen an den Kopf und stürzte zusammengekrümmt aufs trockene Gras. Roderic kam heran und beugte sich über ihn.

»So etwas kann einem hier immer passieren, Archie«, sagte er herausfordernd. »Das ist schließlich kein Boulevard zum Flanieren.«

Arthur erhob sich langsam, sein Gesicht war aschfahl.

»Alles klar jetzt?«, fragte Roderic.

Der Bursche schluckte nur und nickte.

»Dann ist es gut. Das nächste Mal kriegst du eins in die Zähne. Falls du dann noch am Leben bist. Also weiter!«

Dabei könnte aus dem Burschen ein guter Stalker werden, dachte Roderic. Wahrscheinlich bekäme er den Spitznamen Archie der Schöne. Es gab ja schon mal einen Schönen – Dickson hieß er, heute Zieselmaus genannt. Der einzige Stalker, der in den »Fleischwolf« geraten und am Leben geblieben ist. Hat Schwein gehabt, der Mann! Dabei glaubt er bis heute, dass Barbridge ihn da herausgeholt hat. Von wegen! Dem »Fleischwolf« ist nichts zu entreißen. Aus der *Zone* hat er ihn rausgeschleppt, das stimmt, diese Heldentat hat Barbridge tatsächlich zuwege gebracht. Aber wehe auch, er hätte es nicht getan! Die anderen waren seine Mätzchen schon lange leid und hatten ihm eingeschärft, ja nicht alleine wiederzukommen. In der Zeit bekam Barbridge den Spitznamen Aasgeier; bis dahin hatte man ihn den Lastesel genannt …

Plötzlich spürte Roderic auf der linken Wange einen kaum wahrnehmbaren Lufthauch, und augenblicklich, noch bevor er einen Gedanken fasste, rief er: »Halt!«

Er streckte den Arm nach links aus – dort war der Lufthauch stärker. An irgendeinem Punkt zwischen ihnen und dem Bahndamm lauerte die »Fliegenklatsche«, es sei denn, sie zog sich entlang des Bahndamms hin – nicht von ungefähr waren die Loren umgestürzt. Arthur stand wie angewurzelt, er hatte sich nicht einmal umgedreht.

»Halt dich weiter rechts«, sagte Roderic. »Weiter.«

Er wäre in der Tat kein schlechter Stalker … Was denn, zum Teufel, habe ich etwa Mitleid mit ihm? Das würde mir gerade noch fehlen. Hat denn mit mir schon einmal jemand Mitleid gehabt? … Doch, ja, es gab wirklich den einen oder anderen. Kirill zum Beispiel. Auch Dick. Obwohl dessen Mitleid eher Gutta gilt als mir, wenn er nicht sogar ein Auge auf sie geworfen hat. Aber das schließt ja nicht aus, dass er auch Mitleid mit mir hatte. Ich dagegen kann mir kein Mitleid leisten. Bei mir gibt es nur: entweder – oder! … Zum ersten Mal stand ihm diese Entscheidung klar vor Augen – entweder der Junge oder das Äffchen. Doch zwischen ihnen gab es im Grunde nichts zu entscheiden – die Sache war klar. Wenn nur dieses Wunder auch wirklich geschieht, hörte er eine zweifelnde Stimme in seinem Innern, und voller Schrecken suchte er sie sofort zu ersticken.

Sie passierten das graue Lumpenbündel. Vom Fuchs war nicht das Geringste übrig geblieben; nur ein langer, durch und durch verrosteter Stab lag in einiger Entfernung von den Fetzen im ausgedorrten Gras – das Minensuchgerät. Damals benutzten viele Stalker ein Minensuchgerät; man verschaffte es sich klammheimlich von Leuten, die in der Wirtschaftsverwaltung der Armee arbeiteten, und baute darauf wie auf den lieben Gott. Bis dann zwei Stalker nacheinander durch unterirdische Explosionen zu Tode kamen – trotz des Geräts. Von da an versuchte man es wieder ohne … Zum Teufel, dachte Roderic erneut, wer war dieser Fuchs bloß? Hat Aasgeier ihn in die *Zone* gehetzt, oder ist er aus eigenem Antrieb losmarschiert? Und weshalb zog es sie alle zu diesem Steinbruch, nie ist mir darüber auch nur das Geringste zu Ohren gekommen … Verdammt, ist das eine Hitze! Dabei ist es noch früh am Tage, wie soll es da erst nachher werden!

Arthur, der ungefähr fünf Schritt entfernt vor ihm herging, hob den Arm und wischte sich den Schweiß von der Stirn. Roderic warf einen kurzen Blick auf die Sonne – sie stand noch ziemlich tief. Und da, in dem Augenblick, wurde ihm plötzlich bewusst, dass das ausgedörrte Gras nicht wie vorher unter seinen Schritten raschelte, sondern eher knirschte, wie Kartoffelmehl. Auch war es nicht mehr stachlig und spröde, sondern weich und nachgiebig, und zerfiel unter seinem Stiefel gleich zu Ruß. Außerdem sah er die deutlichen Abdrücke von Arthurs Füßen vor sich. Blitzschnell warf er sich zu Boden und rief: »Leg dich hin!«

Roderic klatschte mit dem Gesicht ins Gras, das unter seiner Wange zu Staub zerfiel. Er lag da, bemüht, jede Bewegung zu vermeiden, und hoffte darauf, dass die Sache nochmal glimpflich für sie abging. In Wirklichkeit aber wusste er, dass es sie erwischt hatte. Die Hitze nahm zu, wälzte sich über sie, und umspannte wie ein Laken, das in kochend heißes Wasser getaucht worden war, den ganzen Körper. Schweiß ergoss sich in die Augen, und mit einiger Verspätung rief Roderic dem Burschen zu: »Lieg still! Halt aus!« Und begann selber still auszuhalten.

Er hätte es auch geschafft, alles wäre nochmal gutgegangen, lediglich geschwitzt hätten sie tüchtig, doch Arthur verlor die Nerven. Entweder hatte er nicht gehört, was Roderic ihm zurief, oder er war zu Tode erschrocken; vielleicht litt er auch noch mehr unter der Hitze als Roderic – jedenfalls verlor er die Kontrolle über sich: Er stieß einen tierischen Kehllaut aus und stürzte blindlings, in gebückter Haltung und einfach einem Instinkt gehorchend, in rückwärtiger Richtung davon. Zurück aber durfte er jetzt am allerwenigsten. Roderic konnte sich gerade noch aufrichten und den Burschen mit beiden Händen am Bein packen, so dass er, eine Aschewolke aufwirbelnd, schwer zu Boden fiel. Er schrie unnatürlich schrill auf, stieß Roderic das freie Bein ins Gesicht, schlug wild um sich. Rotfuchs aber, dessen Gedanken schon vor Schmerz getrübt waren, wälzte sich mit seinem ganzen Körpergewicht auf ihn, presste sein verbranntes Gesicht gegen die Lederjacke des Burschen, bemüht, ihn zu Boden zu drücken und nicht wieder hochkommen zu lassen. Er krallte sich mit beiden Händen in die langen Haare, presste den zuckenden Kopf nieder und stieß mit Stiefelspitzen und Knien blindlings zu: in Arthurs Leib und Beine … Wie durch einen Schleier vernahm er unter sich Schmerzschreie, Stöhnen und sein eigenes heiseres Heulen: »Lieg still, du Kröte, rühr dich nicht, sonst bring ich dich um …« Von oben aber stürzten nach wie vor glühende Kohlestücke auf ihn herab, schon brannte seine Kleidung; knisternd und blasenschlagend riss ihm hier und da die Haut auf. Roderic hielt die Stirn in die graue Asche gepresst und schirmte mit der Brust krampfhaft den Kopf dieses dreimal verfluchten Grünschnabels ab, doch dann konnte auch er nicht mehr an sich halten und begann aus Leibeskräften zu brüllen …

Er wusste nicht, wie das Ganze zu Ende gegangen war. Nur eins begriff er: Er konnte wieder atmen, die Luft war wieder Luft und kein glutheißer Dampf mehr, der einem den Kehlkopf verbrannte. Er wusste, dass jetzt Eile geboten war und sie so schnell wie möglich diesen teuflischen Brutofen hinter sich lassen mussten, damit er sie nicht noch einmal erwischte. Er kroch von Arthurs Körper, der wie leblos dalag, herunter, klemmte dessen Beine unter den Arm und begann mit dem anderen Arm vorwärts zu robben. Dabei starrte er wie gebannt auf die Grenze, hinter der wieder Graswuchs begann. Zwar war dieses Gras tot, trocken und stachlig, dafür aber echt, und es erschien ihm jetzt als die wunderbarste Verkörperung des Lebens. Zwischen den Zähnen spürte Roderic die Asche knirschen, über das verbrannte Gesicht liefen immer wieder Hitzewellen, und der Schweiß floss ihm ungehindert in die Augen – offenbar waren Brauen und Wimpern mitverbrannt. Den Jungen schleifte er hinter sich her; Arthurs Jacke blieb wie absichtlich nahezu an jedem möglichen Hindernis hängen. Roderics Hände brannten wie Feuer, und der Rucksack schlug ihm bei jeder Bewegung schmerzhaft gegen den Nacken, der von den Flammen ebenfalls versengt war. Hitze und Schmerzen waren unerträglich, und Roderic dachte voller

Schrecken, sein ganzer Körper sei verbrannt und er würde es nicht mehr schaffen bis zum Ziel. Diese Furcht ließ ihn mit doppelter Kraft den freien Ellbogen und die Knie bewegen, während er mit ausgetrockneter Kehle die schlimmsten Flüche ausstieß, die ihm in den Sinn kamen. Dann plötzlich erfasste ihn wahnsinnige Freude, als ihm die fast noch volle Feldflasche in seiner Jacke einfiel – die gute, liebe Feldflasche; sie würde ihn nicht enttäuschen, wenn er nur noch das letzte Stück schaffte, nur ein bisschen noch, los, Red, los, Rotfuchs, noch ein Stück, für Gott, für die Engel, auch für die am Nordpol, unter den dreißig Decken, für die Besucher und für Aasgeiers Seele …

Dann lag er lange Zeit still da, Gesicht und Hände in das kalte, faulige Wasser getaucht, und sog voller Genuss die nach Verwesung riechende Kühle in sich ein. Eine Ewigkeit hätte er so liegen können, doch er zwang sich aufzustehen. Er kniete sich hin, schüttelte den Rucksack ab und kroch auf allen vieren zu Arthur, der dreißig Schritt entfernt lag und sich noch immer nicht rührte. Roderic drehte ihn auf den Rücken. War ein hübscher Junge gewesen, dachte er. Jetzt freilich glich das ehemals schöne Gesicht einer grauschwarzen Maske, von Blut und Asche verbrannt. Stumpfsinnig betrachtete Roderic die tiefen Furchen auf dieser Maske, die von Steinen und Erdhöckern rührten. Dann stand er auf, packte Arthur unter den Armen und schleppte ihn zum Wasser. Der Bursche röchelte, und von Zeit zu Zeit stöhnte er auf. Roderic warf ihn mit dem Gesicht in eine große Wasserlache, ließ sich neben ihm zu Boden fallen und genoss erneut, wie es ihn nass und kalt umgab. Arthur begann zu blubbern, sich zu bewegen, stemmte sich schließlich mit den Armen auf und hob den Kopf. Seine Augen traten fast aus den Höhlen, er begriff nicht das Geringste, schnappte nur gierig nach Luft und hustete und spuckte in einem fort. Allmählich kam wieder Leben in seinen Blick, und er sah Roderic an.

»Phuu-u«, sagte er und schüttelte mehrmals den Kopf, wobei das Dreckwasser aus seinen Haaren in alle Richtungen stob. »Was war denn das, Mister Schuchart?«

»Der Tod«, murmelte Roderic undeutlich und brach in Husten aus. Er tastete sein Gesicht ab, es schmerzte. Die Nase war stark angeschwollen; Brauen und Wimpern aber, so seltsam ihm das auch vorkam, waren noch vorhanden. Die Hände waren ebenfalls noch heil, nur die Haut hatte sich rötlich verfärbt. Der Hintern war noch dran und nicht bis auf den Knochen geröstet, wie es schien ... Er tastete hin – alles in Ordnung, sogar die Hose war noch ganz. Einfach nur wie mit kochendem Wasser überbrüht ...

Auch Arthur fuhr sich vorsichtig mit den Fingern übers Gesicht. Jetzt, wo die furchterregende schwarze Maske abgewaschen war, sah es – ebenfalls entgegen aller Erwartungen – beinahe aus wie vorher. Nur ein paar Kratzer waren zu sehen, eine Schramme auf der Stirn, ein Riss in der Unterlippe – das war alles.

»Ich habe davon noch nie etwas gehört«, sagte Arthur und schaute zurück.

Roderic blickte in dieselbe Richtung. Auf dem grauen, zu Asche gewordenen Gras sah er noch die Spuren, und er wunderte sich, wie kurz dieser schreckliche, nicht enden wollende Weg gewesen war, den er auf der Flucht vor dem Tod zurückgelegt hatte. Lumpige zwanzig, dreißig Meter – nicht mehr – waren es von hier bis zu der ausgebrannten Stelle. Aber er war, blind vor Schreck, in unmöglichem Zickzack, kreuz und quer wie eine Küchenschabe über die glühende Bratpfanne gekrochen. Dabei musste er dankbar sein, dass er wenigstens die Richtung nicht verfehlt hatte, nicht weiter nach links gerobbt war, direkt auf die »Fliegenklatsche« zu, oder auch entgegengesetzt ... Nein, dachte er entschieden, in die entgegengesetzte Richtung wäre ich bestimmt nicht gekrochen. Irgendeinem Grünschnabel hätte das passieren können, aber nicht mir. Und überhaupt hätten wir die Sache bestens überstanden, wäre dieser Idiot nicht aufgesprungen. Höchstens den Hintern hätte ich mir ein bisschen verbrannt.

Er sah zu Arthur hinüber, der sich prustend in der Sumpflache wusch und jedes Mal aufstöhnte, wenn er an die schmerzenden Stellen kam. Dann stand Roderic auf. Gequält verzog er das Gesicht, als die Kleidung, steif und gegerbt von der Feuerhitze, mit der versengten Haut in Berührung kam. Er ging zu der trockenen Stelle, wo sein Rucksack lag. Den Rucksack hatte es am meisten erwischt. Die vorderen Taschen waren total verbrannt, die Fläschchen und Röhrchen der Notapotheke in der Hitze samt und sonders geplatzt, und es stank scharf nach ausgelaufener Medizin. Als Roderic die Klappe aufknöpfte, um Glassplitter und sonstige Überreste zu entfernen, hörte er Arthur sagen: »Vielen Dank, Mister Schuchart! Sie haben mich ja da rausgezogen.«

Roderic gab keine Antwort. Ich pfeif auf dein Dankeschön, dachte er, habe weiß Gott anderes zu tun, als für dich den Retter zu spielen.

»Es war meine Schuld«, fuhr Arthur fort. »Ich hatte ja gehört, dass Sie mir befahlen liegen zu bleiben, aber ich habe mich so erschrocken ... Und als die Hitze immer schlimmer wurde, habe ich den Kopf verloren. Ich habe nämlich große Angst vor Schmerzen, wissen Sie ...«

»Los, steh auf!«, sagte Roderic, ohne sich umzudrehen. »Das war erst der Anfang ... Mach schon, zum Faulenzen ist jetzt keine Zeit.«

Er nahm den Rucksack hoch, fuhr mit den Armen durch die Gurte und biss sich auf die Zähne – so stark war der Schmerz in den verbrannten Schultern. Er hatte das Gefühl, als hätte sich die Haut an diesen Stellen zusammengezogen und bilde jetzt brennende Falten. Angst vor Schmerzen hat er, dass ich nicht lache! Zum Teufel mit dir samt deiner Angst! Er warf einen Blick hinter sich. Alles in Ordnung, sie waren nicht vom

Weg abgekommen. Jetzt freilich galt es, die beiden kleinen Hügel mit den Toten zu passieren. Wie fiese Läusenissen lagen sie vor ihm, und grinsten ihn an … Das Schlimmste aber war die Senke zwischen ihnen … Unwillkürlich atmete Roderic tief ein. Stimmt, diese Senke war nicht ohne, von ihr ging die größte Gefahr aus. Eine Giftkröte von Senke.

»Siehst du die kleine Niederung dort zwischen den Hügeln?«, fragte er Arthur.

»Ja.«

»Die steuerst du an. Los!«

Der Bursche wischte sich mit dem Handrücken über die Nase und setzte sich in Marsch. Er stapfte durch die Sumpflachen, hinkte und hatte bei weitem keinen so forschen und leichtfüßigen Gang mehr wie zu Anfang ihres Unternehmens. Er war in sich zusammengesunken und ging nun sehr vorsichtig, fast lauernd.

Da habe ich also wieder jemanden aus dem Dreck geschleppt, dachte Roderic. Der Wievielte das wohl sein mag? Der Fünfte? Der Sechste? Fragt sich nur, wozu ich ihn da rausgeholt hab. Bin schließlich nicht verwandt mit ihm. Und eine Haftung für ihn habe ich auch nicht übernommen. Weshalb also? Um ein Haar wäre ich seinetwegen selber hopsgegangen … Jetzt, wo ich wieder einen klaren Kopf habe, weiß ich aber, dass es richtig war, ihn da rauszuholen. Anders ging es gar nicht: Ich brauche den Burschen ja als Pfand für das Äffchen. Es war kein Mensch, den ich gerettet habe, sondern mein persönliches Minensuchgerät. Mein Minensuchschiff sozusagen. Mein Dietrich. Nur, dass ich vorhin, im Augenblick der Gefahr, gar nicht daran gedacht habe … Habe ihn mitgeschleppt wie meinen eigenen Bruder, und nicht im Traum wäre mir eingefallen, ihn da liegen zu lassen. Dabei war ich wie ausgebrannt im Kopf und konnte nichts mehr denken – weder an den Dietrich noch ans Äffchen … Doch halt, das würde ja bedeuten, ich wäre wirklich ein guter Kerl. Wie Gutta das oft sagt. Auch Kirill, Gott hab ihn selig, wollte mir das immer weismachen. Und Richard liegt mir damit in den Ohren … Einen feinen Wohltäter haben sie da gefunden … Und jetzt Schluss mit dem Unsinn, sagte er sich. Gutmenschsein kann ich jetzt nicht gebrauchen! Überlegen muss ich, überlegen, und dann erst Arme und Beine bewegen. Damit es das erste und letzte Mal ist, klar? Ein Wohltäter, dass ich nicht lache … Ich muss ihn einfach für den »Fleischwolf« aufsparen, dachte er mit eisiger Klarheit. Hier kommt man an allem vorbei, bloß nicht am »Fleischwolf« …

»Halt!«, rief er.

Die Senke befand sich nun direkt vor ihnen, und Arthur, der augenblicklich stehen geblieben war, sah Roderic fragend an. Die Niederung war von gelblich grünem, in der Sonne ölig glänzendem Schlamm bedeckt, über dem schwacher Dampf hing. Dieser Dampf verdichtete sich zwischen den Hügeln in einem Maße, dass schon auf dreißig Schritt Entfernung nichts mehr zu erkennen war. Obendrein stank es unerträglich. Wusste der Teufel, was darin verfaulte … Roderic schien, als könnten hunderttausend faule Eier, ausgekippt über einem Haufen von hunderttausend verfaulten Fischköpfen und krepierten Katzen, nicht derart stinken. Barbridges Worte fielen ihm wieder ein: ›Stinken wird's dort, Rotfuchs, also, dass du mir bloß nicht kneifst …‹

Arthur stieß wie vorher einen kehligen Laut aus und machte schon wieder Anstalten umzukehren. Da löste sich Roderic aus der Erstarrung, holte hastig ein Päckchen Watte aus der Tasche, das mit Deo getränkt war, stopfte sich beide Nasenlöcher damit zu und reichte die Watte Arthur.

»Vielen Dank, Mister Schuchart«, sagte der Bursche mit schwacher Stimme. »Wär's denn nicht vielleicht möglich, den Weg über die Hügel zu nehmen?«

Roderic packte ihn schweigend bei den Haaren und drehte ihn mit dem Gesicht zu dem Haufen Lumpen an der Geröllseite.

»Das war Brillenschlange«, sagte er. »Und auf dem Hügel links, von hier nicht zu sehen, liegt Pudel. In genau demselben Zustand, kapiert? Und jetzt vorwärts marsch.«

Der Schlamm war warm und klebrig, und sie sanken hüfthoch darin ein. Der Grund unter ihren Füßen war glücklicherweise fest und auch einigermaßen eben. Doch bald schon vernahm Roderic das ihm bereits bekannte Surren zu beiden Seiten. Auf dem Hügel zur Linken, der von der Sonne angestrahlt wurde, war nichts Ungewöhnliches zu entdecken, rechter Hand aber, über der Anhöhe, die im Schatten lag, begannen blassviolette Fünkchen zu tanzen.

»Duck dich!«, zischte Roderic durch die Zähne und bückte sich auch selbst. »Tiefer, du Dummkopf!«

Arthur gehorchte erschrocken, und im selben Augenblick zerschnitt eine Donnersalve die Luft. Direkt über ihren Köpfen erzitterte in wildem Tanz ein mehrfach verzweigter Blitz, der sich jedoch kaum gegen den Himmel abhob. Arthur ging mechanisch in die Hocke und steckte nun bis zu den Schultern im Schlamm. Roderic aber, dessen Ohren von dem Getöse wie verstopft waren, sah zu der im Schatten liegenden Anhöhe hinüber und entdeckte in dem Gestein einen grellroten Punkt, der zusehends verblasste. Im gleichen Augenblick schlug krachend ein zweiter Blitz ein.

»Los, vorwärts!«, brüllte er und hörte die eigene Stimme nicht.

Sie bewegten sich nun in der Hocke weiter, im Gänsemarsch. Nur ihre Köpfe schauten noch aus dem Schlamm, und bei jeder neuen Explosion konnte Roderic sehen, wie die langen Haare des Burschen zu Berge stiegen, und spürte, wie tausend winzige Nadeln in sein Gesicht stachen. »Weiter!«, wiederholte er ein ums andere Mal. »Nur weiter!« Er war nun vollends taub von dem Dröhnen. Einmal drehte Arthur ihm sein Profil zu, und Roderic sah das schreckensstarre Auge des Burschen, das fast schon aus der Höhle trat, sah die zuckenden

Lippen, die schweißnasse, schlammverschmierte Wange. Dann zuckten die Blitze so tief, dass sie auch mit den Köpfen in die Brühe tauchen mussten. Der grüne Brei verklebte ihnen den Mund, das Atmen wurde immer schwerer. Als Roderic zwischendurch auftauchte, um nach Luft zu schnappen, riss er sich die Tampons aus der Nase und entdeckte zu seiner Verblüffung, dass der Gestank verschwunden war. Die Luft war von frischem, kräftigem Ozon angefüllt. Der Dampf ringsumher war jetzt ungeheuer dicht – oder wurde ihm bloß schwarz vor den Augen? Jedenfalls konnte er nichts mehr erkennen, weder den Hügel rechts, noch den Hügel links, nur Arthurs Kopf sah er noch vor sich, und die dichten gelben Dampfschwaden.

Ich werde es auch diesmal schaffen, dachte Roderic. Ist schließlich nicht das erste Mal. Mein ganzes Leben lang geht das schon so: bis zum Hals in der Scheiße und über dem Kopf Blitze. Anders war's noch nie … Großer Gott, wo kommt nur dieser ganze Dreck her! Als wär's der Dreck der ganzen Welt … Das geht auf Aasgeiers Konto, dachte er wütend. Wo Aasgeier durchging, blieb Dreck zurück … Brillenschlange zur Rechten, Pudel zur Linken. Sie sind nur auf der Strecke geblieben, damit Aasgeier ungehindert passieren und seinen Dreck für uns hinterlassen konnte … Geschieht mir ganz recht, dachte Roderic. Wer sich in Aasgeiers Spuren bewegt, steckt immer bis zum Hals im Dreck. Wie wenn du das nicht schon früher gewusst hättest … Es gibt zu viele Aasgeier auf der Welt, deshalb findet man auch keinen sauberen Flecken mehr … Und du, Nunnan, bist ein Dummkopf. Sagst zu mir: ›Du störst unser Gleichgewicht, Rotfuchs, störst unsere Ordnung. Ist doch egal, was für eine Ordnung herrscht – ob eine schlechte oder eine gute – dir, Rotfuchs, geht es doch immer dreckig. Und weil es solche wie dich gibt, werden wir nie das Paradies auf Erden haben …‹ Als wenn du irgendetwas davon verstündest, du Dickwanst! Wann soll ich denn eine gute Ordnung erlebt haben, wann? Nie! Mein Leben lang sah ich nichts anderes, als Leute wie Kirill und Brillenschlange sterben – und die Aasgeier zwischen ihren Leichen durchkriechen, drüber hinweg, wie die Würmer, und Dreck machen, Dreck, Dreck …

Er glitschte auf einem Stein aus, der ihm unter dem Fuß wegkippte, sank bis über den Kopf in die Brühe ein, rappelte sich wieder hoch und erblickte dicht neben sich Arthurs krampfhaft verzerrtes Gesicht mit den stieren Augen. Roderic lief es vor Schreck plötzlich kalt über den Rücken: Für Bruchteile von Sekunden schien es ihm, als hätte er die Orientierung verloren. Doch gleich darauf begriff er, dass das nicht stimmte. Er musste nur immer die schwarze Steinkuppe ansteuern, die dort aus dem Schlamm ragte, denn außer der Kuppe war in dem gelben Nebel nicht das Geringste zu erkennen.

»Halt!«, rief er. »Halt dich weiter rechts! Rechts von dem Stein!«

Wieder hörte er in dem Getöse seine eigene Stimme nicht, und so holte er Arthur ein, packte ihn an der Schulter und wies mit der Hand in die einzuschlagende Richtung: »Halt dich rechts vom Stein, und Kopf runter!« Das werdet ihr mir büßen, dachte er … Bei dem Stein angekommen, tauchte Arthur unter, und im gleichen Augenblick schlug mit ohrenbetäubendem Dröhnen ein Blitz in die Kuppe ein; glühende Brocken flogen durch die Luft. Das werdet ihr mir büßen, dachte Roderic erneut, tauchte gleichfalls bis über den Kopf in den Schlamm ein und arbeitete sich fieberhaft mit Armen und Beinen voran. Dumpf vernahm er einen weiteren Blitzeinschlag. Die Seele reiß ich euch dafür aus dem Leib! Und gleich darauf der flüchtige Gedanke: Von wem spreche ich eigentlich? Keine Ahnung. Aber irgendwer muss für das alles büßen und wird mir für alles bezahlen! Wartet's nur ab, bis ich bei der »Kugel« angelangt bin, wenn ich erst die »Kugel« erreicht habe, dann stopf ich euch diese Scheiße in den Hals … Ich bin nicht Aasgeier, ich werde anders mit euch abrechnen …

Als sie im Trockenen waren, auf steinigem Grund, der unter der Sonne bereits glühte, beide halb taub und auf das Äußerste erschöpft, schwankend und sich aneinanderklammernd, um nicht hinzustürzen, erblickte Roderic einen Lastwagen. Er war stark lädiert und hing in den Achsen durch, und Roderic erinnerte sich dunkel, dass man hier, im Schatten dieses Autowracks, ausruhen konnte. So ließen sie sich im Schatten nieder. Arthur legte sich auf den Rücken und begann mit müden Fingern seine Jacke aufzuknöpfen. Roderic lehnte sich mit dem Rucksack gegen die Bordwand, wischte sich schlecht und recht die Handflächen am Schotter sauber und langte in die Jackentasche.

»Ich auch …«, sagte Arthur. »Ich bitte auch, Mister Schuchart.«

Roderic war verblüfft, wie laut die Stimme des Burschen klang, nahm mit geschlossenen Augen einen kräftigen Schluck und reichte die Flasche weiter.

Vorbei, dachte er träge. Wir sind durch. Auch das hätten wir geschafft. Und jetzt wird abgerechnet. Oder glaubt ihr, ich hätte auch nur das Geringste vergessen? Nicht die Bohne hab ich vergessen. Und wenn ihr denkt, ich sage euch auch noch Danke dafür, dass ihr mich am Leben gelassen habt, irrt ihr euch. Einen Dreck werde ich euch danken. Jetzt geht's euch allen an den Kragen, kapiert? Nichts wird euch verziehen. Jetzt entscheide ich. Ich, Roderic Schuchart, im Vollbesitz meiner geistigen Kräfte, werde über alles und für alle entscheiden. Und ihr, alle anderen, Aasgeier, Giftkröten, Besucher aus dem All, ihr Knochigen, Quarterbloods, Parasiten, Grünschnäbel, Heiseren, mit Krawatten, mit Uniformen, ihr frisch Gewaschenen, mit euren Aktentaschen, euren Reden, euren Wohltaten, euren Arbeitsplätzen und ewigen Akkumulatoren, mit dem Perpetuum mobile, den »Fliegenklatschen« und euren schönen Versprechungen – es reicht, ihr Schweine habt mich betrogen, mich mein Leben lang an der Nase herumgeführt!

Und ich Idiot hab mich damit gebrüstet, dass ich tue, was mir gefällt … Ihr habt mich darin bestärkt, euch aber heimlich dabei zugezwinkert und mich weiter an der Nase herumgeführt, gezogen, gezerrt, geschleift – durch die Scheiße, durch die Gefängnisse, durch die Kneipen … Es reicht! Er schnallte den Rucksack ab und nahm von Arthur die Flasche entgegen.

»Das hätte ich nie für möglich gehalten«, sagte Arthur fügsam und ungläubig. »Nicht mal im Traum wäre mir das eingefallen … Natürlich habe ich gewusst, dass es um Feuer und Tod geht … aber so etwas! Wie werden wir bloß zurückkommen?«

Roderic hörte ihm nicht zu. Was dieses Menschlein jetzt sagte, hatte keinerlei Bedeutung mehr. Es hatte schon früher nichts gegolten, obwohl er damals noch ein Mensch gewesen war. Jetzt war er … ein sprechender Dietrich. Sollte er ruhig reden.

»Ich würde mich gerne waschen.« Arthur hielt nach allen Seiten Ausschau. »Wenigstens das Gesicht …«

Roderic blickte ihn zerstreut an: Das verklebte und verfilzte Haar des Burschen, das schlammverschmierte Gesicht, auf dem Spuren von Fingern zu sehen waren, und der ganze Körper waren bedeckt von einer rissigen Schicht getrockneten Drecks. Aber Roderic spürte keinerlei Regung in sich, weder Mitleid noch Zorn, nichts. Ein sprechender Dietrich. Er wandte sich ab. Die Landschaft vor ihm war trist, glich einem verlassenen Bauplatz. Der Boden war über und über mit scharfkantigem Schotter bedeckt, alles ringsum von weißem Staub überzogen und in gleißendes Sonnenlicht getaucht – das Licht einer unerträglich grellen, sengenden, bösartigen, toten Sonne. Von hier aus konnte Roderic bereits die Umrisse des Steinbruchs sehen. Die eine Wand stand in grellweißes Licht getaucht, schien sehr steil und vollkommen glatt zu sein. Der näher gelegene Abhang hingegen war von großen Steinbrocken bedeckt. Der Abstieg in den Steinbruch befand sich an der Stelle, wo inmitten der Gesteinsbrocken die Kabine des Baggers als roter Fleck zu erkennen war. Die Kabine war der einzige Orientierungspunkt, den sie besaßen. Sie mussten direkt darauf zusteuern und hoffen, dass sie Glück hatten.

Unvermittelt richtete sich Arthur auf, fuhr mit der Hand unter den Wagen und zog eine rostige Konservendose hervor.

»Sehen Sie mal, Mister Schuchart«, sagte er, nun schon eine Spur munterer. »Die stammt sicher von meinem Vater … Dort liegen noch mehr.«

Roderic gab keine Antwort. Das nützt dir gar nichts, dachte er. Besser, du lässt deinen Vater jetzt aus dem Spiel und hältst die Klappe … Ach was soll's, ist sowieso egal … Er erhob sich und knirschte vor Schmerz mit den Zähnen, denn die Kleidung klebte überall an der verbrannten Haut fest, und wo sie sich losriss, brannte es, als würde ein verkrusteter Verband von einer Wunde abgezogen. Arthur erhob sich ebenfalls, und auch er ächzte und stöhnte. Er schaute mitleidheischend zu Roderic – man sah ihm an, dass er sich gern beklagt hätte, aber er wagte es nicht. Er fragte nur mit gepresster Stimme: »Könnte ich vielleicht noch einen Schluck nehmen, Mister Schuchart?«

Roderic verstaute die Flasche, die er in der Hand hielt, in der Innentasche seiner Jacke und sagte: »Siehst du den roten Fleck dort zwischen den Steinen?«

»Ja«, antwortete Arthur und atmete krampfhaft durch.

»Den steuerst du an. Abmarsch!«

Der Bursche straffte sich mit einem Stöhnen, stand aber gleich darauf wieder gekrümmt da und sagte nach einem Blick ringsum: »Wenn ich mich ein bisschen waschen könnte … Das Zeug klebt einem ja nur so am Leibe.«

Roderic schwieg und wartete. Arthur warf ihm einen resignierten Blick zu, nickte und wollte losgehen, als ihm plötzlich etwas einfiel. »Der Rucksack«, sagte er. »Sie haben den Rucksack vergessen, Mister Schuchart.«

»Vorwärts marsch!«, befahl Roderic.

Ihm stand der Sinn weder nach einer Erklärung noch nach Lüge, es wäre ja doch sinnlos gewesen. Der Bursche würde auch so gehen. Ihm blieb gar nichts anderes übrig. Er würde gehen. Und Arthur ging. Er trottete los, mit gekrümmtem Rücken und die Beine hinter sich herschleifend, und versuchte, die fest haftende Dreckkruste vom Gesicht zu entfernen. Er wirkte auf einmal sehr klein, arm und mitleiderregend – wie ein nasses, umherstreunendes Katzenjunges.

Roderic marschierte ebenfalls los, und kaum war er aus dem Schatten heraus, als die Sonne auch schon gleißend und sengend über ihn herfiel, so dass er mit der Hand sein Gesicht abschirmen musste und bedauerte, seine Sonnenbrille nicht mitgenommen zu haben.

Bei jedem Schritt wirbelte weißer Staub hoch, der sich auf den Schuhen absetzte und einen unerträglichen Geruch verströmte. Doch nein … Der Gestank schien von Arthur zu kommen; hinter ihm zu gehen war schier unmöglich. Erst später begriff Roderic, dass er selbst diesen Geruch an sich hatte, einen stechenden, irgendwie bekannten Geruch, der immer dann über der Stadt gelegen hatte, wenn der Nordwind den Qualm der Fabrikschlote herantrieb. Auch der Vater hatte ihn an sich gehabt, wenn er abends von der Arbeit kam, ein Schrank von Mann, düster dreinblickend, mit wilden, rot geäderten Augen. In solchen Augenblicken hatte es Roderic stets eilig gehabt, sich in den hintersten Winkel zu verkriechen und von dort aus ängstlich zu beobachten, wie der Vater seine Arbeitskluft vom Körper riss und der Mutter zuwarf, wie er die gewaltigen geflickten Schuhe von den riesigen Füßen zog und sie unter das Garderobenschränkchen bugsierte, um dann auf Strümpfen ins Badezimmer zu tappen, wo er lange und ausgiebig unter der Dusche stand. Dann ächzte er wohlig, klatschte sich lautstark auf den nassen Körper, klapperte mit der Waschschüssel und brummte ab und zu etwas vor sich hin. Bis dann der bekannte Ruf durchs Haus schallte: ›Was ist, Maria, schläfst du?‹ Erst wenn er gewaschen war und am Tisch Platz genommen hatte, wo bereits eine Flasche Bier für ihn bereitstand und ein tiefer Teller mit dickem Eintopf auf ihn wartete, dazu die Ketchupflasche, wenn er die Suppe gelöffelt hatte und sich an Fleisch und Bohnen machte, wagte sich Roderic aus seinem Versteck, kletterte dem Vater auf die Knie und begann ihn auszufragen, welchen Meister oder Ingenieur er denn heute in Vitriolöl ersäuft hätte …

Alles ringsum hatte sich bis zur Weißglut aufgeheizt, und Roderic war hundeelend – vor Erschöpfung, vom Gestank und von der unbarmherzigen, trockenen Hitze. Die verbrannte und in den Gelenken gesprungene Haut schmerzte unerträglich, und durch den Hitzeschleier hindurch, der sein Bewusstsein trübte, schien sie ihn um Wasser, Ruhe und Kühle anzuflehen. Erinnerungsfetzen, bis zur Unkenntlichkeit verwischt, türmten sich in seinem dumpfen Hirn, verdrängten einander, vermischten sich in der weißen, sengenden Welt um ihn her und tanzten vor seinen halbgeschlossenen Augen. Sie alle waren bitter, scheußlich und beschworen Hass oder schmerzliches Mitleid herauf. Roderic versuchte, diese Hölle zu lichten und wenigstens *eine* schöne Erinnerung lebendig werden zu lassen, einen Hauch von Zärtlichkeit oder Wohlbefinden. Mit aller Kraft suchte er in seinem Gedächtnis nach Guttas frischem, lachendem Gesicht, als sie noch ein junges Mädchen gewesen war, ein Mädchen, das er begehrte, das noch unberührt war. Doch kaum tauchte es auf, wurde es von einer Schlammschicht überzogen, erstarrte zur Grimasse, verwandelte sich in das mit dichtem rotbraunem Fell bedeckte Frätzchen des Äffchens. Er wollte sich an Kirill erinnern – den Menschen, den er nahezu vergöttert hatte, wollte sich dessen rasche, sichere Bewegungen in Erinnerung rufen, sein Lachen, seine Stimme, die herrliche, ungeahnte Orte und Zeiten verhieß; aber als er Kirills Gesicht endlich vor sich hatte, blitzte grell eine silbrige Spinnwebe in der Sonne auf und fegte das Bild hinweg. Stattdessen starrten ihn die Engelsaugen des Heiseren Hugh an, ohne ein einziges Mal zu zwinkern, und er sah die große weiße Hand, die abwägend den Porzellanzylinder umfasste ... Dunkle Mächte schienen in sein Bewusstsein einzudringen und in Bruchteilen von Sekunden seinen Willen zu brechen und das wenige Gute auszulöschen, das sein Gedächtnis bewahrt hatte; es gab nichts Gutes mehr, nur noch Visagen, Visagen, Visagen ...

Doch er war und blieb ein Stalker. Ohne dass es ihm bewusst war oder er darüber nachgedacht hätte, beobachtete er ununterbrochen seine Umgebung – mit dem Rückenmark gewissermaßen. So registrierte er linker Hand und in sicherer Entfernung ein »lustiges Gespenst«, es befand sich auf einem hohen Bretterstapel, war ruhig, leer – also pfeif drauf ... Von rechts jedoch war ein leiser Windhauch zu spüren, und nach ein paar Schritten entdeckte er – gleichfalls in gebührender Entfernung und daher ungefährlich – eine spiegelglatte »Fliegenklatsche«, vielarmig wie ein Seestern, in deren Zentrum sich ein zu einem Schatten plattgewalzter Vogel befand – eine Seltenheit, denn Vögel gab es in der *Zone* so gut wie keine. Und dort, gleich neben dem Pfad, lagen zwei »Nullen« – offenbar hatte Aasgeier sie auf dem Rückweg liegen gelassen, als einmal die Angst über die Habgier siegte ... Das alles nahm Roderic wahr, registrierte es, und wäre Arthur, der noch immer zusammengekrümmt vor ihm herging, auch nur einen Zollbreit von der vorgegebenen Richtung abgewichen, hätte sich Roderics Mund automatisch aufgetan, um einen heiseren Warnruf auszustoßen. Eine Maschine, dachte er, eine Maschine habt ihr aus mir gemacht ... Inzwischen rückte der Steinbruch immer näher, und man konnte bereits die bizarren Rostmuster auf dem roten Kabinendach des Baggers erkennen.

Was bist du doch für ein Dummkopf, Barbridge, dachte Roderic. Gerissen, aber dumm. Wie konntest du mir bloß vertrauen? Du kennst mich nun schon so lange und müsstest mehr über mich wissen als ich selbst. Bist alt geworden, das ist es. Und mit dem Alter dumm. Hast außerdem ein Leben lang nur mit Dummköpfen zu tun gehabt … Roderic stellte sich Aasgeiers Visage vor, wenn er erfuhr, dass Arthur – sein Goldjunge, sein leiblicher Sohn, seine Freude, sein Stolz, sein Leben – mit ihm, Roderic, in die *Zone* gegangen war, damit er sich seine Beine zurückholen konnte – und nicht irgendeine Rotznase, um die es nicht schade gewesen wäre. Bei dieser Vorstellung musste Roderic laut lachen, und sogar als Arthur sich erschrocken umdrehte, lachte er weiter und winkte ihm mit der Hand zu: Na los, immer vorwärts! Wieder zog an seinem Gedächtnis eine dreckige Visage nach der anderen vorbei, wie auf einer Leinwand … Alles müsste verändert werden, dachte Roderic unvermittelt, nicht nur ein Lebenslauf oder zwei, nicht nur ein Schicksal oder zwei – jedes Schräubchen dieser elenden, stinkigen Welt müsste ausgetauscht werden …

Inzwischen war Arthur an der Stelle des Abhangs angekommen, wo von oben ein Weg steil hinunter in den Steinbruch führte. Den langen Hals vorgereckt, blieb er wie angewurzelt stehen und blickte weit nach unten in die Tiefe. Roderic trat heran und stellte sich neben ihn; sein Blick aber fiel auf etwas anderes …

Direkt zu ihren Füßen begann der steil abfallende Weg, der schon vor langer Zeit von den Ketten und Rädern schwerer Fahrzeuge aufgerissen und zerwühlt worden war. Rechts ragte ein weißer, von der Hitze zerfurchter Fels auf; der Felsen links war halb zerstört. Zwischen Gesteinsbrocken und Schotter stand dort, stark zur Seite geneigt, der Bagger; der Greifer war heruntergelassen und lag kraftlos am Rand des Wegs. Etwas anderes war, wie zu erwarten, auf dem Weg nicht zu sehen. Nur unmittelbar neben dem Greifer hingen von den Felsvorsprüngen schwarze, in sich gedrehte Zapfen herab, die an dicke Wachskerzen erinnerten. Im weißen Staub sah Roderic zudem eine Menge schwarzer Flecken, so als hätte man dort Bitumen verschüttet. Das ist nun alles, was von ihnen übrig blieb, dachte er, und man kann nicht einmal sagen, wie viele es waren. Vielleicht rührte jeder dieser Kleckse von einem Menschen – und von einem Wunsch Barbridges … Der Klecks dort: Aasgeier ist heil und wohlbehalten aus dem Keller von Trakt sieben zurückgekehrt, und der dort drüben, der größere: Aasgeier hat ungehindert den »zappelnden Magneten« aus der *Zone* herausgeschleppt. Und dieser kleine Zapfen: die rassige, weder Vater noch Mutter ähnliche und von allen Männern begehrte Schlampe Dinah. Und der Fleck dahinten: Arthur Barbridge, ebenfalls ohne die geringste Ähnlichkeit mit Vater und Mutter, Archie der Schöne, sein ganzer Stolz …

»Wir haben es geschafft!«, krächzte Arthur verzückt. »Wir haben's geschafft, Mister Schuchart, nicht wahr?«

Er brach in glückliches Lachen aus, hockte sich hin und begann mit beiden Fäusten und ganzer Kraft auf die Erde zu trommeln. Das verfilzte Haar auf seinem Kopf tanzte und wippte dazu höchst komisch im Takt, Klumpen getrockneten Drecks flogen nach allen Seiten. Erst in diesem Moment wandte Roderic den Blick und sah hinunter zur »Kugel«. Sehr langsam, vorsichtig – in der heimlichen Furcht, ihr Anblick könnte ihn enttäuschen, Zweifel in ihm aufkommen lassen, ihn von den Höhen, zu denen er sich, halb im Dreck krepierend, aufgeschwungen hatte, zurück in die Tiefe schleudern …

Die »Kugel« war nicht golden, eher kupfern, und hatte einen rötlichen Schimmer. Sie war vollkommen glatt und reflektierte matt das Sonnenlicht. Sie befand sich am Fuß des Abhangs gegenüber, friedlich eingebettet im Gestein, war sehr massiv und durch ihr Gewicht tief ins Lager eingesunken.

Sie hatte nichts an sich, was Enttäuschung oder Zweifel hätte hervorrufen können, freilich weckte sie auch keine sonderlich großen Hoffnungen. Unerklärlicherweise kam Roderic der Gedanke, die »Kugel« sei trotz aller Schwere hohl und ihre Oberfläche aufgrund der Sonneneinstrahlung sehr heiß. Der Schimmer, der von ihr ausging, stammte offensichtlich nicht von ihr selbst, und sie machte auch nicht den Eindruck, sie könne, wie in der Legende häufig berichtet, in die Luft steigen und schweben. Die »Kugel« lag an der Stelle, wo sie seinerzeit hingefallen war; möglicherweise ging sie Riesen während eines Spiels verloren, oder sie war jemandem aus seiner riesengroßen Tasche gefallen. Jedenfalls war sie sicher nicht absichtlich dort hingeworfen worden – sie lag einfach da, lag herum wie all die »Nullen«, »Armbänder«, »Batterien« und anderer Krempel, der von dem *Besuch* zurückgeblieben war.

Dennoch hatte die »Kugel« etwas an sich, und je länger Roderic sie ansah, desto stärker spürte er, wie angenehm ihr Anblick war ... Man hatte unwillkürlich das Verlangen, zu ihr hinzugehen, sie zu berühren und mit der Hand sanft über ihre Oberfläche zu streicheln. Plötzlich dachte er, wie schön es sein musste, neben ihr zu sitzen und sich mit dem Rücken an sie zu lehnen, den Kopf in den Nacken zu legen und sich mit geschlossenen Augen seinen Gedanken zu überlassen, seinen Erinnerungen, oder einfach nur zu dösen, sich zu entspannen ...

In diesem Augenblick sprang Arthur auf, öffnete hastig die Reißverschlüsse an seiner Jacke, riss sich das Kleidungsstück vom Körper und schleuderte es auf die Erde, so dass eine Wolke weißen Staubs aufwirbelte. Er brüllte etwas, das Roderic nicht verstand, schnitt Grimassen und fuchtelte wild mit den Armen, dann legte er die Hände auf den Rücken und begann, ausgelassen hüpfend und tänzelnd wie ein Kind, den Abstieg. Er hatte keinen Blick mehr für Roderic, hatte ihn glattweg vergessen, wie er überhaupt alles um sich herum vergaß – er war auf dem Weg, sich seine Wünsche zu erfüllen, die kleinen heimlichen Wünsche eines Pennälers, der noch rot wurde, wenn man ihn etwas fragte; eines Grünschnabels, der noch nie im Leben Geld verdient oder besessen hatte, vom Taschengeld einmal abgesehen; eines Milchbarts, der gnadenlos verdroschen wurde, wenn er nach Hause kam und auch nur entfernt nach Schnaps roch, und aus dem ein berühmter Advokat werden sollte, später dann ein Minister und noch später der Präsident … Roderic, die entzündeten Augen im grellen Licht zusammengekniffen, sah ihm schweigend hinterher. Er war ganz kalt und ruhig. Er wusste, was gleich passieren musste, und er wusste auch, dass er dann die Augen abwenden würde. Jetzt aber konnte er noch hinschauen, und er tat es, ohne besondere Gefühlsregung. Nur irgendwo tief in seinem Inneren begann sich etwas zu regen – ein kleiner Wurm, der sich unruhig durch seine Eingeweide schlängelte, in ihm nagte …

Der Bursche setzte seinen Abstieg fort. Er hüpfte und tanzte den steilen Abhang hinunter, weißer Staub wirbelte unter seinen Absätzen auf, er rief aus voller Kehle etwas heraus, sehr vergnügt, zugleich aber auch feierlich – es klang wie ein Singsang oder eine Beschwörungsformel. Roderic dachte flüchtig, dass es seit Bestehen des Steinbruchs wohl das erste Mal war, dass jemand diesen Weg so ausgelassen nahm, als begäbe er sich auf ein Fest. Anfangs hörte er gar nicht zu, was sein sprechender Dietrich von sich gab, dann aber rastete gleichsam etwas in seinem Hirn ein, und er verstand die Worte: »Glück für alle! Umsonst! Glück im Übermaß! Kommt alle her, es reicht für jeden! Niemand soll gekränkt fortgehen! Umsonst! Glück umsonst!«

Plötzlich aber verstummte er, als hätte ihm eine riesige Hand mit voller Wucht einen Knebel in den Mund gestoßen. Roderic beobachtete gebannt, wie das durchsichtige Nichts, das sich im Schatten des Baggergreifers verborgen gehalten hatte, den Burschen packte, in die Luft schleuderte und langsam, aber mit aller Kraft wie durch eine Winde quetschte – wie eine Hausfrau, die ihre Wäsche auswringt. Er sah noch, wie sich einer der staubigen Schuhe von dem zuckenden Fuß löste und in hohem Bogen durch den Steinbruch flog. Dann wandte sich Roderic ab und setzte sich hin. Er war unfähig, etwas zu denken, war wie taub, und spürte sich selbst nicht mehr. Um ihn herum war Stille, und besonders ruhig war es auf dem Pfad hinter ihm. Er entsann sich der Flasche in seiner Jackentasche, aber ohne Freude, eher wie einer Medizin, die er jetzt einnehmen musste. Er holte sie hervor, schraubte den Verschluss ab und begann in kleinen, sparsamen Schlucken zu trinken. Zum ersten Mal in seinem Leben wünschte er sich, in der Flasche möge kein Schnaps sein, sondern einfach kaltes Wasser …

Einige Zeit verstrich, dann konnte Roderic allmählich wieder klar denken. Das war's also, dachte er unwillig, der Weg ist frei. Ich könnte sofort aufbrechen, aber es ist besser, noch ein Weilchen zu warten. Der »Fleischwolf« ist mitunter launisch, und ich muss mir ohnehin erst über ein paar Dinge klarwerden. Das Schlimme ist nur, dass ich das Nachdenken nicht gewohnt bin. Was ist das überhaupt – denken? Mein Denken war bisher immer darauf abgerichtet, mich aus einer Schlinge zu ziehen, andere zu bluffen oder ihnen eins auszuwischen. Aber auf die Art komme ich jetzt nicht weiter …

Also nochmal von vorn: Das Äffchen, Vater … Für das alles sollen sie mir büßen, die Mistkerle, die Seele will ich ihnen aus dem Leib reißen, Dreck sollen sie schlucken, wie ich es getan habe … Doch nein, Rotfuchs, darum geht es nicht … Das heißt, in gewisser Weise schon, aber das sind ja Flüche, keine Gedanken … Plötzlich ließ eine unbestimmte, schreckliche Vorahnung Eiseskälte in ihm aufsteigen, und er übersprang eine Reihe von Überlegungen, die er später noch würde anstellen müssen, um sich eisern und entschlossen zu befehlen: Du wirst so lange hier sitzen bleiben, du rotes Miststück, bis du deine Sache zu Ende gedacht hast – und wenn du neben dieser Kugel hier krepierst. Eher wirst du zu Tode schmoren und verfaulen, als dass du mit dieser Verwirrung im Kopf von hier weggehst …

Herrgott nochmal, habe ich denn gar keine Worte, gar keine Gedanken in meinem Schädel? Mit der halb geöffneten Faust schlug er sich schmerzhaft ins Gesicht, an die Stirn. In meinem ganzen Leben hatte ich ja noch keinen einzigen richtigen Gedanken! Moment mal, wie hat Kirill immer gesagt … Ach, Kirill! Fieberhaft wühlte er in seinen Erinnerungen; Worte, Satzfetzen tauchten verschwommen auf, aber sie waren nicht das, wonach er suchte, denn von Kirill waren keine Worte zurückgeblieben, nur undeutliche Vorstellungen. Bilder, die Gutes verhießen, zugleich aber so furchtbar unwahrscheinlich waren …

Ach, diese Gemeinheit! … Sogar hier halten mich diese Mistkerle noch zum Narren, haben mir die Sprache weggenommen … Ein kleiner, mieser Spitzbube bin ich gewesen und bis heute geblieben … Aber das darf nicht sein! He, hörst du? Das muss ein für alle Mal verboten werden! Der Mensch ist zum Denken geboren. (Da waren sie endlich, Kirills Worte!) Das Schlimme ist nur, ich kann nicht dran glauben. Ich habe es früher nicht gekonnt und kann es jetzt nicht, und wozu der Mensch geboren ist, weiß ich nicht. Er kommt eben auf die Welt und fertig. Jeder schlägt sich durchs Leben, so gut er kann. Hauptsache, uns geht's gut, sollen die anderen doch alle krepieren. Wer aber ist das – wir? Und wer sind die anderen? Ist doch nicht zu verstehen: Wenn es mir gutgeht – geht's Barbridge schlecht; geht es Barbridge gut – geht es Brillenschlange schlecht; geht's dem Heiseren gut – geht es allen anderen dreckig. Aber nein, auch dem Heiseren geht es dreckig, nur glaubt dieser Idiot, er könnte noch zur rechten Zeit die Kurve kratzen … Großer Gott, das ist doch ein einziger wirrer Brei! Ich kämpfe mein Leben lang gegen Hauptmann Quarterblood, dabei kämpft der sein Leben lang gegen den Heiseren und hat von mir weiter nichts gewollt, als dass ich die Stalkerei aufgebe. Aber wie, verdammt nochmal, soll ich sie aufgeben, wenn ich eine Familie zu ernähren habe? Sollte ich vielleicht arbeiten gehen? Nein, dazu habe ich keine Lust. Für euch arbeiten? Bei dem Gedanken wird mir übel … Kapiert ihr das? Wenn man arbeitet, tut man das immer für jemand anderen, ein Sklave ist man, nichts weiter. Ich aber wollte immer für mich arbeiten, mein eigenes Ding machen, auf euch spucken, auf eure Gemeinheit und Langeweile …

Roderic trank die Flasche leer und schmetterte sie mit aller Kraft zu Boden. Sie sprang, in der Sonne glitzernd, noch einmal hoch und rollte dann beiseite. Er würdigte sie keines Blickes mehr. Er saß da, die Hände vor den Augen, und bemühte sich schon nicht mehr, die Dinge zu begreifen und zu durchdenken – er suchte nach Bildern, wollte die Dinge so sehen, wie sie sein sollten. Doch wieder zogen vor seinen Augen nur die widerwärtigen Visagen von eben vorbei … Visagen, grüne Scheine, Schnapsflaschen, Lumpenbündel, die früher einmal Menschen gewesen waren, Zahlenkolonnen … Er wusste, all das musste zerstört werden, er war auch bereit dazu, zugleich aber schien ihm, dass dann die Welt völlig leer und kahl zurückbliebe. In seiner Erschöpfung und Verzweiflung hatte er erneut das Verlangen, sich mit dem Rücken gegen die »Kugel« zu lehnen, den Kopf in den Nacken zu legen und die Augen zu schließen. Er stand auf, klopfte sich mechanisch den Staub von den Hosen und begann den Abstieg in den Steinbruch.

Die Sonne sengte herab, vor Roderics Augen flirrten rote Punkte. Die Luft über dem Grund des Steinbruchs zitterte, und dieses Zittern erweckte den Eindruck, als tanze die »Kugel« wie eine Boje auf den Wellen. Roderic ging am Baggergreifer vorbei und hob abergläubisch die Beine höher, darauf bedacht, nicht auf die schwarzen Kleckse zu treten. Dann jedoch, immer wieder in dem lockeren Gestein versinkend, marschierte er quer durch den Steinbruch bis zur »Kugel«, die ihm im Sonnenlicht zuzublinzeln schien. Er war schweißüberströmt, erstickte fast vor Hitze und zitterte zugleich vor Schüttelfrost. Er schlotterte am ganzen Körper, und zwischen seinen Zähnen knirschte mehliger Staub. Zu denken versuchte er nicht mehr. Er wiederholte nur immer, einem Gebet gleich, und voller Verzweiflung: »Ich bin ein Tier, du siehst doch, dass ich ein Tier bin. Ich habe keine Worte, man hat sie mich nicht gelehrt, ich kann nicht denken, diese Schweinehunde haben mir keine Gelegenheit gegeben, es zu lernen. Wenn du aber tatsächlich so … so allmächtig, so allwissend bist, dann versuch, mich zu begreifen! Wirf einen Blick in meine Seele – ich weiß genau, dass dort alles ist, was du brauchst. Es muss dort sein. Meine Seele habe ich nie und niemandem verkauft! Sie ist mein geblieben, ist die Seele eines Menschen! Lies du in mir, lies, was ich wünsche, denn ich kann unmöglich etwas Schlechtes wollen! … Der Teufel soll mich holen, aber mir fällt tatsächlich nichts anderes ein als seine Worte: *Glück für alle, umsonst, und niemand soll gekränkt fortgehn!*«

EINE MILLIARDE JAHRE VOR DEM WELTUNTERGANG

Eine unter seltsamen Umständen aufgefundene Handschrift

Erster Teil

1

… weiße Juliglut, wie es sie seit zweihundert Jahren nicht gegeben hatte, quälte die Stadt. Über den aufgeheizten Dächern flimmerte es, alle Fenster standen sperrangelweit offen, und die alten Frauen, die im spärlichen Schatten der erschöpften Bäume vor den Hauseingängen saßen, schwitzten sich die Seele aus dem Leib.

Die Sonne stand im Zenit und brannte auf die ohnedies geplagten Buchrücken. Sie knallte auf die verglasten Regale und polierten Schranktüren und ließ heiße, bösartige Reflexe über die Tapeten zucken. Immer näher rückte die quälende Nachmittagshitze, und bald würde die Sonne über dem zwölfgeschossigen Haus gegenüber Stellung beziehen und ungehindert die ganze Wohnung befeuern.

Maljanow schloss beide Fensterflügel und zog den schweren gelben Vorhang zu. Dann wandte er sich um, lüpfte die Unterhose und tapste barfuß in die Küche, wo er die Balkontür öffnete.

Es war kurz nach zwei.

Auf dem Küchentisch prangte, von Bröseln umrahmt, ein Stillleben: Pfanne mit angebackenem Spiegeleirand, Teeglas mit Rest und angeknabberter Brotranft mit Spuren von zerlaufener Butter.

»Niemand hat abgewaschen und nichts ist abgewaschen«, sagte Maljanow laut.

Im Becken türmte sich das schmutzige Geschirr. Es war schon lange nicht mehr gespült worden.

Ein Dielenbrett knarrte, und ganz dämlich vor Hitze schlich Kaljam heran, fixierte Maljanow aus seinen grünen Augen, sperrte lautlos sein Maul auf und schloss es wieder. Schwanzzuckend tapste er weiter zu seinem Futternapf neben dem Herd. Der Napf war leer; nur ein paar trockene Fischgräten lagen darin.

»Fressen, was?«, sagte Maljanow wenig begeistert.

Kaljam antwortete prompt, sinngemäß etwa: Ja, wird langsam Zeit.

»Hast doch heute früh was gekriegt«, knurrte Maljanow und hockte sich vor den Kühlschrank. »Das heißt, nein … gestern früh.«

Er zog Kaljams Topf heraus und spähte hinein: ein paar Fasern, Gallert und eine angeklebte Fischflosse. Was der Kühlschrank sonst noch bot, war auch nicht besser: eine leere Schachtel Schmelzkäse, Marke »Bernstein«, ein Glas halbvergammelten Kefir und eine Weinflasche mit kaltem Tee. Im Gemüsefach siechte inmitten von Zwiebelschalen ein verschrumpelter halber Kohlkopf dahin; daneben vertrocknete einsam und verschmäht eine angekeimte Kartoffel. Maljanow sah im Tiefkühlfach nach: Auf einer Untertasse, vergraben in einem Berg von Eiskristallen hielt ein winziges Stück Speck Winterschlaf. Das war alles.

Kaljam schnurrte und rieb seinen Bart an Maljanows nacktem Knie. Der ließ den Kühlschrank wieder zufallen und stand auf.

»Jetzt hör schon auf«, sagte er zu Kaljam. »Jetzt, am Mittag, haben die Geschäfte sowieso zu.«

Natürlich hätte er zum Moskowski gehen können, wo die Mittagspause nur bis zwei dauerte, aber da gab es immer lange Schlangen, und so weit zu laufen bei dieser Hitze … Gerade jetzt, wo er auf dieses verfluchte Integral gestoßen war! Gut, mag es eine Konstante sein … hängt jedenfalls nicht von Omega ab. Das ist klar und ergibt sich aus den einfachsten Überlegungen heraus. Maljanow stellte sich die Kugel vor und die Integration über ihre Oberfläche. Plötzlich war die Shukowski'sche Formel da. Einfach so, aus heiterem Himmel. Maljanow verscheuchte sie, aber sie kam wieder. Mit konformer Abbildung müsste man es versuchen, dachte er.

Wieder klingelte das Telefon. Da erst merkte Maljanow, dass er ins Wohnzimmer zurückgekehrt war. Fluchend warf er sich auf die Liege und angelte den Hörer.

»Ja bitte!«

»Vitja?«, meldete sich eine energische Frauenstimme.

»Wen wollen Sie sprechen?«

»Ist dort der ›Intourist‹?«

»Nein, ein Privatanschluss!«

Maljanow knallte den Hörer auf die Gabel und blieb reglos liegen. Dort, wo seine nackte Haut den pelzigen Bezug der Liege berührte, brach ihm der Schweiß aus. Widerlich. Der gelbe Vorhang leuchtete, und schweres gelbes Licht erfüllte den Raum. Eine Luft war das … wie Sirup. Am besten, er würde in Bobkas Zimmer umziehen, denn hier – das war die reinste Sauna. Er blickte auf seinen Schreibtisch: haufenweise Papier und Bücher. Allein der Smirnow, Wladimir Iwanowitsch – sechs Bände! Und dann noch die Blätter, die auf dem Fußboden herumlagen. Meine Güte, nein, es wäre schrecklich, umziehen zu müssen. Halt, ich hatte doch vorhin einen Geistesblitz … Mist … Diese blöde Kuh mit ihrem »Intourist«! Also, ich war in der Küche, kam hierher … Aha! Die konforme Abbildung! Verrückt, der Einfall! Aber ich muss ihn prüfen …

Ächzend erhob er sich von der Liege, doch sofort läutete wieder das Telefon.

»Blödmann!«, sagte er zum Apparat und nahm den Hörer ab. »Ja!«

»Ist dort der Stützpunkt? Hallo – ist dort der Stützpunkt?«

Maljanow legte auf und rief die Störungsstelle an.

»Spreche ich mit der Störungsstelle? Meine Nummer: 93-98-07 … Hören Sie, ich habe Sie gestern schon angerufen. So kann doch kein Mensch arbeiten, andauernd klingelt es bei mir und …«

»Ihre Nummer?«, unterbrach ihn eine schroffe Frauenstimme.

»93-98-07. Dauernd wollen die Leute den ›Intourist‹ oder die Parkgarage …«

»Legen Sie auf, wir prüfen den Anschluss.«

»Ja, ich bitte darum«, sagte Maljanow ergeben, aber er hörte nur noch das Amtszeichen …

Dann ging er – patsch, patsch – an den Tisch, setzte sich und nahm den Kugelschreiber zur Hand. Also … das Integral … Wo habe ich das schon mal gesehen? Es ist so wohlgeordnet – vollkommen symmetrisch. Wo habe ich das gesehen? Ist ja nicht irgendeine Konstante, sondern geradewegs eine Null! Aber gut, stellen wir das einstweilen zurück. Obwohl ich das nicht leiden kann – etwas zurückstellen. Ist lästig wie ein fauler Zahn.

Als er die Blätter mit den Berechnungen vom Vortag durchsah, tat sein Herz einen Sprung. Das war grandios … Mensch, Maljanow! Du bist ein Ass! Wie es scheint, hast du's am Ende doch hingekriegt. Und gleich so! Das ist nichts Alltägliches, mein Lieber! Das hat vor dir noch keiner geschafft! Aber wir wollen es nicht verschreien: toi, toi, toi … Ach was soll's, zum Teufel mit dem Integral … weiter im Text, weiter, weiter!

Es klingelte. Diesmal an der Tür. Kaljam sprang von der Liege und rannte mit aufgestelltem Schwanz in den Flur. Maljanow legte den Kugelschreiber hin.

»Wie im Irrenhaus«, zischte er.

Im Flur zog Kaljam ungeduldig Kreise, kam ihm zwischen die Beine, miaute laut.

»Kalja-a-m!«, sagte Maljanow in unterschwellig drohendem Ton. »Jetzt hau ab!«

Dann ging er und öffnete. Vor der Tür stand ein verschwitzter, unrasierter Kerl in einem viel zu engen, schäbigen Jackett. Leicht hintenübergeneigt, hielt er einen großen Pappkarton vor dem Bauch. Er murmelte etwas Unverständliches und steuerte direkt auf Maljanow zu. Der stammelte bloß: »Sie … äh …«, und wich zurück.

Schon war der Fremde im Flur, warf einen Blick nach rechts, zum Zimmer, und bog dann entschlossen nach links, in die Küche, wobei er auf dem Linoleum weiße Staubstapfen hinterließ.

»Erlauben Sie mal … äh …«, maulte Maljanow, der ihm auf den Fersen folgte.

Doch der Mann hatte den Karton bereits auf den Hocker gestellt und fingerte aus der Brusttasche einen Stapel Quittungen heraus.

»Von der Reparaturstelle, was?« Maljanow kam in den Sinn, es könnte der Klempner sein, der endlich den Wasserhahn im Bad reparieren kam.

»Nein, von der Feinkosthandlung«, krächzte der Fremde und reichte Maljanow zwei Quittungen, die mit einer Stecknadel zusammengeheftet waren. »Unterschreiben Sie bitte hier.«

»Und was ist das?«, fragte Maljanow, sah aber schon, dass die Quittungen vom Bestelldienst kamen. Kognak – zwei Flaschen, Wodka … »Warten Sie«, sagte er, »meines Wissens haben wir nichts …«

Als sein Blick auf die Summe fiel, bekam er es mit der Angst. So viel Geld hatte er gar nicht im Haus. Und überhaupt – wie kam er dazu? Panik erfasste ihn, und in seiner Fantasie malte er sich eine ganze Reihe von Unannehmlichkeiten aus, die nun womöglich auf ihn zukämen: Vielleicht musste er sich rechtfertigen, sich wehren, das Gegenteil beweisen, an den gesunden Menschenverstand appellieren … Das hieße, sich ans Telefon hängen, rumfahren … Doch da entdeckte er in einer Ecke der Quittung den Stempel »Bezahlt« und gleich daneben den Namen des Bestellers: Maljanowa, I. J. – Irka! … Nicht zu fassen.

»Hier müssen Sie unterschreiben«, brummte der Mann und tippte mit seinem schmutzigen Fingernagel aufs Papier. »Hier, wo das Häkchen ist …«

Maljanow ließ sich von ihm den Bleistiftstummel geben und quittierte.

»Danke«, sagte er und reichte den Stummel zurück. »Vielen Dank«, wiederholte er noch immer verblüfft, und zwängte sich mit dem Fremden durch den engen Flur. Er hätte ihm Trinkgeld geben sollen, hatte aber kein Kleingeld da. »Vielen herzlichen Dank, auf Wiedersehen!«, rief er hinter dem zu knappen Jackett her und trat erbost nach Kaljam, der unbedingt den Zementfußboden auf dem Treppenabsatz abschlecken wollte.

Dann schloss Maljanow die Tür und stand eine Weile im Halbdunkel des Flurs. Er war völlig durcheinander.

»Merkwürdig«, sagte er und kehrte in die Küche zurück.

Kaljam strich schon um den Karton herum. Maljanow hob den Deckel und sah Flaschenhälse, Päckchen, Tüten, Konservenbüchsen. Auf dem Tisch lag die Kopie der Quittung – wie üblich verrutscht, aber die Schrift war noch gut lesbar. Heldenstraße … hm … schien alles seine Richtigkeit zu haben. Besteller: Maljanowa, I. J. Na, das war vielleicht ein Gruß! Er sah auf die Summe. Wahnsinn! Dann drehte er die Quittung um. Auf der Rückseite – nichts von Belang, bloß eine zerquetschte, angetrocknete Mücke. Hat Irka jetzt den Verstand verloren? Wir haben fünfhundert Rubel Schulden und sie … Moment – vielleicht hat sie vor der Abreise etwas gesagt? In Gedanken ging er den Tag durch: aufgeklappte Koffer, herumliegende Kleider, Irka, halbnackt, hantiert mit dem Bügeleisen. »Vergiss nicht, Kaljam zu füttern, hol ihm Gras, du weißt, das scharfe … Denk an die Miete. Wenn mein Chef anruft, gib ihm meine Adresse!« Mehr hat sie wohl nicht gesagt. Das heißt, doch – aber da kam Bobka mit seinem MG angerannt … Ach ja – die Wäsche wegbringen … Nein, ich verstehe das nicht.

Vorsichtig zog er eine Flasche aus dem Karton. Kognak. Großer Gott – fünfzehn Rubel! Was soll das bloß? Habe ich heute Geburtstag oder was? Wann ist Irka fort? Donnerstag, Mittwoch, Dienstag … Er zählte die Tage an den Fingern ab. Aha, vor zehn Tagen. Bestellt hat sie also vorher. Und wieder bei jemandem dafür Geld geliehen. Das nennt sich nun Überraschung. Wir stehen mit fünfhundert in der Kreide, und sie denkt sich Überraschungen aus! … Eins war klar: Das Einkaufen blieb ihm jetzt erspart. Alles Übrige war rätselhaft. Geburtstag? Nein. Hochzeitstag? Kaum. Nein, ganz bestimmt nicht. Bobkas Geburtstag? Der ist im Winter.

Er zählte die Flaschenhälse. Genau zehn. Für wen sind die gedacht? Das schaffe ich nicht mal in einem Jahr. Auch Wetscherowski trinkt selten, und Valja Waingarten, den kann sie nicht ausstehen.

Ohrenzerreißendes Miauen wurde laut. Kaljam witterte etwas in besagtem Karton …

2

… Lachs im eigenen Saft und ein Stück Schinken mit altbackenem Brot … Dann machte sich Maljanow an den Abwasch. Jetzt, wo solche Delikatessen im Kühlschrank lagen, störte ihn der Schmutz in der Küche auf einmal. In der Zwischenzeit klingelte zweimal das Telefon, aber er schob bloß den Unterkiefer vor. Ich hebe nicht ab, ihr könnt mich mal – mit euren Parkgaragen und Stützpunkten! Die Pfanne muss auch geschrubbt werden, die wird jetzt weit Höherem dienen als einem lumpigen Spiegelei … Worum geht es also genau? Wenn das Integral tatsächlich gleich null ist, bleiben auf der rechten Seite nur die erste und zweite Ableitung … Den physikalischen Sinn sehe ich zwar nicht ganz, aber egal – die Blasen, die sich ergeben, sind genial. Ja, so will ich sie nennen: Blasen. Doch nein, besser wäre wohl »Kavernen«. »Maljanow-Kavernen«. »M-Kavernen«. Hm …

Er stellte das abgewaschene Geschirr in die Regale und sah nach Kaljams Topf. Noch zu heiß, dampft. Armer Kater. Musst dich noch gedulden. Noch eine Weile hungern …

Und während er sich die Hände abtrocknete, kam ihm plötzlich der erhellende Gedanke.

Genau wie gestern.

Und wie gestern konnte er es anfangs nicht fassen.

»Moment mal, Moment«, flüsterte er aufgeregt, und schon ging er durch den Flur, über das kühle Linoleum, das an den Fersen klebte, in die dicke, gelbe Hitze hinein, zum Tisch, zu seinem Kugelschreiber … Verflucht, wo ist der hin? Die Mine ist alle! Irgendwo muss doch ein Bleistift liegen … Und auf der zweiten Ebene, nein, auf der ersten, der Hauptebene: die Hartwig'sche Funktion … Dann ist die ganze rechte Seite einfach weg … Und die Kavernen sind achsensymmetrisch … Das Integral ist gar nicht null! Ist überhaupt nicht null, sondern liegt eindeutig im positiven Bereich … Aber was für ein Bild, ach, was für ein Bild ergibt das! Wieso bin ich nicht gleich daraufgekommen? Aber tröste dich, Maljanow, tröste dich: Nicht nur du – auch der Professor, Mitglied der Akademie der Wissenschaften, ist nicht daraufgekommen … In dem gelben, leicht gekrümmten Raum drehen sich wie riesige Blasen die achsensymmetrischen Kavernen, die Materie umfließt sie, sucht vergebens in sie einzudringen, komprimiert sich an ihrer Oberfläche zu unwahrscheinlicher Dichte, und die Blasen beginnen zu leuchten. Gott weiß, was da begonnen hat.

Macht nichts, auch das finden wir noch heraus. Zuerst die Faserstruktur, dann die Ragosinski-Bogen! Danach sind die planetaren Nebel dran. Was habt ihr denn gedacht? Dass es abgeworfene Hüllen sind, die sich ausweiten? Unsinn! Es ist genau umgekehrt!

Wieder schrillte das Telefon. Maljanow knurrte hasserfüllt, schrieb jedoch weiter. Ich schalte das Drecksding gleich aus!, dachte er. Da ist doch so ein Knopf … Er warf sich auf die Liege und packte wütend den Hörer.

»Ja doch!«

»Dima?«

»Ja … Wer ist da?«

»He, erkennst du mich nicht, du Hund?« Es war Waingarten.

»Ah, Valja. Was ist?«

Pause.

»Warum gehst du nicht ans Telefon?«, fragte Waingarten dann.

»Weil ich arbeite!«, sagte Maljanow unfreundlich. Er wollte an den Schreibtisch zurück, zu seinem Bild mit den Blasen.

»Du arbeitest …« Waingarten schnaufte. »Zimmerst wohl an deinem Ruhm …«

»Wolltest du vorbeikommen oder was?«

»Nein, das nicht, aber …«

Da platzte Maljanow der Kragen. »Was willst du dann?«

»Hör mal, Alter … Womit befasst du dich gerade?«

»Ich arbeite! Sitzt du auf den Ohren?«

»Aber nein … Ich meine: Woran arbeitest du?«

Maljanow war überrascht. Fünfundzwanzig Jahre kannte er Waingarten, aber noch nie hatte er sich für seine, Maljanows, Arbeit interessiert. Noch nie. Waingarten hatte sich immer nur für eins interessiert – für Waingarten. Höchstens noch für zwei geheimnisumwobene Gegenstände: das Zwanzigkopekenstück von 1934 und den sogenannten »Konsulhalbrubel«, der gar kein Halbrubel war, sondern eine ausgefallene Briefmarke. Hat anscheinend Langeweile, der Blödmann. Oder braucht er ein Dach über dem Kopf, dass er so herumdruckst? Da fiel ihm auf einmal Awertschenko ein.

»Woran ich arbeite?«, wiederholte er schadenfroh. »Bitte – das kann ich dir gleich in allen Einzelheiten erzählen. Für dich als Biologen ist es bestimmt ungeheuer interessant … Bis gestern früh habe ich mich nur im Kreis gedreht. Dann aber stellte sich heraus, dass die Bewegungsgleichungen unter Annahme ganz allgemeiner Prämissen für die Potenzialfunktion noch ein weiteres Integral besitzen – neben dem Energieintegral und den Momentintegralen. Das Ergebnis ist eine Art Verallgemeinerung eines speziellen Dreikörperproblems. Schreibt man die Bewegungsgleichungen in Vektorform und wendet die Hartwig'schen Transformationen an, so wird damit die Integration über das Volumen vollständig ausgeführt, und die Mathematik läuft auf Integrodifferenzialgleichungen vom Kolmogorow-Feller'schen Typ hinaus …«

Zu seinem größten Erstaunen unterbrach Waingarten ihn nicht. Für einen Augenblick glaubte Maljanow sogar, die Leitung sei unterbrochen. »Hörst du mir zu?«

»Ja, ja, sehr aufmerksam.«

»Sag bloß, du verstehst mich?«

»Ich gebe mir Mühe«, antwortete Waingarten forsch, und da fiel Maljanow zum ersten Mal auf, wie seltsam sich Waingarten anhörte. Er bekam einen Schreck.

»Valja, ist was passiert?«

»Wo?«, fragte Waingarten nach einer Pause.

»Na, bei dir – wo sonst? Ich merke doch, dass du irgendwie … Sag mal, kannst du nicht frei sprechen?«

»Aber wieso denn, Alter. Unsinn! Na ja, die Hitze macht einen fertig. Kennst du den Witz von den zwei Hähnen?«

»Nein, noch nicht …«

Waingarten erzählte den Witz – er war saublöd, aber ziemlich lustig. Obwohl er gar nicht zu Waingarten passte. Maljanow hörte zu und prustete nach der Pointe los, aber der Witz bestärkte ihn in dem unbestimmten Gefühl, dass mit Waingarten etwas nicht stimmte. Hat sich mal wieder mit Swetka verkracht, dachte er unsicher, mal wieder ein paar Federn gelassen.

Doch da fragte Waingarten: »Hör mal, Dima ... Der Name Snegowoi – sagt dir der was?«

»Snegowoi? Arnold Pawlowitsch? So heißt mein Nachbar, von nebenan ... Wieso?«

Waingarten schwieg eine Weile. Man hörte ihn nicht einmal mehr schnaufen. Aus dem Hörer drang nur leises Geklimper – sicherlich spielte er mit seinen Zwanzigkopekenstücken, warf sie hoch, fing sie wieder auf ...

Schließlich sagte er: »Und was ist dein Snegowoi von Beruf?«

»Ich glaube, er ist Physiker. Arbeitet in einem dieser geheimen Gebäude. Alles streng geheim. Woher kennst du ihn?«

»Ich kenne ihn gar nicht«, erwiderte Waingarten auf einmal verstimmt – doch da klingelte es an der Tür.

»Nein, also – wie im Irrenhaus!«, sagte Maljanow. »Einen Moment, Valja, an der Tür klingelt es Sturm.«

Waingarten sagte etwas, rief anscheinend sogar, aber Maljanow hatte den Hörer bereits auf die Liege geworfen und eilte in den Flur. Natürlich rannte ihm wieder Kaljam vor die Füße, und um ein Haar wäre er gestolpert.

Er öffnete die Tür – und tat sofort einen Schritt zurück. Draußen stand eine junge Frau in einem kurzen weißen Trägerkleid; sie war braungebrannt und trug ihr sonnengebleichtes Haar kurz. Eine Fremde – und sehr hübsch. (Maljanow wurde plötzlich bewusst, dass er nur eine Unterhose trug und sein Bauch nassgeschwitzt war.) Zu den Füßen der jungen Frau sah er einen Koffer, über dem linken Arm trug sie einen Staubmantel.

»Dmitri Alexejewitsch?«, fragte sie mit schüchternem Augenaufschlag.

»Ja-a …«, sagte Maljanow. Ob es eine entfernte Verwandte, eine Cousine war? Vielleicht Sina aus Omsk?

»Entschuldigen Sie, Dmitri Alexejewitsch … Ich komme wohl ungelegen … Hier, bitte.«

Sie reichte ihm ein Kuvert. Maljanow nahm es wortlos entgegen und zog einen Zettel heraus. Er fühlte, wie er sich innerlich gegen sämtliche Verwandten der Welt auflehnte – insbesondere gegen solche dritten Grades wie diese Sina – oder hieß sie Soja …

Aber sie war keine Cousine dritten Grades. Der Brief kam von Irka. In großen Buchstaben, krumm, schief und sichtlich in Eile geschrieben, stand da: »Mein lieber Dima! Das ist Lida Ponomarjowa, m. beste Schulfreundin. Ich erz. Dir dann v. ihr. Nimm sie anständ. auf, sie bl. nicht lange. Sei k. Flegel. Bei uns ist alles in Butt. Sie erz. Dir alles. Kuss. I.«

Maljanow stieß innerlich einen langen Verzweiflungsschrei aus … Er schloss und öffnete wieder die Augen, und seine Lippen formten sich bereits ganz von selbst zu einem freundlichen Lächeln.

»Sehr angenehm«, sagte er locker, fast familiär. »Bitte, treten Sie näher, Lida … Verzeihen Sie meinen Aufzug – die Hitze!«

Seine Liebenswürdigkeit klang aber anscheinend nicht ganz echt; denn auf Lidas hübschem Gesicht zeigte sich plötzlich Verwirrung, und sie blickte seltsam ratlos in den leeren, sonnendurchfluteten Treppenflur zurück – so als zweifle sie, ob sie hier richtig sei.

»Darf ich Ihren Koffer …«, stammelte Maljanow beflissen. »Immer nur herein, genieren Sie sich nicht. Den Mantel hängen wir hier auf. Das ist unser Wohnzimmer, dort arbeite ich, und das hier, das ist Bobkas Zimmer. Es steht zu Ihrer Verfügung. Sie möchten sicher duschen?«

Da hörte er von der Liege auf einmal näselndes Gequake und besann sich.

»Pardon!«, rief er. »Machen Sie es sich bitte bequem, ich bin gleich wieder da.«

Er ging zum Telefon zurück, hielt die Muschel ans Ohr und hörte, wie Waingarten monoton und mit ganz veränderter Stimme wiederholte: »Dima … Dima … so antworte doch, Dima …«

»Hallo!«, meldete sich Maljanow. »Hör mal, Valja …«

»Dima!«, brüllte Waingarten. »Bist du das?«

Maljanow fuhr vor Schreck zusammen.

»Was brüllst du denn so? Ich habe Besuch bekommen, entschuldige. Ich rufe dich später an.«

»Wer? Was für einen Besuch?«, fragte Waingarten mit entsetzter Stimme.

Maljanow überlief es kalt. Valja war übergeschnappt. Ein Tag war das heute!

»Valja«, sagte er möglichst ruhig. »Was ist los mit dir? Eine junge Dame ist gekommen … Irkas Freundin …«

»Schweinehund!«, zischte Waingarten plötzlich und hängte auf …

Zweiter Teil

3

... und sie vertauschte in der Zwischenzeit ihr Minikleid gegen ein Miniröckchen und ein Miniblüschen. Ja, sie war wirklich ziemlich sexy ... BHs trug sie anscheinend nie, brauchte sie auch nicht ... Ihr Busen war auch so genau richtig ... An die »M-Kavernen« dachte Maljanow jetzt nicht mehr.

Man benahm sich gesittet und sehr anständig. Alles blieb im Rahmen: Man saß da, plauderte, trank Tee und schwitzte. Nun nannte sie ihn schon »lieber Dima« und er sie »liebe Lida«. Nach dem dritten Glas Tee erzählte er ihr – natürlich ganz beiläufig – den Witz von den beiden Hähnen, und sie musste schrecklich lachen und winkte genant mit ihrem nackten Ärmchen ab. Ihm fiel zwar ein, dass er Waingarten anrufen musste (die Hähne erinnerten ihn daran), doch er griff nicht zum Telefon. Stattdessen sagte er zu Lida: »Wie schön braun Sie sind!«

»Und Sie sind bleich wie ein Gespenst!«, sagte sie.

»Tja, die Arbeit!«

»Bei uns im Pionierlager ...«

Und Lida berichtete sehr ausführlich und sehr nett, wie es bei ihnen im Pionierlager mit dem Braunwerden bestellt war. Woraufhin Maljanow erzählte, wie die Kumpel auf der Großen Antenne braun wurden. Auf der Großen Antenne? Was war denn das? Er fing an, es ihr zu erklären und hatte sogar Spaß dabei ... Sie streckte ihre langen braunen Beine aus und legte sie gekreuzt auf Bobkas Stühlchen. Die seidenglatte Haut glänzte; Maljanow hatte sogar den Eindruck, dass sich darauf etwas spiegelte. Um sich abzulenken, stand er auf, ging in die Küche und nahm den kochenden Teekessel vom Herd. Er verbrühte sich die Finger am Dampf, und bei der Gelegenheit fiel ihm der Mönch ein, der einen bestimmten Körperteil entweder ins Feuer oder in heißes Wasser gesteckt hatte, um dem Bösen zu entfliehen, das aus der Gegenwart und Nähe einer schönen Frau erwuchs. Der hatte vielleicht Humor …

»Möchten Sie noch ein Glas Tee?«, fragte er Lida.

Als sie nicht antwortete, wandte er sich um. Sie saß da und starrte ihn aus weit aufgerissenen Augen an; der Ausdruck auf ihrem sonnengebräunten, schimmernden Gesicht passte so gar nicht zu der Situation – sie wirkte verstört, ja, entsetzt, und ihr Mund war halb geöffnet, wie hilflos …

»Soll ich?«, fragte Maljanow verunsichert und schwenkte den Teekessel.

Lida zuckte zusammen, blinzelte ein paarmal heftig und strich sich mit den Fingern über die Stirn.

»Was ist?«

»Ich fragte: Soll ich Ihnen noch Tee eingießen?«

»Nein, nein. Danke …« Sie lachte, als sei nichts geschehen. »Sonst platze ich noch. Ich muss auf die Figur achten.«

»O ja!«, sagte Maljanow überaus galant. »Auf so eine Figur muss man wirklich achten. Vielleicht sollte man sie sogar versichern.«

Sie lächelte flüchtig, wandte den Kopf und blickte über die Schulter auf den Hof hinaus. Ihr Hals war glatt, schlank, vielleicht ein bisschen dünn. Maljanow fand, dass ihr Hals wie geschaffen war für Küsse … und die Schultern ebenfalls. Von dem Übrigen ganz zu schweigen. Eine Circe, dachte er und setzte gleich hinzu: Damit eins klar ist – ich liebe meine Frau und bleibe ihr immer treu …

»Sonderbar«, sagte die Circe. »Mir ist, als hätte ich das alles schon einmal gesehen: die Küche, den Hof … Nur war auf dem Hof ein großer Baum. Passiert Ihnen so etwas auch manchmal?«

»Gewiss«, antwortete Maljanow freudig. »Meiner Meinung nach passiert das jedem. Ich habe einmal gelesen, dass man es ›Déjà-vu‹ nennt.«

»Ja, möglich«, sagte sie, allerdings nicht sehr überzeugt.

Maljanow nippte an seinem heißen Tee, bemüht, nicht zu schlürfen. Ihr zwangloses Geplauder war ins Stocken geraten und fuhr sich immer mehr fest.

»Haben wir uns nicht schon einmal gesehen?«, fragte sie plötzlich.

»Wo denn? An Sie würde ich mich bestimmt erinnern …«

»Zufällig vielleicht … auf der Straße … beim Tanzen …«

»Beim Tanzen? Sicher nicht«, widersprach Maljanow. »Ich habe schon vergessen, wie das geht …«

Nun schwiegen sie so lange, dass Maljanow vor Verlegenheit anfing, mit seinen Zehen zu spielen. Es war eine von diesen unangenehmen Situationen, in denen man nicht wusste, wohin man blicken sollte, während im Kopf lauter einfältige, ungeeignete Anknüpfungspunkte für ein neues Gespräch durcheinanderschossen. Wie etwa: »Unser Kaljam geht aufs Klo …« Oder: »Dieses Jahr gibt es überhaupt keine Tomaten …« Oder: »Möchten Sie noch Tee?« Oder gar: »Na, wie gefällt Ihnen unsere schöne Stadt?«

Mit scheußlich falscher Stimme erkundigte sich Maljanow: »Und was für Pläne haben Sie in unserer schönen Stadt, liebe Lida?«

Sie gab keine Antwort und starrte ihn bloß aus ihren hellen Augen an, höchst verwundert, wie es schien. Dann blickte sie zur Seite und zog die Stirn in Falten. Biss sich auf die Unterlippe. Maljanow hatte sich noch nie für einen guten Psychologen gehalten und wurde aus den Gefühlen seiner Mitmenschen selten schlau. Diesmal aber erkannte er, dass seine harmlose Frage diese reizende junge Frau entschieden überforderte.

»Pläne?«, hauchte Lida. »Ja-a … natürlich … gewiss doch.« Plötzlich schien sie sich zu erinnern. »Na, die Ermitage natürlich … die Impressionisten … der Newski … und überhaupt: die weißen Nächte, die habe ich noch nie erlebt.«

»Ein kleines Touristenprogramm, also«, sagte er rasch, um ihr zu helfen. Er konnte es nicht mit ansehen, wenn jemand lügen musste. »Trinken Sie doch noch etwas Tee«, bot er an.

Und wieder lachte sie, als sei nichts passiert.

»Dima«, sagte sie und zog ein liebes Schmollmündchen. »Was quälen Sie mich andauernd mit Ihrem Tee? Wenn Sie es genau wissen wollen: Ich trinke solchen Tee normalerweise überhaupt nicht … vor allem nicht bei so einer Hitze!«

»Kaffee?«, fragte Maljanow höflich.

Aber Kaffee wollte sie auch nicht. »Wenn es so heiß ist«, sagte sie, »noch dazu am Abend, sollte man keinen Kaffee trinken.« Maljanow erzählte, wie er sich auf Kuba nur mit Kaffee über die Runden gerettet hatte – und dort herrschte tropische Hitze! Er beschrieb ihr die Wirkung des Koffeins auf das vegetative Nervensystem, schweifte dann ab und erzählte, dass es auf Kuba als schick galt, wenn unter dem Miniröckchen der Slip hervorguckte. Wenn der Slip hingegen nicht hervorguckte, sei es kein Minirock mehr, und eine Frau, die einen solchen Rock trug, galt als Nonne und alte Jungfer. Dabei war die Moral auf Kuba, so sonderbar das schien, sehr streng! Keine Dummheiten! – Die Revolution …

»Und welche Cocktails trinkt man dort?«, wollte Lida wissen.

»Highballs«, antwortete Maljanow stolz. »Rum, Limonade und Eis.«

»Eis«, sagte sie sehnsuchtsvoll …

4

… er schenkte noch einmal ein. Dann kamen sie auf die Idee, Brüderschaft zu trinken. Ohne Kuss natürlich. Intelligente Menschen brauchten sich nicht zu küssen! Da ging es eher um Seelenharmonie … Sie tranken Brüderschaft, redeten über Seelenharmonie, neue Methoden der Geburtshilfe und den Unterschied zwischen Mut, Tapferkeit und Kühnheit. Der Riesling war alle. Maljanow stellte die leere Flasche auf den Balkon und holte einen Cabernet aus der Bar. Sie beschlossen, ihn aus Irkas Lieblingsgläsern zu trinken – den Rauchglaspokalen, die sie vorher mit Eis füllten. Zu dem Gespräch über Weiblichkeit, das sich aus dem Gespräch über Mannesmut entwickelt hatte, passte eisgekühlter Rotwein besonders gut. Welcher Esel hatte sich ausgedacht, dass man Rotwein nicht kühlen durfte? Auch diese Frage wurde erörtert. Eisgekühlt schmeckte er doch hervorragend – oder etwa nicht? Natürlich – und wie! Zudem wurden Frauen, die eisgekühlten Rotwein tranken, immer hübscher … sahen irgendwie aus wie Hexen. Wie – irgendwie? Na, eben irgendwie … ein schönes Wort war das – »irgendwie«. ›Irgendwie sind Sie ein Schwein‹ – göttlich, diese Formulierung. Aber zurück zu den Hexen … Was meinst du – was ist die Ehe? Eine wahre Ehe. Eine kultivierte Ehe … Ein Vertrag ist das. Maljanow goss nach und führte den Gedanken aus: Mann und Frau seien vor allem Freunde, denen nichts über die Freundschaft gehe. Ehrlichkeit und Freundschaft. Ehe ist Freundschaft. Sie ist ein Freundschaftsvertrag, verstehst du? … Dabei legte er die Hand auf Lidas Knie und schüttelte es ein bisschen – wie zur Bekräftigung. Nimm nur Irka und mich. Du kennst ja Irka …

Es klingelte an der Tür.

»Wer kommt denn jetzt noch?«, staunte Maljanow mit einem Blick auf die Uhr. »Wir sind doch schon alle da!«

Es war fast zehn Uhr. »Ja, ja, wir sind alle da«, brabbelte er, als er aufmachen ging. Im Flur trat er wieder einmal auf Kaljam, der laut aufkreischte.

»Pfui – hinfort mit dir, Satan!«, rief ihm Maljanow zu und öffnete die Tür.

Es war sein Nachbar, der geheimnisumwitterte Arnold Pawlowitsch Snegowoi.

»Darf ich noch – so spät?«, tönte sein Bass von oben herab. Snegowoi war riesengroß und massig wie ein Berg.

»Arnold Pawlowitsch!«, sagte Maljanow feierlich. »›Spät‹ – das gibt es doch für Freunde nicht! Bit-te sehr, bitte!«

Sein Pathos bremste Snegowoi, doch Maljanow packte ihn am Ärmel und zog ihn in den Flur.

»Sie kommen sogar wie gerufen«, sagte er und zerrte ihn hinter sich her in die Küche. »Ich stelle Ihnen eine sehr schöne Frau vor! ... Lida, das ist Arnold Pawlowitsch! ... Gleich hole ich noch ein Glas ... und ein Fläschchen.«

Vor seinen Augen schwankte es bereits gehörig ... Er hätte aufhören sollen zu trinken, er kannte sich. Aber er wünschte sich so, dass es ein netter, herzlicher Abend würde und sich alle wohlfühlten. Ich will, dass sie einander gefallen, dachte Maljanow gerührt, torkelte an der geöffneten Hausbar hin und her und stierte in die gelbe Dämmerung. Dem kann es egal sein, der ist frei, ein Junggeselle. Aber ich habe ja Irka! ... Er zielte mit dem Finger drohend in die Leere und zog dann abrupt eine Flasche aus der Hausbar.

Gott sei Dank zerschlug er nichts. Doch als er mit einer Flasche »Stierblut« und einem sauberen Glas in die Küche zurückkam, missfiel ihm die Stimmung: Beide schwiegen, rauchten und würdigten sich keines Blickes. Ihre Gesichter kamen Maljanow sogar düster, fast böse vor: das strahlend schöne, aber düstre Gesicht Lidas und das harte, düstre Gesicht Snegowois, das von alten Brandnarben entstellt war.

»Was schweigt unser fröhlicher Chor?«, rief Maljanow munter. »Alles ist eitel auf dieser Welt. Es gibt nur eine wahrhafte Freude: den Umgang mit Menschen! … Ich weiß nicht mehr, wer das gesagt hat.« Er machte die Flasche auf. »Lasst uns diesen Umgang, diese Gesellschaft … äh … diese Freude genießen.«

Der Wein floss in Strömen, auch auf den Tisch. Snegowoi sprang auf, um seine weißen Hosen zu retten. Nein, er ist wirklich unnormal groß! In unserer raumsparenden Zeit dürfte es solche Leute gar nicht geben, dachte Maljanow. Notdürftig wischte er den Tisch ab, und Snegowoi setzte sich wieder auf den Hocker. Der Hocker knackte.

Vorläufig beschränkte sich die Freude über den Umgang mit Menschen also auf unartikulierte Ausrufe. Ach, diese leidige intellektuelle Verklemmtheit!, ärgerte sich Maljanow. Zwei so wunderbare Menschen, und sie bringen es nicht fertig, sich hier und jetzt füreinander zu öffnen, den anderen ins Herz zu schließen und Freunde zu werden. Maljanow stand auf, hob den Weinpokal bis zu den Ohren und begann, sich lang und breit über dieses Thema auszulassen. Vergebens.

Sie leerten die Pokale. Es nützte nichts: Lida blickte gelangweilt aus dem Fenster, und Snegowoi saß steif da und drehte das leere Glas zwischen seinen braunen Pranken hin und her. Da bemerkte Maljanow, dass auch Snegowois Arme Brandspuren aufwiesen – bis zum Ellbogen und höher. So fragte er: »Und, Arnold Pawlowitsch, wann verschwinden Sie wieder?«

Snegowoi fuhr zusammen, blickte ihn an, zog direkt den Kopf ein und machte einen Buckel. Maljanow schien sogar, als wollte er aufstehen – und erst da ging ihm auf, dass seine Frage, gelinde gesagt, zweideutig gewesen war …

»Arnold Pawlowitsch!«, rief er entsetzt und hob beschwörend die Hände. »So habe ich es nicht gemeint! Lida! Du musst wissen: Vor dir sitzt ein Mann mit großen Geheimnissen. Von Zeit zu Zeit verschwindet er einfach. Er kommt, bringt den Wohnungsschlüssel – und weg ist er, wie vom Erdboden verschluckt. Dann klingelt es plötzlich – und er steht wieder da ...« Maljanow merkte, dass er zu viel redete, es reichte jetzt, er musste ein anderes Thema finden. »Und überhaupt, Arnold Pawlowitsch, Sie wissen doch, wie gerne ich Sie mag und dass ich mich immer über Ihren Besuch freue. Dass ich Sie also vor zwei Uhr früh gehen lasse, davon kann gar keine Rede sein.«

»Aber natürlich, Dmitri Alexejewitsch«, brummte Snegowoi mit seiner tiefen Stimme und tätschelte Maljanow die Schulter. »Gewiss doch, mein Lieber, gewiss ...«

»Und das ist Lida!«, sagte Maljanow und zeigte mit dem Finger in Lidas Richtung. »Die beste Schulfreundin meiner Frau. Aus Odessa.«

Es kostete Snegowoi sichtlich Überwindung, sich Lida zuzuwenden. Dann fragte er: »Bleiben Sie lange in Leningrad?«

Sie antwortete ihm sehr freundlich, und wieder fragte er etwas, wie es schien, über die weißen Nächte.

So kamen die beiden doch noch in den Genuss des Umgangs miteinander, und Maljanow atmete erleichtert auf. Nein, nein, sagte er sich, ich darf einfach nichts trinken. Was für eine Blamage! Ich Quatschkopf, ich blöder!

Ohne auch nur ein Wort mitzubekommen von dem, was die beiden sprachen, starrte er in das schreckliche, vom Feuer zerfressene Gesicht Snegowois. Er quälte sich mit Gewissensbissen, und als sie überhandnahmen, stand er leise auf, tastete sich an der Wand entlang ins Badezimmer und schloss sich ein. Eine Weile saß er mürrisch und niedergeschlagen auf dem Wannenrand, dann drehte er das kalte Wasser auf und hielt stöhnend den Nacken darunter.

Als er erfrischt und mit nassem Kragen zu den beiden zurückkehrte, erzählte Snegowoi gerade mühsam den Witz von den zwei Hähnen. Lida lachte schallend, warf den Kopf zurück und zeigte ihr wunderbares Kusshälschen. Maljanow sah die Unterhaltung der beiden mit einer gewissen Genugtuung, obwohl er Leute, die so überaus höflich waren, im Grunde nicht leiden konnte. Aber der Genuss am Umgang mit Menschen fordert eben, wie jeder Genuss, seinen Tribut. Er wartete ab, bis Lida zu Ende gelacht hatte, und ließ dann eine Reihe von Astronomenwitzen vom Stapel, die ganz sicher noch niemand kannte. Als er fertig war, begann Lida, die kleine Gesellschaft mit Strandwitzen zu erheitern. Offen gesagt, waren die Witze ziemlich mittelmäßig, und Lida verstand auch nichts vom Witzeerzählen, aber dafür lachte sie umso schöner, und ihre Zähnchen blitzten weiß wie Zucker. Dann unterhielten sie sich über das Weissagen. Lida erzählte, eine Zigeunerin hätte ihr drei Männer und Kinderlosigkeit prophezeit. »Was wären wir ohne die Zigeunerinnen?«, brummte Maljanow und prahlte, eine Zigeunerin hätte ihm eine große Entdeckung vorausgesagt, bei der es um die Wechselwirkung der Sterne und der diffusen Materie in der Galaxis ginge.

Sie tranken noch einen Schluck eisgekühltes »Stierblut«, und dann erzählte Snegowoi plötzlich eine sehr merkwürdige Geschichte.

Ihm hatte man prophezeit, er werde mit dreiundachtzig Jahren in Grönland sterben. (»In der Grönländischen Sozialistischen Republik«, witzelte Maljanow, aber Snegowoi widersprach ungerührt: »Nein, einfach in Grönland.«) An diese Prophezeiung glaubte er fest, worüber sich die beiden anderen furchtbar aufregten. Einmal, zwar nicht an der Front, aber noch während des Krieges, war einer seiner Bekannten sturzbetrunken so in Wut geraten, dass er die Pistole zog, sie Snegowoi an die Schläfe setzte und mit den Worten »Na, dann probieren wir es!« abgedrückt hatte …

»Und?«, fragte Lida.

»Er hat ihn glatt erschossen«, witzelte Maljanow.

»Ein Versager«, erklärte Snegowoi.

»Sie haben ja merkwürdige Bekannte«, sagte Lida befremdet.

Damit hatte sie ins Schwarze getroffen. Arnold Pawlowitsch erzählte selten von sich – aber wenn, dann sehr eindrucksvoll. Und seinen Geschichten nach zu urteilen, waren seine Bekannten tatsächlich mehr als merkwürdig.

Eine Zeit lang stritten sich Maljanow und Lida leidenschaftlich über die Frage, wie Arnold Pawlowitsch nach Grönland geraten würde. Maljanow war für einen Flugzeugabsturz, Lida hingegen für eine gewöhnliche Urlaubsreise. Arnold Pawlowitsch selber saß da, die bläulichen Lippen zu einem breiten Grinsen verzogen, und steckte sich eine Zigarette nach der anderen an.

Dann besann sich Maljanow auf seine Gastgeberpflichten und wollte die Gläser nachfüllen, aber die Flasche war bereits leer. Als er aufstand, um eine neue zu holen, hielt ihn Arnold Pawlowitsch zurück und erklärte, er müsse jetzt gehen, da er eigentlich nur auf einen Sprung hatte vorbeikommen wollen. Lida hingegen war fürs Weiterfeiern. Überhaupt wirkte sie noch völlig nüchtern, nur ihre Wangen waren leicht gerötet.

»Nein, Freunde«, sagte Snegowoi. »Für mich ist es Zeit.« Er stand schwerfällig auf und füllte mit seinem massigen Körper fast die ganze Küche. »Begleiten Sie mich zur Tür, Dmitri Alexejewitsch ... Gute Nacht, Lida. Es war mir ein Vergnügen.«

Noch im Flur versuchte Maljanow, ihn zum Bleiben zu überreden – bloß auf ein Gläschen. Aber Snegowoi schüttelte den Kopf und brummte ablehnend.

Als sie schon in der Tür standen, sagte er plötzlich laut: »Ach, Dmitri Alexejewitsch! Ich hatte Ihnen doch ein Buch versprochen. Kommen Sie mit, ich gebe es Ihnen gleich.«

»Was denn für ein Buch?«, wollte Maljanow fragen, aber da legte Snegowoi seinen dicken Finger an die Lippen und zog ihn über den Treppenflur zu seiner Wohnung. Maljanow war von dem mächtigen Finger so beeindruckt, dass er dem Nachbarn wie ein Lämmchen folgte. Schweigend, ohne Maljanows Ellbogen loszulassen, ertastete Snegowoi den Schlüssel in seiner Tasche und öffnete die Tür. Die ganze Wohnung war hell erleuchtet – der Flur, die beiden Zimmer, die Küche, ja, sogar das Bad. Es roch nach abgestandenem Zigarettenrauch und starkem Eau de Cologne, und Maljanow wurde plötzlich bewusst, dass er in den ganzen fünf Jahren ihrer Bekanntschaft noch nie hier gewesen war. Das Zimmer, in das ihn Snegowoi führte, war sauber und aufgeräumt. Auch hier brannten alle Lichter: der Kronleuchter, die Stehlampe und die kleine Lampe auf dem Tisch. Über der Stuhllehne hing eine Uniformjacke mit den Schulterstücken eines Obersts und einer ganzen Reihe von Ordensspangen. Aha, dachte Maljanow, Arnold Pawlowitsch ist also Oberst … soso …

»Was für ein Buch?«, fragte er schließlich.

»Egal welches«, sagte Snegowoi ungeduldig. »Nehmen Sie das da, und behalten Sie es in der Hand, damit Sie es nachher nicht vergessen. Setzen wir uns einen Moment.«

Verwirrt griff sich Maljanow einen dicken Wälzer vom Tisch, klemmte ihn unter den Arm und nahm neben der Stehlampe auf der Couch Platz.

Arnold Pawlowitsch setzte sich neben ihn und begann sofort zu rauchen. Maljanow blickte er nicht an.

»Also …«, ertönte laut seine tiefe Stimme. »Also … Zunächst einmal: Wer ist die Frau?«

»Lida? Ich sagte Ihnen doch: eine Freundin meiner Frau. Warum?«

»Kennen Sie sie gut?«

»N-nein … Erst seit heute. Sie kam mit einem Brief …« Maljanow stockte, der Schreck fuhr ihm in die Glieder. »Glauben Sie etwa, sie ist …«

Snegowoi unterbrach ihn.

»Die Fragen stelle ich. Wir haben keine Zeit. Woran arbeiten Sie jetzt, Dmitri Alexejewitsch?«

Sofort fiel Maljanow Waingarten ein, und wieder überlief es ihn eiskalt. Mit schiefem Lächeln sagte er: »Komischerweise wollen heute alle wissen, woran ich arbeite.«

»Wer noch?«, fragte Snegowoi hastig und durchbohrte ihn fast mit seinen kleinen blauen Augen. »Lida?«

Maljanow schüttelte den Kopf. »Nein, Waingarten, ein Freund von mir.«

»Waingarten …« Snegowoi runzelte die Stirn. »Waingarten …«

»Nein, nein!«, sagte Maljanow. »Den kenne ich gut, noch aus der Schulzeit.«

»Der Name Gubar – sagt Ihnen der was?«

»Gubar? Nie gehört … Was ist denn passiert, Arnold Pawlowitsch?«

Snegowoi drückte den Stummel im Aschenbecher aus und zündete sich sofort eine neue Zigarette an.

»Wer hat noch nach Ihrer Arbeit gefragt?«

»Sonst niemand.«

»Woran arbeiten Sie also?«

Plötzlich wurde Maljanow wütend. Er wurde immer wütend, wenn er Angst bekam.

»Hören Sie, Arnold Pawlowitsch«, sagte er. »Ich verstehe das alles nicht!«

»Ich auch nicht!«, sagte Snegowoi. »Ich möchte es aber gern verstehen. Erzählen Sie! Moment … Ist Ihre Arbeit geheim?«

»Quatsch – geheim!«, erwiderte Maljanow gereizt. »Ganz normale Astrophysik und Stellardynamik. Wechselwirkung zwischen Sternen und diffuser Materie. Da ist nichts geheim; ich rede nur nicht gern über meine Arbeit, bevor sie beendet ist.«

»Sterne und diffuse Materie …«, wiederholte Snegowoi gedehnt und zuckte mit den Achseln. »Hier das Grundstück, dort das Wasser … Und nicht geheim? Kein Teil davon?«

»Nicht die Spur!«

»Und Gubar kennen Sie wirklich nicht?«

»Nein.«

Schweigend saß Snegowoi neben ihm und rauchte – riesengroß und geduckt wie ein Bär, geradezu unheimlich. Dann sagte er: »Wo nichts ist, ist auch kein Richter. Mehr wollte ich von Ihnen nicht wissen, Dmitri Alexejewitsch. Seien Sie mir bitte nicht böse.«

»Natürlich nicht ... Aber ich würde gerne noch etwas von Ihnen wissen ...«

»Dazu habe ich kein Recht«, schnitt ihm Snegowoi das Wort ab.

Maljanow hätte sich damit nicht abspeisen lassen – aber da entdeckte er etwas, was ihn sofort verstummen ließ: Die linke Tasche von Snegowois Hausanzug stand verdächtig ab, und er erkannte ganz deutlich den glänzenden Griff einer schweren Pistole. Wie ein Gangstercolt im Film. Und beim Anblick dieses Colts verging Maljanow augenblicklich die Lust, noch irgendetwas in Erfahrung zu bringen. Ihm war mit einem Schlag klar, dass nicht er hier die Fragen stellte.

Da erhob sich Snegowoi und sagte: »Jetzt, Dmitri Alexejewitsch, Folgendes: Morgen will ich wieder ...«

Dritter Teil

5

... blieb eine Weile auf dem Rücken liegen und döste noch ein wenig. Unter seinem Fenster rumpelten schon die Lastwagen mit ihren Anhängern, in der Wohnung jedoch war alles ruhig. Von dem verrückten Tag gestern war nichts weiter geblieben als ein leichtes Schädelbrummen, ein schlechter Geschmack im Mund und ein unangenehmes Bohren in der Seele, im Herzen und weiß Gott wo sonst noch. Gerade wollte er über dieses Bohren nachdenken, als es vorsichtig an der Tür läutete. Ach ja – Pawlowitsch mit dem Schlüssel!, dachte Maljanow und sprang aus dem Bett.

Als er durch den Flur ging, nahm er flüchtig wahr, dass die Küche aufgeräumt und die Tür zu Bobkas Zimmer geschlossen war; die Scheibengardine war sorgfältig von innen zugezogen. Lida schläft noch, dachte er, ist aufgestanden, hat das Geschirr abgewaschen und sich wieder hingelegt.

Während er am Schloss hantierte, klingelte es noch einmal zaghaft.

»Gleich, sofort«, rief er heiser. »Einen Moment noch, Arnold Pawlowitsch!«

Aber es war nicht Arnold Pawlowitsch. Vor der Tür stand ein wildfremder junger Mann und scharrte mit den Füßen auf dem Gummiabtreter. Er trug Jeans, ein schwarzes Hemd mit hochgekrempelten Ärmeln und eine überdimensionale Sonnenbrille. Ein echter Tonton Macoute, dachte Maljanow. Weiter hinten, neben dem Fahrstuhl, standen noch zwei von der

Sorte – ebenfalls mit schwarzen Brillen, doch blieb ihm keine Zeit, weiter darüber nachzudenken, denn in dem Moment sagte der erste »Kriminalpolizei« und hielt ihm einen aufgeklappten Ausweis vor die Nase.

Schöne Bescherung!, ging es Maljanow durch den Kopf. Alles klar ... war ja fast zu erwarten gewesen! In ihm herrschte ein einziges Chaos, alles ging durcheinander. In Unterhosen stand er da – vor dem Tonton Macoute der Kriminalpolizei – und starrte auf den Ausweis. Da waren ein Foto, verschiedene Stempel und Vermerke, aber in seiner Verwirrung sah er nur eins: »Ministerium des Innern«. In Großbuchstaben.

»Ja-a«, stieß er hervor. »Natürlich. Bitte sehr. Worum handelt es sich?«

»Guten Tag«, sagte der Tonton Macoute überaus höflich. »Sie sind Maljanow, Dmitri Alexejewitsch?«

»Ja ...«

»Darf ich Ihnen einige Fragen stellen?«

»Bitte sehr, bitte«, sagte Maljanow. »Augenblick, bei mir ist nicht aufgeräumt ... Ich bin gerade erst aufgestanden ... Vielleicht gehen wir in die Küche? Nein, dort scheint jetzt die Sonne. Lieber doch hier hinein, ich mache gleich Ordnung.«

Der Tonton Macoute betrat das Wohnzimmer, blieb höflich in der Mitte stehen und sah sich ungezwungen um. Maljanow deckte hastig die Liege zu, streifte Hemd und Jeans über, zog die Gardine auf und öffnete das Fenster.

»Bitte, nehmen Sie Platz, hier im Sessel. Oder möchten Sie sich lieber an den Tisch setzen? Was führt Sie zu mir?«

Der Polizist stieg vorsichtig über die ringsum verstreuten Papierbogen, setzte sich in den Sessel und legte eine gelbe Ledermappe auf die Knie.

»Ihren Ausweis bitte«, sagte er.

Maljanow wühlte im Schreibtisch, zog seinen Ausweis heraus und reichte ihn hinüber.

»Wer wohnt hier noch?«, fragte der Polizist, während er den Ausweis prüfte.

»Meine Frau, unser Sohn … Aber sie sind jetzt nicht da. Sie sind im Urlaub, in Odessa … bei der Schwiegermutter.«

Der Polizist legte den Ausweis auf seine Mappe und setzte seine schwarze Brille ab – es war ein ganz gewöhnlicher, sogar ziemlich unbedarft wirkender junger Mann. Überhaupt kein Tonton Macoute … Eher sah er wie ein Verkäufer aus. Oder wie ein Fernsehmonteur.

»Igor Petrowitsch Sykow«, sagte er. »Hauptermittler der Staatsanwaltschaft.«

»Angenehm«, erwiderte Maljanow.

Plötzlich fiel ihm wieder ein, dass er – Teufel nochmal! – gar kein Krimineller war, sondern leitender wissenschaftlicher Mitarbeiter und Doktor der Wissenschaften! Nicht irgendein Hosenscheißer, verdammt. Er schlug die Beine übereinander, nahm eine lässige Pose ein und sagte kühl: »Ich höre.«

Igor Petrowitsch schlug nun ebenfalls die Beine übereinander, legte die Mappe wieder auf dem Knie ab und fragte: »Kennen Sie Arnold Pawlowitsch Snegowoi?«

Auf diese Frage war Maljanow gefasst. Aus unerfindlichen Gründen hatte er nur darauf gewartet, dass man ihn nach Valja Waingarten oder Arnold Pawlowitsch fragte. Deshalb antwortete er im gleichen kühlen Tonfall: »Ja. Ich bin mit Oberst Snegowoi bekannt.«

»Und woher wissen Sie, dass er Oberst ist?«, folgte die nächste Frage.

»Na ja, wissen Sie …« Maljanow wich einer direkten Antwort aus. »Wir kennen uns schon lange.«

»Wie lange?«

»Etwa fünf Jahre … seit dem Einzug in dieses Haus.«

»Unter welchen Umständen haben Sie sich kennengelernt?«

Maljanow versuchte sich zu erinnern. Ja, wirklich – unter welchen Umständen? Hm … vielleicht, als er zum ersten Mal den Schlüssel brachte? Nein, da kannten wir uns schon.

»Nein«, sagte er, stellte das übergeschlagene Bein auf den Boden und kratzte sich im Nacken. »Wissen Sie, ich weiß es einfach nicht mehr. Ich kann mich nur noch an eine Situation erinnern: Der Fahrstuhl war kaputt, Irina – also meine Frau – kam mit Einkäufen zurück und mit unserem kleinen Sohn … Arnold Pawlowitsch nahm ihr die Tasche und den Jungen ab. Da hat sie ihn zu uns eingeladen. Ich glaube, er ist noch am selben Abend gekommen.«

»War er in Uniform?«

»Nein«, sagte Maljanow bestimmt.

»Aha … Und seitdem sind Sie befreundet?«

»Na ja … Was heißt befreundet? Er kommt manchmal zu uns herüber, holt sich Bücher oder bringt welche. Manchmal trinken wir zusammen Tee. Und wenn er auf Dienstreise geht, gibt er uns die Schlüssel.«

»Warum?«

»Wie – warum?«, staunte Maljanow. »Es kann doch alles Mögliche …«

Tatsächlich – warum eigentlich? Darüber habe ich noch nie nachgedacht. Wahrscheinlich bloß so, für alle Fälle.

»Wahrscheinlich bloß so«, sagte Maljanow. »Für alle Fälle. Falls er Besuch von Verwandten bekommt oder …«

»Ist denn Besuch gekommen?«

»Nein, nicht, dass ich wüsste. Zumindest nicht, wenn ich da war. Vielleicht weiß meine Frau mehr.«

Igor Petrowitsch nickte nachdenklich und fragte dann: »Haben Sie schon einmal mit ihm über die Wissenschaft gesprochen, über die Arbeit?«

Schon wieder die Arbeit!

»Über wessen Arbeit?«, fragte Maljanow finster.

»Über seine natürlich. Er war doch wohl Physiker.«

»Das weiß ich nicht. Ich glaube eher, er ist bei den Raketentruppen ...«

Er hatte noch nicht zu Ende gesprochen, als ihn schauderte. Was sollte das bedeuten – *war?* Warum – *war?* Den Schlüssel hat er nicht gebracht ... Mein Gott, was ist passiert!? Um ein Haar hätte Maljanow losgebrüllt: ›Warum sagen Sie – *war?*‹, doch da brachte ihn Igor Petrowitsch vollends aus dem Konzept. Mit einer blitzschnellen Armbewegung stieß er wie ein Degenfechter in Maljanows Richtung und schnappte sich eine der herumliegenden Manuskriptseiten.

»Und woher haben Sie das?«, fragte er in scharfem Ton, und sein friedfertiges Gesicht wirkte plötzlich spitz und gemein. »Woher?«

»Also ... er-erlauben Sie mal!«, stotterte Maljanow und stand vom Stuhl auf.

»Sitzen bleiben!«, herrschte ihn Igor Petrowitsch an. Seine stahlblauen Augen huschten über Maljanows Gesicht. »Wie kommen Sie zu diesen Angaben?«

»Was denn für Angaben?«, wisperte Maljanow. »Wieso Angaben – zum Teufel nochmal!«, brüllte er. »Das sind meine Berechnungen!«

»Das sind nicht Ihre Berechnungen«, widersprach ihm Igor Petrowitsch eiskalt, wobei er ebenfalls die Stimme hob. »Woher haben Sie dieses Diagramm?«

Er hielt das Blatt hoch und tippte mit dem Fingernagel auf die Dichtekurve.

»Aus meinem Kopf!«, sagte Maljanow wütend. »Aus dem hier!« Er hämmerte sich mit der Faust auf den Scheitel. »Das ist die Abhängigkeit der Dichte von der Entfernung zum Stern!«

»Nein: Das ist die Wachstumskurve der Kriminalität in Ihrem Stadtbezirk im letzten Quartal!«, verkündete Igor Petrowitsch.

Maljanow verschlug es die Sprache. Igor Petrowitsch jedoch schürzte verächtlich die Lippen und fuhr fort: »Wenn Sie sie wenigstens anständig gezeichnet hätten. Nicht so verläuft sie, sondern so.« Bei diesen Worten nahm er Maljanows Bleistift, sprang auf, legte das Blatt auf den Tisch und übermalte die Dichtekurve mit einer Zickzacklinie, wobei er stark aufdrückte. »So, hier …«, rief er. »Und hier so, und nicht so.« Als er fertig und die Bleistiftspitze abgebrochen war, schmiss er den Stift hin, nahm wieder Platz und blickte Maljanow mitleidig an. »Ach, Maljanow, Maljanow«, sagte er. »So ein hochqualifizierter Mann, so ein gewiefter Verbrecher und geht vor wie der letzte Stümper.«

Völlig entgeistert starrte Maljanow von seiner Skizze zu Igor Petrowitsch und wieder zur Skizze. Das konnte nicht wahr sein! Und zwar so wenig, dass es ganz egal war, ob man etwas sagte, schrie oder schwieg. Genaugenommen hätte man jetzt aus dem Schlaf aufwachen müssen.

»Und Ihre Frau – versteht sie sich gut mit Snegowoi?«, fragte Igor Petrowitsch, jetzt wieder mit äußerst freundlicher, wenn auch ziemlich farbloser Stimme.

»Ja, recht gut«, erwiderte Maljanow dumpf.

»Duzen sie sich?«

»Hören Sie mal«, sagte Maljanow. »Sie haben meine Skizze verdorben. Was soll das hier eigentlich?«

»Was denn für eine Skizze?«, wunderte sich Igor Petrowitsch.

»Na die hier, das Diagramm.«

»Ach so. Aber das ist doch unwichtig. Kommt Snegowoi auch, wenn Sie nicht zu Hause sind?«

»Unwichtig …«, wiederholte Maljanow. »Für Sie vielleicht«, fuhr er fort, raffte hastig alle Blätter vom Tisch und stopfte sie in die Fächer. »Da sitzt man hier und sitzt, brütet tagelang, und dann kommt einer daher und behauptet, es sei unwichtig«, murmelte er, während er die Aufzeichnungen einsammelte, die auf dem Fußboden herumlagen.

Igor Petrowitsch sah ihm ungerührt dabei zu und schraubte peinlich genau eine Zigarette ins Mundstück. Als Maljanow, schwer atmend, wütend und verschwitzt, an seinen Platz zurückkehrte, fragte Igor Petrowitsch höflich: »Gestatten Sie, dass ich rauche?«

»Bitte«, sagte Maljanow. »Da ist der Aschenbecher. Und bitte: Beeilen Sie sich mit Ihren Fragen. Ich muss an die Arbeit.«

»Das hängt ganz von Ihnen ab«, entgegnete Igor Petrowitsch, wobei er den Rauch aus dem Mundwinkel heraus von Maljanow weg blies. »Zum Beispiel: Wie nennen Sie Snegowoi gewöhnlich: Oberst, mit Zunamen oder mit Vor- und Vatersnamen?«

»Mal so, mal so«, knurrte Maljanow. »Was spielt das für eine Rolle?«

»Nennen Sie ihn auch Oberst?«

»Gewiss. Und?«

»Sonderbar, höchst sonderbar«, sagte Igor Petrowitsch, wobei er behutsam die Asche abstreifte. »Oberst ist er nämlich erst seit vorgestern.«

Das saß. Maljanow schwieg, fühlte, wie er rot wurde.

»Also – woher wissen Sie, dass Snegowoi zum Oberst befördert wurde?«

»Na schön«, sagte er. »Ja, ich habe ein bisschen angegeben. Ja, ich wusste nicht, dass er Oberst ist – oder Oberstleutnant … Ich war gestern einfach bei ihm und habe die Uniformjacke gesehen, mit den Schulterklappen eines Obersts.«

»Und wann waren Sie gestern bei ihm?«

»Abends. Ziemlich spät … Ein Buch habe ich mir von ihm geholt. Das hier.«

Mist, das mit dem Buch hätte er besser nicht gesagt. Sofort nahm Igor Petrowitsch das Buch in die Hand und blätterte darin. Maljanow brach der kalte Schweiß aus, da er nicht die leiseste Ahnung hatte, was es für ein Buch war.

»Hm, in welcher Sprache ist es denn?«, fragte Igor Petrowitsch zerstreut.

»Äh …«, druckste Maljanow, und wieder brach ihm der kalte Schweiß aus. »Englisch wahrscheinlich.«

»Kaum«, sagte Igor Petrowitsch und blickte den Text genauer an. »Ist doch kyrillische Schrift und keine lateinische. Ah, es ist russisch!«

Maljanow brach zum dritten Mal der Schweiß aus, doch Igor Petrowitsch legte bloß das Buch weg, setzte seine schwarze Brille wieder auf, lehnte sich zurück und sah ihn an. Und Maljanow sah Igor Petrowitsch an, bemüht, weder zu blinzeln noch den Blick abzuwenden. Durch den Kopf ging ihm etwa Folgendes: Scheißkerl … Hauptmann Concasseur, verdammter … Ich sage nicht, wo unsere sind …

»Was meinen Sie: Wem sehe ich ähnlich?«, fragte plötzlich Igor Petrowitsch.

»Einem Tonton Macoute«, rutschte es Maljanow raus.

»Falsch«, sagte Igor Petrowitsch. »Raten Sie nochmal.«

»Ich … Ich weiß nicht«, stotterte Maljanow.

Igor Petrowitsch setzte die Brille ab und schüttelte vorwurfsvoll den Kopf.

»Schwach! Ganz schwach! Sind ja merkwürdige Auffassungen, die Sie von unseren Ermittlungsorganen haben. Einem Tonton Macoute – also bitte!«

»Aber wem dann?«, fragte Maljanow kleinlaut.

Igor Petrowitsch schwenkte seine Brille hin und her wie ein Lehrer und sagte, jede Silbe betonend: »Dem Un-sicht-baren! Das Einzige, was der und ein Tonton Macoute gemeinsam haben, ist, dass man sie mit vier Silben schreibt.«

Dann schwieg er, und drückende Stille trat ein; nicht einmal die Autos auf der Straße waren mehr zu hören. Maljanow fühlte sich wie von dicker, stickiger Watte eingehüllt und verspürte wieder den qualvollen Wunsch aufzuwachen. In dem Moment schrillte das Telefon.

Maljanow fuhr zusammen. Igor Petrowitsch, wie es schien, auch. Das Telefon schrillte noch einmal. Auf die Armlehnen gestützt, erhob sich Maljanow halb und blickte Igor Petrowitsch fragend an.

»Ja, ja«, sagte der. »Gehen Sie ran, ist gewiss für Sie.«

Maljanow ging zur Liege und nahm den Hörer ab. Es war Valja Waingarten.

»He, Astrophage«, blaffte der. »Wieso rufst du nicht an, du Hornochse?«

»Na ja, verstehst du … Ich hatte keine Zeit …«

»Vergnügst dich wohl mit deiner Süßen?«

»Ja … nein«, stammelte Maljanow. »Wo denkst du hin …«

»Also … Wenn meine Swetka mir ihre Freundinnen überlassen würde …«, sagte Waingarten neidisch.

»Ja«, nuschelte Maljanow. Im Nacken spürte er den Blick Hauptmann Concasseurs. »Hör mal, Valja, ich ruf dich später an.«

Sofort wurde Waingarten misstrauisch. »Was ist los bei dir?«

»Ach, nichts … Ich erzähl's dir später.«

»Die Frau?«

»Nein.«

»Ein Mann?«

»J-ja …«

Waingarten atmete laut ins Telefon. »Hör mal«, sagte er mit gesenkter Stimme. »Soll ich zu dir kommen?«

»Nein! Du fehlst mir gerade noch …«

Wieder lautes Atmen. »Hör mal«, sagte Waingarten. »Ist er rothaarig?«

Unwillkürlich blickte sich Maljanow nach Igor Petrowitsch um. Verblüfft musste er feststellen, dass der ihn gar nicht ansah. Er las, die Lippen bewegend, in Snegowois Buch.

»Aber nein, was soll der Quatsch? Genug jetzt, ich ruf dich nachher an.«

»Unbedingt!«, brüllte Waingarten. »Sobald er weg ist, rufst du an!«

»Ja doch«, sagte Maljanow und legte auf. Dann setzte er sich wieder und murmelte: »Pardon.«

»Schon gut«, sagte Igor Petrowitsch und legte das Buch weg. »Sie sind aber vielseitig interessiert, Dmitri Alexejewitsch.«

»Na ja … einigermaßen«, stammelte Maljanow. Verdammt – wenn ich wenigstens einen Blick in das Buch werfen könnte! »Igor Petrowitsch«, sagte er bittend. »Können wir nicht zum Schluss kommen? Es ist schon fast zwei Uhr.«

»Aber selbstverständlich!«, rief Igor Petrowitsch bereitwillig. Nach einem besorgten Blick auf die Uhr holte er einen Notizblock aus der Mappe. »Also. Sie waren gestern Abend bei Snegowoi – das stimmt doch?«

»Ja.«

»Um dieses Buch zu holen?«

»Ja«, sagte Maljanow, entschlossen, weitere Einzelheiten für sich zu behalten.

»Wann war das?«

»Spät. Gegen Mitternacht.«

»Hatten Sie nicht den Eindruck, dass Snegowoi verreisen wollte?«

»Doch. Das heißt, nicht den Eindruck … Er hat mir direkt gesagt, dass er am nächsten Morgen verreist und mir die Schlüssel bringen will.«

»Hat er sie gebracht?«

»Nein. Das heißt, vielleicht hat er geklingelt, und ich habe es nicht gehört, weil ich noch geschlafen habe.«

Igor Petrowitsch kritzelte eifrig – den Notizblock auf der Mappe, die Mappe auf den Knien. Er blickte überhaupt nicht mehr hoch, nicht einmal beim Fragen. Als hätte er es plötzlich sehr eilig.

»Hat Snegowoi Ihnen nicht gesagt, wohin er verreist?«

»Nein, das sagt er nie.«

»Aber Sie können sich denken, wohin er fährt?«

»Na ja, so ungefähr. Zu irgendeinem Versuchsgelände oder …«

»Hat er Ihnen mal davon erzählt?«

»Nein, natürlich nicht. Über seine Arbeit sprechen wir nie.«

»Und wieso können Sie sich's denken?«

Maljanow zuckte mit den Achseln. Ja, wieso? Schwer zu erklären … Der Mann arbeitet in einem der Geheimkästen, das Gesicht ist verbrannt, die Hände … Und wie er sich benimmt … Schon dass er nie über seine Arbeit spricht.

»Ich weiß nicht«, sagte Maljanow. »Mir scheint es so … Ich weiß nicht.«

»Hat er Sie mal mit einem seiner Freunde bekanntgemacht?«

»Nein, nie.«

»Und mit seiner Frau?«

»Ist er denn verheiratet? Ich habe immer geglaubt, er ist Junggeselle … oder … Witwer.«

»Und warum haben Sie das geglaubt?«

»Weiß ich nicht«, sagte Maljanow unwirsch. »Intuition.«

»Vielleicht hat es Ihre Frau erzählt?«

»Irka? Woher soll sie das wissen?«

»Eben das möchte ich in Erfahrung bringen.«

Schweigend starrten sie einander an.

»Ich verstehe nicht«, sagte Maljanow. »Was möchten Sie in Erfahrung bringen?«

»Woher Ihre Frau wusste, dass Snegowoi unverheiratet ist.«

»Äh-äh … Ja – wusste sie es denn?«

Igor Petrowitsch antwortete nicht. Er blickte Maljanow eindringlich an, und seine Pupillen verengten und weiteten sich auf sonderbare, fast unheimliche Weise. Maljanows Nerven waren auf das Äußerste gespannt. Noch eine Sekunde – und dann würde er mit den Fäusten auf den Tisch schlagen, losbrüllen, mit Schaum vor dem Mund, und endgültig sein Gesicht verlieren. Er konnte nicht mehr. Hinter all diesem Geschwätz verbarg sich irgendetwas Unausgesprochenes, Böses – wie klebriges Spinngewebe, in das Irka mithineingezogen werden sollte.

»Also gut«, sagte Igor Petrowitsch plötzlich und klappte seinen Notizblock zu. »Kognak haben Sie ja da.« Er wies auf die Bar. »Und der Wodka steht im Kühlschrank. Was ziehen Sie vor? Persönlich?«

»Ich?«

»Ja, Sie. Persönlich.«

»Kognak«, krächzte Maljanow und schluckte. Seine Kehle war wie ausgetrocknet.

»Sehr gut! Wunderbar!«, rief Igor Petrowitsch munter, stand auf und ging mit raschen kleinen Schritten zur Bar. »Da brauchen wir ja nicht weit zu gehen …!« Er machte sich schon an der Bar zu schaffen. »Aha, Zitrone ist auch da … Ein bisschen verschrumpelt, aber das macht nichts. Was für Gläser möchten Sie? Ach, nehmen wir die hier, die blauen.«

Maljanow beobachtete dumpf, wie er behände die Schwenker auf den Tisch stellte, dünne Zitronenscheiben abschnitt und die Flasche öffnete.

»Wenn ich ehrlich bin«, sagte Igor Petrowitsch, »Ihre Chancen stehen schlecht. Die Entscheidung fällt natürlich das Gericht, aber ich bin schon zehn Jahre dabei und habe so meine Erfahrungen. Bei jedem Fall kann man sich ungefähr ausrechnen, was darauf steht. Die Höchststrafe bekommen Sie nicht, aber fünfzehn Jahre – die garantiere ich Ihnen, wenn ich das so sagen darf.« Fein säuberlich und ohne ein Tröpfchen zu verschütten, goss er den Kognak ein. »Selbstverständlich gibt es auch mildernde Umstände, aber offen gestanden – vorläufig sehe ich keine … nein, absolut keine,

Dmitri Alexejewitsch! Na denn …« Er hob sein Glas und nickte einladend.

Mit steifen Fingern nahm Maljanow seinen Schwenker.

»Gut …«, sagte er. Seine Stimme klang verzerrt. »Aber darf ich trotzdem erfahren, was hier vor sich geht?«

»Selbstverständlich!«, rief Igor Petrowitsch. Er leerte sein Glas, warf sich eine Zitronenscheibe in den Mund und nickte. »Selbstverständlich dürfen Sie das! Ich erzähle es Ihnen, ich bin dazu befugt.«

Und er erzählte.

Heute Morgen um acht Uhr war ein Wagen gekommen, um Snegowoi abzuholen und zum Flugplatz zu bringen. Der Fahrer wunderte sich, dass Snegowoi nicht wie üblich vor dem Hauseingang stand. Er wartete fünf Minuten. Dann fuhr er mit dem Lift nach oben und klingelte an der Wohnungstür. Niemand öffnete, obwohl die Klingel, wie der Fahrer sehr wohl hörte, funktionierte. Daraufhin fuhr er wieder nach unten, rief aus der Telefonzelle an der Ecke seine Dienststelle an und machte Meldung. Die Dienststelle versuchte, Snegowoi anzurufen, doch sein Apparat war durchgehend besetzt. Unterdessen ging der Fahrer ums Haus herum und stellte fest, dass alle drei Fenster in Snegowois Wohnung weit aufgerissen waren und in der Wohnung Licht brannte, obwohl es doch schon hell war. Sofort erstattete er Bericht. Nun wurden Spezialisten angefordert, die Snegowois Wohnung unverzüglich aufbrachen und in Augenschein nahmen: Überall brannte Licht, auf dem Bett im Schlafzimmer lag ein aufgeklappter, schon gepackter Koffer. Snegowoi fanden sie in seinem Arbeitszimmer; er saß am Tisch, in der einen Hand den Telefonhörer, in der anderen eine Makarow. Die Untersuchung ergab, dass Snegowoi infolge einer Schussverletzung gestorben war – beigefügt aus ebendieser Pistole, durch einen Schläfenschuss aus nächster Nähe. Der Tod war augenblicklich eingetreten, zwischen drei und vier Uhr morgens.

»Und was habe ich damit zu tun?«, fragte Maljanow.

Da erzählte ihm Igor Petrowitsch ausführlich, wie man die ballistische Kurve rekonstruiert und die Kugel entdeckt hatte, die durch den Kopf hindurchgegangen und in der Wand stecken geblieben war.

»Aber ich – was habe ich damit zu tun?«, fragte Maljanow wieder und klopfte sich dabei wie rasend an die Brust. Zu dem Zeitpunkt hatten sie schon drei Gläser Kognak getrunken.

»Ja, tut er Ihnen denn leid?«, fragte Igor Petrowitsch. »Ob er Ihnen leidtut, frage ich.«

»Natürlich tut er mir leid. Er war ein Pfundskerl ... Aber wie kommen Sie auf mich? Ich hatte noch nie eine Pistole in Händen! Ich war auch nicht bei der Armee, wurde ausgemustert, wegen der Augen ...«

Igor Petrowitsch ließ seine Worte unbeachtet. Stattdessen berichtete er ausführlich, wie man binnen kurzer Zeit ermittelt hatte, dass der Tote Linkshänder gewesen war.

Es war also merkwürdig, dass er sich mit der rechten Hand erschossen haben sollte.

»Ja, ja!«, stimmte Maljanow zu. »Arnold Pawlowitsch war tatsächlich Linkshänder. Das ist mir bekannt, kann es bestätigen ... Aber ich ... Ich habe in der Zeit doch geschlafen, die ganze Nacht! Und überhaupt: Was hätte ich denn für einen Grund – sagen Sie doch selbst!«

»Wer sollte den Mord denn sonst begangen haben? Wer? Hm?«, fragte Igor Petrowitsch liebenswürdig.

»Woher soll ich das wissen? Sie ... Sie müssen das herausfinden!«

»Aber *Sie* haben ihn doch begangen, mein Bester«, säuselte Igor Petrowitsch mit honigsüßer Stimme und fixierte Maljanow mit einem Auge durch den Kognakschwenker. »Sie sind es gewesen!«

»Das ist doch Wahnsinn«, flüsterte Maljanow hilflos. »Ein Alptraum ...« Vor Verzweiflung war er den Tränen nahe.

Plötzlich gab es einen leichten Durchzug im Zimmer und die zurückgezogene Gardine blähte sich. Die heiße Nachmittagssonne fiel jäh durch das Fenster und traf Igor Petrowitsch mitten ins Gesicht. Er kniff die Augen zusammen, hielt sich die gespreizte Hand über die Augen, rückte im Sessel zur Seite und stellte das Glas hastig auf den Tisch. Irgendetwas passierte mit ihm. Er blinzelte heftig, seine Wangen röteten sich, das Kinn zuckte.

»Verzeihen Sie bitte«, sagte er, und seine Stimme klang auf einmal ganz normal und menschlich. »Verzeihen Sie, Dmitri Alexejewitsch! … Vielleicht könnten Sie … Hier ist es ein bisschen zu …«

Er brach ab, denn in Bobkas Zimmer krachte etwas zu Boden und zerschellte mit lautem Klirren.

»Was ist das?«, fragte Igor Petrowitsch misstrauisch; seine Stimme hatte den menschlichen Klang wieder verloren.

»Da ist … Da ist jemand im Zimmer«, sagte Maljanow, ohne weiter über Igor Petrowitschs seltsame Anwandlungen nachzudenken. Ihn beschäftigte etwas anderes, ein völlig neuer Gedanke. »Hören Sie!«, rief er und sprang auf. »Kommen Sie mit! In dem Zimmer ist eine Freundin meiner Frau! Sie kann alles bezeugen! Ich habe die ganze Nacht geschlafen, bin nirgendwo gewesen.«

Sich gegenseitig schubsend und anrempelnd, hasteten sie durch den Flur.

»Interessant, sehr interessant«, sagte Igor Petrowitsch. »Eine Freundin Ihrer Frau … Wollen mal sehen!«

»Sie kann es bezeugen«, murmelte Maljanow. »Gleich werden Sie sehen … Sie bezeugt es …«

Ohne anzuklopfen, stürzten sie in Bobkas Zimmer und blieben wie angewurzelt stehen. Das Zimmer war aufgeräumt und leer. Von Lida keine Spur. Auf dem Sofa lag kein Bettzeug mehr, und der Koffer war verschwunden. Am

Fenster, vor den Scherben eines Tonkrugs (Choresm, XI. Jahrhundert), saß mit der unschuldigsten Miene der Welt Kaljam.

»Die da?«, fragte Igor Petrowitsch und wies auf den Kater.

»Nein«, erwiderte Maljanow und begriff gar nichts. »Das ist unser Kater Kaljam, den haben wir schon lange … Ja, aber wo ist denn Lida?« Er blickte sich zur Garderobe im Flur um. Der weiße Mantel war fort. »Sieht so aus, als sei sie weggegangen.«

Igor Petrowitsch zuckte mit den Schultern.

»Ja, scheint so«, sagte er. »Hier ist sie jedenfalls nicht.«

Maljanow trottete zu dem verunglückten Krug.

»Blödes Vieh!«, sagte er und verpasste Kaljam einen Klaps hinter die Ohren.

Kaljam stob davon. Maljanow hockte sich hin. In tausend Scherben. Der schöne Krug …

»Hat sie bei Ihnen übernachtet?«, erkundigte sich Igor Petrowitsch.

»Ja«, erwiderte Maljanow finster.

»Wann haben Sie sie zum letzten Mal gesehen? Heute?«

Maljanow schüttelte den Kopf. »Gestern. Das heißt, eigentlich doch heute. In der Nacht. Ich habe ihr Bettwäsche gegeben, und eine Decke …« Er blickte zu Bobkas Bettkasten. »Bitte. Alles da.«

»Ist sie schon lange bei Ihnen?«, wollte Igor Petrowitsch wissen.

»Nein, erst seit gestern.«

»Und ihre Sachen – sind die hier?«

»Ich sehe nichts davon«, erwiderte Maljanow. »Auch der Mantel ist weg.«

»Merkwürdig, nicht wahr?«

Maljanow winkte bloß ab.

»Soll sie bleiben, wo der Pfeffer wächst«, sagte Igor Petrowitsch. »Mit den Weibern hat man nichts als Ärger. Kommen Sie, wir trinken noch ein Gläschen.«

Aber plötzlich sprang die Wohnungstür auf, und in den Flur …

6

… der Fahrstuhl setzte sich in Bewegung. Maljanow blieb allein zurück. Lange stand er auf der Schwelle von Bobkas Zimmer, an den Türrahmen gelehnt, und war unfähig zu denken. Kaljam kam herbei, zuckte nervös mit dem Schwanz und schlich langsam an ihm vorbei; dann flitzte er ins Treppenhaus und begann, den Zementfußboden abzulecken.

»Na schön«, sagte Maljanow schließlich, riss sich vom Türrahmen los und ging ins Wohnzimmer. Dort war es verraucht, auf dem Tisch standen drei blaue Kognakschwenker – zwei leere und ein halbvoller. Die Sonne gleißte bereits auf die Bücherregale.

»Hat den Kognak mitgenommen …«, sagte Maljanow. »Schweinerei!«

Eine Weile saß er im Sessel, trank sein Glas aus. Draußen vor dem Fenster wummerte und ratterte es, und durch die offene Wohnungstür drangen Kindergeschrei und Fahrstuhllärm. Es roch nach Kohlsuppe. Er stand auf, ging schleppend hinaus auf den Treppenflur, haute sich dabei die Schulter am Türrahmen an und blieb vor Snegowois Wohnung stehen. Das Türschloss war mit einem dicken Lacksiegel zugeklebt. Vorsichtig tippte er das Siegel an und fuhr jäh zurück. Ja, es war wirklich passiert. Der Bürger der Sowjetunion Oberst Arnold Pawlowitsch Snegowoi, dieser rätselhafte Mensch, war tot.

Vierter Teil

7

Er spülte die Kognakschwenker und stellte sie zurück in den Schrank, fegte in Bobkas Zimmer die Scherben auf und gab Kaljam Fisch. Dann nahm er das große Glas, aus dem Bobka immer seine Milch trank, und schlug drei Eier hinein, krümelte Brot dazu, pfefferte und salzte tüchtig und rührte um. Hunger hatte er keinen, er tat es aus Gewohnheit. Er aß den Brei, während er am Balkonfenster stand und auf den öden, sonnenbeschienenen Hof schaute. Nicht einmal Bäume hatte man dort gepflanzt, nicht einen einzigen …

Seine Gedanken plätscherten träge dahin; aber es waren weniger Gedanken als vielmehr Gedankenfetzen. Vielleicht sind das neue Ermittlungsmethoden, überlegte er. Wegen der wissenschaftlich-technischen Revolution, und überhaupt … Zuerst ganz zwanglos und dann psychische Attacke, zwanglos und psychische Attacke … Aber was sollte das mit dem Kognak? Keine Ahnung. Igor Petrowitsch Sykow … Oder Sykin? Das heißt, so hat er sich vorgestellt – aber was stand in seinem Ausweis? Lauter Diebe und Spitzbuben!, dachte er auf einmal. Die ganze Schau wegen einer halben Flasche Kognak …

Nein, Snegowoi ist tot, das steht fest. Snegowoi sehe ich nie wieder. War ein guter Kerl, nur ein bisschen schrullig. Benahm sich merkwürdig, besonders gestern. Er hat noch jemanden angerufen … wollte jemandem was sagen, erklären … oder ihn vor etwas warnen. Maljanow erschauerte. Er stellte das schmutzige Glas ins Spülbecken: der zarte Anfang eines Riesenbergs von schmutzigem Geschirr ... Lida hat tadellos aufgeräumt, die Küche blitzt und glänzt ... Aber er hat mich vor Lida gewarnt. Und er hat Recht: Irgendetwas stimmt mit ihr nicht.

Maljanow stürzte in den Flur und durchsuchte die Garderobe, bis er Irkas Zettel fand. Nein, Unsinn. Alles echt. Eindeutig Irkas Handschrift, auch die Art zu schreiben. Und überhaupt: Seit wann kümmern sich Mörderinnen um das schmutzige Geschirr? ...

8

... bei Valja Waingarten war besetzt, und Maljanow legte wieder auf. Er streckte sich auf der Liege aus und drückte seine Nase auf den pelzigen Bezug. Auch mit Valja stimmte etwas nicht. Er benahm sich irgendwie hysterisch. Das kam bei ihm manchmal vor, wenn er sich mit Swetka gezankt hatte oder mit seiner Schwiegermutter. Was hat er mich noch gefragt? Etwas ganz Merkwürdiges ... Mensch, Valja, deine Sorgen möchte ich haben! Aber soll er ruhig vorbeikommen: Er ist hysterisch, ich bin hysterisch, und dann fällt uns vielleicht zusammen etwas ein. Wieder griff Maljanow zum Hörer, wieder war besetzt. Verdammt, wie sinnlos und ungenutzt die Zeit verstreicht! Wie schön man arbeiten könnte, wenn dieser Mist nicht wäre.

Plötzlich räusperte sich jemand hinter ihm. Maljanow fuhr blitzartig hoch – aber umsonst, denn im Flur war niemand. Im Bad auch nicht. In der Toilette ebenso wenig. Er ging zur Tür und überzeugte sich, dass sie fest verschlossen war. Dann kehrte er zur Liege zurück und merkte, wie ihm die Knie zitterten. Verdammt, die Nerven ... Und dieser Knilch will mir weismachen, er sehe wie der Unsichtbare aus. Ein Bandwurm mit Brille bist du, nicht die Spur vom Unsichtbaren! Mistkerl. Nachdem er ein drittes Mal Waingartens Nummer gewählt hatte, knallte er den Hörer auf und zog sich die Socken an. Ich rufe ihn später von Wetscherowski aus an. Ist selber schuld, wenn er andauernd quatscht. Maljanow streifte sich ein sauberes Hemd über, zog die Schlüssel aus der Tasche, sperrte zu und lief die Treppe hoch.

In der Müllschluckernische im fünften Stock knutschte ein Pärchen. Der Bursche trug eine schwarze Brille, Maljanow kannte ihn – es war die Rotznase aus Wohnung siebzehn, zukünftiges Kanonenfutter ohne jede Schulbildung. Kam schon das zweite Jahr nirgendwo unter und hatte auch gar keine Lust dazu … Sonst traf er bis zum siebten Stock niemand. Aber die ganze Zeit hatte er das Gefühl, gleich könnte jemand auftauchen, ihn am Ellbogen fassen und halblaut sagen: »Einen Moment, mein Herr …«

Gott sei Dank, Phil war zu Hause. Wie immer sah er aus, als ginge er gleich zu einem Empfang in die Niederländische Botschaft – anlässlich eines Besuchs Ihrer Majestät. Und als käme in fünf Minuten der Wagen, um ihn abzuholen. Er trug einen sehr eleganten cremefarbenen Anzug, extravagante Mokassins und eine Krawatte. Maljanow war unbegreiflich, und er wunderte sich jedes Mal aufs Neue, wie man zu Hause eine Krawatte tragen konnte …

»Du arbeitest wohl?«, fragte er.

»Wie immer.«

»Ich bleib nicht lange.«

»Selbstredend«, sagte Wetscherowski. »Kaffee?«

»Lass nur«, erwiderte Maljanow. »Das heißt, warum eigentlich nicht.«

Sie gingen in die Küche. Maljanow setzte sich auf seinen Stammplatz, und Wetscherowski begann seinen Hokuspokus mit der Kaffeemaschine.

»Ich mache ihn wienerisch«, sagte er, ohne sich umzudrehen.

»Nur zu. Hast du Sahne da?«

Wetscherowski antwortete nicht. Maljanow sah, wie sich seine spitzen Schulterblätter unter dem dünnen cremefarbenen Stoff bewegten.

»War ein Ermittler bei dir?«, fragte Maljanow.

Die Schulterblätter verharrten einen Moment, und dann tauchte ganz langsam über dem gebeugten Rücken das lange, sommersprossige Gesicht auf, die langgezogene Nase und die rotblonden Brauen, die weit über die gewaltige Hornbrille nach oben gezogen waren. Wetscherowski sah Maljanow an.

»Entschuldige … Was hast du gesagt?«

»Ich habe dich gefragt, ob heute ein Ermittler bei dir gewesen ist.«

»Warum ausgerechnet ein Ermittler?«, erkundigte sich Wetscherowski.

»Weil Snegowoi sich erschossen hat«, sagte Maljanow. »Bei mir waren sie schon.«

»Wer ist Snegowoi?«

»Na, der Riese, der bei mir nebenan wohnt. Der Raketenmann.«

»Aha …«

Wetscherowski wandte sich ab, wieder bewegten sich seine Schulterblätter.

»Kanntest du ihn nicht?«, fragte Maljanow. »Ich dachte, ich hätte euch bekanntgemacht.«

»Nein«, sagte Wetscherowski. »Ich kann mich nicht erinnern.«

Herrlicher Kaffeeduft zog durch die Küche. Maljanow machte es sich bequem. Sollte er es ihm erzählen oder nicht? In dieser blitzsauberen, duftenden Küche, wo immer alles an seinem Platz stand, wo es trotz gleißend heller Sonne kühl war und alle Geräte von höchster Qualität – Weltniveau –, hier erschienen die Vorfälle der letzten vierundzwanzig Stunden ganz und gar absurd, verrückt und irreal.

»Kennst du den Witz von den zwei Hähnen?«, fragte Maljanow.

»Von zwei? Ich kenne einen von drei. Vollkommen geistlos. Hat so einen Bart.«

»Nein, von zwei!«, sagte Maljanow. »Du kennst ihn also nicht?«

Er erzählte den Witz von den zwei Hähnen. Wetscherowski zeigte nicht die geringste Reaktion. Man hätte annehmen können, ihm sei kein Witz erzählt, sondern eine ernste Aufgabe gestellt worden – so konzentriert und nachdenklich sah er aus, als er Maljanow die kleine Kaffeetasse hinstellte, den Sahnegießer und die Schale mit der Konfitüre. Danach goss er auch sich Kaffee ein, nahm, mit der Tasse balancierend, Maljanow gegenüber Platz und sagte schließlich, nachdem er von dem Kaffee genippt hatte: »Ausgezeichnet. Womit ich nicht deinen Witz, sondern den Kaffee meine.«

»Ich ahnte es«, versetzte Maljanow betrübt.

Eine Weile tranken sie stumm ihren Wiener Kaffee. Dann sagte Wetscherowski: »Gestern habe ich ein wenig über deine Aufgabe nachgedacht. Vielleicht geht es mit den Hartwig'schen Funktionen?«

»Darauf bin ich auch schon gekommen«, sagte Maljanow.

»Na und, klappt es?«

Maljanow schob die leere Tasse weg.

»Hör mal, Phil«, sagte er. »Zum Teufel mit den Hartwig'schen Funktionen. Ich weiß nicht, wo mir der Kopf steht, und du …«

9

… schwieg einen Augenblick, strich sich mit zwei Fingern über die glattrasierte Wange und zitierte: »Ich hab dem Tod nicht ins Auge geblickt, verbundnen Augs ward ich zu ihm geschickt …« Und setzte hinzu: »Ärmster.«

Wen er meinte, blieb unklar.

»Nein, ich habe für alles Verständnis«, sagte Maljanow. »Aber dieser Ermittler …«

»Noch eine Tasse?«, unterbrach ihn Wetscherowski. Maljanow schüttelte den Kopf, und Wetscherowski stand auf.

»Dann lass uns rübergehen«, sagte er.

Sie gingen ins Arbeitszimmer. Wetscherowski setzte sich an den Schreibtisch, der – bis auf ein einzelnes Blatt in der Mitte – vollkommen leer war, und nahm einen Ordner aus der Schublade. Er klappte ihn auf, ließ seinen Blick über die Zeilen gleiten, griff zum Telefon und wählte eine Nummer.

»Hauptermittler Sykin bitte«, sagte er mit der lässigen Stimme eines Chefs. »Ich sagte doch: Sykow, Igor Petrowitsch. Im Einsatz? Danke.« Er legte auf. »Hauptermittler Sykow ist im Einsatz«, teilte er Maljanow mit.

»Von wegen im Einsatz! Versäuft meinen Kognak mit irgendwelchen Flittchen«, brummte der.

Wetscherowski biss sich auf die Unterlippe.

»Das ist unwichtig. Wichtig ist, dass er existiert.«

»Natürlich existiert er«, sagte Maljanow. »Er hat mir seinen Ausweis gezeigt … Oder hast du gedacht, es war ein Bandit?«

»Das wohl nicht …«

»Eben. Ich meine auch, dass man wegen einer Flasche Kognak gewiss kein solches Theater veranstalten wird. Noch dazu neben einer versiegelten Wohnung.«

Wetscherowski nickte.

»Und du redest von den Hartwig'schen Funktionen!«, sagte Maljanow vorwurfsvoll. »Wie soll ich da an Arbeit denken! Ehe ich mich's versehe, sitze ich im Lager.«

Wetscherowski unterbrach ihn.

»Dima«, sagte er und blickte ihn eindringlich aus seinen rotbraunen Augen an. »Kam es dir nicht komisch vor, dass Snegowoi sich plötzlich für deine Arbeit interessierte?«

»Und ob! Sonst haben wir nie darüber gesprochen.«

»Und was hast du ihm erzählt?«

»Nur Allgemeines. Nach Einzelheiten hat er auch gar nicht gefragt.«

»Und was hat er gesagt?«

»Nichts. Ich glaube, er war enttäuscht. ›Hier das Grundstück, dort das Wasser‹, hat er gesagt.«

»Pardon – wie war das?«

»Hier das Grundstück, dort das Wasser.«

»Und was soll das heißen?«

»Stammt wohl aus der Klassik … In dem Sinne: Der Holunder ist im Garten, der Onkel in Kiew.«

»Aha.« Wetscherowski blinzelte nachdenklich mit seinen langen Wimpern. Dann nahm er einen makellos sauberen Aschenbecher vom Fensterbrett, holte aus dem Schreibtisch Tabak und Pfeife hervor und begann die Pfeife zu stopfen. »Aha … ›Hier das Grundstück, dort das Wasser‹ … Sehr gut. Muss ich mir merken.«

Maljanow wartete ungeduldig. Zu Wetscherowski hatte er grenzenloses Vertrauen. Der hatte ein geradezu übermenschliches Gehirn, und er kannte niemand anderen, der aus einer Summe von Fakten völlig unerwartete Schlussfolgerungen ziehen konnte.

»Na?«, fragte Maljanow schließlich.

Wetscherowski hatte seine Pfeife fertiggestopft und rauchte sie nun ruhig und genüsslich an. Die Pfeife fiepte leise. Wetscherowski paffte und sagte: »Dima – *ph-ph* –, wie weit bist du seit Donnerstag gekommen? Ich glaube – *ph-ph* –, Donnerstag haben wir das letzte Mal miteinander gesprochen.«

»Ist das so wichtig?«, fragte Maljanow gereizt. »Begreif doch, ich habe jetzt andere Sorgen.«

Wetscherowski überhörte, was Maljanow gesagt hatte, fixierte ihn auch weiterhin ungerührt und paffte. So war er nun einmal. Er hatte eine Frage gestellt und wartete auf die Antwort.

Und Maljanow fügte sich. Weil er überzeugt war, dass Wetscherowski besser wusste, was jetzt wichtig war und was nicht.

»Ich bin gut vorangekommen«, sagte er und erzählte, wie er die Aufgabe umformuliert und sie erst auf Gleichungen in Vektorform und danach auf eine Integrodifferenzialgleichung zurückgeführt hatte, wie sich ein physikalisches Bild abzuzeichnen begann, wie er zu den M-Kavernen gelangte und gestern schließlich auf die Idee kam, die Hartwig'schen Transformationen anzuwenden.

Wetscherowski ließ sich kein Wort entgehen, unterbrach ihn nicht und stellte keine Zwischenfragen. Nur einmal, als Maljanow, vom Eifer gepackt, nach dem einsamen Blatt griff und etwas auf die Rückseite schreiben wollte, gebot er ihm Einhalt und bat: »Mündlich, mündlich.«

»Aber dann bin ich zu nichts mehr gekommen«, schloss Maljanow niedergeschlagen. »Erst diese blöden Telefonanrufe, dann der Mann vom Bestelldienst …«

»Davon hast du mir gar nichts erzählt«, warf Wetscherowski ein.

»Weil es nebensächlich ist«, sagte Maljanow. »Solange die Anrufe kamen, habe ich noch was gemacht, aber dann ist diese Lida aufgekreuzt, und es war Schluss.«

Wetscherowski saß eingehüllt in Wolken honigduftenden Tabaks.

»Nicht schlecht«, ließ er seine gedämpfte tiefe Stimme hören. »Aber du bist am interessantesten Punkt stehengeblieben.«

»Ich bin nicht stehengeblieben – man hat mich gestoppt!«

»Eben«, sagte Wetscherowski.

Maljanow schlug sich mit den Fäusten auf die Knie.

»Verdammt! Arbeiten will ich, arbeiten! Aber ich kann nicht denken! Braucht bloß etwas in der Wohnung zu rascheln, schon fahre ich herum wie ein Psychopath. Dazu noch die wunderbaren Aussichten auf fünfzehn Jahre Arbeitslager ...«

Zum wiederholten Mal spielte er auf die fünfzehn Jahre an und hoffte, Wetscherowski würde sagen: Fantasier nicht, was denn für fünfzehn Jahre, das ist bestimmt ein Missverständnis. Aber Wetscherowski sagte nichts dergleichen. Stattdessen nervte er Maljanow mit seiner endlosen Fragerei über die Telefonanrufe: Wann sie begonnen hatten (exakt), wer verlangt worden sei (wenigstens ein paar Beispiele), wer angerufen habe (Mann? Frau? Kind?). Als Maljanow ihm von Waingartens Anrufen erzählte, war Wetscherowski sichtlich erstaunt. Eine Weile schwieg er, dann fragte er weiter. Was Maljanow geantwortet habe? Ob er jedes Mal ans Telefon gegangen sei? Was die Störungsstelle gesagt habe? Dabei fiel Maljanow auf, dass die Anrufe nach seiner zweiten Beschwerde bei der Störungsstelle aufgehört hatten. Aber kaum hatte er Wetscherowski das mitgeteilt, als ihm noch etwas einfiel.

»Mensch«, sagte er aufgeregt. »Ich habe ja was vergessen: Als Waingarten gestern anrief, hat er gefragt, ob ich Snegowoi kenne.«

»So?«

»Ja. Und ich habe ihm erzählt, dass ich ihn kenne.«

»Und er?«

»Hat gesagt, dass er ihn nicht kennt. Aber darum geht es gar nicht. Was meinst du – ob das ein Zufall ist? Komischer Zufall, oder?«

Wetscherowski schwieg eine Weile, paffte und fragte dann weiter. Wie das mit dem Bestelldienst gewesen sei? Genauer: wie der Kerl ausgesehen, was er gesagt, was er gebracht habe? Was davon noch übrig sei? Von der ewigen Fragerei wurde Maljanow ganz elend zumute, weil er nicht begriff, was es sollte und in welchem Zusammenhang es mit seiner Situation stand. Schließlich gab Wetscherowski Ruhe und stocherte eine Weile schweigend in seiner Pfeife. Maljanow übte sich derweil in Geduld, wartete, und dann begann er sich auszumalen, wie vier Männer mit schwarzen Brillen zu ihm kämen, die Wohnung durchsuchten und die Tapeten abrissen, ihn fragten, ob er mit Lida intim geworden sei, ihm nicht glaubten, ihn abführten …

Er knackte mit den Fingern und murmelte bedrückt: »Was soll jetzt bloß werden?«

Wetscherowski reagierte prompt. »Wer weiß, was unser harrt«, antwortete er. »Wer weiß, was sein wird? Kraft wird sein und Niedertracht. Der Tod wird kommen, zum Tode verurteilen. Die Zukunft darf man nicht schauen.«

Dass es sich um Verse handelte, begriff Maljanow nur, weil Wetscherowski zum Schluss ein dumpfes Glucksen von sich gab, was bei ihm gleichbedeutend war mit zufriedenem Lachen. Vielleicht glucksten so Wells' Marsmenschen, wenn sie Menschenblut tranken – Wetscherowski jedenfalls machte solche Töne, wenn ihm Verse gefielen. Fast hätte man meinen können, das Vergnügen, das ihm gute Gedichte bereiteten, sei rein physischer Natur.

»Ach, scher dich zum Teufel«, sagte Maljanow zu ihm.

Doch da setzte Wetscherowski zur nächsten Rede an, diesmal in Prosa.

»Geht es mir schlecht, so arbeite ich«, erklärte er. »Habe ich Scherereien oder blase ich Trübsal, macht mir das Leben keinen Spaß – so setze ich mich an die Arbeit. Mag sein, es gibt andere Rezepte, ich kenne keine. Oder sie helfen mir nicht.

Wenn ich dir etwas raten darf: Setz dich hin und arbeite. Gottlob brauchen Leute wie du und ich für ihre Arbeit nichts weiter als Papier und Bleistift.«

All das wusste Maljanow selbst. Aus Büchern. Aber bei ihm war es anders: Er konnte nur arbeiten, wenn es ihm gutging und er keine Sorgen hatte, wenn kein Damoklesschwert über ihm hing …

»Schönen Dank auch«, sagte er. »Aber da rufe ich lieber Waingarten an. Darf ich? … Wirklich merkwürdig, dass er mich nach Snegowoi gefragt hat …«

»Ja, bitte«, sagte Wetscherowski. »Wenn es dir nichts ausmacht, nimm bitte das Telefon mit ins Nebenzimmer.«

Maljanow nahm den Apparat und zog die Schnur hinter sich her.

»Wenn du willst, kannst du nachher bei mir bleiben«, hörte er Wetscherowski noch sagen. »Papier ist da, einen Bleistift gebe ich dir.«

»Danke«, sagte Maljanow. »Mal sehen.«

Er wählte die Nummer, aber Waingarten hob nicht ab. Maljanow ließ es zehnmal klingeln, rief noch mal an, ließ es wieder zehnmal klingeln. Dann legte er auf. So. Und jetzt? Natürlich konnte er hierbleiben. Bei Wetscherowski war es kühl und still. Jedes Zimmer hatte eine Klimaanlage. Das Rumpeln der Lastwagen und die quietschenden Bremsen waren hier nicht zu hören; die Fenster gingen auf den Hof hinaus. Aber plötzlich begriff er: Nicht das machte ihm zu schaffen. Er hatte einfach Angst, in die eigene Wohnung zurückzukehren … Das fehlte noch! Nichts liebe ich mehr als mein Zuhause, dachte er, und jetzt graut mir vor der Rückkehr dorthin. Nein, das kommt gar nicht in Frage! Den Spaß verderbe ich euch. Das geht zu weit.

Kurz entschlossen packte Maljanow das Telefon und stellte es zurück an seinen Platz. Wetscherowski hatte den Blick auf das einsame Blatt geheftet; sein exquisiter Parker glitt leise klopfend über das Papier, das bereits zur Hälfte mit Symbolen vollgeschrieben war. Maljanow verstand sie nicht.

»Ich gehe, Phil«, sagte er.

Wetscherowski hob den Kopf und wandte ihm das helle, sommersprossige Gesicht zu.

»Natürlich ... Morgen sind Examen, aber heute bin ich den ganzen Tag zu Hause. Ruf an oder komm rauf.«

»Gut«, sagte Maljanow.

Langsam stieg er die Treppe hinunter – wozu sich beeilen? Gleich mache ich mir einen Tee, dachte er, ordentlich stark, dann setze ich mich in die Küche, Kaljam springt mir auf die Knie, und ich streichle ihn. Ich werde Tee trinken und versuchen, ruhig und nüchtern über alles nachzudenken ... Schade, dass wir keinen Fernseher haben, sonst würde ich mir heute Abend etwas Leichtes zu Gemüte führen – eine Komödie vielleicht, Fußball ... Werde eine Patience legen, das habe ich lange nicht gemacht.

Auf seinem Treppenabsatz angekommen, griff er in die Tasche nach den Schlüsseln, bog um die Ecke – und blieb stehen. So. Sein Herz sackte nach unten und klopfte irgendwo in der Magengegend weiter, langsam, gemessen, wie ein Rammbär ... Die Tür zu seiner Wohnung war nur angelehnt ...

Auf Zehenspitzen schlich er heran und lauschte. In der Wohnung war jemand. Eine unbekannte Männerstimme sagte etwas, eine unbekannte Kinderstimme antwortete ...

Fünfter Teil

10

… hockte ein fremder Mann auf dem Boden und sammelte die Scherben des Kognakglases auf. Außerdem war ein Junge in der Küche. Er war etwa fünf Jahre alt, saß auf dem Hocker am Tisch, ließ die Beine baumeln und sah zu, wie der Mann die Scherben aufhob.

»Mensch, Alter!«, rief jetzt aus der anderen Ecke der Küche Waingarten, als er Maljanow erblickte. »Wo hast du denn gesteckt?«

Seine riesigen Wangen glühten in dunkelrotem, fast bläulichem Ton, und die Augen, schwarz wie Oliven, glänzten. Das drahtige pechschwarze Haar stand nach allen Seiten ab. Anscheinend hatte er schon ziemlich viel getrunken. Auf dem Tisch stand eine halb leere Flasche Export-Stolitschnaja und daneben alle möglichen Köstlichkeiten vom Bestelldienst.

»Reg dich nicht auf«, fuhr Waingarten fort. »Sei unbesorgt: Am Kaviar haben wir uns nicht vergriffen. Wir haben auf dich gewartet.«

Der fremde Mann, der auf dem Boden hockte, hatte die Scherben aufgelesen und stand auf. Er war groß, gutaussehend, leicht untersetzt und trug einen Bart. Er lächelte verlegen.

»Soso!«, sagte Maljanow und trat in die Küche. Er fühlte, wie sein Herz langsam wieder seinen angestammten Platz einnahm. »Mein Heim ist meine Festung – heißt es nicht so?«

»Im Sturm erobert, Alter, im Sturm!«, röhrte Waingarten. »Mensch, woher hast du den Wodka? Und die ganzen Delikatessen?«

Maljanow reichte jetzt dem Fremden die Hand, und der streckte ihm die seine entgegen – aber sie war noch voller Glasscherben. Ein Augenblick leichter Verlegenheit trat ein.

»Wir haben hier ohne Sie gehaust«, sagte der Fremde ein wenig beschämt. »Mir ist das Glas heruntergefallen.«

»Nicht so schlimm. Werfen Sie die Scherben hier hinein, in den Eimer.«

»Der Mann da ist feige«, sagte plötzlich laut und deutlich der Junge.

Maljanow zuckte zusammen, die anderen anscheinend auch.

»Na, na – schön artig sein«, belehrte der Fremde den Jungen und drohte ihm, wenn auch ziemlich zaghaft, mit dem Finger.

»Bürschchen!«, sagte Waingarten. »Du hast Schokolade gekriegt. Also sitz da, iss und sei nicht so vorlaut.«

»Wieso bin ich feige?«, fragte Maljanow und setzte sich. »Warum beleidigst du mich?«

»Ich beleidige dich doch nicht«, widersprach der Junge und sah Maljanow an wie ein exotisches Tier. »Ich sage doch bloß ...«

Inzwischen hatte der Fremde die Scherben entsorgt, reinigte mit einem Taschentuch seine Hand und reichte sie dann Maljanow.

»Sachar«, stellte er sich vor.

Sie tauschten den üblichen Händedruck.

»Zur Sache, kommt zur Sache!«, rief Waingarten und rieb sich die Hände. »Bring noch zwei Gläser her.«

»Hört mal, Jungs«, sagte Maljanow. »Wodka werde ich aber nicht trinken.«

»Na, dann Wein«, schlug Waingarten vor. »Da sind noch zwei Flaschen Weißwein.«

»Nein, dann lieber Kognak. Sachar, bitte holen Sie doch Kaviar und Butter aus dem Kühlschrank … Und was sonst noch da ist. Ich habe Riesenhunger.«

Maljanow ging zur Bar, griff sich eine Flasche Kognak und zwei Gläser, streckte dem Sessel, in dem eben noch der Tonton Macoute gesessen hatte, die Zunge heraus und kehrte zurück in die Küche. Der Tisch bog sich fast unter den Leckerbissen. Ha, jetzt stopf ich mich voll und betrinke mich, dachte er mit trotziger Freude. Großartig, dass die Jungs gekommen sind.

Aber es kam anders. Kaum hatten sie ein Gläschen getrunken, kaum hatte sich Maljanow über ein großes Brot mit Kaviar hergemacht, als Waingarten stocknüchtern befahl: »Und jetzt lass hören, was mit dir passiert ist.«

Maljanow verschluckte sich fast.

»Wie kommst du darauf …«

»Also hör mal!«, sagte Waingarten, der jetzt aufgehört hatte zu lachen. »Wir sitzen hier zu dritt, und mit jedem von uns ist etwas passiert. Also keine falsche Scham. Was hat der Rothaarige zu dir gesagt?«

»Wetscherowski?«

»Aber nein, wieso denn Wetscherowski? Es war doch ein Kerl mit feuerroten Haaren bei dir, in einem knallengen schwarzen Anzug … Was hat er gesagt?«

Maljanow biss so viel von seinem Brot ab, wie in seinen Mund passte, und kaute, ohne etwas zu schmecken. Die anderen sahen ihn an. Sachar verlegen, mit vorsichtigem Lächeln, seinen Blick wandte er immer wieder ab. Waingarten glotzte wie ein Wilder und war anscheinend kurz davor loszubrüllen. Der Junge hielt seinen aufgeweichten Schokoladenriegel in der Hand und beugte sich ganz weit zu Maljanow vor.

»Leute«, sagte Maljanow schließlich. »Was denn für ein Rothaariger? Bei mir war kein Mann mit roten Haaren. Mich hat es viel schlimmer erwischt.«

»Na, los – erzähl endlich!«, sagte Waingarten ungeduldig.

»Warum denn ich?«, empörte sich Maljanow. »Ich mache ja kein Geheimnis daraus, aber was spielst du dich andauernd so auf? Erzähl doch selber! Und woher weißt du überhaupt, dass mir etwas passiert ist?«

»Erzähl du zuerst, und dann erzähle ich«, beharrte Waingarten. »Und dann Sachar.«

»Nein, nein, fangt ihr beiden an!«, sagte Maljanow und strich sich mit zittrigen Fingern ein neues Brot. »Ihr seid zu zweit, und ich bin allein.«

»Du sollst erzählen!«, befahl der Junge plötzlich und wies mit dem Finger auf Maljanow.

»Schön brav sein«, flüsterte Sachar bestürzt.

Waingarten lachte, schien aber nicht sehr fröhlich zu sein.

»Ist das Ihr Sohn?«, fragte Maljanow Sachar.

»J-ja, irgendwie schon ...«, antwortete Sachar unsicher und schlug die Augen nieder.

»Ja, es ist seiner«, sagte Waingarten ungeduldig. »Übrigens hat das etwas mit seiner Erzählung zu tun. Los, Dima, jetzt zier dich nicht so.«

Schließlich hatten sie Maljanow so weit. Er legte das Brot auf den Tisch und begann zu erzählen – alles, von den Telefonanrufen angefangen. Wenn man eine haarsträubende Geschichte innerhalb von ein paar Stunden zweimal erzählt, gewinnt man ihr schließlich auch komische Seiten ab. Maljanow merkte gar nicht, wie er in Fahrt geriet; Waingarten aber brach immer wieder in schallendes Gelächter aus und bleckte dabei seine großen gelben Zähne. Maljanow gab sich größte Mühe, auch Sachar zum Lachen zu bringen, jedoch umsonst – er lächelte bloß verstört, ja, nahezu mitleidig. Als Maljanow aber bei Snegowois Selbstmord angekommen war, verging ihnen das Lachen.

»Das ist nicht wahr!«, keuchte Waingarten.

Maljanow zuckte mit den Achseln.

»Ich wiederhole nur, was man mir erzählt hat«, erwiderte er. »Seine Tür ist versiegelt – geh hin und sieh es dir an.«

Eine Weile saß Waingarten stumm da und hämmerte mit seinen Wurstfingern auf den Tisch; seine Wangen wackelten dazu im Takt. Plötzlich stand er auf, zwängte sich, ohne jemanden anzusehen, zwischen Sachar und dem Jungen durch und ging mit schweren Schritten hinaus.

Sie hörten, wie das Türschloss schnappte, von draußen zog Kohlsuppendunst herein.

»Oje-oje«, brummte Sachar bedrückt.

Sogleich hielt ihm der Junge das aufgeweichte Stück Schokolade hin und befahl: »Abbeißen!«

Sachar biss gehorsam ein Stück ab und kaute. Das Türschloss schnappte, und Waingarten zwängte sich, wiederum ohne jemanden anzublicken, zu seinem Stuhl durch, schenkte sich Wodka ein und bellte heiser: »Los, weiter!«

»Nix – weiter. Anschließend bin ich zu Wetscherowski gegangen. Die Typen waren weg, und da bin ich zu ihm … Von dort komme ich gerade.«

»Und der Rothaarige?«, fragte Waingarten ungeduldig.

»Ich sage dir doch, du Kamel – ich weiß nichts von einem Rothaarigen!«

Waingarten und Sachar tauschten Blicke.

»In Ordnung«, sagte Waingarten. »Und das Mädchen, Lida – hat dir keine Angebote gemacht?«

»Na ja … Wie soll ich sagen …« Maljanow grinste verlegen. »Also, wenn ich gewollt hätte …«

»Pfui, du Trottel! Das meine ich doch nicht! … Na schön, und der Polizist?«

»Valja«, sagte Maljanow. »Ich habe dir alles ganz genau erzählt. Und jetzt scher dich zum Teufel … Das ist das dritte Verhör für heute.«

»Valja«, wandte sich Sachar unsicher an Waingarten, »vielleicht ist es bei ihm wirklich anders?«

»Red keinen Unsinn, Alter!«, erregte sich Waingarten. »Was soll denn da anders sein? Er will arbeiten, und man lässt ihn nicht. Wieso ist das anders? Außerdem wurde er mir genannt!«

»Was, wer hat mich genannt?«, fragte Maljanow und machte sich auf neue Unannehmlichkeiten gefasst.

»Pinkeln!«, verkündete der Junge mit schneidend klarer Stimme.

Alle wandten sich ihm zu. Er blickte sie der Reihe nach an, rutschte vom Hocker und sagte zu Sachar: »Mitgehen!«

Sachar lächelte schuldbewusst und erwiderte: »Na komm«, und sie verschwanden auf der Toilette. Man hörte, wie sie Kaljam von der Kloschüssel scheuchten.

»Wer hat mich genannt?«, fragte Maljanow wieder. »Was soll denn das schon wieder?«

Waingarten neigte den Kopf zur Seite und horchte, was in der Toilette vor sich ging.

»Gubar sitzt ganz schön in der Tinte!«, sagte er mit einer Art traurigen Genugtuung. »Bis an die Ohren!«

Maljanow erinnerte sich dunkel.

»Gubar?«

»Na ja, Sachar. Du weißt doch, der Krug geht so lange zum Brunnen …«

Da fiel es Maljanow wieder ein.

»Ist er bei den Raketentruppen?«

»Wer? Sachar?«, staunte Waingarten. »Nein, das glaube ich nicht … Obwohl: In einem geheimen Gebäude arbeitet er schon …«

»Nicht beim Militär?«

»Na ja, weißt du, diese geheimen Kästen sind doch alle auf die ein oder andere Weise …«

»Ich meine Gubar.«

»Nicht doch, nein. Er ist Ingenieur, hat goldene Hände und baut Flöhe mit elektronischer Steuerung. Aber das ist nicht das Problem. Sein Problem ist, dass er ein Sklave seiner Wünsche ist. So hat er sich selber ausgedrückt. Und das stimmt, Alter. Hundertprozentig.«

Der Junge kehrte in die Küche zurück und kletterte auf den Hocker. Sachar folgte ihm.

»Wissen Sie, Sachar«, sagte Maljanow zu ihm, »ich hatte es ganz vergessen. Erst jetzt ist mir wieder eingefallen, dass Snegowoi mich nach Ihnen gefragt hat …«

Da sah Maljanow zum ersten Mal in seinem Leben, wie ein Mensch vor seinen Augen erbleichte. Sachar wurde so weiß wie Kreide.

»Nach mir?«, fragte er, lautlos die Lippen bewegend.

»Ja … gestern Abend.« Maljanow erschrak. So eine Reaktion hatte er nicht erwartet.

»Hast du ihn etwa gekannt?«, fragte Waingarten Sachar.

Sachar schüttelte stumm den Kopf, wollte eine Zigarette aus der Schachtel ziehen, verschüttete dabei die Hälfte auf dem Fußboden und sammelte sie hastig wieder ein. Waingarten räusperte sich und brummte: »Auch das noch …«, und schenkte allen noch einmal ein.

Da sagte der Junge: »Ach was! Das heißt doch noch gar nichts!«

Maljanow zuckte zusammen, Sachar aber straffte sich ein wenig und blickte den Sohn an, als erhoffe er sich etwas von ihm.

»Das ist bloß Zufall«, fuhr der Junge fort. »Schaut doch mal ins Telefonbuch: Da gibt es mindestens acht Gubars …«

11

… kannte Maljanow seit der sechsten Klasse. In der siebten hatten sie sich angefreundet und dann bis zum Schulabschluss in einer Bank gesessen. Die Jahre vergingen, aber Waingarten änderte sich nicht, er wurde nur dicker. Seit er ihn kannte, war Waingarten ein dicker, lustiger Kerl gewesen, der allzu gerne aß und alles Mögliche sammelte: Briefmarken, Münzen, Poststempel, Flaschenetiketts. Einmal – da war er bereits Biologe – kam er sogar auf die Idee, Exkremente zu sammeln, denn Shenka Sidorzew hatte ihm aus der Antarktis Walfischkot mitgebracht und Sanja Shitnjuk versteinerte menschliche Fäkalien aus Pendshikent, über tausend Jahre alt … Ständig behelligte er uns, wir sollten ihm unser Kleingeld zeigen, weil er nach besonderen Kupfermünzen suchte. Und ewig war er hinter fremden Briefen und gestempelten Kuverts her.

Dabei war Waingarten ein ausgezeichneter Biologe. An der Akademie der Wissenschaften, Institut für Pflanzenschutz, war er längst Gruppenleiter. Er mischte in zwanzig verschiedenen Kommissionen mit, nationalen und internationalen, hielt sich ständig im Ausland auf, um an Kongressen teilzunehmen und stand kurz davor, habilitiert zu werden. Von all seinen Bekannten schätzte er Wetscherowski am meisten, da dieser Preisträger war und er, Waingarten, geradezu versessen darauf war, dass man ihm ebenfalls den Nobelpreis verlieh. Hundertmal hatte er Maljanow vorgeschwärmt, wie er sich dann die Medaille anstecken und zum Rendezvous gehen würde.

Waingarten konnte schrecklich aufschneiden. Er war ein glänzender Erzähler, nichtssagende Vorfälle verwandelten sich in seinem Munde in die Dramen eines Graham Greene. Oder eines John le Carré. Und das Seltsame war: Er schwindelte fast nie, und wenn man ihn bei einer seiner seltenen Schwindeleien ertappte, schämte er sich in Grund und Boden. Irka mochte ihn nicht – unbegreiflich, warum; da gab es wohl irgendein Geheimnis. Maljanow nahm an, dass Waingarten ihr früher, vor Bobkas Geburt, den Hof gemacht und dabei etwas verpatzt hatte. Waingarten war ein Frauenheld, aber nicht von der primitiven Art, sondern fröhlich, draufgängerisch und in Siegen ebenso geübt wie in Niederlagen. Für ihn war jedes Stelldichein ein Abenteuer, egal, wie es endete. Swetka, eine außergewöhnlich schöne Frau, die zur Melancholie neigte, hatte sich längst damit abgefunden, umso mehr, als er nichts auf sie kommen ließ und sich ihretwegen andauernd in aller Öffentlichkeit prügelte. Überhaupt prügelte sich Waingarten gern, und mit ihm in Gaststätten zu gehen, war eine Strafe. Kurzum, er führte ein fröhliches und ausgeglichenes Leben, war erfolgreich und hatte bisher keine besonderen Katastrophen erlebt.

Wie sich herausstellte, hatten bei ihm die seltsamen Verwicklungen schon vor zwei Wochen begonnen, als nämlich die im vorigen Jahr aufgenommene Versuchsreihe plötzlich ganz unerwartete, ja sensationelle Ergebnisse zeitigte. (»Ihr versteht das nicht, Leute, das hat was mit umgekehrter Transkriptase zu tun, das ist die RNS-abhängige DNS-Polymerase, also eine Revertase, ein bestimmtes Ferment in der Substanz der Krebsviren – und das, Leute, riecht verdammt nach Nobelpreis …«) In Waingartens Labor erkannte niemand außer ihm die Bedeutung der Resultate. Den meisten war es wie immer egal; die anderen meinten, die Serie sei gescheitert. Zudem war Sommer, und alle hatten nur noch ihren Urlaub im Kopf. Aber Waingarten dachte gar nicht daran, ihre Urlaubsscheine zu unterschreiben! Deshalb gab es prompt Ärger: Beleidigungen, Vorwürfe, Gewerkschaftskomitee, Parteileitung. Und als die Wogen am höchsten schlugen, informierte man Waingarten bei einer Sitzung über folgende Idee: den Genossen Valentin Andrejewitsch Waingarten zum Direktor des brandneuen und überaus modernen biologischen Zentrums in Dobroljubow zu ernennen, dessen Bau kurz vor dem Abschluss stand.

Von dieser Mitteilung schwirrte V. A. Waingarten der Kopf – dennoch war ihm klar, dass der Direktorenposten erstens noch eine Taube auf dem Dach war und zweitens, falls er sich in einen Spatzen in der Hand verwandelte, seine, Waingartens, Forschungen für mindestens anderthalb bis zwei Jahre auf Eis liegen würden. Aber der Nobelpreis, Leute, bleibt der Nobelpreis.

Daher bat sich Waingarten Bedenkzeit aus und kehrte erst einmal ins Labor zurück – zu seiner rätselhaften umgekehrten Transkriptase und dem nicht enden wollenden Streit mit seinen Mitarbeitern. Es vergingen keine zwei Tage, als ihn der Abteilungsleiter zu sich rief und ihm Fragen nach dem Fortgang der Arbeiten stellte (»Ich hielt den Mund, Leute, und war auf der Hut …«). Er riet ihm, den fragwürdigen Unsinn sein zu lassen und sich einem Thema zu widmen, das volkswirtschaftlich enorme Bedeutung habe und einen großen ideellen wie materiellen Nutzen brächte, wofür er sich als Chef und Mitglied der Akademie verbürge.

Überwältigt von all den Möglichkeiten, die sich ihm plötzlich auftaten, war Waingarten so unvorsichtig, zu Hause damit anzugeben – und das vor seiner Schwiegermutter, die er immer Käpt'n nannte, denn sie war tatsächlich Fregattenkapitän im Ruhestand. Und schon ballte sich der Sturm über ihm zusammen. (»Leute, seit dem Abend ging es bei uns zu wie in einem Sägewerk. Alle sägten an mir herum, ich sollte jetzt und sofort zu allem ja sagen …«)

Das Labor indes förderte allen Streitereien zum Trotz unentwegt Resultate zutage – eins fantastischer als das andere. Dann aber starb plötzlich eine entfernte Verwandte väterlicherseits, und bei der Auflösung des Haushalts entdeckte Waingarten auf dem Dachboden ihres Hauses in Kawgolowo eine ganze Kiste mit sowjetischen Münzen, die schon '61 aus dem Verkehr gezogen worden waren. Wer Waingarten kennt, weiß: Kaum hatte er die Kiste gefunden, verlor er jedes Interesse an seiner Außenwelt – den künftigen Nobelpreis eingeschlossen. Er verschanzte sich, sortierte vier Tage lang den Inhalt der Kiste und reagierte weder auf Anrufe aus dem Institut noch auf die seiner Schwiegermutter. Die Kiste enthielt bemerkenswerte Stücke, mehr noch: großartige Stücke! Aber nicht darum ging es.

Als er ins Labor zurückkehrte, erkannte er sofort, dass *die* Entdeckung gemacht war. Natürlich gab es noch viele Unklarheiten, mussten Strukturen, Formulierungen gefunden werden – ziemlich viel Arbeit übrigens –, aber es gab keinen Zweifel: Die Entdeckung war gemacht. Jetzt legte sich Waingarten ins Zeug. Er machte Schluss mit dem Zank im Labor, schickte seine Mitarbeiter in Urlaub und verfrachtete binnen vierundzwanzig Stunden Schwiegermutter und Kinder auf die Datscha. Dann sagte er alle Termine und Verabredungen ab und schloss sich in seiner Wohnung ein. Und dann, als er gerade zum letzten, entscheidenden Schlag ausholen wollte, brach der vorgestrige Tag an …

Kaum dass er sich an die Arbeit gesetzt hatte, war dieser Rothaarige in seiner Wohnung aufgetaucht – ein kleiner Mann mit kupferrotem Haar und bleichem Gesicht. Er trug einen eng anliegenden schwarzen Anzug in altmodischer Fasson, der bis ans Kinn zugeknöpft war. Der Mann trat aus dem Kinderzimmer, und während Waingarten sprachlos nach Luft schnappte, saß er schon vor ihm auf der Tischkante und redete auf ihn ein. Ohne Umschweife erklärte er, dass eine außerirdische Zivilisation seit langem aufmerksam und besorgt seine, V.A. Waingartens, Experimente verfolge und vor allem seine neueste Arbeit sie beunruhige. Er, der Gnom, sei beauftragt, Waingarten den sofortigen Abbruch besagter Arbeit und die Vernichtung sämtlichen Materials anzuempfehlen.

»Warum wir das fordern, hat Sie nicht zu interessieren«, erklärte der Rothaarige. »Aber Sie sollten wissen, dass wir uns zunächst bemüht haben, die Geschichte auf natürliche, unauffällige Weise aus der Welt zu schaffen. Sie irren, wenn Sie meinen, der Direktorenposten und das neue, aussichtsreiche Thema, die Ihnen angetragen wurden, der Münzenfund und die Querelen in Ihrem Labor – ja, auch die – seien Zufall gewesen. Wir haben versucht, Sie aufzuhalten. Doch wir konnten Sie lediglich bremsen, und auch das nur für kurze Zeit. Deshalb sahen wir uns zu einer drastischen Maßnahme gezwungen: einer persönlichen Vorsprache. Bitte nehmen Sie zur Kenntnis, dass alle Angebote, die Ihnen gemacht worden sind, auch weiterhin gelten. Sie können jederzeit darauf zurückkommen, wenn Sie unserer Forderung gefolgt sind. Mehr noch: Im letztgenannten Fall gedenken wir, auch Ihre kleinen Wünsche zu erfüllen, die aus den Schwächen, die der menschlichen Natur eigen sind, erwachsen. Darf ich Ihnen, gewissermaßen als Unterpfand, dieses bescheidene Geschenk überreichen ...«

Buchstäblich aus der Luft griff sich der Rothaarige ein großes Paket und warf es vor Waingarten auf den Tisch. Wie sich herausstellte, enthielt es einmalige, unschätzbare Briefmarken, deren Gesamtwert ein Nicht-Philatelist nicht einmal erahnen konnte.

Waingarten dürfe keineswegs glauben, fuhr der rothaarige Gnom fort, dass er der einzige Erdenmensch sei, dem die Aufmerksamkeit der Superzivilisation gelte. Unter Waingartens Bekannten gebe es mindestens drei, deren Tätigkeit zu gegebener Zeit ebenfalls unterbunden werde. Er, der Rothaarige, könne Personen nennen wie den Astronomen Dmitri Alexejewitsch Maljanow, den Ingenieur Sachar Sacharowitsch Gubar oder den Chemophysiker Arnold Pawlowitsch Snegowoi. Waingarten erhielt von dem Moment an drei Tage Bedenkzeit; danach sehe sich die Superzivilisation befugt, mit »Maßnahmen dritten Grades« durchzugreifen.

»Und wisst ihr was?«, fragte Waingarten und rollte fürchterlich mit den Augen. »In der ganzen Zeit, in der er mir seinen Vortrag hielt, habe ich nur an eins gedacht: Wie ist der bloß in die Wohnung gekommen – ohne Schlüssel? Denn die Tür war verriegelt. Vielleicht ist es ein Einbrecher, der es nicht länger unter der Couch ausgehalten hat? So, denk ich, dir werd ich's zeigen … Aber während ich noch überlegte, beendete der rote Halunke seine Rede und …« Waingarten machte eine effektvolle Pause.

»… flog – schwupp – aus dem Fenster!«, setzte Maljanow hinzu.

»Weißt du was? Da …!«, echauffierte sich Waingarten und machte, ohne auf das Kind Rücksicht zu nehmen, eine unanständige Geste. »Er ist nämlich nicht weggeflogen. Er ist einfach verschwunden.«

»Valja …«, sagte Maljanow.

»Glaub mir, Alter! So hat er vor mir gesessen, auf dem Tisch … Gerade will ich ihm eins in die Fresse hauen – da ist er plötzlich weg. Wie im Kino.«

Waingarten nahm das letzte Stück Stör und stopfte es sich in den Mund.

»Moam?«, fragte er. »Moam muam?«, und würgte den Bissen hinunter. Dann klappte er seine feuchtgewordenen Augen einmal auf und zu und sprach weiter: »Jetzt habe ich mich schon wieder etwas gefasst, Leute, aber an dem Tag – da saß ich mit geschlossenen Augen im Sessel, dachte an seine Worte, und in mir zitterte es wie Espenlaub … Ich dachte, mich trifft der Schlag. Noch nie ist mir so etwas passiert. Dann habe ich mich in das Zimmer meiner Schwiegermutter geschleppt und Baldrian geschluckt. Keine Wirkung. Da sehe ich, dass da auch Brom steht, und habe auch das noch geschluckt …«

»Hör auf«, sagte Maljanow gereizt. »Hast genug Blödsinn verzapft … Jetzt erzähl, was wirklich passiert ist. Aber bitte ohne Außerirdische mit roten Haaren!«

»Alter«, sagte Waingarten mit bebender Stimme. »So wahr mir Gott helfe, großes Pionierehrenwort!« Er bekreuzigte sich, aber so unbeholfen, dass es nicht orthodox, sondern irgendwie katholisch aussah. »Mir war nicht zum Lachen …«

12

… leidenschaftlich Briefmarken gesammelt. Die Reste seiner Sammlung aus jungen Jahren hatte irgendwann Waingarten von ihm übernommen – mit sehr zufriedenem Lachen. Maljanow verstand also etwas von Briefmarken. Und eine Zeit lang verschlug es ihm die Sprache. Sicher, in der königlichen Sammlung gab es das alles. Herr Stulow in New York hatte auch etliches davon. Doch wenn man, zum Beispiel, die staatliche Sammlung nahm … hm, ganz zu schweigen von einfachen Sammlern …

»Fälschungen«, sagte Maljanow schließlich. Waingarten setzte eine verächtliche Miene auf und schwieg. »Na, dann eben Neudrucke.«

»Dummkopf«, versetzte Waingarten lakonisch und steckte das Album weg.

Maljanow wusste nicht, was er sagen sollte. Dann aber kam ihm ein Gedanke: Wenn alles, was Waingarten erzählt hatte, gelogen wäre oder eine gewöhnliche Begebenheit (und keine so schreckliche …), hätte er es umgekehrt gemacht. Er hätte ihm zuerst die Briefmarken gezeigt und ihm anschließend eine mehr oder weniger glaubwürdige Geschichte dazu erzählt.

»Und was jetzt?«, fragte Maljanow und fühlte, wie ihm das Herz wieder nach unten rutschte.

Die anderen schwiegen. Waingarten goss sich Kognak ein, trank und aß den letzten Rollmops hinterher. Gubar sah mit stumpfem Blick seinem merkwürdigen Sohn zu, der mit ernstem, bleichem Gesicht dasaß und hoch konzentriert mit Schnapsgläsern spielte. Dann setzte Waingarten seine Geschichte fort, aber ohne jeden Witz. Es war, als sei er auf einmal sehr müde; er bewegte kaum mehr die Lippen. Und er erzählte, wie er ans Telefon gestürzt war, um Gubar anzurufen, aber der hatte nicht abgehoben; wie er danach Maljanow anrief und erfuhr, dass Snegowoi tatsächlich existierte; was für einen Schreck er bekam, als Maljanow zur Tür ging, um Lida einzulassen, und ewig nicht ans Telefon zurückkehrte; wie er nicht schlafen konnte, die ganze Nacht in der Wohnung umherlief und grübelte, Brom schluckte und weitergrübelte; wie er Maljanow heute angerufen hatte und nach den ersten Worten merkte, dass es auch bei ihm angefangen hatte. Und dann war Gubar zu ihm gekommen, mit seinen Problemen …

Sechster Teil

13

… erfuhr, dass Gubar immer ein rechter Faulpelz und Nichtsnutz gewesen war und an nichts anderes gedacht hatte als an Sex. Die Mittelschule hatte er nicht beendet, sondern im neunten Schuljahr abgebrochen. Anschließend war er als Krankenpfleger, Müllfahrer und Laborant im Institut für Pflanzenschutz beschäftigt gewesen, wo er auch Valja kennengelernt hatte. Zurzeit arbeitete er in einem dieser geheimen Gebäude an einem gigantischen, streng geheimen Projekt, das mit der Landesverteidigung in Zusammenhang stand. Eine Fachausbildung hatte er nicht, war jedoch von klein auf begeisterter Funkamateur und Radiobastler gewesen, verstand die Elektronik sozusagen instinktiv und kam in seinem Geheimgebäude schnell voran, obwohl ihn das fehlende Diplom auf Schritt und Tritt behinderte.

Einige seiner Erfindungen waren patentiert; zwei, drei hatte er gerade in Arbeit, und er konnte sich beim besten Willen nicht vorstellen, welche ihm den Ärger eingebracht hatte. Er vermutete, dass es eine vom Vorjahr war, die mit der »Nutzanwendung des Fadings« zu tun hatte. Das nahm er an, war sich aber keineswegs sicher.

Ansonsten waren die Frauen der Dreh- und Angelpunkt in seinem Leben. Lange Zeit umschwirrten sie ihn wie die Fliegen. Und als sie aus unerfindlichen Gründen aufhörten, ihn zu umschwirren, umschwirrte er sie eben selber. Einmal war er verheiratet gewesen, und diese Ehe hatte ihm nicht nur viele unangenehme Erfahrungen beschert, sondern ihn auch vieles gelehrt. Seitdem übte er sich in Vorsicht … Er war also ein Frauenheld, und neben ihm wirkte sogar Waingarten wie ein Asket, Anachoret und Stoiker. Dabei war Gubar kein fieser Kerl. Er begegnete Frauen mit Hochachtung, ja Bewunderung, und hielt sich selbst, wie es schien, nur für die bescheidene Quelle ihrer Lust. Nie legte er sich zwei Freundinnen gleichzeitig zu, nie ließ er es zu Intrigen oder Skandalen kommen, und er beleidigte keine von ihnen. Insofern war seit seiner gescheiterten Ehe alles zum Besten bestellt – bis auf die letzte Zeit.

Gubar war der Meinung, dass der ganze Ärger mit dem hässlichen Hautausschlag an den Beinen begonnen hatte. Er rannte sofort zum Arzt, weil er immer sehr auf seine Gesundheit achtete. Der Arzt beruhigte ihn, gab ihm Tabletten, und der Ausschlag verging. Anschließend setzte eine Fraueninvasion ein. Sie kamen in Scharen – alle Frauen, mit denen er je etwas gehabt hatte – und belagerten seine Wohnung. Manchmal waren es zwei, drei, und an einem besonders schrecklichen Tag fünf. Wobei er keine Ahnung hatte, was sie von ihm wollten; ja, er gewann sogar den Eindruck, dass sie es selber nicht wussten. Sie schmähten und beschimpften ihn, baten ihn auf Knien um etwas, aus dem er nicht schlau wurde, rauften sich wie tollwütige Katzen, zerschlugen sein ganzes Geschirr, zertrümmerten das blaue japanische Waschbecken und demolierten die Möbel. Sie schrien hysterisch, wollten sich und ihn vergiften, und waren ebenso unersättlich wie anspruchsvoll in der Liebe. Dabei waren viele von ihnen längst verheiratet und liebten ihre Männer und Kinder. Ihre Männer tauchten ebenfalls bei Gubar auf und benahmen sich höchst merkwürdig (in diesem Punkt seiner Erzählung blieb er allerdings sehr vage).

Kurzum, sein Leben wurde zur Hölle, er nahm sechs Kilo ab und bekam am ganzen Körper Ausschlag. An Arbeit war überhaupt nicht mehr zu denken, und so nahm er unbezahlten Urlaub, obwohl er bis zum Hals in Schulden steckte. (Anfangs hatte er sich vor den Frauen ins Institut geflüchtet, doch war ihm sehr bald klargeworden, dass auf diese Weise das ganze Haus von seinen privaten Unannehmlichkeiten erführe. Auch an diesem Punkt blieb er sehr ungenau.)

Der Hexensabbat dauerte zehn Tage ohne Unterbrechung; vor zwei Tagen schließlich hatte er sich schlagartig aufgelöst. Gerade hatte Gubar eine der Unglücklichen ihrem Gatten übergeben – einem finsteren Milizsergeanten –, als plötzlich eine Frau mit einem Kind auftauchte. Er erinnerte sich an die Frau … Sie hatten sich vor sechs Jahren in einem überfüllten Bus kennengelernt. Sie standen dicht nebeneinander, er sah sie an, und sie gefiel ihm. Verzeihen Sie, sagte er, haben Sie vielleicht Papier und Bleistift? Ja, bitte, erwiderte sie und zog beides aus ihrem Täschchen. Vielen Dank, sagte er, und jetzt, ich bitte Sie von Herzen, notieren Sie für mich Ihre Telefonnummer und Ihren Namen … Sie verbrachten wunderbare Tage am Rigaer Strand und trennten sich danach in völligem Einvernehmen – zufrieden, vergnügt und, wie es schien, für immer.

Und jetzt stand sie vor ihm, den Jungen an der Hand, und erklärte ihm, das sei sein Sohn. Sie war schon seit drei Jahren verheiratet, mit einem guten und sogar berühmten Mann, den sie von ganzem Herzen liebte und verehrte. Sie wusste nicht, warum sie gekommen war, und jedes Mal, wenn Gubar versuchte, es herauszufinden, brach sie in Tränen aus, rang die Hände, und es war offensichtlich, dass sie ihr eigenes Benehmen schlecht und erbärmlich fand. Aber sie ging nicht. Sie blieb vierundzwanzig Stunden in seiner verwüsteten Wohnung, und diese Zeit war für Gubar, wie es schien, die schlimmste gewesen. Die Frau benahm sich wie eine Mondsüchtige und redete andauernd auf ihn ein; Gubar verstand zwar die einzelnen Wörter, aber nicht deren Sinn. Und dann, gestern früh, war sie plötzlich wieder zu sich gekommen. Sie ergriff seine

Hand und zerrte ihn aus dem Bett, führte ihn ins Badezimmer, drehte alle Wasserhähne auf und begann, ihm merkwürdige Dinge ins Ohr zu flüstern.

Ihren Worten zufolge, und in Gubars Interpretation, gab es seit Urzeiten eine okkulte Geheimallianz auf der Erde: den »Bund der Neun«. Ihm gehörten weise Männer an, die sehr, sehr alt wurden oder gar unsterblich waren. Die Männer beschäftigten sich mit zwei Dingen: Zum einen erfassten und verarbeiteten sie sämtliche Erkenntnisse aller Wissenschaften unseres Planeten, und zum anderen achteten sie darauf, dass sich keine wissenschaftlich-technische Neuerung in ein Werkzeug zur Selbstvernichtung der Menschheit verwandelte. Die neun Weisen waren praktisch allwissend und allmächtig. Sich vor ihnen zu verbergen war unmöglich, Geheimnisse gab es für sie nicht, gegen sie zu kämpfen war sinnlos. Und dieser Bund der Neun, sagte die Frau, sei nun mit Sachar Gubar befasst. Warum gerade mit ihm, das wisse sie nicht, und was er tun solle, auch nicht. Darauf müsse er selber kommen. Sie wisse nur, dass alle Unannehmlichkeiten der letzten Zeit ihn warnen sollten. Auch sie habe man zur Warnung geschickt. Und damit er die Warnung nicht vergäße, habe man ihr befohlen, den Jungen bei ihm zu lassen. Wer ihr das befohlen hatte, wusste die Frau nicht. Auch sonst wusste sie nichts und wollte nichts wissen. Sie wollte nur, dass dem Jungen nichts zustieß, und beschwor Gubar, sich dem nicht zu widersetzen und zwanzigmal zu überlegen, bevor er etwas unternahm. Dann musste sie fort.

Sie fing an zu weinen, schluchzte, hielt sich das Taschentuch vors Gesicht und verließ die Wohnung. Gubar blieb mit dem Jungen allein. Was sich bis drei Uhr nachmittags zwischen ihnen abgespielt hatte, mochte er nicht erzählen. Abgespielt aber hatte sich etwas. (Der Junge sagte dazu bloß: »Na, was schon, ich habe ihm den Marsch geblasen.«) Um drei Uhr hielt Gubar es nicht mehr aus und rief in seiner Panik Waingarten an; dann rannte er zu ihm – seinem allerbesten, hochgeschätzten Freund.

»Ich verstehe noch immer nichts«, bekannte er zum Schluss. »Ich habe gehört, was Valja erzählt hat, und was Sie erzählt haben, Dima ... Trotzdem: Ich verstehe es nicht. Es passt nicht zusammen und will mir nicht in den Kopf. Vielleicht liegt es aber auch bloß an der Hitze. So heiß war es seit zweihundertfünfzig Jahren nicht, heißt es. Alle drehen durch, jeder auf seine Weise ... wir auch ...«

»Hör auf, Sachar«, sagte Waingarten und zog ärgerlich die Stirn in Falten. »Du bist ein Mann fürs Konkrete, verschone uns mit deinen Hypothesen.«

»Was denn für Hypothesen«, sagte Gubar bedrückt. »Mir ist auch ohne Hypothesen klar, dass uns hier nichts Vernünftiges einfällt. Wir sollten es einfach den zuständigen Behörden melden, sage ich euch ...«

Waingarten sah ihn mit einem vernichtenden Blick an.

»Und wer, meinst du, ist dafür zuständig? Na?«

»Was weiß ich«, versetzte Gubar trist. »Es gibt doch sicher auch dafür Behörden ... Der Polizei sollten wir es melden ...«

Da kicherte der Junge vernehmlich, und Gubar brach ab. Maljanow versuchte sich vorzustellen, wie Waingarten zur Polizei ging und dem nachdenklichen Ermittler seine Geschichte vom roten Wicht im engen schwarzen Anzug auftischte. Auch Gubar nähme sich in dieser Situation mehr als komisch aus. Und was ihn selber betraf ...

»Nein, Leute«, sagte Maljanow. »Macht, was ihr wollt, aber ich habe da nichts verloren. Mein Nachbar ist gerade unter sehr merkwürdigen Umständen gestorben, und ich war der Letzte, der ihn gesehen hat. Ich brauche nirgendwo hinzugehen, sie kommen sowieso bald zu mir, um mich abzuholen.«

Sofort schenkte ihm Waingarten Kognak nach, und Maljanow kippte das Glas hinunter, ohne etwas zu schmecken. Waingarten seufzte.

»Tja, Leute«, sagte er. »Wir können uns mit niemandem beraten, sonst landen wir in der Klapsmühle. Wir müssen schon selber herausfinden, was gespielt wird. Dima, du hast doch einen klaren Kopf – was meinst du?«

Maljanow rieb sich mit den Fingern die Stirn.

»Ich kann überhaupt nicht denken«, sagte er. »Und zu sagen habe ich auch nichts. Ist doch alles Wahnsinn. Klar scheint mir nur eins: Dir hat man unverblümt gesagt, dass du dein Projekt fallenlassen sollst. Mir hat man nichts dergleichen gesagt, aber so das Leben vergällt …«

»Richtig!«, unterbrach ihn Waingarten. »Erstens: Jemandem passt unsere Arbeit nicht, fragt sich also: wem? Dabei dürfen wir nicht vergessen: Zu mir kam ein Außerirdischer, zu Sachar ein Agent vom Bund der Neun. Übrigens – hast du von dem Bund schon gehört? Ich glaube, ich habe einmal etwas darüber gelesen, aber wo? Vergessen. Also. Und zu dir kommt niemand … Das heißt, es kamen welche – aber sie gaben sich nicht zu erkennen. Was folgt daraus?«

»Ja, was?«, fragte Maljanow finster.

»Dass es gar keine Außerirdischen sind. Und auch keine uralten Weisen. Es ist etwas anderes – eine unbekannte Macht, der wir mit unserer Arbeit in die Suppe spucken.«

»Blödsinn!«, sagte Maljanow. »Totaler Blödsinn. Das passt überhaupt nicht zusammen. Überleg doch mal: Bei mir geht es um Sterne in Gasstaubwolken, bei dir um diese Revertase und bei Sachar um technische Elektronik …« Doch dann fiel ihm ein: »Das war auch Snegowoi aufgefallen. Weißt du, was er gesagt hat? ›Hier das Grundstück, dort das Wasser‹, hat er gesagt … Erst jetzt verstehe ich, was er damit gemeint hat. Auch er hat sich also den Kopf darüber zerbrochen, der arme Kerl … Oder glaubst du vielleicht, hier sind drei verschiedene Mächte am Werk?«, fragte er spitz.

»Nein, nein, Alter, warte!«, sagte Waingarten mit Nachdruck. »Sei nicht so voreilig!«

Dabei machte er ein Gesicht, als wüsste er längst Bescheid und würde ihnen gleich alles erklären – vorausgesetzt, man unterbräche ihn nicht andauernd oder störte ihn. Aber Waingarten tat nichts dergleichen. Er verstummte einfach und glotzte mit verquollenen Augen auf die leere Rollmopsdose.

Alle schwiegen. Schließlich sagte Gubar leise: »Ich muss ständig an Snegowoi denken. Ist doch gemein … Bestimmt hat man ihm auch eine Arbeit verboten. Aber wie sollte er sie abbrechen – er war doch beim Militär, hatte seine Aufgabe …«

»Pinkeln!«, verlangte auf einmal der merkwürdige Junge. Gubar seufzte und brachte ihn zur Toilette, wo der Junge lauthals verkündete: »Und kacken!«

»Nein, Alter, du bist voreilig«, begann Waingarten von Neuem. »Stell dir mal für einen Moment vor, es gäbe auf der Erde eine Gruppe von Wesen, die mächtig genug ist, so etwas zuwege zu bringen, von mir aus dieser Bund der Neun. Worauf kommt es ihnen an? Darauf, bestimmte Projekte mit bestimmten Erfolgsaussichten zu Fall zu bringen. Aber wer weiß – vielleicht gibt es in Piter außer uns ja noch hundert Leute, die sich deswegen gerade den Kopf zerbrechen … Und auf der ganzen Welt – hunderttausend. Alle haben Angst, es anderen zu erzählen, genau wie wir. Fürchten oder genieren sich … Und bestimmten Leuten kommt das gerade recht! Werfen einem leckere Happen hin …«

»Mir hat man keinen leckeren Happen hingeworfen«, widersprach Maljanow finster.

»Aus gutem Grund! Du bist ein naiver, selbstloser Trottel und steckst den Leuten nicht einmal dann etwas zu, wenn es sein muss. Deswegen gibt es für dich auf Schritt und Tritt unüberwindbare Hindernisse: In der Kneipe sind alle Tische besetzt – Hindernis. Nach Eintrittskarten stehen sie Schlange – Hindernis. Jemand schmeißt sich an deine Frau ran …«

»Hör auf, es reicht! Kommst her und hältst mir eine Predigt …«

»Nicht doch, Alter!« Waingarten brach bereitwillig ab. »Doch meine Mutmaßungen haben alle Hand und Fuß. Zugegeben, ihre Macht müsste außergewöhnlich, ja, fantastisch sein ... Aber es gibt doch zum Beispiel die Hypnose. Oder die Suggestion. Vielleicht telepathische Suggestion! Stell dir mal vor, es gäbe auf der Erde eine uralte, vernunftbegabte – wenn auch nicht unbedingt menschliche – Rasse, die mit uns rivalisierte. Und diese hätte nun geduldig gewartet, Informationen gesammelt und sich vorbereitet. Und jetzt würde sie zum Schlag ausholen. Wohlgemerkt: nicht offen und sichtbar, sondern sehr viel klüger. Sie verstünde, dass bergeweise Leichen zu fabrizieren Nonsens wäre und Barbarei, zudem ein Bumerang. Also hätte sie beschlossen, vorsichtig, sozusagen mit dem Skalpell, ins zentrale Nervensystem einzudringen, an die Grundlage aller Grundlagen, nämlich die erfolgversprechenden Entdeckungen ... Verstehst du?«

Maljanow hörte und hörte doch nicht zu. Ihm wurde speiübel. Er wollte sich die Ohren zuhalten, wegrennen, sich aufs Bett werfen, den Kopf im Kissen vergraben. Es war die Angst. Mehr noch – eiskaltes Grauen. Flieh! Rette dich! Wirf alles hin, verkriech und vergrab dich ... Aber halt!, rief er sich plötzlich zur Ordnung. Komm zu dir, Blödmann! So geht das nicht, so gehst du kaputt.

Mit Mühe brachte er heraus: »Verstehe, aber das ist Schwachsinn.«

»Wieso?«

»Weil es ein Märchen ist, erfunden.« Seine Stimme kratzte, und er räusperte sich. »Für Leser ab zwölf Jahren. Schreib einen Roman und bring ihn zum ›Kostjor‹: Wie der Pionier Wassja sämtliche Machenschaften entlarvt, alle besiegt und auf der Erde ruhmreich ...«

»Meinetwegen«, sagte Waingarten betont ruhig. »Aber haben wir das alles erlebt oder nicht?«

»Ja.«

»Und sind diese Erlebnisse fantastisch oder nicht?«

»Nun, nehmen wir an, sie sind es.«

»Und wie willst du fantastische Vorfälle ohne fantastische Hypothesen erklären?«

»Ich habe keine Ahnung, aber ich habe ja auch nichts dergleichen erlebt«, sagte Maljanow. »Ihr – ja. Bei euch gab es fantastische Vorfälle. Aber vielleicht sauft ihr auch schon zwei Wochen wie die Löcher. Ich habe nichts Fantastisches erlebt. Ich bin Nichttrinker.«

Da lief Waingarten dunkelrot an, hieb mit der Faust auf den Tisch und brüllte, Maljanow müsse ihnen glauben, verdammt nochmal, denn wenn sie nicht mal einander glaubten, hätten sie gar keine Chance! Diese Schurken setzten vielleicht gerade darauf, dass sie einander nicht vertrauten, jeder ihnen allein gegenüberstünde und sie mit ihnen machen konnten, was sie wollten!

Er brüllte und tobte so laut, dass Maljanow einen Schrecken bekam. Hör auf, sagte er. Lass gut sein, was regst du dich so auf. Stimmt, es war blöd von mir, nimm's mir nicht übel. Gubar, der gerade von der Toilette zurückkehrte, starrte die beiden entsetzt an.

Als Waingarten fertig gebrüllt hatte, sprang er auf, holte eine Flasche Mineralwasser aus dem Kühlschrank, riss mit den Zähnen den Kronkorken ab und trank direkt aus der Flasche. Das Wasser rann über seine stoppligen Pausbacken und erschien sogleich als Schweiß auf seiner Stirn und auf den nackten, behaarten Schultern.

»Hör zu«, lenkte Maljanow ein. »Ich wollte eigentlich nur sagen, dass ich es nicht leiden kann, wenn man für unwahrscheinliche Ereignisse unwahrscheinliche Ursachen sucht – das Prinzip rationellen Denkens, verstehst du? Sonst könnte man ja alles Mögliche zusammenfantasieren …«

»Na, dann schlag etwas anderes vor«, versetzte Waingarten trotzig und stellte die leere Flasche unter den Tisch.

»Kann ich nicht. Wenn ich könnte, würde ich's tun. Aber mein Kopf ist vor Angst wie zugenagelt. Ich glaube jedoch, dass, wären sie wirklich so mächtig, sie mit viel einfacheren Mitteln auskommen müssten.«

»Mit welchen, zum Beispiel?«

»Was weiß ich ... Dich mit schlechten Konserven vergiften, zum Beispiel. Und Sachar, keine Ahnung, vielleicht tausend Volt verpassen. Oder mit etwas anstecken. Aber wozu Mord und Totschlag? Wenn sie schon so allmächtige Telepathen sind, könnten sie uns einfach suggerieren, dass wir alles vergessen, was über die Arithmetik hinausgeht. Oder uns einen Reflex einpflanzen: Sobald wir uns an die Arbeit setzen, bekommen wir Durchfall. Oder Grippe: Die Nase läuft, der Schädel brummt ... Oder ein Ekzem. Oder was es sonst noch gibt ... Alles still und friedlich, und keiner merkt etwas.«

Waingarten wartete schon darauf, dass Maljanow zum Ende kam, und sagte: »Hör zu, Dima. Du musst eins wissen ...«

Doch da fiel ihm Sachar ins Wort.

»Einen Moment!«, bat er eindringlich und streckte die Arme vor, als wollte er Maljanow und Waingarten auseinander halten. »Lasst mich etwas erzählen, solange ich mich noch erinnere! Bitte, Valja, lass mich reden! Es geht um die Kopfschmerzen, Dima, Sie haben doch gesagt ... Als ich voriges Jahr im Krankenhaus lag ...«

Gubar hatte wegen Auffälligkeiten im Blutbild im Krankenhaus gelegen, in der Klinik der Akademie der Wissenschaften. Er hatte sich mit einem gewissen Gluchow, Wladlen Semjonowitsch, einem Orientalisten, das Zimmer geteilt. Gluchow hatte kurz vor einem Herzinfarkt gestanden, aber dies nur nebenbei. Sie hatten sich ein wenig angefreundet und sich danach ab und zu getroffen. Und vor zwei Monaten hatte ihm besagter Gluchow vorgejammert, seine ganze Arbeit, für die er seit fast zehn Jahren Material sammelte, wäre vergebens, weil ihn eine höchst merkwürdige Idiosynkrasie befallen hätte. Er brauchte sich nur hinzusetzen, um an seiner Forschungsarbeit zu schreiben, und schon schmerzte ihm fürchterlich der Kopf – bis zum Erbrechen, bis zur Ohnmacht.

»Dabei konnte er durchaus an seine Arbeit denken«, fuhr Sachar fort. »Auch das Material studieren, ich glaube – sogar davon sprechen. Aber das Schreiben war unmöglich. Jetzt, wo Sie das gesagt haben, Dima, scheint mir fast …«

»Weißt du seine Adresse?«, fuhr Waingarten dazwischen.

»Ja.«

»Hat er Telefon?«

»Ja. Die Nummer weiß ich.«

»Los, ruf ihn her! Das ist unser Mann.«

Maljanow sprang auf.

»Verdammt noch mal!«, rief er. »Bist du total übergeschnappt? Das ist doch peinlich! Vielleicht ist der Mann bloß krank.«

»Ja, genauso wie wir«, sagte Waingarten.

»Valja, er ist Orientalist! Das ist doch eine ganz andere Sache!«

»Genau dieselbe Sache, Alter, verlass dich drauf.«

»Ich bin dagegen!«, sträubte sich Maljanow. »Sachar, bleiben Sie sitzen, hören Sie nicht auf ihn. Er ist betrunken.«

Was für eine grässliche Vorstellung: In diese glutheiße, verrauchte Küche träte ein völlig normaler Mensch und sähe sich in diesen Dunstkreis von Irrsinn, Angst und Alkohol versetzt.

»Wir machen lieber Folgendes«, versuchte Maljanow sie umzustimmen. »Rufen wir Wetscherowski. Davon haben wir bestimmt mehr!«

Waingarten war nicht dagegen. Gut, sagte er, Wetscherowski – das ist eine Idee! Der hat Köpfchen! Sachar, geh, sprich mit Gluchow, und dann rufen wir Wetscherowski an …

Nein, kein Gluchow. Maljanow wehrte sich mit Händen und Füßen, flehte, brüllte, er sei hier der Herr im Haus und werde sie alle rausschmeißen. Aber gegen Waingarten kam niemand an. Sachar ging zum Telefon, um Gluchow anzurufen, und der Junge kletterte sogleich vom Hocker und folgte ihm auf den Fersen …

Siebter Teil

14

… hockte Sachars Sohn auf der Liege in der Ecke und erfreute die Anwesenden von Zeit zu Zeit, indem er ausgewählte Stellen aus der Kleinen Medizinischen Enzyklopädie vorlas, die Maljanow ihm in der Eile versehentlich zugeschoben hatte. Wetscherowski, der neben dem verschwitzten, zerzausten Waingarten besonders vornehm wirkte, hörte dem merkwürdigen Jungen interessiert zu und beobachtete ihn mit Staunen. Noch hatte Wetscherowski nichts von Belang gesagt, lediglich ein paar Fragen gestellt, die Maljanow – und nicht nur ihm – unsinnig vorkamen. So fragte er zum Beispiel Sachar, ob er häufig Konflikte mit seinen Vorgesetzten habe, und Gluchow, ob er gerne fernsehe. Es stellte sich heraus, dass Sachar nie und mit niemandem Konflikte hatte, so war er nun mal veranlagt, und dass Gluchow nicht nur gerne, sondern mit Vorliebe fernsah.

Von Gluchow war Maljanow sehr angetan. An sich mochte er es nicht, wenn sich neue zu alten Bekannten gesellten, weil er immer befürchtete, sie könnten sich danebenbenehmen, und das fände er peinlich. Doch mit Gluchow ging alles gut. Er war ausgesprochen gutmütig und nett, von kleiner, zierlicher Statur, hatte eine Stupsnase, kleine rötliche Augen und trug eine große Brille mit starken Gläsern. Als er ankam, leerte er mit Vergnügen das von Waingarten angebotene Gläschen Wodka, und die Nachricht, es sei das letzte, betrübte ihn sichtlich. Ins Kreuzverhör genommen, hörte er jedem aufmerksam zu, den Kopf nach Professorenart zur rechten Schulter geneigt und den Blick ebenfalls nach rechts gerichtet. Nein, nein, sagte er wie zur Entschuldigung, so war es bei mir nicht. Gott bewahre, einfach undenkbar ... Mein Thema? Ich fürchte, damit können Sie wenig anfangen: »Die kulturellen Einflüsse der USA auf Japan. Versuch einer quantitativen und qualitativen Analyse« ... Ja, wie es aussieht, eine Art Idiosynkrasie, ich habe medizinische Kapazitäten befragt – ein äußerst seltener Fall, sagen sie ... Mit Gluchow hatten sie also daneben gelegen; trotzdem fand es Maljanow gut, dass er da war. Er wirkte so angenehm von dieser Welt: trank mit Vergnügen und wollte noch mehr, aß mit geradezu kindlicher Freude Kaviar, liebte Ceylon-Tee und las am liebsten Krimis. Auf Sachars merkwürdigen Sohn blickte er mit Befremden, mal sah er ihn argwöhnisch an, mal kicherte er unsicher. Den verrückten Erzählungen der anderen hörte er mitfühlend zu, wobei er sich immer wieder mit beiden Händen am Kopf kratzte und murmelte: »Unglaublich ... nicht die Möglichkeit!« Kurzum: Was Gluchow anging, war Maljanow alles klar. Von ihm durfte man weder neue Informationen erhoffen, noch Ratschläge erwarten.

Waingarten schrumpfte, wie immer in Wetscherowskis Gegenwart, ein wenig in sich zusammen. Er wirkte auf einmal fast manierlich, hörte auf, herumzubrüllen und alle und jeden mit »Alter« anzusprechen. Freilich, den letzten schwarzen Kaviar aß er trotzdem auf.

Völlig verstummt war Sachar – wenn man von den kurzen Antworten auf Wetscherowskis überraschende Fragen absah. Nicht einmal seine eigene Geschichte brauchte er zu erzählen – das besorgte Waingarten für ihn. Er hatte es auch aufgegeben, seinen Sohn zu ermahnen, und die lehrreichen Zitate über die Erkrankung diverser intimer Organe nötigten ihm allenfalls ein gequältes Lächeln ab.

Zu guter Letzt schwiegen alle. Nippten am kalt gewordenen Tee und rauchten.

Von den Fenstern des Gebäudes gegenüber schien goldenes Licht herüber, am dunkelblauen Himmel hing die zarte Sichel des zunehmenden Mondes, und von der Straße war lautes Knistern zu hören: Wahrscheinlich verbrannten sie wieder alte Kisten. Waingarten raschelte mit der Zigarettenschachtel, sah hinein, zerknüllte sie und fragte halblaut: »Hat noch jemand Zigaretten?«

»Ja, bitte«, antwortete Sachar beflissen, ebenfalls mit halblauter Stimme.

Gluchow räusperte sich und klimperte mit dem Teelöffel im Glas.

Maljanow blickte zu Wetscherowski. Der saß im Sessel, die ausgestreckten Beine über Kreuz, und studierte aufmerksam die Nägel seiner rechten Hand. Dann sah er zu Waingarten. Der zündete seine Zigarette an und blickte über das Flämmchen hinweg zu Wetscherowski. Auch Sachar sah zu Wetscherowski. Und Gluchow ebenfalls.

Plötzlich musste Maljanow lachen. Meine Güte, was erwarten wir eigentlich von ihm? Schön, er ist Mathematiker. Ein bedeutender Mathematiker sogar – vielleicht sogar einer mit Weltruf. Wir aber starren ihn an wie kleine Kinder, die sich im Wald verlaufen haben und jetzt auf Schritt und Tritt dem Onkel folgen, der sie – hoffentlich – wieder hinausführt.

»Das sind im Prinzip alle Überlegungen, die wir bisher angestellt haben«, sagte Waingarten. »Wie man sieht, zeichnen sich im Grunde zwei Positionen ab.« Er sprach, als wende er sich an alle, blickte jedoch nur Wetscherowski an. »Dima meint, wir müssten die Ereignisse im Rahmen der uns bekannten Naturerscheinungen zu erklären versuchen. Meiner Ansicht nach haben wir es mit der Einmischung uns unbekannter Kräfte zu tun. Deswegen: Gleiches mit Gleichem, Fantastisches mit Fantastischem …«

Seine Ansprache klang ziemlich gespreizt. Anstatt offen und ehrlich zuzugeben: Onkel, wir haben uns verlaufen, führ uns bitte wieder raus … Nein, bloß nicht. Er musste unbedingt beweisen, dass auch wir imstande waren Schlüsse zu ziehen … Na, dann viel Spaß! Maljanow nahm den Teekessel und zog sich vor Valjas Blamage in die Küche zurück. Dort konnte er nicht hören, worüber sie redeten; er füllte Wasser ein und setzte den Kessel auf die Flamme. Als er zurückkehrte, sprach Wetscherowski, der dabei bedächtig die Nägel seiner linken Hand betrachtete.

»… deshalb neige ich trotz allem mehr zu Ihrem Standpunkt, Valja. Für Fantastisches muss man, wie es scheint, auch fantastische Erklärungen suchen. Ich vermute, dass ihr euch im Blickfeld einer … hm, na, sagen wir: Superzivilisation befindet. Ich glaube, das ist bereits ein fester Terminus zur Bezeichnung einer fremden Vernunft, die um viele Größenordnungen mächtiger ist als die menschliche …«

Waingarten rauchte in tiefen Zügen seine Zigarette, nickte gemessen mit dem Kopf und machte eine unerhört wichtige, sehr konzentrierte Miene.

»Warum sie es für notwendig erachten, gerade eure Forschungen zu unterbinden«, fuhr Wetscherowski fort, »diese Frage ist ebenso kompliziert wie müßig. Das Wichtigste an der Sache ist meiner Meinung nach, dass die Menschheit, ohne es zu ahnen, den Kontakt auf sich gelenkt und somit aufgehört hat, als autonomes System zu existieren. Anscheinend sind wir einer Superzivilisation auf die Füße getreten, ohne es zu bemerken, und anscheinend hat sich diese Superzivilisation nun das Ziel gesetzt, unseren Fortschritt in Zukunft nach ihrem Ermessen zu regulieren.«

»Hör mal, Phil«, sagte Maljanow. »Dass nicht einmal du begreifst … Was, zum Teufel, soll das für eine Superzivilisation sein, wenn sie uns wie ein blindes Kätzchen mit der Schnauze anstupst? Und wozu der ganze Blödsinn: ein Hauptermittler, der Kognak klaut … Sachars Weiber … Wo bleibt da das Grundprinzip der Vernunft: die Zweckmäßigkeit, das Rationelle?«

»Das sind Einzelheiten, Dima«, sagte Wetscherowski leise. »Warum nichtmenschliche Zweckmäßigkeit mit menschlichen Maßstäben messen? Bedenke zudem, mit welchem Kraftaufwand du dir auf die Wange schlägst, um eine armselige Mücke zu töten. Ein solcher Schlag würde für alle Mücken ringsum ausreichen.«

»Ein anderes Beispiel«, ergänzte Waingarten. »Welchen Sinn hat eine Brücke vom Standpunkt eines Hechts aus gesehen?«

»Ich weiß nicht«, sagte Maljanow. »Ich finde das alles ziemlich abwegig.«

Wetscherowski wartete, ob Maljanow nicht noch etwas hinzuzufügen hatte, und fuhr dann fort: »Ich möchte Folgendes hervorheben. Wenn man die Frage so stellt, rücken eure persönlichen Misslichkeiten und Probleme in den Hintergrund. Es geht nämlich um nichts Geringeres als um das Schicksal der Menschheit ...« Er überlegte. »Vielleicht nicht im schlimmsten Sinne dieses Wortes, unbedingt aber geht es um ihren Wert, ihre Würde. Wir stehen also nicht nur vor der Aufgabe, Ihre Revertasentheorie zu verteidigen, Valja, sondern das Schicksal unserer gesamten irdischen Biologie ... Oder irre ich mich da?«

Erstmals in Wetscherowskis Gegenwart zeigte sich jetzt Waingarten in seiner normalen Größe. Er nickte energisch, sagte jedoch keineswegs, was Maljanow erwartet hatte.

»Ja, zweifelsohne«, stimmte er Wetscherowski zu. »Wir alle verstehen, dass es nicht um uns persönlich geht. Es geht um Hunderte von Forschungsarbeiten. Vielleicht sogar um Tausende ... Ach was – es geht um die erfolgversprechenden Forschungszweige überhaupt!«

»So ist es!«, sagte Wetscherowski mit Nachdruck. »Es wird einen Kampf geben. Ihre Waffe ist das Geheimnis, unsere wird folglich die Offenheit sein. Womit fangen wir also an? Zunächst weihen wir unsere Bekannten ein – all jene, die erstens genug Fantasie besitzen, uns zu glauben, und zweitens genügend Autorität, um ihre Kollegen in wichtigen Positionen der Wissenschaft zu überzeugen. Auf diese Weise stellen wir indirekt Kontakt zur Regierung her, erhalten Zugang zu den Massenmedien und können so alle Menschen informieren. Euer erster Schachzug war vollkommen richtig – ihr habt euch an mich gewandt. Ich werde jetzt versuchen, einige angesehene Mathematiker, die außerdem wichtige Ämter bekleiden, zu überzeugen. Zuerst setze ich mich mit unseren Leuten in Verbindung, dann mit denen im Ausland …«

Wetscherowski war ungewöhnlich aufgelebt, saß kerzengrade im Sessel und redete und redete. Er nannte Namen, Titel und Posten, legte ganz genau fest, wen Maljanow und wen Waingarten ansprechen sollte. Fast hatte man den Eindruck, er hätte seit Tagen an einem detaillierten Aktionsplan gefeilt. Doch je länger er redete, desto missmutiger wurde Maljanow. Und als Wetscherowski mit fast schon perversem Eifer zur Apotheose kam und beschrieb, wie die durch einen Großalarm vereinigte Menschheit dem superzivilisierten Feind mit geballter Kraft aufs Haupt schlug – da war es mit seiner Geduld vorbei. Er stand auf, ging in die Küche und setzte neues Teewasser auf. Das also hatte Wetscherowski zu sagen! Der Mann mit Köpfchen! Armes Schwein, dem saß anscheinend auch noch der Schreck in den Knochen … Tja, das hier ist eben etwas anderes als über Telepathie zu streiten. Aber wir sind selber schuld: Wetscherowski hier, Wetscherowski da, Wetscherowski, das Ass – dabei ist Wetscherowski bloß ein Mensch. Natürlich ist er klug, eine Koryphäe, aber auch nicht mehr. Solange es um Abstraktionen geht, ist er ganz groß, aber wenn das Leben seine Zähne zeigt … Ärgerlich nur, dass er sofort Waingartens Partei ergriffen und mich gar nicht richtig angehört hat … Maljanow nahm den Teekessel und ging zurück ins Zimmer.

Dort war Waingarten gerade dabei, aus Wetscherowski Kompott zu machen. Und das völlig zu Recht. Respekt – schön und gut, aber wenn einer Unsinn quatscht, hilft man ihm mit Respekt kaum weiter.

… Ob Wetscherowski glaube, sie seien Vollidioten? Vielleicht kenne er, Wetscherowski, ja ein paar angesehene Leute an der Akademie, die leicht plemplem und nach ein paar Gläschen Wodka bei einer solchen Mitteilung in Begeisterung ausbrächen. Er, Waingarten, hätte jedenfalls keine solche Bekanntschaften. Dafür habe er einen alten Freund – Maljanow –, von dem er ein gewisses Maß an Anteilnahme erhoffen dürfe, umso mehr, als Maljanow selbst zu den Leidtragenden gehöre. Und? Habe der etwa seine, Waingartens, Geschichte mit Begeisterung aufgenommen? Oder mit Interesse? Wenigstens aber mit Anteilnahme? Nein! Als Erstes hätte er nämlich gesagt, er, Waingarten, lüge. Und auf seine Weise habe Maljanow sogar Recht. Denn ihn, Waingarten, schaudere es bei dem bloßen Gedanken, er müsste etwa all das seinem Chef erzählen, obwohl der weder alt noch verknöchert sei und selber einer gewissen Verrücktheit in der Wissenschaft nicht abgeneigt.

Vielleicht sei es Wetscherowski egal, aber Waingarten habe nicht die geringste Absicht, den Rest seines Lebens in einer psychiatrischen Klinik zu verbringen, sei sie noch so luxuriös.

»Die holen uns mit der Zwangsjacke!«, jammerte Sachar. »Das ist doch klar. Euch wird ja nichts weiter passieren, aber mir hängen sie gleich noch den Erotomanen an.«

»Hör auf, Sachar!«, raunzte Waingarten. »Nein, Phil, wirklich, ich erkenne Sie nicht wieder! Schön, das mit der Klinik mag übertrieben sein. Aber als Wissenschaftler wären wir erledigt – sofort! Von unserem Renommee bliebe nicht das Geringste übrig! Und außerdem: Gesetzt den Fall, wir finden ein paar Sympathisanten in der Akademie – wie sollen sie mit einer so absurden Geschichte zur Regierung gehen? Wer traut sich das? Da müsste man jemanden weiß Gott wie antreiben, damit er so etwas riskiert. Ganz zu schweigen von all den anderen Menschen auf unserem Planeten ...!« Waingarten winkte ab und richtete seine dunklen Augen auf Maljanow. »Schenk mir was ein, möglichst heiß«, sagt er. »Offenheit, Offenheit! Das ist ein zweischneidiges Schwert.« Er schlürfte geräuschvoll seinen Tee und wischte sich immer wieder mit der behaarten Hand über seine schwitzende Nase.

»Möchte sonst noch jemand Tee?«, fragte Maljanow.

Er versuchte, Wetscherowski nicht anzusehen. Goss Sachar Tee ein, Gluchow und sich selbst. Dann nahm er Platz. Wetscherowski tat ihm leid, und er schämte sich entsetzlich für ihn. Valja hatte Recht: Der Ruf eines Wissenschaftlers ist leicht zu zerstören. Eine missglückte Rede – und wo ist er hin, dein Ruf, Philipp Pawlowitsch?

Wetscherowski saß zusammengekauert im Sessel, die Hände vors Gesicht geschlagen. Es war unerträglich.

Maljanow sagte: »Versteh doch, Phil, all deine Vorschläge ... dieses Aktionsprogramm ... Theoretisch hat das Ganze sicher Hand und Fuß. Aber was wir jetzt brauchen, ist keine Theorie. Wir brauchen ein Programm, das sich unter den gegebenen Umständen verwirklichen lässt. Du sprichst von der vereinten Menschheit; aber du musst einsehen, dass sich für dein Programm jede andere Menschheit besser eignet als die unsere, das heißt, die irdische. Sie wird dir das nie glauben. Sie glaubt erst dann an eine Superzivilisation, wenn diese sich auf unser Niveau herablässt und uns im Tiefflug mit Bomben übersät. Ja, dann glauben wir es, dann schließen wir uns zusammen, doch das bestimmt noch nicht gleich – sondern bewerfen uns im Eifer des Gefechts erst einmal gegenseitig mit Bomben.«

»Genau!«, rief Waingarten mit unangenehmer Stimme und lachte kurz auf.

Alle schwiegen.

»Und mein Chef ist eine Frau ...«, sagte Sachar. »Sie ist überaus nett und klug, aber wie sollte ich ihr das beibringen? Ich meine das über mich ...?«

Wieder trat Schweigen ein, jeder trank stumm seinen Tee. Schließlich ergriff Gluchow das Wort.

»Was für ein wunderbarer Tee!«, schwärmte er leise. »Ein Meister sind Sie, Dmitri Alexejewitsch. So einen Tee habe ich lange nicht getrunken ... Ja-ja ... Das ist alles sehr unerfreulich und verzwickt ... Andererseits, sehen Sie nur: dieser Himmel, dieser Mond, dazu ein Glas Tee, eine Zigarette ... Was braucht der Mensch im Grunde mehr? Im Fernsehen – ein anständiger Krimi, mit recht vielen Fortsetzungen ... Ich weiß nicht, ich weiß nicht ... Sie, Dmitri Alexejewitsch, befassen sich mit den Sternen, dem interstellaren Gas ... Aber was geht Sie das an, eigentlich? Wenn man einmal recht überlegt? Wollen schnüffeln und auskundschaften, wie? Also kriegen Sie eins auf den Deckel: ›Lass das! Trink lieber Tee und sitz vor dem Fernseher ...‹ Der Himmel ist nicht zum Schnüffeln da. Der Himmel ist da, um sich daran zu erfreuen.«

Da verkündete Sachars Sohn auf einmal laut und feierlich: »Du bist ein schlauer Fuchs!«

Maljanow glaubte erst, er meine Gluchow. Aber nein: Der Junge kniff wie ein Erwachsener die Augen zusammen, blickte zu Wetscherowski und drohte ihm mit dem schokoladenbeschmierten Finger.

»Schön still sein«, ermahnte ihn Sachar hilflos.

Wetscherowski indes nahm mit einem Ruck die Hände vom Gesicht und nahm seine anfängliche Pose wieder ein – lehnte sich im Sessel zurück, die langen Beine ausgestreckt und überkreuzt. In seinem rötlichen Gesicht sah man ein breites Grinsen.

»Na also«, sagte er. »Ich freue mich, feststellen zu dürfen, dass uns die Hypothese des Genossen Waingarten in eine Sackgasse führt, die man mit bloßem Auge erkennen kann.

Ebenfalls in eine Sackgasse führen: die Hypothese über den legendären Bund der Neun, die Hypothese über eine geheimnisvolle Vernunft, die sich in den Tiefen der Weltmeere verbirgt, sowie alle anderen Hypothesen über eine Kraft, die *vernunftgemäß* handelt. Es wäre sehr schön, wenn ihr jetzt einen kurzen Moment stillschweigen und nachdenken würdet, um euch von der Richtigkeit meiner Worte zu überzeugen.«

Maljanow rührte wie blöde mit dem Teelöffel im Glas und dachte: So ein Aas, wie der uns aufs Glatteis geführt hat! Aber warum? Wozu diese Schau? … Waingarten starrte mit hervorquellenden Augen ins Leere. Über seine feisten Wangen rann der Schweiß; sein Gesicht zuckte gefährlich. Gluchow sah verwirrt von einem zum anderen, und Sachar wartete einfach ab: Anscheinend war ihm die Dramatik der Schweigeminute entgangen.

»Bitte beachtet Folgendes«, nahm Wetscherowski seine Rede wieder auf. »Zur Erklärung der fantastischen Vorfälle haben wir zwar fantastische, aber dennoch Überlegungen herangezogen, die aus dem Bereich unserer heutigen Vorstellungen stammen. Das hat uns nicht weitergebracht. Valja hat das sehr klar bewiesen. Deshalb hat es auch gewiss keinen Sinn, oder besser: *erst recht* keinen Sinn, Überlegungen anzustellen, die außerhalb unseres gegenwärtigen Vorstellungsvermögens liegen. Ich nenne da nur die Gotteshypothese … oder andere … Und daraus folgt?«

Waingarten wischte sich fahrig mit dem Hemdzipfel das Gesicht ab und schlürfte hastig seinen Tee.

Maljanow fragte gekränkt: »Was denn, du hast uns absichtlich hereingelegt?«

»Was blieb mir denn anderes übrig?«, antwortete Wetscherowski und zog seine roten Brauen hoch. »Sollte ich euch vielleicht selbst beweisen, dass es sinnlos ist, sich an die Obrigkeit zu wenden? Ja, dass es überhaupt sinnlos ist, die Frage so zu stellen, wie ihr sie stellt? Ob Bund der Neun oder Tau-

Ceti-Bewohner – das bleibt sich doch letztlich gleich. Worüber soll man da streiten? Egal, wie die Antwort ausfällt – ein praktisches Programm lässt sich daraus nicht ableiten. Euer Haus ist abgebrannt, vom Orkan zerstört, von der Flut weggespült; aber nicht daran müsst ihr jetzt denken, sondern daran, wo und wie ihr jetzt leben, was ihr weiter tun sollt.«

»Du willst also sagen …«, begann Maljanow.

»Ich will sagen«, erklärte Wetscherowski hart, »dass mit euch nichts wirklich *Interessantes* passiert ist. Nichts, wofür man sich interessieren, was man erforschen oder analysieren müsste. Euer Bestreben, die Ursachen zu ergründen, ist nichts als eitel Neugier. Ihr braucht aber gar nicht herauszufinden, wer womit Druck auf euch ausübt, sondern wie ihr euch unter Druck verhalten sollt. Und das wird bedeutend schwerer, als sich Märchen über den indischen König Aschoka auszudenken – denn von jetzt an ist jeder von euch auf sich *allein* gestellt. Niemand kann euch helfen oder euch einen Rat geben, Entscheidungen abnehmen. Weder die Wissenschaftler noch die Regierung, nicht einmal die gesamte fortschrittliche Menschheit … Valja hat es ja hinlänglich begründet.«

Er stand auf, goss sich Tee ein und setzte sich wieder in den Sessel – maßlos selbstbewusst, äußerst korrekt und sehr lässig-elegant, wie auf einem diplomatischen Empfang. Sogar die Tasse hielt er wie ein Peer beim Five o'Clock Tea der Königin.

Und der Junge las lauthals vor: »Wenn der Kranke den Rat der Ärzte nicht befolgt, die Behandlung vernachlässigt, Alkoholmissbrauch treibt, so wird nach ungefähr fünf, sechs Jahren das sekundäre Stadium durch das tertiäre abgelöst – das letzte …«

Plötzlich sagte Sachar traurig: »Warum bloß? Warum muss das alles ausgerechnet mir, uns passieren?«

Wetscherowski stellte die Tasse mit leisem Klappern auf die Untertasse. »Weil unser Jahrhundert ganz in Schwarz geht«, gab er zur Antwort und betupfte seine graurosa Pferdelippen mit einem schneeweißen Taschentuch. »Es trägt einen hohen Zylinder – wir aber hasten immerzu. Doch dann, wenn uns die Stunde schlägt, die Stunde, da wir ablassen vom täglichen Tun, verdoppelt sich unser Sein, und wir träumen nicht mehr …«

»Pfui Teufel!«, fluchte Maljanow, Wetscherowski aber brach wieder in sein sattes, zufriedenes Lachen aus.

Waingarten fischte aus dem überquellenden Aschenbecher einen längeren Stummel heraus, steckte ihn sich in den Mund, riss ein Streichholz an und starrte eine Weile geistesabwesend auf das Flämmchen.

»Tatsächlich«, sagte er. »Es ist völlig gleich, um was für eine Macht es sich handelt, weil sie der menschlichen offensichtlich überlegen ist.« Er zündete die Zigarette an. »Ob nun ein Ziegel auf deine Blattlaus fällt oder ein Zweirubelstück – egal … Bloß: Ich bin keine Laus. Ich kann wählen.«

Sachar blickte ihn hoffnungsvoll an, aber Waingarten sprach nicht weiter. Wählen, dachte Maljanow. Leicht gesagt.

»Leicht gesagt, das Wählen …«, begann Sachar, doch da fiel ihm Gluchow ins Wort, und Sachar sah nun hoffnungsvoll zu ihm.

»Aber wieso denn?«, rief Gluchow ungewöhnlich bestimmt. »Es ist doch völlig klar, was man wählen muss! Das Leben muss man wählen! Was denn sonst? Doch nicht eure Teleskope oder Reagenzgläser. Sollen sie doch an den Teleskopen ersticken! Und an diffusen Gasen! Leben muss man, lieben, die Natur erleben – *erleben,* und nicht darin herumwühlen! Wenn ich jetzt einen Baum, einen Strauch ansehe, fühle ich und weiß – das ist mein Freund, wir existieren füreinander, brauchen einander.«

»›Jetzt‹?«, fragte Wetscherowski laut.

Gluchow stockte.

»Verzeihung«, murmelte er.

»Übrigens: Wir kennen uns, Wladlen Semjonowitsch«, sagte Wetscherowski. »Erinnern Sie sich? Estland, die Schule für mathematische Linguistik ... die finnische Sauna, Bier ...«

»Ja-ja ...«, sagte Gluchow und senkte den Blick. »Ja.«

»Damals waren Sie ganz anders«, sagte Wetscherowski.

»Mein Gott, wie lange das her ist ...«, erwiderte Gluchow. »Sie wissen ja, die Barone altern ...«

»Aber die Barone kämpfen auch«, sagte Wetscherowski. »Und so lange ist es gar nicht her.«

Gluchow hob und senkte unbestimmt die Hände.

Maljanow durchschaute dieses Intermezzo nicht, aber es steckte etwas dahinter, etwas Ungutes. Das war kein leeres Gerede. Sachar hingegen schien zu verstehen, hörte etwas heraus, was ihn betraf, vielleicht an seine Ehre rührte oder ihn kränkte. Jedenfalls fuhr er Wetscherowski auf einmal sehr heftig, beinahe hasserfüllt an: »Snegowoi haben sie schon umgebracht! Sie, Philipp Pawlowitsch, haben leicht reden, Ihnen geht man ja nicht an die Gurgel, Sie haben's gut!«

Wetscherowski nickte.

»Ja«, sagte er. »Ich hab's gut. Ich hab's gut und Wladlen Semjonowitsch auch. Nicht wahr, Wladlen Semjonowitsch?«

Der gemütliche kleine Mann mit den roten Kaninchenaugen hinter der starken altmodischen Brille aus Metall antwortete wieder mit einer unbestimmten Handbewegung. Dann stand er auf und sagte, ohne jemanden anzusehen: »Ich bitte um Entschuldigung, Freunde, aber ich muss jetzt gehen. Es ist schon spät ...«

Achter Teil

15

»… Möchtest du vielleicht bei mir übernachten?«, fragte Wetscherowski.

Maljanow wusch das Geschirr ab und dachte über das Angebot nach. Wetscherowski drängte ihn nicht; er ging ins Wohnzimmer, hantierte dort eine Weile herum, kehrte mit einer durchnässten Zeitung voll Abfall zurück und stopfte alles in den Mülleimer. Dann nahm er einen Lappen und wischte den Küchentisch ab.

Nach all den Ereignissen und Gesprächen heute verspürte Maljanow tatsächlich keine große Lust, alleine zu bleiben. Andererseits – die Wohnung zu verlassen und abzuhauen, das fand er peinlich, ja, geradezu beschämend. Als wenn ich mich von ihnen rausekeln ließe. Wo ich es zudem auf den Tod nicht ausstehen kann, woanders zu übernachten, nicht einmal bei Freunden. Nicht einmal bei Wetscherowski. Plötzlich roch er den Kaffeeduft, sah das feine blassrosa Tässchen vor sich, dachte an den wunderbaren Kaffee à la Wetscherowski. Ach was, abends sollte man besser auf Kaffee verzichten. Den können wir morgen früh trinken.

Er spülte die letzte Untertasse, stellte sie auf den Trockenrost, wischte schlecht und recht den Fußboden und ging ins Wohnzimmer. Wetscherowski saß im Sessel, mit dem Gesicht zum Fenster. Goldrosa schimmerte der Himmel. Der zunehmende Mond stand, wie auf einem Minarett, genau über dem zwölfstöckigen Wohnhaus gegenüber. Maljanow nahm seinen

Sessel, drehte ihn ebenfalls zum Fenster und setzte sich. Zwischen ihm und Wetscherowski stand der Tisch, der vorbildlich aufgeräumt war: die Bücher sorgfältig gestapelt, der dicke Staub weggewischt, alle drei Bleistifte und der Kugelschreiber in Reih und Glied neben dem Kalender ... Während Maljanow mit dem Geschirr beschäftigt gewesen war, hatte Wetscherowski im Wohnzimmer wahre Wunder vollbracht. Alles war blitzblank; nur staubgesaugt hatte er nicht. Er sah noch immer genauso frisch und elegant aus wie vorher, sein cremefarbener Anzug hatte nicht einen Fleck. Geschwitzt hatte er anscheinend auch nicht, was Maljanow geradezu unmöglich erschien. Er selbst war trotz Irkas Schürze klatschnass auf dem Bauch, fast wie Waingarten. Man sagt, wenn eine Frau nach dem Geschirrwaschen einen nassen Bauch hat, ist der Mann ein Säufer. Wenn nun aber ein Mann ...?

Schweigend sahen sie zu, wie im Hochhaus gegenüber nach und nach die Lichter ausgingen. Kaljam schlich heran, machte leise »Miau«, sprang Wetscherowski auf den Schoß, richtete sich dort behaglich ein und schnurrte. Wetscherowski streichelte ihn sacht mit seiner langen, schmalen Hand, ohne den Blick von den erleuchteten Fenstern gegenüber abzuwenden.

»Er haart«, warnte ihn Maljanow.

»Macht nichts«, erwiderte Wetscherowski leise.

Wieder schwiegen sie. Jetzt, wo der verschwitzte, puterrote Waingarten, der ebenso unscheinbare wie rätselhafte Gluchow und der vor Angst schier gelähmte Sachar mit seinem gruseligen Sohn gegangen waren und nur noch Wetscherowski übrig war – unendlich ruhig und selbstsicher –, kamen ihm die Ereignisse nicht unbedingt wie ein Traum, aber doch wie ein Abenteuerroman vor. Und selbst wenn sich all das wirklich zugetragen haben sollte, dann vor langer, langer Zeit ... Aber nein, eigentlich hatte es sich gar nicht zugetragen, sondern nur begonnen und wieder aufgehört. In Maljanow erwachte sogar ein gewisses Interesse an dieser halbliterarischen Gestalt, dem Protagonisten … Haben sie ihm nun die fünfzehn Jahre gegeben – oder …

16

… erinnerte ich mich an Snegowoi, an die Pistole in seinem Hausanzug und das Siegel an der Tür.

»Hör mal«, sagte ich. »Und wenn sie Snegowoi ermordet haben?«

»Wer?«, fragte Wetscherowski nach kurzem Zögern.

»Na die …«, begann ich.

»Wie es aussieht, hat er sich erschossen«, sagte Wetscherowski. »Hat es nicht ausgehalten.«

»Was nicht ausgehalten?«

»Den Druck. Er hat seine Wahl getroffen.«

Nein, das war kein Abenteuerroman. Ich spürte, wie sich alles in mir wieder verkrampfte, zog die Beine auf den Sessel und umfasste die Knie. Kauerte mich ganz zusammen. Ich bin es, ich, mit dem das alles geschieht. Nicht Iwan Zarewitsch, nicht der dumme Iwanuschka, sondern ich. Wetscherowski hat's gut …

»Sag mal«, brachte ich mühsam heraus, »was hast du eigentlich mit Gluchow zu tun? Ihr habt so merkwürdig gesprochen.«

»Er hat mich geärgert.«

»Womit?«

Einen Moment lang schwieg Wetscherowski.

»Traut sich nicht, allein zu bleiben«, antwortete er.

»Verstehe ich nicht«, erwiderte ich nach kurzer Überlegung.

»Mich ärgert nicht, wie er sich entschieden hat«, erklärte Wetscherowski langsam, als denke er laut nach. »Aber warum muss er sich andauernd rechtfertigen? Und nicht bloß das – er versucht auch noch, die anderen auf seine Seite zu ziehen. Er schämt sich, ein Schwächling unter Starken zu sein, und will, dass auch die anderen so schwach werden wie er. Weil er meint, dann würde ihm leichter. Das mag alles sein – aber mich macht so eine Haltung wütend.«

Ich hörte ihm mit offen stehendem Mund zu, und als er verstummte, fragte ich vorsichtig: »Willst du damit sagen, dass auch Gluchow ... dass auch er unter Druck steht?«

»*Stand.* Ja. Und jetzt ist ihm bang und elend.«

»Warte ... aber ... er hat doch ...!«

Er wandte sich mir langsam zu. »Dir war das wohl nicht klar?«, fragte er.

»Ja, woher denn? Er hat doch gesagt ... Ich habe es selber gehört ... Nein, man sieht doch gleich, dass der Mann nie im Leben ... Das ist doch offensichtlich!«

Freilich, jetzt schien es mir schon gar nicht mehr so offensichtlich – eher umgekehrt.

»Es war dir also nicht klar«, stellte Wetscherowski fest, und musterte mich neugierig. »Hm ... Sachar hat es aber gleich verstanden.« Zum ersten Mal an diesem Abend holte er Pfeife und Tabak hervor und machte sich in aller Ruhe ans Pfeifestopfen. »Seltsam, dass du das nicht verstanden hast. Na ja, warst wohl ziemlich durcheinander. Aber denk mal nach: Der Mann liebt Krimis, er tut nichts lieber, als vor dem Fernseher zu sitzen und sie anzuschauen, und heute kommt wieder eine neue Folge ... Aber auf einmal steht er vom Fernseher auf und rennt zu wildfremden Leuten – warum? Um sich über seine Kopfschmerzen zu beklagen?« Er entfachte ein Streichholz und zündete die Pfeife an; in seinen konzentriert schauenden Augen tanzte ein rotgelbes Flämmchen. Honigrauch zog durch den Raum. »Und außerdem habe ich ihn gleich wiedererkannt. Nein, das heißt, nicht gleich ... Er hat sich sehr verändert. Früher war er ein richtiger Hitzkopf: kraftvoll, energiegeladen, laut, bissig. Kein Rousseauismus, kein Alkohol … Heute tat er mir zunächst leid, aber als er anfing, für seine neue Weltanschauung zu werben, hat mich das geärgert.« Er verstummte und widmete sich ganz seiner Pfeife.

Ich kauerte mich noch mehr im Sessel zusammen. So sah es also aus. Gluchow war am Boden. Zwar am Leben geblieben, aber nicht mehr er selbst. Degenerierte Materie … degenerierter Geist. Was haben sie mit ihm gemacht? … Er hat es nicht ausgehalten. Aber zum Teufel nochmal: Es kann ja doch einen Druck geben, dem ein Mensch gar nicht standhalten kann?

»Also verurteilst du auch Snegowoi?«, fragte ich.

»Ich verurteile überhaupt niemanden«, entgegnete Wetscherowski.

»Wieso … Du bist doch aber wütend … wegen Gluchow.«

»Du hast mich nicht verstanden«, sagte Wetscherowski ein wenig gereizt. »Es ist nicht Gluchows Entscheidung, die mich wütend macht. Was habe ich für ein Recht, mich über die Entscheidung eines Menschen zu ereifern, der allein dasteht, ohne jede Hilfe und Hoffnung. Nein. Mich regt sein Verhalten nach der Entscheidung auf. Ich wiederhole: Er schämt sich seiner getroffenen Wahl und versucht deshalb – nur deshalb! –, auch andere dazu zu verführen. Das heißt, er stärkt die ohnehin unüberwindliche Macht. Verstehst du mich jetzt?«

»Mit dem Verstand – ja.«

Ich wollte noch hinzufügen, dass Gluchows Verhalten durchaus begreiflich und daher verzeihlich sei, und dass man es weniger analysieren und bewerten sollte, denn ihm mit Barmherzigkeit begegnen – doch plötzlich fühlte ich, dass ich nicht weiterreden konnte. Es schüttelte mich. Ohne Hilfe und Hoffnung … Ohne Hilfe und Hoffnung … Warum gerade ich?, dachte ich. Was habe ich ihnen getan? … Doch das Gespräch musste fortgeführt werden, und so sagte ich mühsam: »Es gibt aber auch einen Druck, dem niemand – kein Mensch – standhalten kann.«

Wetscherowski antwortete, doch ich hörte und verstand nichts. Denn ganz plötzlich war mir etwas bewusstgeworden: Noch gestern war ich ein Mensch mit seinen eigenen, kleinen Sorgen und Nöten gewesen, ein Teil der Gesellschaft. Und solange ich mich an die von dieser Gesellschaft geschaffenen Gesetze hielt – was gar nicht so schwer war, sondern schon zur Gewohnheit geworden –, blieb ich vor allen Gefahren geschützt – durch die Miliz, die Armee, die Gewerkschaft, die öffentliche Meinung, die Freunde und nicht zuletzt durch meine Familie. Doch nun hatte sich etwas in meiner Umwelt verschoben. Ich sah mich in einen Gründling verwandelt, der tief im Wasser und voller Angst in einem Spalt hockte, während ringsum monströse Schemen geisterten, die nicht einmal ein zahnbewehrtes Maul brauchten ... Ein leichter Flossenschlag würde genügen, und ich zerfiele zu Staub, wäre zermalmt, zerquetscht, ein Nichts. Man hatte mir zu verstehen gegeben: Solange du in deinem Spalt hockst, passiert dir nichts. Vielleicht war das Ganze aber auch noch schlimmer: Man hatte mich von der Menschheit abgesondert wie ein Schaf von der Herde und würde mich fortschleppen – unbekannt, wohin und wozu, während die Herde ahnungslos und seelenruhig ihres Weges zog und sich immer weiter entfernte ... Wenn es sich doch nur um aggressive, kriegerische Außerirdische handelte, um einen schrecklichen Vernichtungsangriff aus dem Kosmos, aus den Tiefen der Weltmeere, aus der vierten Dimension – um wie vieles leichter wäre das für mich! Ich bliebe einer von vielen, es fände sich ein Platz, ein Auftrag für mich, ich stünde an der Front! So aber gehe ich vor aller Augen zugrunde, und niemand merkt es. Und wenn ich dann vernichtet, zermalmt, zu Staub zerrieben bin, werden alle verwundert mit den Achseln zucken. Gott sei Dank ist Irka nicht hier. Gott sei Dank ist wenigstens sie nicht davon betroffen. Das ist doch Wahnsinn, Wahnsinn! Ich schüttelte wie wild den Kopf und riss mich an meinen

Haaren … und dieser ganze Alptraum bloß, weil ich mich mit diffuser Materie befasste!?

»Ja, sieht so aus«, sagte Wetscherowski.

Entsetzt starrte ich ihn an, doch da bemerkte ich, wie mir mein eigenes Gezeter noch in den Ohren klang.

»Aber Phil, das ist doch völlig absurd!«, sagte ich verzweifelt.

»Vom menschlichen Standpunkt aus schon«, sagte Wetscherowski. »Und die Menschen haben ja auch nichts dagegen einzuwenden, dass du dich mit diffuser Materie beschäftigst.«

»Wer dann?«

»Immer wieder blüht der schöne Flieder!«, rief Wetscherowski, und diese Worte passten so wenig zu ihm, dass ich laut loslachen musste. Nervös. Hysterisch. Und als Antwort vernahm ich Wetscherowskis zufriedenes Lachen, das sich wieder anhörte wie Marsmenschengekoller …

»Ach«, sagte ich. »Soll sie doch alle der Teufel holen. Komm, wir trinken Tee.«

Ich hatte Angst, Wetscherowski würde sagen, es sei jetzt Zeit für ihn aufzubrechen, morgen müsse er Prüfungen abnehmen, ein Kapitel beenden oder Ähnliches, jedenfalls fügte ich hastig hinzu: »Kommst du? Ich habe noch eine Schachtel Pralinen für uns, die ich vor Waingarten versteckt habe … Komm!«

»Gerne!«, antwortete Wetscherowski und stand auf.

»Weißt du, wenn man andauernd, immer und immer wieder darüber nachdenkt, wird einem irgendwann ganz schwarz vor Augen«, sagte ich, während wir in die Küche marschierten, ich das Teewasser einfüllte und aufsetzte. »Nein, so geht es nicht weiter. Das war es auch, was Snegowoi fertiggemacht hat; jetzt verstehe ich das. Er hat einsam und allein in seiner Wohnung gehockt, alle Lampen angeschaltet, aber was hat es genützt? Nichts, denn diese Dunkelheit vertreibst du nicht mit Licht. Er grübelte und grübelte, und plötzlich machte in seinem Kopf etwas klick – und es war aus … Weißt du, man darf den Humor nicht verlieren – das ist es! Es ist nämlich wirklich komisch, wenn man sich vorstellt: Was für eine Energie, was für ein Kraftaufwand – und das nur, um einen Mann daran zu hindern herauszufinden, was passiert, wenn ein Stern in eine Staubwolke gerät. Nein, wirklich, denk mal darüber nach, Phil! Das ist doch lachhaft, oder?«

Wetscherowski sah mich mit einem sonderbaren Gesichtsausdruck an.

»Weißt du, Dima«, antwortete er. »Der humorvolle Aspekt dieser Situation ist mir noch nicht aufgegangen.«

»Nein, wirklich … Stell dir mal vor, wie sie dort zusammentreffen und anfangen zu rechnen: für die Erforschung der Ringelwürmer – hundert Megawatt; für die Durchsetzung dieses oder jenes Projekts – fünfundsiebzig Gigawatt; um Maljanow zu stoppen – höchstens zehn. Jemand widerspricht: Das reicht nicht aus! Erstens: mit Telefonanrufen mürbemachen. Zweitens: ihm Kognak und ein hübsches Mädchen unterschieben …« Ich setzte mich und presste die Hände zwischen die Knie. »Nein, du kannst sagen, was du willst, aber ich finde das komisch.«

»Ja«, stimmte Wetscherowski zu. »Es ist komisch. Aber nicht sehr. Deine Fantasie, Dima, ist trotz allem sehr bescheiden. Ich wundere mich, wie du überhaupt auf deine Blasen gekommen bist.«

»Was denn für Blasen!«, rief ich. »Blasen hat es nie gegeben! Und es wird nie welche geben. Schlagen Sie mich nicht, Herr Vorsitzender, ich weiß nichts und habe nichts gehört. Nina kann's bezeugen: Ich bin gar nicht dabei gewesen … Ich habe, wissen Sie, mein Plan-Thema. Das IR-Spektrometer, und alles andere sind intellektuelle Manöver, ein Galilei-Komplex.«

Wir schwiegen. Der Teekessel begann leise zu sieden und machte: pff! pff! pff!

»Na gut«, sagte ich. »Bescheidene Fantasie. Bitte sehr. Aber du musst zugeben: Wenn wir die unerfreulichen Details einmal beiseitelassen, ist es höchst interessant. Man weiß jetzt, dass es sie gibt! Es ist so viel geschwatzt, gerätselt und gelogen worden ... Man hat sich blödsinnige Untertassen ausgedacht oder die Terrassen von Baalbek. Und dabei gibt es sie wirklich. Bloß natürlich in ganz anderer Form, als wir sie uns vorgestellt haben. Ich war übrigens schon immer der Meinung, dass, wenn wir sie einmal zu Gesicht bekämen, sie so gar nicht dem gleichen würden, was wir uns über sie zusammengesponnen haben.«

»Wer – sie?«, fragte Wetscherowski beiläufig und rauchte seine erloschene Pfeife wieder an.

»Na, die Leute aus dem Kosmos«, erklärte ich. »Oder, wissenschaftlich ausgedrückt: die Superzivilisation.«

»Ah-ja, verstehe«, sagte Wetscherowski. »Du hast Recht: Dass sie einem Ermittler mit Verhaltensstörungen gleichen könnten – darauf ist noch keiner gekommen.«

»Lass gut sein«, sagte ich, stand auf und begann den Tisch für den Tee zu decken. »Meine Fantasie ist bescheiden, ich weiß, aber du hast überhaupt keine.«

»Mag sein«, stimmte Wetscherowski zu. »Ich bin tatsächlich nicht in der Lage, mir etwas vorzustellen, was meiner Meinung nach nicht existiert. Zum Beispiel die sogenannte Feuersubstanz, das Phlogiston. Oder den Weltraum-Äther ... Nein, wirklich nicht ... Brüh frischen Tee, bitte. Und mach ihn recht stark.«

»Ja, ja, sei unbesorgt«, brummte ich. »Was hast du da vom Phlogiston erzählt?«

»Ans Phlogiston habe ich nie geglaubt. Und an Superzivilisationen auch nicht. Phlogiston, Superzivilisationen – das ist alles viel zu menschlich. Wie bei Baudelaire. Zu menschlich, ergo – animalisch. Nicht von der Vernunft, sondern von der Unvernunft.«

»Na, erlaube mal!«, sagte ich, die Kanne in der einen Hand, das Päckchen Ceylon-Tee in der anderen. »Du warst doch selber der Ansicht, dass wir es mit einer Superzivilisation zu tun haben.«

»Keineswegs«, erwiderte Wetscherowski gleichmütig. »Dieser Ansicht wart ihr. Und ich habe mich dessen nur bedient, um euch auf die richtige Spur zu setzen.«

Im großen Zimmer schrillte das Telefon. Ich erschrak und ließ den Deckel der Teekanne fallen.

»Mist«, zischte ich und blickte abwechselnd auf Wetscherowski und die Tür zum Wohnzimmer.

»Geh nur, geh«, sagte Wetscherowski ruhig und erhob sich. »Den Tee gieße ich auf.«

Ich nahm nicht gleich ab, ich hatte schreckliche Angst. Ich erwartete keinen Anruf, erst recht nicht um diese Zeit. Ob es der besoffene Waingarten war? Sitzt gottverlassen da … Ich griff nach dem Hörer.

»Ja?«

Der besoffene Waingarten sagte: »Natürlich ist er noch auf. Ha-hallo, du Opfer der Supervernunft! Wie steht's?«

»Alles in Ordnung.« Mir fiel ein Stein vom Herzen. »Und bei dir?«

»Bombenstimmung!«, lallte Waingarten. »W-waren im ›As … im Os … im Austeria‹, klar? Haben eine halbe Flasche bestellt – zu wenig. Dann noch eine halbe … und sind dann mit den beiden halben los … mit einer ganzen also … Und jetzt geht's uns großartig. Komm her!«

»Geht nicht«, sagte ich. »Ich sitze hier mit Wetscherowski, wir trinken Tee.«

»Wer Tee trinkt, bei dem ist Hopfen und Malz verloren«, sagte Waingarten und prustete. »Na gut. Wenn was ist, ruf an.«

»Ich versteh nicht. Bist du allein, oder ist Sachar da?«

»Wir sind zu dritt«, antwortete Waingarten. »Wirklich nett, sag ich dir … Also, wenn was ist, komm her. Bist w-willkommen.« Er legte auf.

Ich ging in die Küche zurück. Wetscherowski schenkte Tee ein. »Waingarten?«, fragte er.

»Ja. Ist doch erfreulich, dass in diesem Irrenhaus wenigstens etwas beim Alten bleibt. Der Irrsinn ist nämlich unverändert. Aber ich hätte nie gedacht, dass Waingarten, wenn er besoffen ist, mir je so guttun könnte.«

»Was hat er gesagt?«, erkundigte sich Wetscherowski.

»Er hat gesagt: ›Wer Tee trinkt, bei dem ist Hopfen und Malz verloren.‹«

Wetscherowski lachte zufrieden. Er mochte Waingarten. Auf ganz eigene Weise zwar, aber er mochte ihn. In seinen Augen war Waingarten ein Enfant terrible – ein großes, verschwitztes, lautes Enfant terrible.

»Moment, wo habe ich die Pralinen?«, fragte ich. »Aha!«

Ich langte in den Kühlschrank und zog eine teure Schachtel »Pique Dame« heraus.

»Na, ist das was?!«

»Oho!«, sagte Wetscherowski anerkennend.

Wir rissen die Schachtel auf.

»Mit freundlichen Grüßen von der Superzivilisation«, sagte ich. »Jawohl! Aber – was hast du vorhin gesagt? Hast mich völlig aus dem Konzept gebracht ... Ach ja! Du bleibst also dabei, trotz allem, was passiert, dass ...«

»Ja«, erwiderte Wetscherowski. »Ich bleibe dabei. Ich habe immer gewusst, dass es keine Superzivilisationen gibt. Und jetzt, nach alldem, verstehe ich allmählich auch, warum es sie nicht gibt.«

»Moment, Moment.« Ich stellte die Tasse ab. »Das ist alles Theorie, aber erkläre mir bitte eins: Wenn es keine Superzivilisation und keine Außerirdischen sind, im weitesten Sinne dieses Wortes – wer ist es dann?« Jetzt wurde ich wütend. »Weißt du überhaupt irgendwas, oder quatschst du bloß dumm und erfreust dich an Paradoxa? Einer hat sich abgeknallt, aus dem anderen hat man eine Qualle gemacht … Was führst du uns dauernd an der Nase herum? Wozu?«

Nein, nein: Mit bloßem Auge war zu erkennen, dass sich Wetscherowski weder an Paradoxa erfreute, noch führte er uns an der Nase herum. Sein Gesicht wurde plötzlich grau und müde und ließ eine bis dahin sorgsam getarnte, jetzt aber mit Macht durchbrechende Anspannung erkennen, auch Sturheit, wilde Entschlossenheit. Er sah sich gar nicht mehr ähnlich. Normalerweise war sein Gesicht schlaff, mit einem Anflug aristokratisch-dekadenter Mattigkeit, doch nun wirkte es wie aus Stein gehauen. Wieder packte mich Entsetzen. Zum ersten Mal kam mir der Verdacht, dass Wetscherowski überhaupt nicht hier saß, um mich moralisch zu stützen. Und das war auch nicht der Grund, warum er mich eingeladen hatte, bei ihm zu übernachten, oder gestern, bei ihm zu sitzen und zu arbeiten. Trotz meiner großen Angst fühlte ich plötzlich Mitleid mit ihm; es gab keine echte Ursache dafür und beruhte nur auf unbestimmten Empfindungen und der Beobachtung, wie sehr sich sein Gesicht plötzlich verändert hatte.

Und da fiel mir ein, dass man Wetscherowski vor etwa drei Jahren ins Krankenhaus gebracht hatte, allerdings nur für kurze Zeit.

17

… eine bis dahin unbekannte gutartige Geschwulst. Erst nach einem Jahr. Ich hatte von alldem erst im vorigen Herbst erfahren, obwohl ich ihn jeden Tag gesehen, bei ihm Kaffee getrunken, seinem glucksenden Gelächter gelauscht und ihm vorgejammert hatte, dass mich Furunkel plagten. Und ich hatte nichts, überhaupt gar nichts geahnt …

Jetzt aber, vom plötzlichen Mitleid erfasst, ließ ich mich dazu hinreißen zu fragen (obwohl ich im Voraus wusste, dass es sinn- und zwecklos war): »Phil«, sagte ich. »Was ist – stehst du auch unter Druck?«

Natürlich beachtete er meine Frage nicht. Er überhörte sie einfach. Die Spannung wich aus seinem Gesicht und wurde von aristokratischer Hochnäsigkeit verdrängt, die hellen Lider senkten sich über die Augen, und er begann, geräuschvoll an seiner erloschenen Pfeife zu saugen.

»Ich führe euch überhaupt nicht an der Nase rum«, sagte er. »Das tut ihr doch selbst. Ihr habt euch diese Superzivilisation einfallen lassen und wollt jetzt partout nicht begreifen, dass das viel zu simpel ist – moderne Mythologie, nichts weiter.«

Mir sträubten sich die Haare. Was – noch komplizierter? Noch schlimmer? Ging das überhaupt noch?

»Du bist doch Astronom«, fuhr er vorwurfsvoll fort. »Du solltest doch das Grundparadoxon der Xenologie kennen.«

»Natürlich«, erwiderte ich. »Jede Zivilisation wird in ihrer Entwicklung mit höchster Wahrscheinlichkeit …«

»Und so weiter …«, unterbrach er mich. »Die Spuren ihrer Tätigkeit müssten auf jeden Fall zu sehen sein, aber wir sehen keine. Und warum nicht? Weil es keine Superzivilisation gibt. Weil sich Zivilisationen aus irgendeinem Grund nicht in Superzivilisationen verwandeln.«

»Ja«, sagte ich. »Die Vernunft rottet sich ja auch in Atomkriegen aus. Alles Quatsch.«

»Natürlich Quatsch«, stimmte er gelassen zu. »Ist ebenfalls zu simpel, zu primitiv und auf die herkömmliche Vorstellungswelt beschränkt …«

»Moment mal«, sagte ich. »Was sagst du denn andauernd wie ein Papagei: primitiv, primitiv … Natürlich, das mit dem Atomkrieg ist primitiv. In Wirklichkeit mag alles viel komplizierter sein. Genetische Krankheiten, eine gewisse Lebensmüdigkeit, neue Zielorientierung … Darüber gibt es inzwischen viel Literatur. Ich zum Beispiel bin der Ansicht, dass die Spuren von Superzivilisationen kosmischen Charakter tragen, also von kosmischen Naturerscheinungen nicht zu unterscheiden sind. Oder nimm unseren Fall – sind da etwa keine Spuren?«

»Menschlich, allzu menschlich«, widersprach Wetscherowski. »Du meinst, sie haben bemerkt, dass die Erdbewohner an der Schwelle zum Kosmos angekommen sind, fürchten die Rivalität und haben nun beschlossen einzuschreiten. So?«

»Ja, warum nicht?«

»Weil das Stoff für einen Roman ist. Um genau zu sein – für einen Dreigroschenroman. Es ist der Versuch, einen Tintenfisch in einen Frack zu zwängen – und zwar einen Tintenfisch, den es gar nicht gibt …«

Wetscherowski schob die Tasse weg, legte den Ellbogen auf den Tisch, stützte das Kinn auf die Faust und blickte, die rotblonden Brauen nach oben gezogen, über mich hinweg ins Leere.

»Sieh mal, wie es sich lustig gefügt hat«, sagte er. »Vor zwei Stunden waren wir uns scheinbar über alles einig. Wir fanden, dass es unwichtig ist, welche Kraft auf euch einwirkt, und wichtig ist, wie man sich unter Druck verhält. Aber wie ich sehe, denkst du an alles andere – nur nicht daran. Du versuchst immer wieder ganz stur, diese Kraft zu identifizieren. Und kehrst ebenso stur zur Hypothese über die Superzivilisation zurück. Du bist sogar bereit, deine eigenen Einwände gegen diese Hypothese zu vergessen, ja, du hast es schon getan … Im Grunde verstehe ich, warum es dir so geht. Irgendwo in deinem Unterbewusstsein gibt es die Vorstellung, eine Superzivilisation sei immerhin eine Zivilisation, und zwei Zivilisationen könnten sicher zu einer Einigung, einem Kompromiss finden. Im Endeffekt wären die Wölfe satt, und die Schafe blieben am Leben. Und schlimmstenfalls hat es ja auch seinen Reiz, sich einer feindlichen, aber großen, imposanten Macht zu beugen. Es ist edel, einem Feind zu weichen, dem der Sieg gebührt. Und wer weiß – vielleicht wird man am Ende noch für seine kluge Unterwürfigkeit belohnt. Starr mich bitte nicht so an. Ich sagte doch: im Unterbewusstsein. Und nicht nur in deinem. Das ist menschlich. Von Gott haben wir uns losgesagt, doch auf unseren eigenen Beinen stehen, ohne Krücken – das heißt ohne Mythen –, können wir auch nicht. Aber ihr müsst! Ihr werdet es lernen müssen. Denn in eurer Lage fehlen euch nicht bloß Freunde: Ihr seid so einsam, dass ihr nicht einmal einen *Feind* habt. Das ist es, was ihr ganz und gar nicht begreifen wollt!«

Wetscherowski verstummte. Ich versuchte, seine überraschenden Aussagen zu verdauen, Gegenargumente zu finden, zu widerlegen und wutschnaubend zu beweisen, dass … ja, was? Ich wusste es nicht. Wetscherowski hatte Recht: Einem würdigen Gegner zu weichen ist keine Schande. Das heißt, nicht er denkt so, sondern ich. Beziehungsweise, ich denke so, seitdem er es ausgesprochen hat. Aber es stimmt – ich fühle mich wie der General einer zerschlagenen Armee, der im Kugelhagel umherirrt und den General sucht, der ihn besiegt hat, um ihm seinen Degen zu übergeben. Und dabei bedrückt mich weniger die Niederlage als der verfluchte Umstand, dass ich den Gegner partout nicht finden kann.

»Und wieso gibt es keinen Feind?«, wollte ich schließlich wissen. »Irgendeiner hat doch ein Interesse daran!«

»Und wer hat ein Interesse daran«, fragte Wetscherowski lakonisch, »dass ein Stein sich der Erdoberfläche mit einer Beschleunigung von neun-einundachtzig nähert?«

»Verstehe ich nicht«, sagte ich.

»Aber er fällt doch so?«

»Ja …«

»Und da ziehst du keine Superzivilisation an den Haaren herbei, um die Tatsache zu erklären …«

»Na, hör mal. Was soll denn …«

»Ja, wer hat denn nun ein Interesse daran, dass der Stein mit dieser Beschleunigung fällt? Wer?«

Ich goss mir Tee ein. Es schien, als brauchte ich nur noch zwei und zwei zusammenzuzählen, und trotzdem verstand ich nichts.

»Du meinst, wir haben es mit einer Naturgewalt zu tun? Mit einer Naturerscheinung?«

»Wenn's beliebt«, erwiderte Wetscherowski.

»Also, weißt du …!« Ich hob entgeistert die Hände, stieß mein Glas um, und der ganze Tisch schwamm. »Mist!«

Während ich die Pfütze aufwischte, fuhr Wetscherowski noch immer lässig fort: »Versuch doch mal, von den Epizykeln loszukommen und statt der Erde die Sonne in den Mittelpunkt zu stellen. Dann merkst du gleich, wie einfach alles wird.«

Ich warf den nassen Lappen ins Spülbecken.

»Du hast also eine eigene Hypothese?«, fragte ich.

»Ja.«

»Na, dann leg sie dar. Übrigens – warum hast du das nicht gleich getan? Als Waingarten noch hier war?«

Wetscherowski zog die Brauen hoch.

»Weißt du … Jede neue Hypothese hat den Nachteil, dass sie eine Menge Streit verursacht. Und zum Streiten hatte ich keine Lust. Ich wollte euch bloß klarmachen, dass ihr vor einer Entscheidung steht, und dass jeder von euch diese Entscheidung für sich alleine treffen muss. Wie ich sehe, ist mir das nicht gelungen. Meine Hypothese hätte ein zusätzliches Argument sein können, weil ihr Sinn … genauer gesagt, weil sich aus ihr eine einzige Schlussfolgerung ergibt: nämlich, dass ihr jetzt nicht nur keine Freunde, sondern nicht einmal mehr einen Feind habt. Wahrscheinlich bin ich falsch vorgegangen. Vielleicht hätte ich mich auf diese kräftezehrende Diskussion einlassen sollen, dann wäre euch jetzt der Ernst der Lage klar. Meiner Meinung nach verhält sich die Sache so …«

Es ist nicht so, dass ich seine Hypothese nicht verstanden hätte, aber wirklich begriffen habe ich sie auch nicht. Ob sie mich überzeugte? Ich glaube nicht … Obwohl ich zugeben muss, dass in ihr alles Platz fand, was wir erlebt hatten. Mehr noch, in ihr fand überhaupt alles Platz, was jemals im Kosmos geschehen war, geschieht und noch geschehen würde, und darin, wenn man so will, lag die Schwäche dieser Hypothese. Sie erinnerte mich an jene Erklärung, ein Seil sei eine einfache Seilerware.

Wetscherowski führte den Begriff des Homöostatischen Weltgebäudes ein (ja, er benutzte dieses altertümliche poetische Wort): »Das Weltgebäude wahrt seine Struktur« – lautete sein grundlegendes Axiom. Seiner Ansicht nach sind die Gesetze von der Erhaltung der Energie und der Masse nur Teiläußerungen des Gesetzes von der Erhaltung der Struktur. Das Gesetz von der Nichtabnahme der Entropie widerspricht der Homöostase des Weltgebäudes und ist daher ein partikuläres und kein allgemeines Gesetz. Ergänzung zu diesem Gesetz ist das Gesetz von der unaufhörlichen Reproduktion der Vernunft. Zusammenwirken und Widerstreit dieser beiden partikulären Gesetze ergeben das allgemeine Gesetz von der Erhaltung der Struktur.

Gäbe es nur noch das Gesetz von der Nichtabnahme der Entropie, verlöre das Weltgebäude seine Struktur, es träte Chaos ein. Andererseits: Gäbe es nur noch die sich ständig vervollkommnende allmächtige Vernunft oder würde sie dominieren, so geriete die Struktur des Weltgebäudes ebenfalls ins Wanken. Natürlich würde das Weltgebäude dadurch weder besser noch schlechter, sondern einfach nur anders – eben nicht homöostatisch. Denn die sich stetig entwickelnde Vernunft kennt nur ein Ziel: die Natur der Natur zu verändern. Folglich besteht das Wesen der Homöostase des Weltgebäudes in der Aufrechterhaltung des Gleichgewichts zwischen zunehmender Entropie und der Entwicklung der Vernunft. Folglich gibt es und kann es keine Superzivilisation geben, denn unter Superzivilisation verstehen wir doch gerade eine Vernunft, die so hoch entwickelt ist, dass sie das Gesetz von der Nichtabnahme der Entropie in kosmischen Maßstäben einzuschränken beginnt. Und was jetzt mit uns geschieht, ist nichts weiter als die erste Reaktion des Homöostatischen Weltgebäudes auf die Gefahr, die Menschheit könnte sich in eine Superzivilisation verwandeln. Das Weltgebäude setzt sich zur Wehr.

Frag mich nicht, sagte Wetscherowski, wie es kommt, dass gerade Maljanow und Gluchow die ersten Boten der heraufziehenden Kataklysmen sind. Frag mich nicht nach der physikalischen Beschaffenheit der Signale, die die Homöostase in jenem kosmischen Winkel erschütterten, wo Gluchow und Maljanow ihre weltbewegenden Entdeckungen betrieben. Überhaupt – frag mich nicht nach den Wirkungsmechanismen des Homöostatischen Weltgebäudes – darüber weiß ich ebenso wenig, wie über die Wirkungsmechanismen des Gesetzes von der Erhaltung der Energie bekannt ist. Alle Prozesse verlaufen einfach so, dass die Energie erhalten bleibt. Alle Prozesse verlaufen so, dass die besagten Arbeiten von Maljanow und Gluchow, mit Millionen und aber Millionen anderer Arbeiten vereint, nicht in einer Milliarde Jahren zum Weltuntergang führen. Wobei es natürlich nicht um den Weltuntergang an sich geht, sondern um den Untergang jener Welt, die wir heute vor uns haben, die seit Milliarden Jahren existiert und die Maljanow und Gluchow mit ihren mikroskopischen Versuchen, die Entropie zu überwinden, nichtsahnend in Gefahr bringen.

Annähernd so – richtig oder fast richtig oder auch völlig verkehrt – stellte sich mir Wetscherowskis Hypothese dar. Auf einen Streit verzichtete ich. Es war ohnehin alles trist, doch von seinem Standpunkt aus wirkte unsere Lage derart verfahren, dass ich gar nicht wusste, was ich sagen, was ich davon halten und wozu ich überhaupt noch weiterleben sollte. Meine Güte! Maljanow, D. A. gegen das Homöostatische Weltgebäude! Das war weniger als eine Blattlaus unter einem Ziegelstein. Weniger als ein Virus im Sonnenzentrum …

»Hör mal«, wandte ich ein. »Wenn es so ist, wie du sagst – wozu, verdammt, reißen wir überhaupt noch das Maul auf? Der Teufel soll sie holen, meine M-Kavernen! Entscheiden, wählen! Wo siehst du hier eine Alternative?«

Wetscherowski setzte langsam die Brille ab und massierte mit dem kleinen Finger den rotgedrückten Nasensattel. Er schwieg lange, unerträglich lange. Aber ich wartete. Weil mir mein sechster Sinn sagte: Er kann mich nicht einfach so meinem Schicksal überlassen, seiner Homöostase zum Fraß vorwerfen, das brächte er nicht fertig, nie hätte er mir all das erzählt, wenn es nicht einen Ausweg gäbe, eine Möglichkeit, ja, eine Alternative, verdammt nochmal!

Da beendete er seine Nasenmassage, setzte die Brille wieder auf und sagte ruhig: »Ich hörte, dieser Weg führe zum Ozean des Todes. So kehrte ich auf halbem Wege um. Seither dehnen sich vor mir Umwege, öde und krumm …«

»Wie bitte?«

»Soll ich es wiederholen?«, fragte Wetscherowski.

»Ja.«

Er wiederholte es. Ich war den Tränen nahe. Rasch stand ich auf, ließ den Teekessel volllaufen und setzte ihn erneut auf die Flamme.

»Wie gut, dass es Tee gibt«, sagte ich. »Sonst läge ich längst besoffen unter dem Tisch.«

»Trotzdem bin ich eher für Kaffee«, sagte Wetscherowski.

Plötzlich hörte ich, wie der Schlüssel in der Wohnungstür umgedreht wurde. Wahrscheinlich wurde ich weiß wie die Wand, vielleicht sogar grün, jedenfalls beugte sich Wetscherowski besorgt zu mir vor und sagte leise: »Ruhig, Dima … Du bist nicht allein.«

Aber ich hörte ihn kaum.

Im Flur öffnete sich jetzt die zweite Tür, Kleider raschelten, schnelle Schritte wurden laut, Kaljam stieß einen wilden Schrei aus, und während ich noch wie versteinert dasaß, hörte ich die atemlose Stimme Irkas: »Kaljamchen!«, und gleich darauf: »Dima!«

Hals über Kopf stürzte ich in den Flur. Ich flog Irka um den Hals, drückte sie, schmiegte mich an sie (Irka! Irka!), roch das vertraute Parfüm ... Ihre Wangen waren nass, und ihr Gestammel hörte sich ebenso seltsam an wie meins: »Dima! Du lebst! Mein Gott ... Was habe ich durchgemacht!«

Schließlich besannen wir uns. Zumindest ich. Das heißt, mir wurde endgültig klar, dass es Irka war, hörte, was sie da stammelte. Und das unbestimmte Entsetzen, das mich gelähmt hatte, verwandelte sich jetzt in einen ganz alltäglichen Schreck. Ich stellte sie vor mich hin, trat einen Schritt zurück, blickte aufmerksam in ihr verweintes Gesicht (sie war nicht einmal geschminkt) und fragte: »Was ist los, Irka? Warum bist du hier? Wo ist Bobka?«

Ich glaube, sie hörte mich gar nicht. Sie umklammerte meine Hände, forschte mit tränennassen Augen in meinem Gesicht und wiederholte nur: »Ich wurde fast verrückt vor Angst ... Ich dachte schon, ich komme zu spät ... Was ist bloß passiert?«

Die Hände ineinandergeschlungen, zwängten wir uns in die Küche, ich drückte sie sanft auf meinen Hocker, und Wetscherowski goss ihr schweigend starken Tee ein.

Sie trank mit gierigen Zügen, verschüttete aber die Hälfte auf ihren Staubmantel. Sie war totenbleich und sah so jämmerlich aus, dass ich sie kaum wiedererkannte: die Augen rotgeweint, das Haar struppig und zerzaust. Da wurden mir die Knie weich, und ich sackte mit dem Rücken ans Spülbecken.

»Ist was mit Bobka?«, fragte ich, doch die Zunge gehorchte mir nicht.

»Bobka?«, wiederholte sie verständnislos. »Wieso Bobka? Deinetwegen hab ich mich verrückt gemacht … Was ist passiert?«, schrie sie plötzlich. »Warst du krank?« Wieder tastete sie mich mit den Blicken ab. »Nein, du bist gesund wie ein Stier …«

Ich merkte, wie mir der Unterkiefer nach unten klappte, und schloss schnell den Mund. Völlig unbegreiflich. Wetscherowski fragte betont ruhig: »Hat man dir etwas Schlimmes über Dima mitgeteilt?«

Irkas Blick wanderte von mir zu ihm. Dann rannte sie plötzlich in den Flur und kehrte sofort wieder, wobei sie fieberhaft in ihrem Täschchen wühlte.

»Ja, seht nur, was ich bekommen habe … Seht nur …« Kamm, Lippenstift, Geld, allerlei Zettel und Döschen flogen auf den Fußboden. »Mein Gott, wo habe ich's bloß … Aha!« Sie schleuderte die Tasche auf den Tisch, schob die zitternde Hand in die Manteltasche – die sie nicht gleich fand – und brachte ein zerknülltes Telegramm zum Vorschein. »Da!«

Ich riss das Telegramm an mich. Überflog es. Begriff nichts … SOFORT KOMMEN SNEGOWOI … Ich überflog es noch einmal, las es vor lauter Verzweiflung laut: »DIMAS BEFINDEN SEHR SCHLECHT SOFORT KOMMEN SNEGOWOI … Wieso Snegowoi?«, fragte ich. »Warum Snegowoi?«

Wetscherowski nahm mir das Telegramm behutsam aus der Hand.

»Heute früh abgeschickt«, sagte er.

»Wann abgeschickt?«, fragte ich laut, als sei ich schwerhörig.

»Heute früh, neun Uhr zweiundzwanzig.«

»Mein Gott! Wie kann er bloß – ob das ein Scherz sein soll?«, sagte Irka …

Neunter Teil

18

… als mir. Ein Ticket bekam sie am Flughafen natürlich nicht. Sie fuchtelte mit dem Telegramm, schlug sich bis zum Chef durch, der ihr schließlich einen Zettel aushändigte. Aber was nutzte das: Flugzeuge waren keine da, und als welche kamen, flogen sie woandershin. In ihrer Not stieg sie schließlich in eins ein, das sie nach Charkow brachte. Dort ging alles wieder von vorne los, und zu allem Überfluss goss es in Strömen. Erst gegen Abend konnte sie nach Moskau weiterfliegen – mit einer Transportmaschine, die Kühlschränke und Särge beförderte. In Moskau war es leichter. Vom Flughafen Domodedowo raste sie zum Flughafen Scheremetjewo, und von dort aus flog sie in der Pilotenkabine nach Leningrad. Sie hatte die ganze Zeit über nichts gegessen und pausenlos geweint. Noch als sie neben mir einschlief in dieser Nacht, jammerte sie und drohte, gleich morgen früh werde sie zur Post gehen, die Miliz rufen und herausfinden, welche gemeinen Kerle das verbrochen hätten. Selbstverständlich goss ich eifrig Öl ins Feuer: Ja, gewiss, das lassen wir uns nicht gefallen; wer solche Scherze treibt, verdient eine Tracht Prügel, ach was, der gehört ins Gefängnis. Und natürlich erwähnte ich mit keiner Silbe, dass die Post solche Telegramme nicht ohne eine entsprechende Bescheinigung annimmt, dass heutzutage solchen Streichen, Gott sei Dank, ein Riegel vorgeschoben ist und dass dieses Telegramm höchstwahrscheinlich überhaupt keinen Absender hatte, sondern vom Fernschreiber in Odessa selbsttätig getippt worden war …

Schlafen konnte ich nicht. Draußen war es schon ganz hell, und trotz der zugezogenen Vorhänge war es auch im Zimmer nicht viel dunkler. Eine Weile lag ich still, streichelte Kaljam, der sich zwischen uns räkelte, lauschte Irkas leisen, gleichmäßigen Atemzügen. Sie schlief immer sehr fest und tief. Keine Unannehmlichkeit der Welt konnte ihr den Schlaf rauben. Zumindest bisher ...

Seitdem ich das Telegramm gelesen hatte, befand ich mich in einer schrecklichen, qualvollen Starre. Die Muskeln waren wie verkrampft; in meinem Innern, in der Brust und im Bauch, fühlte ich einen eiskalten schweren Klumpen. Bisweilen drehte sich der Klumpen, und dann begann ich zu zittern. Anfangs, als Irka mitten im Wort verstummt und eingeschlafen war, spürte ich für kurze Zeit Erleichterung: Ich war nicht allein, ja, mehr noch: Der mir wohl am nächsten stehende, liebste Mensch war bei mir. Aber da regte sich in meiner Brust die eisige Kröte, und entsetzt dachte ich: Wie tief bin ich gesunken, was haben sie aus mir gemacht, dass ich mich über Irkas Gegenwart freue – wo sie doch hier mit mir mitten ins Trommelfeuer geraten ist!? Nein! Niemals! Morgen, gleich morgen kaufe ich ein Flugticket! Sie muss nach Odessa zurück ... Da können tausend Schlangen stehen, mit Fäusten boxe ich mich zur Kasse durch ...

Mein armes Mädchen, was hat sie alles durchgemacht wegen dieser Schweine, wegen mir, wegen dieser blöden diffusen Materie, die nicht halb so viel wert ist wie ein einziges Fältchen in Irkas Gesicht. Nicht genug, dass sie mich fertigmachen, jetzt greifen sie auch noch nach ihr. Was wollen sie von ihr? Lumpenpack, blindwütiges Lumpenpack!, hauen um sich wie Amokläufer ... Das heißt, nein, ihr passiert schon nichts. Die wollen mir nur Angst machen. Mich verrückt machen, wenn nicht so, dann eben anders. Auf Biegen und Brechen ...

Auf einmal sah ich den toten Snegowoi vor mir: Wie er in seinem riesigen gestreiften Pyjama den Moskowski Boulevard entlangging, klotzig und schon ganz kalt, mit einem blutverkrusteten Loch in seinem großen Schädel. Sah ihn die Post betreten und sich am Telegrammschalter anstellen, in der Rechten die Pistole, in der Linken das Telegramm ... Und keiner merkt etwas; die Schalterangestellte nimmt das Telegramm aus seinen toten Fingern, schreibt die Quittung aus und sagt, ohne an die Gebühr zu denken: »Der Nächste bitte ...«

Ich schüttelte den Kopf, um das schreckliche Bild zu verjagen, glitt vorsichtig von der Liege und tappte, wie ich war, in der Unterhose, zur Küche. Dort war es schon taghell, auf dem Hof tschilpten die Spatzen, scharrte der Besen des Hauswarts. Ich nahm Irkas Täschchen, fand eine zerdrückte Schachtel mit zwei geknickten Zigaretten, setzte mich an den Tisch und rauchte. Geraucht hatte ich schon lange nicht mehr. Zwei Jahre nicht, vielleicht sogar drei ... hatte Willenskraft gezeigt. Ja, mein lieber Maljanow. Jetzt wirst du sie wieder brauchen, deine Willenskraft. Verdammt, ich bin ein miserabler Schauspieler, nicht mal richtig lügen kann ich. Trotzdem: Irka darf nichts erfahren. Das wäre nicht gut für sie. Ich muss das alleine durchstehen, es alleine wieder in Ordnung bringen. Helfen kann mir keiner – auch Irka nicht.

Aber wieso denn helfen?, besann ich mich plötzlich. Darum geht es gar nicht. Sondern darum, dass ich Irka sowieso nie von meinen Schwierigkeiten erzähle, wenn es nicht unbedingt sein muss. Ich mag ihr keinen Kummer machen. Freude bereite ich ihr gern, aber Kummer – nein! Wäre nicht dieser ganze Mist – wie gerne hätte ich ihr jetzt von meinen Kavernen erzählt, sie würde gleich alles verstehen, sie ist ein kluges Mädchen, obwohl ihr Theorie nicht liegt und sie andauernd klagt, sie sei dumm ... Aber was soll ich ihr jetzt erzählen? Ein Elend ist das ...

Doch Schwierigkeit ist nicht gleich Schwierigkeit. Es gibt große und kleine. Über die winzigen darf man ruhig klagen, das tut sogar gut. Irka sagt dann: Unsinn, was regst du dich so auf!, und schon wird mir leichter. Wenn es aber hart kommt, sollte ein Mann nicht darüber reden. Dann erzähle ich weder Mutter noch Irka etwas. Und schließlich gibt es noch solche Schwierigkeiten, dass man nicht mehr aus noch ein weiß. Aber: Ob es mir passt oder nicht – mit mir ist auch Irka unter Beschuss geraten. Was für eine Ungerechtigkeit. Auf mich drischt man ein wie auf eine Pauke, aber ich weiß wenigstens, warum. Ich ahne, wer, und weiß, dass man es auf mich abgesehen hat, dass es keine blöden Streiche und Schicksalsschläge sind, sondern ganz gezielte Schüsse. Ich finde es besser, wenn man weiß, dass auf einen gezielt wird … Freilich, die Leute sind verschieden, und die meisten möchten so etwas lieber nicht wissen. Nicht aber Irka. Die ist tollkühn, ich kenne sie. Wenn sie vor etwas Angst hat, rennt sie Hals über Kopf darauf zu. Fast unanständig von mir, sie nicht einzuweihen. Und überhaupt: Ich muss mich entscheiden. (Bisher habe ich's vermieden, aber ich komme nicht umhin. Oder habe ich mich schon entschieden? … Noch nichts wissen, aber sich entscheiden …) Wenn ich also zu wählen habe … Nehmen wir einmal an, die Entscheidung ist allein meine Sache, und ich entscheide so, wie ich es für richtig halte. Aber die Folgen? Was ist, wenn man uns deswegen nicht nur mit normalen, sondern mit Atombomben bewirft? Entscheide ich anders … Ob Irka wohl Gluchow sympathisch fände? Im Grunde ist er ja ein lieber, angenehmer Mensch, so still und bescheiden … Wir könnten endlich einen Fernseher kaufen, schon Bobka zuliebe, und samstags würden wir Ski laufen, ins Kino gehen … Aber wie man's auch dreht – es betrifft nicht nur mich. Unter Bombenhagel zu sitzen ist schlecht, sehr schlecht, doch nach zehn Ehejahren dahinterzukommen, dass der Mann eine Qualle ist, ist auch nicht schön… Aber vielleicht macht es auch gar nichts? Woher soll ich wissen, was Irka an mir liebt? Das ist es ja: Ich weiß es nicht! Freilich, sie selber weiß es womöglich auch nicht.

Ich rauchte die Zigarette zu Ende, stand vom Hocker auf und steckte den Stummel in den Mülleimer. Neben dem Mülleimer lag ein Personalausweis. Wunderbar! Alles haben wir vom Boden aufgehoben, jeden Papierschnipsel, jede Kopeke, bloß den Ausweis nicht! Ich nahm das schwarzgrüne Büchlein und überflog die erste Seite. Wieso, weiß ich selbst nicht. Da brach mir auf einmal der kalte Schweiß aus. Sergejenko, Inna Fjodorowna. Geburtsjahr: 1939 … Was war denn das?! Auf dem Bild: Irka … Nein, nicht Irka. Eine Frau, die ihr glich, aber nicht Irka. Eine Inna Fjodorowna Sergejenko.

Ich legte den Ausweis wie ein rohes Ei auf den Tisch, stand auf und schlich auf Zehenspitzen ins Zimmer. Wieder brach mir der kalte Schweiß aus. Ich sah die Frau unter dem Laken an: Ihr Gesicht war von der trockenen Haut straff umspannt, die oberen Zähne gebleckt, weiß, messerscharf – wie im Lächeln oder vor Schmerz. Das war eine Hexe dort unter der Decke. Wie von Sinnen packte ich sie an der nackten Schulter und rüttelte sie. Irka war sofort wach, riss ihre Kulleraugen auf und wisperte: »Dima, was hast du? Tut dir was weh?« Herrgott – Irka! Natürlich Irka! Ich sehe ja schon Gespenster! »Habe geschnarcht, was?«, murmelte Irka verschlafen und schlief sofort wieder ein.

Ich kehrte auf Zehenspitzen in die Küche zurück, schob den Ausweis möglichst weit weg, holte aus der Schachtel die letzte Zigarette und zündete sie an. So. So leben wir jetzt also. Und werden wir von jetzt an leben.

Das eisige Tier in meinem Innern regte sich noch eine Weile. Dann wurde es still. Ich wischte mir den widerlichen Schweiß vom Gesicht. Mir kam ein Gedanke, und ich griff noch einmal in Irkas Tasche. Ihr Ausweis war da. Maljanowa, Irina Jermolajewna. Geburtsjahr: 1933. Zum Verrücktwerden! … Na schön. Aber was hatten sie davon? War doch alles kein Zufall: der Ausweis, das Telegramm, Irkas beschwerliche Reise, ja, auch die Särge im Flugzeug – das konnte unmöglich Zufall sein … Oder doch? Mutter Natur, blinde Elementargewalt. Das bestätigt doch wunderbar Wetscherowskis Hypothese: Wenn das Homöostatische Weltgebäude tatsächlich dabei ist, eine Mikrorevolte niederzuschlagen, kann das durchaus so aussehen. Wie wenn ein Mensch mit einem Handtuch Jagd auf eine Fliege macht: Wilde Schläge pfeifen durch die Luft, Vasen fliegen von den Regalen, die Stehlampe kippt um, harmlose Nachtfalter gehen dabei drauf, der Katze wird auf die Pfote getreten, sie flüchtet mit steilem Schwanz unter die Couch … geballtes, schlecht gezieltes Vorgehen. Was weiß ich denn schon? Vielleicht stürzt gerade irgendwo hinter dem Murinski-Bach ein Haus ein: Gezielt war auf mich, getroffen wurde das Haus, und ich bekomme es nicht einmal mit, habe nur diesen Ausweis abgekriegt. Und all das nur, weil ich vorhin an die M-Kavernen gedacht habe? Mir vorgestellt habe, ich könnte Irka davon erzählen …

Nein, so kann ich nicht leben. Ich glaube nicht, dass ich ein Feigling bin, aber so leben: keinen Moment Ruhe, mich vor der eigenen Frau erschrecken, weil ich sie für eine Hexe halte … Ja, und Wetscherowski? Gluchow schneidet er einfach. Genauso wird er mich schneiden. Ich werde mich umstellen müssen. Alles wird anders sein. Andere Freunde, andere Arbeit, anderes Leben … Eine andere Familie vielleicht auch … Seitdem dehnen sich vor mir Umwege, öde und krumm … Und ich werde mich schämen, wenn ich morgens beim Rasieren in den Spiegel blicke. Davor wird ein ganz kleiner, ganz stiller Maljanow stehen.

Natürlich, auch daran gewöhnt man sich – wie wohl an alles auf der Welt. Auch an jeden Verlust. Aber wenn man bedenkt, wie viel ich verliere! Zehn Jahre habe ich dafür gearbeitet. Nein, nicht bloß zehn Jahre – das ganze Leben lang. Von Kind an, seit dem Schulzirkel, seit den selbstgebastelten Teleskopen, seit der Berechnung der Wolf'schen Zahlen nach irgendjemandes Beobachtungen … Meine M-Kavernen – eigentlich weiß ich nichts über sie: was sie hergäben, und was diejenigen daraus machen könnten, die sich nach mir mit dem Thema beschäftigen, es entwickeln, bereichern, weiterüberliefern, ans nächste Jahrhundert … Wahrscheinlich könnte sich Großes daraus entwickeln, und wahrscheinlich verliere ich etwas Großes – wenn es der Anfang von Erschütterungen ist, gegen die das ganze Weltall aufbegehrt. Eine Milliarde Jahre sind eine lange Zeit. In einer Milliarde Jahren wächst aus einem Schleimklumpen eine Zivilisation …

Sie werden mich zertreten. Zuerst vergällen sie mir das Leben, piesacken mich, treiben mich zum Wahnsinn, und wenn das nichts nützt – zertreten sie mich einfach … Meine Güte! Sechs Uhr, und die Sonne brennt schon wieder.

Und da, für mich selber unerklärlich, verschwand auf einmal das eiskalte Tier aus meiner Brust. Ich stand auf, ging ganz ruhig ins Wohnzimmer, holte meine Schreibsachen vom Tisch, den Kugelschreiber, und kehrte in die Küche zurück. Ich legte alles hin, setzte mich und begann zu arbeiten.

Richtig denken konnte ich natürlich nicht. Mein Kopf war wie aus Watte, die Augenlider brannten, aber ich sichtete aufmerksam die Entwürfe, sortierte aus, was ich nicht mehr brauchte, ordnete das Übrige, nahm mein großes Heft und fing an, ins Reine zu schreiben. Ich tat es ohne Hast, beinahe beflügelt, und wählte meine Worte so exakt und sorgfältig aus, als schriebe ich die endgültige Fassung eines Artikels oder eines Berichts.

Viele mögen diese Arbeitsphase nicht – ich schon. Mir macht es Spaß, an der Sprache zu feilen, in Ruhe nach den schönsten und treffendsten Ausdrücken zu suchen, die Fehler herauszufischen, die sich in die Rohfassung einschlichen, Diagramme zu zeichnen, Tabellen anzulegen. Das ist die edle, alltägliche Arbeit des Wissenschaftlers – da zieht er Bilanz, da hat er Gelegenheit, sich an sich selbst und am Werk seiner Hände zu erfreuen.

Und wie ich mich an mir selbst und am Werk meiner Hände erfreute! Bis plötzlich Irka neben mir stand, mir den nackten Arm um den Hals schlang, ihre warme Wange an meine schmiegte.

»Ja?«, sagte ich und richtete mich auf.

Das war meine Irka, so vertraut, und ganz und gar nicht mehr das Häufchen Elend von gestern. Rosig, frisch, mit hellen, klaren Augen und vergnügt. Meine Lerche. Ja, Irka ist eine Lerche. Ich bin eine Eule, und sie ist eine Lerche. Es soll tatsächlich so eine Klassifizierung geben: Lerchen gehen früh zu Bett, schlafen leicht und gerne ein, wachen ebenso leicht und gerne wieder auf und fangen sofort zu singen an. Keine Malaise auf der Welt kann sie dazu bringen, bis Mittag im Bett zu bleiben.

»Du hast wohl wieder nicht geschlafen?«, fragte sie und trat, ohne meine Antwort abzuwarten, an die Balkontür. »Was ist denn dort für ein Geschrei?«

Erst da vernahm ich vom Hof her laute, durcheinandersprechende Stimmen, wie man sie nach Verkehrsunfällen hört, wenn die Miliz schon erschienen und der Krankenwagen noch nicht da ist.

»Dima!«, rief Irka. »Sieh nur! Ein Wunder!«

Mir stockte das Herz. Solche Wunder kannte ich. Ich sprang auf …

19

… Kaffee trinken. Und da verkündete Irka fröhlich, es sei doch alles wunderbar. Letzten Endes wende sich doch alles auf der Welt immer zum Guten. Die zehn Tage in Odessa hätten ihr völlig gereicht, diesen Sommer sei dort so viel los gewesen wie noch nie, und überhaupt habe sie sich heimgesehnt und denke gar nicht daran, nach Odessa zurückzukehren, zumal es sicher keine Flugtickets gebe und Mama ohnehin Ende August zu Besuch kommen wollte und Bobka dann mitbringen könnte. Sie werde jetzt wieder arbeiten gehen, und zwar gleich nach dem Kaffeetrinken – und in Urlaub fahren wir zusammen, wie wir es schon mal vorhatten, im März oder April: nach Kirowsk, in die Berge zum Wintersport.

Wir wollten Rührei mit Tomaten essen. Während ich das Rührei machte, durchsuchte Irka die ganze Wohnung nach Zigaretten, fand jedoch keine. Dann wurde sie plötzlich traurig, ließ den Kopf hängen, machte uns Kaffee und fragte, wie das mit Snegowoi gewesen war. Ich erzählte ihr, was ich von Igor Petrowitsch erfahren hatte, vermied geflissentlich alle Klippen und bemühte mich, die Geschichte als eindeutigen Unglücksfall darzustellen. Beim Erzählen fiel mir die entzückende Lida ein, und um ein Haar hätte ich mich verplappert.

Irka redete über Snegowoi, erinnerte sich an etwas, zog betrübt die Mundwinkel herunter (»… jetzt hat man nicht einmal mehr jemanden, bei dem man eine Zigarette schnorren kann!«), ich aber trank in kleinen Schlucken den Kaffee und wusste nicht, was ich tun sollte: Solange ich Irka nicht alles erzählte, schien es mir nicht ratsam, das Gespräch auf Lida und den Bestelldienst zu bringen; denn diese Geschichte war restlos unklar … Nein, restlos klar war sie, denn seit gestern Abend hatte Irka weder ihre Freundin noch die Bestellung auch nur mit einem Wort erwähnt. Natürlich konnte sie es auch vergessen haben. Erstens durch die große Aufregung, und zweitens vergisst sie ständig irgendetwas. Trotzdem war es besser – sicher ist sicher –, die verfänglichen Themen zu meiden. Aber einen kleinen Testballon zu starten, würde vielleicht nicht schaden …

Ich passte einen günstigen Moment ab – als nämlich Irka vom Tod Snegowois zu erfreulicheren Dingen überging: wie

Bobka in den Graben gepurzelt war und die Schwiegermutter gleich hinterher. Ich fragte also wie beiläufig: »Na, und was macht deine Lida?«

Mein kleiner Testballon erwies sich als nicht so harmlos. Irka riss die Augen auf und fragte: »Was denn für eine Lida?«

»Na die … mit der du zur Schule gegangen bist.«

»Ah, die Ponomarjowa? Wie kommst du denn auf die?«

»Bloß so«, stammelte ich. »Zufällig.« Solche Gegenfragen hatte ich nicht einkalkuliert. »Odessa, Panzerkreuzer *Potjomkin* … Die Fischerkähne mit Äschen … Da ist sie mir eben eingefallen. Was ist denn dabei?«

Irka, die kein Auge von mir wandte, klappte ein paarmal die Lider auf und zu und sagte schließlich: »Wir haben uns getroffen. Hübsch ist sie geworden, die Männer laufen ihr nach.«

Eine Pause trat ein. Verdammt, wie ich die Schwindelei hasse! Feiner Testballon! Ein Eigentor. Unter Irkas prüfenden Blicken stellte ich die leere Tasse auf die Untertasse und fragte mit falscher Stimme: »Was macht denn unser Baum?«, trat an die Balkontür und blickte hinaus. Na gut, Schwamm drüber, das mit Lida war jetzt also klar … Aber unser Baum, was machte der?

Der Baum war noch da. Die Menschenmenge hatte sich fast aufgelöst. Eigentlich standen dort nur noch Kinschal, zwei Hauswarte, ein Mann vom Tiefbauamt sowie zwei Milizionäre. Und ein gelber Streifenwagen. Alle (außer dem Wagen natürlich) sahen zum Baum und tauschten sich anscheinend darüber aus, was nun zu tun sei und was das alles zu bedeuten hätte. Einer der Milizionäre nahm die Mütze ab und wischte sich mit dem Taschentuch über den rasierten Schädel. Es war schon ziemlich heiß auf dem Hof. Zu den üblichen Gerüchen nach erhitztem Asphalt, nach Staub und Benzin hatte sich jetzt ein neuer gesellt: Es roch auf einmal nach Wald und noch etwas anderem, Fremdem … Der rasierte Milizionär setzte seine Mütze wieder auf, steckte das Taschentuch weg, hockte sich hin und polkte mit dem Finger in der aufgewühlten Erde. Rasch trat ich vom Balkon zurück.

Irka war schon im Bad. Ich räumte den Tisch ab und spülte das Geschirr. Ich war todmüde, wusste aber: Einschlafen konnte ich jetzt sowieso nicht. Wahrscheinlich würde ich gar nicht mehr schlafen können, bis diese Geschichte ausgestanden war. Ich rief Wetscherowski an. Erst als es läutete, fiel mir ein, dass er gar nicht zu Hause sein konnte, weil er ja heute Rigorosa abnahm, aber ehe ich den Gedanken zu Ende gebracht hatte, meldete er sich.

»Du bist zu Hause?«, fragte ich dumm.

»Ja, wie soll ich es dir erklären …«, antwortete er.

»Schon gut«, sagte ich. »Hast du den Baum gesehen?«

»Ja.«

»Was meinst du?«

»Ich denke: Ja«, erwiderte Wetscherowski.

Ich schielte zum Bad und sagte halblaut: »Ich glaube, das war ich.«

»Meinst du?«

»Ja. Ich habe die Reinschrift gemacht.«

»Hast du's geschafft?«

»Nicht ganz. Gleich setze ich mich wieder hin und mache weiter.«

Wetscherowski schwieg.

»Und wozu?«, fragte er dann.

Ich geriet ins Stammeln.

»Ich … Ich weiß nicht … hatte plötzlich Lust, Ordnung hineinzubringen. Weiß nicht, wahrscheinlich vor Kummer. Wäre doch schade. Und du, gehst du heute nicht weg?«

»Sieht nicht so aus. Was macht Irka?«

»Zwitschert«, sagte ich und musste unwillkürlich lächeln. »Du kennst sie ja. An ihr prallt alles ab.«

»Hast du's ihr erzählt?«

»Wo denkst du hin! Natürlich nicht.«

»Warum – ›natürlich‹?«

Ich räusperte mich. »Weißt du, Phil, ich schwanke ja selbst. Soll ich's ihr sagen oder nicht? Ich kann mich einfach nicht entscheiden.«

»Wenn man nicht weiß, was zu tun ist, darf man gar nichts tun«, sagte Wetscherowski.

Ich wollte antworten, so klug sei ich selber, doch da stellte Irka die Dusche ab, und ich sagte hastig: »Mach's gut, ich geh an die Arbeit. Wenn etwas ist, ruf an, ich bin zu Hause.«

Irka zog sich an, schminkte sich, gab mir einen Schmatz auf die Nase und hüpfte davon. Ich legte mich bäuchlings auf die Liege, legte das Kinn auf die Hände und begann nachzudenken. Sofort schlich Kaljam heran, kletterte hoch und machte es sich auf meinem Rücken bequem. Er war weich, heiß und feucht. Und da schlief ich ein. Es war wie eine Ohnmacht. Das Bewusstsein schwand und stellte sich dann ganz plötzlich wieder ein: Kaljam lag nicht mehr auf meinem Rücken, an der Tür klingelte es. Unser verabredetes Zeichen: kling ling-ling ling-ling. Ich rollte mich von der Liege. Mein Kopf war klar, ich fühlte mich außerordentlich kampflustig. Zum Sterben bereit und zum posthumen Ruhm. Ich wusste: Jetzt begann eine neue Runde. Angst empfand ich nicht mehr, nur noch wilde Entschlossenheit.

Vor der Tür stand allerdings bloß Waingarten. Nicht zu fassen: Er war noch verschwitzter, zerzauster und glotzäugiger als gestern.

»Was ist das für ein Baum?«, erkundigte er sich noch von der Schwelle aus – im Flüsterton, was ebenfalls unfassbar war.

»Du kannst ruhig laut reden«, sagte ich. »Komm rein!«

Vorsichtig, nach allen Seiten schielend, trat er ein, stellte zwei schwere Einkaufsnetze mit dicken Manuskriptmappen unter die Garderobe und wischte sich mit der verschwitzten

Hand über den verschwitzten Hals. Ich zog Kaljam am Schwanz in den Flur zurück und schloss die Tür.

»Na?«, fragte Waingarten.

»Siehst du ja«, antwortete ich. »Komm ins Zimmer!«

»Der Baum da – hast du den verbrochen?«

»Ja.«

Wir setzten uns, ich an den Tisch, er in den Sessel daneben. Die unteren Knöpfe seiner engen Nylonjacke standen offen, daraus quoll sein dicker, behaarter Bauch hervor – mehr schlecht als recht durch ein Netzunterhemd verdeckt. Er ächzte und pustete, versuchte, sich den Schweiß abzuwischen und vollführte im Sitzen Verrenkungen, um aus der Hosentasche Zigaretten herauszufischen. Dabei stieß er die schlimmsten Flüche aus, die allerdings niemand Bestimmtem galten.

»Der Kampf geht also weiter«, sagte er, und dicker Rauch quoll aus seinen behaarten Nasenlöchern. »Besser stehend sterben – tam-ta-ra-ram –, als auf den Knien leben – tam-ta-ra-ram. Idiot!«, brüllte er. »Bist du wenigstens unten gewesen? Du Schlafsack auf Beinen! Hast du dir wenigstens angesehen, wie er aus dem Boden geschossen ist? Das ist eine Explosion gewesen. Und wenn's unter deinem Arsch gekracht hätte?«

»Was brüllst du so?«, erwiderte ich. »Soll ich dir Baldrian geben?«

»Hast du keinen Wodka?«

»Nein.«

»Na, dann Wein.«

»Ist alle. Was hast du mir da gebracht?«

»Meinen Nobelpreis!«, brüllte er. »Meinen Nobelpreis habe ich mitgebracht! Aber nicht dir, du Idiot. Du hast selbst genug am Hals!« Wütend knöpfte er nun seine Jacke auch oben auf, riss einen Knopf dabei ab und fluchte. »Idioten gibt's ja heute kaum noch«, erklärte er. »Die Mehrheit denkt mit Recht, dass es besser ist, reich und gesund zu sein als arm und krank. Was brauchen wir schon viel: eine Fuhre Brot, eine Fuhre Kaviar, ja, gerne auch schwarzen Kaviar zum weißen Brot. Das neunzehnte Jahrhundert ist vorbei, Alter«, sagte er sentimental. »Es ist tot und begraben, Alter, und alles, was davon noch übrig ist, sind Miasmen, und sonst nichts. Ich habe die ganze Nacht kein Auge zugetan. Sachar schnarcht, sein scheußlicher Sohn schnarcht – nur ich liege wach und verabschiede mich von den Resten des neunzehnten Jahrhunderts in meinem Kopf. Zwanzigstes Jahrhundert, Alter, das heißt Berechnung und keinerlei Emotion! Emotionen sind ja bekanntlich ein Mangel an Information, nichts weiter. Stolz, Ehre, Nachfahren – lauter adliges Gewäsch. Athos, Porthos und Aramis: Ich kann damit nichts anfangen! Werte? Bitte sehr: Das Kostbarste auf der Welt bin ich selbst, sind meine Familie und meine Freunde. Alles andere kann mir gestohlen bleiben. Für das andere bin ich nicht verantwortlich. Mich schlagen? Wenn es sein muss ja. Aber nur für mich. Für meine Familie, meine Freunde. Bis aufs Blut. Aber für die Menschheit? Für die Würde der Erdenbewohner? Das galaktische Prestige? Für Worte schlage ich mich nicht! Da habe ich Wichtigeres zu tun! Du kannst machen, was du willst. Aber hör besser auf mich: Sei kein Idiot!«

Er sprang auf und rauschte, riesig wie ein Luftschiff, in die Küche. Aus dem Hahn über dem Spülbecken schoss brausend Wasser heraus.

»Unser Arbeitsleben«, brüllte er aus der Küche, »ist eine einzige Kette von Abmachungen! Man müsste ja ein Vollidiot sein, um unvorteilhafte Abmachungen zu treffen! Das hat man schon im neunzehnten Jahrhundert gewusst …« Er brach ab, ich hörte, wie er glucksend schluckte. Dann verstummte der Wasserhahn, und Waingarten kam zurück, wischte sich den Mund. »Von Wetscherowski darfst du keinen Rat erwarten«, belehrte er mich. »Das ist kein Mensch – das ist ein Roboter. Aber kein Roboter aus dem einundzwanzigsten Jahrhundert – nein, aus dem neunzehnten. Wenn man im neunzehnten Jahrhundert Roboter zu bauen verstanden hätte, wären es lauter Wetscherowskis geworden … Meinetwegen haltet mich für einen Schuft. Ich habe nichts dagegen. Aber abmurksen lasse ich mich nicht! Von keinem. Und um nichts in der Welt. Ein lebendiger Hund ist besser als ein toter Löwe, und ein lebender Waingarten ist erst recht besser als ein toter. Das ist Waingartens Standpunkt und auch der seiner Familie und seiner Freunde, wie ich annehme …«

Ich ließ ihn ausreden. Ich kenne ihn ja, diesen Brüllaffen. Kenne ihn schon ein Vierteljahrhundert – und nicht irgendeines Jahrhunderts, sondern – eben – des zwanzigsten. Er brüllt immer so, wenn er sich alles zurechtgelegt und in Schubläden einsortiert hat. Ihn zu unterbrechen wäre jetzt sinnlos – er würde gar nicht hinhören. Solange sich Waingarten noch nicht im Klaren ist, kann man sich ganz normal mit ihm unterhalten, auf gleicher Augenhöhe mit ihm diskutieren, streiten, ja, ihn sogar umstimmen. Wenn er aber alles fertig sortiert und sich bereits Klarheit verschafft hat, verwandelt er sich in ein Tonband. Er fängt an zu brüllen und wird furchtbar zynisch – wohl deshalb, weil er eine schwere Kindheit hatte …

Ich schwieg also und wartete, bis das Band am Ende angelangt war. Nur eins fiel mir auf: dass er allzu oft von den lebenden und den toten Waingartens sprach. Dass er Angst hatte, konnte ich mir einfach nicht vorstellen – er war schließlich nicht ich. Ich hatte Waingarten schon in allen Lebenslagen erlebt: der verliebte Waingarten, Waingarten als Jäger, als grober Flegel, Waingarten grün und blau geprügelt. Nur einen Waingarten kannte ich nicht – den erschrockenen. Ich wartete ab, bis er eine Pause machte und zur Zigarettenschachtel griff.

»Was ist los? Haben Sie dir Angst gemacht?«, fragte ich, um mich zu vergewissern.

Sofort legte er die Zigarettenschachtel zurück und streckte mir seine riesige, verschwitzte Faust entgegen – nichts da, sagte die Geste. Er schien nur auf meine Frage gelauert zu haben, denn seine Antwort kam nicht nur als Geste, sondern auch verbal – auf dem Tonband.

»Kein bisschen hat man mir Angst gemacht!«, sagte er und fuchtelte mit der Faust vor meiner Nase herum. »Wir leben doch nicht im neunzehnten Jahrhundert! Damals – ja, da hat man den Leuten Angst gemacht. Aber doch nicht heute. So einen Blödsinn gibt es jetzt nicht mehr – heute wird gute Ware *gekauft*! Man hat mich nicht eingeschüchtert, verstehst du? Gekauft hat man mich! Ist doch eine gute Alternative! Entweder man macht Frikassee aus dir, oder du kriegst ein schönes neues Institut. Eins, wegen dem sich zwei korrespondierende Mitglieder der Akademie schon mal an die Gurgel gegangen sind. In diesem Institut baue ich dir zehn Nobelpreise, kapiert? Freilich, die Ware ist ja auch gut. Das Recht der Erstgeburt, sozusagen. Waingartens Recht auf die Freiheit wissenschaftlicher Neugier. Keine schlechte Ware, Alter, das musst du zugeben! Wenn auch ein Ladenhüter! Aus dem neunzehnten Jahrhundert sozusagen! Aber im zwanzigsten Jahrhundert verfügt keiner mehr über eine solche Freiheit. Und wenn du sie hast, kannst du dein Lebtag im Labor versauern und Reagenzgläser putzen. So ein Institut ist kein Linsengericht, es ist das große Los! Dort kann ich mit zehn, zwanzig Ideen gleichzeitig anfangen, und wenn ihnen eine oder zwei davon nicht passen, feilschen wir eben wieder! Der Sturm knickt den Halm, verstehst du? Du und ich – wir sollten nicht gegen den Wind spucken. Wenn ein Panzer auf dich zurollt, und du hast keine Waffe außer deinem Kopf, musst du zusehen, dass du wegkommst …«

Er krakeelte noch eine ganze Weile, rauchte, hustete krächzend, sprang zur leeren Bar und guckte rein, sprang enttäuscht zurück und krakeelte weiter. Allmählich wurde er stiller und beruhigte sich, streckte sich im Sessel aus, legte den Kopf zurück und schnitt fürchterliche Fratzen in Richtung Zimmerdecke.

»Na schön«, sagte ich. »Und wieso schleppst du deinen Nobelpreis zu mir in den vierten Stock?«

»Nicht zu dir. Zu Wetscherowski«, antwortete er.

Ich war erstaunt. »Was soll der denn damit?«

»Weiß nicht. Frag ihn doch selbst.«

»Warte«, rief ich. »Hat er dich etwa angerufen?«

»Nein, ich ihn.«

»Und?«

»Was – und?« Er stand aus dem Sessel auf und knöpfte sein Nylonjäckchen zu. »Ich habe ihn heute morgen angerufen und ihm gesagt, dass ich die Taube in der Hand vorziehe.«

»Und?«

»Was – und? Er hat zu mir gesagt: Bring deine Unterlagen zu mir.«

Wir schwiegen.

»Ich verstehe nicht, was er mit deinen Unterlagen will«, sagte ich.

»Ein Don Quichotte ist er!«, bellte Waingarten. »Hat noch nie Blut geschwitzt oder Federn lassen müssen!«

Plötzlich begriff ich.

»He, Valja«, sagte ich. »Tu das nicht. Der Teufel soll ihn holen – er ist übergeschnappt! Sie werden Hackfleisch aus ihm machen!«

»Ja, aber was dann?«, fragte Waingarten hastig. »Was dann?«

»Verdammt, verbrenn sie doch, deine Revertase! Komm, wir machen es gleich jetzt. In der Badewanne ... Na, was ist?«

»Leid tut's mir drum«, sagte Waingarten und wandte den Blick ab. »Wahnsinnig leid ... Ausgezeichnete Arbeit. Exzellent. De luxe.«

Ich schwieg betroffen. Er jedoch stand wieder aus dem Sessel auf, tigerte durchs Zimmer, dann in den Flur raus und wieder zurück. Das Tonband lief …

Man schämt sich – jawohl! Ist in seiner Ehre gekränkt und im Stolz verletzt – jawohl! Erst recht, wenn man es für sich behält. Aber Stolz – was ist das schon? Idiotie. Einfach zum Kotzen. Die meisten Leute – die allermeisten – würden an unserer Stelle keine Sekunde zögern. Und uns Idioten nennen. Völlig zu Recht. Was denn – haben wir etwa noch nie einen Rückzug angetreten? Und ob! Tausendmal! Und weitere tausendmal werden wir's noch müssen! Und das keineswegs vor Göttern – nein! –, sondern vor einer schäbigen Beamtenseele, einer Laus, einem jämmerlichen Nichts …

Da platzte mir der Kragen. Was rannte er immerzu vor mir herum, schwitzte und rechtfertigte sich? Den Rückzug antreten, fuhr ich ihn an, das sei eine Sache, kneifen und kapitulieren eine andere. Er würde wütend, brüllte … Der Schlag saß. Aber es tat mir nicht leid. Wohl deshalb, weil ich nicht ihn ins Mark getroffen hatte, sondern mich selbst … Mit einem Wort: Wir zerstritten uns. Dann zog Waingarten ab. Nahm seine Netze und ging zu Wetscherowski. Auf der Schwelle sagte er, er käme später wieder, doch da erzählte ich ihm, dass Irka zurück sei, und er war vollends deprimiert. Waingarten kann Streit nämlich nicht ertragen.

Ich setzte mich an den Tisch, holte wieder meine Blätter heraus und fing an zu arbeiten. Das heißt, nicht eigentlich zu arbeiten, sondern zu ordnen und zu formulieren. Anfangs wartete ich immer darauf, dass unter meinem Tisch eine Bombe explodieren oder eine blaue Visage mit einem Strick um den Hals ins Fenster starren würde. Aber nichts dergleichen geschah, und ich vertiefte mich in meine Berechnungen. Doch schon läutete es wieder an der Tür.

Ich öffnete nicht sofort. Zuerst ging ich in die Küche und holte den Fleischklopfer – das gruslige Ding mit Zacken auf der einen und dem kleinen Beil auf der anderen Seite ... Wenn mir einer zu nahe kommt, dann – wumm! –, vor den Kopf damit und aus. Ich bin ein friedfertiger Mensch, wirklich, ich mag – im Gegensatz zu Waingarten – keine Prügeleien, aber jetzt reichte es. Endgültig.

Ich öffnete. Draußen stand Sachar.

»Tag, Dima, nicht böse sein, bitte«, sagte er ein wenig zu familiär.

Automatisch glitt mein Blick tiefer. Aber dort stand sonst niemand. Sachar war allein.

»Bitte, bitte. Treten Sie näher«, sagte ich. »Ich freue mich.«

»Wissen Sie, ich komme bloß mal so«, fuhr er in demselben, etwas zu vertraulichen Ton fort, der so gar nicht zu seinem verlegenen Lächeln und dem ansonsten eher intellektuell wirkenden Äußeren passte. »Kann Waingarten nicht auftreiben, weiß der Teufel, wo der steckt ... Den ganzen Tag ruf ich bei ihm an – keiner da. Jetzt geh ich zu Philipp ... äh ... Pawlowitsch, und da denk ich: Willst doch mal schauen, vielleicht ist er ja bei Ihnen gelandet ...«

»Wer? Philipp Pawlowitsch?«

»Nein, Valentin ... Waingarten.«

»Der ist zu Philipp Pawlowitsch gegangen«, sagte ich.

»Ach, so ist das!«, rief Sachar, sichtlich froh. »Wann denn?«

»Vor einer Stunde ungefähr.«

Plötzlich wurde sein Gesicht starr – er hatte den Fleischklopfer entdeckt.

»Sie machen wohl gerade das Mittagessen?«, säuselte er und fügte, ohne meine Antwort abzuwarten, rasch hinzu: »Na ja, dann will ich Sie nicht länger stören ...« Er schob sich rückwärts zur Tür, hielt aber noch einmal inne. »Ach, jetzt hab ich doch vergessen ... das heißt, nicht vergessen, ich weiß es ja gar nicht ... Wie finde ich zu Philipp Pawlowitschs Wohnung?«

Ich erklärte es ihm.

»Ah, gut … Wo er mich doch angerufen hat, wissen Sie, und ich habe es vergessen … über dem Gespräch …«

Er wich noch einen Schritt zurück und drückte die Klinke herunter.

»Ja, kann passieren«, sagte ich. »Und wo ist Ihr Sohn?«

»Ich hab's hinter mir! Alles!«, rief er glücklich aus, setzte den Fuß über die Schwelle und …

Zehnter Teil

20

… mich dazu bringen, diesen Schweinestall aufzuräumen, aber es gelang mir mit knapper Not, sie umzustimmen. Wir vereinbarten, dass ich mich hinsetzen und meine Arbeit zu Ende bringen würde, und Irka, wenn sie sich über die Maßen langweilte und partout nichts mehr mit sich anzufangen wusste, wenn sie die neueste Ausgabe der »Ausländischen Literatur« zu Ende gelesen und sich lange genug in der Badewanne geaalt hatte – dann sollte Irka, wenn sie mochte, die Wäsche sortieren und sich mit Bobkas Zimmer befassen. Ich wollte das große Zimmer übernehmen, allerdings morgen, morgen, nicht heute. Dann aber so, dass es glänzte und blitzte.

Ich setzte mich an den Tisch, und eine Zeit lang war alles still und ruhig. Ich arbeitete – arbeitete mit einer solchen Begeisterung, wie ich sie vorher noch nie empfunden hatte. Eine unbekannte, düstere Befriedigung beseelte mich, und ich schwelgte in Stolz und Selbstachtung. So, stellte ich mir vor, fühlte sich ein Soldat, der mit seinem Maschinengewehr zurückbleibt, um den Rückzug der Kameraden zu decken. Er ist allein, weiß, dass er hier nicht mehr wegkommt, dass er nichts anderes mehr sehen wird außer dem dreckigen Feld, den anrückenden Gestalten in fremden Uniformen und dem niedrigen, trüben Himmel. Er weiß, dass es so richtig ist, dass es anders nicht geht – und fühlt Stolz … Während ich arbeitete, war mir, als säße ein Wachposten in meinem Kopf, der aufmerksam lauschte und alles ringsum beobachtete – wohl wissend, dass nichts überstanden war, alles weiterging und das furchterregende Hämmerchen mit den Zacken und der Beilscheide griffbereit in der Schublade lag. Und in einem bestimmten Augenblick ließ mich der Wachposten den Kopf heben, weil sich im Zimmer etwas verändert hatte.

Es hatte sich eigentlich nichts Besonderes verändert: Vor dem Tisch stand Irka und sah mich stumm an. Aber irgendetwas musste passiert sein, etwas Unerwartetes, Ungeheuerliches, denn Irkas Augen schauten mich starr an, und ihre Lippen waren nach vorne geschoben. Ehe ich einen Ton sagen konnte, warf sie mir einen rosa Fetzen vor die Nase, mitten auf meine Unterlagen. Ich nahm das Ding automatisch in die Hand und sah, dass es ein Büstenhalter war.

»Was ist das?«, fragte ich völlig überrascht, und sah abwechselnd auf Irka und den BH.

»Ein Büstenhalter«, sagte Irka mit verzerrter Stimme, kehrte mir den Rücken zu und verschwand in die Küche.

Ich ahnte Schreckliches und fühlte, wie mir ein eiskalter Schauer über den Rücken lief; ich drehte das Stück rosa Spitze in den Händen und verstand überhaupt nichts. Verdammt, was wird hier gespielt? Was soll dieser BH? Plötzlich fielen mir die verrückten Frauen ein, die über Sachar hergefallen waren. Angst um Irka packte mich. Ich warf den BH hin, sprang auf und stürmte in die Küche.

Irka saß auf dem Hocker, die Ellbogen auf den Tisch gestützt, den Kopf in den Händen vergraben. Zwischen den Fingern ihrer rechten Hand qualmte eine Zigarette.

»Rühr mich nicht an«, sagte sie erschreckend ruhig.

»Irka!«, hauchte ich jammervoll. »Irkalein! Geht es dir nicht gut?«

»Du Schwein«, sagte sie, was ich nicht verstand. Dann setzte sie mit zittrigen Fingern die Zigarette an den Mund. Ich sah, dass sie weinte.

Den Rettungsdienst rufen? Nein, der hilft nicht, was soll der Rettungsdienst hier! … Baldrian? Brom? Mein Gott, was für ein Gesicht sie macht … Ich schnappte ein Glas und reichte ihr Wasser.

»Jetzt ist mir alles klar«, sagte Irka, und sog krampfhaft den Rauch ein. Das Glas stieß sie mit dem Ellbogen weg. »Das mit dem Telegramm, alles … Wir sind also so weit. Wer ist sie?«

Ich setzte mich und trank einen Schluck Wasser.

»Wer?«, fragte ich dümmlich.

Einen Augenblick lang hatte es den Anschein, als wollte sie mich schlagen.

»Gott, was für ein edles Schwein«, sagte sie angeekelt. »Will das eheliche Bett nicht beschmutzen und treibt es stattdessen im Zimmer seines Sohnes …«

Ich trank das Glas aus und wollte es hinstellen, doch die Hand gehorchte mir nicht. Den Arzt rufen!, schoss es mir durch den Kopf. Irka, mein Liebes! Den Arzt rufen!

»Na schön«, sagte Irka. Mich blickte sie nicht mehr an. Sie sah aus dem Fenster und rauchte hektisch. »Na schön, lassen wir das. Du selber hast immer gesagt: Liebe ist ein Vertrag. Wie schön sich das bei dir angehört hat: Liebe, Ehrlichkeit, Freundschaft … Da müsst ihr wenigstens aufpassen, dass ihr die BHs nicht liegen lasst … Wer weiß, vielleicht findet sich auch noch ein Schlüpfer?«

Da platzte etwas in meinem Kopf, und es fiel mir wie Schuppen von den Augen.

»Irka!«, sagte ich. »Mein Gott. Wie hast du mich erschreckt.«

Natürlich war sie auf etwas völlig anderes gefasst gewesen. Daher wandte sie mir plötzlich das Gesicht zu, ihr liebes, blasses, verweintes Gesicht, und sah mich mit so viel Erwartung, so viel Hoffnung an, dass auch ich fast losgeheult hätte. Sie wünschte sich nur eins: dass sich alles sofort aufklärte, sich als Lappalie, Irrtum, dummer Zufall erwies.

Da war es genug. Ich konnte nicht mehr. Ich wollte es nicht mehr für mich behalten und überschüttete Irka mit der ganzen Lawine von Grauen und Wahnsinn der letzten beiden Tage.

Mag sein, dass sich meine Erzählung anfangs wie ein Witz anhörte. Ganz bestimmt sogar. Trotzdem redete ich und redete, redete einfach drauflos, ohne ihr Zeit für giftige Zwischenbemerkungen zu lassen, redete wirr und nicht der Reihe nach, und ich sah, wie auf ihrem Gesicht Misstrauen und Hoffnung nach und nach der Verwunderung, der Besorgnis, der Angst und schließlich dem Mitleid wichen …

Wir saßen im Wohnzimmer vor dem geöffneten Fenster, sie im Sessel, ich auf dem Teppich daneben, die Wange an ihr Knie gepresst – und da erst bemerkten wir, dass draußen ein Gewitter toste. Über den Dächern hatte sich eine dunkellila Wolke breitgemacht, es goss in Strömen, wilde Blitze zuckten. Große, kalte Tropfen klatschten auf das Fenstersims, regneten ins Zimmer, Windstöße bauschten die gelbe Gardine, wir jedoch saßen still, und Irka strich mir sanft über das Haar. Ich fühlte mich erlöst. Wir hatten uns ausgesprochen. Ich war das halbe Leid los. Nun ruhte ich mich aus, das Gesicht an ihrem glatten, braungebrannten Knie. Es donnerte fast ununterbrochen. Unterhalten konnte man sich kaum, aber ich hatte ohnehin nichts mehr zu sagen.

Schließlich sagte Irka: »Dima. Du brauchst dich nicht nach mir zu richten. Du musst so entscheiden, als wenn ich gar nicht da wäre. Ich bleibe sowieso für immer bei dir – egal, wie du entscheidest.«

Ich schmiegte mich fest an sie. Im Grunde hatte ich gewusst, dass sie so antworten würde; ihre Worte waren also eigentlich überflüssig. Und trotzdem war ich ihr so dankbar dafür …

»Sei mir bitte nicht böse«, fuhr sie nach kurzem Schweigen fort, »aber es will mir einfach nicht in den Kopf … Nein, ich glaub dir, wirklich. Aber irgendwie finde ich es allzu gruslig … Ob es sich nicht doch anders erklären lässt? Ein bisschen – na, einfacher vielleicht, verständlicher?«

»Wir haben es versucht«, sagte ich.

»Nein, was rede ich da … Wetscherowski hat natürlich Recht … ich meine nicht mit seinem Homöostatischen Weltall, sondern damit, dass es gar nicht darum geht. Denn wirklich – wo ist da der Unterschied? Sich ergeben, wenn es das Weltall ist, und kämpfen, wenn es eine Superzivilisation ist? Aber hör nicht auf mich, Dima. Ich rede bloß so … weil ich ganz durcheinander bin.«

Sie schauderte. Ich stand auf, zwängte mich neben sie in den Sessel und umarmte sie. Jetzt wollte ich nur noch eins: ihr gestehen, sagen, dass ich entsetzliche Angst hatte. Angst um mich, um sie, um uns beide … Aber das wäre natürlich sinnlos und wohl auch grausam gewesen.

Mir schien, wenn es sie nicht gäbe, wüsste ich genau, was ich jetzt zu tun hätte. Doch es gab sie. Und ich wusste, dass sie stolz auf mich war, schon immer. Ich bin zwar ziemlich langweilig und nicht übermäßig erfolgreich, aber man kann trotzdem auf mich stolz sein. Früher war ich ein guter Sportler; ich leiste gute Arbeit, bin intelligent. Im Observatorium schätzt man mich und im Freundeskreis auch. Ich weiß zu feiern, bin witzig, kann streiten … All das macht sie stolz. Ein bisschen nur, aber immerhin. Ich habe ja bemerkt, wie sie mich manchmal ansieht. Nein, ich weiß wirklich nicht, wie sie es aufnähme, wenn ich mich jetzt in eine Qualle verwandelte. Womöglich kann ich sie dann auch nicht mehr lieben, wäre nicht einmal mehr dazu fähig …

Und als antworte sie auf meine Gedanken, sagte Irka plötzlich lebhaft: »Erinnerst du dich, wie sehr wir uns gefreut haben, als wir dachten, dass alle Prüfungen vorbei seien, und wir nie wieder welche bestehen müssten? Und jetzt stellt sich heraus: Es waren doch nicht alle. Eine steht uns noch bevor.«

»Ja«, sagte ich und dachte: bloß, dass bei dieser Prüfung kein Mensch weiß, was besser ist – eine Eins oder eine Fünf. Und dass man überhaupt nicht weiß, wofür es die Eins gibt, und wofür die Fünf.

»Dima«, flüsterte sie und sah mich an. »Dann hast du doch wirklich etwas ganz Tolles herausgefunden, wenn sie dir so zusetzen. Eigentlich müsstest du stolz sein, und überhaupt ihr alle ... dass euch der große Kosmos ernst nimmt!«

»Hm«, brummte ich und dachte im Stillen: Waingarten und Gubar haben eigentlich keinen Grund mehr, stolz zu sein, und was mich angeht – so ist es mehr als fraglich.

Und wieder sagte sie, als hätte sie meine Gedanken erraten: »Letztlich ist es gar nicht wichtig, wofür du dich entscheidest. Wichtig ist, dass du zu einer solchen Entdeckung fähig bist ... Erzählst du mir wenigstens, worum es geht? Oder darfst du das auch nicht?«

»Ich weiß nicht«, sagte ich und dachte: Nanu, will sie mich trösten, oder denkt sie tatsächlich so? Vielleicht ist sie auch schon derart eingeschüchtert, dass sie mich zum Kapitulieren animieren möchte. Oder versüßt sie nur die Pille, die ich – wie sie schon weiß – sowieso schlucken muss? Oder ist es umgekehrt: Stachelt sie mich zum Kämpfen an und entfacht meinen schon versiegenden Ehrgeiz von Neuem?

»Diese Schweine«, sagte sie leise. »Aber uns beide trennen – das schaffen sie nie! Meinst du nicht auch, Dima?«

»Ja«, sagte ich und dachte für mich: Darum geht es ja, Kleines, nur darum.

Das Gewitter zog vorüber. Die schwere Wolke wurde löchrig und schwebte langsam weiter nach Norden; dahinter sah man jetzt einen grauen Nebelhimmel, der keine Sturzbäche mehr schickte, sondern nur noch trübes Geniesel.

»Ich habe Regen mitgebracht«, sagte Irka. »Und dabei dachte ich, wir fahren am Samstag nach Solnetschnoje.«

»Bis Samstag sind es noch ein paar Tage«, sagte ich. »Vielleicht fahren wir ja wirklich.«

Es war alles gesagt. Jetzt mussten wir über Solnetschnoje reden, über Bücherregale für Bobka, über die Waschmaschine, die schon wieder kaputt war. Und wir taten es. Wir wiegten uns in der Illusion eines gewöhnlichen Abends, und um diese Illusion noch etwas länger zu genießen, beschlossen wir, Tee zu trinken. Wir öffneten ein neues Päckchen Ceylon-Tee, spülten die kleine Aufgusskanne sorgfältig mit heißem Wasser aus und stellten feierlich die Schachtel »Pique Dame« auf den Tisch. Dann warteten wir beide am Teekessel, um nicht den Moment zu verpassen, in dem das Wasser aufwallte, und tauschten dabei die üblichen Frotzeleien aus. Als ich dann die Tassen und Untertassen auf den Tisch stellte, räumte ich den Schein vom Bestelldienst, den Zettel von Lida und den Ausweis der Sergejenko, I. F. ab, knüllte alles zusammen und ließ es unbemerkt im Mülleimer verschwinden.

Wir tranken Tee, richtigen Tee und sprachen über alles Mögliche, nur nicht über das Wichtigste … Ich überlegte die ganze Zeit, woran Irka wohl dachte, denn sie sah aus, als habe sie den ganzen Schreck schon vergessen – erleichtert, nachdem sie mir gesagt hatte, was sie davon hielt, und so fühlte ich mich mit meiner Entscheidung wieder ganz allein.

Nach dem Teetrinken sagte sie, sie wolle jetzt bügeln und ich solle mich zu ihr setzen und etwas Lustiges erzählen. Ich räumte das Geschirr weg, aber da klingelte es an der Tür.

Unter leisem Geträller von »Über Berge geht nichts außer Bergen …« begab ich mich in den Flur – nach einem kurzen Seitenblick auf Irka, die seelenruhig mit einem trockenen sauberen Lappen den Tisch polierte. Erst als ich den Schlüssel umdrehte, fiel mir der Fleischklopfer ein, aber ihn zu holen wäre lächerlich gewesen, peinlich … Also öffnete ich die Tür.

Ein langer, blutjunger Bursche mit nassem Regencape und tropfendem Haar sagte gleichmütig: »Ein Telegramm. Eine Unterschrift bitte …«

Ich nahm ihm den Bleistiftstummel aus der Hand, drückte die Quittung gegen die Wand, vermerkte darauf Datum und Uhrzeit, unterschrieb, reichte Bleistift und Quittung zurück, bedankte mich und schloss die Tür. Ich wusste, dass nichts Gutes zu erwarten war … Noch im Flur, unter dem hellen Fünfhundert-Watt-Leuchter, machte ich das Telegramm auf und las es.

Es kam von der Schwiegermutter. ANKUNFT MIT BOBKA MORGEN ABHOLEN FLUG NR. 425 BOBKA SCHWEIGT STÖRT HOMÖOPATHISCHES WELTGEBÄUDE KUSS MAMA. Unten war ein Kontrollstreifen aufgeklebt. HOMÖOPATHISCHES WELTGEBÄUDE JAWOHL. Ich las das Telegramm einmal, zweimal, faltete es wieder langsam zusammen, knipste das Licht aus und ging den Korridor entlang. Irka stand mit dem Rücken an die Badezimmertür gelehnt und wartete schon auf mich. Ich reichte ihr das Telegramm, sagte: »Mama und Bobka kommen morgen«, und ging schnurstracks an meinen Tisch. Darauf lag noch immer Lidas BH. Ich legte ihn fein säuberlich aufs Fensterbrett, raffte meine Blätter zusammen, ordnete sie und steckte sie in das große Heft. Dann nahm ich eine schöne neue Schreibmappe, legte alles hinein, schnürte die Bänder zu und schrieb im Stehen darauf: »D. Maljanow. Zur Frage der Wechselwirkung der Sterne und der diffusen Materie in der Galaxis.« Besah es mir noch einmal, dachte kurz nach und strich »D. Maljanow« fett durch. Dann klemmte ich die Mappe unter den Arm und ging. Irka lehnte noch immer an der Badezimmertür, das Telegramm an die Brust gepresst. Als ich vorbeiging, machte sie eine unbestimmte Handbewegung – wie um mich aufzuhalten oder mir zu danken. Ohne sie anzublicken, sagte ich: »Ich gehe zu Wetscherowski. Bin gleich wieder da.«

Langsam stieg ich die Treppe hinauf, Stufe für Stufe, und rückte immer wieder die Mappe zurecht, wenn sie mir unter dem Arm wegrutschen wollte. Im Treppenhaus brannte aus irgendeinem Grund kein Licht, es war dämmrig und still, man hörte nur das Geplätscher des Wassers, das vor den offenen Fenstern vom Dach herunterrann. Auf dem Treppenabsatz im fünften Stock, wo sich neulich das Pärchen geküsst hatte, blieb ich stehen und blickte in den Hof hinab. Das schwarze Laub des mächtigen Baums glitzerte nass, der Hof war leer, der Regen platschte in die blinkenden Pfützen.

Auf der Treppe traf ich niemanden. Lediglich zwischen dem sechsten und dem siebten Stock kauerte ein kleiner, jämmerlich aussehender Mann auf den Stufen; neben ihm lag ein grauer altmodischer Hut. Ich wich ihm vorsichtig aus und trottete weiter, doch plötzlich sagte er: »Gehen Sie nicht dahin, Dmitri Alexejewitsch.« Ich blieb stehen und blickte den Mann an. Es war Gluchow.

»Gehen Sie nicht dahin«, wiederholte er. »Es wäre nicht gut.«

Er stand auf, nahm seinen Hut und straffte sich mühsam, wobei er das Kreuz mit den Händen stützen musste. Sein Gesicht war ganz schwarz – mit Dreck oder Ruß verschmiert. Die seltsame Brille saß ihm schief auf der Nase, und der kleine Mund war fest zusammengepresst, so als litte er starke Schmerzen. Er rückte die Brille zurecht und sagte tonlos: »Noch eine Mappe. Eine weiße. Noch eine Kapitulation.«

Ich schwieg. Gluchow schlug seinen Hut leicht ans Knie, als staubte er ihn ab, und rieb dann mit dem Ärmel darüber. Er schwieg, ging aber nicht. Ich wartete, ob er noch etwas sagen würde.

»Sie müssen verstehen«, fuhr er schließlich fort, »kapitulieren ist immer unangenehm. Im vorigen Jahrhundert erschoss man sich sogar, um nicht kapitulieren zu müssen. Nicht etwa aus Angst vor Folterungen oder dem KZ, auch nicht aus Angst, bei der Folter etwas zu verraten – nein, nur wegen der Schmach.«

»Das ist auch in unserem Jahrhundert passiert«, sagte ich. »Und das gar nicht so selten.«

»Ja, gewiss«, räumte er bereitwillig ein. »Weil man sich ja nur ungern eingesteht, dass man gar nicht der ist, für den man sich immer gehalten hat. Man möchte so bleiben, wie man sein Leben lang war, aber das ist unmöglich, wenn man kapituliert. Also kommt man nicht umhin … Und trotzdem, es gibt einen Unterschied: In unserem Jahrhundert erschießt man sich, weil man sich vor anderen schämt, vor der Gesellschaft, vor den Freunden … Im vorigen Jahrhundert erschoss man sich, weil man sich vor sich selber schämte. Komisch, heutzutage scheint man zu glauben, dass der Mensch mit sich selbst immer ins Reine kommt. Vielleicht ist es auch so, aber ich weiß nicht, woran das liegt, warum sich das verändert hat … Vielleicht, weil die Welt komplizierter geworden ist? Weil es außer solchen Begriffen wie Stolz und Ehre viele andere Dinge gibt, die der Selbstbestätigung dienen können?«

Er blickte mich abwartend an. Ich zuckte mit den Achseln. »Ich weiß nicht, kann sein.«

»Ich weiß es auch nicht«, sagte Gluchow. »Dabei bin ich jetzt sozusagen ein erfahrener Kapitulant – wie lange denke ich schon darüber nach, habe eine Menge starke, beweiskräftige Argumente zusammen … Da hat man sich anscheinend überredet, seine Ruhe gefunden – und plötzlich gibt es wieder einen Stich … Natürlich: zwanzigstes Jahrhundert, neunzehntes Jahrhundert – ein Unterschied ist schon da. Aber Wunden bleiben Wunden. Sie verheilen, vernarben, man hat sie schon fast vergessen … Dann schlägt das Wetter um, und sie tun wieder furchtbar weh. So ist es immer gewesen – in allen Jahrhunderten.«

»Verstehe«, sagte ich. »Ich verstehe alles. Aber es gibt solche und solche Wunden. Manchmal schmerzen einen fremde Wunden sogar noch mehr.«

»Nein, nein ...«, flüsterte er. »Bitte! Darauf wollte ich doch gar nicht hinaus. Das würde ich mich nie unterstehen. Ich rede nur so vor mich hin. Glauben Sie bitte nicht, dass ich Ihnen abraten wollte oder einen Ratschlag erteilen ... Ausgerechnet ich ... Wissen Sie, ich denke nur dauernd darüber nach: Solche wie wir – was sind wir bloß für Menschen? Sind wir wirklich so gut erzogen worden – von unserer Zeit, unserem Land? Oder sind wir – umgekehrt – ein Atavismus, im Grunde unseres Herzens noch Höhlenbewohner? Warum zermartern wir uns so? Ich finde einfach keine Antwort.«

Ich schwieg. Gluchow stülpte sich mit einer müden Handbewegung seinen seltsamen Hut auf.

»Also dann, leben Sie wohl, Dmitri Alexejewitsch«, sagte er. »Wir werden uns wahrscheinlich nie mehr begegnen, aber es war mir trotzdem eine Freude, Sie kennenzulernen. Und: Sie kochen wirklich ausgezeichneten Tee.«

Er nickte mir zu und ging die Treppe hinunter.

»Nehmen Sie doch den Fahrstuhl«, rief ich ihm nach.

Er drehte sich nicht mehr um und antwortete auch nicht. Ich stand da und lauschte, wie er die Stufen hinabschlurfte, tiefer und tiefer, lauschte so lange, bis sich weit unten knarrend die Haustür öffnete und dann wieder zuschlug. Dann wurde es still.

Ich rückte die Mappe unter meinem Arm zurecht, querte den Treppenabsatz und stieg, mich am Geländer festhaltend, die letzte Treppe hoch. Vor Wetscherowskis Tür blieb ich stehen und horchte. Er war nicht allein. Ich hörte Stimmen. Fremde Stimmen. Wahrscheinlich hätte ich umkehren und später wiederkommen sollen, doch ich war am Ende meiner Kraft. Ich musste einen Schlussstrich ziehen. Und zwar sofort.

Ich drückte auf den Klingelknopf. Die Stimmen sprachen weiter. Nach einer Weile drückte ich noch einmal und ließ den Knopf erst dann los, als ich Schritte hörte und Wetscherowskis Stimme fragte: »Wer ist da?«

Ich war nicht einmal überrascht, obwohl Wetscherowski normalerweise jedem öffnete und niemals vorher nachfragte. Genau wie ich. Wie alle meine Bekannten.

»Ich bin's. Mach auf.«

»Ja, gleich«, sagte er. Eine Zeit lang herrschte Stille.

Die Stimmen waren nicht mehr zu hören; nur weiter unten rumorte jemand mit der Müllschluckerluke. Mir fiel ein, dass Gluchow gesagt hatte, ich solle nicht hierhergehen … ›Gehen Sie nicht hinein, Wormold. Man hat vor, Sie zu vergiften.‹ … Woraus stammte das nochmal? Klang sehr bekannt … Ach, unwichtig. Wohin soll ich denn sonst? Zeit habe ich auch keine mehr. Jenseits der Tür näherten sich wieder Schritte, das Schloss schnappte, die Tür öffnete sich.

Unwillkürlich zuckte ich zusammen und wich einen Schritt zurück. So sah ich Wetscherowski zum ersten Mal.

»Komm rein«, sagte er heiser und trat zur Seite …

Elfter Teil

21

»... Hast es mir also doch gebracht«, sagte Wetscherowski.

»Bobka«, erklärte ich und legte die Mappe auf den Tischrand.

Er nickte und schmierte mit der schmutzigen Hand auf der schmutzigen Wange den Ruß breit.

»Ich habe es erwartet«, sagte er. »Allerdings nicht so bald.«

»Ist sonst noch jemand da?«, fragte ich halblaut.

»Nein«, antwortete er. »Wir sind allein. Wir beide und das All.« Er blickte auf seine schmutzigen Hände und runzelte die Stirn. »Entschuldige, ich will mich doch erst waschen.«

Er ging ins Bad, und ich setzte mich auf die Sessellehne und schaute mich um. Im Zimmer sah es aus, als sei eine Ladung Schwarzpulver explodiert: Rußflecken an den Wänden, dünne Rußfädchen in der Luft. Die Decke scheußlich gelb gefleckt. Ätzend saurer Chemiegestank. Im verkohlten Parkett seltsame runde Löcher. Eine große schwarze Stelle auf dem Fensterbrett – als hätte dort jemand Feuer gemacht. Ja ... Wetscherowski hatte mächtig was abbekommen.

Ich besah mir den Schreibtisch. Er war vollgepackt, und in der Mitte lag aufgeschlagen eine von Waingartens riesigen Manuskriptmappen, daneben die andere, noch zugebunden. Außerdem entdeckte ich eine altmodische, zerschlissene Mappe mit marmoriertem Deckel und maschinenbeschriftetem Aufkleber: »USA – Japan. Kulturelle Einflüsse. Materialien.« Dazwischen lose Blätter, auf denen ich elektronische Schaltbilder zu erkennen glaubte; auf einem stand in zittrigen Buchstaben, wie von Greisenhand: »Gubar, S. S.«, darunter in Druckschrift: »Fadings.« Und ganz am Rand lag nun meine eigene Mappe, ganz weiß und neu. Ich nahm sie vom Tisch und legte sie mir auf die Knie.

Das Geplätscher im Badezimmer hörte auf, und einen Augenblick später rief Wetscherowski: »Dima, komm her! Lass uns Kaffee trinken.«

Doch als ich die Küche betrat, war dort von Kaffee nichts zu sehen. Auf dem Tisch standen eine Flasche Kognak und zwei exklusiv geformte Schwenker. Wetscherowski hatte sich nicht nur gewaschen, sondern auch umgezogen. Sein elegantes Jackett mit dem großen Brandloch unter der Brusttasche und die rußgeschwärzte helle Hose hatte er gegen einen Hausanzug aus Samtstoff getauscht. Ohne Schlips. Sein frischgewaschenes Gesicht war ungewöhnlich blass, weshalb die zahllosen Sommersprossen noch mehr ins Auge sprangen als sonst; in die gewaltige höckrige Stirn hing ihm eine nasse rote Strähne. Noch etwas kam mir in seinem Gesicht ungewöhnlich vor: Erst bei genauerem Hinsehen entdeckte ich, dass seine Brauen und Wimpern stark versengt waren. Ja, man hatte Wetscherowski wirklich übel mitgespielt …

»Zur Beruhigung der Nerven«, sagte er und schenkte uns Kognak ein. »Zum Wohl!«

Wir tranken »Achtamar«, einen bei uns seltenen, aber legendären armenischen Kognak. Ich nahm einen Schluck und ließ ihn auf der Zunge zergehen. Ausgezeichnet. Ich nahm noch einen Schluck.

»Danke, Dima«, sagte Wetscherowski.

»Wofür?«, fragte ich.

»Dass du keine Fragen stellst«, antwortete er und blickte mich durch sein Kognakglas an. »Ist wahrscheinlich ziemlich schwer, oder?«

»Nein«, sagte ich. »Ich habe keine Fragen, an niemanden.« Ich stützte den Ellbogen auf meine weiße Mappe. »Dafür habe ich aber eine Antwort. Wenn auch nur eine einzige … Hör mal, sie bringen dich ja um.«

Gewohnheitsmäßig zog Wetscherowski die – jetzt versengten – Brauen hoch und trank einen Schluck.

»Ich glaube nicht. Sie schießen daneben.«

»Eines Tages treffen sie.«

»À la guerre comme à la guerre«, hielt er mir entgegen und stand auf. »Gut. Jetzt sind die Nerven beruhigt, und wir können einen Kaffee trinken und alles besprechen.«

Während er flink mit den Kaffeeutensilien hantierte, blickte ich auf seinen gebeugten Rücken und sah, wie sich die Schulterblätter bewegten.

»Ich habe gar nichts zu besprechen«, sagte ich. »Ich habe Bobka.«

Und diese meine Worte legten in mir irgendwie einen Schalter um. Von dem Moment an, als ich das Telegramm gelesen hatte, waren meine Gedanken und Gefühle wie narkotisiert gewesen, doch nun wich diese Betäubung, und sie machten sich wieder bemerkbar. Schlagartig kehrten Schrecken, Scham, Verzweiflung und das Gefühl der Ohnmacht zurück, und mit unerträglicher Klarheit wurde mir bewusst, dass von nun an zwischen Wetscherowski und mir ein Bannstrich aus Ruß und Feuer gezogen war, vor dem ich in Zukunft immer würde stehen bleiben müssen, während Wetscherowski weiterging. Er ginge weiter durch die Detonationen, durch Staub und Dreck mir unbekannter Schlachten, würde im giftroten Feuerschein untertauchen, und wenn wir uns zufällig auf der Treppe begegneten, würden wir uns kaum noch grüßen … Ich bliebe diesseits des Strichs, zusammen mit Waingarten, Sachar und Gluchow – um Teechen, Bierchen oder Wodka zu trinken, über Intrigen und Umstellungen zu quatschen, Geld für einen »Saporoshez« zu sparen und gelangweilt über einer Planaufgabe zu hocken. Nicht einmal Waingarten und Sachar würde ich wiedersehen. Wir hätten uns nichts mehr zu sagen. Jede Begegnung wäre peinlich, und vom gegenseitigen Anblick würde einem übel. Man müsste Wodka oder Portwein kaufen, um das beschämende Gefühl und die Übelkeit hinunterzuspülen. Natürlich, ich hätte Irka, und Bobka wäre gesund und munter, doch nie könnte ich ihn zu so einem Menschen erziehen, wie ich es gern gewollt hätte. Denn ich hätte kein Recht mehr, es zu wollen. Und Bobka könnte nie mehr stolz auf mich sein. Für ihn wäre ich bloß noch der Papa, der »eine große Entdeckung hätte machen können, wenn ich nicht deinetwegen …« Ach, verflucht sei der Augenblick, als in meinem Schädel diese verdammten M-Kavernen auftauchten!

Wetscherowski servierte mir ein Tässchen Kaffee und nahm mir gegenüber Platz. Mit einer exakten, eleganten Bewegung kippte er sich den Rest seines Kognaks in den Kaffee.

»Ich habe vor, Leningrad zu verlassen«, sagte er. »Vom Institut werde ich mich sehr wahrscheinlich trennen. Ich gehe weit weg, nach Zentralasien, auf den Pamir. Dort werden jetzt Meteorologen für Herbst und Winter gesucht.«

»Was verstehst du denn von Meteorologie?«, fragte ich dumpf und dachte für mich: *Davor* kannst du dich auf keinen Berg der Welt retten.

»Kinderspiel«, widersprach Wetscherowski laut. »Dafür braucht man keine besondere Qualifikation.«

»Das ist doch dumm«, sagte ich.

»Was genau?«, fragte Wetscherowski.

»Dein Vorhaben.« Ich blickte ihn nicht an. »Wer hat etwas davon, wenn du dich aus einem großen Mathematiker in einen einfachen Wetterwärter verwandelst? Glaubst du vielleicht, dort finden sie dich nicht? Nichts leichter als das!«

»Und was schlägst du vor?«, fragte Wetscherowski.

»Schmeiß alles in den Müllschlucker«, brachte ich mühsam heraus. »Waingartens Revertase, diesen ganzen Kulturaustausch und das da …« Ich schob ihm über den glatten Tisch meine Mappe hin. »Schmeiß es weg und befass dich mit deinen eigenen Sachen!«

Schweigend blickte er mich durch seine dicken Brillengläser an, blinzelte mit den versengten Wimpern. Dann zog er die Brauenreste auf die Augen herunter und starrte in sein Tässchen.

»Du bist ein herausragender Spezialist«, sagte ich. »Der beste in Europa!«

Wetscherowski schwieg.

»Du hast doch deine Arbeit!«, brüllte ich, wobei ich einen Kloß im Hals aufsteigen fühlte. »Arbeite! Arbeite, verdammt nochmal! Warum musst du dich denn mit uns abgeben?«

Wetscherowski seufzte laut, drehte sich zur Seite und lehnte Rücken und Nacken an die Wand.

»Du hast es also nicht verstanden, immer noch nicht …«, sagte er langsam, und in seiner Stimme schwang eine ebenso ungewohnte wie unangebrachte Genugtuung mit. »Meine Arbeit …« Ohne den Kopf zu wenden, schielte er mit einem Auge zu mir. »Für meine Arbeit prügeln sie mich jetzt schon die zweite Woche – erfolglos. Ihr habt doch nicht das Geringste damit zu tun – ihr, meine armen Häschen … Ich kann mich ganz schön beherrschen – was?«

»Hol dich der Teufel!«, sagte ich und stand auf, um zu gehen.

»Setz dich!«, sagte er streng. Ich setzte mich wieder.

»Gieß dir Kognak in den Kaffee«, sagte er. Ich goss Kognak in den Kaffee.

»Trink«, sagte er, und ich trank das Tässchen leer, ohne etwas zu schmecken.

»Angeber!«, sagte ich. »Bist ja wie Waingarten.«

»Richtig«, stimmte er zu. »Und nicht bloß wie Waingarten. Auch wie du, wie Sachar, wie Gluchow … Am meisten wie

Gluchow.« Er goss sich vorsichtig Kaffee nach. »Ja, am ehesten wie Gluchow«, wiederholte er. »Der Drang nach einem ruhigen Leben, ohne jede Verantwortung … Wir werden zu Gras und Sträuchern, zu Wasser und Wurzeln … Du ärgerst dich wohl über mich?«

»Ja«, sagte ich.

Er nickte. »Verständlich. Aber so bin ich nun mal. Ich möchte dir dennoch erklären, was los ist. Du stellst dir vielleicht vor, ich will mit bloßen Händen den Kampf gegen einen Panzer aufnehmen? Nichts dergleichen. Wir haben es hier mit einem Naturgesetz zu tun. Gegen ein Naturgesetz zu kämpfen, ist dumm. Aber vor einem Naturgesetz zu kapitulieren ist peinlich und letzten Endes nicht weniger dumm. Denn Naturgesetze muss man erforschen, und wenn man sie erforscht hat – nutzen. Nur so kann man an die Sache herangehen. Und genau das will ich tun.«

»Verstehe ich nicht«, sagte ich.

»Gleich wirst du's verstehen. Früher, das heißt, bis wir damit zu tun bekamen, hat sich dieses Naturgesetz nie geäußert. Oder wir haben nichts davon erfahren – obwohl Newton vielleicht nicht zufällig in die Deutung der Apokalypse verfiel und Archimedes nicht zufällig von einem betrunkenen Soldaten niedergemetzelt wurde … Natürlich sind das nur Mutmaßungen. Das Dumme ist, dass sich dieses Gesetz nur in einer Form äußert: als unerträglicher Druck … als Druck, der die Seele, ja, sogar das Leben bedroht. Daran lässt sich leider nichts ändern. Im Grunde aber ist das gar nicht so selten in der Geschichte der Wissenschaft: Es gab solche Erschwernisse bei der Erforschung der Radioaktivität, der Gewitterentladungen oder bei der Lehre von der Vielzahl bewohnter Welten … Vielleicht lernen wir mit der Zeit, diesen Druck auf ungefährliche Bereiche umzulenken und am Ende gar für unsere Zwecke zu nutzen. Vorläufig aber ist da nichts zu machen. Wir müssen etwas riskieren – wieder einmal, nicht zum ersten und sicher nicht zum letzten Mal in der Geschichte der Wissenschaft. Ich möchte, dass du verstehst: An unserer Situation ist nichts wirklich Neues, Ungewöhnliches.«

»Warum soll ich das verstehen?«, fragte ich düster.

»Ich weiß nicht. Vielleicht wird dir dann leichter. Außerdem möchte ich dir noch etwas anderes sagen: Es kommt nicht auf einen Tag an, auch nicht auf ein Jahr. Meines Erachtens nicht einmal auf ein Jahrhundert. Wir brauchen uns nicht zu beeilen.« Er lachte bitter. »Vor uns liegt noch eine Milliarde Jahre. Aber anfangen kann und muss man jetzt. Und du? Du brauchst eigentlich nur ein wenig zu warten. Bis Bobka groß ist. Bis du dich an den Gedanken gewöhnt hast. Zehn, zwanzig Jahre, was spielt das schon für eine Rolle.«

»Und ob es eine Rolle spielt«, sagte ich und spürte, wie sich ein widerwärtiges Grinsen auf mein Gesicht legte. »In zehn Jahren bin ich zu nichts mehr nütze, und in zwanzig ist mir alles egal.«

Er erwiderte nichts, zuckte mit den Achseln und stopfte seine Pfeife. Wir schwiegen ... Ja, natürlich, er wollte mir helfen. Eine Perspektive zeigen, beweisen, dass ich gar nicht so feige war und er kein Held. Dass wir schlicht und ergreifend zwei Wissenschaftler waren, denen ein Thema angeboten wurde – und aus rein sachlichen Gründen konnte er sich dem Thema sofort widmen, ich hingegen nicht. Aber mir wurde nicht leichter. Wie auch. Wetscherowski würde sich auf den Pamir zurückziehen, sich mit Waingartens Revertase und Sachars Fadings beschäftigen, mit seiner kniffligen Mathematik und was weiß ich noch; man würde ihn mit Kugelblitzen bombardieren, ihm Gespenster auf den Hals schicken, ihm halb erfrorene Alpinisten (und Alpinistinnen) zuführen, ihn mit Lawinen überrollen, rings um ihn Zeit und Raum verzerren, bis er schließlich durchdrehte. Oder auch nicht ... Vielleicht ergründete er ja auch die Gesetzmäßigkeiten, mit denen er von Kugelblitzen und erfrorenen Alpinistinnen drangsaliert wurde … Vielleicht wäre es aber auch ganz anders, und er würde still und unbehelligt auf dem Dach der Welt hocken und herauszufinden versuchen, wo, in welchem Punkt sich die Schlussfolgerungen aus der M-Kavernen-Theorie mit den Schlussfolgerungen aus der quantitativen Analyse des kulturellen Einflusses der USA auf Japan überschnitten … Der Schnittpunkt wäre gewiss sehr merkwürdig, und es konnte sein, dass er genau hier den Schlüssel zum Verständnis dieses ganzen unheilvollen Mechanismus fände, vielleicht sogar den Schlüssel zu seiner Steuerung … Und ich? Ich bleibe zu Hause, hole morgen Bobka nebst Schwiegermutter ab, und wir gehen alle zusammen Bücherregale kaufen.

»Sie bringen dich da um«, sagte ich mutlos.

»Nicht unbedingt«, widersprach er. »Und außerdem – ich bin dort nicht allein … und werde auch nicht bloß dort sein … und nicht nur ich …«

Wir blickten einander in die Augen, und hinter seinen dicken Brillengläsern sah ich weder Anspannung noch falschen Schneid oder flammenden Opfermut – ich sah nur Ruhe und die Überzeugung, dass alles so – und nur so – sein musste.

Weiter sagte er nichts mehr, mir jedoch schien es, als spreche er: Wir könnten uns Zeit lassen. Bis zum Weltuntergang seien es noch eine Milliarde Jahre. In einer Milliarde Jahren könne man viel, sehr viel schaffen – wenn man nicht aufgebe und begreife, begreife und nicht aufgebe. Und außerdem schien mir, als sagte er: »Mit glänzender Feder verdarb er Papier ein bisschen. Er wusste, wofür er starb am Schwarzen Flüsschen.« Und in Gedanken hörte ich sein zufriedenes Gelächter – das Wells'sche Marsmenschengekoller nach einem schönen Gedicht.

Da schlug ich meine Augen nieder. Ich saß zusammengekrümmt da, presste mit beiden Händen meine weiße Mappe an den Bauch und wiederholte für mich – zum zehnten, zum zwanzigsten Mal: »Seither dehnen sich vor mir Umwege, öde und krumm …«

DAS EXPERIMENT

Na, Karauschen, geht's euch fein?
Danke sehr, man lebt sich ein.

Valentin Katajew: Die Radiogiraffe

Ich kenne deine Werke und deine Mühe
und dein Ausharren; ich weiß:
Du kannst die Bösen nicht ertragen,
du hast die auf die Probe gestellt,
die sich Apostel nennen und es nicht sind,
und hast sie als Lügner erkannt.

Die Offenbarung des Johannes

Erster Teil

Müllfahrer

1

Die verrosteten, verbeulten Mülltonnen quollen über. Unter den Deckeln lugten Zeitungsfetzen hervor, hingen Kartoffelschalen heraus. Die Tonnen sahen aus wie die Schnäbel schmutziger, beim Essen nicht eben wählerischer Pelikane. Und sie wirkten so schwer, als könne man sie nicht heben. Doch mit Wang zusammen war es ein Kinderspiel, sie mit einem Ruck zu Donalds ausgestreckten Händen hochzuhieven und auf dem Rand der herabhängenden Ladeklappe abzustellen. Man musste nur auf die Finger achtgeben. Danach konnte man die Fäustlinge zurechtrücken und Luft schöpfen, während Donald die Mülltonne auf der Ladefläche nach hinten ruckelte.

Aus dem weit geöffneten Tor wehte feuchte Nachtluft herüber. Unter der gewölbten Decke des Hausflurs schaukelte an einer schmutzverklebten Schnur eine gelbe Glühbirne. Wang sah in diesem Licht aus, als leide er an Gelbsucht; Donalds Gesicht war im Schatten seines breitkrempigen Texashuts nicht zu erkennen. Graue Wände mit abbröckelndem Putz, von horizontalen Furchen durchzogen. Dunkle Knäuel staubiger Spinnweben unter der Decke. Obszöne Zeichnungen von weiblichen Körperteilen in Lebensgröße. Neben der Tür zur Hauswartswohnung eine wüste Ansammlung leerer Flaschen und Konservengläser, die Wang sammelte, sorgfältig sortierte und beim Altstoffhändler ablieferte …

Als nur noch eine Mülltonne übrig war, nahm Wang Schaufel und Besen und fing an, die Abfallreste auf dem Asphalt zusammenzukehren.

»Lassen Sie doch das Putzen, Wang«, sagte Donald gereizt. »Immerzu fegen Sie herum. Sauberer wird es davon ja doch nicht.«

»Er muss zusammenkehren, das gehört zu den Pflichten eines Hauswarts«, widersprach Andrej belehrend, drehte dabei seine rechte Hand hin und her und spürte nach: Ihm schien, als habe er sich eine Sehne gezerrt.

»Müllen ja doch wieder alles zu«, sagte Donald hasserfüllt. »Kaum drehen wir ihnen den Rücken zu, laden sie noch mehr ab als vorher.«

Wang schüttete den Müll in die letzte Tonne, drückte ihn mit der Schaufel fest und schlug den Deckel zu.

»Kann sein«, sagte er und blickte zum Hauseingang. Dort war es jetzt sauber. Wang schaute Andrej an und lächelte; dann sah er zu Donald und sagte: »Ich möchte Sie darauf hinweisen ...«

»Machen Sie schon, los!«, rief Donald ungeduldig.

Hau-ruck! Andrej und Wang hoben mit einer heftigen Bewegung die Mülltonne an. Und hoch! Donald packte die Tonne, krächzte, ächzte, konnte sie aber nicht halten. Die Tonne kippte und krachte seitwärts auf den Asphalt. Der Inhalt flog wie aus einer Kanone geschossen bis zu zehn Meter weit. Die Tonne rollte über den Hof und entleerte sich weiter. Das dumpfe Echo stieg wie eine Spirale hinauf zum schwarzen Himmel zwischen den Mauern.

»Verdammt noch mal!«, fluchte Andrej, der im letzten Moment noch hatte beiseitespringen können. »Was haben Sie für linke Pfoten!«

»Ich wollte nur darauf hinweisen«, sagte Wang sanft, »dass ein Henkel abgebrochen ist.«

Er nahm Besen und Schaufel und machte sich an die Arbeit. Donald hockte sich am Wagenrand hin, ließ die Arme zwischen die Knie sinken. »Verdammt …«, murmelte er dumpf, »verdammte Gemeinheit.«

Irgendetwas stimmte in letzter Zeit nicht mit ihm – ganz besonders in dieser Nacht. Andrej verkniff sich daher zu bemerken, was er von Professoren und ihrer Tauglichkeit für richtige Arbeit hielt. Er brachte die Tonne zum Wagen, streifte die Handschuhe ab und zog eine Schachtel Zigaretten hervor. Die leere Tonne stank entsetzlich. Hastig zündete er sich eine Zigarette an, und reichte Donald die Schachtel. Donald schüttelte schweigend den Kopf. Man musste ihn aufmuntern … Andrej warf das abgebrannte Streichholz in die Tonne und sagte: »Es lebten einmal in einer kleinen Stadt zwei Latrinenreiniger – Vater und Sohn. Kanalisation gab es nicht, bloß Senkgruben. So schöpften sie die Scheiße mit Eimern heraus und gossen sie in ihr Fass, wobei der Vater als der erfahrene Spezialist in der Grube stand und der Sohn ihm von oben den Eimer reichte. Einmal konnte der Sohn den Eimer nicht halten und kippte alles auf seinen Vater. Der wischte den Dreck ab, schaute seinen Sprössling an und sagte bitter: Du hirnamputierter Strohkopf! Aus dir wird nie etwas! Du wirst dein Leben lang oben bleiben.«

Andrej hatte zumindest ein Lächeln erwartet, denn eigentlich war Donald ein lustiger, geselliger Mensch, ganz und gar nicht schwermütig. Manchmal erinnerte er ihn an einen Studenten an der Front. Jetzt aber hüstelte er nur und sagte tonlos: »Alle Gruben kannst du nie leeren!«

Auch Wang, der neben der Tonne herumhantierte, reagierte sonderbar. Er fragte plötzlich interessiert: »Wie viel kostet sie bei euch?«

Andrej verstand nicht. »Was meinst du?«

»Die Scheiße. Ist sie teuer?«

Andrej lachte unsicher. »Wie soll ich sagen … Kommt darauf an, von wem.«

»Ist das bei euch unterschiedlich?«, wunderte sich Wang. »Bei uns nicht. Welche ist am teuersten?«

»Professorenscheiße«, sagte Andrej prompt. Er konnte es sich einfach nicht verkneifen.

»Ach so!« Wang schüttete wieder eine Schaufel in die Tonne und nickte. »Verstehe. Bei uns auf dem Land gab es keine Professoren, deshalb war der Preis gleich – fünf Yuan der Eimer. Das heißt, in Sichuan. Aber in Jiangxi beispielsweise lagen die Preise bei bis zu sieben oder sogar acht Yuan.«

Jetzt endlich begriff Andrej. Plötzlich hatte er Lust zu fragen, ob es denn stimme, dass sich in China ein Gast, der zum Essen gekommen war, anschließend im Gemüsegarten des Gastgebers entleeren müsse. Aber die Frage war ihm peinlich.

»Wie es jetzt bei uns ist, weiß ich nicht«, fuhr Wang fort, »die letzte Zeit habe ich nicht auf dem Land gelebt. Warum ist die von Professoren bei euch eigentlich teurer?«

»Das sollte ein Witz sein«, sagte Andrej verlegen. »Bei uns wird damit gar nicht gehandelt.«

»Klar wird damit gehandelt«, sagte Donald. »Nicht einmal das wissen Sie, Andrej.«

»Aber dafür wissen Sie es ja«, parierte Andrej.

Noch vor einem Monat hätte er mit Donald einen heftigen Streit angefangen. Es ärgerte ihn schrecklich, dass der Amerikaner ständig Sachen über Russland erzählte, von denen er, Andrej, gar keine Ahnung hatte. Er war damals fest davon überzeugt, dass Donald ihn auf den Arm nahm oder das gehässige Geschwätz von Hearst wiederholte. »Hören Sie doch auf mit diesem Gerede à la Hearst!«, wehrte er ab. Als dann noch dieser Isja Katzman hinzukam, hörte Andrej auf zu streiten und machte nur noch bissige Bemerkungen. Er hatte keine Ahnung, woher sie das alles hatten. Sein Unwissen erklärte er damit, dass er aus dem Jahr einundfünfzig hierhergekommen war, die beiden anderen aber aus dem Jahr siebenundsechzig.

»Ein glücklicher Mensch sind Sie«, sagte Donald plötzlich. Er stand auf und ging zu den Mülltonnen, die beim Fahrerhaus standen.

Andrej zuckte mit den Schultern und versuchte, das unangenehme Gefühl loszuwerden, das während des Gesprächs entstanden war, zog die Fäustlinge an und half Wang beim Aufkehren des stinkenden Mülls. Ich weiß es eben nicht, dachte er. Scheiße also, na und? Und was weißt du von Integralen? Oder sagen wir, von der Hubble-Konstante? Man kann eben nicht alles wissen.

Wang stopfte gerade den letzten Müll in die Tonne, als in der Durchfahrt der tadellos gekleidete Polizist Kenshi Ubukata auftauchte.

»Hierher, bitte«, sagte er zu jemandem über die Schulter hinweg und grüßte Andrej, indem er zwei Finger an den Mützenschirm legte. »Grüß euch, Müllmänner!«

Aus dem Dunkel der Straße trat ein Mädchen in den gelblichen Lichtschein und blieb neben Kenshi stehen. Sie war jung, höchstens zwanzig, und ziemlich klein; dem ebenfalls nicht sehr großen Polizisten reichte sie kaum bis zur Schulter. Sie trug einen dicken Rollkragenpullover und einen engen Rock. Von ihrem blassen, jungenhaften Gesicht hoben sich die stark geschminkten Lippen ab, die langen blonden Haare fielen ihr über die Schultern.

»Keine Angst«, erklärte ihr Kenshi mit höflichem Lächeln. »Das sind nur unsere Müllmänner. In nüchternem Zustand völlig ungefährlich. Wang, das ist Selma Nagel, eine Neue. Sie soll in Nummer achtzehn wohnen. Ist die Achtzehn frei?«

Wang zog im Gehen die Fäustlinge aus und trat auf sie zu.

»Ja«, sagte er. »Schon lange. Guten Tag, Selma Nagel. Ich bin der Hauswart und heiße Wang. Wenn Sie etwas brauchen, dort ist die Tür zur Hauswartswohnung, kommen Sie.«

»Gib mir den Schlüssel«, sagte Kenshi, und zu Selma gewandt: »Ich bringe Sie hinauf.«

»Nicht nötig«, erwiderte sie müde. »Ich finde es selbst.«

»Wie Sie wünschen!« Kenshi hob wieder die Finger zum Mützenschirm. »Hier ist Ihr Koffer.«

Selma nahm den Koffer von Kenshi entgegen, dann den Schlüssel von Wang und warf den Kopf zurück, weil ihr das Haar ins Gesicht gefallen war. »Welcher Aufgang?«

»Geradeaus«, sagte Wang. »Dort unter dem Fenster, wo das Licht brennt. Vierter Stock. Möchten Sie vielleicht etwas essen? Oder Tee?«

»Nein, danke.« Sie warf wieder den Kopf zurück und ging mit klappernden Absätzen direkt auf Andrej zu.

Er trat beiseite. Im Vorbeigehen roch er ihr kräftiges Parfüm. Dann sah er ihr nach, wie sie durch den erhellten Lichtschein ging. Der Rock war sehr kurz, kaum länger als der Pullover. Die Beine waren nackt und weiß und schienen im dunklen Hof zu leuchten, als sie durch den Torbogen in die Dunkelheit des Hofes trat. Und in dieser Dunkelheit sah man nichts, außer ihren weißen Pullover und ihre weißen Beine.

Dann quietschte die Tür und krachte zu. Andrej nahm mechanisch eine Zigarette aus der Schachtel und begann zu rauchen. Dabei stellte er sich vor, wie diese zarten weißen Beine die Treppe hinaufstiegen, Stufe für Stufe, glatte Waden, die Grübchen in den Kniekehlen, ganz benommen konnte man davon werden … Wie sie höher und höher stieg, Stockwerk um Stockwerk, und vor der Achtzehn stehen blieb, direkt gegenüber der Sechzehn. Zum Teufel, ich muss wenigstens die Bettwäsche wechseln, drei Wochen habe ich das nicht getan, der Bezug ist schon grau wie ein Fußlappen. Was hat sie eigentlich für ein Gesicht? Nein, so was, ich erinnere mich überhaupt nicht an ihr Gesicht. Nur ihre Beine haben sich mir eingeprägt …

Plötzlich fiel ihm auf, dass alle schwiegen, sogar der verheiratete Wang. Im selben Moment aber unterbrach Kenshi die Stille: »Ich habe einen Onkel, er ist der Cousin meiner Mutter, Oberst Maki. Ehemaliger Oberst der ehemaligen Kaiserlichen Armee. Erst war er Adjutant des Herrn Oshima und saß zwei Jahre in Berlin. Dann wurde er amtierender Militärattaché in der Tschechoslowakei und war beim Einmarsch der Deutschen in Prag dabei.«

Wang nickte Andrej zu. Dann hievten sie die Tonne ruckartig hoch und beförderten sie auf die Ladefläche.

»Dann«, fuhr Kenshi bedächtig fort und zündete sich eine Zigarette an, »hat er ein bisschen in China gekämpft, ich glaube irgendwo im Süden, Richtung Kanton. Anschließend befehligte er eine Division, die dann auf den Philippinen landete. Und er war einer der Organisatoren des berühmten Todesmarsches von fünftausend amerikanischen Kriegsgefangenen – entschuldigen Sie, Donald. Anschließend kam er in die Mandschurei und wurde Chef des Festungsdistrikts von Xianghe, wo er unter anderem zwecks Geheimhaltung achttausend chinesische Arbeiter in einen Schacht getrieben und in die Luft gesprengt hat – entschuldige, Wang. Dann geriet er in russische Gefangenschaft. Aber anstatt ihn aufzuhängen oder ihn, was dasselbe gewesen wäre, an China auszuliefern, haben sie ihn bloß für zehn Jahre in ein Konzentrationslager gesteckt.«

Während Kenshi erzählte, kletterte Andrej auf den Wagenaufbau und half Donald, die Tonnen ordentlich hinzustellen, klappte die Rückwand hoch und hakte sie ein. Dann sprang er wieder hinunter und spendierte Donald eine Zigarette. Nun standen alle drei vor Kenshi und hörten ihm zu: Donald Cooper, ein langer, hagerer Mann in ausgebleichtem Overall, mit einem langen Gesicht, Falten um den Mund, einem spitzen Kinn und spärlichen grauen Bartstoppeln. Wang war breitschultrig und stämmig, steckte in einem akkurat geflickten Watteanzug und hatte einen kurzen Hals, ein breites braunes Gesicht, eine Stupsnase, ein wohlwollendes Lächeln und dunkle Schlitzaugen mit leicht geschwollenen Lidern.

Andrej überkam plötzlich große Freude bei dem Gedanken, dass hier all diese Menschen aus verschiedenen Ländern und Zeiten zusammengekommen waren, um gemeinsam an einer wichtigen Aufgabe zu arbeiten – jeder auf seinem Posten.

»Jetzt ist er schon ein alter Mann«, endete Kenshi, »und behauptet, die besten Weiber, die er jemals kennengelernt hat, waren Russinnen. Emigrantinnen in Harbin.«

Kenshi verstummte, ließ die Zigarettenkippe fallen und zertrat sie sorgfältig mit dem Absatz seines blitzenden, kurzen Stiefels.

Andrej sagte: »Das ist doch keine Russin – Selma, und dann noch Nagel ...«

»Stimmt, sie ist Schwedin«, erklärte Kenshi, »aber egal. Das habe ich nur so assoziiert.«

»Los, wir fahren weiter«, sagte Donald und stieg ins Fahrerhaus.

»Hör mal, Kenshi«, sagte Andrej, die Hand an der Wagentür, »was warst du früher?«

»Qualitätskontrolleur in der Eisengießerei, und davor Minister für kommunale ...«

»Ich meine nicht hier, sondern dort ...«

»Ach dort? Dort war ich literarischer Mitarbeiter im Verlag Hayakawa.«

Donald ließ den Motor an. Der alte Lkw knatterte und vibrierte und stieß dabei blaue Qualmwolken aus.

»Das rechte Begrenzungslicht brennt nicht!«, schrie Kenshi.

»Das hat noch nie gebrannt«, erwiderte Andrej.

»Dann repariert es! Beim nächsten Mal gibt's eine Strafe.«

»Dass euch Bullen doch allesamt ...«

»Was? Ich höre nichts!«

»Banditen sollst du fangen, keine Müllfahrer!«, schrie Andrej, der den Motorenlärm zu übertönen versuchte. »Was kümmert dich unser Licht! Wann werden sie euch Schmarotzer endlich davonjagen!«

»Bald!«, rief Kenshi. »Schon bald – dauert keine hundert Jahre mehr!«

Andrej drohte ihm mit der Faust, dann winkte er Wang und ließ sich auf den Beifahrersitz fallen. Der Wagen setzte sich in Bewegung, streifte beim Hinausfahren aus dem Hof die Hauswand, fuhr auf die Hauptstraße und bog dann scharf nach rechts.

Andrej brauchte eine Weile, bis er sich bequem hingesetzt hatte, weil eine Stahlfeder unangenehm aus dem Sitz ragte. Er betrachtete Donald von der Seite: Der Amerikaner saß aufrecht da, die linke Hand am Lenkrad und die rechte am Schaltknüppel, den Hut hatte er in die Stirn gezogen, das spitze Kinn vorgereckt, er gab Vollgas. So fuhr Donald immer – mit der höchstzulässigen Geschwindigkeit, ohne auch nur daran zu denken, vor den Schlaglöchern abzubremsen. Die Mülltonnen auf der Ladefläche krachten bei jedem Schlagloch aneinander, die durchgerostete Motorhaube schepperte, und Andrej, der sich mit den Beinen abzustützen versuchte, wurde hoch geschleudert und fiel direkt auf die Spitze dieser verdammten Feder. Sonst war das alles von lustigem Schimpfen begleitet worden, jetzt aber schwieg Donald. Seine schmalen Lippen waren zusammengekniffen, und er sah Andrej nicht einmal an; fast schien es, als stecke hinter dem üblichen Ruckeln nun eine böse Absicht.

»Was ist mit Ihnen, Don?«, fragte Andrej schließlich. »Zahnschmerzen?«

Donald zuckte kurz mit der Schulter und antwortete nicht.

»Nein, wirklich, Sie sind in den letzten Tagen irgendwie verändert. Das sehe ich doch. Habe ich Sie vielleicht ungewollt beleidigt?«

»Hören Sie auf, Andrej«, zischte Donald. »Als ob es etwas mit Ihnen zu tun hätte …«

Wieder hörte Andrej aus diesen Worten Unfreundlichkeit, ja, sogar etwas Kränkendes heraus: Glaubst du, Rotznase, etwa, du könntest mich, einen Professor, beleidigen?

Doch da fuhr Donald fort: »Ich habe Ihnen nicht ohne Grund gesagt, dass Sie ein glücklicher Mensch sind. Man kann Sie wirklich nur beneiden. Alles prallt an Ihnen ab. Oder geht spurlos an Ihnen vorüber. Ich dagegen fühle mich, als hätte mich eine Dampfwalze überrollt. Kein Knochen ist heil geblieben.«

»Was meinen Sie? Ich verstehe nichts.«

Donald schwieg, seine Lippen waren verzerrt. Andrej schaute ihn an, blickte geistesabwesend auf die Straße, sah dann wieder zu Donald, kratzte sich hinter dem Ohr und sagte verdrossen: »Ehrenwort, ich begreife nichts. Es läuft doch alles gut.«

»Deshalb beneide ich Sie ja«, sagte Donald schroff. »Und jetzt genug davon. Kümmern Sie sich nicht darum.«

»Was heißt hier ›Kümmern Sie sich nicht darum?‹«, erwiderte Andrej verstimmt. »Wie kann ich das? Wir sind die ganze Zeit zusammen. Sie, ich, die Jungs. Nun ja, Freundschaft – das ist ein großes Wort, vielleicht zu groß. Dann sind wir eben Kumpel. Ich zum Beispiel würde erzählen, wenn mir … Jeder hilft doch dem anderen! Wenn mir etwas zustieße und ich Sie um Hilfe bäte, würden Sie es mir abschlagen? Bestimmt nicht, habe ich Recht?«

Donald ließ den Schaltknüppel los und klopfte Andrej leicht auf die Schulter. Andrej schwieg gerührt. Es war wieder alles gut, alles in Ordnung. Donald war in Ordnung. Ihn hatte wohl einfach die Schwermut gepackt. Ein Mensch kann doch mal schwermütig sein? Bei Donald war es der verletzte Stolz: Er war immerhin Professor für Soziologie – und jetzt Müllfahrer, davor Lagerarbeiter. Das war ihm natürlich unangenehm. Es kränkte ihn – umso mehr, als er mit niemandem darüber reden konnte. Es hatte ihn ja niemand gezwungen, hierherzukommen, und sich zu beschweren, wäre ihm peinlich … Es ist eben leichter gesagt als getan, wenn es heißt: Mach deine Sache gut, egal, wo man dich hinstellt. Na ja, lassen wir das. Er wird sich schon noch zurechtfinden.

Der kleine Lkw rumpelte über die Pflastersteine aus Grünstein, die glitschig waren vom sich herabsenkenden Nebel. Die Gebäude an den Straßenrändern wurden niedriger und sahen verfallen aus. Die Straßenlaternen verbreiteten nun ein trüberes Licht und standen in immer größeren Abständen voneinander entfernt, weiter vorne verschwammen sie zu einem nebligen Fleck. Auf der Straße und den Bürgersteigen war keine Menschenseele zu sehen, selbst die Hauswarte fehlten. Nur an der Ecke der Siebzehnten Gasse, vor einem eingeschossigen plumpen Hotel, bekannt unter dem Namen »Wanzenbude«, stand ein Leiterwagen mit einem traurigen Pferd, und auf dem Wagen schlief jemand, den Kopf in eine Zeltplane gehüllt. Es war vier Uhr nachts – die Zeit des tiefsten Schlafs, und kein einziges Fenster in den schwarzen Stockwerken war erhellt.

Links tauchte aus einer Durchfahrt ein Lkw auf. Donald blinkte mit den Scheinwerfern und raste vorbei. Der Lkw, ebenfalls ein Müllwagen, bog auf die Straße ein und versuchte sie einzuholen, aber da war er an den Falschen geraten: Mit Donald konnte er sich nicht messen. Erst strahlten die Scheinwerfer noch durchs hintere Fenster, dann blieb der Wagen zurück. Sie überholten einen weiteren Müllwagen in den Ausgebrannten Vierteln – gerade noch rechtzeitig, weil gleich hinter dem Stadtteil das Kopfsteinpflaster anfing und Donald dort langsamer fahren musste, damit der alte Lkw nicht auseinanderfiel.

Jetzt begegneten ihnen Wagen, die leer von der Müllkippe zurückkamen und es nicht mehr eilig hatten. Doch plötzlich löste sich von einer Laterne vor ihnen eine undeutliche Gestalt und trat auf die Fahrbahn. Andrej griff schon unter den Sitz, um den großen Schraubenschlüssel hervorzuholen, als er erkannte, dass es ein Polizist war. Er bat sie, ihn zur Krautgasse mitzunehmen. Weder Andrej noch Donald kannten diese Gasse, aber der Polizist, ein derber Kerl, dessen helle Haarsträhnen unordentlich unter der Uniformmütze hervorschauten, sagte, er werde ihnen den Weg zeigen.

Er stellte sich auf das Trittbrett neben Andrej und hielt sich am Rahmen fest. Unterwegs rümpfte er jedoch ständig die Nase, als röche er sonst was, und das, obwohl er selber nach altem Schweiß stank. Aber da fiel Andrej ein, dass dieser Stadtteil ja bereits von der Wasserversorgung abgetrennt war …

Eine Zeit lang sagte niemand etwas. Der Polizist pfiff eine Operettenmelodie vor sich hin, und dann erzählte er mir nichts, dir nichts, dass man an der Ecke von Krautgasse und Zweiter Linker heute um Mitternacht einen Mann abgemurkst und ihm alle Goldzähne herausgebrochen hatte.

»Ihr arbeitet schlecht«, sagte Andrej böse.

Solche Fälle machten ihn wütend. Der Polizist sprach zudem in einem Ton, dass Andrej ihn am liebsten verprügelt hätte; offensichtlich waren ihm der Mord, der Tote und seine Mörder vollkommen gleichgültig.

Der Polizist wandte Andrej sein breites Gesicht zu und fragte: »Willst du mir etwa beibringen, wie ich zu arbeiten habe, he?«

»Ja, vielleicht«, erwiderte Andrej.

Der Polizist kniff böse die Augen zusammen, pfiff einmal kurz und sagte: »Lehrer, überall Lehrer! Wo man hinguckt – Besserwisser. Steht da und gibt Ratschläge. Ist schon ein Müllfahrer, will aber immer noch andere belehren …«

»Ich belehre dich nicht …«, sagte Andrej mit erhobener Stimme, aber der Polizist ließ ihn nicht weiterreden.

»Jetzt fahr ich aufs Revier«, erwiderte er gelassen, »rufe deine Garage an und sage, dass die rechte Begrenzungsleuchte nicht brennt. Sein Scheinwerfer ist kaputt, und er will einen Polizisten belehren, wie er arbeiten soll, der Grünschnabel!«

Donald lachte plötzlich los, trocken, krächzend. Der Polizist brach ebenfalls in Gelächter aus und erklärte dann versöhnlich: »Ich bin ganz alleine – für vierzig Häuser, verstehst du? Und sie haben uns verboten, Waffen zu tragen. Was erwartest du da von uns? Bald werden sie die Leute zu Hause umbringen, nicht bloß auf der Straße.«

»Und was tut ihr dagegen?«, fragte Andrej schockiert. »Ihr müsstet protestieren, Forderungen stellen …«

»Protestieren«, wiederholte der Polizist giftig. »Forderungen stellen … Du bist hier wohl neu, was? He, Chef!«, rief er Donald zu. »Halt an, ich bin da.«

Er sprang vom Trittbrett und verschwand, ohne sich umzusehen in einem dunklen Spalt zwischen den schiefen Holzhäusern; am anderen Ende dieses Spalts brannte eine einzige Laterne, und darunter stand ein Häuflein Menschen.

»Sind die denn völlig verblödet, oder was?«, ereiferte sich Andrej, als der Wagen wieder losfuhr. »In der Stadt wimmelt es von Gesindel, und die Polizei läuft ohne Waffen herum! Das gibt's doch nicht. Kenshi hat eine Pistolentasche am Gürtel, aber was ist da drin – etwa Zigaretten?«

»Stullen«, antwortete Donald.

»Ich verstehe das nicht.«

»Es gab eine Anordnung. ›Im Zusammenhang mit den sich häufenden Überfällen von Gangstern auf Polizisten zum Zwecke der Waffenerbeutung …‹ und so weiter.«

Eine Zeit lang hing Andrej seinen Gedanken nach. Er hatte sich so gut es ging mit den Füßen festgestemmt, um nicht vom Sitz geschleudert zu werden; das Kopfsteinpflaster hatte schon fast aufgehört. »Meiner Meinung nach ist das schrecklich dumm«, sagte er schließlich. »Was meinen Sie?«

»Dasselbe«, sagte Donald, der mit einer Hand mühsam versuchte, sich eine Zigarette anzuzünden.

»Und dann sprechen Sie so ruhig darüber?«

»Ich habe mich schon genug aufgeregt. Diese Anordnung gibt es seit langem, da waren Sie noch gar nicht hier.«

Andrej kratzte sich hinter dem Ohr und legte die Stirn in Falten. Wer weiß, vielleicht hatte die Anordnung ja einen Sinn? Ein Polizist allein war in der Tat ein verlockender Köder für dieses Pack. Aber wenn man schon die Waffen abschaffte, musste man sie allen abnehmen. Letztlich ging es jedoch nicht nur um diese Anordnung, sondern darum, dass es zu wenig Polizisten und Razzien gab; mit einer einzigen großen Razzia müsste man all den Unrat auskehren. Die Bevölkerung mit einbeziehen. Ich würde mitmachen, natürlich. Donald auch. Man müsste an den Bürgermeister schreiben ... Plötzlich aber kam ihm ein Gedanke.

»Hören Sie, Don«, sagte er. »Sie sind doch Soziologe. Ich finde zwar, dass die Soziologie keine Wissenschaft ist, das habe ich Ihnen schon gesagt ... und auch keine Methode. Aber Sie wissen sicher viel mehr als ich. Erklären Sie mir bitte: Woher kommt dieser Abschaum in unserer Stadt? Wie sind diese Mörder, Gewalttäter, dieses ganze Diebespack, hierhergelangt ... Haben die Mentoren etwa nicht gewusst, wen sie da riefen?«

»Natürlich haben sie das gewusst«, antwortete Donald gleichgültig und raste durch eine gefährliche Grube, in der schwarzes Wasser stand.

»Also warum?«

»Niemand wird als Dieb geboren, zum Dieb wird man. Und außerdem: ›Woher sollen wir wissen, was für das Experiment notwendig ist? Das Experiment ist das Experiment ...‹« Donald schwieg einen Augenblick. »Fußball ist Fußball, der Ball ist rund, das Spielfeld rechteckig, der Bessere soll siegen.«

Die Straßenlaternen endeten, die bewohnten Stadtviertel lagen hinter ihnen. Rechts und links von der maroden Straße lagen verlassene Ruinen: Reste unförmiger Kolonnaden, die in das mürbe Fundament eingesackt waren; durch Balken gestützte Wände mit gähnenden Löchern anstelle von Fenstern; hoch wucherndes Gras; Stapel verfaulter Balken; große Büsche von Nesseln und Kletten und sieche, von Lianen halb erstickte Bäumchen inmitten schwarz gewordener Ziegelhaufen. Und dann war durch den Nebel vor ihnen wieder ein Leuchten zu sehen. Donald bog nach rechts ab und wich dann vorsichtig einem entgegenkommenden leeren Lastwagen aus. Mit durchdrehenden Rädern steuerte er den Lkw durch die tiefen, morastigen Fahrrinnen und bremste schließlich scharf vor den rot leuchtenden Rücklichtern des letzten Müllwagens in der Schlange. Er stellte den Motor ab und schaute auf die Uhr. Andrej tat es ihm gleich. Es war halb fünf.

»Ein Stündchen werden wir wohl stehen«, sagte Andrej munter. »Kommen Sie, wir sehen nach, wer vor uns ist.«

Hinter ihnen hielt ein weiterer Wagen.

»Gehen Sie allein«, sagte Donald, lehnte sich auf dem Sitz zurück und zog die Hutkrempe ins Gesicht.

Da lehnte sich auch Andrej zurück, bog die Feder zurecht und begann zu rauchen. Vorn wurde mit aller Kraft entladen – Tonnendeckel klapperten, der Registrator schrie mit hoher Stimme: »... acht ... neun ...«. An einem Mast schaukelte eine Tausend-Watt-Birne unter einem flachen Blechschirm. Dann auf einmal lautes Geschrei: »Wohin, he, wohin, verdammt! ... Los, fahr zurück! Selber blind, du Idiot! ... Willst du was in die Fresse?« Rechts und links vom Lkw türmten sich Berge von Müll, der schon zu einer festen Masse zusammengebacken war, und der Nachtwind trug fürchterlich fauligen Gestank herüber.

Plötzlich hörte Andrej direkt neben sich eine bekannte Stimme. »Seid gegrüßt, Scheißefahrer! Wie läuft das große Experiment?«

Es war Isja Katzman höchstpersönlich – ungepflegt, dick, nachlässig gekleidet und wie immer unerträglich jovial.

»Habt ihr schon gehört? Es gibt ein Projekt zur endgültigen Lösung des Kriminalitätsproblems. Die Polizei wird abgeschafft! Stattdessen lässt man nachts die Verrückten auf die Straße. Das ist das Ende für Banditen und Rowdys – jetzt wagen sich nachts nur noch Verrückte aus dem Haus!«

»Nicht sehr witzig«, sagte Andrej trocken.

»Nicht?« Isja stieg aufs Trittbrett und steckte den Kopf in die Fahrerkabine. »Im Gegenteil! Sehr, sehr witzig! Keine zusätzlichen Kosten! Die Hauswarte haben die Aufgabe, die Irren morgens zu ihrem Wohnsitz zurückzubringen.«

»Im Gegenzug erhalten die Hauswarte eine zusätzliche Ration von einem Liter Wodka«, spann Andrej den Faden weiter, womit er Isja in unerklärliche Begeisterung versetzte: Isja kicherte, gluckste, spuckte und rieb sich die Hände.

Donald begann plötzlich laut zu fluchen, riss die Tür auf, sprang hinaus und verschwand im Dunkeln.

Isja hörte sofort auf zu kichern und fragte besorgt: »Was hat er denn?«

»Weiß nicht«, erwiderte Andrej missmutig. »Vielleicht wurde ihm schlecht von dir … Aber es geht schon ein paar Tage so.«

»Wirklich?« Isja sah über die Fahrerkabine hinweg in die Richtung, in die Donald verschwunden war. »Schade. Er ist ein guter Mensch. Hat sich nur leider nicht an die Umstände angepasst.«

»Und wer hat sich angepasst?«

»Ich habe mich angepasst, du hast dich angepasst, und Wang. Neulich hat sich Donald unheimlich aufgeregt: Warum muss er anstehen und warten, um den Müll abzuladen? Wozu braucht man hier einen Registrator? Was registriert er?«

»Er hat Recht«, sagte Andrej. »Das ist wirklich Schwachsinn.«

»Aber dich regt es nicht auf«, entgegnete Isja. »Du weißt, dass der Mann seine Arbeit nicht freiwillig tut. Man hat ihn dafür hierherbeordert, also registriert er. Und weil er mit dem Registrieren nicht nachkommt, bildet sich eine Schlange. Und eine Schlange ist eben eine Schlange.« Isja gluckste und spuckte wieder. »Hätte Donald etwas zu sagen, würde er eine gute Straße zur Müllhalde bauen, mit Einfahrten fürs Abladen. Den Registrator, ein Mann wie ein Schrank, würde er zur Polizei schicken, damit er mit den Banditen fertig wird. Oder an die vorderste Front, zu den Farmern.«

»Und?«, fragte Andrej ungeduldig.

»Was – und? Donald hat nichts zu sagen.«

»Und warum machen die da oben es nicht so?«

»Warum sollten sie?«, fragte Isja feixend. »Denk doch selber! Wird der Müll weggeschafft? Er wird. Wird der Transport registriert? Wird er. Systematisch? Systematisch. Am Monatsende liegt die Abrechnung vor: Es wurden soundso viel Tonnen mehr Müll weggeschafft als im Vormonat. Der Minister ist zufrieden, der Bürgermeister ist zufrieden, alle sind zufrieden, und wenn Donald unzufrieden ist? Niemand hat ihn gezwungen herzukommen – er ist freiwillig hier!«

Der Lkw vor ihnen stieß graue Qualmwolken aus und fuhr fünfzehn Meter weiter. Andrej setzte sich eilig ans Steuer und blickte um sich. Donald war nirgends zu sehen. Da schaltete er vorsichtig den Motor an und fuhr mit Ach und Krach die fünfzehn Meter vor; den Motor würgte er dabei dreimal ab. Isja begleitete ihn zu Fuß und sprang erschrocken beiseite, wenn der Wagen schlingerte. Dann begann er etwas von der Bibel zu erzählen, aber Andrej hörte kaum zu – er war schweißnass vor Anspannung.

Weiter vorn, unter der grellen Lampe, klapperten noch immer die Mülltonnen, wurde geflucht. Etwas schlug auf das Kabinendach auf und sprang fort, aber Andrej achtete nicht darauf. Von weiter hinten war der riesengroße Oskar Heidemann herangetreten und bat um Feuer. Neben ihm stand sein

Beifahrer Silva, ein Schwarzer aus Haiti, der in der Dunkelheit fast unsichtbar war, nur seine weißen Zähne blitzten.

Isja unterhielt sich mit ihnen. Silva nannte er aus irgendeinem Grund »Tonton Macoute«, und bei Oskar erkundigte er sich nach einem gewissen Thor Heyerdahl. Silva zog furchterregende Grimassen, formte mit den Fingern eine Brille, und tat so, als feuere er aus einer Maschinenpistole. Isja fasste sich an den Bauch und tat, als sei er auf der Stelle niedergestreckt worden – Andrej begriff nichts, Oskar offenbar auch nicht. Aber bald stellte sich heraus, dass Isja Haiti mit Tahiti verwechselt hatte.

Über das Dach rollte wieder etwas, und plötzlich schlug ein Dreckklumpen auf die Kühlerhaube und platzte auseinander.

»He!«, schrie Oskar in die Finsternis hinein. »Hört auf damit!«

Vorn wurde wieder aus zwanzig Kehlen gebrüllt, Fluch über Fluch. Man beschimpfte sich auf das Ärgste. Da war etwas im Gange. Isja ächzte, fasste sich an den Leib und krümmte sich – diesmal nicht zum Scherz. Andrej öffnete die Tür und wollte aussteigen, als ihm eine leere Konservendose an den Kopf flog. Es tat zwar nicht weh, aber es kränkte ihn … Silva schlüpfte geduckt in die Dunkelheit. Andrej schützte Kopf und Gesicht und blickte sich um.

Er konnte nichts sehen. Von den Müllhaufen zur Linken kamen verrostete Dosen und verfaulte Holzstücke angeflogen, alte Knochen und sogar Ziegelbrocken. Klirrend zersplitterte Glas. Dann hörte man wildes Gebrüll: »Welcher Mistkerl erlaubt sich da einen Spaß?«, schrien sie fast im Chor. Die Motoren heulten, die Scheinwerfer flammten auf. Mehrere Lastwagen bewegten sich ruckartig hin und her – offensichtlich versuchten die Fahrer zu wenden, um die Müllhaufen anzuleuchten, von denen es nun schon ganze Ziegelsteine und leere Flaschen hagelte. Einige Männer rannten wie Silva geduckt in die Finsternis.

Andrej sah, dass sich Isja mit schmerzverzerrtem Gesicht neben der Hinterachse krümmte und seinen Bauch betastete. Da griff er unter den Sitz, zog den großen Schraubenschlüssel hervor und sprang hinaus. Er würde den Schuften eins auf den Schädel geben, ja, auf den Schädel! Rund ein Dutzend Müllmänner krochen wütend auf allen vieren den Hang hinauf. Einem Fahrer war es gelungen, seinen Wagen querzustellen, und das Scheinwerferlicht erhellte den unebenen Kamm, der mit Gerümpel, Lumpen, Papierfetzen und glitzerndem zerbrochenem Glas bedeckt war. Darüber ragte eine Baggerschaufel in den schwarzen Himmel. Etwas bewegte sich auf dieser Schaufel, etwas Großes, Graues, silbrig Schimmerndes. Andrej erstarrte, als er es sah, und in dem Moment übertönte ein entsetzter Schrei das Stimmengewirr.

»Das sind Teufel! Teufel! Rettet euch!«

Jetzt stürzten Menschen in panischer Angst den Hang hinunter, Hals über Kopf in einem Wirbel von Staub, Lumpen und altem Papier – Menschen mit wahnsinnigen Augen, aufgerissenen Mündern, fuchtelnden Händen. Ein Mann, der seinen Kopf mit den Armen schützte, rannte brüllend an Andrej vorbei, rutschte in den tiefen Reifenfurchen aus, fiel hin, sprang wieder auf und stürzte in Richtung Stadt davon. Ein anderer versuchte, sich keuchend zwischen dem Kühler von Andrejs Lkw und der Rückwand des Wagens vor ihm hindurchzuzwängen, blieb stecken, versuchte loszukommen und schrie ebenfalls auf wie am Spieß. Dann wurde es stiller, nur die Motoren brummten. Aber da knallten, satt wie Peitschenhiebe, Schüsse durch die Nacht. Andrej sah im bläulichen Scheinwerferlicht einen großgewachsenen hageren Mann auf der Müllhalde stehen. Er stand mit dem Rücken zu den Lastwagen, hielt mit beiden Händen eine Pistole fest und feuerte immer wieder hinaus in die Dunkelheit.

Er schoss fünf- oder sechsmal in völliger Stille. Dann drang aus der Dunkelheit ein tausendstimmiges, ganz und gar unmenschliches Gebrüll – böse, miauend, wimmernd, als schrien tausend Katzen gleichzeitig in einen Lautsprecher. Der hagere Mann wich zurück, fuchtelte ungelenk mit den Armen und glitt rücklings den Hang hinab. Andrej trat im Vorgefühl von etwas unerträglich Schrecklichem ebenfalls zurück und sah, wie der Kamm der Müllhalde in Bewegung geriet.

Dort wimmelte es von silbergrauen, ungeheuer hässlichen Gespenstern, Tausende von Augen funkelten blutunterlaufen, Millionen gefletschte Reißzähne blitzten, ein Gewirr langer zottiger Arme fuchtelte in der Luft herum. Im Scheinwerferlicht sah man eine dichte Wand von aufgewirbeltem Staub, und es hagelte Holzstücke, Steine, Flaschen und Dreckbrocken auf die Wagenkolonne.

Andrej hielt es nicht aus. Er sprang in die Kabine, presste sich in eine Ecke, hielt den Schraubenschlüssel vor sich und erstarrte vor Angst wie in einem Alptraum. Sein Denken setzte aus, und als ein dunkler Körper auf die offene Tür zukroch, brüllte er los, ohne die eigene Stimme zu hören, und fing an, mit dem Eisen auf das Weiche, Schreckliche einzuprügeln, das sich wehrte, auf ihn zukroch ... bis ihn Isjas klägliches Geschrei wieder zu sich brachte: »Idiot, das bin doch ich«. Und da kroch Isja in die Kabine, schlug die Tür hinter sich zu und erklärte mit ruhiger Stimme: »Weißt du, was das ist? Das sind Affen. Diese Mistviecher!«

Zunächst verstand ihn Andrej nicht. Dann begriff er, wollte es aber nicht glauben.

»Wirklich?« Er stellte sich aufs Trittbrett und schaute über die Kabine hinweg.

Richtig: Es waren Affen. Sehr große, sehr langhaarige und anscheinend sehr erboste Affen. Keine Teufel und Gespenster – nur Affen. Andrej wurde heiß vor Scham und Erleichterung, und in dem Moment streifte ihn ein Stein am Ohr, und etwas Schweres schlug aufs Dach.

»Alle in die Fahrzeuge!«, brüllte jemand mit Kommandostimme. »Schluss mit der Panik! Es sind Paviane! Nichts Schlimmes! In die Fahrzeuge und Rückwärtsgang!«

Jetzt brach die Hölle los: Auspuffe knatterten, Scheinwerfer leuchteten auf und erloschen, die Motoren heulten, graue Qualmwolken stiegen zum sternenlosen Himmel auf. Aus der Dunkelheit tauchte plötzlich ein Gesicht auf, zwei Hände packten Andrej an der Schulter, schüttelten ihn wie einen jungen Hund und stießen ihn seitlich in die Kabine. Da ruckte der vordere Lkw zurück und krachte gegen den Kühler, der Lkw von hinten schnellte vor und schlug auf den Wagenkasten wie auf eine Trommel, so dass die Mülltonnen laut schepperten. Isja aber rüttelte Andrej an der Schulter und drängte: »Kannst du fahren oder nicht? Andrej! Kannst du?«, und aus dem grauen Qualm schrie jemand durchdringend: »Sie bringen mich um! Hilfe!«, und die Kommandostimme brüllte ununterbrochen: »Schluss mit der Panik! Letzter Wagen, Rückwärtsgang! Los!« Und von oben, von rechts und von links prasselten die Wurfgeschosse, krachten auf die Motorhauben, schepperten auf die Mülltonnen, schlugen krachend durch die Scheiben. Pausenlos heulten die Hupen auf, und das scheußlich miauende Geschrei schwoll immer mehr an.

Isja sagte plötzlich: »Also, ich gehe ...« Er stieg aus, den Kopf vorsorglich mit den Armen schützend, und endete beinahe unter einem Wagen, der in Richtung Stadt raste; zwischen den hüpfenden Mülltonnen tauchte das verzerrte Gesicht des Registrators auf. Dann verschwand Isja, und Donald tauchte auf – ohne Hut, abgerissen und völlig verdreckt –, er schleuderte die Pistole auf den Sitz, setzte sich ans Lenkrad, warf den Motor an und schaltete in den Rückwärtsgang.

Anscheinend kam nun doch Ordnung zustande: Das panische Geschrei verstummte, nur die Motoren heulten und die ganze

Kolonne fuhr ein Stück zurück. Sogar der Hagel aus Steinen und Flaschen schien nachzulassen. Die Paviane sprangen auf der Müllhalde herum, kamen aber nicht herunter – sie schrien, rissen ihr Maul auf und wandten der Wagenkolonne wie zum Spott ihre im Scheinwerferlicht rot glänzenden Hinterteile zu.

Der Lkw rollte immer schneller, wieder drehten die Räder im Schlamm durch, dann erreichte er die Straße und wendete. Donald schaltete zähneknirschend, gab Gas, schlug die Tür zu und ließ sich gegen die Lehne fallen. Im Dunkel hüpften die roten Rücklichter der Wagen vor ihnen.

Wir sind freigekommen, dachte Andrej erleichtert und betastete vorsichtig sein Ohr. Es war geschwollen und pulsierte. Nicht zu glauben – Paviane! Wo kamen die her? Dazu so große, in solchen Massen! Hier hat es nie Paviane gegeben – wenn man von Isja Katzman einmal absieht. Und warum ausgerechnet Paviane? Warum keine Tiger? … Dann wurde der Wagen heftig geschüttelt. Andrej flog hoch und landete auf etwas Hartem; er zog die Pistole hervor. Eine Minute lang betrachtete er sie verständnislos. Die Pistole war schwarz, klein, hatte einen kurzen Lauf und einen geriffelten Griff.

Dann sagte Donald plötzlich: »Vorsicht. Geben Sie sie her.«

Andrej gab ihm die Pistole und sah eine Weile zu, wie Donald sich bemühte, die Waffe in die Gesäßtasche zu stecken.

Plötzlich begann Andrej zu schwitzen. »Also, Sie haben dort … geschossen?«, fragte er krächzend.

Donald antwortete nicht. Er blinkte mit dem heil gebliebenen Scheinwerfer und überholte einen Lkw. Unmittelbar vor dem Kühler huschten mehrere Paviane mit gekrümmten Schwänzen über die Kreuzung, aber Andrej kümmerten sie bereits nicht mehr.

»Woher haben Sie die Waffe, Don?«

Donald antwortete wieder nicht, sondern machte nur eine seltsame Geste: Er versuchte, den nicht mehr vorhandenen Hut in die Stirn zu ziehen.

»Also, Don!«, sagte Andrej jetzt entschieden. »Wir fahren sofort zur Stadtverwaltung. Sie geben dort die Waffe ab und erklären, wie Sie dazu gekommen sind.«

»Hören Sie auf, dämlich zu quatschen«, erwiderte Donald. »Geben Sie mir lieber eine Zigarette.«

Andrej nahm das Päckchen heraus.

»Das ist kein Quatsch«, sagte er. »Ich will nichts wissen. Sie haben geschwiegen – gut, das ist Ihre Sache. Eigentlich vertraue ich Ihnen ... Aber in der Stadt haben nur die Banditen Waffen. Damit will ich nichts andeuten, aber ich verstehe Sie nicht ... Sie müssen Ihre Waffe abgeben und alles erklären. Und Sie brauchen nicht so zu tun, als wäre das Quatsch. Ich merke doch, wie Sie sich in letzter Zeit verändert haben. Lieber hingehen und alles erzählen.«

Donald wandte eine Sekunde lang den Kopf und blickte Andrej ins Gesicht. Andrej konnte diesen Blick nicht deuten – lag Spott oder Schmerz darin? Donald wirkte sehr alt in diesem Moment, gebrechlich und irgendwie gehetzt. Andrej war verwirrt und verlegen, wiederholte jedoch beharrlich: »Abgeben und alles erzählen. Alles!«

»Ist Ihnen klar, dass die Affen in die Stadt kommen?«

»Und was heißt das?«, fragte Andrej ratlos.

»Ja, wirklich ... Was heißt das?«, erwiderte Donald mit unangenehmem Lachen.

2

Die Affen waren schon in der Stadt. Sie liefen auf Häusersimsen, hingen wie Trauben an Laternenpfählen, tanzten in pelzigen Horden auf Kreuzungen, klebten an Fenstern, warfen mit Pflastersteinen, jagten verwirrte Menschen, die in Unterwäsche auf die Straße gerannt waren.

Mehrere Male hielt Donald an, um Flüchtlinge aufzuladen. Die Mülltonnen hatten sie längst abgeworfen. Das Pferd, das vor den Leiterwagen gespannt gewesen war, galoppierte eine Zeit lang wie im Wahnsinn vor ihrem Lkw her; auf dem Leiterwagen schlief niemand mehr: Dort saß ein kräftiger silbergrauer Pavian, der mit seinen langen haarigen Armen herumfuchtelte und durchdringend schrie. Andrej sah, wie der Wagen krachend gegen einen Laternenpfahl prallte; das Pferd lief mit abgerissenem Geschirr weiter, der Pavian sprang geschickt auf die nächste Dachrinne und verschwand.

Auf dem Platz vor dem Rathaus herrschte Panik. Automobile fuhren vor und wieder weg, Polizisten rannten herum, verwirrte Leute in Unterwäsche schlichen umher. Am Eingang wurde ein Beamter gegen die Wand gepresst, man schrie auf ihn ein, stellte Forderungen; er aber wehrte sich mit Spazierstock und Aktentasche.

»Drunter und drüber«, sagte Donald und sprang aus dem Wagen.

Sie liefen ins Rathaus und verloren sich in dem Gewühl von Menschen sofort aus den Augen. Überall standen Leute in Zivil herum, in Polizeiuniformen oder in Unterwäsche, tausendfaches Gewirr von Stimmen, und vom Tabakqualm tränten Andrej die Augen.

»Verstehen Sie doch! Ich kann doch nicht so – nur in Unterhosen …!«

»Öffnen Sie sofort das Arsenal und teilen Sie die Waffen aus! Zum Teufel, geben Sie wenigstens den Polizisten Waffen!«

»Wo ist der Polizeichef? Eben war er doch da …«

»Meine Frau ist noch dort, verstehen Sie? Und die alte Schwiegermutter!«

»Hören Sie, es ist nichts Schlimmes. Affen sind eben Affen …«

»Stell dir vor, ich wache auf, und auf dem Fensterbrett sitzt einer …«

»Und wo ist der Polizeichef? Pennt der Fettwanst etwa noch?«

»Bei uns an der Ecke stand eine Laterne. Die haben sie umgerissen.«

»Kowalewski! Auf Zimmer zwölf, schnell!«

»Das werden Sie doch einsehen, dass ich nicht in Unterhosen …«

»Wer kann Auto fahren? Chauffeure! Alle auf den Platz! Zur Litfaßsäule!«

»Wo ist denn nun zum Teufel der Polizeichef? Geflüchtet, der Hund?«

»Also. Geh mit ein paar Männern in die Gießerei. Dort nimmst du diese … na, diese Stangen für die Parkzäune. Nimm alle! Und komm gleich wieder her!«

»… Also, da hau ich ihm eins auf die haarige Schnauze, verstauche mir sogar die Hand dabei, und er brüllt: ›Herrgott! Was machst du? Das bin doch ich, Freddy!‹ So ein Mist aber auch …«

»Ob sich Luftgewehre eignen?«

»Ins zweiundsiebzigste Viertel – drei Wagen! Ins dreiundsiebzigste – fünf …«

»Lassen Sie Uniformen ausgeben! Gebrauchte. Nur gegen Quittung, damit wir sie danach wiederkriegen!«

»Hören Sie, haben die Schwänze? Oder ist mir das nur so vorgekommen?«

Andrej wurde gestoßen, geschubst, an die Wände des Korridors gedrückt; man trat ihm auf die Füße, und auch er drängelte und schubste. Erst suchte er Donald, um als Zeuge der Verteidigung bei der reuigen Waffenabgabe dabei zu sein, dann aber begriff er, dass die Invasion der Paviane wohl eine ernste Sache war, wenn hier solch ein Durcheinander herrschte. Sogleich bedauerte er, dass er keinen Lkw fahren konnte, und er wusste auch nicht, wo sich die Gießerei mit den geheimnisvollen Stangen befand. Mit gebrauchten Uniformen konnte er auch niemanden ausstatten – eigentlich war er hier zu nichts nütze. Dann aber wollte er wenigstens mitteilen, was er mit eigenen Augen gesehen hatte, vielleicht waren diese Angaben von Bedeutung. Doch die einen wollten überhaupt nicht zuhören, andere unterbrachen ihn, kaum dass er angefangen hatte, und erzählten selber.

Bekümmert stellte er fest, dass er in diesem Durcheinander aus Uniformen und Pyjamas kein bekanntes Gesicht entdecken konnte – nur einmal sah er kurz den schwarzen Silva, dessen Kopf mit einem blutigen Lappen verbunden war. Inzwischen aber wurde offensichtlich etwas unternommen: Jemand bestellte jemand anderen hierher und schickte ihn dann irgendwohin, die Stimmen wurden lauter, selbstsicherer, und man sah immer weniger Unterhosen, während die Zahl der Uniformen deutlich zunahm. Einen Augenblick lang glaubte Andrej, gleichmäßige Stiefelschritte und ein Marschlied zu hören, aber man hatte nur einen tragbaren Safe fallen gelassen, der nun die Treppe hinunterpolterte und in der Tür der Verpflegungsabteilung stecken blieb.

Da erblickte Andrej ein bekanntes Gesicht – einen Beamten und ehemaligen Kollegen aus der Buchhaltung des Eichamtes. Andrej zwängte sich durch die Menge hindurch bis zu ihm hin, presste den Mann an die Wand und erklärte ihm in einem Atemzug, dass er, Andrej Woronin – erinnern Sie sich, wir waren Kollegen? –, zurzeit Müllfahrer, hier niemanden finden könne, aber setzen Sie mich irgendwo ein, es werden doch sicherlich Leute gebraucht … Der Beamte hörte eine Zeit lang zu, wobei er hektisch zwinkerte und schwache Versuche machte, sich loszureißen, schließlich stieß er Andrej fort und schrie: »Wo soll ich Sie denn einsetzen? Sehen Sie denn nicht – ich bringe Akten zur Unterschrift!« Und dann flüchtete er den Korridor entlang.

Andrej unternahm noch einige Versuche, bei organisierten Aktionen mitzuwirken, wurde aber stets zurückgewiesen. Alle hatten es schrecklich eilig, und es gab niemanden, der einfach ruhig dagestanden und zum Beispiel Listen von Freiwilligen zusammengestellt hätte. Andrej war darüber sehr aufgebracht. Er fing an, alle Türen aufzureißen in der Hoffnung, wenigstens eine verantwortliche Person zu finden, die nicht rannte, nicht schrie und nicht mit den Armen fuchtelte – es war doch klar, dass sich hier irgendwo ein Stab befinden musste, der dieses ganze Treiben lenkte.

Das erste Zimmer war leer. Im zweiten brüllte ein Mann im Schlafanzug in den Telefonhörer. Ein anderer zog fluchend einen engen Bürokittel über; unter dem Kittel schauten Polizeihosen und geflickte Polizeischuhe ohne Schnürsenkel hervor. Als Andrej in den dritten Raum hineinsah, schlug ihm irgendetwas Rosafarbenes mit Knöpfen ins Gesicht; er erhaschte einen Blick auf ein paar recht beleibte, weibliche Körper und zuckte zurück. Dafür traf er im vierten Raum den Mentor an.

Er saß auf dem Fensterbrett, hielt seine Knie umfasst und schaute in die Finsternis hinaus, wo hin und wieder Scheinwerfer aufleuchteten. Als Andrej eintrat, wandte der Mentor ihm sein gutmütiges rotwangiges Gesicht zu, zog wie immer ein wenig die Brauen hoch und lächelte. Dieses Lächeln besänftigte Andrej sogleich: All seine Wut und Erbitterung verflogen, und er wusste, dass nun alles ins Lot kommen und gut ausgehen würde.

»Sehen Sie«, sagte Andrej, breitete ratlos die Arme aus und erwiderte das Lächeln. »Ich bin völlig überflüssig. Auto fahren kann ich nicht, wo sich die Gießerei befindet, weiß ich nicht. Es herrscht totales Durcheinander, man versteht überhaupt nichts.«

»Ja«, stimmte ihm der Mentor voller Mitgefühl zu. »Ein schreckliches Durcheinander.« Er nahm die Füße vom Fensterbrett, setzte sich auf seine Handflächen und ließ die Beine baumeln wie ein Kind. »Geradezu unanständig. Man muss sich schämen. Erwachsene Menschen, mit Erfahrung! Also stimmt die Organisation nicht. Habe ich Recht, Andrej? Wichtige Fragen wurden dem Selbstlauf überlassen. Ungenügende Vorbereitung … mangelhafte Disziplin. Und die Bürokratie natürlich.«

»Ja!«, sagte Andrej. »Natürlich! Wissen Sie, was ich beschlossen habe? Ich werde jetzt niemanden mehr suchen, nichts mehr erklären, ich nehme einen Stock und ziehe los. Ich reihe mich irgendwo in eine Abteilung ein. Und wenn die mich nicht aufnehmen – dann geh ich eben allein. Dort sind doch Frauen zurückgeblieben … und Kinder …«

Bei jedem Wort nickte der Mentor, er lächelte nicht mehr, seine Miene war jetzt ernst und mitfühlend.

»Nur eines noch«, sagte Andrej stirnrunzelnd. »Was ist mit Donald?«

»Mit Donald? Ach, mit Donald Cooper!« Er lachte. »Sie denken natürlich, Donald Cooper sei schon verhaftet worden und bereue seine Verbrechen. Nichts dergleichen. Donald Cooper organisiert gerade eine Freiwilligenabteilung, um diese schändliche Invasion zurückzuschlagen. Er ist kein Bandit und hat auch keinerlei Verbrechen begangen, die Pistole hat er auf dem Schwarzmarkt gegen eine alte Uhr mit Schlagwerk eingetauscht. Was soll er machen? Er ist sein Leben lang mit einer Waffe herumgelaufen – er ist daran gewöhnt!«

Andrej war erleichtert. »Alles klar! Ich habe es ja selber nicht geglaubt, habe nur gemeint, dass … Schon gut!« Er drehte sich um, hielt dann aber inne. »Sagen Sie – natürlich nur, wenn es kein Geheimnis ist: Wozu das alles? Ich meine die Affen? Woher kommen sie? Was sollen sie beweisen?«

Der Mentor seufzte und sprang vom Fensterbrett.

»Sie stellen mir wieder Fragen, Andrej, auf die …«

»Nein! Ich verstehe alles!«, erwiderte Andrej nachdrücklich, und er presste die Hände an die Brust. »Ich wollte nur …«

»Warten Sie! Sie stellen mir Fragen, auf die ich einfach keine Antwort weiß. Begreifen Sie das endlich. *Ich weiß es nicht!* Die Erosion der Gebäude, die Verwandlung von Wasser in Galle – das war noch vor Ihnen – und jetzt eben Paviane. Erinnern Sie sich, Sie wollten immer wissen, wie es sein kann, dass Menschen unterschiedlicher Nationalitäten eine Sprache sprechen. Erinnern Sie sich, wie Sie das verblüfft hat, wie Sie dem misstrauten, sich sogar fürchteten und Kenshi zu beweisen suchten, dass er Russisch spreche, und Kenshi Ihnen beweisen wollte, dass Sie selber Japanisch sprechen, erinnern Sie sich? Inzwischen haben Sie sich daran gewöhnt, jetzt kommen Ihnen solche Fragen nicht mehr in den Sinn. Das ist eine der Bedingungen des Experiments. Das Experiment ist das Experiment, was ist da noch zu sagen?« Er lächelte. »Jetzt gehen Sie, gehen Sie, Andrej. Ihr Platz ist dort. Handeln ist das Wichtigste. Jeder an seinem Platz, und jeder tut, was er kann!«

Andrej ging – nein, er rannte auf den Flur hinaus, der jetzt völlig menschenleer war, stürzte die Paradetreppe hinunter auf den Platz und erblickte eine Menge, die völlig ruhig und zum Handeln bereit um einen Lastwagen herum unter einer Laterne stand. Ohne zu zögern, gesellte er sich zu den Männern, drängte sich vorwärts, man drückte ihm einen schweren Metallspeer in die Hand. Jetzt fühlte er sich bewaffnet, stark und bereit zum entschlossenen Kampf.

In der Nähe kommandierte jemand mit vertrauter Stimme, es solle eine Kolonne zu drei Mann gebildet werden. Andrej, den Speer geschultert, lief dorthin und fand einen Platz zwischen einem schwergewichtigen Lateinamerikaner mit Hosenträgern über dem Nachthemd und einem dünnen, weißblonden Intellektuellen in zerknittertem Anzug, der schrecklich aufgeregt war. Ständig nahm er seine Brille ab, behauchte die Gläser, putzte sie mit dem Taschentuch und setzte sie wieder auf die Nase, wo er sie mit zwei Fingern zurechtrückte.

Die Abteilung war nicht groß, nur etwa dreißig Mann. Befehligt wurde sie, wie sich herausstellte, von Fritz Geiger. Das war einerseits ärgerlich, weil Geiger ein alter Faschist war, andererseits aber musste sich Andrej eingestehen, dass Geiger in dieser Situation durchaus am rechten Platz war.

Wie es sich für einen einstigen Unteroffizier der Wehrmacht gehörte, drückte er sich nicht gerade fein aus. »Sti-illgestanden!«, schrie er über den Platz, als kommandiere er ein Regiment beim Exerzieren. »He, Sie da, in den Hauslatschen! Ja, Sie! Rühren Sie Ihren Arsch! Und Sie, was stehen Sie breitbeinig da wie die Kuh beim Bullen? Geht Sie das nichts an? Lanzen bei Fuß! Nicht auf die Schultern, habe ich gesagt, bei Fuß! Sie da, das Weib mit den Hosenträgern! Sti-illgestanden! Mir nach, im Gleichschritt ... Halt! Im Gleichschritt – marsch!« Irgendwie marschierten sie los. Andrej wurde sogleich von hinten getreten, er stolperte, stieß mit der Schulter an den Intellektuellen, und der ließ seine Brille fallen, die er gerade am Putzen war. »Ochse!«, sagte Andrej, der nicht an sich halten konnte. »Vorsicht«, schrie der Intellektuelle mit hoher Stimme. »Um Himmels willen!« Andrej half ihm, die Brille zu suchen, und als Fritz auf sie zustürmte, außer sich vor Wut, schickte ihn Andrej zum Teufel.

Zusammen mit dem ständig stolpernden und sich ewig bedankenden Intellektuellen holte er die Kolonne ein, und nach zwanzig Metern erhielten sie den Befehl zum Aufsitzen. Es gab nur einen großen Lkw, auf dem unlängst noch Mörtel transportiert worden war, und als sie aufgestiegen waren, schmatzte und schlabberte es unter ihren Füßen. Der Mann in Pantoffeln stieg schwerfällig wieder ab und erklärte mit erhobener Stimme, dass er auf diesem Wagen nirgendwohin fahre. Geiger befahl ihm, auf die Ladefläche zurückzukehren. Der Mann wandte ein, dass er in Pantoffeln sei und nasse Füße habe. Geiger nannte ihn ein trächtiges Schwein. Der Mann erwiderte furchtlos, dass er eben kein Schwein sei, denn das habe gegen solchen Dreck wahrscheinlich nichts einzuwenden – er dagegen entschuldige sich vielmals bei allen, die bereit seien, in diesem Schweinekoben zu fahren, aber … Da stieg plötzlich der Lateinamerikaner vom Wagen, spuckte Geiger verächtlich vor die Füße, steckte die plumpen Finger unter die Hosenträger und schritt bedächtig von dannen.

Andrej empfand bei alldem eine gewisse Schadenfreude. Er billigte keineswegs das Verhalten des Mannes in Pantoffeln – und das des Mexikaners schon gar nicht –, kein Zweifel, sie verhielten sich unkameradschaftlich und führten sich auf wie Spießer –, aber er war äußerst neugierig darauf, was der Herr Unteroffizier jetzt tun und wie er sich aus der Situation herauswinden würde.

Doch der Herr Unteroffizier meisterte seine Niederlage mit Anstand. Er drehte sich wortlos auf dem Absatz um, sprang aufs Trittbrett neben den Chauffeur und kommandierte laut: »Abfahren!« In dem Moment wurde die Sonne eingeschaltet.

Andrej konnte sich nur mit Mühe aufrecht halten, klammerte sich immer wieder an seine Nachbarn und beobachtete mit gerecktem Hals, wie der himbeerfarbene Diskus am gewohnten Platz aufleuchtete: Erst zitterte die Scheibe, als pulsiere sie, dann wurde sie immer klarer, orangefarben, gelb, weiß. Dann erlosch sie eine Weile, um sogleich in voller Kraft aufs Neue zu erstrahlen, so dass es unmöglich wurde, in sie hineinzuschauen.

Ein neuer Tag hatte begonnen. Der pechschwarze sternenlose Himmel wurde trübblau. Es war schwül und roch nach heißem Wüstenwind, und die Stadt tauchte auf wie aus dem Nichts – klar, bunt, gestreift von bläulichen Schatten, riesig … Stockwerke türmten sich über Stockwerke, Gebäude über Gebäude, keines glich dem anderen, und man sah die glühend heiße gelbe Wand, die zur Rechten bis in den Himmel reichte. Links, in den Lichtöffnungen über den Dächern, schaute man hingegen in blaue Leere, so, als breitete sich dort ein Meer aus. Und sofort bekam man Durst. Viele blickten aus Gewohnheit auf die Uhr. Es war genau acht.

Sie fuhren nicht lange. Die Affenhorden waren noch nicht bis hierher vorgedrungen, die Straßen wirkten still und verlassen – wie immer am frühen Morgen. In manchen Häusern wurden Fenster aufgerissen, verschlafene Menschen reckten sich und betrachteten gleichgültig den Lastwagen. Frauen in Nachthauben lüfteten die Betten, auf einem Balkon machte ein alter Mann in gestreiften Hosen und mit wehendem Bart eifrig seine Frühgymnastik. Bis hierher war die Panik noch nicht vorgedrungen, aber in der Nähe des Sechzehnten Viertels begegneten ihnen schon die ersten Flüchtlinge – zerzaust und weniger verängstigt als wütend, einige mit Bündeln auf dem Rücken. Als die Leute den Lastwagen erblickten, blieben sie stehen, winkten und schrien etwas. Der Lkw aber bog mit Geheul in die Vierte Linke ein und hätte dabei fast zwei alte Leute überfahren, die einen Karren mit Koffern vor sich her schoben. Dann hielt er an. Und sofort sahen sie die Paviane.

Sie benahmen sich auf der Vierten Linken wie zu Hause – im Urwald oder wo sie lebten. Die Schwänze zu Haken gebogen, schlenderten sie faul von Bürgersteig zu Bürgersteig, sprangen fröhlich über die Simse, schaukelten an Laternen, lausten sich hingebungsvoll, kletterten auf Litfaßsäulen und riefen sich von dort schallend etwas zu, zogen Grimassen, balgten und paarten sich ungeniert. Eine Bande von silbrig behaarten Dieben raubte einen Lebensmittelkiosk aus, zwei langschwänzige Halbstarke belästigten eine schreckensbleiche Frau, die starr in einem Hauseingang stand, und eine dickpelzige Schönheit, die es sich in der Bude des Verkehrspolizisten bequem gemacht hatte, streckte Andrej kokett die Zunge heraus. Währenddessen wehte der warme Wind Staubwolken und Bettfedern heran, ausgerissene Buchseiten, Fellflocken und Kotgerüche.

Fassungslos schaute Andrej zu Fritz. Der betrachtete mit zusammengekniffenen Augen wie ein gestandener Heerführer das künftige Schlachtfeld. Der Fahrer stellte den Motor ab, die eingetretene Stille füllte sich mit wilden, nicht eben städtischen Lauten: Brüllen und Miauen, Gurren, Rülpsen, Schmatzen und Grunzen ... Plötzlich schrie die Frau, die von den Affen belästigt wurde, laut auf, und Fritz schritt zur Tat.

»Absitzen!«, kommandierte er. »Los, los! Kette bilden ... Kette habe ich gesagt, nicht Haufen! Vorwärts! Schlagt sie, jagt sie! Kein Vieh darf hierbleiben! Auf den Kopf und den Rücken schlagen! Nicht stechen, sondern schlagen! Vorwärts, los! Nicht stehen bleiben, he, Sie da!«

Andrej sprang als einer der Ersten ab. In die Kette trat er nicht, sondern packte seinen Eisenknüppel und eilte der Frau zu Hilfe. Als ihn die Affen erblickten, liefen sie blitzschnell die Straße hinauf und schwenkten dabei wie zum Spott ihr glänzendes Hinterteil. Die Frau hörte nicht auf zu kreischen, kniff die Augen zu und ballte die Fäuste, aber da ihr keine Gefahr mehr drohte, wandte sich Andrej den Pavianen zu, die den Kiosk plünderten.

Sie waren sehr groß und clever – vor allem einer, der einen kohlschwarzen Schwanz hatte: Er saß auf einem Fass, fischte mit seinem langen behaarten Arm nach Salzgurken und kaute sie genüsslich. Von Zeit zu Zeit spuckte er auf seine Kumpane, die voller Begeisterung die Sperrholzwand des Kiosks abrissen. Als sich Andrej näherte, hörte der Affe mit dem schwarzen Schwanz auf zu kauen und grinste breit. Andrej gefiel das Grinsen nicht, aber ein Zurückweichen war unmöglich. Er holte mit der Eisenstange aus, schrie »Hau ab!« und stürzte vorwärts.

Der Pavian fletschte die Zähne – er hatte ein Gebiss wie ein Pottwal. Dann sprang er lässig vom Fass, ging einige Schritte beiseite und machte sich daran, seine Achselhöhle zu belecken. »Hau ab, du Scheusal!«, schrie Andrej und schlug mit der Stange ans Fass. Da sprang der Pavian beiseite und war mit einem Satz auf dem Sims des ersten Stocks. Von der Feigheit des Gegners ermutigt, schritt Andrej nach vorn und donnerte mit seiner Stange an die Wand des Kiosks. Die Wand barst, und die Freunde des Schwarzschwänzigen stoben nach allen Seiten auseinander. Das Schlachtfeld war gesäubert. Andrej blickte sich um.

Geigers Kampfordnung hatte sich aufgelöst. Die Männer schlichen verstört die leere Straße entlang, schauten in Einfahrten, blieben stehen, legten den Kopf in den Nacken und blickten hinauf zu den Pavianen, die auf den Häusersimsen saßen. Ein Stück weiter entfernt rannte der Intellektuelle über das Pflaster und schwang seine Stange. Er verfolgte einen lahmen Affen, der sich aber mühelos immer zwei Schritte vor ihm hielt. Kämpfen konnte man hier gegen niemanden. Sogar Fritz war ratlos. Mit düsterer Miene stand er neben dem Lkw und kaute an seinem Daumen.

Die eben noch stillen Paviane fühlten sich nun in Sicherheit und begannen einander wieder zuzurufen, sich zu kratzen und zu paaren. Die Frechsten von ihnen ließen sich tiefer hinunter, zogen schimpfend Grimassen oder zeigten den Männern ihr Gesäß, um sie zu beleidigen. Andrej sah wieder den Affen mit dem schwarzen Schwanz: Er saß auf der anderen Straßenseite oben auf einer Laterne und lachte schallend. Der Laterne näherte sich nun ein kleiner dunkler Mann mit drohender Miene. Er sah aus wie ein Grieche. Der Mann holte aus und warf die Eisenstange mit aller Kraft nach dem Affen. Es klirrte, Glas zersplitterte, der Affe sprang überrascht einen Meter hoch, stürzte beinahe ab, hielt sich jedoch geschickt mit dem Schwanz fest und nahm die frühere Pose wieder ein. Und plötzlich, mit gebeugtem Rücken, bedachte er den Griechen mit einem Strahl flüssigen Kots. Andrej spürte Übelkeit und wandte sich ab. Es war die totale Niederlage, und einen Ausweg zu finden schien unmöglich. Da ging Andrej auf Fritz zu und fragte leise: »Was machen wir jetzt?«

»Weiß der Henker«, sagte Fritz wütend. »Bräuchten einen Flammenwerfer …«

»Vielleicht sollten wir Ziegelsteine holen?«, schlug ein pickliger Junge vor, der an sie herangetreten war. »Ich arbeite in der Ziegelei. Einen Wagen haben wir, in einer halben Stunde sind wir zurück.«

»Nein«, erklärte Fritz streng. »Ziegelsteine eignen sich nicht. Erst zerschlagen wir alle Fenster, und dann werden uns die Affen mit denselben Ziegeln … Nein. Wir bräuchten etwas Pyrotechnisches … Raketen, Petarden … Ach, hätten wir bloß ein Dutzend Flaschen Phosgen!«

»Wo sollen wir in der Stadt Petarden hernehmen?«, fragte verächtlich ein Mann mit tiefer Stimme. »Und was das Phosgen angeht – da sind mir die Paviane lieber …«

Um den Chef herum begann sich eine Menschenmenge zu sammeln. Nur der dunkle Grieche blieb abseits; er wusch sich an einer Pumpe und fluchte dabei auf das Heftigste.

Aus den Augenwinkeln heraus beobachtete Andrej, wie sich der schwarzschwänzige Affe und seine Freunde wieder an den Kiosk heranschlichen, und hier und da entdeckte er in den Fenstern die Gesichter von Frauen; sie waren entweder bleich von der durchlittenen Angst, oder sie waren rot vor Wut. »He, was steht ihr da rum?«, schrien sie aufgebracht. »Verjagt sie doch endlich, Männer! Seht, sie plündern den Kiosk! Männer, tut was! He, du Blonder! Kommandierst du, oder was? Wieso steht ihr rum wie Ölgötzen? … Mein Gott, die Kinder weinen! Unternehmt doch was, damit wir rauskönnen! … Das wollen Männer sein! Haben Angst vor Affen!« Die Männer verteidigten sich finster und beschämt. Die Stimmung war niedergedrückt.

»Die Feuerwehr! Die Feuerwehr muss her!«, erklärte der Mann mit der tiefen Stimme, dem Paviane lieber waren als Phosgen. »Mit Leitern und Spritzen!«

»Was soll das – woher sollen wir so viele Feuerwehrleute nehmen …«

»Oder wir zünden Fackeln an? Vielleicht haben sie Angst vorm Feuer?«

»Warum zum Teufel haben sie den Polizisten die Waffen weggenommen? Die sollten sie wieder austeilen!«

»Wollen wir nicht lieber nach Hause? Wenn ich daran denke, dass meine Frau dort allein ist ...«

»Hören Sie auf! Wir alle haben Frauen. Und die da gehören auch zu jemandem.«

»Na, eben ...«

»Vielleicht auf die Dächer steigen? Sie von dort mit irgendwas ...«

»Wie willst du an sie herankommen, du Dummkopf! Mit deinem Knüppel?«

»Oh, diese Mistviecher!«, schrie plötzlich hasserfüllt der Mann mit der tiefen Stimme. Er lief los und warf seine Stange mit ganzer Kraft in den schon stark lädierten Kiosk. Die Stange durchschlug die Sperrholzwand, die Bande des schwarzschwänzigen Affen guckte verwundert und tat sich weiter an Gurken und Kartoffeln gütlich. Die Frauen in den Fenstern lachten höhnisch.

»Na schön«, gab jemand zu bedenken. »Zumindest halten wir sie auf, beschränken sie in ihrer Bewegungsfreiheit. Immerhin etwas. Solange wir hier sind, haben sie Angst, weiter in die Stadt vorzudringen ...«

Jetzt blickten sie alle umher, fingen an, laut durcheinander zu reden und brachten den Mann zum Schweigen. Erstens stellte sich heraus, dass die Paviane durchaus in die Stadt vordrangen, egal was er zu bedenken gab. Und zweitens, selbst wenn sie das nicht getan hätten – was er denn wolle? Etwa hier übernachten? Sich hier einrichten? Hier pinkeln und ...?

Da aber klapperten auf einmal Pferdehufe über das Pflaster, ratterten und quietschten Räder; alle verstummten und schauten die Straße hinauf. Sie sahen einen zweispännigen Pferdewagen, der sich ihnen langsam näherte. Darauf saß ein kräftiger Mann, der seine Beine seitwärts aus dem Wagen baumeln ließ und friedlich vor sich hindöste. Die Zügel hingen schlaff in seinen sonnengebräunten Händen; er trug grobe Filzstiefel, eine ausgebleichte russische Uniformjacke und ebenso ausgebleichte Reithosen. Sein herabgesunkener Kopf war von wirrem rotem Haar bedeckt. Die Pferde – ein Brauner und ein Apfelschimmel – trabten langsam und träge dahin und schienen im Gehen zu dösen.

»Er fährt auf den Markt«, sagte jemand respektvoll. »Ein Farmer.«

»Als ob die Farmer nicht genug Sorgen hätten – wenn sie jetzt noch von diesen Mistviechern überfallen werden …«

»Übrigens, ich kann mir das lebhaft vorstellen – Paviane in der Saat!«

Andrej schaute neugierig hin; zum ersten Mal, seit er in der Stadt war, sah er einen Farmer. Er hatte oft von diesen Leuten gehört – es hieß, sie wären wild und mürrisch, lebten weit entfernt in der Wildnis und führten inmitten von Sümpfen und Dschungeln ein hartes Leben. In die Stadt kamen sie nur, um ihre Erzeugnisse zu verkaufen. Und im Unterschied zu den Städtern wechselten sie niemals den Beruf.

Der Wagen kam langsam heran. Der Kutscher nickte und schnalzte manchmal ohne aufzuwachen und ruckte leicht an den Zügeln. Plötzlich aber gerieten die Affen, die bisher recht friedlich gestimmt gewesen waren, in Rage. Vielleicht waren es die Pferde. Oder sie ärgerten sich jetzt doch über die fremden Männer auf ihrer Straße. Sie wurden laut, schrien wild durcheinander, rannten umher und fletschten die Zähne. Ein paar besonders eifrige Affen kletterten an Abflussrohren auf die Dächer und brachen dort die Ziegel ab …

Einer der ersten Brocken traf den Farmer an der Schulter. Er zuckte zusammen, richtete sich auf und sah mit weit aufgerissenen, vor Zorn geröteten Augen auf die Straße. Als Erstes bemerkte er den Intellektuellen, der gerade erschöpft von seiner ergebnislosen Verfolgung zurückkehrte und allein hinter dem Wagen herlief. Der Farmer ließ wortlos die Zügel los (die Pferde blieben sogleich stehen), sprang vom Wagen und stürmte auf den Flegel zu. Aber da traf ein anderes Ziegelstück den Intellektuellen direkt auf den Scheitel. Der Intellektuelle ächzte, ließ die Stange fallen, umfasste mit beiden Händen den Kopf und ging in die Knie. Der Farmer blieb verblüfft stehen. Um ihn herum krachten Ziegelbrocken aufs Pflaster und zerfielen zu orangefarbenem Staub.

»Abteilung, in Deckung!«, kommandierte Fritz tapfer und rannte in den nächsten Hauseingang. Alle stürzten davon. Andrej presste sich an eine Hauswand und beobachtete aus dem toten Winkel heraus interessiert den Farmer, der sich ganz benommen umschaute und offensichtlich nichts begriff. Sein Blick glitt über die Simse und Dachrinnen, auf denen die Paviane saßen. Die Miene des Farmers verdüsterte sich; er schüttelte den Kopf, dann riss er die Augen weit auf und sagte laut: »Euch Scheißkerle werd ich!«

»In Deckung!«, rief man ihm von allen Seiten zu. »He, Rauschebart! Hierher! Sonst kriegst du eins auf die Birne!«

»Was ist das?«, fragte der Farmer den Intellektuellen, der auf allen vieren seine Brille suchte. »Was sind das für welche, sagen Sie mal?«

»Affen natürlich!«, antwortete der Intellektuelle erbost. »Sehen Sie das nicht selber, mein Herr?«

»Eine Wirtschaft ist das bei euch!«, rief der Farmer, der erst jetzt richtig wach geworden war. »Immer denkt ihr euch was Neues aus …«

Der Sohn der Sümpfe war nun, da er wusste, dass man ihm keine Kränkung angetan hatte, philosophisch und gutmütig gestimmt. Aber er war fassungslos angesichts der Affenhorden, die auf den Simsen und Laternen herumsprangen. Er schüttelte missbilligend den Kopf und kraulte sich den Bart. Der Intellektuelle fand endlich seine Brille wieder, ergriff die

Stange und rannte in Deckung, so dass der Farmer mutterseelenallein auf der Straße zurückblieb – eine verlockende Zielscheibe für die haarigen Scharfschützen. Wie ungünstig seine Position war, zeigte sich sogleich. Ein Dutzend großer Ziegelbrocken landete krachend zu seinen Füßen, kleinere Splitter regneten ihm auf den zottigen Kopf und auf die Schultern.

»Was soll denn das!?«, brüllte der Farmer. Ein weiterer Brocken traf ihn an der Stirn. Der Farmer verstummte und stürzte zu seinem Wagen.

Andrej stand genau gegenüber und meinte zuerst, der Mann würde sich auf seinen Wagen werfen, auf alles pfeifen und schleunigst heim in die Sümpfe fliehen, fort aus der gefährlichen Stadt. Doch der Farmer dachte gar nicht daran. Er brummte »M-mistviecher, verrr-dammte! Hur-renpack!«, und kramte in seinem Wagen herum. Andrej sah nur seinen breiten Rücken und konnte nicht erkennen, was der Mann tat. Doch die Frauen im gegenüberliegenden Haus sahen es – plötzlich kreischten sie allesamt auf, schlugen die Fenster zu und verschwanden. Ehe Andrej sich's versah, hatte sich der Farmer hingekniet; über seinem Kopf war ein dicker, ölig glänzender Lauf mit lochbesetztem Mantel auf die Dächer gerichtet.

»Auf-hör-ren!«, schrie Fritz, und Andrej sah, wie er von rechts mit großen Sätzen zu dem Wagen rannte.

»So, ihr Lumpen, ihr verdammten Mistviecher …«, brummte der Bärtige, während er behänd ein paar komplizierte Handbewegungen machte, die von metallischem Klicken begleitet wurden. Andrejs Anspannung wuchs in der Vorahnung von Krach und Feuer, und auch die Affen schienen etwas zu wittern. Sie hörten auf zu werfen, setzten sich auf die Schwänze, drehten ihre Hundeköpfe unruhig hin und her und riefen einander bellend Paviangedanken zu.

Fritz war inzwischen beim Wagen angelangt. Er packte den Bärtigen an der Schulter und wiederholte gebieterisch: »Aufhören!«

»Lass mich in Ruhe!«, fuhr der Farmer ihn ärgerlich an und ruckte mit der Schulter. »Lass mich, ich hol's runter, das geschwänzte Vieh.«

»Ich habe befohlen: Aufhören!«, schnauzte Fritz.

Der Farmer hob den Blick, sah ihn an und stand langsam auf.

»Was willst du?«, fragte er und dehnte mit maßloser Verachtung seine Worte. Er war so groß wie Geiger, aber von seiner Statur her deutlich breiter.

»Woher haben Sie die Waffe?«, fragte Fritz scharf. »Zeigen Sie die Papiere!«

»Du Rotznase!«, sagte der Bärtige mit verwundertem, aber drohendem Unterton. »Die Papiere willst du sehen? Und das – das möchtest du nicht, was, du blonde Laus?«

Fritz achtete nicht auf die unanständige Geste, die der Farmer gemacht hatte, sondern schaute ihm weiterhin direkt in die Augen. Dann brüllte er über die ganze Straße: »Rummer! Frisch! Woronin! Zu mir!«

Als Andrej seinen Namen hörte, wunderte er sich, löste sich jedoch sofort von der Wand und ging ohne Eile zum Wagen. Von der anderen Seite näherte sich in leichtem Trab der stämmige Rummer, einst Berufsboxer, und auch Geigers Freund, der kleine, schmächtige Otto Frisch, ein skrofulöser junger Mann mit Segelohren, kam eiligst angerannt.

»Dann los!« Der Farmer lächelte böse, als er die Kampfvorbereitungen beobachtete.

»Ich bitte Sie nochmals, Ihre Papiere vorzuzeigen«, sagte Geiger mit eisiger Höflichkeit.

»Leck mich am Arsch«, erwiderte der Bärtige träge. Er schaute hauptsächlich auf Rummer und legte seine Hand scheinbar unabsichtlich auf den Griff seiner furchteinflößenden Peitsche, die aus weiß gegerbtem Leder kunstvoll geflochten war.

»He, Leute!«, sagte Andrej warnend. »Hör mal, Farmer, lass das, fang keinen Streit an, wir kommen von der Stadtverwaltung.«

»Die Stadtverwaltung kann mich auch mal«, antwortete der Farmer, wobei er Rummer mit bösem Blick von Kopf bis Fuß musterte.

»Was liegt an?«, erkundigte sich Rummer leise und mit heiserer Stimme.

»Sie wissen sehr gut«, sagte Fritz zu dem Bärtigen, »dass Waffen im Stadtgebiet verboten sind. Ein Maschinengewehr erst recht. Wenn Sie eine Genehmigung haben, bitte ich, sie vorzuweisen.«

»Wer seid ihr denn, dass ihr eine Genehmigung von mir sehen wollt? Polizei? Gestapo, oder was?«

»Wir sind eine Freiwilligenabteilung der Bürgerwehr.«

Der Bärtige lächelte. »Dann wehrt euch doch, wenn ihr von der Wehr seid, wer hindert euch daran?«

Auf einmal entspann sich ein normales Gespräch. Die Abteilung sammelte sich um den Wagen. Sogar einige Männer aus den Häusern stießen dazu – der eine mit einer Kaminzange, der andere mit einem Feuerhaken und der dritte mit einem Stuhlbein in der Hand. Neugierig betrachteten sie den Bärtigen, das unheilvolle Maschinengewehr, das vom Wagen steil nach oben ragte, und etwas Rundes aus Glas, das unter der Plane hervorlugte. Der Farmer verströmte einen eigenartigen Geruch, eine Mischung aus Schweiß, Knoblauchwurst und Schnaps.

Auch Andrej musterte ihn – mit einer Art Rührung, die ihn selber wunderte –, das ausgebleichte, in den Achseln durchgeschwitzte Hemd mit dem einzigen (und nicht einmal geschlossenen) Bronzeknopf am Kragen; die auf vertraute Art rechts in die Stirn gezogene Soldatenmütze, auf der noch Reste eines fünfzackigen Sterns zu sehen waren, und die riesigen Filzstiefel. Nur der Vollbart passte nicht ins Bild … Plötzlich kam Andrej in den Sinn, dass dieses Bild ja bei Fritz ganz andere Empfindungen und Assoziationen hervorrufen musste. Er schaute zu Fritz hinüber. Der stand steif da, die

Lippen zu einem Strich zusammengepresst, die Nase verächtlich gerümpft, und fixierte den Bärtigen mit seinen stahlgrauen, wahrhaft arischen Augen.

»Wir brauchen keine Genehmigung«, sagte der Farmer, während er mit seiner Peitsche spielte. »Wir brauchen überhaupt keinen Scheißdreck zu tun – bloß euch Schmarotzer ernähren, das ist alles.«

»Na schön«, dröhnte aus der hinteren Reihe der Mann mit der tiefen Stimme. »Und woher hast du das MG?«

»Das MG? Ein Bündnis von Stadt und Land, wie man sagt: Ich gebe dir ein Viertel von meinem Besten, und du gibst mir ein MG, alles ehrlich und anständig.«

»Aber nein«, erklärte der Bass. »Ein MG ist kein Spielzeug. Das ist nicht irgendeine Dreschmaschine.«

»Ich glaube aber«, mischte sich der Besonnene ein, »dass die Farmer Waffen besitzen dürfen.«

»Niemand darf Waffen besitzen«, piepste Frisch heiser und wurde puterrot.

»Das ist aber dumm!«, wandte der Besonnene ein.

»Klar ist das dumm«, sagte der Bärtige. »Sitz du mal bei uns in den Sümpfen, nachts, wenn die Brunft losgeht.«

»Wer hat die Brunft?«, erkundigte sich lebhaft der Intellektuelle, der sich mit seiner Brille in die erste Reihe gedrängt hatte.

»Wer sie haben soll, der hat sie«, antwortete der Farmer lässig.

Der Intellektuelle erregte sich immer mehr. »Nicht doch, erlauben Sie. Ich bin Biologe, aber bisher ist es mir nicht gelungen …«

»Schweigen Sie«, sagte Fritz zu ihm. »Und Ihnen«, fuhr er an den Farmer gewandt fort, »schlage ich vor, mir zu folgen. Um unnötiges Blutvergießen zu vermeiden!«

Ihre Blicke trafen sich. Und da schien der Bärtige zu spüren, an bestimmten, nur ihm sichtbaren Anzeichen zu erkennen, mit wem er es hier zu tun hatte. Sein Bart teilte sich zu einem boshaften Grinsen, und dann schrie er mit einer widerwärtigen, kränkend dünnen Stimme: »Milchi, Eierli? Hitler kaputt!«

Nicht im mindesten fürchtete der Bärtige ein Blutvergießen – ob unnötig oder nicht.

Als habe er einen Kinnhaken bekommen, schnellte Fritz' Kopf zurück, sein blasses Gesicht lief rot an, und an den Backenknochen traten die Muskeln hervor. Einen Moment lang meinte Andrej, nun würde sich Fritz auf den Farmer stürzen, und Andrei tat schon einen Schritt nach vorn, um sich zwischen die beiden zu stellen, aber Fritz beherrschte sich. Das Blut schwand wieder aus seinem Gesicht, und er erklärte sachlich: »Das gehört nicht hierher. Folgen Sie mir bitte.«

»Lassen Sie ihn doch, Geiger!«, sagte der Mann mit der tiefen Stimme. »Das ist doch ein Farmer. Wo gibt's denn so was – Farmer belästigen!«

Jetzt nickten alle und murmelten, jawohl, das ist ein Farmer, er wird wieder wegfahren und sein MG mitnehmen, das ist doch kein Gangster, also wirklich.

»Wir müssen die Paviane in die Flucht schlagen, und stattdessen spielen wir Polizei!«, sagte der Besonnene.

Sofort löste sich die Spannung. Alle erinnerten sich wieder an die Paviane. Die spazierten schon wieder herum, wo es ihnen passte, und benahmen sich wie zu Hause im Dschungel. Die Bevölkerung erwartete von der Bürgerwehr offenbar keine entscheidenden Taten mehr und beschloss, nun selber zurechtzukommen. Schon eilten Frauen mit Einkaufstaschen, die Lippen geschäftig zusammengekniffen, zu ihren morgendlichen Besorgungen. Viele hielten dabei Bastbesen oder Schrubberstiele in der Hand, um die aufdringlichsten Affen abzuwehren. Bei einem Geschäft wurden die Rollläden hochgezogen, und der Kioskbesitzer umkreiste seinen verwüsteten Kiosk, krächzte, kratzte sich im Nacken und kalkulierte anscheinend etwas. An der Bushaltestelle wuchs eine Schlange, und schon tauchte der erste Bus auf. Er missachtete die Anordnung der Stadtverwaltung und hupte laut, um die Paviane zu verscheuchen; sie waren offensichtlich nicht mit den Regeln des Straßenverkehrs vertraut.

»Tja, meine Herren«, sagte jemand in der hinteren Reihe. »Es scheint, dass wir uns auch noch daran werden gewöhnen und anpassen müssen ... Und jetzt? Fahren wir nach Hause, Kommandeur, nicht wahr?«

Fritz schaute mit finsterer Miene auf die Straße. »Na ja ...«, sagte er mit seiner normalen Stimme. »Dann eben nach Hause.«

Er drehte sich um, die Hände in den Taschen, und begab sich als Erster zum Lkw. Die Abteilung folgte ihm. Streichhölzer und Feuerzeuge flammten auf, jemand fragte nach einer Bescheinigung, weil er zu spät zum Dienst komme. Der Besonnene wusste auch hier Rat: Heute würden sich alle verspäten, wozu also Bescheinigungen. Beim Pferdewagen blieben nur Andrej und der Biologe zurück, der unbedingt wissen wollte, wer denn in den Sümpfen gerade in der Brunft sei.

Der Bärtige, der gerade das MG auseinandernahm und wieder einpackte, erklärte herablassend, dass die Rötlinge brünftig seien. »Und die, Bruder, sind so was wie Krokodile. Hast du schon einmal ein Krokodil gesehen? Also so was, nur mit Fell. Mit sehr hartem rotem Fell. Und in der Brunft, Mann, sieh dich vor. Erstens sind sie stark wie Bullen, und zweitens bemerken sie in dieser Zeit nichts – Häuser, Scheunen, alles geht zu Bruch ...«

Die Augen des Intellektuellen leuchteten; begierig hörte er dem Farmer zu und rückte immer wieder mit gespreizten Fingern seine Brille zurecht. Fritz rief vom Lkw herunter: »He, kommt ihr nun mit oder nicht? Andrej!« Der Intellektuelle schaute zum Lkw, dann auf die Uhr, seufzte wehleidig und murmelte ein paar Entschuldigungen und Dankesworte. Er ergriff die Hand des Bärtigen, schüttelte sie mit aller Kraft und lief zum Lkw. Andrej aber blieb.

Er wusste selber nicht, warum. Es war wie ein Anfall von Nostalgie. Doch nicht, weil er sich nach russischen Worten gesehnt hätte – schließlich sprachen hier alle Russisch – oder weil der bärtige Farmer für ihn so etwas wie seine Heimat verkörperte, keineswegs. Aber es war etwas an ihm, was Andrej lange vermisst hatte, etwas, was er nicht vom strengen, spöttischen Donald und nicht vom warmherzigen, fröhlichen (und trotzdem fremden) Kenshi bekommen konnte, und auch nicht von Wang, der stets gutmütig und wohlwollend war, aber auch sehr unterdrückt ... Und schon gar nicht von Fritz; der war zwar auf seine Weise ein bemerkenswerter Kerl, aber auch der Todfeind von gestern ... Andrej hatte nicht einmal geahnt, dass er sich so sehr nach diesem Etwas gesehnt hatte.

Der Bärtige blickte ihn von der Seite an und fragte: »Landsmann, nicht wahr?«

»Aus Leningrad«, antwortete Andrej. Die Situation war ihm peinlich, und um es zu überspielen, bot er dem Bärtigen eine Zigarette an.

»Aha«, sagte der Farmer, der eine Zigarette aus dem Päckchen zog. »Landsleute, sieh mal an. Ich, Bruder, bin aus der Gegend von Wologda. Aus Tscherepowez, hast du das schon mal gehört?«

»Klar doch!« Andrej freute sich. »Dort haben sie gerade ein Metallurgisches Kombinat hingestellt, ein riesiges Werk!«

»Wirklich?«, sagte der Bärtige ziemlich gleichgültig. »Dann ist das auch schon in Betrieb ... Na schön. Und was machst du hier? Wie heißt du?«

Andrej antwortete.

»Ich, weißt du, mache hier den Bauern«, fuhr der Bärtige fort. »Den Farmer, wie sie uns hier nennen. Juri Konstantinowitsch, mit Familiennamen Dawydow. Möchtest du einen Schluck?«

Andrej zögerte. »Ist noch ein bisschen früh ...«

»Ja, vielleicht noch ein bisschen zu früh«, pflichtete ihm Juri Konstantinowitsch bei. »Ich muss noch auf den Markt. Ich bin zwar schon gestern Abend angekommen, aber gleich in die Werkstatt gefahren; dort hatten sie mir das MG versprochen. Wir probierten es aus, ich gab ihnen einen Schinken, ein Viertel Selbstgebrannten – und da wurde schon die Sonne abgeschaltet …« Während Dawydow erzählte, machte er seinen Wagen fertig, ergriff die Zügel, setzte sich seitlich darauf und trieb die Pferde an. Andrej ging nebenher.

»Ja …«, fuhr Dawydow fort. »Sie haben also die Sonne abgeschaltet. Und er sagt: Gehen wir, ich kenne hier ein Haus … Wir sind hingefahren, haben getrunken und gegessen. Du weißt ja, wie das in der Stadt mit dem Wodka ist – und ich habe Selbstgebrannten. Sie sorgen für die Musik und ich für den Schnaps. Weiber, natürlich …« Dawydow strich sich im Banne der Erinnerung über den Bart, dann fuhr er mit gesenkter Stimme fort: »Bei uns in den Sümpfen, Bruder, ist es mit Weibern schlecht bestellt. Es gibt zwar eine Witwe, deren Mann vor zwei Jahren ertrunken ist; zu ihr gehen wir. Aber du weißt, wie das ist – du gehst zu ihr, was sollst du sonst machen, und dann musst du die Dreschmaschine reparieren, bei der Ernte helfen, den Grubber … Ach, verdammt!« Er schlug mit der Peitsche nach einem Pavian, der sich an den Wagen geklammert hatte. »Überhaupt, Bruder, leben wir dort wie im Krieg. Ohne Waffe ist da nichts zu machen. Und wer ist dieser Blonde? Ein Deutscher?«

»Ja, ein Deutscher«, sagte Andrej. »Ehemaliger Unteroffizier, bei Königsberg in Kriegsgefangenschaft geraten, und von dort hierher.«

»Habe ich gleich gemerkt – diese widerliche Fresse«, sagte Dawydow. »Die Schweine haben mich bis nach Moskau gejagt, ins Lazarett gebracht, mir eine Arschbacke weggeschossen. Danach habe ich's ihnen dann gegeben. War Panzersoldat … Und als ich das letzte Mal brannte, war das schon bei

Prag.« Er strich wieder über den Bart. »Was für ein Schicksal! Dass wir uns hier begegnen müssen!«

»Nicht doch, er ist ganz in Ordnung, sogar tüchtig«, sagte Andrej. »Und mutig. Er spielt sich zwar gern auf, leistet aber gute Arbeit, hat viel Energie. Für das Experiment ist er meiner Meinung nach sehr nützlich. Ein Organisator.«

Dawydow schwieg eine Zeit lang, schnalzte nur den Pferden zu.

»Vorige Woche kam einer zu uns in die Sümpfe«, sagte er schließlich. »Wir trafen uns bei Kowalski – der ist auch Farmer, ein Pole. Er wohnt zehn Kilometer von mir entfernt, hat ein großes hübsches Haus. Wir haben uns also getroffen. Nun, und da fängt er an, uns vollzuquatschen: Ob wir denn auch die richtige Einstellung zu den Aufgaben des Experiments hätten? Er selbst ist in der Stadtverwaltung, Landwirtschaftsabteilung. Wir sahen gleich, wie der Hase läuft: Wenn wir die richtige Einstellung hätten, dann wäre es doch gut, die Steuern zu erhöhen ... Bist du verheiratet?«, fragte er unvermittelt.

»Nein«, sagte Andrej.

»Ich frage, weil ich heute irgendwo übernachten müsste. Morgen habe ich noch was zu erledigen.«

»Ja, sicher!«, sagte Andrej. »Kein Problem. Kommen Sie zu mir, übernachten Sie. Ich habe viel Platz, ich würde mich freuen ...«

»Ich mich auch«, sagte Dawydow lächelnd. »Wir sind ja doch Landsleute.«

»Notieren Sie sich die Adresse. Haben Sie was zum Schreiben?«

»Sag sie mir, ich werd sie mir merken.«

»Die Adresse ist einfach: Hauptstraße 105, Wohnung 16. Vom Hof aus. Wenn ich nicht da sein sollte, gehen Sie zum Hauswart, das ist ein Chinese, Wang. Ich hinterlege den Schlüssel bei ihm.«

Andrej mochte den Farmer, obwohl sie in ihren Ansichten offenbar nicht ganz übereinstimmten.

»Wann bist du geboren?«, fragte Dawydow.

»'28.«

»Und weg aus Russland wann?«

»'51. Ist erst vier Monate her.«

»Aha. Ich bin '47 aus Russland hierhergekommen ... Erzähl mal, wie es dort auf dem Land aussieht – ist es besser geworden?«

»Ja, natürlich! Alles ist wiederaufgebaut, die Preise werden jedes Jahr gesenkt ... Nach dem Krieg war ich zwar nicht mehr selbst auf dem Land, aber den Filmen und den Büchern nach zu urteilen, geht es den Leuten auf dem Land sehr gut.«

»Hm, Filme«, ließ sich Dawydow zweifelnd vernehmen. »Filme, weißt du, das ist so eine Sache.«

»Aber wieso denn ... In der Stadt gibt es alles zu kaufen. Die Karten sind längst abgeschafft. Woher kommen die Waren? Aus den Dörfern natürlich.«

»Richtig«, sagte Dawydow. »Aus den Dörfern ... Aber ich, weißt du, komme von der Front heim – die Frau gestorben, der Sohn verschollen. Das Dorf ist leer. Gut, denke ich, das bringen wir in Ordnung. Wer hat den Krieg gewonnen? Wir! Also haben wir jetzt das Sagen. Sie schlagen mich zum Vorsitzenden vor. Ich bin einverstanden. Im Dorf lauter Weiber, da brauchte ich nicht wieder zu heiraten. '46 haben wir uns irgendwie durchgeschlagen. Jetzt, dachte ich, jetzt wird's leichter ...« Er verstummte und schwieg lange, als hätte er Andrej vergessen. »Glück für die ganze Menschheit!«, fuhr er plötzlich fort. »Glaubst du dran?«

»Natürlich.«

»Ja, ich habe auch dran geglaubt. Aber dann. Nein, denke ich, das Dorf – das ist ja hoffnungslos. Da läuft was falsch. Vor dem Krieg stand uns das Wasser bis zur Brust, nach dem Krieg stand es uns bis zum Hals. Nein, denke ich, die machen uns hier fertig. Das Leben ist finster wie ein Grab. Ich hatte schon angefangen zu trinken – aber dann kam das Experiment.« Er seufzte tief. »Du glaubst also, dass das Experiment bei *ihnen* gelingt?«

»Warum bei *ihnen*? Bei uns!«

»Dann eben bei uns. Gelingt es oder nicht?«

»Es muss gelingen«, sagte Andrej mit fester Stimme. »Alles hängt nur von uns ab.«

»Was von uns abhängt, das tun wir. Dort haben wir's getan, hier tun wir's. Überhaupt, ich kann nicht klagen. Das Leben ist zwar schwer, aber doch viel besser als dort. Und die Hauptsache ist – du bist selbstständig, allein, verstehst du? Wenn jemand aus der Stadt kommt, dann ersäufen wir ihn im Nachttopf – Klappe zu! ... Bist du in der Partei?«, fragte er plötzlich.

»Komsomolze. Sie sind in ziemlich düstrer Stimmung, Juri Konstantinowitsch. Das Experiment ist das Experiment. Es ist schwierig, es gibt viele Fehler, aber anders geht es wohl nicht. Jeder muss auf seinem Posten tun, was er kann.«

»Und auf welchem Posten bist du?«

»Müllfahrer«, erwiderte Andrej stolz.

»Ein verantwortungsvoller Posten. Hast du auch einen Beruf?«

»Einen ziemlich speziellen«, sagte Andrej. »Ich bin Stellarastronom.«

Andrej sagte das mit verlegener Miene und schielte zu Dawydow hinüber, da er ein spöttisches Lächeln erwartete. Aber Dawydow horchte auf.

»Nein, tatsächlich – Astronom? Hör mal, Bruder, dann musst du doch wissen, wo wir hier hingeraten sind. Ist das irgendein Planet oder, sagen wir, ein Stern? Bei uns in den Sümpfen streiten sie sich jeden Abend deswegen – sie prügeln sich sogar! Sie saufen Schnaps, und dann geht's los ... Da gibt es welche, die meinen, wir säßen hier in einer Art Aquarium –

bei uns auf der Erde. Ein ziemlich großes Aquarium, doch anstelle von Fischen sind Menschen darin ... Und was meinst du – vom wissenschaftlichen Standpunkt aus?«

Andrej kratzte sich im Nacken und lächelte. In seiner Wohnung war es deswegen ebenfalls fast zu einer Schlägerei gekommen – und das ohne Schnaps. Über das Aquarium hatte sich Isja Katzman, kichernd und spuckend wie immer, schon des Öfteren mit genau denselben Worten ausgelassen.

»Wie soll ich dir ...?«, begann er. »Verstehst du, das ist sehr kompliziert. Unverständlich. Vom wissenschaftlichen Standpunkt aus kann ich dir nur eins sagen: Das hier ist wohl kaum ein anderer Planet und schon gar kein Stern. Meiner Meinung nach ist hier alles künstlich und hat mit Astronomie gar nichts zu tun.«

Dawydow nickte. »Ein Aquarium«, sagte er überzeugt. »Die Sonne ist wie eine Glühlampe, und die gelbe Wand, die bis in den Himmel ... Hör mal, komme ich durch diese Gasse da zum Markt?«

»Ja«, sagte Andrej. »Hast du meine Adresse behalten?«

»Hab ich, ich komme dann am Abend.«

Dawydow schlug auf die Pferde ein, pfiff, und der Wagen verschwand ratternd in der Gasse. Andrej machte sich auf den Weg nach Hause. So ein tüchtiger Bauer, dachte er gerührt. Soldat! Zum Experiment hat er sich zwar nicht gemeldet, ist vor Schwierigkeiten davongelaufen, aber ich habe nicht über ihn zu urteilen. Verwundet, das Dorf zerstört. Da konnte er doch schwach werden? Hier ist das Leben auch kein Zuckerschlecken. Er ist nicht der Einzige, der schwach geworden ist, solche gibt es viele ...

Auf der Hauptstraße hatten sich schon überall die Paviane breitgemacht. Doch entweder hatte sich Andrej an sie gewöhnt, oder sie hatten sich verändert – auf jeden Fall kamen sie ihm gar nicht mehr so frech vor und auch nicht mehr so bedrohlich wie noch vor ein paar Stunden. Sie machten es sich in der Sonne bequem, plapperten ununterbrochen, lausten sich, und wenn Menschen vorbeikamen, streckten sie die Arme aus und bettelten – mit Tränen in den Augen. Es war, als sei in der Stadt plötzlich eine Unmenge von Bettlern aufgetaucht.

Im Hof erblickte er Wang. Er saß niedergeschlagen auf einem Prellstein, den Rücken gebeugt, die abgearbeiteten Hände zwischen den Knien.

»Habt ihr die Mülltonnen verloren?«, fragte er, ohne den Kopf zu heben. »Sieh mal dort …«

Andrej blickte sich um und erstarrte. Vor dem Eingang häufte sich der Müll fast bis zur Lampe, nur zur Tür der Hausmeisterwohnung führte ein schmaler Pfad.

»Mein Gott«, sagte Andrej aufgeregt. »Gleich werde ich … warte … Gleich hole ich …« Er versuchte krampfhaft sich zu erinnern, durch welche Straßen sie nachts gefahren waren und an welcher Stelle die Flüchtenden die Mülltonnen hinuntergeworfen hatten.

»Nicht nötig«, sagte Wang resigniert. »Es war schon eine Kommission hier. Sie haben die Nummern der Mülltonnen notiert und versprochen, sie bis zum Abend zurückzubringen. Bis zum Abend bringen sie sie natürlich nicht, aber vielleicht bis morgen früh, was?«

»Du musst das verstehen, Wang«, sagte Andrej. »Das war die wahre Hölle, man schämt sich, daran zu denken.«

»Ich weiß. Donald hat mir alles erzählt.«

»Ist Donald schon zu Hause?«

»Ja. Ich soll keinen zu ihm lassen. Er sagt, er hat Zahnschmerzen. Ich habe ihm eine Flasche Schnaps gegeben, und damit ist er verschwunden.«

»Ach so …«, sagte Andrej und blickte wieder auf die Müllhaufen.

Auf einmal überkam ihn der starke Drang sich zu waschen. Sofort musste er seine stinkenden Sachen ausziehen und vergessen, dass er morgen mit der Schaufel den ganzen Müll wieder aufladen musste … Alles ringsum kam ihm klebrig und stinkend vor, und ohne ein Wort zu sagen, rannte Andrej über den Hof zum Hauseingang, die Treppe hinauf, nahm drei Stufen auf einmal; zitternd vor Ungeduld erreichte er die Wohnungstür, holte unter dem Gummiabtreter den Schlüssel hervor, riss die Tür auf, und angenehm duftende Kühle umfing ihn.

3

Zuerst zog er sich nackt aus. Dann knüllte er den Overall und die Unterwäsche zusammen und stopfte sie in die Kiste mit den schmutzigen Sachen. Dreck zu Dreck. Als er kurz darauf nackt in der Küche stand und sich umblickte, zuckte er noch einmal angewidert zusammen. Die Küche war voll von schmutzigem Geschirr. In den Ecken türmten sich Teller, die mit bläulichem Schimmel überzogen waren, der Schimmel wiederum verdeckte irgendwelche schwarze Klumpen … Auf dem Tisch standen schmutzige Gläser und leere Konservendosen. Die Spüle war voll mit Tassen und Untertassen. Auf den Schemeln stanken Siebe, schwarz gewordene Töpfe und fettige Pfannen vor sich hin. Andrej trat ans Spülbecken und drehte den Hahn auf. O Glück! Das Wasser war heiß! Er machte sich an die Arbeit.

Nachdem er das Geschirr abgewaschen hatte, nahm er den Schrubber. Er putzte so eifrig und begeistert, als wüsche er sich den Schmutz vom eigenen Körper. Alle fünf Zimmer schaffte er jedoch nicht. Er beschränkte sich auf Küche, Wohn- und Schlafzimmer. In die anderen Räume warf er einen verstohlenen Blick – er konnte sich einfach nicht daran gewöhnen, dass ein einzelner Mann so viele Zimmer zur Verfügung hatte. Sie waren zudem sehr groß und rochen modrig. Andrej verschloss die Türen und stellte Stühle davor.

Eigentlich musste er jetzt schnell ins Geschäft und etwas zum Essen einkaufen. Dawydow kommt, und auch von den anderen wird bestimmt jemand aufkreuzen ... Doch zuerst wollte er sich waschen. Das Wasser war zwar inzwischen fast kalt, doch er genoss es trotzdem. Dann bezog er die Betten. Als er fertig war, auf die gestärkten Bezüge schaute und ihre Frische roch, wollte er sich unbedingt in diese schon beinah vergessene Sauberkeit legen. Er warf sich hinein, dass die Federn quietschten und das alte polierte Holz krachte.

Das Bett war herrlich, schön kühl, roch frisch und knisterte. Rechts lagen die Zigaretten und Streichhölzer, und links, in Reichweite, befand sich das Regal mit den guten Krimis. Es ärgerte ihn ein bisschen, dass der Aschenbecher nicht in Reichweite war, und auf dem Regal hatte er das Staubwischen vergessen – aber das waren Kleinigkeiten. Er griff sich »Zehn kleine Negerlein« von Agatha Christie und begann zu lesen.

Als er aufwachte, war es noch hell. Er lauschte. In der Wohnung und im Haus war es still; nur das Wasser, das aus den undichten Hähnen tropfte, bildete eine eigentümliche Abfolge von Lauten. Außerdem war es um ihn herum völlig sauber, was ebenfalls seltsam war, aber sehr angenehm. Dann klopfte es an die Tür. Er stellte sich Dawydow vor, braungebrannt, nach Heu und Alkohol riechend, wie er auf dem Treppenabsatz stand, die Pferde am Zügel hielt, eine Flasche selbstgebrannten Schnaps in der Hand. Es klopfte nochmals, und er erwachte endgültig.

»Ich komme!«, rief er. Er sprang auf, lief im Schlafzimmer umher und suchte die Sporthose, fand aber nur die gestreifte Pyjamahose, die der frühere Mieter vergessen hatte, und zog sie hastig an. Der Gummi war schlaff, er musste die Hose an der Seite festhalten.

Entgegen seiner Erwartung hörte er vor der Wohnungstür kein gutmütiges Fluchen, es wieherten keine Pferde und es gluckerte kein Wodka. Andrej schob den Riegel zurück, riss lächelnd die Tür auf und gab ein kurzes »oh« von sich, wich einen Schritt zurück und musste dafür den verdammten Gummi auch mit der zweiten Hand festhalten. Vor ihm stand Selma Nagel, die Neue aus Wohnung achtzehn.

»Haben Sie vielleicht Zigaretten?«, fragte sie in nicht besonders freundlichem Ton.

»Ja, bitte … Kommen Sie rein«, brummte Andrej und trat zurück.

Selma kam herein und ging an ihm vorbei, begleitet vom Duft eines unerhörten Parfüms. Sie ging ins Wohnzimmer. Er schlug die Tür zu, zog die Hosen hoch und stürzte mit dem verzweifelten Ruf: »Einen Moment, warten Sie, bin gleich da!« ins Schlafzimmer. Oje, oje, dachte er, wie konnte ich nur so … In Wahrheit aber schämte er sich keineswegs – im Gegenteil: Er freute sich, dass sie ihn so frisch gewaschen sah, mit breiten Schultern, glatter Haut und kräftigen Muskeln an den Oberarmen – schade sogar, dass er sich jetzt anziehen musste … Er öffnete also den Koffer, kramte darin herum und zog die Trainingshose an, dazu seine dunkelblaue, verwaschene Sportjacke mit den ineinander verschlungenen Buchstaben »LU«, die vorne und hinten aufgedruckt waren. Dann trat er vor die hübsche Selma Nagel – mit leicht verhaltenem Schritt, die Brust herausgestreckt, die Schultern breit, in der Hand ein Päckchen Zigaretten.

Selma Nagel nahm gleichgültig eine Zigarette, knipste mit dem Feuerzeug und fing an zu rauchen. Den Gastgeber würdigte sie keines Blickes und machte ein Gesicht, als sei ihr alles auf der Welt völlig gleichgültig. Überhaupt wirkte sie bei Tageslicht nicht mehr ganz so hübsch. Das Gesicht war eher unregelmäßig, sogar grob. Sie hatte eine kleine Sattelnase, breite Wangenknochen, und die Lippen ihres großen Mundes waren zu dick angemalt. Ihre Beine aber, die Andrej sehr gut im Blick hatte, waren über alles erhaben. Den Rest sah er leider nicht – weiß der Teufel, wer ihr beigebracht hatte, solch eine sackartige Kleidung zu tragen. Einen Pullover. Noch dazu mit so einem Kragen. Wie ein Taucheranzug.

Sie saß in einem tiefen Sessel, die schönen Beine übereinandergeschlagen, und sah sich gleichgültig um. Die Zigarette hielt sie wie ein Soldat, mit der Glut zur Handfläche. Andrej hatte sich locker, aber elegant auf die Tischkante gesetzt und zündete sich ebenfalls eine Zigarette an.

»Ich heiße Andrej«, sagte er.

Sie sah ihn gleichgültig an. Auch ihre Augen waren nicht so, wie sie ihm nachts erschienen waren. Die Augen waren groß, aber keineswegs dunkel, sondern hellblau, fast farblos.

»Andrej«, wiederholte sie. »Pole?«

»Nein, Russe. Und Sie heißen Selma Nagel und sind aus Schweden.«

Sie nickte. »Ja, aus Schweden … Sie waren das also, der gestern auf dem Revier verdroschen wurde?«

Andrej verstand nicht. »Auf welchem Revier? Niemand hat mich verdroschen.«

»Hör mal, Andrej«, sagte sie. »Warum geht hier mein Gerät nicht?« Sie stellte ein glänzendes Kästchen auf ihr Knie, kaum größer als eine Streichholzschachtel. »Auf allen Wellen bloß Knattern und Heulen; so macht das keinen Spaß.«

Andrej nahm ihr vorsichtig das Kästchen ab und sah erstaunt, dass es ein Radio war. »Na, so was! Etwa einer mit Detektor?«

»Woher soll ich das wissen?« Sie nahm das Gerät, man hörte Rauschen, Knattern und nervtötendes Heulen. »Er geht nicht, basta. Hast du etwa noch nie so einen gesehen?«

Andrej schüttelte den Kopf. Dann sagte er: »Der kann hier gar nicht funktionieren. Hier gibt es nur einen Sender, und der wird direkt ins Netz ausgestrahlt.«

»Meine Güte«, sagte Selma. »Und was soll ich hier machen? Einen Kasten gibt's auch nicht!«

»Was für einen Kasten?«

»Na, Flimmerkiste, Fernsehen ... TV!«

»Ach so ... Das ist bei uns vorerst nicht geplant.«

»So was von öde!«

»Ich kann das Pathefon anmachen«, schlug Andrej unsicher vor. Er war verlegen. In der Tat, wie konnte das sein: kein Radio, kein Fernsehen, kein Kino ...

»Ein Pathephon? Was ist das wieder?«

»Weißt du nicht, was ein Pathephon ist?«, wunderte sich Andrej. »Na, ein Grammophon. Man legt eine Platte auf ...«

»Ach, ein Plattenspieler!«, sagte Selma ohne jede Begeisterung. »Ein Tonbandgerät hast du wohl auch nicht, oder?«

»Was denn noch? Bin ich eine Rundfunkstation?«

»Primitiv bist du irgendwie«, stellte Selma Nagel fest. »Mit einem Wort – ein Russe. Also gut, du hörst Grammophon, trinkst bestimmt Wodka, und was machst du noch? Fährst du Motorrad? Oder hast du nicht mal ein Motorrad?«

Andrej wurde wütend. »Ich bin nicht hergekommen, um Motorrad zu fahren. Ich bin hier, um zu arbeiten. Und du, was willst du hier tun?«

»Zum Arbeiten ist er hergekommen ... Sag mir lieber, wofür sie dich auf dem Revier verdroschen haben. Wegen Stoff?«

»Mich hat keiner auf dem Revier verdroschen! Woher hast du das? Überhaupt wird bei der Polizei niemand geschlagen, wir sind hier nicht in Schweden.«

Selma pfiff durch die Zähne. »Na, na«, sagte sie spöttisch. »Dann habe ich das wohl geträumt.«

Sie steckte die Kippe in den Aschenbecher, machte sich gleich eine neue Zigarette an, stand auf und ging fröhlich tänzelnd durchs Zimmer.

»Wer hat denn vorher hier gewohnt?«, fragte sie und blieb vor einem großen ovalen Porträt stehen, das eine fliederfarben gekleidete Dame mit einem Hündchen auf dem Schoß zeigte. »Bei mir ganz offensichtlich ein Perverser: in allen Ecken Pornofotos, an den Wänden benutzte Kondome und im Schrank ein ganzer Haufen Strumpfbänder. Man weiß nicht mal, ob das nun ein Fetischist oder ein Lecker war.«

»Du lügst«, rief Andrej entsetzt. »Das lügst du mir doch alles vor, Selma Nagel.«

»Warum sollte ich lügen?«, wunderte sich Selma. »Wer hat denn nun da gewohnt? Weißt du das?«

»Der Bürgermeister! Der jetzige Bürgermeister hat dort gewohnt, klar?«

»Ach so«, sagte sie gleichgültig. »Alles klar.«

»Was – alles klar? Was soll dir klar sein?«, schrie er und wurde wütend. »Als ob du hier irgendetwas begreifen würdest!« Er verstummte. Darüber durfte man nicht sprechen. Das war eine Erfahrung, die jeder für sich allein machen musste.

»Der ist bestimmt um die fünfzig«, erklärte Selma überzeugt. »In dem Alter drehen die Männer durch. Die Wechseljahre!« Sie lächelte und starrte wieder auf das Porträt mit dem Hündchen.

Sie schwiegen. Mit zusammengepressten Lippen dachte Andrej an den Bürgermeister. Er war ein großer, stattlicher Mann mit ergrautem Haar und einem sehr sympathischen Gesicht. Auf den Versammlungen der Stadtaktivisten hielt er großartige Reden über Enthaltsamkeit, die Würde der Askese, die Kraft des Geistes und den inneren Vorrat des Menschen an Standhaftigkeit und Moral. Wenn sie sich auf der Treppe begegnet waren, hatte der Bürgermeister Andrej die große, warme Hand entgegengestreckt und sich mit vollendeter Höflichkeit und Umsicht erkundigt, ob das Klappern der Schreibmaschine ihn nachts nicht störe.

»Er glaubt mir nicht!«, sagte Selma plötzlich. Sie sah nicht mehr auf das Porträt, sondern musterte Andrej mit zorniger

Neugier. »Du glaubst mir nicht, aber das macht nichts. Ich ekle mich bloß davor, das alles sauberzumachen. Gibt es hier keine Putzfrau?«

»Eine Putzfrau …«, wiederholte Andrej dumpf und sagte dann schadenfroh: »Da hast du dich geschnitten! Das wirst du schön selber machen; feine Pinkel haben hier nichts zu suchen.«

Eine Zeit lang schauten sie einander feindselig an. Dann flüsterte Selma mit abgewandtem Blick: »Der Teufel hat mich hierhergelockt! Was soll ich bloß hier machen?«

»Nichts Besonderes«, sagte Andrej. Seine Abneigung schob er beiseite; dem Mädchen musste geholfen werden. Er hatte hier schon eine Menge Neue gesehen. Alle Möglichen. »Du machst, was alle machen: gehst aufs Arbeitsamt, füllst dein Arbeitsbuch aus und wirfst es in den Kasten. Was warst du denn in der anderen Welt?«

»Foxtailer.«

»Was?«

»Na ja, wie soll ich's erklären … eins, zwei, Beine breit …«

Andrej erstarrte abermals. Sie lügt, ging ihm durch den Kopf. Spinnt mir doch alles vor, das Flittchen. Will mich verarschen.

»Und, hast du gut verdient?«, fragte er sarkastisch.

»Dummkopf«, sagte sie fast zärtlich. »Ich hab das doch nicht für Geld getan. Es war interessant. Mir war so langweilig …«

»Wie kann so etwas passieren?«, fragte Andrej betrübt. »Wo haben deine Eltern ihre Augen gehabt? Du bist jung, du müsstest doch lernen, lernen und nochmals lernen …«

»Wozu?«, erkundigte sich Selma.

»Was heißt – wozu? Damit du deinen Weg machst, es zu etwas bringst. Du könntest Ingenieur werden oder Lehrerin. Könntest in die Kommunistische Partei eintreten, für den Sozialismus kämpfen.«

»Meine Güte«, flüsterte Selma heiser, sank plötzlich in den Sessel und verbarg das Gesicht in den Händen.

Andrej erschrak, spürte aber gleichzeitig auch Stolz und große Verantwortung. »Aber was … Was hast du denn?«, sagte er und trat verlegen näher. »Weißt du: Was war – ist gewesen. Schluss! Sei nicht mehr verzweifelt deswegen. Vielleicht ist es sogar gut, dass alles so gekommen ist. Hier kannst du alles nachholen. Ich habe viele Freunde, gute Leute.« Dann dachte er an Isja und runzelte die Stirn. »Wir helfen dir und werden jetzt gemeinsam kämpfen. Hier sieht es nämlich schlimm aus! Unordnung, Chaos, Dreck – jeder anständige Mensch zählt! Du kannst dir nicht vorstellen, wie viel Abschaum hierhergekommen ist! Man fragt zwar nicht, aber manchmal möchte ich schon von dem einen oder anderen wissen: Weshalb hat es dich hergetrieben, wer braucht dich hier?«

Er wollte Selma gerade freundschaftlich, ja, brüderlich auf die Schulter klopfen, da fragte sie, ohne die Hände vom Gesicht zu nehmen: »Heißt das, hier sind nicht alle so?«

»Wie?«

»So wie du – Idioten.«

»Na, hör mal!«

Andrej sprang vom Tisch und lief durchs Zimmer. Sie ist also doch eine Bourgeoise. Ein Flittchen. Und jetzt sitzt sie hier und findet das interessant, soso … Ihm imponierte Selmas Offenheit sogar. Offenheit ist immer gut, dachte er. Von Angesicht zu Angesicht, über die Barrikade hinweg. Sie ist nicht wie zum Beispiel Isja – weder Fisch noch Fleisch, schlüpfrig wie ein Aal, sich überall durchlavierend …

Selma kicherte hinter seinem Rücken. »Warum rennst du so rum? Ich kann doch nichts dafür, dass du so ein Blödmann bist … Also gut – entschuldige.«

Andrej ließ sich jedoch nicht erweichen; er fuhr mit der Hand entschlossen durch die Luft. »Selma, du bist ein moralisch vernachlässigter Mensch, und es wird lange dauern, bis du das überwinden kannst. Aber du darfst nicht denken, dass ich mich über dich persönlich ärgere. Nein, ich ärgere mich über diejenigen, die dich so weit gebracht haben. Mit denen – ja, da habe ich eine Rechnung offen. Aber mit dir nicht. Du bist hier, also bist du unser Kamerad. Wenn du gut arbeitest, werden wir auch gute Freunde. Und gut arbeiten muss man hier. Bei uns, weißt du, ist es wie bei den Soldaten: Wenn du etwas nicht kannst – bringen wir's dir bei, wenn du aber nicht willst – zwingen wir dich!« Ihm gefiel sehr, wie er sprach – es erinnerte ihn an die Auftritte von Ljoscha Baldajew, dem Komsomolsekretär der Fakultät, wenn er vor den Subbotniks, den freiwilligen Einsatztrupps, sprach. Jetzt erst bemerkte er, dass Selma die Hände vom Gesicht genommen hatte und ihn ebenso erschrocken wie neugierig ansah. Er zwinkerte ihr aufmunternd zu. »Ja, ja, den zwingen wir, was hast du denn gedacht? Manchmal haben sie uns auf den Bau junge Kerle gebracht, die anfangs bloß rumgammelten. Und heute? Sind sie brav und fügsam! Harte Arbeit, weißt du, macht sogar aus einem Affen einen Menschen.«

»Laufen hier bei euch immer Affen auf den Straßen rum?«

»Nein«, sagte Andrej, und seine Miene verfinsterte sich. »Erst seit heute. Zu Ehren deiner Ankunft.«

»Werdet ihr sie zu Menschen machen?«, erkundigte sich Selma einschmeichelnd.

Andrej rang sich ein Lächeln ab. »Je nachdem. Vielleicht ist das in der Tat notwendig. Das Experiment ist das Experiment.«

Bei all seiner Absurdität schien ihm der Gedanke doch einen rationalen Kern zu haben. Ich muss diese Frage am Abend aufbringen, schoss ihm durch den Kopf. Und sogleich meldete sich ein neuer Gedanke.

»Was hast du denn heute Abend vor?«

»Weiß ich nicht. Was sich eben ergibt. Was macht man hier denn so?«

Es klopfte an die Tür. Andrej blickte auf die Uhr. Es war schon sieben, die ersten Gäste trafen ein.

»Heute Abend bist du mein Gast«, sagte er entschieden. Mit solch einem leichtlebigen Geschöpf konnte man nur rigoros verfahren. »Überragendes Amüsement kann ich dir zwar nicht versprechen, aber du lernst interessante Leute kennen. Einverstanden?«

Selma zuckte mit den Achseln und begann ihr Haar zu ordnen. Andrej ging zur Tür. Jemand trat schon mit dem Absatz dagegen; es war Isja Katzman.

»Hast du etwa eine Frau bei dir?«, fragte er noch von der Schwelle aus. »Wann, möchte ich wissen, schaffst du dir endlich eine Klingel an?«

Isja war – wie immer, wenn er am Abend kam – akkurat gekämmt, sein Kragen war gestärkt, und die Manschettenknöpfe blitzten. Durch die schmale, gebügelte Krawatte trat die Linie von der Nase bis zum Nabel deutlich hervor. Trotzdem hätte Andrej jetzt lieber Donald oder Kenshi gesehen.

»Los, komm rein, alter Quatschkopf«, sagte er. »Was ist los, dass du als Erster hier bist?«

»Ich wusste, dass eine Frau bei dir ist« – Isja rieb sich kichernd die Hände – »und hatte es eilig, einen Blick auf sie zu werfen.«

Sie gingen ins Wohnzimmer, und Isja trat mit großen Schritten auf Selma zu. »Isja Katzman«, stellte er sich mit seiner tiefen Stimme vor. »Müllfahrer.«

»Selma Nagel«, erwiderte Selma träge und reichte ihm die Hand. »Flittchen.«

Isja stöhnte genüsslich auf und küsste behutsam die ausgestreckte Hand. »Übrigens«, sagte er, erst an Andrej und dann an Selma gewandt. »Habt ihr schon gehört? Der Rat der Stadtbezirksbevollmächtigten prüft ein Projekt« – er hob den Finger und fuhr mit lauter Stimme fort – »›Zur Regulierung der Lage, die im Zusammenhang mit der Anwesenheit großer

Ansammlungen hundeköpfiger Affen im Stadtgebiet entstanden ist‹. Uff! Man schlägt vor, alle Affen zu registrieren, ihnen metallene Halsbänder mit Namensschildchen umzubinden und sie dann Institutionen und Privatpersonen zuzuteilen, die fortan für sie verantwortlich sein sollen!« Er kicherte, grunzte, stöhnte ein paarmal mit dünner Stimme auf und schlug sich mit der rechten Faust auf die linke Hand. »Grandios! Alle anderen Arbeiten lässt man liegen; in den Fabriken stellt man eilig Halsbänder und Blechmarken her. Der Herr Bürgermeister nimmt drei geschlechtsreife Paviane in persönliche Pflege und ruft die Bevölkerung auf, seinem Beispiel zu folgen. Nimmst du dir ein Weibchen, Andrej? Selma ist sicher dagegen, aber das Experiment erfordert es! Und wie wir alle wissen: Das Experiment ist das Experiment. Ich hoffe, Selma, Sie bezweifeln nicht, dass das Experiment das Experiment ist – nicht Exkrement, nicht Exponent, nicht permanent, sondern Experiment?«

Andrej hatte Mühe, sich in dem ständigen Glucksen und Stöhnen, das Isjas Rede begleitete, Gehör zu verschaffen, und bat schließlich: »Hör doch auf, solchen Quatsch zu reden!«

Das hatte er am meisten befürchtet. Denn auf einen Neuen musste so eine phlegmatische, ja, nihilistische Haltung überaus zersetzend wirken. Sicher – es ist ja auch viel einfacher, nichts zu tun, zu kichern und alles in den Dreck zu ziehen. Anstatt die Zähne zusammenzubeißen und …

Isja hörte auf zu kichern und begann, aufgeregt im Zimmer herumzulaufen. »Vielleicht ist das ja dämliches Gequatsche. Aber du, Andrej, hast wie immer überhaupt keine Ahnung von der Psychologie der Führung. Wozu ist deiner Meinung nach die Führung da?«

»Um zu führen!«, antwortete Andrej, der die Herausforderung annahm. »Um zu führen, zu leiten und nicht, um dämlich zu quatschen. Um das Handeln der Bürger und der Organisationen zu koordinieren.«

»Stopp! Das Handeln koordinieren – aber mit welchem Ziel? Was ist das Endziel dieser Koordination?«

Andrej zuckte mit den Schultern und sagte: »Das ist doch einfach: allgemeiner Wohlstand, Ordnung, das Schaffen von optimalen Bedingungen für eine Weiterentwicklung …«

»Oh!« Isja reckte wieder den Zeigefinger. Sein Mund war leicht geöffnet, die Augen aufgerissen. »Oh!«, wiederholte er und verstummte aufs Neue. Selma sah ihn fasziniert an. »Nein«, verkündete er, »Ordnung! Es ist die Ordnung!« Er riss die Augen noch weiter auf. »Und jetzt stell dir vor, dass in der dir anvertrauten Stadt Horden von Pavianen auftauchen. Vertreiben kannst du sie nicht – dazu fehlt der Mut. Sie zentral zu füttern geht auch nicht – das Fressen reicht nicht aus. Die Paviane auf den Straßen betteln zu lassen – das wäre ein eklatanter Verstoß gegen die Ordnung: Bei uns gibt es keine Bettler und darf es keine geben! Die Paviane machen zudem Dreck, räumen ihn nicht weg, und niemand sonst gedenkt, ihn zu beseitigen. Was für ein Schluss drängt sich dann auf?«

»Jedenfalls keine Halsbänder anlegen«, sagte Andrej.

»Richtig!«, lobte Isja. »Keine Halsbänder anlegen. Als Erstes drängt sich der einfachste Ausweg auf: Die Existenz der Paviane leugnen. So tun, als gäbe es sie überhaupt nicht. Doch das ist leider unmöglich; es sind zu viele. Und unsere Führung ist derzeit noch fürchterlich demokratisch. Aber da taucht eine in ihrer Einfachheit bestechende Idee auf: Die Anwesenheit der Paviane in eine Ordnung bringen! Das Chaos gesetzlich regeln und es so zum Bestandteil der festen Ordnung machen – das Markenzeichen der Regierung unseres guten Bürgermeisters! Anstelle von bettelnden, streunenden Banden – liebe Haustiere. Wir alle lieben doch Tiere! Königin Victoria liebte Tiere. Darwin liebte Tiere. Sogar Berija soll einige Tiere geliebt haben, von Hitler ganz zu schweigen.«

»König Gustav liebt auch Tiere«, warf Selma ein. »Er hat Katzen.«

»Wunderbar!«, rief Isja und schlug sich wieder mit der Faust auf die Handfläche. »König Gustav hat Katzen und Andrej Woronin einen persönlichen Pavian. Und wenn er Tiere sehr liebt, dann sogar zwei ...«

Andrej spuckte verächtlich aus und ging in die Küche, um nach den Vorräten zu sehen. Während er in den Fächern wühlte, verstaubte Päckchen mit eingetrockneten Resten herausnahm und beschnupperte, hörte er ununterbrochen Isjas Stimme aus dem Wohnzimmer herübertönen, sein unvermeidliches Grunzen und Glucksen, und Selmas helles Lachen.

Zu essen war nichts da: ein Häufchen Kartoffeln, die schon keimten, eine zweifelhafte Dose Ölsardinen und ein steinharter Kanten Brot. Da schaute Andrej in die Schublade des Küchentischs und zählte sein Bargeld. Es reichte gerade bis zum Zahltag – wenn er sparsam wirtschaftete und keine Gäste einlud, sondern selbst zu Besuch ging. Die treiben mich in den Ruin, dachte er düster. Zum Teufel, es wird reichen. Müssen eben alle was dazugeben. Bin ich für sie die Küchenmagd? Paviane!

Wieder klopfte es an die Tür. Andrej ging, noch immer böse, öffnen. Unterwegs sah er, dass Selma auf dem Tisch saß: die Hände unter dem Hintern und den geschminkten Mund bis zu den Ohren aufgesperrt. Hure bleibt Hure! Isja versuchte, ihr mit großen Reden zu imponieren, fuchtelte wild mit seinen Pavianarmen, aber nichts an ihm war mehr elegant: Der Schlipsknoten war ihm unter das rechte Ohr gerutscht, die Haare standen zu Berge, und die Manschetten wirkten schmutzig.

Vor der Tür standen der Ex-Unteroffizier der Wehrmacht Fritz Geiger und sein persönlicher Freund, Soldat der Wehrmacht Otto Frisch.

»Angetreten!«, begrüßte sie Andrej mit einem boshaften Lächeln.

Fritz fasste das sofort als Angriff auf die Ehre der deutschen Unteroffiziere auf und machte ein versteinertes Gesicht. Otto hingegen, ein weicher Mensch mit unbestimmtem Charakter, schlug die Hacken zusammen und lächelte einschmeichelnd.

»Was ist das für ein Ton?«, erkundigte sich Fritz kühl. »Sollen wir vielleicht wieder gehen?«

»Hast du was zu fressen mitgebracht?«

Geiger klappte die Kinnlade herunter. »Zu fressen?«, wiederholte er. »Hm-ja, wie soll ich sagen …« Und er blickte Otto fragend an. Otto holte sogleich mit verlegenem Lächeln eine flache Flasche aus der Tasche seiner Stiefelhose und reichte sie Andrej. Wie einen Ausweis – das Etikett sichtbar.

»In Ordnung …«, sagte Andrej besänftigt und nahm die Flasche entgegen. »Aber denkt dran, Jungs, zu fressen ist nichts da. Habt ihr wenigstens Geld?«

»Vielleicht lässt du uns erst mal rein«, sagte Fritz. Er drehte seinen Kopf ein wenig zur Seite und lauschte dem Frauenlachen, das vom Wohnzimmer herüberdrang.

Andrej ließ sie in den Flur und forderte: »Geld! Das Geld da auf den Tisch!«

»Sogar hier müssen wir Reparationen zahlen, Otto«, sagte Fritz und öffnete das Portemonnaie. »Da!« Er streckte Andrej ein paar Scheine hin. »Gib Otto eine Tasche und sag, was er holen soll.«

»Warte, nicht so schnell.« Andrej führte sie ins Wohnzimmer. Sie ließen ihre Hacken zusammenknallen, verneigten die Köpfe mit den gelackten Frisuren vor Selma und gaben soldatische Komplimente von sich. Währenddessen zog Andrej Isja beiseite und tastete seine Taschen ab. Isja schien es nicht einmal zu bemerken; er wehrte sich nur schwach und wollte unbedingt einen Witz zu Ende erzählen. Andrej nahm das Geld an sich, ging beiseite und zählte es – keine große Summe, aber es würde reichen. Er blickte sich um. Selma saß noch immer auf dem Tisch und ließ die Beine baumeln. Ihre Melancholie war verflogen; sie sah fröhlich aus. Fritz rauchte eine Zigarette für sie an, Isja nahm Anlauf zu einem neuen Witz, und Otto war ganz rot vor Anspannung und Unsicherheit, weil er nicht wusste, wie er sich verhalten sollte. In Habtachtstellung stand er mitten im Zimmer und wackelte mit seinen großen Ohren.

Andrej zerrte ihn am Ärmel mit in die Küche. »Sie kommen ohne dich aus!« Otto wandte nichts ein, er schien sogar froh. In der Küche machte er sich sogleich ans Werk: Er nahm Andrejs Gemüsekorb, kippte die Reste in den Abfalleimer (darauf wäre Andrej nie gekommen) und legte den Boden rasch und akkurat mit alten Zeitungen aus. Er suchte und fand sofort die Einkaufstasche, die Andrej seit einem Monat vermisste, und stellte mit den Worten: »Vielleicht kriege ich Tomatensoße« ein leeres Kompottglas, das er vorsorglich ausgespült hatte, in den Korb. Dann steckte er noch ein paar Zeitungen als Reserve ein, »falls sie kein Papier zum Einwickeln haben«. Andrejs Beitrag zu den Vorbereitungen beschränkte sich auf die Geldübergabe, das ungeduldige Treten von einem Bein aufs andere und die Bemerkungen »Ja, schön … Doch, doch … Also los, gehen wir …«

»Wie, du kommst mit?«, fragte Otto erfreut.

»Ja, warum?«

»Ich kann auch alleine gehen.«

»Ach was, zu zweit geht's schneller. Du stellst dich an der Ladentheke an und ich an der Kasse.«

»Da hast du Recht«, sagte Otto. »Natürlich.«

Sie gingen durch die Hintertür hinaus und stiegen die Treppe hinunter. Unterwegs erschreckten sie einen Pavian – der arme Kerl schoss schnell wie eine Rakete durch ein Fenster nach draußen. Fast fürchteten sie um sein Leben, aber es war ihm nichts passiert: Er hing an der Feuerleiter und fletschte die Zähne.

»Man sollte ihm Abfälle geben«, sagte Andrej nachdenklich. »Ich habe Abfälle für eine ganze Horde.«

»Soll ich welche holen?«, fragte Otto beflissen.

Andrej sah ihn bloß an und sagte: »Rührt euch!« Dann ging er weiter. Auf der Treppe stank es. Zwar hatte es hier schon immer gestunken, doch jetzt kam eine neue Note hinzu. Und als sie unten angekommen waren, entdeckten sie die »Duftquellen«.

»Wang kriegt mehr zu tun«, sagte Andrej. »Gott behüte, jetzt bloß nicht Hauswart werden! Als was arbeitest du zurzeit?«

»Als persönlicher Referent des Ministers«, antwortete Otto klagend. »Schon den dritten Tag.«

»Welches Ministers?«

»Äh … für Berufsbildung.«

»Ist es schwer?«

»Ich verstehe gar nichts«, sagte Otto bedrückt. »Unglaublich viele Papiere, Anordnungen, Berichte, Abrechnungen, Haushaltspläne. Keiner versteht was. Alle laufen rum, jeder fragt den anderen … Warte, wo willst du hin?«

»In den Laden.«

»Nein. Wir gehen lieber zu Hofstatter. Bei ihm ist alles billiger, und er ist Deutscher.«

Hofstatter betrieb an der Ecke Hauptstraße und Altpersische Straße einen Gemüse- und Lebensmittelladen. Andrej war mehrmals dort gewesen und stets fluchend wieder hinausgegangen: Hofstatter hatte sehr wenig Ware und suchte sich seine Kunden selbst aus.

Der Laden war leer, auf den Regalen standen reihenweise Gläser mit rosa Meerrettich. Andrej trat als Erster ein. Hofstatter sah mit aufgedunsenem, bleichem Gesicht von der Kasse auf und sagte sofort: »Ich schließe gleich.« Da folgte ihm Otto, dessen Korb sich an der Türklinke festgehakt hatte, und auf Hofstatters Gesicht erschien ein Lächeln. Der Ladenschluss wurde aufgeschoben. Otto und Hofstatter gingen ins Lager, und Andrej hörte, wie Schubladen und Kästen geöffnet und Kartoffeln umgeschüttet wurden, wie ein Glas beim Füllen klirrte und gedämpfte Stimmen herübertönten.

Da Andrej nichts zu tun hatte, sah er sich ein wenig um. Ja, das selbst betriebene Geschäft des Herrn Hofstatter bot einen kläglichen Anblick. Die Waage war natürlich nicht geeicht, und an Hygiene mangelte es auch. Mich geht das ja nichts an, dachte Andrej, aber wenn alles einmal so ist, wie es sein soll, dann werden diese Hofstatters einfach hinweggefegt. Eigentlich sind sie's schon jetzt. Sie können nicht mehr die gesamte Bevölkerung versorgen. Sieh an, und er tarnt sich, hat überall Meerrettich hingestellt. Man müsste Kenshi zu ihm schicken – betreibt hier Schwarzhandel, der miese Nationalist: »Nur für Deutsche« …

Otto steckte den Kopf durch die Tür und flüsterte: »Das Geld, schnell.« Andrej reichte ihm hastig die zusammengeknüllten Scheine. Otto zählte rasch ein paar ab, gab Andrej den Rest und verschwand wieder im Lager. Eine Minute später erschien er mit der vollen Einkaufstasche und dem vollen Korb. Hinter ihm strahlte Hofstatters Mondgesicht. Otto schwitzte und lächelte verlegen, während Hofstatter unermüdlich auf ihn einredete: »Kommt, kommt nur, ihr jungen Leute, ich stehe gern zu Diensten. Echte Deutsche sehe ich immer gern … Und einen besonderen Gruß an Herrn Geiger. Für nächste Woche hat man mir etwas Schweinefleisch versprochen. Sagen Sie Herrn Geiger, dass ich drei Kilo für ihn zurücklege.« – »Jawohl, Herr Hofstatter«, sagte Otto brav. »Ich werde alles genau ausrichten, Sie können beruhigt sein, Herr Hofstatter. Und bitte vergessen Sie nicht, Fräulein Elsa herzlich zu grüßen, von uns und speziell von Herrn Geiger.« So sprachen sie im Duett, bis die Ladenschwelle erreicht war, und Andrej Otto die schwere Tasche abnahm. Sie war mit frischen Möhren, roten Rüben und saftigen Zwiebeln gefüllt, dazwischen schaute ein mit Siegellack verschlossener Flaschenhals hervor; alles war bedeckt mit Sellerieblättern, Dill, Petersilie und dergleichen.

Als sie um die Ecke gebogen waren, stellte Otto den Korb auf dem Gehsteig ab, zog ein großes kariertes Taschentuch hervor und wischte sich keuchend über das Gesicht. »Warte! Ich muss verschnaufen. Pfff …«

Andrej zündete sich eine Zigarette an und reichte Otto die Schachtel.

»Wo gibt es denn Möhren?«, erkundigte sich eine Frau, die einen Herrenledermantel trug.

»Sind alle«, antwortete Otto eilig. »Wir haben die letzten bekommen. Ist schon geschlossen … Meine Güte, hat mich dieser kahle Teufel geschafft«, sagte er zu Andrej. »Was ich dem alles erzählt habe! Fritz reißt mir den Kopf ab, wenn er es erfährt. Ich weiß gar nicht mehr, was ich geredet habe …«

Andrej verstand nichts. Dann erklärte ihm Otto die Situation.

Herr Hofstatter, ein Gemüsehändler aus Erfurt, hatte sein Leben lang große Hoffnungen gehegt – und immer Pech gehabt. 1932 ging sein Geschäft bankrott, weil ein Jude ihm gegenüber einen großen modernen Gemüseladen eröffnet hatte, und da erkannte Hofstatter, dass er ein echter Deutscher sei. Er trat in die SA ein. Dort machte er Karriere, schlug besagten Juden 1934 zusammen und war drauf und dran, dessen Geschäft zu übernehmen. Aber da kam die Röhmaffäre, und seine Karriere war beendet. Zu der Zeit war Hofstatter schon verheiratet und hatte eine bezaubernde kleine Tochter, die blonde Elsa. Mehrere Jahre lang kämpfte er sich durch, bis er schließlich eingezogen wurde, um Europa zu erobern. Bei Dünkirchen jedoch geriet er in einen Bombenangriff der eigenen Luftwaffe und wurde durch einen großen Splitter in der Lunge verletzt, so dass er die nächsten Jahre nicht in Paris, sondern in Dresden verbrachte, wo er bis 1945 in einem Lazarett lag. Er war schon so gut wie entlassen, als bei dem berüchtigten Luftangriff der Alliierten die Stadt Dresden innerhalb einer Nacht zerstört wurde. Von dem entsetzlichen Erlebnis fielen ihm alle Haare aus und er bekam einen Knacks (wie er selbst sagte). So saß er, als er ins heimatliche Erfurt zurückgekehrt war, die ganze Zeit über, als eine Flucht in den Westen noch möglich war, in seinem Keller. Und als er sich endlich entschloss, wieder herauszukommen, war die Zeit dafür vorbei. Man erlaubte ihm zwar, einen Gemüseladen zu betreiben, an eine Geschäftserweiterung aber war nicht zu denken. 1946 starb seine Frau, und Hofstatter ließ sich in seiner Verzweiflung von einem Mentor überreden, mit seiner Tochter hierherzukommen. Worauf er sich einließ, verstand er damals selbst nicht so genau. Hier fing er sich wieder, obwohl er anscheinend noch immer vermutete, in ein großes Konzentrationslager irgendwo in Mittelasien geraten zu sein, wohin man alle Deutschen aus Ostdeutschland gebracht hätte. Ganz richtig im Kopf war Hofstatter immer noch nicht. Er vergötterte echte Deutsche und war überzeugt, ein besonderes Gespür für sie zu besitzen. Vor den Chinesen, Arabern und Schwarzen hingegen, deren Anwesenheit er sich hier nicht erklären konnte, fürchtete er sich entsetzlich. Am meisten von allen Deutschen verehrte er Herrn Geiger. Bei einem ihrer ersten Besuche in Hofstatters Laden hatte der schneidige Fritz, während Otto die Waren einpackte, der blonden Elsa den Hof gemacht. Mangels Aussicht auf eine anständige Heirat war Elsa völlig außer sich gewesen, und nun hegte der glatzköpfige Hofstatter die Hoffnung, dieser wunderbare Arier – Stütze des Führers und Alptraum der Juden – könne die unglückliche Familie Hofstatter aus den stürmischen Gewässern des Lebens endlich in eine stille Bucht lenken.

»Und was macht Fritz?«, klagte Otto, der jede Minute den Korb von einer Hand in die andere nahm. »Er geht ein- oder zweimal im Monat zu Hofstatter, wenn wir nichts zu essen haben, betatscht die dumme Gans und … Ich aber muss jede Woche dort hin, manchmal auch zwei- oder dreimal. Der Hofstatter tickt zwar nicht richtig, aber er ist ein guter Geschäftsmann – was der für Verbindungen zu Farmern hat! Seine Waren sind erstklassig und nicht teuer. Ich hab ihm schon so viel vorgelogen, ich kann einfach nicht mehr! Für Fritzens ewige Zuneigung zu Elsa soll ich sorgen. Für das unvermeidliche Ende des Weltjudentums soll ich sorgen. Für den Vormarsch der Truppen des Großdeutschen Reiches bis zu seinem Gemüseladen soll ich sorgen … Ich bin schon selbst ganz wirr im Kopf und habe ihn, einen verrückten alten Mann, nun vollends in den Wahnsinn getrieben. Ich schäme mich. Und gerade hat er mich gefragt: Was haben diese Paviane zu bedeuten? Und ich antworte, ohne lange zu überlegen: Ein Landeunternehmen, eine arische Kriegslist. Du wirst es nicht glauben – er hat mich umarmt und einen Schluck aus der Flasche genommen …«

»Und Elsa?«, fragte Andrej neugierig. »Die ist aber doch nicht verrückt?«

Otto lief purpurrot an und wackelte mit den Ohren. »Elsa …«, er räusperte sich. »Da arbeite ich auch wie ein Pferd. Ihr ist es doch ganz egal, ob Fritz, Otto, Iwan oder Abraham. Das Mädchen ist dreißig Jahre alt, und Hofstatter lässt nur Geiger und mich zu ihr.«

»Ihr seid vielleicht Mistkerle!«

»Ja, ich weiß …«, stimmte Otto betrübt zu. »Und das Schlimmste: Ich habe keine Ahnung, wie wir da je wieder rauskommen sollen. Schwach bin ich und charakterlos.«

Sie liefen schweigend weiter; Otto keuchte, der Korb war schwer. Als sie angekommen waren, blieb er stehen.

»Bring du die Sachen hoch und setz Wasser auf«, sagte er. »Und gib mir Geld. Ich laufe in den Laden, vielleicht kriege ich Konserven.« Er hatte seinen Blick abgewandt und zögerte. »Zu Fritz … also … zu dem kein Wort. Sonst schlägt er mich tot. Du weißt ja, wie er ist – alles soll glattgehen, ohne Aufsehen. Ja, und wer will das nicht?«

Sie trennten sich, und Andrej schleppte Korb und Tasche die Hintertreppe hinauf. Der Korb war so schwer, als wäre er mit Eisenstücken gefüllt. Ja, Bruder, dachte Andrej bitter, was ist das für ein Experiment, wo solche Dinge geschehen? Mit diesem Otto und diesem Fritz kann man endlos Experimente anstellen. Schweine sind das, richtige Schweine – keine Ehre, kein Gewissen. Woher auch? Wehrmacht. Hitlerjugend. Lumpenpack ... Nein, ich werde mit Fritz reden! Da darf man nicht einfach nur zusehen – der Mann verfault moralisch ja vor unseren Augen. Man kann aber einen Menschen aus ihm machen! Man muss! Schließlich hat er mir, kann man sagen, damals das Leben gerettet. Die hätten mir ein Messer in den Rücken gerammt – und aus. Alle haben sich in die Hosen gemacht und ihre Flossen hochgehoben, nur Fritz ... Nein, Fritz ist ein Mensch! Man muss um ihn kämpfen.

Er glitt auf den Hinterlassenschaften der Paviane aus und fluchte. Fortan passte er besser auf, wo er hintrat.

Kaum hatte er die Küche betreten, da bemerkte er, dass sich in der Wohnung alles verändert hatte. Im Wohnzimmer dröhnte das Grammophon. Man hörte Geschirrklappern. Füße von Tänzern scharrten über den Fußboden. All das wurde übertönt von der tiefen Stimme Juri Konstantinowitschs: »Also, Bruder, diese ganze Ökonomie und Soziologie – das spielt doch keine Rolle. Unwichtig. Aber die Freiheit, Bruder, ist was anderes. Für die Freiheit gibt man sein Leben ...«

Auf dem Gasherd kochte in einem großen Topf Wasser, ein frisch geschliffenes Messer lag auf dem Küchentisch, und aus dem Ofen roch es köstlich nach Braten. In einer Ecke standen zwei riesige Lindenbastsäcke aneinander gelehnt, und darüber lag eine abgewetzte wattierte Jacke, die bekannte Peitsche und das Pferdegeschirr. Auch das Maschinengewehr stand dort; es war zusammengesetzt und bereit zum Gebrauch; das flache, geschwärzte Magazin ragte aus dem Bodenstück. Unter dem Tisch schimmerte eine große Korbflasche.

Andrej setzte Tasche und Korb ab und schrie: »He, ihr Nichtstuer! Das Wasser kocht!«

Die tiefe Stimme Dawydows verstummte, und in der Tür erschien Selma mit gerötetem Gesicht und strahlenden Augen. Hinter ihr stand Fritz Geiger, der sie um einen Kopf überragte. Offenbar hatten sie gerade getanzt, und Geiger dachte gar nicht daran, seine roten kräftigen Hände von Selmas Taille zu nehmen.

»Schönen Gruß von Hofstatter!«, sagte Andrej. »Elsa ist beunruhigt, weil du so lange ausbleibst. Euer Baby ist ja schon fast einen Monat alt!«

»Blöder Scherz!«, stieß Fritz hervor, ließ Selma aber los. »Wo ist Otto?«

»Tatsächlich, das Wasser kocht!«, sagte Selma verwundert. »Was sollen wir jetzt damit machen?«

»Nimm das Messer«, antwortete Andrej, »und schäl Kartoffeln. Und du, Fritz, liebst doch Kartoffelsalat, also fang an damit, ich übernehme die Rolle des Gastgebers.«

Er wollte ins Wohnzimmer gehen, wurde in der Tür aber von Isja Katzman zurückgehalten; er strahlte vor Begeisterung.

»Hör mal!«, flüsterte Isja kichernd. »Wo hast du denn den tollen Kerl her? Bei diesen Farmern herrscht anscheinend wirklich der Wilde Westen! Amerikanische Freiheit!«

»Die russische Freiheit ist auch nicht schlechter«, erwiderte Andrej feindselig.

»Doch! Doch!«, schrie Isja. »›Als die jüdischen Kosaken sich erhoben, war in Birobidschan der Teufel los, aber will da einer uns Berditschew nehmen, der kriegt ein Furunkel riesengroß!‹ …«

»Lass das«, sagte Andrej streng. »Ich kann das nicht leiden … Fritz, ich gebe dir das Kommando über Selma und Isja, aber macht schnell, mir knurrt schon der Magen. Und schreit hier nicht rum – sonst hören wir Otto nicht, wenn er klopft. Er ist Konserven holen.«

Als er die Aufgaben verteilt hatte, eilte Andrej ins Wohnzimmer, um Juri Konstantinowitsch mit einem kräftigen Händedruck zu begrüßen. Der stand breitbeinig mitten im Zimmer und hatte die Hände unter das Koppel gesteckt. Sein Gesicht war rot, er roch noch immer streng, und seine Augen wirkten fröhlich, fast ein bisschen ungestüm – solchen Augen begegnete man oft bei einfachen, ungezwungenen Menschen, die gerne fleißig arbeiteten, viel tranken und sich durch nichts auf der Welt erschüttern ließen.

»Siehst du«, sagte Dawydow. »Ich bin gekommen, wie versprochen. Hast du die Korbflasche gesehen? Die ist für dich. Die Kartoffeln auch, zwei Sack. Sie wollten mir dafür so ein Ding geben … du verstehst. Aber nein, denk ich, was soll ich damit? Lieber bring ich die Kartoffeln einem guten Menschen mit. Diese Leute, weißt du, leben alle in schönen, großen Villen, und darinnen verfaulen sie, weil sie nie den hellen Tag sehen. Hör mal, Andrej – zu Kenshi, dem Japaner, habe ich eben gesagt: Pfeif drauf, Junge, hab ich gesagt. Was wollt ihr eigentlich noch hier? Nehmt eure Freundinnen, eure Weiber und Kinder und kommt zu uns.«

Kenshi trug noch immer seine Uniform, hatte sie nach Dienstschluss aber aufgeknöpft. Er deckte gerade den Tisch. Ungeschickt verteilte er mit einer Hand das zusammengewürfelte Geschirr; die andere Hand war verbunden. Kenshi lächelte und nickte Dawydow zu.

»So wird es kommen, Juri«, rief er. »Nach den Pavianen werden Kalmare einfallen, und dann ziehen wir alle zu euch in die Sümpfe.«

»Warum wollt ihr denn noch auf diese … Wie heißen die? Pfeift doch auf diese Kammare. Morgen früh fahre ich nach Hause, der Wagen ist leer, drei Familien kann ich gut aufladen. Du hast doch noch keine Familie?«, wandte er sich an Andrej.

»Gott bewahre.«

»Und wer ist die Kleine? Oder gehört sie nicht zu dir?«

»Sie ist neu hier. Heute Nacht angekommen.«

»Was will man mehr? Ein angenehmes, liebes Mädchen. Nimm sie mit und dann fahren wir los! Bei uns gibt's frische Luft. Bei uns gibt es Milch. Du hast bestimmt schon ein ganzes Jahr keine frische Milch getrunken. Also – ich frage mich andauernd, warum es in euren Läden keine Milch gibt. Ich alleine habe drei Kühe. Ich führe Milch an den Staat ab, verbrauche selber welche, füttere die Schweine damit und gieße am Ende noch Milch weg … Andrej, du ziehst zu uns! Und jeden Morgen, bevor du aufs Feld gehst, bringt dir die Kleine einen irdenen Topf mit dampfender Milch – frisch von der Kuh. Na, was meinst du?« Er zwinkerte mit beiden Augen und lachte laut auf. Dann schlug er Andrej auf die Schulter und ging mit schweren Schritten über die knarrenden Dielenbretter durchs Zimmer, stellte das Grammophon ab und kam wieder zurück. »Und diese Luft! Ihr habt hier nicht einmal mehr Luft – einen stinkenden Affenstall habt ihr hier, das ist eure Luft … Kenshi, was mühst du dich denn so ab? Ruf die Kleine, sie soll den Tisch decken.«

»Sie ist in der Küche und schält Kartoffeln«, sagte Andrej und lächelte. Dann besann er sich und half Kenshi. Dawydow gehörte schon richtig dazu. Er kam Andrej so vertraut vor, als kennten sie sich eine Ewigkeit. Und was, wenn man nun wirklich in die Sümpfe aufbrach? Milch hin, Milch her, aber das Leben dort war bestimmt gesünder. Und wie Dawydow so dastand – wie ein Denkmal!

»Es klopft, soll ich aufmachen oder gehst du selber?«, fragte jetzt Dawydow.

»Ich geh schon«, sagte Andrej und machte auf. Draußen stand Wang. Er trug ein knielanges blaues Seidenhemd und hatte ein Handtuch mit Waffelmuster um den Kopf gewickelt.

»Sie haben die Mülltonnen gebracht!«, rief er und lächelte erfreut.

»Ach, die soll der Teufel holen!«, antwortete Andrej nicht minder erfreut. »Die Mülltonnen können warten. Warum bist du allein? Wo ist Mei Ling?«

»Sie ist zu Hause«, sagte Wang. »Sie ist sehr müde und hat sich hingelegt. Der Junge ist ein bisschen krank.«

»Komm rein, was stehst du da herum. Komm, ich stelle dir einen fabelhaften Menschen vor.«

»Wir kennen uns schon«, sagte Wang, als er ins Wohnzimmer trat.

»Ah, Wanja«, rief Dawydow erfreut. »Du bist auch hier! … Ich wusste ja«, sagte er zu Kenshi gewandt, »dass Andrej ein feiner Kerl ist. Du siehst ja, bei ihm treffen sich lauter nette Leute. Du zum Beispiel oder der jüdische Bursche dort … Wie heißt er doch gleich … Aber jetzt wird gefeiert! Ich geh mal nachsehen, was sie in der Küche machen. Eigentlich ist da gar nichts zu tun, aber sie haben sich wohl kurzerhand selbst Arbeit verschafft …«

Wang löste Kenshi rasch am Tisch ab und rückte exakt und geschickt das Geschirr zurecht. Währenddessen versuchte Kenshi, mit den Zähnen und einer Hand seinen Verband zurechtzurücken. Andrej eilte zu Hilfe.

»Warum kommt Donald nicht?«, fragte er besorgt.

»Er hat sich eingeschlossen«, erklärte Wang. »Und will nicht gestört werden.«

»Er ist in letzter Zeit ziemlich seltsam, deprimiert … Na gut, dann lassen wir ihn eben in Ruhe. Hör mal, Kenshi, was ist mit deiner Hand passiert?«

Kenshi verzog das Gesicht: »Ein Pavian hat mich gebissen. So ein Miststück – bis auf den Knochen!«

»Seltsam«, wunderte sich Andrej. »Mir kamen sie so friedlich vor.«

»Na ja, friedlich … Aber wenn dich jemand fängt und dir ein Halsband anlegen will …«

»Was für ein Halsband?«

»Anordnung fünfhundertsieben: Alle Paviane registrieren und mit einem nummerierten Halsband versehen. Morgen werden wir sie an die Bevölkerung übergeben. Wir haben so an die dreißig Paviane gefangen und die anderen ins Nachbarrevier gejagt, sollen die damit klarkommen ... He, was guckst du denn so? ... Hol lieber Schnapsgläser, die hier reichen nicht.«

4

Als die Sonne abgeschaltet wurde, waren alle schon ziemlich betrunken. In der schlagartig eingetretenen Dunkelheit wand sich Andrej hinter dem Tisch hervor, stieß mit den Füßen an die Töpfe, die auf dem Boden standen, und erreichte den Lichtschalter.

»Keine Bange, liebes Fräulein«, tönte Fritz hinter seinem Rücken. »Hier ist immer ...«

»Es werde Licht!«, verkündete Andrej und gab sich Mühe, die Worte deutlich auszusprechen.

An der Decke leuchtete jetzt eine verstaubte Lampe auf, die ein ebenso schwaches Licht verbreitete wie die im Hausflur. Andrej drehte sich um und betrachtete seine Gäste.

Alles stand zum Besten: An der Stirnseite des Tisches thronte Juri Konstantinowitsch Dawydow; leicht schwankend saß er auf einem Küchenhocker. Vor einer halben Stunde war er für Andrej zu seinem »Onkel Jura« geworden. Zwischen den fest zusammengepressten Lippen Dawydows qualmte eine lange, selbstgedrehte Zigarette. In der rechten Hand hielt er ein geschliffenes Glas mit erstklassigem Schnaps, und mit dem schwieligen Zeigefinger der linken Hand fuchtelte er Isja Katzman vor der Nase herum. Katzman, der links neben Dawydow saß, hatte schon Jackett und Krawatte abgelegt; an seinem

Kinn und auf seinem Hemd waren mehrere Soßenflecke zu sehen.

Rechts neben Onkel Jura saß der bescheidene Wang – vor ihm stand der kleinste Teller, darauf lag die kleinste Portion Fleisch und daneben die Gabel mit den meisten Schrammen. Für den Schnaps hatte sich Wang das Glas mit dem abgeplatzten Rand genommen. Sein Kopf war zwischen die Schultern gesunken, das Gesicht mit den geschlossenen Augen zur Decke gerichtet. Wang lächelte selig: Er genoss die Ruhe.

Kenshis Augen hingegen schauten flink umher, seine Wangen waren gerötet. Genüsslich kaute er sein Sauerkraut und redete auf Otto ein, der gegen große Müdigkeit ankämpfte und immer, wenn er sie wieder überwunden hatte, laut ausrief: »Ja! Natürlich! Ja! O ja!«

Selma Nagel, das schwedische Flittchen, war zur Schönheit erblüht. Sie saß im Sessel und hatte ihre Beine über die weiche Armlehne gelegt. Und diese wunderschönen hellen Beine befanden sich genau auf Brusthöhe des schneidigen Unteroffiziers Fritz – und so loderten seine Augen, und sein Gesicht war vor Erregung übersät mit roten Flecken. Er beugte sich mit seinem vollen Glas zu Selma hinüber und wollte unbedingt mit ihr Brüderschaft trinken, aber Selma stieß ihn mit ihrem Glas leicht zurück, lachte laut auf, schaukelte mit ihren Beinen und schob immer wieder Geigers behaarte Hand von ihren Knien.

Der andere Stuhl an Selmas Seite, Andrejs Stuhl, war leer, und traurig leer blieb auch der Stuhl, den sie für Donald hingestellt hatten. Schade, dass Donald nicht da ist, dachte Andrej ... Aber! Auch das werden wir überstehen! Wir sind schon mit ganz anderen Dingen fertiggeworden ... Seine Gedanken gerieten ein wenig durcheinander, er fühlte einen Anflug von Tragik, doch er hielt sich weiterhin wacker und unverzagt. Andrej kehrte auf seinen Platz zurück, nahm das Glas in die Hand und schrie: »Trinkspruch!«

Aber niemand achtete auf ihn. Nur Otto fuhr mit dem Kopf herum wie ein Pferd, das von einer Bremse gebissen wurde, und erwiderte »Ja! O ja!«

»Ich bin hierhergekommen, weil ich daran geglaubt habe!«, sagte Onkel Jura mit lauter Stimme. (Noch immer gelang es dem kichernden Isja nicht, den schwieligen Finger unter seiner Nase wegzuschieben.) »Und ich habe daran geglaubt, weil es sonst nichts mehr gab, woran man glauben konnte. Ein russischer Mann muss an etwas glauben, verstehst du, Bruder? Wenn man an nichts glaubt, bleibt einem nur noch der Wodka. Sogar um ein Weib zu lieben, muss man glauben. An sich muss man glauben. Ohne Glauben kriegst du nicht mal einen hoch …«

»Ja, genau!«, meldete sich Isja. »Wenn man einem Juden den Glauben an Gott nimmt und einem Russen den Glauben an den guten Zaren, dann sind sie zu allem imstande …«

»Nein! Moment! Das mit den Juden ist eine ganz andere Sache …«

»Hauptsache, Otto, ihr bleibt entspannt«, warf Kenshi ein, der noch immer genüsslich sein Sauerkraut kaute. »Es gibt sowieso keine Ausbildung und kann auch keine geben. Denkt doch selber, wozu brauchte man eine Berufsausbildung in einer Stadt, wo jeder ständig den Beruf wechselt?«

»O ja!«, antwortete Otto, der für eine Sekunde erwachte. »Dasselbe habe ich dem Herrn Minister gesagt.«

»Und der Minister?« Kenshi griff nach dem Schnapsglas und nahm mehrere kleine Schlucke, als trinke er Tee.

»Der Herr Minister hat gesagt, es sei ein sehr interessanter Gedanke und schlug mir vor, ihn auszuarbeiten.« Otto schniefte, seine Augen füllten sich mit Tränen. »Stattdessen bin ich zu Elsa gegangen …«

»… Und als der Panzer zwei Meter vor mir stand«, schrie Fritz, der gerade Schnaps auf Selmas Beinen verschüttet hatte, »habe ich mich an alles erinnert! Sie werden es nicht glauben,

Fräulein, mein ganzes Leben lief vor mir ab. Aber ich war Soldat! Im Namen des Führers …«

»Euren Führer gibt es doch schon lange nicht mehr!«, unterbrach ihn Selma, der vor Lachen die Tränen kamen. »Verbrannt haben sie ihn, euren Führer!«

»Fräulein!«, erklärte Fritz und reckte drohend das Kinn vor. »Im Herzen eines jeden wahren Deutschen lebt der Führer! Der Führer wird ewig leben! Sie sind Arierin, Fräulein, Sie verstehen mich: Als der russische Panzer … drei Meter entfernt … habe ich im Namen des Führers! …«

»Hör endlich auf mit deinem Führer!«, schrie ihn Andrej an. »Jungs! He, Leute, hört endlich meinen Trinkspruch!«

»Deinen Trinkspruch?«, besann sich Onkel Jura. »Dann los, Andrjuscha! Fang an!«

»Auf die hiaanwesndn Fraun!«, lallte plötzlich Otto und stieß Kenshi von sich weg.

»Halt die Klappe!«, krächzte Andrej. »Isja, hör auf zu grinsen! Ich meine es ernst! Kenshi, der Teufel soll dich! Ich meine, Jungs, dass wir trinken sollten auf … Wir haben schon getrunken, aber irgendwie nur so nebenbei, und wir sollten richtig und ernsthaft auf unser Experiment trinken, auf unsere edle Sache und besonders …«

»Auf den Urheber all unserer Siege, den Genossen Stalin!«, schrie Isja.

Andrej kam aus dem Konzept. »Nein … hör zu …«, murmelte er. »Was unterbrichst du mich? Ja, auf Stalin auch, natürlich … Zum Teufel, er hat mich völlig durcheinandergebracht! Ich wollte, dass wir auf unsere Freundschaft trinken, du Idiot!«

»Macht nichts, macht nichts, Andrjuscha!«, sagte Onkel Jura. »Der Trinkspruch ist gut, auf das Experiment muss man trinken, auf die Freundschaft muss man trinken. Jungs, nehmt eure Gläser, wir trinken auf die Freundschaft und darauf, dass alles gut wird.«

»Also, ich trinke auf Stalin!«, erklärte Selma stur. »Und auf Mao Tse-tung. He, Mao! Hörst du? Ich trinke auf dich!«, rief sie zu Wang hinüber.

Wang zuckte zusammen, lächelte gequält und nippte an seinem Glas.

»Tse-tung?«, fragte Fritz drohend. »W-wer ist das?«

Andrej leerte sein Glas in einem Zug und stieß hastig und ein wenig betäubt die Gabel in ein Stück Fleisch. Die Gespräche drangen auf einmal wie von weit entfernt zu ihm. Stalin … Ach ja. Genau. Da musste es eine Verbindung geben … Dass mir das nicht früher eingefallen ist! Das sind Erscheinungen derselben Größenordnung – der kosmischen. Es muss eine wechselseitige Beziehung geben. Etwa die Frage: Wählen zwischen dem Erfolg des Experiments und der Gesundheit des Genossen Stalin … Was ist mir persönlich als Bürger, als Kämpfer … Zwar sagt Katzman, dass Stalin tot ist, aber das ist unwichtig. Nehmen wir an, er lebt. Und nehmen wir an, dass ich vor der Wahl stehe: das Experiment oder die Sache Stalins … Nein, falsch, das ist Unsinn. Stalins Werk unter stalinscher Leitung fortführen oder Stalins Werk unter ganz anderen Bedingungen fortführen, unter ungewöhnlichen, die in keiner Theorie vorgesehen sind – das ist die Frage …

»Wie kommst du denn darauf, dass die Mentoren das Werk Stalins fortführen?«, drang plötzlich Isjas Stimme zu ihm, und Andrej begriff, dass er laut gedacht hatte.

»Welches Werk könnten sie denn sonst tun?«, wunderte er sich. »Es gibt nur ein Werk auf der Erde, das zu tun es sich lohnt – und das ist der Aufbau des Kommunismus! Stalins Werk!«

»Bei den ›Grundlagen‹ kriegst du ein Mangelhaft«, erwiderte Isja. »Stalins Werk ist der Aufbau des Kommunismus im einzelnen Land, der konsequente Kampf gegen den Imperialismus und die Ausweitung des sozialistischen Lagers auf die ganze Welt. Ich sehe nicht, wie du diese Aufgaben hier verwirklichen willst.«

»Das ist la-angweilig«, maulte Selma. »Macht Musik! Ich will tanzen!«

Aber Andrej sah und hörte schon nichts mehr. »Du bist ein Dogmatiker!«, blaffte er. »Du bist ein Talmudist und Buchstabengelehrter! Und überhaupt: ein Metaphysiker! Du siehst nichts als die Form. Ist es nicht vollkommen egal, welche Form das Experiment annimmt? Inhalt und Endergebnis können aber nur eines sein: die Errichtung der Diktatur des Proletariats im Bündnis mit den werktätigen Farmern ...«

»Und was ist mit der werktätigen Intelligenz?«, wandte Isja ein.

»Was denn noch für eine Intelligenz? Die ist mir doch scheißegal, die Intelligenz!«

»Ja, stimmt«, sagte Isja. »Die stammt aus einer anderen Zeit.«

»Die Intelligenz ist überhaupt impotent!«, erklärte Andrej verbissen. »Eine Lakaienschicht. Sie dient bloß denen, die an der Macht sind.«

»Eine Bande von Schleimscheißern!«, brüllte Fritz. »Schleimscheißer und Klugscheißer – sie allein sind an der Disziplinlosigkeit und Desorganisation schuld!«

»Genau!« Andrej wäre zwar lieber gewesen, wenn ihn z. B. Onkel Jura unterstützt hätte, aber auch Fritz' Beistand hatte sein Gutes. »Hier, bitte schön: Geiger. Eigentlich ist er ein Klassenfeind, aber seine Haltung stimmt völlig mit der unseren überein. Es ergibt sich also, dass die Intelligenz vonseiten jeder Klasse Dreck ist.« Er knirschte mit den Zähnen. »Ich hasse sie. Ich kann diese kraftlosen Brillenträger, Schwätzer und Schmarotzer einfach nicht ausstehen. Sie haben keine innere Kraft, keinen Glauben, keine Moral ...«

»Wenn ich das Wort Kultur höre, greife ich zur Pistole!«, verkündete Fritz mit durchdringender Stimme.

»Nein!«, erwiderte Andrej. »Hier sind wir unterschiedlicher Meinung. Das nicht! Kultur ist eine große Errungenschaft des befreiten Volkes. Hier muss man dialektisch …«

Neben Andrej dröhnte das Grammophon, und der betrunkene Otto tanzte, immer wieder stolpernd, mit der betrunkenen Selma. Aber das interessierte Andrej nicht. Denn gerade hatte das Beste begonnen, das Wesentliche, weswegen er diese Zusammenkünfte über alles liebte: die Diskussion.

»Nieder mit der Kultur!«, schrie Isja, der von einem freien Stuhl auf den anderen sprang, um näher an Andrej zu kommen. »Mit unserem Experiment hat die Kultur nämlich gar nichts zu tun. Worin besteht die Aufgabe des Experiments? Das ist die Frage! Das sag mir mal!«

»Ich habe es schon gesagt: Die Aufgabe ist, ein Modell der kommunistischen Gesellschaft zu schaffen!«

»Aber was sollen die Mentoren denn mit einem Modell der kommunistischen Gesellschaft? Überleg doch mal, du Holzkopf!«

»Warum nicht? Warum?«

»Also ich glaube«, sagte Onkel Jura, »dass die Mentoren keine richtigen Menschen sind. Sie haben uns hier in ein Aquarium gesetzt … in eine Art Zoo … Und dann gucken sie, was dabei herauskommt. Nein, das sind keine richtigen Menschen, die sind anders …«

»Haben Sie sich das selber ausgedacht, Juri Konstantinowitsch?«, wandte sich Isja mit großem Interesse an ihn.

Dawydow kratzte sich an der rechten Wange und antwortete vage: »Wurde im Streit geboren.«

Isja hieb mit der Faust auf den Tisch. »Das ist verblüffend! Bemerkenswert!«, ereiferte er sich. »Warum? Woher? Warum entsteht bei ganz unterschiedlichen Menschen, die im Übrigen durchaus konformistisch denken, der Gedanke an die außerirdische Herkunft der Mentoren? Der Gedanke, das Experiment werde von einer höheren Macht durchgeführt.«

»Ich habe ihn direkt gefragt«, mischte sich Kenshi ein. »Seid ihr Außerirdische? Er hat ausweichend geantwortet, es aber nicht verneint.«

»Mir wurde hingegen gesagt, sie seien Menschen einer anderen Dimension«, sagte Andrej. Über den Mentor zu reden war ihm peinlich, so, als ob er vor Fremden über familiäre Angelegenheiten spräche. »Ich bin aber nicht sicher, ob ich es richtig verstanden habe … Vielleicht war es auch nur ein Gleichnis …«

»Also, ich lehne das ab!«, rief Fritz plötzlich. »Ich bin doch kein Insekt. Ich bin ich selber … Ach!« Er winkte ab. »Wäre ich denn hierhergeraten, wenn ich nicht in Gefangenschaft gewesen wäre?«

»Aber warum?«, sagte Isja. »Warum? Auch ich spüre die ganze Zeit so eine Art inneren Protest und begreife nicht, was hier vor sich geht. Vielleicht sind ihre Aufgaben am Ende nahe an den unseren …«

»Das sagte ich doch die ganze Zeit!«, unterbrach ihn Andrej erfreut.

Doch Isja winkte ungeduldig ab. »Ich meine es anders – nicht so geradlinig wie du: Sie versuchen, sich über die Menschheit klarzuwerden. Die Menschheit zu begreifen! Und für uns ist es dasselbe: Auch wir wollen uns über die Menschheit, über uns selber klarwerden! Es kann doch sein, dass sie, indem sie sich selber Klarheit verschaffen, auch uns dabei helfen, uns selbst zu verstehen?«

»Nicht doch, Freunde!«, sagte Kenshi und schüttelte den Kopf. »Bleibt auf dem Teppich. Was sie planen, ist die Kolonisation der Erde. Und an uns erforschen sie die Psychologie der künftigen Sklaven.«

»Was soll das, Kenshi?«, fragte Andrej enttäuscht. »Was sollen diese schrecklichen Hypothesen? Es ist unfair, so etwas von ihnen zu denken.«

»Wahrscheinlich denke ich das auch gar nicht«, erwiderte Kenshi. »Mich beschleicht nur so ein merkwürdiges Gefühl ... Diese Paviane, dann die Verwandlung von Wasser, das Chaos Tag für Tag ... Irgendwann werden sie uns noch eine babylonische Sprachverwirrung auferlegen. Es ist, als bereite man uns systematisch auf eine unheimliche, bedrückende Welt vor, in der wir in Zukunft leben müssen – von jetzt bis in alle Ewigkeit. Wie auf Okinawa ... Ich war damals ein kleiner Junge, es war Krieg. Und in unserer Schule war es für die Kinder von Okinawa verboten, ihren Dialekt zu sprechen. Nur Japanisch war erlaubt. Wenn sie einen Jungen dabei erwischten, hängten sie ihm ein Schild um den Hals: Ich kann nicht richtig sprechen. Und dann musste er mit diesem Schild herumlaufen.«

»Verstehe«, sagte Isja, der noch immer lächelte und an einer Warze an seinem Hals herumzupfte.

»Ich dagegen verstehe gar nichts«, verkündete Andrej. »Das ist nichts weiter als eine verzerrte, falsche Interpretation. Das Experiment ist das Experiment. Natürlich, wir begreifen nichts. Aber wir sollen ja auch nichts begreifen! Das ist doch die Grundbedingung! Sobald wir anfangen zu begreifen, wozu die Paviane hier auftauchen oder warum die Berufe gewechselt werden ... Dieses Verständnis würde doch sofort unser Verhalten beeinflussen. Das wiederum würde die Bedingungen des Experiments verfälschen, und es misslänge. Das ist doch klar! Was meinst du, Fritz?«

Fritz schüttelte den Kopf. »Ich weiß nicht. Interessiert mich auch nicht. Mir ist egal, was *die* wollen. Mich interessiert, was *ich* will. Und ich will hier Ordnung schaffen. Einer von euch hat mal gesagt, dass der Sinn des Experiments vielleicht darin besteht, die Energischsten, Tüchtigsten und Härtesten zu selektieren ... Die, die nicht nur daherschwätzen und philosophieren, sondern handeln. Solche wählen sie aus – Männer wie mich oder dich, Andrej – und die schicken sie zurück auf die Erde. Denn wenn wir hier unseren Mann stehen, dann stehen wir ihn auch dort.«

»Das könnte durchaus sein«, erklärte Andrej nachdenklich. »Ich nehme das auch stark an.«

»Donald meint«, sagte Wang leise, »das Experiment sei schon längst gescheitert.«

Alle starrten zu Wang hinüber, der noch genauso dasaß wie vorher: den Kopf eingezogen und das Gesicht zur Decke gewandt, seine Augen waren geschlossen.

»Er hat gesagt, dass sich die Mentoren längst in ihren eigenen Ideen verirrt und alles Mögliche ausprobiert hätten, jetzt aber selber nicht mehr weiter wüssten. Donald meint, sie seien total bankrott, und alles laufe nur noch aus Gewohnheit so weiter.«

Andrej kratzte sich verwirrt im Nacken. Donald also! Er benimmt sich ohnehin so merkwürdig … Alle schwiegen. Onkel Jura drehte sich gemächlich die nächste Zigarette, Isja zupfte noch immer lächelnd an seiner Warze, Kenshi wandte sich wieder dem Sauerkraut zu, und Fritz schaute unverwandt zu Wang. So beginnt der Zerfall, schoss es Andrej durch den Kopf. Mit solchen Gesprächen. Unverständnis gebiert Unglauben. Unglauben gebiert den Tod. Das ist alles sehr gefährlich. Der Mentor hatte klar und deutlich gesagt: Die Hauptsache sei, bis ans Ende vorbehaltlos an die Idee zu glauben. Zu begreifen, dass das Nichtverstehen eine notwendige Bedingung des Experiments sei. Natürlich sei es auch die schwierigste Bedingung. Die meisten hier besäßen keine ideologische Standfestigkeit und seien nicht wirklich davon überzeugt, dass die lichte Zukunft unausweichlich kommen werde. Dass es heute und morgen noch so schwer und schlecht sein könne – übermorgen schon sähen sie den Sternenhimmel, und auf der Straße werde ein Festtag sein …

»Ich bin ein ungebildeter Mensch«, ließ sich plötzlich Onkel Jura vernehmen; er leckte genüsslich mit der Zunge über seine Zigarette, um sie zuzukleben. »Ich war nur vier Jahre in der Schule, und ich habe Isja schon gesagt, dass ich nur deshalb hier bin, weil ich das Weite gesucht hab. So wie du ...« Er deutete mit der Zigarette auf Fritz. »Du hattest aus der Gefangenschaft nur einen Ausweg, und ich aus der Kolchose. Wenn ich den Krieg nicht mitrechne, habe ich mein ganzes Leben lang auf dem Land gelebt und nichts von der Welt gesehen. Aber hier – hier habe ich sie gesehen! Was immer die da oben mit ihrem Experiment vorhaben, Brüder – ich begreife es ja doch nicht, und es interessiert mich auch nicht allzu sehr. Aber ich bin hier ein freier Mensch, und solange niemand meine Freiheit antastet, tue ich auch niemandem was. Wenn es hier aber Leute geben sollte, die unsere jetzige Lage als Farmer verändern wollen, garantiere ich euch, dass wir Farmer in eurer Stadt keinen Stein auf dem anderen lassen werden. Wir sind – verdammt nochmal! – keine Paviane. Und wir lassen uns von euch – verdammt nochmal! – keine Halsbänder anlegen! So sieht's aus, Bruder!«, sagte er noch immer an Fritz gewandt.

Isja kicherte vor sich hin, und wieder trat betretenes Schweigen ein. Andrej wunderte sich ein wenig über Onkel Juras Worte und kam zu dem Schluss, dieser müsse wohl ein sehr schweres Leben gehabt haben. Und wenn er sagte, er habe nichts von der Welt gesehen, so hatte er dafür sicher Gründe, nach denen zu fragen Andrej jetzt unhöflich fand.

Deshalb sagte er nur: »Ich glaube, es ist zu früh, um über diese Fragen zu diskutieren. Das Experiment dauert noch nicht allzu lange – Arbeit dagegen gibt es mehr als genug. Wir müssen arbeiten und an das Experiment glauben.«

»Wie kommst du darauf, dass das Experiment noch nicht lange dauert?«, bemerkte Isja spöttisch. »Das Experiment dauert schon mindestens hundert Jahre. Wahrscheinlich noch länger, aber für hundert Jahre kann ich mich verbürgen.«

»Und woher willst du das wissen?«

»Warst du schon einmal weit im Norden?«

Andrej stutzte. Er hatte gar nicht gewusst, dass es hier einen Norden gab.

»Na, der Norden!«, sagte Isja ungeduldig. »Wir wollen der Einfachheit halber annehmen, dass Süden dort ist, wo die Sonne steht, wo die Sümpfe, Felder und Farmer sind – und in der entgegengesetzten Richtung, tiefer in die Stadt hinein, ist Norden. Du warst ja noch nie weiter als bis zu deiner Müllkippe! Aber im Norden geht die Stadt weiter, da sind riesige Stadtviertel, ganze Paläste ...« Er kicherte. »Paläste und Hütten. Jetzt lebt dort niemand, weil es kein Wasser gibt, aber früher war das alles bewohnt. Und ich sage dir: Das ist ziemlich lange her. Ich habe dort in den leeren Häusern Dokumente entdeckt – unglaublich! Hast du schon einmal von König Veliarius dem Zweiten gehört? Siehst du! Der hat unter anderem dort geherrscht. Nur zu seiner Zeit waren hier« – er klopfte mit dem Finger auf den Tisch – »Sümpfe, und in diese Sümpfe schickte man Leibeigene ... oder Sklaven. Und das ist mindestens hundert Jahre her.«

Onkel Jura wackelte mit dem Kopf und schnalzte mit der Zunge.

Fritz fragte: »Und noch weiter nördlich?«

»Weiter bin ich nicht gekommen«, sagte Isja. »Aber ich kenne Leute, die sehr weit gegangen sind – hundert, hundertfünfzig Kilometer. Viele sind gegangen und nie wieder zurückgekehrt.«

»Und was ist dort?«

»Die Stadt.« Isja machte eine Pause. »Allerdings wird auch über diese Viertel unverschämt viel gelogen. Deshalb berichte ich auch nur, was ich selber gesehen habe. Mindestens hundert Jahre. Begreifst du das, Andrej, mein Freund? Hundert Jahre. Nach hundert Jahren ist einem jedes Experiment egal.«

»Hör mal, warte ...«, murmelte Andrej verwirrt. »Aber es ist ihnen doch gar nicht egal!«, fiel ihm auf einmal ein. »Sie suchen ja immer wieder neue Menschen, und das heißt, sie haben nicht aufgegeben, sie sind nicht enttäuscht! Sie haben sich nur eine sehr schwierige Aufgabe gestellt.« Ein neuer Gedanke kam ihm in den Sinn, und er wurde noch lebhafter. »Und überhaupt: Woher weißt du, was sie für einen Zeitmaßstab haben? Vielleicht ist ein Jahr für sie eine Sekunde?«

»Ich weiß gar nichts«, sagte Isja und zuckte mit den Achseln. »Ich versuche dir zu erklären, in welcher Welt du lebst – weiter nichts.«

»Schluss!«, unterbrach ihn Onkel Jura energisch. »Genug leeres Stroh gedroschen! He, Kleiner! Wie heißt du noch … Otto! Lass das Mädchen los und hol uns … Ach, nein, der ist ja völlig betrunken und zerbricht mir womöglich die Flasche. Ich gehe lieber selber.«

Er stand vom Hocker auf, nahm die leere Karaffe vom Tisch und ging in die Küche. Selma ließ sich wieder auf ihren Platz fallen, legte die Beine höher als den Kopf und stieß gereizt Andrej an der Schulter an.

»Wie lang soll dieses Gequatsche eigentlich noch dauern? Ist ja stinklangweilig! Experiment, Experiment … Gib mir mal 'ne Kippe!«

Andrej gab ihr eine Zigarette. Das abrupt beendete Gespräch hatte ein unangenehmes Gefühl in ihm hinterlassen – etwas blieb unausgesprochen, etwas anderes war unverständlich, man hatte ihn nicht ausreden lassen, es ergab sich keine Geschlossenheit … Wie traurig Kenshi dasitzt, das kommt bei ihm selten vor … Wir denken einfach zu viel über uns nach, das ist es! Experiment hin, Experiment her, jeder verfolgt immer nur seine Linie und beharrt auf seiner Meinung, dabei müsste man zusammen, zusammen …!

In dem Moment donnerte Onkel Jura die nächste Flasche auf den Tisch, und Andrej gab das Grübeln auf. Jeder trank noch ein Gläschen, aß etwas dazu, und Isja erzählte einen Witz, woraufhin alle brüllten vor Lachen. Onkel Jura erzählte einen weiteren Witz – einen sehr unanständigen, aber ebenfalls sehr komischen. Sogar Wang lachte, und Selma hielt sich vor Lachen den Bauch. »In den Tontopf«, wiederholte sie, wischte sich die Tränen aus den Augen und erstickte fast vor Lachen, »in den Tontopf kriecht er nicht!« Andrej schlug mit der Faust auf den Tisch und stimmte das ukrainische Lieblingslied seiner Mutter an:

Und wer trinkt, ja, dem schenkt ein,
Und wer nicht trinkt, den lasst sein;
Gott zu ehren, Gläser leeren
Auf die alte Amme, die verehrte,
Die uns Schnaps behutsam trinken lehrte …

Die anderen sangen mit, so gut sie konnten. Dann grölten Fritz und Otto gemeinsam ein unbekanntes, aber herrliches Lied von den zitternden morschen Knochen der alten Welt, ein großartiges Kampflied. Als Isja sah, dass Andrej begeistert mitzusingen versuchte, kicherte er und rieb sich die Hände. Nun begann Onkel Jura zu singen – mit der Stimme eines Bären, und den Blick unablässig auf Selmas nackte Waden gerichtet:

Über den Anger geht ihr,
Spielt dort und singt und steht ihr,
Mein armes Herz verdreht ihr,
Alle Ruh vergeht mir.

Das Lied kam sehr gut an, und Onkel Jura fuhr fort:

Mädchen, ach, selber seht ihr,
Was ihr euch untersteht, ihr,
Lacht ja nur, wenn man fleht, ihr,
Und als Trug verweht ihr.

Selma nahm die Beine von der Sessellehne, stieß Geiger von sich und sagte gekränkt: »Nichts unterstehe ich mich. Als ob ich euch bräuchte …«

»Aber du bist doch gar nicht gemeint«, sagte Onkel Jura verlegen. »Ist doch nur ein Lied. Ich will ja auch nichts mit dir …«

Um den Zwischenfall vergessen zu machen, tranken sie noch ein Glas. Andrej drehte sich schon der Kopf. Wie von ferne nahm er wahr, dass er sich am Grammophon zu schaffen machte und es gleich fallen lassen würde. Das Grammophon fiel tatsächlich zu Boden, nahm jedoch keinen Schaden – im Gegenteil, es schien sogar noch lauter zu spielen. Dann tanzte er mit Selma, ihre Hüften waren warm und weich und die Brüste unvermutet groß und fest. Andrej war angenehm überrascht, etwas so herrlich Geformtes unter dem unförmigen, stachligen Wollsack zu entdecken. Sie tanzten. Er fasste sie um die Hüften, und Selma hielt die Handflächen an seine Wangen und sagte, dass er ein prima Junge sei und ihr sehr gefalle, und aus Dankbarkeit erwiderte er, dass er sie liebe, immer geliebt habe und sie nie mehr gehen lassen würde … Plötzlich hieb Onkel Jura mit der Faust auf den Tisch und rief: »Ist ja kaum noch was zu sehn: Sollten wir nicht schlafen gehn?« Dann umarmte er den schon ganz in sich zusammengesunkenen Wang und küsste ihn nach russischer Sitte dreimal kräftig auf die Wangen. Andrej befand sich nun mitten im Zimmer, Selma saß wieder am Tisch; sie warf Brotkügelchen nach dem kraftlosen Wang und nannte ihn Mao Tse-tung. Das brachte Andrej auf die Idee, »Moskau – Peking« anzustimmen, und schon sang er das Lied voller Übermut und ungewohntem Elan. Auf einmal stand ihm Isja Katzman gegenüber; sie glotzten einander furchterregend an und senkten ihre Stimmen bis zu einem unheilvollen Flüstern, dann reckten sie die Zeigefinger in die Höhe und riefen: »Hö-hören uns! … Hö-hören uns! …« Kurz darauf fand er sich zusammen mit Isja Katzman in ein und demselben Sessel wieder, und vor ihnen auf dem Tisch saß Kenshi und ließ die Beine baumeln. Andrej erklärte ihm mit großer Begeisterung, hier sei er zu jeder Arbeit bereit, jede Arbeit bringe ihm hier besondere Befriedigung, und als Müllfahrer fühle er sich hervorragend …

»Als-sso ich bin … Muüll…fahrer!«, brachte er mühsam hervor. »Miullul… Miullfahrer!«

Isja sagte etwas und spuckte ihm dabei ins Ohr, faselte etwas Unangenehmes, Beleidigendes … Er, Andrej, beziehe wohl Lustgefühle aus der Erniedrigung, Müllfahrer zu sein (»… ja, ich bin Miull…fahrer!«). Und er, so ein kluger, belesener und fähiger Mann, der zu weitaus Größerem berufen sei, trage dennoch geduldig und mit Würde sein schweres Kreuz – im Gegensatz zu vielen anderen … Dann erschien Selma und tröstete ihn sofort. Sie war weich und zärtlich, tat alles, was er wollte, widersprach ihm nicht; er versank in einem Meer aus Glückseligkeit, und als er wieder daraus auftauchte, waren seine Lippen geschwollen und trocken. Selma schlief auf seinem Bett. Fürsorglich zog er ihren Rock zurecht, deckte sie zu. Dann brachte er seine eigene Kleidung in Ordnung und versuchte, energischen Schrittes ins Wohnzimmer zu gehen. Unterwegs stolperte er über die ausgestreckten Beine von Otto, der auf einem Stuhl schlief – in der entsetzlich verrenkten Pose eines Mannes, den man mit einem Genickschuss niedergestreckt hat.

Auf dem Tisch stand nun schon die geöffnete, große Korbflasche. Die noch munteren Gäste saßen da, die zerzausten Köpfe auf die Hände gestützt, und sangen halblaut das Lied vom Postkutscher, der allein in der weiten Steppe erfror. Aus Fritz Geigers hellen, arischen Augen rannen dicke Tränen. Andrej wollte sich gerade dem Chor anschließen, als es an die Tür klopfte. Er öffnete und erblickte eine Frau im Unterrock, mit einem großen Tuch um die Schultern; ihre nackten Füße steckten in Halbschuhen. Sie fragte nach dem Hauswart. Andrej rüttelte Wang wach und erklärte ihm, wo er war, und dass man auf ihn warte. »Danke, Andrej«, sagte Wang, als er ihn angehört hatte, und schlurfte hinaus. Die anderen sangen den »Postkutscher« zu Ende, woraufhin Onkel Jura vorschlug, noch ein Glas zu trinken. Als sie merkten, dass Fritz eingeschlafen war und nicht mit ihnen anstoßen konnte, beschloss Onkel Jura: »So, Freunde, das ist dann also das letzte für heute.« Noch bevor sie ausgetrunken hatten, stimmte Isja Katzman, der auf einmal sehr ernst geworden war, ein Lied an, dessen Sinn Andrej nicht ganz verstand; Onkel Jura hingegen war er völlig klar. Das Lied hatte den Refrain »Ave Maria«. Eine Strophe war sehr bedrückend und so fremd, als stamme sie von einem anderen Planeten:

Den Propheten steckten sie
in die Komi-Republik,
und, kaum dass er da war,
war er auch schon aus und weg.
Doch dem finstren Staatsanwalt
schenkte zur Belohnung bald
die Partei nach Teberda
einen Urlaubs-Reisescheck.

Als Isja verstummt war, trat eine Zeit lang Schweigen ein. Dann schlug Onkel Jura mit der Faust auf den Tisch, fluchte, nahm sein Glas in die Hand und leerte es in einem Zug und ohne jeden Trinkspruch. Nun stimmte Kenshi – aufgrund welcher Assoziation auch immer – ein neues Lied an, offenbar ein Marschlied, das er mit ziemlich unangenehmer, piepsiger Stimme sang. Darin hieß es: Wenn alle japanischen Soldaten zusammen an der großen Chinesischen Mauer pinkeln, ist über der Wüste Gobi ein Regenbogen zu sehen. Heute ist die Kaiserliche Armee in London und morgen in Moskau, und am nächsten Tag trinkt sie Tee in Chicago. Die Söhne Yamatos sitzen an den Ufern des Ganges, angeln Krokodile usw. Dann verstummte Kenshi und versuchte, sich eine Zigarette anzuzünden, zerbrach dabei mehrere Streichhölzer und begann plötzlich von einem Mädchen zu erzählen, mit dem er auf Okinawa befreundet gewesen war. Sie war vierzehn und lebte im Haus gegenüber. Eines Tages wurde sie von betrunkenen Soldaten vergewaltigt, und als sich der Vater bei der Polizei beschwerte, erschienen Gendarmen und nahmen Vater und Tochter mit. Kenshi hat sie nie wiedergesehen.

So saßen alle still da, als Wang ins Wohnzimmer hereinschaute, Kenshi rief und zu sich winkte.

»Ja, so sieht's aus …«, sagte Onkel Jura schwermütig. »Egal, wo – ob im Westen, bei uns in Russland, in China –, es ist überall dasselbe. Die Obrigkeit ist ungerecht und verlogen. Nein, Brüder, dort habe ich nichts verloren. Da bin ich lieber hier.«

Kenshi kehrte besorgt und mit bleichem Gesicht zurück und suchte seinen Gürtel. Die Uniform hatte er schon bis oben hin zugeknöpft.

»Ist was passiert?«, fragte Andrej.

»Jawohl«, antwortete Kenshi knapp, während er seine Pistolentasche zurechtrückte. »Donald Cooper hat sich erschossen. Ungefähr vor einer Stunde.«

Zweiter Teil

Ermittler

1

Andrej hatte plötzlich schlimme Kopfschmerzen. Angewidert drückte er im überquellenden Aschenbecher seine Kippe aus, zog die mittlere Schreibtischschublade heraus und suchte darin nach Tabletten. Er fand keine. Da lag bloß eine riesige Armeepistole auf durcheinandergeratenen Papieren; in den Ecken fand er Büroutensilien in abgegriffenen Pappschachteln – umgeben von angenagten Bleistiften, losem Tabak und zerbrochenen Zigaretten. Bei diesem Anblick verstärkten sich seine Kopfschmerzen noch. Mit einem Krachen schob er die Schublade zu, stützte den Kopf in die Hände, so dass seine Augen bedeckt waren, und schaute durch einen Spalt zwischen den Fingern auf Pieter Blok.

Pieter Blok, mit Spitznamen Steißbein, saß etwas entfernt von Andrej auf einem Schemel, hielt die roten Hände brav zusammengefaltet auf seinen dürren Knien, blinzelte gleichmütig und leckte von Zeit zu Zeit die Lippen. Er hatte offensichtlich keine Kopfschmerzen, dafür aber, so schien es, großen Durst. Und nach einer Zigarette gelüstete ihn wohl auch. Andrej nahm mit einiger Kraftanstrengung die Hände vom Gesicht, goss sich aus einer Karaffe lauwarmes Wasser ein und trank ein halbes Glas aus. Pieter Blok leckte sich die Lippen. Seine grauen Augen waren nach wie vor ausdruckslos und leer. Und an dem dürren, schmutzigen Hals, der aus dem aufgeknöpften Hemdkragen ragte, hüpfte ein riesiger knorpeliger Adamsapfel immer wieder auf und ab.

»Nun?«, fragte Andrej.

»Keine Ahnung«, antwortete Blok heiser. »Ich kann mich an nichts dergleichen erinnern.«

Du Schuft, dachte Andrej. Vieh.

»Wie soll ich mir das bei Ihnen vorstellen?«, fragte er. »Sie räumen den Lebensmittelladen in der Wollgasse aus, und Sie wissen auch noch, wann und mit wem. Gut. Dann räumen Sie das Café von Dreyfuß aus, auch hier wissen Sie noch, wann und mit wem. Hofstatters Laden aber haben Sie aus irgendeinem Grund vergessen. Dabei war das Ihr letzter Einbruch, Blok.«

»Aber ich weiß davon nichts, Herr Kommissar, und kann davon auch nichts wissen«, erwiderte Blok mit geradezu widerwärtiger Unterwürfigkeit. »Entschuldigung, aber da will mir einer was anhängen. Nach dem Bruch bei Dreyfuß haben wir aufgehört. Wir haben uns gebessert, den Weg der gesellschaftlich nützlichen Arbeit eingeschlagen, also, seitdem habe ich solche Sachen nicht mehr gemacht.«

»Hofstatter hat Sie erkannt.«

»Ich bitte vielmals um Entschuldigung, Herr Kommissar.« In Bloks Stimme schwang deutlich Ironie mit. »Aber wie es um Herrn Hofstatter steht, weiß jeder. Der ist doch nicht ganz richtig im Kopf. Ich war ein paarmal in seinem Laden, das stimmt, Zwiebeln und Kartoffeln kaufen ... Ich habe auch früher schon bemerkt, dass er nicht alle Tassen im Schrank hat ... ähm ... Verzeihung. Hätt ich gewusst, wie das ausgeht, wäre ich nicht mehr hingegangen, Sie sehen ja, also wirklich ...«

»Hofstatters Tochter hat Sie ebenfalls erkannt. Sie waren es, der sie mit dem Messer bedroht hat – Sie persönlich.«

»Nein, das stimmt nicht. Das heißt: Ja, es gab einen Vorfall, aber das war ganz anders. *Sie* hat mir nämlich das Messer an die Kehle gesetzt – so war das! Hat mich in ihren Lagerraum gelockt … Ich konnte kaum abhauen. Die ist doch mannstoll. Vor ihr flüchten alle Männer in der Umgebung.« Blok fuhr sich wieder mit der Zunge über die Lippen. »Da sagt sie zu mir: Komm ins Lager und such dir selber Kraut aus.«

»Das haben Sie mir schon erzählt. Wiederholen Sie lieber noch einmal, was Sie in der Nacht vom 24. auf den 25. gemacht haben. Ausführlich – von dem Moment an, als die Sonne abgeschaltet wurde.«

Steißbein sah zur Decke. »Also, das war so«, begann er. »Als sie die Sonne ausgeschaltet haben, saß ich in der Kneipe Trikotagengasse Ecke Zweite Straße und spielte Karten. Dann lud mich Jack Liver in eine andere Kneipe ein, und wir sind losgezogen. Unterwegs sind wir noch hoch zu Jack, wollten seine Alte mitnehmen, aber dann sind wir doch dort geblieben und haben getrunken. Jack war total blau. Seine Alte hat ihn dann ins Bett verfrachtet und mich rausgeschmissen. Ich war auch total blau, hab mich auf den Nachhauseweg gemacht und unterwegs mit drei Typen Streit angefangen. Die waren auch blau. Gekannt habe ich keinen von ihnen, hab sie zum ersten Mal gesehen. Die haben mich so fertiggemacht, dass ich mich an nichts mehr erinnere. Am Morgen bin ich nah bei der Schlucht aufgewacht und konnte nur mit Mühe nach Hause kriechen. Ich habe mich ins Bett gelegt, und da wurde ich auch schon abgeholt.«

Andrej blätterte in den Akten und fand das medizinische Gutachten. Das Blatt trug bereits Fingerspuren.

»Hier wird nur bestätigt, dass Sie betrunken waren. Im Gutachten steht nicht, dass man Sie geschlagen hat. Spuren von Schlägen wurden an Ihrem Körper nicht entdeckt.«

»Dann waren das also richtige Profis«, sagte Blok anerkennend. »Hatten solche Strümpfe mit Sand dabei … Mir tun jetzt noch alle Rippen weh. Ich muss ins Krankenhaus. Wenn ich hier bei Ihnen verrecke, sind Sie dafür verantwortlich.«

»Drei Tage hat Ihnen nichts wehgetan. Aber kaum zeigt man Ihnen das Gutachten, haben Sie plötzlich Schmerzen.«

»Was heißt hier – nichts wehgetan? Ich hab's nicht mehr ausgehalten, so weh hat das getan. Und jetzt geht es nicht mehr, also fange ich an, mich zu beklagen.«

»Hören Sie auf zu lügen, Blok«, sagte Andrej müde. »Ich schäme mich schon, Ihnen zuzuhören.«

Ihm war übel von diesem widerlichen Typ. Ein Bandit, ein Gangster, auf frischer Tat ertappt – aber man konnte ihm nichts beweisen. Mir fehlt es an Erfahrung, das ist es. Andere hätten so einen längst weichgeklopft. Unterdessen begann Blok zu seufzen und das Gesicht zu verziehen, als hätte er große Schmerzen; er verdrehte die Augen und ließ sich stöhnend auf den Sitz sinken. Er hatte anscheinend vor, in Ohnmacht zu fallen, damit man ihm endlich ein Glas Wasser gab und ihn zurück in die Zelle führte. Andrej sah dem widerwärtigen Schauspiel hasserfüllt zu. Mach nur weiter so, dachte er. Aber versuch bloß nicht, den Fußboden vollzukotzen – sonst lass ich dich alles mit der Zahnbürste wegputzen, du Hundesohn.

Die Tür wurde aufgerissen, und mit selbstbewusstem Schritt trat Hauptkommissar Fritz Geiger ein. Er warf einen gleichgültigen Blick auf den zusammengekrümmten Blok, trat zum Schreibtisch und setzte sich seitlich darauf. Ohne zu fragen, nahm er sich mehrere Zigaretten aus Andrejs Schachtel, steckte eine davon in den Mund und verstaute die anderen sorgfältig in einem silbernen Etui. Andrej zündete ein Streichholz an, Geiger zog, nickte ihm zum Zeichen des Dankes zu und paffte eine Qualmwolke zur Decke.

»Der Chef hat angeordnet, dass ich den Fall ›Schwarze Tausendfüßler‹ von dir übernehme«, sagte er leise. »Wenn du nichts dagegen hast, natürlich.« Er senkte die Stimme noch weiter und runzelte bedeutungsvoll die Stirn. »Anscheinend hat der Generalstaatsanwalt dem Chef tüchtig die Leviten gelesen. Der ruft jetzt alle zu sich und bringt sie auf Trab. Bald bist du dran.«

Er nahm noch einen Zug und blickte zu Steißbein hinüber. Steißbein hatte seinen Hals gereckt, um zu lauschen, krümmte sich aber sofort wieder zusammen und stöhnte kläglich.

Geiger fragte: »Mit dem bist du wohl fertig?«

Andrej schüttelte den Kopf. Er schämte sich. In der letzten Woche hatte Fritz schon einmal einen Fall von ihm übernehmen müssen.

»Wie das?«, wunderte sich Fritz. Er musterte Steißbein und sagte dann halblaut: »Du erlaubst?« Ohne seine Antwort abzuwarten, sprang er vom Schreibtisch.

Er trat dicht an den Beschuldigten heran und beugte sich teilnahmsvoll über ihn, die Zigarette in der ausgestreckten linken Hand.

»Dir tut alles weh?«, erkundigte er sich teilnahmsvoll.

Steißbein stöhnte zur Bestätigung.

»Trinken möchtest du?«

Steißbein stöhnte wieder und streckte die zitternde Hand aus.

»Und rauchen bestimmt auch?«

Steißbein öffnete ungläubig ein Auge.

»Ihm tut alles weh, dem armen Kerl!«, sagte Fritz laut zu Andrej, ohne sich umzudrehen. »Man kann gar nicht mitansehen, wie sich der Mensch quält. Hier tut es ihm weh … und hier … und hier auch … da tut es ihm weh …«

Während Fritz diese Worte immer wieder anders wiederholte, machte er kleine, sonderbare Bewegungen mit der Hand, in der er keine Zigarette hielt. Plötzlich hörte das Stöhnen auf, und Andrej hörte ein erstauntes, heiseres Krächzen. Steißbein erbleichte.

»Aufstehen, Mistkerl!«, schrie Fritz plötzlich aus voller Kehle und trat einen Schritt zurück.

Steißbein sprang augenblicklich auf, und da versetzte ihm Fritz einen kräftigen Schlag in den Bauch. Steißbein klappte zusammen, und Fritz verpasste ihm noch einen Kinnhaken. Steißbein wankte, warf dabei den Schemel um und fiel rücklings zu Boden.

»Aufstehen!«, brüllte Fritz noch einmal.

Schluchzend und keuchend versuchte Steißbein, hochzukommen. Fritz packte ihn am Kragen und stellte ihn mit einem Ruck auf die Füße. Steißbeins Gesicht war jetzt kalkweiß, seine Augen traten hervor und die Stirn war schweißbedeckt.

Andrej senkte voller Abscheu den Blick und zündete sich mit zitternden Fingern eine Zigarette an. Er musste etwas tun, irgendetwas, aber er wusste nicht, was. Einerseits war Geigers Verhalten abscheulich und unmenschlich, andererseits aber traf das auch auf diesen Verbrecher zu, der sich einfach über die Justiz lustig machte – er war ein Furunkel auf dem Leib der Gesellschaft, nein, schlimmer noch.

»Dir gefällt wohl nicht, wie ich mit dir umgehe?«, fragte Fritz mit einschmeichelnder Stimme. »Mir scheint, du möchtest dich sogar beschweren. Also, ich heiße Friedrich Geiger. Hauptkommissar Friedrich Geiger.«

Andrej zwang sich aufzublicken. Steißbein stand da, den Körper hintenüber gebeugt, und Fritz stand ganz dicht vor ihm, beide Hände in die Hüften gestemmt.

»Du kannst dich beschweren, meinen jetzigen Vorgesetzten kennst du. Und weißt du auch, wer früher mein Vorgesetzter war? Ein gewisser Reichsführer SS Heinrich Himmler! Schon mal gehört? Ich war bei der Gestapo, und weißt du auch, wodurch ich dort berühmt wurde? …«

Das Telefon läutete. Andrej nahm den Hörer ab und sagte: »Kommissar Woronin am Apparat.«

Er vernahm eine dumpfe, kurzatmige Stimme. »Hier Martinelli. Kommen Sie zu mir, Woronin. Sofort.«

Andrej legte den Hörer auf. Er wusste, dass er sich jetzt eine gehörige Standpauke anhören musste, und trotzdem war er froh, sein Büro verlassen zu können, um nicht mehr Steißbeins entsetzte Augen zu sehen und das grimmig vorgereckte Kinn Geigers. Bloß fort aus dieser Folterkammer. Warum sagte Fritz so etwas – Gestapo, Himmler ...

»Ich muss zum Chef«, murmelte er; seine Stimme klang irgendwie fremd und kratzig. Er zog die Schublade auf, nahm die Pistole heraus und steckte sie ins Holster, um vorschriftsmäßig uniformiert zu sein.

»Viel Erfolg«, sagte Fritz, ohne sich umzudrehen. »Ich bleibe hier, sei unbesorgt.«

Andrej ging so schnell er konnte zur Tür und stürzte in den Korridor hinaus. Unter dem düsteren Gewölbe staute sich kühle Stille, es roch streng, und auf einer langen Holzbank saßen, unter dem strengen Blick des Diensthabenden, ein paar zerlumpte Typen. Andrej passierte die angelehnten Türen zu den Dienstzimmern und trat dann ins Treppenhaus, wo ein paar junge, neu rekrutierte Ermittler in einem fort rauchten und sich gegenseitig aufgeregt ihre Fälle erklärten. Andrej ging vorbei und stieg die Treppe in den dritten Stock hinauf.

Der Chef war schlecht gelaunt. Mit herabhängenden Hamsterbacken saß er da, die spärlichen Zähne gefletscht, und schaute Andrej von unten nach oben an. Sein Atem ging schwer und pfeifend.

»Nehmen Sie Platz«, brummte er.

Andrej setzte sich, legte die Hände auf die Knie und starrte aus dem Fenster. Es war vergittert, und draußen sah er nur die schwarze Nacht. Es ist schon fast elf, dachte er. Wie viel Zeit ich mit diesem Mistkerl vergeudet habe!

»Wie viele Fälle haben Sie?«, fragte der Chef.

»Acht.«

»Und wie viele gedenken Sie bis Quartalsende abzuschließen?«

»Einen.«
»Das ist schlecht.«
Andrej schwieg.
»Sie arbeiten schlecht, Woronin. Sehr schlecht!«, sagte der Chef heiser. Ihn plagte Atemnot.
»Ich weiß«, sagte Andrej demütig. »Ich bringe einfach nichts zustande.«
»Es wäre aber an der Zeit!« Der Chef hob die Stimme zu einem pfeifenden Zischen. »Sie arbeiten schon so lange bei uns und haben erst drei armselige Fälle abgeschlossen. Sie erfüllen Ihre Pflicht gegenüber dem Experiment nicht, Woronin. Dabei haben Sie jemanden, von dem Sie lernen können, jemand, der Sie beraten kann. Nehmen Sie sich ein Beispiel an Ihrem Freund, dem ... äh ... Friedrich ... Er hat zwar auch seine Schwächen, aber die brauchen Sie ja nicht zu übernehmen. Seine Stärken jedoch sollten Sie sich zu eigen machen, Woronin. Sie beide haben am selben Tag angefangen, und er hat schon elf Fälle abgeschlossen.«
»Ich kann das aber nicht so«, antwortete Andrej bedrückt.
»Lernen! Sie müssen lernen. Wir alle lernen. Ihr ... äh ... Friedrich hat ja auch nicht Jura studiert, aber er arbeitet, und das gar nicht schlecht. Jetzt ist er schon Hauptkommissar, und manche meinen, es wäre an der Zeit, ihn zum Stellvertretenden Leiter der Kriminalabteilung zu machen. Aber mit Ihnen, Woronin, ist man unzufrieden. Wie kommt zum Beispiel der Fall ›Gebäude‹ voran?«
»Er kommt überhaupt nicht voran«, antwortete Andrej. »Das ist nämlich kein Fall, sondern dummes Zeug ... Mystik!«
»Warum Mystik, wenn es glaubhafte Zeugenaussagen gibt? Wenn es Opfer gibt? Menschen verschwinden, Woronin!«
»Ich weiß nicht, wie ich einen Fall bearbeiten soll, der nur auf Gerüchten und Legenden beruht.«

Der Chef hustete gequält. »Sie müssen schon Ihren Grips bemühen, Woronin. Gerüchte, Legenden – ja. Eine mystische Hülle – in Ordnung. Aber wozu? Wem nützt das? Woher stammen diese Gerüchte? Wer hat sie in die Welt gesetzt? Wer verbreitet sie und wozu? Und vor allem – wohin verschwinden die Menschen? Verstehen Sie mich, Woronin?«

Andrej fasste Mut und antwortete: »Ich verstehe Sie, Chef. Aber das ist kein Fall für mich. Ich befasse mich lieber mit normalen Verbrechen. In der Stadt wimmelt es von Banditen.«

»Und ich züchte lieber Tomaten!«, sagte der Chef. »Ich esse für mein Leben gern Tomaten, aber hier sind einfach keine zu kriegen, nicht einmal für viel Geld ... Sie sind im Dienst, Woronin, und es interessiert hier niemanden, was Sie lieber täten. Man hat Ihnen den Fall ›Gebäude‹ aufgetragen – also haben Sie ihn zu bearbeiten. Dass Sie als Kriminalist völlig ungeeignet sind, sehe ich selbst. Unter anderen Umständen würde ich Ihnen den Fall gar nicht anvertrauen. Unter den heutigen Umständen jedoch tue ich es. Warum? Weil Sie unser Mann sind, Woronin. Weil Sie nicht bloß Ihren Dienst absitzen, sondern kämpfen. Weil Sie nicht aus privaten Gründen hierhergekommen sind, sondern wegen des Experiments. Von solchen Menschen gibt es nur wenige, Woronin. Deshalb erzähle ich Ihnen jetzt etwas, was Mitarbeiter Ihres Ranges normalerweise nicht wissen dürfen.«

Der Chef lehnte sich zurück und schwieg eine Zeit lang; er keuchte und bleckte die Zähne noch stärker als vorher.

»Wir bekämpfen Gangster, Rowdys, Erpresser, das wissen die Leute; es ist gut und notwendig. Aber die Gefahr Nummer eins, Woronin, die liegt ganz woanders. Es gibt hier ein Phänomen – die sogenannte ›Antistadt‹. Haben Sie je davon gehört? Nein? Richtig so. Sie sollten auch nichts davon gehört haben. Keiner von euch sollte das – Dienstgeheimnis, höchste Stufe. Nun also: die Antistadt. Wir wissen, dass im Norden

Siedlungen existieren. Ob eine, zwei oder mehrere, das ist unbekannt. Aber ihre Bewohner wissen alles über uns! Eine Invasion wäre möglich, Woronin. Und sie wäre sehr gefährlich! Es wäre das Ende unserer Stadt, das Ende des Experiments. Es gibt Spionage, Sabotage und Diversion. Gerüchte werden verbreitet, die der Diffamierung und Panikmache dienen. Begreifen Sie die Situation, Woronin? Wie ich sehe, ja. Dann weiter. Hier in der Stadt, neben und mit uns, leben Menschen, die nicht wegen des Experiments hierhergekommen sind, sondern aus anderen, mehr oder weniger eigennützigen Motiven. Sie sind Nihilisten, Aussteiger, vom Leben Enttäuschte, Anarchisten. Nur wenige von ihnen sind aktiv, aber auch die Passiven bilden eine Gefahr. Sie untergraben die Moral, zerstören die Ideale, hetzen eine Bevölkerungsschicht gegen die andere auf und verbreiten zersetzenden Skeptizismus. Zum Beispiel: ein guter Bekannter von Ihnen … Katzman.«

Bei dem Namen zuckte Andrej zusammen. Der Chef sah ihn mit festem Blick an, seine Lider waren geschwollen. Nach kurzer Pause fuhr er fort: »Jossif Katzman – ein interessanter Mann … Uns liegen Informationen vor, dass er des Öfteren in den Norden verschwindet, eine Zeit lang dort bleibt und dann wieder zurückkehrt. Dabei vernachlässigt er seine unmittelbaren Pflichten, doch das betrifft uns weniger. Und was er für Reden schwingt – das wissen Sie ja.«

Andrej nickte unwillkürlich und hielt, als ihm dies bewusst wurde, auf der Stelle inne und setzte ein unbeteiligtes Gesicht auf.

»Weiter, und das ist das Wichtigste für Sie: Katzman wurde in der Nähe des Gebäudes gesichtet. Zweimal. Einmal hat man ihn herauskommen sehen. Ich gehe davon aus, dass ich ihn zu Recht mit dem Fall ›Gebäude‹ in Zusammenhang bringe. Mit diesem Fall muss man sich jetzt befassen, Woronin, und ich kann ihn niemandem anvertrauen. Es gibt zwar Leute, die genauso zuverlässig sind wie Sie und sich sogar wesentlich besser auskennen, aber sie sind beschäftigt. Alle. Allesamt stecken sie bis über beide Ohren in Arbeit. Bringen Sie also den Fall ›Gebäude‹ voran, Woronin. Ich werde versuchen, Sie von den anderen Fällen zu entbinden. Morgen, pünktlich um sechzehn Uhr, erscheinen Sie hier mit einem Plan. Sie können gehen.«

Andrej stand auf.

»Ach, einen Rat noch: Wenden Sie Ihre Aufmerksamkeit dem Fall ›Sternschnuppen‹ zu. Das rate ich Ihnen sogar dringend. Da existiert womöglich eine Verbindung. Den Fall bearbeitet Tschatschua, gehen Sie zu ihm, erkundigen Sie sich, beraten Sie sich mit ihm.«

Andrej verneigte sich etwas ungeschickt und ging zur Tür.

»Noch etwas!«, sagte der Chef. »Vergessen Sie nicht, Woronin: Für den Fall ›Gebäude‹ interessiert sich auch der Generalstaatsanwalt. Und zwar ganz besonders! Das bedeutet, dass sich außer Ihnen noch jemand von der Staatsanwaltschaft mit dem Fall beschäftigt und auch weiterhin beschäftigen wird. Vermeiden Sie Versäumnisse aufgrund von persönlichen Neigungen – oder Abneigungen. Sie können gehen.«

Andrej schloss die Tür und lehnte sich an die Wand. In seinem Inneren spürte er undefinierbare Leere und Unsicherheit. Er hatte Vorwürfe erwartet, eine gepfefferte Rüge, vielleicht sogar seine Entlassung oder die Versetzung zur einfachen Polizei. Stattdessen hatte man ihn regelrecht belobigt; man zeichnete ihn aus und vertraute ihm einen Fall an, der von größter Wichtigkeit war. Vor einem Jahr noch, als Müllfahrer, hätte ihn eine dienstliche Rüge in den größten Kummer gestürzt, und ein verantwortungsvoller Auftrag Jubel und Begeisterung in ihm ausgelöst. Jetzt hingegen schien auf einmal alles unklar, verworren, und er versuchte zu verstehen, was mit ihm los war. Außerdem musste er herausfinden, welche Komplikationen und Unannehmlichkeiten jetzt auf ihn zukämen.

Isja Katzman … Ein Schwätzer. Eine Giftkröte. Ein Zyniker. Und gleichzeitig – das kann niemand bestreiten – ein selbstloser, guter Mensch, lässt sich von jedem ausnutzen, ist uneigennützig bis an die Grenze zur Dummheit … Isja Katzman also und der Fall »Gebäude«. Die Antistadt. Gott, nein … Aber ich werde schon herausfinden, was es damit auf sich hat …

Andrej kehrte ins Büro zurück und fand dort zu seinem Erstaunen Fritz vor. Er saß hinter seinem Schreibtisch, rauchte seine Zigaretten und blätterte aufmerksam in Akten, die er aus seinem Safe herausgenommen hatte.

»Und? Hast du ordentlich was abgekriegt?«

Andrej antwortete nicht, sondern zündete sich eine Zigarette an und zog mehrmals stark daran. Dann schaute er sich nach einer Sitzgelegenheit um und entdeckte den leeren Schemel.

»Sag mal, und wo ist der …?«

»Im Loch«, antwortete Fritz abfällig. »Ich hatte befohlen, ihn für eine Nacht ins Loch zu stecken – ohne Essen, Trinken und Rauchen. Dann hat er gesungen wie eine Nachtigall – volles Geständnis, und nannte uns sogar noch zwei andere, von denen wir bisher nichts wussten. Habe dem Schlappschwanz einen Denkzettel verpasst und ihn trotzdem ins Loch gesteckt. Das Protokoll habe ich …« Er suchte unter den Aktenordnern. »Das Protokoll habe ich abgeheftet. Du findest es. Morgen kannst du es dem Staatsanwalt übergeben. Hat interessante Dinge ausgesagt, kann man sicher irgendwann gebrauchen.«

Andrej rauchte; dabei betrachtete er Fritz' langes gepflegtes Gesicht, seine flinken hellen Augen, und bewunderte unwillkürlich die sicheren Bewegungen seiner großen, männlichen Hände. Fritz hatte sich in letzter Zeit sehr zu seinem Vorteil verändert: Nichts erinnerte mehr an den aufgeblasenen jungen Unteroffizier. Seine dumme Unverschämtheit war Sicherheit und Zielstrebigkeit gewichen; er nahm nicht mehr jeden

Scherz übel, setzte keine versteinerte Miene mehr auf und benahm sich im Allgemeinen viel vernünftiger. Eine Zeit lang war er bei Selma ein und aus gegangen, doch dann hatten sich die beiden wegen irgendwas gestritten. Auch Andrej hatte ihm die Meinung gesagt, und Fritz hatte wortlos das Feld geräumt.

»Was starrst du mich denn so an?«, erkundigte sich Fritz wohlwollend. »Bist nach dem Einlauf noch immer nicht zu dir gekommen, was? Mach dir nichts draus, Kamerad. Denk dran: Ein Einlauf vom Chef ist ein Festtag für den Untergebenen!«

»Fritz«, sagte Andrej. »Warum hast du vorhin diese Komödie aufgeführt? Himmler, Gestapo ... Was sind das für neue Methoden bei der Ermittlung?«

»Komödie?« Fritz zog die rechte Braue hoch. »Ich sage dir, Kamerad, das wirkt wie ein Schuss aus der Pistole!« Er schlug den Aktendeckel zu und erhob sich. »Ich wundere mich, dass du nicht selbst darauf gekommen bist. Glaub mir, hättest du ihm gesagt, du wärst bei der Tscheka oder der GPU gewesen, und hättest dabei mit einer Nagelschere unter seiner Nase herumgefuchtelt – er hätte dir die Stiefel geküsst. Hör mal, ich habe dir ein paar Fälle abgenommen, hier ist ja ein solcher Haufen, dass du in einem Jahr nicht fertig wirst damit. Also, ich übernehme die Fälle für dich, und dann habe ich was bei dir gut.«

Andrej sah ihn dankbar an, und Fritz zwinkerte ihm freundschaftlich zu. Ein tüchtiger Kerl, dieser Fritz. Und ein guter Kamerad. Vielleicht sollte man wirklich arbeiten wie er? Warum viel Federlesens machen mit diesem Gesindel? Zudem: Denen im Westen hatte man in der Tat eine Heidenangst vor den Kellern der Tscheka eingeimpft, und bei Leuten wie Steißbein war jedes Mittel recht.

»Noch Fragen? Nein? Dann gehe ich.« Er klemmte sich die Akten unter den Arm und kam hinter dem Schreibtisch hervor.

Andrej besann sich: »Halt! Hast du vielleicht auch den Fall ›Gebäude‹ mitgenommen? Den musst du hier lassen!«

»Den Fall ›Gebäude‹? Nein, mein Lieber, so weit geht meine Menschenfreundlichkeit auch wieder nicht. Den musst du schon selber …«

»Klar«, sagte Andrej fest entschlossen. »Selber … Übrigens«, fiel ihm ein, »was ist das für ein Fall – ›Sternschnuppen‹? Den Namen habe ich gehört; aber worum es da geht, weiß ich nicht genau.«

Fritz runzelte die Stirn und blickte Andrej neugierig an. »Es gibt so einen Fall. Haben sie dir den etwa auch aufgehalst? Dann bist du verloren. Außerdem hat doch Tschatschua den Fall. Hoffnungslose Angelegenheit.«

»Nein, den hat mir niemand übertragen«, sagte Andrej mit tiefem Seufzer. »Der Chef hat mir bloß geraten, mir den Fall anzusehen. Das ist doch diese Serie von Ritualmorden, oder nicht?«

»Nein, nicht ganz. Oder vielleicht doch? Auf jeden Fall zieht er sich schon seit mehreren Jahren hin. Also: Von Zeit zu Zeit findet man unten, am Fuß der gelben Wand, vollkommen zerschmetterte Leichen. Die Menschen sind offensichtlich von der Wand herabgestürzt, von ganz oben, verstehst du …«

»Was heißt – von der Wand?«, wunderte sich Andrej. »Kann man da etwa hinaufklettern? Sie ist doch vollkommen glatt und eben … Und wozu? Man sieht ja nicht einmal die Oberkante …«

»Das ist es ja! Zuerst nahm man an, dort oben befände sich genauso eine Stadt wie unsere, und man würfe die Leute von der dortigen Seite der Mauer herab – so, wie man bei uns auch Dinge in den Abgrund wirft. Aber dann gelang es zweimal, die Leichen zu identifizieren – es waren unsere Leute, Hiesige … Wie sie da hinaufgekommen sind, bleibt ein Rätsel. Vorerst kann man nur vermuten, dass es verzweifelte Bergsteiger waren, die versucht haben, nach oben aus der Stadt zu entkommen. Aber andererseits … Überhaupt: Der Fall ist ziemlich mysteriös. Ein aussichtsloser Fall, wenn du mich fragst. Gut, ich muss jetzt los.«

»Danke. Mach's gut«, sagte Andrej, und Fritz ging.

Andrej setzte sich in seinen Sessel, räumte alle Aktenmappen außer der des »Gebäudes« in den Safe und blieb eine Weile sitzen, den Kopf auf die Hände gestützt. Dann nahm er den Telefonhörer ab, wählte und wartete. Wie üblich ging lange Zeit niemand ran. Dann wurde der Hörer abgenommen, und eine tiefe, betrunken klingende Männerstimme fragte: »Hallo?« Andrej hatte den Hörer ans Ohr gepresst und schwieg. »Hallo? Hallo?«, knurrte die betrunkene Stimme, dann verstummte sie, und es war nur ein schweres Atmen zu hören und die ferne Stimme Selmas, die ein trauriges Liedchen sang, das von Onkel Jura stammte:

Wir winken den Schiffen,
Komm, Katja, steh auf!
Zwei meerblaue Schiffe
Und eins himmelblau …

Andrej legte den Hörer auf, räusperte sich und rieb sich die Wangen. Dann murmelte er bitter: »Lausige Nutte, unverbesserliche …«, und schlug die Mappe auf.

Der Fall »Gebäude« war schon begonnen worden, als Andrej noch als Müllfahrer arbeitete und nichts von den düsteren Seiten der Stadt ahnte. Im 16., 18. und 32. Revier verschwanden plötzlich wiederholt Menschen. Sie verschwanden spurlos, ohne Sinn und erkennbare Logik. Ole Svenson, 43 Jahre alt, Arbeiter in der Papierfabrik, ging abends Brot holen und kehrte nicht zurück; im Brotladen tauchte er auch nicht auf. Stefan Cybulski, 25, Polizist, verschwand nachts von seinem Posten, seine Diensttasche fand man Hauptstraße

Ecke Diamantengasse; weitere Spuren gab es nicht. Monique Lerieu, 55, Näherin, führte vor dem Schlafengehen ihren Spitz spazieren; der Spitz kehrte gesund und munter zurück, die Näherin tauchte nie wieder auf. Und so weiter und so fort – über vierzig verschwundene Personen.

Ziemlich schnell fanden sich Zeugen; sie behaupteten, die Verschwundenen seien am Tag zuvor in ein bestimmtes Haus gegangen – der Beschreibung nach immer dasselbe –, aber seltsamerweise machten die Zeugen unterschiedliche Angaben über den Standort des Hauses. Joseph Humboldt, Friseur, 63 Jahre, ging vor den Augen seines Freundes Leo Paltus in ein zweistöckiges rotes Ziegelsteingebäude an der Ecke der Zweiten Rechten und der Grausteingasse; seitdem war Joseph Humboldt nicht mehr gesehen worden. Ein gewisser Theodor Buch gab an, dass der später verschwundene Farmer Semjon Sachodko, 32 Jahre, in ein ebensolches Gebäude gegangen war, allerdings in der Dritten Linken Straße, unweit der Kirche. David Mkrttschjan berichtete, dass er seinem ehemaligen Arbeitskollegen Ray Dodd, 41 Jahre, Gebäudereiniger, in der Stampflehmgasse begegnet war. Sie blieben stehen, unterhielten sich über die Ernte, ihre Familien und so weiter. Dann sagte Ray Dodd: »Warte kurz auf mich, ich muss schnell was erledigen. Aber wenn ich in fünf Minuten nicht zurück bin, kannst du gehen, denn dann bin ich aufgehalten worden.« Er verschwand in einem roten Ziegelbau mit kalkverschmierten Fenstern. Mkrttschjan wartete eine Viertelstunde, dann ging er. Ray Dodd blieb seitdem spurlos verschwunden …

Das rote Ziegelsteingebäude kam in den Aussagen aller Zeugen vor. Einige behaupteten, es habe zwei Stockwerke, andere sprachen von drei. Die einen berichteten von kalkverschmierten, die anderen von vergitterten Fenstern. Und es gab keine zwei Zeugen, die ein und denselben Ort angegeben hätten.

In der Stadt begannen Gerüchte zu kursieren. Beim Anstehen nach Milch im Geschäft, beim Friseur und in Lokalen erzählte man sich mit unheilvollem Flüstern das brandneue Gerücht vom schrecklichen »roten Gebäude«, das durch die Stadt wandere, sich zwischen gewöhnlichen Häusern aufstelle und hinter den geöffneten Türen mit seinem grausigen Rachen unvorsichtigen Menschen auflauere. Schon fanden sich Freunde von Verwandten von Bekannten – Leute, die sich hatten retten, sich aus dem unersättlichen Schlund des Ziegelgebäudes hatten losreißen können. Sie berichteten schreckliche Dinge, und als Beweis zeigten sie Schrammen und Knochenbrüche, die von Sprüngen aus dem ersten, zweiten und gar dritten Stock stammten. All diesen Gerüchten und Legenden zufolge war das Haus innen leer – es lauerten einem keine Räuber auf, Sadisten oder blutsaugende, behaarte Bestien. Dafür verengten sich plötzlich die steinernen Gänge, um das Opfer zu zerquetschen; vor den Füßen taten sich tiefe Löcher auf, aus denen eisiger Friedhofsgeruch strömte. Unbekannte Kräfte jagten das Opfer durch immer enger werdende, finstere Korridore, bis es stecken blieb, sich in den letzten steinernen Spalt zwängte … Und in den leeren Zimmern mit den abgerissenen Tapeten faulten zwischen abgebröckeltem Stuck unter blutverkrusteten Lumpen die zerquetschten Knochen …

Anfangs hatte sich Andrej sogar für den Fall interessiert und auf dem Stadtplan die Stellen gekennzeichnet, wo das Gebäude gesehen worden war. Er hatte versucht, eine Gesetzmäßigkeit in der Lage dieser Kreuzchen zu entdecken, ein gutes Dutzend Mal die dazugehörigen Orte besucht und sie sich genau angesehen.

Doch stets hatte er anstelle des Gebäudes einen verwahrlosten Vorgarten entdeckt, einen öden Platz zwischen den Häusern oder ein gewöhnliches Wohnhaus, das mit Geheimnissen und Rätseln nichts gemein gehabt hatte. Und es gab noch weitere Umstände, die Andrej stutzig gemacht hatten: Nie hatte jemand das rote Gebäude bei Sonnenlicht gesehen; mindestens die Hälfte der Zeugen war beim Anblick des Gebäudes mehr oder weniger betrunken gewesen; in fast jeder Aussage hatte es Ungereimtheiten gegeben, und was Andrej besonders stutzig gemacht hatte, war die Sinnlosigkeit und Absurdität der Geschehnisse.

Isja Katzman hatte dazu einmal bemerkt, dass eine Millionenstadt, die einer umfassenden Ideologie entbehre, unvermeidlich ihre eigenen Mythen schaffen müsse. Das klang überzeugend, und doch war es eine Tatsache, dass die Menschen verschwanden! Natürlich, es war nicht schwer, in der Stadt zu verschwinden: Man brauchte nur jemanden in den Abgrund zu stoßen; Spuren würde es keine geben. Aber wer hatte etwas davon, Friseure, ältere Näherinnen und kleine Ladenbesitzer verschwinden zu lassen? Leute, die weder Geld noch Ansehen besaßen und keinerlei Feinde hatten? Kenshi war dagegen der Ansicht gewesen, dass das rote Gebäude, falls es denn tatsächlich existierte, sicher Teil des Experiments sei. Deshalb hätte es auch keinen Sinn, Erklärungen dafür zu suchen – das Experiment sei das Experiment. Zu dieser Überzeugung war schließlich auch Andrej gelangt: Arbeit, fand er, gab es ohnehin mehr als genug; die Akte über das Gebäude umfasste schon über tausend Seiten, und so hatte er sie ganz nach unten auf den Boden des Safes gelegt und nur noch dann hervorgeholt, wenn es darum ging, die nächste Zeugenaussage abzuheften.

Nach dem heutigen Gespräch mit seinem Chef aber sah Andrej den Fall nun in völlig neuem Licht. Wenn es in der Stadt tatsächlich Leute gab, die sich vorgenommen (oder von anderen den Auftrag erhalten) hatten, Panik und Terror zu verbreiten, wurde beim Fall »Gebäude« auf einmal vieles klar. Die Ungereimtheiten in den Aussagen der sogenannten Zeugen ließen sich als Abweichungen von Gerüchten bei ihrer Verbreitung erklären. Bei dem Verschwinden der Menschen handelte es sich um gewöhnliche Morde, die begangen wurden, um die Atmosphäre von Angst und Terror anzuheizen.

Und in diesem Chaos aus Geschwätz, Lügen und ängstlichem Geflüster war es nun wichtig, die Quellen und die Verbreitungszentren des verhängnisvollen Nebels auszumachen.

Andrej nahm ein sauberes Blatt Papier und entwarf langsam, Schritt für Schritt, einen Plan. Nach einer Weile hatte er folgende Punkte herausgearbeitet.

Hauptaufgabe: die Quellen der Gerüchte ermitteln; Verursacher verhaften und die Führungszentrale aufspüren. Vorgehensweise: erneute Befragung aller Zeugen, die ihre Aussagen in nüchternem Zustand gemacht hatten; den Lauf, die Verbreitung von Gerüchten zurückverfolgen und sämtliche Personen vernehmen, die behauptet hatten, sich schon einmal im Gebäude aufgehalten zu haben; Aufdecken möglicher Verbindungen zwischen diesen Personen und den Zeugen ... Folgendes ist zu berücksichtigen: a) Informationen des Geheimdienstes, b) Ungereimtheiten in den Aussagen.

Andrej kaute an seinem Bleistift, blinzelte in die Lampe, dann fiel ihm noch etwas ein: Kontakt zu Petrow aufnehmen. Petrow war ihm seinerzeit auf die Nerven gegangen. Seine Frau war verschwunden, und aus irgendeinem Grund glaubte er, das rote Gebäude hätte sie verschlungen. Seitdem vernachlässigte er seine Angelegenheiten und widmete sich nur noch der Suche nach dem Gebäude. Er schrieb zahllose Mitteilungen an die Staatsanwaltschaft, die akkurat an die Untersuchungsbehörde weitergeleitet wurden und allesamt bei Andrej landeten. Petrow trieb sich nachts in der Stadt herum und wurde mehrmals von Streifenwagen aufgegriffen. Dabei machte er Schwierigkeiten, so dass man ihn für zehn Tage einsperrte; nach seiner Entlassung fuhr er mit seiner Suche fort.

Andrej schrieb Petrow und noch zwei weiteren Zeugen eine Vorladung, übergab sie dem Diensthabenden mit dem Befehl, sie unverzüglich zuzustellen, und ging zu Tschatschua.

Tschatschua, ein riesengroßer und sehr beleibter Kaukasier, der fast keine Stirn, dafür aber eine gigantische Nase hatte, lag in seinem Büro auf dem Sofa, umgeben von prallgefüllten Aktenordnern, und schlief. Andrej stieß ihn an.

»He!«, krächzte Tschatschua. »Was ist passiert?«

»Nichts ist passiert«, sagte Andrej ärgerlich. Er verabscheute solchen Schlendrian. »Gib mir den Fall ›Sternschnuppen‹.«

Tschatschua setzte sich auf und sah Andrej freudestrahlend an. »Übernimmst du ihn?«

»Freu dich nicht zu früh. Ich will ihn mir bloß ansehen.«

»Aber wozu ansehen?«, fragte Tschatschua geschäftig. »Übernimm den Fall ganz! Du siehst gut aus, bist jung, energisch, und der Chef stellt dich allen als Beispiel hin. Und der Fall ist schnell gelöst: Du kletterst auf die gelbe Wand – schon ist dir alles klar! Nicht der Rede wert!«

Andrejs Aufmerksamkeit galt jedoch allein der riesigen Hakennase seines Kollegen, die, wie es schien, ein Eigenleben führte, abgesondert von Tschatschua. Sie war von einem feinen Netz violetter Äderchen überzogen, und aus den Nasenlöchern ragten schwarze Haarbüschel. Diese Nase wollte offensichtlich nichts von den Sorgen des Ermittlers Tschatschua wissen. Sie wollte, dass alle Menschen aus großen Kelchen kühlen georgischen Wein tranken und dazu saftiges Schaschlik und frisches Gemüse aßen; sie wollte, dass alle so tanzten, wie es in Georgien Brauch war, und dazu begeistert »Assa!« schrien. Sie wollte in duftendes blondes Haar eintauchen und über entblößten üppigen Brüsten hängen … Oh, sie wollte so viel, diese herrlich hedonistische Nase, und ihre vielen Wünsche spiegelten sich unverhohlen in ihren unbewussten Bewegungen wider, im Wechsel ihrer Färbung und in den unterschiedlichen Lauten, die sie von sich gab.

»Wenn du diesen Fall löst«, sagte Tschatschua und rollte mit seinen dunklen Augen, »meine Güte! Was wirst du für Ruhm ernten! Welche Ehre wird dir zuteilwerden! Meinst du, ich, Tschatschua, übergäbe dir den Fall, wenn ich selbst auf die gelbe Wand klettern könnte? Für nichts in der Welt! Das ist eine Goldader, und ich biete sie nur dir an. Viele sind schon gekommen und haben mich darum gebeten. Nein, dachte ich. Von euch wird keiner damit fertig. Das kann nur Woronin.«

»Jetzt hör schon auf zu quatschen«, sagte Andrej ärgerlich. »Und gib die Akten her. Ich habe keine Zeit, mir dein Gerede anzuhören.«

Tschatschua erhob sich träge, schlurfte zum Safe, wühlte darin herum und schwatzte dabei ununterbrochen, beklagte sich oder prahlte. Andrej blickte auf seine breiten, mächtigen Schultern und dachte, dass Tschatschua sicher einer der besten Ermittler in der Abteilung war – ein blendender Kriminalist. Er hatte den höchsten Prozentsatz an gelösten Fällen, und doch kam er im Fall »Sternschnuppen« nicht weiter. Diesen Fall hatte bisher niemand vorangebracht – weder Tschatschua noch sein Vorgänger noch der Vorgänger seines Vorgängers.

Tschatschua kam mit einem Packen dicker abgegriffener Aktenmappen zurück. Sie blätterten gemeinsam die letzten Seiten durch; Andrej notierte die Namen und Adressen der beiden Opfer, die man hatte identifizieren können, und die wenigen besonderen Kennzeichen, die man bei einigen der unbekannten Toten festgestellt hatte.

»Was für ein Fall!«, rief Tschatschua und schnalzte. »Elf Leichen! Und du willst es nicht übernehmen. Du hast einfach keine Ahnung, wo dein Glück liegt, Woronin. Ihr Russen wart schon immer Iddi-joten. Auf der anderen Welt wart ihr Iddijoten, und auf dieser seid ihr's ebenso! … Aber wozu brauchst du das überhaupt?«, fragte er plötzlich interessiert.

Andrej erklärte ihm so knapp und klar wie möglich, was er vorhatte. Tschatschua begriff schnell, worum es ging, schien jedoch wenig begeistert von der Sache.

»Versuchen kannst du's ja«, sagte er matt. »Aber ich habe da meine Zweifel. Denn was ist das – dein Gebäude, und was ist meine Wand? Das Gebäude ist ein Fantasiegebilde, die Wand aber ist Realität, da, einen Kilometer von hier entfernt, steht sie! … Nein, Woronin, diesen Fall können wir nicht lösen – nicht du, nicht ich.«

Als Andrej schon in der Tür stand, sagte Tschatschua: »Und wenn was ist – gib mir gleich …«

»Klar«, sagte Andrej. »Selbstverständlich.«

»Du …«, sagte Tschatschua, zog seine dicke Stirn in Falten und bewegte seine Nase hin und her. Andrej blieb stehen und sah ihn erwartungsvoll an. »Ich wollte dich schon längst einmal fragen …« Sein Gesicht wurde ernst. »Bei euch gab es doch '17 in Petrograd einen kleinen Aufruhr. Wie ist das eigentlich ausgegangen?«

Andrej spuckte aus, schlug die Tür hinter sich zu und hörte, wie der Kaukasier in schallendes Gelächter ausbrach, so zufrieden war er. Wieder hatte ihn Tschatschua mit diesem blöden Witz hereingelegt. Am besten wäre, man redete überhaupt nicht mehr mit ihm …

Vor seinem Büro erwartete Andrej eine Überraschung. Auf der Bank im Korridor saß ein zu Tode erschrockener kleiner Mann mit zerzaustem Haar und verschlafenen Augen, der sich frierend in seinen Mantel hüllte. Der Diensthabende sprang auf und meldete diensteifrig: »Zeuge Eino Saari auf Ihre Vorladung zugeführt, Herr Kommissar.«

Andrej schaute ihn erstaunt an. »Auf welche ›meine Vorladung‹?«

Der Polizist war ebenfalls etwas erstaunt. »Sie haben doch selbst vor einer halben Stunde … Sie haben mir die Vorladungen gegeben; ich sollte sie unverzüglich zustellen.«

»Zum Teufel! Ja, die Vorladungen, die Vorladungen sollten Sie unverzüglich zustellen – für morgen, zehn Uhr!« Andrej sah zu Eino Saari, der zurückhaltend lächelte und den Mantel über dem Schlafanzug trug, dann wieder zum Diensthabenden. »Bringt man die anderen auch gleich?«

»Ja«, sagte der Diensthabende grimmig. »Wie's befohlen war, so habe ich's ausgeführt.«

»Ich werde Meldung über Sie machen«, sagte Andrej, der sich nur mit Mühe zurückhalten konnte. »Man wird Sie in den Außendienst versetzen, wo Sie dann mitten in der Nacht Verrückte jagen und an die guten alten Zeiten zurückdenken können ... Also, Herr Saari, wo Sie nun einmal da sind, kommen Sie herein.«

Andrej hieß ihn, sich auf den Schemel zu setzen, nahm selbst am Schreibtisch Platz und schaute auf die Uhr. Es war kurz nach Mitternacht. Die Hoffnung, sich vor dem morgigen, ebenfalls harten Tag ordentlich ausschlafen zu können, war zerstoben.

»Also gut«, sagte er seufzend und schlug die Akte »Gebäude« auf, blätterte in dem Wust von Protokollen, Anzeigen, Dienstschreiben und Gutachten, fand das Blatt mit den Aussagen von Saari (43 Jahre, Saxophonist am 2. Städtischen Theater, geschieden) und überflog alles noch einmal. »Also gut«, wiederholte er. »Ich muss zu den Angaben, die Sie vor einem Monat bei der Polizei gemacht haben, noch etwas wissen.«

»Bitte«, sagte Saari, neigte sich beflissen vor und hielt den offenen Mantel mit einer fast weiblichen Geste vor der Brust zusammen.

»Sie haben ausgesagt, Ihre Bekannte Ella Stremberg sei am achten September dieses Jahres um 23:40 Uhr vor Ihren Augen in das sogenannte rote Gebäude gegangen, das sich damals auf der Papageienstraße zwischen dem Lebensmittelgeschäft 115 und Stremms Apotheke befunden haben soll. Bestätigen Sie diese Aussage?«

»Ja, das bestätige ich. Es hat sich genauso abgespielt. Bloß das Datum ... An das Datum kann ich mich nicht mehr genau erinnern, es ist ja schon über einen Monat her ...«

»Das Datum ist nicht wichtig. Damals wussten Sie es, und auch andere Aussagen bestätigen das. Jetzt habe ich eine Bitte an Sie: Beschreiben Sie das rote Gebäude bitte noch einmal im Detail.«

Saari legte den Kopf schräg und dachte nach. »Also, es hatte drei Etagen und alte, dunkelrote Ziegel – wie eine Kaserne, verstehen Sie? Die Fenster waren schmal und hoch, im Parterre mit Schlämmkreide geweißt, und, soweit ich mich jetzt erinnere, waren die Fenster nicht erleuchtet.« Er dachte wieder kurz nach. »Ich glaube, dort hat nirgendwo Licht gebrannt. Und der Eingang – Steinstufen, zwei oder drei, eine schwere Tür, eine alte Messingklinke, graviert. Ella fasste an die Klinke und bekam sie nur mit Mühe auf. Die Hausnummer habe ich mir nicht gemerkt, ich weiß gar nicht, ob es überhaupt eine gab … Kurzum: ein altes Mietshaus, wohl gegen Ende des vorigen Jahrhunderts erbaut.«

»In Ordnung«, sagte Andrej. »Und sagen Sie, waren Sie schon oft in der Papageienstraße?«

»Zum ersten Mal. Und eigentlich auch zum letzten Mal. Ich wohne ziemlich weit davon entfernt und komme normalerweise nicht in die Gegend. Aber an dem Tag hat es sich so ergeben. Ich wollte Ella nach Hause begleiten. Wir hatten eine kleine Feier, ich habe mich ein bisschen um sie … na ja, gekümmert, und brachte sie anschließend nach Hause. Unterwegs haben wir uns sehr nett unterhalten, und da sagt sie plötzlich: ›Zeit zum Verabschieden‹, küsst mich auf die Wange, und schon war sie in dem Haus verschwunden. Allerdings dachte ich damals, dass sie dort wohnt.«

»Alles klar«, sagte Andrej. »Und bei der kleinen Feier haben Sie sicher etwas getrunken?«

Saari schlug sich betrübt auf die Knie. »Nein, Herr Kommissar, keinen Tropfen. Ich darf nichts trinken, der Arzt hat es mir verboten.«

Andrej nickte mitfühlend. »Erinnern Sie sich zufällig daran, ob auf dem Dach Schornsteine waren?«

»Ja, natürlich erinnere ich mich. Das Haus hat mich so beeindruckt, dass es mir jetzt noch vor Augen steht. Es hatte ein Ziegeldach, und darauf waren drei ziemlich hohe Schornsteine. Aus einem, das weiß ich noch, stieg Rauch auf, und mir kam damals der Gedanke, dass es noch viele Häuser mit Ofenheizung gibt.«

Es war so weit. Andrej legte vorsichtig den Bleistift auf den Protokollen ab, beugte sich ein wenig vor und starrte den Saxophonspieler Eino Saari mit bedeutungsvoll zusammengekniffenen Augen an.

»In Ihren Aussagen gibt es Ungereimtheiten. Wenn Sie sich in der Papageienstraße befanden, konnten Sie – das hat ein Gutachten festgestellt – weder das Dach noch die Schornsteine des dreistöckigen Hauses sehen.«

Eino Saaris Unterkiefer klappte herunter, und seine Augen begannen zu flattern; er war verwirrt.

»Weiter. Die Untersuchung hat ergeben, dass die Papageienstraße nachts überhaupt nicht beleuchtet ist. Deshalb ist es unbegreiflich, wie Sie bei totaler Finsternis und dreihundert Meter entfernt von der nächsten Straßenlampe so viele Details unterscheiden konnten – die Farbe des Gebäudes, die alten Ziegel, die Messingklinke, die Fenster, ja, sogar den Rauch aus den Schornsteinen. Ich wüsste gern, wie Sie sich diese Unstimmigkeiten erklären?«

Eine Zeit lang klappte Eino Saari den Mund auf und zu. Dann schluckte er verkrampft und sagte: »Ich verstehe gar nichts mehr. Sie haben mich ganz verwirrt ... Das war mir noch gar nicht aufgefallen.«

Andrej schwieg und wartete ab.

»Tatsächlich ... Warum habe ich das nicht früher bemerkt? In der Papageienstraße war es wirklich stockdunkel! Nicht nur die Häuser – auch den Bürgersteig unter meinen Füßen konnte ich nicht sehen. Und das Dach ... Ja, ich stand direkt vor dem Haus ... Und trotzdem: Ich erinnere mich ganz deutlich an das Dach und die Ziegel, und an den Rauch aus den Schornsteinen, weißer nächtlicher Rauch, wie vom Mond beschienen …«

»Ja, sehr merkwürdig«, sagte Andrej mit frostiger Stimme.

»Und die Türklinke war aus Messing, vom vielen Anfassen ganz blank, das Ornament aus Blumen und Blättern. Ich könnte sie sofort aufzeichnen, wenn ich zeichnen könnte. Dabei war es völlig finster. Ich habe Ellas Gesicht nicht gesehen, und nur an der Stimme gemerkt, dass sie lächelte, als …«

In Saaris weit aufgerissenen Augen blitzte plötzlich ein Gedanke auf. Er presste die Hände an die Brust und sagte mit verzweifelter Stimme: »Herr Kommissar! In meinem Kopf herrscht zwar gerade ein großes Durcheinander, und ich weiß, dass ich hier gegen mich selbst aussage, mich verdächtig mache. Aber ich bin ein ehrlicher Mensch, auch meine Eltern waren grundehrliche und sehr fromme Menschen … Was ich Ihnen gerade sagte, ist die volle und reine Wahrheit! Alles hat sich genauso zugetragen. Nur ist mir das früher nicht bewusst gewesen. Es war stockfinster, ich stand direkt vor dem Haus, und gleichzeitig erinnere ich mich an jeden Ziegel, und das Ziegeldach sehe ich so, als wäre es direkt vor mir … auch die drei Schornsteine … und den Rauch.«

»Hm«, sagte Andrej und trommelte mit den Fingern auf die Tischplatte. »Vielleicht haben Sie das alles nicht selber gesehen? Vielleicht hat es Ihnen jemand erzählt? Hatten Sie schon vor dem Abend mit Fräulein Strömberg von dem roten Gebäude gehört?«

Eino Saaris Augen schweiften verwirrt durch den Raum. »N-nein, nicht, dass ich wüsste«, sagte er stockend. »Später, ja. Das war, als Ella schon verschwunden war, als ich zur Polizei ging, als die Fahndung schon begonnen hatte. Danach war viel davon die Rede. Aber vorher …« Dann sagte er feierlich: »Herr Kommissar! Ich kann nicht beschwören, dass ich vorher, vor Ellas Verschwinden, nichts von dem roten Gebäude gehört habe, aber ich kann beschwören, dass ich mich nicht daran erinnere.«

Andrej nahm den Bleistift, um das Protokoll zu schreiben. Gleichzeitig sprach er mit einer bewusst monotonen, behördlichen Stimme, die den Befragten einschüchtern und ihm das Gefühl geben sollte, sein Schicksal hänge allein von der tadellos funktionierenden Justizmaschinerie ab:

»Sie werden, Herr Saari, selbst einsehen, dass wir uns mit Ihren Aussagen nicht zufriedengeben können. Ella Strömberg ist spurlos verschwunden, und der letzte Mensch, der sie gesehen hat, waren Sie. Das rote Gebäude, das Sie ausführlich beschrieben haben, existiert in der Papageienstraße nicht. Ihre Beschreibung ist zudem unglaubwürdig, denn sie widerspricht den elementaren physikalischen Gesetzen. Schließlich wohnte Ella Strömberg in einem ganz anderen Bezirk, weit entfernt von der Papageienstraße. Das ist kein Indiz gegen Sie, weckt aber dennoch Verdacht. Ich muss Sie festnehmen, bis einige Umstände geklärt sind. Bitte lesen Sie das Protokoll durch und unterschreiben Sie.«

Wortlos trat Eino Saari an den Tisch und unterzeichnete jede Seite des Protokolls, ohne es zu lesen. Der Stift zitterte in seiner Hand, das schmale Kinn hing herab. Dann kehrte er schlurfenden Schrittes zum Schemel zurück, ließ sich entkräftet darauf fallen, presste die Hände zusammen und sagte: »Herr Kommissar, ich möchte noch einmal betonen, dass damals ...« – seine Stimme versagte und er schluckte – »dass mir damals, als ich die Aussagen machte, sehr wohl bewusst war, dass ich mir damit schade. Ich hätte mir stattdessen etwas ausdenken, lügen können. Ich hätte mich auch gar nicht an der Fahndung zu beteiligen brauchen – schließlich wusste ja niemand, dass ich Ella begleitet habe.«

»Diese Ihre Erklärung«, sagte Andrej gleichgültig, »ist schon im Protokoll enthalten. Wenn Sie unschuldig sind, haben Sie nichts zu befürchten. Jetzt werden Sie in Untersuchungshaft genommen. Hier haben Sie Papier und Bleistift; Sie können uns, aber auch sich selbst helfen, wenn Sie detailliert aufschreiben, wer wann bei welcher Gelegenheit mit Ihnen über das rote Gebäude gesprochen hat. Egal, ob vor oder nach Ella Strömbergs Verschwinden. Detailliert heißt: Wer? – Name, Adresse. Wann? – Genaues Datum, Tageszeit. Wo? – An welchem Ort, aus welchem Anlass. Wie? – Zu welchem Zweck, in welchem Ton. Haben Sie mich verstanden?«

Eino Saari nickte und sagte fast unhörbar »Ja.« Andrej, der ihm fest in die Augen sah, fuhr fort: »Ich bin überzeugt, dass Sie alle Einzelheiten über das rote Gebäude von Dritten erfahren haben. Vielleicht haben Sie es selber gar nicht zu Gesicht bekommen. Aber ich rate Ihnen dringend, sich zu erinnern: Wer hat Ihnen diese Einzelheiten mitgeteilt? Wer, wann, unter welchen Umständen? Und zu welchem Zweck.«

Auf ein Klingelzeichen erschien der Diensthabende und führte den Saxophonspieler ab. Andrej rieb sich die Hände, lochte das Protokoll und heftete es zu den Akten. Dann bat er um heißen Tee und ließ den nächsten Zeugen rufen. Er war sehr zufrieden mit sich: Vorstellungskraft und Kenntnis der elementaren Geometrie hatten sich gerade als sehr nützlich erwiesen, und der verlogene Eino Saari war nach allen Regeln der Kunst überführt worden.

Beim nächsten Zeugen (genauer gesagt handelte es sich um eine Zeugin) lag der Fall – zumindest theoretisch – sehr viel einfacher. Mathilda Husáková (62 Jahre, Witwe, Häkeln und Stricken in Heimarbeit) war eine stattliche alte Dame mit grauen Haaren, roten Wangen und klugen Augen. Sie wirkte weder verschlafen noch verschreckt, im Gegenteil: Sie schien diese Abwechslung in ihrem Alltag zu genießen. Zur Vernehmung hatte sie ihr Körbchen mit Wollknäueln und Stricknadeln mitgebracht. Als sie eingetreten war, ließ sie sich unverzüglich auf den Schemel plumpsen, setzte die Brille auf und begann zu stricken.

»Frau Husáková«, begann Andrej, »der Ermittlungsbehörde ist bekannt, dass Sie im Kreise Ihrer Freunde von einem gewissen František erzählt haben, der sich im sogenannten roten Gebäude aufgehalten haben soll. Dort hat er angeblich diverse Abenteuer erlebt und konnte sich nur mit Mühe befreien. Stimmt das?«

Die alte Frau lächelte, zog flink eine Nadel heraus, setzte die andere an und sagte, ohne die Augen von ihrem Strickzeug zu heben: »Ja, das stimmt. Das habe ich erzählt, mehr als einmal. Nur möchte ich gern wissen, wie die Polizei das erfahren hat? Ich kenne hier bei Gericht doch gar niemanden ...«

»Wissen Sie«, sagte Andrej vertraulich, »zurzeit laufen Ermittlungen zum sogenannten roten Gebäude, und wir sind sehr daran interessiert, wenigstens einen Menschen kennenzulernen, der tatsächlich in dem Gebäude gewesen ist.«

Aber Mathilda Husáková hörte ihm gar nicht zu. Sie legte das Strickzeug auf die Knie und betrachtete nachdenklich die Wand. »Wer kann Ihnen das gesagt haben?«, dachte sie laut. »Bei Lisa sind wir unter uns. Es könnte höchstens sein, dass sich Carmen später verplappert hat, diese alte Plaudertasche ... Oder bei Frieda?« Sie schüttelte den Kopf. »Nein, bei Frieda auf keinen Fall. Aber zu Ljuba kommt immer so einer ... so ein widerlicher Alter mit unruhigen Augen, und andauernd trinkt er auf Ljubas Rechnung ... Also das hätte ich nicht gedacht! Dass man sich auch hier vorsehen muss, mit wem man spricht. Unter den Deutschen damals hatte ja jeder ein Schloss vor dem Mund. Dann nach '48 wieder: Sieh dich ja um, bevor du etwas sagst, sonst schweig lieber. Kaum hatten wir im goldenen Frühling ein bisschen den Mund aufgemacht – schon waren die Russen mit ihren Panzern da ... Und dann hieß es wieder Maulhalten. Jetzt bin ich hier, und siehe da – es ist dasselbe.«

»Erlauben Sie, Frau Husáková«, unterbrach sie Andrej. »Sie sehen das meiner Meinung nach völlig falsch. Soviel ich weiß, haben Sie keinerlei Verbrechen begangen. Wir befragen Sie also nur als Zeugin, als Gehilfin, die ...«

»He, mein Lieber! Was heißt da Gehilfin? Polizei ist Polizei.«

»Aber nicht doch, nein!« Andrej presste die Hände ans Herz, um überzeugend zu wirken. »Wir suchen eine Bande von Verbrechern, die Menschen entführen und sie allem Anschein nach ermorden. Ein Mann, der sich einmal in ihren Fängen befunden und überlebt hat, wäre für die Ermittlung von unschätzbarem Wert!«

»Wie?«, fragte die Alte. »Glauben Sie denn wirklich an das rote Gebäude?«

»Sie etwa nicht?« Andrej war verwirrt.

Die Alte kam nicht zum Antworten. Die Tür wurde einen Spaltbreit geöffnet, vom Gang her drangen erregte Stimmen herein, und eine stämmige Gestalt mit schwarzen Haaren versuchte, sich durch den Türspalt zu zwängen; in den Korridor hinein rief sie: »Ja, sofort! Es ist eilig!« Andrej runzelte die Stirn; doch in dem Moment wurde die Gestalt wieder zurück in den Gang gezerrt, und die Tür schlug zu.

»Entschuldigen Sie, wir sind abgelenkt worden«, sagte Andrej. »Sie wollten damit wohl sagen, dass Sie selbst gar nicht an das rote Gebäude glauben?«

Ohne ihr Stricken zu unterbrechen, zuckte die alte Mathilda mit den Achseln. »Welcher erwachsene Mensch glaubt denn an so etwas? Sehen Sie, das Haus läuft von einem Ort zum anderen, innen haben alle Türen Zähne, und wenn man die Treppe hinaufgeht, kommt man in den Keller. Natürlich kann hier alles passieren, das Experiment ist das Experiment, aber das ist doch zu starker Tobak ... Nein, ich glaube es nicht. Für wen halten Sie mich, dass ich solche Märchen glaube? Freilich, in jeder Stadt gibt es Häuser, die Menschen verschlingen, in unserer Stadt bestimmt auch, aber die laufen sicher nicht von einem Ort zum anderen. Und sie haben, soviel ich weiß, auch ganz gewöhnliche Treppen …«

»Aber warum erzählen Sie das Märchen dann allen Leuten?«

»Warum soll ich es denn nicht erzählen, wenn die Leute zuhören? Sie langweilen sich doch, besonders die alten Menschen.«

»Also haben Sie sich das selber ausgedacht?«

Die alte Mathilda öffnete den Mund, um zu antworten, doch da schrillte direkt neben Andrej das Telefon. Fluchend ergriff er den Hörer.

»Aan-drrej-schn«, erklang im Hörer Selma. Sie war völlig betrunken. »Ich habse alle rausschme… rausgeschmissn. Warum kommsdu nicht?«

»Entschuldige«, sagte Andrej, biss sich auf die Lippe und schielte zu der Alten hinüber. »Ich bin gerade beschäftigt, ich werde …«

»Ich will a-aber nicht!«, rief Selma. »Ich liebe dich, ich wart a-auf dich. Ich bin besoffn und nackig, mir ist ka-alt …«

»Selma«, Andrej sprach mit gedämpfter Stimme direkt in den Hörer. »Red keinen Blödsinn. Ich bin sehr beschäftigt.«

»Du fin-nst kein … ga-ar kein … Mädchn wie mich in diesm Schei… Scheißhaus. Ich liege hier zuu-ssammngerollt … und gaanz-gaanz nackig …«

»Ich komme in einer halben Stunde«, sagte Andrej schnell.

»Du Duumm-kopf! In 'ner ha… halbn Stunde schlaf ich schon … Wer kommt'n in 'ner halben Stunde?«

»Gut, Selma, also bis bald …« Andrej verfluchte im Stillen den Tag und die Stunde, als er diesem liederlichen Ding seine Büronummer gegeben hatte.

»Dann scher dich zum Teufel!«, schrie Selma plötzlich und schmiss den Hörer auf – sicher so, dass das ganze Telefon kaputt war.

Andrej presste wütend die Zähne zusammen und legte vorsichtig den Hörer auf. Einige Sekunden wagte er nicht, den Blick zu heben. Er hatte den Faden verloren. Dann räusperte er sich.

»Also«, sagte er. »Ähm … Sie haben das also aus Langeweile erzählt. Ist das so zu verstehen, dass Sie sich die Geschichte mit František selber ausgedacht haben?«

Die Alte öffnete wieder den Mund, um zu antworten, und wieder wurde nichts daraus. Die Tür wurde aufgerissen, auf der Schwelle erschien der Diensthabende und meldete: »Ich bitte um Verzeihung, Herr Kommissar! Der vorgeladene Zeuge Petrow verlangt, unverzüglich verhört zu werden, weil er mitteilen möchte …«

Jetzt sah Andrej rot. Er schlug mit beiden Fäusten auf den Tisch und brüllte so laut, dass es ihm selbst in den Ohren dröhnte: »Der Teufel soll Sie holen, Diensthabender! Kennen Sie die Dienstvorschriften nicht? Was kommen Sie mir jetzt mit diesem Petrow? Wo sind Sie denn hier, bei sich zu Hause oder was? Kehrt – marsch!«

Der Diensthabende verschwand augenblicklich. Andrej spürte, wie seine Lippen vor Wut zitterten. Er goss sich mit steifen Händen etwas Wasser aus der Karaffe ein und trank einen Schluck; sein Hals war ganz trocken und brannte vom Brüllen. Mit gesenktem Kopf warf er einen Blick auf die Alte. Mathilda strickte ruhig weiter, als wäre nichts geschehen.

»Ich bitte um Entschuldigung«, murmelte er.

»Macht nichts, junger Mann«, beruhigte sie ihn. »Ich nehme es Ihnen nicht übel. Sie hatten gefragt, ob ich mir alles selber ausgedacht habe. Nein – wie könnte ich mir so etwas ausdenken? Bedenken Sie: Auf einer Treppe geht man hinauf, dort aber kommt man in den Keller … So etwas wäre mir im Traum nicht eingefallen. Ich habe es bloß gehört und genauso weitererzählt.«

»Und wer hat es Ihnen erzählt?«

Die Alte, die unermüdlich strickte, schüttelte den Kopf. »Den Namen weiß ich nicht. Das hat eine Frau beim Anstehen im Geschäft erzählt. Dieser František soll der Schwiegersohn einer Bekannten von ihr sein. Natürlich hat sie auch gelogen. Beim Anstehen hört man so manches, was in keiner Zeitung steht.«

»Und wann war das ungefähr?«, fragte Andrej. Er kam allmählich wieder zu sich und ärgerte sich, dass er die Beherrschung verloren und sich so grob verhalten hatte.

»Vor zwei Monaten, ungefähr, vielleicht vor drei.«

Ich habe die Vernehmung verdorben, dachte Andrej. Ich habe sie verdorben wegen des Flittchens und dieses Dummkopfs von Diensthabendem. Nein, das lasse ich nicht auf sich beruhen; diesem Holzkopf brate ich eins über. Dem werd ich's zeigen. Er kann jetzt nachts in der Kälte Verrückte jagen gehen ... Aber was mache ich mit der Alten? Die ist jetzt verstockt und will keine Namen nennen.

»Sind Sie ganz sicher, Frau Husáková, dass Sie den Namen der Frau wirklich vergessen haben?«

»Ganz sicher, mein Lieber, den weiß ich nicht«, antwortete die alte Mathilda fröhlich und ließ flink die Stricknadeln blitzen.

»Vielleicht erinnern sich ja Ihre Freundinnen?«

Die Stricknadeln bewegten sich nun etwas langsamer.

»Sie haben ihnen ja sicher den Namen gesagt, oder?«, fuhr Andrej fort. »Es wäre doch möglich, dass sie ein besseres Gedächtnis haben.«

Mathilda zuckte wieder mit den Achseln und schwieg. Andrej lehnte sich zurück.

»Tja, wie sieht es nun aus mit uns, Frau Husáková? Den Namen der Frau haben Sie entweder vergessen oder Sie wollen ihn nicht sagen. Ihre Freundinnen aber werden sich bestimmt erinnern. Und damit Sie Ihre Freundinnen nicht warnen können, müssen wir Sie eine Weile hierbehalten – und zwar so lange, bis Sie oder eine Ihrer Freundinnen sich wieder erinnern, von wem Sie die Geschichte gehört haben.«

»Wie Sie wünschen«, sagte Mathilda ergeben.

»So ist es«, erklärte Andrej. »Aber während Sie nachdenken und wir Ihre Freundinnen befragen, werden weiterhin Menschen verschwinden. Die Verbrecher werden froh sein und sich die Hände reiben – und das alles wegen Ihrer Vorurteile gegenüber den Ermittlungsbehörden.«

Die alte Mathilda antwortete nichts. Sie presste nur stur ihre runzligen Lippen zusammen.

Andrej sprach weiter auf sie ein. »Sie werden begreifen, wie widersinnig das ist. Nicht genug damit, dass wir uns Tag und Nacht mit Abschaum, Gesindel und Verbrechern herumschlagen müssen – nein, da kommt einmal ein ehrlicher Mensch zu uns, will uns aber partout nicht helfen. Was soll das? Das ist doch töricht! Und töricht ist auch Ihre, verzeihen Sie, kindische Ausrede, Sie erinnerten sich nicht: Ihre Freundinnen werden sich erinnern, wir erfahren so oder so den Namen der Frau, gelangen zu František, und er hilft uns, das Verbrechernest auszuheben. Das heißt, wenn die Banditen ihn nicht vorher als gefährlichen Zeugen umbringen. Und wenn man ihn ermorden sollte, Frau Husáková, dann tragen auch Sie daran schuld. Nicht vor Gericht, natürlich, nicht nach dem Gesetz, aber vor Ihrem Gewissen; vor der Menschheit werden Sie schuldig sein!«

Er hatte seine ganze Überzeugungskraft in diese Worte gelegt und rauchte nun erschöpft eine Zigarette. Unauffällig schielte er zur Uhr; genau drei Minuten wollte er warten, und dann, sollte sie nicht reden, die widerspenstige Alte in eine Zelle abführen lassen, auch wenn das gegen alle Gesetze verstieß. Aber er musste den verdammten Fall voranbringen. Wie lange sollte man sich denn mit so einem alten Weib herumschlagen? Eine Nacht in der Zelle bewirkte da manchmal Wunder. Und wenn er Unannehmlichkeiten wegen der Überschreitung seiner Befugnisse bekam … Nein, die bekam er nicht. Sie wird sich kaum über mich beschweren, dachte er. Und wenn doch, dann ist schließlich der Generalstaatsanwalt persönlich an dem Fall interessiert und wird mich wohl schützen. Sie verpassen mir eine Rüge … Na und? Wer bin ich denn – arbeite ich etwa dafür, dass man sich bei mir bedankt? Sollen sie mir eine Rüge verpassen – wenn bloß der verdammte Fall vorankommt, ein bisschen wenigstens …

Er rauchte und vertrieb dabei höflich die Rauchschwaden. Der Sekundenzeiger lief seine Runden übers Ziffernblatt, und die alte Mathilda schwieg und klapperte leise mit ihren Stricknadeln.

»So«, sagte Andrej, als die vierte Minute verstrichen war. Mit entschlossener Geste drückte er seine Zigarette aus. »Ich muss Sie festnehmen. Wegen Behinderung der Ermittlungen. Sie wollen es nicht anders, Frau Husáková, obwohl es meiner Meinung nach kindisch ist. Unterschreiben Sie das Protokoll, dann bringt man Sie in die Zelle.«

Als die alte Mathilda abgeführt war (zum Abschied hatte sie ihm noch eine Gute Nacht gewünscht), erinnerte sich Andrej, dass man ihm noch immer keinen heißen Tee gebracht hatte. Er ging hinaus auf den Gang, erinnerte den Diensthabenden ausführlich und in scharfem Ton an seine Pflichten und befahl, den Zeugen Petrow vorzuführen.

Der Zeuge Petrow war ein stämmiger Mann, breit wie ein Schrank, und hatte rabenschwarze Haare. Auf den ersten Blick schon sah man, dass er ein Bandit war – ein Bandit, wie er im Buche stand, ein echter Mafioso. Er setzte sich auf den Schemel und sah mit böser Miene zu, wie Andrej seinen Tee schlürfte.

»Nun, was gibt es?«, erkundigte sich Andrej freundlich. »Sie sind hereingestürmt, haben Radau gemacht und mich beim Arbeiten gestört, und jetzt schweigen Sie.«

»Warum soll ich mich mit euch Schmarotzern unterhalten?«, sagte Petrow boshaft. »Ihr hättet euren Arsch früher bewegen müssen, jetzt ist es zu spät.«

»Was ist denn so Außergewöhnliches passiert?«, fragte Andrej und überhörte geflissentlich die Beschimpfungen.

»Was passiert ist? Während Sie hier rumgequatscht und sich an Ihre Scheißvorschriften gehalten haben, habe ich das Gebäude gesehen.«

Andrej legte vorsichtig den Löffel in sein Glas. »Welches Gebäude?«

»Was wollen Sie eigentlich?«, erregte sich Petrow. »Wollen Sie mich zum Narren halten? Welches Gebäude – das rote! Genau das! Es steht auf der Hauptstraße, die Leute gehen rein – und Sie? Trinken hier in Ruhe Tee! Und quälen dämliche alte Weiber.«

»Moment, Moment!« Andrej nahm einen Stadtplan aus der Schublade. »Wo haben Sie es gesehen? Wann?«

»Vorhin, als sie mich gebracht haben ... Ich sage zu dem Idioten: Halt an! Aber er rast weiter. Hier sage ich dem Diensthabenden: Schick schnell einen Polizeitrupp los, aber er glotzt bloß und unternimmt nichts.«

»Wo haben Sie's gesehen? An welcher Stelle?«

»Kennen Sie die Synagoge?«

»Ja.« Andrej suchte sie auf dem Stadtplan.

»Also, zwischen der Synagoge und diesem kleinen, heruntergekommenen Kino.«

Auf dem Stadtplan war zwischen der Synagoge und dem Kino »Neue Illusion« eine Grünanlage mit einem Springbrunnen und einem Kinderspielplatz verzeichnet. Andrej nagte am Bleistiftende.

»Wann haben Sie es denn gesehen?«, fragte er.

»Zwanzig nach zwölf«, antwortete Petrow finster. »Und jetzt ist es fast eins ... Meinen sie, das Gebäude wartet ausgerechnet auf Sie? Ich bin manchmal nach fünfzehn, zwanzig Minuten an Ort und Stelle gewesen, und da war es schon wieder weg, und jetzt …« Er winkte resigniert ab.

Andrej nahm den Hörer ab und befahl: »Ein Motorrad mit Beiwagen und Fahrer. Sofort!«

2

Das Motorrad raste knatternd die Hauptstraße entlang; wegen des unebenen Asphalts machte es immerzu kleine Sprünge. Andrej saß zusammengekauert im Beiwagen und versteckte sein Gesicht hinter der Windschutzscheibe, aber die Kälte drang ihm trotzdem durch Mark und Bein. Er hätte seinen Mantel mitnehmen sollen.

Von den Gehsteigen sprangen hin und wieder Verrückte auf die Straße, machten Faxen, tanzten dem Motorrad entgegen und brüllten etwas, was jedoch in den Motorgeräuschen unterging. Von der Kälte waren sie blau angelaufen. Der Fahrer drosselte jedes Mal die Geschwindigkeit, schimpfte, wehrte die hartnäckig ausgestreckten Hände ab, zwängte sich zwischen gestreiften Pyjamas und Kitteln hindurch und beschleunigte sofort wieder die Maschine, so dass Andrej zurückgeworfen wurde.

Außer den Verrückten war niemand auf der Straße. Nur einmal begegneten sie einem langsam fahrenden Streifenwagen mit orangefarbenem Signallicht, und auf dem Rathausplatz sahen sie einen riesigen, zottigen und unbeholfen laufenden Pavian. Der Pavian flüchtete vor den Geisteskranken, die mit wildem Geschrei hinter ihm herjagten. Andrej schaute zurück und sah, dass sie den Pavian doch noch erwischt hatten. Sie warfen ihn zu Boden, packten ihn an seinen

Vorder- und Hinterbeinen und schaukelten ihn, begleitet von einem unheimlichen Totengesang.

Immer seltener werdende Straßenlaternen rasten auf Andrej zu, dunkle Viertel – wie ausgestorben und ohne ein einziges Licht. Dann tauchte der gelbliche Koloss der Synagoge vor ihm auf, und Andrej sah plötzlich das Gebäude.

Es wirkte sicher und beständig, als stünde es schon viele Jahrzehnte zwischen der Synagoge, die mit Hakenkreuzen beschmiert war, und dem schäbigen Kino, dem man eine Woche zuvor wegen der Vorführung pornographischer Filme eine Strafe aufgebrummt hatte. Das Gebäude befand sich genau dort, wo tags zuvor noch kümmerliche Bäumchen gestanden hatten, das Wasser des Springbrunnens in eine unförmige Zementschale geplätschert war und Kinder verschiedenster Hautfarben laut kreischend geschaukelt hatten.

Es war tatsächlich rot und bestand aus Ziegelsteinen. Es hatte drei Etagen; die Parterrefenster waren mit Läden verschlossen. Mehrere Fenster im ersten und zweiten Stock leuchteten gelb und rosa, das Dach war mit Zinkblech gedeckt, und neben dem einzigen Schornstein hatte man eine merkwürdig aussehende Antenne mit mehreren Querstäben befestigt. Zur Tür führten in der Tat vier Steinstufen, die Messingklinke glänzte, und je länger Andrej das Gebäude betrachtete, umso deutlicher erklang in seinen Ohren eine feierliche, wenn auch düstere Melodie. Beiläufig erinnerte er sich, dass viele Zeugen angegeben hatten, sie hätten in dem Gebäude Musik gehört.

Andrej rückte den Mützenschirm zurecht, damit er ihm nicht die Sicht verdeckte, und schaute auf den Fahrer. Der dicke Kerl saß mürrisch da, den Kopf im hoch gestellten Kragen versteckt, und rauchte schläfrig; die Zigarette steckte zwischen seinen Zähnen.

»Siehst du's?«, fragte Andrej leise.

Der Dicke drehte den Kopf und zog den Kragen herunter. »Was?«

»Das Haus da, siehst du's?«, fragte Andrej gereizt.

»Bin ja nicht blind.«

»Hast du es schon früher hier gesehen?«

»Nein, hier nicht. Aber an anderen Stellen. Und? Hier siehst du nachts noch ganz andere Sachen.«

Die tragische Musik in Andrejs Ohren dröhnte so laut und kraftvoll, dass er sogar den Polizisten schlecht verstand. Ihm war, als fände ein pompöses Begräbnis statt, Tausende und Abertausende von laut weinenden Menschen gäben ihren geliebten Toten das Geleit, und die dröhnende Musik mache ihnen den Verlust immer wieder von Neuem bewusst und ließe sie nicht vergessen.

»Warte da auf mich«, sagte Andrej zu dem Polizisten, der mit seinem Motorrad auf der anderen Straßenseite geblieben war; Andrej aber stand schon auf der Steintreppe vor der hohen Eichentür. Er schaute rechts die Hauptstraße hinunter in die trübe Finsternis, dann links die Hauptstraße hinunter in die trübe Finsternis, verabschiedete sich für alle Fälle von alldem und legte die Hand im Handschuh auf das gravierte glänzende Messing.

Er trat in ein kleines Vestibül, das spärlich von gelblichem Licht erhellt wurde. Trauben von Uniformmänteln, Regenmänteln und Pelerinen hingen an einem Garderobenständer, dessen Enden sich auseinanderbogen wie eine Palme. Darunter lag ein abgetretener Teppich mit einem blassen, undefinierbaren Muster, und direkt davor sah Andrej eine breite Marmortreppe mit einem roten Läufer, der mit polierten Metallstangen an den Stufen befestigt war. An den Wänden hingen Gemälde, und rechts, hinter einer eichenen Barriere, da war auch etwas … Und neben ihm stand einer, der ihm ehrerbietig die Akten abnahm und flüsterte: »Nach oben, bitte …« Aber nichts von alledem konnte Andrej deutlich erkennen, sein Mützenschirm störte furchtbar; ständig rutschte er ihm auf die Augen, so dass er nur sehen konnte, was sich unter seinen Füßen befand. Auf der Mitte der Treppe kam ihm in den Sinn, dass er die verdammte Mütze dem goldbetressten Kerl, dessen Backenbart bis zum Gürtel reichte, hätte geben sollen. Aber jetzt war es zu spät, denn hier war alles so eingerichtet, dass man die Dinge entweder rechtzeitig oder gar nicht tat, und einen Schritt, eine Handlung zurückzunehmen, war unmöglich. Mit einem Seufzer der Erleichterung erklomm er die letzte Stufe und nahm seine Mütze ab.

Sobald er in der Tür erschien, erhoben sich alle, doch Andrej blickte niemanden an. Er sah nur zu seinem Partner, einem mittelgroßen älteren Mann in militärähnlichem Anzug und glänzenden Chromlederstiefeln, der Andrej qualvoll an jemanden erinnerte und ihm zugleich völlig unbekannt war.

Alle verharrten reglos an den weißen Marmorwänden, die mit Gold und Purpur verziert und mit leuchtenden, mehrfarbigen Fahnen drapiert waren – nein, nicht mehrfarbig: Sie waren entweder rot mit gold, nur rot oder nur gold. Und von der schier endlos hohen Decke hingen riesige Stoffbahnen in Purpur und Gold herab wie die materialisierten Strahlen eines märchenhaften Nordlichts. In den Wänden gab es halbrunde Nischen, in denen stolz und zugleich bescheiden wirkende Büsten zu sehen waren – Büsten aus Marmor, Gips, Bronze, Gold, Malachit, rostfreiem Stahl … Grabeskälte strömte aus dem Halbdunkel der Nischen; alle froren, rieben sich heimlich die Hände, standen aber in strammer Haltung da und blickten geradeaus. Nur der ältere Mann in dem militärähnlichen Anzug, Andrejs Partner und Gegner, ging langsam und mit lautlosen Schritten in der leeren Mitte des Saals auf und ab, den großen Kopf mit den grauen Haaren leicht geneigt, die Hände hinter dem Rücken, das rechte Handgelenk mit der Linken umfasst. Schon bevor Andrej eingetreten war und sich alle erhoben hatten, war der Mann hier auf und ab gegangen. Auch als unter dem Gewölbe des Saals ein kaum hörbarer Seufzer wie von Erleichterung verklang, nachdem er sich vorher in dem Purpur und Gold verirrt hatte, war der Mann hier auf und ab gegangen. Doch plötzlich, mitten im Schritt, blieb er stehen und sah Andrej an, aufmerksam und ohne zu lächeln. Andrej seinerseits betrachtete den Mann ebenfalls; er hatte schütteres, graues Haar, eine niedrige Stirn und einen üppigen, akkurat gestutzten Schnurrbart. Sein Gesicht war gleichgültig, die Haut gelblich und uneben; sie sah aus wie zerfurcht.

Sie brauchten sich einander nicht vorzustellen und sich zu begrüßen. Wortlos setzten sie sich an einen mit Intarsien versehenen Tisch; Andrej hatte die schwarzen, sein Partner die weißen bzw. leicht gelblichen Figuren. Der Mann mit dem zerfurchten Gesicht streckte die kleine unbehaarte Hand aus, ergriff mit zwei Fingern einen Bauern und machte den ersten Zug. Andrej rückte ihm sogleich seinen Bauern entgegen und sah, dass es Wang war – der stille, zuverlässige Wang, der immer nur eines wollte: dass man ihn in Ruhe ließ. Hier würde man ihm allerdings nur relative, zweifelhafte Ruhe garantieren können, hier, im Zentrum der Ereignisse, die sich entwickeln würden und unausweichlich waren. Der Bauer Wang würde es schwer haben, aber gerade hier konnte man ihn auch unterstützen, ihn decken und verteidigen – lange, endlos lange, wenn man wollte.

Zwei Bauern standen einander gegenüber, Stirn an Stirn. Sie konnten sich berühren, nichtssagende Worte wechseln oder stillen Stolz empfinden – Stolz, dass sie, einfache Bauern, nun die Hauptachse markierten, um die herum sich das Spiel entwickeln würde. Sie konnten einander nichts antun, waren neutral; jeder befand sich in einer anderen Kampfdimension: der kleine gelbe Wang, der den Kopf wie üblich zwischen die Schultern gezogen hatte, und der kräftige, krummbeinige Mann mit Kosakenmantel und hoher Pelzmütze, der einen buschigen Schnurrbart, hervortretende Backenknochen und harte, leicht schräge Augen hatte.

Auf dem Brett herrschte wieder Gleichgewicht – und dieses Gleichgewicht würde lange bestehen bleiben; Andrej wusste, dass sein Partner ein Mann von außergewöhnlicher, ja, genialer Vorsicht war, dass er die Menschen stets als das Wertvollste betrachtete – und das bedeutete, dass Wang in nächster Zeit keiner Bedrohung ausgesetzt war. Andrej suchte in den Reihen nach Wang und lächelte ihm zu, wandte sich jedoch sofort ab, als er dem aufmerksamen und traurigen Blick Donalds begegnete.

Der Partner überlegte; bedächtig klopfte er mit dem langen Mundstück seiner Zigarette auf die Tischplatte. Andrej schielte wieder zu den erstarrten Reihen entlang der Wände hinüber, schaute aber jetzt nicht auf seine eigenen, sondern auf die Leute, über die sein Rivale gebot. Dort gab es fast keine bekannten Gesichter – nur unverhofft intelligent aussehende Leute in Zivil, mit Bärten, Zwicker, altmodischen Krawatten und Westen, dazu Offiziere in ungewöhnlichen Uniformen, mit Rauten auf den Kragenspiegeln und Orden, die auf glänzend geripptem Stoff befestigt waren. Wo hat er die her, dachte Andrej verwundert und schaute wieder auf den vorgerückten weißen Bauern seines Gegners. Dieser Bauer war ihm wenigstens gut bekannt – es war ein Mann von einst legendärem Ruhm, der, wie man sich hinter vorgehaltener Hand erzählte, die in ihn gesetzten Hoffnungen nicht erfüllt hatte und jetzt von der Bühne abgetreten war. Er wusste das offensichtlich selbst, aber bedauerte es nicht – er stand da, die krummen Beine fest auf dem Parkett, zwirbelte seinen riesigen Schnurrbart, blickte sich nach allen Seiten um und roch nach Wodka und Pferdeschweiß.

Der Partner führte die Hand über das Brett und rückte einen zweiten Bauern vor. Andrej schloss die Augen. Das hatte er nicht erwartet. Wie denn – so plötzlich? Und wer ist er? Ein schönes blasses Gesicht, einnehmend und durch einen gewissen Hochmut zugleich abstoßend, bläulicher Zwicker, elegant gelockter Kinnbart, schwarzer Haarschopf über der hellen Stirn – Andrej hatte den Mann nie gesehen und kannte ihn nicht, aber er schien eine wichtige Persönlichkeit zu sein, denn er sprach äußerst knapp und gebieterisch mit dem krummbeinigen Bauern im Kosakenmantel. Dieser bewegte nur den Schnurrbart, zuckte mit den Backenmuskeln und wandte immerzu seinen Blick ab; er stand da, wie die Raubkatze vor einem selbstbewussten Dompteur.

Doch Andrej interessierte sich jetzt nicht für ihr Verhältnis zueinander – hier wurde Wangs Schicksal entschieden, das Schicksal des kleinen Wang, der sich sein Leben lang geplagt hatte und dessen Kopf schon ganz eingezogen war; er erwartete das Schlimmste und war hoffnungslos darin ergeben. Es gab drei Möglichkeiten: Wang wird geschlagen, Wang schlägt selbst – oder alles bleibt so, wie es ist: Das Leben der beiden Bauern bleibt im Ungewissen. In der hohen Sprache der Strategie nannte man es das »nicht angenommene Damengambit«, und was folgen würde, war Andrej bekannt. Er wusste, dass die Lehrbücher es empfahlen, dass es zum kleinen Einmaleins des Schachspiels gehörte, aber er ertrug den Gedanken nicht, dass Wangs Schicksal noch viele Stunden, so lange das Spiel dauerte, an einem seidenen Faden hängen würde. Wang wäre bedeckt mit dem kalten Schweiß der Todesangst, und der Druck auf ihn würde immer weiter wachsen, bis die ungeheure Spannung nicht mehr zu ertragen wäre, das gigantische Geschwür platzte und von Wang keine Spur mehr bliebe.

Ich halte das nicht aus, dachte Andrej. Und den Mann mit dem Zwicker kenne ich gar nicht, was kümmert er mich also? Warum sollte ich ihn schonen, wenn mein genialer Partner nur ein paar Minuten überlegt hat, bevor er mir dieses Opfer anbot? Andrej nahm den weißen Bauern vom Brett und ersetzte ihn durch den eigenen schwarzen. Und in dem Moment sah er, wie die Raubkatze im Kosakenmantel dem Dompteur zum ersten Mal im Leben direkt in die Augen blickte und mit sattem Grinsen ihre tabakgelben Zähne bleckte. Nun aber glitt ein braunhäutiger und weder russisch noch europäisch aussehender Mann zwischen den Reihen hindurch zu dem blauen Zwicker und holte mit einem großen rostigen Spaten aus … Der Zwicker flog wie ein blauer Blitz in die Ecke; der Mann mit dem blassen Gesicht eines großen Tribuns und verhinderten Tyrannen seufzte schwach, dann knickten seine Beine ein, der schöne Körper rollte die rissigen Stufen hinunter und beschmutzte sich mit weißem Staub und hellrotem klebrigem Blut … Andrej hielt den Atem an, schluckte den Kloß im Hals hinunter und sah wieder aufs Brett.

Dort standen schon zwei weiße Bauern nebeneinander – das strategische Genie hatte das Zentrum erobert. Zudem zielte das brennende Auge des unausweichlichen Verderbens aus der Tiefe direkt auf Wangs Brust … Hier durfte er nicht lange überlegen, hier ging es nicht allein um Wang: Eine einzige Verzögerung nur, und der weiße Läufer entwickelte sich. Er träumt schon lange davon, sich zu entwickeln, dieser hochgewachsene stattliche Jüngling mit den vielen Orden, Abzeichen, Rauten und Tressen. Er ist hochmütig, schön, hat eisige Augen und volle Lippen, er ist der Stolz der jungen Armee, der Stolz des jungen Landes, der erfolgreiche Konkurrent ebenso hochmütiger, mit Orden, Abzeichen und Tressen behängter Helden der westlichen Kriegskunst. Was bedeutet ihm Wang? Dutzende solcher Wangs hat er schon eigenhändig erledigt, Tausende solcher Wangs: schmutzige, verlauste, hungrige Männer, die ihm blind vertrauten. Auf ein einziges Wort von ihm stürzten sie sich aufrecht und mit wütenden Flüchen Panzern und Maschinengewehren entgegen. Und die von ihnen, die wie durch ein Wunder am Leben blieben und jetzt nicht mehr schmutzig, sondern gepflegt und satt sind, würden auch heute noch jederzeit für ihn ins Feuer gehen, wären bereit, alles noch einmal zu tun …

Nein, diesem Mann durfte man weder Wang noch das Zentrum überlassen. Andrej schob schnell den Bauern vor, der in der Nähe stand, ohne zu sehen, wer es war – nur mit einem Gedanken: Wang zu decken, zu stützen und dem großen Panzerkommandeur zu zeigen, dass sich Wang zwar in seinem Machtbereich befand, er jedoch nicht weiter als bis zu ihm vorrücken durfte. Der große Panzerkommandeur begriff, und die eben noch blitzenden Augen wurden wieder von schönen, schweren Lidern bedeckt. Doch er hatte offenbar vergessen, was auch Andrej vergessen hatte, ihm aber nun in einem einzigen erschreckenden Augenblick bewusst wurde: dass nicht sie hier die Entscheidungen trafen – nicht die Bauern, nicht die Läufer, ja, nicht einmal die Türme und Damen. Und kaum hatte sich die kleine unbehaarte Hand langsam über das Brett gestreckt, als Andrej, der schon wusste, was jetzt geschehen würde, in Übereinstimmung mit den edlen Regeln des Schachspiels heiser »Ich rücke zurecht!« sagte. Dann vertauschte er so hastig, dass sich seine Finger verkrampften, Wang mit dem Bauern, der ihn gedeckt hatte. Der Erfolg lächelte ihm blass zu: Wangs Deckung – Walka Sojfertis – stand jetzt an Wangs Platz. Sechs Jahre hatten Andrej und Walka dieselbe Schulbank gedrückt, und dann war Walka '49 bei der Operation an einem Magengeschwür gestorben.

Der geniale Partner zog die Brauen hoch; seine braun gesprenkelten Augen verengten sich in spöttischem Staunen. So ein taktisch und erst recht strategisch sinnloser Zug schien ihm natürlich unverständlich und lächerlich. Er setzte die Bewegung seiner kleinen Hand fort, hielt kurz über dem Läufer inne, zögerte ein paar Sekunden, überlegte, und dann griffen seine Finger selbstsicher das lackierte Köpfchen der Figur; der Läufer marschierte vorwärts, stieß leise gegen den schwarzen Bauern und blieb auf seinem Feld stehen. Der geniale Stratege setzte den geschlagenen Bauern langsam neben dem Brett ab, und schon umringten Menschen in weißen Kitteln zielstrebig und konzentriert seine Krankentrage. Zum letzten Mal sah Andrej das dunkle, von der Krankheit ausgemergelte Gesicht Walka Sojfertis', dann verschwand die Trage im Operationssaal …

Andrej blickte zu dem großen Panzerkommandeur und gewahrte in seinen grauen, fast transparenten Augen denselben Schrecken und dasselbe beklemmende Unverständnis, wie auch er sie empfand. Der Panzerkommandeur schaute blinzelnd auf den genialen Strategen und begriff überhaupt nichts. Er war gewohnt, in Kategorien der räumlichen Verlagerung riesiger Material- und Menschenmassen zu denken, und in seiner Naivität und Einfalt meinte er, alles würde stets und ausschließlich von seinen Panzerkolonnen entschieden, die fremde Länder überrollten, sowie von den vielmotorigen, mit Bomben und Fallschirmspringern beladenen fliegenden Festungen, die hoch in den Wolken über fremdes Land dahinzogen. Der Panzerkommandeur hatte alles dafür getan, damit dieser Traum zu jedem Zeitpunkt verwirklicht werden konnte … Gewiss hatte er sich mitunter Zweifel erlaubt, ob der geniale Stratege wirklich so genial war, und den Zeitpunkt und die Richtung der Panzerschläge eines Angriffs eindeutig bestimmen konnte. Aber jetzt hatte er partout nicht begriffen (und sollte es niemals begreifen), wie man gerade ihn, einen so talentierten, unermüdlichen, ja, unersetzlichen Mann opfern konnte, wie man alles opfern konnte, was mit solchen Anstrengungen und Mühen geschaffen worden war.

Andrej nahm den Panzerkommandeur schnell vom Brett – fort aus den Augen – und stellte Wang auf seinen Platz. Männer mit blauen Schirmmützen zwängten sich zwischen die Reihen, packten den großen Panzerkommandanten an Schultern und Händen, nahmen ihm die Waffe ab, schlugen ihm in das schöne rassige Gesicht und steckten ihn in einen Zementsack. Der geniale Stratege lehnte sich zurück, kniff genüsslich die Augen zusammen, faltete die Hände auf dem Bauch und drehte die Daumen. Er war zufrieden … Er hatte einen Läufer für einen Bauern geopfert und war sehr zufrieden … Da plötzlich begriff Andrej, dass in den Augen des Strategen alles ganz anders aussah: Er hatte schnell und überraschend den ihn störenden Läufer beseitigt und noch einen Bauern als Zugabe bekommen – so sah es aus …

Der große Stratege war mehr als ein Stratege, denn ein Stratege bewegt sich immer im Rahmen seiner Strategie. Der große Stratege aber verzichtete auf jeglichen Rahmen. Strategie war lediglich ein winziges Element seines Spiels und für ihn etwas ebenso Zufälliges wie für Andrej – ein Zug aus einer Laune heraus. Der große Stratege war gerade deshalb so genial, weil er eines begriffen hatte (oder es schon immer wusste): Nicht der gewinnt, der nach allen Regeln zu spielen versteht, sondern der, der imstande ist, im richtigen Moment alle Regeln zu missachten und dem Spiel seine eigenen, dem Gegner unbekannten Regeln aufzuzwingen (und, wenn nötig, auch diese wieder zu verwerfen). Denn wo steht, dass die eigenen Figuren weniger gefährlich sind als die Figuren des Gegners? Im Gegenteil: Die eigenen Figuren sind sogar weit gefährlicher! Und wo steht, dass man den König schützen und aus dem Schach ziehen soll? Unsinn, denn es gibt keinen König, den man nicht bei Bedarf durch einen Springer oder sogar einen Bauern ersetzen könnte. Und wer sagt, dass ein Bauer, der bis zur letzten Linie vorgedrungen ist, unbedingt zu einer Figur werden muss? Im Gegenteil: Manchmal ist es viel nützlicher, ihn Bauer bleiben zu lassen – soll er ruhig am Rande des Abgrunds stehen, den anderen Bauern zur Lehre.

Die verdammte Mütze rutschte Andrej ständig auf die Augen, und es war immer schwieriger für ihn zu verfolgen, was rings um ihn geschah. Er bemerkte jedoch, dass die wohlgesittete Stille im Saal beendet war, vernahm das Klappern von Geschirr und das Gemurmel von Stimmen; ein Orchester stimmte die Instrumente. Es roch nach Küchendünsten. Jemand rief quäkend durch das ganze Haus: »Georges! Isch habe schräklischen Hunger! Lass mir bitte schnell ein Glas Curaçao und A-nja-njas bringen!«

»Verzeihen Sie!«, sagte jemand mit amtlicher Höflichkeit neben Andrejs Ohr und beugte sich über das Tischchen. Andrej sah schwarze Rockschöße, glänzende Lackstiefel, und eine hochgereckte Hand mit einem beladenen Tablett glitt an seinem Kopf vorbei. Eine andere unbekannte Hand stellte ein Glas Sekt neben seinen Ellbogen.

Der geniale Stratege hatte endlich seine Zigarette festgeklopft und festgedrückt, so dass er sie rauchen konnte. Er zündete sie an; bläulicher Rauch quoll aus den behaarten Nasenlöchern und verirrte sich in dem üppigen, kurz und akkurat gestutzten Schnurrbart.

Das Spiel ging unterdessen weiter. Andrej verteidigte sich hartnäckig, zog sich zurück und manövrierte; vorläufig gelang es ihm so zu spielen, dass er nur die opfern musste, die ohnehin schon tot waren: Donald wurde mit durchschossenem Herzen fortgetragen. Auf das Tischchen neben das Sektglas legte man seine Pistole und die letzte Notiz: »Wenn du kommst – freu dich nicht. Wenn du gehst – sei nicht traurig. Die Pistole gebt Woronin. Irgendwann wird er sie gebrauchen können.« Doch da trugen schon Andrejs Bruder und sein Vater Jewgenia Romanowna, Andrejs tote Großmutter, in alte Laken eingenäht, die vereiste Treppe hinunter und legten sie auf den Leichenstapel im Hof … Und nun beerdigte man auch den Vater in einem Massengrab irgendwo auf dem Piskarewsker Friedhof. Ein mürrischer Fahrer, der sein unrasiertes Gesicht vor dem schneidenden Wind schützte, fuhr mit einer Straßenwalze auf den erstarrten Leichen hin und her und stampfte sie fest, damit möglichst viele in die Grube passten … Der große Stratege erledigte großzügig, heiter und schadenfroh Freund und Feind; all seine gepflegten Männer mit Bärtchen und Orden schossen sich in die Schläfe, sprangen aus dem Fenster oder starben unter entsetzlichen Foltern; einer schritt über den anderen hinweg, um Dame zu werden, und blieb doch letztlich ein Bauer.

Verzweifelt versuchte Andrej zu begreifen, was das für ein Spiel sei, das er hier spielte, welchen Zweck es hatte und welche Regeln, und warum das alles geschah. Bis ins Innerste zerriss ihn die Frage, wie er zum Gegner des großen Strategen geworden war – er, ein treuer Soldat seiner Armee, jederzeit bereit, für ihn zu sterben, jederzeit bereit, für ihn zu töten. Er, der keine Ziele kannte außer seinen Zielen, an keine Mittel glaubte als an die von ihm bestimmten, keinen Unterschied machte zwischen dem Streben des großen Strategen und dem Streben des Universums. Gierig trank er den Sekt, ohne ihn zu schmecken, als ihm plötzlich der erhellende Gedanke kam: natürlich! Er war überhaupt kein Gegner des großen Strategen! Er war sein Verbündeter und treuer Gehilfe! Das war die grundlegende Regel dieses Spiels! Hier spielten keine Gegner, sondern Partner. Sie hatten dasselbe Ziel, niemand verlor, alle gewannen! Außer denen natürlich, die den Sieg nicht mehr erlebten …

Jemand stieß gegen sein Bein und sagte unter dem Tisch: »Seien Sie so nett und nehmen den Fuß beiseite …« Andrej schaute nach unten und sah, wie sich dort eine dunkel schimmernde Pfütze ausbreitete. Daneben kniete ein glatzköpfiger Zwerg, der versuchte, sie mit einem großen Lappen aufzuwischen; der Lappen war trocken, aber übersät von dunklen Flecken … Andrej wurde speiübel und sah sogleich wieder aufs Brett. Die Toten hatte er bereits alle geopfert, nun blieben nur noch Lebende. Der große Stratege beobachtete ihn neugierig und schien sogar zustimmend zu nicken; er lächelte höflich und zeigte dabei seine spärlichen kleinen Zähne. In dem Moment spürte Andrej, dass er nicht mehr konnte. Es war das große Spiel, das edelste von allen; das Spiel, das im Namen der größten Ziele gespielt wurde, die sich die Menschheit je gestellt hatte, aber Andrej konnte nicht mehr.

»Ich muss raus«, sagte er heiser. »Eine Minute.«

Er sprach so leise, dass er sich selbst kaum hörte, und trotzdem blickten ihn alle sofort an. Im Saal trat wieder Stille ein. Der Mützenschirm störte Andrej nicht mehr; er konnte jetzt all die Seinen deutlich sehen, ihnen in die Augen blicken – allen, die vorläufig noch am Leben waren: Onkel Jura blickte ihn düster an; seine ausgebleichte Uniformjacke stand offen, und er spielte mit einer selbst gedrehten Zigarette. Selma lag betrunken lächelnd in einem Sessel und hatte ihre Beine so gelegt, dass man weit hinauf bis zu ihrem rosa Höschen sehen konnte. Kenshi machte ein verständnisvolles und ernstes Gesicht; neben ihm stand der zerzauste und wie immer grässlich unrasierte Wolodka Dmitrijew. Sjowa Barabanow war gerade von einem hohen Stuhl aufgestanden, um seine nächste und letzte geheimnisvolle Dienstreise anzutreten; auf seinem Stuhl thronte nun mit aristokratischer Hakennase Borka Tschistjakow und machte eine solch angewiderte Miene, als wollte er fragen: »Was brüllst du hier herum wie ein kranker Elefant?« Alle waren hier, alle, die Andrej nahestanden und ihm am Herzen lagen. Alle sahen ihn an – jeder auf seine Weise, und doch bemerkte er in ihren Blicken etwas Gemeinsames, eine bestimmte Haltung ihm gegenüber: War es Mitgefühl? Vertrauen? Bedauern? Nein, das war es nicht, und er konnte auch nicht darüber nachdenken, weil er plötzlich unter den vertrauten Gesichtern einen ihm vollkommen unbekannten Mann entdeckte. Es war ein Asiat mit gelblichem Teint und Schlitzaugen; doch es war nicht Wang, sondern ein feiner, ja, sogar eleganter Mann. Und Andrej schien, als verberge sich hinter dem Rücken dieses Unbekannten ein kleines, schmutziges, verwahrlostes und offenbar elternloses Kind …

Andrej erhob sich jäh, schob knarrend den Stuhl beiseite und wandte sich von allen ab. Er machte eine unbestimmte

Geste in Richtung des großen Strategen und ging eilig zur Tür – zwängte sich zwischen Schultern und Bäuchen hindurch, schob jemanden beiseite, und wie um ihn zu beruhigen, erklärte jemand, der etwas weiter weg stand: »Die Regeln erlauben das; soll er ruhig nachdenken, sich alles überlegen! Man muss nur die Uhr anhalten.«

Völlig entkräftet und schweißnass gelangte Andrej ins Treppenhaus und setzte sich auf einen Teppich, der in der Nähe eines Kamins lag, in dem Feuer brannte. Die Mütze war ihm wieder auf die Augen gerutscht, so dass er nicht einmal versuchte zu sehen, was das für ein Kamin war und was für Leute dort saßen. Er spürte nur die sanfte Hitze auf seinem nassen, erschöpften Körper und betrachtete die inzwischen trockenen, aber noch immer klebrigen Flecken auf seinen Schuhen. Durch das gemütliche Knistern der Scheite hörte er, wie jemand langsam und mit Genuss an der eigenen tiefen Stimme erzählte: »Stellen Sie sich vor – ein Bild von einem Mann, breitschultrig, drei Ruhmesorden. Und ein Band dieser Orden, müssen Sie wissen, das kriegte nicht jeder, davon gab es noch weniger als Helden der Sowjetunion. Ein prächtiger Kamerad, hervorragender Schüler und so weiter. Er hatte allerdings eine seltsame Angewohnheit: War er bei dem Sohn eines Generals oder Marschalls zu einer Feier ins Landhaus eingeladen, dann stahl er sich, kaum dass die anderen mit den Weibern verschwanden, in den Vorraum, setzte sich die Mütze auf und – Adieu. Anfangs dachten alle, er hätte ein Mädchen und sei verliebt. Aber nein: Die Kameraden sahen ihn an öffentlichen Orten, im Gorki-Park, in Klubs – und immer mit einer anderen Schlampe! Ich habe ihn auch einmal getroffen. Ich gucke: Da hat er sich vielleicht eine ausgesucht, eine richtige Vogelscheuche. Die Strümpfe hingen schief um die dürren Beine, und scheußlich angemalt war sie ... Damals gab es ja noch keine Kosmetik wie heute; die Mädchen haben die Brauen nachgerade mit Stiefelwichse nachgezogen. Eine eindeutige Mesalliance also. Aber ihm macht das nichts aus: Er geht mit ihr zärtlich untergehakt und flüstert ihr etwas ins Ohr. Und sie – zerfließt geradezu vor Glück, ist stolz und verlegen zugleich, außer sich vor Freude … Und da haben wir, das heißt unsere Junggesellenbande, ihn mal kräftig in die Mangel genommen: Los, jetzt sag uns, was du für einen perversen Geschmack hast. Wird dir nicht übel, mit solchen Nutten mitzugehen, wo die schönsten Mädchen nach dir lechzen … An unserer Akademie gab es, müssen Sie wissen, auch eine pädagogische Fakultät, eine privilegierte Einrichtung, an der nur Mädchen aus den besten Kreisen studierten. Zuerst wollte er alles mit Scherzen abtun, aber dann hat er sich ergeben und etwas Erstaunliches erzählt. ›Ich, Kameraden‹, sagte er, ›weiß, dass ich alle Vorzüge besitze: Ich sehe gut aus, bin groß und kräftig, trage Orden und Auszeichnungen. Ich weiß das und habe es auch oft genug gehört. Aber irgendwann, wisst ihr, wurde mir plötzlich das große Unglück der Frauen bewusst. Den ganzen Krieg hindurch hatten sie keinen glücklichen Tag; sie haben gehungert, die schwerste Männerarbeit verrichtet, waren arm und hässlich und konnten sich gar nicht vorstellen, was das ist – schön und begehrenswert zu sein. Und damals habe ich mir vorgenommen, wenigstens einigen von ihnen ein bisschen Glück zu geben, damit sie sich ihr Leben lang daran erinnern können. Ich lerne eine Straßenbahnfahrerin kennen, eine Arbeiterin bei ‚Hammer und Sichel' oder eine Lehrerin, die es auch ohne den Krieg schon schwer genug hätte bei Männern, und jetzt, wo so viele gefallen sind, gar keine Chancen mehr hat. Ich verbringe zwei, drei Abende mit ihnen, und dann verschwinde ich wieder. Ich verabschiede mich natürlich, lüge, dass ich auf eine längere Dienstreise gehe, oder erzähle etwas anderes Glaubwürdiges, und sie bleiben mit den schönen Erinnerungen zurück … So haben sie wenigstens einen Lichtblick in ihrem Leben. Ich weiß nicht, wie man das vom moralischen Standpunkt aus beurteilt, aber ich habe das Gefühl, dass ich auf diese Weise zumindest einen kleinen Teil unserer gemeinsamen Pflicht als Männer erfülle.‹ Als er uns alles erzählt hatte, waren wir verblüfft. Wir haben natürlich später diskutiert und gestritten, aber trotzdem machte das Ganze großen Eindruck auf uns. Er ist dann übrigens bald verschwunden, war ja keine Seltenheit damals – abkommandiert. Und in der Armee fragt keiner, wohin und warum. Ich habe ihn nicht wiedergesehen.«

Auch ich nicht, dachte Andrej, auch ich habe ihn nicht wiedergesehen. Es kamen noch zwei Briefe, einer an Mama, einer an mich. Und eine Mitteilung: »Ihr Sohn Sergej Michailowitsch Woronin ist bei der Erfüllung eines militärischen Auftrags ehrenhaft gefallen.« Das war in Korea. Unter dem rosafarbenen Aquarellhimmel Koreas, wo der große Stratege zum ersten Mal seine Kräfte im Kampf gegen den amerikanischen Imperialismus erprobte. Dort spielte er sein großes Spiel, und auch Sergej blieb dort – mit all seinen Ruhmesorden …

Ich will nicht, dachte Andrej. Ich will dieses Spiel nicht spielen. Vielleicht muss ja alles so sein, vielleicht geht es nicht anders. Vielleicht. Wahrscheinlich sogar. Aber ich kann nicht. Ich kann es nicht – und will es auch nicht lernen. Was soll ich machen, dachte er bitter, ich bin eben ein schlechter Soldat. Oder ein einfacher Soldat. Einer, der nicht denken kann und deshalb blind gehorchen muss. Ich bin kein Partner und kein Verbündeter des großen Strategen, sondern ein kleines Schräubchen in seiner riesigen Maschine, und mein Platz ist nicht am Tisch bei seinem unbegreiflichen Spiel, sondern neben Wang, Onkel Jura und Selma. Ich bin ein kleiner Stellarastronom mit mittelmäßigen Fähigkeiten, und wenn mir der Nachweis gelänge, dass es einen Zusammenhang gibt zwischen weiten Doppelsternen und den Schilt-Strömen, wäre das für mich schon sehr, sehr viel. Und was große Entscheidungen und große Taten angeht …

Aber da erinnerte er sich, dass er nicht mehr Astronom, sondern Ermittler für die Staatsanwaltschaft war und einen beachtlichen Erfolg erzielt hatte: Mit Hilfe speziell vorbereiteter Agenten und besonderer Ermittlungsmethoden war es ihm gelungen, das geheimnisvolle rote Gebäude aufzuspüren und in sein Inneres vorzudringen, seine düsteren Geheimnisse zu enthüllen und alle nötigen Voraussetzungen zur erfolgreichen Vernichtung dieser bösartigen Erscheinung zu treffen.

Er stützte sich auf die Hände und kroch eine Stufe tiefer. Wenn ich jetzt an den Tisch zurückkehre, komme ich nicht mehr raus, dachte er. Dann verschlingt mich das rote Gebäude. Es hat schon viele verschlungen, dazu gibt es Zeugenaussagen. Aber das ist nicht alles: Ich muss in mein Büro zurück und dieses Knäuel entwirren, das ist meine Pflicht, das habe ich jetzt zu tun. Alles andere ist Einbildung, ein Trugbild.

Er kroch noch zwei Stufen hinunter. Ich muss mich von diesem Trugbild befreien und wieder zur Sache kommen. Hier ist nichts zufällig, alles bestens durchdacht – eine ungeheuerliche Illusion, geschaffen von Provokateuren, die den Glauben an den Endsieg zerstören, Moral und Pflichtgefühl zersetzen wollen. Nicht zufällig befindet sich neben dem Gebäude ein dreckiges Kino namens »Neue Illusion«. Neue! In der Pornographie gibt es nichts Neues, und es nennt sich neu! Alles klar! Und an der anderen Seite des Gebäudes befindet sich was? Die Synagoge …

Rasch kroch er alle Stufen hinunter und erreichte eine Tür, auf der »Ausgang« stand. Schon griff er nach der Klinke, stemmte sich gegen die Tür, überwand den Widerstand der quietschenden Feder, als ihm plötzlich bewusst wurde, was in den Augen derer, die ihn dort oben angesehen hatten, Gemeinsames gewesen war: ein Vorwurf. Sie hatten gewusst, dass er nicht zurückkehren würde. Er selber hatte es nicht einmal geahnt, aber sie wussten es bereits ganz genau …

Er stürzte auf die Straße, atmete begierig die feuchte Luft ein und stellte überglücklich fest, dass noch alles genauso war wie vorher: Neblige Finsternis die Hauptstraße rechts entlang, neblige Finsternis die Hauptstraße links entlang, und gegenüber, auf der anderen Seite der Straße, warteten das Motorrad mit Beiwagen und der verschlafene Polizist. Der Dicke schläft, dachte Andrej gerührt, er ist müde. In dem Moment aber hörte er plötzlich eine innere Stimme: »Es ist Zeit!« Andrej stöhnte laut auf und fing vor Verzweiflung plötzlich an zu weinen. Denn erst jetzt hatte er sich an die wichtigste und schrecklichste Spielregel erinnert. Eine Regel, die speziell für die intelligenten, willensschwachen Trottel erdacht worden war: Wer die Partie unterbricht, gibt auf. Wer aufgegeben hat, verliert alle seine Figuren.

Mit dem Schrei »Nein!« wandte sich Andrej um und griff nach der Klinke, aber es war zu spät. Das Gebäude entfernte sich schon; langsam wich es zurück in die undurchdringliche Finsternis zwischen Synagoge und Kino »Neue Illusion«. Es kroch davon, mit deutlichen Geräuschen – mit Knirschen, Quietschen, klirrenden Fensterscheiben und knarrenden Balken. Vom Dach lösten sich Ziegel und zerschellten auf der Steintreppe.

Andrej drückte mit aller Kraft die Messingklinke herunter, aber sie schien mit dem Holz verwachsen zu sein. Das Gebäude bewegte sich jetzt immer schneller und schneller, Andrej rannte ihm hinterher wie einem fahrenden Zug, riss an der Klinke, stolperte plötzlich über etwas, stürzte, seine gekrümmten Finger glitten am glatten Messing ab und er schlug schmerzhaft mit dem Kopf auf. Vor seinen Augen flimmerte es, aber er sah noch, wie beim Zurückweichen das Licht in den Fenstern erlosch, wie das Gebäude hinter die gelbe Wand der Synagoge bog, verschwand, wieder auftauchte und gleichsam mit den zwei letzten erleuchteten Fenstern hervorschaute. Aber dann erloschen auch sie, und es wurde dunkel.

3

Andrej saß auf der Bank vor der Zementschale des Springbrunnens und presste sich ein feuchtes, schon warm gewordenes Tuch auf die große Beule über dem rechten Auge. Die Beule fühlte sich scheußlich an. Andrej konnte fast nichts sehen; sein Kopf schmerzte so stark, dass er einen Schädelbruch befürchtete. Seine zerschundenen Knie juckten; der linke Ellbogen war taub und würde sicher auch bald anfangen zu schmerzen. Freilich, vielleicht war alles sogar besser so. Die Ereignisse von vorhin wichen zusehends der klaren, groben Realität – es gab kein Gebäude, keinen Strategen und keine klebrige Pfütze unter dem Tisch, es gab kein Schachspiel und keinen Verrat. Da war einfach jemand durch die Dunkelheit gelaufen, hatte nicht aufgepasst und war prompt über die niedrige Zementmauer gestolpert, mitten in die Schale des Springbrunnens gestürzt und hatte sich seinen dummen Schädel am harten Zementboden aufgeschlagen.

Andrej wusste natürlich allzu gut, dass es so einfach nicht gewesen sein konnte, fand aber den Gedanken angenehm, er sei vielleicht wirklich herumgeirrt, gestolpert und habe sich dabei am Kopf verletzt. Wenn man es so betrachtete, war es geradezu amüsant – und auf jeden Fall weniger schlimm. Aber was soll ich jetzt machen, grübelte er. Ich habe das Gebäude gefunden; ich war drinnen und habe es mit eigenen Augen gesehen. Und weiter? Ach, ach, hört auf, meinen armen, kranken Kopf mit Gerüchten, Mythen und sonstiger Propaganda zu quälen. Lasst mich in Ruhe! … Aber nein, nein, ich bin schuld, ich habe ja selber andere damit gequält. Man muss sofort diesen … wie hieß er doch … freilassen, den mit der Flöte. Interessant, seine Ella – ob sie dort auch Schach gespielt hat? … Verdammt, tut mir der Kopf weh …

Das Tuch war ganz warm geworden. Andrej stand ächzend auf, schwankte zum Springbrunnen, beugte sich über den Rand und hielt den Lappen in den eisigen Strahl. Von innen pochte etwas fieberhaft und wütend gegen seine Beule. Da hast du deinen Mythos, dein Trugbild, dachte er. Andrej drückte das Tuch aus, legte es sich wieder auf die schmerzende Stelle und schaute über die Straße. Der Dicke schlief immer noch. Du Fettwanst, dachte Andrej erbost. Das nennst du Dienst? Wozu habe ich dich überhaupt mitgenommen? Zum Schlafen vielleicht? Man hätte mich hier hundertmal totschlagen können, und dieses Vieh wäre morgens aufgewacht und hätte ohne mit der Wimper zu zucken gemeldet: Der Herr Kommissar ist nachts in das rote Gebäude gegangen und nicht wieder herausgekommen. Eine Zeit lang stellte sich Andrej vor, wie lustig es wäre, dem fetten Kerl einen Eimer kaltes Wasser über den Wanst zu gießen. Der würde aufheulen! So hatten sich die Kameraden beim Reservistendienst immer amüsiert: Schlief jemand ein, machte man ihm einen dreckigen Stiefel mit einer Schnur am Pimmel fest und knallte ihm dann den Stiefel auf die Visage. Der Soldat sprang sogleich wütend auf und schleuderte den Stiefel mit aller Kraft von sich … Das war sehr komisch.

Andrej ging zurück zur Bank und sah, dass er einen Nachbarn bekommen hatte. Ein kleiner dürrer Mann saß mit übereinandergeschlagenen Beinen da und hielt eine altmodische Melone auf den Knien. Er war ganz in Schwarz gekleidet, sogar sein Hemd war schwarz – sicherlich der Wächter der Synagoge. Andrej ließ sich wieder ächzend neben dem Mann nieder und tastete durch das feuchte Tuch vorsichtig die Ränder seiner Beule ab.

»Na gut«, sagte der kleine Mann mit klar vernehmlicher Greisenstimme. »Und was soll jetzt werden?«

»Was schon?«, antwortete Andrej. »Wir werden sie alle festnehmen. Ich lasse den Fall nicht auf sich beruhen.«

»Und dann?«, beharrte der Alte.

»Weiß ich nicht«, erwiderte Andrej nach kurzem Überlegen. »Vielleicht taucht noch mehr von diesem widerlichen Zeug auf. Das Experiment ist das Experiment. Es dauert lange.«

»Es dauert ewig«, erklärte der Alte. »Jede Religion lehrt, dass es ewig dauert.«

»Religion hat damit nichts zu tun.«

»Denken Sie immer noch so?«, wunderte sich der Alte.

»Natürlich. Und ich habe schon immer so gedacht.«

»Gut, lassen wir das einstweilen. Das Experiment ist das Experiment, und ein Strick ist ein Strick ... Damit trösten sich hier viele. Fast alle. Das war übrigens in keiner Religion so vorgesehen. Aber ich meine etwas anderes. Warum hat man uns sogar hier die Willensfreiheit gelassen – hier, im Reich des absolut Bösen, in einem Reich, über dessen Pforten geschrieben steht: Lasst alle Hoffnung zurück ...«

Andrej wartete auf die Fortsetzung, doch es kam keine. Er sagte: »Sie haben sehr merkwürdige Vorstellungen. Hier ist nicht das Reich des absolut Bösen; hier herrscht eher das Chaos, und wir sind berufen, es zu ordnen. Und wie könnten wir das tun, wenn wir nicht über einen freien Willen verfügten?«

»Interessanter Gedanke«, erwiderte der Alte nachdenklich. »Das ist mir noch nie in den Sinn gekommen. Sie glauben also, dass wir noch eine Chance haben? Dass wir wie ein Strafbataillon in der vordersten Linie des ewigen Kampfes von Gut und Böse unsere Sünden mit eigenem Blut abwaschen?«

»Was heißt hier Kampf von Gut und Böse?«, erregte sich Andrej. »Das Böse ist zielgerichtet und ...«

»Sie sind ein Manichäer!«, unterbrach ihn der Alte.

»Ich bin Komsomolze!«, parierte Andrej, der sich jetzt noch mehr erregte; gleichzeitig spürte er, wie sein Glaube und seine Überzeugung stark an Kraft gewannen. »Das Böse ist immer ein Phänomen der Klassengesellschaft. Es gibt kein Böses an sich. Aber hier ist alles durcheinander – das ist das Experiment. Wir wurden in dieses Chaos hineinversetzt, und entweder wir meistern es und schaffen daraus neue, wunderbare Formen menschlicher Beziehungen, die man Kommunismus nennt – oder wir bewältigen es nicht und kehren zurück zu dem, was dort gewesen ist: zur Aufspaltung in Klassen und derlei dummes Zeug.«

Eine Zeit lang schwieg der Alte verblüfft. »Auch das noch!«, sagte er schließlich mit großem Erstaunen. »Wer hätte das gedacht, ja, wer hätte es ahnen können … kommunistische Propaganda – hier! Das ist nicht einmal ein Schisma, das ist …« Er machte eine Pause. »Übrigens, die Grundsätze des Kommunismus sind denen des frühen Christentums verwandt …«

»Das ist eine Lüge!«, protestierte Andrej. »Das ist eine Erfindung der Popen. Das frühe Christentum ist eine Ideologie des Sich-Abfindens, eine Ideologie der Sklaven. Wir aber sind Aufrührer! Wir lassen hier keinen Stein auf dem anderen, und dann kehren wir zurück, wo wir hergekommen sind, zu uns nach Hause, und gestalten alles so um, wie wir es hier getan haben!«

»Sie sind Luzifer!«, sagte der Alte mit ehrfürchtigem Schrecken. »Der stolze Geist! Haben Sie sich wirklich noch nicht abgefunden?«

Andrej wendete das Tuch auf die kalte Seite und schaute den Alten argwöhnisch an. »Luzifer? Aha, und wer sind Sie?«

»Ich bin eine Blattlaus«, beschied ihm der Alte knapp.

»Hm …« Darauf wusste Andrej nichts zu sagen.

»Ich bin ein Niemand«, fuhr der Alte fort. »Ich war dort ein Niemand, und hier bin ich auch ein Niemand.« Nach einer Pause erklärte er plötzlich: »Sie haben mir Hoffnung gemacht. Ja, ja, ja! Sie können sich gar nicht vorstellen, welche Freude es war, Ihnen zuzuhören. Denn wirklich: Wenn uns die Willensfreiheit geblieben ist, warum sollten wir uns dann mit allem abfinden und weiter Qualen erdulden? Nein, die Begegnung mit Ihnen halte ich für die bedeutsamste Episode in der ganzen Zeit meines Hierseins.«

Andrej musterte ihn feindselig. Er macht sich lustig, der alte Knochen!, dachte er. Aber nein, so sieht er nicht aus. Vielleicht doch der Synagogenwächter? ... Die Synagoge!

»Ich bitte um Verzeihung«, erkundigte er sich nun überaus freundlich. »Sitzen Sie schon lange hier? Ich meine, auf dieser Bank.«

»Nein, noch nicht sehr lange. Erst habe ich auf einem Schemel dort im Eingang gesessen ... Und als das Haus verschwunden war, bin ich zur Bank gegangen.«

»Das heißt also, Sie haben das Gebäude gesehen?«

»Natürlich«, antwortete der Alte würdevoll. »Es ist schwer zu übersehen. Ich habe hier gesessen, der Musik gelauscht und geweint.«

»Geweint«, wiederholte Andrej, der mühsam versuchte, sich darauf einen Reim zu machen. »Sagen Sie, sind Sie Jude?«

Der Alte zuckte zusammen. »Herrgott, nein! Was für eine Frage? Ich bin Katholik, ein treuer, aber leider unwürdiger Sohn der römisch-katholischen Kirche. Selbstverständlich habe ich nichts gegen das Judentum, aber ... Warum haben Sie mich das gefragt?«

»Nur so«, antwortete Andrej ausweichend. »Dann haben Sie auch zur Synagoge keinerlei Beziehung?«

»Kaum. Aber ich sitze oft in dieser Grünanlage, und manchmal kommt der Wärter vorbei.« Er kicherte verlegen. »Wir beide führen religiöse Streitgespräche miteinander.«

»Und was ist nun mit dem roten Gebäude?«, fragte Andrej, der wegen seiner furchtbaren Kopfschmerzen die Augen geschlossen hielt.

»Das Gebäude? Na, wenn das Gebäude kommt, können wir natürlich nicht hier sitzen. Dann müssen wir warten, bis es wieder verschwindet.«

»Sie haben es also nicht zum ersten Mal gesehen?«

»Natürlich nicht. Es kommt fast jede Nacht. Heute war es allerdings länger hier als gewöhnlich.«

»Warten Sie«, sagte Andrej. »Sie wissen also, was das für ein Gebäude ist?«

»Das erkennt man doch gleich«, sagte der Alte leise. »In meinem früheren Leben habe ich des Öfteren Darstellungen und Beschreibungen davon gesehen. Es wird ausführlich in den Offenbarungen des Heiligen Antonius beschrieben. Zwar ist dieser Text nicht kanonisiert, aber jetzt ... für uns Katholiken ... Kurzum, ich habe ihn gelesen: ›Und es erschien mir auch ein Haus, lebendig und sich bewegend, und vollführte unanständige Bewegungen, und durch die Fenster sah ich darin Menschen, die durch die Zimmer gingen, schliefen oder Speise zu sich nahmen ...‹ Wortwörtlich kann ich nicht zitieren, aber so ungefähr lautet der Text. Und natürlich Hieronymus Bosch. Ich würde ihn ja den Heiligen Hieronymus Bosch nennen; ich bin ihm sehr verpflichtet. Er hat mich auf das hier vorbereitet.« Der Alte deutete mit einer weiten Geste um sich. »Seine großartigen Gemälde, wissen Sie. Der Herrgott hat ihm hier sicher alles gezeigt. Ebenso Dante ... Es gibt übrigens ein Manuskript, das Dante zugeschrieben wird, dort ist das Haus ebenfalls erwähnt. Wie heißt es doch da ...« Der Alte schloss die Augen und legte die gespreizte Hand an die Stirn. »Äh ... ›Und mein Gefährte, die Hand ausgestreckt, die trockne und knochige ...‹ Hm. Nein ... ›Der blutigen nackten Körper Geflecht in düsteren Räumen ...‹ Hm ...«

»Moment«, sagte Andrej und leckte sich über die trockenen Lippen. »Was erzählen Sie da? Was haben Dante und der Heilige Antonius damit zu tun? Worauf wollen Sie eigentlich hinaus?«

Der Alte wunderte sich. »Ich will auf gar nichts hinaus. Sie haben mich nach dem Haus gefragt, und ich … Ich muss Gott dafür danken, dass Er mich in seiner unendlichen Weisheit und Güte schon während meiner früheren Existenz eingeweiht und mir erlaubt hat, mich vorzubereiten. Ich erkenne hier sehr vieles wieder. Aber mein Herz verkrampft sich, wenn ich daran denke, dass andere, die hierhergekommen sind, es nicht verstehen; sie können nicht begreifen, wo sie hingeraten sind. Das Nichtbegreifen ihres jetzigen Zustands ist qualvoll, hinzu kommt die qualvolle Erinnerung an ihre Sünden. Vielleicht ist das aber auch die große Weisheit des Schöpfers: die ewig währende Erkenntnis der Sünden, ohne die Sühne dafür zu begreifen. Zum Beispiel Sie, junger Mann – warum hat Er Sie in diesen Abgrund gestürzt?«

»Ich verstehe nicht, wovon Sie sprechen«, murmelte Andrej finster. Religiöse Fanatiker haben uns hier gerade noch gefehlt, dachte er.

»Sie brauchen sich nicht zu genieren«, sagte der Alte ermunternd. »Es macht keinen Sinn, diese Dinge hier zu verbergen, denn das Gericht hat schon stattgefunden. Ich zum Beispiel bin schuldig vor meinem Volk – ich war ein Verräter, ein Denunziant. Ich habe Menschen an die Diener des Satans ausgeliefert und zugesehen, wie sie gequält und ermordet wurden. Im Jahr 1944 wurde ich erhängt.« Der Alte schwieg einen Moment. »Und wann sind Sie gestorben?«

»Ich bin gar nicht gestorben«, erklärte Andrej fröstelnd.

Der Alte nickte lächelnd. »Ja, das denken viele. Aber es ist ein Irrtum. Wir kennen zwar Fälle, dass lebende Menschen in den Himmel aufgefahren sind, aber wir haben noch nie gehört, dass sie – zur Strafe! – lebendig in die Hölle geschickt worden wären.«

Andrej starrte den Alten verblüfft an.

»Sie haben es einfach vergessen«, fuhr der Alte fort. »Es war Krieg, Bomben fielen auf die Häuser, Sie sind in einen

Luftschutzkeller geflüchtet, und plötzlich – ein Schlag, ein Schmerz, und alles war vorbei. Und dann – der Anblick eines Engels, der sanft und in Gleichnissen sprach, und schon waren Sie hier.« Er nickte verständnisvoll und schürzte die Lippen. »Ja, ja, zweifellos entsteht so das Gefühl, wir hätten noch einen freien Willen. Und jetzt begreife ich: Es ist die Gewohnheit. Ganz einfach die Gewohnheit, junger Mann. Sie haben so überzeugend gesprochen, dass Sie sogar mich ein bisschen verunsichert haben. Organisation des Chaos, eine neue Welt ... Nein, nein, es ist einfach nur Gewohnheit. Aber das vergeht mit der Zeit. Vergessen Sie nicht, die Hölle währt ewig, eine Rückkehr gibt es nicht, und Sie befinden sich noch im ersten Kreis ...«

»Meinen Sie das ernst?« Andrejs Stimme überschlug sich.

»Das wissen Sie doch selbst«, sagte der Alte sanft. »Sie wissen es ganz genau! Sie sind bloß Atheist, junger Mann, und wollen nicht zugeben, dass Sie sich Ihr Leben lang geirrt haben. Ihre dummen, ignoranten Lehrer haben Ihnen beigebracht, dass nichts vor Ihnen liegt – nur Leere und Fäulnis, und dass Sie weder Belohnung noch Strafe für Ihre Taten zu erwarten brauchen. Sie haben diese armseligen Ideen übernommen, weil sie Ihnen so einfach und logisch vorkamen, hauptsächlich aber deshalb, weil Sie jung waren und gesund; der Tod war für Sie etwas weit Entferntes, Abstraktes. Wenn Sie etwas Böses getan hatten, hofften Sie, der Strafe zu entgehen, denn strafen konnten nur Menschen wie Sie selbst. Und wenn Sie etwas Gutes taten, forderten Sie unverzüglich eine Belohnung – von Menschen wie Sie selbst. Sie waren lächerlich. Jetzt begreifen Sie das natürlich – ich sehe es an Ihrem Gesicht.« Er lachte plötzlich. »Bei uns in der Widerstandsbewegung war ein Ingenieur, ein Materialist, und wir zwei haben oft über das Leben nach dem Tod gestritten. Wie hat er sich über mich lustig gemacht! ›Papachen‹, sagte er immer, ›im Paradies werden wir diesen sinnlosen Streit beenden.‹

Und wissen Sie was? Ich suche ihn hier ständig, ich suche und suche und kann ihn nicht finden. Vielleicht lag Wahrheit in seinem Scherz, und er ist tatsächlich ins Paradies gekommen – als Märtyrer. Sein Tod war wahrlich ein Martyrium. Und ich, sehen Sie, bin jetzt hier.«

»Nächtliche Dispute über Leben und Tod?«, quäkte plötzlich direkt neben ihm eine bekannte Stimme, und die Bank erbebte. Isja Katzman, wie üblich zerzaust und nachlässig gekleidet, hatte sich neben Andrej auf die Bank fallen lassen. Mit der linken Hand hielt er eine dicke helle Aktenmappe fest, mit der rechten rieb er an seiner Warze. Wie immer befand er sich in einem Zustand enthusiastischer Erregtheit.

Andrej erklärte ihm betont lässig: »Der ältere Herr hier meint, dass wir uns alle in der Hölle befinden.«

»Der ältere Herr hat absolut Recht«, erwiderte Isja prompt und kicherte. »Und wenn es nicht die Hölle ist, dann zumindest etwas, das äußerlich nicht davon zu unterscheiden ist. Obwohl – und da werden Sie mir zustimmen, Herr Stupalski –, obwohl Sie in meinem Leben kein einziges Vergehen gefunden haben, dessentwegen man mich hierher hätte verdammen müssen! Ich habe nicht einmal die Ehe gebrochen, so dumm war ich.«

»Herr Katzman«, sagte der Alte, »ich halte es für möglich, dass Sie Ihr verhängnisvolles Vergehen selbst nicht kennen!«

»Möglich«, stimmte ihm Isja leichthin zu. »Nach deinem Aussehen zu urteilen«, wandte er sich an Andrej, »warst du im roten Gebäude. Nun, und wie hat es dir dort gefallen?«

Jetzt kam Andrej endgültig zu sich. Als wäre die klebrige, halbdurchsichtige Hülle des Alptraumes zerrissen, ließ der Schmerz in seinem Kopf plötzlich nach. Er unterschied ringsum wieder alles deutlich und klar: Die Hauptstraße war nicht mehr neblig und finster, der Polizist auf dem Motorrad schlief nicht, wie sich zeigte, sondern ging auf dem Trottoir auf und ab, leuchtete mit dem roten Lichtfunken der Zigarette und schaute ab und zu zur Bank herüber. Mein Gott, dachte Andrej fast mit Schrecken. Was mache ich hier? Ich bin doch Kommissar, und während ich mit diesem Psychopathen schwatze, vergeht die Zeit, aber Katzman ist hier … Katzman? Wie ist der hierhergekommen?

»Woher weißt du, wo ich war?«, fragte er kurz.

»Das ist nicht schwer zu erraten«, antwortete Isja kichernd. »Du müsstest dich im Spiegel sehen.«

»Ich frage dich ernsthaft!«, sagte Andrej mit erhobener Stimme.

Der Alte stand plötzlich auf. »Gute Nacht, mein Herr«, sagte er und schwenkte die Melone über dem Kopf. »Angenehme Träume.«

Andrej achtete nicht auf ihn. Er sah Isja an, der an seiner Warze zupfte und auf der Bank hin und her rutschte; er schaute dem Alten mit einem breiten Grinsen nach.

»Nun?«, fragte Andrej.

»Was für eine Erscheinung!«, sagte Isja begeistert. »Ach, was für eine Erscheinung! Und du, Woronin, hast wie immer keine Ahnung! Weißt du, wer das ist? Das ist der berühmte Stupalski. Der Judas Stupalski! Er hat in Łódź zweihundertachtundvierzig Menschen an die Gestapo verraten, zweimal wurde er überführt, zweimal hat er sich herausgewunden und einen anderen bezichtigt. Erst nach der Befreiung haben sie ihn festgenagelt und in einem schnellen, gerechten Prozess verurteilt. Aber wieder blieb ihm die Hinrichtung erspart: Die Herren Mentoren hielten es für nützlich, seinen Kopf aus der Schlinge zu ziehen und ihn hierherzubefördern – als interessante Zugabe. Hier lebt er nun in einer Anstalt, spielt den Verrückten, arbeitet aber weiter aktiv in seinem bevorzugten Metier … Denkst du, es war Zufall, dass er hier auf der Bank neben dir saß? Weißt du, für wen er jetzt arbeitet?«

»Halt's Maul!«, schrie Andrej und unterdrückte seine Neugier, die ihn sonst immer bei Isjas Erzählungen überkam. »Mich interessiert das alles nicht. Wie bist denn du hergekommen? Woher, zum Teufel, weißt du, dass ich im roten Gebäude war?«

»Ich war selbst dort«, antwortete Isja ruhig.

»So! Und was ist dort passiert?«

»Das weißt du doch besser. Woher soll ich wissen, was aus deiner Sicht passiert ist?«

»Und was ist aus deiner Sicht passiert?«

»Das geht dich nichts an«, erwiderte Isja, während er die dicke Mappe auf den Knien zurechtrückte.

»Hast du die Mappe von dort mitgenommen?«, fragte Andrej und streckte die Hand aus.

»Nein! Nicht von dort.«

»Was ist da drin?«

»Hör mal. Was geht dich das an? Was rückst du mir so auf die Pelle?«

Isja hatte noch nicht verstanden, was vor sich ging. Andrej begriff es ja selbst noch nicht ganz und überlegte fieberhaft, was er unternehmen sollte.

»Weißt du, was in dieser Akte ist?«, fragte Isja. »Ich habe das alte Rathaus durchsucht, fünfzehn Kilometer von hier. Dort habe ich den ganzen Tag lang gewühlt. Aber dann wurde die Sonne ausgeschaltet, und es war auf einmal stockfinster, keinerlei Beleuchtung – klar, schon zwanzig Jahre lang war da keiner mehr … Ich bin lange herumgeirrt, habe kaum auf die Hauptstraße gefunden – überall Ruinen und wildes Geschrei.«

»Soso«, sagte Andrej. »Weißt du nicht, dass es verboten ist, in alten Ruinen zu wühlen?«

Der aufgekratzte Ausdruck verschwand aus Isjas Augen. Er schaute Andrej an. Offenbar begann er zu begreifen.

»Willst du etwa eine Krankheit in die Stadt schleppen?«, fuhr Andrej fort.

»Etwas an deinem Ton gefällt mir nicht«, sagte Isja mit schiefem Lächeln. »Du redest irgendwie anders mit mir als sonst.«

»Und an dir gefällt mir gar nichts! Warum hast du mir eingeredet, das rote Gebäude sei ein Mythos? Du hast doch gewusst, dass es kein Mythos ist. Du hast mich belogen. Warum?«

»Was soll das sein – ein Verhör?«, erkundigte sich Isja.

»Was denkst du denn?«

»Ich denke, dass du heftig auf den Kopf gefallen bist. Ich denke, du solltest dich mit ordentlich kaltem Wasser waschen und erst einmal zu dir kommen.«

»Gib die Mappe her!«

»Du kannst mich mal!«, sagte Isja und stand auf. Er war auf einmal sehr bleich geworden.

Andrej stand ebenfalls auf. »Du kommst jetzt mit!«

»Ich denke nicht daran. Zeig mir den Haftbefehl!«

Da knöpfte Andrej, bebend vor Wut und Hass, langsam die Pistolentasche auf und zog, ohne den Blick von Isja zu wenden, seine Waffe. »Gehen Sie vor.«

»Idiot«, murmelte Isja. »Du hast sie ja nicht mehr alle.«

»Maul halten!«, bellte Andrej. »Vorwärts!«

Er stieß Isja mit dem Pistolenlauf in die Seite, und Isja hinkte gehorsam über die Straße. Offenbar taten ihm seine Füße weh.

»Das wirst du bereuen«, sagte Isja über die Schulter. »Du wirst morgen aufwachen und vor Scham im Boden versinken.«

»Keine Unterhaltung!«

Sie traten zum Motorrad, der Polizist schlug flink die Plane zurück, und Andrej deutete mit dem Pistolenlauf auf den Beiwagen. »Steigen Sie ein.«

Isja kletterte schweigend und ziemlich ungeschickt in den Beiwagen. Der Polizist stieg auf, Andrej steckte die Pistole ein und setzte sich auf den Rücksitz. Der Motor heulte auf, die Maschine wendete und raste zurück zur Polizeidirektion, sprang dabei über Schlaglöcher und schreckte die Verrückten auf, die müde und ziellos durch die taunassen Straßen irrten.

Andrej bemühte sich, Isja, der zusammengekrümmt im Beiwagen saß, nicht anzusehen. Die erste Wut war verflogen, und jetzt war es ihm irgendwie peinlich. Alles war viel zu schnell gegangen – Hals über Kopf, wie in der Fabel vom Bären, der den Hasen in einem Fass ohne Boden rollt. Na schön, man würde sehen …

Im Vestibül der Staatsanwaltschaft befahl Andrej dem Polizisten, den Festgenommenen zu registrieren und ihn hinauf zum Diensthabenden zu bringen. Ohne Isja einen weiteren Blick zu schenken, begab er sich in sein Büro.

Es war ungefähr vier Uhr morgens – da war immer am meisten los. In den Korridoren standen Untersuchungshäftlinge und Zeugen an den Wänden, andere saßen auf langen, abgewetzten Bänken. Sie wirkten verschlafen und mutlos, gähnten geradezu krampfhaft und versuchten, ihre Augen offenzuhalten. Die Diensthabenden saßen an ihren Tischen und schrien von Zeit zu Zeit durch das ganze Haus »Keine Unterhaltungen! Keine Absprachen!« Aus den mit Kunstleder gepolsterten Türen der Vernehmungsräume drangen Schreibmaschinengeklapper, dumpfe Stimmen, weinerliche Schreie. Es war stickig, schmutzig und düster. Andrej wurde übel, er spürte plötzlich das Verlangen, zum Büffet zu gehen und etwas Anregendes zu trinken, einen starken Kaffee oder wenigstens einen Wodka. Da entdeckte er Wang.

In der Pose unendlich geduldigen Wartens hockte Wang, den Rücken an die Wand gelehnt, auf dem Boden. Sein Kopf war in die Schultern eingezogen, so dass der Kragen seiner gesteppten Wattejacke an die Ohren stieß, das runde bartlose Gesicht wirkte ruhig. Er döste vor sich hin.

»Was machst du denn hier?«, fragte Andrej erstaunt.

Wang öffnete die Augen, erhob sich und sagte lächelnd: »Verhaftet. Ich warte auf den Aufruf.«

»Verhaftet? Warum?«

»Sabotage«, erklärte Wang leise.

Der kräftige Bursche, der neben Wang saß und döste, öffnete ebenfalls die Augen, genauer gesagt – ein Auge, denn das andere war dick und violett zugeschwollen.

»Was für Sabotage?!«

»Verstoß gegen das Recht auf Arbeit.«

»Artikel 112, Paragraf sechs«, erklärte der Bursche mit dem blauen Auge sachkundig. »Sechs Monate Sumpftherapie, mehr nicht.«

»Seien Sie still«, sagte Andrej.

Der Bursche wandte ihm sein blaues Auge zu, grinste, und Andrej erinnerte sich sofort an die eigene Beule auf der Stirn. Dann krächzte der Bursche friedfertig: »Ich kann auch schweigen. Warum nicht, wenn alles auch ohne Worte klar ist?«

»Keine Unterhaltung!«, schrie von weitem drohend der Diensthabende. »Wer lehnt sich dort an die Wand? Geradestehen, wird's bald?«

»Warte«, sagte Andrej zu Wang. »Wohin bist du bestellt worden? Hierher?« Andrej zeigte auf die Tür des Zimmers zweiundzwanzig und versuchte sich zu erinnern, wer dort saß.

»Genau«, krächzte der Bursche. »In die zweiundzwanzig. Anderthalb Stunden stützen wir schon die Wand.«

»Warte«, sagte Andrej noch einmal und stieß die Tür auf.

Hinter dem Schreibtisch saß Heinrich Rummer, Unterkommissar und Leibwächter von Friedrich Geiger, vormals Mittelgewichtsboxer und Buchmacher in München. Andrej fragte: »Darf ich reinkommen?« Rummer antwortete nicht. Anscheinend war er sehr beschäftigt. Er zeichnete gerade etwas auf ein großes Blatt Whatman-Papier; dabei bewegte er sein grobes Gesicht mit der zerschlagenen Nase hin und her, schnaufte und stöhnte vor Anstrengung. Andrej schloss die Tür hinter sich und trat an den Schreibtisch. Rummer zeichnete eine pornographische Postkarte ab. Zeichenpapier und Postkarte waren in Quadrate aufgeteilt. Die Arbeit steckte noch in den Anfängen; Rummer hatte erst die groben Umrisse auf das Zeichenpapier übertragen. Ihm stand eine titanische Arbeit bevor.

»Womit beschäftigst du dich im Dienst, du Mistkerl?«, fragte Andrej vorwurfsvoll.

Rummer fuhr zusammen und sah auf. »Ach, du bist das«, sagte er mit sichtlicher Erleichterung. »Was willst du?«

»Nennst du das arbeiten? Draußen warten Leute, und du ...«

»Wer wartet? Wo?«

»Deine Vorgeladenen warten!«

»Na und?«

Andrej war wütend. Eigentlich musste er Rummer dringend zurechtweisen, ihn daran erinnern, dass Fritz Geiger für ihn gebürgt hatte – mit seinem ehrlichen Namen für diesen faulen Kretin gebürgt hatte, aber Andrej spürte, dass das jetzt seine Kräfte überstieg.

»Wer hat dir denn das Ding verpasst?«, fragte Rummer mit professionellem Interesse, als er Andrejs Beule sah. »Gekonnter Schlag!«

»Unwichtig«, sagte Andrej ungeduldig. »Aber warum ich hier bin: Liegt der Fall ›Wang Lihun‹ bei dir?«

»›Wang Lihun‹?« Rummer wandte seinen Blick von Andrejs Beule ab und fing an, versonnen in der Nase zu bohren. »Was ist damit?«

»Liegt er bei dir oder nicht?«

»Warum fragst du?«

»Weil Wang vor deiner Tür sitzt und wartet, während du dich hier mit Sauereien beschäftigst!«

»Wieso Sauereien?«, fragte Rummer gekränkt. »Guck dir mal diese Titten an! Na?«

Andrej schob angeekelt das Foto beiseite. »Gib mir den Fall!«

»Welchen Fall?«

»Die Akte ›Wang Lihun‹!«

»Ich habe keine Akte«, antwortete Rummer gereizt. Er zog die Schublade heraus und blickte hinein. Sie war leer.

»Wo sind denn deine Akten?«, fragte Andrej, der sich zusammenreißen musste, um nicht ausfallend zu werden.

»Was geht dich das an?«, sagte Rummer aggressiv. »Du bist nicht mein Vorgesetzter.«

Andrej griff entschlossen zum Telefonhörer, und in Rummers Schweinsäuglein flackerte plötzlich Unruhe auf.

»Warte«, sagte er und bedeckte den Telefonapparat mit seiner großen Pranke. »Wen willst du anrufen? Warum?«

»Ich rufe Geiger an«, sagte Andrej böse. »Er wird dir den Marsch blasen, du Schwein!«

»Warte«, murmelte Rummer, der ihm den Hörer wegzunehmen versuchte. »Was willst du eigentlich? ... Warum gleich Geiger anrufen? Können wir das nicht unter uns regeln? Erklär erst mal, was du willst.«

»Ich will den Fall ›Wang Lihun‹ übernehmen.«

»Den Chinesen? Den Hauswart?«

»Ja.«

»Warum hast du das nicht gleich gesagt! Es gibt noch keinen Fall Wang. Er ist gerade hergebracht worden. Ich werde das erste Verhör durchführen.«

»Warum hat man ihn festgenommen?«

»Er will den Beruf nicht wechseln«, sagte Rummer, der Andrejs Hand mit dem Hörer geschickt zu sich herüberzog. »Sabotage. Er ist schon das dritte Mal Hausmeister. Kennst du Artikel 122?«

»Selbstverständlich. Aber das ist ein Sonderfall. Dauernd bringen sie etwas durcheinander. Wo ist der Haftbefehl?«

Laut schnaufend nahm ihm Rummer den Hörer aus der Hand, legte ihn auf und suchte nun in der rechten Schublade;

den Inhalt verdeckte er mit seinen breiten Schultern … Dann holte er ein Papier hervor und reichte es Andrej. Rummer schwitzte.

Andrej überflog das Blatt. »Hier steht aber nicht, dass er von dir verhört werden soll.«

»Na und? Was heißt das?«

»Das heißt, dass ich ihn mitnehme«, sagte Andrej und steckte das Blatt in die Tasche.

Rummer wurde unruhig. »Wang ist schon bei mir eingetragen. Vom Diensthabenden.«

»Dann ruf den Diensthabenden an und sag ihm, dass Wang Lihun von Woronin übernommen wurde. Er soll das umschreiben.«

»Ruf ihn doch selber an«, sagte Rummer ernst. »Warum soll ich das tun? Du übernimmst ihn, also rufst du an. Und gib mir eine Bescheinigung.«

Fünf Minuten später waren alle Formalitäten erledigt. Rummer legte die Bescheinigung in die Schublade und schaute wieder auf die Postkarte.

»Das sind Titten! Ein richtiges Euter!«

»Du wirst übel enden, Rummer«, prophezeite Andrej ihm beim Hinausgehen.

Im Korridor packte er Wang wortlos am Arm und zog ihn hinter sich her. Wang folgte demütig, ohne etwas zu fragen. Und Andrej dachte plötzlich, dass Wang ebenso stumm und ergeben auch zu einer Hinrichtung, zur Folter, zu jeder Erniedrigung ginge. Andrej konnte das nicht begreifen. In dieser Demut lag etwas Tierisches, Unmenschliches, aber auch etwas Erhabenes, das einem unerklärliche Achtung einflößte. Hinter Wangs Demut ließ sich ein übernatürliches Verständnis des tiefen, verborgenen und ewigen Sinns allen Geschehens erahnen, das Wissen um die immerwährende Nutzlosigkeit – also auch um die Unwürdigkeit des Widerstandes. Der Westen ist der Westen, und der Osten ist der Osten, dachte Andrej. Ein verlogener, ungerechter, erniedrigender Spruch, aber in diesem Fall schien er angebracht.

In seinem Büro setzte er Wang auf den Stuhl neben dem Schreibtisch, nicht auf den Schemel für die Beschuldigten. »Erzähl mir, was passiert ist!«

Sogleich begann Wang mit seiner gleichmäßigen, erzählerischen Stimme zu berichten: »Vor einer Woche kam der Gebietsbevollmächtigte für Arbeit zu mir und erklärte, ich verstieße grob gegen das Gesetz über das Recht auf abwechslungsreiche Arbeit. Er hat Recht; ich habe dieses Gesetz tatsächlich grob verletzt. Dreimal kamen Aufforderungen vom Arbeitsamt, und ich habe sie alle drei in den Papierkorb geworfen. Der Bevollmächtigte drohte, ein weiteres Fernbleiben würde große Unannehmlichkeiten nach sich ziehen. Da dachte ich mir: Es gibt doch Fälle, wo die Maschine jemanden bei seiner alten Arbeit lässt. Am gleichen Tag ging ich zum Arbeitsamt und legte mein Arbeitsheft in den maschinellen Verteiler. Aber ich hatte kein Glück: Ich sollte Direktor einer Schuhfabrik werden. Doch ich hatte schon vorher beschlossen, keinen neuen Dienst anzutreten, und blieb Hauswart. Heute Abend haben mich zwei Polizisten abgeholt. Das ist alles.«

»Verstehe«, sagte Andrej. »Möchtest du Tee? Hier kann man Tee und belegte Brote bestellen. Umsonst.«

»Das macht bloß Umstände«, wandte Wang ein. »Nicht nötig.«

»Was denn für Umstände!«, sagte Andrej ärgerlich und bestellte telefonisch zwei Gläser Tee und belegte Brote. Dann fragte er vorsichtig: »Ich verstehe nicht ganz, Wang: Warum willst du nicht Fabrikdirektor werden? Das ist ein geachteter Posten, du hättest einen neuen Beruf, würdest viel Gutes bewirken, du bist doch sehr zuverlässig und fleißig. Ich kenne die Fabrik – dort wird ständig gestohlen, ganze Wagenladungen von Schuhen verschwinden. Unter deiner Leitung gäbe es das nicht. Außerdem wäre dein Gehalt höher, du hast schließlich Frau und Kind … Was hindert dich also?«

»Ich fürchte, das kannst du nicht verstehen«, sagte Wang nachdenklich.

»Was gibt es da zu verstehen? Es liegt auf der Hand, dass Fabrikdirektor besser ist, als sein Leben lang im Müll zu wühlen. Oder sechs Monate in den Sümpfen zu schuften …«

Wang schüttelte den Kopf. »Nein, es ist nicht besser. Am besten ist es dort, wo man nicht mehr tiefer fallen kann. Du verstehst das nicht, Andrej.«

»Wieso denn fallen?«, fragte Andrej verwirrt.

»Ich weiß nicht, warum. Aber es wird auf jeden Fall geschehen. Oder man muss sich derart anstrengen, um oben zu bleiben, dass es besser wäre, gleich zu fallen. Ich weiß das, ich habe das alles schon durchgemacht.«

Ein Polizist mit verschlafenem Gesicht brachte Tee und Brote, grüßte etwas schwankend und ging wieder auf den Gang hinaus. Andrej stellte ein Glas vor Wang und schob ihm den Teller mit den belegten Broten hin. Wang dankte, nippte am Glas und nahm sich die kleinste Schnitte.

»Du fürchtest dich einfach vor der Verantwortung«, sagte Andrej verärgert. »Entschuldige, aber das ist anderen gegenüber nicht fair.«

»Ich bin bemüht, anderen Menschen nur Gutes zu tun«, erwiderte Wang ruhig. »Und was die Verantwortung betrifft, so lastet auf mir eine sehr große Verantwortung. Für meine Frau und mein Kind.«

»Das stimmt«, sagte Andrej verwirrt. »Das stimmt natürlich. Aber du musst zugeben, das Experiment fordert von jedem …«

Wang hörte aufmerksam zu und nickte. Als Andrej seinen Vortrag beendet hatte, sagte er: »Ich verstehe dich. Du hast auf deine Weise sicher Recht, Andrej. Aber du bist hierhergekommen, um etwas aufzubauen, und ich bin hierhergeflüchtet. Du suchst Kampf und Sieg, und ich suche vor allem Ruhe. Wir sind sehr verschieden.«

»Was heißt hier Ruhe? Du bringst dich gerade selbst in Verruf! Bräuchtest du Ruhe, würdest du dir ein warmes Plätzchen suchen und sorglos leben. Hier gibt es warme Plätzchen in Hülle und Fülle. Aber du hast dir die dreckigste und unbeliebteste Arbeit ausgesucht, die es gibt. Und du arbeitest ehrlich, schonst deine Kräfte nicht, machst unbezahlte Überstunden. Was ist das für eine Ruhe?«

»Innere Ruhe, Andrej, innere! Ich lebe in Frieden mit mir und der Welt.«

Andrej trommelte mit den Fingern auf den Tisch. »Wie, du willst dein Leben lang Hauswart bleiben?«

»Nicht unbedingt Hauswart. Als ich hierherkam, war ich erst Lagerarbeiter. Dann hat mich der maschinelle Verteiler zum Sekretär des Bürgermeisters bestimmt. Ich habe das abgelehnt und wurde in die Sümpfe geschickt. Sechs Monate lang habe ich dort gearbeitet. Danach bekam ich als Vorbestrafter – wie gesetzlich vorgeschrieben – die niedrigste Arbeit. Doch dann hat mich die Maschine wieder nach oben geschoben. Ich bin zum Direktor des Arbeitsamts gegangen und habe ihm alles erklärt, so wie jetzt dir. Der Direktor war Jude und kam aus einem Vernichtungslager hierher. Er konnte mich gut verstehen. Solange er Direktor war, ließ man mich in Ruhe.« Wang machte eine Pause. »Vor einem Monat aber ist er verschwunden. Es heißt, er sei ermordet worden, du hast bestimmt davon gehört. Und dann fing alles wieder von vorn an … Aber es macht nichts: Ich arbeite sechs Monate lang in den Sümpfen und werde danach wieder Hauswart. Jetzt wird es mir sicher leichter fallen als früher – der Junge ist größer, und in den Sümpfen wird mir Onkel Jura helfen.«

Andrej ertappte sich dabei, wie er Wang anstarrte – direkt unhöflich, als sitze da nicht Wang, sondern ein rätselhaftes Tier. Freilich, Wang war das in gewisser Weise sogar. Mein

Gott, dachte Andrej. Was muss man im Leben alles mitmachen, um zu so einer Philosophie zu finden? Nein, ich muss ihm helfen. Das bin ich ihm schuldig. Aber wie?

»Gut«, sagte er schließlich. »Wie du willst. Aber in den Sümpfen hast du nichts verloren. Weißt du zufällig, wer jetzt Direktor des Arbeitsamtes ist?«

»Otto Frisch.«

»Wie? Otto? Wo ist dann das Problem?«

»Ich würde ja zu ihm gehen, aber er ist noch so jung, versteht nicht, worum es geht, und hat vor allem Angst.«

Andrej suchte die Nummer im Telefonbuch heraus, nahm den Hörer ab und wählte. Er wartete lange; Otto schlief offenbar tief und fest. Schließlich meldete er sich und sagte mit erschrockener und leicht verärgerter Stimme: »Direktor Otto Frisch am Apparat.«

»Guten Morgen, Otto. Hier ist Woronin von der Staatsanwaltschaft.«

Es trat eine Pause ein. Otto räusperte sich mehrmals, ehe er ängstlich sagte: »Von der Staatsanwaltschaft? Ich höre.«

»Schläfst du etwa noch?«, fragte Andrej ärgerlich. »Hat dich Elsa so geschafft? Hier ist Andrej! Woronin!«

»Ach so, Andrej?!«, sagte Otto jetzt mit völlig veränderter Stimme. »Was rufst du denn hier mitten in der Nacht an? Schäm dich, und mir klopft das Herz bis zum Halse … Was willst du?«

Andrej erklärte ihm die Situation. Und wie erwartet klappte alles wie am Schnürchen. Otto stimmte Andrej in allem zu: Ja, auch er habe immer gedacht, dass Wang als Hauswart am richtigen Platz sei. Ja, auch er sei der Ansicht, dass aus Wang kein Fabrikdirektor werde. Und er sei aufrichtig begeistert von Wangs Entschluss, auf einem so unbeliebten Posten zu bleiben. (»Wir bräuchten mehr solche Leute, aber alle wollen ja immer nur höher hinauf, wie die Gebirgsjäger!«) Die Idee, Wang in die Sümpfe zu schicken, weise er entschieden und voller Abscheu zurück, und was das Gesetz betreffe, so sei er ungeheuer zornig auf die Idioten und dummen Bürokraten, die den rechten Geist des Paragrafen 122 durch tote Buchstaben ersetzten. Schließlich sei das Gesetz erlassen worden, um den Drang von Tricksern nach oben zu bremsen; aber Menschen, die unten bleiben wollten, dürfe es natürlich nicht betreffen – und betreffe es auch nicht. Der Direktor des Arbeitsamtes verstand alles und war mit allem einverstanden. »Ja!«, wiederholte er immer wieder. »O ja, selbstverständlich!«

Andrej hatte allerdings den unbestimmten Eindruck, dass Otto jedem Vorschlag zugestimmt hätte – egal, ob man Wang hätte zum Bürgermeister machen oder ihn ins Gefängnis stecken wollen. Andrej fand das ebenso lächerlich wie ärgerlich. Aber Otto hegte gegenüber Andrej geradezu krankhaft dankbare Gefühle – sicher, weil Andrej der Einzige in ihrer Clique, vielleicht sogar in der ganzen Stadt war, der Otto menschlich behandelte ... Aber letzten Endes ging es Andrej um die Sache.

»Ich erledige das«, erklärte Otto zum zehnten Mal. »Du kannst völlig beruhigt sein, Andrej. Ich gebe Anweisung, und niemand wird Wang mehr behelligen.«

Abgemacht. Andrej legte den Hörer auf und schrieb Wang einen Passierschein aus.

»Willst du gleich gehen?«, fragte er beim Schreiben. »Oder nicht lieber auf die Sonne warten? Jetzt ist es gefährlich auf der Straße.«

»Ich danke euch«, murmelte Wang. »Ich danke euch ...«

Andrej hob erstaunt den Kopf. Wang stand vor ihm und verbeugte sich, die Arme über der Brust gekreuzt.

»Lass diese chinesischen Zeremonien«, brummte Andrej verlegen. »Hab ich dir vielleicht eine Wohltat erwiesen?« Er streckte Wang den Passierschein hin. »Ich fragte, ob du gleich gehst?«

Wang nahm den Schein mit einer weiteren Verbeugung entgegen. »Ich denke, lieber gleich«, sagte er, als wollte er sich entschuldigen. »Sofort. Die Müllfahrer sind bestimmt schon da.«

»Die Müllfahrer«, wiederholte Andrej. Er schaute auf den Teller mit den Schnitten. Sie waren mit feinstem Schinken belegt. Er nahm eine alte Zeitung aus der Schublade und wickelte die Brote ein. »Nimm sie mit, für Mei Ling.«

Wang wies dies sanft zurück, murmelte etwas von unnötigen Umständen, doch Andrej steckte ihm das Paket unters Hemd, umfasste seine Schultern und führte ihn zur Tür. Aber er fühlte sich nicht wohl dabei. Irgendetwas stimmte nicht. Sowohl Otto als auch Wang hatten auf sein Tun merkwürdig reagiert. Eigentlich hatte Andrej Wangs Lage nur vernünftig und gerecht regeln wollen – herausgekommen war dabei aber sonst was: Protektion, Vetternwirtschaft ... Eilig suchte er nach anderen Worten, sachlicheren, die das Offizielle und Gesetzmäßige an diesem Vorgang bekräftigten ... Plötzlich glaubte er, sie gefunden zu haben. Er hob das Kinn, blickte Wang von oben herab an und sagte kühl: »Herr Wang. Im Namen der Sicherheitskräfte spreche ich Ihnen mein tiefstes Bedauern über die ungesetzliche Zuführung aus. Ich garantiere Ihnen, dass sich das nicht wiederholen wird.«

Jetzt aber war ihm alles vollends peinlich. Was für ein Unsinn! Erstens war die Zuführung streng genommen nicht ungesetzlich. Sie war sogar völlig gesetzlich. Und zweitens konnte der Ermittler Woronin überhaupt nichts garantieren, er besaß dazu keinerlei Recht. Da sah er Wangs Augen – den seltsamen und in seiner Seltsamkeit so vertrauten Blick. Er erinnerte sich plötzlich an alles, und ihn schauderte bei dieser Erinnerung.

»Wang«, sagte er mit heiserer Stimme. »Ich möchte dich etwas fragen.«

Er verstummte. Fragen war dumm, sinnlos. Aber jetzt musste er es tun. Wang schaute ihn von unten her erwartungsvoll an.

»Wang«, sagte er, nachdem er sich geräuspert hatte. »Wo warst du heute um zwei Uhr nachts?«

Wang wunderte sich nicht. »Genau um zwei haben sie mich geholt. Ich habe gerade die Treppe gewischt.«

»Und vorher?«

»Vorher habe ich Müll zusammengesucht. Mei Ling hat mir geholfen, dann ist sie schlafen gegangen, und ich habe mit der Treppe angefangen.«

»Ja«, sagte Andrej. »Das habe ich mir gedacht. Gut, auf Wiedersehen, Wang. Verzeih, dass alles so gekommen ist … Oder nein, warte, ich begleite dich.«

4

Bevor er Isja kommen ließ, überdachte Andrej alles noch einmal.

Erstens verbot er sich, Isja gegenüber Vorurteile zu haben. Isja war ein Zyniker, ein Besserwisser und Schwätzer, er spottete über alles und jedes, war unordentlich, spuckte beim Sprechen, kicherte abstoßend, ließ sich von einer Witwe aushalten, und keiner wusste so genau, wie er seinen Lebensunterhalt verdiente. Doch all das durfte in diesem Fall keine Rolle spielen.

Er musste auch den allzu primitiven Gedanken ausmerzen, Katzman sei einfach nur einer von den Leuten, die panische Gerüchte verbreiteten über das rote Gebäude und andere mystische Erscheinungen. Das rote Gebäude ist Realität. Es ist rätselhaft, fantastisch, keiner weiß, warum und wozu, aber es ist Realität. (Andrej ging zum Sanitätsschrank, blickte in einen kleinen Spiegel und bestrich die Beule mit einer Salbe.) In diesem Sinne ist Katzman vor allem ein Zeuge. Was hat er im roten Gebäude gemacht? Wie oft hält er sich dort auf? Was kann er darüber berichten? Was ist das für eine Mappe, die er von dort mitgenommen hat? Oder stammt die Mappe wirklich aus dem alten Rathaus? …

Stopp, stopp! Katzman hat sich mehrmals verplappert. Das heißt, nicht verplappert, er hat einfach von seinen Exkursionen in den Norden erzählt. Was hat er dort getan? Die Antistadt liegt doch auch im Norden! Ich habe Katzman zu Recht festgenommen, wenn auch voreilig … Ist ja immer dasselbe: Es beginnt mit ganz gewöhnlicher Neugier, ein Mensch steckt seine Nase in verbotene Dinge, und ehe er sich's versieht, ist er angeworben. Warum sonst hat sich Isja geweigert, mir die Mappe zu geben? Die Mappe stammt offensichtlich von dort. Und das rote Gebäude auch! Hier hat der Chef etwas nicht zu Ende gedacht. Verständlich – er hatte ja keine Fakten. Und er war nie dort. Ja, die Verbreitung von Gerüchten ist eine schreckliche Sache, aber das rote Gebäude ist noch viel schrecklicher. Und zwar nicht nur deshalb, weil dort Menschen für immer verschwinden – das Schrecklichste ist, dass sie manchmal auch wieder herauskommen! Sie kommen heraus, kehren zurück, leben unter uns. Wie Katzman.

Andrej spürte, dass er jetzt das Wesentliche erfasst hatte, aber sein Mut reichte nicht aus, um es bis zu Ende zu denken. Er wusste nur, dass der Andrej Woronin, der durch die Tür in das rote Gebäude hineingegangen war, ganz und gar nicht der Andrej Woronin war, der später aus dieser Tür wieder herauskam. Etwas in ihm war dort zerbrochen, etwas war unwiederbringlich verloren. Er biss die Zähne zusammen. Nein, da habt ihr euch verrechnet! Ihr hättet mich nicht wieder hinauslassen sollen. Unsereins zerbricht man nicht so einfach, unsereins ist nicht käuflich, ist nicht zu erweichen …

Er lächelte schief, nahm ein sauberes Blatt Papier und schrieb mit großen Buchstaben: ROTES GEBÄUDE – KATZMAN. ROTES GEBÄUDE – ANTISTADT. ANTISTADT – KATZ-

MAN. So sieht es aus. Nein, Chef! Wir müssen keine Panikmacher suchen. Wir müssen die suchen, die heil aus dem roten Gebäude zurückgekehrt sind, müssen sie festnehmen, isolieren oder sorgfältig observieren! Er schrieb: »Aufenthalt im Gebäude – Antistadt«. Mathilda Husáková wird also doch alles berichten müssen, was sie von ihrem František weiß. Den Flötisten kann ich wohl freilassen. Aber um die beiden geht es ja nicht ... Vielleicht sollte ich den Chef anrufen? Mir seinen Segen für die neue Strategie holen? Nein, ist noch zu früh. Aber wenn es mir gelingt, Katzman zur Aussage zu bringen ... Er nahm den Hörer ab.

»Diensthabender? Den Festgenommenen Katzman zu mir in die Sechsunddreißig.«

Ihn zur Aussage zu bringen, ist nicht nur notwendig, sondern auch möglich: die Mappe! Da kann er sich nicht herausreden! Plötzlich kam ihm der Gedanke, dass es moralisch nicht ganz einwandfrei war, wenn er sich mit dem Fall Katzman befasste. So oft, wie er schon mit ihm getrunken hatte, und überhaupt ... Aber er rief sich zur Ordnung.

Die Tür wurde geöffnet, der Festgenommene Katzman betrat lässig und mit breitem Grinsen den Raum; seine Hände steckten in den speckig glänzenden Jackentaschen.

»Setzen Sie sich«, sagte Andrej sachlich und deutete mit dem Kinn auf den Schemel.

»Ich danke Ihnen«, erwiderte der Verhaftete und grinste noch breiter. »Wie ich sehe, sind Sie noch nicht zur Besinnung gekommen.«

An diesem Schuft perlt alles ab, dachte Andrej.

Isja setzte sich, rieb sich die Warze am Hals und betrachtete neugierig das Büro.

Da erstarrte Andrej. Der Verhaftete hatte keine Aktenmappe bei sich.

»Wo ist die Mappe?«, fragte er in bemüht ruhigem Tonfall.

»Welche Mappe?«

Andrej riss den Hörer von der Gabel. »Wo ist die Aktenmappe des Festgenommenen Katzman?«

»Welche Aktenmappe?«, fragte der Diensthabende verdutzt. »Ich sehe gleich nach … Katzman … Bei dem Festgenommenen Katzman wurden konfisziert: Taschentücher – zwei, eine leere Geldbörse, abgegriffen …«

»Ist dort eine Aktenmappe aufgeführt?«, bellte Andrej.

»Nein, davon steht hier nichts«, antwortete der Diensthabende, dessen Stimme immer leiser wurde …

»Bringen Sie mir das Protokoll«, sagte Andrej heiser und legte auf. Er starrte Isja mit gesenktem Kopf an. Vor lauter Hass rauschte es in seinen Ohren. »Immer diese jüdischen Machenschaften!«, sagte er und hielt mit Mühe an sich. »Was hast du mit der Aktenmappe gemacht, du Mistkerl?«

Katzman antwortete unverzüglich: »›… Sie ergriff ihm bei der Hand und fragte immer wiederholt: Wohin hast du die Aktenmappe gelassen?‹«

»Wart nur«, sagte Andrej und atmete laut durch die Nase. »Das wird dir auch nicht helfen, du Spion.«

Auf Isjas Gesicht zeichnete sich Erstaunen ab; doch eine Sekunde später hatte er wieder sein widerwärtiges höhnisches Grinsen aufgesetzt: »Aber gewiss doch, ja! Der Vorsitzende der Organisation ›Joint‹ Jossif Katzman zu Ihren Diensten. Schlagen Sie mich nicht, ich werde Ihnen auch so alles sagen. Die MGs sind in Berditschew versteckt, der Landepunkt ist mit Feuern gekennzeichnet.«

Nun kam der verstörte Diensthabende herein; in der ausgestreckten Hand hielt er das Protokoll. »Hier steht nichts von einer Aktenmappe«, brummte er, während er das Blatt vor Andrej auf den Tisch legte. »Ich habe in der Registratur angerufen, dort haben sie auch …«

»Gut, gehen Sie«, zischte Andrej durch die Zähne. Er nahm einen sauberen Vordruck für Vernehmungen und fragte, ohne den Blick zu heben. »Vorname? Nachname? Vatersname?«

»Katzman, Jossif Michailowitsch.«

»Geburtsjahr?«

»1936.«

»Nationalität?«

»Ja«, sagte Isja und kicherte.

Andrej hob den Kopf. »Was – ja?«

»Hör mal, Andrej! Ich verstehe nicht, was heute mit dir los ist, aber bedenke, dass du dir meinetwegen deine ganze Karriere verdirbst. Ich warne dich aus alter Freundschaft.«

»Antworten Sie auf die Fragen!«, sagte Andrej mit gepresster Stimme. »Nationalität?«

»Du solltest lieber daran denken, wie man der Ärztin Timaschuk den Orden weggenommen hat.«

Andrej wusste nichts von einer Ärztin Timaschuk. »Nationalität!«

»Jude«, sagte Isja widerwillig.

»Staatsangehörigkeit?«

»U-de-Es-Es-Er.«

»Religionszugehörigkeit?«

»Keine.«

»Parteizugehörigkeit?«

»Keine.«

»Bildung?«

»Hochschule. Pädagogisches Alexander-Herzen-Institut Leningrad.«

»Vorstrafen?«

»Keine.«

»Irdisches Jahr der Abreise?«

»1968.«

»Ort der Abreise?«

»Leningrad.«

»Grund der Abreise?«

»Neugier.«

»Aufenthaltsdauer in der Stadt?«

»Vier Jahre.«

»Gegenwärtige Tätigkeit?«

»Statistiker in der Administration der kommunalen Wirtschaft.«

»Nennen Sie Ihre vorherigen Tätigkeiten.«

»Hilfsarbeiter, Oberarchivar der Stadt, Büroangestellter im städtischen Schlachthof, Müllfahrer, Schmied. Das ist wohl alles.«

»Familienstand?«

»Ehebrecher«, antwortete Isja grinsend.

Andrej legte den Stift hin, zündete sich eine Zigarette an und musterte den Festgenommenen eine Zeit lang durch den blauen Qualm. Isja grinste, Isja war unordentlich gekleidet, Isja benahm sich frech. Aber Andrej kannte Isja gut genug, um zu wissen, dass er nervös war. Dafür gab es gewiss Gründe, obwohl er sich der Aktenmappe geschickt entledigt hatte. Anscheinend hatte er inzwischen begriffen, dass man sich ernsthaft mit ihm beschäftigte; deshalb kniff er nervös die Augenlider zusammen und zuckte mit den Mundwinkeln.

»Also, Beschuldigter«, sagte Andrej mit geübter Sachlichkeit. »Ich empfehle Ihnen nachdrücklich, sich bei der Vernehmung anständig aufzuführen, wenn Sie Ihre Lage nicht verschlimmern wollen.«

»Gut! Dann verlange ich, dass mir die Anklage vorgelegt und der Paragraf mitgeteilt wird, laut dem ich festgenommen wurde. Außerdem verlange ich einen Anwalt. Ohne Anwalt werde ich kein Wort mehr sagen.«

Andrej grinste still in sich hinein. »Sie wurden nach Paragraf 12 der Strafprozessordnung über die vorbeugende Inhaftierung von Personen festgenommen, deren weiterer Aufenthalt in Freiheit eine soziale Gefahr darstellen kann. Beschuldigt werden Sie der ungesetzlichen Verbindung zu feindlichen

Elementen, des Verbergens oder Vernichtens von Beweisstücken bei der Festnahme … sowie der Verletzung der Anordnung, wonach das Überschreiten der Stadtgrenzen aus gesundheitlichen und hygienischen Gründen untersagt ist. Diese Anordnung haben Sie systematisch verletzt … Und was den Anwalt angeht, so braucht Ihnen die Staatsanwaltschaft erst nach Ablauf von drei Tagen ab dem Zeitpunkt der Festnahme einen Anwalt zu stellen, und zwar in Übereinstimmung mit demselben Paragrafen 12 der Strafprozessordnung … Außerdem belehre ich Sie über Folgendes: Sie dürfen erst dann Protest äußern, Beschwerde einreichen oder Widerspruch einlegen, wenn Sie bei den vorläufigen Ermittlungen auf alle Fragen zufriedenstellend geantwortet haben, derselbe Paragraf 12. Haben Sie alles verstanden?«

Andrej sah, dass Isja verstanden hatte. Er würde auf die Fragen antworten und die Frist von drei Tagen abwarten. Beim Erwähnen der drei Tage hatte er sehr vernehmlich und tief Atem geholt. Wunderbar …

»Nachdem ich Sie belehrt habe«, sagte Andrej und griff wieder nach dem Stift, »fahren wir fort. Ihr Familienstand?«

»Ledig.«

»Anschrift?«

»Was?«, fragte Isja abwesend.

»Ihre Anschrift? Wo wohnen Sie?«

»Zweite Linke neunzehn, Wohnung sieben.«

»Was können Sie zu der Beschuldigung sagen?«

»Also«, begann Isja. »Was die feindlichen Elemente betrifft: Das kann nur Geschwätz von Geisteskranken sein. Ich höre zum ersten Mal, dass es feindliche Elemente geben soll, und halte das für eine provokatorische Erfindung der Sicherheitsorgane. Die Beweisstücke … Ich hatte keinerlei Beweisstücke bei mir, da ich kein Verbrechen begangen habe. Deshalb konnte ich nichts verstecken oder vernichten. Und was die Anordnung über das Verlassen der Stadt betrifft, so bin ich langjähriger Mitarbeiter des Stadtarchivs und arbeite dort weiterhin ehrenamtlich. Ich habe Zugangsrecht zu allen Archivmaterialien, also auch zu denjenigen, die sich außerhalb der Stadtgrenze befinden. Das ist alles.«

»Und was haben Sie im roten Gebäude gemacht?«

»Das ist meine Privatsache. Sie haben kein Recht, in meine Privatsphäre einzudringen. Beweisen Sie erst, dass ich in eine Straftat verwickelt bin. Paragraf 14 der Strafprozessordnung.«

»Waren Sie mehrmals im roten Gebäude?«

»Ja.«

»Können Sie Personen nennen, die Sie dort getroffen haben?«

Isja grinste und bleckte dabei grässlich die Zähne. »Kann ich. Aber der Ermittlung wird das nicht weiterhelfen.«

»Nennen Sie die Personen!«

»Bitte! Aus neuerer Zeit: Pétain, Quisling, Wang Chingwei, Bilak …«

Andrej hob den Bleistift. »Ich bitte darum, in erster Linie Personen zu nennen, die Bürger unserer Stadt sind.«

»Und wozu braucht die Untersuchungsbehörde diese Namen?«, fragte Isja in aggressivem Ton.

»Ich bin nicht verpflichtet, Ihnen Rechenschaft abzulegen. Antworten Sie auf die Fragen.«

»Ich gedenke nicht, auf dumme Fragen zu antworten. Sie begreifen überhaupt nichts. Sie glauben, jemand sei tatsächlich dort gewesen, nur weil ich ihm dort begegnet bin? Das ist aber nicht so.«

»Das verstehe ich nicht. Erklären Sie das, bitte!«

»Das verstehe ich selber nicht«, sagte Isja. »Es ist wie ein Traum. Eine Fieberfantasie des aufgewühlten Gewissens.«

»Aha, wie ein Traum. Waren Sie heute im roten Gebäude?«

»Ja.«

»Wo befand sich das rote Gebäude, als Sie es betraten?«

»Heute? Bei der Synagoge.«

»Haben Sie mich dort gesehen?«

Isja grinste. »Ich sehe Sie jedes Mal, wenn ich hineingehe.«

»Also auch heute?«

»Ja.«

»Was habe ich dort gemacht?«

»Unzucht getrieben«, antwortete Isja genüsslich.

»Konkret?«

»Sie haben sich gepaart, Herr Woronin. Sie haben es mit vielen Frauen gleichzeitig getrieben. Und in derselben Zeit haben Sie Kastraten eine Predigt über die hohen Prinzipien gehalten. Sie wollten ihnen weismachen, dass Sie sich nicht zum eigenen Vergnügen paaren, sondern zum Wohle der Menschheit.«

Andrej biss die Zähne zusammen. »Und was haben Sie gemacht?«, fragte er nach einer Pause.

»Das werde ich Ihnen nicht sagen.«

»Sie lügen, Sie haben mich dort nicht gesehen. Ich erinnere Sie an Ihre eigenen Worte: ›Nach deinem Aussehen zu urteilen, warst du im roten Gebäude.‹ Folglich haben Sie mich dort nicht gesehen. Warum lügen Sie?«

»Ich lüge ja gar nicht«, sagte Isja leichthin. »Ich habe mich für Sie geschämt und wollte Ihnen zu verstehen geben, dass ich nichts gesehen habe. Jetzt ist das natürlich eine andere Sache. Jetzt bin ich ja verpflichtet, die Wahrheit zu sagen.«

Andrej lehnte sich zurück und legte den Arm über die Stuhllehne. »Sie sagten doch, dass es wie ein Traum ist. Was macht es also für einen Unterschied, ob Sie von mir geträumt haben oder nicht? Warum sollten Sie mir da etwas zu verstehen geben?«

»Aber nein«, sagte Isja. »Ich habe mich einfach geniert, Ihnen zu sagen, was ich manchmal über Sie denke. Aber ich sehe, das war falsch.«

Andrej schüttelte zweifelnd den Kopf. »Na ja … Und die Aktenmappe haben Sie aus dem roten Gebäude mitgenommen? Sozusagen aus Ihrem eigenen Traum?«

Isjas Gesicht erstarrte. »Was für eine Aktenmappe? Nach welcher Aktenmappe fragen Sie die ganze Zeit? Ich hatte keine Aktenmappe.«

»Hören Sie auf, Katzman«, sagte Andrej matt. »Die Aktenmappe habe ich gesehen, auch der Polizist und dieser Alte … Stupalski. Vor Gericht müssen Sie das sowieso erklären. Also belasten Sie sich nicht noch mehr!«

Isja ließ seinen Blick über die Wände gleiten und schwieg.

»Nehmen wir an, die Aktenmappe stammt nicht aus dem roten Gebäude«, fuhr Andrej fort. »Dann haben Sie sie außerhalb der Stadtgrenze erhalten. Von wem? Wer hat sie Ihnen gegeben, Katzman?«

Isja antwortete nicht.

»Was war in dieser Mappe?« Andrej erhob sich und ging im Büro auf und ab, die Hände auf dem Rücken. »Ein Mann hat eine Aktenmappe in der Hand. Er wird festgenommen. Auf dem Weg zur Staatsanwaltschaft entledigt er sich dieser Aktenmappe. Heimlich. Warum? Offenbar enthält die Mappe Dokumente, die ihn belasten … Können Sie mir folgen, Katzman? Die Mappe haben Sie außerhalb der Stadtgrenze erhalten. Welche Dokumente von dort könnten einen Bewohner unserer Stadt kompromittieren? Welche, Katzman?«

Isja, der sich unbarmherzig an seiner Warze kratzte, schaute zur Decke.

»Versuchen Sie nur nicht, sich herauszureden, Katzman«, warnte Andrej. »Versuchen Sie nicht, mir wieder ein Märchen aufzutischen. Ich durchschaue Sie. Was war in der Mappe? Listen? Adressen? Anweisungen?«

Isja schlug sich plötzlich mit der Hand aufs Knie und brüllte: »Hör zu, du Idiot! Was redest du da für einen Schwachsinn? Wer hat dir das alles eingeredet? Was für Listen, was für

Adressen? Major Pronin, du beschissener! Du kennst mich seit drei Jahren, du weißt, dass ich in den Ruinen stöbere, die Geschichte der Stadt erforsche. Warum zum Teufel willst du mir ständig diese idiotische Spionage anhängen? Wer kann denn hier spionieren, denk doch mal nach! Wozu? Für wen?«

»Was war in der Mappe?«, brüllte Andrej ihn an. »Hören Sie auf mit den Ausflüchten und antworten Sie: Was war in der Mappe?«

Nun geriet Isja außer sich. Seine Augen quollen hervor und füllten sich mit Blut. »Geh doch zum ... Henker mit deinen Mappen!«, kreischte er im Falsett. »Ich werde dir gar nichts sagen! Du bist ein Idiot, ein Scheißbulle!«

Er geiferte, fluchte, zeigte Andrej einen Vogel. Da nahm Andrej ein sauberes Blatt und schrieb: »Aussagen des Beschuldigten J. Katzman betreffs der bei ihm gesehenen und danach spurlos verschwundenen Aktenmappe«. Dann wartete er, bis sich Isja beruhigt hatte, und sagte freundlich: »Hör zu, Isja. Unter uns, inoffiziell. Deine Sache steht schlecht. Ich weiß, dass du aus Leichtsinn und dummer Neugier in diese Geschichte geraten bist. Man beobachtet dich schon ein halbes Jahr, wenn du es genau wissen willst. Und ich rate dir: Setz dich hin und schreib alles auf. Viel kann ich nicht versprechen, aber was in meinen Kräften steht, werde ich für dich tun. Setz dich und schreib. Ich komme in einer halben Stunde wieder.«

Andrej bemühte sich, den vor Erschöpfung ganz still gewordenen Isja nicht anzusehen. Er war sich selbst zuwider wegen seiner Heuchelei, munterte sich aber damit auf, dass er sich sagte, in diesem Fall heilige der Zweck die Mittel. Er schloss die Schublade ab, stand auf und ging hinaus.

Im Korridor winkte Andrej den Gehilfen des Diensthabenden herbei, postierte ihn vor der Tür und ging zum Büfett. Ihm war schrecklich zumute, und er hatte einen Geschmack im Mund, als hätte er Scheiße gefressen. Das Verhör war schiefgelaufen. Die Sache mit dem roten Gebäude hatte er vermasselt, darauf ließ er sich jetzt lieber nicht mehr ein. Die Aktenmappe – das einzige reale Beweisstück – war ihm durch schändliche Unachtsamkeit abhandengekommen; wegen einer solchen Pfuscherei müsste man ihn eigentlich rausschmeißen. Geiger hätte das nicht vermasselt, der hätte gleich gewusst, wo der Hund begraben liegt ... Verdammte Sentimentalität! Aber wie oft haben wir zusammen gefeiert, Abende gemeinsam verbracht, er ist doch einer von uns, ein Sowjetmensch ... Verflucht, das war die Gelegenheit: Hätten alle auf einen Schlag hoppnehmen können! Und der Chef: Gerüchte, Geschwätz ... Dabei ist hier ein ganzes Agentennetz am Werk, und ich muss lächerlichen Gerüchten nachjagen.

Andrej ging zur Theke, nahm sich ein Glas Wodka und trank es mit Widerwillen aus. Wo hat er diese Aktenmappe versteckt? Hat er sie einfach auf die Straße geworfen? Bestimmt ... Er konnte sie ja schlecht verschlucken. Soll ich jemanden suchen schicken? Zu spät. Die Verrückten, die Paviane, die Hauswarte ... Nein, es ist falsch. Bei unserer Arbeit läuft wirklich etwas falsch. Warum ist eine so wichtige Information wie die Existenz der Antistadt sogar für die Mitarbeiter der Sicherheitsorgane ein Geheimnis? Darüber müsste man jeden Tag in den Zeitungen berichten, das müsste auf allen Plakaten stehen! Schauprozesse sind notwendig! Ich hätte diesen Katzman längst entlarvt ... Natürlich muss man sich auch einen klaren Kopf bewahren. Bei einem so gigantischen Unternehmen wie dem Experiment, in das Menschen der unterschiedlichsten Klassen und politischen Überzeugungen einbezogen sind, müssen sich unweigerlich Wege trennen, Widersprüche entstehen ... vorwärtstreibende Widersprüche, wenn man so will, antagonistischer Kampf ... Früher oder später müssen Gegner des Experiments auftauchen – Klassengegner und Menschen, die sie auf ihre Seite gezogen haben – deklassierte, labile, moralisch verkommene Elemente wie Katzman, Kosmopoliten … Das ist ein ganz normaler Prozess. Ich hätte mir selbst denken können, dass es sich so entwickeln muss.

Plötzlich fühlte Andrej eine kleine kräftige Hand auf seiner Schulter und drehte sich um. Es war Kenshi Ubukata, der Kriminalreporter der *Stadtzeitung*.

»Worüber denkst du nach, Kommissar?«, fragte er. »Löst du gerade einen verwickelten Fall? Teile die Verantwortung mit der Öffentlichkeit! Die Öffentlichkeit liebt verwickelte Fälle. Na?«

»Hallo, Kenshi«, sagte Andrej müde. »Trinkst du einen Wodka?«

»Ja, wenn ich eine Information kriege.«

»Du kriegst nichts außer einem Wodka.«

»In Ordnung, dann eben Wodka ohne Information.«

Sie tranken den Wodka und aßen eine allzu weiche Salzgurke dazu.

»Ich komme gerade von eurem Chef«, sagte Kenshi, nachdem er den Stiel ausgespuckt hatte. »Sehr gewandter Mann, raffiniert … Alle Einzelzellen werden bald mit Toiletten ausgestattet sein – aber kein Wort über die Frage, die mich interessierte.«

»Und was interessiert dich?«

»Das Verschwinden von Menschen. In den letzten zwei Wochen sind in der Stadt elf Personen spurlos verschwunden. Vielleicht weißt du etwas darüber?«

Andrej zuckte mit den Schultern. »Ich weiß, dass sie verschwunden sind. Ich weiß, dass sie nicht gefunden wurden.«

»Wer bearbeitet den Fall?«

»Das wird kein einzelner Fall sein. Aber da musst du den Chef fragen.«

»In letzter Zeit schicken mich die Herren Kommissare ziemlich oft zum Chef oder zu Geiger. Neuerdings gibt es allzu viele Geheimnisse in unserem kleinen demokratischen Gemeinwesen. Habt ihr euch etwa unbemerkt in eine Geheimpolizei verwandelt?« Er blickte ins leere Schnapsglas und beklagte sich: »Was hat es für einen Sinn, Freunde bei der Kripo zu haben, wenn man doch nie etwas erfährt?«

»Freundschaft ist Freundschaft, und Dienst ist Dienst.«

Sie schwiegen.

»Übrigens: Weißt du schon, dass Wang verhaftet worden ist?«, fragte Kenshi. »Ich habe ihn gewarnt, aber der Dickschädel hat nicht auf mich gehört.«

»Ich habe schon alles geregelt.«

»Wie das?«

Andrej erzählte zufrieden, wie geschickt und schnell er den Fall geregelt, Ordnung geschaffen und die Gerechtigkeit wiederhergestellt hatte. Es tat ihm wohl, von dieser einzigen erfolgreichen Tat an diesem dummen, verpfuschten Tag berichten zu können.

»Hm«, sagte Kenshi. »Interessant. ›Wenn ich in ein anderes Land reise‹«, zitierte er, »›frage ich niemals, ob die Gesetze dort gut oder schlecht sind. Ich frage nur, ob sie befolgt werden.‹«

»Was willst du damit sagen?«, erkundigte sich Andrej missmutig.

»Ich will damit sagen, dass das Gesetz über das Recht auf abwechslungsreiche Arbeit meines Wissens keinerlei Ausnahmen kennt.«

»Das heißt, Wang müsste in die Sümpfe geschickt werden?«

»Wenn das Gesetz es verlangt – ja.«

»Das ist doch dumm!«, erwiderte Andrej erregt. »Wozu braucht das Experiment einen schlechten Fabrikdirektor anstelle eines guten Hauswarts?«

»Das Gesetz über das Recht auf abwechslungsreiche Arbeit …«

»Dieses Gesetz«, unterbrach ihn Andrej, »wurde zum Wohle des Experiments erlassen und nicht zu seinem Schaden. Ein Gesetz kann nicht alles vorhersehen. Wir, die Hüter des Gesetzes, müssen auch unseren eigenen Verstand gebrauchen.«

»Ich stelle mir die Einhaltung eines Gesetzes etwas anders vor«, sagte Kenshi sachlich. »Auf jeden Fall entscheidest nicht du diese Fragen, sondern ein Gericht.«

»Das Gericht würde ihn in die Sümpfe schicken. Und er hat Frau und Kind.«

»Dura lex, sed lex«, sagte Kenshi.

»Diese Redensart haben Bürokraten erdacht.«

»Diese Redensart«, sagte Kenshi betont gewichtig, »haben Menschen erdacht, die bestrebt waren, allgemeingültige Regeln für das Zusammenleben einer bunt gemischten Bevölkerung zu schaffen.«

»Das ist es ja – für eine ›bunt gemischte‹ Bevölkerung! Ein Gesetz für alle gibt es nicht und kann es nicht geben. Es gibt kein Gesetz, das zugleich für Ausbeuter und Ausgebeutete gilt. Wenn sich Wang geweigert hätte, den Direktorenposten zu verlassen, um Hauswart zu werden …«

»Es ist nicht deine Sache, ein Gesetz auszulegen«, sagte Kenshi kühl. »Dafür gibt es Gerichte.«

»Ein Gericht kann doch Wang nicht so gut kennen wie ich!«

Kenshi schüttelte lächelnd den Kopf. »Mein Gott, was für Experten für die Staatsanwaltschaft arbeiten!«

»Schon gut«, brummte Andrej. »Schreib doch einen Artikel: Eigenmächtiger Ermittler befreit verbrecherischen Hauswart.«

»Den Artikel würde ich glatt schreiben, aber Wang tut mir leid. Du hingegen, du Dummkopf, tust mir überhaupt nicht leid.«

»Auch mir tut Wang leid!«

»Aber du arbeitest für die Staatsanwaltschaft«, wandte Kenshi ein, »und ich nicht. Ich bin nicht an die Gesetze gebunden.«

»Weißt du was? Lass mich jetzt einfach in Ruhe! Mir brummt auch so schon der Schädel.«

Kenshi sah ihn an und lächelte. »Ja, das sehe ich. Steht dir auf der Stirn geschrieben. Eine Razzia?«

»Nein, ich bin nur gestürzt.« Er schaute auf die Uhr. »Noch ein Gläschen?«

»Danke, es reicht«, sagte Kenshi und stand auf. »Ich kann nicht mit jedem Ermittler so viel trinken. Ich trinke nur mit denen, die mir Informationen geben.«

»Dann eben nicht! Übrigens, Tschatschua ist gerade gekommen. Geh zu ihm und frag ihn nach den ›Sternschnuppen‹. Er hat da enorme Erfolge zu verzeichnen, damit hat er heute schon geprahlt. Aber vergiss nicht: Aus Bescheidenheit wird er das abstreiten. Nicht lockerlassen, dann bekommst du erstklassiges Material!«

Kenshi schob die Stühle beiseite und ging zu Tschatschua, der missmutig an einem zähen Kotelett kaute; Andrej aber marschierte schadenfroh lächelnd zum Ausgang. Ich würde zu gern warten und hören, wie Tschatschua losbrüllt, dachte er. Schade, keine Zeit! … Nun, Herr Katzman, wie steht's bei Ihnen? Und wehe, Sie spielen wieder den Dummen! Das lasse ich nicht durchgehen!

In Zimmer sechsunddreißig waren alle Lampen eingeschaltet. Isja lehnte mit der Schulter am offenen Safe und blätterte neugierig in einer Akte, wobei er seine Warze rieb und grinste.

»Zum Teufel!«, schrie Andrej. »Wer hat dir das erlaubt? Was sind das für Manieren?«

Isja blickte ihn an, grinste noch breiter und sagte: »Ich hätte nie gedacht, dass ihr so viel über das rote Gebäude zusammengetragen habt.«

Andrej riss ihm die Aktenmappe aus der Hand und schlug krachend die Stahltür des Safes zu. Dann packte er Isja an der Schulter und schubste ihn zum Schemel. Es kostete ihn große Mühe, sich zu beherrschen. »Setzen Sie sich, Katzman! Sind Sie fertig mit dem Schreiben?«

»Meine Güte«, sagte Isja. »Was seid ihr hier alle für Idioten! Hier sitzen hundertfünfzig Kretins, die nichts begreifen.«

Andrej blickte auf das Blatt mit der Überschrift »Aussagen des Beschuldigten J. Katzman.« Aber da waren keine Aussagen. Da war nur eine Zeichnung – ein Penis in Lebensgröße.

»Du Schwein!«, sagte Andrej und schnappte nach Luft. »Du Vieh!«

Er griff nach dem Telefonhörer und wählte mit zitternden Fingern eine Nummer.

»Fritz? Hier ist Woronin ...« Andrej riss sich mit der freien Hand den Kragen auf. »Ich brauche dich dringend. Komm bitte sofort zu mir!«

»Worum geht es?«, fragte Geiger missmutig. »Ich wollte gerade heimgehen.«

»Bitte komm jetzt!«, sagte Andrej mit erhobener Stimme.

Er legte den Hörer auf und blickte zu Isja. Er konnte ihn nicht ansehen, und blickte durch ihn hindurch. Isja saß auf seinem Schemel und kicherte, rieb sich die Hände und sprach mit widerwärtig selbstzufriedener Geschwätzigkeit ununterbrochen vom roten Gebäude, vom Gewissen, von dämlichen Zeugen – Andrej hörte ihm nicht zu. Er hörte nicht einmal hin. Die Entscheidung, die er getroffen hatte, erfüllte ihn mit Angst, aber auch mit diabolischer Freude ... Sein ganzer Körper zitterte vor Erregung; er konnte es nicht erwarten, dass sich die Tür öffnete und Fritz ins Zimmer trat – finster und böse, und wie sich dann dieses widerwärtig selbstzufriedene Gesicht verändern würde, sich vor Entsetzen verzerrte und vor schändlicher Angst. Besonders, wenn Fritz zusammen mit

Rummer käme. Schon Rummers Anblick würde genügen – diese brutale Visage mit der platten Nase. Andrej lief es plötzlich eiskalt den Rücken hinunter; Schweiß brach ihm aus. Noch konnte er alles rückgängig machen. Noch konnte er sagen: »Alles in Ordnung, Fritz, hat sich schon geklärt, entschuldige die Störung.«

In dem Moment wurde die Tür aufgerissen, und Geiger trat ein, mit finsterer Miene, unzufrieden.

»Na, was gibt es?« Da erblickte er Isja. »Ah, grüß dich!«, sagte er und begann zu lächeln. »Was habt Ihr euch mitten in der Nacht ausgedacht? Zeit zum Schlafen, es ist bald Morgen.«

»Hör mal, Fritz!«, schrie Isja froh. »Bring wenigstens du diesen Dummkopf zur Vernunft! Du bist doch hier der große Chef.«

»Schweigen Sie, Beschuldigter!«, brüllte Andrej und schlug mit der Faust auf den Tisch.

Isja verstummte. Fritz nahm sogleich Haltung an und schaute nun schon ganz anders auf Isja.

»Dieser Dreckskerl macht sich über die Ermittlungen lustig«, sagte Andrej durch die Zähne und versuchte, sein Zittern in den Griff zu bekommen. »Er will nicht gestehen. Nimm ihn mit, Fritz. Lass ihn antworten auf das, was er gefragt wird …«

Fritz riss seine hellen nordischen Augen auf. »Und was fragt man ihn?«, erkundigte er sich in sachlich forschem Ton.

»Das ist unwichtig«, antwortete Andrej. »Gib ihm Papier, er wird es selber aufschreiben. Und er soll sagen, was in der Aktenmappe war.«

»Wird gemacht«, sagte Geiger und wandte sich an Isja.

Isja begriff noch immer nichts. Oder konnte es nicht glauben. Er rieb sich langsam die Hände und grinste ungläubig.

»Na, mein Jud, gehen wir?«, sagte Fritz zärtlich. Seine Miene hatte sich aufgehellt. »Komm schon, mein Junge!«

Isja zögerte noch, aber da packte Fritz ihn am Kragen, zerrte ihn hoch und stieß ihn zur Tür. Isja verlor das Gleichgewicht und hielt sich am Türpfosten fest. Sein Gesicht wurde kreidebleich. Er hatte begriffen.

»Jungs«, sagte er mit erstickter Stimme. »Jungs, wartet …«

»Wenn was ist, wir sind im Keller«, sagte Fritz mit samtweicher Stimme, lächelte Andrej zu und stieß Isja in den Korridor.

Aus. Mit einem scheußlichen, beengenden Gefühl innerer Kälte ging Andrej im Zimmer auf und ab und löschte die überflüssigen Lampen. Aus und vorbei. Er setzte sich an den Schreibtisch. Eine Zeit lang saß er da, den Kopf in die Hände gestützt. Er war nass von kaltem Schweiß, als würde er gleich ohnmächtig. In seinen Ohren rauschte es, und durch dieses Rauschen hindurch hörte er immerzu Isjas tonlose, klägliche und völlig verzweifelte Stimme: »Jungs … Jungs wartet …« Und dann hörte er noch die feierlich dröhnende Musik, das Stampfen und Schlurfen auf dem Parkett, das Geschirrklappern und die leisen Worte: »… ein Glas Curaçao und A-nja-njas …!« Er nahm die Hände vom Gesicht und starrte abwesend auf den gezeichneten Penis. Dann nahm er das Blatt und zerriss es in lange schmale Streifen, warf sie in den Papierkorb und verbarg wieder das Gesicht in den Händen. Vorbei. Er musste warten. Geduldig warten. Dann würde alles seine Berechtigung erhalten. Ihm wäre nicht mehr übel, und er könnte erleichtert aufatmen.

»Ja, Andrej – auch so etwas muss man in Kauf nehmen«, hörte er plötzlich eine vertraute Stimme.

Auf dem Schemel, wo noch vor wenigen Minuten Isja gesessen hatte, saß jetzt der Mentor und sah Andrej betrübt an. Er nickte leicht, sein Gesicht wirkte müde, die Mundwinkel waren gramvoll herabgezogen. Er hatte die Beine übereinandergeschlagen, und die schmalen Hände lagen gefaltet auf den Knien.

»Im Namen des Experiments?«, fragte Andrej heiser.

»Auch im Namen des Experiments«, sagte der Mentor. »Aber vor allem – im Namen deiner selbst. Es führt kein Weg daran vorbei. Du musstest auch durch das hindurchgehen. Wir können schließlich nicht jeden brauchen. Es müssen schon ganz besondere Menschen sein.«

»Was für welche?«

»Das wissen wir eben nicht«, sagte der Mentor mit leisem Bedauern. »Wir wissen nur, welche wir nicht brauchen.«

»Solche wie Katzman?«

Der Mentor antwortete nur mit den Augen – ja.

»Und solche wie Rummer?«

Der Mentor lächelte schief. »Solche wie Rummer – das sind keine Menschen. Das sind lebende Werkzeuge, Andrej. Man benutzt sie – im Namen und zum Wohl von Menschen wie Wang oder Onkel Jura … Verstehst du?«

»Ja, das sehe ich auch so. Und einen anderen Weg gibt es ja nicht, stimmt's?«

»Stimmt. Keinen Weg, der daran vorbeiführt.«

»Und das rote Gebäude?«

»Ohne das geht es auch nicht. Denn ohne das rote Gebäude würde jeder, ohne es selbst zu merken, so werden wie Rummer. Hast du etwa noch nicht gespürt, dass das rote Gebäude unentbehrlich ist? Bist du jetzt noch derselbe, der du heute Morgen warst?«

»Katzman sagte, das rote Gebäude sei eine Fieberfantasie des aufgewühlten Gewissens.«

»Nun ja, Katzman ist klug. Das wirst du ja hoffentlich nicht bestreiten?«

»Natürlich nicht. Gerade deshalb ist er gefährlich.«

Der Mentor bedeutete abermals mit seinen Augen – ja.

»Mein Gott«, sagte Andrej wehmütig, »wenn man doch nur wüsste, worin das Ziel des Experiments genau besteht! Man gerät so leicht durcheinander, und alles ist so verworren.

Ich, Geiger, Kenshi … Manchmal glaube ich zu verstehen, was zwischen uns Gemeinsames ist, und dann erscheint mir alles wieder vollkommen absurd, sinnlos, eine Sackgasse. Geiger ist doch ein ehemaliger Faschist, und er ist auch jetzt … Er ist mir auch jetzt manchmal äußerst unangenehm – nicht als Mensch, sondern eben als Typ, als … Oder Kenshi, er ist ja sozusagen Sozialdemokrat, Pazifist, Tolstojaner … Nein, ich begreife überhaupt nichts.«

»Das Experiment ist das Experiment«, sagte der Mentor. »Von dir wird nicht verlangt, dass du es verstehst, sondern etwas ganz anderes.«

»Was?!«

»Wenn man das wüsste …«

»Aber das alles geschieht doch im Namen der Mehrheit?«, fragte Andrej fast verzweifelt.

»Natürlich«, erwiderte der Mentor. »Im Namen der unwissenden, unschuldigen, abgestumpften und rückständigen Masse.«

»Die man emporheben muss«, nahm Andrej den Gedanken auf, »aufklären, zum Herren der Erde machen! Ja, ja, das verstehe ich. Dafür kann man vieles in Kauf nehmen.« Andrej verstummte und bemühte sich, seine auseinanderdriftenden Gedanken zu sammeln. »Und dann noch die Antistadt«, sagte er unentschlossen. »Das ist gefährlich, nicht wahr?«

»Sehr.«

»Und deswegen – auch wenn ich mir bei Katzman nicht ganz sicher bin – habe ich doch richtig gehandelt. Wir dürfen nichts riskieren.«

»Zweifellos!«, sagte der Mentor und lächelte. Er war mit Andrej zufrieden, Andrej spürte das. »Nur wer nichts tut, begeht keine Fehler. Nicht Fehler sind gefährlich – gefährlich ist die Passivität, die verlogene moralische Reinheit, die Treue zu den Geboten von gestern! Wohin können überholte Gebote führen? Nur in eine überholte Welt.«

»Ja!«, sagte Andrej aufgeregt. »Das sehe ich genauso. Daran müssen wir immer festhalten, darauf müssen wir bestehen. Was ist ein Individuum? Ein Teil der Gesellschaft! Eine Null ohne Zahl davor. Nicht um den Einzelnen geht es nämlich, sondern um das Wohl der Gesellschaft. Und für das gesellschaftliche Wohl müssen wir alles tun – uns jede Last auf unser alttestamentarisches, überholtes Gewissen laden, geschriebene und ungeschriebene Gesetze missachten. Wir kennen nur ein Gesetz: das Wohl der Gesellschaft.«

Der Mentor erhob sich. »Du wirst erwachsen, Andrej«, sagte er fast feierlich. »Langsam, aber du wirst erwachsen!«

Er hob zum Gruß die Hand, ging zur Tür und verschwand nach draußen.

Eine Zeit lang saß Andrej ohne einen Gedanken da; im Sessel zurückgelehnt rauchte er und sah zu, wie der blaue Qualm langsam um die gelbe Glühbirne an der Decke kreiste. Er ertappte sich dabei, dass er lächelte. Die Schläfrigkeit, die ihm nachts zu schaffen gemacht hatte, war verflogen. Er spürte keine Müdigkeit mehr; er wollte etwas tun, wollte arbeiten und ärgerte sich bei dem Gedanken, dass er jetzt trotzdem nach Hause gehen und einige Stunden schlafen musste, um Kraft zu schöpfen für den Tag.

Hastig rückte er das Telefon zu sich heran und nahm den Hörer ab. Aber sogleich fiel ihm ein, dass es im Keller kein Telefon gab. Er stand auf, verschloss den Safe, überprüfte, ob die Schubladen abgeschlossen waren, und trat hinaus auf den Korridor.

Der Gang war leer, nur der Diensthabende döste an seinem Tischchen.

»Sie schlafen auf dem Posten!«, sagte Andrej vorwurfsvoll, als er an ihm vorüberging.

Im Gebäude herrschte dieselbe dumpfe Stille wie immer um diese Zeit, wenige Minuten vor dem Einschalten der Sonne. Eine verschlafene Putzfrau zog träge einen nassen Lappen über den Zementfußboden. Die Fenster in den Gängen standen weit offen; die stinkenden Ausdünstungen von Hunderten von Menschen lösten sich allmählich auf und entwichen in die kalte Morgenluft, in die Finsternis.

Die Absätze knallten auf der glatten Eisentreppe. Andrej ging in den Keller, hieß den Wächter, der aufspringen wollte, mit einer lässigen Handbewegung sitzen zu bleiben und öffnete die niedrige Eisentür.

Geiger stand mit hochgekrempelten Hemdsärmeln neben dem rostigen Waschbecken und rieb sich die behaarten Hände mit Kölnischwasser ab. Dabei pfiff er ein Marschlied. Weiter war niemand im Zimmer.

»Ach, du bist das«, sagte er. »Das ist gut. Ich wollte gerade zu dir hochkommen … Gib mir mal eine Zigarette. Meine sind alle.«

Andrej reichte ihm die Schachtel. Fritz zog eine Zigarette heraus, drehte sie, um den Tabak zu lockern, und steckte sie in den Mund. Dabei sah er Andrej lächelnd an.

Andrej hielt die Spannung nicht aus. »Und?«

»Was – und?« Geiger rauchte mit langen Zügen. »Du bist auf dem Holzweg – und. Er ist kein Spion, nicht die Spur.«

»Was soll das heißen?«, fragte Andrej. Er war erstarrt. »Und die Mappe?«

Fritz lachte schallend, steckte die Zigarette in den Mundwinkel und goss sich Kölnischwasser in die große Handfläche. »Unser kleiner Jud ist ein großer Schürzenjäger: In der Aktenmappe waren Liebesbriefe. Er kam gerade von einer Frau, sie hatten sich gestritten, und da hatte er ihr alle Liebesbriefe weggenommen. Weil er aber eine Heidenangst vor seiner Witwe hat und kein Dummkopf ist, sah er zu, dass er die Mappe möglichst schnell wieder loswurde. Er sagt, er hätte sie unterwegs in einen Gully geworfen. Schade ist das, sehr schade!«, fuhr Fritz belehrend fort. »Diese Mappe, Kommissar Woronin, hätte man ihm gleich abnehmen müssen – das wäre erstklassiges kompromittierendes Material gewesen, und wir hätten unseren Juden in der Hand gehabt!« Um das Gesagte zu unterstreichen, ließ er seine Faust zuschnappen; Andrej entdeckte auf den Fingerknöcheln frische Schrammen. »Das Protokoll hat er uns aber unterschrieben; wir haben also doch eine Handhabe …«

Andrej tastete nach einem Stuhl, die Knie wurden ihm weich. Er sah sich um.

»Hör mal …« sagte Fritz, während er die Ärmel herunterkrempelte und versuchte, die Manschettenknöpfe zu schließen. »Du hast, wie ich sehe, eine Beule an der Stirn. Geh zum Arzt und lass dir das bescheinigen. Rummer habe ich eins auf die Nase gegeben und ihn zum Arzt geschickt. Für alle Fälle … Der Beschuldigte Katzman hat während der Vernehmung Kommissar Woronin und den Assistenten Rummer angefallen und beide körperlich verletzt. Sie waren daher gezwungen, ihm in Notwehr … und so weiter. Verstanden?«

»Verstanden«, murmelte Andrej und betastete automatisch seine Beule. Er blickte sich nochmals um. »Wo ist er denn?«, brachte er mit Mühe heraus.

»Rummer, dieser Gorilla, war mal wieder übereifrig«, sagte Fritz ärgerlich, während er seine Jacke zuknöpfte. »Er hat ihm den Arm gebrochen, hier an der Stelle … Wir mussten ihn ins Krankenhaus bringen lassen.«

Dritter Teil

Redakteur

1

In der Stadt gab es vier traditionsreiche Tageszeitungen, aber Andrej griff sich die fünfte immer zuerst. Es war ein neues Blatt – die erste Ausgabe war nur etwa zwei Wochen vor der »ägyptischen Finsternis« erschienen. Die Zeitung war dünn – eigentlich bestand sie bloß aus zwei Seiten – und wurde von der Partei der Radikalen Erneuerung herausgegeben, die sich vom linken Flügel der Radikalen abgespalten hatte. Die Zeitung hieß »Im Zeichen der Radikalen Erneuerung« und war bissig, kritisch und böse; die Herausgeber aber waren ausgezeichnet informiert und wussten in der Regel genau, was in der Stadt und speziell in der Regierung vor sich ging.

Andrej sah sich die Schlagzeilen an. »Friedrich Geiger warnt: Ihr habt die Stadt in Finsternis versinken lassen, aber wir schlafen nicht!«, »Radikale Erneuerung – das einzige wirksame Mittel gegen Korruption«, »Also, Herr Bürgermeister: Wo ist das Getreide aus den städtischen Speichern geblieben?«, »Schulter an Schulter – vorwärts! Treffen Friedrich Geigers mit den Führern der Bauernpartei«, »Meinung der Stahlgießer: Getreidespekulanten an die Laterne!«, »Weiter so, Fritz! Wir sind dabei! Versammlung von Hausfrauen der RE«, »Abermals Paviane?« Und zuletzt die Karikatur: der Bürgermeister, wie er mit seinem fettem Hinterteil auf einem Getreidehaufen saß (offensichtlich das Getreide, das aus den städtischen Speichern verschwunden war) und Waffen an finstere, kriminelle Gestalten verteilte. Unterschrift: »Also, Jungs, jetzt erklärt ihnen mal, wo das Getreide hingekommen ist!«

Andrej schob das Blatt von sich weg und fing an zu grübeln. Woher hat Fritz so viel Geld, um die Strafen zu bezahlen? Gott, wie ich das alles satthabe! Er stand auf und blickte aus dem Fenster. Im dichten feuchten Nebel, der von den Straßenlaternen kaum erhellt wurde, ratterten Leiterwagen. Man hörte heiseres Fluchen, gequälten Raucherhusten, und von Zeit zu Zeit wieherten laut die Pferde; seit zwei Tagen sammelten sich Farmer in der dunklen Stadt.

Es klopfte, die Sekretärin brachte einen Stoß Korrekturfahnen herein.

Andrej winkte ärgerlich ab. »Geben Sie das Ubukata.«

»Herr Ubukata ist beim Zensor«, wandte die Sekretärin schüchtern ein.

»Er wird ja nicht dort übernachten«, sagte Andrej gereizt. »Wenn er wiederkommt, geben Sie es ihm.«

»Aber der Metteur …«

»Genug«, sagte Andrej schroff. »Gehen Sie.«

Die Sekretärin entfernte sich. Andrej gähnte, verzog das Gesicht wegen seiner Nackenschmerzen, kehrte zum Schreibtisch zurück und zündete sich eine Zigarette an. Der Kopf drohte ihm zu zerspringen, und er hatte einen üblen Geschmack im Mund. Und überhaupt: Alles war scheußlich, finster und klebrig. Ägyptische Finsternis … Von fern hörte man Schüsse – wie ein leises Knacken, so, als würden trockene Äste zerbrochen. Andrej nahm nun widerwillig das »Experiment« zur Hand, die Regierungszeitung mit sechzehn Seiten.

DER BÜRGERMEISTER WARNT DIE ERNEUERER: DIE REGIERUNG SCHLÄFT NICHT, DIE REGIERUNG SIEHT ALLES!

DAS EXPERIMENT IST DAS EXPERIMENT. Unsere Wissenschaftler zur Ursache der Sonnenerscheinungen.

DUNKLE STRASSEN UND DUNKLE GESTALTEN! Kommentar des Politischen Beraters der Stadtverwaltung zur letzten Rede Friedrich Geigers.

GERECHTES URTEIL! Alois Tender wegen Waffenbesitzes zum Erschießen verurteilt.

»BEI DENEN IST WAS KAPUTT. MACHT NICHTS, SIE WERDEN ES REPARIEREN«, sagt Elektrikermeister Theodore W. Peters.

SCHÜTZT DIE PAVIANE, SIE SIND EURE GUTEN FREUNDE! Beschluss der jüngsten Versammlung des Tierschutzvereins.

DIE FARMER SIND DAS VERLÄSSLICHE RÜCKGRAT UNSERER GESELLSCHAFT. Treffen des Bürgermeisters mit den Führern der Bauernpartei.

DER ZAUBERER AUS DEM LABOR ÜBER DEM ABGRUND. Neue Erfolge bei der lichtlosen Pflanzenzüchtung.

WIEDER »STERNSCHNUPPEN«?

WIR HABEN PANZERWAGEN! Interview mit dem Polizeipräsidenten.

CHLORELLA IST KEIN NOTBEHELF, SONDERN VOLLWERTNAHRUNG.

ARON WEBSTER LACHT, ARON WEBSTER SINGT! Fünfzehntes Wohltätigkeitskonzert des berühmten Komikers.

Andrej raffte den ganzen Packen Zeitungspapier zusammen, zerknüllte ihn und warf ihn in die Ecke. Aber all dies war seltsam irreal. Real war die Finsternis, die schon den zwölften Tag über der Stadt lag; real waren die Schlangen vor den Brotgeschäften und das Unheil verkündende Rattern auf der Straße, die rote Glut der Zigaretten, das Scheppern von Metall unter den Planen der Fuhrwerke. Real waren die Schüsse, obwohl bisher niemand wusste, wer da auf wen schoss … Aber am Schlimmsten fand Andrej seine dumpfen Kopfschmerzen und die geschwollene Zunge – als wollte sie ihm gleich aus dem Mund herauskriechen. Portwein und roher Spiritus, was für ein Wahnsinn … Selma hat's gut, dachte er, sie liegt im weichen Bett und schläft sich aus, und ich kann hier verrecken … Das Beste wäre, wenn hier alles zusammenbräche – und das möglichst schnell. Er hatte es satt, dem lieben Gott den Tag zu stehlen. Sollten sich doch alle zum Teufel scheren mit ihren Experimenten, Mentoren, Erneuerern, Bürgermeistern und Farmern, zum Teufel mit ihrem beschissenen Getreide. Was sind das für Experimentatoren, die nicht einmal für Sonnenlicht sorgen können? Und dann muss ich heute auch noch ins Gefängnis, um Isja etwas zu essen zu bringen. Und Fritz, dieser Hundesohn … Dessen Energie möchte ich haben – aber für friedliche Zwecke! Der Mann ist unermüdlich und stellt sich auf alles ein. Als sie ihn bei der Staatsanwaltschaft rausgeschmissen haben, gründete er eine Partei und schmiedete neue Pläne – Kampf gegen die Korruption, es lebe die Erneuerung, legte sich mit dem Bürgermeister an … Wie schön wäre es, jetzt gleich ins Rathaus zu gehen, den Herrn Bürgermeister an seiner edlen grauen Mähne zu packen und mit der Schnauze auf den Tisch zu hauen. Ihn anzubrüllen: »Wo ist das Brot, du Sau? Warum scheint die Sonne nicht?« Und dann einen Tritt in den Arsch, und dann noch einen und noch einen …

Die Tür wurde aufgerissen und schlug gegen die Wand. Es war Kenshi; klein, energisch und sichtlich wütend stürmte er herein. Seine Augen waren zu Schlitzen geformt, die kleinen Zähne gefletscht, und die pechschwarzen Haare standen ihm zu Berge. Andrej stöhnte in Gedanken auf. Gleich will er wieder mit mir gegen irgendjemanden in den Krieg ziehen, dachte er schwermütig.

Kenshi trat an den Schreibtisch und schleuderte Andrej einen Packen Korrekturfahnen hin – übersät mit roten Zeichen.

»Das drucke ich nicht!«, rief er. »Das ist Sabotage!«

»Was ist denn nun schon wieder?«, fragte Andrej schlecht gelaunt. »Hast du dich mit dem Zensor gestritten?« Er zog die Korrekturfahnen zu sich, starrte sie an und verstand doch nichts; er sah nur rote Striche und Haken.

»Eine Leserbriefecke – mit nur einem Brief!«, sagte Kenshi wütend. »Der Leitartikel wurde verboten – zu scharf. Der Kommentar zur Rede des Bürgermeisters wurde verboten – zu explosiv. Die Interviews mit den Farmern wurden verboten – zu heikle Fragen, unangebracht ... So kann ich nicht arbeiten, Andrej, das musst du einsehen, tu etwas! Du musst etwas tun! Die machen die Zeitung kaputt, diese Schweine!«

»Warte«, sagte Andrej und zog die Stirn in Falten. »Warte, lass mich mal sehen ...«

Wie ein großer rostiger Bolzen bohrte sich plötzlich der Schmerz in seinen Nacken, genau in das Grübchen an der Schädelbasis. Andrej schloss die Augen und stöhnte leise.

»Stöhnen hilft uns nicht weiter!«, sagte Kenshi. Er ließ sich in den Besuchersessel fallen und begann nervös zu rauchen. »Du stöhnst, ich stöhne, aber stöhnen sollte dieses Schwein, nicht wir beide.«

Wieder wurde die Tür aufgerissen. Der Zensor, ein dicker, schwitzender Kerl mit roten Flecken im Gesicht, stürzte kurzatmig ins Zimmer und schrie schon von der Schwelle aus: »Ich weigere mich, unter solchen Bedingungen zu arbeiten! Ich bin kein kleiner Junge, Herr Chefredakteur! Ich bin Staatsangestellter! Ich sitze hier nicht zu meinem Privatvergnügen und werde mir die unflätige Schelte Ihrer Untergebenen nicht weiter anhören! Mich beschimpfen zu lassen – unerhört!«

»Erwürgen müsste man Sie, und nicht beschimpfen!«, zischte Kenshi und sah den Zensor mit zornig funkelnden Augen an. »Ein Saboteur sind Sie, kein Staatsangestellter!«

Der Zensor erstarrte, und richtete seinen Blick abwechselnd auf Andrej und Kenshi. Plötzlich sagte er ganz ruhig, ja, sogar feierlich: »Herr Chefredakteur! Ich lege formalen Protest ein!«

Da raffte sich Andrej mit ungeheurer Anstrengung auf und schlug mit der Hand auf die Tischplatte: »Schweigen Sie bitte! Alle! Und nehmen Sie bitte Platz, Herr Paprikaki.«

Herr Paprikaki setzte sich Kenshi gegenüber. Er sah niemanden an, zog ein großes kariertes Tuch aus der Tasche und wischte sich den Schweiß ab – Hals, Wangen, Nacken, Adamsapfel.

»Also«, sagte Andrej, der die Korrekturfahnen durchsah. »Wir haben eine Auswahl von zehn Leserbriefen vorbereitet ...«

»Das ist eine tendenziöse Auswahl«, erklärte Herr Paprikaki unverzüglich.

Kenshi ging sofort in die Luft: »Gestern hatten wir neunhundert Briefe zum Thema Brot!«, brüllte er. »Und alle mit demselben Inhalt, wenn nicht noch schärfer!«

»Einen Moment!«, sagte Andrej mit erhobener Stimme. Er schlug wieder mit der Hand auf den Tisch. »Lassen Sie mich ausreden! Wenn Ihnen das nicht passt, dann gehen Sie auf den Korridor, um sich dort zu streiten. Also, Herr Paprikaki, unsere Auswahl beruht auf einer sorgfältigen Analyse der eingegangenen Leserbriefe. Herr Ubukata hat völlig Recht: Viele Leser schreiben noch weitaus unbeherrschter. Ausgewählt haben wir nur besonnene, zurückhaltende Briefe – Briefe von Menschen, die zwar erschreckt und hungrig sind, unsere schwierige Lage aber verstehen. Mehr noch, wir haben sogar einen Brief aufgenommen, dessen Verfasser die Regierung direkt unterstützt, obwohl es der einzige von siebentausend war, die wir ...«

»Gegen diesen Brief habe ich nichts einzuwenden«, unterbrach ihn der Zensor.

»Das fehlte noch!«, sagte Kenshi. »Den haben Sie doch selber geschrieben.«

»Das ist eine Lüge!«, schrie der Zensor so laut, dass sich die Schraube wieder in Andrejs Nacken bohrte.

»Und wenn Sie es nicht waren, dann eben ein anderer aus Ihrer Sippschaft«, sagte Kenshi.

»Sie sind ja selbst ein Verbrecher!«, schrie der Zensor auf, dessen Wangen sich aufs Neue mit roten Flecken bedeckten. Was für ein seltsamer Ausruf … Für eine Zeit lang herrschte Schweigen.

Andrej blätterte in den Korrekturfahnen. »Bisher haben wir recht gut mit Ihnen zusammengearbeitet, Herr Paprikaki«, sagte er versöhnlich. »Ich bin sicher, dass wir auch jetzt einen Kompromiss finden werden …«

Der Zensor schüttelte den Kopf, dass seine Hängebacken wackelten. »Herr Woronin!«, sagte er durchdringend. »Ich habe überhaupt nichts damit zu tun! Herr Ubukata ist ein unbeherrschter Mensch und will nur seine Bosheit abreagieren – an wem, ist ihm egal. Aber Sie, Herr Woronin, Sie werden doch verstehen, dass ich streng nach Vorschrift handle. In der Stadt reift eine Rebellion heran. Die Farmer können jede Minute ein Gemetzel beginnen. Auf die Polizei ist kein Verlass. Wollen Sie, dass Blut vergossen wird? Brände gelegt werden? Ich habe Kinder, ich möchte nichts von alledem. Und Sie doch auch nicht! Dieser Tage muss die Presse zur Besänftigung der Lage beitragen, und nicht zu ihrer Verschärfung. So lautet die Direktive, und ich muss sagen, dass ich ihr hundertprozentig zustimme. Doch selbst wenn ich diese Meinung nicht teilte, wäre ich verpflichtet … Gestern zum Beispiel wurde der Zensor des ›Express‹ wegen Beihilfe zum Umsturz verhaftet.«

»Ich verstehe Sie sehr gut, Herr Paprikaki«, sagte Andrej so liebenswürdig wie möglich. »Aber Sie sehen doch selbst, dass die Auswahl sehr moderat ist. Und bitte verstehen Sie: Gerade weil wir durch schwere Zeiten gehen, dürfen wir der Regierung nicht zujubeln. Gerade weil ein Aufruhr der deklassierten Elemente und der Farmer droht, müssen wir alles dafür tun, dass die Regierung zur Vernunft kommt. Wir tun unsere Pflicht, Herr Paprikaki!«

»Diese Auswahl unterschreibe ich nicht«, sagte Paprikaki leise.

Kenshi fluchte halblaut.

»Dann müssen wir die Zeitung ohne Ihre Genehmigung drucken.«

»Sehr nett«, sagte Paprikaki traurig. »Wirklich reizend, ja, umwerfend: Die Zeitung zahlt eine Geldstrafe, und ich werde verhaftet! Die Auflage wird beschlagnahmt, und auch Sie wird man verhaften.«

Andrej griff nach dem Blatt »Im Zeichen der Radikalen Erneuerung« und hielt es dem Zensor unter die Nase. »Und warum verhaftet man Fritz Geiger nicht? Wie viele Zensoren dieses Blättchens sitzen im Gefängnis?«

»Das weiß ich nicht«, sagte Paprikaki verzweifelt. »Ich habe nichts damit zu tun. Aber Geiger wird man auch eines Tages verhaften; der Krug geht so lange zum Brunnen …«

»Kenshi«, sagte Andrej. »Wie viel haben wir in der Kasse? Reicht es für eine Strafe?«

»Wir werden unter den Mitarbeitern sammeln«, sagte Kenshi und erhob sich. »Ich sage dem Metteur, dass er schon damit anfangen soll. Wir werden uns schon irgendwie herauswinden.«

Er ging zur Tür, der Zensor blickte ihm wehmütig nach und schnäuzte sich.

»Sie haben kein Herz«, murmelte er. »Und keinen Verstand. Lauter Milchbärte!«

Auf der Schwelle drehte sich Kenshi noch einmal um. »Andrej, an deiner Stelle würde ich ins Rathaus gehen und meine Beziehungen spielen lassen.«

»Was habe ich denn dort für Beziehungen?«, fragte Andrej finster.

Kenshi kehrte zum Schreibtisch zurück. »Geh zum Stellvertreter des Politberaters. Er ist schließlich auch Russe. Du hast schon mit ihm gesoffen.«

»Ja, und dann habe ich ihm die Fresse poliert«, sagte Andrej mürrisch.

»Macht nichts, er ist nicht nachtragend. Und ich weiß, dass er bestechlich ist.«

»Wer im Rathaus ist nicht bestechlich?« Andrej seufzte. »Gut, ich gehe. Vielleicht erfahre ich etwas ... Aber was machen wir mit Herrn Paprikaki? Er wird gleich loslaufen und anrufen. Das tun Sie doch, nicht wahr?«

»Natürlich«, bestätigte Paprikaki, aber es klang ziemlich resigniert.

»Ich werde ihn fesseln und in den Schrank stecken!« Kenshi kicherte und ließ seine Zähne aufblitzten.

»Wozu denn das?«, fragte Andrej. »Warum gleich fesseln und in den Schrank? ... Sperr ihn doch ins Archiv, dort ist kein Telefon.«

»Das ist Gewalt«, verwahrte sich Paprikaki.

»Wenn man Sie verhaftet, ist das keine Gewalt?«

»Ich widersetze mich ja nicht! Ich habe das nur so ... bemerkt.«

»Geh schon, Andrej«, sagte Kenshi ungeduldig. »Ich erledige das hier allein, sei unbesorgt.«

Andrej stand langsam auf und schleppte sich zum Kleiderhaken, um seinen Mantel anzuziehen. Die Baskenmütze war verschwunden; er suchte sie unten zwischen den Galoschen, die Besucher in den guten alten Zeiten vergessen hatten, fand sie jedoch nicht und ging fluchend ins Vorzimmer. Die dürre Sekretärin sah ihn erschrocken an. Die blöde Gans. Wie hieß sie doch gleich?

»Ich gehe ins Rathaus«, sagte er grimmig.

In der Redaktion ging alles seinen gewohnten Gang: Einer brüllte ins Telefon, der andere saß auf der Tischkante und schrieb, der Dritte betrachtete noch nasse Fotoabzüge und der Vierte trank Kaffee. Botenjungen mit Aktenmappen und Papieren schwirrten umher, das Zimmer war verqualmt und schmutzig. Der Leiter der Literaturabteilung – ein furchtbarer Esel mit goldenem Binokel und ehemals Schildermaler in einem Zwergstaat wie Andorra – erklärte einem niedergeschlagenen Autor arrogant: »Sie haben hier übertrieben, Ihnen fehlt an manchen Stellen das Gespür für das rechte Maß. Das Material hat sich als stärker erwiesen als Sie und zugleich als labiler ...« In den Hintern treten, dachte Andrej, treten, treten, treten ... Plötzlich fiel ihm wieder ein, wie sehr er all das geliebt hatte – wie spannend, bedeutend, notwendig und voller Perspektiven ihm das Ganze noch vor kurzem erschienen war. »Chef, eine Minute!«, rief Danny Lee, der Abteilungsleiter für Leserbriefe, und wollte ihm schon nachstürzen; aber Andrej winkte ab, ohne sich umzudrehen. Treten, treten, treten ...

Als er aus dem Haus trat, schlug er den Mantelkragen hoch. Auf der Straße ratterten noch immer Fuhrwerke; sie waren auf dem Weg zum Stadtzentrum, zum Rathaus. Andrej vergrub die Hände tiefer in den Taschen, zog den Kopf ein und marschierte in dieselbe Richtung. Nach ein paar Minuten bemerkte er, dass er neben einem großen Fuhrwerk mit mannshohen Rädern lief. Der Wagen wurde von zwei riesigen Kaltblütern gezogen, die vom langen Weg offensichtlich sehr erschöpft waren. Wegen der hohen Seitenwände konnte Andrej nicht sehen, was der Wagen geladen hatte, doch er sah vorne den Kutscher sitzen bzw. seinen kolossalen Regenmantel mit dreieckiger Kapuze. Vom Kutscher selbst sah er nur den Bart, der aus der Kapuze lugte. Durch das Räderknirschen und Klappern der Hufe hörte Andrej merkwürdige Geräusche: Entweder trieb der Kutscher seine Pferde an, oder er ließ in ländlicher Manier seine Gase ab ...

Der fährt auch in die Stadt, dachte Andrej. Aber wozu? Was wollen sie alle hier? Brot kriegen sie nicht, und sie brauchen auch gar keins, das haben sie ja selbst. Überhaupt haben sie alles, im Unterschied zu uns in der Stadt. Sogar Waffen haben sie. Wollen sie etwa wirklich ein Gemetzel anrichten? Vielleicht. Doch was hätten sie davon? Die Wohnungen plündern? … Nein, ich begreife gar nichts.

Andrej erinnerte sich an ein Interview mit Farmern, und daran, wie enttäuscht Kenshi darüber gewesen war – obwohl er es selbst gemacht und dafür fast fünfzig Bauern auf dem Rathausplatz befragt hatte. »Die anderen sind gekommen«, sagten sie, »also auch wir.« – »Wir haben es satt, in den Sümpfen zu sitzen, verstehst du. Also, dachte ich, fahren wir …« – »Keine Ahnung, guter Mann, warum ziehen die Leute los, wohin und warum? Wir wundern uns selber …« – »Ich sehe – alle fahren in die Stadt. Also mache ich mich auch auf den Weg dorthin. Oder darf ich das vielleicht nicht?« – »Die MPi? Wie sollen wir ohne MPi auskommen? Bei uns kannst du ohne MPi keinen Schritt tun.« – »Ich geh früh die Kühe melken, und gucke: Da fahren sie. Sjomka Kostylin fährt, Jacques der Franzose fährt, und der, wie heißt er doch … Ach, verdammt, dauernd vergesse ich seinen Namen, hinter dem Läusehügel wohnt er, also, und der fährt auch! Ich frage, Jungs, wohin? Sie sagen, schon den siebten Tag keine Sonne, wir sollten mal in die Stadt fahren.« – »Fragen Sie doch die Obrigkeit. Die Obrigkeit weiß alles.« – »Sie haben gesagt, sie gäben uns automatische Traktoren! Wir könnten zu Hause sitzen, uns den Hintern wärmen, und die Traktoren machten inzwischen die Arbeit. Drei Jahre versprechen sie uns das schon …«

Ausweichende Aussagen, verschwommen und unklar. Unheildrohend. Entweder sie sind listig – oder es ist der Herdentrieb. Vielleicht handelt es sich auch um eine geheime und gut getarnte Organisation? In manchem kann man sie auch verstehen: Es gibt seit zwölf Tagen keine Sonne, die Ernte verdirbt, die Zukunft ist ungewiss. Das treibt sie fort aus ihren Sümpfen.

Vor dem Fleischerladen standen Menschen in der Schlange, vor der Bäckerei ebenso. Andrej ging vorüber und sah, dass es vor allem Frauen waren und viele von ihnen eine weiße Armbinde trugen. Warum, wusste Andrej nicht, aber ihm fiel sofort die Bartholomäusnacht ein. Dann aber wurde ihm bewusst, dass jetzt nicht Nacht, sondern Tag war; trotzdem hatten die Läden noch geschlossen. An einer Ecke, direkt unter der Neonreklame der Nachtbar »Quisisana«, standen drei Polizisten. Sie machten einen sonderbaren Eindruck auf Andrej – waren sie vielleicht verunsichert? Andrej verlangsamte seinen Schritt und lauschte.

»Was sollen wir denn jetzt machen? Uns mit den Leuten prügeln? Das sind doppelt so viele wie wir …«

»Wir gehen einfach hin und melden: Da ist nicht durchzukommen, fertig.«

»Aber er wird sagen: Wie, da ist nicht durchzukommen? Ihr seid doch die Polizei.«

»Polizei, na und? Wir sind die Polizei und die sind die Miliz …«

Auch noch eine Miliz, dachte Andrej, während er vorüberging. Ich weiß von keiner Miliz … Er kam an einer weiteren Schlange vorbei und bog dann in die Hauptstraße ein. Von hier aus konnte er schon die hellen Quecksilberlampen des Zentralplatzes sehen, auf dessen riesiger Fläche sich immerzu etwas Graues bewegte; es war von Dampf umgeben, oder war das Rauch? Doch da wurde Andrej angehalten.

Ein junger Mann – doch nein, es war eher ein hoch aufgeschossener Junge – mit einer tief in die Stirn geschobenen Schirmmütze versperrte ihm den Weg und fragte: »Wo wollen Sie hin, mein Herr?«

Er hatte die Hände in die Hüften gestemmt; um jeden seiner Arme trug er eine weiße Binde. An der Mauer hinter ihm standen mehrere Männer, ebenfalls mit weißen Armbinden. Andrej bemerkte flüchtig, dass der Bauer neben ihm anstandslos mit seinem Wagen durchgelassen wurde.

»Ins Rathaus«, sagte Andrej und blieb gezwungenermaßen stehen. »Was ist los?«

»Ins Rathaus?«, wiederholte der Jüngling und sah über die Schulter zu seinen Leuten hin. Zwei Männer lösten sich von der Mauer und traten auf Andrej zu.

»Darf man fragen, was Sie im Rathaus wollen?«, erkundigte sich ein stämmiger, unrasierter Mann in einem ölverschmierten Overall und einem Helm mit den Buchstaben J und M. Er hatte ein energisches, muskulöses Gesicht und sehr unruhige, böse Augen.

»Wer sind Sie?«, fragte Andrej und tastete in seiner Tasche nach dem Kupfermörser, den er wegen der unruhigen Zeiten nun schon den vierten Tag mit sich herumschleppte.

»Die freiwillige Miliz«, antwortete der Stämmige. »Was wollen Sie im Rathaus? Wer sind Sie?«

»Ich bin Chefredakteur der *Stadtzeitung*«, sagte Andrej ärgerlich und umklammerte den Mörser. Es gefiel ihm nicht, dass der Jüngling dicht an ihn herangetreten war und der dritte Milizionär, ebenfalls ein kräftiger Bursche, auf der anderen Seite nah an seinem Ohr schnaufte. »Ich gehe ins Rathaus, um gegen das Vorgehen der Zensur zu protestieren.«

»Aha«, sagte der Stämmige. »Verstehe. Warum ins Rathaus? Sie sollten einfach den Zensor einsperren und Ihre Zeitung erscheinen lassen.«

Andrej beschloss, vorläufig frech zu bleiben. »Ich brauche keine Belehrungen von Ihnen. Den Zensor haben wir auch ohne Ihre Ratschläge eingesperrt. Und überhaupt, lassen Sie mich jetzt bitte durch.«

»Ein Vertreter der Presse …«, brummte der schnaufende Bursche, der rechts von Andrej stand.

»Lass ihn durch«, entschied nun der Junge mit der Schirmmütze herablassend.

»In Ordnung«, sagte der Stämmige. »Soll er gehen. Soll sich später bloß nicht über uns beschweren … Haben Sie eine Waffe?«

»Nein«, antwortete Andrej.

»Sollten Sie aber haben«, sagte der Stämmige und trat beiseite. »Bitte, gehen Sie durch …«

Andrej ging weiter. Hinter seinem Rücken sagte der Stämmige mit krähender Stimme: »Jasmin ist eine schöne Blüte, er riecht besonders gut …« Die Milizionäre lachten. Andrej kannte den kleinen Vers und hätte sich am liebsten wütend umgedreht – beschleunigte aber stattdessen seine Schritte.

Auf der Hauptstraße war viel los. Die Menschen drängten sich entlang der Häuserwände oder standen grüppchenweise in den Torwegen. Alle trugen weiße Armbinden. Einige Männer standen mitten auf der Straße; sie gingen zu den ankommenden Bauernwagen, teilten den Farmern etwas mit und ließen sie weiterfahren. Die Geschäfte waren alle geschlossen, Schlangen davor gab es keine. Vor einem Brotladen stand ein älterer Milizionär mit einem Knotenstock und erklärte einer alten Frau: »Sie können mir glauben, Madame: Die Geschäfte werden heute nicht mehr geöffnet. Ich besitze selbst ein Lebensmittelgeschäft; ich weiß also, wovon ich rede.« Die Alte antwortete kreischend, dass sie hier, auf diesen Stufen, lieber stürbe, als den ersten Platz in der Schlange aufzugeben.

Andrejs innere Unruhe wuchs, doch er unterdrückte sie ebenso wie das Gefühl, alles um ihn herum sei unwirklich, wie in einem Film. Dann kam er zum Platz. An der Stelle, wo die Hauptstraße in den Zentralplatz einmündete, verstopften Fuhrwerke, Leiterwagen, Kutschen und Karren den Weg. Es stank nach Pferdeschweiß und Pferdeäpfeln, Pferde aller

Rassen schwenkten ihre Köpfe hin und her, und die Männer der Sümpfe riefen einander laut etwas zu. Zigarren erglommen. Rauch wehte heran – in der Nähe hatte man ein Lagerfeuer entzündet. Nun trat aus einem Torbogen ein schnurrbärtiger Mann mit einem Texashut heraus; im Laufen knöpfte er sich die Hose zu und hätte Andrej beinahe angerempelt. Er fluchte gutmütig und verschwand zwischen den Fuhrwerken, wo er schrie: »Hierher, Sidor! Dort in den Hof, da kannst du! Aber guck, wo du hinläufst, tritt nicht wo rein!«

Andrej biss sich auf die Lippe und ging weiter. Direkt an der Einmündung standen die Wagen sogar auf dem Gehweg. Viele Pferde waren ausgespannt und an den Vorderbeinen gefesselt; sie wanderten hüpfend umher und beschnupperten trübsinnig den Asphalt. Auf den Wagen wurde geschlafen, geraucht, gegessen, man hörte genüssliches Glucksen und Schmatzen. Andrej stieg auf eine Vortreppe und blickte über das Feldlager. Bis zum Rathaus waren es nur fünfhundert Schritt, aber man musste durch ein ganzes Labyrinth hindurchfinden. Lagerfeuer knisterten und qualmten; graublaue Rauchschwaden zogen vom Licht der Quecksilberlampen über die Wagen hinweg in die Hauptstraße wie in einen riesigen Schornstein. Irgendeine Mistfliege landete summend auf Andrejs Wange und stach spitz wie mit einer Stecknadel hinein. Angeekelt klatschte Andrej seine Hand auf dieses Große, Stachlige, das unter der Hand saftig knackte, und drückte es breit. Das haben sie aus den Sümpfen hierhergeschleppt, dachte er wütend. Aus einer offenen Haustür drang scharfer Ammoniakgeruch. Andrej sprang auf den Gehweg und ging entschlossen auf das Labyrinth aus Wagen und Pferden zu. Bei den ersten Schritten schon trat er in etwas Weiches.

Das plumpe runde Rathaus erhob sich über dem Platz wie eine Bastion. Es hatte fünf Stockwerke; die Außenlifte leuchteten gelblich trübe, nur hinter wenigen Fenstern brannte Licht. Die Farmer hatten das Gebäude mit ihrem Lager umzingelt, zwischen Wagen und Rathaus jedoch einen leeren Raum gelassen, der von Laternen auf gusseisernen Säulen erhellt wurde. Unter den Straßenlaternen drängten sich die Farmer, fast alle bewaffnet, und ihnen gegenüber, vor dem Eingang zum Rathaus, stand eine Reihe Polizisten – den Rangabzeichen nach zu urteilen überwiegend Offiziere und Unteroffiziere.

Andrej hatte sich schon durch die bewaffnete Menge hindurchgezwängt, als ihn jemand rief. Er blieb stehen und blickte sich um.

»Hier bin ich, ich bin's!«, vernahm er eine bekannte Stimme, und schließlich erblickte er Onkel Jura.

Onkel Jura näherte sich mit schwankendem Gang, die Hand zum Gruß ausgestreckt. Er trug noch immer seine Uniformjacke und hatte die Soldatenmütze schief aufgesetzt. Das Maschinengewehr hing an einem breiten Riemen über seiner Schulter.

»Willkommen, Andrej, alte Stadtratte!« Dawydow schlug seine harte Handfläche klatschend auf Andrejs. »Und ich such dich schon überall. Es gibt Tumult – nein, denke ich, unser Andrej, der muss hier irgendwo sein. Das ist ein tüchtiger Bursche, der muss sich hier herumtreiben.«

Onkel Jura war schon ziemlich angeheitert. Er nahm das Maschinengewehr von der Schulter, stützte sich auf den Lauf wie auf eine Krücke und fuhr fort: »Ich gucke hierhin, dahin – kein Andrej. Wo bist du bloß, denke ich. Dein blonder Fritz – erinnerst du dich? Der Deutsche, mit dem wir gesoffen haben – der ist hier. Er steckt bei den Bauern, hält große Reden … Aber von dir keine Spur!«

»Moment, Onkel Jura«, sagte Andrej. »Wieso bist du hergekommen?«

»Ordnung schaffen!«, antwortete Onkel Jura grinsend. Sein Bart spreizte sich wie ein Reisigbesen. »Bloß deswegen bin ich hergekommen, aber hier passiert ja nichts.« Er spuckte aus und verteilte die Spucke mit seinem riesigen Stiefel. »Das Volk ist Dreck. Die Leute wissen selber nicht, warum sie hergekommen sind. Vielleicht wollen sie um etwas bitten oder etwas verlangen. Oder nichts von beidem. Vielleicht hatten sie einfach Sehnsucht nach der Stadt – wir bleiben eine Weile hier, scheißen euch die Stadt voll und dann zurück in die Heimat. Ein Scheißvolk ist das. Schau, zum Beispiel, dort …« Er drehte sich um und winkte jemandem zu. »Das ist Stas Kowalski, mein Freund. Stas! Stas! Komm her!«

Stas trat heran. Er war ein dürrer kleiner Bauer mit schlaff herabhängendem Schnurrbart und schütterem Haar. Auch er roch nach selbstgebranntem Schnaps. Auf den Beinen hielt sich Stas nur noch rein instinktiv, warf dafür immer wieder kämpferisch den Kopf in den Nacken, griff nach der seltsamen kleinen MPi, die um seinen Hals hing, und blickte drohend um sich. Seine Augen allerdings hielt er nur mit großer Mühe offen.

»Das ist Stas«, fuhr Onkel Jura fort. »Er hat gekämpft. Stas, du hast doch gekämpft, erzähl mal! Also sag schon: Hast du gekämpft?« Onkel Jura umarmte Stas heftig; nun schwankten beide.

»He! Ho!«, antwortete Stas und versuchte, mit all seinen Gliedmaßen zu zeigen, dass er gekämpft hatte. Oh, und wie er gekämpft hatte!

»Er ist jetzt besoffen«, erklärte Onkel Jura. »Ohne Sonne ist er kein Mensch … Was wollte ich eigentlich? Ach, ja! Frag doch mal den Dummkopf, warum er hier herumhängt. Waffen haben wir. Männer sind genug da. Also, auf was warten wir noch?«

»Na ja«, sagte Andrej. »Was wollt ihr denn eigentlich?«

»Das sage ich doch die ganze Zeit!« Onkel Jura ließ Stas los, der sogleich in weitem Bogen seitlich abtrieb. »Also: einmal auf die Schweine los – und fertig! Die haben ja keine Maschinengewehre! Die zertreten wir. Die zerquetschen wir mit links!«

Plötzlich verstummte er und hängte sich das Maschinengewehr wieder um. »Komm mit!«

»Wohin?«

»Was trinken. Wir saufen alles aus, und dann fahren wir wieder nach Hause. Wozu Zeit verschwenden? Bei mir daheim verfaulen die Kartoffeln ... Komm!«

»Nein, Onkel Jura«, sagte Andrej entschuldigend. »Ich kann jetzt nicht. Ich muss ins Rathaus.«

»Ins Rathaus?! Na, dann los! Stas! Stas, alter ...«

»Warte doch, Onkel Jura!! Dich ... Dich lassen sie doch nicht rein.«

»Mich?«, brüllte Onkel Jura; seine Augen blitzten auf. »Los, gehen wir! Wir werden sehen, wer mich dort nicht reinlässt. Stas!«

Er legte Andrej den Arm um die Schultern und zerrte ihn über den hell beleuchteten, menschenleeren Streifen direkt auf die Polizisten zu, die eine Sperrkette gebildet hatten.

»Du musst verstehen ...«, flüsterte er dem sich sträubenden Andrej ins Ohr. »Ich habe Angst, verstehst du? Mit niemandem habe ich darüber gesprochen, dir sag ich's. Mir ist unheimlich! Was ist, wenn die Sonne jetzt überhaupt nicht mehr scheint? Erst schleppen sie uns hierher, weißt du, und dann lassen sie uns hängen ... Nein, das sollen sie uns erklären. Sie sollen uns die Wahrheit sagen, die Hunde. So kann man nicht leben. Ich kann nicht mehr schlafen, verstehst du? Das ist mir nicht einmal an der Front passiert. Denkst du, ich bin blau? Nicht die Spur ... Das ist die Angst! Mich treibt die Angst um!«

Andrej lief von dem fieberhaften Flüstern ein Schauer über den Rücken. Fünf Schritte vor den Polizisten blieb er stehen. Er hatte plötzlich das Gefühl, als wären auf dem Platz alle verstummt, als schauten alle auf ihn, die Polizisten und die Farmer. In eindringlichem Ton sagte er: »Also, Onkel Jura, ich muss jetzt etwas erledigen, wegen meiner Zeitung, und du wartest hier auf mich. Wenn ich zurückkomme, gehen wir zu mir und besprechen alles.«

Onkel Jura schüttelte den Kopf. »Nein, ich komme mit. Ich muss auch etwas erledigen …«

»Aber sie lassen dich nicht durch! Und mich lassen sie wegen dir nicht durch!«

»Komm schon, los«, drängte Onkel Jura. »Wieso sollen sie uns nicht durchlassen? Warum? Wir sind doch ruhig, anständig …«

Sie standen schon neben der Sperrkette. Ein beleibter Polizeihauptmann mit schneidiger Uniform und aufgeknöpfter Pistolentasche am Gürtel schritt ihnen entgegen und erkundigte sich kühl: »Wohin, meine Herren?«

»Ich bin Chefredakteur der *Stadtzeitung*«, sagte Andrej und stieß Onkel Jura, der ihn umarmen wollte, sanft zurück. »Ich muss den Herrn Politischen Berater sprechen.«

»Ihren Ausweis bitte!«, befahl der Hauptmann und streckte ihm die in Glacéleder gehüllte Hand entgegen.

Andrej reichte ihm seinen Ausweis und schielte zu Onkel Jura hinüber. Zu seinem Erstaunen stand Onkel Jura ruhig da. Er atmete laut durch die Nase und fummelte immer wieder am Riemen seiner MPi herum, obwohl das gar nicht nötig war. Sein Blick schweifte über die Reihe der Polizisten und wirkte keineswegs betrunken.

»Sie können durch«, sagte der Hauptmann freundlich und gab Andrej den Ausweis zurück. »Obwohl ich Ihnen sagen muss …« Er beendete den Satz nicht und wandte sich an Dawydow: »Und Sie?«

»Er gehört zu mir«, sagte Andrej eilig. »In gewissem Sinne ein Vertreter der Farmer.«

»Ausweis!«

»Seit wann hat ein Bauer einen Ausweis?«, sagte Dawydow bitter.

»Ohne Ausweis darf ich Sie nicht durchlassen.«

»Warum denn nicht?«, fragte Onkel Jura. »Ohne so ein lausiges Papier bin ich wohl kein Mensch?«

Auf einmal hauchte jemand Andrej seinen heißen Atem in den Nacken. Stas Kowalski, immer noch in kämpferischen Posen umhertaumelnd, bildete die Verstärkung von hinten. Und über den beleuchteten Streifen näherten sich in lässigem Gang ein paar weitere Männer.

»Meine Herrschaften, keine Menschenansammlungen!«, sagte der Hauptmann nervös. »Gehen Sie doch durch, mein Herr!«, schrie er Andrej verärgert zu. »Meine Herrschaften, zurück! Ansammlungen sind verboten!«

»Das heißt, wenn ich keinen von diesen vollgekritzelten Zetteln habe«, jammerte Onkel Jura, »dann darf ich nirgendwo rein?«

»Hau ihm eine aufs Maul!«, rief Stas mit unerwartet klarer Stimme von hinten.

Der Hauptmann packte Andrej am Mantelärmel und zog ihn abrupt zu sich, und ehe Andrej sich's versah, befand er sich hinter dem Rücken der Polizisten. Die Kette schloss sich und trennte ihn von den Farmern, die sich vor dem Hauptmann sammelten. Ohne die weitere Entwicklung der Ereignisse abzuwarten, schritt Andrej rasch auf das düstere, schwach erhellte Portal zu. Hinter seinem Rücken hörte er laute Ausrufe:

»Brot wollen sie von uns, Fleisch wollen sie von uns, und wenn jemand durch will …«

»Bi-itte nicht ansammeln! Ich habe Befehl, jeden zu verhaften …«

»Warum lässt du den Vertreter nicht durch, he?«

»Die Sonne! Die Sonne, ihr Schweinehunde, wann schaltet ihr sie wieder ein?«

»Herrschaften, Herrschaften! Was habe denn ich damit zu schaffen?«

Auf der weißen Marmortreppe stürmten Andrej mit polternden Absätzen weitere Polizisten entgegen. Sie trugen Gewehre mit aufgepflanztem Bajonett. Die gedämpfte Stimme des Befehlshabers wies an: »Flaschen bereithalten!« Andrej erreichte das obere Ende der Treppe und sah sich um. Der beleuchtete Streifen war jetzt voller Menschen. Farmer bewegten sich von ihrem Lager auf die Menschenmenge zu – die einen langsam, die anderen im Laufschritt.

Andrej konnte nur mit Mühe die Tür öffnen; sie war schwer, hoch und mit Messing beschlagen, dann trat er ins Vestibül. Hier war es halbdunkel, und in der Luft hing scharfer Kasernengeruch. In luxuriösen Sesseln, auf Sofas oder direkt auf dem Fußboden schliefen Polizisten, die sich mit ihren Mänteln zugedeckt hatten. Auf der schwach beleuchteten Galerie, die sich an drei Seiten des Vestibüls entlangzog, huschten Gestalten. Andrej konnte nicht erkennen, ob sie Waffen trugen.

Über den weichen Teppichläufer eilte er in den ersten Stock, wo sich die Presseabteilung befand. Als er den breiten Korridor entlangschritt, überkamen ihn plötzlich Zweifel. Es war viel zu still in dem großen Gebäude. Normalerweise drängten sich hier die Menschen, Schreibmaschinen klapperten, Telefone klingelten, man hörte Gespräche und das Brüllen der Vorgesetzten. Jetzt aber – nichts von alledem. Einige Türen standen weit offen, in den Zimmern war es dunkel, und auch auf dem Gang brannte nur jede vierte Lampe.

Die Ahnung trog ihn nicht: Das Büro des Politberaters war geschlossen, und im Büro seines Stellvertreters saßen zwei unbekannte Männer. Sie waren vollkommen gleich gekleidet – sie trugen graue Mäntel, die sie bis zum Kinn zugeknöpft hatten, und Melonen, die tief in die Stirn gezogen waren.

»Ich bitte um Verzeihung«, sagte Andrej verärgert. »Wo kann ich den Herrn Politberater oder seinen Stellvertreter finden?«

Die Männer mit den Melonen wandten sich langsam zu ihm um.

»Wozu?«, fragte der kleinere Mann.

Sein Gesicht kam Andrej jetzt nicht mehr ganz so unbekannt vor, und auch die Stimme hatte er schon irgendwo gehört. Er fand es merkwürdig und unangenehm, dass sich der Mann hier befand, er hatte hier nichts zu suchen … Andrej zog die Augenbrauen zusammen und bemühte sich, kurz und entschlossen zu sprechen. Er erklärte, wer er sei und was er wolle.

»Dann kommen Sie doch herein«, sagte der Mann. »Was stehen Sie dort in der Tür?«

Andrej trat ein und blickte umher, aber das glatt rasierte Kastratengesicht stand ihm weiterhin vor Augen. Wo habe ich diesen Mann nur schon gesehen? Unangenehmer Typ … gefährlich … Ich hätte nicht eintreten sollen, ich verliere nur Zeit.

Der kleine Mann musterte ihn eingehend. Es war still. Die schweren Vorhänge vor den hohen Fenstern waren zugezogen, der Lärm von draußen drang fast nicht ins Zimmer. Plötzlich sprang der kleine Mann auf und trat dicht vor Andrej. Seine kleinen grauen Augen waren nahezu wimpernlos und zwinkerten; vom obersten Mantelknopf hüpfte ein großer knorpeliger Adamsapfel immer wieder bis zum Kinn und zurück. Das Kastratengesicht grinste und entblößte dabei schlechte Zähne.

»Chefredakteur?«, fragte der kleine Mann.

Jetzt hatte Andrej ihn erkannt. Ihm wurde heiß, er fühlte sich schwach und elend und spürte die Beine nicht mehr unter sich. Ihm war klar, dass auch er erkannt worden war …

Der kleine Mann duckte sich, und plötzlich spürte Andrej einen furchtbaren Schmerz im Bauch, als wären seine Eingeweide geplatzt, und dann sah er durch einen trüben Nebel auf einmal den gebohnerten Fußboden … Fliehen, fliehen … In seinem Hirn explodierte ein Feuerwerk, und über ihm schwankte und drehte sich langsam die hohe und von Rissen zerfurchte Decke. Dumpfe Finsternis wälzte sich auf seinen Körper, und daraus stießen ihm weißglühende Lanzen in die Rippen … Er bringt mich um, er bringt mich ja um! … Plötzlich zerrte es jäh an den Ohren … Sein Schädel barst, und das Hirn kroch langsam durch einen schmalen stinkenden Spalt … Dann sagte eine donnernde Stimme ohne jede Eile: »Ruhig, Steißbein, ruhig, nicht alles auf einmal!« Andrej schrie, warmer dicker Brei füllte seinen Mund, er verschluckte sich und brach.

Im Zimmer befand sich niemand. Der große Vorhang war beiseitegezogen, das Fenster geöffnet, feuchtkalte Luft zog herein, man hörte fernes Gebrüll. Andrej erhob sich mit Mühe auf die Knie und kroch an der Wand entlang zur Tür. Nur fort von hier …

Im Gang erbrach er sich noch einmal, blieb eine Weile erschöpft liegen und versuchte dann wieder aufzustehen. Geht's mir dreckig, dachte er. Mein Gott, wie dreckig es mir geht. Er setzte sich auf und befühlte sein Gesicht; es war feucht und klebrig. Da bemerkte er, dass er nur auf einem Auge sah. Die Rippen schmerzten, dass er kaum atmen konnte. Sein Unterkiefer tat entsetzlich weh, und er hatte unerträgliche Schmerzen im Unterleib. Steißbein, dieses Schwein, hat mich zum Krüppel geschlagen … Andrej begann zu weinen – saß auf dem Boden im leeren Korridor, mit dem Rücken an die goldenen Wandverzierungen gelehnt, und weinte. Er konnte nichts tun. Mit Mühe hob er den Mantel hoch und steckte eine Hand unter den Gürtel. Es schmerzte höllisch, aber nicht da, wo er vermutet hatte, sondern weiter oben. Der ganze Bauch tat weh. Seine Unterhose war nass.

Vom hinteren Ende des Korridors stampfte jemand laut mit Stiefeln heran und machte vor Andrej halt. Es war ein Polizist mit rotem, erhitztem Gesicht und ohne Mütze. Sein Blick war wirr, fassungslos. Einige Sekunden lang blieb er unschlüssig vor Andrej stehen und stürzte dann plötzlich fort. Ein zweiter

Polizist kam den Flur entlanggerannt und riss sich im Laufen die Uniformjacke vom Leib.

Erst jetzt gewahrte Andrej das vielstimmige Geschrei einer Menschenmenge; es kam aus der Richtung, aus der die zwei Polizisten herbeigerannt waren. Mit großer Anstrengung stand er auf, hielt sich an der Wand fest und schlich langsam auf die Menge zu. Noch immer schluchzte er und betastete voller Angst sein Gesicht. Hin und wieder blieb er stehen, krümmte sich und fasste sich stöhnend an den Bauch.

Er gelangte bis zur Treppe und umklammerte das glatte Marmorgeländer. Unten, im riesigen Vestibül, brodelte die Masse. Andrej hatte keine Ahnung, was dort vor sich ging. Die Scheinwerfer, die auf der Galerie standen, strahlten kaltes Licht hinab auf die Menschen. Verschiedenfarbige Bärte waren da zu sehen, Uniformmützen, goldene Kordeln und Schulterstücke von Polizisten, aufgepflanzte Bajonette, gespreizte Hände, bleiche Glatzen … Und von alldem stieg warmer feuchter Gestank bis hinauf zur Decke.

Andrej schloss die Augen, um nichts mehr davon zu sehen, und ließ sich – halb rückwärts, halb zur Seite geneigt – am Geländer entlang hinunterrutschen. Warum er das tat, wusste er selber nicht. Einige Male blieb er stehen, um Luft zu holen; er stöhnte, öffnete die Augen und schaute hinunter. Dann wurde ihm von dem Anblick wieder übel; er kniff die Augen zusammen und tastete sich am Geländer weiter hinab. Als er unten ankam, verließ ihn die Kraft endgültig. Er stürzte und rollte die letzten Stufen hinunter bis zu dem marmornen Treppenabsatz, der mit großen bronzenen Spucknäpfen verziert war. Durch das Stimmengewirr hörte er plötzlich heiseres Brüllen: »He, sieh mal, das ist doch Andrej! Männer, die prügeln unsere Leute dort zu Tode!« Er öffnete die Augen und erblickte ganz in der Nähe Onkel Jura – zerzaust und in zerrissenem Militärhemd, die Augen quollen hervor, sein Blick war wild, der Bart struppig. Andrej sah, wie Onkel Jura mit ausgestreckten Armen sein Maschinengewehr hochhielt und mit lautem Gebrüll lange Salven auf die Galerie, in die Scheinwerfer und die Fensterscheiben feuerte …

Es folgten bruchstückhafte Eindrücke, weil sein Bewusstsein mit den Wellen von Schmerz und Übelkeit immer wieder aussetzte. Zuerst befand er sich inmitten des Vestibüls. Er kroch auf allen vieren zur weit entfernten offenen Tür, rutschte über reglose Körper hinweg und glitt mit seinen Händen immer wieder in etwas Feuchtem und Kaltem aus. Jemand neben ihm stöhnte und sagte ununterbrochen: »Mein Gott, mein Gott, mein Gott …« Der Teppich lag voller Glassplitter, Stuckbrocken und Patronenhülsen. Durch die offene Tür stürzten furchterregende Männer mit lautem Gebrüll und brennenden Fackeln in den Händen direkt auf ihn zu …

Dann befand er sich außen vor dem Portal. Er saß mit ausgestreckten Beinen da und stützte sich mit den Handflächen auf die kalten Steine; auf seinen Knien lag ein Gewehr ohne Schloss. Es roch nach frischem Pulverrauch. Irgendwo am Rande seines Bewusstseins knatterte ein Maschinengewehr, Pferde wieherten wild, und er sagte immer wieder laut zu sich selbst: »Hier zertrampeln sie mich, hier zertrampeln sie mich garantiert …«

Doch er wurde nicht zertrampelt. Er kam auf dem Pflaster wieder zu sich, etwas seitlich von der Treppe. Über ihm brannte eine Quecksilberlampe. Er presste seine Wange an den rauen Granit. Das Gewehr war nicht mehr da und sein Körper auch nicht; er schien irgendwie im Leeren zu hängen, mit der an den Granit gepressten Wange … Vor ihm auf dem Platz spielte sich wie auf einer Bühne eine sehr merkwürdige Tragödie ab.

Andrej sah, wie entlang der Laternen, die den Platz säumten, und entlang der ineinander verkeilten Fuhrwerke rasselnd und dröhnend ein Panzerwagen fuhr. Der Maschinengewehrturm drehte sich im Halbkreis und spie Feuer, leuchtende

Geschossspuren peitschten über den Platz, und vor dem Panzerwagen galoppierte mit erhobenem Kopf ein Pferd, das abgerissene Geschirr hinter sich herschleifend … Plötzlich löste sich aus dem Dickicht der Fuhrwerke ein Planwagen und raste auf den Panzerwagen zu. Das Pferd sprang zur Seite und prallte an einen Laternenpfahl, der Panzerwagen bremste scharf und geriet ins Schleudern. In dem Moment lief ein großer, vollkommen schwarz gekleideter Mann auf den Platz, machte eine weit ausholende Bewegung mit dem Arm und stürzte der Länge nach auf den Asphalt. Unter dem Panzerwagen schoss eine Flamme hervor, ein dumpfer Schlag ertönte, und die stählerne Festung ruckte ein Stück zurück. Der schwarz gekleidete Mann war schon am Panzerwagen, lief um ihn herum, steckte etwas in den Sehschlitz des Fahrers und sprang beiseite. Da erkannte Andrej, dass es Fritz Geiger war. Durch den Sehschlitz sah er, wie es im Inneren gleißendhell wurde; dann krachte es im Panzerwagen, und eine rußende Flammenzunge schoss zum Sehschlitz hinaus. Nun lief Fritz – mit eingeknickten Beinen und die langen Arme auf die Erde gestützt – wie eine Krabbe seitlich um den Panzerwagen. In dem Augenblick wurde die Luke aufgerissen, und auf den Asphalt fiel ein brennendes zottiges Bündel, das sich mit durchdringendem Geheul umherwälzte, dass die Funken sprühten …

Wieder überkam ihn Ohnmacht, als würde ein schwerer Vorhang herabgelassen. Er hörte wütende Stimmen, das Gewinsel von Tieren und das Stampfen vieler Füße. Vom brennenden Panzerwagen drang ein Gestank von glühendem Eisen und Benzin herüber. Fritz Geiger stand inmitten einer Menge von Menschen, die er um eine Kopflänge überragte, und die alle weiße Armbinden trugen. Er schrie Befehle und wies mit heftigen Armbewegungen nach verschiedenen Seiten; sein Gesicht und die blonden zerzausten Haare waren rußgeschwärzt. Andere wiederum, die ebenfalls weiße Armbinden trugen, umringten die Laternenpfähle vor dem Rathaus, kletterten aus irgendeinem Grund hinauf und ließen lange, im Wind baumelnde Stricke herunter. Jemand wurde die Treppe heruntergezerrt. Er wehrte sich, strampelte mit den Beinen, dann kreischte jemand mit hoher Weiberstimme, so dass es in den Ohren gellte, und plötzlich war die ganze Treppe mit Menschen bedeckt. Das Kreischen brach ab, ein dunkler Körper wurde am Laternenpfahl hochgezogen, sich windend und krampfhaft zuckend. Aus der Menge krachten Schüsse, die zappelnden Beine erschlafften, und der dunkle Körper begann sich langsam in der Luft zu drehen.

Das nächste Mal erwachte Andrej von einem starken Rütteln. Sein Kopf lag auf einem harten stinkenden Bündel, ein Wagen fuhr, und eine vertraute heisere Stimme schrie immer wieder erbost: »Hü! Hü, wirst du wohl! Los!« Andrej sah einen schwarzen Himmel und davor das Rathaus. Es brannte. Flammen züngelten aus den Fenstern, Funken sprühten in die Nacht, und man sah, wie langgestreckte Körper sachte an den Laternenpfählen schaukelten.

2

Gewaschen und umgezogen, mit einer Binde über dem rechten Auge, lag Andrej in einem Sessel und sah finster dabei zu, wie Onkel Jura und Stas Kowalski gierig dampfende Suppe aus einem Topf löffelten. Kowalskis Kopf war ebenfalls verbunden. Neben ihm saß Selma; sie sah verheult aus, schluchzte krampfhaft und versuchte ständig, seine Hand zu ergreifen. Ihre Haare waren zerzaust, die Wangen mit Wimperntusche beschmiert, und das verquollene Gesicht war bedeckt mit roten Flecken. Der gewagte, durchsichtige Morgenrock sah jetzt absurd an ihr aus; vorne war er ganz nass von Seifenwasser.

»Der wollte dich totschlagen«, erklärte Stas, ohne das Löffeln der Suppe zu unterbrechen. »Der hat dich absichtlich so bearbeitet, dass du noch lange dran denken wirst. Das kenne ich. Mich haben die blauen Husaren auch einmal so fertiggemacht. Nur dass sie's bei mir fast bis zu Ende brachten: hatten schon angefangen, mich mit Füßen zu treten, als sie merkten, der Heiligen Maria sei's gedankt, dass ich der Falsche war, und sie einen anderen gesucht hatten.«

»Die Nase haben sie dir gebrochen, aber das ist Firlefanz«, bestätigte Onkel Jura. »Die Nase ist nicht so wichtig, geht auch so. Und eine Rippe ...« Er winkte ab, den Löffel in der Hand. »Was glaubst du, wie viele Rippen ich mir schon gebrochen habe? Hauptsache, die Därme sind heil, die Nieren und die Leber.«

Selma seufzte und versuchte wieder, Andrejs Hand zu ergreifen. Er sah sie an und sagte: »Genug geheult. Geh dich anziehen, und überhaupt ...«

Selma stand gehorsam auf und ging ins Nebenzimmer. Andrej fuhr mit der Zunge im Mund herum, ertastete etwas Hartes und nahm es in die Hand.

»Eine Plombe haben sie mir rausgehauen.«

»Ach ja?«, wunderte sich Onkel Jura.

Andrej zeigte sie ihm. Onkel Jura schaute hin und schüttelte den Kopf.

Stas schüttelte ebenfalls den Kopf und sagte: »Das kommt vor, weißt du. Als ich so lange liegen musste – drei Monate habe ich gelegen –, da spuckte ich lauter Zähne. Meine Alte hat mir jeden Tag heiße Umschläge für die Rippen gemacht. Sie ist dann gestorben, und ich lebe, wie du siehst. Auch wenn ich schon ein alter Sack bin.«

»Drei Monate ...?«, sagte Onkel Jura verächtlich. »Als es mir bei Jelnaja die Arschbacke weggerissen hatte, habe ich ein halbes Jahr in Lazaretten zugebracht! Ist eine scheußliche Sache, wenn's dir die Arschbacke wegreißt … Denn da drin, Bruder, laufen alle wichtigen Gefäße zusammen. Mich hat der Granatsplitter im Streifschuss glatt abgehobelt. Jungs, frage ich, was ist los, wo ist mein Hintern? Die Hose war bis zu den Unterschenkeln weggerissen. Am Unterschenkel war noch was geblieben, aber oben – nichts.« Er leckte den Löffel ab. »Und Fedja Tschepurow wurde der Kopf abgerissen, von demselben Geschoss.«

Stas leckte ebenfalls den Löffel ab, eine Zeit lang saßen sie schweigend da und schauten in den Topf. Dann räusperte sich Stas leise und langte mit dem Löffel wieder hinein. Onkel Jura tat es ihm nach.

Nun kehrte Selma zurück. Andrej wandte den Blick ab. Das dumme Ding hatte sich herausgeputzt – riesige Ohrringe, tiefer Ausschnitt und angemalt wie eine Nutte. Und das war sie ja auch … Andrej konnte sie nicht ansehen, ach, zum Teufel mit ihr. Erst die Blamage im Flur und dann die Blamage im Badezimmer, als sie ihm mit lautem Schluchzen die nasse Unterhose ausgezogen hatte. Und er hatte die blauschwarzen Flecke auf seinem Bauch und an den Seiten gesehen und wieder geweint – vor lauter Selbstmitleid und Hilflosigkeit. Natürlich war sie betrunken gewesen. Ununterbrochen war sie betrunken, und eben, während sie sich umzog, hatte sie bestimmt auch einen Schluck aus der Flasche genommen.

»Dieser Arzt …«, sagte Onkel Jura nachdenklich. »Der Glatzköpfige, der vorhin hier war – wo habe ich den schon gesehen?«

»Wahrscheinlich bei uns«, sagte Selma mit verführerischem Lächeln. »Er wohnt im Nebenaufgang. Als was arbeitet er jetzt, Andrej?«

»Dachdecker«, sagte Andrej finster.

Selma trieb es ständig mit diesem glatzköpfigen Arzt, das wusste das ganze Haus. Und der Arzt gab sich keine große

Mühe, es zu verheimlichen. Auch sonst verheimlichte es niemand.

»Wieso als Dachdecker?«, fragte Stas und vergaß vor lauter Staunen das Essen.

»Na, eben so«, sagte Andrej. »Dächer deckt er, Weiber deckt er …« Er erhob sich ächzend und schlich zur Kommode, um Zigaretten zu holen. Es fehlten wieder zwei Päckchen.

»Weiber – in Ordnung«, murmelte Stas verblüfft und fuchtelte mit dem Löffel über dem Topf herum. »Aber Dächer? Was ist, wenn er runterfällt? Er ist doch Arzt.«

»Tja, sie denken sich immer was Neues aus in der Stadt«, sagte Onkel Jura giftig. Gerade wollte er den Löffel in seinen Stiefelschaft stecken, als er sich besann und ihn wieder auf den Tisch legte. »Wie bei uns in Timofejewka gleich nach dem Krieg. Da haben sie einen Georgier als Vorsitzenden in eine Kolchose geschickt, einen ehemaligen Politoffizier …«

Das Telefon klingelte. Selma nahm den Hörer ab.

»Ja«, sagte sie. »Ja … Nein, er ist krank, er kann nicht kommen.«

»Gib den Hörer her«, sagte Andrej.

»Das ist die Zeitung«, flüsterte Selma und hielt die Muschel zu.

Andrej streckte die Hand aus. »Gib her!«, wiederholte er mit erhobener Stimme. »Und gewöhn dir ab, für andere zu sprechen!«

Selma gab ihm den Hörer und griff nach der Zigarettenschachtel. Ihre Hände zitterten, die Lippen auch.

»Woronin am Apparat«, sagte Andrej.

»Andrej?« Es war Kenshi. »Wo steckst du? Ich suche dich überall. Was sollen wir tun? In der Stadt gab es einen faschistischen Putsch.«

»Wieso ein faschistischer?«, fragte Andrej verblüfft.

»Kommst du in die Redaktion? Oder bist du wirklich krank?«

»Ich komme, natürlich, ich komme. Erklär mir …«

»Wir haben Listen, die Sonderkorrespondenten und so … das Archiv …«

»Verstanden. Aber warum meinst du, es handele sich um einen Putsch der Faschisten?«

»Das meine ich nicht, das weiß ich«, antwortete Kenshi ungeduldig.

Andrej presste die Lippen zusammen und stöhnte. »Warte! Tu nichts Unüberlegtes!« Er dachte fieberhaft nach. »Gut, bereite alles vor, ich komme gleich.«

»In Ordnung. Sei nur vorsichtig auf den Straßen.«

Andrej legte den Hörer auf und wandte sich den Farmern zu. »Männer, ich muss weg. Bringt ihr mich in die Redaktion?«

»Klar, machen wir«, sagte Onkel Jura. Er stand auf und klebte im Gehen die selbstgedrehte Zigarette zu. »Komm schon, Stas, steh auf, wir können nicht ewig hier rumsitzen – wir sitzen rum, und die ergreifen die Macht.«

»Ja«, stimmte ihm Stas niedergeschlagen zu und stand auf. »Es ist nichts dabei rausgekommen. Wir haben den Kopf abgeschlagen und reihenweise alle aufgehängt, aber von der Sonne ist noch immer keine Spur. Verdammt, wo habe ich meine MPi hingetan?«

Stas suchte die MPi in allen Ecken. Onkel Jura, der seine selbstgedrehte Zigarette rauchte, zog sich langsam die zerrissene Wattejacke über die Soldatenbluse. Andrej wollte gerade seinen Mantel holen, als er auf Selma stieß. Sie versperrte ihm den Weg. Ihr Gesicht war blass und entschlossen.

»Ich komme mit«, erklärte sie in dem Ton, mit dem sie für gewöhnlich Streit anfing.

»Lass mich!«, sagte Andrej und wollte sie mit der gesunden Hand beiseiteschieben.

»Ich lasse dich nirgendwo hin. Entweder du nimmst mich mit, oder du bleibst hier!«

»Geh mir aus dem Weg!«, brüllte Andrej mit sich überschlagender Stimme. »Du hast uns dort gerade noch gefehlt, du dummes Stück!«

»Nein!«, entgegnete ihm Selma voller Hass.

Andrej schlug zu, ohne auszuholen, traf aber kräftig mit der flachen Hand auf die Wange. Es trat Stille ein. Selma erstarrte, auf ihrem weißen Gesicht zeigten sich wieder rote Flecken. Andrej besann sich.

»Entschuldige«, sagte er durch die Zähne.

»Ich lasse dich nicht weg!«, wiederholte Selma ganz leise.

Onkel Jura hüstelte mehrmals und sagte wie beiläufig: »Eine Frau alleine in der Wohnung, in solchen Zeiten ... Das ist vielleicht wirklich nicht gut ...«

»Genau«, bekräftigte Stas. »Allein zu bleiben, ist nicht gut. Mit uns rührt sie keiner an, wir sind Farmer.«

Andrej aber stand immer noch vor Selma und sah sie an. Er versuchte, sie wenigstens jetzt zu verstehen, doch wie immer verstand er gar nichts. Ja, sie war eine Schlampe, eine geborene Schlampe – das wusste er. Das hatte er längst begriffen. Sie liebte ihn vom ersten Tag an – auch das wusste er. Und er wusste, dass es sie nicht im Geringsten daran hinderte ... Allein in der Wohnung zu bleiben, war ihr völlig egal; sie fürchtete sich vor nichts. Das wusste er genau. Einzeln verstand er also alles, was ihn und sie betraf, aber alles zusammen ...

»In Ordnung«, sagte er. »Zieh dich an.«

»Tun dir die Rippen weh?«, erkundigte sich Onkel Jura, um von der Situation abzulenken.

»Es geht«, brummte Andrej. »Ist auszuhalten. Ich werd's überleben.«

Er versuchte, den Blicken auszuweichen, und steckte Zigaretten und Streichhölzer ein. Vor dem Geschirrschrank blieb er stehen; dort lag in der hintersten Ecke und unter schmutzigen Servietten und Handtüchern versteckt Donalds Pistole.

Sollte er sie mitnehmen oder nicht? Er stellte sich mehrere Situationen vor, bei denen eine Pistole nützlich sein könnte, beschloss aber, sie nicht einzustecken. Zum Teufel damit, ich komme auch so zurecht. Kämpfen will ich auf keinen Fall, mit niemandem …

»Gehen wir?«, fragte Stas.

Er stand schon an der Tür und streifte vorsichtig den Riemen der Maschinenpistole über seinen verbundenen Kopf. Daneben stand Selma; sie hatte ihren langen Rollkragenpullover übergezogen und hielt einen Mantel in der Hand.

»Los!«, kommandierte Onkel Jura und stieß mit dem Kolben seines Maschinengewehrs auf den Fußboden.

»Nimm die Ohrringe ab«, sagte Andrej barsch zu Selma und trat auf die Treppe.

Sie gingen hinunter. Auf den dunklen Treppenabsätzen hatten sich die Nachbarn versammelt. Als sie die bewaffneten Männer sahen, verstummten sie erschrocken und wichen ihnen aus. Einer bemerkte: »Das ist Woronin« und sprach ihn sogleich an: »Herr Redakteur, können Sie uns vielleicht sagen, was in der Stadt vor sich geht?«

Andrej konnte nichts antworten, weil es plötzlich von allen Seiten her zischte und ein Mann mit unheilvollem Flüstern sagte: »Siehst du nicht, du Dummkopf – sie haben ihn abgeholt!« Selma kicherte hysterisch.

Vor dem Haus setzten sie sich auf den Panjewagen, Selma legte den Mantel um Andrejs Schultern, als Onkel Jura plötzlich raunte: »Still!« Und alle lauschten.

»Sie ballern irgendwo«, sagte Stas leise.

»Lange Feuerstöße«, fügte Dawydow hinzu. »Sie sparen nicht an Munition. Woher nehmen sie die? Zehn Patronen kosten einen halben Liter Selbstgebrannten, und der da hört gar nicht mehr auf zu schießen …« Er trieb die Pferde an. »Hü! Ihr habt euch lange genug ausgeruht!«

Der Wagen ratterte durch den Torbogen. Auf den Stufen der Hauswartswohnung stand mit Besen und Schaufel der kleine Wang.

»Schau an – Wanja!«, rief Onkel Jura. »Brrr! Guten Abend, Wanja! Was machst du denn hier?«

»Ich fege. Guten Tag!«

»Hör auf, hör auf damit!«, sagte Onkel Jura. »Was soll denn das! Komm mit, wir machen dich zum Minister. Du wirst in Samt und Seide herumlaufen und in einem ›Pobeda‹ fahren.«

Wang lächelte höflich.

»Schon gut, Onkel Jura«, sagte Andrej ungeduldig. »Lass uns fahren!«

Er hatte starke Schmerzen in der Seite, das Sitzen im Wagen war unbequem, und er bedauerte schon, nicht gelaufen zu sein. Unwillkürlich hatte er sich an Selma gelehnt.

»Na gut, Wanja, wenn du nicht willst, dann eben nicht«, entschied Onkel Jura. »Aber Minister wirst du! Kämm dich, ja? Und wasch dir den Hals!«

Mit Geratter erreichten sie die Hauptstraße.

»Wem gehört eigentlich der Wagen?«, fragte Stas.

»Weiß der Teufel«, antwortete Onkel Jura, ohne sich umzudrehen. »Das Pferd gehört wohl dem Krümelkacker ... na dem, der dicht am Hang wohnt, so ein Rothaariger mit Sommersprossen ... Kanadier.«

»Oje«, sagte Stas. »Der wird aber fluchen.«

»Wird er nicht«, sagte Onkel Jura. »Sie haben ihn schon umgebracht.«

»Oje«, sagte Stas und verstummte.

Die Hauptstraße war menschenleer; darin stand dichter nächtlicher Nebel, obwohl es fünf Uhr nachmittags war. Weiter vorn schimmerte der Nebel rötlich und flackerte unruhig. Von Zeit zu Zeit leuchteten dort grellweiße Flecke auf – vielleicht von Scheinwerfern –, und man hörte Schüsse. Im dichten Nebel klangen sie dumpf, aber sie übertönten des Öfteren das Rattern der Räder und das Klappern der Hufe. Etwas war dort im Gange.

Hinter vielen Fenstern brannte Licht, vor allem in den oberen Etagen der Häuser. Vor den geschlossenen Geschäften standen jetzt keine Schlangen mehr, aber in mehreren Hauseingängen entdeckte Andrej Menschen, die vorsichtig auf die Straße lugten und sich dann wieder versteckten. Die Mutigsten von ihnen traten auf den Gehsteig hinaus und schauten dorthin, wo es im Nebel blitzte und krachte. Nun bemerkte Andrej die dunklen Säcke, die verstreut auf dem Pflaster lagen, und begriff nicht gleich, was es war. Nach einiger Zeit stellte er überrascht fest, dass es tote Paviane waren. In der Grünanlage neben einer dunklen Schule weidete ein einsames Pferd.

Der Wagen ratterte und klapperte. Alle schwiegen. Selma tastete still nach Andrejs Hand, der sich erschöpft von Schmerz und Müdigkeit an ihren warmen Pullover gelehnt hatte. Er schloss die Augen. Gott, geht's mir schlecht, dachte er. Und was redet Kenshi für dummes Zeug? Wieso soll das ein faschistischer Putsch sein? Es sind einfach alle verrückt geworden vor Angst, vor Wut, vor Hoffnungslosigkeit ... Das Experiment ist das Experiment.

Plötzlich ruckte der Wagen, und durch das Rattern der Räder war ein so wildes, durchdringendes Kreischen zu hören, dass Andrej augenblicklich aufschreckte. Ihm brach der Schweiß aus, und er blickte aufgeregt um sich.

Onkel Jura fluchte und zog mit aller Kraft die Zügel an, um das Pferd zum Stehen zu bringen, das heftig zur Seite drängte. Links auf dem Gehsteig rannte unter fürchterlichem Geheul, das menschlich und unmenschlich zugleich klang, ein Flammenbündel einher; hinter ihm sah man kleine Fleckchen von Feuer. Ehe Andrej sich's versah, war Stas aus dem Wagen gestiegen und hatte die lebende Fackel mit kurzen Stößen aus seiner MPi niedergemäht. Irgendwo klirrte eine Schaufensterscheibe. Das Feuerbündel rollte kopfüber den Gehsteig entlang, schrie noch einmal jämmerlich auf und lag dann still.

»Der hat ausgelitten … armer Kerl«, sagte Stas heiser, und Andrej begriff, dass es ein Pavian war – ein brennender Pavian. Absurd … Nun lag er zusammengekrümmt auf dem Trottoir, schwelte und verbreitete einen widerlichen Gestank.

Onkel Jura trieb das Pferd an, und der Wagen setzte sich wieder in Bewegung. Stas marschierte, eine Hand auf der Seitenwand abgelegt, nebenher. Andrej blickte mit gerecktem Hals nach vorn, in den flimmernden Nebel, der nun sehr hell und rosa schien. Was ging dort nur vor sich? Man hörte Geheul, Schüsse, das Dröhnen von Motoren, und zuweilen flammte ein himbeerfarbener Lichtschein auf, um gleich darauf wieder zu verlöschen.

»He, Stas«, sagte Onkel Jura plötzlich, ohne sich umzudrehen. »Lauf vor, Bruder, und sieh nach, was da los ist. Ich fahre langsam hinterher.«

»In Ordnung!« Stas klemmte seine seltsame MPi unter den Arm und lief an den Häuserwänden entlang in Richtung des Platzes. Bald war er im flackernden Nebel verschwunden, und Onkel Jura zügelte das Pferd, bis es stehen blieb.

»Setz dich doch bequemer hin«, flüsterte Selma.

Andrej fuhr zusammen.

Selma flüsterte weiter: »Das war nicht so, wie du denkst … Der Verwalter hat einfach bei allen nachgefragt, ob jemand im Haus Waffen versteckt.«

»Sei still!«, zischte Andrej.

»Ehrenwort«, flüsterte Selma. »Er war nur eine Minute da und wollte gerade wieder gehen …«

»Ohne Hosen?«, erkundigte sich Andrej kühl. Er wollte die scheußliche Erinnerung loswerden, wie er hilflos von Onkel

Jura und Stas nach Hause getragen worden war und im Flur seiner eigenen Wohnung einen Kerl entdeckte, der hastig wie ein Einbrecher seinen Morgenmantel zumachte; darunter waren Unterhosen aus Flanell zu sehen gewesen … Und das widerwärtig unschuldige, betrunkene Gesicht Selmas hinter diesem Kerl. Und dann hatte er gesehen, wie sich der Ausdruck von Unschuld auf ihrem Gesicht in Erschrecken und dann in Verzweiflung verwandelt hatte.

»Ja«, beteuerte Selma. »Er ist so durch alle Wohnungen gegangen – im Schlafrock!«

»Halt endlich die Klappe! Ich bin nicht dein Mann, du bist nicht meine Frau, was geht mich das alles an?«

»Aber ich liebe dich doch!«, flüsterte Selma verzweifelt. »Nur dich!«

Onkel Jura räusperte sich und sagte: »Da kommt jemand.«

Im Nebel zeichneten sich dunkle Umrisse ab, Scheinwerfer flammten auf; es war ein Lastwagen, ein riesiger Kipper. Mit laufendem Motor blieb er zwanzig Schritte vor dem Pferdefuhrwerk stehen. Dann wurden Befehle geschrien, Männer kletterten über Bord und trotteten niedergeschlagen den Bürgersteig entlang. Man hörte die Wagentür zuschlagen und sah, wie sich eine dunkle Figur vom Lastwagen löste, kurz stehen blieb und dann langsam auf das Fuhrwerk zumarschierte.

»Er kommt her«, sagte Onkel Jura. »Du, Andrej, halt dich raus. Ich rede.«

Der Mann trat an den Pferdewagen heran. Er gehörte offensichtlich zu den neu gebildeten Miliztruppen, denn er trug einen kurzen Mantel und eine weiße Armbinde. Über seiner Schulter hing mit der Mündung nach unten ein Gewehr.

»Ach, ihr seid Farmer«, sagte er. »Seid gegrüßt, Jungs.«

»Sei gegrüßt, wenn du keine dummen Scherze machst«, erwiderte Onkel Jura nach kurzem Schweigen.

Der Milizionär zögerte und schüttelte den Kopf, als sei er unentschlossen, ehe er verlegen fragte: »Habt ihr vielleicht Brot zu verkaufen?«

»Brot will er«, sagte Onkel Jura.

»Oder vielleicht Fleisch? Kartoffeln?«

»Kartoffeln will er.«

Der Milizionär wurde noch verlegener. Er atmete laut seufzend durch die Nase, schaute zu seinem Kipper, und dann rief er plötzlich wie erleichtert: »Da … Da liegt ja noch einer! Was sind wir bloß für Idioten! Da liegt ja der Braten!« Und stürzte los. Mit laut platschenden Schritten lief er den Bürgersteig entlang, fuchtelte mit den Armen und erteilte Befehle. Man hörte, wie die Männer schwach und unverständlich zurückmaulten, und sah, wie sie etwas Dunkles zum Lastwagen schleppten. Dann schwenkten sie es mit großer Kraftanstrengung hin und her und hievten es auf den Kipper.

»Kartoffeln will er«, brummte Onkel Jura. »Fleisch!«

Der Kipper setzte sich in Bewegung und fuhr dicht am Fuhrwerk vorbei. Es stank auf einmal entsetzlich nach verbranntem Fell und angeschmortem Fleisch. Andrej sah, dass die Kipppritsche bis obenhin gefüllt war und spürte, wie ihm auf einmal ein kalter Schauer über den Rücken lief: Aus der unheimlichen Fracht des Kippers ragte weiß und unverkennbar eine menschliche Hand mit gespreizten Fingern heraus. Die niedergeschlagenen Männer standen eng aneinander gedrängt beim Fahrerhaus und klammerten sich an den Wagen. Sie waren zu fünft oder zu sechst, trugen Hüte und sahen sehr anständig aus.

»Das Leichenkommando«, sagte Onkel Jura. »Richtig so! Jetzt geht's auf die Mülldeponie und dann: Klappe zu! Sieh mal, da winkt Stas! Hü!«

Im Nebel erblickten sie Stas' kleine Gestalt. Als das Fuhrwerk auf gleicher Höhe war, beugte sich Onkel Jura vom

Kutschbock und fragte fast ängstlich: »Was ist los, Bruder? Was hast du?«

Ohne zu antworten, versuchte Stas, über die Seite auf den Wagen aufzuspringen. Aber er schaffte es nicht. Dann hielt er sich mit beiden Händen an der Seitenwand fest, knirschte laut mit den Zähnen und begann halblaut vor sich hinzumurmeln.

»Was hat er?«, fragte Selma flüsternd.

Der Wagen fuhr langsam in die Richtung, aus der immer lauter Schüsse und heulende Motoren zu hören waren. Stas lief nebenher, als hätte er nicht genug Kraft, um aufzuspringen. Dann beugte sich Onkel Jura zu ihm hinunter und zog ihn auf den Kutschbock.

»Was hast du?«, fragte Onkel Jura laut. »Können wir fahren? Was faselst du da? Jetzt red vernünftig!«

»Heilige Muttergottes«, sagte Stas mit klarer Stimme. »Warum tun sie das? Wer hat so etwas befohlen?«

»Brrr!«, befahl Onkel Jura mit Donnerstimme.

»Nein, fahr weiter, fahr nur«, sagte Stas. »Fahren können wir. Man darf bloß nicht hinsehen. Mädchen«, sagte er zu Selma gewandt, »Sie dürfen da nicht hinschauen, drehen Sie sich um, sehen Sie woanders hin. Am besten machen Sie die Augen zu.«

Andrejs Kehle war wie zugeschnürt. Er blickte zu Selma, die mit weit aufgerissenen Augen dasaß.

»Mach schon Jura, los ...«, murmelte Stas. »Treib sie an, die Mähre, was zauderst du! Fahr schnell!«, brüllte er. »Galopp! Galopp!«

Das Pferd galoppierte los, die Häuserreihe zur Linken endete, der Nebel schwand, und vor ihnen tauchte der Pavianboulevard auf – zweifellos die Quelle des tosenden Lärms. Eine Kette von Lastwagen mit dröhnenden Motoren sperrte den Boulevard im Halbkreis ab; auf den Wagen und auf dem Pflaster dazwischen standen Männer mit weißen Armbinden.

Zwischen den brennenden Bäumen und Sträuchern auf dem Boulevard rannten schreiende, kreischende Menschen in gestreiften Pyjamas und wahnsinnig gewordene Paviane herum. Sie alle stolperten und stürzten, kletterten auf Bäume, fielen von den Ästen herunter oder versuchten sich im Gesträuch zu verstecken ... Und die Männer mit den weißen Armbinden schossen ununterbrochen aus ihren Gewehren und MGs. Der Boulevard war übersät mit Leichen, von denen einige qualmten und schwelten. Andrej sah, wie auf einmal ein Feuerstrahl zischte, und ein weiterer Baum, der von schwarzen Affentrauben behängt war, aufflammte, als wäre er eine riesige Fackel. Und irgendwo schrie ein Mann in unerträglichem Falsett und allen Lärm übertönend: »Ich bin gesund! Das ist ein Irrtum! Ich bin normal! Das ist ein Irrtum!«

All dies glitt unter Ruckeln und Holpern, sengender Hitze, ohrenbetäubendem Lärm und Gestank an Andrej vorüber – begleitet von dem fürchterlichen Schmerz in seinen Rippen. Nach einer Minute lag es hinter ihnen, und der flimmernde Nebel verdichtete sich wieder. Onkel Jura aber trieb das Pferd noch lange an, schrie verzweifelt und schwenkte die Zügel. Weiß der Teufel, was das ist, dachte Andrej, der sich erschöpft an Selma gelehnt hatte. Weiß der Teufel, was das soll! Die sind wahnsinnig, haben vor lauter Blut den Verstand verloren. Wahnsinnige beherrschen die Stadt, blutrünstige Verrückte. Jetzt ist alles zu Ende – die werden ja nicht damit aufhören, sondern sich als Nächstes uns vornehmen ...

Plötzlich hielt der Wagen an.

»Nein!«, sagte Onkel Jura und drehte sich um. »Nein, diese Sache muss man ...« Er fing an, bei den Säcken im Wagen herumzukramen, fand eine große Flasche, entkorkte sie mit den Zähnen, spuckte aus und trank. Dann reichte er sie Stas, wischte sich den Mund ab und sagte: »... Sie zerstören also das Experiment ...« Er nahm eine zusammengerollte Zeitung aus der Brusttasche, riss akkurat eine Ecke ab und suchte

Tabak. »Leute, ihr geht hart zur Sache!«, sagte er. »Hart! Sehr hart!«

Stas hielt Andrej die Flasche hin, aber Andrej schüttelte den Kopf. Selma griff nach ihr, nahm zwei Schluck und gab sie Stas zurück. Alle schwiegen. Onkel Jura rauchte und knurrte wie ein riesiger Hund. Dann drehte er sich wieder nach vorn und ordnete die Leinen.

Sie waren nur noch einen Häuserblock von der Stultschakowgasse entfernt, als der Nebel vor ihnen erneut aufleuchtete und sie laute Stimmen hörten. Mitten auf der von Scheinwerfern erhellten Straßenkreuzung lärmte und brodelte eine riesige Menschenmenge. Der Weg war versperrt.

»Eine Massenkundgebung«, sagte Onkel Jura nach hinten gewandt.

»So ist das immer«, meinte Stas traurig. »Wenn sie mit Erschießen anfangen, gibt's gleich darauf Kundgebungen. Können wir nicht ausweichen?«

»Aber warum denn ausweichen, Bruder?«, fragte Onkel Jura. »Wir müssen zuhören, was die Leute reden. Vielleicht erfahren wir etwas über die Sonne … Schau, hier sind viele von uns!«

Der Lärm verstummte. Über der Menge ertönte eine angespannte, zornige Stimme aus den Lautsprechern: »Ich wiederhole noch einmal: gnadenlos! Wir säubern die Stadt! Vom Dreck! Vom Unrat! Von allen Schmarotzern! Ohne Ausnahme! … Diebe an die Laterne!«

»Ja-a-a!«, grölte die Menge.

»Korrupte an die Laterne!«

»Ja-a-a!«

»Und wer sich gegen das Volk stellt, kommt an die Laterne!«

»Ja-a-a!«, brüllte die Menge wieder.

Jetzt erkannte Andrej den Redner. Aus der Menge ragte die genietete Bordwand eines Militärfahrzeugs heraus, und darauf stand, angestrahlt vom bläulichen Scheinwerferlicht, der frühere Unteroffizier der Wehrmacht und jetzige Führer der Partei der Radikalen Erneuerung Friedrich Geiger. Er hatte beide Hände in die Bordwand gekrallt, den Mund weit aufgerissen, und sein langer, schwarz gekleideter Körper wiegte immer wieder vor und zurück.

»Und das ist erst der Anfang! Wir werden in der Stadt unsere, das heißt, die wahre menschliche Ordnung errichten. Die Ordnung des Volkes! Wir haben genug von diesen Experimenten! Wir sind keine Meerschweinchen! Wir sind keine Versuchskarnickel! Wir sind Menschen! Unsere Waffen sind Verstand und Gewissen! Wir erlauben niemandem, unser Schicksal zu bestimmen! Wir bestimmen selber unser Schicksal! Das Schicksal des Volkes in den Händen des Volkes! Das Schicksal der Menschen in den Händen der Menschen! Das Volk hat mir sein Schicksal anvertraut! Seine Rechte! Seine Zukunft! Und ich schwöre! Ich werde dieses Vertrauen rechtfertigen!«

»Ja-a-a!«, grölte die Menge.

»Und ich werde gnadenlos sein! Im Namen des Volkes! Ich werde grausam sein! Im Namen des Volkes! Ich lasse keine Feindschaft zu! Genug Kampf gegeneinander! Keine Kommunisten! Keine Sozialisten! Keine Kapitalisten! Keine Faschisten! Genug gegeneinander gekämpft! Wir werden jetzt füreinander kämpfen!«

»Ja-a-a!«, grölte die Menge.

»Keine Parteien! Keine Nationalitäten! Keine Klassen! Jeden, der Zwietracht sät – an die Laterne!«

»Ja-a-a!«, grölte die Menge.

»Wenn Arme weiter gegen Reiche kämpfen, wenn Kommunisten weiterhin gegen Kapitalisten kämpfen, wenn Schwarze weiter gegen Weiße kämpfen – dann werden sie uns zertreten! Uns vernichten! Aber wenn wir Schulter an Schulter stehen – das Gewehr in der Hand, mit Hammer oder Pflug –, dann gibt es keine Kraft, die uns vernichten könnte! Unsere Waffe ist die Einheit! Unsere Waffe ist die Wahrheit! So bitter sie auch sein mag! Ja – wir sind in eine Falle gelockt worden! Aber, ich schwöre bei Gott, dieses Tier war für die Falle zu groß!«

»Ja-a-a!«, grölte die Menge und verstummte im selben Augenblick vor Erstaunen: Die Sonne war entflammt.

Zum ersten Mal seit zwölf Tagen schien die Sonne wieder. Sie strahlte als goldene Scheibe an ihrem gewohnten Ort, blendete die Augen, brannte auf den grauen fahlen Gesichtern, flimmerte gleißendhell auf den Fensterscheiben, belebte und verstärkte Millionen von Farben – die schwarzen Rauchfahnen über den Häusern, das welke Grün der Bäume, die roten Ziegel unter dem abbröckelnden Putz …

Die Menschen brüllten wild los, und Andrej schrie gemeinsam mit ihnen. Es geschah etwas Unvorstellbares: Hüte flogen in die Luft, Menschen umarmten sich weinend, Schüsse knallten, ein Mann warf verzückt Ziegelsteine nach einem Scheinwerfer, und Fritz Geiger stand über alldem wie der Herrgott, der gesagt hatte: »Es werde Licht«, und deutete mit seinem langen schwarzen Arm auf die Sonne – die Augen weit aufgerissen, das Kinn stolz vorgereckt. Dann erschallte seine Stimme wieder über der Menge.

»Seht ihr? Sie haben schon Angst! Sie zittern vor euch! Vor uns! Zu spät, meine Herren! Ihr wollt die Falle wieder zuschnappen lassen? Zu spät! Die Menschen haben sich schon befreit! Keine Gnade für die Feinde der Menschheit! Keine Gnade für die Spekulanten, die Schmarotzer und für die Plünderer des Volkseigentums! Die Sonne ist wieder bei uns! Wir haben sie den schwarzen Klauen entrissen! Den Feinden der Menschheit! Und wir werden sie niemals wieder hergeben! Niemals! Und niemandem!«

»Ja-a-a!«, brüllte die Menge.

Andrej kam langsam wieder zu sich und blickte sich um. Stas war nicht im Wagen. Onkel Jura stand breitbeinig auf dem Kutschbock, schwenkte das Maschinengewehr und brüllte laut und unartikuliert wie alle. Selma hingegen weinte und hämmerte mit den Fäusten auf Andrejs Rücken.

Gekonnt inszeniert, dachte Andrej kühl. Umso schlimmer für uns. Aber was sitze ich hier rum? Ich muss fliehen … Trotz des heftigen Schmerzes in seiner Seite stand er auf und sprang vom Wagen. Ringsumher johlte und wogte die Menge. Andrej zwängte sich vorwärts. Anfangs versuchte er noch, achtzugeben, sich mit dem Ellbogen zu schützen, aber das war vergeblich. Schweißnass vor Schmerz und Übelkeit, zwängte er sich durch, trat auf Füße und sogar gegen Schienbeine und kam schließlich in der Stultschakowgasse an. Die ganze Zeit über hörte er Geigers Stimme.

»Hass! Hass wird uns leiten! Genug der falschen Liebe! Genug der Judasküsse! Der Verräter an der Menschheit! Ich selbst gab euch ein Beispiel heiligen Hasses! Ich habe den Panzerwagen der blutigen Gendarmen gesprengt! Vor euren Augen! Ich habe Diebe und Gangster aufhängen lassen! Vor euren Augen! Ich werde Unrat und Unmenschen mit dem eisernen Besen aus unserer Stadt fegen! Vor euren Augen! Ich habe mich nicht geschont! Jetzt habe ich das heilige Recht, auch andere nicht zu schonen!«

Andrej stand vor dem Eingang zur Redaktion und stieß gegen die Tür. Sie war verschlossen. Wütend trat er mit dem Fuß dagegen, Glas klirrte. Er begann mit der Faust gegen die Tür zu schlagen und fluchte. Die Tür öffnete sich. Auf der Schwelle stand der Mentor.

»Tritt ein«, sagte er.

Andrej trat ein. Der Mentor verriegelte wieder die Tür und wandte sich zu ihm um. Sein Gesicht war mehlig blass, unter den Augen hatte er dunkle Ringe, und ständig fuhr er sich nervös mit der Zunge über die Lippen. Andrejs Herz verkrampfte sich – nie zuvor hatte er den Mentor so niedergeschlagen gesehen. »Ist es tatsächlich so schlimm?«, fragte er mit erstickter Stimme.

»Ja …« Der Mentor lächelte müde. »Was sollte daran gut sein?«

»Und die Sonne?«, fragte Andrej. »Warum habt ihr die Sonne ausgeschaltet?«

Der Mentor rang die Hände und lief im Vestibül auf und ab. »Wir haben sie ja gar nicht ausgeschaltet!«, sagte er düster. »Das war ein Unfall. Außerplanmäßig. Damit hatte niemand gerechnet.«

»Damit hatte niemand gerechnet …«, wiederholte Andrej bitter. Er zog den Mantel aus und warf ihn auf einen verstaubten Sessel. »Wäre die Sonne nicht ausgeschaltet worden, wäre das alles nicht passiert.«

»Das Experiment ist außer Kontrolle geraten«, murmelte der Mentor mit abgewandtem Blick.

»Es ist außer Kontrolle geraten …«, wiederholte Andrej abermals. »Ich hätte nie gedacht, dass das Experiment außer Kontrolle geraten könnte.«

Der Mentor warf ihm einen finsteren Blick zu. »Na ja, in bestimmter Hinsicht hast du Recht … Man kann es auch so betrachten. Aber ein außer Kontrolle geratenes Experiment bleibt dennoch ein Experiment. Vielleicht wird man einiges ändern müssen … korrigieren. So dass später – im Rückblick! – die ägyptische Finsternis als unerlässlicher, ja, programmierter Teil des Experiments erscheint.«

»Im Rückblick …«, wiederholte Andrej. Dumpfe Wut packte ihn. »Und was sollen wir jetzt tun? Unser Leben retten?«

»Ja, rettet euer Leben. Und rettet andere.«

»Wen?«

»Alle, die man retten kann und alles, was zu retten ist. Es kann doch nicht sein, dass nichts und niemand mehr zu retten wäre!«

»Wir retten uns – und Fritz Geiger führt das Experiment weiter?«

»Das Experiment ist immer noch das Experiment«, wandte der Mentor ein.

»Nun ja«, sagte Andrej. »Von den Pavianen zu Fritz Geiger.«

»Ja, zu Fritz Geiger und durch Fritz Geiger und trotz Fritz Geiger. Man kann sich ja nicht wegen Fritz Geiger eine Kugel in den Kopf schießen! Das Experiment muss weitergehen! Das Leben geht weiter, ungeachtet aller Fritz Geigers. Und wenn du vom Experiment enttäuscht bist, dann denk an den Kampf ums Überleben.«

»An den Kampf ums Überleben«, sagte Andrej mit schiefem Lächeln. »Was ist das jetzt noch für ein Leben!«

»Das hängt ganz von euch ab.«

»Von euch nicht?«

»Von uns hängt kaum etwas ab. Ihr seid viele. Und ihr entscheidet alles, nicht wir.«

»Früher habt ihr anders geredet.«

»Ja, früher warst du auch ein anderer«, entgegnete der Mentor. »Und hast auch anders geredet!«

»Ich fürchte, ich habe bloß dummes Zeug geredet«, sagte Andrej nachdenklich. »Ich fürchte, ich war sehr dumm.«

»Und das ist nicht das Einzige, was du befürchtest …«, bemerkte der Mentor listig.

Andrejs Herz stockte, so, als stürze er in einem Traum aus großer Höhe ab. Er sagte grob: »Ja, ich habe Angst. Vor allem. Ich bin ein gebranntes Kind. Hat man Sie schon einmal mit Stiefeln zwischen die Beine getreten?« Ein neuer Gedanke kam ihm: »Aber Sie fürchten sich doch auch? Nicht wahr?«

»Natürlich! Ich sagte doch, dass das Experiment außer Kontrolle geraten ist.«

»Ach, lassen Sie das! Das Experiment, das Experiment! Es geht nicht um das Experiment. Erst waren die Paviane dran, dann wir und danach ihr, so ist es doch?«

Der Mentor schwieg. Und das war das Schrecklichste: dass der Mentor darauf kein Wort sagte. Andrej wartete und wartete, aber der Mentor ging nur schweigend im Vestibül umher, verrückte die Sessel, wischte mit dem Ärmel den Staub von den Tischen und sah Andrej nicht einmal an.

Jemand schlug an die Tür, erst mit Fäusten, dann mit den Füßen. Andrej schob den Riegel beiseite, vor ihm stand Selma.

»Du hast mich im Stich gelassen!«, sagte sie entrüstet. »Ich bin kaum durchgekommen!«

Andrej blickte sich verlegen um. Der Mentor war verschwunden.

»Entschuldige«, sagte Andrej. »Ich konnte mich einfach nicht um dich kümmern.«

Es fiel ihm schwer zu sprechen, und er hatte Mühe, seine Angst vor Einsamkeit und das Gefühl, völlig hilflos zu sein, beiseitezuschieben. Krachend schloss er die Tür und verriegelte sie schnell.

3

Die Redaktion war leer. Offenbar waren die Mitarbeiter fortgelaufen, als die Schießerei beim Rathaus angefangen hatte. Andrej ging durch die Zimmer, betrachtete gleichmütig die herumliegenden Blätter, die umgestürzten Stühle, das umherstehende Geschirr mit Überbleibseln belegter Brote und die Tassen mit Resten von Kaffee. Aus den hinteren Räumen drang laut schmetternde Musik. Das war merkwürdig. Selma ging hinter Andrej her und hielt sich an seinem Ärmel fest. Sie redete ununterbrochen, suchte Streit, aber Andrej hörte nicht hin. Warum wollte ich unbedingt hierher?, dachte er. Alle sind abgehauen, und sie haben Recht getan. Ich könnte jetzt zu Hause im warmen Bett liegen, meinen schmerzenden Leib schonen, vor mich hin dösen. Alles könnte mir egal sein …

Er kam in die Abteilung ›Stadtchronik‹ und sah auf einmal Isja. Das heißt, Andrej erkannte ihn nicht sofort: In der hinteren Ecke des Zimmers stand ein fremder Mann mit kurzen, unsauber geschnittenen Haaren. Er steckte in einem verdächtigen grauen Kittel ohne Knöpfe, hatte die Arme breit auf den Tisch gestützt und beugte sich über ein Bündel zusammengehefteter Zeitungen. Erst als der Mann auf vertraute Weise grinste und mit vertrauter Geste seine Warze am Hals rieb, begriff Andrej, dass es Isja war.

Eine Zeit lang stand Andrej in der Tür und sah ihn an. Isja hatte ihn nicht kommen hören; er hörte und merkte überhaupt nichts – er las. Außerdem hing direkt über seinem Kopf ein Lautsprecher, aus dem ein Siegesmarsch dröhnte. Dann schrie Selma laut auf: »Da ist ja Isja!«, stieß Andrej beiseite und stürzte auf Isja zu.

Isja hob den Kopf, grinste über das ganze Gesicht und breitete die Arme aus. »He!«, rief er. »Da seid ihr ja!«

Während er Selma umarmte, sie laut und genüsslich auf Wangen und Mund küsste und Selma etwas Begeistertes schrie und seine scheußlichen Haare zauste, trat Andrej langsam auf Isja zu – gequält von Scham und schlechtem Gewissen. Das nagende Gefühl von Schuld und Verrat, das ihm an jenem Morgen im Keller den Boden unter den Füßen weggezogen hatte, war im vergangenen Jahr dumpfer geworden. Fast hatte er es vergessen; doch jetzt durchbohrte es ihn aufs Neue. Daher zögerte Andrej einige Sekunden, bevor er es wagte, die Hand auszustrecken. Er hätte es ganz natürlich gefunden, wenn Isja die ausgestreckte Hand übersehen oder mit einer verächtlichen Bemerkung zurückgewiesen hätte – er selber hätte wahrscheinlich so gehandelt. Isja aber, der sich nun aus Selmas Umarmungen befreit hatte, ergriff herzlich seine Hand, drückte sie und fragte mit großem Interesse: »Wie haben sie dich denn so zugerichtet?«

»Zusammengeschlagen«, antwortete Andrej kurz. Isja verblüffte ihn. Er wollte ihm gern so viel sagen, fragte aber nur: »Und wo kommst du her?«

Statt einer Antwort blätterte Isja in den Zeitungen und las wild gestikulierend und voller Pathos: »›Mit keinerlei Vernunftgründen ist die Heftigkeit zu erklären, mit der die Regierungspresse die Partei der Radikalen Erneuerung angreift. Aber wenn wir uns erinnern, dass gerade die Erneuerer, diese verschwindend kleine, junge Organisation, am kompromisslosesten gegen jeden Fall von Korruption auftritt …‹«

»Hör auf«, sagte Andrej und zog die Brauen zusammen, aber Isja las mit erhobener Stimme weiter: »›… gegen Gesetzlosigkeit, gegen die Dummheit und Hilflosigkeit der Verwaltung, wenn wir uns daran erinnern, dass die Erneuerer den Fall der Witwe Batton aufgriffen, dass sie als Erste die Regierung vor der Aussichtslosigkeit einer Sumpfsteuer warnten …‹ Belinski! Pissarew! Plechanow! Hast du das selbst verfasst oder einer von deinen kleinen Idioten?«

»Schon gut«, sagte Andrej etwas ruhiger und versuchte, Isja die Zeitungen wegzunehmen.

»Nein, warte!«, schrie Isja, drohte mit dem Finger und zog die Zeitungen zu sich heran. »Hier ist noch eine Perle! … Wo war das? Hier: ›Unsere Stadt ist reich an ehrlichen Menschen – wie jede Stadt, in der arbeitsame Menschen leben. Was jedoch die politischen Gruppierungen betrifft, so kann höchstens Fritz Geiger für sich das hohe Verdienst in Anspruch nehmen …‹«

»Das reicht!«, brüllte Andrej. Aber Isja entriss ihm die Zeitungen, versteckte sich hinter der triumphierenden Selma und fuhr zischend und spuckend fort: »›Wir wollen nicht von Reden sprechen, sondern von Taten! Friedrich Geiger hat den

Posten des Informationsministers abgelehnt; Friedrich Geiger hat gegen das Gesetz gestimmt, das für verdiente Mitarbeiter der Staatsanwaltschaft erhebliche Vergünstigungen vorsah; Friedrich Geiger hat sich als einziger namhafter Politiker gegen die Schaffung einer regulären Armee ausgesprochen, in der ihm ein hoher Posten angeboten worden war ...‹« Isja schleuderte die Zeitung unter den Tisch und rieb sich die Hände. »Du warst schon immer schrecklich naiv, was die Politik angeht. Aber in den letzten Monaten bist du anscheinend völlig verblödet. Hattest eine Abreibung verdient! Ist das Auge wenigstens heil?«

»Das Auge ist heil«, antwortete Andrej nachdenklich. Er bemerkte erst jetzt, dass Isja die linke Hand nur mit Mühe bewegen konnte; drei Finger waren steif.

»Schalt den beschissenen Kasten aus!«, brüllte Kenshi, der in der Tür stand. »Ah, Andrej, du bist schon hier ... Das ist gut. Hallo, Selma!« Er ging durchs Zimmer und riss den Stecker des Lautsprechers aus der Buchse.

»He, was soll das?«, rief Isja. »Ich will die Reden meiner Führer hören! Ihren Siegesmärschen lauschen!«

Kenshi sah ihn wütend an. »Andrej, komm mit, ich erzähle dir, was wir gemacht haben. Wir müssen jetzt überlegen, was weiter zu tun ist.«

Sein Gesicht und seine Hände waren rußgeschwärzt. Er lief zurück in die Redaktion, und Andrej folgte ihm. Erst jetzt bemerkte er, dass es in den Zimmern nach verbranntem Papier roch. Isja und Selma kamen hinterher.

»Generalamnestie!«, verkündete Isja zischend und glucksend. »Der große Führer hat die Kerkertüren geöffnet! Er braucht Platz für neue Gefangene.« Er stöhnte auf. »Alle Kriminellen wurden amnestiert, und ich bin ja bekanntlich einer! Sogar die Lebenslänglichen wurden freigelassen.«

»Du bist mager geworden«, sagte Selma voll Mitleid. »Die Sachen schlottern ja an dir.«

»Wir haben die letzten drei Tage nichts zu fressen bekommen, waschen durften wir uns auch nicht.«

»Dann hast du bestimmt Hunger?«

»Nein, ich habe mir hier schon den Bauch vollgeschlagen.«

Sie gingen in Andrejs Büro. Dort war es schrecklich heiß; die Sonne schien direkt durchs Fenster, und der Kamin brannte. Vor dem Kamin hockte die dämliche Sekretärin. Sie war genauso schmutzig wie Kenshi und stocherte mit einem Schürhaken sorgfältig in einem brennenden Bündel Papier. Im Büro war alles mit Ruß bedeckt, und überall lagen schwarze Flocken von verbranntem Papier.

Die Sekretärin sprang auf und lächelte Andrej ängstlich und untertänig zu. Dass sie hierbleibt, hätte ich nicht erwartet, dachte Andrej. Er setzte sich an seinen Schreibtisch und zwang sich, ihr zuzunicken und das Lächeln zu erwidern.

»Die Namen aller Sonderkorrespondenten, Namen und Adressen der Mitglieder des Redaktionsbeirats«, zählte Kenshi auf. »Die Originale aller politischen Artikel, die Originale der wöchentlichen Umschauen …«

»Duponts Artikel müssen unbedingt verbrannt werden«, sagte Andrej. »Er hat die Erneuerer am schärfsten angegriffen.«

»Schon geschehen«, sagte Kenshi. »Die von Dupont, und für alle Fälle auch die von Filimonow.«

»Warum seid ihr so aufgeregt?«, sagte Isja fröhlich. »Man wird euch doch auf Händen tragen!«

»Wie man's nimmt«, sagte Andrej finster.

»Was heißt, wie man's nimmt? Wollen wir wetten? Um hundert Kopfnüsse?«

»Isja, halt mal den Mund, wenigstens für zehn Minuten!«, sagte Kenshi. »Die gesamte Korrespondenz mit dem Rathaus habe ich vernichtet, aber die Korrespondenz mit Geiger erst einmal gelassen.«

»Die Protokolle der Redaktionssitzungen!«, besann sich Andrej. »Vom vorigen Monat …«

Er griff schnell ins unterste Schubfach und reichte Kenshi eine Aktenmappe. Kenshi verzog das Gesicht und blätterte in der Mappe.

»Ja …«, sagte er kopfschüttelnd. »Wie konnte ich das vergessen … Darin ist ja auch Duponts Äußerung …« Er warf die Aktenmappe ins Kaminfeuer und befahl der Sekretärin, die mit offenem Mund dasaß und zuhörte: »Schüren Sie! Schüren Sie das Feuer!«

In der Tür erschien jetzt aufgeregt und verschwitzt der Leiter der Leserbriefabteilung. Er trug mit beiden Händen einen Stoß Papiere, den er oben mit dem Kinn festhielt.

»Da!«, ächzte er und ließ die Papiere neben dem Kamin fallen. »Das sind lauter Umfragen, ich habe nicht einmal nachgesehen, welche. Lauter Namen und Adressen. Mein Gott, Chef, was ist denn mit Ihnen passiert?«

»Hallo, Danny«, sagte Andrej. »Danke, dass ihr hiergeblieben seid.«

»Ist das Auge noch heil?«, fragte Danny, während er sich den Schweiß von der Stirn wischte.

»Heil, ganz heil«, beruhigte ihn Isja. »Aber ihr vernichtet immerzu das Falsche. Niemand wird euch was zuleide tun: Ihr seid ein liberales oppositionelles Sensationsblättchen. Und jetzt hört ihr einfach auf, liberal und oppositionell zu sein.«

»Isja«, sagte Kenshi. »Ich bitte dich zum letzten Mal: Hör auf, so einen Unsinn zu quatschen, sonst schmeiße ich dich raus.«

»Ich rede keinen Unsinn!«, erwiderte Isja ärgerlich. »Lass mich ausreden! Die Briefe müsst ihr vernichten, die Briefe! Euch haben doch bestimmt viele kluge Leute geschrieben.«

Kenshi starrte ihn an. »Verdammt!« Er rannte hinaus. Danny folgte ihm und wischte sich noch im Laufen den Schweiß von Stirn und Hals.

»Nichts begreift ihr!«, sagte Isja. »Ihr seid doch alle Hohlköpfe. Gefahr droht nur den klugen Menschen.«

»Ja, Hohlköpfe«, bestätigte Andrej. »Da hast du Recht.«

»Sieh an! Du kommst zu Verstand!«, rief Isja und fuchtelte mit der verletzten Hand herum. »Schlimm! Schlimm ist das – und gefährlich! Darin besteht ja die ganze Tragödie. Im Augenblick kommen sehr viele Menschen zu Verstand, aber das genügt nicht. Sie wissen nicht, dass man sich gerade jetzt dumm stellen muss.«

Andrej blickte zu Selma, die Isja mit Begeisterung ansah. Auch die Sekretärin sah ihn begeistert an. Isja stand breitbeinig da, unrasiert, schmutzig, die Füße in Gefängnisschuhen. Sein Hemd war nicht ordentlich in die Hose gesteckt und am Hosenschlitz fehlten Knöpfe. Er stand da, wie immer, kein bisschen verändert – und predigte. Andrej setzte sich neben die Sekretärin, nahm ihr den Feuerhaken weg und schürte missmutig in dem schlecht brennenden Papier.

»Und deshalb«, predigte Isja, »muss man nicht einfach alle Briefe und Artikel vernichten, in denen unser Führer beschimpft wird. Schimpfen kann man nämlich auf unterschiedliche Weise. Vernichten muss man alles, was von klugen Menschen geschrieben wurde!«

Kenshi steckte seinen Kopf durch den Türspalt und schrie: »He, könnte uns vielleicht jemand helfen? Mädchen, was sitzt ihr hier rum, kommt mit!«

Die Sekretärin sprang auf und strich im Laufen den Rock glatt. Selma blieb sitzen, als warte sie darauf, dass jemand sie zurückhielt, dann drückte sie die Kippe im Aschenbecher aus und ging ebenfalls hinaus.

»Euch tut doch keiner was zuleide!«, fuhr Isja fort und nahm anscheinend nichts um sich herum wahr. »Man wird euch noch danken, euch Papier geben, um die Auflage zu erhöhen. Man erhöht auch euer Gehalt und stellt mehr Leute bei euch ein. Nur wenn ihr aufmüpfig werdet, nur dann packt man euch am Schlafittchen und hält euch alles vor: euren Dupont und Filimonow, euer liberal-oppositionelles Geschwätz. Aber warum solltet ihr aufmüpfig werden? Das wird euch nicht im Traum einfallen, im Gegenteil!«

»Isja«, sagte Andrej, der ins Feuer blickte. »Warum hast du mir damals nicht gesagt, was in der Aktenmappe war?«

»In welcher Aktenmappe? Ach, in der …«

Isja verstummte, ging zum Kamin und hockte sich neben ihn. Eine Zeit lang schwiegen beide.

Dann sagte Andrej: »Natürlich, damals war ich ein Esel. Völlig bescheuert. Aber ein Klatschmaul war ich nie. Das hättest du doch wissen müssen.«

»Erstens warst du kein dummer Esel«, sagte Isja. »Es war schlimmer. Du warst zum Esel gemacht worden. Mit dir konnte man nicht mehr vernünftig reden. Ich weiß das, schließlich war ich selber lange Zeit so. Und dann – was heißt hier Klatschmaul? Solche Dinge sollte ein einfacher Bürger gar nicht wissen. So könnte alles breitgetreten werden.«

»Was?«, fragte Andrej verwirrt. »Deine Liebesbriefe?«

»Was für Liebesbriefe?«

Eine Zeit lang sahen sie einander verwundert in die Augen. Dann sagte Isja grinsend: »Ja, klar! Wie konnte ich nur glauben, dass er dir alles erzählt? Warum sollte er auch? Er ist ein großer Mann, ein Führer! Wer über Informationen verfügt, beherrscht die Welt – das hat er sich sehr gut von mir abgeschaut!«

»Ich verstehe gar nichts«, murmelte Andrej fast verzweifelt. Er ahnte, dass er gleich noch etwas Abscheuliches erfahren würde in dieser ohnehin schon abscheulichen Angelegenheit. »Wovon redest du? Wer ist ›er‹? Geiger?«

»Ja, Geiger«, bestätigte Isja. »Unser großer Fritz … In der Mappe waren also Liebesbriefe, ja? Oder kompromittierende

Fotos? Eine eifersüchtige Witwe und der Schürzenjäger Katzman! Richtig, das stand in dem Protokoll, das ich unterschrieben habe.«

Isja stand ächzend auf und lief kichernd und händereibend im Zimmer umher.

»Ja«, sagte Andrej. »So hat er's mir erzählt. Die eifersüchtige Witwe. Das war also gelogen?«

»Natürlich, was hast du denn gedacht?«

»Ich habe das geglaubt«, sagte Andrej kurz. Er biss die Zähne zusammen und schürte wütend im Kamin. »Und was war wirklich drin?«

Isja schwieg. Andrej schaute sich nach hinten um. Isja stand da, rieb sich langsam die Hände und blickte Andrej mit starren Augen und einem merkwürdigen Lächeln an. »Interessant«, sagte er unsicher. »Vielleicht hat er es einfach vergessen? Das heißt, nicht wirklich vergessen ...« Er setzte sich wieder neben Andrej. »Hör zu, ich werde dir nichts darüber erzählen! In Ordnung? Und wenn man dich danach fragt, dann antwortest du einfach: Er hat sich geweigert, mir etwas darüber zu sagen. Ich weiß nur, dass es um ein großes Geheimnis im Zusammenhang mit dem Experiment geht und dass es gefährlich ist, dieses Geheimnis zu kennen. Er hat mir einige versiegelte Umschläge gezeigt und augenzwinkernd erklärt, dass er sie bestimmten Personen anvertraut, damit sie im Falle seiner Verhaftung oder seines plötzlichen Todes geöffnet werden. Verstanden? Und weiter: Die Namen dieser vertrauenswürdigen Personen hat er mir nicht genannt. Das sagst du, wenn du gefragt wirst.«

»In Ordnung«, sagte Andrej langsam und blickte ins Feuer.

»Das wird das Beste sein«, sagte Isja. »Nur wenn sie dich schlagen ... Rummer, dieses Schwein, weißt du ... Aber vielleicht wird dich auch niemand fragen. Ich weiß es nicht. Denk in Ruhe darüber nach; jetzt führt das zu nichts.«

Er verstummte. Andrej schürte unablässig in dem heißen, von roten Feuersträhnen durchzogenen Haufen. Nach einiger Zeit begann Isja wieder Aktenmappen ins Feuer zu werfen.

»Nicht die Pappdeckel«, sagte Andrej. »Schau, sie brennen schlecht. Übrigens: Hast du keine Angst, dass sie die Mappe finden?«

»Was habe ich denn zu befürchten?«, erwiderte Isja. »Geiger sollte sich fürchten. Und wenn sie sie nicht gleich gefunden haben – jetzt finden sie sie sicher nicht mehr. Ich habe sie in einen Gully geworfen, und danach habe ich mich dauernd gefragt: Hatte ich getroffen oder nicht? … Aber warum haben sie dich zusammengeschlagen? Soweit ich weiß, verstehst du dich doch bestens mit Fritz.«

»Das war nicht Fritz«, antwortete Andrej widerwillig. »Ich hatte einfach Pech.«

Jetzt kamen Kenshi und die Frauen zurück; laut lärmend schleppten sie in einem ausgebreiteten Mantel eine Unmenge von Briefen herbei. Danny folgte ihnen.

»Das dürfte jetzt alles sein«, sagte er. »Oder ist euch noch etwas eingefallen?«

»Los, macht Platz da!«, rief Kenshi.

Sie legten den Mantel vor den Kamin. Dann warfen sie die Briefe ins Feuer. Die Flammen loderten mit lautem Knistern auf. Isja nahm einen Brief aus dem Haufen und las ihn begierig.

»Wer hat gesagt, dass Manuskripte nicht brennen?«, fragte Danny. Er setzte sich an den Tisch und zündete sich eine Zigarette an. »Es brennt hervorragend. Aber diese Hitze! Sollen wir die Fenster öffnen?«

Die Sekretärin sprang plötzlich auf und lief hinaus, wobei sie aufgeregt schrie: »Ich habe was vergessen, total vergessen!«

»Wie heißt sie eigentlich?«, fragte Andrej.

»Amalia«, flüsterte Kenshi. »Das habe ich dir schon hundertmal gesagt. Du, ich habe eben Dupont angerufen.«

»Und?«

Die Sekretärin kam mit einem ganzen Stapel Notizblöcke zurück. »Ihre Anordnungen, Chef. Das hatte ich völlig vergessen. Die müssen bestimmt auch verbrannt werden.«

»Natürlich, Amalia«, sagte Andrej. »Gut, dass Sie sich daran erinnert haben. Verbrennen Sie's, Amalia, verbrennen Sie's! … Und Dupont?«

»Ich wollte ihn beruhigen«, sagte Kenshi, »habe ihm gesagt, dass alles in Ordnung sei, alle Spuren vernichtet. Er hat sich sehr gewundert – welche Spuren? Ob er denn jemals etwas geschrieben habe? Gerade habe er eine ausführliche Reportage über die heroische Erstürmung des Rathauses beendet, und jetzt arbeite er an dem Artikel: Friedrich Geiger und das Volk.«

»Dieser Hundesohn«, sagte Andrej matt. »Übrigens: Wir sind alle Hundesöhne.«

»Sprich für dich selbst, wenn du solche Sachen sagst«, warf Kenshi bissig ein.

»Entschuldige! Nicht alle sind Hundesöhne. Aber die meisten.«

Isja kicherte wieder. »Na bitte – ein kluger Mann!«, erklärte er und wedelte mit einem Brief. »›Es ist offensichtlich‹«, las er vor, »›dass Menschen wie Friedrich Geiger geradezu auf ein großes Unglück warten – auf eine empfindliche Störung des Gleichgewichts, sei sie auch nur vorübergehend. So können sie Leidenschaft wecken und auf der Welle einer Revolte nach oben steigen!‹ Wer schreibt das?« Er schaute auf die Rückseite. »Ah ja, natürlich … Und jetzt ins Feuer damit!« Er zerknüllte das Blatt und warf es in die Flammen.

»Hör mal, Andrej«, sagte Kenshi. »Wäre es nicht an der Zeit, über die Zukunft nachzudenken?«

»Was gibt es da nachzudenken? Wir werden schon irgendwie durchkommen und die Sache überleben.«

»Ich meine nicht unsere Zukunft! Ich spreche von der Zukunft der Zeitung, von der Zukunft des Experiments!«

Andrej sah ihn überrascht an. Kenshi war genauso wie immer. Als wäre nichts geschehen. Als wäre in den letzten, wirklich schlimmen Monaten überhaupt nichts geschehen. Kenshi wirkte sogar noch kampfentschlossener als sonst. Jetzt würde er sich sicher für das Gesetz und die Ideale einsetzen … wie der gespannte Abzug einer Pistole. Vielleicht war mit ihm tatsächlich nichts geschehen?

»Hast du mit deinem Mentor gesprochen?«, fragte Andrej.

»Habe ich«, antwortete Kenshi mit aggressivem Unterton.

»Und?«, fragte Andrej, nachdem er die übliche Hemmung, über die Mentoren zu sprechen, überwunden hatte.

»Das geht niemanden etwas an und hat nichts zu bedeuten. Was haben die Mentoren damit zu tun? Geiger hat auch einen Mentor. Jeder Bandit in der Stadt hat einen Mentor. Das sollte niemanden daran hindern, mit dem eigenen Kopf zu denken.«

Andrej nahm eine Zigarette aus der Schachtel und zündete sie, vor Hitze blinzelnd, am glühenden Schürhaken an. »Ich habe das alles satt«, sagte er leise.

»Was hast du satt?«

»Alles … Wir müssen von hier fliehen, Kenshi. Sollen sie doch alle zum Teufel gehen.«

»Was heißt – fliehen? Was meinst du?«

»Abhauen, bevor es zu spät ist, in die Sümpfe, zu Onkel Jura, möglichst weit weg von dem Chaos. Das Experiment ist außer Kontrolle geraten, wir beide können es nicht mehr unter Kontrolle bringen. In den Sümpfen haben wir wenigstens Waffen. Dort werden wir stark sein.«

»Ich gehe nicht in die Sümpfe!«, rief Selma plötzlich.

»Dich fragt ja auch keiner«, parierte Andrej, ohne sich umzudrehen.

»Andrej«, sagte Kenshi. »Das ist doch Fahnenflucht.«

»Du nennst es Fahnenflucht, ich nenne es einen klugen Schachzug. Tu, was du willst. Du hast mich gefragt, wie ich über die Zukunft denke, und ich antworte dir: Hier ist für mich nichts mehr zu tun. Die Redaktion wird sowieso davongejagt, und wir müssen verreckte Paviane aufsammeln. Unter Bewachung. Und das ist noch der günstigste Fall.«

»Hier ist noch ein kluger Mensch!«, rief Isja entzückt. »Hört mal hier: ›Ich bin ein langjähriger Leser Ihrer Zeitung und finde ihren Kurs im Großen und Ganzen gut. Aber warum verteidigen Sie ständig F. Geiger? Sind Sie vielleicht unzureichend informiert? Ich weiß genau, dass Geiger über alle bekannten Persönlichkeiten der Stadt Dossiers besitzt. Seine Leute haben bereits den gesamten Verwaltungsapparat durchsetzt. Wahrscheinlich sind auch welche in Ihrer Zeitung. Ich versichere Ihnen, es gibt durchaus nicht so wenige Radikale Erneuerer, wie Sie denken. Ich weiß auch, dass sie Waffen besitzen.‹« Isja schaute auf den Absender. »Ach, der ist das! ›Ich bitte, meinen Namen nicht zu veröffentlichen!‹ Ins Feuer, ins Feuer!«

»Man sollte meinen, du kennst in der Stadt alle klugen Menschen«, sagte Andrej.

»Das sind übrigens gar nicht so viele«, erwiderte Isja, der nun noch einen Brief aus dem Haufen fischte. »Zudem schreiben kluge Menschen eher selten an die Zeitung.«

Alle schwiegen. Danny, der zu Ende geraucht hatte, trat jetzt auch an den Kamin und warf bündelweise Briefe ins Feuer. »Schüren Sie, Chef, schüren Sie! Mit mehr Schwung! Oder geben Sie mir den Haken!«

»Meiner Meinung nach ist es einfach feige, jetzt aus der Stadt abzuhauen«, sagte Selma herausfordernd.

»Jetzt zählt jeder ehrliche Mensch«, unterstützte sie Kenshi. »Wenn wir gehen, wer bleibt dann? Willst du den Duponts die Zeitung überlassen?«

»Du bleibst«, sagt Andrej müde. »Selma kannst du auch einstellen, oder Isja ...«

»Du kennst Geiger doch gut«, unterbrach ihn Kenshi. »Du könntest deinen Einfluss nutzen.«

»Ich habe keinen Einfluss auf ihn. Und wenn doch, will ich ihn nicht nutzen. Ich kann so etwas nicht und kann es auch nicht leiden .«

Wieder schwiegen alle, nur die Flammen im Kamin knisterten.

»Wenn sie bloß bald kämen«, brummte Danny, der den letzten Packen Briefe ins Feuer warf. »Ich muss unbedingt was trinken, und es ist nichts da.«

»So schnell kommen sie nicht«, sagte Isja. »Sie rufen vorher an!« Er schleuderte den Brief, den er eben gelesen hatte, in den Kamin und lief im Zimmer umher. »Danny, Sie wissen und verstehen das nicht. Es ist ein Ritual! Eine Prozedur, die in drei Ländern bis aufs i-Tüpfelchen ausgearbeitet und erprobt wurde ... Mädels, ist hier nicht irgendwo was zum Fressen?«

Die magere Amalia sprang unverzüglich auf, piepste: »Gleich, gleich ...«, und verschwand im Vorraum.

»Übrigens«, erinnerte sich Andrej auf einmal. »Wo ist denn der Zensor?«

»Er wollte sehr gern bleiben«, antwortete Danny. »Aber Herr Ubukata hat ihn hinausbefördert. Er hat schrecklich geschrien, unser Zensor. ›Wo soll ich hin?‹, hat er geschrien. ›Ihr bringt mich um!‹ Wir mussten sogar die Tür verriegeln, damit er draußen blieb. Hat sich zuerst mit dem ganzen Körper gegen die Tür geworfen. Aber dann hat er aufgegeben und ist gegangen. Hört mal, ich mache jetzt das Fenster auf, es ist viel zu heiß hier.«

Die Sekretärin kam zurück. Mit einem schüchternen Lächeln auf den ungeschminkten Lippen reichte sie Isja ein durchfettetes Papierpaket mit Piroggen.

»Großartig!«, schrie Isja und begann sogleich zu schmatzen.

»Tun dir die Rippen weh?«, erkundigte sich Selma flüsternd.

»Nein.« Er stand auf, schob sie beiseite und ging zum Schreibtisch. In dem Moment klingelte das Telefon. Alle wandten die Köpfe und starrten auf den weißen Apparat.

»Na los, Andrej!«, sagte Kenshi ungeduldig.

Andrej hob ab. »Ja?«

»Ist dort die Redaktion der *Stadtzeitung*?«, erkundigte sich ein Mann in sachlichem Tonfall.

»Ja«, sagte Andrej.

»Bitte Herrn Woronin.«

»Am Apparat.«

Andrej hörte nur ein Atmen, dann kam das Freizeichen. Mit klopfendem Herzen legte Andrej den Hörer auf. »Das sind sie.«

Isja gab schmatzend etwas Unverständliches von sich und nickte dabei heftig mit dem Kopf. Andrej setzte sich. Alle schauten ihn an – der verkrampft lächelnde Danny, der finster dreinblickende Kenshi, die ängstlich-erschrockene Amalia und die blasse Selma. Auch Isja schaute ihn an, kauend und grinsend, und wischte sich die fettigen Finger an der Jacke ab.

»Was glotzt ihr mich so an?«, fragte Andrej gereizt. »Los, haut ab!«

Niemand rührte sich von der Stelle.

»Warum regst du dich auf?«, fragte Isja und besah sich die letzte Pirogge. »Das geht alles still und friedlich über die Bühne, wie Onkel Jura zu sagen pflegt. Still und friedlich, ehrlich und anständig ... Nur keine heftigen Bewegungen! Denk an die Kobras.«

Draußen brummte ein Auto, Bremsen quietschten und ein Mann kommandierte mit schnarrender Stimme: »Kaiser, Welitschenko, mir nach! Mirowitsch, Tür bewachen!« Sogleich donnerte eine Faust an die Tür.

»Ich mache die Tür auf«, sagte Danny. Kenshi eilte zum Kamin, um mit aller Kraft einen Haufen qualmender Asche zu schüren. Die Asche flog im Zimmer umher.

»Keine heftigen Bewegungen!«, rief Isja Danny nach.

An der Tür unten wurde geschüttelt, Glas klirrte. Andrej erhob sich, verschränkte die Hände auf dem Rücken, presste die Finger fest zusammen und stellte sich mitten ins Zimmer. Wieder überkam ihn dumpfe Übelkeit, und die Knie wurden ihm weich. Der Krach verstummte, man hörte unwirsche Stimmen, und dann stampften Stiefel durch die leeren Räume. Als ob es ein ganzes Bataillon wäre, ging es Andrej durch den Kopf. Er ging ein paar Schritte zurück und lehnte sich an den Schreibtisch. Seine Knie zitterten furchtbar. Schlagen lasse ich mich nicht mehr, dachte er verzweifelt. Sollen sie mich lieber töten. Die Pistole habe ich nicht mitgenommen. Das war falsch … Oder doch richtig?

Durch die Tür schritt entschlossen ein kleiner feister Mann. Er trug einen teuren Mantel mit weißen Bändern an den Ärmeln, blitzblanke Stiefel und auf dem Kopf ein riesiges Barett mit Abzeichen. Der Mantel wurde mehr schlecht als recht von einem breiten Riemen zusammengehalten, an dem eine neue gelbe Pistolentasche befestigt war. Jetzt stürmten weitere Männer herein, aber Andrej nahm sie gar nicht wahr. Wie gebannt blickte er auf das blasse aufgedunsene Gesicht mit den geröteten Äuglein. Er hat eine Bindehautentzündung, ging es Andrej durch den Kopf … Und rasiert ist er, dass er glänzt wie lackiert …

Der Mann mit dem Barett inspizierte flüchtig das Zimmer und heftete dann seinen Blick auf Andrej.

»Herr Woronin?«, fragte er mit hoher Stimme.

»Ja«, brachte Andrej mühsam hervor. Er klammerte sich mit beiden Händen an die Tischkante.

»Chefredakteur der *Stadtzeitung*?«

»Ja.«

Der Mann salutierte gekonnt, aber lässig mit zwei Fingern und erklärte pathetisch: »Ich habe die Ehre, Herr Woronin, Ihnen eine persönliche Botschaft des Präsidenten Friedrich Geiger auszuhändigen!«

Anscheinend wollte er die persönliche Botschaft mit einer flinken Bewegung aus der Manteltasche holen, aber dort hatte sich etwas verklemmt, und er musste ziemlich lange im Innern seines Mantels wühlen – den Oberkörper leicht zur Seite geneigt und mit einem Gesichtsausdruck, als belästige ihn ein Schwarm Insekten. Andrej sah den Mann ebenso schicksalsergeben wie verständnislos an – er begriff überhaupt nichts, irgendwie war alles absurd und gar nicht so, wie er es erwartet hatte. Vielleicht geht es ja nochmal gut, dachte er, verdrängte jedoch den Gedanken aus Aberglauben sofort wieder.

Endlich hatte der Mann die Botschaft gefunden und reichte sie Andrej mit unzufriedener, etwas beleidigter Miene. Andrej nahm den versiegelten Brief in Empfang; es war ein gewöhnlicher Umschlag – lang, bläulich eingefärbt und auf der Rückseite ein kleines geflügeltes Herz. In der vertrauten großen Handschrift stand darauf: »An den Chefredakteur der *Stadtzeitung* Andrej Woronin persönlich, vertraulich. F. Geiger, Präsident.« Andrej riss den Umschlag auf und zog ein Blatt gewöhnlichen Briefpapiers mit blauem Rand heraus.

»Lieber Andrej! Vor allem gestatte mir, dir von ganzem Herzen für die Hilfe und Unterstützung zu danken, die ich im Laufe der letzten, entscheidenden Monate seitens deiner Zeitung erhalten habe. Jetzt hat sich, wie du siehst, die Lage grundlegend geändert. Ich bin überzeugt, dass die neue Terminologie und einige unvermeidliche Exzesse dich nicht verwirren werden: Worte und Mittel haben sich geändert, aber die Ziele sind die alten geblieben. Übernimm die Zeitung, führe und leite sie – ich setze dich als ständigen und bevollmächtigten Chefredakteur und Herausgeber ein. Suche dir Mitarbeiter nach eigener Wahl, erweitere die Redaktion, verlange neue Druckmöglichkeiten – ich gebe dir völlig freie Hand. Der Überbringer dieses Schreibens – der Unteradjutor Raimond Zwirik – ist zum politischen Vertreter meines Informationsamtes bei deiner Zeitung ernannt. Wie du dich selber bald überzeugen wirst, besitzt er keine großen Geistesgaben, doch seine Sache beherrscht er gut. Besonders in der ersten Zeit wird er dir helfen, dich in der allgemeinen Politik zurechtzufinden. Falls es Konflikte geben sollte, wendest du dich natürlich direkt an mich. Ich wünsche dir viel Erfolg! Wir werden den Liberalen zeigen, wie man arbeiten muss. In Freundschaft, Dein Fritz.«

Andrej las die persönliche und vertrauliche Botschaft zweimal, dann ließ er die Hand mit dem Brief sinken und sah sich um. Wieder starrten ihn alle an – bleich, entschlossen, angespannt. Nur Isja strahlte wie ein geputzter Samowar und teilte von den anderen unbemerkt fiktive Kopfnüsse aus. Der Unteradjutor (was war das denn, zum Teufel? Das Wort klang bekannt … Adjutor, Koadjutor … etwas Historisches vielleicht? … Oder aus den »Drei Musketieren«?), der Unteradjutor Raimond Zwirik blickte Andrej ebenfalls an, streng, aber gönnerhaft. Und auch die Kerle, die mit Karabinern und weißen Armbinden in der Tür standen, sahen ihn an und traten dabei ungeduldig von einem Fuß auf den anderen.

»Hm …«, sagte Andrej, faltete den Brief zusammen und steckte ihn in den Umschlag. Er wusste nicht, was er sagen sollte.

Der Unteradjutor kam ihm zu Hilfe. »Sind das alles Ihre Mitarbeiter, Herr Woronin?«, erkundigte er sich geschäftsmäßig und deutete eine seitliche Handbewegung an.

»Ja.«

»Hm …«, zweifelte Herr Raimond Zwirik und musterte Isja, doch da fragte Kenshi ihn plötzlich in scharfem Ton: »Und wer sind Sie eigentlich?«

Raimond Zwirik blickte zuerst Kenshi an und sah dann erstaunt zu Andrej.

Andrej räusperte sich. »Meine Herrschaften«, sagte er, »gestatten Sie, dass ich Ihnen vorstelle: Herr Zwirik, Unterkoadjutor.«

»Adjutor«, berichtigte ihn Zwirik empört.

»Wie? Ach ja, Adjutor. Nicht Koadjutor, sondern einfach Adjutor.« (Selma prustete plötzlich los und presste sich schnell die Hand auf den Mund.) »Unteradjutor, der politische Vertreter in unserer Zeitung. Von heute an.«

»Der Vertreter wovon?«, fragte Kenshi unversöhnlich.

Andrej wollte schon wieder ins Kuvert greifen, als Zwirik mit noch größerer Empörung als zuvor erklärte: »Der politische Vertreter des Informationsamtes!«

»Ihre Papiere!«, forderte Kenshi scharf.

»Was?« Zwiriks Äuglein flimmerten erregt.

»Papiere, Vollmachten – haben Sie noch etwas zur Legitimation außer Ihrer idiotischen Pistolentasche?«

»Wer ist das?«, schrie Zwirik, an Andrej gewandt. »Wer ist dieser Mensch?«

»Das ist Herr Kenshi Ubukata«, antwortete Andrej eilfertig. »Der stellvertretende Chefredakteur. Kenshi, die Vollmachten sind nicht nötig. Er hat mir einen Brief von Fritz übergeben.«

»Was für ein Fritz?«, fragte Kenshi abfällig. »Was hat irgendein Fritz damit zu tun?«

»Keine heftigen Bewegungen!«, rief Isja. »Ich flehe euch an, keine heftigen Bewegungen!«

Zwirik drehte seinen Kopf zwischen Isja und Kenshi hin und her. Sein Gesicht glänzte nicht mehr, sondern lief dunkelrot an. »Wie ich sehe, Herr Woronin«, sagte er schließlich,

»haben Ihre Mitarbeiter keine rechte Vorstellung davon, was heute geschehen ist! Oder im Gegenteil ...« Er sprach immer lauter. »... Sie wissen es, aber sehen es in einem sonderbaren, verzerrten Licht! Ich sehe hier verbranntes Papier, ich sehe finstere Gesichter, aber keinerlei Bereitschaft, an die Arbeit zu gehen. Zu einer Zeit, wo die ganze Stadt, unser ganzes Volk ...«

»Und wer ist das?«, unterbrach ihn Kenshi, auf die Männer mit Karabinern zeigend. »Sind das etwa neue Mitarbeiter?«

»Stellen Sie sich vor – ja! Herr *ehemaliger* stellvertretender Chefredakteur! Das sind neue Mitarbeiter, ich kann nicht versprechen, dass sie ...«

»Das werden wir ja noch sehen«, sagte Kenshi mit ungewohnt kratzender Stimme und trat auf Zwirik zu. »Mit welchem Recht ...«

»Kenshi!«, rief Andrej hilflos.

»Mit welchem Recht führen Sie sich hier so auf?«, fuhr Kenshi fort, ohne Andrej zu beachten. »Wer sind Sie denn? Wie können Sie es wagen, sich so zu benehmen? Warum zeigen Sie nicht Ihre Papiere? Sie sind bewaffnete Banditen, die hier eingedrungen sind, um uns zu berauben!«

»Halt's Maul, Schlitzauge!«, schrie Zwirik plötzlich und griff nach der Pistolentasche.

Andrej wollte sich zwischen sie werfen, wurde aber beiseite gestoßen. Selma hatte sich vor Zwirik gestellt und schrie ihn an: »Wie kannst du es wagen, in Anwesenheit von Damen solche Reden zu führen, du Ratte!«, brüllte sie. »Du Fettarsch! Du Bandit!«

Nun geriet alles durcheinander: Zwirik, Kenshi und Selma schrien gleichzeitig aufeinander ein. Aus den Augenwinkeln heraus sah Andrej, wie die Männer an der Tür sich unsicher umschauten und ihre Karabiner einsatzbereit machten. Neben ihnen erschien jetzt Danny Lee, der einen schweren Redakteursstuhl mit eiserner Sitzfläche an einem Bein festhielt, am unwirklichsten aber wirkte diese blöde Gans Amalia: Sie schlich geduckt wie ein Raubtier und mit gebleckten weißen Zähnen, die in ihrem totengleich eingefallenen Gesicht sehr unheimlich wirkten, auf Zwirik zu und schwang den rauchenden Schürhaken über seiner Schulter wie einen Golfschläger. »Ich kenne dich, du Hundesohn!«, tobte Kenshi. »Du hast Gelder für Schulen veruntreut, du Parasit, und jetzt hast du dich zum Koadjutor befördern lassen?!« – »Ich mache euch alle zu Scheiße! Scheiße werdet ihr fressen! Feinde der Menschheit!« – »Halt's Maul, du Arschloch! Schweig, solange du noch lebst!« – »Keine heftigen Bewegungen bitte!« Andrej starrte wie gebannt auf den Schürhaken. Er spürte … Er wusste, dass jetzt etwas Schreckliches geschehen würde – und dass es nicht mehr aufzuhalten war.

Der Unteradjutor war außer sich. Er lief dunkelrot an und brüllte: »An die Laterne mit euch!«, und hielt seine riesige Pistole in die Luft. Bei all dem Geschrei hatte er es geschafft, seine Pistole zu ziehen, und jetzt fuchtelte er damit herum und schrie ohne Unterlass. Da sprang Kenshi auf ihn zu, packte ihn mit beiden Händen am Mantelkragen und schüttelte ihn. Plötzlich krachte ein Schuss, es folgte ein zweiter, ein dritter. Der Schürhaken fuhr lautlos durch die Luft. Alle erstarrten.

Zwirik stand allein mitten im Raum, sein rotes Gesicht wurde zusehends fahl. Mit einer Hand rieb er sich die vom Schürhaken verletzte Schulter, die andere zitterte, noch immer ausgestreckt. Die Pistole lag auf dem Fußboden. Die Kerle an der Tür sperrten die Münder auf, ihre Karabiner waren zum Boden gerichtet.

»Ich wollte nicht …«, begann Zwirik mit blecherner Stimme.

Danny war der Stuhl aus den Händen gefallen; er krachte laut scheppernd zu Boden. Erst jetzt begriff Andrej, wohin alle blickten. Sie sahen zu Kenshi, der irgendwie merkwürdig und ganz langsam zurückwich, seine Handflächen hatte er an die Brust gepresst.

»Ich wollte nicht ...«, wiederholte Zwirik nun mit weinerlicher Stimme. »Bei Gott, ich wollte es nicht!«

Kenshi stürzte fast lautlos auf einen Aschehaufen neben dem Kamin, gab einen qualvollen Laut von sich und zog die Knie zum Bauch.

Mit einem entsetzlichen Schrei sprang Selma auf Zwirik zu und krallte ihm die Fingernägel in das feiste, fahl glänzende Gesicht; die anderen liefen zu Kenshi, umringten ihn und beugten sich über seinen Körper. Kurz darauf richtete sich Isja wieder auf, wandte Andrej das verzerrte Gesicht mit den ungläubig hochgezogenen Brauen zu und flüsterte: »Tot ... ermordet ...«

Das Telefon klingelte. Mechanisch wie im Schlaf nahm Andrej den Hörer ab.

»Andrej? Andrej!« Es war Otto Frisch. »Bist du heil und gesund? Gott sei Dank, ich habe mich so gesorgt um dich! Jetzt wird alles gut. Jetzt wird Fritz dafür sorgen, dass uns nichts passiert ...«

Er sagte noch etwas von Wurst und Butter, aber Andrej hörte nicht mehr zu.

Selma hockte auf dem Boden, hielt sich mit beiden Händen den Kopf und schluchzte laut. Währenddessen wiederholte der Unteradjutor Raimond Zwirik, dessen fahle Wangen vom Blut aus den tiefen Kratzern ganz verschmiert waren, wie eine kaputte Schallplatte: »Das wollte ich nicht ... Ich schwöre bei Gott, das wollte ich nicht ...«

Vierter Teil

Präsidialrat

1

Das lauwarme Wasser roch ekelhaft. Die Duschbrause war viel zu hoch angebracht und mit der Hand nicht zu erreichen. Die spärlichen Wasserstrahlen spritzten überall hin, nur nicht auf seinen Körper. Und wie immer war der Abfluss verstopft; das Wasser schwappte schon über das Gitter. Es war unerhört … Andrej lauschte: Im Umkleideraum wurde immer noch gemault und gepoltert; hin und wieder glaubte er, seinen Namen zu hören. Er verzog ärgerlich das Gesicht und bewegte sich hin und her, um einen Wasserstrahl auf seinem Rücken einzufangen, glitt aber aus und musste sich an der rauen Betonwand festhalten. Er fluchte leise. Der Teufel sollte sie holen, dachte er, hätten wenigstens einen eigenen Duschraum für die Regierungsbeamten einrichten können. Hier konnte man ewig warten …

Auf der Tür direkt vor ihm waren drei Worte eingeritzt: »Schau nach rechts.« Andrej schaute automatisch nach rechts. Dort stand: »Schau zurück.« Andrej erinnerte sich. Das kenne ich, das haben wir als Schuljungen auch gemacht. Er drehte den Wasserhahn zu. Im Umkleideraum war es still. Andrej öffnete vorsichtig die Tür und sah hinein. Gott sei Dank, sie waren weg.

Mit verkrampften Zehen hinkte er auf den schmutzigen Fliesen bis zu seinem Garderobenschrank. Doch plötzlich bewegte sich in der Ecke etwas. Andrej entdeckte einen schwarz behaarten Hintern … Das Übliche: ein nackter Mann, der auf der Bank kniete und durch ein Loch in der Wand in die Frauenumkleide äugte. Vor lauter Anspannung war er förmlich erstarrt.

Andrej begann sich abzutrocknen – mit einem billigen, staatseigenen Handtuch, das nach Karbol stank und das Wasser nicht aufsog, sondern es nur auf der Haut verwischte.

Der Nackte schaute noch immer wie gebannt durch das Loch, obwohl er sich dabei ungeheuer verrenken musste. Offenbar hatte ein Junge das Loch gebohrt, denn es war für den Mann viel zu niedrig. Deshalb kam er wohl auch nicht auf seine Kosten. Er seufzte laut, setzte sich hin und ließ die Beine baumeln. Da erblickte er Andrej.

»Jetzt ist sie angezogen«, teilte er ihm mit. »Schöne Frau.«

Andrej sagte nichts. Er zog sich die Hose an und griff nach den Schuhen.

»Ich habe mir heute schon wieder die Schwielen aufgerissen«, schimpfte der Nackte. »Hier, sehen Sie! Wie oft mir das bei der Arbeit schon passiert ist!« Dann hielt er das Handtuch vor sich und betrachtete es misstrauisch von beiden Seiten. »Und eines verstehe ich nicht«, fuhr er fort, während er sich die Haare trocknete. »Warum schickt man keinen Bagger her? Ein einziger Bagger könnte uns alle ersetzen. Und was machen wir? Stochern mit Schaufeln herum wie die …«

Andrej zuckte mit den Achseln und brummte irgendetwas.

»Was sagen Sie?«, fragte der Nackte und machte sein Ohr frei.

»Ich sagte, es gibt bloß zwei Bagger in der ganzen Stadt«, antwortete Andrej gereizt. Am rechten Schuh war der Schnürsenkel gerissen, und jetzt war es unmöglich, sich vor dem Gespräch davonzustehlen.

»Das meine ich ja: Sie sollen einen hierherschicken!«, erklärte der Nackte und rieb sich die behaarte Hühnerbrust trocken. »Sonst rackern wir uns hier ständig mit Schaufeln ab … Richtiges Schaufeln, mit Verlaub, muss man gelernt haben – aber woher, frage ich Sie, woher sollen wir wissen, wie das geht? Wir sind aus der Planungsbehörde …«

»Die Bagger werden an anderer Stelle gebraucht«, knurrte Andrej. Der verdammte Schnürsenkel wollte sich einfach nicht knoten lassen.

»Und wo?«, hakte der Nackte nach. »Hier befindet sich doch, wenn ich's recht verstehe, die ›große Baustelle‹. Aber wo sind dann die Bagger? Auf der allergrößten, was? Von so einer habe ich nie etwas gehört.«

Du hast mir gerade noch gefehlt, dachte Andrej wütend. Aber warum streite ich mich eigentlich mit ihm? Zustimmen muss ich ihm, statt mich zu streiten. Ein paarmal zustimmend nicken, und dann wird er mich in Ruhe lassen … Nein, dann wird er anfangen, von nackten Weibern zu reden … Wie ersprießlich es für ihn ist, sie anzuschauen. Lüstling.

»Warum nörgeln Sie dauernd?«, fragte Andrej und richtete sich auf. »Man hat Sie gebeten, eine Stunde am Tag zu arbeiten, und Sie jammern, als hätte man Ihnen Daumenschrauben angelegt! Oje, die Schwielen hat er sich aufgerissen … ein Arbeitsunfall!«

Der Nackte aus der Planungsbehörde stand da und starrte ihn mit offenem Mund an – dünn, behaart, mit gichtigen Gelenken und einem kleinen, schiefen Bäuchlein.

»Sie arbeiten doch für sich selbst!«, fuhr er fort, während er wütend die Krawatte zuzog. »Nicht für den Chef, für sich selbst bittet man Sie zu arbeiten! Aber nein, wieder sind Sie unzufrieden, wieder passt es Ihnen nicht. Vor der Wende hat er Scheiße gefahren; jetzt sitzt er in der Planungsbehörde und nörgelt immer noch rum.«

Andrej zog die Jacke an und rollte den Overall zusammen. Da ließ sich der Mann aus der Planungsabteilung endlich vernehmen: »Aber erlauben Sie, mein Herr!«, schrie er gekränkt. »So habe ich das nicht gemeint! Was ich meine, ist Effektivität, rationelles Arbeiten! Und überhaupt! Ich war, mit Verlaub, selbst bei der Erstürmung des Rathauses dabei! Und ich habe mir meine Arbeitsstelle selber ausgesucht! Und ich sage Ihnen: Wenn das die große Baustelle ist, dann müsste auch das Beste hierher … Und schreien Sie mich nicht so an!«

»Wieso unterhalte ich mich überhaupt mit Ihnen!«, erwiderte Andrej. Im Gehen packte er den Overall in eine Zeitung und verließ den Umkleideraum.

Selma wartete schon auf der Parkbank. Sie saß mit übereinandergeschlagenen Beinen da, rauchte und schaute nachdenklich zur Baugrube hinüber. Sie hatte geduscht und sah frisch und rosig aus. Der Gedanke, dass es vielleicht Selma gewesen war, die der behaarte Lüstling durch das Loch beobachtet hatte, gab Andrej einen schmerzlichen Stich. Er legte die rechte Hand an Selmas kühlen Hals.

»Gehen wir?«

Sie lächelte ihn an und rieb die Wange an seiner Hand. »Lass mich noch zu Ende rauchen.«

Andrej setzte sich und zündete sich ebenfalls eine Zigarette an.

In der Baugrube wimmelte es von Menschen, Erde flog von Schaufeln, und das geschärfte Eisen blitzte in der Sonne. Mit Erde beladene Fuhrwerke zogen als Kette den gegenüberliegenden Abhang hinauf. Bei den gestapelten Betonplatten sammelten sich schon die Menschen für die nächste Schicht. Der Wind wirbelte rötlichen Staub auf und wehte Fetzen von Marschliedern heran; sie drangen aus mehreren Lautsprechern, die auf hohen Zementsäulen angebracht waren. Die riesigen Sperrholzplatten mit den verblassten Losungen schaukelten im Wind. Darauf stand: »Geigers Wort: So muss es sein! Die Antwort der Stadt: Wir machen es!« – »Die große Baustelle – ein Schlag gegen die Unmenschen!« – »Das Experiment – an den Experimentatoren!«

»Otto hat versprochen, dass es heute wieder Teppiche gibt«, sagte Selma.

»Fein«, freute sich Andrej. »Nimm den größten. Den legen wir ins Wohnzimmer.«

»Ich wollte ihn für dein Arbeitszimmer. Als Wandteppich. Erinnerst du dich, das hatte ich schon letztes Jahr vorgeschlagen – gleich, nachdem wir eingezogen waren.«

Andrej stellte sich sein Arbeitszimmer vor, den Wandteppich und die Waffen. Ja, das sähe gut aus. »Du hast Recht!«, sagte er. »Wunderbar. Häng ihn ins Arbeitszimmer.«

»Du musst aber unbedingt Rummer anrufen, damit er uns einen Mann schickt.«

»Ruf selber an. Ich habe keine Zeit ... Na gut, ich rufe an. Wohin soll er kommen? Nach Hause?«

»Nein, erst ins Geschäft. Bist du zum Mittagessen da?«

»Ja, bestimmt. Übrigens, Isja möchte uns mal wieder besuchen.«

»Das trifft sich gut! Lad ihn gleich für heute Abend ein. Wir haben uns ja eine Ewigkeit nicht mehr gesehen. Auch Wang könntest du einladen, mit Mei Ling.«

»Hm-ja«, sagte Andrej. An Wang hatte er nicht gedacht. »Und wen außer Isja möchtest du noch einladen – ich meine ... von unseren Leuten?«, erkundigte er sich vorsichtig.

»Von unseren? Den Oberst vielleicht?«, schlug Selma unschlüssig vor. »Der ist ein feiner Mensch ... Aber wen wir unbedingt einladen sollten, sind Herr und Frau Dollfuß. Wir waren schon zweimal bei ihnen, langsam wird es peinlich.«

»Und wenn er ohne seine Frau käme ...«

»Ohne Frau geht's nicht!«

»Weißt du was? Ruf sie vorläufig nicht an, und abends werden wir sehen.« Ihm war klar, dass Wang und das Ehepaar

Dollfuß nicht zueinander passten. »Könnten wir nicht lieber Tschatschua einladen?«

»Gute Idee! Den setzen wir auf die Dollfuß an. Dann sind alle zufrieden.« Sie warf die Kippe weg. »Gehen wir?«

In eine Staubwolke gehüllt, marschierte jetzt die nächste Gruppe Großer Erbauer aus der Baugrube in Richtung Duschräume – lärmende, verschwitzte Arbeiter aus der Gießerei.

»Ja, komm«, sagte Andrej.

Sie gingen auf einer schmutzigen Straße entlang, die von zwei Reihen frisch gepflanzter Linden gesäumt wurde. An der Bushaltestelle standen zwei überfüllte, ramponierte Busse. Andrej blickte auf die Uhr: Bis zur Abfahrt blieben noch sieben Minuten. Aus dem vorderen Bus stießen ein paar aufgebrachte Frauen einen Betrunkenen hinaus. Er brüllte heiser, und die Frauen schrien mit hohen, hysterischen Stimmen zurück.

»Sollen wir mit dem Pöbel fahren, oder laufen wir?«, fragte Andrej.

»Hast du denn Zeit?«

»Ja. Komm, wir gehen am Abgrund entlang. Da ist es kühler.«

Selma hakte sich unter. Sie bogen nach links ein, tauchten in den Schatten eines alten vierstöckigen Hauses, das eingerüstet war, und gingen durch eine Gasse mit Kopfsteinpflaster, die direkt zum Abgrund führte.

Das Stadtviertel war öde und verlassen. Die schiefen kleinen Häuser standen leer und verfielen, Gras überwucherte die Straßen. Vor der Wende und kurz danach war hier eine gefährliche Gegend gewesen – sogar tagsüber. Hier hatten Rauschgifthändler gelebt, Schnapsbrenner, Hehler, Spieler und Prostituierte. Dann aber wurde aufgeräumt – die einen verhaftet und in Sumpfsiedlungen gebracht, damit sie bei den Farmern arbeiteten; die anderen – kleines Gesindel – verjagte man, und wiederum andere stellte man im Durcheinander einfach an die Wand. Alles Wertvolle wurde zum Nutzen der Stadt beschlagnahmt. Danach verödete das Viertel. Anfangs lief die Polizei noch Streife, doch bald erwies sich das als überflüssig. In jüngster Zeit hatte man bekanntgemacht, dass die verfallenen Häuser abgerissen würden, um an ihrer Stelle, den ganzen Abgrund entlang, eine Grünanlage als Erholungspark zu schaffen.

Selma und Andrej ließen nun die letzte Ruine hinter sich und gingen neben dem Abgrund durch kniehohes, saftig grünes Gras. Hier war es kühl – von unten wehten immer wieder Wellen von frischem Wind herauf. Selma nieste, Andrej umfasste ihre Schultern. Die Brüstung aus Granit reichte noch nicht bis hierher, und Andrej versuchte instinktiv, dem Abgrund nicht zu nahe zu kommen; er hielt sich immer fünf, sechs Schritte davon entfernt.

Jeden, der an diesem Abgrund stand, überkam ein sonderbares Gefühl: als teile sich die Welt, von hier aus betrachtet, deutlich in zwei Hälften. Nach Westen hin – endlose blaugrüne Leere, kein Meer, kein Himmel, nur diese Leere von blaugrüner Färbung. Ein blaugrünes Nichts. Nach Osten hin – die endlose, senkrecht emporragende Felsmasse mit dem schmalen Sims, auf dem sich die Stadt entlangzog. Die gelbe Wand. Gelbes, absolut hartes Gestein.

Unendliche Leere im Westen und unendliches Gestein im Osten. Diese beiden Unendlichkeiten zu begreifen war vollkommen unmöglich. Man konnte sich nur daran gewöhnen. Und wer das nicht vermochte, mied den Abgrund, so dass man hier selten Menschen antraf. Manchmal, hauptsächlich nachts, kamen Liebespärchen hierher. War es dunkel, sah man tief unten im Abgrund ein grünliches Licht leuchten, so, als würde dort seit Jahrhunderten etwas verwesen. Durch das grünliche Licht war der schwarze, unebene Rand des Abgrunds bestens auszumachen. Und das Gras war hier überall erstaunlich hoch und weich …

»Wenn wir einmal Luftschiffe bauen«, sagte Selma, »was machen wir dann – in die Höhe steigen oder in diesen Abgrund hinunterfliegen?«

»Was für Luftschiffe?«, fragte Andrej verwundert.

»Was heißt – was für welche?«, wunderte sich Selma, und Andrej begriff.

»Ach so, die Ballons! Na, hinunter. Hinunter, natürlich. In den Abgrund.«

Die meisten Bürger, die täglich eine Stunde auf der großen Baustelle arbeiteten, glaubten dem Gerücht, dass eine gigantische Luftschifffabrik gebaut würde. Geiger war der Ansicht, die Gerüchte sollten vorerst mit allen Mitteln genährt, aber nicht direkt bestätigt werden.

»Warum denn hinunter?«, fragte Selma.

»Ja, weißt du … Wir haben Ballons aufsteigen lassen – unbemannt natürlich. Irgendetwas passiert mit ihnen dort oben, sie explodieren. Warum, weiß man nicht. Höher als einen Kilometer ist bisher keiner aufgestiegen.«

»Und da unten, was könnte dort sein?«

Andrej zuckte mit den Schultern. »Keine Ahnung.«

»Soso, du Gelehrter! Der Herr Präsidialrat!« Selma fand im Gras ein Stück von einem alten Brett mit einem verrosteten krummen Nagel und schleuderte es in den Abgrund. »Jemandem auf die Birne!«

»Lass den Unfug«, sagte Andrej friedlich.

»So bin ich eben! Hast du's vergessen?«

Andrej sah sie lange an. »Nein. Im Gegenteil … Wenn du willst, leg ich dich gleich hier im Gras flach!«

»Ich will.«

Andrej schaute sich um. Auf dem Dach eines verfallenen Häuschens saßen zwei Männer mit Schirmmützen, ließen die Beine baumeln und rauchten. Gleich daneben stand ein gusseiserner Rammbär schräg auf einem Müllhaufen.

»Sie glotzen«, sagte er. »Schade. Ich würde dir's schon zeigen, Frau Präsidialrätin.«

»Besorg's ihr doch, warum Zeit verlieren!«, rief einer laut vom Dach herunter.

Andrej tat, als hörte er nichts. »Gehst du jetzt gleich nach Hause?«, fragte er.

Selma blickte auf die Uhr. »Ich muss zum Friseur.«

Plötzlich überkam Andrej eine merkwürdige Unruhe. Ihm wurde schlagartig bewusst, dass er Präsidialrat war – ein verantwortlicher Mitarbeiter in der persönlichen Kanzlei des Präsidenten. Er war ein geachteter Mann, hatte eine Frau – eine schöne Frau, und ein großes, teures Haus. Und jetzt machte sich seine Frau auf den Weg zum Friseur, weil sie abends Gäste empfingen, und sie würden nicht einfach drauflos saufen, sondern gesittet feiern. Es waren nicht irgendwelche Gäste, sondern angesehene, wichtige Leute – die wichtigsten der Stadt. Zum ersten Mal wurde sich Andrej seiner eigenen Reife bewusst, seiner Bedeutsamkeit und Verantwortlichkeit. Er war ein erwachsener Mann, verheiratet, und hatte seinen Platz im Leben gefunden. Es fehlten nur Kinder.

»Wünsche Gesundheit, Herr Präsidialrat!«, grüßte jemand ehrerbietig.

Andrej stellte fest, dass sie das öde Viertel schon verlassen hatten. Links zog sich nun die Granitbrüstung entlang, auf dem Gehsteig lagen zu einem Muster angeordnete Betonplatten, und rechts vor ihnen erhob sich ein riesiger fahlweißer Bau – das Gläserne Haus. Auf dem Weg begegnete ihnen ein stattlicher dunkelhäutiger Polizist; er trug die hellblaue Uniform des Grenzschutzes und legte zum Gruß zwei Finger an den Mützenschirm.

Andrej nickte ihm zerstreut zu und sagte zu Selma: »Entschuldige, du hast etwas gesagt, ich war in Gedanken.«

»Ich habe gesagt: Vergiss nicht, Rummer anzurufen. Den Mann brauche ich nicht nur für den Teppich. Wein muss geholt werden, Wodka … Der Oberst liebt Whisky, und Dollfuß trinkt am liebsten Bier. Ich nehme am besten gleich einen ganzen Kasten.«

»In der Toilette muss das Deckenlicht ausgewechselt werden! Und bereite das Fleischfondue vor. Soll ich dir Amalia schicken?«

An der Querstraße, die zum Gläsernen Haus führte, trennten sie sich. Selma ging weiter, und Andrej, der ihr noch eine Weile zufrieden nachsah, bog ab und begab sich zum Westeingang.

Der große, mit Betonplatten ausgelegte Platz um das Gläserne Haus war menschenleer, nur hier und da sah man die hellblauen Uniformen der Wache. Der Platz war gesäumt von Bäumen mit dichten Kronen; darunter standen wie immer gaffende Neuankömmlinge und bestaunten den gläsernen Sitz der Macht. Rentner mit Krückstöcken lieferten ihnen Erklärungen.

Vor dem Eingang stand schon Dollfuß' Oldtimer. Die Motorhaube war aufgeklappt, und der Chauffeur hatte sich wie immer tief in das funkelnde Chrom des Motors vergraben. Gleich daneben hielt ein schmutziger Farmer-Lkw und verbreitete Gestank; anscheinend kam er direkt aus den Sümpfen. Über die Seitenwände ragten rotblaue Beine enthäuteter Rinder hervor, und darum herum surrten Wolken von Fliegen. Der Farmer stand am Eingang zum Gläsernen Haus und stritt sich mit der Wache. Das Geschrei dauerte wohl schon eine Weile an; sogar der Chef der Wache war erschienen, dazu drei Polizisten. Zwei weitere Polizisten kamen gerade die breiten Stufen vom Platz herauf und näherten sich langsam dem Eingang.

Der Farmer kam Andrej bekannt vor, es war ein baumlanger, hagerer Mann mit herabhängendem Schnurrbart. Er roch nach Schweiß, Benzin und Schnaps. Andrej zeigte seinen Ausweis vor und ging ins Vestibül, dabei hörte er noch, wie der

Farmer den Präsidenten Geiger persönlich verlangte. Die Wache versuchte ihm klarzumachen, dass hier der Diensteingang sei, und Besucher um das Gebäude herumfahren und ihr Glück im Empfangsbüro versuchen müssten. Die Stimmen der Streitenden wurden allmählich immer lauter.

Andrej fuhr mit dem Lift in den vierten Stock und ging durch die Tür mit der schwarz-goldenen Aufschrift: »Persönliche Kanzlei des Präsidenten für Wissenschaft und Technik«. Die am Eingang sitzenden Kuriere erhoben sich, als er eintrat, und versteckten alle gleichzeitig die qualmende Zigarette hinter dem Rücken. Sonst war in dem großen, weiß getünchten Korridor niemand zu sehen. Aus einigen Zimmern hörte man – wie früher in der Redaktion – das Klingeln von Telefonen, nüchtern diktierende Stimmen, das Klappern von Schreibmaschinen. Überall wurde fleißig gearbeitet. Andrej öffnete die Tür mit dem Schildchen »Präsidialrat A. Woronin« und betrat sein Vorzimmer.

Hier sprang man ebenfalls auf, um ihn zu empfangen: Quejada, der dicke, stets schwitzende Chef des Geodäsiesektors; Vareikis, der apathische und immerzu vergrämt dreinschauende Personalchef; eine hektische alternde Jungfer aus der Finanzverwaltung und ein unbekannter junger Mann – offenbar ein Neuling, der auf das Vorstellungsgespräch wartete. Auch Andrejs persönliche Sekretärin Amalia, die an ihrem Schreibmaschinentisch am Fenster saß, stand geschwind auf und lächelte ihn an.

»Guten Tag, meine Herrschaften«, sagte Andrej laut und setzte sein wohlwollendstes Lächeln auf. »Ich bitte um Entschuldigung! Die verdammten Busse waren völlig überfüllt, und ich musste zu Fuß von der Baustelle herkommen.«

Dann drückte er jedem die Hand: die verschwitzte Quejadas, die lasche von Vareikis, die trockenen Knochen der Jungfer aus der Finanzverwaltung (was wollte die von ihm?) und die stahlharte Hand des ernst blickenden Neuankömmlings.

»Ich denke, die Damen zuerst. Madame, bitte …«, sagte er zu der Finanztante. »Was Dringendes?«, fragte er Amalia halblaut. Er bedankte sich für die Telefonnotiz, die ihm Amalia reichte, und öffnete die Tür zum Arbeitszimmer. »Bitte, Madame, treten Sie ein.«

Während er zu seinem Schreibtisch ging, faltete er die Telefonnotiz auseinander, warf einen Blick darauf und wies der Frau mit einer Handbewegung einen Stuhl. Dann nahm er selbst Platz und legte die Notiz vor sich.

»Ich höre.«

Die Frau fing an zu reden. Andrej setzte ein höfliches Lächeln auf, hörte ihr aufmerksam zu und klopfte mit einem Bleistift auf die Nachricht. Schon nach ein paar Worten war ihm alles klar.

»Entschuldigen Sie«, unterbrach er die Frau. »Ich habe Sie verstanden. Eigentlich ist es bei uns nicht üblich, jemanden aufgrund seiner Beziehungen einzustellen. In Ihrem Fall handelt es sich aber zweifellos um eine Ausnahme. Wenn sich Ihre Tochter tatsächlich so für Kosmographie interessiert, dass sie sich schon als Schülerin selbstständig damit beschäftigte … Sie können also den Personalchef anrufen. Ich werde mit ihm reden.« Er erhob sich. »Man muss den Ehrgeiz bei jungen Leuten unbedingt gutheißen und fördern.« Er begleitete sie zur Tür. »Das ist im Geist der neuen Zeit. Danken Sie mir nicht, Madame, ich habe nur meine Pflicht getan. Alles Gute …«

Er kehrte zum Schreibtisch zurück und las noch einmal die Telefonnotiz. »Der Präsident bittet den Herrn Präsidialrat Woronin um 14 Uhr in sein Büro.« Das war alles. In welcher Sache? Wozu? Was soll ich mitnehmen? Seltsam … Wahrscheinlich langweilt er sich bloß und möchte ein bisschen mit mir plaudern. Um vierzehn Uhr beginnt die Mittagspause. Na, dann essen wir eben beim Präsidenten … Er nahm den Hörer des internen Telefons ab.

»Amalia, schicken Sie Quejada herein.«

Quejada zog den sportlichen Jungen am Ärmel hinter sich her ins Büro. »Herr Präsidialrat, ich möchte Ihnen diesen jungen Mann vorstellen, Douglas Catcher«, begann er schon auf der Schwelle. »Ein Neuankömmling, erst vor einem Monat eingetroffen, und er möchte nicht tatenlos in der Stadt herumsitzen.«

»Na«, sagte Andrej lächelnd, »wer möchte das schon? Sehr erfreut, Catcher. Woher stammen Sie? Aus welcher Zeit?«

»Dallas in Texas«, antwortete der junge Mann mit unerwartet tiefer Stimme. »'63.«

»Haben Sie irgendeinen Abschluss?«

»College. Danach war ich viel mit Geologen unterwegs – auf der Suche nach Erdöl.«

»Ausgezeichnet!«, sagte Andrej. »Das ist, was wir brauchen.« Er spielte mit dem Bleistift. »Sie wissen es vielleicht noch nicht, Catcher, aber wir fragen hier jeden: Warum? ... Sind Sie geflohen? Oder suchen Sie das Abenteuer? Interessiert Sie das Experiment?«

Douglas Catcher runzelte die Stirn, steckte den Daumen der linken Hand in die Faust der rechten, schaute aus dem Fenster und stotterte: »Man kann sagen, ich bin geflohen.«

»Bei denen haben sie den Präsidenten erschossen«, erläuterte Quejada und wischte sich mit einem Tuch übers Gesicht. »Genau in der Stadt, wo der Junge wohnte ...«

»Ach so!«, sagte Andrej verständnisvoll. »Wie sind Sie unter Verdacht geraten?«

Der junge Mann schüttelte den Kopf, und Quejada sagte: »Nein, so war es nicht. Ist eine lange Geschichte. Sie hatten große Hoffnungen auf diesen Präsidenten gesetzt, er war ihr Idol ... Psychologie, wissen Sie.«

»Amerika ist ein verfluchtes Land«, erklärte der junge Mann. »Da ist nichts mehr zu machen.«

»Verstehe«, sagte Andrej und nickte mitfühlend. »Aber Sie wissen, dass wir das Experiment nicht mehr durchführen?«

Catcher zuckte seine breiten Schultern. »Das ist nicht wichtig. Mir gefällt es hier. Nur bleibe ich nicht gern an einem Ort, und in der Stadt langweile ich mich. Mister Quejada hat mir vorgeschlagen, an einer Expedition teilzunehmen.«

»Ich will ihn fürs Erste zu Sons Gruppe schicken«, sagte Quejada. »Er ist ein kräftiger Bursche, nicht ganz unerfahren, und Leute für die Arbeit im Dschungel zu finden – Sie wissen, wie schwierig das ist.«

»In Ordnung«, sagte Andrej. »Ich bin sehr erfreut, Catcher. Sie gefallen mir. Ich hoffe, dass es so bleibt.«

Catcher nickte unbeholfen und stand von seinem Stuhl auf. Quejada erhob sich ebenfalls und atmete vernehmlich aus.

»Noch etwas, Catcher«, sagte Andrej und hob den Zeigefinger. »Ich sage Ihnen lieber gleich, dass die Stadt und das Gläserne Haus sehr daran interessiert sind, dass Sie sich Wissen aneignen. Wir brauchen keine Hilfsarbeiter, davon haben wir mehr als genug. Wir brauchen ausgebildete Leute. Ich bin sicher, dass aus Ihnen ein erstklassiger Erdölingenieur wird. Wie ist sein Quotient, Quejada?«

»Siebenundachtzig.«

»Na, sehen Sie! Ich habe allen Grund, auf Sie zu vertrauen.«

»Ich werde mich bemühen«, murmelte Douglas Catcher und blickte auf Quejada.

»Das ist alles«, sagte Quejada.

»Auch meinerseits. Alles Gute! Und schicken Sie Vareikis herein.«

Wie üblich trat Vareikis nicht einfach ein, sondern sah sich in der geöffneten Tür mehrmals vorsichtig um und schob sich dann stückchenweise ins Büro. Endlich schloss er die Tür, schlich lautlos zum Stuhl und setzte sich. Große Traurigkeit und Kummer zeichneten sich auf seinem Gesicht ab; seine Mundwinkel waren herabgezogen.

»Damit ich es nicht vergesse«, sagte Andrej. »Eben war diese Frau von der Finanzverwaltung hier …«

»Ich weiß«, sagte Vareikis leise. »Die Tochter.«

»Ja. Also, ich habe keine Einwände.«

»Zu Quejada«, sagte Vareikis, halb in fragendem Ton, halb wie eine beiläufige Bemerkung.

»Nein, ich denke, eher zu den Rechnern.«

»Gut.« Vareikis zog einen Notizblock aus der Brusttasche hervor. »Instruktion 0-17«, sagte er kaum hörbar.

»Bitte?«

»Die routinemäßige Überprüfung ist beendet. Man hat acht Mitarbeiter mit einem Intelligenzquotienten unter den geforderten fünfundsiebzig entdeckt.«

»Wieso fünfundsiebzig? Der Instruktion zufolge beträgt der Mindestquotient siebenundsechzig.«

»Gemäß einer Erläuterung durch die persönliche Kanzlei des Präsidenten für Personalangelegenheiten« – Vareikis bewegte kaum die Lippen – »beträgt der Mindestquotient für Mitarbeiter im Büro für Wissenschaft und Technik mindestens fünfundsiebzig.«

»Ach so.« Andrej kratzte sich an der Stirn. »Hm … Ja, das ist logisch.«

»Außerdem«, fuhr Vareikis fort, »erreichen fünf von den acht Personen nicht einmal siebenundsechzig. Hier ist die Liste.«

Andrej sah sie sich an; teilweise kannte er die Namen, es waren zwei Männer und sechs Frauen.

»Alles, was recht ist«, sagte er zornig. »Amalia Thorn … Das ist doch meine Amalia! Soll das ein Witz sein?«

»Achtundfünfzig«, sagte Vareikis.

»Und letztes Mal?«

»Letztes Mal war ich noch nicht da.«

»Sie ist doch Sekretärin!«, sagte Andrej. »Meine persönliche Sekretärin!«

Vareikis schwieg missmutig. Andrej betrachtete noch einmal die Liste. Raschidow … Das war wohl der Landvermesser. Aber jemand hatte ihn gelobt. Oder sich über ihn beschwert? … Tatjana Postnik, Operator. Ach, das ist die mit dem Lockenkopf, hübsches Ding, sie hatte was mit Quejada … Nein, das war eine andere …

»In Ordnung«, sagte er. »Ich werde mir die Liste vornehmen, aber wir reden noch mal darüber. Es wäre gut, wenn Sie im Personalbüro eine Erläuterung zu Tätigkeiten wie Sekretärin oder Operator erbäten – zum Hilfspersonal. An das können wir doch nicht dieselben Anforderungen stellen wie an wissenschaftliche Mitarbeiter. Schließlich sind bei uns auch Boten beschäftigt.«

»Wie Sie wünschen«, sagte Vareikis.

»Noch etwas?«

»Ja, die Instruktion 0-0-3.«

Andrej runzelte die Stirn. »Welche ist das?«

»Propaganda für das Experiment.«

»Ach, ja«, sagte Andrej. »Und?«

»Es gibt eindeutige Hinweise bei folgenden Personen.«

Vareikis legte Andrej noch ein Blatt vor. Auf der Liste standen drei Namen. Drei Männer. Und alle drei waren Sektorenleiter – von wichtigen Sektoren: Kosmographie, Sozialpsychologie und Geodäsie. Sullivan, Butz und Quejada. Andrej trommelte mit den Fingern auf das Blatt. So ein Mist, dachte er, schon wieder! Aber Ruhe bewahren. Nichts überstürzen. Der sture Kerl lässt sich sowieso nicht umstimmen, und ich muss noch lange mit ihm zusammenarbeiten.

»Das ist unerfreulich«, sagte er. »Sehr unerfreulich. Ich nehme an, die Informationen sind überprüft worden? Ein Irrtum ist nicht möglich?«

»Es sind zuverlässige und mehrfach bestätigte Informationen«, sagte Vareikis mit tonloser Stimme. »Sullivan behauptet, das Experiment würde fortgesetzt. Seinen Worten zufolge setzt das Gläserne Haus, vielleicht sogar wider seinen Willen, die Pläne der Experimentatoren fort. Er behauptet, die Wende sei nur eine von vielen Etappen des Experiments.«

Tja, dachte Andrej. Isja sagt genau dasselbe, und es gefällt Fritz ganz und gar nicht. Der Unterschied ist nur: Isja darf das, der arme Sullivan nicht.

»Quejada«, fuhr Vareikis fort, »begeistert sich vor seinen Untergebenen über die wissenschaftlich-technischen Leistungen hypothetischer Experimentatoren. Gleichzeitig wertet er die Tätigkeit des Präsidenten und des Präsidialrats ab. Zweimal hat er diese Tätigkeit mit der Geschäftigkeit von Mäusen in einem Schuhkarton verglichen.«

Andrej hatte den Blick gesenkt, und sein Gesicht verriet keine Regung. Er hörte zu.

»Schließlich Butz. Er äußert sich abschätzig über den Präsidenten persönlich. In angetrunkenem Zustand nannte er die politische Führung eine Diktatur der Mittelmäßigen über die Verblödeten.«

Andrej konnte nicht an sich halten und stieß einen Seufzer aus. Die reitet der Teufel, dachte er gereizt, und schob das Blatt beiseite. Nennen sich Elite, und pinkeln sich selbst ans Bein.

»Sie wissen ja wirklich alles«, sagte er zu Vareikis. »Über alles wissen Sie Bescheid …«

Das hätte er nicht sagen müssen. Es war dumm. Vareikis schaute ihn ohne zu blinzeln verdrossen an.

»Sie arbeiten ausgezeichnet, Vareikis. Bei Ihnen fühle ich mich sicher wie in einer Festung mit dicken Mauern. Ich nehme an, diese Informationen« – er tippte mit dem Fingernagel auf das Blatt – »sind schon auf den üblichen Kanälen weitergeleitet worden.«

»Sie werden noch heute weitergeleitet. Ich war verpflichtet, Sie vorher zu informieren.«

»Sehr gut. Leiten Sie alles weiter!« Er heftete beide Blätter zusammen und legte sie in eine blaue Mappe mit der Aufschrift »Zur Vorlage beim Präsidenten«. »Wir werden sehen, was Herr Rummer davon hält.«

»Da Rummer nicht zum ersten Mal solche Informationen bekommt, nehme ich an, er empfiehlt, diese Leute von leitenden Posten zu entfernen.«

Andrej blickte zu Vareikis und versuchte, seine Augen auf einen Punkt weit hinter dessen Rücken zu richten. »Gestern war ich bei der Prüfung eines neuen Films: *Die Nackten und die Bosse.* Wir haben ihn genehmigt, so dass er bald in die Kinos kommen wird. Ich kann Ihnen diesen Film sehr empfehlen. Dort, wissen Sie …«

Und er begann, Vareikis ausführlich den Inhalt des scheußlichen Films zu schildern. Fritz hatte der Streifen übrigens wirklich gefallen – und nicht nur ihm. Vareikis hörte schweigend zu und nickte von Zeit zu Zeit, allerdings an ganz unerwarteten Stellen, so, als sei er plötzlich aufgeschreckt. Seine Miene verriet auch weiterhin nichts als Schwermut und Gram. Andrej bemerkte, dass Vareikis schon längst nicht mehr wusste, worum es ging, und beim Höhepunkt, als Vareikis klar war, dass er die Schilderung bis zum Ende würde anhören müssen, gähnte Andrej ausgiebig und sagte dann gutmütig: »Und so weiter und so weiter. Müssen Sie unbedingt sehen! Übrigens, was halten Sie von dem jungen Catcher?«

Vareikis zuckte sichtlich zusammen. »Catcher? Vorläufig habe ich den Eindruck, dass mit ihm alles in Ordnung ist.«

»Das denke ich auch«, sagte Andrej. Er griff nach dem Telefonhörer. »Haben Sie noch etwas für mich, Vareikis?«

Vareikis erhob sich. »Nein. Sonst nichts. Darf ich gehen?«

Andrej nickte ihm gnädig zu und sagte in den Hörer: »Amalia, wer ist noch da?«

»Ellisauer, Herr Präsidialrat.«

»Was für ein Ellisauer?«, wollte Andrej wissen und sah Vareikis zu, wie er sich stückchenweise aus dem Zimmer schob.

»Der stellvertretende Chef der Transportabteilung. Wegen des Projekts ›Aquamarin‹.«

»Soll warten. Bringen Sie die Post.«

Eine Minute später stand Amalia in der Tür. Die Zwischenzeit hatte Andrej genutzt, um stöhnend seinen Bizeps zu massieren und den Rücken zu strecken. Nach dem anstrengenden Einsatz auf der Baustelle schmerzte alles – aber angenehm, und wie immer war er der Meinung, dass das ein guter Ausgleich für einen Mann sei, der den ganzen Tag sitzend am Schreibtisch zubrachte.

Amalia schloss die Tür, klapperte mit ihren hohen Absätzen übers Parkett und blieb neben Andrej stehen. Die Mappe mit der Korrespondenz legte sie auf den Schreibtisch. Andrej umfasste wie immer Amalias schmale Hüften, die mit kühler Seide bedeckt waren, und gab ihr einen Klaps. Mit der anderen Hand schlug er die Mappe auf.

»Nun, was haben wir heute?«, fragte er heiter.

Amalia schmolz unter seiner Berührung, ihr stockte sogar der Atem. Ulkiges Mädel, dachte er, und treu wie ein Hund. Aber sie kennt sich aus. Er schaute sie von unten herauf an. Und wie immer, wenn er sie liebkoste, wurde ihr Gesicht ganz bleich. Als sich ihre Blicke trafen, legte sie unschlüssig die schmale heiße Hand um seinen Hals; ihre Finger zitterten.

»Na, Süße?«, sagte er zärtlich. »Ist in dem Packen Mist irgendetwas Wichtiges? Oder sperren wir die Tür zu und wechseln den Platz?«

Das war ihr Code, um sich im Sessel oder auf dem Teppich zu vergnügen. Andrej hätte nicht sagen können, wie Amalia im Bett war, denn im Bett war er mit ihr kein einziges Mal gewesen.

»Hier ist der Finanzplan«, sagte Amalia mit schwacher Stimme. »Dann alle möglichen Meldungen. Und private Briefe, die habe ich nicht geöffnet.«

»Richtig so«, sagt Andrej. »Womöglich sind welche von hübschen Mädchen darunter ...«

Er ließ sie los, sie stöhnte leise.

»Setz dich«, sagte er. »Und bleib hier, ich mache schnell.«

Er nahm den erstbesten Brief und riss den Umschlag auf. Beim Lesen runzelte er die Stirn. Der Operator Jewsejenko berichtete über den Vorgesetzten Quejada, dass dieser »Kritik an der Leitung und dem Herrn Präsidialrat persönlich zulasse«. Andrej kannte diesen Jewsejenko gut. Er war ein merkwürdiger Mensch – vom Pech verfolgt und glücklos bei all seinen Unternehmungen. Einmal hatte er Andrej verblüfft, als er davon geschwärmt hatte, wie schön das Leben im Kriegsjahr 1942 in der Nähe von Leningrad gewesen war: »Das waren Zeiten«, begeisterte er sich. »Du lebst, denkst an nichts, und wenn du was brauchst, sagst du es den Soldaten, und sie besorgen dir alles.« Er brachte es bis zum Hauptmann, und während des ganzen Krieges tötete er nur einen Menschen – den eigenen Politoffizier: Sie waren aus der Belagerung ausgebrochen und Jewsejenko sah, wie die Deutschen den Politoffizier gefangennahmen und seine Taschen durchsuchten. Da feuerte er aus dem Gesträuch auf sie, traf den Politoffizier und flüchtete. Für diese Tat rühmte er sich: Man hätte den Mann sonst gefoltert ... Was soll ich mit diesem Idioten machen?, dachte Andrej. Das ist schon die sechste Denunziation. Dabei schreibt er nicht an Rummer, nicht an Vareikis, sondern an mich. Psychologisch sehr interessant, denn schreibt er an Vareikis oder Rummer, wird Quejada abgeholt. Ich aber rühre Quejada nicht an. Ich weiß alles über ihn, rühre ihn jedoch nicht an, weil ich ihn schätze und ihm alles durchgehen lasse. Das weiß jeder. So erfüllt Jewsejenko seine Bürgerpflicht, richtet aber den Menschen nicht zugrunde ... Und trotzdem ist er ein armer Irrer!

Andrej zerknüllte den Brief, warf ihn in den Papierkorb und griff nach dem nächsten. Die Schrift auf dem Umschlag kam ihm bekannt vor, eine sehr markante Handschrift. Der Absender fehlte. Im Umschlag befand sich ein Blatt Papier, der Text war auf einer Schreibmaschine geschrieben worden, aber hier handelte es sich um einen Durchschlag, nicht den ersten übrigens. Nur unten standen ein paar handgeschriebene Worte. Andrej las, aber verstand nichts, las noch einmal, und dann lief es ihm kalt über den Rücken. Er blickte auf die Uhr, nahm den Telefonhörer zur Hand, wählte eine Nummer und krächzte: »Präsidialrat Rummer, dringend!«

»Präsidialrat Rummer ist nicht zu sprechen.«

»Hier ist Präsidialrat Woronin! Ich habe gesagt – dringend!«

»Verzeihen Sie, Präsidialrat Woronin. Präsidialrat Rummer ist beim Präsidenten.«

Andrej legte den Hörer auf, stieß die verwirrte Amalia beiseite und stürzte zur Tür. Schon als er die Klinke in die Hand nahm, wusste er, dass es zu spät war, er würde es nicht mehr schaffen … Wenn es die Wahrheit war und kein idiotischer Scherz …

Er ging langsam zum Fenster, legte seine Hand auf das samtbezogene Geländer und schaute auf den Platz. Dort war es menschenleer wie immer. Ein paar hellblaue Uniformen tauchten auf, im Baumschatten standen Gaffer, eine alte Frau schob einen Kinderwagen vor sich her. Ein Auto fuhr vorbei. Andrej wartete, an die Stange geklammert.

Amalia trat von hinten an ihn heran und berührte leicht seine Schulter. »Was ist passiert?«, fragte sie leise.

»Geh«, sagte er, ohne sich umzudrehen. »Setz dich in den Sessel.«

Andrej schaute wieder auf die Uhr. Es war eine Minute später. Das kann nicht sein, dachte er. Ein idiotischer Scherz. Oder Erpressung … In dem Moment tauchte unter den Bäumen ein Mann auf und bewegte sich langsam über den Platz. Er wirkte winzig aus dieser Höhe, und Andrej erkannte ihn nicht. Er erinnerte sich, dass der Schreiber groß und hager gewesen war;

der Mann dort unten aber erschien ihm schwer und aufgebläht, und erst in letzter Minute begriff Andrej, warum. Er zuckte zusammen und trat vom Fenster zurück.

Und in diesem Moment krachte es auf dem Platz – dumpf und kurz. Die Fensterscheiben zitterten, irgendwo klirrte Glas. Amalia schrie entsetzt auf, vom Platz drangen gellende Stimmen herauf.

Andrej schob Amalia, die zum Fenster gelaufen war, unwirsch beiseite. Er zwang sich, die Augen zu öffnen und hinunterzusehen. Eine gelbliche Rauchwolke stieg empor. Von allen Seiten liefen hellblau Uniformierte zu der Stelle, und unter den Bäumen vergrößerte sich die Menschenmenge. Es war vorbei.

Andrej, der seine Beine nicht mehr spürte, kehrte zum Schreibtisch zurück und nahm wieder den Brief zur Hand.

»An alle Mächtigen dieser vollkommen entarteten Welt!

Ich hasse die Lüge, aber eure Wahrheit ist noch schlimmer als Lüge. Ihr habt die Stadt in einen behaglichen Stall verwandelt und die Bürger der Stadt in satte, zufriedene Schweine. Ich aber will kein sattes, zufriedenes Schwein sein. Und ich will auch kein Schweinehirt sein. Aber etwas anderes gibt es nicht in eurer satten, schmatzenden Welt. Ihr seid im Recht, über die Maßen selbstgefällig, und zu nichts mehr fähig, obwohl früher viele von euch aufrichtige Menschen waren. Viele von euch sind ehemalige Freunde von mir, und an sie wende ich mich in erster Linie. Worte wirken nicht auf euch, deshalb bekräftige ich sie mit meinem Tod. Vielleicht schämt ihr euch, vielleicht erschreckt ihr, vielleicht wird es auch einfach nur unbequem in eurem Stall. Auf mehr darf ich nicht hoffen. Gott strafe eure Langeweile! Das sind nicht meine Worte, doch ich unterschreibe sie mit Begeisterung – Danny Lee.«

Es war eine schlechte Kopie, offenbar hatte er den Brief mit mehreren Durchschlägen geschrieben, und dies hier war der dritte oder vierte. Unten stand von Hand geschrieben: »Lieber

Woronin, leb wohl! Ich sprenge mich heute um dreizehn Uhr auf dem Platz vor dem Gläsernen Haus in die Luft. Wenn der Brief nicht zu spät kommt, kannst du zusehen, aber du sollst mich nicht hindern – das gäbe nur unnötige Opfer. Dein früherer Freund und Leiter der Leserbriefabteilung in deiner ehemaligen Zeitung – Danny.«

Andrej fragte Amalia: »Erinnerst du dich an Danny? Danny Lee von den Leserbriefen?«

Amalia nickte, dann verzerrte sich ihr Gesicht. »Das kann nicht sein!«, sagte sie entsetzt. »Das ist nicht wahr!«

»Er hat sich in die Luft gesprengt«, sagte Andrej, nur mühsam konnte er die Lippen bewegen. »Hat sich wohl mit Dynamit umwickelt, unter der Jacke.«

»Aber warum?«, fragte Amalia. Sie biss sich auf die Lippen, ihre Augen füllten sich mit Tränen, die über das kleine bleiche Gesicht rannen und am Kinn hängenblieben.

»Ich verstehe es nicht«, sagte Andrej hilflos. »Nichts verstehe ich. Wir haben uns erst neulich gesehen. Na ja, wir haben diskutiert, gestritten.« Er wandte sich wieder Amalia zu: »Ist er vielleicht einmal hier im Büro gewesen, und ich habe ihn nicht empfangen?«

Amalia schlug die Hände vors Gesicht und schüttelte den Kopf.

Plötzlich wurde Andrej böse. Nein, es überkam ihn eine Welle der Empörung, wie schon am Morgen nach dem Duschen in der Garderobe. Ja, was denn, zum Teufel! Was fehlte ihnen denn noch, diesem Gesindel? Danny, dieser Idiot! Was hat er damit bewiesen? Ein Schwein möchte er nicht sein, ein Schweinehirt möchte er nicht sein. Er langweilt sich! Ach, fahr doch zur Hölle mit deiner Langeweile!

»Hör auf zu heulen!«, schrie er Amalia an. »Wisch dir den Rotz weg und geh ins Vorzimmer!«

Er schob die Papiere von sich, sprang auf und trat wieder ans Fenster.

Auf dem Platz hatte sich bereits eine riesige Menschenmenge angesammelt. In ihrer Mitte blieb es leer – ein grauer Fleck, der von Männern in blauen Uniformen abgegrenzt wurde. Dort machten sich Leute in weißen Kitteln zu schaffen. Der Notarztwagen ließ die Sirene aufheulen und bahnte sich langsam seinen Weg.

Was hast du damit bewiesen? Dass du nicht mit uns leben willst? Warum musstest du das beweisen, und wem? Beweisen, dass du uns hasst? Unsinn. Wir tun alles, was nötig ist. Wir können nichts dafür, dass sie Schweine sind. Sie waren schon vor uns Schweine und werden es nach uns noch immer sein. Wir können ihnen doch nur zu essen geben, sie kleiden und von ihren niederen Leiden befreien; denn höheres, geistiges Leid kennen sie nicht und werden es auch nie kennenlernen. Haben wir etwa wenig für sie getan? Schau, was aus der Stadt geworden ist! Sauberkeit, Ordnung, die alte Sauwirtschaft ist längst vergessen. Es gibt alles in Hülle und Fülle – Essen, Kleider, und bald wird es auch Vergnügen in Hülle und Fülle geben. Was brauchen sie denn noch? … Und du, was hast du getan? Da kratzen jetzt Sanitäter deine Gedärme vom Asphalt – das hast du vorzuweisen, mehr nicht. Und wir? Arbeiten rund um die Uhr und halten die Maschine in Gang, weil alles, was wir bisher erreicht haben, nur der Anfang ist. Das alles muss man auch bewahren, mein Lieber, bewahren und vermehren … Vielleicht gibt es auf der Erde keinen Gott und keinen Teufel, aber hier gibt es das, du stinkender Demokrat, du Volksbeglücker, du …

Vor seinem geistigen Auge aber stand noch immer Danny, wie er bei ihrer letzten Begegnung gewesen war, vor einem Monat oder zwei – ausgemergelt und gequält, als wäre er krank, die Augen glanzlos, traurig und voller Entsetzen. Am Ende ihres unsinnigen Streits, als Danny schon aufgestanden war und zerknüllte Papierchen auf das silberne Tablett geworfen hatte, sagte er: »Mein Gott, womit brüstest du dich eigentlich so? Legst selber deinen Bauch auf den Altar! Warum? Den Menschen zu fressen geben! Ist das vielleicht eine Aufgabe? Im lumpigen Dänemark können sie das schon lange. Auch wenn ich nicht das Recht habe, wie du dich ausdrückst, mich im Namen aller zu ereifern – so wissen wir beide doch ganz genau, dass es nicht das ist, was die Menschen brauchen, und dass du eine wirklich neue Welt so nicht errichtest!« – »Und wie, zum Teufel, soll man sie errichten? Wie?«, hatte Andrej gebrüllt. Aber Danny hatte nur abgewinkt und nichts mehr gesagt.

Das weiße Telefon klingelte. Andrej ging widerwillig zum Schreibtisch und nahm den Hörer ab.

»Andrej? Hier Geiger.«

»Guten Tag, Fritz.«

»Hast du ihn gekannt?«

»Ja.«

»Und was meinst du dazu?«

»Hysteriker«, sagte Andrej durch die Zähne. »Waschlappen.«

Geiger machte eine Pause. »Hast du einen Brief von ihm bekommen?«

»Ja.«

»Ein merkwürdiger Mensch. Na gut. Ich erwarte dich um zwei.«

Andrej legte den Hörer auf, und das Telefon klingelte erneut. Diesmal rief Selma an. Sie war sehr aufgeregt. Die Nachricht von der Explosion war schon bis zum Weißen Hof vorgedrungen und hatte dort Panik ausgelöst. Unterwegs war sie allerdings bis zur Unkenntlichkeit verzerrt worden.

»Ja doch, es ist alles in Ordnung«, sagte Andrej. »Ich bin unversehrt, Geiger ist unversehrt, und das Gläserne Haus hat auch keinen Schaden … Hast du Rummer angerufen?«

»Wieso, zum Teufel, Rummer?«, regte sich Selma auf. »Ich bin Hals über Kopf vom Friseur hierhergerannt – die Dollfuß kam kreidebleich hereingestürmt und schrie, auf Geiger sei ein Attentat verübt und das Gläserne Haus halb zerstört worden.«

»Also dann«, sagte Andrej ungeduldig. »Ich habe keine Zeit.«

»Kannst du mir sagen, was passiert ist?«

»Ein Verrückter …« Andrej stockte. »Ein Dummkopf hat, wie es scheint, Sprengstoff über den Platz geschleppt und fallen lassen.«

»War es wirklich kein Attentat?«, fragte Selma hartnäckig.

»Das weiß ich doch nicht! Damit befasst sich Rummer. Ich weiß nichts!«

Selma atmete in den Hörer. »Das lügst du mir doch alles bloß vor, Herr Präsidialrat«, sagte sie und legte auf.

Andrej ging um den Schreibtisch herum und trat wieder zum Fenster. Die Menge hatte sich fast zerstreut, die Sanitäter waren fort, der Krankenwagen auch. Ein paar Polizisten spritzten mit Feuerwehrschläuchen das Pflaster rings um eine flache Delle im Beton sauber. Und eine alte Frau hinkte mit dem Kinderwagen zurück in die andere Richtung. Das war alles.

Andrej ging zur Tür und blickte ins Vorzimmer. Amalia saß an ihrem Platz – streng, mit zusammengepressten Lippen und unnahbar. Ihre Finger flatterten in der üblichen Geschwindigkeit über die Tasten; auf dem Gesicht waren keinerlei Spuren von Tränen mehr zu sehen. Andrej betrachtete sie voller Zärtlichkeit. Tolles Mädchen, dachte er. Und du hast dich geschnitten, sagte er im Stillen schadenfroh zu Vareikis. Eher schmeiße ich dich raus …

Plötzlich war Amalia verschwunden – jemand hatte sich vor sie geschoben. Andrej hob den Blick. Von oben herab strahlte ihn schmeichlerisch lächelnd das platte Gesicht Ellisauers an, des Mitarbeiters vom Transportsektor.

»Ach ja«, sagte Andrej. »Ellisauer ... Entschuldigen Sie, ich kann Sie heute nicht empfangen. Morgen früh, bitte.«

Ohne ein Wort zu sagen, verneigte sich Ellisauer und verschwand. Amalia stand schon mit Block und Bleistift in der Hand bereit.

»Herr Präsidialrat?«

»Kommen Sie einen Moment herein«, sagte Andrej.

Er ging zum Schreibtisch zurück, und sogleich klingelte das weiße Telefon.

»Woronin?«, fragte eine näselnde Raucherstimme. »Hier ist Rummer. Na, wie geht's?«

»Ausgezeichnet«, sagte Andrej und bedeutete Amalia: Bitte geh nicht, ich bin gleich fertig.

»Und deiner Frau?«

»Alles in Ordnung, sie lässt dich grüßen. Ach, bitte schick ihr heute zwei Männer vom Service, sie braucht Hilfe im Haushalt.«

»Zwei? Gut. Wohin?«

»Sie sollen Selma anrufen, am besten gleich.«

»Wird gemacht«, sagte Rummer. »Vielleicht nicht gleich, aber es wird gemacht ... Ich bin gerade völlig mit dieser Sache beschäftigt. Kennst du schon die offizielle Version?«

»Woher denn?«, fragte Andrej ärgerlich.

»Also: Ein Unfall mit Sprengstoffen. Beim Transport von Sprengmaterial. Einzelheiten werden geklärt.«

»Verstanden.«

»Irgendein Arbeiter hat das Material transportiert. Oder sagen wir, das Zeug hatte ein ... ein Betrunkener.«

»Ich habe schon verstanden«, sagte Andrej. »Tüchtig!«

»Ja«, sagte Rummer. »Er ist gestolpert oder ... Na ja, die Einzelheiten werden noch untersucht. Die Schuldigen werden bestraft. Das Informationsblatt kommt gleich, es wird bloß noch vervielfältigt. Noch etwas. Hast du einen Brief gekriegt? Wer hat ihn bei dir gelesen?«

»Niemand.«

»Und deine Sekretärin?«

»Ich habe doch gesagt: niemand. Privatbriefe öffne ich immer selber.«

»Richtig so«, sagte Rummer lobend. »Du machst es richtig. Manche, weißt du, lassen Briefe einfach offen herumliegen, und jeder kann sie lesen … Also bei dir hat ihn keiner gelesen. Verstecke ihn gut, den Brief – nach Anweisung 2-0. Gleich kommt ein Bursche von mir und holt ihn ab, klar?«

»Wozu denn das?«

Rummer zögerte. »Wie soll ich sagen … Vielleicht eignet er sich … Du hast ihn doch gekannt?«

»Wen?«

»Nun, diesen …« Rummer kicherte. »Diesen Arbeiter mit dem Sprengstoff.«

»Ja.«

»Am Telefon wollen wir nicht darüber reden, aber dieser Bursche von mir, der wird dir ein paar Fragen stellen, beantworte sie ihm.«

»Keine Zeit«, sagte Andrej ärgerlich. »Fritz hat mich zu sich bestellt.«

»Die fünf Minuten! Was macht das aus? Zwei Fragen wirst du doch beantworten können.«

»Schon gut. Ist das alles?«

»Ich habe ihn schon losgeschickt, in einer Minute wird er bei dir sein. Zwirik ist sein Name. Oberadjutor.«

»Ja, ja, abgemacht.«

»Nur zwei Fragen. Er wird dich nicht aufhalten …«

»Ist das alles?«, fragte Andrej nochmals.

»Ja. Ich muss noch die anderen Räte anrufen.«

»Vergiss nicht, Selma die Männer zu schicken.«

»Geht in Ordnung. Mach's gut.«

Andrej legte den Hörer auf und sagte zu Amalia: »Merk dir, du hast nichts gesehen und nichts gehört.«

Amalia sah ihn erschrocken an und deutete mit dem Finger aufs Fenster.

»Genau«, sagte Andrej. »Du kennst keine Namen und weißt nicht, was vorgefallen ist.«

Die Tür wurde einen Spalt geöffnet, und ein bekanntes blasses Gesicht mit geröteten Äuglein lugte ins Zimmer.

»Warten Sie draußen!«, sagte Andrej in scharfem Ton. »Ich rufe Sie.«

Die Tür wurde wieder geschlossen.

»Verstanden?«, fragte Andrej. »Draußen hat es gekracht, und mehr weißt du nicht. Die offizielle Version: Ein betrunkener Arbeiter hat Sprengstoff vom Magazin transportiert. Die Schuldigen werden ermittelt.« Er schwieg nachdenklich. »Wo habe ich diese Fresse schon gesehen? Auch der Name kommt mir bekannt vor … Zwirik … Zwirik …«

»Warum hat er das nur getan?«, fragte Amalia leise. Ihre Augen füllten sich wieder mit Tränen.

Andrej zog die Stirn in Falten. »Jetzt nichts darüber. Später. Geh, ruf mir jetzt diesen Burschen herein.«

2

Als sie am Tisch Platz genommen hatten, sagte Geiger zu Isja: »Greif zu, mein Jud! Bedien dich, mein Guter!«

»Ich bin nicht dein Jude«, erwiderte Isja, der sich Salat auf den Teller häufte. »Schon hundertmal habe ich dir gesagt, dass ich mein eigener Jude bin. Der da ist dein Jude!« Er wies mit der Gabel auf Andrej.

»Tomatensaft gibt's nicht?«, fragte Andrej schlecht gelaunt und ließ seinen Blick über den Tisch schweifen.

»Willst du welchen?«, fragte Geiger. »Parker! Tomatensaft für den Herrn Präsidialrat!«

In der Tür des Speisezimmers erschien ein kräftiger Bursche mit rosigen Wangen – der persönliche Adjutant des Präsidenten. Sanft mit den Sporen klirrend, näherte er sich dem Tisch und stellte mit einer leichten Verbeugung eine reifbeschlagene Karaffe Tomatensaft vor Andrej.

»Danke, Parker«, sagte Andrej. »Ich schenke mir selber ein.«

Geiger nickte, und Parker verschwand.

»Gute Dressur!«, nuschelte Isja mit vollem Mund.

»Tüchtiger Bursche«, sagte Andrej.

»Bei Mandschuro gibt es zum Essen Wodka«, sagte Isja.

»Denunziant!«, fuhr ihn Geiger vorwurfsvoll an.

»Warum das?«, wunderte sich Isja.

»Wenn es stimmt, dass Mandschuro während der Arbeitszeit Wodka säuft, muss ich ihn bestrafen.«

»Du kannst doch nicht alle erschießen«, sagte Isja.

»Die Todesstrafe ist abgeschafft«, sagte Geiger. »Glaube ich jedenfalls. Ich muss mal Tschatschua fragen.«

»Und was ist mit Tschatschuas Vorgänger passiert?«, erkundigte sich Isja mit Unschuldsmiene.

»Das war Zufall«, antwortete Geiger. »Eine Schießerei.«

»War ein ausgezeichneter Fachmann«, bemerkte Andrej. »Tschatschua versteht seine Sache zwar auch, aber das – war ein phänomenaler Mann.«

»Ja, damals haben wir ziemlich reingehauen«, sagte Geiger nachdenklich. »Wir waren halt noch jung und grün hinter den Ohren.«

»Ende gut, alles gut«, sagte Andrej.

»Noch hat nichts geendet!«, warf Isja ein. »Wie kommt ihr darauf, dass alles zu Ende wäre?«

»Die Schießereien haben jedenfalls aufgehört«, brummte Andrej.

»Falsch: Die richtige Schießerei hat noch gar nicht angefangen«, erklärte Isja. »Hör mal, Fritz, hat es schon einmal einen Anschlag auf dich gegeben?«

Geiger erwiderte finster: »Was für eine idiotische Idee! Natürlich nicht.«

»Kommt noch«, prophezeite Isja.

»Danke«, erwiderte Geiger kalt.

»Es wird Anschläge geben und Rebellionen«, fuhr Isja fort, »die Drogensucht wird grassieren. Hippies sind ja schon aufgetaucht, aber davon rede ich gar nicht erst. Aus Protest wird es Selbstmorde, Selbstverbrennungen und Selbstsprengungen geben ... Übrigens, die gibt es ja schon.«

Geiger und Andrej tauschten Blicke aus.

»Bitte«, sagte Andrej ärgerlich. »Er weiß es schon.«

»Interessant, und woher?«, fragte Geiger und sah Isja mit zusammengekniffenen Augen an.

»*Was* weiß ich?«, fragte Isja prompt. Er legte die Gabel neben den Teller. »Aha! Das war also ein Selbstmord aus Protest? Ich habe mir schon gedacht – was für ein dummes Geschwätz! Betrunkene Sprengmeister, die mit Dynamit durch die Gegend laufen ... So ist das also! Und ich dachte, es sei ein Anschlag gewesen ... Und wer war es?«

»Ein gewisser Danny Lee«, antwortete Geiger. »Andrej hat ihn gekannt.«

»Lee ...«, sagte Isja und verwischte zerstreut Mayonnaisenspritzer auf seinem Revers. »Danny Lee ... Warte, so ein Dürrer? Journalist?«

»Du hast ihn auch gekannt«, sagte Andrej. »Erinnerst du dich, bei mir in der Zeitung ...«

»Ja, ja, ja!«, rief Isja. »Richtig. Ich erinnere mich.«

»Aber halt um Himmels willen die Klappe!«, sagte Geiger.

Isja rieb sich mit dem üblichen, versonnenen Lächeln an seiner Warze. »Aha, der also. Aha ... verstehe ... Er hat sich also mit Dynamit vollgepackt und ist auf den Platz gegangen.

Vorher hat er bestimmt noch Briefe an alle Zeitungen geschickt, der Spinner. Hm … Und was gedenkst du zu unternehmen?«, wandte er sich an Geiger.

»Ich habe schon alles unternommen.«

»Ja, ja«, sagte Isja ungeduldig. »Alles verheimlichen, offizielle Lügen verbreiten, Rummer von der Kette lassen – aber das meine ich nicht. Was denkst du überhaupt darüber? Oder meinst du, das alles sei rein zufällig geschehen?«

»N-nein. Ich meine nicht, dass es ein Zufall war«, antwortete Geiger zögerlich.

»Gott sei Dank!«, rief Isja.

»Und was meinst du?«, fragte ihn Andrej.

Isja wandte sich rasch zu ihm: »Und du?«

»Ich denke, dass es in jeder anständigen Gesellschaft auch Verrückte geben muss. Danny war nicht normal, das ist klar. Er hatte eine fixe Idee mit philosophischem Hintergrund. In der Stadt gibt es natürlich noch mehr solcher Leute.«

»Was hat er denn mitgeteilt?«, erkundigte sich Isja neugierig.

»Er hat mitgeteilt, dass er sich langweilt. Dass wir kein echtes Ziel gefunden hätten. Dass all unsere Bemühungen, den Lebensstandard zu steigern, sinnlos seien und zu nichts führten. Er hat viel solches Zeug geredet, aber selbst nichts Vernünftiges vorgeschlagen. Ein Spinner. Ein Hysteriker.«

»Aber irgendetwas muss er doch gewollt haben?«, fragte Geiger.

Andrej winkte ab. »Das übliche Geschwätz der Volkstümler. ›Alles erträgt er, aus dunkler Vergangenheit steigt er zur Sonne, zur Freiheit, zum Licht …‹«

»Ich verstehe nicht.«

»Nun, er meinte, die Aufgabe aufgeklärter Menschen sei, auch das Volk auf ein aufgeklärtes Niveau zu heben. Aber wie man das macht, konnte er natürlich nicht sagen.«

»Deshalb hat er sich umgebracht?«, zweifelte Geiger.

»Ich habe dir doch gesagt – ein Spinner.«

»Und deine Meinung?«, wollte Geiger von Isja wissen.

Isja überlegte keine Sekunde. »Wenn man einen Menschen als Spinner bezeichnet, der sich mit einem unlösbaren Problem abquält – dann war er ein Spinner. Und du« – Isja wies mit dem Finger auf Geiger – »wirst ihn nicht verstehen. Du gehörst zu den Menschen, die nur lösbare Probleme in Angriff nehmen.«

»Nehmen wir an«, sagte Andrej, »Danny war völlig davon überzeugt, dass sein Problem lösbar war.«

»Ihr beide versteht überhaupt nichts«, erklärte Isja. »Ihr haltet euch für Technokraten und für die Elite. Demokrat ist für euch ein Schimpfwort. Ihr verachtet die breite Masse und seid sehr stolz auf diese Verachtung. Aber in Wirklichkeit seid ihr bloß hundertprozentige Sklaven dieser Masse! Alles, was ihr tut, tut ihr für die Masse. Alles, worüber ihr euch den Kopf zerbrecht, wird gerade von der Masse gebraucht. Ihr lebt für die Masse. Existierte die Masse nicht mehr, hättet ihr den Sinn eures Lebens verloren. Ihr seid erbärmliche Utilitaristen. Und deshalb werden Menschen euresgleichen niemals zu Träumern und Spinnern. Alles, was die breite Masse braucht, lässt sich ziemlich leicht erreichen – weshalb all eure Aufgaben lösbar sind. Ihr werdet nie einen Menschen verstehen, der sich als Zeichen des Protestes selbst in die Luft sprengt.«

»Warum sollten wir das nicht verstehen?«, wandte Andrej gereizt ein. »Und was gibt es da überhaupt zu verstehen? Natürlich tun wir das, was die große Masse will. Und wir bemühen uns, der Masse alles zu geben – außer gebratenen Tauben vielleicht, die den Leuten in den Mund fliegen. Aber das wird von der Mehrheit auch gar nicht verlangt. Doch immer gibt es eine winzige Minderheit, die gerade gebratene Tauben verlangt! Das ist nämlich eine fixe Idee. Ausgerechnet gebratene Tauben wollen sie! Einfach deshalb, weil man sie nirgends bekommen kann. Und so tauchen diese Spinner auf. Was gibt es denn da nicht zu verstehen? Oder glaubst du wirklich, man könnte den Pöbel auf ein elitäres Niveau heben?«

»Es ist unwichtig, was ich glaube«, erwiderte Isja grinsend. »Ich halte mich ja nicht für einen Sklaven der Mehrheit, sprich: für einen Diener des Volkes. Ich habe nie für das Volk gearbeitet und glaube nicht, dass ich ihm etwas schulde.«

»Gut, gut«, sagte Geiger. »Alle wissen, dass du nur für dich selbst stehst. Kehren wir zu den Selbstmorden zurück. Du meinst also, es wird immer Selbstmorde geben – egal, welche Politik wir betreiben?«

»Nein, die Selbstmorde wird es nur geben, weil ihr eine ganz bestimmte Politik betreibt! Und je länger ihr sie betreibt, desto mehr Selbstmorde wird es geben, weil ihr den Menschen die Sorge ums tägliche Brot nehmt und diese Sorge durch nichts ersetzt. Den Menschen wird langweilig, und es geht ihnen schlecht. Dann greift die Drogensucht um sich, es gibt sexuelle Exzesse, Selbstmorde und immer wieder vollkommen sinnlose Aufstände.«

»Was faselst du denn da!«, schimpfte Andrej wütend. »Denk mal darüber nach, was du da redest, du lausiger Experimentator! ›Pfeffer ins Leben will er, Pfeffer!‹ Ja? Willst du künstlich Mängel schaffen? Überleg mal, was für dich daraus folgt!«

»Für mich folgt daraus nichts«, sagte Isja und streckte die verkrüppelte Hand über den Tisch, um nach der Soßenschale zu greifen. »Das folgt für dich. Und dass ihr als Ersatz nichts anzubieten habt, ist eine Tatsache. Die großen Baustellen – das ist Quatsch. Das Experiment an den Experimentatoren – Unsinn. Das kümmert die Leute doch einen Dreck ... Und hört auf, mich anzugreifen, ich verurteile euch doch nicht. Ich nenne die Dinge nur beim Namen. Das ist das Schicksal eines jeden Volksbeglückers – entweder kleidet er sich in die Toga des Wohltäters, der den technischen Fortschritt bringt, oder er müht sich ab, um im Volk bestimmte Ideale zu festigen, ohne die es seiner Meinung nach nicht leben kann. Es sind zwei Seiten einer Medaille. Und das Resultat ist entweder eine Rebellion aus Hunger oder eine Rebellion aus Übersättigung – wie man eben will. Ihr habt die Rebellion aus Übersättigung gewählt – mir soll's recht sein. Aber was schimpft ihr dann über mich?«

»Mach keine Flecke auf das Tischtuch«, sagte Geiger ärgerlich.

»Pardon!« Isja versuchte, den Klecks auf dem Tischtuch mit der Serviette aufzuwischen. »Das ist doch schon rein rechnerisch klar. Angenommen, es gibt nur ein Prozent Unzufriedene. Wenn in der Stadt eine Million Menschen leben, macht das zehntausend. Selbst bei 0,1 Prozent sind es tausend Unzufriedene. Und wenn diese Tausend anfangen, auf die Straße zu gehen ... Und es gibt wohlgemerkt keine vollkommen Zufriedenen – es gibt nur vollkommen Unzufriedene. Es fehlt ja jedem irgendetwas. Einer ist mit allem zufrieden, er hat aber kein Auto. Warum? Auf der Erde war er an ein Auto gewöhnt, und hier hat er keins, und es besteht keine Aussicht darauf ... Könnt ihr euch vorstellen, wie viele solcher Menschen es in der Stadt gibt?«

Isja unterbrach seinen Monolog und schlang gierig die Makkaroni hinunter, die er reichlich mit Soße übergossen hatte. »Euer Essen schmeckt«, sagte er. »Bei meinem Gehalt kann ich nur im Gläsernen Haus anständig essen.«

Andrej sah Isja zu, wie er aß, schnaubte verächtlich und goss sich Tomatensaft ein. Er trank und zündete sich eine Zigarette an. Bei Isja läuft es immer auf die Apokalypse hinaus. Sieben Zornesschalen und sieben letzte Plagen.

Pöbel bleibt Pöbel. Natürlich werden sie rebellieren, aber dafür haben wir ja Rummer. Ein Aufstand der Satten ist zwar etwas Neues, Paradoxes. Auf der Erde hat es wohl so etwas noch nicht gegeben. Wenigstens zu meiner Zeit. Auch bei den Klassikern steht nichts darüber. Aber Aufstand ist Aufstand, und das Experiment ist das Experiment, Fußball ist Fußball … Pfui!

Andrej sah zu Geiger, der sich im Sessel zurückgelehnt hatte und mit einem Finger in den Zähnen pulte. Plötzlich überwältigte ihn ein einfacher und in seiner Einfachheit schrecklicher Gedanke: Der ist doch bloß ein Unteroffizier der Wehrmacht, ein ungebildeter Kommisskopf, und hat in seinem Leben keine zehn Bücher gelesen – und soll über alles entscheiden? … Auch ich muss über vieles entscheiden, dachte er.

»In unserer Lage«, sagte er zu Isja, »gibt es für einen anständigen Menschen gar keine andere Wahl. Die Menschen haben gehungert, die Menschen wurden ermordet, sie haben Angst und körperliche Qual durchlitten – Kinder, Alte, Frauen … Es war unsere Pflicht, anständige Lebensbedingungen zu schaffen.«

»Das ist richtig, alles richtig«, sagte Isja. »Das verstehe ich. Euch bewog Mitleid, Barmherzigkeit und so weiter. Aber davon rede ich nicht. Denn vor Hunger weinende Frauen und Kinder zu bedauern, ist nicht schwer – das kann jeder. Aber könnt ihr einen gesunden, satten Mann mit einem so großen« – Isja demonstrierte es – »Penis bedauern? Oder einen vor Langweile vergehenden Kerl? Danny Lee konnte das offenbar, könnt ihr das auch? Oder soll er gleich was mit der Peitsche kriegen?«

Er verstummte, weil der rotwangige Parker eintrat, hinter ihm zwei hübsche Mädchen mit weißen Schürzen. Sie räumten den Tisch ab und reichten Kaffee und Schlagsahne. Isja beschmierte sein Gesicht sogleich mit Sahne und leckte sie dann wieder ab – wie ein Kater, bis zu den Ohren.

»Und überhaupt: Wisst ihr, was ich glaube?«, sagte er nachdenklich. »Sobald die Gesellschaft ein Problem gelöst hat, entsteht sofort ein neues, ebenso großes … nein, ein noch größeres.« Isja kam in Fahrt. »Daraus ergibt sich übrigens etwas sehr Interessantes: Am Ende steht die Gesellschaft vor so komplizierten Problemen, dass ihre Lösung menschliche Kräfte übersteigt. Dann stockt der sogenannte Fortschritt.«

»Unsinn«, sagte Andrej. »Die Menschheit stellt sich keine Aufgaben, die sie nicht lösen kann.«

»Ich spreche ja auch nicht von Aufgaben, die sich die Menschheit stellt«, entgegnete Isja. »Ich spreche von Problemen, die auf die Menschheit zukommen. Ganz von selbst. Das Problem des Hungers hat ja nicht die Menschheit erfunden. Sie konnte nichts dafür, sie hat einfach gehungert.«

»Jetzt reicht's!«, sagte Geiger. »Genug gequatscht. Man könnte meinen, wir hätten nichts zu tun, als dämlich daherzureden.«

»Was haben wir denn zu tun?«, wunderte sich Isja. »Ich habe jetzt zum Beispiel Mittagspause.«

»Wie du willst«, sagte Geiger. »Ich wollte über deine Expedition sprechen. Aber das können wir natürlich auch verschieben.«

Isja erstarrte mit der Kaffeetasse in der Hand. »Erlaube mal«, sagte er streng. »Warum denn verschieben? Das sollten wir auf keinen Fall tun! Es ist schon oft genug verschoben worden.«

»Warum faselt ihr dann so einen Unsinn?«, fragte Geiger. »Davon tun einem ja die Ohren weh.«

»Was ist das für eine Expedition?«, fragte Andrej. »Etwa zu den Archiven?«

»Eine große Expedition in den Norden!«, rief Isja, aber Geiger bremste ihn, indem er seine Hand hob.

»Das ist ein Vorgespräch«, erklärte er. »Die Entscheidung über die Expedition habe ich schon getroffen, die Gelder sind bewilligt. Die Transportmittel werden in drei, vier Monaten bereitstehen. Jetzt müssen wir die wichtigsten Ziele und das Programm festlegen.«

»Das heißt, es wird eine umfangreiche Expedition?«, fragte Andrej.

»Ja! Isja kriegt seine Archive, und du kriegst deine Sonnenbeobachtungen und was du sonst noch brauchst.«

»Gott sei Dank!«, sagte Andrej. »Endlich!«

»Aber ihr habt mindestens noch ein weiteres Ziel«, sagte Geiger. »Die Fernerkundung. Die Expedition muss sehr weit nach Norden vordringen. So weit wie möglich. Solange Brennstoff und Wasser reichen. Deshalb muss man die Mannschaft mit Bedacht auswählen. Nur Freiwillige – und von denen nur die Besten. Denn niemand weiß, was im Norden wirklich ist. Gut möglich, dass ihr nicht nur alte Akten sucht und durch Fernrohre guckt, sondern dass ihr schießen, eine Belagerung aushalten müsst, durchbrechen und so weiter. Deshalb werden Militärs in der Gruppe sein. Wer und wie viele – wird noch festgelegt.«

»Möglichst wenige!«, sagte Andrej und zog die Stirn in Falten. »Ich kenne deine Militärs, sie machen uns das Arbeiten unerträglich.« Verärgert schob er die Tasse beiseite. »Und überhaupt verstehe ich das nicht. Wozu Militärs? Ich weiß nicht, was es dort für Schießereien geben könnte. Da ist Wüste, es gibt Ruinen – wer soll da schießen?«

»Dort, Bruder, kann alles Mögliche lauern«, sagte Isja.

»Was heißt – alles Mögliche? Wimmelt es dort vielleicht von bösen Geistern, und sollen wir deswegen auch einen Pfaffen mitnehmen?«

»Ob ich vielleicht ausreden darf?«, sagte Geiger.

»Ja, bitte«, sagte Andrej missmutig.

So ist es immer, dachte er. Wie mit der Affenpfote. Wenn schon mal ein Wunsch in Erfüllung geht, dann unter solchen Umständen, dass er besser unerfüllt geblieben wäre. Nein, zum Henker! Diese Expedition überlasse ich nicht den Herren Offizieren. Leiter der Expedition wird Quejada – Leiter der wissenschaftlichen Abteilung und der ganzen Gruppe. Sonst schert euch zum Teufel; dann bekommt ihr eben keine Kosmographie. Sollen eure Feldwebel doch über Isja befehlen. Das ist eine wissenschaftliche Expedition, also muss der Leiter ein Wissenschaftler sein … Plötzlich erinnerte er sich, dass Quejada als politisch unzuverlässig galt, und dieser Gedanke machte ihn so wütend, dass er einen Teil dessen, was Geiger sagte, überhörte.

Er schreckte auf. »Was ist?«

»Ich frage dich: In welcher Entfernung von der Stadt kann das Ende der Welt sein?«

»Genauer – der Anfang«, wandte Isja ein.

Andrej sah Geiger ungehalten an. »Liest du überhaupt meine Berichte?«

»Ich lese sie. Du schreibst, dass die Sonne irgendwo weit im Norden den Horizont berührt und dann aus dem Blickfeld schwindet. Deshalb frage ich dich: Wie weit ist es bis zu diesem Ort, kannst du das sagen?«

»Du liest meine Berichte nicht«, sagte Andrej. »Sonst hättest du verstanden, dass ich die Expedition vor allem deshalb plane, um zu klären, wo dieser Anfang der Welt ist.«

»Das habe ich verstanden. Und ich frage dich: Kannst du annähernd die Entfernung bestimmen? Sind das tausend Kilometer? Hunderttausend? Eine Million? … Wir legen das Ziel der Expedition fest, verstehst du? Wenn dieses Ziel eine Million Kilometer weit entfernt liegt, ist es kein Ziel mehr. Aber wenn …«

»Verstehe«, sagte Andrej. »Sag das doch gleich. Also: Die Schwierigkeit besteht darin, dass wir weder etwas über die Krümmung der Welt noch über den Abstand zur Sonne wissen. Wenn wir unsere Beobachtungen auf die ganze Länge der Stadt ausdehnen könnten, von Anfang bis Ende und nicht beschränkt auf ihre heutigen Maße, könnten wir diese Größen bestimmen. Wir brauchen einen großen Bogen, verstehst du? Mindestens mehrere Hundert Kilometer. Bisher haben wir nur die Daten von fünfzig Kilometern. Deshalb ist die Genauigkeit so gering.«

»Nenn mir das Minimum und das Maximum«, sagte Geiger.

»Das Maximum ist unendlich«, erwiderte Andrej. »Nämlich wenn die Welt flach ist. Und das Minimum – an die tausend Kilometer.«

»Schmarotzer seid ihr«, sagte Geiger angewidert. »Wie viel Geld ich schon in eure Vorhaben gesteckt habe, und was kam dabei heraus? – Nichts.«

»Das stimmt doch gar nicht«, widersprach Andrej. »Seit zwei Jahren bitte ich dich um diese Expedition. Wenn du wissen willst, in welcher Welt du lebst – dann gib uns Geld, Transportmittel und Leute. Sonst wird nichts daraus. Wir brauchen einen Bogen von fünfhundert Kilometern. Wir messen die Gravitation, die Veränderung der Helligkeit, die Veränderungen in der Höhe …«

»Gut«, unterbrach ihn Geiger. »Aber darüber wollen wir jetzt nicht reden. Das sind Details. Ihr müsst euch nur im Klaren sein, dass ein Ziel der Expedition darin besteht, zum Anfang der Welt zu gelangen. Ist das klar?«

»Ja«, sagte Andrej. »Aber wozu du das wissen musst, ist mir schleierhaft.«

»Ich will wissen, was dort ist. Und dort ist etwas. Etwas, wovon viel abhängen kann.«

»Zum Beispiel?«

»Zum Beispiel die Antistadt.«

Andrej musste lachen. »Die Antistadt! Was denn, glaubst du immer noch daran?«

Geiger erhob sich und lief mit den Händen auf dem Rücken durchs Zimmer. »Glauben oder nicht. Ich muss es wissen: Gibt es sie, oder gibt es sie nicht?«

»Also mir«, sagte Andrej, »ist längst klargeworden, dass die Antistadt eine Erfindung der alten Führung war.«

»Genauso wie das rote Gebäude«, sagte Isja kichernd.

»Das rote Gebäude hat damit nichts zu tun. Geiger hat selber bestätigt, dass die alte Führung eine Militärdiktatur vorbereitete. Dafür brauchte man eine Bedrohung von außen – die Antistadt.«

Geiger blieb vor ihm stehen. »Was hast du eigentlich gegen eine Expedition bis zum Ende der Welt? Bist du nicht neugierig, was dort sein könnte? Mein Gott, was hat man mir für Berater beschert!«

»Dort ist nichts!«, erwiderte Andrej, wenn auch etwas unsicher. »Kälte, ewige Nacht, Eiswüste ... Die Rückseite des Mondes, verstehst du?«

»Ich habe andere Informationen«, sagte Geiger. »Die Antistadt existiert. Dort ist keine Eiswüste, und wenn doch, so kann man sie durchqueren ... und stößt auf eine Stadt wie die unsere. Aber was da vor sich geht, wissen wir nicht, und was man dort vorhat, auch nicht. Es wird zum Beispiel erzählt, dass in der Antistadt alles umgekehrt ist. Wenn es uns gutgeht, geht es dort schlecht usw.« Er brach ab und ging wieder im Zimmer auf und ab.

»Mein Gott«, sagte Andrej. »Was ist denn das für ein Unsinn?«

Er warf Isja einen Blick zu – und stockte. Denn Isja strahlte übers ganze Gesicht und sah Andrej triumphierend an. Den Arm hatte er lässig über die Sessellehne gelegt, die Krawatte war ihm bis unters Ohr hochgerutscht.

»Verstehe«, sagte Andrej. »Darf man erfahren, Isja, aus welchen Quellen du deine Informationen beziehst?«

»Immer aus denselben, mein Lieber«, sagte Isja. »Geschichte ist eine große Wissenschaft. Und in unserer Stadt kann sie von ganz besonderem Nutzen sein. Denn wodurch zeichnet sich unsere Stadt unter anderem aus? Dass man die Archive aus irgendeinem Grund nicht vernichtet! Und was mit der Feder geschrieben wurde, kann man mit der Axt nicht fällen ...«

»Du und deine Archive!«, sagte Andrej verächtlich.

»Langsam! Fritz kann es bezeugen – wer von uns hat Kohle gefunden? Dreihunderttausend Tonnen Kohle in einem unterirdischen Lager? Deine Geologen vielleicht? Nein, Katzman hat sie gefunden. Und zwar ohne, dass er dafür hätte seinen Schreibtisch verlassen müssen …«

»Genug davon«, sagte Geiger, der jetzt wieder in seinem Sessel saß. »Ich will Folgendes von euch wissen: Erstens, wie sieht es in den Gebieten, die uns noch unbekannt sind, aus? Kann man dort leben? Gibt es dort Dinge, die für uns nützlich sein könnten? Zweitens, wer lebt dort? Auf der ganzen Strecke, von hier«, er stieß mit dem Finger auf den Tisch, »bis zum Ende der Welt, oder bis zu ihrem Anfang, oder bis wohin ihr kommt … Was sind das für Menschen? Sind es überhaupt Menschen? Warum sind sie dort? Wie sind sie dorthin gekommen? Wovon leben sie? Und drittens, alles, was ihr über die Antistadt erfahren könnt. Das ist das politische Ziel, das ich euch setze – und zugleich das wahre Ziel der Expedition. Andrej, du leitest die Gruppe und bringst alles in Erfahrung, was ich dir aufgetragen habe. Und du wirst mir hier, in diesem Zimmer, über die Ergebnisse berichten.«

»Wie bitte?«

»Einen Bericht. Hier. Persönlich.«

»Du willst mich in die Antistadt schicken?«

»Natürlich. Was hast du denn gedacht?«

»Äh … Ich verstehe nicht.« Andrej war ganz durcheinander. »Wieso denn das? … Ich hatte nicht vor, irgendwo hinzugehen. Ich habe alle Hände voll zu tun, wem soll ich das übergeben? Und überhaupt – ich will nicht weg!«

»Was soll das heißen – du willst nicht? Wer hat mir denn dauernd in den Ohren gelegen? Wenn nicht dich, wen soll ich dann schicken?«

»Mein Gott!«, sagte Andrej. »Wen du willst! Nimm Quejada als Leiter, er ist ein sehr erfahrener Forscher … Oder Butz.«

Unter Geigers durchdringendem Blick verstummte er.

»Über Quejada und Butz wollen wir lieber nicht sprechen«, sagte Geiger leise.

Andrej wusste nichts zu erwidern, und es trat peinliche Stille ein. Geiger schenkte sich von dem kalt gewordenen Kaffee nach.

»In dieser Stadt«, fuhr er immer noch leise fort, »vertraue ich nur zwei, drei Männern – nicht mehr. Und von ihnen kannst nur du die Expedition leiten, weil ich weiß: Wenn ich dich bitte, bis zum Ende vorzudringen, dann gehst du auch bis zum Ende. Du kehrst nicht auf halbem Wege um und erlaubst es auch keinem anderen. Und wenn du mir später Bericht erstattest, weiß ich, dass ich es glauben kann. Isjas Berichten würde ich auch glauben, aber er eignet sich nicht als Leiter einer Expedition und ist ein miserabler Politiker. Du hast also die Wahl: Entweder du leitest die Expedition, oder sie wird nicht zustande kommen.«

Wieder trat Stille ein. Isja sagte verlegen: »Oje, oje, soll ich vielleicht rausgehen?«

»Bleib sitzen«, befahl Geiger, ohne ihn anzusehen. »Da – friss Piroggen.«

Andrej überlegte fieberhaft. Alles aufgeben. Selma. Das Haus. Das geordnete ruhige Leben. Amalia … Mich irgendwo herumtreiben. Hitze. Dreck. Der schreckliche Fraß. Bin ich etwa alt geworden? Vor ein paar Jahren hätte mich so ein Angebot begeistert. Und jetzt will ich nicht. Ich will ganz und gar nicht … Tag ein, Tag aus Isja sehen, immerzu Isja. Und Militärs. Soldaten. Und alles zu Fuß gehen, tausend Kilometer zu Fuß, mit einem Rucksack auf dem Buckel, einem vollen. Ach, du Scheiße … Und Waffen. Zum Teufel, womöglich muss ich noch schießen! Einen Dreck brauche ich das alles … im Kugelhagel zu sitzen … Wozu braucht der Fisch ein Fahrrad? Ich muss unbedingt Onkel Jura mitnehmen, diesen Militärs traue ich nicht über den Weg. Hitze, Schwielen und Gestank. Und am Ende – Kälte. Lausige Kälte. Gut, dass uns wenigstens die Sonne immer auf den Rücken scheint … Und Quejada muss ich mitnehmen, ohne den gehe ich nicht! Und wenn du ihm hundertmal nicht traust! Mit Quejada brauche ich mir um den wissenschaftlichen Teil keine Sorgen zu machen … Gott, und so lange ohne Frau – ich drehe durch, das bin ich nicht mehr gewohnt. Aber dafür wirst du bezahlen … Du gibst mir erstens mehr Planstellen – in der Abteilung für Sozialpsychologie; auch bei der Landvermessung brauchen wir mehr Leute. Zweitens kriegt Vareikis was auf die Finger. Und überhaupt – all die ideologischen Beschränkungen. Bei mir in der Wissenschaft will ich in Zukunft nichts mehr davon hören. In anderen Abteilungen – bitte, das geht mich nichts an … Aber im Norden gibt es kein Wasser! Die ganze Stadt bewegt sich nach Süden, weil im Norden die Quellen versiegen. Sollen wir etwa Wasser mit uns schleppen? Über tausend Kilometer?

»Soll ich vielleicht das Wasser auf dem Buckel mitschleppen?«, fragte er gereizt.

Geiger zog die Brauen hoch. »Was für Wasser?«

Andrej besann sich. »Im Allgemeinen, einverstanden. Aber die Soldaten suche ich selber aus, wenn du schon darauf bestehst. Sonst schiebst du mir lauter Idioten unter. Und nur einer ist der Chef«, sagte er drohend mit erhobenem Zeigefinger. »Und das bin ich!«

»Nur du«, beschwichtigte ihn Geiger lächelnd. »Du wirst überhaupt alle aussuchen. Einen einzigen Mann bestimme ich – Isja. Die anderen du. Kümmere dich um gute Mechaniker, vergiss nicht, einen Arzt mitzunehmen.«

»Bekomme ich Transportmittel?«

»Bekommst du«, sagte Geiger. »Alles vom Besten. Selber zu tragen brauchst du nichts, höchstens die Waffe … Aber verzettle dich nicht, das sind Kleinigkeiten. Wir können das noch im Einzelnen besprechen, wenn du die Gruppenleiter bestimmt hast. Auf eines möchte ich euch aber noch hinweisen: Geheimhaltung! Das müsst ihr mir garantieren – auch wenn sich ein solches Unternehmen nie völlig geheim halten lässt. Wir müssen uns etwas ausdenken. Zum Beispiel: Ihr sucht nach Erdöl. Beim zweihundertvierzigsten Kilometer. Aber die politischen Ziele dürfen nur euch bekannt sein. Einverstanden?«

»Einverstanden«, antwortete Andrej nicht ganz ohne Sorge.

»Isja, das betrifft insbesondere dich. Hörst du?«

»Hm«, antwortete der mit vollem Mund.

»Warum eigentlich die Geheimniskrämerei?«, wollte Andrej wissen. »Was haben wir denn so Furchtbares vor, dass alles streng geheim bleiben muss?«

»Verstehst du das nicht?«, fragte Geiger und verzog das Gesicht.

»Nein. Ich sehe nicht, was hier das System gefährden soll.«

»Doch nicht das System, du Holzkopf! Dich! Dich gefährdet das! Begreifst du nicht, dass sie uns ebenso fürchten wie wir sie?«

»Wer – sie? Etwa die Bewohner der Antistadt?«

»Ja, wer denn sonst? Wenn wir planen, eine Expedition zur Erkundung auszuschicken, warum nicht annehmen, dass sie das schon längst getan haben? Dass es in der Stadt von Spionen nur so wimmelt! Lach nicht! Das ist nicht zum Lachen! Ihr könntet in einen Hinterhalt geraten – und dann schlachten sie euch ab wie Hühner.«

»In Ordnung«, sagte Andrej. »Du hast mich überzeugt. Ich halte den Mund.«

Eine Zeit lang sah ihn Geiger zweifelnd an, dann sagte er: »Also gut. Über die Ziele sind wir uns einig. Über die Geheimhaltung auch. Das heißt … eigentlich über alles. Heute unterschreibe ich den Befehl über deine Ernennung zum Leiter der Operation … hm … sagen wir …«

»Nacht und Nebel«, rief Isja und machte große, unschuldige Augen.

»Was? Nein … zu lang. Sagen wir Zickzack. Operation Zickzack. Das klingt gut, oder?« Geiger nahm ein Notizheft aus der Brusttasche und schrieb etwas auf. »Andrej, du kannst mit den Vorbereitungen beginnen – was den rein wissenschaftlichen Teil angeht. Such die Leute aus, präzisiere deine Aufgaben, bestell die Ausrüstung, das Gepäck … Für all deine Befehle garantiere ich dir grünes Licht. Wer ist dein Stellvertreter?«

»In der Kanzlei? Butz.«

Geiger runzelte die Stirn. »Na ja … meinetwegen«, sagte er. »Übertrag ihm die Kanzlei. Und du kümmerst dich nur noch um die Operation Zickzack. Aber warne deinen Butz: Er soll seine Zunge hüten.«

»Hör mal«, sagte Andrej. »Können wir abmachen, dass …«

»Zum Teufel! Ich möchte jetzt nicht über dieses Thema reden. Ich weiß allzu gut, was du mir sagen willst! Aber der Fisch stinkt zuerst am Kopf, Herr Präsidialrat, und du züchtest in deiner Kanzlei … verdammt …«

»Jakobiner«, sagte ihm Isja vor.

»Und du, Jude, schweig!«, schrie Geiger. »Der Teufel soll euch holen, ihr Schwätzer! Ihr bringt mich völlig aus dem Konzept … Was habe ich gesagt?«

»Dass du nicht über dieses Thema reden willst«, antwortete Isja.

Geiger starrte ihn verständnislos an.

Andrej sagte betont ruhig: »Fritz, ich bitte dich wirklich sehr darum, meine Mitarbeiter mit diesem ideologischen Zeug zu verschonen. Ich habe die Leute selber ausgesucht, ich vertraue ihnen, und wenn du die Wissenschaft in dieser Stadt wirklich voranbringen willst – dann lass meine Mitarbeiter in Ruhe.«

»Ja, gut«, sagte Geiger mürrisch. »Aber wir wollen heute nicht darüber reden.«

»Doch, wir wollen«, sagte Andrej sanft und war selbst ganz davon angetan. »Fritz, du kennst mich – ich bin für dich und vollkommen auf deiner Seite. Aber bitte versteh, dass diese Leute meckern müssen. So sind sie eben. Wer nicht meckert, taugt nichts. Lass sie meckern! Für die ideologisch korrekte Einstellung in meiner Kanzlei werde ich schon selber sorgen. Du kannst ganz beruhigt sein. Und sage bitte unserem lieben Rummer, er soll sich hinter die Ohren schreiben …«

»Geht's auch ohne Ultimatum?«, fragte Geiger von oben herab.

»Geht es«, sagte Andrej noch sanfter als vorher. »Alles geht – es geht ohne Ultimatum, ohne Wissenschaft, ohne Expedition …«

Geiger, der durch seine aufgeblähten Nasenlöcher laut ein- und ausatmete, sah ihm fest in die Augen. »Ich will jetzt nicht darüber reden!«

Und Andrej begriff, dass es vorläufig genügte. Zudem war es besser, wenn man solche Themen unter vier Augen besprach.

»Wenn du nicht willst, dann lassen wir es«, sagte er versöhnlich. »Es hat sich einfach so ergeben. Weißt du, Vareikis war heute bei mir … Aber ich habe noch eine andere Frage: Wie viel Ladung darf ich mitnehmen? Ungefähr?«

Geiger schnaufte noch ein paarmal kräftig durch die Nase, sah zu Isja hinüber und lehnte sich wieder im Sessel zurück. »Rechne mit fünf, sechs Tonnen. Vielleicht auch mehr. Setz dich mit Mandschuro in Verbindung. Doch vergiss nicht: Er ist zwar der vierte Mann im Staat, aber über die wirklichen Ziele der Expedition weiß er nichts. Er ist für den Transport verantwortlich. Von ihm erfährst du alle Einzelheiten.«

Andrej nickte. »In Ordnung. Weißt du, wen ich von den Militärs mitnehmen will? Den Oberst!«

Geiger fuhr zusammen. »Den Oberst? Du hast Nerven! Wie soll ich denn ohne ihn auskommen? Der ganze Generalstab stützt sich auf ihn.«

»Wunderbar«, sagte Andrej. »Dann wird der Oberst gleichzeitig die Fernerkundung leiten und sozusagen persönlich den potenziellen Kriegsschauplatz studieren. Wir kommen gut miteinander aus … Übrigens, Jungs, ich gebe heute Abend eine kleine Party. Fondue bourguignonne. Kommt ihr?«

Geigers Gesicht nahm einen bekümmerten Ausdruck an. »Hm … heute? Ich weiß nicht, ich kann's noch nicht genau sagen. Vielleicht komme ich auf einen Sprung vorbei.«

Andrej seufzte. »Schon gut. Aber wenn du verhindert bist, schicke bitte nicht Rummer an deiner Stelle wie voriges Mal. Ich lade nicht den Präsidenten ein, sondern Fritz Geiger. Offiziellen Ersatz brauche ich nicht.«

»Wir werden sehen, wir werden sehen«, sagte Geiger. »Noch ein Tässchen? Zeit ist genug. Parker!«

Der rotwangige Parker kam herein, lauschte dem Befehl, noch einmal Kaffee zu bringen, mit vorschriftsmäßiger Kopfhaltung und sagte mit dünner Stimme: »Auf den Herrn Präsidenten wartet am Telefon Präsidialrat Rummer.«

»Wenn man vom Teufel spricht«, brummte Geiger und erhob sich. »Verzeiht, Jungs, ich komme gleich wieder.«

Er ging hinaus, und sogleich erschienen die Mädchen in ihren weißen Schürzen. Sie servierten flink den Kaffee und verschwanden zusammen mit Parker.

»Aber du kommst doch?«, fragte Andrej Isja.

»Mit Vergnügen!«, sagte Isja, während er laut seinen Kaffee schlürfte. »Wer kommt noch?«

»Der Oberst, Herr und Frau Dollfuß, vielleicht Tschatschua … Und wen möchtest du sehen?«

»Madame Dollfuß nicht so besonders gern, ehrlich gesagt.«

»Macht nichts, wir setzen sie neben Tschatschua.«

Isja nickte, dann sagte er plötzlich: »Wir haben uns schon lange nicht mehr getroffen, stimmt's?«

»Ja, Bruder, die Arbeit …«

»Red keinen Unsinn, was hast du denn zu tun? Sitzt bloß rum und putzt deine Sammlung … Pass auf, dass du dich nicht versehentlich erschießt … Ach ja! Ich habe dir eine Pistole besorgt. Eine echte Smith & Wesson aus der Prärie.«

»Wirklich?!«

»Sie ist allerdings ziemlich verrostet …«

»Untersteh dich, sie zu sauber zu machen!«, schrie Andrej auf. »Bring sie mit, wie sie ist, sonst verdirbst du alles mit deinen zwei linken Pfoten. Das ist keine Pistole, sondern ein Revolver. Wo hast du ihn aufgetrieben?«

»Wo man so was eben auftreibt. Du wirst sehen, bei der Expedition werden wir so viele finden, dass wir sie nicht nach Hause schleppen können.«

Andrej stellte die Kaffeetasse hin. An diesen Aspekt der Expedition hatte er noch gar nicht gedacht; auf einmal verspürte er großen Enthusiasmus und sah eine einmalige Sammlung von Colts, Brownings, Mauserpistolen, Nagans, Parabellums, Sauers und Walters vor sich auftauchen. Und dann, noch weiter zurück in der Zeit: Duellpistolen Lefaucheux und Lepage, riesige Enterpistolen mit Bajonett, großartige, selbstgebaute Pistolen aus dem Wilden Westen … all die unbeschreiblichen Schätze, von denen er nicht einmal zu träumen wagte, wenn er den Katalog der Privatsammlung des Millionärs Brunner betrachtete. Futterale, Kästen, Magazine … Vielleicht glückte es ihm, eine tschechische Zbrojovka zu finden, mit Schalldämpfer, oder eine Astra 900, vielleicht sogar eine Astra 9, eine Mauser 08, eine Seltenheit, ein Traum …

»Panzerminen sammelst du nicht?«, fragte Isja. »Oder Feldschlangen?«

»Nein«, erwiderte Andrej und lächelte. »Ich sammle nur Handfeuerwaffen.«

»Stell dir vor, da wird eine Panzerfaust angeboten«, erzählte Isja. »Nicht teuer – nur zweihundert Tögrik.«

»Damit musst du zu Rummer gehen«, sagte Andrej.

»Danke, bei dem war ich schon«, erwiderte Isja, und sein Lächeln gefror.

Ach, verdammt, dachte Andrej verlegen, doch da kam zum Glück Geiger zurück. Er sah zufrieden aus. »Na los, gießt dem Präsidenten ein Tässchen Kaffee ein! Worüber sprecht ihr gerade?«

»Über Literatur und Kunst«, antwortete Isja.

»Literatur?« Geiger nippte am Kaffee. »Warum sprechen meine Berater ausgerechnet über Literatur?«

»Der redet Unsinn«, sagte Andrej. »Von meiner Sammlung haben wir gesprochen, nicht über Literatur.«

»Dich interessiert plötzlich die Literatur?«, fragte Isja und sah Geiger neugierig an. »Du warst immer ein praktischer Präsident.«

»Weil ich praktisch bin, interessiere ich mich dafür. Denkt doch mal nach: In der Stadt erscheinen zwei Literaturzeitschriften, vier Literaturbeilagen in Zeitungen und ein Dutzend Groschenromane mit Abenteuergeschichten. Das war's. Und nicht ganz zwanzig Buchtitel pro Jahr, aber darunter ist nichts Anständiges. Ich habe mit Leuten gesprochen, die sich auskennen. Weder vor der Wende noch danach ist ein einziges bedeutendes literarisches Werk erschienen. Nur Mist. Woran liegt das?«

Andrej und Isja sahen sich an. Ja, Geiger schaffte es immer wieder, sie zu verblüffen.

»Trotzdem verstehe ich dich nicht ganz«, wandte sich Isja an Geiger. »Was kümmert dich dieses Problem? Suchst du etwa einen Schriftsteller, der deine Biografie schreibt?«

»Ginge es auch mal ohne Witze? ... In der Stadt leben eine Million Menschen. Über Tausend bezeichnen sich als Literaten. Aber alle sind Nichtskönner. Das heißt, ich selber lese ja nicht ...«

»Nichtskönner, jawohl«, bestätigte Isja. »Man hat dich richtig informiert. Tolstois und Dostojewskis sind hier nicht zu finden. Keine Lews, ja, nicht einmal Alexejs ...«

»Aber warum?«, fragte Andrej.

»Es gibt keine herausragenden Schriftsteller«, fuhr Geiger fort. »Keine Maler. Keine Komponisten. Und Bildhauer auch nicht.«

»Keine Architekten«, ergänzte Andrej. »Keine Filmregisseure.«

»Nichts dergleichen«, sagte Geiger. »Eine Million Menschen! Mich hat das anfangs einfach gewundert, und dann, ehrlich gesagt, beunruhigt.«

»Warum?«, fragte Isja sogleich.

Geiger kaute auf seinen Lippen herum. »Das ist schwer zu erklären. Ich persönlich weiß ja nicht, wozu man das alles braucht, aber ich habe gehört, dass es das in jeder richtigen Gesellschaft gibt. Und wenn es bei uns fehlt, dann ist etwas nicht in Ordnung … Ich denke mir's so: Bis zur Wende war das Leben in unserer Stadt nicht einfach, es war schwierig, chaotisch, schmutzig, und den Menschen nicht nach schönen Künsten zumute. Aber jetzt ist das Leben im Großen und Ganzen wohlgeordnet …«

»Nein«, unterbrach ihn Andrej nachdenklich. »Daran liegt es nicht. Soviel ich weiß, haben die größten Meister gerade im schlimmsten Chaos gearbeitet. Da gibt es keine Gesetzmäßigkeiten. Ein großer Künstler konnte ein Säufer sein – oder arm und verrückt. Er konnte aber auch ein wohlhabender, sogar reicher Mann sein wie zum Beispiel Turgenjew. Nein, ich weiß nicht.«

»Also«, sagte Isja zu Geiger, »falls du zum Beispiel vorhast, den Lebensstandard deiner Literaten zu erhöhen …«

»Ja! Zum Beispiel!« Geiger nahm wieder einen Schluck Kaffee und sah Isja mit zusammengekniffenen Augen an.

»… wird dabei nichts herauskommen«, sagte Isja mit einem Anflug von Schadenfreude. »Vergiss es!«

»Wartet«, sagte Andrej. »Vielleicht landen ja talentierte, schöpferische Menschen überhaupt nicht in der Stadt? Sind nicht bereit, hierherzukommen?«

»Oder man schlägt es ihnen nicht vor«, mutmaßte Isja.

»Hör auf! Fünfzig Prozent der Bevölkerung sind junge Menschen, das heißt, auf der Erde waren sie niemand. Wie konnte man da wissen, ob sie künstlerisch veranlagt sind oder nicht?«

»Vielleicht kann man es aber doch feststellen«, wandte Isja ein.

»Und wenn schon! In der Stadt leben Zehntausende, die hier geboren und aufgewachsen sind. Was ist mit denen? Oder wird Talent immer vererbt?«

»Eigentlich ist das sehr merkwürdig«, sagte Andrej. »Es gibt ausgezeichnete Ingenieure in der Stadt, und die Wissenschaftler sind auch nicht übel. Vielleicht keine Einsteins, aber auf gutem internationalem Niveau – Butz zum Beispiel. Zudem haufenweise talentierte Leute: Erfinder, Verwaltungsfachleute, Handwerker ... Überhaupt alle, die mit praktischen Aufgaben betraut sind.«

»Das ist es ja, was mich so wundert«, sagte Geiger.

»Hör mal, Fritz«, sagte Isja. »Warum willst du dir unbedingt zusätzlichen Ärger ins Haus holen? Wenn du talentierte Schriftsteller hast, fangen sie bald an, dich in ihren genialen Werken zu bekritteln und zu beschimpfen – dich, deine Ordnung und deine Berater. Und dann beginnen die Scherereien. Zuerst wirst du ihnen gut zureden, dann wirst du drohen, dann wirst du sie einsperren ...«

»Warum sollen sie mich beschimpfen?«, erregte sich Geiger. »Vielleicht werden sie mich – im Gegenteil – rühmen.«

»Nein, rühmen werden sie dich nicht. Das hat dir Andrej vorhin schon bei den Wissenschaftlern erklärt. Große Schriftsteller sind auch immer unzufrieden. Das ist ihr natürlicher Zustand, weil sie das schlechte Gewissen der Gesellschaft sind – auch wenn diese das vielleicht nicht einmal ahnt. Und weil im gegebenen Fall du das Symbol der Gesellschaft bist, werden sie auch dich zuerst mit Schmutz bewerfen.« Isja kicherte. »Ich stelle mir gerade vor, wie sie mit deinem Rummer umgehen würden!«

»Natürlich, wenn Rummer Fehler hat, ist ein echter Schriftsteller verpflichtet, sie abzubilden. Dazu ist er ja Schriftsteller: um Geschwüre zu kurieren.«

»Schriftsteller haben noch nie Geschwüre kuriert«, wandte Isja ein. »Ein schlechtes Gewissen tut einfach weh, das ist alles …«

»Mag sein, aber mir geht es um etwas anderes«, unterbrach ihn Geiger. »Sag mir ganz offen: Hältst du die jetzige Lage für normal oder nicht?«

»Was ist denn normal?«, fragte Isja. »Kann man die Lage auf der Erde als normal betrachten?«

»Hör auf!«, sagte Andrej unwirsch. »Man hat dich doch bloß gefragt, ob eine Gesellschaft ohne schöpferische Talente existieren kann. Habe ich dich richtig verstanden, Fritz?«

»Ich stelle die Frage noch präziser: Ist es normal, dass eine Million Menschen – egal, ob hier oder auf der Erde – über Jahrzehnte hinweg kein einziges schöpferisches Talent hervorbringen?«

Isja schwieg und rieb zerstreut an seiner Warze. Andrej sagte: »Wenn man zum Beispiel an das antike Griechenland denkt, ist das überhaupt nicht normal.«

»Woran liegt es also?«, fragte Geiger.

»Das Experiment ist das Experiment«, sagte Isja. »Aber wenn man die Mongolen als Maßstab nimmt, ist bei uns alles in Ordnung.«

»Was willst du damit sagen?«, fragte Geiger argwöhnisch.

»Nichts Besonderes. Mongolen gibt es auch eine Million, vielleicht sogar mehr. Man könnte noch die Koreaner als Beispiel anführen, oder fast jedes arabische Land.«

»Dann nimm doch gleich die Zigeuner«, sagte Geiger unzufrieden.

Andrej lebte auf. »Jungs, gibt es eigentlich Zigeuner in der Stadt?«

»Schert euch zum Teufel!«, sagte Geiger böse. »Es ist völlig unmöglich, sich ernsthaft mit euch zu unterhalten.«

Er wollte noch etwas hinzufügen, aber da erschien der rotbäckige Parker in der Tür, und Geiger schaute sofort auf die Uhr.

»Nun, das wär's«, sagte er und erhob sich. »Wir haben uns verplaudert!« Er seufzte und knöpfte seine Uniformjacke zu. »An die Arbeit! Geht an eure Plätze, Räte!«

3

Otto Frisch hatte nicht gelogen: Der Teppich sah tatsächlich prächtig aus. Er war schwarz und purpurfarben, tiefe edle Farbtöne, und nahm die gesamte linke Wand des Arbeitszimmers gegenüber den Fenstern ein. Der Raum erhielt dadurch eine ganz besondere Note. Das war sehr, sehr schön. Das war elegant, das war bedeutsam.

In seiner Begeisterung gab Andrej Selma einen Kuss auf die Wange; dann ging sie in die Küche zurück, um die Hausangestellte anzuweisen. Andrej lief durchs Arbeitszimmer, um den Teppich von jedem Winkel aus zu betrachten. Er öffnete seinen geliebten Waffenschrank und nahm eine Mauser heraus – ein großes, zehnschüssiges Ungeheuer, gebaut in einer Spezialabteilung der Mauserwerke. Es war die im russischen Bürgerkrieg berühmt gewordene Lieblingswaffe der Kommissare in den staubbedeckten Mützen – aber auch die Waffe der Kaiserlich Japanischen Offiziere, deren Mantelkragen mit Hundefell besetzt waren.

Die Mauser war sauber, glänzte und schien schussbereit, hatte allerdings einen abgeschliffenen Schlagbolzen. Andrej hielt die Waffe mit beiden Händen und schwenkte sie ein wenig hin und her. Dann fasste er den runden geriffelten Griff und zielte auf den Apfelbaum vor dem Fenster, wie es Geiger auf dem Schießstand tat.

Dann drehte er sich zum Teppich, um einen geeigneten Platz für die Mauser zu suchen. Die Stelle war schnell gefunden. Andrej schlüpfte aus den Pantoffeln, stieg aufs Sofa und hielt die Waffe an die Stelle. Während er sie mit einer Hand an den Teppich presste, trat er etwas zurück und genoss den Anblick. Ja, dort war es gut! Er sprang auf den Fußboden, eilte auf Socken in die Diele, nahm den Werkzeugkasten aus dem Wandschrank und ging zum Teppich zurück.

Er hängte erst die Mauser auf. Dann folgte die Luger mit Zieloptik, mit der Koptschik am letzten Tag der Wende zwei Milizionäre erschossen hatte. Als er sich gerade an die kleine, fast quadratische Browning 1906 machen wollte, hörte er hinter sich eine vertraute Stimme: »Ein Stückchen weiter nach rechts, Andrej. Und einen Zentimeter tiefer.«

»So?«, fragte Andrej, ohne sich umzudrehen.

»Ja.«

Andrej befestigte die Browning, sprang rückwärts vom Sofa und trat bis zum Tisch zurück, um sein Werk zu betrachten.

»Schön«, lobte der Mentor.

»Schön, aber zu wenig«, sagte Andrej seufzend.

Der Mentor ging lautlos zum Schrank, hockte sich davor und nahm einen Nagan-Armeerevolver heraus. »Wie wär's damit?«

»Am Griff fehlt das Holz«, sagte Andrej mit Bedauern. »Immer wieder vergesse ich, das richten zu lassen.« Er zog die Schuhe an, setzte sich aufs Fensterbrett neben den Tisch und zündete sich eine Zigarette an. »Oben kommt ein Duell-Arsenal hin. Erste Hälfte neunzehntes Jahrhundert. Es gibt wunderschöne Exemplare mit Silberbeschlägen und ganz erstaunlichen Formen – von kleinen bis hin zu riesigen mit langem Lauf …«

»Lepage«, sagte der Mentor.

»Nein, die Lepage-Revolver sind klein … Und unten, direkt über das Sofa, hänge ich eine Armeewaffe aus dem siebzehnten oder achtzehnten Jahrhundert.«

Er stellte sich vor, wie großartig das aussähe. Der Mentor, immer noch in der Hocke, wühlte weiter im Schrank. Draußen knatterte ein Rasenmäher. Vögel zwitscherten.

»Eine gute Idee, hier einen Teppich aufzuhängen, nicht wahr?«, sagte Andrej.

»Vortrefflich.« Der Mentor erhob sich und wischte die Hände mit einem Taschentuch ab. »Den Leuchter würde ich aber in die Ecke stellen, neben das Telefon. Und das Telefon müsste weiß sein.«

»Ein weißes steht mir nicht zu«, sagte Andrej seufzend.

»Macht nichts. Wenn du von der Expedition zurückkehrst, wirst du ein weißes haben.«

»Es war also richtig, dass ich zugesagt habe?«

»Hattest du etwa Zweifel?«

»Ja«, sagte Andrej und drückte die Kippe im Aschenbecher aus. »Ich hatte keine Lust. Zu Hause ist es schön, das Leben macht Spaß, ich habe viel zu tun. Und um ehrlich zu sein – ich habe ein bisschen Angst.«

»Na, na«, sagte der Mentor.

»Nein, wirklich. Sie … Können Sie mir sagen, was mir dort begegnen wird? Sehen Sie! Alles ist völlig ungewiss. Ein Dutzend Schauermärchen von Isja und völlige Ungewissheit. Hinzu kommt das Kampieren im Freien … Ich kenne das! Ich habe an archäologischen Ausgrabungen teilgenommen, und auch an vielen anderen Expeditionen.«

Wie Andrej erwartet hatte, fragte der Mentor interessiert: »Und was ist bei diesen Expeditionen … Wie soll ich sagen … Was ist daran das Unangenehmste, das Schrecklichste?«

Andrej liebte es, wenn man ihm diese Frage stellte. Die Antwort darauf hatte er sich schon vor langer Zeit zurechtgelegt, sie sogar in seinem Notizbuch vermerkt und mehrmals in Gesprächen mit Mädchen verwendet.

»Das Schrecklichste?«, wiederholte er, um in Fahrt zu kommen. »Das Schrecklichste – das will ich Ihnen sagen. Stellen Sie sich vor: ein Zelt, es ist Nacht, ringsumher Einöde, kein Mensch, Wölfe heulen, Hagel, Sturm …« Er machte eine Pause und schaute auf den Mentor, der sich vorgebeugt hatte, ganz Ohr. »Hagel, verstehen Sie? Groß wie Taubeneier. Und dann … muss ich mal.«

Die gespannte Erwartung auf dem Gesicht des Mentors verwandelte sich zuerst in verwirrtes Lächeln, und dann lachte er schallend los.

»Lustig. Hast du dir das selber ausgedacht?«

»Klar«, antwortete Andrej stolz.

»Sehr gut! Sehr lustig …« Der Mentor lachte wieder und schüttelte dabei den Kopf. Dann ließ er sich in den Sessel fallen und schaute hinaus in den Garten. »Schön habt ihr's hier im Weißen Hof.«

Andrej wandte sich um und schaute ebenfalls in den Garten. Von der Sonne beschienenes Grün, Schmetterlinge umflatterten Blüten, große Apfelbäume, zweihundert Meter hinter Fliedersträuchern weiße Wände und das rote Dach der benachbarten Villa … Und in einem langen weißen Hemd schritt Wang gemächlich hinter dem Rasenmäher her, sein Jüngster trippelte daneben und hielt sich an einem Hosenbein fest.

»Ja, Wang hat Ruhe gefunden«, sagte der Mentor. »Vielleicht ist er der glücklichste Mensch in der Stadt.«

»Das kann sehr gut sein«, pflichtete ihm Andrej bei. »Jedenfalls kann ich das von meinen anderen Bekannten nicht behaupten.«

»Tja, so einen Bekanntenkreis hast du jetzt …«, wandte der Mentor ein. »Wang ist darin die Ausnahme. Ich würde sogar sagen, dass er zu einem ganz anderen Kreis gehört, nicht zu deinem.«

»Ja«, antwortete Andrej nachdenklich. »Dabei haben wir früher zusammen Müll gefahren, an einem Tisch gesessen, aus einem Glas getrunken.«

Der Mentor zuckte mit den Achseln. »Jeder bekommt das, was er verdient.«

»Das, wonach er trachtet«, sagte Andrej leise.

»Man kann es auch so ausdrücken. Eigentlich ist es dasselbe. Wang wollte immer ganz unten sein. Der Osten ist der Osten. Wir können das nicht verstehen. Deswegen haben sich eure Wege getrennt.«

»Das Interessante ist«, sagte Andrej, »ich verstehe mich genauso gut mit ihm wie früher. Wir haben immer Gesprächsstoff, unsere Erinnerungen. Eine Begegnung mit ihm empfinde ich nie als peinlich.«

»Und er?«

Andrej überlegte. »Ich weiß nicht. Eher ja als nein. Manchmal kommt es mir so vor, als ginge er mir aus dem Weg.«

Der Mentor reckte sich und knackte mit den Fingern. »Geht es denn darum? Wenn Wang mit dir bei einer Flasche Wodka sitzt und ihr Erinnerungen austauscht, ist Wang doch völlig entspannt und ruhig, oder? Und wenn du mit dem Oberst bei einer Flasche Scotch sitzt – ist dann irgendeiner von euch entspannt?«

»Wieso entspannt? Den Oberst brauche ich einfach. Und er braucht mich.«

»Und wenn du mit Geiger zu Mittag isst? Und wenn du mit Dollfuß beim Bier sitzt? Und wenn dir Tschatschua am Telefon neue Witze erzählt?«

»Ja«, sagte Andrej. »Das ist alles das Gleiche. Ja.«

»Höchstens zu Isja hast du die frühere Beziehung bewahrt, aber auch das …«

»Stimmt«, sagte Andrej. »Auch das.«

»Nein, davon kann keine Rede sein!«, sagte der Mentor entschieden. »Stell dir vor: Hier sitzt der Oberst, der beinahe ranghöchste Offizier der Armee, alter englischer Adel, berühmtes Geschlecht. Hier sitzt Dollfuß, Präsidialrat für Bauwesen, einst ein bedeutender Ingenieur in Wien. Seine Frau ist eine Baroness, preußische Junkerstochter. Und ihnen gegenüber Wang. Der Hauswart.«

»Nun ja«, sagte Andrej, kratzte sich im Nacken und lächelte. »Das ist irgendwie taktlos.«

»Nein! Vergiss die Taktlosigkeit. Stell dir vor, wie Wang sich dabei fühlt, wie ihm zumute ist.«

»Verstehe ...«, sagte Andrej. »Verstehe ... Aber das ist doch alles Unsinn! Ich lade ihn morgen ein, wir sitzen zusammen, Mei Ling und Selma kochen uns ein leckeres Tschifang, und dem Jungen schenke ich eine Bulldog – ich habe eine ohne Abzug.«

»Ihr trinkt!«, fuhr der Mentor fort. »Ihr erzählt einander etwas aus eurem Leben. Wang hat viel erlebt, und du bist auch ein guter Erzähler, er weiß ja nichts über Pendshikent, nichts über den Charbas ... Es wird sehr schön. Ich beneide euch sogar ein bisschen.«

»Kommen Sie doch auch«, forderte Andrej ihn lächelnd auf.

Der Mentor lächelte ebenfalls. »Ich werde im Geiste bei euch sein.«

Jemand läutete, Andrej sah auf die Uhr – es war genau acht.

»Das ist bestimmt der Oberst«, sagte er und sprang auf. »Ich gehe dann?«

»Selbstverständlich!«, sagte der Mentor. »Und vergiss bitte nicht, dass es Hunderttausende Wangs in der Stadt gibt, aber nur zwanzig Berater des Präsidenten.«

Es war wirklich der Oberst. Er kam immer pünktlich auf die Minute, folglich als Erster. Andrej empfing ihn in der Diele, begrüßte ihn per Handschlag und bat ihn ins Arbeitszimmer. Der Oberst war in Zivil gekommen. Der hellgraue Anzug saß perfekt, die Schuhe blitzten, das dünne graue Haar war akkurat gekämmt, und die glatt rasierten Wangen glänzten. Der Oberst war ein kleiner hagerer Mann mit ausgezeichneter Haltung, aber ohne die hölzerne Steifheit, die charakteristisch für die deutschen Offiziere war, von denen es in der Armee jede Menge gab.

Er trat ins Arbeitszimmer, blieb vor dem Teppich stehen und verschränkte seine knochigen weißen Hände hinter dem Rücken. Dann betrachtete er eine Weile das purpurschwarze Prachtstück, vor allem die darauf angebrachten Waffen, sagte »Oho!« und blickte Andrej beifällig an.

»Nehmen Sie Platz, Herr Oberst. Zigarre? Whisky?«

»Danke. Ein anregender Tropfen schadet nicht.« Er setzte sich und nahm seine Pfeife aus der Tasche. »Ein furchtbarer Tag! Was ist da bei Ihnen auf dem Platz passiert? Mir wurde befohlen, die Kasernen in Alarmzustand zu versetzen.«

»Irgendein Trottel«, sagte Andrej, während er in der Bar nach der Whiskyflasche suchte, »hat im Lager Dynamit abgeholt, und ihm ist nichts Besseres eingefallen, als auf dem Platz damit zu stolpern – direkt unter meinem Fenster.«

»Es war also kein Anschlag?«

»Gott bewahre, Herr Oberst!« Andrej schenkte den Whisky ein. »Wir leben doch nicht Palästina.«

Der Oberst lächelte und nahm das Glas. »Sie haben Recht. In Palästina hätten Vorfälle dieser Art niemanden verwundert. Im Jemen übrigens auch nicht.«

»Bei Ihnen wurde also Alarm gegeben?«, fragte Andrej, der sich mit seinem Glas dem Oberst gegenübersetzte.

»Ja, stellen Sie sich vor!« Der Oberst trank einen Schluck, zog die Brauen hoch, als dächte er über etwas nach, und stellte dann sein Glas vorsichtig auf das Telefontischchen. Er begann die Pfeife zu stopfen; seine Hände waren die eines Greises, mit silbrigem Flaum, aber sie zitterten nicht.

»Und wie war die Kampfbereitschaft der Truppe?«, erkundigte sich Andrej, der ebenfalls einen Schluck nahm.

Der Oberst lächelte wieder, und Andrej spürte plötzlich Neid: Er wünschte sich, genauso lächeln zu können.

»Das ist ein militärisches Geheimnis ... Aber Ihnen verrate ich's: Es war grauenhaft! So etwas habe ich nicht einmal im Jemen erlebt. Und was heißt hier Jemen! Nicht mal in Uganda, als ich die Schwarzen gedrillt habe! Die Hälfte der Soldaten war überhaupt nicht in den Kasernen. Die andere Hälfte erschien, hatte aber entweder keine Waffe dabei oder keine Munition, weil der Lagerverwalter gerade seine Stunde auf dem Bau ableistete und die Schlüssel mitgenommen hatte.«

»Das war ein Scherz, hoffe ich«, sagte Andrej.

Der Oberst zündete die Pfeife an, verscheuchte den Qualm und sah Andrej mit den ausdruckslosen Augen eines alten Mannes an.

»Vielleicht habe ich ein bisschen übertrieben. Aber urteilen Sie selbst, Herr Präsidialrat. Unsere Armee wurde ohne ein bestimmtes Ziel geschaffen – es gibt sie nur deshalb, weil eine uns bekannte Person sich keinen Staat ohne Armee vorstellen kann. Aber ich sage Ihnen: Keine Armee wird funktionieren, solange ihr der Gegner fehlt – und sei es nur ein potenzieller. Vom Kopf des Generalstabs bis hin zum letzten Rekruten ist jeder in unserer Armee der Auffassung, es handle sich bloß um ein Spiel mit Zinnsoldaten.«

»Und wenn es einen potenziellen Gegner gibt?«

Der Oberst verschwand wieder hinter dichten gelben Rauchwolken. »Dann nennen Sie ihn beim Namen, meine Herren Politiker!«

Andrej nippte wieder am Glas, überlegte kurz und fragte: »Sagen Sie, Herr Oberst, besitzt der Generalstab operative Pläne für den Fall einer Invasion von außen?«

»Also, operative Pläne würde ich das nicht nennen. Stellen Sie sich Ihren russischen Generalstab auf der Erde vor: Gibt es dort Pläne für eine Invasion, sagen wir, vom Mars?«

»Nun ja …«, sagte Andrej. »Ich halte es schon für möglich, dass solche Pläne existieren.«

»Ja, und ›solche Pläne‹ existieren auch bei uns«, sagte der Oberst. »Wir erwarten keine Invasion, weder von oben noch von unten. Eine ernst zu nehmende Bedrohung aus dem Süden halten wir für unmöglich, wenn man einmal von einem Aufstand der Kriminellen absieht, die in den Siedlungen arbeiten. Aber darauf sind wir vorbereitet … Bleibt also der Norden. Bekanntlich sind während der Wende und kurz danach viele Anhänger des früheren Regimes in den Norden geflüchtet. Sie könnten – theoretisch – Anschläge oder einen Umsturz planen. Aber was hat die Armee damit zu tun? Gegen solche Bedrohungen genügt die Spezialpolizei von Präsidialrat Rummer. Und was das Vorgehen betrifft – die primitivste Absperrtaktik.«

Andrej wartete eine Weile, bis er fragte: »Soll ich Sie so verstehen, Herr Oberst, dass der Generalstab auf eine Invasion aus dem Norden nicht vorbereitet ist?«

»Meinen Sie eine Invasion von Marsbewohnern?«, fragte der Oberst nachdenklich. »Nein, darauf ist er nicht vorbereitet. Ich verstehe, was Sie sagen wollen, aber wir haben keinen militärischen Geheimdienst. Die Möglichkeit einer solchen Invasion wurde bisher von niemandem ernsthaft in Betracht gezogen. Und wir haben dazu keinerlei Daten. Wir wissen nicht, was fünfzig Kilometer vom Gläsernen Haus entfernt geschieht. Wir besitzen nicht einmal Karten der nördlichen Gebiete …« Der Oberst lachte kurz auf, und man sah seine langen, gelblichen Zähne. Er fuhr fort: »Der Stadtarchivar, Herr Katzman, hat dem Generalstab so etwas wie eine Karte dieser Gebiete übergeben; sie befindet sich in meinem Safe. Soviel ich weiß, hat er sie selbst gezeichnet – und wie es scheint beim Essen, denn es finden sich eindeutige Spuren von Butterbroten und vergossenem Kaffee darauf.«

»Aber meine Kanzlei hat Ihnen, wie ich meine, recht brauchbare Karten geliefert, Herr Oberst«, sagte Andrej nicht ohne Vorwurf.

»Zweifellos, Herr Präsidialrat, zweifellos. Es handelt sich dabei aber hauptsächlich um Karten der bewohnten Stadt sowie der südlichen Gebiete. Der Hauptdirektive entsprechend soll sich die Armee nämlich für den Fall von Unruhen bereithalten, und Unruhen können nur in den erwähnten Gebieten auftreten. Somit sind Ihre Karten unerlässlich, und es ist Ihr Verdienst, dass wir auf Unruhen gut vorbereitet sind. Was jedoch eine Invasion betrifft ...« Der Oberst schüttelte den Kopf.

»Soweit ich mich erinnere, hat der Generalstab bei meiner Kanzlei keine Karten der nördlichen Gebiete angefordert«, sagte Andrej.

Eine Zeit lang schaute der Oberst Andrej an; seine Pfeife ging aus.

»Das liegt daran«, erklärte er langsam, »dass wir die Anforderungen direkt an den Präsidenten gerichtet haben. Seine Antworten waren aber, um ehrlich zu sein, sehr vage.« Er machte wieder eine Pause. »Sie meinen also, Herr Präsidialrat, dass wir solche Anforderungen besser an Sie richten sollten?«

»Heute habe ich mit dem Präsidenten zu Mittag gegessen. Wir haben lange über dieses Thema gesprochen. Das Kartographieren der nördlichen Gebiete ist im Prinzip beschlossene Sache. Allerdings brauchen wir die tatkräftige Unterstützung des Militärs, von Spezialisten. Einen erfahrenen Mann ... Sie verstehen, was ich meine.«

»Ich verstehe«, sagte der Oberst. »Übrigens, wo haben Sie die Mauser aufgetrieben, Herr Präsidialrat? Das letzte Mal, wenn ich nicht irre, habe ich so ein Ungetüm in Batumi gesehen, im Jahre achtzehn.«

Andrej wollte ihm erzählen, wo und wie er die Mauser erstanden hatte, aber es läutete an der Tür. Er entschuldigte sich und ging in die Diele.

Er hoffte, es würde Katzman sein, aber wider Erwarten kam Otto Frisch, den Andrej gar nicht eingeladen hatte. Das hatte er einfach vergessen. Er vergaß Otto ständig, obwohl er als Leiter der Wirtschaftsverwaltung des Gläsernen Hauses ein äußerst nützlicher, ja, sogar unersetzlicher Mann war. Selma vergaß das übrigens nie. Otto überreichte ihr einen Präsentkorb, der sorgsam mit einer Batistserviette bedeckt war, und ein Blumensträußchen. Otto wurde gnädig die Hand gereicht. Er knallte mit den Absätzen, bekam rote Ohren und war offensichtlich sehr glücklich.

»Ah … Otto«, sagte Andrej zu ihm. »Da bist du ja!«

Andrej dachte plötzlich, dass sich Otto von all seinen Weggefährten am wenigsten verändert hatte. Der dünne Hals, die großen Segelohren, der Ausdruck von permanenter Unsicherheit auf dem sommersprossigen Gesicht. Und die knallenden Absätze. Otto trug die blaue Uniform der Spezialpolizei; auf der Brust prangte die quadratische Verdienstmedaille.

»Ein riesiges Dankeschön für den Teppich«, sagte Andrej, der ihn ins Arbeitszimmer führte. »Gleich siehst du, wie er hier aussieht. Du wirst vor Neid erblassen …«

Als aber Otto Frisch ins Arbeitszimmer trat, erblasste er nicht vor Neid. Dazu war keine Zeit. Denn er erblickte den Oberst.

Der Gefreite der Wehrmacht Otto Frisch hegte gegenüber Oberst Saint-James Gefühle, die an heilige Ehrfurcht grenzten. In seiner Gegenwart verlor er die Sprache. Wie mit Stahlbolzen befestigt, zeigte sein Gesicht diensteifriges Lächeln, und er war bereit, zu jeder Zeit, pausenlos und voller Eifer die Hacken zusammenzuschlagen.

Dem prachtvollen Wandteppich den Rücken zugekehrt, stand Otto in Habachtstellung da, die Brust herausgestreckt.

Er presste die Hände an die Hüften, spreizte die Ellbogen und neigte so ruckartig den Kopf zum Gruß, dass laut die Halswirbel knackten. Träge lächelnd erhob sich der Oberst und streckte ihm die Hand entgegen. In der anderen hielt er sein Whiskyglas.

»Sehr erfreut, Sie zu sehen. Ich begrüße Sie, Herr …«

»Gefreiter Otto Frisch, Herr Oberst!«, kreischte Otto begeistert. Er verneigte sich bis zur Hüfte und berührte die Finger des Obersts. »Habe die Ehre!«

»Otto, Otto!«, sagte Andrej vorwurfsvoll. »Wir sind hier unter uns – ohne Rang!«

Otto kicherte schuldbewusst, zog ein Taschentuch heraus und wollte sich die Stirn abwischen, erschrak jedoch sogleich und versuchte, es wieder einzustecken, was ihm aber nicht auf Anhieb gelang.

»Ich erinnere mich«, sagte der Oberst gutmütig, »wie meine Jungs bei El-Alamein einen deutschen Feldwebel zu mir brachten …«

Es läutete wieder, Andrej ging hinaus und überließ den armen Otto dem britischen Löwen zum Fraß.

Isja war gekommen. Bis er Selma auf beide Wangen geküsst und sich auf ihren Wunsch hin mit einer Bürste die Schuhe geputzt hatte, waren auch schon Tschatschua und das Ehepaar Dollfuß hereingekommen. Tschatschua hatte Frau Dollfuß untergehakt und unterhielt sie mit Witzen, während ihr Mann mit blassem Lächeln folgte. Neben dem temperamentvollen Chef der Justizkanzlei wirkte Dollfuß ganz besonders grau, farblos und unbedeutend. Er hatte über jeden Arm einen warmen Mantel gehängt für den Fall, dass es nachts kühler werden sollte.

»Zu Tisch, zu Tisch!«, rief Selma mit ihrer sanften, glockenhellen Stimme und klatschte in die Hände.

»Teuerste!«, protestierte Frau Dollfuß in tiefem Bass. »Ich muss mich doch erst frisch machen!«

»Wozu das?!«, fragte Tschatschua und rollte mit den Augen. »So eine Schönheit – und sich noch frisch machen? Nach Paragraf 218 der Strafprozessordnung untersagt das Gesetz …«

Es begann das übliche Geplapper, aber Andrej hatte nicht einmal Zeit zu lächeln: An seinem linken Ohr schilderte Isja das schlimme Durcheinander in den Kasernen während des Alarms, und am rechten Ohr beschwerte sich Dollfuß über die Toiletten und den Hauptabwasserkanal, der fast verstopft sei. Schließlich gingen alle ins Esszimmer.

Andrej begleitete die Gäste zu ihren Plätzen, verteilte spitze Bemerkungen und Komplimente und sah aus den Augenwinkeln heraus, wie sich die Tür zum Arbeitszimmer öffnete und der Oberst, der gerade seine Pfeife in die Jackentasche steckte, lächelnd ins Esszimmer trat. Allein. Andrej stockte das Herz, aber da erschien auch schon der Gefreite Otto Frisch – anscheinend hielt er nur die vorgeschriebene Distanz von fünf Metern hinter einem Ranghöheren ein. Es begann wieder das Hackenschlagen.

»Trinken wir, amüsieren wir uns!«, brüllte Tschatschua mit kehliger Stimme.

Messer und Gabeln begannen zu klappern. Und nachdem er Otto nicht ohne Mühe zwischen Selma und Frau Dollfuß platziert hatte, setzte sich Andrej an seinen Platz und überblickte den Tisch. Alles war gut.

»Und stellen Sie sich vor, Teuerste, im Teppich war ein riesiges Loch! Das fällt in Ihr Ressort, Herr Frisch, Sie böser Junge!«

»Man sagt, dort hätten Sie vor versammelter Mannschaft jemanden erschossen, Herr Oberst?«

»Vergessen Sie nicht, was ich sage: Nur wegen der Kanalisation wird unsere Stadt eines Tages untergehen!«

»Solch große Schönheit und ein so kleines Gläschen?!«

»Otto, mein Lieber, lass doch den Knochen liegen. Hier, nimm ein gutes Stück!«

»Nein, Katzman, das ist ein militärisches Geheimnis. Mir genügen die Unannehmlichkeiten, die ich durch die Juden in Palästina erlitten habe.«

»Wodka, Herr Präsidialrat?«

»Ergebensten Dank, Herr Präsidialrat!«

Und unter dem Tisch knallten die Hacken.

Andrej trank hintereinander zwei Glas Wodka, um in Stimmung zu kommen, aß mit großem Appetit und ließ wie alle anderen den endlos langen und sehr unanständigen Trinkspruch über sich ergehen, den Tschatschua zum Besten gab. Als am Ende klarwurde, dass der Herr Justizrat sein kleines Glas nicht etwa deshalb mit so großer Hingabe erhoben hatte, um die Gäste zu sexuellen Ausschweifungen aufzufordern, sondern nur, um »auf meine schlimmsten und unbarmherzigsten Feinde, gegen die ich mein Leben lang kämpfe und von denen ich mein Leben lang Niederlagen erleide, nämlich – auf die schönen Frauen!« zu trinken, lachte auch Andrej gemeinsam mit allen anderen und kippte das dritte Glas hinunter. Frau Dollfuß lachte Tränen, röchelte und gluckste und verbarg ihr Gesicht hinter der Serviette.

Alle waren jetzt in Stimmung. »Ja! O ja!«, dröhnte es vom anderen Tischende herüber. Tschatschua hing mit der Nase über dem herrlichen Dekolleté der Dollfuß und redete ohne Unterlass. Frau Dollfuß gluckste, zog sich immer wieder kokett von ihm zurück und lehnte ihren breiten Rücken gegen Otto, der daraufhin schon zweimal hatte die Gabel fallen lassen. Dollfuß, der neben Andrej saß und endlich aufgehört hatte, über die Kanalisation zu reden, verfiel in plötzlichen Diensteifer und verriet andauernd Staatsgeheimnisse. »Autonomie!«, schrie er drohend. »Der Schlüssel zur Ano… Auno… Autonomie ist Chlorella! Die große Baustelle? Lächerlich. Was denn für Luftschiffe? Chlorella!« – »Herr Rat, Herr Präsidialrat!«, rief ihn Andrej immer wieder zur Ordnung. »Um Himmels willen! Das brauchen doch nicht alle zu wissen. Erzählen Sie mir lieber, wie weit das Laborgebäude gediehen ist.« Das Dienstmädchen räumte die schmutzigen Teller ab und brachte saubere. Nach der Vorspeise wurde das Fondue bourguignonne serviert.

»Ich erhebe diesen kleinen Pokal!«

»Ja, o ja!«

»So ein böser Junge! Aber man muss Sie einfach lieben!«

»Isja, lass den Oberst in Ruhe! Herr Oberst, möchten Sie, dass ich mich neben Sie setze?«

»Vierzehn Kubikmeter Chlorella – das ist gar nichts! Autonomie!«

»Whisky, Herr Rat?«

»Erge'ns'n Dank, Herr Rat.«

Plötzlich erschien der rotwangige Parker im Esszimmer und unterbrach die lebhafte Unterhaltung. »Der Herr Präsident bittet um Entschuldigung. Eine dringende Beratung. Er übermittelt einen herzlichen Gruß an Herrn und Frau Woronin und an ihre Gäste.« Parker wurde genötigt, einen Wodka mitzutrinken. Man sprach einen Toast auf den Präsidenten aus und auf den Erfolg all seiner Unternehmungen. Dann wurde es etwas stiller; man reichte Kaffee mit Eiscreme und verschiedene Liköre. Otto Frisch beklagte sich mit weinerlicher Stimme über seine Misserfolge in der Liebe. Die Dollfuß erzählte Tschatschua von ihrem geliebten Königsberg, worauf sich Tschatschua begeistert einließ: »Ja, natürlich! Ich erinnere mich! General Tschernjachowski … fünf Tage Artilleriebeschuss …« Parker verschwand, draußen war es schon dunkel. Dollfuß trank gierig seinen Kaffee aus und entfaltete vor Andrej die fantastischsten Projekte zur Sanierung der nördlichen Stadtviertel. Der Oberst erzählte Isja: »Er hat zehn Tage bekommen wegen Rowdytum und zehn Jahre Zwangsarbeit für den Verrat eines Staatsgeheimnisses.« Isja schnaufte, prustete und antwortete: »Der Witz hat aber einen Bart, Saint-James! Den hat man bei uns schon über Chruschtschow erzählt!« – »Schon wieder Politik«, rief Selma ungehalten. Sie zwängte sich zwischen Isja und den Oberst, und der alte Saint-James streichelte ihr väterlich übers Knie.

Andrej wurde plötzlich traurig zumute. Er entschuldigte sich, obwohl ihm niemand zuhörte, und ging mit fühllosen Beinen in sein Arbeitszimmer. Dort setzte er sich aufs Fensterbrett, zündete sich eine Zigarette an und schaute in den Garten hinunter.

Im Garten war es stockfinster; nur durch das Laub der Fliedersträucher leuchteten die Fenster des Nachbarhauses. Die Nacht war warm, im Gras flimmerten die Glühwürmchen. Und morgen?, dachte Andrej. Nun, ich gehe auf Expedition, auf Erkundungsreise … Werde von dort einen Haufen Waffen mitbringen, sortieren und hier aufhängen … Und dann?

Vom Esszimmer drang es laut herüber. »Wissen Sie schon, Herr Oberst?«, schrie Isja. »Das alliierte Kommando hat auf den Kopf von Tschapajew zwanzigtausend ausgesetzt!« Andrej wusste, wie's weiterging: »Das alliierte Kommando, Euer Hochwohlgeboren, hätte auch mehr geben können. Denn hinter ihnen liegt Gurjew, und in Gurjew ist Erdöl. Ha-haha …« – »Tschapajew?«, fragte der Oberst. »Ah, ich weiß, das ist einer Ihrer Kavalleristen. Aber hat man den nicht erschossen?«

Selma begann plötzlich mit hoher Stimme zu singen: »Die Mutter weckt Katja … Am Morgen darauf … Wir winken den Schiffen. Komm, Katja, steh auf …« Sie wurde sofort von Tschatschuas samtenem Bass übertönt: »Ich hab dir Blumen gebracht, ach, was für herrliche Blumen … Du hast mich ausgelacht, warum hast du sie nicht genommen?«

Andrej schloss die Augen und dachte auf einmal sehnsüchtig an Onkel Jura. Wang sitzt nicht am Tisch und Onkel Jura nicht. Was soll ich denn mit diesem Dollfuß? … Und dann umringten ihn Gespenster.

Auf dem Sofa saß Donald mit seinem abgegriffenen Texashut. Er hatte die Beine übereinandergeschlagen und umfasste sein dürres Knie mit gefalteten Händen. ›Wenn du gehst, sei nicht traurig. Wenn du kommst, freu dich nicht …‹ An den Tisch setzte sich Kenshi in seiner alten Polizeiuniform; er stützte den Ellbogen auf den Tisch, legte das Kinn auf die Hand und sah Andrej an. In seinem Blick lag kein Vorwurf, aber auch keinerlei Wärme. Onkel Jura klopfte Wang auf den Rücken und sagte: »Macht nichts, Wanja, sei nicht traurig, wir machen dich zum Minister, und dann wirst du in einem ›Pobeda‹ herumfahren.« Ebenso vertraut wie unerträglich stank es nach Tabak, Schweiß und Selbstgebranntem. Andrej holte mühsam Luft, rieb sich die Augen und blickte wieder in den Garten.

Im Garten stand das rote Gebäude.

Ganz natürlich und solide stand es zwischen den Bäumen, so, als stünde es schon immer dort und hätte die Absicht, auch bis ans Ende aller Zeiten dort stehenzubleiben. Wie damals waren die Parterrefenster des dreistöckigen Ziegelbaus mit Fensterläden geschlossen, das Dach war mit Zinkblech gedeckt, zur Haustür führten vier Steinstufen, und neben dem einzigen Schornstein ragte eine sonderbare kreuzförmige Antenne in den Himmel. Es brannte kein Licht hinter den Fenstern. Im Parterre fehlten einige Läden, die Scheiben waren schmutzig und gesprungen, einige durch Sperrholz ersetzt, andere überkreuz mit Papierstreifen beklebt. Die düstere, feierliche Musik war nicht mehr zu hören, dafür kroch vom Gebäude wie unsichtbarer Nebel eine schwere, weiche Stille herüber.

Ohne eine Sekunde zu überlegen, schwang Andrej die Beine über den Fenstersims und sprang hinaus in das dichte Gras. Hastig lief er auf das Gebäude zu, verscheuchte die Glühwürmchen und tauchte immer tiefer in die tote Stille ein. Die Augen hielt er auf den Messinggriff an der Eichentür geheftet, der jetzt matt und mit grünlichen Flecken bedeckt war.

Er stieg die Treppe hinauf und drehte sich noch einmal um. In den hell erleuchteten Fenstern seines Esszimmers sah er fröhlich umhertänzelnde, sich manchmal bizarr brechende, menschliche Schatten; leise klang Tanzmusik herüber und das Klappern von Besteck. Er winkte ab, wandte sich wieder zur Tür und fasste an das feuchte Messing.

Im Vestibül war es schummrig, feucht und muffig. Der vielarmige Kleiderständer stand in der Ecke, nackt wie ein kahler Baum. Auf der Marmortreppe lag kein Läufer mehr, und auch die polierten Metallstangen waren verschwunden. Geblieben waren nur grünliche Ringe, vergilbte Zigarettenkippen und ein undefinierbarer Schmutz auf den Stufen. Mit schweren Schritten stieg Andrej nach oben.

Aus dem längst erloschenen Kamin roch es nach alter Asche und Ammoniak, aber irgendetwas schien darin kaum hörbar zu rascheln und zu trippeln. In dem riesigen Saal war es unverändert kalt, es zog an den Beinen, graue staubige Lappen hingen von der hohen Decke herab, die marmornen Wände waren von Flecken geschwärzt und schimmerten feucht, Gold und Purpur waren abgeblättert. Die ebenso stolzen wie bescheidenen Büsten aus Gips, Marmor, Bronze und Gold lugten durch staubige Spinnweben traurig aus ihren Nischen. Das schmutzige Parkett, vom Mondlicht erhellt, knarrte und gab bei jedem Schritt nach. Weiter vorne führte eine Galerie, auf der Andrej noch nie gewesen war, ins Dunkle. Und dann, ganz plötzlich, tauchte neben seinen Füßen ein ganzes Rudel Ratten auf, rannte trappelnd und kreischend auf die Galerie und verschwand in der Finsternis.

Wo sind sie alle hin?, wunderte sich Andrej, als er sich der Galerie näherte. Was ist mit ihnen passiert?, dachte er und stieg die quietschende Eisentreppe hinauf. Er gelangte in das muffige Innere der Galerie und ging von einem Zimmer ins andere. Unter seinen Füßen knirschte der abgefallene Stuck, klirrte zerbrochenes Glas, schmatzte der mit flauschigem Schimmel überwucherte Schmutz. An den schäbigen Wänden hingen in großen Rahmen dunkle, fast schwarze Gemälde, auf denen nichts mehr zu erkennen war. Irgendwo fielen Wassertropfen herab, einer nach dem anderen, und überall roch es süßlich nach Verwestem …

So wird es jetzt für immer bleiben, dachte Andrej. Irgendetwas habe ich getan, irgendetwas haben wir alle getan, dass es sich nie mehr ändern wird und für immer so bleibt. Das Gebäude wird hierstehen, sich nicht mehr vom Fleck bewegen, verfaulen und zerfallen wie ein gewöhnliches altes Haus, und am Ende wird man es mit einem gusseisernen Rammbär zerschlagen, allen Plunder verbrennen und die Ziegel zum Schuttplatz schaffen. Keine einzige Stimme ist mehr zu hören! Kein einziger Laut! Nur die Ratten kreischen verzweifelt in ihren Ecken …

Er entdeckte einen riesigen Aktenschrank mit Rollläden und erinnerte sich plötzlich daran, dass genau der gleiche Schrank in seinem alten Kinderzimmer stand. Das Zimmer maß nur sechs Quadratmeter, lag direkt neben der Küche, und das kleine Fenster ging auf den schmalen Durchgang zum Nachbarhaus hinaus. Auf dem Schrank hatten früher alte Zeitungen und zusammengerollte Plakate gelegen, die sein Vater vor dem Krieg gesammelt hatte. Einmal war einer großen Ratte von einer Mausefalle die Schnauze zerschlagen worden, doch irgendwie hatte sie es noch fertiggebracht, auf den Schrank zu klettern. Dort hörte man sie lange Zeit rascheln, und jede Nacht befürchtete Andrej, sie würde ihm auf den Kopf fallen. Einmal nahm er ein Fernglas und erkundete vom Fensterbrett aus, was sich auf dem Schrank tat. Er sah, das glaubte er zumindest, spitze Ohren, einen grauen Kopf und eine große, wie lackiert glänzende Blase anstelle der Schnauze. Das war so scheußlich und so unheimlich, dass er aus dem

Zimmer flüchtete und eine Zeit lang im Flur auf der Truhe saß, mit weichen Knien und einem flauen Gefühl im Magen. Er war allein in der Wohnung und brauchte sich vor niemandem zu schämen, aber seine Angst war ihm selbst so peinlich, dass er ins Wohnzimmer ging und auf dem Grammophon »Riorita« auflegte. Mehrere Tage später roch er dann in seinem kleinen Zimmer denselben süßlichen Verwesungsgeruch wie hier.

Das hohe, schachtartige Gewölbe erinnerte Andrej an einen Brunnen, und er war überrascht, als er auf einmal ganze Reihen sonderbar schimmernder Orgelpfeifen entdeckte. Die Orgel war längst verstummt und tot wie ein verlassener Friedhof. Neben der Orgelbank lag zusammengekrümmt ein Mensch. Er war in einen abgetretenen Teppich gewickelt, und neben seinem Kopf lag eine leere Wodkaflasche. Andrej war klar, dass hier tatsächlich alles zu Ende war, und ging eilig zum Ausgang.

Als er die Vortreppe hinunter in seinen Garten ging, bemerkte er Isja, der ihm ungewöhnlich betrunken und noch viel zerzauster als sonst vorkam. Er stand schwankend da, hielt sich mit einer Hand am Apfelbaum fest und schaute auf das Haus. Sein Lächeln war starr, und Andrej konnte im Dunkeln seine Zähne blitzen sehen.

»Das war's«, sagte Andrej. »Vorbei.«

»Eine Fieberfantasie des aufgewühlten Gewissens!«, gab Isja undeutlich von sich.

»Da sind nur Ratten. Und Moder.«

»Eine Fieberfantasie des aufgewühlten Gewissens …«, wiederholte Isja und kicherte.

FÜNFTER TEIL

Bruch der Kontinuität

1

Als der Krampf vorbei war, schluckte Andrej den letzten Löffel Brei hinunter, stieß angewidert das Essgeschirr beiseite und griff nach dem Teeglas. Der Tee war noch heiß. Andrej trank ihn in kleinen Schlucken und starrte auf das zischende Flämmchen der Petroleumlampe. Der Tee hatte zu lange gezogen und war viel zu stark; er stank nach altem Holz und schmeckte nach dem fauligen Wasser, das sie bei Kilometer 820 gefunden hatten; oder Quejada hatte dem gesamten Kommandostab mal wieder das Zeug gegen Durchfall hineingeschüttet. Aber vielleicht war das Glas auch nur schlecht ausgewaschen worden, denn es war besonders fettig und klebrig.

Unten vor dem Fenster klapperten die Soldaten mit dem Essgeschirr. Tewosjan riss wie immer Witze, irgendwas über die kleine Mymra, und als die Soldaten gerade loslachen wollten, brüllte Feldwebel Vogel in preußischem Befehlston: »He, gehen Sie auf Posten oder zu einem Weib ins Bett, Sie Lurch? Wieso sind Sie barfuß? Wo sind Ihre Stiefel, Sie Höhlenmensch?« Eine mürrische Stimme gab zurück, dass die Füße bis aufs Fleisch wundgerieben seien, an manchen Stellen bis auf die Knochen. »Maul halten, Sie Hornochse! Stiefel anziehen und auf Posten! Aber dalli!«

Andrej spielte unter dem Tisch genüsslich mit seinen nackten Zehen. Die Füße hatten sich auf dem kühlen Parkett schon etwas erholt. Ach, jetzt eine Schüssel mit kaltem Wasser … die Füße hinein … Er blickte ins Glas, das noch halbvoll war, fluchte im Stillen und trank den Rest zu seiner eigenen Überraschung mit drei großen Schlucken aus. Im Bauch gluckste es. Eine Zeit lang lauschte Andrej misstrauisch den Geräuschen, dann stellte er das Glas hin, wischte sich mit dem Handrücken über den Mund und blickte auf den Eisenkasten mit den Dokumenten. Ich müsste die gestrigen Rapporte herausnehmen. Keine Lust. Das mache ich später. Erst mal hinlegen, sich der Länge nach ausstrecken, mit der Jacke zudecken und die Augen zumachen … schlafen, zehn Stunden schlafen, ach, wie schön das wäre …

Draußen knatterte und dröhnte plötzlich eine schwere Zugmaschine los. Sie machte einen Höllenlärm, so dass die wenigen noch heilen Fensterscheiben vibrierten und ein Stuckbrocken sich von der Decke löste und direkt neben die Petroleumlampe fiel. Das leere Glas zitterte und glitt zum Tischrand. Andrej erhob sich verärgert, schlurfte barfuß zum Fenster und sah hinaus.

Die Straße glühte. Hitze und ein widerwärtiger Gestank von Abgasen und erhitztem Öl schlugen ihm ins Gesicht. Im diffusen Licht eines Scheinwerfers saßen bärtige Männer auf dem Straßenpflaster und stocherten in ihrem Essgeschirr herum. Alle waren barfuß, und fast alle hatten sich bis zum Gürtel ausgezogen. Ihre verschwitzten, weißen Oberkörper glänzten; die Gesichter aber waren dunkel, die Hände schwarz, so als trügen alle Handschuhe. Andrej kam plötzlich der Gedanke, dass er niemals einen von ihnen erkennen würde. Wie eine Herde nackter Affen … In den Lichtkreis trat nun Feldwebel Vogel mit einem riesigen Teekessel in der Hand, die Affen wurden unruhig, rückten näher und streckten ihre Becher hin. Der Feldwebel stieß mit der freien Hand die Becher beiseite und brüllte etwas, aber bei dem Motorlärm war er kaum zu hören.

Andrej kehrte zum Tisch zurück, öffnete mit einem Ruck den Eisenkasten und nahm das Tagebuch und die gestrigen Rapporte heraus. Ein weiterer Stuckbrocken fiel auf den Tisch. Andrej schaute zur Decke. Das Zimmer war sehr hoch, über vier Meter, vielleicht sogar fünf. Die Deckenverzierungen bröckelten stellenweise ab, und der Deckenbalken wurde sichtbar, was bei Andrej angenehme Erinnerungen an Piroggen mit Konfitüre wachrief. Seine Mutter hatte immer welche zubereitet und zum Tee gereicht. Den Tee gab es in dünnwandigen Gläsern. Mit Zitrone. Oder man konnte sich einfach ein leeres Glas nehmen und in der Küche nach Herzenslust sauberes kaltes Wasser einfüllen …

Andrej schüttelte den Kopf, erhob sich noch einmal und ging schräg durchs Zimmer zu einem großen Bücherschrank. Die Scheiben fehlten, und Bücher standen auch nicht darin – es waren nur noch leere, staubige Fächer. Andrej wusste das, und trotzdem betrachtete er alles noch einmal genau und untersuchte sogar die dunklen Ecken.

Das Zimmer war recht gut erhalten. Es gab zwei noch sehr manierliche Sessel, und der dritte, dessen Sitzfläche durchgewetzt war, hatte einen Bezug aus geprägtem Leder – früher sicher ein richtiges Prachtstück. An der Wand gegenüber standen einige Stühle und in der Mitte des Zimmers ein Couchtisch, darauf eine Kristallvase mit etwas Dunklem und Vertrocknetem darin. Die Tapeten hatten sich abgelöst, stellenweise waren sie schon herabgefallen, und der Parkettfußboden war ausgetrocknet und wellte sich. Trotzdem befand sich das Zimmer in einem sehr passablen Zustand – vor nicht allzu langer Zeit, schätzungsweise vor zehn Jahren, war es noch bewohnt gewesen.

Zum ersten Mal nach Kilometer 500 sah Andrej ein so gut erhaltenes Haus. Dazwischen lagen viele Kilometer mit völlig abgebrannten Vierteln – eine einzige verkohlte Wüste … Dornenüberwucherte Ruinen, zwischen denen altersschwache

Gebäude, deren Zwischendecken längst eingestürzt waren, absurd in die Höhe ragten; furchtbare Einöden, in der man höchstens die verfaulten Grundmauern von Häusern fand, so dass man von der Straße aus den ganzen Sims überblicken konnte – von der gelben Wand im Osten bis zum Rand des Abgrunds im Westen … Und nach all der Zerstörung begannen hier wieder fast unversehrte Wohnviertel mit gepflasterten Straßen. Vielleicht lebten sogar Menschen hier – jedenfalls hatte der Oberst befohlen, die Wachen zu verdoppeln.

Wie es wohl dem alten Oberst ging? Er schwächelte in letzter Zeit ein bisschen – wie übrigens alle Teilnehmer der Expedition. Deswegen kam es nun sehr gelegen, dass sie zum ersten Mal seit zwölf Tagen unter einem Dach und nicht unter freiem Himmel schlafen mussten. Wenn man jetzt zudem Wasser fände, könnte eine längere Rast eingelegt werden. Nur dass es hier sicher wieder kein Wasser geben wird, dachte Andrej. Jedenfalls sagt Isja, dass man nicht darauf hoffen dürfe. In diesem ganzen Haufen kommt ohnehin nur von Isja und dem Oberst etwas Vernünftiges.

Es klopfte an die Tür, was bei dem Krach des Motors kaum zu hören war. Andrej kehrte eilig auf seinen Platz zurück, warf sich die Jacke über die Schulter, schlug das Tagebuch auf und krächzte: »Herein!«

Aber es war nur der alte Dagan. Er war dürr, rasiert und seinem Oberst ähnlich, die Uniform hatte er akkurat zugeknöpft.

»Darf ich abräumen, Sir?«, schrie er.

Andrej nickte. Mein Gott, dachte er, wie viel Mühe muss man aufbringen, um in dieser Hölle derart tadellos auszusehen? Dabei ist er kein Offizier, nicht einmal Feldwebel, bloß ein Offiziersbursche. Ein Lakai.

»Wie geht es dem Oberst?«, fragte Andrej.

»Wie bitte, Sir?« Dagan erstarrte, das schmutzige Geschirr in den Händen, und wandte Andrej sein knorpeliges Ohr zu.

»Wie geht es dem Oberst?«, brüllte Andrej. In derselben Sekunde verstummte draußen der Motor.

»Der Oberst trinkt Tee!«, schrie Dagan in der eingetretenen Stille und fügte sogleich verwirrt und mit gesenkter Stimme hinzu: »Verzeihung, Sir. Dem Oberst geht es zufriedenstellend. Er hat gespeist und trinkt jetzt Tee.«

Andrej nickte zerstreut und überblätterte einige Seiten des Tagebuchs.

»Haben Sie noch Befehle, Sir?«, erkundigte sich Dagan.

»Nein. Danke.«

Als Dagan gegangen war, befasste sich Andrej mit den Rapporten vom Vortag. Er selber hatte keine Aufzeichnungen gemacht; ihn hatte solcher Durchfall geplagt, dass er kaum bis zum Ende des abendlichen Rapports hatte sitzen können. Und dann quälte er sich die halbe Nacht, hockte mit dem nackten Hintern auf einem Weg beim Lager, lauschte und starrte angespannt in die nächtliche Finsternis – in einer Hand die Pistole und in der anderen eine Laterne.

»28. Tag«, schrieb er auf die leere Seite und unterstrich es mit zwei dicken Linien. Dann nahm er Quejadas Rapport.

»Zurückgelegt 28 km«, stand dort. »Sonnenstand 63° 51′ 13,2″. (979. km.) Mittlere Temperatur: im Schatten +23 °C, in der Sonne +31 °C. Wind 2,5 m/s. Luftfeuchtigkeit 0,42. Gravitation 0,998. Bohrungen bei km 979, 981, 986. Kein Wasser. Treibstoffverbrauch …«

Dann nahm er sich Ellisauers Rapport vor, der Spuren von Wagenschmiere aufwies, und musste lange die krakelige Handschrift entziffern: »Treibstoffverbrauch 1,32 der Norm. Rest am Ende des 28. Tages – 3200 kg. Zustand der Motoren: Nr. 1 – befriedigend, Nr. 2 – Bolzen abgenutzt und … mit den Zylindern …«

Was genau mit den Zylindern passiert war, konnte Andrej nicht entziffern, obwohl er das Blatt direkt unter die Lampe hielt.

»Zustand der Mannschaft: physischer Zustand – fast alle haben aufgeriebene Füße, der Durchfall dauert an, bei Permjak und Palotti verstärkt sich der Ausschlag auf dem Rücken. Keine Verwundeten, keine Verletzungen. Keine besonderen Vorkommnisse. Zweimal zeigten sich Haiwölfe, die mit Schüssen verjagt wurden. Munitionsverbrauch 12 Patronen. Wasserverbrauch 40 l. Rest am Ende des 28. Tages 1100 kg. Proviantverbrauch 20 Rationen. Rest am Ende des 28. Tages 730 Rationen …«

Draußen kreischte durchdringend Mymra, dann folgte lautes Gelächter aus verrauchten Kehlen. Andrej hob den Kopf und lauschte. Weiß der Teufel, dachte er. Vielleicht ist es gar nicht schlecht, dass sie sich uns aufgedrängt hat. Die Männer haben ja sonst keine Ablenkung. Nur dass sie in letzter Zeit angefangen haben, sich ihretwegen zu prügeln.

Es klopfte wieder.

»Herein«, sagte Andrej unwirsch.

Es war Feldwebel Vogel, ein Hüne mit gerötetem Gesicht. Unter den Achseln seiner Uniformjacke waren große Schweißflecke zu sehen.

»Feldwebel Vogel bittet um Erlaubnis, sich an den Herrn Präsidialrat zu wenden!«, krächzte er in strammer Haltung.

»Ich höre, Feldwebel.«

Der Feldwebel schielte zum Fenster. »Ich bitte um Erlaubnis, vertraulich reden zu dürfen.«

Das ist neu, dachte Andrej; er ahnte nichts Gutes. »Treten Sie näher und setzen Sie sich.«

Der Feldwebel ging auf Zehenspitzen zum Tisch, setzte sich auf den Rand eines Sessels, beugte sich zu Andrej vor und flüsterte: »Die Männer wollen nicht mehr weitergehen.«

Andrej lehnte sich zurück. So weit ist es also gekommen! Na, wunderbar … Ich gratuliere, Herr Präsidialrat …

»Was heißt – sie wollen nicht? Wer hat sie gefragt?«

»Sie sind erschöpft, Herr Präsidialrat«, sagte Vogel in vertraulichem Ton. »Die Zigaretten gehen aus, der Durchfall hat alle ausgezehrt. Und sie haben Angst, Herr Präsidialrat. Schreckliche Angst.«

Andrej schaute den Feldwebel schweigend an. Er musste etwas tun. Sofort. Aber er wusste nicht, was.

»Elf Tage ziehen wir schon durch menschenleeres Gebiet, Herr Präsidialrat«, fuhr Vogel fort. »Sie werden sich gewiss erinnern, dass man uns gewarnt hat: Geht es dreizehn Tage durch menschenleeres Gebiet, dann ist es mit uns allen aus. Zwei Tage sind geblieben ...«

Andrej fuhr sich nervös mit der Zunge über die Lippen. »Feldwebel, schämen Sie sich. Ein alter Soldat, und Sie glauben an Ammenmärchen. Das hätte ich nicht von Ihnen gedacht.«

Vogel erwiderte mit schiefem Lächeln: »Ich habe keine Angst, Herr Präsidialrat. Mich kann niemand erschrecken. Wenn wir dort« – er wies mit dem Daumen zum Fenster – »nur Deutsche oder wenigstens Japaner hätten, gäbe es diese Unterredung nicht, Herr Präsidialrat. Aber ich habe lauter Gesindel. Italiener, irgendwelche Armenier ...«

»Aufhören, Feldwebel!«, sagte Andrej mit erhobener Stimme. »Und schämen Sie sich! Kennen Sie die Statuten nicht? Warum gehen Sie nicht nach dem Dienstweg? Was für eine Disziplinlosigkeit. Feldwebel! Aufstehen!«

Vogel erhob sich schwerfällig und nahm die Haltung Stillgestanden ein.

»Setzen«, sagte Andrej nach einer Pause.

Vogel nahm ebenso schwerfällig wieder Platz, und eine Zeit lang schwiegen beide.

»Warum wenden Sie sich nicht zuerst an den Oberst?«

»Verzeihung, Herr Präsidialrat. Ich habe mich an den Herrn Oberst gewandt. Gestern.«

»Und?«

Vogel wandte den Blick ab. »Der Herr Oberst nahm meine Meldung leider nicht zur Kenntnis, Herr Präsidialrat.«

Andrej verzog das Gesicht zu einem Lächeln. »Eben! Was sind Sie zum Teufel für ein Feldwebel, wenn Sie unter Ihren Leuten keine Ordnung schaffen können? Die Männer haben Angst wie kleine Kinder. Vor Ihnen sollten Sie sich fürchten, Feldwebel!«, brüllte er. »Vor Ihnen! Und nicht vor dem dreizehnten Tag!«

»Wenn das Deutsche wären …«, hob Vogel wieder mit mürrischer Stimme an.

»Was soll das wieder? Ich, der Expeditionsleiter, muss Sie wie einen kleinen Jungen belehren, was zu tun ist, wenn Ihre Untergebenen rebellieren? Schämen Sie sich, Vogel! Wenn Sie das nicht wissen, lesen Sie das Reglement. Soviel mir bekannt ist, ist dort alles vorgesehen.«

Vogel grinste wieder, den Unterkiefer vorgereckt. Offenbar waren im Reglement solche Fälle doch nicht vorgesehen.

»Ich hatte eine bessere Meinung von Ihnen, Vogel«, sagte Andrej scharf. »Eine weitaus bessere! Schreiben Sie's sich hinter die Ohren: Ob Ihre Leute weitergehen wollen oder nicht, interessiert niemanden. Wir alle würden lieber zu Hause sitzen und nicht durch diesen Glutofen marschieren. Alle möchten trinken, und alle sind erschöpft. Trotzdem erfüllen alle ihre Pflicht, Vogel. Verstanden?«

»Zu Befehl, Herr Präsidialrat«, brummte Vogel. »Erlauben Sie, dass ich gehe?«

»Wegtreten.«

Der Feldwebel entfernte sich, wobei er mit seinen Stiefeln erbarmungslos das Parkett zerkratzte.

Andrej warf die Jacke hin und trat wieder ans Fenster. Die Männer schienen sich beruhigt zu haben. Im Lichtkreis stand gebückt der lange Ellisauer und betrachtete ein Blatt, offenbar eine Karte, die der stämmige Quejada in den Händen hielt.

Aus der Dunkelheit tauchte ein Soldat mit einer Maschinenpistole auf, ging vorüber und verschwand im Haus, er war barfuß, halbnackt und völlig zerzaust. Jemand rief: »He, du, Langenase! He, Tewosjan!«

»Was willst du?«, antwortete der von einem unsichtbaren Anhänger herab; man sah nur Zigaretten als rote Punkte erglimmen und wieder verlöschen.

»Dreh mal den Scheinwerfer her! Hier ist es stockfinster.«

»Warum? Kannst du im Dunkeln nicht?«

»Hier ist alles vollgeschissen, ich weiß nicht, wo ich hintreten soll.«

»Der Posten darf nicht weg«, mischte sich ein anderer ein. »Mach, wo du stehst!«

»Leuchte halt, verdammt! Oder kriegt ihr euern Arsch nicht hoch?«

Der lange Ellisauer richtete sich auf. Mit zwei Schritten war er bei der Zugmaschine und drehte den Scheinwerfer zur Straße. Andrej sah den Posten. Er hockte neben einer großen eisernen Statue, die man einfach mitten auf dem Gehsteig an der Kreuzung aufgestellt hatte, und hielt die heruntergelassenen Hosen fest. Die Statue stellte einen untersetzten Mann in einer Art Toga dar, er war glatt rasiert und hatte ein abstoßendes Froschgesicht. Im Scheinwerferlicht wirkte die Statue schwarz. Die linke Hand zeigte zum Himmel, die rechte war mit gespreizten Fingern über der Erde ausgestreckt. Jetzt hing an diesem Arm eine Maschinenpistole.

»Alles in Ordnung, danke schön!«, brüllte der Posten froh. »Du kannst ausmachen!«

»Los, los, mach!«, spornten ihn die anderen an. »Wir geben dir Deckung, falls einer kommt.«

»Nehmt doch das Licht weg!«, flehte der Posten.

»Lassen Sie's an, Herr Ingenieur«, rief jemand. »Er macht nur Spaß. Und das Reglement verbietet es nicht.«

Ellisauer nahm das Licht trotzdem weg. Auf dem Anhänger wurde gelacht. Dann pfiffen zwei Männer einen Marsch.

Alles wie immer, dachte Andrej. Heute sind sie sogar lustiger als sonst. Früher habe ich solche Scherze nicht gehört. Vielleicht liegt das an den Häusern? ... Ja, das könnte durchaus sein. Immer Einöde, Einöde – und jetzt endlich ein Dach über dem Kopf. Man kann ausschlafen, die Wölfe stören nicht ... Aber Vogel ist kein Panikmacher. Nein, bestimmt nicht ... Andrej stellte sich plötzlich vor, wie er am Morgen den Aufbruch befahl, und die Männer sich geschlossen und mit vorgehaltenen Maschinenpistolen widersetzten. Vielleicht sind sie deshalb so fröhlich: Sie haben schon alles abgesprochen und beschlossen, morgen umzukehren (›Was kann er uns denn schon anhaben, der Klugscheißer?‹). Jetzt könnte die Welt einstürzen, und das kümmerte sie einen Dreck. Und Quejada, der Schuft, hält zu ihnen. Er nörgelt schon seit Tagen, dass das Weitergehen sinnlos sei. Heimtückisch schaut er mich bei den abendlichen Rapporten an, für ihn ist es ein Vergnügen, wenn ich zu Geiger heimkehre wie ein begossener Pudel.

Andrej zuckte mit den Schultern, als fröstele ihn. Selber schuld, du Waschlappen, hast die Zügel schleifen lassen, verlauster Demokrat, Volksfreund du ... Man hätte den rothaarigen Chnoupek damals gleich an die Wand stellen müssen und die ganze Bande mit dazu – dann würden sie jetzt alle parieren! Vor allem: Was war das für ein Vorfall! Eine Gruppenvergewaltigung, bestialisch, dazu an einer Eingeborenen, einer Minderjährigen! Und wie frech dieser Chnoupek gegrinst hat – frech, satt, widerlich –, als ich sie angebrüllt habe. Und wie sie alle grün im Gesicht wurden, als ich die Pistole gezogen habe. Ach, Oberst, Oberst! Sie sind ein Liberaler und kein Offizier! »Warum denn gleich erschießen, Herr Präsidialrat? Es gibt auch andere Methoden, auf die Soldaten einzuwirken!« Nein, Oberst, bei Männern wie Chnoupek bewirkt man mit anderen Methoden nichts. Und danach lief hier alles aus dem Ruder … Das Mädchen hat sich der Truppe aufgedrängt, ich habe schändlicherweise darüber hinweggesehen (aus Überraschung, oder was?), und dann begann ihretwegen Zank und Streit. Und wiederum – bei der ersten Schlägerei hätte ich eingreifen müssen, einen Mann an die Wand stellen, das Flittchen auspeitschen und aus dem Lager jagen. Nur – wohin sollte ich sie jagen? Da waren wir schon in den abgebrannten Vierteln – kein Wasser, aber Wölfe …

Andrej hörte plötzlich lautes Schreien und Fluchen, dann fiel etwas und rollte weg. Plötzlich flog aus einem Hauseingang ein nackter Affe mitten in den Lichtkreis, landete auf dem Hintern, dass der Staub aufstob, und bevor er sich's versah, sprang aus demselben Haus ein zweiter Affe, gleichfalls nackt, wie ein Tiger auf den ersten zu, sie umklammerten sich, rollten über das Straßenpflaster, heulten und schrien, röchelten und spuckten, hieben verbissen aufeinander ein.

Andrej hielt sich mit einer Hand krampfhaft am Fensterbrett fest und fuchtelte mit der anderen an seinem Gürtel – bis ihm einfiel, dass die Pistolentasche im Sessel lag. Doch da tauchte aus der Dunkelheit Feldwebel Vogel auf. Er kam herbeigeflogen wie eine schwarze Gewitterwolke im Orkan; er blieb vor den Kerlen stehen, und schon packte er einen an den Haaren, den anderen am Bart, riss sie vom Boden los, schlug ihre Köpfe krachend aneinander und schleuderte sie dann nach verschiedenen Seiten wie zwei junge Hunde.

»Sehr gut, Feldwebel«, lobte der Oberst mit schwacher, aber fester Stimme. »Die Lumpen für die Nacht an die Bettstellen binden, und morgen den ganzen Tag als Vorhut außer der Reihe.«

»Zu Befehl, Herr Oberst«, sagte der Feldwebel schwer atmend. Er schaute nach rechts, wo auf den Pflastersteinen ein nackter Mann lag, und fügte unsicher hinzu: »Ich erlaube mir zu melden, Herr Oberst, einer gehört nicht zu uns, es ist der Kartograph Roulier.«

Andrej schüttelte den Kopf, um die Kehle freizubekommen, und brüllte: »Den Kartographen Roulier in die Vorhut für drei Tage, mit kompletter militärischer Ausrüstung! Wenn sie sich noch einmal prügeln, beide auf der Stelle erschießen!« In seiner Kehle zerriss etwas schmerzhaft. »Auf der Stelle werden alle Schweinehunde erschossen, die es wagen sich zu prügeln!«, rief er heiser.

Er kam erst am Tisch zu sich. Zu spät, wahrscheinlich, dachte er und betrachtete stumpf seine zitternden Finger. Zu spät. Das hätte ich früher machen sollen ... Aber ihr werdet mich noch kennenlernen! Ihr werdet tun, was euch befohlen wird! Die Hälfte von euch lasse ich erschießen ... Ich erschieße sie eigenhändig ... Aber dafür kuscht und gehorcht die andere Hälfte. Jetzt reicht's! Es reicht! Und für Chnoupek – die erste Kugel. Die erste!

Er tastete hinter seinem Rücken, zog die Pistolentasche am Riemen hervor und nahm die Waffe heraus. Der Lauf war mit Schmutz verstopft. Er zog das Schloss auf; es ging schwer und blieb in der Mitte stecken. Zum Teufel, alles klemmt, alles ist verdreckt ... Draußen war es auf einmal sehr still; nur die Stiefeleisen der Posten klapperten etwas weiter weg auf dem Pflaster. Und im unteren Stockwerk schnäuzte sich jemand laut.

Andrej ging zur Tür, sah auf den Korridor hinaus und rief leise: »Dagan!«

In der Ecke bewegte sich etwas. Andrej zuckte zusammen und sah genauer hin: Es war der Stumme, der wie üblich mit überkreuzten Beinen dasaß; seine Augen glänzten feucht im Halbdunkel.

»Dagan!«, rief Andrej lauter.

»Ich komme, Sir!«, hörte er Dagan rufen. Dann erklangen Schritte.

»Was sitzt du hier rum?«, sagte Andrej zu dem Stummen. »Komm ins Zimmer.«

Ohne sich zu bewegen, hob der Stumme nur sein Gesicht und sah ihn an.

Andrej kehrte zum Tisch zurück, und als Dagan anklopfte und ins Zimmer blickte, sagte er: »Bringen Sie meine Pistole in Ordnung, bitte!«

»Zu Befehl, Sir«, sagte Dagan ehrerbietig. Er nahm die Pistole und wich an der Tür aus, um Isja hineinzulassen.

Isja steuerte direkt auf den Tisch zu. »Oh, eine Lampe! Hör mal, Andrej, habt ihr nicht noch so eine? Ich habe es satt mit der kleinen Laterne, mir tun schon die Augen weh.«

In den letzten Tagen war Isja ziemlich abgemagert. Die Kleider hingen an ihm herab, alles war zerrissen, und er stank wie ein alter Ziegenbock. Obwohl – eigentlich stanken alle so. Alle, außer dem Oberst.

Andrej sah zu, wie Isja – ohne auf etwas anderes zu achten – einen Stuhl ergriff, sich setzte und die Lampe näher zu sich heranschob. Dann zog er ein Päckchen zerknitterter Blätter aus seiner Brusttasche und breitete sie vor sich aus. Dabei kippelte er wie immer mit dem Stuhl. Er glitt mit den Augen über die Seiten, als wollte er alle zugleich lesen, und rieb von Zeit zu Zeit an seiner Warze. An die reichte Isja nur mit großer Mühe, weil Wangen, Hals und sogar die Ohren von dichtem krausem Haar überwuchert waren.

»Du könntest dich mal rasieren«, sagte Andrej.

»Wieso denn das?«, fragte Isja geistesabwesend.

»Alle im Kommandostab rasieren sich«, sagte Andrej ärgerlich. »Nur du läufst herum wie eine Vogelscheuche.«

Isja hob den Kopf und musterte Andrej; im Bartgestrüpp wurden gelbliche, lange nicht mehr geputzte Zähne sichtbar. »Ja? Du weißt doch, ich lege keinen Wert auf Äußerlichkeiten. Sieh mal, was ich für eine Jacke anhabe.«

»Die solltest du auch mal flicken. Wenn du das nicht selber kannst, gib sie Dagan.«

»Dagan hat genug zu tun. Übrigens, wen willst du erschießen?«

»Wer es verdient«, sagte Andrej düster.

»Na, na«, sagte Isja und vertiefte sich in die Lektüre.

Andrej blickte auf die Uhr. Es war gleich zehn. Stöhnend kroch er unter den Tisch, um seine Schuhe zu suchen. Er nahm die hart gewordenen Socken heraus und beschnupperte sie heimlich. Dann hielt er seinen rechten Fuß ans Licht und besah sich die wundgeriebene Ferse. Die abgeschürfte Haut war schon ein wenig nachgewachsen, aber es tat immer noch höllisch weh. Andrej verzog schon im Voraus das Gesicht, streifte vorsichtig den Socken über und bewegte den Fuß. Dann verzog er das Gesicht noch mehr und griff nach dem Schuh. Als er die Schuhe angezogen hatte, legte er den Gürtel mit der leeren Pistolentasche um und knöpfte die Jacke zu.

»Da«, sagte Isja und schob ihm über den Tisch einen Stoß beschriebener Blätter zu.

»Was ist das?«, fragte Andrej ohne jedes Interesse.

»Papier.«

Andrej nahm die Blätter und steckte sie in die Jackentasche. »Danke.«

Isja las schon wieder. Schnell, wie eine Maschine.

Andrej erinnerte sich, dass er Isja nicht auf die Expedition hatte mitnehmen wollen – wegen seines ungepflegten Aussehens, seiner eindeutig jüdischen Physiognomie, seines frechen Kicherns und wegen seiner offensichtlichen Untauglichkeit, schwere physische Belastungen auszuhalten. Andrej war klar, dass ihm Isja viel Ärger bereiten würde – und von einem Archivar hatte er unter gefechtsnahen Bedingungen kaum einen Nutzen. Doch er hatte sich geirrt.

Das heißt, Recht hatte er auch behalten … Isja hatte als Erster wunde Füße. Gleich beide. Und bei den abendlichen

Rapporten fiel Isja allen mit seinen idiotischen Scherzen und seinem familiären Umgangston auf die Nerven. Am dritten Tag stürzte er in eine Grube, und die ganze Mannschaft musste ihn herausziehen. Am fünften Tag war er verschwunden und verzögerte den Aufbruch um mehrere Stunden. Während des Gefechts bei Kilometer 340 benahm er sich wie ein Vollidiot und blieb nur durch ein Wunder am Leben. Die Soldaten hatten nur Spott für ihn übrig, und Quejada stritt sich ständig mit ihm. Ellisauer erwies sich als unverbesserlicher Antisemit, und er musste ihn wegen Isja vertraulich zur Rede stellen … Das alles war geschehen.

Doch ungeachtet all dieser Vorfälle wurde Isja schnell zum beliebtesten Mann der Expedition, den Oberst vielleicht nicht gerechnet. In gewissem Sinne war Isja sogar beliebter. Erstens konnte er Wasser finden. Die Geologen suchten lange und vergeblich nach Quellen, bohrten Felsen an, schwitzten, unternahmen kräftezehrende Exkursionen, während die anderen sich ausruhten. Isja aber saß einfach auf dem Anhänger unter einem hässlichen selbstgebauten Sonnenschirm und wühlte in alten Papieren, von denen er bereits mehrere Kästen voll gesammelt hatte. Schon viermal hatte er vorausgesagt, wo unterirdische Zisternen zu suchen waren. Zwar war eine dieser Zisternen ausgetrocknet, und eine andere enthielt schlecht gewordenes Wasser, aber zweimal stieß man auf klares Wasser – dank Isja und nur dank seiner.

Zweitens fand er ein Treibstofflager, wonach Ellisauers Antisemitismus auf einmal ziemlich abstrakte Züge annahm. »Ich hasse Juden«, erklärte er seinem Motorenwart. »Es gibt auf der Welt nichts Schlimmeres als Juden. Aber ich habe nichts gegen Menschen hebräischer Abstammung! Zum Beispiel Katzman!«

Zudem versorgte Isja alle mit Papier. Die Vorräte an Toilettenpapier waren nach den ersten Durchfällen bald aufgebraucht, und die Beliebtheit Isjas, des einzigen Besitzers und

Bewahrers von Papier in einer Gegend, wo man nicht einmal ein Grasbüschel fand, erreichte seinen Höhepunkt.

Es waren keine zwei Wochen vergangen, als Andrej eifersüchtig feststellen musste, dass alle Isja liebten. Selbst die Soldaten, was ihm vollkommen unglaublich erschien. Während der Rast umringten sie ihn und lauschten seinem Geschwätz mit offen stehendem Mund. Aus eigenem Antrieb schleppten sie seine Eisenkästen mit der Dokumentation von Ort zu Ort. Sie beklagten sich bei ihm über alle Beschwernisse und schütteten ihm ihr Herz aus wie Schüler einem beliebten Lehrer. Vogel hingegen hassten sie, vor dem Oberst zitterten sie, mit den Wissenschaftlern prügelten sie sich – und mit Isja lachten sie. Nicht mehr über ihn – mit ihm! »Wissen Sie, Katzman«, sagte der Oberst einmal. »Ich habe nie begriffen, wozu man in einer Armee Kommissare benötigt. Ich hatte nie einen Kommissar, aber Sie würde ich nehmen.«

Isja hatte einen Packen Papier durchgesehen und holte einen zweiten aus der Jackentasche.

»Ist was Interessantes dabei?«, fragte Andrej. Er fragte nicht aus Neugier, sondern weil er irgendwie seine Zärtlichkeit ausdrücken wollte, die er plötzlich gegenüber dem plumpen, unschönen, äußerlich sogar unangenehmen Menschen empfand.

Isja antwortete mit einem Kopfschütteln. Die Tür wurde aufgerissen, und ins Zimmer schritt Oberst Saint-James.

»Gestatten Sie, Herr Präsidialrat?«

»Ich bitte Sie, Herr Oberst!« Andrej erhob sich. »Guten Abend.«

Isja sprang ebenfalls auf und schob dem Oberst seinen Sessel hin.

»Sehr liebenswürdig, Herr Kommissar«, sagte der Oberst. Langsam, sozusagen in zwei Stufen, setzte er sich. Er war wie immer akkurat gekleidet und duftete nach Kölnisch Wasser und gutem Tabak, seine Wangen waren jedoch in letzter Zeit ein wenig eingefallen, und die Augen saßen tief. Er lief nicht mehr mit seinem gewohnten Offiziersstöckchen herum, sondern mit einem schwarzen Krückstock, auf den er sich beim Stehen stützte.

»Diese empörende Schlägerei auf der Straße!«, sagte der Oberst. »Ich bin gekommen, um mich für meinen Soldaten zu entschuldigen, Herr Präsidialrat.«

»Wollen wir hoffen, dass es die letzte Schlägerei war«, sagte Andrej düster. »Ich habe nicht die Absicht, das weiterhin zu dulden.«

Der Oberst nickte zerstreut. »Soldaten raufen sich immer«, bemerkte er wie beiläufig. »In der britischen Armee wird das sogar gefördert. Kampfgeist, gesunde Aggressivität und so weiter … Aber Sie haben völlig Recht. Unter solch schwierigen Feldzugsbedingungen ist das nicht zu dulden.« Er lehnte sich zurück, holte seine Pfeife hervor und begann sie zu stopfen. »Aber ein potenzieller Gegner ist noch immer nicht in Sicht, Herr Präsidialrat!«, sagte er in scherzhaftem Ton. »Daher befürchte ich große Schwierigkeiten für meinen armen Generalstab. Und für die Herren Politiker ebenfalls – offen gesagt.«

»Im Gegenteil!«, rief Isja. »Jetzt beginnen für uns alle die heißesten Tage! Denn wenn es keinen Gegner gibt, muss man einen erfinden. Und die Erfahrung lehrt: Der schrecklichste Gegner ist immer ein erfundener. Ich versichere Ihnen, es wird ein grässliches Ungeheuer sein. Man wird die Armee verdoppeln müssen.«

»Wirklich?«, fragte der Oberst amüsiert. »Und wer wird diesen Gegner erfinden? Sie etwa, mein Kommissar?«

»Sie!«, erwiderte Isja triumphierend. »Vor allem Sie.« Er begann an den Fingern abzuzählen: »Erstens müssen Sie beim Generalstab eine Abteilung für politische Propaganda schaffen …«

Es klopfte an die Tür, und noch ehe Andrej antworten konnte, traten Quejada und Ellisauer ein. Quejada machte eine finstere Miene, Ellisauer lächelte irgendwo von oben herab.

»Bitte nehmen Sie Platz, meine Herren«, sagte Andrej kühl. Er klopfte mit den Knöcheln auf die Tischplatte und sagte zu Isja: »Katzman, wir fangen an.«

Isja stockte mitten im Satz, wandte sich bereitwillig Andrej zu und legte den Arm über die Sessellehne. Der Oberst straffte sich und legte die Hände auf den Stockknauf.

»Sie haben das Wort, Quejada«, sagte Andrej.

Der Leiter des wissenschaftlichen Programms saß direkt vor ihm – die dicken Beine gespreizt wie ein Gewichtheber, damit er nicht im Schritt schwitzte, und Ellisauer, der sich wie immer hinter seinem Rücken platziert hatte, duckte sich, um nicht alle zu überragen.

»Geologisch nichts Neues«, referierte Quejada. »Wie immer Lehm, Sand. Keine Spur von Wasser. Die hiesige Wasserleitung ist längst ausgetrocknet. Vielleicht sind die Menschen deshalb weggezogen. Angaben über Sonne, Wind und so weiter …« Er nahm ein Blatt aus der Brusttasche und warf es Andrej hin. »Das ist von mir vorläufig alles.«

Andrej missfiel das »vorläufig«, aber er nickte und sah Ellisauer an. »Transport?«

Ellisauer setzte sich gerade und sagte über Quejadas Kopf hinweg: »Heute haben wir achtunddreißig Kilometer zurückgelegt. Der Motor der zweiten Zugmaschine benötigt eine Generalreparatur. Ich bedauere sehr, Herr Präsidialrat, aber …«

»Und«, fragte Andrej. »Was bedeutet das – Generalreparatur?«

»Zwei, drei Tage. Einige Bauteile müssen ausgewechselt, andere repariert werden. Vielleicht dauert es sogar vier Tage. Oder fünf.«

»Oder zehn«, sagte Andrej. »Geben Sie den Rapport her.«

»Oder zehn«, wiederholte Ellisauer, immer noch vage lächelnd. Ohne aufzustehen, reichte er Andrej über Quejadas Schulter hinweg seinen Rapport.

»Soll das ein Witz sein?« Andrej bemühte sich, ruhig zu bleiben.

»Was soll ein Witz sein, Herr Präsidialrat?« Ellisauer war erschrocken. Oder er tat nur so.

»Drei oder zehn Tage, was denn nun, Herr Spezialist?«

»Ich bedauere, Herr Präsidialrat!«, murmelte Ellisauer. »Aber ich kann es nicht genau sagen. Wir sind hier nicht in einer Werkstatt, zudem ist Permjak nicht voll einsatzfähig. Er hat starken Hautausschlag und musste sich den ganzen Tag übergeben. Er ist mein Motorenwart, Herr Präsidialrat.«

»Und Sie?«

»Ich tue, was ich kann … Aber unter diesen Bedingungen … ich meine, unter Feldbedingungen …«

Eine Weile quasselte er noch von Mechanikern, vom Motorenwart und einem Kran, den man trotz seiner Warnung nicht mitgenommen hatte, von einer Bohrmaschine, die es hier nicht gab und nicht geben könne, von Kolben und Bolzen … Er wurde immer leiser, immer undeutlicher und verstummte schließlich ganz. Andrej blickte ihm die ganze Zeit unverwandt in die Augen, und es war völlig klar, dass sich Ellisauer in Lügen verstrickt hatte, es selber erkannte, sich nun vergeblich herauszuwinden versuchte und trotzdem beabsichtigte, auf seinen Lügen zu beharren bis zum Schluss.

Dann senkte Andrej den Blick und starrte auf den Rapport, auf das schludrige Gekrakel, doch er sah und verstand nichts. Alle haben sich gegen mich verschworen, dachte er in stiller Verzweiflung. Diese Schufte. Was soll ich jetzt mit ihnen machen? Die Pistole ist leider nicht da. Ellisauer erledigen oder so einschüchtern, dass er sich in die Hosen macht … Nein, lieber Quejada. Er ist die treibende Kraft. Er will alles auf mich abwälzen. Dieses ganze beschissene Unternehmen will er auf mich abwälzen, dieser Mistkerl. Das fette Schwein. Andrej beherrschte sich, um nicht loszubrüllen und mit der Faust auf den Tisch zu schlagen.

Das Schweigen wurde unerträglich. Isja begann nervös auf dem Stuhl hin und her zu rutschen und murmelte: »Worum geht es eigentlich? Wir haben ja schließlich keine besondere Eile. Lasst uns eine Pause machen. In den Gebäuden könnten Archive sein. Wasser gibt es hier zwar nicht, aber das kann eine Gruppe erkunden.«

Hier unterbrach ihn Quejada.

»Unsinn!«, sagte er scharf. »Genug gequatscht, meine Herren. Lasst uns Klartext reden. Die Expedition ist gescheitert. Wasser haben wir nicht gefunden. Erdöl ebenfalls nicht. Das war bei einer solchen Organisation der geologischen Forschungsarbeit auch gar nicht möglich. Wir stürmen wie Verrückte vor, zermürben die Leute, fahren die Fahrzeuge zu Schrott. In der Abteilung herrscht keine Disziplin – wir füttern hergelaufene Nutten durch und schleppen irgendwelche Gerüchtemacher mit. Eine Perspektive gibt es längst nicht mehr, alle haben es satt. Die Männer wollen nicht weiter, sie sehen nicht ein, wozu sie das tun sollten, und wir können es ihnen nicht erklären. Die kosmographischen Angaben haben sich als völlig unbrauchbar erwiesen: Wir hatten uns auf arktische Kälte vorbereitet und sind in eine glühend heiße Wüste geraten. Die Teilnehmer sind schlecht und aufs Geratewohl ausgewählt worden. Die medizinische Betreuung ist miserabel. Nun haben wir, was zu erwarten war: Verfall der Moral, Disziplinlosigkeit, verdeckten Ungehorsam und heute oder morgen eine Revolte. Das ist alles.«

Quejada verstummte, holte das Etui heraus und zündete sich eine Zigarette an.

»Was schlagen Sie vor, Herr Quejada?«, fragte Andrej mit gepresster Stimme. Das verhasste Gesicht mit dem buschigen Schnurrbart schwamm vor ihm in einem Netz von unbestimmten Linien. Er hätte gern zugeschlagen. Mit der Lampe. Direkt auf den Schnurrbart.

»Ganz einfach«, erklärte Quejada abschätzig. »Wir müssen kehrtmachen. Und zwar unverzüglich. Solange wir noch am Leben sind.«

Ruhig bleiben, sagte sich Andrej. Nur ruhig bleiben. Möglichst wenig Worte. Auf keinen Fall streiten. Ruhig zuhören und schweigen. Ach, wie gern möchte ich zuschlagen!

»Richtig«, meldete sich Ellisauer zu Wort. »Wie lange können wir noch so weitermachen? Meine Leute fragen mich: Was soll das denn nun werden, Herr Ingenieur? Wir sollten bis zum Horizont vordringen, dorthin, wo die Sonne untergeht. Und jetzt ist es umgekehrt, sie steht immer höher. Dann sollten wir so weit vordringen, bis sie im Zenit steht. Aber sie steigt nicht, mal springt sie nach oben, mal nach unten.«

Nur nicht streiten, sagte sich Andrej. Sollen sie reden. Es ist sogar interessant, was sie sich noch einfallen lassen werden. Der Oberst lässt mich nicht im Stich. Die Armee entscheidet alles. Die Armee! ... Haben sie etwa Vogel auf ihre Seite gezogen, die Schufte?

»Nun, und was antworten Sie?«, erkundigte sich Isja bei Ellisauer.

»Wie – antworten?«

»Na, wenn man Sie fragt. Was antworten Sie?«

Ellisauer machte eine resignierte Gebärde und zog die spärlichen Brauen hoch. »Wirklich seltsam. Was kann ich ihnen antworten? Das wüsste ich selber gern. Woher soll ich das wissen?«

»Sie antworten ihnen also gar nichts?«

»Was soll ich denn antworten? Was? Ich antworte, dass es die Obrigkeit besser weiß.«

»Das ist auch eine Antwort«, sagte Isja und verdrehte die Augen. »Mit solchen Antworten kann man eine ganze Armee zersetzen, ganz zu schweigen von den armen Fahrern ... Ich würde sagen: Jungs, von mir aus könnten wir gleich zurück, aber dieses Vieh von einem Vorgesetzten lässt uns nicht … Begreifen Sie denn, warum wir hier sind? Sie sind doch ein Freiwilliger, niemand hat Sie gezwungen!«

»Hören Sie, Katzman«, wandte Quejada ein. »Bleiben Sie bei der Sache!«

Isja sah Quejada nicht einmal an. »Wussten Sie, dass es schwierig werden würde, Ellisauer? Sie wussten es. Wussten Sie, dass wir das hier nicht zum Spaß machen? Natürlich. Wussten Sie, dass die Stadt diese Expedition braucht? Auch das haben Sie gewusst. Sie sind ein gebildeter Mann, ein Ingenieur. Kannten Sie den Befehl: Vorwärts, so lange Treibstoff und Wasser reichen? Sie kannten ihn, Ellisauer!«

»Das bestreite ich gar nicht!«, versicherte Ellisauer eilig, der jetzt eingeschüchtert war. »Ich erkläre Ihnen nur, dass meine Worte … das heißt, dass mir unklar ist, was ich ihnen antworten soll, weil mich die Männer dauernd fragen.«

»Hören Sie auf, um den heißen Brei herumzureden, Ellisauer!«, sagte Isja entschieden. »Allen ist sonnenklar: Sie haben Angst weiterzugehen und betreiben moralische Sabotage. Sie haben Ihre Untergebenen verunsichert, und jetzt beschweren Sie sich hier. Dabei müssen Sie nicht einmal zu Fuß gehen. Sie werden die ganze Zeit gefahren!«

Los, Isja, gib's ihm, dachte Andrej beinahe vergnügt. Zeig's ihm, dem Widerling! Er hat sich schon in die Hosen gemacht, gleich will er aufs Klo …

»Ich verstehe überhaupt nicht, wozu diese Panik«, fuhr Isja entschlossen fort. »Die Geologie hat Sie im Stich gelassen? Zum Kuckuck mit der Geologie, wir kommen auch ohne sie aus. Ohne Kosmographie erst recht … Ist Ihnen denn nicht klar, dass unsere Hauptaufgabe die Erkundung ist und das Sammeln von Informationen? Ich persönlich würde behaupten, dass die Expedition schon sehr viel gebracht hat und noch mehr bringen wird. Die Zugmaschine ist kaputt? Nicht schlimm.

Dann wird sie eben repariert, in zwei oder in zehn Tagen, ganz egal, und die Müdesten und Kränksten lassen wir hier so lange zurück. Die anderen fahren mit der einsatzbereiten Zugmaschine fein sachte weiter. Wenn wir Wasser finden, rasten wir und warten auf die Zurückgebliebenen. Das ist doch ganz einfach.«

»Natürlich: Alles ist sehr einfach, Katzman«, sagte Quejada giftig. »Möchten Sie vielleicht eine Kugel ins Genick, Katzman? Oder in die Stirn? Sie sind so mit Ihren Archiven beschäftigt, dass Sie gar nicht merken, was vor sich geht. Die Soldaten wollen nicht weiter. Ich weiß es, weil ich zufällig hörte, wie sie sich abgesprochen haben.«

Ellisauer stand plötzlich auf, hielt sich den Bauch fest, murmelte unverständliche Worte der Entschuldigung und stürzte aus dem Zimmer. Die Ratte, dachte Andrej schadenfroh. Das feige Miststück.

Quejada tat so, als hätte er nichts bemerkt. »Von meinen Geologen kann ich mich lediglich auf einen Mann verlassen«, fuhr er fort. »Auf die Soldaten kann ich mich überhaupt nicht verlassen. Natürlich können Sie einen oder zwei zur Abschreckung erschießen, vielleicht hilft das. Das weiß ich nicht. Ich bezweifle es. Aber ich glaube nicht, dass Sie moralisch das Recht besitzen, so zu verfahren. Die Männer wollen nicht weitergehen, weil sie sich betrogen fühlen. Weil sie auf diesem Marsch nichts gewonnen haben und sich auch nichts mehr erhoffen. Die schöne Legende vom Kristallpalast, die sich Herr Katzman ausgedacht hatte, wirkt nicht mehr. Sie ist nämlich, Herr Katzman, von anderen Legenden verdrängt worden.«

»Was soll das, zum Teufel?« Isja stotterte vor Empörung. »Ich habe nichts ersonnen!«

Quejada machte eine fast gutmütige wegwerfende Geste. »Schon gut, das ist jetzt sowieso bedeutungslos. Jetzt ist allen klar, dass wir keinen Palast finden werden, was sollen wir noch darüber reden. Sie wissen sehr gut, meine Herren, dass drei Viertel Ihrer Freiwilligen wegen der Beute – und nur wegen der Beute – an dieser Expedition teilgenommen haben. Was haben sie stattdessen bekommen? Blutigen Durchfall und eine verlauste Verrückte für ihre nächtlichen Vergnügungen! Aber es geht gar nicht darum. Sie sind nicht nur enttäuscht, sie sind auch verängstigt. Bedanken wir uns bei Herrn Katzman. Bedanken wir uns bei Herrn Pak, den wir so großzügig bei uns aufgenommen haben. Durch die Erzählungen dieser beiden Herrschaften haben unsere Männer übermäßig viel davon erfahren, was uns bevorsteht, wenn wir weiterziehen. Die Männer haben Angst vor dem dreizehnten Tag. Sie haben Angst vor sprechenden Wölfen. Die Haiwölfe genügten nicht, nein, es wurden uns noch sprechende vorhergesagt! Die Männer fürchten sich vor den Eisenköpfigen! Und wenn man bedenkt, was sie schon gesehen haben – die Stummen mit den herausgeschnittenen Zungen; die verlassenen Konzentrationslager; die verwilderten Schwachsinnigen, die Quellen anbeten, und die gut bewaffneten Schwachsinnigen, die plötzlich aus dem Hinterhalt schießen ... Wenn man bedenkt, was sie heute gesehen haben, hier, in diesen Häusern ... die Gerippe in verbarrikadierten Wohnungen. Das passt prima zusammen, sehr beeindruckend! Und wenn die Soldaten gestern am allermeisten den Feldwebel Vogel gefürchtet haben, so pfeifen sie heute auf ihn – es gibt weit Schlimmeres und Schrecklicheres.«

Endlich verstummte Quejada, atmete tief durch und wischte den Schweiß von seinem fleischigen Gesicht. Da sagte der Oberst, ironisch eine Braue hochziehend: »Ich gewinne allmählich den Eindruck, dass Sie selbst gründlich verängstigt sind, Herr Quejada. Oder irre ich mich?«

Quejada schielte zu ihm hinüber. »Um mich brauchen Sie sich nicht zu sorgen, Herr Oberst«, knurrte er. »Wenn ich etwas befürchte, dann eine Kugel in den Rücken. Einfach so, ohne Grund. Von Männern, die übrigens mein Mitgefühl haben.«

»Wirklich? Nun ja ... Ich möchte nicht über die Wichtigkeit der Expedition urteilen und auch nicht ihren Leiter darauf hinweisen, wie er zu handeln hat. Meine Aufgabe ist es, Befehle auszuführen. Aber ich muss Ihnen doch sagen, dass mir all diese Ausführungen über Widerstand und Meuterei leeres Geschwätz zu sein scheinen. Überlassen Sie meine Soldaten mir, Herr Quejada! Wenn's beliebt, können Sie mir auch diejenigen Geologen überlassen, denen Sie nicht vertrauen. Ich nehme mich ihrer gerne an. Im Übrigen möchte ich Sie darauf aufmerksam machen, Herr Präsidialrat«, fuhr der Oberst mit derselben Höflichkeit fort und wandte sich an Andrej, »dass hier viel zu viel über Soldaten geredet wird, und zwar gerade von den Personen, die offiziell gar nicht zu ihnen in Beziehung stehen ...«

»Über die Soldaten reden Personen«, unterbrach ihn Quejada wütend, »die Tag und Nacht mit ihnen zusammen arbeiten, essen und schlafen.«

Es trat Stille ein. Man hörte nur das leichte Quietschen des Ledersessels, als sich der Oberst gerade aufsetzte. Einige Zeit schwieg er. Nun wurde die Tür leise geöffnet und Ellisauer schlich leicht gebückt an seinen Platz zurück.

Andrej blickte den Oberst an und dachte: Hau ihm eine! In die Fresse!

Der Oberst sprach endlich weiter: »Ich muss Ihre Aufmerksamkeit auch darauf richten, Herr Präsidialrat, dass bei einem Teil der Kommandeure offene Sympathie und, mehr noch, allzu große Nachsicht gegenüber verständlichen, aber gänzlich unerwünschten Stimmungen in den niederen Chargen zu beobachten sind. Als ranghöchster Offizier habe ich Folgendes zu erklären: Wenn Nachsicht und Mitgefühl praktische Formen anzunehmen beginnen, werde ich mit den Nachsichtigen und Mitfühlenden so verfahren, wie es im Kriegsrecht üblich ist. Im Übrigen, Herr Präsidialrat, darf ich Ihnen versichern, dass die Armee auch weiterhin bereit ist, all Ihre Anordnungen zu befolgen.«

Andrej seufzte leise und sah Quejada zufrieden an. Quejada hatte sein schiefes Lächeln aufgesetzt und zündete sich mit dem Rest der fast aufgerauchten Zigarette eine neue an. Ellisauer hatte sich anscheinend völlig verkrochen.

»Und wie verfährt man im Kriegsrecht mit den Nachsichtigen und Mitfühlenden?«, erkundigte sich Isja, der nun ebenfalls sehr zufrieden war.

»Sie werden für gewöhnlich gehängt«, antwortete der Oberst trocken.

Wieder trat Stille ein. Jetzt ist Ihnen hoffentlich alles klar, Herr Quejada?, dachte Andrej. Oder haben Sie noch Fragen? Nein, Sie haben keine Fragen, woher denn! ... Die Armee! Ja, die Armee entscheidet alles, meine Freunde. Trotzdem verstehe ich nichts, dachte Andrej. Woher nimmt er diese Sicherheit? Oder ist das nur eine Maske, Herr Oberst? Ich sehe ja jetzt auch sehr selbstsicher aus. Jedenfalls sollte ich das ... Bin dazu verpflichtet.

Er schaute verstohlen zum Oberst hinüber. Saint-James saß sehr gerade da, die erloschene Pfeife zwischen den Zähnen. Und war sehr blass. Vielleicht vor Zorn. Wollen wir hoffen, dass es nur der Zorn ist. Zum Teufel, zum Teufel, dachte Andrej in Panik. Eine große Rast! Unverzüglich! Und Katzman soll mir Wasser finden. Viel Wasser. Für den Oberst. Nur für ihn. Von der heutigen Nacht an soll der Oberst die doppelte Ration Wasser bekommen!

Ellisauer schob sein verzerrtes Gesicht hinter Quejadas breiter Schulter hervor und schnarrte: »Gestatten Sie ... Ich muss unbedingt ... Wieder ...«

»Bleiben Sie sitzen«, sagte Andrej. »Wir machen gleich Schluss.« Er lehnte sich im Sessel zurück und fasste nach den Armlehnen. »Befehl für morgen. Verkünden Sie eine große

Rast! Ellisauer! Voller Einsatz für die defekte Zugmaschine! Ich gebe Ihnen drei Tage, sehen Sie zu, dass Sie es in dieser Zeit schaffen. Quejada! Morgen befassen Sie sich den ganzen Tag mit den Kranken. Übermorgen stehen Sie bereit, mit mir auf Fernerkundung zu gehen. Katzman, Sie kommen mit! Wasser!« Er stieß den Finger gegen die Tischplatte. »Ich brauche Wasser, Katzman! … Herr Oberst! Morgen befehle ich Ihnen eine Ruhepause. Übermorgen übernehmen Sie das Kommando über das Lager. Das ist alles, meine Herren. Sie können gehen.«

2

Mit einer kleinen Taschenlampe in der Hand stieg Andrej eilig ins nächste Stockwerk hinauf, schon das vierte … Verdammt, ich schaffe es nicht! Wo ist die Toilette? Er hielt an und spannte sich, um den starken Stuhldrang zu bezwingen. Im Bauch rumorte es mit dumpfem Grollen, und es wurde ihm etwas leichter. Zum Teufel, alle Stockwerke sind vollgeschissen, man kann nirgendwo hintreten. Er kam zum Treppenabsatz und stieß gegen die erstbeste Tür. Sie öffnete sich quietschend einen Spaltbreit. Andrej zwängte sich in den Raum und schnupperte. Anscheinend sauber. Er leuchtete. Auf dem ausgetrockneten Parkett, gleich an der Tür, schimmerten Knochen inmitten vermoderter Lumpen. Ein Schädel, noch mit Haarbüscheln bedeckt, fletschte die Zähne. Klar – sie haben hineingeschaut und sind erschrocken … Weiter. Jetzt rannte er beinahe durch den Korridor, so gut es eben ging mit zusammengezwickten Beinen … Da war das Speisezimmer … Verdammt, und das ist wohl das Schlafzimmer … Wo ist nur die Toilette? Ach, da ist sie ja …

Alles war gut. Andrej ging, obwohl der stechende Schmerz im Bauch noch nicht völlig verschwunden war, wieder auf den Korridor hinaus, über und über mit kaltem klebrigem Schweiß bedeckt. Er knöpfte sich im Dunkeln die Hose zu und nahm die Taschenlampe zur Hand. Der Stumme war immer in seiner Nähe – er stand da, mit der Schulter an einen hohen, polierten Schrank gelehnt; die großen weißen Hände unter den breiten Gürtel geklemmt.

»Wachst du?«, sagte Andrej gutmütig zu ihm. »Wache nur, sonst kriege ich aus irgendeiner Ecke etwas Schweres auf den Schädel. Aber was wird dann aus dir?«

Er ertappte sich dabei, dass er sich angewöhnt hatte, mit diesem seltsamen Menschen wie mit einem großen Hund zu sprechen, und das war ihm peinlich. Er klopfte dem Stummen freundschaftlich auf die nackte kühle Schulter und sah sich dann ohne Eile in der Wohnung um, leuchtete mit der Taschenlampe nach allen Seiten. Hinter sich hörte er die weichen Schritte des Stummen, immer im selben Abstand.

Die Wohnung war luxuriös. Viele Zimmer mit schweren alten Möbeln, gewaltige Kronleuchter, riesige nachgedunkelte Gemälde in prunkvollen Rahmen wie in einem Museum. Doch die Möbel waren fast alle zerstört – die Sessellehnen abgerissen, die Stühle ohne Beine und Lehnen, die Schränke ohne Türen. Sie haben mit den Möbeln geheizt, dachte Andrej. Bei der Hitze? Seltsam …

Aber das Haus wirkte überhaupt recht merkwürdig, und er konnte die Furcht der Soldaten verstehen. Einige Wohnungen waren völlig leer, nur kahle Wände. Andere Wohnungen waren von innen verschlossen, manchmal sogar mit Möbeln verbarrikadiert, und wenn es Andrej gelang, die Tür zu öffnen, fand er menschliche Gerippe auf dem Boden. Ähnliches hatte er in den Nachbarhäusern entdeckt, und es würde bei den übrigen Häusern im Viertel gewiss dasselbe sein.

Es war unbegreiflich. Selbst Isja hatte bisher keine einleuchtende Erklärung dafür, warum die einen Bewohner geflüchtet waren und alles mitgenommen hatten, sogar die Bücher, während die anderen sich in ihren Behausungen verbarrikadiert hatten, um dort vor Hunger und Durst zu sterben. Vielleicht auch vor Kälte, denn in einigen Wohnungen standen eiserne Öfen. In anderen war direkt auf dem Fußboden Feuer gemacht worden – oder auf rostigen Eisenblechen, die man vorher von den Dächern heruntergerissen hatte.

»Begreifst du, was hier vor sich gegangen ist?«, fragte Andrej den Stummen.

Der Stumme schüttelte langsam den Kopf.

»Warst du früher schon einmal hier?«

Der Stumme nickte.

»Haben hier zu der Zeit Menschen gelebt?«

Der Stumme verneinte das.

»Verstehe«, murmelte Andrej, der zu erkennen versuchte, was auf einem dunklen Bild dargestellt war. Eine Art Porträt, eine Frau …

»Ist das ein gefährlicher Ort?«, fragte er.

Der Stumme starrte ihn mit reglosem Blick an.

»Verstehst du die Frage?«

Ja.

»Kannst du sie beantworten?«

Nein.

»Auch dafür danke«, sagte Andrej nachdenklich. »Also ist es vielleicht weiter nichts. Gut, gehen wir.«

Sie gingen zurück in den ersten Stock, der Stumme blieb in seiner Ecke, und Andrej ging in sein Zimmer. Der Koreaner Pak wartete schon, er unterhielt sich mit Isja. Als er Andrej erblickte, erhob er sich.

»Bleiben Sie sitzen, Herr Pak«, sagte Andrej und setzte sich.

Pak ließ sich zögernd auf dem Stuhl nieder und legte die Hände auf die Knie. Sein gelbliches Gesicht wirkte ruhig, die

Augen schläfrig; sie glänzten feucht durch die schmalen Schlitze. Andrej mochte Pak – er erinnerte ihn irgendwie an Kenshi. Vielleicht deshalb, weil er immer ordentlich gekleidet und zu allen freundlich war – aber ohne jede Vertraulichkeit. Er war wortkarg, aber höflich und zuvorkommend, immer ein bisschen für sich, hielt stets ein wenig Distanz. Vielleicht mochte er Pak auch deshalb, weil er es gewesen war, der das furchtbare Gefecht bei Kilometer 340 beendet hatte: Im Kugelhagel war er aus den Ruinen aufgetaucht, hatte die Hände gehoben und war langsam den Schützen entgegengegangen …

»Hat man Sie geweckt, Herr Pak?«, fragte Andrej.

»Nein, Herr Präsidialrat. Ich hatte mich noch nicht hingelegt.«

»Magenbeschwerden?«

»Nicht mehr als die anderen.«

»Aber wohl auch nicht weniger. Und die Füße?«

»Besser als bei den anderen.«

»Das ist gut«, sagte Andrej. »Und das Befinden allgemein? Sind Sie sehr erschöpft?«

»Alles in Ordnung, vielen Dank, Herr Präsidialrat.«

»Das ist gut«, wiederholte Andrej. »Ich habe Sie aus folgendem Grund gestört, Herr Pak. Es gibt ab morgen mehrere Rasttage. Übermorgen aber möchte ich mit einer speziellen Gruppe eine kleine Sondierung unternehmen. Etwa fünfzig bis siebzig Kilometer vorwärts. Wir müssen Wasser finden, Herr Pak. Wahrscheinlich werden wir mit leichtem Gepäck gehen, aber schnell.«

»Ich verstehe, Herr Rat, und bitte um Erlaubnis, mich anschließen zu dürfen.«

»Danke. Ich wollte Sie darum bitten. Also, wir brechen übermorgen auf, pünktlich um sechs Uhr morgens. Proviant und Wasser erhalten Sie beim Feldwebel. Alles klar? Jetzt noch etwas anderes! Was meinen Sie, werden wir hier Wasser finden?«

»Ich denke, ja«, antwortete Pak. »Von dieser Gegend habe ich schon einiges gehört. Es muss in der Nähe eine Quelle geben. Den Gerüchten zufolge war sie früher sehr ergiebig, jetzt geht sie sicher schon zur Neige. Aber für unsere Abteilung dürfte es reichen. Wir werden sehen.«

»Und wenn sie völlig versiegt ist?«

Pak schüttelte den Kopf. »Möglich, aber unwahrscheinlich. Ich habe noch nie von Quellen gehört, die völlig versiegt wären. Die Wassermenge kann sich verringern, stark sogar, aber sie versiegen anscheinend nie ganz.«

»In den Dokumenten habe ich bisher nichts Brauchbares gefunden«, sagte Isja. »Das Wasser wurde über ein Aquädukt in die Stadt geleitet, das ist jetzt trocken wie … wie …«

Pak schwieg.

»Und was haben Sie sonst noch über diese Viertel gehört?«, fragte ihn Andrej.

»Mehr oder weniger schreckliche Dinge«, antwortete Pak. »Ein Teil davon ist sicherlich Fantasie. Was den anderen betrifft …« Er zuckte mit den Achseln.

»Zum Beispiel?«, hakte Andrej freundlich nach.

»Eigentlich habe ich Ihnen das schon früher erzählt, Herr Präsidialrat. In der Nähe soll die sogenannte Stadt der Eisenköpfe liegen. Wer diese Eisenköpfe sind, konnte ich noch nicht herausfinden. Weiter: der blutige Wasserfall – aber bis dahin ist es anscheinend noch weit. Wahrscheinlich handelt es sich um einen Bach, der rötliches Gestein ausgeschwemmt hat. An Wasser wird es dort jedenfalls nicht mangeln. Es gibt auch Legenden über sprechende Tiere, aber das ist schon an der Grenze des Wahrscheinlichen. Und über Gerüchte, die diese Grenze überschreiten, braucht man kein Wort zu verlieren. Übrigens, das Experiment ist das Experiment.«

»Sie sind es sicher schon leid, ständig ausgefragt zu werden«, sagte Andrej lächelnd. »Ich kann mir vorstellen, wie es Sie langweilt, zwanzigmal dasselbe zu erzählen. Entschuldigen Sie, Herr Pak. Aber von uns allen wissen Sie einfach am meisten.«

»Leider taugen meine Informationen nur wenig«, entgegnete Pak. »Denn die meisten Gerüchte bewahrheiten sich nicht. Dagegen stoßen wir auf vieles, wovon ich nichts gehört habe. Und was die Fragen betrifft: Meinen Sie nicht, Herr Präsidialrat, dass die einfachen Teilnehmer der Expedition allzu gut informiert sind, wenn es um Gerüchte geht? Ich persönlich antworte nur auf Fragen von Mitgliedern des Kommandostabs. Ich halte es für falsch, dass Soldaten und einfache Arbeiter von diesen Gerüchten wissen. Das untergräbt die Moral.«

»Ganz Ihrer Meinung! Ich fände es jedenfalls besser, wenn es mehr Gerüchte über ein Schlaraffenland gäbe, wo gebratene Tauben herumfliegen.«

»Ja«, bestätigte Pak. »Deshalb versuche ich, wenn mich die Soldaten ausfragen, Unangenehmes zu meiden und stelle meist die Legende vom Kristallpalast in den Vordergrund. In letzter Zeit möchten sie das allerdings nicht mehr hören. Sie haben alle große Angst und wollen nach Hause.«

»Sie auch?«, fragte Andrej mitfühlend.

»Ich habe kein Zuhause«, antwortete Pak ruhig. Sein Gesicht war undurchschaubar, die Augen wirkten verträumt.

»Ach so.« Andrej trommelte mit den Fingern auf den Tisch. »Nun denn, Herr Pak. Noch einmal vielen Dank. Ich bitte Sie, sich auszuruhen. Gute Nacht.«

Als sich die Tür hinter Pak geschlossen hatte, sagte Andrej zu Isja: »Ich möchte zu gern wissen, warum er bei uns geblieben ist.«

»Was heißt – warum? Selber können sie die Gebiete nicht erkunden, also haben sie sich dir angedient.«

»Und was gibt es da für sie zu erkunden?«

»Nun, mein Lieber, nicht für alle ist Geigers Herrschaft so angenehm wie für dich! Früher wollten sie nicht unter dem

Herrn Bürgermeister leben, was nicht verwunderlich ist. Und jetzt wollen sie nicht unter dem Herrn Präsidenten leben. Sie wollen für sich allein leben, verstehst du?«

»Verstehe«, sagte Andrej. »Aber meiner Meinung nach hindert sie auch niemand daran, für sich allein zu leben.«

»Deiner Meinung nach. Aber du bist ja nicht der Präsident.«

Andrej griff in den Eisenkasten, nahm eine Feldflasche mit Spiritus heraus und drehte den Verschluss ab.

»Glaubst du vielleicht«, sagte Isja, »dass Geiger sozusagen gleich nebenan eine gut bewaffnete Kolonie dulden wird? Zweihundert gestählte Männer – und das nur dreihundert Kilometer vom Gläsernen Haus entfernt? Natürlich wird er ihnen das Leben schwer machen. Sie müssen also weiter in den Norden ziehen. Aber wohin?«

Andrej spritzte Spiritus auf die Hände und rieb sich kräftig die Handflächen ab. »Wie mich dieser Dreck anekelt. Du kannst dir nicht vorstellen …«

»Ja, ja, der Dreck …«, sagte Isja geistesabwesend. »Der Dreck, der ist nicht schön … Sag mal, warum behelligst du Pak eigentlich andauernd? Was hat er dir getan? Ich kenne ihn schon lange, fast vom ersten Tag an. Er ist der ehrlichste und feinste Kerl der Welt. Warum lässt du ihn nicht in Frieden? Diese endlosen Verhöre kann man sich nur mit deinem unbändigen Hass auf die Intelligenz erklären. Wenn du wirklich wissen willst, wer hier Gerüchte verbreitet, dann frag deine Zuträger, Pak hat damit nichts zu tun.«

»Ich habe keine Zuträger«, sagte Andrej kalt. Nach einer Weile fragte er Isja (und wunderte sich selbst darüber): »Wollen wir offen miteinander reden?«

»Nun?«, sagte Isja neugierig.

»Also, mein Lieber. In letzter Zeit habe ich das Gefühl, dass jemand unbedingt unsere Expedition scheitern lassen will. Vollkommen scheitern, verstehst du? Wir sollen nicht nur umkehren und nach Hause marschieren, sondern komplett erledigt sein. Sollen umkommen, spurlos verschwinden. Verstehst du?«

»Na, hör mal!«, rief Isja und wühlte mit seinen Fingern im Bart, um die Warze zu suchen.

»Doch! Und ich versuche die ganze Zeit herauszufinden, wer davon einen Nutzen haben könnte. Und ich komme immer zu dem Schluss, dass es nur deinem Pak nützt. Sei still! Lass mich ausreden! Wenn wir umkommen, erfährt Geiger nichts – weder von der Kolonie noch von etwas anderem. Und eine zweite Expedition wird er so schnell nicht losschicken ... Dann müssen sie nicht in den Norden ziehen und ihre angestammten Gebiete verlassen.«

»Du hast wohl den Verstand verloren! Wie kann man auf solche Ideen verfallen? Was die Umkehr betrifft – da brauchst du nicht deine Gefühle zu befragen. Alle wollen umkehren. Aber wie kommst du darauf, dass sie uns vernichten wollen?«

»Das weiß ich nicht«, sagte Andrej. »Ich sage doch: Es ist so ein unbestimmtes Gefühl. Jedenfalls war es die richtige Entscheidung, Pak übermorgen mitzunehmen. Da kann er im Lager nichts anrichten.«

»Aber was hat er denn damit zu tun?«, krächzte Isja. »Denk doch mal nach und streng dein dämliches Hirn ein bisschen an! Wenn Pak uns vernichtet, was wird dann aus ihm? Soll er achthundert Kilometer zu Fuß gehen? Durch wasserlose Einöde?«

»Woher soll ich das wissen? Vielleicht kann er eine Zugmaschine fahren.«

»Vielleicht verdächtigst du auch noch Mymra?! Als wäre sie diese Königin, wie hieß sie doch gleich ... aus dem Märchen vom Zaren Dodon ...«

»Hm-ja, Mymra!«, sagte Andrej nachdenklich. »Das ist auch so ein Fall ... und dieser Stumme ... Wer ist er? Woher stammt er? Warum folgt er mir wie ein Hund? Bis auf die Toilette. Weißt du übrigens, dass er früher schon einmal hier gewesen ist?«

»Welche Entdeckung!«, sagte Isja abfällig. »Das weiß ich längst. Die Zungenlosen sind aus dem Norden gekommen.«

»Vielleicht hat man ihnen hier die Zunge herausgeschnitten?«, fragte Andrej mit leiser Stimme.

»Hör zu, lass uns einen trinken«, sagte Isja.

»Es ist nichts zum Verdünnen da.«

»Soll ich dir lieber Mymra bringen?«

»Scher dich zum Teufel!« Andrej stand auf und verzog das Gesicht, als er den wunden Fuß im Schuh bewegte. »Ich gehe mal ein wenig nach dem Rechten sehen.« Er klopfte auf seine leere Pistolentasche. »Hast du eine Waffe?«

»Irgendwo habe ich eine. Warum?«

»Ach nichts, dann gehe ich so«, sagte Andrej.

Auf dem Korridor schaltete er die Taschenlampe an. Der Stumme erhob sich. Irgendwo weiter rechts hörte man durch die angelehnte Tür leise Stimmen. Andrej blieb stehen.

»... in Kairo, Dagan, in Kairo!«, predigte der Oberst eindringlich. »Jetzt sehe ich, dass Sie alles vergessen haben, Dagan. Das einundzwanzigste Regiment der Yorkshire-Schützen, es wurde vom alten Bill befehligt, dem fünften Baronet Stratford.«

»Ich bitte um Verzeihung, Herr Oberst«, wandte Dagan ehrerbietig ein. »Ich könnte die Tagebücher des Herrn Oberst holen.«

»Nicht nötig, wir brauchen keine Tagebücher, Dagan! Befassen Sie sich mit Ihrer Pistole. Sie haben außerdem versprochen, mir zur Nacht etwas vorzulesen.«

Andrej stieg auf den Treppenabsatz und prallte gegen Ellisauer wie gegen eine Straßenlaterne. Ellisauer rauchte und stand mit dem Rücken an das eiserne Geländer gelehnt.

»Die Letzte vorm Schlafengehen?«, fragte Andrej.

»Jawohl, Herr Präsidialrat. Ich lege mich gleich hin.«

»Tun Sie das. Sie wissen ja: Wer schläft, sündigt nicht.«

Ellisauer kicherte höflich. Du Bohnenstange, dachte Andrej. Wenn du die Zugmaschine in drei Tagen nicht repariert hast, spanne ich dich selber an!

Die niederen Chargen waren in der unteren Etage einquartiert (obwohl sie zum Kacken in die oberen gingen). Hier waren keine Gespräche zu hören, offenbar schliefen alle. Wegen der frischen Luft standen die Türen offen. Bis ins Vestibül hörte man Schnarchen, Grunzen, Brummen und das Husten der Raucher.

Andrej blickte erst in die linke Wohnung. Hier hatten sich die Soldaten eingerichtet. Aus der fensterlosen Kammer kam ein Lichtschein: Feldwebel Vogel, nur mit Turnhosen und einer in den Nacken geschobenen Schirmmütze bekleidet, saß an einem kleinen Tisch und füllte beflissen ein Formular aus. Bei der Armee herrschte Ordnung: Die Tür der Kammer stand sperrangelweit offen, so dass niemand unbemerkt kommen oder gehen konnte. Als Vogel die Schritte hörte, hob er den Kopf und schirmte das Gesicht gegen den Lampenschein ab.

»Ich bin's«, sagte Andrej leise und trat ein.

Der Feldwebel rückte ihm sofort einen Stuhl zurecht. Andrej setzte sich und sah sich um. Die drei Kanister mit Trinkwasser wurden hier aufbewahrt. Die Kartons mit Konserven und Zwieback für das morgige Frühstück lagen ebenfalls schon bereit. Und der Karton mit den Zigaretten. Die vorbildlich gereinigte Pistole des Feldwebels lag blitzblank auf dem Tisch. Die Luft in der Kammer roch stickig und schwer, nach Männern und Kaserne.

Andrej legte die Hand auf die Stuhllehne. »Was gibt's zum Frühstück, Feldwebel?«

»Das Übliche, Herr Präsidialrat«, antwortete Vogel verwundert.

»Dann denken Sie sich etwas Unübliches aus. Milchreis mit Zucker! Sind noch Obstkonserven da?«

»Milchreis mit Backpflaumen wäre möglich«, schlug Vogel vor.

»Dann mit Backpflaumen. Teilen Sie morgen eine doppelte Ration Wasser aus. Und jedem eine Tafel Schokolade. – Ist noch welche da?«

»Ein bisschen«, antwortete der Feldwebel unwillig.

»Teilen Sie die aus. Ist das der letzte Karton Zigaretten?«

»Ja.«

»Dann kann man nichts machen. Morgen wie immer, und ab übermorgen kürzen Sie die Ration. Ja, und noch etwas. Der Oberst kriegt ab morgen die doppelte Ration Wasser.«

»Ich erlaube mir zu melden ...«

»Ich weiß«, unterbrach ihn Andrej. »Sagen Sie ihm, es ist ein Befehl von mir.«

»Zu Befehl! Wie der Herr Präsidialrat wünscht ... Anastasis! Wohin?«

Andrej wandte sich um. Im Korridor stand ein schlaftrunkener Soldat, ebenfalls nur in Turnhosen und Schuhen, und stützte sich schwankend gegen die Wand.

»Entschuldigung, Herr Feldwebel«, lallte er. Man merkte, dass er nicht richtig wach war. Dann stand er stramm. »Erlauben Sie, dass ich mich zur Toilette begebe, Herr Feldwebel?«

»Brauchst du Papier?«

Der Soldat schnalzte und schüttelte den Kopf. »Nein ... Ich habe welches.« Er deutete auf Papierfetzen in seiner Hand, die offenbar aus Isjas Archiven stammten. »Darf ich gehen?«

»Geh schon! Bitte um Verzeihung, Herr Präsidialrat. Die ganze Nacht rennen sie. Und es kommt vor, dass sie einfach unter sich ... Früher hat wenigstens Kohle geholfen, jetzt hilft gar nichts mehr. Soll ich die Posten kontrollieren?«

»Nein«, sagte Andrej und erhob sich.

»Soll ich Sie begleiten?«

»Nein. Bleiben Sie!«

Andrej ging wieder ins Vestibül. Hier war es genauso heiß, aber es stank weniger. Neben ihm tauchte der Stumme auf. Man hörte, wie sich oben auf der Treppe der Soldat Anastasis entleerte. Er hat es nicht bis zur Toilette geschafft und macht auf den Fußboden, dachte Andrej; er empfand ebenso viel Mitgefühl wie Ekel.

»Na«, sagte er leise zum Stummen. »Sehen wir nach, wie sich die Zivilisten eingerichtet haben?«

Er durchquerte das Vestibül und betrat die gegenüberliegende Wohnung. Hier stank es auch wie in einer Kaserne, aber die militärische Ordnung fehlte. Die Laterne im Korridor leuchtete trübe. Instrumente, eingewickelt in Leinen, in wirrem Durcheinander mit Waffen. Ein schmutziger Rucksack mit umgestülptem Inneren, an der Wand liegen gelassene Feldflaschen und Becher. Andrej ergriff die Laterne und trat ins Zimmer, wobei er fast über einen Schuh gestolpert wäre.

In dem Raum schliefen die Fahrer – nackt, verschwitzt, auf zerknautschten Zeltplanen ausgestreckt. Nicht einmal Laken hatten sie untergelegt. Obwohl, die Laken waren wohl noch schmutziger als die Zeltplanen. Ein Mann setzte sich plötzlich auf, ohne die Augen zu öffnen, kratzte sich an den Schultern und sagte undeutlich: »Zur Jagd gehn wir und nicht ins Bad. Zur Jagd, verstanden? Das Wasser ist gelb, unter dem Schnee ist es gelb, verstanden?« Er sackte wieder zusammen und wälzte sich auf die Seite.

Andrej überzeugte sich, dass alle vier Fahrer an Ort und Stelle waren, und ging ins nächste Zimmer. Hier hatte sich die Intelligenz einquartiert. Die Männer lagen auf Feldbetten, die mit grauen Laken bezogen waren; sie schliefen ebenfalls unruhig, schnarchten ungesund, stöhnten und knirschten mit den Zähnen. Die zwei Kartographen lagen in dem einen Zimmer und die beiden Geologen in dem anderen. Im Zimmer der Geologen roch es irgendwie süßlich. Andrej kannte den Geruch nicht, erinnerte sich aber an Vogels Bemerkung, die Geologen würden Haschisch rauchen. Vor zwei Tagen hatte der Feldwebel dem Soldaten Tewosjan eine Haschischzigarette weggenommen, ihm eine Standpauke gehalten und gedroht, ihn in die Vorhut zu schicken. Im Gegensatz zum Oberst, der den Vorfall eher mit Humor nahm, gefiel Andrej das Ganze überhaupt nicht.

Die anderen Zimmer in der großen Wohnung waren leer. In der Küche schlief Mymra, ganz in Lumpen gehüllt; man hatte sie an diesem Abend offenbar ziemlich strapaziert. Aus einem schmierigen Lappen ragten ihre nackten dünnen Beine hervor, sie waren voller Schrammen und blauer Flecke … Die Zarin von Schamachan, dachte Andrej böse. Der Teufel soll sie holen, diese Hure. Dreckiges Flittchen! Woher kommt sie? Wer ist sie? Murmelt nur Unverständliches in einer fremden Sprache. Wieso gibt es in der Stadt überhaupt eine unverständliche Sprache? Wie kann das sein? Isja war wie von Sinnen, als er es hörte. Mymra. Er hat ihr diesen Namen gegeben. Ein passender Name. Sehr treffend. Mymra.

Andrej kehrte ins Zimmer der Fahrer zurück, hob die Lampe über den Kopf und wies den Stummen auf Permjak hin. Der Stumme schlüpfte lautlos zwischen den Schlafenden hindurch, beugte sich über Permjak und fasste ihn mit beiden Händen an den Ohren. Dann richtete er sich auf. Permjak wachte auf und stützte sich mit einer Hand auf den Fußboden, mit der anderen wischte er sich den Speichel von den Lippen.

Andrej deutete auf den Korridor, und Permjak erhob sich sofort. Sie gingen in ein leeres Zimmer, der Stumme schloss die Tür und lehnte sich mit dem Rücken dagegen. Andrej suchte eine Sitzgelegenheit. Das Zimmer war leer, er setzte sich auf den Fußboden. Permjak hockte sich neben ihn. Sein sommersprossiges Gesicht wirkte bei dem trüben Licht schmutzig, die Haare fielen ihm in die Stirn, auf die ungeschickt »Sklave Chruschtschows« tätowiert war.

»Möchtest du etwas trinken?«, fragte Andrej halblaut.

Permjak nickte. Auf seinem Gesicht war das bekannte verschmitzte Lächeln zu sehen. Andrej zog eine flache Flasche hervor, reichte sie Permjak und beobachtete, wie er trank – mit kleinen Schlucken, laut durch die Nase atmend, der stopplige Adamsapfel bewegte sich auf und ab. Das Wasser trat sogleich als Schweiß aus seinem Körper.

»Ziemlich warm«, sagte Permjak heiser, als er die leere Flasche zurückgab. »Kaltes wäre schön, aus einem Wasserhahn … Ach!«

Andrej steckte die Flasche zurück in seine Tasche. »Was ist mit dem Motor los?«

Permjak wischte sich mit gespreizten Fingern den Schweiß vom Gesicht. »Scheißmotor. Er wurde zuletzt gebaut und nicht rechtzeitig fertig. Ein Wunder, dass er bis heute durchgehalten hat.«

»Kann man ihn reparieren?«

»Kann man. In zwei, drei Tagen kriegen wir ihn hin. Bloß wird das nicht lange halten. Nach zweihundert Kilometern ist er wieder hinüber. Scheißmotor.«

»Verstehe«, sagte Andrej. »Hast du vielleicht bemerkt, ob sich der Koreaner Pak bei den Soldaten herumtreibt?«

Permjak winkte ärgerlich ab. Er beugte sich zu Andrej vor und flüsterte ihm ins Ohr: »Heute in der Mittagspause haben die Soldaten beschlossen, nicht weiterzugehen.«

»Das weiß ich. Sag mir, wer der Wortführer ist.«

»Ich blicke da nicht durch, Chef«, antwortete Permjak flüsternd. »Am meisten von allen quatscht Tewosjan, aber das ist ein Spinner, und außerdem ist er in letzter Zeit jeden Abend drauf …«

»Was?«

»Er ist drauf … auf Stoff, wenn er geraucht hat. Auf den hört keiner. Und wer der richtige Wortführer ist, weiß ich nicht.«

»Chnoupek?«

»Keine Ahnung. Vielleicht. Auf ihn hören sie. Die Fahrer sollen auch dafür sein, das heißt: nicht weiter zu gehen. Von Herrn Ellisauer kommt nichts Vernünftiges – der kichert bloß blöde und will es allen recht machen. Er hat also Angst. Was kann ich tun? Ich erkläre ihnen, dass wir uns auf die Soldaten nicht verlassen können, weil sie uns Fahrer hassen. Wir fahren – sie laufen. Sie kriegen die Soldatenration und wir die Ration wie die Herren Wissenschaftler. Warum sollten sie uns mögen? Früher hat es noch irgendwie funktioniert, aber jetzt nicht mehr. Und die Hauptsache? Übermorgen ist der dreizehnte Tag.«

»Und die Wissenschaftler?«, fragte Andrej.

»Weiß der Henker. Sie fluchen wie die Pferdeknechte, aber für wen sie sind, weiß niemand. Jeden Tag zanken sie sich mit den Soldaten wegen Mymra. Und wissen Sie, was Herr Quejada gesagt hat? Dass der Oberst nicht mehr lange durchhält.«

»Zu wem hat er das gesagt?«

»Ich glaube, zu allen. Ich habe selber gehört, wie er seine Geologen aufgefordert hat, immer die Waffe bei sich zu tragen. Für den Fall der Fälle. Haben Sie vielleicht eine Zigarette, Andrej Michailowitsch?«

»Nein«, sagte Andrej. »Und der Feldwebel?«

»An den Feldwebel kommt keiner ran. Der ist hart wie Eisen. Den bringen sie als Ersten um. Den hassen sie am meisten.«

»Klar«, sagte Andrej. »Und was ist mit dem Koreaner? Agitiert er unter den Soldaten oder nicht?«

»Ich habe nichts gesehen. Er hält sich immer abseits. Wenn Sie möchten, kann ich ihn speziell im Auge behalten, aber meiner Meinung nach bringt das nichts.«

»Ab morgen gibt es eine große Rast«, sagte Andrej. »Zu tun ist eigentlich nichts. Nur die Zugmaschine muss repariert werden. Die Soldaten werden herumliegen und quatschen. Du hast Folgendes zu tun, Permjak. Du musst herausfinden, wer ihr Anführer ist. Das ist deine Aufgabe Nummer eins. Denk dir was aus, du weißt besser als ich, wie man das macht.« Er erhob sich, Permjak sprang ebenfalls auf. »Musstest du dich heute wirklich übergeben?«

»Ja, es hat mächtig rumort. Jetzt geht's mir besser.«

»Brauchst du was?«

»Nein. Lieber nicht. Aber was zu rauchen wäre ...«

»Gut. Wenn ihr die Zugmaschine repariert, kriegt ihr eine Prämie. Geh jetzt.«

Permjak schlüpfte an dem Stummen vorbei durch die Tür. Andrej ging zum Fenster und stützte sich auf das Fensterbrett; er musste die üblichen fünf Minuten abwarten. Im Licht des Scheinwerfers gewahrte er die Umrisse der Anhänger und der zweiten Zugmaschine; die Glasscherben in den dunklen Fenstern des gegenüberliegenden Hauses blitzten. Rechts trottete der Posten, der in der Dunkelheit nicht auszumachen war, mit klappernden Absätzen auf der Straße hin und her und pfiff leise eine schwermütige Melodie.

Nicht schlimm, dachte Andrej. Wir schaffen das. Den Anstifter müsste man finden ... Dann stellte er sich vor, wie sich die Soldaten auf Befehl des Feldwebels unbewaffnet zu einer Linie formierten, und wie er, Andrej, der Leiter der Expedition, mit einer Pistole in der gesenkten Hand langsam diese Reihe abschritt, in die starren stoppelbärtigen Gesichter blickte und dann vor Chnoupek mit seiner widerwärtigen Fresse stehen blieb und ihm in den Bauch schoss – einmal und ein zweites Mal ... ohne Gerichtsverfahren und ohne Untersuchung. So würde es jedem Feigling ergehen, der es wagte ...

Und Herr Pak hat offenbar wirklich nichts damit zu tun, dachte er. Das ist doch wenigstens etwas. Na schön. Morgen wird noch nichts passieren. Drei Tage lang wird nichts passieren, und in diesen drei Tagen kann ich mir etwas einfallen lassen. Wir könnten zum Beispiel eine Quelle finden, hundert Kilometer weiter. Sie würden zum Wasser rennen wie durstige Pferde … Also, der Gestank hier ist unerträglich. Wir sind erst einen Abend hier, und schon stinkt es überall. Grundsätzlich aber arbeitet die Zeit für die Obrigkeit und gegen die Aufrührer. Immer und überall war es so. Heute haben sie beschlossen, morgen nicht weiterzugehen. Wenn sie also zähnefletschend und bereit zum Kampf am Morgen aufstehen, erfahren sie, dass wir eine große Rast machen. Niemand muss weitergehen, Männer, ihr habt euch umsonst aufgeregt. Und dann gibt es noch Reis mit Backpflaumen, einen zweiten Becher Tee, Schokolade. So wird's gemacht, Herr Chnoupek! Und dich kriege ich auch noch, wart's ab! … Verdammt, ich möchte schlafen. Ich möchte trinken! Das Trinken kannst du vergessen, Herr Rat, aber schlafen musst du … Du kannst mich mal, Fritz. Scher dich zum Teufel mit deiner Expansion … Herrscher der Scheiße …

»Gehen wir«, sagte er zum Stummen.

Am Tisch blätterte Isja noch immer in seinen Papieren. Jetzt hatte er eine neue dumme Angewohnheit: Er kaute an seinem Bart, steckte sich eine Strähne zwischen die Zähne und kaute daran. Eine Vogelscheuche, wirklich! Andrej ging zum Feldbett und breitete das Laken aus. Es klebte an den Händen wie Leim.

Plötzlich wandte sich Isja mit dem ganzen Körper zu Andrej um und rief: »Ich hab's! Sie haben hier unter der Herrschaft des ›Allergütigsten und Einfachsten‹ gelebt. Es ging ihnen gut, alles war in Hülle und Fülle vorhanden. Dann aber änderte sich das Klima, es gab einen Temperatursturz. Noch etwas kam hinzu, und sie sind alle umgekommen. Ich habe ein Tagebuch gefunden. Der Besitzer hat sich in der Wohnung verbarrikadiert und ist verhungert. Das heißt, er ist nicht verhungert, sondern hat sich erhängt – vor Hunger erhängt, er hatte den Verstand verloren ... Alles begann damit, dass auf der Straße ein Flimmern erschien ...«

»Was erschien?«, fragte Andrej, der sich gerade einen Stiefel auszog, und nun innehielt.

»... ein Flimmern erschien. Ein Flimmern! Wer in dieses Flimmern geriet, verschwand. Manchmal konnte er noch schreien, und manchmal schaffte er nicht einmal das – er hat sich einfach in Luft aufgelöst.«

»Was ist das für ein Schwachsinn«, brummte Andrej. »Und weiter?«

»Wer das Haus verließ, kam in dem Flimmern um. Aber wer sich fürchtete und die ausweglose Lage begriff, hat anfangs überlebt. Die erste Zeit hatten sie noch telefonisch Kontakt untereinander, aber dann starben sie. Zu essen gab es nichts, draußen war Frost, sie hatten nichts zum Heizen, oder die Heizung funktionierte nicht ...«

»Und wohin ist das Flimmern verschwunden?«

»Darüber schreibt niemand etwas. Ich habe dir doch gesagt, der Mann ist am Ende wahnsinnig geworden. Seine letzte Erinnerung lautet ...« Isja suchte in den Papieren. »Da, hör zu: ›Ich kann nicht mehr. Wozu auch? Es ist Zeit. Heute Morgen ist der ›Gütigste und Einfachste‹ die Straße entlanggegangen und hat in mein Fenster geschaut. Das ist das Lächeln. Es ist Zeit.‹ Mehr nicht. Die Wohnung liegt im vierten Stock, man bedenke. Der arme Kerl hat eine Schlinge am Kronleuchter befestigt. Die Schlinge hängt übrigens immer noch dort.«

»Er ist wohl tatsächlich wahnsinnig geworden. Vor Hunger. Hör mal, und vom Wasser nichts Neues?«

»Vorläufig nicht. Ich denke, morgen sollten wir bis zum Ende des Aquädukts gehen ... Was denn, du willst schon schlafen?«

»Ja, und das rate ich dir auch! Mach die Lampe aus und geh.«

»Hör mal«, bat Isja flehend. »Ich möchte noch ein bisschen lesen. Deine Lampe ist gut.«

»Wo ist denn deine? Du hast doch die gleiche.«

»Sie ist kaputtgegangen. Auf dem Anhänger. Ich habe einen Kasten daraufgestellt. Aus Versehen.«

»Blödmann! Gut, nimm die Lampe und verschwinde.«

Isja raschelte eilig mit dem Papier und rückte den Stuhl zurecht. Dann sagte er: »Dagan hat deine Pistole gebracht. Und vom Oberst hat er etwas ausgerichtet, aber ich habe vergessen …«

»Gut, gib die Pistole her.«

Andrej legte die Pistole unter das Kopfkissen, drehte sich auf die Seite und wandte Isja den Rücken zu.

»Wenn du möchtest, lese ich dir noch einen Brief vor«, sagte Isja einschmeichelnd. »Sie hatten hier nämlich eine Art Polygamie …«

»Hau ab«, sagte Andrej ruhig.

Isja kicherte. Andrej hörte mit geschlossenen Augen zu, wie er raschelte, herumhantierte, wie die Schritte auf dem ausgetrockneten Parkett knarrten. Dann quietschte die Tür, und als Andrej die Augen öffnete, war es schon dunkel.

Irgendein Flimmern … Na ja. Was eben so kommt. Hängt nicht von uns ab. Ich muss nur über das nachdenken, was von uns abhängt … In Leningrad war kein Flimmern, es war Frost, grausame Kälte, und die Erfrierenden schrien in den vereisten Hausfluren – immer leiser und leiser, viele Stunden lang. Einmal, als Andrej einschlief, hörte er, wie jemand schrie, und beim Aufwachen hörte er immer noch denselben hoffnungslosen Schrei. Man konnte nicht sagen, dass das schrecklich war, eher bedrückend. Und als er dann am Morgen, bis zur Nase eingepackt, auf der mit gefrorener Scheiße bedeckten Treppe hinunterging, um Wasser zu holen, an der Hand seiner Mutter, die den Schlitten mit dem angebundenen Eimer zog, lag der Mann, der nachts geschrien hatte, unten neben der Fahrstuhlkabine. Gewiss war er abends dort hingefallen – von allein konnte er nicht aufstehen, auch nicht kriechen, aber niemand ging hinaus, um ihm zu helfen … Ein Flimmern war da gar nicht nötig. Wir haben nur überlebt, weil Mutter das Holz nicht im Sommer, sondern bereits im Frühling gekauft hatte. Das Holz hat uns gerettet. Und die Katzen. Zwölf erwachsene Katzen und ein junger Kater, der so hungrig war, dass er, als ich ihn streicheln wollte, sich auf meine Hand stürzte und mich gierig in die Finger biss … Dorthin müsste man das Pack schicken!, dachte Andrej erbost über die Soldaten. Das war kein Experiment, Leningrad war schlimmer als unsere Stadt. Ich wäre dort bestimmt wahnsinnig geworden. Mich hat nur gerettet, dass ich klein war. Kinder wurden nicht wahnsinnig, sie sind einfach gestorben …

Trotz allem hat sich Leningrad nicht ergeben, dachte er. Die, die geblieben waren, starben nach und nach. Man stapelte die Leichen in Holzscheunen; die Lebenden versuchte man zu evakuieren – die Obrigkeit funktionierte noch, und das Leben ging seinen Gang – ein seltsames, alptraumhaftes Leben. Manche starben dahin, manche vollbrachten Heldentaten, dann starben auch sie, manche schufteten bis zuletzt in der Fabrik, und als es so weit war, starben sie auch … Manch einer ist sogar reich geworden, hat gegen ein Stück Brot Gold, Perlen und Ringe eingetauscht, dann starb auch er … Sie brachten ihn hinunter zur Newa und erschossen ihn, dann kamen sie wieder herauf, ohne jemanden anzusehen, die Gewehre auf den dürren Schultern … Manche gingen mit einer Axt auf Jagd, aßen Menschenfleisch, versuchten sogar mit Menschenfleisch zu handeln, aber auch sie sind gestorben … In dieser Stadt gab es nichts Gewöhnlicheres als den Tod. Aber die Obrigkeit blieb, und solange die Obrigkeit blieb, hielt sich auch die Stadt.

Trotzdem wäre es interessant zu erfahren, ob wir ihnen leidtaten. Oder dachten sie gar nicht an uns? Sie führten einfach einen Befehl aus, und im Befehl war die Rede von Leningrad und nicht von uns. Das heißt, von uns war auch die Rede, aber unter »ferner liefen«. Auf dem Finnischen Bahnhof unter dem frostklaren Himmel warteten Güterwagen. Unser Waggon war voller Kinder, zwölfjährige wie ich – ein ganzes Kinderheim. Ich erinnere mich an fast gar nichts. Ich erinnere mich nur an die Sonne in den Fenstern, den Hauch beim Atmen und die Kinderstimme, die immer wieder ein und denselben Satz wiederholte, in demselben bösartigen kreischenden Tonfall: »Geh zum Teufel!«, und wieder: »Geh zum Teufel!«, und wieder …

Halt, darum geht es nicht. Es geht darum: Befehlen und Mitleid empfinden. Mir tun zum Beispiel die Soldaten leid. Ich verstehe sie gut und habe Mitgefühl mit ihnen. Man hat Freiwillige gesucht, und natürlich kamen vor allem Abenteurer, die sich in unserer wohlgeordneten Stadt langweilten und nicht abgeneigt waren, neue Gegenden zu entdecken, mit der Maschinenpistole herumzuspielen, verlassene Häuser zu plündern und nach der Rückkehr, die Taschen voll mit Prämien und stolz wie die Gockel, vor den Mädchen herumzustolzieren … Und stattdessen: Durchfall, blutige Schwielen, unheimlicher Teufelsspuk. Da meutert man!

Und ich? Fällt es mir etwa leichter? Bin ich etwa hierhergekommen, um Durchfall zu bekommen? Auch ich habe keine Lust weiterzugehen und erwarte von der Expedition nichts Gutes mehr. Und auch ich hegte, zum Teufel, gewisse Hoffnungen – meinen eigenen Kristallpalast hinter dem Horizont! Ich wäre vielleicht auch froh, wenn ich befehlen könnte: Schluss, Jungs, macht kehrt! Auch mir hängt dieser Dreck zum Hals heraus, auch ich bin enttäuscht und habe Angst – vor dem mysteriösen Flimmern oder den Menschen mit den eisernen Köpfen. Auch mir hat sich im Innern alles umgedreht, als ich die Zungenlosen sah. Das war die Warnung – geh nicht weiter, kehr um … Und die Wölfe? Als ich allein in der Nachhut marschierte, weil ihr euch vor Angst in die Hosen gemacht habt, war mir da vielleicht heiter zumute? So ein Wolf springt aus dem Graben, reißt dir den halben Hintern weg und verschwindet … So ist das! Alle haben es schwer, auch bei mir ist vor Durst alles ausgetrocknet …

So weit, so gut, sagte er sich. Und wieso gehst du trotzdem weiter? Gib morgen früh den Befehl, und wir machen kehrt; fliegen heim wie die Vögel. In einem Monat sind wir zu Hause, du wirfst Geiger deine Vollmachten vor die Füße und sagst: Da hast du's. War für'n Arsch, mach dich selber auf den Weg, wenn du unbedingt dein Staatsgebiet erweitern willst, wenn's dich an einem Ort nicht hält … Hm, nein. Warum denn das Ganze im Streit beenden? Wir haben schließlich neunhundert Kilometer zurückgelegt, haben eine Karte angefertigt, haben zehn Kästen voll Archivmaterial – ist das nichts? Weiter vorn kommt nichts mehr! Wie lange soll man sich noch die Füße wund laufen? Das ist schließlich nicht die Erde, das ist keine Kugel … Hier gibt's kein Öl, kein Wasser und keine großen Siedlungen. Und eine Antistadt gibt es auch nicht, das ist völlig klar – niemand hat hier auch nur das Geringste davon gehört. Kurzum, es werden sich Rechtfertigungen finden. Rechtfertigungen … Ach, das ist es ja eben, dass es Rechtfertigungen sind!

Nein, stopp. Was sind die Gegebenheiten? Wir haben vereinbart, bis zum Ende zu gehen. Das wurde dir befohlen. Richtig? Ja. Und: Kannst du weitergehen? Ich kann. Proviant ist vorhanden, Treibstoff ebenfalls, die Waffen sind in Ordnung. Die Männer sind zwar erschöpft, aber alle unversehrt. Und so erschöpft sind sie auch wieder nicht, wenn sie es abends noch mit Mymra treiben. Nein, Bruder, bei dir passt so manches nicht zusammen. Du bist ein beschissener Leiter, wird dir Geiger sagen, ich habe mich in dir getäuscht! Und Quejada wird ihm was ins linke Ohr flüstern, Permjak in das rechte, und Ellisauer wird auch nicht fehlen.

Den letzten Gedanken versuchte Andrej schnell wieder zu verdrängen, aber es war zu spät. Mit Entsetzen stellte er fest, dass ihm seine Stellung als Berater des Präsidenten inzwischen äußerst wichtig war, und ihm der Gedanke, es könnte sich an seiner Stellung etwas ändern, missfiel.

Na, und wenn sie sich ändert – was dann? Werde ich dann vielleicht verhungern? Bitte! Bitte! Soll sich Herr Quejada auf meinen Platz setzen, und ich auf seinen. Leidet darunter vielleicht die Sache? Mein Gott, dachte er plötzlich. Was für eine Sache eigentlich? Was tust du überhaupt? Du bist doch kein kleiner Junge mehr, dass du dir Sorgen um die Geschicke der Welt machst. Die Geschicke der Welt, weißt du, kommen auch ohne dich aus – und ohne Geiger. Jeder soll seine Aufgabe an seinem Platz verrichten? Bitte, ich bin einverstanden. Ich bin bereit, meine Aufgabe an meinem Platz zu verrichten. Aber an meinem. Ebendem. Am Platz eines Mächtigen. Ach, so ist das also, Herr Präsidialrat! ... Ja und? Warum hat ein ehemaliger Unteroffizier einer im Kampf besiegten Armee das Recht, über eine Millionenstadt zu herrschen, und ich – ein Mann mit Hochschulbildung, fast promoviert, ein Komsomolze – soll nicht das Recht haben, das Wissenschaftsressort zu leiten? Bin ich vielleicht schlechter als er? Was soll das?

Nein, das ist alles Quatsch ... ›Ich habe Recht, habe kein Recht ...‹ Das Recht auf Macht hat derjenige, der die Macht besitzt. Und um es noch deutlicher zu sagen – das Recht auf Macht hat derjenige, der die Macht ausübt. Verstehst du es, andere zu unterwerfen, hast du das Recht auf Macht. Verstehst du es nicht – tut's mir leid!

Ihr werdet weitergehen, ihr Mistkerle!, sagte er zu den schlafenden Männern. Ihr werdet nicht weitergehen, weil ich darauf versessen wäre, in unerforschte Gebiete vorzudringen, wie dieser bärtige Affe, sondern ihr werdet gehen, weil ich es euch befehle. Und ich werde es euch befehlen, ihr Hundesöhne, ihr Tagediebe, ihr Landsknechte – nicht aus Pflichtgefühl gegenüber der Stadt, oder, Gott bewahre, gegenüber Geiger, sondern weil ich die Macht habe. Und diese Macht muss ich immerzu bekräftigen – sowohl vor euch Dreckskerlen als auch vor mir selbst. Und vor Geiger. Vor euch, weil ihr mich sonst bei lebendigem Leib auffresst. Vor Geiger, weil er mich sonst davonjagt, und das zu Recht. Und vor mir … Wisst ihr, für alle Könige und Monarchen war die Macht seinerzeit das Lebenselixier. Ihre Macht stammte von Gott, ohne Macht konnten sie sich gar nicht denken, und auch ihre Untertanen konnten das nicht. Aber wir kleinen Leute glauben nicht an Gott. Und uns hat man auch nicht zu Herrschern gesalbt. Wir müssen selbst für uns sorgen. Und wer wagt, gewinnt. Wir brauchen hier keinen, der die Macht an sich reißt – denn kommandieren werde ich! Nicht du, nicht er, nicht diese und nicht jene. Ich. Und die Armee wird mich unterstützen …

Genug gesponnen, dachte er und fühlte ein gewisses Unbehagen. Er drehte sich auf die andere Seite und legte den Arm unter das Kissen. Dort war es kühler. Seine Finger berührten die Pistole.

… Und wie wollen Sie das in die Tat umsetzen, Herr Präsidialrat? Sie werden schießen müssen! Und das nicht nur in Ihrer Fantasie (»Soldat Chnoupek, vortreten!«), nicht nur Ihrer geistigen Onanie frönen, sondern einen lebendigen Menschen abknallen, vielleicht sogar einen unbewaffneten, der von nichts ahnt, vielleicht unschuldig ist … Nein, einem lebendigen Menschen in den Leib, ins Herz, in die Gedärme schießen … Nein, das kann ich nicht. Das habe ich nie getan und kann es mir auch nicht vorstellen … Bei Kilometer 340 habe ich zwar geschossen wie alle, aber aus Angst und ohne zu begreifen, was ich tat. Aber ich habe niemanden gesehen, und dort wurde schließlich auch auf mich geschossen!

Also gut, dachte er. Wieder der Humanismus und die fehlende Gewohnheit … Und was, wenn sie wirklich nicht weitergehen? Ich befehle es ihnen, und sie antworten mir: Du kannst uns mal, Bruder, geh doch selber, wenn's dich hier nicht hält …

Das ist die Idee!, dachte er. Ich teile ihnen etwas Wasser und einen Teil des Proviants für den Rückweg aus, gebe ihnen die kaputte Zugmaschine zum Reparieren … Kehrt doch um, wir kommen ohne euch aus. Wie schön das wäre – sich von diesem Pack befreien! Er stellte sich sogleich das Gesicht des Obersts bei diesem Vorschlag vor. Nein, der Oberst wird das nicht verstehen. Er ist aus einem anderen Holz geschnitzt. Er gehört zu den anderen … zu den Monarchen. Eine Meuterei ist für ihn unvorstellbar, und er wird keinen Gedanken daran verschwenden – militärisch-aristokratische Natur. Er hat es gut – sein Vater war Oberst, sein Großvater war Oberst, sein Urgroßvater war Oberst. Was für ein Imperium sie errichtet, wie viele Menschen sie getötet haben. Soll er das Erschießen besorgen, wenn es nötig ist. Schließlich sind es seine Männer. Ich gedenke nicht, mich in seine Angelegenheiten einzumischen. Zum Teufel, wie habe ich das alles satt! Du dekadenter Intellektueller, was hast du für ein Läusenest in deinem Schädel! Sie müssen weitergehen, basta! Ich führe einen Befehl aus, und ihr gefälligst auch. Mit mir ist man nicht zimperlich, wenn ich einen Befehl verletze, und für euch gilt dasselbe. Das ist alles. Zum Teufel damit. Besser an Weiber denken als an diesen Quatsch. Was soll mir das – Philosophie der Macht …

Er wälzte sich in seinem Bett hin und her, drehte das Laken unter sich wie zu einem Strick und versuchte, sich Selma vorzustellen, wie sie sich in ihrem fliederfarbenen Morgenmantel über das Bett beugte, ein Tablett mit Kaffee in den Händen. Er malte es sich in allen Einzelheiten aus, doch plötzlich sah er sich in seinem Arbeitszimmer, erblickte in dem großen Sessel Amalia, den Rock bis zu den Achselhöhlen hochgeschoben … und wusste, dass er es mit seinen Fantasien zu weit getrieben hatte.

Er schleuderte das Laken von sich und setzte sich absichtlich unbequem hin; der Rand des Feldbettes schnitt in seinen Hintern ein. Er starrte auf das bläulich erhellte Rechteck des Fensters. Dann blickte er auf die Uhr. Es war schon nach zwölf. Gleich stehe ich auf, dachte er, und gehe ins Parterre. Wo schläft sie – in der Küche? Früher hatte dieser Gedanke immer ein gesundes Gefühl des Ekels hervorgerufen. Jetzt war es nicht so. Er stellte sich Mymras nackte dreckige Beine vor, hielt sich aber nicht bei ihnen auf, sondern ging höher. Plötzlich wollte er wissen, wie sie nackt aussah. Ein Weib ist schließlich ein Weib.

»Mein Gott!«, sagte er laut.

Die Tür knarrte sogleich, und auf der Schwelle erschien der Stumme, ein schwarzer Schatten in der Dunkelheit. Nur die Augen blitzten.

»Warum kommst du?«, fragte Andrej traurig. »Geh schlafen.«

Der Stumme verschwand. Andrej gähnte nervös und warf sich wieder aufs Bett.

Er erwachte vor Schreck, schweißdurchnässt.

»... Halt, wer da?«, schrie der Posten unter dem Fenster. Seine Stimme klang erschrocken, als riefe er um Hilfe.

Gleich darauf vernahm Andrej harte, zerstörerische Schläge, so als schlüge ein Riese mit einem Vorschlaghammer auf zerbröckelnden Stein.

»Ich schieße!«, schrie der Posten mit vollkommen entsetzter, gar nicht menschlicher Stimme und begann zu feuern.

Andrej erinnerte sich nicht, wie er zum Fenster gelangt war. In der Dunkelheit flackerte rechts orangefarbenes Mündungsfeuer auf. Im Lichtschein etwas weiter oben auf der Straße sah er einen großen, unbeweglichen Schatten mit unbestimmten Konturen, der Garben grünlicher Funken versprühte. Andrej begriff nicht, was da vor sich ging. Der Posten hatte sein Magazin leergeschossen, und einen Moment lang trat Stille ein, dann kreischte der Mann in der Dunkelheit wild auf, klapperte mit den Absätzen über das Pflaster und stand plötzlich im Lichtkreis direkt unter dem Fenster. Er drehte sich auf der Stelle, fuchtelte mit der leeren Maschinenpistole und stürzte kreischend zur Zugmaschine, sprang in den Schatten zwischen den Raupenketten und versuchte dort verzweifelt, das Reservemagazin hervorzuziehen, schaffte es aber partout nicht. Da hörte man wieder die knirschenden Hammerschläge auf dem Stein.

Andrej rannte nur in der Jacke, ohne Hosen und mit aufgeschnürten Schuhen auf die Straße, die Pistole in der Hand. Mehrere Männer waren ihm zuvorgekommen. Feldwebel Vogel brüllte: »Tewosjan, Chnoupek! Nach rechts! Feuerbereitschaft herstellen! Anastasis! Auf die Zugmaschine, hinter die Kabine! Beobachten, Feuerbereitschaft herstellen! Schneller, ihr lahmen Säcke! Wassilenko! Nach links! In Stellung gehen, beob… Nach links, du Vollidiot, du slawischer! In Stellung gehen, beobachten! Palotti! Wo willst du hin, Makkaroni?«

Er packte den kopflos umherlaufenden Italiener am Kragen, versetzte ihm mit furchtbarer Kraft einen Fußtritt und stieß ihn zur Zugmaschine.

»Hinter die Kabine, du Rindvieh! Anastasis, Licht auf die Straße!«

Andrej wurde in den Rücken und in die Seiten gestoßen. Mit zusammengebissenen Zähnen versuchte er, sich auf den Beinen zu halten. Er verstand nicht, was los war, und kämpfte gegen das Verlangen an, etwas Sinnloses zu brüllen. Er presste sich gegen die Wand, streckte die Pistole vor sich aus und sah sich gehetzt um. Warum laufen sie alle dorthin? Und wenn wir plötzlich von hinten angegriffen werden? Oder vom Dach? Oder vom Haus gegenüber?

»Fahrer!«, brüllte Vogel. »Fahrer, auf die Zugmaschinen! Wer schießt dort? He, du Blödmann! Feuer einstellen!«

Allmählich klarte es sich in Andrejs Kopf auf. Wie sich zeigte, war alles halb so schlimm. Die Soldaten waren in Stellung gegangen wie befohlen, die Aufregung war gewichen, und endlich drehte jemand auf der Zugmaschine den Scheinwerfer und leuchtete die Straße hinauf.

»Da ist er!«, schrie jemand mit erstickter Stimme.

Die Maschinenpistolen ratterten kurz und verstummten wieder. Andrej hatte etwas Riesiges gesehen, fast so hoch wie ein Haus, etwas Missgestaltetes, mit Dornen und Auswüchsen nach allen Seiten. Es warf einen endlosen Schatten auf die Straße und verschwand zwei Häuserblocks weiter um die Ecke. Es verschwand, die schweren Hammerschläge wurden leiser, bis sie schließlich ganz verstummten.

»Was ist passiert, Feldwebel?«, fragte über Andrejs Kopf der Oberst mit ruhiger Stimme.

Der Oberst, alle Uniformknöpfe korrekt geschlossen, stand leicht vorgebeugt am Fenster und hatte die Hände auf das Fensterbrett gestützt.

»Der Posten hat Alarm gegeben, Herr Oberst«, meldete Feldwebel Vogel. »Der Soldat Terman.«

»Soldat Terman zu mir«, sagte der Oberst.

»Soldat Terman!«, brüllte der Feldwebel. »Zum Herrn Oberst!«

Im diffusen Scheinwerferlicht war zu sehen, wie der Soldat Terman fieberhaft unter der Raupe hervorzukriechen versuchte. Aber bei dem Pechvogel hatte sich wieder etwas festgehakt. Er riss sich mit aller Kraft los, stand auf und schrie: »Soldat Terman meldet sich wie befohlen zur Stelle!«

»Was für eine Vogelscheuche!«, sagte der Oberst angewidert. »Knöpfen Sie die Jacke zu!«

In diesem Augenblick wurde die Sonne eingeschaltet. So unerwartet, dass sich viele die Augen mit den Händen zuhielten, und überrascht ›Oh‹ und ›Ah‹ riefen. Andrej blinzelte.

»Warum haben Sie Alarm gegeben, Soldat Terman?«, erkundigte sich der Oberst.

»Ein Fremder, Herr Oberst«, bellte Terman mit Verzweiflung in der Stimme. »Er hat sich nicht gemeldet, sondern ging direkt auf mich zu. Die Erde hat gezittert. Laut Vorschrift habe ich ihn zweimal angerufen und dann das Feuer eröffnet.«

»Gut«, sagte der Oberst. »Sehr lobenswert.«

Bei Tageslicht wirkte alles ganz anders als noch fünf Minuten zuvor. Das Lager sah aus wie immer – die Anhänger, die einem schon zum Halse heraushingen, schmutzige Blechfässer mit Benzin, die staubbedeckten Zugmaschinen. Vor dieser gewohnten Kulisse aber sah man halbnackte bewaffnete Männer, die mit Maschinengewehren und -pistolen auf dem Boden lagen oder hockten. Mit ihren zerknitterten Gesichtern und zerzausten Bärten sahen sie geradezu lächerlich aus. In dem Moment wurde Andrej bewusst, dass er selber keine Hosen anhatte und dass seine Schuhbänder herunterhingen, und das war ihm peinlich. Er wich vorsichtig zur Tür zurück, doch dort drängten sich die Fahrer, Kartographen und Geologen.

»Ich erlaube mir zu melden«, sagte Terman, der Mut gefasst hatte. »Das war kein Mensch, Herr Oberst.«

»Was war es dann?«

Der Soldat Terman geriet in Verlegenheit.

»Es ähnelte eher einem Elefanten, Herr Oberst«, sagte Vogel autoritär. »Oder einem vorsintflutlichen Ungeheuer.«

»Am ehesten einem Stegosaurus«, ließ sich Tewosjan vernehmen.

Der Oberst richtete sogleich den Blick auf ihn und musterte ihn einige Sekunden. »Feldwebel«, sagte er schließlich. »Warum reden Ihre Männer ohne Erlaubnis?«

Jemand kicherte schadenfroh.

»Quatschköpfe!«, schimpfte der Feldwebel in drohendem Ton. »Erlauben Sie, ihn zu bestrafen, Herr Oberst?«

»Ich meine …« Der Oberst wurde sogleich unterbrochen.

»O-o-oh, o-o-oh!«, begann jemand erst leise, dann immer lauter zu schreien. Andrej suchte mit den Augen das Lager ab, um herauszufinden, wer da schrie und warum.

Alle fuhren erschrocken zusammen und drehten die Köpfe, und da sah auch Andrej: Anastasis, der hinter der Zugmaschinenkabine stand, deutete mit der Hand auf die Straße. Er war bleich im Gesicht, sehr bleich, beinahe grün, und brachte kein Wort heraus. Andrej, der das Schlimmste befürchtete, sah in die Richtung, entdeckte jedoch nichts. Die Straße war leer, in der Ferne flimmerte schon die heiße Luft. Der Feldwebel rülpste plötzlich und zog die Mütze auf die Stirn, jemand fluchte leise und verzweifelt, doch Andrej begriff noch immer nichts. Erst als jemand neben ihm krächzte: »Herr, dein Wille geschehe!«, sah er es.

Die Statue an der Ecke stand nicht mehr an ihrem Platz. Der riesige eiserne Mensch mit dem Froschgesicht und den pathetisch ausgestreckten Armen war verschwunden. An der Kreuzung lagen nur noch die getrockneten Haufen, die die Soldaten am Vortag um die Statue herum hinterlassen hatten.

3

»Ich mache mich jetzt auf den Weg, Herr Oberst«, sagte Andrej und erhob sich.

Der Oberst stand ebenfalls auf und stützte sich mit seinem ganzen Gewicht auf den Krückstock. Er war noch blasser als sonst und sein Gesicht wirkte fahl und greisenhaft. Nicht einmal von der militärischen Haltung war etwas geblieben.

»Viel Glück, Herr Präsidialrat«, sagte er. Seine farblosen, kleinen Augen schauten beinahe schuldbewusst. »Zum Teufel, eigentlich wäre ein Spähtrupp meine Sache.«

Andrej nahm die Maschinenpistole vom Tisch und legte den Riemen über die Schulter. »Sehen Sie, und ich habe das Gefühl, als würde ich ausreißen und alles Ihnen aufbürden. Sie sind krank, Herr Oberst.«

»Ja, stellen Sie sich vor, heute habe ich …« Der Oberst hielt inne. »Ich nehme an, Sie sind bis zum Einbruch der Dunkelheit zurück?«

»Nein, ich komme früher. Für mich ist dieser Ausflug weniger eine Erkundung, als … Ich will diesen feigen Bastarden einfach zeigen, dass nichts Schlimmes vor uns liegt. Umherlaufende Statuen!« Er besann sich. »Ich wollte Ihren Soldaten nichts vorwerfen, Herr Oberst.«

Der Oberst winkte mit der knochigen Hand ab. »Bagatellen! Sie haben völlig Recht. Soldaten sind immer feige. Ich habe zeitlebens keine tapferen Soldaten gesehen. Warum sollten sie auch tapfer sein?«

»Na ja«, sagte Andrej lächelnd. »Wenn uns da vorn nur gegnerische Panzer erwarten würden …«

»Panzer!«, sagte der Oberst. »Ja, das wäre etwas anderes. Aber ich erinnere mich noch gut an den Fall, als sich ein Trupp Fallschirmjäger weigerte, in ein Dorf zu gehen, weil dort ein bekannter Zauberer lebte.«

Andrej lächelte und reichte dem Oberst die Hand. »Auf Wiedersehen!«

Der Oberst hielt ihn zurück. »Einen Moment! Dagan!«

Im Zimmer erschien Dagan. Er hielt eine mit silbernem Netz umflochtene Flasche in der Hand und stellte mit der anderen ein silbernes Tablett auf den Tisch, auf dem kleine silberne Becher standen.

»Bitte«, sagte der Oberst.

Sie tranken und gaben sich dann die Hand.

»Auf bald«, wiederholte Andrej.

Er stieg die stinkende Treppe hinunter ins Vestibül, nickte kurz Quejada zu, der sich auf dem Fußboden mit einem Theodoliten oder Ähnlichem zu schaffen machte, und trat auf die glühend heiße Straße. Sein kurzer Schatten fiel auf staubige, gesprungene Gehsteigplatten, und sogleich tauchte ein zweiter Schatten auf. Da erinnerte sich Andrej an den Stummen und blickte sich um. Der Stumme stand in seiner gewohnten Pose da: die Hände in den breiten Gürtel gesteckt, und am Gürtel hing ein schrecklich anzusehendes Haumesser. Das dichte schwarze Haar sah wirr aus, die nackten Beine waren gespreizt, die braune Haut glänzte, als wäre sie mit Fett eingeschmiert.

»Möchtest du nicht lieber eine MPi nehmen?«, fragte Andrej.

Nein.

»Gut, wie du willst.«

Isja und Pak saßen im Schatten des Anhängers und studierten einen Stadtplan. Zwei Soldaten reckten die Hälse und blickten über ihre Köpfe hinweg ebenfalls auf die Karte. Einer von ihnen fing Andrejs Blick auf, sah flugs woanders hin und stieß den anderen in die Seite. Schon waren beide hinter dem Anhänger verschwunden.

Die Fahrer machten sich an der zweiten Zugmaschine zu schaffen, angeführt von Ellisauer, der einen riesigen breitkrempigen Hut trug. Daneben standen zwei Soldaten, die Ratschläge erteilten und ständig zur Seite ausspuckten.

Andrej sah die Straße hinauf. Sie war leer. Die erhitzte Luft flimmerte über dem Pflaster. Nach hundert Metern war schon nichts mehr zu erkennen – wie unter Wasser.

»Isja!«, rief er.

Isja und Pak wandten sich zu ihm um und standen auf. Der Koreaner nahm seine kleine selbstgebaute Maschinenpistole und klemmte sie unter die Achsel.

»Was, schon?«, fragte Isja munter.

Andrej nickte und ging voran.

Jetzt schauten alle auf ihn: Permjak, der wegen der Sonne die Augen zusammenkniff; der ziemlich dumme Ungern, der seinen stets halb geöffneten Mund nun vor lauter Schreck noch weiter aufriss; der mürrische Gorilla Jackson, der sich langsam die Hände mit Werg abrieb … Und Ellisauer, der mit seinem Hut einem schmutzigen, abgewetzten Pilz auf einem Kinderspielplatz ähnlich sah, legte mit feierlicher, mitfühlender Miene zwei Finger an den Hutrand. Die Soldaten hörten auf zu spucken, flüsterten sich etwas zu und liefen gemeinsam davon. Was seid ihr doch für feige Angsthasen, dachte Andrej rachsüchtig – wenn ich euch jetzt zum Spaß hierherriefe, würdet ihr euch glatt in die Hosen machen.

Sie passierten den Posten, der eilig das Gewehr präsentierte, und marschierten weiter auf dem Straßenpflaster – vorn Andrej mit der geschulterten Maschinenpistole, gefolgt von dem Stummen, der in seinem Rucksack vier Konservenbüchsen, ein Päckchen Zwieback und zwei Flaschen Wasser trug. Zehn Schritte dahinter latschte Isja mit kaputten Schuhen und leerem Rucksack. In einer Hand hielt er die Karte, und mit der anderen befühlte er die Taschen, als wollte er sich vergewissern, dass er nichts vergessen hatte. Als Letzter ging der Koreaner, die kurzläufige Maschinenpistole unter die Achsel geklemmt und mit dem federnden Gang eines Mannes, der an weite Fußmärsche gewöhnt ist.

Die Straße glühte. Die Sonne brannte grausam auf Schultern und Rücken, und von den Häuserwänden schwappte in langsamen Wellen die Hitze heran. Es herrschte völlige Windstille.

Hinter ihnen, im Lager, wurde der leidgeprüfte Motor angelassen, aber Andrej drehte sich nicht um. Er spürte plötzlich ein Gefühl der Befreiung: Für ein paar glückliche Stunden würden die stinkenden Soldaten mit ihrer primitiven Psyche aus seinem Leben verschwunden sein, ebenso der Intrigant Quejada, der völlig durchschaubar und ihm deshalb besonders zuwider war. Verschwunden waren all die scheußlichen Sorgen – um anderer Leute wundgeriebene Füße, um Streitigkeiten und Schlägereien, um Krankheiten ... Wenn sich jemand erbrach – womöglich eine Vergiftung?, oder wenn einer besonders starken, blutigen Durchfall hatte – etwa Typhus? Ihr könnt mich jetzt alle mal, sagte sich Andrej geradezu begeistert. Ein Jahrhundert lang möchte ich euch nicht sehen. Wie schön es ohne euch ist!

Zwar fiel ihm jetzt wieder der verdächtige Koreaner Pak ein, und eine Sekunde lang schien ihm, als würde seine Freude von neuen Sorgen und Zweifeln getrübt, aber dann winkte er leichtherzig ab. Pak ist eben ein Koreaner wie jeder andere. Ein ruhiger Mensch, der sich nie beklagt. Die fernöstliche Variante von Isja Katzman, weiter nichts ... Sein Bruder hatte ihm einmal erzählt, im Fernen Osten würden sich alle Völker, besonders die Japaner, den Koreanern gegenüber so verhalten, wie man es in Europa, besonders in Russland und Deutschland, den Juden gegenüber tat. Das schien ihm auf einmal interessant, und deshalb dachte er an Kenshi. Ja, Kenshi müsste hier sein, Onkel Jura, Donald ... Hätte er Onkel Jura zu dieser Expedition überreden können, wäre jetzt alles anders ...

Er erinnerte sich, wie er eine Woche vor Beginn der Expedition die kugelsichere Limousine bei Geiger ausgeliehen hatte und zu Onkel Jura gefahren war – in sein großes, zweigeschossiges Bauernhaus, wo alles vor Sauberkeit blitzte und es nach Minze, Herdfeuer und frischgebackenem Brot duftete. Sie hatten Selbstgebrannten getrunken und dazu Schweinesülze und knackige saure Gurken gegessen (wie lange hatte Andrej die nicht mehr bekommen), sie nagten Hammelrippchen ab und tunkten Fleischstücke in Knoblauchsoße. Dann brachte Onkel Juras Frau, die dicke Holländerin Marta, die nun schon zum dritten Mal schwanger war, einen Samowar herein, den Dawydow seinerzeit im Tausch gegen Unmengen von Brot und Kartoffeln erhalten hatte, und sie tranken lange und ausgiebig Tee zu unübertrefflicher Konfitüre. Sie schwitzten und keuchten, wischten sich die nassen Gesichter mit bestickten frischen Handtüchern ab, und Onkel Jura erzählte: »Jetzt lässt es sich leben! Sie schicken mir jeden Tag fünf Nichtsnutze aus dem Lager, und ich erziehe sie mit Arbeit, ohne dabei meine Kräfte zu schonen. Und wenn was ist – gleich eins auf die Schnauze. Dafür kriegen sie bei mir zu essen, was ich selber esse – ich bin ja kein Ausbeuter.« Und beim Abschied, als Andrej schon im Wagen saß, sah ihm Onkel Jura in die Augen und drückte ihm mit seiner Pranke, die sich in eine einzige harte Schwiele verwandelt zu haben schien, die Hand und sagte: »Du verzeihst mir, Andrej, das weiß ich. Und ich würde alles im Stich lassen, auch meine Frau. Aber die da kann ich einfach nicht im Stich lassen!« Er deutete mit dem Daumen über die Schulter hinweg auf zwei blonde Jungen, die sich lautlos, damit sie niemand hörte, hinter der Treppe mit Fäusten traktierten.

Andrej drehte sich um. Das Lager war nicht mehr zu sehen; es schien sich hinter dem glutheißen Flimmern aufgelöst zu haben. Nur das Motorknattern drang noch wie durch Watte an sein Ohr. Isja lief jetzt neben Pak, schwenkte die Karte vor dessen Nase und schrie etwas von Maßstab. Pak widersprach nicht. Er lächelte nur, und als Isja stehen blieb, um die Karte auszubreiten und ihm alles zu zeigen, fasste er ihn rücksichtsvoll unter dem Ellbogen und zog ihn vorwärts. Ein zuverlässiger Mann, zweifellos. Auf so einen könnte man sich unter anderen Umständen durchaus verlassen. Was für ein Problem er wohl mit Geiger hatte? Gewiss, sie sind vollkommen verschiedene Menschen.

Pak hatte in Cambridge studiert und dort zum Doktor der Philosophie promoviert. Als er nach Südkorea zurückgekehrt war, beteiligte er sich an den Studentenunruhen gegen das Regime, und Li Syng Man steckte ihn hinter Gitter. 1950 wurde er von der nordkoreanischen Armee aus dem Gefängnis befreit, man schrieb in den Zeitungen über ihn, man pries ihn als heldenhaften Sohn des koreanischen Volkes, der die

Li-Syng-Man-Clique und die amerikanischen Imperialisten hasste. Pak wurde stellvertretender Rektor der Universität, aber einen Monat später steckte man ihn wieder ins Gefängnis und hielt ihn dort ohne Anklage bis zur Landung in Chemulno fest. Beim Vorrücken der Ersten Kavalleriedivision nach Nordosten geriet das Gefängnis unter Beschuss, und er kam wieder frei. In Seoul war die Hölle los. Pak rechnete nicht mehr damit, am Leben zu bleiben – da schlug man ihm die Teilnahme am Experiment vor.

In die Stadt war er lange vor Andrej gekommen. Er hatte zwanzig Berufe ausgeübt, bis er schließlich mit dem Bürgermeister in Streit geriet und sich einer Untergrundorganisation von Intellektuellen anschloss, die damals die Bewegung Geigers unterstützten. Aber auch mit Geiger entzweite man sich, so dass ein großer Teil der Untergrundkämpfer zwei Jahre vor der Wende heimlich die Stadt verließ und nach Norden zog. Sie hatten Glück: Bei Kilometer 350 fanden sie in den Ruinen eine »Zeitkapsel« – eine riesige metallene Zisterne voller Kulturzeugnisse und technischer Entwürfe. Es war ein guter Ort; es gab Wasser, fruchtbaren Boden unmittelbar an der gelben Wand, viele erhaltene Gebäude. Sie ließen sich nieder.

Was zwischenzeitlich in der Stadt passierte, erfuhren sie nicht, und als die gepanzerten Zugmaschinen der Expedition auftauchten, glaubten sie, man käme ihretwegen. Zum Glück wurde in dem kurzen, heftigen und unnützen Gefecht nur ein Mann getötet. Pak erkannte seinen alten Freund Isja und begriff, dass das Ganze ein Irrtum war. Dann bat er Andrej, mitkommen zu dürfen. Es treibe ihn Neugier; längst schon hätte er eine Expedition nach Norden geplant, aber den Emigranten hätten dazu die Mittel gefehlt. Andrej traute ihm nicht, nahm ihn aber trotzdem mit, weil er glaubte, Pak würde ihm mit seinen Kenntnissen nützlich sein – was sich bestätigte. Pak tat für die Expedition alles, was in seiner Macht stand, verhielt sich Andrej gegenüber stets freundlich und zuvorkommend, Isja gegenüber sowieso. Fragen wich Pak allerdings immer aus. Weder Andrej noch Isja erfuhren, woher er ebenso viel Mythisches wie Reales über den bevorstehenden Weg wusste, warum er sich der Expedition wirklich angeschlossen hatte und was er überhaupt dachte – von Geiger, von der Stadt, vom Experiment … Pak ließ sich nie auf Gespräche über abstrakte Themen ein.

Andrej blieb stehen, wartete auf seine Nachhut und fragte: »Na, seid ihr euch jetzt einig, was euch genau interessiert?«

»Was uns interessiert?« Isja breitete seine Karte aus. »Sieh mal, wir sind jetzt hier«, sagte er und tippte mit seinem schmutzigen Fingernagel auf eine Stelle in der Karte. »Also muss ein, zwei … sechs Häuserblöcke weiter ein Platz sein. Hier ist ein großes Haus, sicherlich ein Regierungsgebäude. Da müssen wir unbedingt hin. Und wenn wir unterwegs etwas Interessantes sehen … Ja! Dahin sollten wir gehen. Das ist nicht weit, aber der Maßstab taugt nichts. Es könnte auch gleich um die Ecke sein. Siehst du, da steht: ›Pantheon‹. Ich liebe Pantheons.«

»Na ja …« Andrej rückte die Maschinenpistole zurecht. »Warum nicht? Aber wollten wir nicht Wasser suchen?«

»Bis zum Wasser ist es weit«, sagte Pak leise.

»Ja, mein Freund«, sagte Isja. »Bis zum Wasser … Siehst du, es ist hier eingezeichnet – ein Wasserturm. Ist das hier?«, fragte Isja.

Pak zuckte mit den Schultern. »Weiß ich nicht. Aber wenn es in dieser Gegend überhaupt noch Wasser gibt, dann nur hier.«

»Ja …«, sagte Isja. »Ziemlich weit. Etwa dreißig Kilometer. Ist an einem Tag hin und zurück nicht zu schaffen. Der Maßstab … Hör mal, warum brauchst du eigentlich gerade jetzt Wasser? Wasser gehen wir morgen suchen, wie abgesprochen. Das heißt, wir fahren.«

»Gut«, stimmte ihm Andrej zu. »Also weiter!«

Sie gingen nebeneinander und schwiegen eine Weile. Isja schaute ununterbrochen um sich und schien darauf zu lauern, dass sich etwas Interessantes täte. Aber es tat sich nichts. Zwei- oder dreistöckige Häuser waren zu sehen, manche sogar recht hübsch. Ausgeschlagene Scheiben. Viele Fenster waren mit wellig gewordenem Sperrholz vernagelt. Auf den Balkonen halb verfallene Blumenkästen. Viele Häuser waren dicht mit verdrecktem Efeu berankt. Ein großes Geschäft – riesige, vor Staub undurchsichtige Schaufenster, die seltsamerweise heil geblieben waren; die Türen dagegen hatte man ausgerissen. Isja lief hin, blickte hinein, kam wieder zurück.

»Leer«, sagte er. »Völlig verwüstet.«

Ein großes Gebäude – Theater, Konzertsaal oder Kino. Dann wieder ein Geschäft, die Schaufenster zerschlagen, und ein weiteres Geschäft auf der anderen Straßenseite. Isja blieb plötzlich stehen, schnaubte laut und hob den schmutzigen Zeigefinger.

»Oh! Hier ist es irgendwo!«

»Was?«, fragte Andrej und blickte um sich.

»Papier!«

Geradewegs lief er zu einem Gebäude auf der rechten Seite. Es unterschied sich nicht von den anderen, nur dass die Freitreppe großzügiger war und der Baustil gotische Einflüsse aufwies.

Isja verschwand im Inneren, und noch ehe die anderen die Straße überquert hatten, kam er wieder heraus und rief aufgeregt: »Kommen Sie schnell, Pak! Eine Bibliothek!«

Andrej schüttelte bloß staunend den Kopf. Dieser Isja!

»Eine Bibliothek?«, fragte Pak und beschleunigte seine Schritte. »Nicht möglich!«

In der Vorhalle war es angenehm kühl und dunkel nach der gleißenden Hitze auf der Straße. Die hohen gotischen Fenster mit den bunten Glasmalereien gingen auf den Innenhof hinaus. Der Fußboden war mit gemustertem Parkett ausgelegt. Die weiße Steintreppe teilte sich auf halber Höhe. Isja lief schon die linke Treppe hinauf, Pak holte ihn ein, sie nahmen drei Stufen auf einmal und waren verschwunden.

»Was sollen wir eigentlich dort?«, fragte Andrej den Stummen. »Bleiben wir hier.« Der Stumme war einverstanden.

Andrej setzte sich auf die kühle weiße Treppe. Die Maschinenpistole legte er neben sich. Der Stumme hockte an der Wand, die Augen geschlossen, die langen kräftigen Arme um die Knie geschlungen. Es war still, nur von oben hörte man unverständliche Stimmen.

Ich habe es satt, dachte Andrej gereizt. Ich habe diese toten Stadtviertel satt. Dieses glutheiße Schweigen. Diese Rätsel. Menschen müssten wir finden und bei ihnen leben, sie ausfragen ... Und sie müssten uns bewirten, ganz egal, womit, nur nicht mit dieser widerlichen Pampe. Und kühlen Wein! So viel, wie man möchte! Oder Bier! In seinem Bauch rumorte es, und er streckte sich erschrocken. Nein, es ist nichts. Heute habe ich Gott sei Dank noch kein einziges Mal aufs Klo rennen müssen. Auch die Ferse scheint wieder heil zu sein.

Etwas stürzte krachend zu Boden. Isja brüllte: »Wo kriechen Sie denn hin?« Andrej hörte Lachen, und die Stimmen begannen wieder zu brabbeln.

Wühlt nur, wühlt, dachte er. Nur auf euch ruht meine Hoffnung. Nur von euch kann ich Vernünftiges erwarten. Bleiben werden von dieser ganzen blöden Idee nur mein Bericht und Isjas vierundzwanzig Kisten mit Papieren!

Er streckte die Beine aus, machte den Körper lang und stützte sich mit den Ellbogen auf die Treppe. Der Stumme nieste plötzlich laut. Andrej warf den Kopf zurück und schaute auf das ferne Deckengewölbe. Solide gebaut, schön, besser als bei uns. Überhaupt haben sie hier nicht schlecht gelebt. Trotzdem sind sie untergegangen. Das alles wird Fritz gar nicht gefallen – er würde einen potenziellen Gegner vorziehen. Und nun stellt sich heraus: Sie haben gelebt, sie haben gebaut, haben ihren Geiger verehrt, den ›Gütigsten und Einfachsten‹. Und als Ergebnis – bitte sehr: Leere. Als hätte es hier nie jemanden gegeben. Nur Gerippe, obwohl es viel zu wenige sind für eine solche Siedlung. So ist das, Herr Präsident! Der Mensch hat große Pläne, aber dann schickt Gott ein Flimmern – und schon ist's vorbei.

Andrej nieste ebenfalls und schnäuzte sich. Kühl ist es hier … Quejada sollte vor Gericht gestellt werden, wenn wir wieder zu Hause sind, dachte er. Und schon befanden sich seine Gedanken wieder auf dem gewohnten Gleis: Er musste Quejada so in die Enge treiben, dass der sich keinen Mucks mehr zu sagen traute, dann würde alles zutage treten und Geiger gleich erkennen, wer der Schuldige war … Gleich darauf verwarf er diese Gedanken; sie waren jetzt fehl am Platz. Er durfte nur an den morgigen Tag denken. Und an den heutigen. Zum Beispiel daran, wo die Statue steckte. War da ein gehörntes Ungeheuer gekommen, ein Saurier, hatte sie sich unter den Arm geklemmt und weggeschleppt? Aber wozu? Zudem wog sie sicher fünfzig Tonnen. Obwohl – so ein Saurier könnte auch eine Zugmaschine davontragen. Wir müssen weg von hier, das ist es. Und wenn der Oberst nicht wäre, säßen wir heute nicht mehr hier. Er dachte an den Oberst, ertappte sich aber plötzlich dabei, dass er aufhorchte.

Ferne, undeutliche Laute waren zu hören – aber nicht von oben aus der Bibliothek, sondern hinter der angelehnten Eingangstür, von der Straße. Die bunten Glasscheiben begannen zu klirren, und die Steinstufen vibrierten, als führe ein schwerer Güterzug vorüber. Der Stumme riss die Augen auf und lauschte ebenfalls alarmiert.

Andrej stand langsam auf und nahm die Maschinenpistole in die Hand. Sofort erhob sich auch der Stumme und schielte zu ihm hinüber. Er lauschte noch immer.

Die Maschinenpistole im Anschlag, schlich Andrej zur Tür und sah vorsichtig hinaus. Die heiße staubige Luft brannte sich in sein Gesicht. Die Straße war gelb, nach wie vor menschenleer und glühte vor Hitze. Aber die schwere, tote Stille war verschwunden. In der Ferne war zu hören, wie ein gigantischer Hammer gleichmäßig und träge auf das Pflaster schlug, doch die Schläge kamen näher – schwere, dumpfe Schläge, die das Pflaster zermalmten.

Im Haus gegenüber barst eine Schaufensterscheibe und zerbrach in tausend Stücke. Erschrocken sprang Andrej zurück, fasste sich jedoch sogleich wieder und lud die MPi durch. Was mache ich hier bloß, zum Teufel …, dachte er.

Der Hammer kam immer näher, doch es war nicht festzustellen, woher. Die Schläge wurden schwerer, lauter, und es lag ein unerschütterlicher Triumph darin. Schicksalsschritte, kam Andrej in den Sinn. Er blickte sich verwirrt nach dem Stummen um. Und war schockiert.

Der Stumme stand da, an die Wand gelehnt, und beschnitt mit seinem langen Messer den Fingernagel am kleinen Finger der linken Hand. Sein Blick war dabei völlig gleichgültig, ja, sogar gelangweilt.

»Was?!«, fragte Andrej heiser. »Was machst du denn …?«

Der Stumme sah ihn an, nickte und widmete sich wieder seinem Fingernagel. Die Schläge dröhnten jetzt ganz in der Nähe, der Boden bebte schon. Doch plötzlich war es still. Andrej lugte wieder hinaus. An der Kreuzung stand eine dunkle Figur, deren Kopf bis zum zweiten Stockwerk reichte. Die alte Eisenstatue. Der Kerl mit dem Froschgesicht, nur stand er jetzt hochgereckt da, das stolze Kinn gehoben, eine Hand auf dem Rücken, die andere zeigend oder drohend zum Himmel gerichtet, der Zeigefinger ausgestreckt.

Andrej erstarrte wie in einem bösen Traum und blickte das angsteinflößende Monstrum an. Doch er wusste, dass es kein Traum war. Es war eine gewöhnliche Statue – eine alberne

Schöpfung aus Metall, mit Grünspan oder schwarzem Oxyd überzogen, die am falschen Ort aufgestellt worden war. In der heißen Luft, die vom Pflaster aufstieg, flimmerten und verschwammen ihre Umrisse ebenso wie die der Häuser.

Andrej spürte eine Hand auf seiner Schulter und blickte sich um – der Stumme nickte ihm beschwichtigend zu. Wumm, wumm, wumm – wieder dröhnten die Schläge auf der Straße. Der Stumme hielt ihn noch immer an der Schulter fest, massierte und streichelte zärtlich seine Muskeln. Andrej riss sich von ihm los und blickte hinaus. Die Statue war verschwunden. Es herrschte wieder Stille.

Mit weichen Knien rannte Andrej die Treppe hinauf, wo noch immer die Stimmen zu hören waren, als wäre nichts geschehen.

»Genug jetzt!«, brüllte er, als er in den Bibliothekssaal stürzte. »Raus hier!«

Seine Stimme war völlig erstickt. Die beiden hörten ihn nicht – und wenn sie ihn hörten, schenkten sie ihm keine Aufmerksamkeit, weil sie beschäftigt waren. Andrej stand in dem riesigen Raum, dessen Tiefe er nicht übersah, und die unzähligen Regale voller Bücher schluckten jedes Geräusch. Ein Regal war umgestürzt, die Bücher lagen auf dem Boden, und dort saßen Isja und Pak und wühlten – erhitzt, schweißbedeckt, besessen. Andrej stieg über die Bücher, packte sie am Kragen und zog sie hoch.

»Raus hier! Es reicht! Los!«

Isja sah ihn mit abwesendem Blick an, schüttelte sich, wand sich aus dem Griff und kam zu sich. Er musterte Andrej vom Kopf bis zu den Füßen. »Was hast du? Ist was passiert?«

»Nichts ist passiert«, sagte Andrej böse. »Es reicht, hier herumzuwühlen. Wohin wolltet ihr? Ins Pantheon? Dann kommt, gehen wir!«

Pak, den er immer noch am Kragen hielt, bewegte vorsichtig die Schulter und hüstelte. Andrej ließ ihn los.

»Weißt du, was wir hier gefunden haben?« Isja wollte ihm voller Eifer berichten, stockte aber. »Hör mal, was ist passiert?«

Andrej hatte sich inzwischen gefangen. Doch was da draußen geschehen war, musste hier, in diesem stickigen Saal, unter Isjas prüfendem Blick und neben dem ungerührten, korrekten Pak völlig unglaubhaft wirken.

»Wir können nicht für jedes x-beliebige Objekt so viel Zeit aufwenden«, sagte er mürrisch. »Wir haben nur einen Tag Zeit. Gehen wir.«

»Die Bibliothek ist kein x-beliebiges Objekt!«, wandte Isja sofort ein. »Das ist die erste Bibliothek, auf die wir bei der Expedition gestoßen sind. Hör mal, du siehst ganz verstört aus. Was ist denn nun passiert?«

Andrej konnte sich partout nicht entschließen, darüber zu sprechen. »Gehen wir«, murrte er. Er drehte sich um und schritt über die Bücher hinweg zum Ausgang.

Isja holte ihn ein und fasste ihn unter dem Arm. Der Stumme in der Tür wich aus und ließ sie durch. Andrej wusste immer noch nicht, wie er anfangen sollte. Alle Worte erschienen ihm dumm und töricht. Da erinnerte er sich an das Tagebuch.

»Du hast mir gestern aus einem Tagebuch vorgelesen«, sagte er. Sie gingen schon die Treppe hinunter. »Von dem Mann, der sich erhängt hat.«

»Ja, und?«

»Das ist es!«

Isja blieb stehen. »Das Flimmern?«

»Habt ihr denn nichts gehört?«, fragte Andrej verzweifelt.

Isja schüttelte den Kopf, und Pak antwortete leise: »Wahrscheinlich waren wir abgelenkt. Wir haben über etwas gestritten.«

»Ihr Verrückten!«, sagte Andrej. Er holte krampfhaft Luft, schaute auf den Stummen und sagte schließlich: »Die Statue.

Sie ist gekommen und fortgegangen. Verstehst du, sie laufen durch die Stadt, als wären sie lebendig.«

»Und?«, fragte Isja ungeduldig.

»Was – und? Das ist alles!«

Auf Isjas gespanntem Gesicht breitete sich Enttäuschung aus. »Na und? Eine Statue. Nachts ist auch eine herumgelaufen, na und?«

Andrej machte den Mund auf und wieder zu.

»Die Eisenköpfe«, ließ sich Pak vernehmen. »Die Legende ist also hier entstanden.«

Andrej war außerstande, auch nur ein Wort zu sagen, und schaute von Isja zu Pak und wieder zu Isja. Der spitzte nun voll Mitleid – endlich hatte er begriffen! – die Lippen. Er wollte sogleich Andrejs Arm tätscheln, hielt aber inne, und Pak, der offenbar meinte, es sei nun alles geklärt, sah verstohlen über die Schulter hinweg zur Bibliothekstür.

»Also …« Andrej fand endlich die Sprache wieder. »Das heißt, ihr habt sofort an diese Geschichte geglaubt?«

»Jetzt beruhige dich doch«, sagte Isja und fasste ihn nun doch noch am Ärmel. »Natürlich haben wir daran geglaubt, warum auch nicht? Das Experiment bleibt das Experiment. Über unserem Durchfall und dem Gezänk hatten wir es ganz vergessen, aber in Wirklichkeit … Gott, was ist denn daran so schlimm – Statuen, die herumlaufen, na und? … Aber wir haben hier eine Bibliothek! Und weißt du, was für ein interessantes Bild sich da ergibt: Die Menschen, die hier gelebt haben, sind unsere Zeitgenossen, zwanzigstes Jahrhundert.«

»Verstehe«, sagte Andrej. »Lass meinen Ärmel los.«

Ihm war inzwischen klar, dass er eine Dummheit begangen hatte. Gewiss, die zwei hatten noch keine umherwandernden Statuen gesehen, sonst würden sie anders reden. Der Stumme ist auch irgendwie seltsam …

»Spar dir die Mühe, mich zu überreden. Wir haben jetzt keine Zeit für die Bibliothek. Wenn wir in ein paar Tagen mit den Zugmaschinen vorbeifahren, könnt ihr einen ganzen Anhänger vollladen. Aber jetzt müssen wir weiter. Ich habe versprochen, vor Einbruch der Dunkelheit zurück zu sein.«

»Gut«, sagte Isja besänftigend. »Gehen wir.«

Andrej eilte die Treppe hinunter. Mein Gott, dachte er peinlich berührt, wie konnte mir das passieren? Er riss die Eingangstür auf und trat als Erster auf die Straße, damit niemand sein Gesicht sehen konnte. Ich bin doch nicht irgendein Soldat oder Fahrer, dachte er, während er über das heiße Pflaster ging. Aber daran ist nur Fritz schuld, beschloss er wütend. Der hat erklärt, es gäbe kein Experiment mehr, und ich habe das geglaubt ... das heißt, natürlich nicht geglaubt, sondern einfach diese neue Ideologie übernommen – aus Loyalität und Pflichtgefühl. Nein, Kinder, diese neuen Ideologien – die sind was für Dummköpfe, für die Masse ... Ich muss aber zugeben: Vier Jahre lang haben wir gelebt, ohne an das Experiment zu denken; es gab genug anderes zu tun. Wir haben Karriere gemacht, dachte er höhnisch, Wandteppiche besorgt und Exponate für Waffensammlungen.

An der Kreuzung blieb er stehen und blickte um die Ecke. Die Statue stand dort, drohte mit dem halbmeterlangen schwarzen Finger, und das Froschgesicht grinste unangenehm.

»Der da?«, fragte Isja lässig.

Andrej nickte und ging vorüber.

Sie marschierten weiter. Mit der Zeit machte sie die Hitze und das blendende Licht ganz benommen. Sie traten auf die eigenen, sehr kurzen Schatten, und der Schweiß bildete Salzkrusten auf Stirn und Schläfen. Isja hörte auf, vom Zusammenbrechen seiner wohldurchdachten Hypothesen zu faseln, und sogar der unermüdliche Pak humpelte jetzt, weil er einen Absatz verloren hatte. Der Stumme zeigte seinen schrecklichen Zungenstumpf und hechelte wie ein Hund ... Weiter geschah nichts, nur einmal zuckte Andrej zusammen, als er in einem geöffneten Fenster des dritten Stocks ein riesiges grünes

Gesicht erblickte, das ihn mit blinden Glotzaugen anstarrte. Der Anblick war unheimlich – dritter Stock und eine fleckige grüne Fratze, so groß wie das Fenster.

Dann kamen sie zu einem Platz, wie sie vorher noch keinen gesehen hatten. Er ähnelte einem abgeholzten verzauberten Wald, doch anstelle der Baumstümpfe standen dort Sockel: Einige waren rund, andere sechseckig, würfel- oder sternförmig; manche glichen Igeln, andere mythischen Tieren oder Geschütztürmen; sie bestanden aus Granit, Gusseisen, Sandstein, Marmor, rostfreiem Stahl und, wie es schien, sogar aus Gold. Alle Sockel waren leer – bis auf einen, der etwa fünfzig Meter von ihnen entfernt stand: Er sah aus wie ein über dem Knie abgeschnittener Unterschenkel, barfuß und mit ungewöhnlich muskulöser Wade, und darauf stand der Kopf eines geflügelten Löwen.

Der Platz war sehr groß; die gegenüberliegende Seite verschwamm in trübem Dunst, und rechts, direkt an der gelben Wand, erkannte man die von der heißen Luft verzerrten Umrisse eines langen flachen Gebäudes, dessen Fassade aus dicht beieinanderstehenden Säulen bestand.

»Unglaublich«, rief Andrej beeindruckt.

Isja sagte: »Mal ist er von Bronze, mal ist er von Marmor, mal mit der Pfeife und mal ohne Pfeife ... Wo sind sie eigentlich alle hin?«

Aber niemand antwortete ihm. Alle schauten und konnten sich nicht sattsehen, nicht einmal der Stumme.

Schließlich sagte Pak: »Ich glaube, wir müssen dort entlang.«

»Ist das euer Pantheon?«, fragte Andrej, um etwas zu sagen. Anstatt jedoch zu antworten, rief Isja empört: »Das verstehe ich nicht! Ja, laufen die denn alle in der Stadt herum? Aber warum haben wir sie dann nicht gesehen? Es müssen doch Tausende und Abertausende sein!«

»Die Stadt der Tausend Statuen«, sagte Pak.

Isja drehte sich abrupt zu ihm um. »Was denn, es gibt auch so eine Legende?«

»Nein. Aber so würde ich sie nennen.«

»Tam-tararam!«, sagte Andrej. Ihm war gerade etwas eingefallen. »Wie kommen wir hier mit unseren Zugmaschinen durch? Da reicht kein Sprengstoff, um diese Trümmer zu sprengen.«

»Es muss einen Weg um den Platz herum geben«, sagte Pak. »Am Abgrund entlang.«

»Gehen wir?« Isja wurde schon ungeduldig.

Sie steuerten direkt auf das Pantheon zu, gingen zwischen den Sockeln hindurch, über das Pflaster, das hier zu feinem weißem Schotter und Staub zerfallen war und in der Sonne glitzerte. Hin und wieder blieben sie stehen, bückten sich oder stellten sich auf Zehenspitzen, um die Inschriften auf den Sockeln zu lesen. Diese aber waren so merkwürdig, dass sie Andrej völlig verwirrten.

AM ZEHNTEN TAG SEIT DEM LÄCHELN. – DER SEGEN DEINES MUSCULUS GLUTAEUS RETTETE DIESE KLEINEN. – DIE SONNE STIEG AUF, UND ES ERLOSCH DAS MORGENROT DER LIEBE, ABER. Einmal sogar nur: ALS! Isja lachte glucksend und schlug sich mit der Faust auf die flache Hand, Pak lächelte kopfschüttelnd. Andrej hingegen empfand vor allem Unbehagen und fand die Fröhlichkeit der beiden fehl am Platz, in gewisser Weise sogar unanständig. Aber es war ein sehr unbestimmtes Gefühl, er konnte es nicht benennen und drängte die anderen ungeduldig: »Es reicht, es reicht. Kommt, gehen wir. Weiter. Sonst verspäten wir uns, das geht nicht …«

Andrej sah böse zu Isja und Pak hinüber – was dachten die sich eigentlich? Als wäre jetzt Zeit und Gelegenheit, sich zu amüsieren! Immer wieder blieben sie stehen, fuhren mit ihren schmutzigen Fingern über die eingemeißelten Worte, grinsten und machten Witze. Andrej winkte ab und ging alleine weiter. Und als er bemerkte, dass ihre Stimmen immer leiser wurden und weit hinter ihm zurückblieben, spürte er auf einmal große Erleichterung …

So ist es besser, dachte er zufrieden. Ohne dieses närrische Gefolge. Ich kann mich gar nicht recht erinnern – waren sie überhaupt eingeladen? Man hatte von ihnen gesprochen – aber was? Hatte man sie gebeten, in Paradeuniform zu kommen? Oder, im Gegenteil, gar nicht zu erscheinen? Ich weiß es nicht mehr … Es ist jetzt aber auch ohne Bedeutung. Im äußersten Fall werden sie unten sitzen. Und dann. Hm … Bei Pak macht das nichts, aber wenn Isja anfängt, über meinen Stil zu nörgeln und dann, Gott behüte, womöglich selber reden will … Nein, nein, ohne sie ist es besser, nicht wahr, Stummer? Halte dich hinter meinem Rücken, hier rechts, und gib gut acht! Hier muss man immer auf der Hut sein. Du darfst nicht vergessen: Wir sind hier im Lager unserer Gegner, das sind keine Quejadas und Chnoupeks, sondern echte Gegner. Da, nimm die MPi, ich muss mich frei bewegen können. Und überhaupt, mit einer MPi aufs Rednerpult steigen – ich bin doch nicht Geiger … Wo sind nur meine Stichpunkte für den Vortrag? Na, so was! Was soll ich denn ohne die Stichpunkte anfangen?

Vor Andrej erhob sich nun das Pantheon mit all seinen Säulen, zerschlagenen rissigen Stufen und rostigen Stahlbewehrungen. Aus seinem Inneren wehte ihm eisige Kälte entgegen. Dort war es dunkel; es roch nach Erwartung und Verwesung. Die riesigen vergoldeten Türflügel waren geöffnet, er brauchte nur noch einzutreten. Andrej schritt vorsichtig von Stufe zu Stufe, um ja nicht zu stolpern und hinzufallen – vor aller Augen! Er betastete seine Taschen, fand aber nirgendwo die Stichpunkte, weil sie ja noch im eisernen Kasten lagen … nein, im neuen Anzug … Den wollte ich anziehen, doch dann dachte ich, so würde ich besser aussehen …

Zum Teufel, was soll ich ohne meine Stichpunkte machen?, dachte er und trat in das düstere Vestibül. Vorsichtig ging er über den glatten schwarzen Marmor. Was hatte ich mir da aufgeschrieben?, versuchte er sich zu erinnern. Zuallererst war da von Größe und Erhabenheit die Rede gewesen ... Er fühlte, wie langsam eisige Kälte unter sein Hemd kroch; er fror in diesem Vestibül. Man hätte ihn warnen können – es ist doch kein Sommer draußen. Sie hätten Sand streuen können, das war doch nicht zu viel verlangt? So aber landete man hier, ehe man sich's versah, auf dem Hintern ...

Wohin jetzt? Rechts, links? Ach ja. Pardon. Also: Erstens ging es um Größe und Erhabenheit, wiederholte er noch einmal für sich, während er auf einen finsteren Korridor zusteuerte. Auf einem Teppich läuft es sich doch gleich viel besser. Endlich haben sie's kapiert! Fackelträger stehen zwar keine hier ... Ist doch immer dasselbe: Entweder sie stellen einen Fackelträger hin oder sogar eine Jupiterlampe, dann aber gibt es keinen Teppich. Oder so wie jetzt ... Also: Größe und Erhabenheit!

Wenn wir über Größe und Erhabenheit sprechen, erinnern wir uns stets an die großen Namen. Archimedes. Sehr gut! Syrakus, Heureka, das Schwitzbad ... will sagen: die Wanne. Nackt. Weiter. Attila – der Doge von Venedig. Das heißt, ich bitte um Verzeihung: Das war Othello – der Doge von Venedig. Attila ist der Hunnenkönig. Er reitet. Stumm und düster wie ein Grab.

Nach weiteren Beispielen braucht man nicht lange zu suchen: Peter! Größe und Erhabenheit. Der Große. Der Erste. Peter der Zweite und Peter der Dritte waren nicht groß. Wahrscheinlich, weil sie nicht die Ersten waren. Der Große und der Erste treten ziemlich oft als Synonyme auf. Obwo-ohl ... Katharina die Zweite, die Große. Die Zweite, aber trotzdem die Große. Diese Ausnahme muss man festhalten. Wir werden es oft mit derlei Ausnahmen zu tun haben; sie bestätigen sozusagen die Regel.

Er verschränkte die Hände hinter dem Rücken, presste das Kinn an die Brust, zog die Unterlippe ein und ging mehrmals auf und ab, immer wieder elegant seinem Hocker ausweichend. Dann stieß er den Hocker mit dem Fuß beiseite, stützte sich mit den angespannten Fingern auf den Tisch, hob die Brauen und schaute über die Zuhörer hinweg. Der Tisch war mit grauem Zink beschlagen und völlig leer; er zog sich vor ihm hin wie eine Landstraße. Das andere Ende des Tisches konnte er nicht sehen; dort flackerten im eisigen Luftzug zwei kleine Kerzenflammen – umgeben von gelblichem Nebel. Andrej ärgerte sich einen Moment, dass er keine Möglichkeit hatte zu sehen, wer dort am anderen Tischende saß. Das zu sehen, wäre viel wichtiger als all die anderen … Doch es soll nicht meine Sorge sein …

Zerstreut und herablassend betrachtete er die anderen, die in Reihen zu beiden Seiten des Tisches thronten. Sie waren still und hielten ihm das Gesicht aufmerksam zugewandt – Gesichter aus Stein, Gusseisen, Messing, Gold, Bronze, Gips, Jaspis … und was sie sonst für Gesichter hatten. Aus Silber, oder aus Jade, zum Beispiel. Ihre blinden Augen waren Andrej unangenehm – doch was konnte angenehm sein an diesen riesigen Figuren, deren Knie sich einen, manchmal auch zwei Meter über dem Tisch befanden. Wenigstens schwiegen sie und rührten sich nicht. Jede Bewegung wäre jetzt unerträglich gewesen. Andrej lauschte froh, ja, mit gewisser Wollust, wie die letzten Sekunden der fein ersonnenen Pause verrannen.

»Doch wie lautet die Regel? Worin liegt ihr substanzieller Wert? Worin besteht ihr substanzielles Wesen, das nur ihr und keinem anderen Prädikat immanent ist? … Hier muss ich nun leider Dinge anführen, die etwas ungewohnt sind und in Ihren Ohren nicht wohl klingen. Größe und Erhabenheit! Ach, wie viel ist zu diesem Thema gesagt, gemalt, getanzt und gesungen worden! Was wäre das menschliche Geschlecht ohne die Kategorie der Größe? Eine Horde nackter Affen! Im Vergleich zu ihnen erschiene sogar der einfache Soldat Chnoupek als Krone einer hoch entwickelten Zivilisation.

Habe ich Recht? Wobei ein Chnoupek keinen Maßstab der Dinge besitzt. Die Natur hat ihm nur mitgegeben, Nahrung zu verdauen und sich zu vermehren. Jede andere Tätigkeit kann von ihm selbst weder als gut noch als schlecht beurteilt werden, weder als nützlich noch als vergeblich oder schädlich. Und deshalb kommt jeder Chnoupek früher oder später unausweichlich vor ein Kriegsgericht, das dann entscheidet, wie mit ihm zu verfahren ist ... Infolge dessen wird das Fehlen eines inneren Gerichts grundsätzlich, und ich würde sagen, fatalerweise durch ein äußeres Gericht ersetzt – etwa durch ein Kriegsgericht. Jedoch, meine Herren: Eine Gesellschaft, die nur aus Chnoupeks und Mymras besteht, kann dem äußeren Gericht nicht solch große Aufmerksamkeit zuwenden – gleichgültig, ob Kriegs- oder Geschworenengericht, ein geheimes Gericht der Inquisition oder ein Lynchgericht, ein Feme- oder ein sogenanntes Ehrengericht, ganz zu schweigen von Kameradschaftsgerichten und ähnlichen Institutionen. Es gilt also, dieses Chaos, das durch die Geschlechts- und Verdauungsorgane sowohl eines Chnoupek als auch einer Mymra entstanden ist, so zu ordnen, dass zumindest einige Funktionen der äußeren Gerichte einem inneren Gericht übertragen werden können. Und hier erweist sich die Kategorie der Größe als überaus notwendig und geeignet! Es ist nämlich so, meine Herren, dass in der riesigen und völlig amorphen Menge von Chnoupeks, in der riesigen und noch amorpheren Menge von Mymras von Zeit zu Zeit Persönlichkeiten hervortreten, für die der Sinn des Lebens nicht auf die Verdauung und Vermehrung beschränkt ist. Ein drittes Bedürfnis, sozusagen! Sie wollen etwas erschaffen, das es vorher nicht gab. Eine hierarchische Struktur, zum Beispiel. Einen Steinbock an der Wand. Mit Eiern. Oder den Mythos von Aphrodite. Was sie davon haben, wissen sie selbst nicht. Und tatsächlich, wozu braucht ein Chnoupek die schaumgeborene Aphrodite oder eine Felsenmalerei, auf der ein Steinbock zu sehen ist? Mit Eiern. Es gibt natürlich Hypothesen, mehr als genug! Der Steinbock bestehe aus sehr viel Fleisch. Von Aphrodite gar nicht zu reden … Aber wenn wir offen und ehrlich sind, bleibt die Herkunft dieses dritten Bedürfnisses für unsere materialistische Wissenschaft ein Rätsel. Im Moment braucht uns das jedoch nicht zu interessieren. Wichtig für uns, meine Freunde, ist was? Dass aus der grauen Masse plötzlich eine Persönlichkeit hervortritt, die sich nicht mit Hafergrütze begnügt oder mit der dreckigen Mymra, deren Beine voller Ausschlag sind. Eine Person, die sich nicht mit dem vorherrschenden Realismus zufriedengibt, sondern zu idealisieren beginnt, zu abstrahieren. In Gedanken wird sie die Hafergrütze in einen saftigen Steinbock mit Knoblauchsoße verwandeln und Mymra in eine herrliche Schönheit mit atemberaubenden Hüften, in eine wunderbare Gestalt, die aus dem Ozean kommt, aus dem Wasser … Gottverdammt! So ein Mensch ist unbezahlbar! Den muss man auf einen Sockel stellen und die Chnoupeks und Mymras in Scharen zu ihm führen, damit sie, die Parasiten, ihren Platz kennen. Da, ihr Schlampen und Halunken, begreift ihr, wer das ist? He, du verlauster Rothaariger, kannst du ein Kotelett malen, das so appetitlich ist, dass man es gleich fressen will? Oder wenigstens einen Witz erfinden? Nein? Wie kannst du dich dann mit ihm vergleichen, du Dreckstück? Pflügen sollst du, pflügen! Fische fangen, Muscheln züchten!«

Andrej stieß sich vom Tisch ab, rieb sich begeistert die Hände und lief wieder auf und ab. Sehr gut ist mir das gelungen. Wirklich großartig! Und ganz ohne Stichpunkte. All diese Idioten haben zugehört, mit angehaltenem Atem. Nicht einer hat sich geregt! Ja, so bin ich. Ich bin natürlich nicht Katzman, meistens schweige ich, aber wenn man mich so weit bringt, wenn man mich, verdammt nochmal, darum bittet … Obwohl, dort am unsichtbaren Ende des Tisches will anscheinend jemand etwas sagen. Irgendein Jude. Vielleicht hat sich

Katzman dort breitgemacht? Das werden wir noch sehen – wer hier wen …

»Die Größe als Kategorie entstand also aus dem Schöpferischen, denn groß ist nur derjenige, der etwas erschafft, etwas Neues, nie Dagewesenes. Aber wer, meine Herrschaften, wird sie mit der Fresse in den Dreck stoßen? Wer wird ihnen sagen: He, was hast du da verloren, du Scheißkerl, was erlaubst du dir? Wer erhebt sich sozusagen zum Priester des Schöpfers? Und ich scheue dieses Wort nicht! Derjenige, meine Herren, der das erwähnte Kotelett nicht malen, und keine Aphrodite ersinnen kann – aber auch keine Muscheln züchten will. Er ist ein Schöpfer, der organisiert, der Marschkolonnen formiert, der Gaben erpresst und sie verteilt! Schon sind wir bei den Rollen, die Gott und Teufel in dieser Geschichte spielen. Zu einer verwickelten und äußerst komplizierten Frage, bei der, wie ich glaube, bisher nur gelogen worden ist. Sogar ein ungläubiges Kind weiß, dass Gott gut ist – der Teufel hingegen schlecht. Aber das ist, meine Herren, Schwachsinn! Was wissen wir darüber? Dass Gott das Chaos geordnet hat, und der Teufel diese Ordnung fortwährend zerstören und ins Chaos zurückstürzen will. Richtig? Andererseits aber lehrt uns die Geschichte, dass der Mensch als Individuum stets nach dem Chaos strebt. Er will für sich entscheiden und nur das tun, wozu er Lust hat. Er schreit unablässig, dass er von Natur aus frei sei. Nehmen Sie nur wieder besagten Chnoupek als Beispiel! Sie verstehen hoffentlich, worauf ich hinauswill? Denn womit, frage ich Sie, haben sich im Laufe der Geschichte selbst die grausamsten Tyrannen beschäftigt? Ihr Ziel war es, das dem Menschen eigene Chaos, dieses amorphe Chnoupek-Mymraische zu ordnen, zu organisieren, zu formen und auszurichten – möglichst in einem Marschblock. Oder, einfacher gesagt, es zu kanalisieren. Und in der Regel ist ihnen das auch gelungen! Allerdings nur für eine gewisse Zeit und um den hohen Preis des Blutvergießens. Und so frage ich Sie jetzt:

Wer ist der gute Mensch? Derjenige, der das Chaos leben will, das heißt Freiheit, Gleichheit und Brüderlichkeit, oder derjenige, der dieses Chnoupek-Mymraische – lies: die soziale Entropie! – auf ein Minimum reduzieren möchte? Wer? Sehen Sie, da haben wir's!«

Was für eine herrliche Passage! Klar, präzise und nicht ohne Leidenschaft. Was faselt der am anderen Ende des Tisches? Unverschämtheit – stört meine Rede, und überhaupt ... Mit großem Unbehagen sah Andrej plötzlich, dass ihm einige Zuhörer den Rücken zukehrten. Er schaute genauer hin. Ohne Zweifel – den Rücken. Ein, zwei ... sechs Rücken! Er räusperte sich vernehmlich und klopfte streng mit den Fingerknöcheln auf die verzinkte Tischplatte. Es half nicht. Na wartet, dachte er drohend. Euch werd ich's zeigen! Wie heißt das auf Lateinisch?

»Quos ego?«, brüllte er. »Ihr glaubt wohl, ihr seid besonders wichtig, was? So in etwa: Wir sind groß, und ihr seid klein, krabbelt irgendwo da unten herum? Wir sind aus Stein, und ihr seid faulendes Fleisch? Wir sind ewig, und ihr seid Staub, Eintagsfliegen? Da!« Er zeigte ihnen den Finger. »Wer erinnert sich denn an euch? Wurdet während der längst vergessenen Herrschaft eines längst vergessenen Tölpels errichtet! Ach, Archimedes? Soso! Ja, den gab es wohl, der ist nackt herumgelaufen, ohne jedes Schamgefühl. Und? Auf einem anderen Zivilisationsniveau hätte man ihm dafür die Eier abgerissen. Damit er nicht so herumläuft. Sein Heureka hätten sie ihm ... Oder Peter der Große. Na schön, der Zar, der Herrscher von ganz Russland. Solche kenne ich! Wie war eigentlich sein Familienname? Na? Wisst ihr das nicht? Aber Denkmäler habt ihr ihm aufgestellt! Abhandlungen über ihn geschrieben! Fragt mal einen Studenten beim Examen – höchstens einer von zehn weiß, wie sein Familienname lautete. Da hast du den Großen! Und so ist es mit euch allen! Entweder man erinnert sich überhaupt nicht mehr an euch und glotzt bloß das Denkmal an, oder man kennt nichts als den Vornamen. Oder umgekehrt: Man kennt den Nachnamen – zum Beispiel beim Kalinga-Preis –, aber wie hieß Kalinga mit Vornamen? Und wer war er überhaupt? Ein Schriftsteller oder ein Wollspekulant … Ja, und wer braucht das schon zu wissen, urteilt selbst? Wer sich euch alle merken will, der vergisst, wie viel eine Flasche Wodka kostet.«

Jetzt sah er mehr als zehn Rücken. Das kränkte ihn. Katzman am anderen Tischende redete immer lauter, immer energischer, aber noch immer völlig unverständlich.

»Ein Köder!«, brüllte Andrej mit ganzer Kraft. »Das ist eure gepriesene Größe! Ein Köder! Chnoupek soll euch ansehen und denken: So müsste man sein, das waren Menschen! Ich lasse jetzt das Trinken und das Rauchen sein, höre auf, Mymra ins Gebüsch zu zerren, melde mich in einer Bibliothek an und eifere dem nach. Das heißt, ihr setzt voraus, dass er so denkt! Aber, wenn man euch so ansieht, weiß man, dass dem ganz und gar nicht so ist. Denn wenn man keine Wache vor euch aufstellt und einen Zaun setzt, dann scheißt Chnoupek ringsum alles voll, schmiert noch mit Kreide Schweinereien drauf und geht sehr zufrieden zurück zu seiner Mymra. Da habt ihr eure erzieherische Funktion! Da habt ihr das Gedächtnis der Menschheit! Wofür zum Teufel braucht Chnoupek ein Gedächtnis? Wofür soll er euer gedenken, könnt ihr mir das mal sagen? Gewiss, es gab Zeiten, als es zum guten Ton gehörte. Man konnte dem nicht entgehen, musste es sich anhören. Alexander der Große wurde dann und dann geboren, ist dann und dann gestorben. Eroberer. Buzephalos. ›Gräfin, Ihr Buzephalos ist erschöpft, und übrigens, möchten Sie nicht mit mir schlafen?‹ Kulturvoll, gebildet, mondän … Jetzt muss man in der Schule natürlich auch etwas lernen. Geboren dann und dann, gestorben dann und dann, Vertreter der oligarchischen Oberschicht. Ausbeuter. Völlig unverständlich, wozu man das braucht. Man macht sein Examen – erledigt. ›Alexander von Makedonien war auch ein großer Heerführer, aber warum gleich die Hocker zerschlagen?‹ Das ist aus einem Film – *Tschapajew*. Habt ihr den gesehen? ›Der Bruder liegt im Sterben – Mitja, er bittet um Fischsuppe …‹ Das ist alles, was einem Alexander der Große nützt.«

Andrej verstummte. Das ganze Gerede war sinnlos. Niemand hörte ihm zu. Er sah nur Nacken – aus Eisen, Stein, Jade – rasierte, kahle, lockige, mit Zopf, mit Scharten, Köpfe unter Kettenhauben, Helmen und Dreispitzen … Es gefällt ihnen nicht, dachte er bitter. Die Wahrheit beschämt sie. Sie sind an Lobgesänge gewöhnt, an Oden. Exegi monumentum … Was habe ich euch denn so Schlimmes gesagt? Nun, ich habe natürlich nicht gelogen, euch nicht geschmeichelt. Was ich dachte, das habe ich ausgesprochen. Aber ich bin nicht gegen Größe. Puschkin, Lenin, Einstein … Ich mag nur keine Götzen. Vor Taten muss man sich verneigen und nicht vor Statuen. Aber vielleicht sollte man sich auch nicht vor Taten verneigen. Weil jeder Mensch tut, was in seinen Kräften steht. Der eine macht die Revolution, der andere eine Trillerpfeife. Bei mir reichen die Kräfte vielleicht nur für eine Trillerpfeife, aber bin ich deshalb Dreck?

Die Stimme hinter dem gelben Nebel war weiterhin zu hören, aber jetzt verstand Andrej schon einzelne Wörter: »… das Unerhörte und Ungewöhnliche … aus einer katastrophalen Lage … nur ihr … ewige Dankbarkeit und ewigen Ruhm verdient …« Das mag ich gar nicht leiden, dachte Andrej. Besonders hasse ich, wenn man von Ewigkeiten redet. Brüder für ewig. Ewige Freundschaft. Auf ewig gemeinsam. Ewiger Ruhm … Wo nehmen die das alles her? Was sehen sie da Ewiges?

»Genug gelogen!«, schrie er über den Tisch. »Ihr habt kein Gewissen!«

Aber niemand beachtete ihn. So drehte er sich um und ging zurück. Die kalte zugige Luft drang ihm durch Mark und Bein; sie stank nach den Ausdünstungen der Gruft, nach Rost und rostigem Kupfer ... Aber das ist gar nicht Isja, der da redet, dachte Andrej matt. Isja hat noch nie solche Worte gesagt. Ich habe umsonst auf ihn ... Umsonst bin ich hier. Warum hat es mich eigentlich hierhergetrieben? Ich dachte wohl, etwas begriffen zu haben. Jetzt bin ich schon über dreißig – es ist Zeit zu verstehen, was los ist. Was für eine verrückte Idee – Denkmäler zu überzeugen, dass sie zu nichts nütze sind. Das ist genauso, als wollte man Menschen überzeugen, dass sie von niemandem gebraucht werden. Das mag so sein, aber wer wird einem glauben?

Etwas ist mit mir geschehen in den letzten Jahren, dachte Andrej. Ich habe etwas verloren ... Das Ziel habe ich aus den Augen verloren, das ist es. Vor fünf Jahren habe ich genau gewusst, warum dies oder jenes notwendig ist. Und jetzt weiß ich es nicht mehr. Ich weiß, dass man Chnoupek an die Wand stellen muss. Aber ich weiß nicht, warum. Das heißt, ich weiß es schon – weil ich dann leichter arbeiten kann. Aber warum soll ich leichter arbeiten können? Das nutzt doch nur mir allein. Es ist nur für mich. Wie viele Jahre lebe ich schon so für mich allein ... Eins ist sicher richtig: Niemand wird mein Leben für mich leben, ich muss mich selber darum kümmern. Aber das ist langweilig und traurig, ich habe keine Kraft mehr ... Und keine Wahl, dachte er. Das ist es, was ich erkannt habe. Der Mensch kann und vermag nichts. Nur eines kann und vermag er – für sich leben. Dieser Gedanke war so hoffnungslos klar, so endgültig, dass Andrej sogar begann, mit den Zähnen zu knirschen.

Er trat aus der Gruft hinaus in den Schatten der Säulen und kniff die Augen zusammen. Vor ihm lag gelb der glühend heiße Platz mit den leeren Sockeln. Von dort wehte Hitze wie aus einem Ofen herüber. Hitze, Glut, Erschöpfung ... Das war die Welt, in der er leben und handeln musste.

Isja hatte sich auf den Steinplatten im Schatten ausgestreckt und schlief; seine Stirn lag auf einem aufgeschlagenen Buch. Die Hose hatte hinten einen Riss, die Füße in den ausgetretenen Schuhen waren nach außen verdreht. Er stank meilenweit nach Schweiß. Der Stumme hockte mit geschlossenen Augen daneben, mit dem Rücken an eine Säule gelehnt. Auf seinen Knien lag die Maschinenpistole.

»Aufstehen«, sagte Andrej müde.

Der Stumme öffnete die Augen und erhob sich. Isja schaute Andrej durch die verquollenen Lider an.

»Wo ist Pak?«, fragte Andrej.

Isja setzte sich auf, verkrallte die Finger in seinen schmutzigen Haaren und kratzte sich ausgiebig.

»Verdammt«, brummte er. »Hör mal, mir knurrt fürchterlich der Magen. Reicht es nicht endlich?«

»Wir gehen gleich«, sagte Andrej. Er schaute sich immer noch um. »Wo ist Pak?«

»I-hi-wiothek gega-hang.« Isja gähnte mit weit aufgerissenem Mund. »Ich bin völlig kaputt.«

»Wohin ist er gegangen?«

»In die Bibliothek.« Isja sprang auf und stopfte sein Buch in den Rucksack. »Wir haben beschlossen, dass er in der Zwischenzeit Bücher aussucht. Wie spät ist es jetzt? Meine Uhr ist stehengeblieben.«

»Drei. Wir gehen.«

»Wollen wir nicht erst was essen?«, schlug Isja schüchtern vor.

»Unterwegs!«

Andrej war unruhig und fühlte ein dumpfes Unbehagen. Irgendetwas missfiel ihm, es stimmte etwas nicht. Er nahm vom Stummen die Maschinenpistole, kniff im Voraus die Augen zusammen und trat auf die glühenden Stufen.

»Das ist wieder mal typisch«, murrte Isja. »Unterwegs essen! Ich als anständiger Mensch habe auf ihn gewartet, und er? Lässt mich nicht mal was fressen. Stummer, reich mir den Rucksack!«

Ohne sich umzusehen, ging Andrej schnell zwischen den Sockeln hindurch. Er war auch hungrig, trotzdem trieb ihn etwas vorwärts. Er rückte den Riemen der Maschinenpistole zurecht und sah wieder auf die Uhr. Es war immer noch eine Minute vor drei. Andrej hielt das Handgelenk ans Ohr. Die Uhr stand still.

»He, Herr Präsidialrat!«, rief ihm Isja zu. »Nimm!«

Andrej blieb stehen und nahm zwei Schnitten entgegen, die mit fettem Schweinefleisch aus der Konserve belegt waren. Isja schmatzte und schnalzte genüsslich. Während sich Andrej im Laufen die Schnitte besah, um die günstigste Stelle zum Abbeißen zu finden, fragte er: »Wann ist Pak gegangen?«

»Fast gleich«, antwortete Isja mit vollem Mund. »Wir haben uns das Pantheon angesehen und nichts Interessantes entdeckt. Da ist er los.«

»Also doch«, sagte Andrej. Er wusste jetzt, was ihn beunruhigte.

»Was – doch?«

Andrej antwortete nicht.

4

In der Bibliothek war von Pak keine Spur. Er hatte gar nicht daran gedacht, hierherzukommen. Die Bücher lagen herum wie zuvor.

»Seltsam«, sagte Isja und drehte verwirrt den Kopf hin und her. »Er hat doch gesagt, dass er alles über Soziologie heraussuchen will.«

»Er hat gesagt, er hat gesagt«, zischte Andrej. Er stieß mit der Fußspitze gegen einen dicken Band, machte kehrt und lief die Treppe hinunter. Pak hat uns also doch überlistet. Hat uns einfach überlistet. Andrej wusste zwar nicht, worin diese List bestand, spürte aber mit jeder Faser seines Körpers, dass dem so war!

Jetzt liefen sie dicht an den Wänden entlang, Andrej auf der rechten Straßenseite, der Stumme, der auch begriffen hatte, dass etwas nicht in Ordnung war, auf der linken. Isja wollte in der Straßenmitte gehen, aber Andrej fuhr ihn wütend an, so dass er auf der Stelle zu ihm zurückkehrte und ihm wie ein Hündchen folgte. Man konnte höchstens fünfzig Meter weit sehen, in der Ferne wirkte die Straße wie ein Aquarium – alles zitterte, flimmerte, schimmerte, sogar Schlingpflanzen schienen über dem Pflaster zu schweben.

Als sie am Kino vorbeikamen, blieb der Stumme plötzlich stehen. Andrej, der ihn aus den Augenwinkeln beobachtete, stoppte ebenfalls. Der Stumme stand unbeweglich da und schien zu lauschen, das blitzende Messer in der Hand.

»Es riecht nach Verbranntem«, sagte Isja leise.

Andrej roch es ebenfalls. Das ist es, dachte er.

Der Stumme hob die Hand mit dem Messer, wies auf die Straße und lief weiter. Sie legten mit großer Vorsicht noch zweihundert Meter zurück. Der Brandgeruch verstärkte sich. Es roch nach glühendem Metall, glimmenden Lumpen, nach Motoröl und etwas angenehm Süßlichem. Was ist dort geschehen?, dachte Andrej und biss die Zähne zusammen, dass es in den Schläfen knackte. Was hat er dort getan? Was brennt dort? Es brennt doch dort … Da erblickte er Pak.

Andrej wusste sofort, dass es Pak war, als er die ausgebleichte blaue Seidenjacke sah. Niemand sonst im Lager besaß so eine Jacke. Der Koreaner lag an einer Straßenecke – die Beine ausgestreckt, der Kopf auf der selbstgebauten Maschinenpistole, deren Lauf auf die Straße wies. Pak wirkte irgendwie feist, wie aufgedunsen, und seine Hände glänzten schwarzblau.

Bevor Andrej richtig begriffen hatte, was er da eigentlich sah, stieß ihn Isja mit einem Krächzen beiseite, rannte über die Kreuzung und stürzte neben den Toten auf die Knie. Andrej schluckte und sah zu dem Stummen hin. Der nickte energisch und deutete mit dem Messer geradeaus. Dort, an der Sichtgrenze, entdeckte Andrej noch einen Körper. Er lag mitten auf der Straße, ebenfalls aufgedunsen und geschwärzt. Durch das Flimmern hindurch sah er jetzt, dass über den Dächern eine graue Rauchsäule aufstieg.

Mit gesenkter MPi lief Andrej über die Straßenkreuzung. Isja war schon aufgestanden, und als Andrej näher trat, wusste er sofort, warum: Die Leiche in der blauen Seidenjacke verströmte einen unerträglichen Gestank, süßlich und Übelkeit erregend.

»Mein Gott«, sagte Isja, das verschwitzte Gesicht zu Andrej gewandt. »Sie haben ihn umgebracht, dieses Verbrechergesindel. Alle zusammen sind nicht halb so viel wert wie er.«

Andrej schaute flüchtig auf den Boden, sah die aufgedunsene Leiche, bei der anstelle des Nackens eine schwarze Wunde klaffte. In der Sonne blinkten Kupferhülsen. Ohne sich zu ducken, lief Andrej über die Straße und trat zur nächsten Leiche, bei der schon der Stumme hockte.

Der Tote lag auf dem Rücken, und obwohl das Gesicht furchtbar verquollen und schwarz war, erkannte ihn Andrej: Es war ein Geologe, Quejadas Stellvertreter, Ted Kaminski. Besonders schrecklich wirkte, dass er völlig nackt war – bis auf eine Unterhose und eine wattierte Jacke, wie sie sonst nur die Fahrer trugen. Offensichtlich war er in den Rücken getroffen worden, und der Feuerstoß war glatt durchgegangen – auf der Brust fanden sich Löcher in der Jacke, und daraus quoll graue Watte. Fünf Schritte weiter lag eine Maschinenpistole ohne Magazin.

Der Stumme berührte Andrej an der Schulter und deutete geradeaus. Gekrümmt an eine Hauswand gelehnt, lag eine weitere Leiche. Es war Permjak. Er war offenbar auf der Straßenmitte getroffen worden; dort war noch ein getrockneter schwarzer Fleck zu sehen. Dann hatte er sich unter Qualen bis zur Hauswand geschleppt und dabei eine schwarze Spur hinterlassen, hatte sich mit den Händen seinen von Kugeln zerfetzten Leib gehalten und war dann unter Qualen gestorben.

Sie hatten einander in einem Anfall von Rage getötet, wie tollwütige Raubtiere, tobende Taranteln, wie vor Hunger wahnsinnige Ratten. Wie Menschen.

Auf der dem Lager nächstgelegenen, ungepflasterten Seitengasse lag Tewosjan ausgestreckt auf getrocknetem Kot. Anscheinend war er der Zugmaschine hinterhergelaufen, die in diese Gasse eingebogen und auf die Schlucht zugefahren war. Dabei hatte sie die festgebackene Erde mit ihren Ketten aufgewühlt. Tewosjan hatte im Laufen geschossen und war von der Zugmaschine aus mitten auf der Kreuzung, wo die Statue mit dem Froschgesicht gestanden hatte, mehrmals getroffen worden. Und so war er in der mit Staub, Unrat und Blut verschmutzten Soldatenuniform liegen geblieben. Doch vor seinem Tod, vielleicht auch danach, hatte Tewosjan ebenfalls getroffen, denn auf halbem Wege zur Schlucht lag, die Hände in den von den Raupenketten aufgewühlten Boden gekrallt, Feldwebel Vogel. Die Zugmaschine war ohne ihn weitergefahren – bis an den Abgrund, und dann hinein.

Im Lager brannte einer der Anhänger. Aus den durchschossenen Fässern züngelten noch orange Flämmchen, und in den trüben Himmel stiegen dicke Rauchschwaden hinauf. Aus einem schwarzen Haufen auf dem Anhänger ragten verbrannte Beine hervor, und es wehte derselbe appetitliche Geruch herüber, nur dass einem jetzt davon übel wurde.

Aus dem Fenster des Kartographenzimmers hing die nackte Leiche Rouliers – seine langen behaarten Arme berührten fast den Gehsteig, auf dem seine MPi lag. Um das Fenster herum war die ganze Wand von Kugeln durchlöchert. Auf der gegenüberliegenden Straßenseite lagen Wassilenko und Palotti aufeinander, wie es schien, von einem einzigen Feuerstoß niedergemäht. Neben ihnen waren keine Waffen zu sehen, und auf dem ausgetrockneten Gesicht Wassilenkos stand noch ein Ausdruck grenzenlosen Staunens und Schreckens.

Den zweiten Geologen, den zweiten Kartographen und den Stellvertreter für Technik Ellisauer hatte man an die Wand gestellt und erschossen. Die drei lagen nebeneinander unter der von Kugeln zerschossenen Tür – Ellisauer in Unterhosen, die anderen nackt.

Und im Zentrum dieses Schlachtfelds, mitten auf der Straße, ruhte auf einem langen Klapptisch, über den man eine britische Fahne ausgebreitet hatte, Oberst Saint-James. Seine Hände waren auf der Brust gefaltet, er trug die Paradeuniform, die geschmückt war mit sämtlichen Orden und Auszeichnungen, und lächelte noch immer – trocken und unerschütterlich, fast ein wenig ironisch. Daneben, an einem Tischbein zusammengesunken, lag Dagan, ebenfalls in Paradeuniform. Sein grauhaariger Kopf war auf das Pflaster gekippt, und in der Hand hielt er den zerbrochenen Krückstock des Obersts.

Das war alles. Sechs Soldaten waren verschwunden, darunter Chnoupek. Zudem fehlten der Ingenieur Quejada, die Hure Mymra, die zweite Zugmaschine und der zweite Anhänger. Zurückgelassen hatten sie nur die Leichen, die geologische Ausrüstung und eine Pyramide aufeinandergeschichteter Maschinenpistolen. Und den Gestank, den fetten Ruß und den beklemmenden Geruch gebratenen Fleischs aus dem noch immer brennenden Anhänger.

Andrej stürzte in sein Zimmer, ließ sich in den Sessel fallen und legte stöhnend den Kopf auf die Hände. Alles war zu Ende. Für immer. Es gab keine Rettung vor dem Schmerz, es gab keine Rettung vor der Scham, und es gab keine Rettung vor dem Tod.

Ich habe sie hierhergeführt. Ich. Ich habe sie im Stich gelassen. Ich bin ein Feigling, ein Schuft. Erholen wollte ich mich. Ihre Visagen nicht mehr ansehen, ich stinkender Schleimer ... Der Oberst, ach, der Oberst! Er hätte nicht sterben dürfen. Nein! Wäre ich nicht fortgegangen, wäre er nicht gestorben. Und wenn er nicht gestorben wäre, hätte es keiner gewagt aufzumucken. Bestien, Bestien ... Hyänen! Schießen hätte man müssen, schießen!

Er stöhnte wieder und wischte sich mit dem Ärmel über die nasse Wange. In Bibliotheken habe ich mich abgekühlt, vor Statuen Reden gehalten, ich blöder, feiger Schwätzer. Alles habe ich versaut, alles verloren. Jetzt kannst du verrecken, du Schwein! Niemand wird dir eine Träne nachweinen. Wer braucht dich noch? ... Es ist so schrecklich, so furchtbar, was geschehen ist. Sie haben einander gejagt, haben auf Liegende geschossen, auf Tote geschossen, sie haben fluchend und prügelnd Kameraden an die Wand gestellt. Wie weit ist es mit euch gekommen, Jungs? Und wie weit habe ich euch gebracht? Und wozu? Wozu?!

Er schlug mit geballten Fäusten auf den Tisch. Dann richtete er sich auf und wischte das Gesicht mit der flachen Hand ab. Draußen schrie Isja etwas Unverständliches, und der Stumme gurrte besänftigend wie eine Taube. Ich will nicht mehr leben, dachte Andrej. Ich will nicht. Zum Teufel ... Plötzlich sah er das aufgeschlagene Tagebuch. Er stieß es angewidert beiseite, doch da bemerkte er, dass die letzte Seite nicht von seiner Hand geschrieben war. Er setzte sich wieder und begann zu lesen.

Quejada schrieb: »31. Tag. Gestern, am Morgen des 30. Expeditionstages, begab sich Präsidialrat Woronin mit Archivar Katzman und dem Emigranten Pak auf Erkundung. Sie wollten bei Einbruch der Dunkelheit wiederkommen, kehrten aber nicht zurück. Heute um 14:30 Uhr verschied der amtierende Expeditionsleiter, Oberst Saint-James, plötzlich an einem

Herzanfall. Da Rat Woronin bisher nicht zurückgekehrt ist, übernehme ich das Kommando. Unterzeichnet: D. Quejada, Wissenschaftlicher Stellvertreter des Expeditionsleiters. 31. Expeditionstag, 15:30 Uhr.«

Es folgte der übliche Kram über Proviant, Wasser, Temperatur und Windstärke. Feldwebel Vogel war zum militärischen Befehlshaber ernannt worden, der technische Leiter Ellisauer wurde wegen Saumseligkeit gerügt und erhielt den Befehl, die Reparatur der zweiten Zugmaschine zu beschleunigen. Weiter schrieb Quejada:

»Ich habe vor, den verstorbenen Oberst Saint-James morgen feierlich beizusetzen und nach dem Begräbnis gut bewaffnete Männer auszuschicken, um den Erkundungstrupp von Präsidialrat Woronin zu suchen. Wenn die verschwundene Gruppe nicht gefunden wird, werde ich die Rückkehr befehlen, da ich das weitere Vordringen jetzt für noch sinnloser halte als früher.«

»32. Tag. Der Erkundungstrupp ist noch nicht zurückgekehrt. Wegen einer Schlägerei in der vergangenen Nacht habe ich den Kartographen Roulier und die Soldaten Chnoupek und Tewosjan zum letzten Mal verwarnt und mit einem Tag Wasserentzug bestraft …«

Weiter waren auf dem Blatt nur Gekrakel und Tintenspritzer zu sehen. Offenbar hatte in dem Moment die Schießerei auf der Straße begonnen, Quejada war aufgesprungen und nicht mehr zurückgekehrt.

Andrej las die Aufzeichnungen zweimal. Ja, Quejada, du hast das gewollt. Was du wolltest, hast du bekommen. Und ich habe Pak verdächtigt, Gott hab ihn selig. Es graute Andrej, als er das Bild der aufgedunsenen Leiche in der blauen Seidenjacke vor sich sah, und erst jetzt fiel ihm auf: zweiunddreißigster Tag. Wieso zweiunddreißigster? Es war der dreißigste! Gestern habe ich für den achtundzwanzigsten notiert … Er blätterte hastig um. Ja. Der achtundzwanzigste … Und diese aufgedunsenen Leichen – sie liegen sicher schon mehrere Tage so da … Mein Gott, was ist das? … eins, zwei … Welches Datum haben wir heute? Wir sind doch erst heute Morgen losgegangen!

Da erinnerte er sich an den heißen, mit leeren Sockeln übersäten Platz, an die eisige Dunkelheit des Pantheons und die blinden Statuen an dem endlos langen Tisch. Das war lange, sehr lange her. Eine teuflische Macht hat mich verwirrt, getäuscht, betäubt. Ich wäre am selben Tag zurückgekehrt und hätte den Oberst noch lebend vorgefunden, ich hätte nicht zugelassen, dass …

Die Tür wurde aufgerissen, und Isja trat ins Zimmer. Er wirkte völlig verändert, wie ausgetrocknet, das knochige Gesicht lang gezogen. Er sah mürrisch und böse aus, als sei nicht er es gewesen, der eben wie eine Frau auf der Straße geschrien hatte. Isja schleuderte den halb leeren Rucksack in die Ecke, setzte sich Andrej gegenüber und sagte: »Die Leichen liegen schon mindestens drei Tage hier. Was geht eigentlich vor, verstehst du das?«

Andrej schob ihm schweigend das Tagebuch über den Tisch. Isja griff danach und las sogleich die Notizen, dann blickte er Andrej an. Seine Augen waren gerötet.

Andrej sagte mit schiefem Lächeln: »Das Experiment ist das Experiment.«

»Mist verdammter, elender!«, stieß Isja voller Hass und Abscheu aus. Er überflog nochmals die Aufzeichnungen und schleuderte das Tagebuch auf den Tisch. »Diese Hunde!«

»Ich glaube, dass es auf dem Platz passiert ist. Bei den Sockeln.«

Isja nickte, lehnte sich zurück und schloss die Augen. »Und was werden wir jetzt tun, Herr Präsidialrat?«

Andrej schwieg.

»Lass dir bloß nicht einfallen, dich zu erschießen!«, sagte Isja. »Ich kenne dich! Komsomolze! Junger Adler und so!«

Andrej zupfte an seinem Kragen. »Hör zu, lass uns irgendwohin gehen, weg von hier.«

Isja starrte ihn verständnislos an.

»Der Gestank«, sagte Andrej mühsam. »Ich kann nicht.«

»Gehen wir in mein Zimmer«, schlug Isja vor.

Im Korridor erhob sich der Stumme und kam ihnen entgegen. Andrej packte ihn am nackten muskulösen Arm und zog ihn mit sich.

Die Fenster von Isjas Zimmer gingen auf die Nebenstraße. Über den niedrigen Dächern ragte die gelbe Wand in die Höhe. Hier stank es nicht, es war sogar kühl, nur Sitzgelegenheiten fehlten – der Fußboden und alle Möbel waren mit Blättern und Büchern belegt.

»Auf den Fußboden, setz dich auf den Fußboden«, sagte Isja, der sich auf sein schmutziges Bett plumpsen ließ. »Lass uns überlegen. Also: Ich habe nicht vor zu verrecken. Ich habe hier noch viel zu tun.«

»Was sollen wir noch überlegen?«, fragte Andrej finster. »Wir haben sowieso kein Wasser, das haben sie mitgenommen, und der Proviant ist verbrannt. Einen Rückweg gibt es nicht – durch die Wüste kommen wir nicht zu Fuß. Selbst wenn wir die Schweine einholen … Aber nein, wie könnten wir das, inzwischen sind mehrere Tage vergangen.« Er schwieg kurz. »Wenn wir nur Wasser fänden … Ist es weit bis zu diesem Pumpenhaus?«

»Zwanzig Kilometer«, sagte Isja. »Oder dreißig.«

»Wenn wir nachts gehen, wenn es kühl ist …«

»Nachts können wir nicht gehen«, sagte Isja. »Da ist es dunkel. Und die Wölfe.«

»Hier gibt es keine Wölfe«, widersprach Andrej.

»Woher weißt du das?«

»Dann erschießen wir uns eben, verdammt nochmal!«, sagte Andrej.

Doch er wusste schon, dass er sich nicht erschießen würde. Er wollte leben. Nie hätte er gedacht, dass man sich so wünschen konnte, am Leben zu bleiben.

»Na gut«, sagte Isja. »Und ohne Scherze?«

»Und ohne Scherze will ich leben. Und ich werde überleben. Mir ist jetzt alles egal. Wir sind zu zweit, klar? Wir beide müssen überleben, das ist alles. Sollen sie sich alle zum Teufel scheren. Wir werden Wasser finden und uns dort niederlassen.«

»Genau«, sagte Isja. Er steckte eine Hand unters Hemd und begann sich zu kratzen. »Am Tag trinken wir Wasser, und nachts werde ich dich durch ...«

Andrej blickte ihn verständnislos an. »Hast du sonst noch Vorschläge?«, fragte er.

»Vorläufig nicht. Alles in Ordnung – zuerst müssen wir Wasser finden. Ohne Wasser verrecken wir gleich. Und danach sehen wir weiter ... Da fällt mir was ein. Wie es scheint, sind sie Hals über Kopf abgehauen, gleich nach dem Gemetzel. Ihnen wurde unheimlich. Sie sind auf den Anhänger geklettert und haben Gas gegeben! Wir müssen also im Haus suchen, bestimmt finden wir Wasser und etwas zu essen.«

Er wollte noch etwas sagen, hielt aber erschrocken inne, starrte aus dem Fenster und flüsterte: »Sieh mal, da, sieh mal!«

Andrej wandte sich rasch zum Fenster.

Zuerst konnte er nichts Besonderes feststellen. Nur von Ferne hörte er ein leises Poltern, als ob Steine den Hügel hinunterrollten. Dann aber fingen seine Augen eine Bewegung ein, dort drüben, auf dem gelben senkrechten Abhang über den Dächern.

Von oben, aus dem fahlen bläulichen Dunst, in dem die Welt verschwand, rollte mit der Spitze nach unten eine seltsame dreieckige Wolke heran. Sie kam aus großer Höhe und war noch weit vom Fuß der Wand entfernt, aber man konnte sehen, dass sich an der Spitze ein schwerer Körper mit vertrauten Umrissen wild voranbewegte, gegen unsichtbare Felsnasen stieß und immer wieder abprallte. Bei jedem Aufschlag brachen Stücke ab und fielen herunter, Steinbrocken zerstoben in helle Staubwolken, wurden von der Wolke aufgesogen und schossen rasant an ihr vorbei; der ferne donnernde Laut wurde lauter, man konnte jetzt einzelne Schläge in dem Krachen und Grollen unterscheiden.

»Die Zugmaschine!«, sagte Isja mit zugeschnürter Kehle.

Andrej begriff es erst in dem Moment, als die verstümmelte Maschine hinter den Dächern untertauchte. Der Fußboden erzitterte von dem gewaltigen Aufschlag, Ziegelstaub stieg wie eine Säule auf, Trümmer und Blechfetzen flogen durch die Luft – und einen Augenblick später verschwand alles in einer großen gelben Lawine.

Sie schwiegen noch lange und lauschten, wie es dort krachte, knisterte und rumorte. Der Boden unter ihren Füßen vibrierte, und über den Dächern war außer der unbeweglichen gelben Wolke nichts zu sehen.

»Unfassbar!«, sagte Isja. »Wie sind sie denn dorthin geraten?«

»Wer?«, fragte Andrej.

»Das ist unsere Zugmaschine, du Blödmann!«

»Wie – unsere Zugmaschine? Die, die weg ist?«

Isja schwieg und drückte angestrengt mit den schmutzigen Fingern auf seiner Nase herum.

»Ich weiß nicht ... Ich habe keine Ahnung. Du etwa?«, wandte er sich an den Stummen.

Der Stumme nickte teilnahmslos. Isja schlug sich ärgerlich auf die Knie, da machte der Stumme eine seltsame Geste: Er deutete mit dem Zeigefinger auf den Fußboden, dann über den Kopf, wobei er in der Luft einen Kreis beschrieb.

»Was?«, fragte Isja ungeduldig. »Was?«

Der Stumme zuckte mit den Achseln und wiederholte die Geste. Plötzlich fiel es Andrej wieder ein – und er wusste sofort, was los war.

»Die Sternschnuppen!«, sagte er. »Unglaublich!« Er lachte bitter. »Dass ich das gerade jetzt begreife ...«

»Was begreifst du? Was für Sternschnuppen?«

Andrej winkte ab. Er lachte noch immer. »Vergiss es! Vergiss es einfach. Ist völlig unwichtig. Was kümmert uns das jetzt? Genug Unsinn geredet, Katzman! Wir müssen überleben, verstanden? Überleben! In dieser scheußlichen, unwahrscheinlichen Welt! Wir brauchen Wasser, Katzman!«

»Moment mal, Moment mal ...«, brummte Isja.

»Ich will jetzt gar nichts mehr!«, brüllte Andrej und schüttelte seine geballten Fäuste. »Ich möchte nichts mehr verstehen! Ich möchte nichts mehr erfahren! ... Denn da liegen die Leichen, Katzman! Leichen! Die wollten auch leben! Aber jetzt sind sie aufgedunsen und schon halbverwest!«

Isja packte Andrej an der Jacke und drückte ihn mit Gewalt auf den Fußboden.

»Sei still!«, fauchte er böse. »Willst du eine aufs Maul? Gleich kriegst du eine, du Waschlappen!«

Andrej knirschte mit den Zähnen und schwieg. Isja setzte sich wieder aufs Bett und kratzte sich an der Brust. »Als ob er noch nie Leichen gesehen hätte! Als ob er so was noch nicht kennt ... Waschlappen!«

Andrej, das Gesicht in den Händen verborgen, unterdrückte den sinnlosen Wunsch, laut zu weinen. Doch irgendwo in seinem Inneren wusste er schon, was mit ihm los war, und das half. Es war sehr schlimm – hier zu sein, unter Toten. Noch lebendig, aber eigentlich schon tot ... Isja sagte etwas, aber er hörte nicht zu. Dann wurde ihm leichter zumute.

»Was hast du gesagt?«, fragte er und nahm die Hände vom Gesicht.

»Ich suche bei den Soldaten, und du stöberst bei der Intelligenz. Auch in Quejadas Zimmer, dort muss sich noch die eiserne Ration der Geologen befinden. Nicht verzagen, wir werden überleben.«

In dem Moment erlosch die Sonne.

»Verdammt!«, fluchte Isja. »Ausgerechnet jetzt! Wir müssen eine Laterne suchen. Warte mal, deine muss ja noch hier sein.«

»Die Uhr«, sagte Andrej mit Mühe. »Wir brauchen die richtige Uhrzeit.«

Er hob das Handgelenk bis zu den Augen, betrachtete die phosphoreszierenden Zeiger und stellte sie auf zwölf Uhr. Isja machte sich leise schimpfend im Dunkeln zu schaffen, rückte das Bett beiseite, raschelte mit Papier. Ein Streichholz flammte auf.

»Was hockt ihr da, verdammt!«, brüllte er. »Sucht die Laterne. Schnell, ich habe nur drei Streichhölzer!«

Andrej erhob sich unwillig, aber da hatte der Stumme die Laterne schon gefunden. Er hob den Zylinder und reichte sie Isja. Es wurde heller. Isja versuchte, den Brenner zu regulieren, aber seine Hände waren zu ungeschickt, es gelang ihm nicht. Der Stumme, vor Schweiß glänzend, kehrte in die Ecke zurück, hockte sich hin und schaute Andrej kläglich und ergeben an. Ein Kämpfer. Reste einer geschlagenen Armee.

»Gib her«, sagte Andrej.

Er stellte den Brenner ein, rief: »Los!«, und stieß die Tür zum Zimmer des Obersts auf. Die Fenster waren fest geschlossen, die Scheiben heil, deshalb merkte man hier den Gestank nicht. Es roch nach Tabak und Kölnisch Wasser. Nach dem Oberst. Alles war akkurat aufgeräumt, das erstklassige Leder von zwei gepackten Koffern schimmerte, das Feldbett war ohne eine einzige Falte gemacht, an einem Nagel hing ein Riemen mit der Pistolentasche und die Mütze mit dem riesigen Schirm. Auf einer klobigen Kommode stand eine Laterne, daneben eine Schachtel Streichhölzer, ein Stapel Bücher, das Futteral mit dem Feldstecher …

Andrej stellte seine Laterne auf den Tisch und schaute sich nochmals um. Das Tablett mit der Flasche und den umgedrehten Gläsern fand er auf einem leeren Regal.

»Gib her«, sagte er zum Stummen.

Der Stumme sprang hin, nahm das Tablett und stellte es auf den Tisch neben die Laterne. Andrej goss Kognak in die Gläser. Es waren nur zwei, für sich füllte er den Flaschenverschluss.

»Nehmt!«, sagte er. »Auf das Leben!«

Isja schaute ihn wohlwollend an und schnupperte mit Kennermiene am Glas. »Was für ein Tropfen!«, sagte er. »Auf das Leben also? Ach ... Ist das etwa ein Leben?« Er stieß kichernd mit dem Stummen an und trank das Glas in einem Zug aus. Seine Augen wurden feucht. »Mhm, köstlich ...«, sagte er mit etwas heiserer Stimme.

Der Stumme schluckte den Kognak hinunter wie Wasser. Doch Andrej stand noch immer mit dem gefüllten Flaschenverschluss da und hatte es nicht eilig zu trinken. Er wollte noch etwas sagen, wusste aber nicht, was. Eine große Etappe endete. Nun begann eine neue. Und obwohl vom morgigen Tag nichts Gutes zu erwarten war – so war er doch Realität. Das empfand Andrej umso stärker, als dieser Tag vielleicht einer der wenigen noch verbleibenden Tage sein würde. Und das war ein unbekanntes, sehr heftiges Gefühl.

Ihm fiel aber nichts zu sagen ein, und so wiederholte er nur: »Auf das Leben!« und trank.

Dann zündete er die Gaslaterne des Obersts an und reichte sie Isja. »Wenn du die auch noch kaputt machst, geh ich dir an die Gurgel.«

Isja brummte beleidigt etwas und verschwand. Andrej konnte sich nicht entschließen zu gehen und betrachtete eine Weile das Zimmer. Natürlich müsste er hier suchen. Bestimmt hatte Dagan für den Oberst etwas Gutes aufbewahrt. Aber hier herumzuwühlen war ihm irgendwie unangenehm ...

»Genieren Sie sich nicht, Andrej«, vernahm er plötzlich eine vertraute Stimme. »Tote brauchen nichts mehr.«

Der Stumme saß auf der Tischkante und ließ die Beine baumeln. Es war jedoch nicht mehr der Stumme, genauer gesagt – nicht ganz der Stumme. Er trug wie immer nur seine Hosen und am breiten Gürtel das Messer, aber seine Haut war trocken und matt, das Gesicht rundlich, und die Wangen hatten eine gesunde Röte. Es war der Mentor, und Andrej spürte zum ersten Mal keine Freude bei seinem Anblick, weder Hoffnung noch Elan. Es war ihm eher unangenehm, ja, peinlich.

»Wieder Sie!«, brummte er und kehrte dem Mentor den Rücken zu. »Wir haben uns lange nicht gesehen.«

Er trat ans Fenster, presste die Stirn an die warme Scheibe und schaute in die Finsternis, die von den Flammen des ausbrennenden Anhängers ein wenig erhellt wurde. »Wir sind hier nämlich gerade dabei, uns vom Leben zu verabschieden …«

»Warum denn gleich an den Tod denken?«, sagte der Mentor aufmunternd. »Leben muss man! Zum Sterben ist es nie zu spät – aber immer zu früh, habe ich Recht?«

»Und wenn wir kein Wasser finden?«

»Ihr findet welches. Ihr habt immer Wasser gefunden und werdet auch diesmal welches finden.«

»Gut, wir finden es. Und dann? Dort an der Quelle das ganze Leben verbringen? Wozu dann leben?«

»Wozu überhaupt leben?«

»Das denke ich auch die ganze Zeit: wozu leben? Ich habe ein dummes Leben gelebt, Mentor. Ein albernes, dummes Leben. Die ganze Zeit bin ich wie ein Stück Scheiße im Eisloch geschwommen – nicht untergegangen und nicht nach oben gestiegen. Anfangs habe ich für Ideen gekämpft, dann um rare Wandteppiche, und jetzt bin ich völlig durchgedreht, habe Menschen ins Verderben gestürzt …«

»Na, na! Das ist übertrieben«, sagte der Mentor. »Menschen kommen immer um. Was haben Sie damit zu tun? Sie beginnen jetzt mit einer neuen Etappe, Andrej, und meiner Ansicht nach ist es die entscheidende Etappe. In gewissem Sinne ist es sogar gut, dass alles so gekommen ist. Denn es war unausweichlich; die Expedition war zum Scheitern verurteilt. Doch Sie, Andrej, hätten sterben können, ohne je diese wichtige Grenze überschritten zu haben.«

»Was für eine Grenze, möchte ich wissen?« Andrej lachte laut auf und wandte dem Mentor sein Gesicht zu. »An Ideen hat es nicht gemangelt – dieses ganze Geschwätz über gesellschaftliches Wohl und den anderen Unsinn für die, die keine Ahnung haben. Karriere habe ich gemacht, mir reicht's, danke, ich war schon Chef ... Was kann jetzt noch kommen?«

»Erkenntnis!«, sagte der Mentor mit leicht erhobener Stimme.

»Was soll ich erkennen?«

»Erkenntnis«, wiederholte der Mentor. »Das hatten Sie noch nicht!«

»Ihre Erkenntnis steht mir bis hierher!« Andrej legte die Handkante an den Hals. »Ich habe auch so schon alles verstanden. Dreißig Jahre habe ich für diese Erkenntnis gebraucht, und jetzt habe ich's kapiert: Mich braucht niemand, genauso wie niemand irgendjemand anderen braucht. Ob ich da bin oder nicht, ob ich kämpfe oder auf dem Sofa liege, macht überhaupt keinen Unterschied. Nichts kann man verändern, nichts kann man verbessern. Man kann sich bloß arrangieren – besser oder schlechter. Alles läuft von selbst und hat mit mir gar nichts zu tun. Da haben Sie Ihre Erkenntnis! Mehr brauche ich nicht zu erkennen ... Sagen Sie mir lieber, was ich mit dieser Erkenntnis anfangen soll? Einpökeln für den Winter oder gleich aufessen?«

Der Mentor nickte.

»Eben«, sagte er. »Das ist die letzte Grenze: Was soll man mit der Erkenntnis anfangen? Wie damit leben? Denn leben muss man ja schließlich!«

»Leben muss, wer nichts erkannt hat!«, erwiderte Andrej und kochte innerlich vor Wut. »Aber mit der Erkenntnis muss man sterben! Wäre ich nicht so ein Feigling, und wäre der verdammte Lebenstrieb nicht so stark, wüsste ich, was ich zu tun hätte. Ich würde mir einen Strick nehmen, einen festen.«

Er verstummte.

Der Mentor nahm die Flasche, füllte vorsichtig ein Gläschen, dann das andere, und schraubte nachdenklich den Verschluss zu.

»Beginnen wir damit, dass Sie kein Feigling sind«, sagte er. »Und auf einen Strick haben Sie nicht deshalb verzichtet, weil Sie Angst hatten. Glauben Sie mir: Irgendwo im Unterbewusstsein, und das nicht einmal so tief, wohnt die Hoffnung – mehr noch, die Gewissheit, dass man auch mit dieser Erkenntnis leben kann. Und das gar nicht schlecht, sondern sogar besser.« Dann schob er Andrej mit dem Fingernagel ein Gläschen über den Tisch zu. »Erinnern Sie sich, wie Ihr Vater Sie zwang, ›Krieg der Welten‹ zu lesen – wie ungern Sie ihm folgten, wie wütend Sie waren und wie Sie das Buch unter dem Sofa versteckten, um wieder den illustrierten ›Baron Münchhausen‹ lesen zu können? Wells hat Sie gelangweilt, Ihnen wurde übel davon, Sie wussten nicht, wozu Sie ihn lesen sollten. Und dann haben Sie den Roman zwölfmal gelesen, ihn auswendig gelernt, Illustrationen dazu gezeichnet und sogar versucht, eine Fortsetzung zu schreiben.«

»Und?«, fragte Andrej mürrisch.

»Das ist Ihnen nicht nur einmal passiert! Und es wird Ihnen auch in Zukunft noch öfter passieren. Man hat Sie gerade zu einer Erkenntnis gezwungen, Ihnen ist noch ganz übel davon, Sie wissen nicht, was sie Ihnen bringen soll, wozu das Ganze …« Er erhob sein Gläschen. »Auf die Fortsetzung!«

Andrej trat an den Tisch, nahm sein Gläschen und führte es zu den Lippen. Mit der gewohnten Erleichterung registrierte er, dass sich die düsteren Zweifel zerstreuten und vor ihm, in dieser scheinbar undurchdringlichen Finsternis, etwas aufleuchtete. Jetzt trinken, das leere Gläschen schwungvoll auf den Tisch stellen, etwas Kraftvolles, Munteres sagen und sich ans Werk machen … Aber in dem Augenblick begann ein Dritter, der bisher geschwiegen hatte – die ganzen dreißig Jahre hindurch geschwiegen hatte, weil er entweder geschlafen, betrunken dagelegen oder auf alles gepfiffen hatte –, zu kichern und irgendetwas Sinnloses zu plappern: »Ti-li-li, ti-li-li!«

Und so goss Andrej den Kognak auf dem Fußboden aus, warf das Gläschen aufs Tablett, steckte die Hände in die Taschen und sagte: »Und ich habe noch etwas verstanden, Mentor … Trinken Sie, trinken Sie nur – ich möchte nicht!« Er konnte das rosige Gesicht nicht länger ertragen und ging wieder zum Fenster. »Sie sagen zu sehr vielem Ja, Herr Mentor. Pflichten mir bei und belobigen mich – viel zu oft. Sie sind Woronin Nummer zwei – mein Gummigewissen, ein gebrauchtes Kondom … Alles in Ordnung, Woronin. Es ist gut für dich, mein Lieber. Hauptsache, wir sind gesund – die anderen können ruhig verrecken. Wenn das Essen nicht reicht – kein Problem, dann erschieße ich Katzman, stimmt's? Eine feine Sache!«

Hinter seinem Rücken knarrte die Tür. Andrej wandte sich um. Das Zimmer war leer. Ebenso die Gläser und die Flasche, sogar in seiner Brust war es leer – als hätte man ein großes, vertrautes Stück herausgeschnitten. Vielleicht eine Geschwulst, vielleicht das Herz …

Während Andrej versuchte, sich an die neue Empfindung zu gewöhnen, trat er ans Bett des Obersts, nahm die Tasche mit der Pistole vom Nagel, schnallte sie sich so eng wie möglich um und schob die Pistolentasche nach vorn.

»Zur Erinnerung«, sagte er zu dem schneeweißen Kissen.

Sechster Teil

Ausgang

Die Sonne stand im Zenit. Kupferrot vor Staub hing sie mitten im fahlen, schmutzigen Himmel. Unter den Schuhsohlen sträubte und krümmte sich der verzerrte Schatten; bald war er grau und verwaschen, dann wieder tiefschwarz, wie lebendig, und gewann scharfe Konturen. So wirkte er besonders missgestalt. Es gab hier weit und breit keinen Weg – so weit man sah, nur die bucklige, schmutzig gelbe Lehmlandschaft. Der Boden war hart und tot wie Stein – und so kahl, dass man sich die Unmengen von Staub nicht erklären konnte.

Der Wind blies ihnen Gott sei Dank in den Rücken. Irgendwo weit in der Ferne hatte er ganze Tonnen des abscheulichen heißen Staubs aufgesogen und schleppte ihn jetzt dumpf und stur den ausgedörrten Sims entlang, der zwischen dem Abgrund und der gelben Wand lag, schleuderte ihn in Wirbeln hinauf zum Himmel, wand ihn zu verschlungenen Windhosen, rollte ihn zu massiven Walzen, und dann, in plötzlicher Raserei, peitschte er ihn in den schweißnassen Nacken, der Staub schlug gegen Hände und Ohren, verstopfte die Taschen, rieselte in den Kragen …

Hier gab es nichts, gar nichts, und das schon lange nicht mehr. Vielleicht war auch niemals etwas hier gewesen außer Sonne, Lehm und Wind. Nur manchmal tauchte vor ihnen das stachlige Skelett eines Strauches auf, der Gott weiß wie weit hinter ihnen mit der Wurzel herausgerissen worden war.

Kein Tropfen Wasser, kein Anzeichen von Leben. Immer nur Staub, Staub, Staub, Staub …

Von Zeit zu Zeit verschwand der Lehm unter den Füßen, und es tauchte Schotter auf. Dann war es heiß wie in der Hölle. Bald links, bald rechts ragten aus den Staubwolken kolossale Felsbrocken hervor, grau, wie mit Mehl bestäubt. Wind und Hitze verliehen ihnen die sonderbarsten Umrisse, und es war unheimlich, wie sie plötzlich erschienen und wieder verschwanden – wie Gespenster, als ob sie Verstecken spielten … Dann wurden die Schottersteine größer, hörten irgendwann ganz auf, und bald knirschte wieder der Lehm unter den Füßen.

Die Steine waren sehr gemein. Sie rutschten unter den Füßen weg, wollten sich immerzu tief in die Schuhsohle bohren, sie durchstoßen und am Fleisch scheuern. Der Lehm hingegen war freundlicher. Aber auch er tat sein Bestes – blähte sich plötzlich zu nackten Hügeln auf oder bildete unvermutet Schrägen und enge Schluchten, so dass man in der angestauten jahrtausendealten Hitze nicht mehr atmen konnte. Auch der Lehm spielte sein Spiel und veranstaltete Metamorphosen, soweit es die kärgliche Lehmfantasie erlaubte. Alles hier trieb sein Spiel. Und alles war nur auf eins aus …

»He, Andrej!«, rief Isja heiser. »Andrjucha!«

»Was ist los?«, fragte Andrej über die Schulter hinweg und blieb stehen.

Der Handwagen, der auf den lockeren Rädern schlenkerte, rollte weiter und schlug ihm gegen die Knie.

»Guck mal!«

Isja stand zehn Schritte hinter ihm und deutete mit ausgestreckter Hand nach vorn.

»Was ist das?«, fragte Andrej ohne besonderes Interesse.

Isja legte sich den Zugriemen um und rollte schnell mit seinem Wägelchen heran. Der Bart langte ihm mittlerweile bis zur Brust, die zerzauste graue Mähne stand zu Berge, und durch die Löcher seiner zerrissenen Jacke konnte man den behaarten, verschwitzten Körper sehen. Die zerfranste Hose bedeckte kaum die Knie, und aus dem Loch des rechten Schuhs ragten schmutzige Zehen mit abgebrochenen schwarzen Nägeln hervor … Isja – die Koryphäe. Priester und Apostel des ewigen Tempels der Kultur …

»Ein Kamm!«, rief Isja begeistert.

Der Kamm war von der billigsten Sorte, aus Plastik, und hatte abgebrochene Zinken. Eigentlich war es gar kein Kamm, sondern nur ein Bruchstück, und an der Bruchstelle konnte man noch die eingeprägte Produktnorm erkennen. Das Plastik war im Laufe der Jahre von der Sonne ausgebleicht und vom heißen Staub ganz zerfressen worden.

»Siehst du«, sagte Andrej. »Und du behauptest immer: Es war noch niemand vor uns hier!«

»Ich behaupte gar nichts«, sagte Isja friedlich. »Wollen wir uns nicht hinsetzen?«

»Meinetwegen.«

Isja ließ sich sogleich mit dem Hintern auf die Erde plumpsen, die Zugleinen noch um den Bauch, und steckte sich den Kamm in die Brusttasche.

Andrej stellte sein Wägelchen quer zur Windrichtung, warf die Leinen hin und setzte sich, den Rücken an die heißen Kanister gelehnt. Der Wind war sogleich merklich schwächer, dafür spürte er den heißen Lehmboden durch den morschen Stoff seiner Hose.

»Und wo ist deine Zisterne?«, fragte er verächtlich. »Schwätzer!«

»Ssuch! Ssuch!«, antwortete Isja. »Da muss was sein!«

»Was soll das jetzt wieder?«

»Das ist so ein Witz … von einem Kaufmann«, erklärte Isja. »Geht ein Kaufmann in den Puff …«

»Lass uns weitergehen! Es ist immer dasselbe, Isja. Du kommst einfach nicht zur Ruhe!«

»Ich kann mir gar keine Ruhe leisten. Ich muss bei der ersten Gelegenheit bereit sein.«

»Wir werden hier beide verrecken«, sagte Andrej.

»Hör auf, so etwas zu denken! Gar nichts werden wir!«

»Ich denke ja auch gar nicht dran«, sagte Andrej.

Das stimmte. Der Gedanke an den unausweichlichen Tod kam ihm jetzt nur noch selten in den Sinn, und er wusste nicht, warum. Entweder war das jähe Entsetzen, ein Todgeweihter zu sein, schon völlig abgestumpft, oder sein Körper war so ausgezehrt, dass er aufgehört hatte zu brüllen und zu schreien, und stattdessen nur noch leise wimmerte ... Vielleicht war auch die Quantität in Qualität umgeschlagen und Isja hatte mit seiner fast unnatürlichen Gleichgültigkeit dem Tod gegenüber auf ihn abgefärbt. Der Tod war ihr ständiger Weggefährte und kam ihnen manchmal sehr nahe, dann entfernte er sich wieder, ließ sie jedoch nie aus den Augen ... Wenn also Andrej vom unvermeidbaren Ende sprach, so tat er das seit vielen Tagen nur noch, um sich von seiner wachsenden Gleichgültigkeit gegenüber dem Tod zu überzeugen.

»Was sagst du, Isja?«

»Du sollst vor allem keine Angst haben, hier zu verrecken.«

»Das hast du mir schon hundertmal gesagt. Ich habe auch seit langem keine Angst mehr davor, aber du faselst immer noch dasselbe.«

»Dann ist es ja gut«, sagte Isja friedlich. Er streckte die Beine aus. »Womit könnte ich wohl meine Schuhsohle festbinden?«, dachte er laut nach. »Die fällt gleich ab.«

»Schneid ein Stück von der Leine ab. Brauchst du ein Messer?«

Eine Zeit lang schwieg Isja und betrachtete seine nackten Zehen. »In Ordnung«, sagte er schließlich. »Wenn sie ganz abgeht, dann ... Sollen wir einen Schluck trinken?«

»Händchen zittern, Füßchen beben ...?«, begann Andrej und dachte sogleich an Onkel Jura. An ihn konnte er sich jetzt nur noch mit Mühe erinnern; Onkel Jura stammte aus einem anderen Leben.

»… sollen wir nicht einen heben?«, setzte Isja den Spruch fort und sah Andrej bittend an.

»Sonst noch was!«, konterte Andrej mit Vergnügen. »Weißt du, welches Wasser du trinken kannst? Das du dort in deinem Buch gefunden hast. Du hast mir das mit der Zisterne doch bloß vorgelogen, stimmt's?«

Wie erwartet, geriet Isja in Wut. »Leck mich doch …! Bin ich etwa deine Gouvernante?«

»Also hat dein Buch gelogen.«

»Blödmann«, sagte Isja verächtlich. »Das war kein Buch, sondern eine Handschrift, und Handschriften lügen nicht. Man muss sie nur lesen können.«

»Also kannst du sie nicht lesen.«

Isja schaute ihn nur an und erhob sich. »Steh auf! Eine Zisterne willst du? Dann sitz hier nicht rum und steh auf. Los, mach schon!«

Der Wind peitschte den Sand wie Stacheln in die Ohren und wirbelte den Staub über den kahlen Lehm; der Lehm stemmte sich dem Wind entgegen und blieb eine Zeit lang ruhig, als hole er Kraft, und dann türmte er sich als Abhang vor ihnen auf …

Ich würde gerne verstehen, wohin mich der Teufel treibt, dachte Andrej. Mein ganzes Leben lang wurde ich irgendwohin getrieben und fand keine Ruhe, ich Dummkopf … Wohin – das ist die Frage, denn einen Sinn hat das alles nicht mehr. Früher gab es immer einen Sinn. War er auch erbärmlich oder verlogen – trotzdem, wenn ich eins auf die Schnauze kriegte, konnte ich immer sagen: Macht nichts, das ist für die Sache, das ist der Kampf.

»Alles auf der Welt ist einen Dreck wert«, hatte Isja gesagt – damals im Kristallpalast. Sie hatten gerade Hühnchen gegessen und lagen auf hellen synthetischen Matratzen rings um ein Becken mit klarem Wasser. »Es ist einen Dreck wert«, hatte Isja gesagt und mit einem gut gewaschenen Finger in seinen Zähnen gepolkt. »All eure Pflüger und Dreher, eure Bloomings und Crackings, euer mehrjähriger Weizen, eure Laser und Maser – das ist alles Dreck, Dünger. Es wird vergehen. Entweder spurlos und für immer, oder es vergeht, weil es sich verwandelt. Wichtig erscheint es uns nur deshalb, weil es die Mehrheit für wichtig hält. Und die Mehrheit hält es nur deshalb für wichtig, weil sie sich den Bauch vollschlagen und ihr Leben mit so wenig Anstrengung wie möglich verbringen will. Doch wenn man es recht bedenkt – wen kümmert die Mehrheit? Ich persönlich habe nichts gegen sie, ich gehöre ihr ja selber in gewissem Sinne an. Aber mich interessiert die Mehrheit nicht. Die Geschichte der Mehrheit hat einen Anfang und ein Ende. Anfangs frisst die Mehrheit das, was man ihr gibt. Und am Ende ist sie nur noch mit der Qual der Wahl beschäftigt: Wie wär's, wenn wir das fressen würden? Haben wir das schon gefressen?« – »Na, bis dahin ist es aber noch weit«, hatte Andrej entgegnet. »Nicht so weit, wie du glaubst«, hatte Isja eingewandt. »Und selbst wenn es noch weit ist, darum geht es nicht. Wichtig ist, dass es einen Anfang und ein Ende gibt.« – »Alles, was einen Anfang hat, hat ein Ende«, hatte Andrej gesagt. »Richtig, richtig«, hatte Isja ungeduldig zugestimmt. »Aber ich spreche von historischen Maßstäben, nicht vom Maßstab des Universums. Die Geschichte der Mehrheit hat ein Ende, doch die der Minderheit endet erst mit dem Universum.« – »Lausiger Elitarist«, hatte Andrej ihn träge beschimpft. Er war von seiner Matratze aufgestanden, ins Becken gesprungen und lange prustend im kühlen Wasser geschwommen. Und immer, wenn er zum Grund hinabtauchte, wo das Wasser eiskalt war, hatte er es gierig geschluckt wie ein Fisch …

Nein, natürlich habe ich kein Wasser geschluckt. Jetzt würde ich es tun. Mein Gott, wie ich trinken würde! Ich würde das ganze Becken aussaufen und Isja keinen Tropfen lassen – soll er seine Zisterne suchen.

Rechts schauten nun hinter schmutzig gelben Staubschwaden Ruinen hervor – eine halb eingestürzte Mauer, mit verstaubten, stachligen Pflanzen bewachsen, Reste eines plumpen viereckigen Turms.

»Na bitte!« Andrej blieb stehen. »Und du sagst: Niemand vor uns …«

»Das habe ich nie behauptet, du Idiot!«, zischte Isja. »Ich habe gesagt …«

»Hör mal, vielleicht ist hier die Zisterne?«

»Kann sein.«

»Gehen wir nachsehen.«

Sie warfen die Riemen hin und trotteten zu den Ruinen.

»He!«, sagte Isja. »Eine normannische Festung! Neuntes Jahrhundert.«

»Wasser sollst du suchen, Wasser …«

»Geh mir doch mit deinem Wasser …«, erwiderte Isja. Seine Augen wurden immer größer; mit lange vergessener Geste suchte er im Bart nach seiner Warze. »Normannen!«, murmelte er. »Ausgerechnet … Womit man die wohl hierhergelockt hat?«

Sie krochen durch ein Loch in der Wand, wobei sie ständig mit ihren Lumpen an den Dornen hängen blieben; dann gelangten sie zu einem windstillen Ort. Auf einem viereckigen ebenen Platz erhob sich ein niedriges Bauwerk mit eingefallenem Dach.

»Ein Bund von Schwert und Zorn«, murmelte Isja, der auf die Türöffnung zueilte. »Ich habe nie verstanden, was das für ein Bund war … woher da das Schwert kommt. Wie soll man sich das auch vorstellen?«

Das Haus war verlassen, und das schon sehr lange. Seit Jahrhunderten. Eingestürzte Dachsparren lagen auf verfaulten Brettern – den Überbleibseln eines Tisches, so lang wie das

Haus. Alles war verstaubt, morsch, vermodert, und an der linken Wand zogen sich ebenso verstaubte und morsche Bänke entlang. Ununterbrochen vor sich hin murmelnd, stöberte Isja in dem Moderhaufen. Andrej ging wieder vor die Tür und sah sich draußen um.

Sehr bald stieß er auf eine ehemalige Zisterne, eine sehr große, runde und mit Steinplatten ausgelegte Grube. Jetzt waren die Steine staubtrocken, aber früher hatte es in der Grube zweifellos Wasser gegeben. Der steinharte Lehm am Rande der Zisterne hatte Spuren von Schuhen und Hundepfoten bewahrt. Sieht übel aus, dachte Andrej. Verzweiflung legte sich schwer auf sein Herz, ließ es aber sogleich wieder los: Am gegenüberliegenden Grubenrand breiteten sich im Lehm zottige Blätter von Ginseng aus. Andrej rannte um die Grube herum und suchte in der Tasche nach dem Messer.

Ein paar Minuten lang kratzte er fieberhaft, keuchend und schweißübergossen mit Messer und Fingernägeln den versteinerten Lehm weg, schaufelte die Brocken beiseite und grub weiter, bis er mit beiden Händen die dicke Wurzel zu fassen bekam. Sie war kalt, feucht und groß, und er zog sie mit ganzer Kraft und doch vorsichtig heraus, damit sie um Gottes willen nicht zu Schaden kam.

Es war eine kräftige Wurzel – faustdick und an die siebzig Zentimeter lang, weiß, sauber und glänzend. Andrej presste sie mit beiden Händen an die Wange und lief zu Isja. Unterwegs konnte er sich nicht zurückhalten und biss in das saftige, knackige Fleisch, kaute langsam und sorgfältig, um nur ja keinen Tropfen der wundersamen bitteren Substanz zu verlieren, von der es im Mund und im ganzen Körper frisch und kühl wurde wie in einem morgendlichen Wald. Auch der Kopf wurde klar, man fürchtete sich plötzlich vor nichts mehr und fühlte sich stark und kraftvoll.

Dann saßen sie auf der Schwelle des Hauses und bissen freudig zu, schmatzten, einander mit vollem Mund fröhlich zublinzelnd; der Wind heulte enttäuscht über ihre Köpfe hinweg und konnte sie nicht erreichen. Wieder hatten sie ihn überlistet und ließen ihn nicht mit ihren Gerippen auf dem kahlen Lehm spielen. Jetzt konnten sie sich wieder mit ihm messen.

Sie tranken jeder zwei Schluck aus dem heißen Kanister, spannten sich vor die Wägelchen und zogen weiter. Das Gehen fiel ihnen jetzt leicht, Isja blieb nicht mehr zurück, sondern schritt neben Andrej und schlappte mit der halbabgerissenen Sohle.

»Übrigens habe ich dort noch eine Pflanze entdeckt«, sagte Andrej. »Eine kleine. Auf dem Rückweg …«

»Zwecklos«, sagte Isja. »Die hätten wir lieber essen sollen.«

»War die eine nicht genug?«

»Warum soll so etwas Gutes umkommen?«

»Das kommt nicht um. Auf dem Rückweg wird's uns nützen.«

»Es gibt keinen Rückweg!«

»Das, Bruder, weiß niemand«, wandte Andrej ein. »Sag mir lieber: Kommt noch irgendwo Wasser?«

Statt einer Antwort legte Isja den Kopf in den Nacken und sah hoch zur Sonne. »Im Zenit. Oder fast im Zenit. Was meinst du, Herr Astronom?«

»Sieht so aus.«

»Bald beginnt das Allerinteressanteste.«

»Was soll denn daran so interessant sein? Wir überschreiten den Nullpunkt, und dann gehen wir zur Antistadt, na und?«

»Woher weißt du das?«

»Das von der Antistadt?«

»Nein. Warum denkst du, dass wir den Nullpunkt einfach überschreiten und weitergehen?«

»Ich denke gar nichts«, sagte Andrej. »Nur an Wasser.«

»Mein Gott! Am Nullpunkt ist der Anfang der Welt – und er denkt an Wasser!«

Andrej antwortete nicht. Der Weg wurde wieder steiler, und die Riemen schnitten ihm tief in die Schultern. Der Ginseng ist etwas Wunderbares, dachte Andrej. Aber woher kennen wir die Pflanze? Hat Pak davon erzählt? Wahrscheinlich. Nein. Mymra hat ein paar Wurzeln mit ins Lager gebracht, um sie zu essen, aber die Soldaten haben sie ihr weggenommen und reihum selbst probiert. Danach sind sie herumstolziert wie Gockel und haben es dann die ganze Nacht bis zum Morgen mit Mymra getrieben. Pak hat erzählt, dass der hiesige Ginseng genau wie der echte sehr selten vorkommt. Er wächst an Orten, wo es früher Wasser gab, und wirkt sehr kräftigend. Man muss ihn aber unverzüglich essen, weil die Wurzel nach spätestens einer Stunde welkt und dann mehr oder weniger giftig wird. Beim Pavillon wuchs viel Ginseng – ein ganzer Garten voll. Da haben wir uns den Wanst vollgeschlagen, und Isjas wunde Stellen sind in einer Nacht geheilt. Schön war es beim Pavillon. Und Isja hat dort andauernd von seinem Kulturtempel der Menschheit gepredigt …

»… Das sind nur Baugerüste an den Wänden des Tempels«, hatte er gesagt. »Das Beste, was die Menschheit in Hunderttausend Jahren erdacht und hervorgebracht hat, das Wesentliche, was sie begriffen und erkannt hat, wird in diesen Tempel aufgenommen. Jahrtausende lang kämpft, hungert, frisst und kopuliert die Menschheit, verfällt in Sklaverei und befreit sich wieder – und in der ganzen Zeit trägt sie ohne es zu ahnen diesen Tempel auf dem trüben Kamm ihrer Welle. Manchmal wird er der Menschheit plötzlich bewusst, und dann beginnt sie entweder, den Tempel wieder in Ziegelsteine zu zerlegen, sich krampfhaft vor ihm zu verneigen, oder sie errichtet einen zweiten Tempel direkt daneben, um ihn abzuwerten. Doch nie versteht sie, womit sie es hier zu tun hat. Und dann, nach all den vergeblichen Versuchen, richtig mit ihm umzugehen, wendet sie sich wieder ihren täglichen Bedürfnissen zu: Sie teilt etwas schon dreiunddreißigmal Geteiltes noch einmal, kreuzigt jemanden, erhöht jemanden … So wächst und wächst der Tempel von einem Jahrhundert zum anderen, von einem Jahrtausend ins nächste, und man kann ihn weder zerstören noch endgültig entwerten. Es ist interessant«, hatte Isja gesagt, »dass jeder Ziegelstein des Tempels, jedes unsterbliche Buch, jede unsterbliche Melodie, jedes einmalige Bauwerk immer die verdichtete Erfahrung der Menschheit in sich trägt, ihre eigenen Ideen und die Ideen über sie, Ideen über die Ziele und Widersprüche der menschlichen Existenz. Auch wenn der Tempel den jetzigen Interessen dieser sich selbst zerfleischenden Schweineherde sehr fern zu sein scheint, so ist er doch untrennbar mit dieser Schweineherde verbunden und ohne sie undenkbar. Und das Kurioseste ist«, hatte Isja gesagt, »dass der Tempel eigentlich von niemandem bewusst erbaut wird. Man kann ihn nicht auf dem Papier oder in einem genialen Hirn planen, er wächst von selbst und nimmt unweigerlich alles Wertvolle in sich auf, was die menschliche Geschichte hervorbringt … Du denkst vielleicht«, hatte Isja spöttisch gefragt, »dass die Erbauer dieses Tempels keine Schweine sind? Herrgott, und was für welche! Der Dieb und Schuft Benvenuto Cellini, der hemmungslose Säufer Hemingway, der Päderast Tschaikowski, der schizophrene und chauvinistische Dostojewski, der Galgenvogel François Villon … Mein Gott, anständige Menschen sind unter ihnen eher die Ausnahme! Die Korallenpolypen wissen nicht, was sie erschaffen. Und die Menschheit weiß es ebenso wenig. Generation um Generation frisst sie, genießt, raubt, mordet, verreckt – und siehe da, ein ganzes Korallenatoll ist entstanden, und wie herrlich es aussieht! Wie stabil es ist!« – »Na schön«, hatte Andrej erwidert. »Ein Tempel. Der einzige unvergängliche Wert. Aber was hat das mit uns Menschen zu tun? Was hat es mit mir zu tun?« …

»Halt!« Isja zog Andrej an der Leine. »Warte! Steine!«

Tatsächlich, die Steine waren perfekt – rund und flach wie verhärtete Kuhfladen.

»Wollen wir wieder einen Tempel bauen?«, fragte Andrej und grinste.

Er warf die Leinen hin und griff nach einem Stein. Er war wie geschaffen für ein Fundament – unten höckrig und rau, oben glatt, von Staub und Wind wie abgeschliffen. Andrej presste den Stein auf einen ziemlich ebenen Schotterhaufen und holte einen zweiten.

Während er das Fundament aufschichtete, fühlte er so etwas wie Befriedigung: Es war Arbeit und kein sinnloses Herumlaufen, eine Beschäftigung, die ein bestimmtes Ziel hatte. Man konnte über dieses Ziel streiten, man konnte Isja einen Psychopathen nennen (was er auch war) … Aber man konnte genauso, Stein auf Stein, ein möglichst ebenes Fundament schaffen.

Neben ihm keuchte und schnaufte Isja, der die größten Steine heranschleppte; als er stolperte, riss seine Schuhsohle ganz ab. Nachdem das Fundament fertig war, hüpfte er zu seinem Wägelchen und holte wieder ein Exemplar seines »Wegweisers« hervor.

Damals im Kristallpalast hatten sie irgendwann verstanden und fest daran geglaubt, dass sie auf dem Weg nach Norden niemandem mehr begegnen würden. Da hatte sich Isja an eine Schreibmaschine gesetzt und in ungeheurem Tempo einen »Führer durch die Welt des Fiebertraums« geschrieben. Dann vervielfältigte er den »Führer« auf einem seltsamen Gerät (der Kristallpalast steckte voll von den unterschiedlichsten und erstaunlichsten Apparaten), verschweißte die fünfzig Exemplare in ein seltsames, sehr festes Material namens »Polyethylenfolie« und belud sein Wägelchen bis obenhin damit, so dass kaum Platz für den Sack mit Zwieback blieb. Und jetzt hatte er von den eingeschweißten Exemplaren höchstens noch zehn übrig.

»Wie viele hast du noch?«, frage Andrej.

Isja, der das Exemplar in die Mitte des Fundaments legte, antwortete zerstreut: »Weiß der Teufel. Wenig. Reich mir Steine.«

Sie schleppten wieder Steine heran, und bald türmte sich über dem kleinen Paket eine Pyramide von anderthalb Metern Höhe. In dieser menschenleeren Wüste wirkte sie ziemlich seltsam, und damit sie noch seltsamer aussah, übergoss Isja die Steine mit giftig roter Farbe aus einer großen Büchse, die er im Lager unter dem Turm gefunden hatte. Dann ging er zum Wagen, setzte sich und machte sich daran, die abgerissene Schuhsohle mit einem Strick zu befestigen. Dabei schaute er hin und wieder auf die Pyramide, und auf seinem Gesicht wichen Zweifel und Unsicherheit allmählich Befriedigung und Stolz.

»Na?«, fragte er Andrej. »Selbst ein Vollidiot geht nicht einfach daran vorüber, sondern denkt sich, dass es einen Sinn haben muss.«

»Ja«, sagte Andrej, der sich neben ihn setzte. »Das wird dir viel nützen, wenn ein Vollidiot die Pyramide ausgräbt.«

»Macht nichts! Ein Idiot ist auch ein vernunftbegabtes Wesen. Auch wenn er selber nichts davon versteht, so erzählt er es doch anderen.« Er wurde plötzlich lebhaft. »Nimm zum Beispiel die Mythen! Bekanntlich stellen dabei die Dummen die erdrückende Mehrheit. Das bedeutet, dass bei jedem interessanten Ereignis in der Regel ein Dummer als Zeuge dabei war. Ergo: Ein Mythos ist die Beschreibung eines tatsächlichen Ereignisses aus der Perspektive eines Dummkopfs – literarisch bearbeitet von einem Dichter. Na?«

Andrej antwortete nicht. Er schaute auf die Pyramide. Der Wind wehte sachte den Staub um sie herum und pfiff leise in den Spalten zwischen den Steinen. Und Andrej standen auf einmal die endlosen Kilometer vor Augen, die schon hinter ihnen lagen, und alle auf diesen Kilometern aufgeschichteten

Pyramiden, die dem Wind und der Zeit ausgesetzt waren. Er stellte sich vor, wie ein erschöpfter Wanderer, halbtot vor Hunger und Durst, auf allen vieren zu der Pyramide kriecht, ungestüm und fast besinnungslos die Steine wegscharrt, seine entzündete Fantasie ihm unter den Steinen ein Geheimfach mit Nahrung und Wasser ausmalt … Andrej lachte hysterisch auf. Da würde ich mich erschießen. Das kann man nicht ertragen.

»Was hast du?«, fragte Isja argwöhnisch.

»Nichts, nichts, alles in Ordnung«, antwortete Andrej und erhob sich.

Isja stand ebenfalls auf und besah sich eine Zeit lang kritisch die Pyramide. »Daran ist nichts Lächerliches!« Dann stampfte er mit dem Fuß auf, an dem er die Schuhsohle befestigt hatte und sagte: »Fürs Erste wird's gehen! Weiter?«

»Weiter.«

Andrej spannte sich in sein Wägelchen ein, während Isja nicht an sich halten konnte und noch einmal um seine Pyramide herumlief. Er stellte sich offensichtlich auch etwas vor – Bilder, und diese Bilder schmeichelten ihm, er lächelte verstohlen, rieb sich die Hände und prustete laut in seinen Bart.

»Du siehst vielleicht aus!«, konnte sich Andrej nicht verkneifen zu sagen. »Wie eine Kröte, die gelaicht hat und jetzt vor Stolz zu platzen scheint. Oder wie ein Lachs.«

»Na, na!«, sagte Isja, während er die Arme in die Leinen steckte. »Der Lachs krepiert danach.«

»Eben!«, sagte Andrej.

»Du …!«, sagte Isja drohend, und sie zogen weiter.

Dann fragte Isja plötzlich: »Hast du schon einmal Lachs gegessen?«

»Viel Lachs! Zum Wodka. Weißt du, wie gut das zusammenpasst? Oder belegte Brote zum Tee. Warum?«

»Ach …, meine Töchter haben keinen Lachs mehr kosten können.«

»Töchter?«, wunderte sich Andrej. »Du hast Töchter?«

»Ja, drei«, sagte Isja. »Und keine weiß, was Lachs ist. Ich habe ihnen erklärt, dass Lachs und Stör ausgestorbene Fische sind. So ähnlich wie die Ichthyosaurier. Und sie werden ihren Kindern dasselbe vom Hering erzählen.«

Isja sagte noch etwas, aber Andrej hörte nicht hin, weil er so überrascht war: Ist es möglich! Drei Töchter! Isja! Sechs Jahre kenne ich ihn schon, aber das wäre mir nie in den Sinn gekommen. Warum hat er sich damals entschlossen, alles aufzugeben und dem Ruf des Mentors hierherzufolgen? Dieser Isja. Weiß der Teufel, was es für Menschen auf der Welt gibt. Nein, Kinder, dachte er, es ist schon alles richtig so: Kein normaler Mensch wird je bis zu dieser Pyramide gelangen. Denn alle normalen Menschen, die den Kristallpalast erreichen, bleiben dort, solange sie leben. Ich habe sie im Kristallpalast gesehen, diese normalen Menschen. Ihre Visage ist kaum vom Hintern zu unterscheiden. Nein, Kinder, wenn jemand bis hierherkommt, dann nur ein Isja Nummer zwei. Und wenn er die Pyramide ausgegraben und den Umschlag aufgerissen hat, wird er alles um sich herum vergessen, wird nur noch lesen und beim Lesen sterben ... Obwohl, andererseits, mich hat es ja auch hierhergetrieben. Warum eigentlich? Im Turm war es angenehm. Im Pavillon noch besser. Und erst im Kristallpalast! Wie im Kristallpalast habe ich noch nie gelebt und werde ich sicher nie mehr leben ... Also gut, Isja. Er hat Hummeln im Hintern, er kann nicht an einem Ort bleiben. Aber wenn Isja nicht bei mir gewesen wäre – wäre ich dann gegangen oder geblieben? Das ist die Frage!

»Warum wir weitergehen müssen?«, hatte Isja auf der Plantage gefragt, und die dunkelhäutigen Mädchen, vollbusig und mit glatter Haut, hatten dabeigesessen und uns still zugehört. »Warum müssen wir trotz allem weitergehen?«, hatte Isja wiederholt und dabei einem der Mädchen zerstreut über das samtige Knie gestreichelt. »Weil hinter uns entweder der

Tod liegt oder die Langeweile, die ebenfalls der Tod ist. Genügt dir diese einfache Erklärung nicht? Wir sind die Ersten, verstehst du? Kein Mensch vor uns hat diese Welt von einem Ende bis zum anderen durchschritten – von den Dschungeln und Sümpfen bis zum Nullpunkt. Vielleicht wurde die ganze Idee nur deshalb erdacht, damit ein solcher Mensch sich findet? Damit er von hier nach dort geht?« – »Wozu?«, hatte Andrej mit düsterer Miene gefragt. – »Woher soll ich wissen, wozu?«, hatte sich Isja erregt. »Wozu wird der Tempel erbaut? Klar ist nur, dass der Tempel das einzig sichtbare Ziel darstellt. Aber wozu – das ist keine korrekte Frage. Der Mensch muss ein Ziel haben, er kann ohne Ziel nicht leben, dazu ist ihm der Verstand gegeben. Wenn er kein Ziel hat, erfindet er eins.« – »Das hast du ja getan«, hatte Andrej geantwortet, »du musst unbedingt von hier nach da gehen. Das nennt sich Ziel!« – »Ich habe es mir nicht ausgedacht«, hatte Isja erwidert. »Es ist mein einziges Ziel. Ich konnte nicht wählen. Entweder man hat ein Ziel, oder man hat keins – so sieht's aus.« – »Und warum redest du andauernd von deinem Tempel? Was hat der damit zu tun?« – »Sehr viel«, parierte Isja vergnügt, als hätte er auf die Frage gewartet. »Zum Tempel, mein lieber Andrej – gehören nicht nur unvergängliche Bücher und unsterbliche Musik. Das würde ja sonst bedeuten, dass man den Tempel erst nach Gutenberg erbaut hat, oder, wie man uns lehrte, nach Iwan Fjodorow. Nein, mein Lieber, der Tempel wird auch aus Taten errichtet – wird sozusagen durch sie zementiert, durch sie stabil, ruht auf ihnen. Mit Taten begann alles. Erst die Tat, dann die Legende und dann alles Übrige. Natürlich ist hier die Rede von einer ungewöhnlichen, einmaligen Tat, die sich nicht erklären lässt. Damit wurde der Tempelbau begonnen – mit einer nicht trivialen Tat.« – »Kurzum, mit einer heroischen«, hatte Andrej bemerkt und verächtlich gelacht. – »Meinetwegen mit einer heroischen«, hatte ihm Isja herablassend zugestimmt. »Das heißt, aus dir wird ein Held«, hatte Andrej gesagt. »Darauf bist du aus. Sindbad der Seefahrer und der mächtige Ulysses …« – »Und du bist blöd!« Isja hatte das zärtlich gesagt, ohne jede beleidigende Absicht. »Ich versichere dir, mein Freund, dass Ulysses nicht darauf aus war, ein Held zu werden. Er *war* einfach ein Held, es lag in seiner Natur, er konnte nicht anders. Du kannst keine Scheiße fressen – davon wird dir übel. Und Ulysses wurde übel davon, als kleiner Herrscher in seinem stickigen Ithaka zu sitzen. Ich sehe doch, dass du mich bedauerst – ein Besessener, ein armer Irrer. Doch, ich seh's. Aber du brauchst mich nicht zu bedauern. Du müsstest mich beneiden. Denn ich weiß ganz genau: Der Tempel wird gebaut. In der Geschichte geschieht sonst nichts von Bedeutung, und ich habe in meinem Leben nur eine Aufgabe – diesen Tempel zu schützen und seine Schätze zu mehren. Ich bin natürlich kein Homer und kein Puschkin – einen Ziegelstein für die Wand habe ich nicht zu bieten. Aber ich bin Katzman! Und der Tempel ist in mir, also bin ich auch ein Teil des Tempels, also hat sich der Tempel mit meiner Erkenntnis um eine weitere menschliche Seele vergrößert. Und das allein ist schon herrlich. Selbst wenn ich kein Staubkörnchen zum Bau beitrage. Obwohl ich mich natürlich bemühe, etwas beizutragen. Es wird ein sehr kleines Körnchen sein, schlimmer noch – es wird mit der Zeit vielleicht einfach abfallen, sich nicht für den Tempel eignen. Und trotzdem weiß ich: Der Tempel war in mir, und er blieb auch durch mich erhalten.« – »Ich begreife gar nichts«, hatte Andrej gesagt. »Du redest wirres Zeug. Eine Art Religion – Tempel, Geist!« – »Klar doch!«, hatte Isja erwidert, »wenn es sich nicht um eine Wodkaflasche oder eine überbreite Matratze handelt, dann muss es Religion sein. Wogegen sträubst du dich eigentlich? Du hast mir doch in den Ohren gelegen, dass du den Boden unter den Füßen verloren hast, im luftleeren Raum schwebst. Stimmt, du schwebst. Das musste dir passieren. Jedem Menschen, der nur ein klein wenig nachdenkt, ergeht es so. Und jetzt gebe ich dir einen Boden unter den Füßen. Den besten, den man sich denken kann. Wenn du willst – stell dich mit beiden Beinen darauf, wenn nicht – scher dich zum Teufel. Aber hör auf, mir auf die Nerven zu fallen.« – »Du gibst mir keinen Boden unter den Füßen«, hatte Andrej gesagt, »sondern schiebst mir eine formlose Wolke unter! Na schön. Nehmen wir an, ich weiß, worum es bei deinem Tempel geht. Was nutzt mir das? Zum Erbauer deines Tempels eigne ich mich nicht – ich bin nämlich auch kein Homer. Aber du trägst diesen Tempel wenigstens in deiner Seele, du kannst nicht ohne ihn leben. Ich sehe ja, wie du durch die Welt läufst – wie ein junger Hund, der alles neugierig beschnuppert, beleckt oder kostet! Ich sehe, dass du liest. Du kannst vierundzwanzig Stunden am Tage lesen und alles dabei vergessen. Ich aber kann nichts dergleichen. Lesen tue ich gern, aber in Maßen. Musik hören – ja. Ich höre sehr gerne Musik. Aber auch nicht vierundzwanzig Stunden am Tag! Und mein Gedächtnis ist das allergewöhnlichste – ich kann es nicht mit allen Schätzen bereichern, die von der Menschheit aufgehäuft wurden. Selbst wenn ich mich mit nichts anderem befasste, könnte ich das nicht. Zum einen Ohr rein, zum anderen raus. Was habe ich dann von deinem Tempel?« – »Alles richtig, alles wahr«, hatte Isja gesagt. »Das bestreite ich gar nicht. Der Tempel ist nicht für jedermann. Und ich bestreite nicht, dass er im Besitz einer Minderheit ist, das liegt in der menschlichen Natur. Aber hör zu. Ich erkläre dir jetzt, wie ich mir das vorstelle. Der Tempel hat erstens« – Isja begann an den Fingern abzuzählen – »seine Erbauer. Das sind die, die ihn errichten. Zweitens, sagen wir … ach, zum Teufel, ich finde kein Wort dafür, immer drängt sich die religiöse Terminologie auf … also gut – Priester. Das sind die, die ihn in sich tragen, durch deren Seelen er wächst und in deren Seelen er existiert. Und es gibt Nutzer – das sind die, die sozusagen von ihm probieren. Puschkin zum Beispiel ist ein Erbauer. Ich bin ein Priester. Und du bist ein Nutzer. Verzieh das Gesicht nicht, du Dummkopf! Ein Tempel ohne Nutzer wäre doch jeden menschlichen Sinns beraubt. Du solltest lieber daran denken, was du für ein Glück hast! Denn es braucht viele Jahre der Manipulation, Gehirnwäsche und des Betrugs, um einen Nutzer zur Zerstörung des Tempels anzustiften. Aber so, wie du jetzt bist, kann dich niemand mehr dazu bringen, höchstens unter Todesdrohung! Denk nach, du Holzkopf! Leute wie du gehören ebenfalls zu einer kleinen Minderheit. Der Masse braucht man bloß einen Wink zu geben, schon zieht sie johlend mit Brechstangen und Fackeln los, um den Tempel einzureißen und anzuzünden! Das hat es oft gegeben! Und es wird noch öfters vorkommen. Und du beklagst dich? Will man überhaupt fragen, für wen der Tempel errichtet ist, gibt es nur eine Antwort: für dich!« …

»Andrej!«, rief ihn Isja mit der ebenso vertrauten wie scheußlichen Stimme. »Sollten wir nicht etwas trinken?«

Sie standen auf einem etwas größeren Hügel. Links am Abgrund war alles in einen trüben Schleier von wehendem Staub gehüllt, rechts war die Sicht besser, man erkannte die gelbe Wand – nicht eben und glatt wie in der Gemarkung der Stadt, sondern zerklüftet und gerissen wie die Rinde eines monströsen Baums. Vor ihnen lag ein weißes Feld aus kompaktem Stein – eben wie eine Tischplatte. Und diese weiße Ebene zog sich hin, so weit das Auge reichte. Darüber drehten sich zwei dünne Windhosen – eine gelb, die andere schwarz.

»Das ist mal was Neues«, sagte Andrej blinzelnd. »Sieh mal – nur Stein.«

»Stimmt! Komm, wir trinken etwas, es ist schon vier Uhr.«

»Gleich«, willigte Andrej ein. »Lass uns nur zuerst den Hügel hinuntergehen.«

Als sie unten waren, lösten sie die Riemen, und Andrej griff nach dem erhitzten Wasserkanister in seinem Wägelchen. Er hing zuerst am Riemen der Maschinenpistole fest, dann am Sack mit dem restlichen Zwieback. Aber Andrej zerrte ihn schließlich hervor, klemmte ihn zwischen die Knie und öffnete ihn. Isja führte mit zwei Plastikbechern in der Hand einen Freudentanz auf.

»Hol das Salz raus«, befahl Andrej.

Isja hörte sofort auf zu tanzen. »Ach, hör auf!«, nörgelte er. »Warum denn das? Lass es uns so trinken.«

»Ohne Salz kriegst du nichts«, sagte Andrej müde.

»Dann mache ich es anders«, sagte Isja. Er hatte schon die Becher auf einen Stein gestellt und wühlte in seinem Wägelchen. »Ich esse das Salz einfach so und begieße es dann mit Wasser.«

»Na gut«, sagte Andrej ergeben. »Wenn es sein muss.«

Andrej goss einen halben Becher heißes, nach Eisen riechendes Wasser ein, nahm von Isja die Salztüte und sagte: »Zunge raus.«

Er schüttete eine Prise Salz auf die dicke belegte Zunge und sah, wie Isja würgte und gierig die Hand nach dem Becher ausstreckte. Dann salzte Andrej sein Wasser und trank es mit kleinen Schlucken wie eine Medizin hinunter, ohne den geringsten Genuss zu verspüren.

»Mhm, gut«, sagte Isja krächzend. »Nur zu wenig.«

Andrej nickte. Das Wasser trat sogleich als Schweiß aus, und der Mund blieb trocken, ohne die geringste Erleichterung. Er hob den Kanister hoch und schätzte. Für ein paar Tage wird es noch reichen, aber dann … Dann wird sich was finden, dachte er wütend. Das Experiment ist das Experiment. Leben lassen sie einen nicht, aber verrecken eben auch nicht. Er warf einen Blick auf das weiße, vor Hitze glühende Plateau, das sich vor ihnen erstreckte, biss sich auf die trockene Lippe und stellte den Kanister zurück in den Wagen. Isja hatte sich wieder hingesetzt und band aufs Neue seine Schuhsohle fest.

»Das ist wirklich ein merkwürdiger Ort. So etwas habe ich noch nie gesehen.« Isja schaute in die Sonne und schirmte die Augen mit der Hand ab. »Im Zenit. Mein Gott, im Zenit. Etwas wird geschehen ... Schmeiß doch endlich die Knarre weg, was willst du damit?«

Andrej deponierte seine Maschinenpistole neben dem Kanister. »Ohne die Knarre hätten wir beide hinter dem Pavillon unsere Knochen nicht beisammengehalten.«

»Das war hinter dem Pavillon«, entgegnete Isja. »Seitdem laufen wir schon die fünfte Woche, und es ist nicht eine Fliege in Sicht.«

»Lass gut sein«, sagte Andrej. »Du brauchst sie ja nicht zu schleppen. Weiter!«

Das Steinplateau erwies sich als erstaunlich glatt. Die Wagen rollten wie auf Asphalt, nur die Räder quietschten. Die Hitze aber war noch schlimmer geworden. Der weiße Stein warf das Sonnenlicht zurück, und für die Augen gab es keinen Schutz. Die Füße brannten, als wären sie nackt, und der Staub wurde seltsamerweise nicht weniger. Wenn wir hier nicht krepieren, dachte Andrej, dann leben wir ewig. Er hatte die Augen zusammengekniffen, dann schloss er sie ganz. Das war besser. So gehe ich weiter, dachte er. Und die Augen öffne ich nur alle zwanzig Schritte. Oder alle dreißig. Ich schaue, und weiter geht's ...

Aus ganz ähnlich weißem Stein war auch der Keller des Turms gemauert gewesen. Nur war es dort kühl und dämmrig, und an den Wänden standen zahlreiche Pappkartons. Sie enthielten Nägel, Schrauben, Bolzen beliebiger Ausmaße, Büchsen mit Leim und Farbe, Flaschen mit verschiedenfarbigen Lacken, Tischler- und Schlosserwerkzeuge, in Ölpapier gewickelte Kugellager. Essbares fanden sie nicht, aber in einer Ecke rann aus einem rostigen Rohr ein dünner Strahl kaltes und sehr köstliches Wasser und versickerte im Boden.

»Alles in deinem System ist gut«, hatte Andrej gesagt, als er zum zwanzigsten Mal seinen Becher unter dem Wasserstrahl füllte. »Aber etwas missfällt mir. Ich kann es nicht leiden, wenn man Menschen in wichtige und unwichtige einteilt. Das ist nicht richtig, es ist widerlich und gemein. Der Tempel steht da, und rundherum kraucht der geistlose Pöbel. ›Der Mensch ist ein Seelchen, von einem Leichnam belastet.‹ Es mag ja tatsächlich so sein. Dennoch ist es nicht richtig. Das muss verdammt noch mal verändert werden.«

»Sage ich denn, dass man es nicht ändern soll?«, empörte sich Isja. »Natürlich wäre es gut, die Ordnung zu verändern. Nur wie? Bisher sind alle Versuche gescheitert, das menschliche Feld zu ebnen, alle einem Niveau anzugleichen, damit es richtig und gerecht ist. All diese Versuche endeten mit der Vernichtung des Tempels und dem Abschlagen der Köpfe, die über die anderen herausragten. Über dem eingeebneten Feld wuchs dann schnell wie ein Krebsgeschwür die stinkende Pyramide einer neuen politischen Elite, die noch abscheulicher war als die alte. Und andere Wege sind bisher nicht erdacht und beschritten worden. Natürlich haben diese Exzesse den Lauf der Geschichte nicht verändert und konnten den Tempel nicht völlig vernichten, aber kluge Köpfe wurden mehr als genug abgeschlagen.«

»Ich weiß«, sagte Andrej. »Trotzdem. Trotzdem ist es abscheulich. Jede Elite ist abscheulich und gemein.«

»Entschuldige mal!«, wandte Isja ein. »Wenn du sagen würdest: Jede Elite, die über das Schicksal und das Leben anderer Menschen gebietet, ist abscheulich und gemein – dann würde ich dir zustimmen. Aber die Elite an sich, ich meine, für sich selbst genommen – wem schadet die schon? Natürlich, sie reizt bestimmte Leute bis zur Weißglut, bis zur Raserei – aber das ist eine andere Sache, denn das Reizen und Erzürnen gehört zu ihren Aufgaben. Völlige Gleichheit, Andrej, bedeutet Sumpf und Stagnation. Wir müssen Mutter Natur danken, dass es sie nicht gibt – und auch nicht geben kann. Versteh mich recht, Andrej: Ich schlage hier kein System vor, das die Welt verändern soll. Ich kenne kein solches System, und glaube auch nicht, dass eins existiert. Allzu viele Systeme sind schon ausprobiert worden, und doch ist alles beim Alten geblieben. Ich schlage bloß ein Ziel vor, ein Lebensziel. Nein, halt, jetzt hast du mich verwirrt: Ich schlage es ja gar nicht vor … Ich habe dieses Ziel in mir und für mich entdeckt, es ist mein Lebensziel, verstehst du? Für mich und für Leute, die so sind wie ich … Und jetzt spreche ich mit dir darüber – nur mit dir und auch erst jetzt, weil du mir leidtust. Ich sehe, du hast dich entwickelt, bist reifer geworden. Und du hast alles verbrannt, was du verehrt hast. Ohne die Verehrung aber kannst du nicht leben. Denn die Notwendigkeit, etwas oder jemanden zu verehren, hast du schon mit der Muttermilch eingesogen. Man hat dir von Anfang an und für immer eingetrichtert, dass, wenn es keine Idee gibt, für die es sich zu sterben lohnt, das Leben keinen Sinn hat. Und ein Mann wie du ist zu schrecklichen Dingen fähig, wenn er zur vollen Erkenntnis gelangt ist. Entweder schießt er sich eine Kugel in den Kopf oder er wird zu einem gemeinen Schwein – einem Schwein aus Überzeugung, einem Schwein, das sozusagen von Idealen geleitet ist … Oder noch schlimmer: Er rächt sich an der Welt dafür, dass sie so ist, wie sie ist. Dass sie nicht mit seinem Ideal übereinstimmt. Die Idee des Tempels hat übrigens den Vorteil, dass es gar nicht in Frage kommt, für sie zu sterben. Für den Tempel muss man leben. Jeden Tag leben, mit ganzer Kraft.«

»Ja, gewiss«, hatte Andrej gesagt. »Gewiss ist alles so, wie du sagst. Trotzdem kann ich diese Idee noch nicht annehmen!«

Plötzlich blieb Andrej stehen und packte Isja am Ärmel. Auch Isja öffnete die Augen und fragte erschrocken: »He, was ist los?«

»Sei still!«, zischte Andrej.

Vor ihnen war etwas. Es bewegte sich, drehte sich aber nicht und fegte auch nicht über den Stein, sondern kam durch Sand und Wind direkt auf sie zu.

»Menschen«, rief Isja begeistert. »He, Andrej! Menschen!«

»Sei still, du Idiot!«, flüsterte Andrej.

Andrej wusste schon, dass es Menschen waren. Oder ein Mensch ... Nein, offenbar zwei. Sie standen da. Bestimmt hatten sie sie ebenfalls gesehen ... Aber dann verdeckte der verdammte Staub wieder alles.

»Siehst du!«, flüsterte Isja triumphierend. »Und du hast andauernd gejammert – wir verrecken, wir verrecken ...«

Andrej warf vorsichtig die Zugriemen ab und ging zu seinem Wagen zurück, ohne den Blick von den vagen Schatten abzuwenden. Verdammt, wie viele waren es eigentlich? Und wie weit war es bis zu ihnen? Hundert Meter vielleicht? Oder weniger? Er tastete im Wagen nach der Maschinenpistole, lud durch und sagte zu Isja: »Schieb die Wagen zusammen, leg dich dahinter. Du gibst mir Deckung, falls etwas ...«

Er drückte Isja die MPi in die Hand und ging ohne einen Blick zurück auf die Gestalten zu, die Hand an der Pistolentasche. Die Sicht war miserabel. Er wird noch mich erschießen, dachte er. Verpasst mir eins direkt ins Genick ...

Jetzt konnte man erkennen, dass auch ihm einer entgegenkam – eine dunkle Silhouette im wirbelnden Staub. Hatte er eine Waffe oder nicht? Die Antistadt also. Wer hätte das gedacht? Mir gefällt gar nicht, wie er die Hand hält! Andrej knöpfte vorsichtig die Pistolentasche auf und umfasste den geriffelten Griff. Der Daumen legte sich von selbst auf den Sicherungshebel. Macht nichts, es wird schon gutgehn. Es muss gutgehn. Hauptsache – keine heftigen Bewegungen!

Er wollte die Pistole aus der Tasche ziehen, aber sie steckte fest. Angst überkam ihn. Er zog stärker, dann noch stärker, dann mit aller Kraft. Und jetzt sah er deutlich die heftige Bewegung dessen, der ihm entgegenkam. Es war ein hochgewachsener Mann, abgerissen, ausgezehrt, mit einem wilden, schmutzigen Bart … Wie dumm, dachte er, als er auf den Abzug drückte. Dann gab es einen Schuss, gleich darauf einen Blitz aus der Pistole gegenüber. Jetzt ein Schrei – anscheinend von Isja … Und als Letztes ein Schlag vor die Brust, dann erlosch die Sonne …

»Nun, Andrej«, hörte er die feierliche Stimme des Mentors. »Den ersten Kreis haben Sie durchschritten.«

Die Glühbirne unter dem grünen Lampenschirm aus Glas brannte. Im Lichtkegel auf dem Tisch lag eine druckfrische *Leningrader Prawda* mit einem großen Leitartikel unter der Überschrift »Die Liebe der Leningrader zum Genossen Stalin kennt keine Grenzen«. Hinter Andrejs Rücken auf dem Regal dudelte das Radio. Die Mutter klapperte in der Küche mit dem Geschirr und unterhielt sich mit der Nachbarin. Es roch nach gebratenem Fisch. Im engen Hinterhof schrien und lärmten Kinder, die Verstecken spielten. Durch die offen stehende Lüftungsklappe im Fenster drang feuchte Tauwetterluft herein. Noch vor einer Minute war all das völlig anders gewesen – alltäglicher, gewohnter. Es war ohne Zukunft gewesen. Genauer gesagt: von der Zukunft getrennt …

Andrej strich die Zeitung glatt und sagte: »Den ersten? Warum den ersten?«

»Weil noch viele weitere kommen werden«, hörte er die Stimme des Mentors.

Andrej stand auf. Er vermied, in die Richtung zu sehen, woher die Stimme kam, und lehnte sich mit der Schulter gegen den Schrank am Fenster. Der dunkle Hofschacht wurde von den Rechtecken der Fenster schwach erhellt; er erstreckte sich über ihm und unter ihm, und irgendwo weit oben am dunklen Himmel strahlte die Wega. Es war ganz unmöglich, all das noch einmal zu verlassen, aber noch unmöglicher war es, hierzubleiben. Jetzt. Nach allem.

»Isja! Isja!«, hörte er eine durchdringende Frauenstimme im Hinterhof. »Isja, Abendbrot! Kinder, habt ihr Isja nicht gesehen?«

Und unten begannen Kinderstimmen zu schreien: »Isja! Katzman! Deine Mutter ruft!«

Andrej, vollkommen angespannt, presste das Gesicht ans Fenster und sah in die Dunkelheit. Doch er sah nur undeutliche Schatten, die zwischen den aufragenden Holzstapeln über den nassen, schwarzen Hinterhof huschten.

ANHANG

BORIS STRUGATZKI
Kommentar

Picknick am Wegesrand

Die Entstehungsgeschichte von »Picknick am Wegesrand« hat (im Unterschied zur Publikationsgeschichte) nichts Merkwürdiges oder gar Lehrreiches an sich. Die Idee entstand im Februar 1970, als wir uns im Schriftstellerheim in Komarowo trafen, um »Das Experiment« zu schreiben. Zwischendurch, auf den abendlichen Spaziergängen durch die menschenleeren, verschneiten Gassen der Datschensiedlung, dachten wir uns mehrere Sujets aus, aus denen später unter anderem »Die dritte Zivilisation« und »Picknick am Wegesrand« wurden.

Der erste Eintrag im Arbeitstagebuch sieht so aus:

> ... Der Affe und die Konservendose. Dreißig Jahre nach einem Besuch von Außerirdischen wird auf den Kram, den sie zurückgelassen haben, Jagd gemacht, die Dinge werden gesucht und erforscht, sie rufen Unglücksfälle hervor. Wachsender Aberglaube, eine Verwaltung, die die Macht zu ergreifen versucht, indem sie sich die Verfügungsgewalt über diese Gegenstände sichert, eine Organisation, die bestrebt ist, sie zu vernichten (das vom Himmel erhaltene Wissen ist nutzlos und schädlich, jeder Fund kann nur zum Missbrauch führen). Schatzsucher werden für Zauberer gehalten. Sinkende Autorität der Wissenschaft. Aufgegebene

Biosysteme (eine fast entladene Batterie), auferstandene Tote aus allen möglichen Zeitaltern …

Hier bereits taucht der endgültige Titel auf – »Picknick am Wegesrand« –, doch von dem Begriff »Stalker« ist noch keine Rede, nur von »Schatzsuchern«. Fast ein Jahr später, wieder in Komarowo, arbeiten wir einen ausführlichen, ins Detail gehenden Plan für den Roman aus, doch auch darin – einen Tag, bevor wir mit dem Handlungsentwurf fertig waren und zu schreiben begannen – taucht das Wort »Stalker« noch nicht auf. Wir nennen sie vorerst noch »Trapper«: »der Trapper Roderic Schuchart«, »Gutta, das Mädchen des Trappers«, »der kleine Bruder des Trappers Sedwick« … Auf den Begriff »Stalker« kamen wir anscheinend erst, als wir schon an den ersten Seiten des Textes arbeiteten. Die »Schatzsucher« und »Trapper« hatten uns von Anfang an nicht gefallen, daran erinnere ich mich genau.

»Stalker« ist eines der wenigen von den Strugatzkis erfundenen Wörtern, die in den allgemeinen Sprachgebrauch übergangen sind. Das Wort »Kyber« hat sich auch eingebürgert, aber hauptsächlich unter den Fans; »Stalker« hingegen ist weit verbreitet – vor allem aber, wie ich glaube, durch Andrej Tarkowskis Film.*

Der Roman wurde ohne Verzögerungen oder Krisen in nur drei Arbeitssitzungen niedergeschrieben: Am 19. Januar 1971

* Hier ist natürlich von der Verbreitung des ursprünglich englischen Wortes im Russischen die Rede. Im Deutschen ist »Stalker« einerseits in der Bedeutung bekannt, die von den Strugatzkis, Tarkowski und neuerdings von einschlägigen Computerspielen geprägt wurde, andererseits meint der Begriff verschmähte Liebhaber und andere Personen mit gestörtem Realitätsbezug, die dem Objekt ihrer Liebe, Begierde oder Verehrung sehr aufdringlich nachstellen. Diese zweite Bedeutung hat aber – zusammen mit dem Phänomen, das sie bezeichnet – erst in den letzten Jahren weite Verbreitung in den Medien gefunden. – *Anm. d. Übers.*

begannen wir mit der Rohfassung, am 3. November desselben Jahres beendeten wir die Reinschrift. In der Zwischenzeit befassten wir uns mit den verschiedensten Dingen, größtenteils mit Unsinn: Wir schrieben Beschwerden an den »Regierenden Senat« (das heißt ans Sekretariat der Moskauer Abteilung des Schriftstellerverbandes), beantworteten Briefe (was wir ziemlich selten gemeinsam taten), verfassten ein Exposé für einen abendfüllenden populärwissenschaftlichen Film über den Kontakt mit einer fremden Intelligenz und so weiter, und so fort.

Es ist erstaunlich, dass »Picknick am Wegesrand« vergleichsweise schnell und ohne nennenswerte Probleme bei der Leningrader Zeitschrift *Awrora* angenommen wurde, wobei es höchstens bei der Redaktion Schaden nahm, und auch das nicht in wesentlichem Maße. Natürlich musste immer mal wieder »Scheiße« oder »Dreckskerl« aus dem Text entfernt werden, doch das war die gewohnte, dem Schriftsteller schon ans Herz gewachsene Kleinkrämerei. Wir brauchten keine einzige grundsätzliche Position aufzugeben, und die Zeitschriftenfassung erschien im Spätsommer 1972 beinahe ohne Entstellungen.

Die Epopöe von »Picknick am Wegesrand« im Verlag Molodaja gwardija* hatte zu dem Zeitpunkt gerade erst begonnen. Genau genommen begann sie schon Anfang 1971, als der Roman auf dem Papier noch gar nicht existierte. Er war damals als Ideenskizze in einem Angebot für einen Sammelband enthalten, das wir dem Verlag unterbreitet hatten. Der Band sollte »Unverhoffte Begegnungen« heißen, das Problem

* Molodaja gwardija (dt. »Junge Garde«) war der Verlag des Komsomol, des Kommunistischen Jugendverbandes, und als einziger sowjetischer Verlag ausdrücklich (laut Verlagsstatut) für die Publikation von Science-Fiction-Literatur zuständig. Abgesehen vom Kinderbuchverlag druckten alle anderen Buchverlage nur in einzelnen Ausnahmefällen Science Fiction. – *Anm. d. Übers.*

des Kontakts der Menschheit mit fremden Intelligenzen im Weltall behandeln und aus drei Teilen bestehen: zwei schon fertigen (»Das Hotel ›Zum Verunglückten Bergsteiger‹« und »Die dritte Zivilisation«) sowie einem noch in Arbeit befindlichen Text.

Die Unannehmlichkeiten ließen nicht lange auf sich warten. Im April erfuhr Arkadi von Bella Klujewa, unserer Lektorin bei Molodaja gwardija, dass die stellvertretende Cheflektorin sie beauftragt hatte, die Autoren möglichst diplomatisch über die Ablehnung zu informieren, vorgeblich wegen Erschöpfung des Papierkontingents. In Wahrheit aber hatte jemand oben in der Verlagsdirektion bestimmt, dass man mit den Strugatzkis bis auf weiteres nichts zu tun haben wollte. Dabei war »Picknick am Wegesrand« noch gar nicht geschrieben, und auch bei den anderen handelte es sich um Romane, die nie ideologischen Unmut erregt hatten; es waren völlig harmlose, ja, sogar apolitische Geschichten. Die Obrigkeit wollte einfach nur nichts mehr mit »diesen Strugatzkis« zu tun haben. Hinzu kam die schwierige Situation innerhalb des Verlags: Gerade um diese Zeit fand dort ein Machtwechsel statt, und man begann, all das Gute auszumerzen, das das Science-Fiction-Lektorat unter Sergej Shemaitis und Bella Klujewa zuvor aufgebaut hatte. Ihrer Arbeit war die Blütezeit der sowjetischen Phantastik der zweiten Generation zu verdanken.

Da sitze ich nun am Tisch und schaue auf drei ziemlich dicke Mappen: Darin finden sich Briefe an den Verlag Molodaja gwardija (an Lektoren, den Lektoratsleiter, den Cheflektor, den Verlagsdirektor), Beschwerden ans ZK des Komsomol, Bittbriefe an die Kulturabteilung und an die Abteilung für Presse und Propaganda des ZK der KPdSU, Erklärungen an die Allunionsagentur für Urheberrechte und natürlich die Antworten von all diesen Instanzen sowie Briefe, die wir einander geschrieben haben – ein Berg Papier, über zweihundert

Dokumente, und ich habe keine Ahnung, was ich jetzt damit machen soll.

Anfangs hatte ich mir ausgemalt, wie ich an dieser Stelle die Publikationsgeschichte von »Picknick am Wegesrand« zum Besten gäbe: Ich würde die uns seinerzeit verhassten Namen nennen, mich ausgiebig über Feiglinge, Dummköpfe, Denunzianten und Schurken lustig machen und den Leser mit der Absurdität, der Idiotie und der Bosheit der Welt frappieren, aus der wir alle stammen. Aber jetzt sitze ich da, betrachte diese Mappen und sehe, dass ich zu spät komme – hoffnungslos zu spät: Niemand kann heute mit meiner Ironie und meinem ausgebrannten Hass noch irgendetwas anfangen. Die einst so mächtigen Organisationen mit ihrem fast grenzenlosen Recht zu lösen und zu binden sind in der Vergangenheit versunken und vergessen; ich müsste dem heutigen Leser erst umständlich erklären, wer wer war, warum es keinen Sinn hatte, sich bei der Kulturabteilung des ZK zu beschweren, und wieso man sich eher an die Abteilung für Presse und Propaganda wenden musste … Wer erinnert sich noch an die Mächtigen von damals? Ganz zu schweigen von dem Kroppzeug, den Horden winselnder Ideologiebeamter, den ideologischen Unterteufeln, deren Zahl Legion war, deren Schaden ins Unermessliche ging und deren Bosheit und Niedertracht nach einer Feder verlangte (wie man es im 19. Jahrhundert ausdrückte), die erfahrener, mächtiger und spitzer sein müsste, als sie mir zu Gebote steht. Nicht einmal erwähnen will ich sie hier – sollen sie in der Vergangenheit verschwinden wie ein nächtlicher Spuk, und das für immer …

Doch worüber bleibt dann noch zu schreiben? Immerhin ist die Publikationsgeschichte von »Picknick am Wegesrand« in gewisser Hinsicht rätselhaft. Der Roman war bestimmt nicht frei von Schwächen, aber er hatte auch unverkennbare Vorzüge: Er war spannend, hinterließ einen starken Eindruck (immerhin hat er einen Leser wie Andrej Tarkowski dazu inspiriert, einen hervorragenden Film zu drehen), und außerdem enthielt er wirklich keinerlei Angriffe auf die bestehende Ordnung, sondern lag, wie es schien, sogar auf der Linie der herrschenden antikapitalistischen Ideologie ... Warum also, aus welchen rätselhaften – mystischen? infernalischen? – Gründen war das Buch dazu verurteilt, im Verlag über *acht* Jahre lang nicht vom Fleck zu kommen?

Zuerst wollte der Verlag keinen Vertrag über den Band abschließen. Dann tat er es, war aber – niemand weiß warum – gegen »Das Hotel ›Zum Verunglückten Bergsteiger‹«. Dann erklärte er sich scheinbar bereit, »Das Hotel ›Zum Verunglückten Bergsteiger‹« gegen den schon früher abgesegneten Roman »Es ist schwer, ein Gott zu sein« auszutauschen, machte dafür aber entschieden gegen »Picknick am Wegesrand« Front ... Nicht einmal in Kürze kann ich hier die Geschichte dieses Kampfes wiedergeben – er dauerte immerhin acht Jahre. In dieser Zeit gab es unerwartete Kehrtwendungen vonseiten des Verlags – plötzlich hieß es aus heiterem Himmel: Nieder mit »Es ist schwer, ein Gott zu sein«! Dann wiederum wurde der Vertrag fünf- oder gar sechsmal neu abgefasst; Molodaja gwardija versuchte ihn ganz aufzulösen und jegliche Beziehungen abzubrechen – was uns fast bis vors Gericht brachte. Vor allem aber hieß es die ganze Zeit unablässig, unbeirrt, von Jahr zu Jahr, von Gespräch zu Gespräch, von Brief zu Brief: Streichen Sie die auferstandenen Toten aus »Picknick am Wegesrand«; ändern Sie den Wortschatz Roderic Schucharts; fügen Sie das Wort »sowjetisch« ein, wenn von Kirill Panow die Rede ist; entfernen Sie die düstere Stimmung, die Ausweglosigkeit, die Grobheit, die Grausamkeit ...

Neben vielen anderen ist ein bemerkenswertes Dokument erhalten geblieben: die Seite für Seite aufgeschlüsselten Anmerkungen des Lektorats zur Sprache des Romans »Picknick am Wegesrand«. Sie umfassen achtzehn (!) Seiten und sind in verschiedene Abteilungen gegliedert: »Anmerkungen zum amoralischen Verhalten der Romanfiguren« (insgesamt 93), »Anmerkungen zu physischer Gewalt« (36), »Anmerkungen zu vulgären und Jargon-Ausdrücken« (251).* »Natürlich«, stand im Begleitbrief des Lektors, »haben wir nur diejenigen Ausdrücke und Wörter angeführt, die unserer Meinung nach entfernt oder ersetzt werden müssen. Die Änderungen sind vor allem deshalb nötig, weil Ihr Buch für junge und heranwachsende Menschen bestimmt ist, für Komsomolzen, die in der sowjetischen Literatur einen Leitfaden des moralischen Verhaltens sehen, einen Wegweiser fürs Leben.«

Wir glaubten damals aufrichtig, unsere Lektoren hätten einfach nur Angst vor der Obrigkeit und wollten sich keine Blöße geben, indem sie wieder einmal ein zweifelhaftes Werk von sehr zweifelhaften Autoren veröffentlichten. Und die ganze Zeit über, in all unseren Briefen und Erklärungen, predigten wir unablässig, was uns völlig offensichtlich schien: An dem Roman sei nichts bedenklich, er sei ideologisch durchaus maßvoll und in diesem Sinne vollkommen ungefährlich. Und wenn darin eine grobe, grausame und aussichtslose Welt dargestellt sei, dann müsse sie doch so sein – die Welt des »faulenden Kapitalismus und der triumphierenden bürgerlichen Ideologie«.

Uns kam gar nicht in den Sinn, dass es ihnen überhaupt nicht um die Ideologie ging: Diese Esel dachten wirklich so! Sie dachten, dass die Sprache möglichst farblos, glatt, gelackt und auf gar keinen Fall grob sein sollte, dass die Phantastik unbedingt fantastisch sein müsste und auf keinen Fall mit der

* Die Liste ist auszugsweise veröffentlicht worden. Das »amoralische Verhalten« betrifft zu einem großen Teil Alkoholgenuss, daneben beispielsweise Glücksspiel. Zu den vulgären Ausdrücken zählen alle Flüche (sogar schon die Erwähnung, *dass* jemand überhaupt flucht oder schimpft, ohne dass der Wortlaut im Roman erschiene), aber auch Formulierungen wie »Das Äffchen pennte sorglos« und »schmutzig wie ein Teufel«. – *Anm. d. Übers.*

groben, aufdringlichen und grausamen Wirklichkeit in Berührung kommen durfte. Sie dachten, dass man den Leser vor der Wirklichkeit bewahren musste, damit er in einer Welt der Wunschträume und der schönen, fleischlosen Ideen lebte … Die Helden eines Werks sollten nicht »gehen«, sondern »schreiten«, nicht etwas »sagen«, sondern »äußern«, auf gar keinen Fall »schreien« – höchstens »ausrufen«! Es war eine bestimmte Ästhetik, eine ganz eigene Vorstellung von der Literatur überhaupt und der Phantastik im Besonderen, eine bestimmte Weltanschauung, wenn man so will. Eine übrigens ziemlich verbreitete und durchaus harmlose Aussicht – vorausgesetzt, dass der Träger dieser Weltanschauung keinen Einfluss auf die Entstehung von Literatur hat …

Der Band »Unverhoffte Begegnungen« erschien im Herbst 1980, verstümmelt, kaputt zensiert, elend. Von der ursprünglichen Version war nur noch »Die dritte Zivilisation« enthalten – »Das Hotel ›Zum Verunglückten Bergsteiger‹« war schon fünf Jahre vorher irgendwo auf den Schlachtfeldern verlorengegangen und »Picknick am Wegesrand« durch die verschiedenen Redaktionen derart entstellt, dass die Autoren keine Lust mehr hatten, es zu lesen oder auch nur durchzublättern.

Und dennoch: Die Autoren hatten gesiegt … Es war einer der überaus seltenen Fälle in der Geschichte des sowjetischen Verlagswesen, dass der Verlag ein Buch nicht herausbringen wollte und der Autor ihn dazu zwang. Die Kenner waren der Ansicht gewesen, so etwas sei unmöglich, aber wie sich zeigte, *war* es möglich: acht Jahre, vierzehn Briefe ans »große« und ans »kleine« ZK*, zweihundert erniedrigende Änderungen am Text, eine nicht zu beziffernde Menge an Nervenkraft, auf Unsinn verschwendet … Ja, die Autoren hatten gesiegt, gewiss doch. Doch es war ein Pyrrhussieg.

* Also ans Zentralkommitee der kommunistischen Partei und des Komsomol. – *Anm. d. Übers.*

Immerhin ist »Picknick am Wegesrand« bis heute der populärste Roman der Strugatzkis – zumindest im Ausland: Bis Ende 1997 hatte es 38 Ausgaben in zwanzig Ländern gegeben. Auch in Russland steht der Roman in der Gunst der Leser weit oben, doch erreicht er nicht die Beliebtheit von beispielsweise »Der Montag fängt am Samstag an«.

Selbstverständlich wurde der hier abgedruckte Text von »Picknick am Wegesrand« vollständig wiederhergestellt und in Übereinstimmung mit der Version der Autoren gebracht. Den Band »Unverhoffte Begegnungen« aber kann ich selbst heute nur mit Widerwillen in die Hand nehmen, geschweige denn lesen.

Eine Milliarde Jahre vor dem Weltuntergang

Am 23. April 1973 erscheint in unserem Arbeitstagebuch folgender Eintrag:

> Ark ist gekommen, um ein Exposé für die *Awrora* zu schreiben.
>
> 1. »Faust, 20. Jahrhundert«. Himmel und Hölle versuchen die Entwicklung der Wissenschaft zu unterbinden.
>
> 2. »Eine Milliarde Jahre vor dem Weltuntergang« (»vor dem Jüngsten Gericht«).
>
> Diversanten
> Der Teufel
> Außerirdische
> Spiridon-Kraken*
> Der Bund der Neun
> Das Universum …

* Spiridon heißt ein intelligenter, sprechender Krake in der Strugatzki-Novelle »Das Märchen von der Troika«. – *Anm. d. Übers.*

Es folgt das Exposé, in dem Sujet und Handlung des künftigen Romans recht ausführlich beschrieben und wiederzuerkennen sind. Es war einer der seltenen Fälle, dass es uns gelang, das »Skelett« eines Romans an einem einzigen Tag zu entwerfen.

Die Ausarbeitung wurde schon während unseres Treffens im Mai fortgeführt; wir begannen sogar mit der Rohfassung und schrieben ein Dutzend Seiten, mussten die Arbeit dann aber unterbrechen, um das Szenarium zu »Der Kampfkater« zu schreiben, aus dem später der Roman »Der Junge aus der Hölle« wurde. Erst im Juni 1974 schrieben wir die schon vorhandenen Dutzend Seiten neu, befassten uns ernsthaft mit »Eine Milliarde Jahre vor dem Weltuntergang« und schlossen im Dezember die Reinschrift ab.

Heute weiß ich, dass die Unterbrechung von fast einem Jahr für den Roman von großem Nutzen war. Denn im Frühjahr 1974 wurde ich in den sogenannten »Fall Chejfez« verwickelt: Zum ersten Mal fand ich mich unmittelbar mit unseren ruhmreichen »zuständigen Organen« konfrontiert – zum Glück nur als Zeuge. Dennoch hat diese Konfrontation (die recht ausführlich in S. Witizkis Roman »Die Suche nach der Vorherbestimmung« beschrieben wird*) unauslöschliche Spuren in meiner Seele hinterlassen und die ganze Atmosphäre von »Eine Milliarde Jahre vor dem Weltuntergang« (zumindest für mich) auf eine ganz bestimmte Weise und in ganz bestimmten Tönen gefärbt. Für mich (und nach dem Gesetz der kommunizierenden Röhren auch für Arkadi) wurde »Eine Milliarde Jahre vor dem Weltuntergang« zu einem Roman über den qualvollen und praktisch aussichtslosen Kampf eines

* Es handelt sich um einen der beiden Romane, die Boris Strugatzki nach dem Tode Arkadis allein geschrieben und unter dem Pseudonym »S. Witizki« veröffentlicht hat; deutsch sind beide unter seinem richtigen Namen erschienen. – *Anm. d. Übers.*

Menschen, der sein »Erstgeburtsrecht« gegenüber einer dumpfen, blinden und beharrlichen Macht behauptet, die weder Ehre noch Edelmut und Barmherzigkeit kennt. Diese Macht will nur eines: ihr gesetztes Ziel erreichen – mit welchen Mitteln auch immer, aber jedes Mal und unfehlbar. Als wir »Eine Milliarde Jahre vor dem Weltuntergang« schrieben, sahen wir das ganz reale und grausame Bild des von uns erfundenen Homöostatischen Weltgebäudes vor uns; wir fanden uns zwischen den Zeilen wieder und bemühten uns, ebenso realistisch wie erbarmungslos zu sein – uns selbst und der von uns erfundenen Situation gegenüber. Denn aus dieser gab es – wie in der Wirklichkeit – nur einen einzigen Ausweg, und der brachte den völligen oder teilweisen Verlust der Selbstachtung mit sich. »Und wenn du den Mumm hast, du selbst zu sein«, wie John Updike schrieb, »werden andere den Preis für dich zahlen.«

Es ist interessant, dass der Subtext in diesem Roman, so sorgfältig er auch getarnt schien, an die Oberfläche drang und sofort das Misstrauen der Obrigkeit auslöste. Die Zeitschrift *Awrora* hatte ungeduldig auf den Roman gewartet, das heißt, ihn bestellt und sogar einen Vorschuss dafür gezahlt; es waren positive Gutachten eingeholt und keinerlei Ansatzpunkte für Einwände gefunden worden. Und dennoch verlangte die *Awrora*, obwohl sie uns prinzipiell wohlgesinnt war, umgehend, die Handlung in ein kapitalistisches Land zu verlegen (»zum Beispiel in die USA«), und als wir uns weigerten, lehnte sie den Roman auf der Stelle ab – mit Bedauern, aber entschieden.

Es gelang, »Eine Milliarde Jahre vor dem Weltuntergang« in der Zeitschrift *Snanie – sila** zu veröffentlichen, und das um den Preis verhältnismäßig geringfügiger Änderungen.

* »Wissen ist Macht«, eine populärwissenschaftliche Zeitschrift, die regelmäßig auch Science Fiction druckte. – *Anm. d. Übers.*

Als Erstes fiel der Zensur natürlich Lidas BH zum Opfer, der zu einem heimtückischen Anschlag der Autoren auf die Volksmoral erklärt wurde. Am meisten, das weiß ich noch, wunderten wir uns über die hartnäckige Forderung, das warnende Telegramm (»... BOBKA SCHWEIGT STÖRT HOMÖOPATHISCHES WELTGEBÄUDE ...«) zu streichen. Warum der Text des Telegramms bei den Chefs der Zeitschrift »ungesteuerte Assoziationen« auslöste und welche genau, ist bis heute ein Redaktionsgeheimnis geblieben. Überhaupt hatte die Obrigkeit zunächst verlangt, das Homöostatische Weltgebäude in toto zu streichen, doch gemeinsam mit den uns befreundeten Redakteuren konnten wir uns vergleichsweise billig aus der Affäre ziehen, indem wir auf den Begriff »Homöostasis« (dem die Obrigkeit wer weiß warum eine sozial-mystische Bedeutung beimaß) verzichteten und den Begriff »Erhalt der Struktur« einführten (der von diesem sozial-mystischen Geist anscheinend frei war). Außerdem mussten wir den »Hauptermittler der Kriminalfahndung« durch einen »Hauptermittler von der Staatsanwaltschaft« ersetzen. Oder umgekehrt – ich weiß es nicht mehr. Einer von diesen Hauptermittlern passte den Kontrollorganen jedenfalls überhaupt nicht. Welcher? Warum? Das weiß Gott allein. Oder vielleicht der Teufel – ich glaube, das fällt eher in seine Zuständigkeit.

Wenn ich es recht bedenke, so hatten *alle* handelnden Personen dieses Romans reale Vorbilder. Ein seltener Fall! Niemand ist reine Erfindung – höchstens der Hauptermittler Sykow, und auch der liegt irgendwo zwischen Porfyri Petrowitsch (siehe »Schuld und Sühne«) und jenem Hauptermittler der Staatssicherheit, der den »Fall Chejfez« bearbeitete. Vielleicht ist das der Grund, dass wir »Eine Milliarde Jahre vor dem Weltuntergang« immer zu unseren Lieblingsromanen gezählt haben – er ist gewissermaßen ein Stück von unserem Leben, unserem sehr realen, sehr persönlichen Leben, voller konkreter Menschen und realer Ereignisse. Bekanntlich gibt es nichts Angenehmeres, als sich an Unannehmlichkeiten zu erinnern, die man glücklich überstanden hat.

Das Experiment (Die verdammte Stadt)

Die Idee zu »Das Experiment« tauchte zum ersten Mal bereits im März 1967 auf, als unsere Arbeit an »Das Märchen von der Troika« auf Hochtouren lief. Das war im Schriftstellerheim in Golizyn, wo wir abends vor dem Zubettgehen immer in der Siedlung spazieren gingen und dabei laufende wie auch künftige Angelegenheiten besprachen. Während eines dieser Spaziergänge kamen wir auf ein Sujet, das wir damals »Die neue Apokalypse« nannten (es gibt darüber eine Notiz im Arbeitstagebuch). Es ist heute sehr schwer, wenn nicht unmöglich, jenes Bild von »Das Experiment« zu rekonstruieren, das wir uns ursprünglich ausgemalt hatten; ich nehme an, es war ein ganz anderes, als es die endgültige Fassung von der Welt in »Das Experiment« zeichnet. Es sei nur so viel gesagt, dass in unseren Briefen Ende der sechziger Jahre noch ein weiterer Arbeitstitel des Romans auftaucht: »Mein Bruder und ich«. Offensichtlich sollte der Roman ursprünglich in erheblichem Maße autobiografisch werden.

An keinem anderen Werk – weder vorher noch danach – haben wir so lange und so sorgfältig gearbeitet. An die drei Jahre lang haben wir peu à peu Episoden zusammengetragen, die Lebensläufe der Helden, einzelne Sätze und Satzsplitter, haben uns die Stadt ausgedacht, ihre seltsamen Eigenschaften und die Gesetze ihrer Existenz, eine möglichst stichhaltige Kosmografie dieser künstlichen Welt und ihre Geschichte. Es war eine schöne und sehr spannende Beschäftigung. Doch alles hat einmal ein Ende, und so stellten wir im Juni 1969 einen detaillierten Plan auf und entschieden uns für den endgültigen Titel: »Die verdammte Stadt«.* So heißt ein bekanntes Bild von Röhrich, das uns seinerzeit mit seiner düsteren Schönheit und dem von ihm ausgehenden Gefühl der Ausweglosigkeit faszinierte.

Das Rohmanuskript des Romans wurde in sechs Arbeitstreffen geschrieben (etwa siebzig volle Arbeitstage insgesamt), verteilt über zweieinviertel Jahre. Am 27. Mai 1972 setzten wir den Schlusspunkt, atmeten erleichtert auf und legten die ungewohnt dicke Mappe in den Schrank. Ins Archiv. Für lange Zeit. Für immer. Uns war völlig klar, dass der Roman keine Chancen hatte.

Man kann nicht sagen, dass wir uns vorher, als wir mit der Arbeit daran begannen, Hoffnungen gemacht hätten. Schon Ende der sechziger und erst recht Anfang der siebziger Jahre war uns bewusst, dass wir den Roman höchstwahrscheinlich nie würden veröffentlichen können. Schon gar nicht zu Lebzeiten. Doch anfangs stellten wir uns die künftige Entwicklung noch ziemlich optimistisch vor: Wir glaubten, wenn das Manuskript fertig wäre, würden wir es ins Reine tippen und (mit ganz unschuldiger Miene) in die Verlage und Redaktionen bringen – in viele und ganz verschiedene Verlage und Redaktionen. Sie würden es natürlich überall ablehnen, zuvor allerdings unbedingt lesen. Und es würde ihn nicht bloß einer pro Redaktion lesen, sondern wie üblich mehrere. Und sie würden ihn abschreiben, wie üblich. Und ihren Bekannten zu lesen geben. Und dann hätte der Roman zu existieren begonnen. So war es wiederholt geschehen – mit »Die Schnecke am Hang«, »Das Märchen von der Troika«, »Die hässlichen

* Das wäre die tatsächliche Übersetzung des Originaltitels – »verdammt« im Sinne von »zum Untergang verurteilt« (etwa wie das englische »doomed«). Der deutsche Titel, unter dem das Buch früher einmal erschienen ist – »Die Stadt der Verdammten« –, war sachlich ungenau: nicht die Bewohner sind »verdammt«. – *Anm. d. Übers.*

Schwäne« … Es würde eine illegale, lautlose und geheime, ja fast gespenstische Existenz sein, aber dennoch eine Existenz – eine Wechselwirkung des Werks mit dem Leser, ohne die es weder ein literarisches Werk noch überhaupt Literatur gibt.

Doch Mitte 1972 schien auch dieser bescheidene Plan bereits untauglich und gefährlich. Die Geschichte des bemerkenswerten Romans von Wassili Grossman »Leben und Schicksal« war uns wohlbekannt und diente uns zur düsteren Warnung: Das Manuskript war aus der Redaktion der Zeitschrift *Snamja* direkt an die »Organe« weitergereicht worden, wo es verschwand. Nach der Hausdurchsuchung und Beschlagnahmung blieb wie durch ein Wunder zwar eine Kopie erhalten, aber es hätte nicht viel gefehlt, und der Roman hätte zu existieren aufgehört, als habe es ihn nie gegeben … Es war eine Zeit angebrochen, in der es nicht ratsam schien, das Manuskript aus dem Haus zu geben. Es war sogar gefährlich, es an Bekannte zu geben. Und am besten wäre gewesen, sich über seine Existenz komplett auszuschweigen. Wir lasen es deshalb bei uns zu Hause nur unseren engsten Freunden vor. Alle anderen, die sich dafür interessierten, glaubten jahrelang, die Strugatzkis schrieben an einem neuen Roman, würden aber partout nicht damit fertig.

Nach dem Sommer 1974 aber, nach dem »Fall Chejfez-Etkind«, und nachdem der gierige Blick der zuständigen Organe nicht mehr nur in die Umgebung schweifte, sondern einen von uns beiden geradewegs fixierte, wurde die Lage noch bedrohlicher. In der Stadt wurde anscheinend wieder an einer »Leningrader Affäre«* gestrickt; das hieß, dass sie nun theo-

* Die »Leningrader Affäre« war eine von Stalin und Geheimdienstchef Berija erfundene angebliche Verschwörung, die im Jahre 1949 als Vorwand zu einer ausgedehnten Säuberungsaktion unter Leningrader Parteifunktionären benutzt wurde. Einige wurden hingerichtet, etwa zweihundert verfolgt oder in Lager gesteckt, rund zweitausend aus ihren Ämtern entfernt. – *Anm. d. Übers.*

retisch jederzeit zu jedem der Aufgefallenen *kommen* konnten – und das hätte (unter anderem) das Ende des Romans bedeutet: Er existierte nur in einem Exemplar und lag wie auf dem Präsentierteller im Schrank. Deshalb tippte ich das Manuskript Ende 1974 eilends in drei Exemplaren ab und führte dabei die notwendigen Endkorrekturen durch; dann wurden zwei Exemplare unter Beachtung aller Vorsichtsmaßnahmen an zuverlässige Personen übergeben – eine davon in Moskau und eine in Leningrad. Sie wurden so ausgewählt, dass sie einerseits absolut ehrlich und über jeden Verdacht erhaben waren, andererseits aber nicht zu unserem engsten Freundeskreis zählten, so dass im Fall der Fälle zu ihnen eigentlich niemand kommen sollte. Gott sei Dank ging alles gut, und es geschah nichts Außergewöhnliches. Dennoch blieben die beiden Kopien bis Ende der achtziger Jahre, als wir »Das Experiment« doch noch publizieren konnten, in »Sonderaufbewahrung«.

Aber auch die erste Veröffentlichung in der Leningrader Zeitschrift *Newa* ging nicht glatt, sondern war von nervösen Zuckungen begleitet: Der Roman wurde in zwei Bücher gespalten; es sollte so aussehen, als sei das erste Buch vor langer Zeit geschrieben, das zweite aber eben erst beendet worden. Das schien aus irgendeinem Grund wichtig zu sein und (auf nicht ganz verständliche Weise) dazu beizutragen, dem Leningrader Gebietskomitee den Wind aus den Segeln zu nehmen. Dieses hielt die Verlage zwar schon nicht mehr im Würgegriff, krallte sich aber immer noch an ihren Rockschößen fest. Das »erste Buch« brachte man also Ende 1988, das »zweite« Anfang 1989 heraus, als Entstehungsdatum setzte man irgendwelche Fantasiezahlen darunter ... Die Perestroika kam damals gerade erst in Fahrt; es waren vielversprechende Zeiten, aber auch unsichere – schwankend und unwirklich wie ein Kirchenlicht im Wind.

Ich glaube, dass der heutige Leser all diese Ängste und raffinierten Vorsichtsmaßnahmen gar nicht mehr verstehen, geschweige denn nachfühlen kann. »Warum?«, wird er mit berechtigtem Befremden fragen. »Was sollte das ganze Hin und Her? Was war denn in eurem Roman so Ungeheuerliches, dass ihr deswegen einen Politthriller à la Frederick Forsyth abgezogen habt?« Ich muss gestehen, dass ich derlei Befremden nur mit Mühe zerstreuen kann. Die Zeiten haben sich geändert und mit ihnen die Vorstellung, was in der Literatur möglich ist und was nicht …

In unserem Roman wird beispielsweise Alexander Halitsch zitiert (»Den Propheten steckten sie in die Komi-Republik …«). Natürlich ohne Quellenangabe, doch sogar in dieser getarnten Form war es damals unmöglich, ja, gefährlich, es zu drucken. Es war ein Anschlag – auf den Lektor, auf den Cheflektor, auf den Verlag. Nicht auszudenken, was die Machthaber mit dem Verleger hätten machen können, wäre ihm so ein kleines Zitat durchgerutscht.

Zudem Isja Katzman, ein unverkennbarer Jude. Mehr noch: ein demonstrativ provokanter Jude, einer der Protagonisten, der fortwährend den Helden, einen Russen, belehrt. Das heißt, er belehrt ihn nicht nur, sondern behält bei allen ideologischen Meinungsverschiedenheiten auch regelmäßig die Oberhand.

Und der Held, Andrej Woronin? Er ist Komsomolze-Leninist-Stalinist, ein durch und durch rechtgläubiger Kommunist und Kämpfer für das Glück des einfachen Volkes. Allzu leicht verwandelt er sich in einen hochgestellten Beamten, einen Bonzen, einen geschniegelten und vollgefressenen kleinen Führer und einen Lenker von Menschenschicksalen … Und wie leicht und natürlich dieser Komsomolze und Stalinist erst zum guten Freund und dann zum Kampfgefährten eines notorischen Nazis und Hitleristen wird! Bleibt die Frage, wie viel Gemeinsames sich wohl bei den beiden vermeintlichen ideologischen Antagonisten findet …

Und die aufrührerischen Überlegungen der Protagonisten über einen möglichen Zusammenhang zwischen dem Experiment und der Errichtung des Kommunismus? Und die ideologisch völlig unreife Szene mit dem großen Strategen? Und die überaus zynischen Betrachtungen des Helden über Denkmäler und Größe? Und der ganze Geist des Romans, seine Atmosphäre, die durchtränkt ist von Zweifel, Unglaube und dem entschiedenen Unwillen, irgendetwas zu rühmen oder zu verkünden?

Heute kann man mit diesen Motiven keinen Leser und keinen Verleger mehr verwundern und erst recht nicht erschrecken, damals aber sagten wir bei der Arbeit am Roman immer wieder zueinander, als sei es eine Beschwörung: »Für die Schublade muss man so schreiben, dass man es nicht drucken kann, dass sie einen aber auch nicht dafür ins Gefängnis stecken.« (Dabei war uns natürlich klar, dass man jeden von uns aus jedem beliebigen Grund und zu jedem beliebigen Zeitpunkt ins Gefängnis stecken konnte, zum Beispiel, weil er falsch über die Straße gegangen war. Wir kalkulierten aber doch mit einer Situation der »unvoreingenommenen Herangehensweise« – wenn der Befehl, jemanden zu verhaften, noch nicht von oben gekommen ist, sondern erst sozusagen unten heranreift.)

Nicht von Anfang an, sondern allmählich kristallisierte sich für uns die Hauptaufgabe des Romans heraus: zu zeigen, wie sich unter dem Druck der Lebensumstände die Weltanschauung eines jungen Menschen von Grund auf ändert; wie er von einem unbeirrbaren Fanatiker langsam zu einem Menschen wird, der gleichsam in einem ideologisch luftleeren Raum schwebt, ohne Boden unter den Füßen. Ein Lebensweg, den die Autoren nicht nur für dramatisch, sondern auch für äußerst lehrreich hielten; immerhin ist eine ganze Generation zwischen 1940 und 1985 diesen Weg gegangen.

»Wie soll man unter den Bedingungen eines ideologischen Vakuums leben? Wie und wozu?« Ich glaube, diese Frage ist auch heute noch aktuell, und darum kann »Das Experiment« bei all seiner Politikbezogenheit auch den heutigen Leser ansprechen – wenn er sich denn für derlei Fragen interessiert.

KARLHEINZ STEINMÜLLER
Die Experimentatoren

Bücher haben ihre Schicksale, und ihr Schicksal gibt Aufschluss über die Zeit, in der sie entstehen. Alle drei hier versammelten Romane wurden in der ersten Hälfte der 1970er Jahre verfasst. Damals waren Arkadi und Boris Strugatzki bereits in Ungnade gefallen. Kurz zuvor noch waren sie die neuen Sterne am sowjetischen Science-Fiction-Himmel gewesen. Doch auf die Zeiten des politischen und kulturellen Tauwetters folgten die ideologischen Verhärtungen der Breschnew-Zeit. Und die Strugatzkis – nun ja, zu kritisch, zu satirisch gingen sie in ihren jüngsten Werken mit der sowjetisch-russischen Bürokratie und der alles durchdringenden Ideologie ins Gericht. Die Buchverlage erlaubten es sich höchstens, bereits veröffentlichte Bücher neu aufzulegen. Der Leitverlag für wissenschaftliche Phantastik Molodaja gwardija hatte einen großrussischen Scharfmacher und Antisemiten als Lektoratsleiter für Science Fiction bekommen, der die Strugatzkis als Unpersonen sah, deren Namen sogar aus Bibliographien besser ausradiert werden sollten.

Neue Texte der Strugatzkis wurden damals allenfalls noch in Zeitschriften veröffentlicht. Das Ansehen der Autoren bei den politischen Machthabern wurde 1972 abermals getrübt, als der Emigrantenverlag Possew – ohne die Einwilligung der Strugatzkis – ihren bis dato unveröffentlichten Roman »Die hässlichen Schwäne« als Raubdruck herausbrachte; dieses Buch stand damit in der UdSSR bis zu Glasnost und Perestroika auf den Listen der Zensurbehörden. Trotz all dieser Widrigkeiten blieben einige Literaturkritiker, viele Intellektuelle und eine sich rasch entwickelnde Fan-Szene den Strugatzkis treu. Etliche ihrer Texte, auch offiziell gedruckte, die lediglich rar waren, kursierten auf nichtoffiziellen Wegen im Samisdat, indem sie von Hand mit mehreren Durchschlägen abgetippt und weitergereicht wurden. Schwindler nutzten – später in den 1980er Jahren – den florierenden Literatur-Schwarzmarkt und brachten viele Strugatzki-Fälschungen in Umlauf, so dass sich die beiden Brüder bemüßigt sahen, eine Liste ihrer tatsächlichen Werke zu verbreiten.

»Picknick am Wegesrand« hatte angesichts der Zeitumstände ein günstiges Schicksal. Nur wenige Monate nachdem die Strugatzkis den Roman fertiggestellt hatten, druckte ihn die wichtige Leningrader Zeitschrift *Awrora* mit den üblichen Kürzungen ab. Das war im Spätsommer 1972. Die erste Buchpublikation, 1980 in einem Sammelband, litt dann allerdings heftig darunter, dass ein inkompetenter Redakteur den Text hatte verbessern wollen. Erst 1984 erschien eine einigermaßen textgetreue Fassung.

Ähnlich erging es dem Roman »Eine Milliarde Jahre vor dem Weltuntergang«. Auch hier sprang eine Zeitschrift ein, die populärwissenschaftliche *Snanie – sila,* die mit einer Auflage von einer halben Million zu den bekanntesten und beliebtesten Monatsblättern der Sowjetunion zählte. Der Roman erschien ab Oktober 1976 – wiederum gekürzt. Möglicherweise wurde der Redaktion die Entscheidung zum Abdruck dadurch erleichtert, dass die Strugatzkis kurz vorher in der parteiamtlichen Zeitung *Prawda* positiv erwähnt wurden und sich der Kosmonaut Georgi Gretschko für sie einsetzte. Einige Jahre später druckte *Tichookeanski komsomolez* (Der pazifische Komsomolze) den Roman nach. Über die Auflagenhöhe dieser Zeitschrift ist mir nichts bekannt, aber ich stelle mir vor, wie die see- und trinkfesten Pazifik-Komsomolzen in ihren grauen Militär-Mänteln auf ihren grauen Militär-Pötten die bereits zerlesene Zeitschrift von Hand zu Hand gehen ließen und sich gegenseitig nach einigen sto Wodka versicherten, dass die Texte der Strugatzkis mindestens ebenso verrückt seien wie die Realität.

»Das Experiment« jedoch blieb über zwei Jahrzehnte ein Unbuch. Geschrieben haben die Strugatzkis den Roman 1969 bis 1972, fertiggestellt um 1975. Er war von vornherein für die Schublade bestimmt. Sie boten ihn keinem Verlag an – irgendwer hätte das Buch sicherlich abgetippt, der KGB hätte gewiss mitgelesen und seine Schlüsse gezogen … Sie lasen höchstens einmal einem sehr engen Freund eine Passage daraus vor, um gleich darauf zu behaupten, dass der Text noch unfertig sei. Wie manch anderes Manuskript überstand daher »Das Experiment« die Breschnew-Ära in der sibirischen Verbannung zweier Leningrader und einer Moskauer Schublade, und wie manches Opfer von Verfolgung und Lagerhaft wurde es zu Zeiten von Glasnost und Perestroika rehabilitiert und konnte – allerdings immer noch unter lächerlichen Auflagen – 1988 in der Leningrader Zeitschrift *Newa* erscheinen.

Wie bei Menschen, so zieht auch bei Büchern die Verbannung fatale Folgen nach sich: Wenn man sie am meisten braucht, sind sie nicht da, und wird ihnen später einmal bescheidene Gerechtigkeit zuteil, interessieren sich in der Regel nur noch ergraute Köpfe und Historiker für sie. Doch im Gegensatz zu Menschen bleibt manches Buch jung und vital – selbst wenn es zwanzig oder dreißig Jahre weggeschlossen war, tritt es einem äußerst lebendig entgegen. Die eine oder andere zeitbedingte Anspielung mag wohl ins Leere gehen, aber ein guter Roman verliert seinen Charme und seine Aussagekraft nicht.

Trotzdem hätte ich »Das Experiment« wie »Picknick am Wegesrand« und »Eine Milliarde Jahre vor dem Weltuntergang« damals lesen müssen, als die Autoren es noch in ihrer Schublade verborgen hielten. Ein Großteil von dem, was Arkadi und Boris Strugatzki geschrieben hatten, war in jenen Jahren ins Deutsche übersetzt worden, »Picknick am Wegesrand« etwa erschien in der DDR 1976. Ich verschlang den schicken Hardcover-Band im Taschenbuchformat sofort und war gefesselt und fasziniert. In Gedanken begleitete ich den Helden, Roderic Schuchart, auf seinen Pirschgängen in die verbotene Zone voller tödlicher Gefahren, suchte mit ihm nach der verborgenen »goldenen Kugel«, die jeden Wunsch erfüllen sollte. Das war Phantastik pur, »sense of wonder« in hoher Dosierung, knisternde Spannung und auch philosophische Tiefe. Mir fiel damals nicht auf, dass »Zone« außerdem noch etwas anderes bedeuten konnte: In der Umgangssprache der Sowjetunion nannte man die Zwangsarbeitslager so.

1979 verfilmte Andrej Tarkowski den Roman unter dem Titel *Stalker*. Auch der Film ragte aus den wenigen Science-Fiction-Streifen, die in DDR-Kinos liefen, heraus. Die Kulisse – Industrieruinen, wie sie der Sozialismus schon damals hinterließ – und die Personen waren stimmig. Aber die Buchvorlage erreichte der Film in meinen Augen nicht: Zu lange lagen die Filmhelden irgendwo in der Zone abwartend in Pfützen und philosophierten zu ausführlich über den Sinn des Lebens.

Ein Jahr später, 1980, hielt ich »Eine Milliarde Jahre vor dem Weltuntergang« in der Hand, erschienen in der noblen schwarzen Spektrum-Reihe des Verlags Volk und Welt. Ich hatte damals schon Philip K. Dick gelesen, und der Roman erinnerte mich an die besten Bücher des Amerikaners: Irgendetwas stimmte mit der Realität nicht, aber die handelnden Personen können es nicht auf einen Nenner bringen. Alltägliche und gar nicht alltägliche Dinge geschehen, wie es scheint, aus dem Nichts heraus. Niemand hat die angelieferte Feinkost bestellt, eine hübsche Verwandte kreuzt auf, ohne selbst zu wissen, warum. Über Nacht bricht eine Pflanze durch das Straßenpflaster und wächst zu einem stattlichen Baum. Die Helden, allesamt herausragende Wissenschaftler, sehen sich selbst im Fadenkreuz einer unsichtbaren Macht und entwickeln Verschwörungstheorien: Steckt der uralte Bund der Neun dahinter? Oder will eine außerirdische Superzivilisation die führenden Köpfe der Menschheit an entscheidenden Durchbrüchen hindern? Zum Schluss tippen sie darauf, dass ein hypothetisches kosmisches Weltgesetz, unausweichlich wie die Entropie, in ihr Leben eingreift …

Die eigentliche Action beschränkt sich auf Reden, Reden, Reden – Besuche, Telefonate, Telegramme und viel Kaffee-, Tee-, Wein-, Wodka- und Kognakgenuss, dies in beliebiger Reihenfolge, aber in großen Mengen. Was den Leser aber geradezu anspringt, ist die bedrückende Enge und das alltägliche Chaos der Breschnew-Zeit. Man fühlt die dumpfen Ängste der Leningrader Intelligenzia, die in die geistigen Sphären ihrer Arbeitsaufgaben flüchtet und dort immer wieder von den Widerwärtigkeiten des Alltags und dem Irrwitz eines repressiven Regimes eingeholt wird. Erst bei einer zweiten Lektüre entdeckte ich, dass die Verwicklungen und Hindernisse, mit denen das »homöostatische Weltgebäude« die Protagonisten überzieht, frappierende Parallelen zur Zersetzungstätigkeit der Staatssicherheit hatte, die ja nicht nur abhörte und herumspitzelte, sondern mutmaßlichen Gegnern dubiose Besucher auf den Hals hetzte, Ehen durch schneidige Blondinen torpedierte, Telegramme und Briefe fälschte, Gerüchte in die Welt setzte, Versetzungen in die tiefste Pampa organisierte und dergleichen mehr.

Aber ein Roman wäre ein schlechter Roman, erschöpfte er sich in dergleichen Parallelen. Die Bestechungen und positiven Ablenkungen, mit denen die Helden überzogen werden, passen sowieso nicht in das Geheimdienst-Schema. Sie passen aber in das Konzept eines (moralischen) Experiments: So wie Verhaltensforscher Ratten in ein Labyrinth setzen, so setzen Arkadi und Boris Strugatzki ihre Helden, die Schucharts, Maljanows und Woronins, in fantasievolle und komplexe Romanwelten, die einen vielschichtigen Modellcharakter tragen und die die darin herumstolpernden Helden auf die Probe stellen, so wie ja Arkadi und Boris Strugatzki selbst immer wieder auf die Probe gestellt wurden. Aus diesem Blickwinkel sind die Brüder Strugatzki eben nicht so sehr Kritiker eines verflossenen Systems, sondern vielmehr gewiefte Experimentatoren, die in ihren Büchern ausloten, was einen Menschen ausmacht.

Mag sein, dass ich bei den Strugatzkis nicht objektiv sein kann. Mir ergeht es wie den meisten Lesern: Ich lasse mich einfach von ihrer Fabulierkunst und den aus jeder Seite hervorlugenden fantastischen Ideen und Rätseln fesseln. Was ist das für eine Stadt, über der eine künstliche Sonne ein- und ausgeschaltet wird? Wieso sprechen all die Menschen, die aus unterschiedlichen Jahrzehnten und Ländern in die Welt von »Das Experiment« versetzt wurden, ein und dieselbe Sprache – und jeder glaubt, es sei seine Muttersprache? Wer regiert hier eigentlich? Und was hat es mit dem Experiment auf sich? Wieso schlägt die Natur ab und zu über die Stränge? Und welche Rolle spielen die Mentoren, merkwürdige Gestalten, die die Menschen aus ihrer Zeit in die Stadt geholt haben und nun ab und an auftauchen, um sich mit ihnen zu unterhalten?

Schon nach wenigen Seiten merkt man, dass die gängigen Konventionen der Science Fiction hier so wenig weiterhelfen wie bei »Eine Milliarde Jahre vor dem Weltuntergang«. In einem der üblichen SF-Romane würde sich der Held sehr bald auf die Suche nach den tückischen Außerirdischen machen, die die Menschen in der Stadt knechten, die Mentoren böten sich als Bösewichte an, der Rest ergibt sich von selbst … Ja gut, George Lucas oder Roland Emmerich könnten einen solchen Roman verfilmen, und am Ende gäbe es ein knalliges Feuerwerk mit brennenden Städten und explodierenden Raumschiffen. Viel Lärm um nichts.

Aber die Brüder Strugatzki gehen keine ausgetretenen Wege. Sie schreiben spannend und unterhaltsam, und wer ihre Bücher nur als Abenteuergeschichten lesen will, kommt zwar auch auf seine Kosten – verpasst aber das Beste.

Fantastische Motive tragen nicht wenig zur düsteren Stimmung in der verdammten Stadt – der russische Originaltitel bedeutet so viel wie »die dem Verderben geweihte Stadt« – bei. Ein geheimnisvolles rotes Gebäude verändert seinen Platz, taucht bald hier, bald dort auf – und wer es betritt, wird verschlungen. Immer wieder liegen Menschen zerschmettert am Fuß der gewaltigen gelben Felswand, die die Welt der Stadt im Osten begrenzt. Mit hämmernden Schritten nähern sich froschgesichtige »Eisenköpfe« … Wer die Strugatzkis kennt, ist mit dieser Art von märchenhaften Motiven vertraut. Nehmen wir wieder den Roman »Picknick am Wegesrand«: In der verbotenen Zone stoßen die Stalker (Pirschgänger) alle naselang auf unerklärliche Phänomene – die so geheimnisvollen wie lebensgefährlichen Folgen eines mutmaßlichen außerirdischen Besuchs. Manche der Artefakte wie die »Nullen« oder der »zappelnde Magnet« lassen sich äußerst profitabel an Wissenschaftler oder Gangster verhökern. Und irgendwo in den Tiefen der Zone lockt die »goldene Kugel« …

Kein Wort von Hyperraum- oder Hyperzeit-Toren, von Milli-, Mikro-, Nano-, Pikotechnik oder dergleichen. Die Stalker haben ihre eigene, metaphernreiche Sprache entwickelt, um vor dem »Fleischwolf«, der »Fliegenklatsche«, den »lustigen Gespenstern«, der »Hexensülze« und den anderen tödlichen Erscheinungen zu warnen. Genauso versuchen in »Das Experiment« die Bewohner der Stadt das Unerklärliche in Worte zu fassen, und schon durch die Bezeichnungen kommt ein Hauch finsterer Poesie in ihre Welt, etwa wenn die Polizei die Abgestürzten »Sternschnuppen« nennt … Sagen wir es so: Wenn dereinst einmal all die futuristischen Technik-Vokabeln der gängigen Science Fiction veraltet sind, werden die märchenhaften Motive der Strugatzkis ihre Frische bewahrt haben.

Im Grunde sind die aus verschiedenen Ländern und verschiedenen Zeiten stammenden Bewohner der Stadt ganz normale Leute, die all ihre Vorurteile, Verkrampfungen und Marotten mitbringen, zu Anfällen von Großherzigkeit oder Missgunst neigen und von den Strugatzkis treffsicher in fast schon hyperrealistischer Nahaufnahme gezeichnet werden. Diese Menschen rackern sich ab, schwitzen, fluchen, saufen, lieben, denunzieren einander und sind großmütig, philosophieren über das Leben … und doch lastet ein schwer fassbares Verhängnis über ihnen. Andrej Woronin, der Held, der von seinem Mentor aus dem Leningrad der kärglichen Nachkriegsjahre abgeworben wurde, hat – was für ein Luxus! – für sich allein eine Fünfzimmerwohnung zugeteilt bekommen. Sie ist ihm zu groß. Also verbarrikadiert er die Türen zweier Zimmer mit Stühlen und richtet sich in den restlichen Räumen gemütlich ein. Mit wenigen Ausnahmen sind die Bewohner der Stadt enge Verhältnisse gewohnt.

Im Rathaus sind die Akten wichtiger als die Katastrophen der Realität. Als ein Heer von Pavianen die Stadt überfällt, fehlt jemand, der Befehle gibt, und der Widerstand erstickt im Chaos und im höhnischen Gelächter der Zuschauer. Der Bürgermeister ist ein Fetischist, und auf dem Polizeirevier werden die Leute verprügelt. Das findet zwar niemand in Ordnung, aber was kann man schon dagegen tun?

Wenn man »Das Experiment« mit dieser Brille liest, wird ein gesellschaftskritischer Roman in den besten Traditionslinien der satirischen Phantastik eines Swift, Gogol oder Saltykow-Schtschedrin daraus. Zuerst sind die Zustände unter dem Bürgermeister dumpf und bürokratisch, aber die sich um das Experiment rankenden Mythen geben den Menschen wenigstens ein diffuses Ziel. Dann putscht sich der ehemalige Wehrmachts-Unteroffizier Geiger an die Macht und errichtet eine Diktatur mit Bespitzelung, Geheimpolizei und allem, was erfahrungsgemäß dazugehört. Die meisten Menschen aber verhalten sich wie zuvor – als brave Spießer; sie schicken sich in die gewohnte Enge, schimpfen insgeheim oder offen auf das Regime und nehmen ansonsten den wachsenden Wohlstand unter der Geiger'schen Herrschaft gern in Anspruch.

Auch die Protagonisten von »Eine Milliarde Jahre vor dem Weltuntergang«, allesamt exzellente Wissenschaftler, sind alles andere als strahlend kraftvolle Helden. Sie haben sich in den vorhandenen Verhältnissen einrichten müssen, sammeln alte Kopekenstücke, räsonieren über Gott und die Welt, ziehen die Vorhänge zu und gießen sich gemeinsam einen hinter die Binde, da man ohnehin wenig ausrichten kann. Schon gar nicht gegen eine Superzivilisation oder das homöostatische Weltgebäude oder einen Milizionär, der bei der Befragung die Flasche guten Kognak mitgehen lässt …

Bereits in ihrem ersten Roman »Atomvulkan Golkonda« von 1959 hatten die Brüder Strugatzki realistische Personen, nicht die in jeder Beziehung überlebensgroßen Helden gezeichnet, wie sie die Propaganda liebte. Ihre Bykows und Jurkowskis verhalten sich durchaus nicht immer wie vorbildliche »Bezwinger des Kosmos«, sie haben einen eigenen Kopf, schlagen auch einmal über die Stränge, und gelegentlich machen sie sich sogar über das offizielle Pathos lustig. Allerdings sind sie bereit, ihr Leben im Kampf mit den Naturgewalten zu opfern – und sei es, um in den radioaktiven Vulkanwüsten der Venus eine Funkbake zu installieren! Das zumindest entsprach ganz dem Heroismus der »Erbauer des Kommunismus«, den die Propaganda predigte.

Ein halbes Jahrzehnt später karikierten und parodierten die Strugatzkis dieses Klischeebild und nahmen Kriecher, Duckmäuser und Fachidioten aufs Korn. So kommen die Menschen in »Die zweite Invasion der Marsmenschen« (1967) recht gut mit den Invasoren aus. Anders als bei Wells vernichten die Marsianer nicht die Erdbevölkerung, sie ernähren sich auch nicht von Blut, sondern von menschlichem Magensaft; und wenn man sich nur ein wenig an die neuen Verhältnisse anpasst und brav Magensaft spendet, lebt es sich ja eigentlich ganz komfortabel in der Menschenherde …

Es verwundert nicht, dass Arkadi und Boris Strugatzki um 1970 bei ideologischen Scharfmachern zunehmend Anstoß erregten. Ihre bald humorvolle, bald beißende Kritik an Herrschern und Beherrschten traf auch (aber eben nicht nur) sowjetische Verhältnisse. Nur zu leicht kann ich mir ausmalen, wie damals die Wortklauber und Ideologiewächter in den Verlagen und in der Literaturkritik »Das Experiment« verrissen hätten! Sie hätten es als übles antisowjetisches Machwerk denunziert, beckmesserscharf geschlussfolgert, dass sich hinter dem »Experiment« das grandiose menschheitsgeschichtliche Experiment des Aufbaus des Kommunismus verbirgt – und parodiert, ja, schlimmer noch, verunglimpft wird. Unsere Sowjetmenschen, höre ich sie tönen, sind doch keine Versuchskaninchen, sondern die stolzen Erbauer des Kommunismus! Natürlich hätten sie den Strugatzkis auch vorgeworfen, dass sie klassenmäßige Differenzen verwischen und die Einwohner der Stadt als eine mehr oder weniger amorphe und passive Masse darstellen, die nichts aus sich heraus zuwege bringt, sich von den Mentoren gängeln lässt. Erst der Faschist Geiger schafft eine einigermaßen stabile Ordnung!

Und damit hätten die Strugatzki-Fresser endlich die Kerbe gefunden, in die sie genüsslich hätten hauen können: Kommunismus gleich Faschismus! Lassen die Strugatzkis nicht schon in den Anfangskapiteln die Katze aus dem Sack? Ihr Woronin philosophiert da, dass die Seinigen und die Faschisten vieles gemein hätten: Gegnerschaft zum Kapital und zum Bürgertum, Unterordnung der Mittel unter den Zweck, unbedingte Entschlossenheit, Einsatz von Gewalt, Hass auf die Schwachen und vor allem auf die Intellektuellen … Und in wem verkörpern die Strugatzkis die Intelligenzija? Ausgerechnet in der positiv gezeichneten Figur des Juden Isja Katzman, der immer wieder als Gesprächspartner und als Prügelknabe herhalten muss ... Suchen Sie einmal einen russischen Roman aus jener Zeit, der sich einigermaßen explizit mit dem Schicksal jüdischer Intellektueller in einem nicht nur tendenziell antisemitischen Umfeld befasst!

Eine Schlüsselszene des Romans ist das Schachspiel Woronins im roten Gebäude mit dem »Großen Strategen«. Eine Szene, traumhaft verdichtet, schmerzhaft hellsichtig wie Dostojewskis »Großinquisitor«. Hinter dem großen Strategen verbirgt sich, wie an der Pfeife und anderen Hinweisen zu erkennen ist, »Generalissimus« Stalin, ein Stratege, der mit Menschenleben Schach spielt, sie opfert, wie und wann es ihm notwendig erscheint, der auch die Regeln des Spiels nach Belieben ändert: Wer sagt, dass die eigenen Figuren weniger gefährlich sind als die fremden? Und im Spiel bietet der große Stratege Woronin Figuren als Opfer an: Da ist ein Bauer, ein Mann mit Zwicker und elegant gelockertem Kinnbart, der von einem olivbraunen Individuum mit einem rostigen Spaten erschlagen wird. Und da ist ein Läufer, der große Panzerkommandeur; man steckt ihn in einen Zementsack ... Nein, Woronin, der Komsomolze aus dem Nachkriegs-Leningrad, kann diese Figuren – Lew Trotzki und Michail Tuchatschewski, Marschall der Roten Armee – nicht kennen und nicht erkennen, Unpersonen, die sie sind.

Alle sind von diesem Spiel betroffen, die kleinen Leute wie die höchsten Offiziere, Woronins Vater, sein Bruder, die Gefährten im Experiment. Und wer dem großen Strategen Paroli bieten will, muss selbst Figuren opfern, zuerst vielleicht wie Woronin nur diejenigen, die ohnehin schon tot sind, später dann die Kameraden.

Immer wieder befindet sich Andrej Woronin, seit er sich vom geheimnisvollen Mentor in die Stadt versetzen ließ, in solchen Bewährungssituationen, die vieles, zum Ende alles von ihm abverlangen. Schon vom äußeren Aufbau her ist

»Das Experiment« ein Bildungsroman und führt seinen Helden von Kapitel zu Kapitel ganz klassisch durch verschiedene Lebensstationen: Müllfahrer, Ermittler, Redakteur, Präsidialrat. Das liest sich wie ein Aufstieg.

Tatsächlich beginnt Andrej ganz unten, in der Müllabfuhr der Stadt. Er, ein junger, naiver und autoritätsgläubiger Mann, ist ausgebildeter Astronom – eine Qualifikation, die in einer Welt ohne Sternenhimmel nicht gerade viel zählt. Auch was er als Komsomolze über gesellschaftliche Entwicklung eingepaukt bekommen hat, ist nicht sonderlich nützlich – Bruchstücke von Ideologie, die auf alles und nichts passen.

Wie bei jedem Bewohner der Stadt begleitet und kommentiert ein Mentor oder Lehrmeister seinen Weg. Ihn als Woronins Gewissen zu interpretieren, liegt nahe, und wie die meisten Menschen hat Woronin ein eher nachlässiges Gewissen, das sich zwar ab und zu meldet, dann aber doch recht wenig auszusetzen hat, lieber wohlmeinend Zuspruch leistet und im Normalfall genauso ratlos ist wie sein Träger; Freund Isja dagegen nimmt öfter als einmal die Rolle des Warners und Ermahners an. Aber die Mentoren sind mehr als nur individuelles Gewissen. Sie sind zugleich die Schöpfer der Welt, die unbegreiflichen Experimentatoren, die die Menschen angeworben haben und ihren Entwicklungsweg wie das Lernverhalten von Ratten im Labyrinth beobachten.

Der Weg nach oben ist für Woronin, wie sollte es anders sein, mit Kompromissen und Verstrickungen, Desillusionierungen und auch moralischen Niederlagen gepflastert. Als Ermittler lässt Andrej seinen Freund Isja verhaften und foltern; eher aus Versehen unterstützt er Geiger, der sich zum diktatorischen Herrscher aufschwingt; wird Chef der Regierungskanzlei für Wissenschaft und Technik. Nebenbei sammelt er alte Waffen und überlegt, wie er sie am besten auf einem Wandteppich arrangiert. Das könnte das Ende in Macht, Wohlstand und Spießertum bedeuten.

Doch Arkadi und Boris Strugatzki bieten ihrem Andrej Woronin eine letzte Chance: die Expedition, deren Führung ihm Geiger anträgt. Sie bringt die Wende, den »Bruch der Kontinuität«. Gerade noch rechtzeitig gibt Woronin die bequeme, spießige Existenz als Präsidialrat auf und führt eine bunt zusammengewürfelte Truppe in die nördlichen Gefilde mit ihren verödeten Ortschaften und gestörten Raum-Zeit-Strukturen. Die Suche nach der Antistadt, nach dem eingebildeten Gegner oder dem Gegenbild zur eigenen verdammten Stadt, wird für ihn zu einer qualvollen und selbstquälerischen Erfahrung. Hinter jedem halb entschlüsselten Geheimnis verbirgt sich ein neues, und unablässig wird Woronin mit bizarren Phänomenen konfrontiert. Eine froschgesichtige eiserne Statue stapft nachts, dann auch bei Tage durch die Straßen, Denkmalsockel sind verlassen und tragen merkwürdige Inschriften, statt kälter wird es immer heißer – und der Tod lauert hinter jeder Ecke. Wie Schuchart in der Zone, der einen Grünschnabel dem »Fleischwolf« opfert, um selbst an die »goldene Kugel« heranzukommen, stößt Woronin an seine physischen und moralischen Grenzen. Wie sagte doch Wetscherowski, der Mathematiker, in »Eine Milliarde Jahre vor dem Weltuntergang«: »Nicht darüber müsst ihr nachdenken, wer womit Druck auf euch ausübt, sondern darüber, wie ihr euch unter Druck verhalten sollt.«

In einer meiner Schubladen liegt ein »Strugl« – ein Strugatzki-Rubel, den russische Science-Fiction-Freunde in Anlehnung an den sowjetischen Geldschein produziert haben. Als die Strugl-Scheine im Herbst 1991 auf einem großen SF-Treffen in Wolgograd in Umlauf kamen, zerfiel gerade die UdSSR. Die Scheine mit Hammer und Sichel sind nur noch ein wertloses Kuriosum. Aber den Strugl halte ich in Ehren.

Anmerkungen

An dieser Stelle sind Anmerkungen gesammelt, die für das Verständnis der Romane nicht unbedingt notwendig, aber doch interessant sind. Zum größten Teil handelt es sich um Hinweise auf Werke anderer Autoren, aus denen die Strugatzkis zitieren oder auf die sie anspielen. Hinzu kommen – hauptsächlich zu »Eine Milliarde Jahre vor dem Weltuntergang« und »Das Experiment« – Hintergrundinformationen für deutsche Leser, die mit der Geschichte und dem Alltag der Sowjetunion weniger vertraut sind. Die meisten Hinweise auf Zitate verdanke ich den Recherchen, die Viktor Kurilski unter Mitarbeit mehrerer Strugatzki-Kenner durchgeführt und im Internet veröffentlicht hat (www.rusf.ru/abs/ludeni/kur00).

Erik Simon

Seite 8:
Das Gute … Man muss es aus dem Schlechten machen. Weil es nichts anderes gibt, aus dem man es machen könnte.
Im sechsten Kapitel von Robert Penn Warrens Roman »Der Gouverneur« heißt es: »Das Gute … Das muss man selbst machen. Wenn man es haben will. Und man muss es aus dem Schlechten machen … Weil es nichts anderes gibt, aus dem man es machen könnte.«

Seite 60:
»Denn es wird der Tag kommen«, verkündete Guttalin, »da das fahle Pferd gesattelt ist …«
Das fahle Pferd trägt den Tod, einen der vier apokalyptischen Reiter (Offenbarung des Johannes, Kap. 6, Vers 8).

Seite 136:
Tja, dachte Nunnan belustigt, eine kräftige und widerstandsfähige Jugend haben wir uns herangezogen, ausdauernd und zielstrebig …
Die Formulierung spielt auf eine Ode des Horaz mit dem Titel »Römerzucht« an.

Seite 161:
So geht das, Richard. Haben Sie Vonnegut gelesen?
In »Schlachthof fünf oder Der Kinderkreuzzug« von Kurt Vonnegut jr. wird jede Erwähnung eines Todesfalles mit dem Satz »So geht das« kommentiert.

Seite 163:
»… wobei sie uns gleichzeitig auf die ›grausamen Wunder der Zukunft‹ vorbereiteten.«
Stanisław Lems Roman »Solaris« endet mit den Worten: »… und so verharrte ich im unerschütterlichen Glauben, die Zeit der grausamen Wunder sei noch nicht um.« Die Strugatzkis haben diese Formulierung mehrfach aufgegriffen.

Seite 168:
… aber in fünfzig Jahren werden wir gelernt haben, diese königlichen Siegel selber herzustellen, und dann werden wir damit nach Belieben Nüsse knacken.
In Mark Twains Roman »Der Prinz und der Bettelknabe«, einer Verwechslungsgeschichte, verwendet der Bettler in der

Rolle des Prinzen das königliche Siegel in Unkenntnis seines wahren Zweckes zum Nüsseknacken.

Seite 173:
»Ja, natürlich, Frankenstein. Madam Shelley, die Frau des Dichters, oder war es die Tochter?«
Mary Wollstonecraft Shelley, die Verfasserin des Romans »Frankenstein oder der moderne Prometheus«, war die Frau des englischen Dichters Percy Bysshe Shelley.

Seite 230:
Der Mensch ist zum Denken geboren. (Da waren sie endlich, Kirills Worte!)
Der Satz stammt aus »Gedanken über Religion und andere Dinge« von Blaise Pascal.

Seite 235:
»Niemand hat abgewaschen und nichts ist abgewaschen.«
Die Formulierung spielt auf den letzten Satz der Grabinschrift für Olga Bergholz auf dem Piskarew-Friedhof in Sankt Petersburg an: »Niemand ist vergessen und nichts ist vergessen.«

Seite 244:
Da fiel ihm auf einmal Awertschenko ein.
In Arkadi Awertschenkos Erzählung »Der Tag eines Menschen« fragt jemand den Helden auf der Straße beiläufig »Wie geht's denn so, was machen Sie?«, worauf ihn der Held an der Hand festhält und ihm ausführlich in allen Einzelheiten antwortet.

Seite 254:
»Was schweigt unser fröhlicher Chor?«, rief Maljanow munter. »Alles ist eitel auf dieser Welt. Es gibt nur eine wahrhafte

Freude: den Umgang mit Menschen! ... Ich weiß nicht mehr, wer das gesagt hat.«
»Was schweigt unser fröhlicher Chor?« ist der Anfang von Alexander Puschkins »Bacchischem Lied«.
»Es gibt nur eine wahrhafte Freude: den Umgang mit Menschen« steht im zweiten Kapitel von »Wind, Sand und Sterne« von Antoine de Saint-Exupéry.

SEITE 259:
Hier das Grundstück, dort das Wasser.
Der Satz spielt auf einen rund hundert Jahre alten Witz an, der auch in der Literatur mehrfach zitiert wurde. Ein Makler preist einem Kunden ein Grundstück an: »Und das Beste – Sie haben nur zwei Schritt bis zum Fluss. Ein paar Stufen von der Terrasse nach unten, schon können Sie ins Wasser springen und schwimmen.« – »Gerade diese Nähe zum Fluss gibt mir zu denken. Und wenn nun Hochwasser kommt?« – »Ja, woher denn? Hier das Grundstück, dort das Wasser ... Ein riesiger Abstand!«

SEITE 268:
... Hauptmann Concasseur, verdammter ... Ich sage nicht, wo unsere sind ...
»Was meinen Sie: Wem sehe ich ähnlich?« ... »Einem Tonton Macoute«, rutschte es Maljanow raus.
Hauptmann Concasseur ist in Graham Greenes Roman »Die Stunde der Komödianten« ein Offizier des haitianischen Diktators Duvalier; die Tontons Macoutes waren dessen irreguläre Terrortruppe und Geheimpolizei. »Ich sage nicht, wo unsere sind« spielt auf die in sowjetischen Büchern und Filmen häufig vorkommende Situation von Verhören gefangener Partisanen an. – Mit dem einige Sätze später erwähnten »Unsichtbaren« ist die Titelgestalt des Romans von H. G. Wells gemeint.

Seite 271:
Der Mann arbeitet in einem der Geheimkästen …
Als »Kasten« wurden in der Sowjetunion umgangssprachlich Forschungsinstitute (in selteneren Fällen auch Betriebe) bezeichnet, für die eine besonders hohe Geheimhaltungsstufe galt. Die Mitarbeiter mussten nicht nur über den Inhalt, sondern in der Regel selbst über den Ort ihrer Arbeit Stillschweigen bewahren; in offiziellen Dokumenten tauchte dann eine Tarnbezeichnung mit einer Schließfachadresse auf.

Seite 274:
»Aber Sie haben ihn doch begangen, mein Bester«, säuselte Igor Petrowitsch … »Sie sind es gewesen!«
Das ist eine Anspielung auf Dostojewskis »Schuld und Sühne«, wo in Teil 6, Kapitel 2 der Kriminalist Porfyri Petrowitsch zu dem Mörder R. R. Raskolnikow sagt: »Ja, Sie haben ihn doch begangen, Rodion Romanytsch, Sie sind es gewesen …« (Vergleiche dazu auch Boris Strugatzkis Kommentar zu »Eine Milliarde Jahre vor dem Weltuntergang«)

Seite 283:
»Ich hab dem Tod nicht ins Auge geblickt, verbundnen Augs ward ich zu ihm geschickt …«
Dieser Zweizeiler steht unter dem Titel »Der Feigling« (The Coward) in den »Epitaphs of the War« von Rudyard Kipling.

Seite 287:
»Wer weiß, was unser harrt«, antwortete er. »Wer weiß, was sein wird? Kraft wird sein und Niedertracht. Der Tod wird kommen, zum Tode verurteilen. Die Zukunft darf man nicht schauen.«
Die Zeilen stammen aus einem Gedicht von Guillaume Apollinaire. (Die Übersetzung orientiert sich hier an der russischen Version.)

Seite 308:
Ihren Worten zufolge … gab es seit Urzeiten eine okkulte Geheimallianz auf der Erde: den »Bund der Neun«.
Die Gründung eines Bundes von neun Weisen wird dem Kaiser Aschoka zugeschrieben, der Mitte des 3. Jahrhunderts v. Chr. über den größten Teil von Indien herrschte und den Buddhismus förderte.

Seite 311:
Aber wer weiß – vielleicht gibt es in Piter außer uns ja noch hundert Leute, die sich deswegen gerade den Kopf zerbrechen …
»Piter« ist die volkstümlich-liebevolle Bezeichnung der Einwohner von Sankt Petersburg für ihre Stadt. Dieser Name wurde inoffiziell auch verwendet, als die Stadt noch Leningrad hieß.

Seite 326 f.:
Bund der Neun oder Tau-Ceti-Bewohner
1960 versuchte das amerikanische Observatorium Green Bank Funksignale von Epsilon Eridani und Tau Ceti aufzufangen. Der berühmte sowjetische Liedermacher Wladimir Wyssozki verfasste daraufhin das Lied »Im fernen Sternbild von Tau Ceti«, und fortan waren die Tau-Ceti-Bewohner in der Sowjetunion die »kleinen grünen Männer« schlechthin.

Seite 327 f.:
»Weil unser Jahrhundert ganz in Schwarz geht«, gab er zur Antwort und betupfte seine graurosa Pferdelippen mit einem schneeweißen Taschentuch. »Es trägt einen hohen Zylinder – wir aber hasten immerzu. Doch dann, wenn uns die Stunde schlägt, die Stunde, da wir ablassen vom täglichen Tun, verdoppelt sich unser Sein, und wir träumen nicht mehr …«

Wetscherowski zitiert acht Zeilen aus Guillaume Apollinaires Gedicht »Un son de cor«. (Die Übersetzung folgt dem französischen Text.)

SEITE 335:
Ich sah mich in einen Gründling verwandelt, der … voller Angst in einem Spalt hockte …
Die Stelle bezieht sich auf Michail Saltykow-Schtschedrins Märchen »Der überaus weise Gründling«.

SEITE 348:
»Ich hörte, dieser Weg führe zum Ozean des Todes. So kehrte ich auf halbem Wege um. Seither dehnen sich vor mir Umwege, öde und krumm …«
Das Zitat stammt aus der Erzählung »Feigheit« der japanischen Autorin Akiko Yosano.

SEITE 362:
»Wenn man nicht weiß, was zu tun ist, darf man gar nichts tun.«
Diesen Satz zitiert Wetscherowski wörtlich aus (der russischen Übersetzung von) Arthur Charles Clarkes Erzählung »Sommer auf Ikarus«; dort steht er auf der ersten Seite eines Raumfahrer-Handbuchs.

SEITE 362:
Zum Sterben bereit und zum posthumen Ruhm.
Das ist eine Anspielung auf den Vers »Zum Sterben bereit und zum unsterblichen Ruhm« in Majakowskis »Mit aller Stimmkraft. Erster Vorspruch zu einem Poem«.

SEITE 363:
Besser stehend sterben …, als auf den Knien leben.
Das Zitat stammt aus der berühmten Rede, die Dolores Ibárruri während des spanischen Bürgerkriegs am 3. Juli 1936 hielt.

Seite 365:
Ein lebendiger Hund ist besser als ein toter Löwe.
Der Prediger Salomo, 9, 4, in Luthers Übersetzung.

Seite 366:
Das Recht der Erstgeburt, sozusagen ... So ein Institut ist kein Linsengericht!
Siehe 1. Buch Mose, 25, 29–34.

Seite 377:
»Über Berge geht nichts außer Bergen ...«
Im »Abschied von den Bergen«, einem Lied Wladimir Wyssozkis aus dem Film *Die Vertikale,* heißt es: »... Über Berge geht nichts außer Bergen / Auf denen ich selbst noch nicht war.«

Seite 382:
›Gehen Sie nicht hinein, Wormold. Man hat vor, Sie zu vergiften.‹
In Graham Greenes Roman »Unser Mann in Havanna« heißt es: »Gehen Sie nicht hinein, Mr. Wormold« ... »Man hat vor, Sie drin zu vergiften.«

Seite 388:
Wir werden zu Gras und Sträuchern, zu Wasser und Wurzeln.
Das Bild ist angelehnt an eine Zeile aus Walt Whitmans Gedicht »Wir zwei, wie lange waren wir genarrt«: »... wir werden zu Pflanze, Stamm und Laub, Wurzel, Rinde.«

Seite 390:
»Mit glänzender Feder verdarb er Papier ein bisschen. Er wusste, wofür er starb am Schwarzen Flüsschen.«
Das ist die Schlussstrophe von Bulat Okudshawas Lied »Der Glückspilz«, das davon handelt, wie gut es Alexander Pusch-

kin doch zu Lebzeiten hatte – bis er am Schwarzen Flüsschen bei einem Duell erschossen wurde.

SEITE 455:
»... Sogar Berija soll einige Tiere geliebt haben, von Hitler ganz zu schweigen.«
Lawrenti Pawlowitsch Berija war von 1938 bis 1945 Chef des sowjetischen Innen- bzw. Staatssicherheits-Ministeriums und organisierte zu dieser Zeit – wie auch noch danach als Politbüro-Mitglied – den Stalin'schen Terror. Nach Stalins Tod wurde er von Chruschtschow entmachtet und als »englischer Spion« erschossen.

SEITE 458:
»... Du stellst dich an der Ladentheke an und ich an der Kasse.«
In sowjetischen Geschäften stellte man sich erst an der Theke an, suchte die Ware aus und ließ sich den Preis sagen. Dann ging man zur Kasse, bezahlte und ließ sich über die betreffende Summe eine Kassenquittung geben, die man dann wieder an der Theke gegen die Ware eintauschte. (Der Zweck des Systems bestand darin, dem Verkäufer kein Geld und dem Kassierer keine Waren in die Hand zu geben und so Betrug zu erschweren.)

SEITE 474:
»Du bist ein Talmudist und Buchstabengelehrter! ...«
Die Formulierung »Buchstabengelehrte und Talmudisten« stammt aus einem Artikel, den Stalin 1950 in der *Prawda* veröffentlichte.

SEITE 474:
»Wenn ich das Wort Kultur höre, greife ich zur Pistole!«
In dem Schauspiel »Schlageter« (1932) des nationalsozialistischen Autors Hanns Johst heißt es: »Wenn ich ›Kultur‹ höre,

entsichere ich meine Browning.« Der Ausspruch ist in diversen Variationen (»Wenn ich das Wort ›Kultur‹ höre, entsichere ich meinen Revolver«) später Göring, mitunter auch Goebbels zugeschrieben worden.

Seite 482:
... Dann grölten Fritz und Otto gemeinsam ein unbekanntes, aber herrliches Lied von den zitternden morschen Knochen der alten Welt, ein großartiges Kampflied.
Das Lied, welches dem kommunistisch erzogenen Andrej so außerordentlich gut gefällt und mit den Worten »Es zittern die morschen Knochen / der Welt vor dem roten Krieg« beginnt, ist jenes berüchtigte Nazilied von Hans Baumann mit dem Refrain »Wir werden weitermarschieren, / wenn alles in Scherben fällt ...«. Das Lied wurde in der Bundesrepublik Deutschland 1993 verboten.

Seite 483:
Das brachte Andrej auf die Idee, »Moskau – Peking« anzustimmen ... »Hö-hören uns!«
Die Zeile im Lied »Moskau – Peking« von W. Muradeli und M. Werschinin lautet: »Stalin und Mao hören uns!«

Seite 485:
Das Lied hatte den Refrain »Ave Maria« ... Den Propheten steckten sie ...
Es handelt sich um das Lied »Ave Maria« des aus der UdSSR emigrierten Dissidenten Alexander Halitsch (auch: Galitsch). Das Lied stellt alternierend die Geschichte eines Opfers Stalin'scher Verfolgung und das Leid der Gottesmutter Maria gegenüber. Es ist der sechste Teil von Halitschs »Ode an Stalin«.

Seite 499:
Glaub mir, hättest du ihm gesagt, du wärst bei der Tscheka oder der GPU gewesen …
Die für die innere Sicherheit und Geheimdienstarbeit (also auch den politischen Terror) zuständige sowjetische Behörde, anfangs die Tscheka (»Außerordentliche Kommission«), hat vielfach den Namen und die formelle Position im Staatsapparat gewechselt: Staatliche Politische Verwaltung (russische Abkürzung: GPU), Volkskommissariat für Innere Angelegenheiten (NKWD), aus dem 1946 das Ministerium des Inneren wurde, daraus ausgegliedert das Ministerium für Staatssicherheit, welches später als Komitee für Staatssicherheit (KGB) einen anderen (de facto höheren) Status erhielt.

Seite 526:
Er sah nur zu seinem Partner, einem mittelgroßen älteren Mann in militärähnlichem Anzug und glänzenden Chromlederstiefeln, der Andrej qualvoll an jemanden erinnerte und ihm zugleich völlig unbekannt war.
Andrejs Gegner bei der Schachpartie im roten Gebäude, der »Große Stratege«, ist natürlich Stalin. Stalins erster Bauer ist der berühmte Organisator und Kommandeur der Roten Reiterarmee Semjon Budjonny, der später zwar Marschall der Sowjetunion, aber politisch und militärisch kaltgestellt wurde. Der zweite Bauer ist Stalins größter Rivale Lew Trotzki, den Stalin später im mexikanischen Exil ermorden ließ. Andrej kennt ihn nicht, denn unter Stalin war Trotzki weitgehend aus der russischen Geschichte getilgt. Der von Stalin ins Spiel gebrachte Läufer ist Michail Tuchatschewski, ein sowjetischer Marschall, der die Rote Armee modernisierte und 1937 im Zuge einer Stalin'schen Säuberung, die fast die gesamte Armeeführung traf, nach einem Geheimprozess hingerichtet wurde.

Seite 558:
Der Westen ist der Westen, und der Osten ist der Osten …
»Oh, East is East, and West is West, and never the twain shall meet« beginnt »The Ballad of East and West« von Rudyard Kipling.

Seite 568:
»Sie ergriff ihm bei der Hand und fragte immer wiederholt: Wohin hast du die Aktenmappe gelassen?«
Das Zitat, kenntlich vor allem an der absichtlich falschen Grammatik, variiert einen inzwischen hundert Jahre alten Text. Im »Briefkasten des *Satirikons*« schrieb Arkadi Awertschenko 1909: »An Rudolf: In Ihrer Erzählung schreiben Sie: ›Sie ergriff ihm bei der Hand und fragte immer wiederholt: Wohin hast du das Geld gelassen?‹ Ausländische Werke drucken wir nicht.«

Seite 569:
»Du solltest lieber daran denken, wie man der Ärztin Timaschuk den Orden weggenommen hat.«
Der »Fall der Ärzte«, eine 1953 begonnene Säuberungswelle in der Ärzteschaft mit durchweg erfundenen Anschuldigungen, war der Auftakt zu einer groß angelegten Aktion gegen sowjetische Juden. Diese sah unter anderem ihre massenhafte Verbringung in subpolare Arbeitslager vor. Timaschuk hatte sich als Zeugin der Anklage hergegeben und war dafür ausgezeichnet worden. Durch Stalins Tod im selben Jahr verlief sich die Kampagne, die Angeklagten wurden rehabilitiert und die falschen Zeugen entlarvt.

Seite 572:
»Bitte! Aus neuerer Zeit: Pétain, Quisling, Wang Chingwei, Bilak …«
Der französische Staatschef Philippe Pétain und der norwegische Ministerpräsident Vidkun Quisling wurden nach dem Zwei-

ten Weltkrieg wegen Kollaboration mit den deutschen Besatzern zum Tode verurteilt; Wang Chingwei verriet die nationalchinesische Regierung und kollaborierte 1940 mit den Japanern; Vasil Bilak gehörte zu den Hardlinern in der tschechoslowakischen Parteiführung, die 1968 mit einem »Hilferuf« an Moskau den Vorwand zum Einmarsch in die ČSSR lieferten.

SEITE 575:
Major Pronin, du beschissener!
Major Pronin ist der Held von Kriminalromanen des sowjetischen Autors L. Owalow.

SEITE 602:
»Jasmin ist eine schöne Blüte, er riecht besonders gut ...«
»Jasmin ist eine schöne Blüte, / er riecht besonders gut. / Komm her, mein Freund, und schnupper mal, / wie schön er riechen tut.« Dies ist ein unter russischen Schuljungen verbreiteter Spottvers; die Anfangsbuchstaben der vier Zeilen ergeben im Russischen das Wort »Arsch«.

SEITE 637:
Belinski! Pissarew! Plechanow!
Wissarion Belinski (1811–1848) war ein russischer Schriftsteller und Literaturkritiker, Dmitri Pissarew (1840–1868) Publizist und utopischer Sozialist, Georgi Plechanow (1856–1918) ein Sozialist, der zusammen mit Lenin die revolutionäre Zeitung *Iskra* herausgab, sich aber nach 1903 gegen die Bolschewiki stellte.

SEITE 644:
»Wer hat gesagt, dass Manuskripte nicht brennen?«
»Manuskripte brennen nicht« ist ein berühmtes Zitat aus Michail Bulgakows Roman »Der Meister und Margarita«. In den sozialistisch-kommunistischen Ländern kannte es fast

jeder, und alle, die auch nur theoretisch in die Verlegenheit kommen konnten, Manuskripte verbrennen zu müssen, wussten, wie es gemacht wird: die Seiten einzeln zerknüllen, da sie im Block wirklich kaum brennen. Der Ausspruch enthielt schon bei Bulgakow die Ermutigung, dass ein Kunstwerk, ist es einmal in der Welt, auch in Diktaturen nicht ohne Weiteres wieder verschwindet. Es gibt sogar Werke – unter anderem von Bulgakow –, die nur in den Archiven des KGB der Nachwelt erhalten geblieben sind und in den späten achtziger Jahren wieder publiziert wurden.

Seite 652:
… Adjutor, Koadjutor … etwas Historisches vielleicht? … Oder aus den »Drei Musketieren«?
Nicht in Alexandre Dumas' »Die drei Musketiere«, sondern in der Fortsetzung »Zwanzig Jahre später« kommt als Nebenfigur ein Koadjutor vor.

Seite 688:
›Alles erträgt er, aus dunkler Vergangenheit steigt er zur Sonne, zur Freiheit, zum Licht …‹
In Nikolai Nekrassows »Der eiserne Weg« lautet die komplette Strophe:

> Alles erträgt er, aus dunkler Vergangenheit
> Steigt er zur Sonne, zur Freiheit, zum Licht.
> Schad nur um eines: Das Leben in jener Zeit
> Ist nicht für uns, wir erleben es nicht.

Seite 693:
»Die Menschheit stellt sich keine Aufgaben, die sie nicht lösen kann.«
»Daher stellt sich die Menschheit immer nur Aufgaben, die sie lösen kann …«, schrieb Marx im Vorwort seiner Arbeit »Zur Kritik der politischen Ökonomie« (1859).

Seite 694:
So ist es immer, dachte er. Wie mit der Affenpfote.
In der Erzählung »The Monkey's Paw« von W. W. Jacobs erfüllt ein Talisman in Gestalt einer Affenpfote drei Wünsche anders, als seine Besitzer es sich vorgestellt haben.

Seite 701:
… Ernennung zum Leiter der Operation … Nacht und Nebel …
Isja spielt auf den Nacht-und-Nebel-Erlass vom 7. Dezember 1941 an: Etwa siebentausend Menschen aus den besetzten Gebieten, die des Widerstands gegen das Deutsche Reich verdächtigt wurden, vom Kriegsgericht aber nicht zum Tode verurteilt werden konnten, wurden nach Deutschland verschleppt und dort entweder hingerichtet oder in Konzentrationslager gebracht.

Seite 706:
Tolstois und Dostojewskis sind hier nicht zu finden. Keine Lews, ja, nicht einmal Alexejs …
Das russische Grafengeschlecht Tolstoi hat drei bedeutende Schriftsteller hervorgebracht – neben dem wichtigsten, Lew Tolstoi, noch Alexej Konstantinowitsch Tolstoi und Alexej Nikolajewitsch Tolstoi.

Seite 715:
… er weiß ja nichts über Pendshikent, nichts über den Charbas …
Pendshikent ist eine Stadt in Tadschikistan, in deren Nähe archäologische Ausgrabungen stattfanden, der Charbas ein Gipfel im Kaukasus, unterhalb des Elbrus. Boris Strugatzki hat in jungen Jahren beide Orte als Hilfskraft von Expeditionen besucht.

Seite 763:
»… Als wäre sie diese Königin, wie hieß sie doch gleich … aus dem Märchen vom Zaren Dodon …«
Zar Dodon und die (wenige Seiten weiter unten nochmals erwähnte) Königin von Schemacha sind Gestalten aus Puschkins Märchen »Der goldene Hahn«, nach dem Rimski-Korsakow eine seiner bekanntesten Opern geschrieben hat.

Seite 801:
»Mal ist er von Bronze, mal ist er von Marmor, mal mit der Pfeife und mal ohne Pfeife …«
Die Stelle stammt aus dem Lied »Nachtwache« Alexander Halitschs. Die Pfeife war ein typisches Attribut Stalins.

Seite 804:
Das war Othello – der Doge von Venedig. Attila ist der Hunnenkönig. Er reitet. Stumm und düster wie ein Grab.
Andrej wirft zwei Zeilen aus dem russischen Lied »Othello« und eine Strophe aus dem Gedicht des polnischen Romantikers Józef B. Zaleski »Der Geist der Steppe« durcheinander. Die beiden Liedzeilen lauten »Othello, der Mohr von Venedig« und »Sein Vater war der Doge von Venedig«; bei Zaleski heißt es:

> Attila, der Hunnenkönig,
> Stahlgewappnet reitet er,
> Wie ein Grab so stumm und düster,
> Stark und zottig wie ein Bär.

Seite 810:
… zum Beispiel beim Kalinga-Preis –, aber wie hieß Kalinga mit Vornamen?
Der Kalinga-Preis für Naturwissenschaft ist nach dem indischen Bundesstaat benannt, aus dem sein Stifter stammte.

Seite 847:
Das würde ja sonst bedeuten, dass man den Tempel erst nach Gutenberg erbaut hat, oder, wie man uns lehrte, nach Iwan Fjodorow.
Iwan Fjodorow war der erste namentlich bekannte russische Buchdrucker, der 1563/64 das erste Buch in kyrillischer Schrift druckte – also reichlich hundert Jahre nach Gutenberg. In der Sowjetunion war es zeitweise üblich, möglichst viele Erfindungen Russen zuzuschreiben. Wo es nicht möglich war, eine russische Priorität zu behaupten, erweckte man einen entsprechenden Eindruck, indem man, wie im Falle Fjodorows, die westlichen Vorgänger gern beiläufig, nebelhaft und ohne zeitliche Einordnung erwähnte.

Seite 849:
Und mein Gedächtnis ist das allergewöhnlichste – ich kann es nicht mit allen Schätzen bereichern, die von der Menschheit aufgehäuft wurden.
Das ist eine Anspielung auf Lenins Rede »Die Aufgaben der Jugendverbände« (1920), wo es heißt: »Kommunist kann man nur werden, wenn man sein Gedächtnis mit der Kenntnis aller Schätze bereichert, die die Menschheit hervorgebracht hat.«

Seite 853:
›Der Mensch ist ein Seelchen, von einem Leichnam belastet.‹
»›Ein Seelchen bist du, von einem Leichnam belastet‹, sagt Epiktet«, heißt es in den »Selbstbetrachtungen« von Marc Aurel (121–180). Der Philosophenkaiser bezog sich dabei auf die von Flavius Arrianus notierten »Unterredungen« Epiktets.

Seite 856:
... eine druckfrische Leningrader Prawda mit einem großen Leitartikel unter der Überschrift »Die Liebe der Leningrader zum Genossen Stalin kennt keine Grenzen«.
Das ist die Ausgabe von 19. Januar 1951.

Die wichtigsten Werke der Brüder Strugatzki

DER ZUKUNFTSZYKLUS

(sortiert nach der Chronologie der Handlung)

Atomvulkan Golkonda (1959)
Der Weg zur Amalthea (1960)
Praktikanten (1962)
Die gierigen Dinge des Jahrhunderts (1965)
Mittag, 22. Jahrhundert (1962, erweitert 1967)
Fluchtversuch (1962)
Der ferne Regenbogen (1963)
Es ist schwer, ein Gott zu sein (1964)
Die bewohnte Insel (1969, 1971)
Die dritte Zivilisation (1971)
Der Junge aus der Hölle (1974)
Unruhe (1990; Manuskript 1965)
Ein Käfer im Ameisenhaufen (1979–80)
Die Wellen ersticken den Wind (1985–86)

DIE SCIENCE-FICTION-EINZELROMANE

Die Schnecke am Hang (1966, 1968)
Die zweite Invasion der Marsmenschen (1968)
Das Hotel »Zum Verunglückten Bergsteiger« (1970)
Die hässlichen Schwäne (1972 im Ausland erschienen; später Teil von »Das lahme Schicksal«)

Picknick am Wegesrand (1972)
Eine Milliarde Jahre vor dem Weltuntergang (1976)
Das lahme Schicksal (1986, komplett 1989)
Das Experiment (1989; Manuskript 1968–72)
Die Last des Bösen (1989)
Ein Teufel unter den Menschen (gemeinsam konzipiert, von Arkadi Strugatzki geschrieben; 1993)

FANTASY UND MÄRCHEN

Der Montag fängt am Samstag an (1965)
Das Märchen von der Troika (Fortsetzung zu »Der Montag fängt am Samstag an«; erste Fassung 1987, stark abweichende zweite Fassung 1968)
Expedition in die Hölle (gemeinsam konzipiert, von Arkadi Strugatzki geschrieben; Teile 1 und 2: 1974, Teil 3: 1984)

DIE ROMANE BORIS STRUGATZKIS

Die Suche nach der Vorherbestimmung (1995)
Die Ohnmächtigen (2003)